文
景

Horizon

西方古典学术史

第一卷

公元前6世纪
至中古末期

[英]约翰·埃德温·桑兹——著
张治——译

上海人民出版社

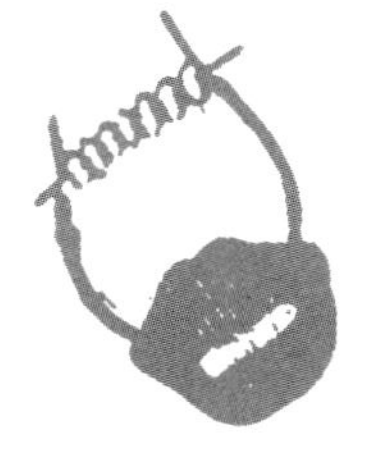

John Edwin Sandys

A HISTORY OF CLASSICAL SCHOLARSHIP

Vol. I

From the Sixth Century B. C. to the End of the Middle Ages

西方古典學術史

约翰·埃德温·桑兹
John Edwin Sandys，1844—1922

查尔斯·埃德蒙·布洛克（Charles Edmund Brock）绘

目　录

新版序言　十年辛苦不寻常
——桑兹《西方古典学术史》全译本的诞生　陈恒　1
导读一《西方古典学术史》译本引言　王焕生　16
导读二　“classical scholarship”“klassische Philologie”与“古典文献学”　张强　20
中译本说明　26

第三版前言　32
第二版前言　34
第一版前言　36
主要内容概略　41

第一章　导言　51

第一编　雅典时期

第二章　史诗之研究　75

第三章　抒情诗研究　101
第四章　戏剧诗的研究与考辨　116
第五章　柏拉图与亚里士多德的诗学批评　135
第六章　修辞学的兴起与散文研究　146
第七章　语法学与词源学的肇端　162

第二编　亚历山大里亚时期

第八章　亚历山大里亚学派　187
第九章　斯多葛哲人与帕迦马学派　239

第三编　罗马时期的拉丁学术

第十章　西元前 169—西元 14 年间罗马人学习希腊语的时代　271
第十一章　西元前 1 世纪的文学批评与语法学　301
第十二章　奥古斯都时代至西元 300 年期间的拉丁学术　316
第十三章　西元 300—500 年间的拉丁学术　342
第十四章　西元 500—530 年间的拉丁学术　387

第四编　罗马时期的希腊学术

第十五章　帝国初世纪的希腊文学批评　423

第十六章　帝国初世纪的字词之学　445

第十七章　西元 1 世纪末的文学复兴　450

第十八章　2 世纪的希腊学术　464

第十九章　3 世纪的希腊学术　495

第二十章　4 世纪的希腊学术　512

第二十一章　西元 400—530 年间的希腊学术　531

第五编　拜占庭时期

第二十二章　西元 529—1000 年的拜占庭学术　561

第二十三章　西元 1000—1359 年及其后的拜占庭学术　590

第六编　西方中古时期

第二十四章　从大格雷高利（约 540—604 年）到卜尼法斯（675—754 年）　629

第二十五章　从阿尔昆（约 735—804 年）到
阿尔弗雷德（849—900 年）　665
第二十六章　10 世纪　704
第二十七章　11 世纪　724
第二十八章　12 世纪——经院学者与经典著作　733
第二十九章　12 世纪（续）　750
第三十章　13 世纪，新面目的亚里士多德　784
第三十一章　13 世纪以降，从罗杰·培根（1214—1294 年）
到但丁（1265—1321 年）　820
第三十二章　拉丁经典的流传　855

图录说明　936
参考书目　942
译名对照表（人、地部分）　951
译名对照表（著作部分）　983
索引　1017
希腊文索引　1040
译后记　1041
中译本修订版说明　1045

新版序言　十年辛苦不寻常

——桑兹《西方古典学术史》全译本的诞生

英国学者约翰·埃德温·桑兹的三卷本《西方古典学术史》是西方古典学界博大精深、材料丰赡、颇具参考价值的一部巨著，既可研读，也可作为工具书来查阅，惜长期来未有完整的中译本。幸赖张治先生积十余年之功，日前推出全译本，填补了这一空白。笔者相信，全译本的出版当能为国内学者、读者了解与研究西方古典学术史提供莫大帮助，也会对学术界进一步厘清西方学术体系的来源与发展，起积极的作用。

2010 年，世纪文景出版了桑兹的巨著《西方古典学术史》(以下简称《学术史》) 第一卷中译本。继而，国内有关西方古典学的系统性著作或参考文献亦被陆续推出，一时间形成一个引介、研究西方古典学的小高潮，[1]

1　国内对西方古典学著作早有引介，如玛丽·比尔德、约翰·汉德森:《古典学》，董乐山译，辽宁教育出版社，1998 年。不过大多处于比较零散、不系统的状态。

其成果如晏绍祥的《古典历史研究史》[1]，鲁道夫·普法伊费尔的《古典学术史》[2]，雷诺兹、威尔逊的《抄工与学者：希腊、拉丁文献传播史》[3]。此外，福尔那拉、哈丁、伯斯坦、谢尔克等人编辑的《希腊罗马史料集》[4]，桑兹的《西方古典学术史》[5]，乔治·弗朗西斯·希尔的《西方古典学图谱》[6]等书的影印本出版，也大大便利了学者的研究。以此而言，《学术史》第一卷中译本实有开风气之功。同时，在读者的接受与反响方面，该书也赢得了口碑，在专业评书网站"豆瓣"上评分高达9.1，读者的点评从内容极富参考价值，到译文古雅流畅乃至格式设计别具匠心等，不一而足。略显遗憾的是，由于桑兹原著的规模极为庞大，[7]故在中译第一卷推出后，读者在等待了漫长的九年后的今天，才得见译本的完

---

1 晏绍祥：《古典历史研究史》（上、下），北京大学出版社，2013年。该书是国内西方古典史学史的拓荒之作，颇具学术价值，是作者在先前一卷本《古典历史研究发展史》（华中师范大学出版社，1999年）基础上拓展而成。

2 鲁道夫·普法伊费尔：《古典学术史：自肇端诸源至希腊化时代末》（Rudolph Pfeiffer, *A History of Classical Scholarship from the Beginnings to the End of the Hellenistic Age*, Oxford University Press, 1968），上卷，刘军译，张强校；《古典学术史：1300—1850年》（Rudolph Pfeiffer, *A History of Classical Scholarship: From 1300 to 1850*, Oxford University Press, 1976），下卷，张弢译，高峰枫校，北京大学出版社，2015年。

3 L. D. 雷诺兹、N. G. 威尔逊：《抄工与学者：希腊、拉丁文献传播史》，苏杰译，北京大学出版社，2015年。

4 查尔斯·福尔那拉、菲利普·哈丁、斯坦利·M. 伯斯坦、罗伯特·K. 谢尔克编译：《希腊罗马史料集》（英文影印版，一至四卷），北京大学出版社，2014年。

5 约翰·埃德温·桑兹：《西方古典学术史》（英文影印版，全四卷），中西书局，2017年。本文所提到的《古典历史研究史》《古典学术史》《抄工与学者》《希腊罗马史料集》等书，都属于北京大学出版社出版的由黄洋、高峰枫主编的"西方古典学研究"丛书，该丛书分翻译、原创两大系列，目的在于"引领读者走进古希腊罗马文明的世界"，是一套高质量的大型文库，值得关注。

6 George Francis Hill, *Illustrations of School Classics*，1903年初版，Arkose Press 2015年再版，中西书局2018年出版英文影印版。

7 以剑桥大学出版社各卷第一版（第一卷，1903年；第二、三卷，1908年）而言，三卷本共1629页。

璧。《学术史》第二、三卷仍由原译者张治先生操刀。桑兹三卷本《学术史》的中译虽姗姗来迟，但终见全貌，这不仅是出版界的一件大事，也是国内学术界、读书界值得庆贺的一件喜事。承译者厚意，以三卷本中译书稿（已出版的第一卷有所修订）赠阅。阅读过程中，笔者深受启发，也有一些感想，趁此机会和盘托出，以就教于译者、读者。

一、三卷本《学术史》鸟瞰

考虑到《学术史》作者约翰·埃德温·桑兹的生平事迹，张治先生曾有专文介绍，[1]另外，有关古典学的概念、兴起与发展历史，国内学术界亦曾有专门阐述，[2]故此，笔者对这些内容不再涉及，而只对全书做一概要介绍。

（一）第一卷概要

第一卷共32章，除第一章外，分为六编，所覆盖的时间范围从公元前600年到公元1350年，约当古希腊古风时代之末至中世纪晚期。其中，以第一、三、四、六编叙述详尽，第二、五编则相对简略。

1　参见张治:《文献考据与文学鉴识：西方古典研究的学统与精神》，载《读书》，2011年第3期。

2　参见张文涛:《古典学与思想史——关于未来西学研究之意识和方法的思考》，载《中国图书评论》，2007年第9期；陈恒:《译后记：维拉莫威兹与古典学术研究》，载维拉莫威兹:《古典学的历史》，陈恒译，生活·读书·新知三联书店，2008年；王焕生《〈西方古典学术史〉译本引言》与张强《“classical scholarship”“klassische Philologie”与“古典文献学”》，均载本书；黄洋:《西方古典学作为一门学科的意义》，载《文汇报》，2012年3月26日；聂敏里:《古典学的兴起及其现代意义》，载《世界哲学》，2013年第4期；刘小枫:《中译本说明》，载克拉夫特:《古典语文学常谈》，丰卫平译，华夏出版社，2013年；等等。

第一章为导言，讨论了学者、学术、语文学的含义，*φιλόλογος*、*γραμματικό*、*κριτικός* 的渊源，现代语文学的来历，以及古典学术史的研究范围、分期，可谓全卷总纲。

第一编，雅典时期，约公元前 600—约前 300 年。该编对西方古典学进行了考源式的探索。古希腊各种文学形式，如史诗、抒情诗、戏剧诗、名家论诗、散文都得到讨论，兼及修辞学、语法学、词源学的肇端等问题。

第二编，亚历山大里亚时期，约公元前 300—公元 1 年（基督时代之始）。该编跨时三百年，只有两章篇幅（第八、九章），主要讨论对象是亚历山大里亚学派、斯多葛哲人与帕迦马学派。

第三编，罗马时期的拉丁学术，约公元前 168—约公元 530 年。该编跨时较长，虽只有四章，但篇幅较大。它以时间顺序编排，分几个阶段叙述拉丁学术：公元前 169 年（恩尼乌斯逝世）至奥古斯都时代；奥古斯都时代至公元 300 年；公元 300—500 年；公元 500—530 年。其中，“公元前 1 世纪的文学批评与语法学”得到了专题介绍。

第四编，罗马时期的希腊学术，约公元 1—约 530 年。该编在时间范围上略同于第三编，两编之分依据语种之别（拉丁语与希腊语）。该编同样按时间顺序编排，分别讨论了罗马帝国之初的希腊文学批评与字词之学、1 世纪末的文学复兴、2—4 世纪以及公元 400—530 年的希腊学术。

第五编，拜占庭时期，约公元 530—约 1350 年。该编跨时颇大，篇幅却极短（第二十二、二十三章）。“豢猪人”乔治、大马士革的约翰等几个人物得到了重点关注。

第六编，西方中古时期，约公元 530—约 1350 年。该编时跨与第五编相同，地域范围与后者相对应，大体仍依循时间顺序。大格雷高利、卜尼法斯、阿尔昆、罗杰·培根、中古抄写员群体等得到了专题介绍。

（二）第二卷概要

第二卷共 25 章，分为四编，所覆盖的时间范围从公元 1321 年至 1800 年，按历史时期来说，也就是从文艺复兴到近代早期之末。值得注意的是，该卷延续了自第一卷第六编开始的“更为关注于学者个人的传略与著作”的做法，当然，原则是“对于名声赫赫之人，其绩业之评估自为举世所寄望。若名不见经传者，简要提及足矣”[1]。

第一编，意大利的文艺复兴与学术史，约公元 1321（但丁逝世）—约 1527 年（罗马兵灾）。该编第一章实为全卷导言，介绍了近代学术史的四个主要阶段，分别以主要代表国家的名字命名（实际上体现了古典学研究的地域分布），即意大利时期、法国时期、荷兰与英国时期、德意志时期。余下各章大略按照时间顺序，论及不同时段的学者，除了许多不太知名的人物，尤可注意以下主题：包括开拓性人物彼特拉克、薄伽丘，佛罗伦萨早期美第奇时代，希腊移民的贡献，以费奇诺为核心的佛罗伦萨学园，在古典著作出版、校订等方面做出突出贡献的阿尔都斯·马努修斯及其出版社，利奥十世对文艺复兴的赞助。

第二编，16 世纪。该编在 16 世纪这个大的时间范围内，以地域原则进行编排。值得注意的是，更多国家、地区的古典学研究开始进入人

1 本书第 68 页。

们的视野，这在某种程度上反映了学术的兴盛。按照顺序，它们依次是意大利、西班牙与葡萄牙、法国、尼德兰、英格兰（包括苏格兰与威尔士）、德意志（包括匈牙利与波兰），其中最重要的是意大利、法国与英格兰，后来成为古典学中心的德意志此时开始崭露头角。就古典学家而言，作为一位国际性学者，伊拉斯谟得到了特别关注，桑兹为其单辟一章，讨论其生平、著作。此外，尤里乌斯·恺撒·斯卡利杰尔、卡索邦等亦享有重要地位。

第三编，17 世纪。同样依循地理顺序编排，依次是意大利、法国、荷兰、英国与德意志。从篇幅上，我们看到自文艺复兴以来保持兴盛的意大利古典学的衰落，“在 17 世纪，意大利的古典学识主要限于考古学，——这门研究的动力来源，是一直存在的旧日罗马废墟”[1]。法国、英国依然重要。由于新教徒逃亡国外，“留在法国的古典研究学者将精力从异教文化转向了基督教研究”[2]。自莱顿大学创建以来的荷兰则属异军突起，处在 16、17 世纪之交的利普修斯、斯卡利杰尔对于荷兰的古典学贡献甚巨，引人注目的还有胡戈·格劳修（Hugo Grotius）等。英国引人注目的古典学家有弗朗西斯·培根、弥尔顿等。

第四编，18 世纪。还是依照地理顺序编排，依次是意大利、法国、英国、荷兰。该世纪“意大利学术所取得的最大成就，俱与拉丁文辞书学和西塞罗研究有关”[3]。法国在这一时期的重要古典学家有蒙特法贡。尤其显眼的是英国与荷兰。英国此次被置于荷兰之前，是因为英国古典学家对荷兰有重要影响：本特利、珀尔森是前者的古典学巨擘，赫姆斯特

---

1 《学术史》第二卷中译稿（即出），第 169 页。

2 同上，第 172 页。

3 同上，第 217 页。

赫伊斯及其弟子鲁恩肯则代表了后者的古典学成就。这一时期古典学成就的特色在于“文史及文词之考证”。[1]

（三）第三卷概要

第三卷承接第二卷，共16章，所覆盖的时间范围从18世纪到桑兹生活的时代。从地域来看，除了传统的古典学研究强国，斯堪的纳维亚、俄罗斯、美国等国家、地区亦被纳入讨论范围，这代表了古典学影响的扩大，用桑兹的话说，“学术因其自身的特性，正变得越来越具国际性和普世意义”[2]。

第四编续，18世纪的德意志，独占第二十六、二十七两章。这一安排说明了德意志在18世纪古典学研究中的特殊地位。该时期的德意志古典学界可谓群星璀璨，重要人物有格斯纳尔、埃内斯蒂、赖斯克、温克尔曼、莱辛、赫尔德、海涅等。德意志在古典学研究上的突出地位一直延续到19世纪，桑兹的评价是:“在此最末阶段中，德国一直是列国当中成就最多者。”[3]

第五编，19世纪。这是全书篇幅最大的一编，符合“详今”（相对而言，桑兹并不那么“略古”）的做法。综合而言，该编的编排依循人物（个体与群体）与地域两个原则。首先是个体。沃尔夫（Friedrich August Wolf）及其所代表的德意志古典学家继续发挥重要作用，沃尔夫身后，人们则见德意志两大古典学派首领人物赫尔曼与柏克之对立、争

---

1 《学术史》第二卷中译稿，第13页。

2 同上。

3 同上。

竞。他们体现和延续了德意志古典学研究的辉煌。其次是群体，分别是语法学家与文本考据家、希腊经典的编订者、拉丁经典的编订者、比较语文学家、考古学家、地理学家、希腊史学家、罗马史学家、神话学家。再次是地域，依次为意大利、法国、尼德兰、斯堪的纳维亚、希腊、俄罗斯、英国、美国。在这之中，斯堪的纳维亚国家、希腊、俄罗斯的古典学研究史得到了梳理（不局限于19世纪）；传统的古典学强国中，尤为引人注目的是英国。

以上是笔者对三卷本《学术史》的内容概述。鉴于书中所涉人物、著作、国家、地区众多，相关概述只能列其大要，不能及于具体内容。虽然如此，西方古典学历史的演进脉络当有大致了解。

二、《学术史》的风格与特点

笔者要谈的第二个问题牵涉到《学术史》的风格与特点。这些风格、特点，既有创作方面的，也有治学、审美方面的。它们一方面体现了作者对题材的驾驭方式、能力乃至精神旨趣，另一方面也影响着读者对文本内容的接受、认可与欣赏程度，故此值得一探究竟。

（一）卷轶浩繁，规模宏大

在诸多西方古典学研究著作中，全面、系统地梳理古典学历史的本就稀见，人们耳熟能详者，不过维拉莫威兹《古典学的历史》、普法伊费尔《古典学术史》等寥寥几部。要说这些著作孰最优秀，不同之人站在不同角度，会有仁智之差异。然而，桑兹三卷本《学术史》篇幅之巨、内容之富，向来为世人所惊叹，且迄今尚无可替代者。作为一部从古希腊一直讲到19世纪末、20世纪初的巨著，它为人们保留、提供了许多宝贵、有用的信息，今之治西方古典学的学人，莫不需以该书为参考，此不独为梳理学术史之脉络，亦因该书资料翔实、巨细无遗、搜罗甚广。以下仅从两个方面略做说明。

其一，《学术史》在叙述上极为注重史学意义上的系统性，详今而不略古。略古详今是大多数学术著作采用的做法，其实，这也与古文献不易保存、多有散佚，而时间越近，著作量相对越多、越易流传下来有关。我们看到，因为篇幅问题，《古典学的历史》差不多是以文艺复兴为起点的（当然，这并不是说维拉莫威兹认为文艺复兴以前的古典学不重要）；[1] 普氏著作第一卷探讨的是古希腊、希腊化时期的古典学（他认为古希腊是为希腊化时期做准备的），而第二卷覆盖的时间范围是从1300年到1850年，居于希腊化之末与文艺复兴两端之间、长达数百年的中世纪则略而不谈。[2] 相比之下，桑兹三卷本《学术史》更注重各历史时期的衔接，按他自己的说法，他有意“著述一部更为全面的古典学术之通史……从雅典时代的诞生期开始……继而追踪其在亚历山大里亚与罗马时期的成长，随后则是通过中古时期和学术复兴，直到古代经典著作研究在欧洲各国乃至海外英语民族中……进一步发展”。据此，《学术史》部头最大的第一卷专门用来叙述从古希腊到中世纪晚期的古典学术

1 维拉莫威兹:《古典学的历史》，第4页。

2 普氏或许认为中世纪古典学研究不值一提，因为他在第二卷之初便谈道：“赋予近代古典学研究原动力的是一位伟大的意大利诗人彼特拉克……就创造一种新方法研究古人文学遗产而言，彼特拉克是当仁不让的领军人物。这让我们情不自禁地想起早期希腊化时代诗人在亚历山大城古典学研究的兴起上所发挥的决定性作用。”（Rudolph Pfeiffer, *A History of Classical Scholarship: From 1300 to 1850*, p.3）

史，而中世纪（包括同时期的拜占廷）在其中所占的篇幅略小于一半。这就与其他著作形成了鲜明对比。

其二，《学术史》在内容安排上关注史料意义上的全面性，除了突出重点，亦顾及影响较小的人物、著作，尽力网罗，不使遗漏。作者尝谓处理该问题时要取灵活态度，“对于主要人物的论述笔墨，本书并未形成均衡如一的比例……许多较不重要的人名，文中只是偶然提及……以便挪出空间，将更完整的参考信息留给较为重要的人名”[1]。但就后者（较不重要的人物）而言，哪怕有时只有几行字、一两个段落，亦可为我们留下有价值的信息。比如有一位希腊古典时代的史诗诗人萨摩斯的刻厄芮卢斯（Choerilus of Samos，鼎盛期在公元前404年），不见载于维氏、普氏著作与《抄工与学者》等其他著作中。照桑兹的说法，他算不上头面人物，但确有一定影响力，“其人被斯巴达将军吕山德……及马其顿王阿刻劳斯……奉为彼时代诗人中的翘楚”，他“放弃了老派的神话题材，转入摹写国族与历史的主题”，从而“开拓了史诗写作的新局面”[2]。像刻厄芮卢斯这样的人物在《学术史》中还有许多，此处不赘。

或许在他人看来，《学术史》的著作虽极富规模，却无益于突出重点，因此而无甚意义和价值。但站在桑兹的角度，他要追求的本就是内容的“全面”。以此标准而论，我们可以说他基本上达到了目标。

---

1 本书第38页。

2 本书第99页。

（二）细考源流，详述背景

除了卷轶浩繁、规模宏大，我们还能发现《学术史》注重学术源流、背景方面的考察与介绍。自然，古典学术史的梳理少不了这些工作，但正是在这些“惯例”方面，桑兹做到了极致。

其一，学术源流的梳理。这一点非常鲜明地体现在第一卷第一章与第一编“雅典时期”中。盖西人古典学的研究对象、方法、流派乃至一些重要文献的来源、流变等状况，均可溯源至古希腊。桑兹考察了古希腊的史诗、抒情诗、戏剧诗、诗学、修辞学、散文、语法学、词源学、文学史与文学批评，覆盖面非常广阔，从而为其后对古典学演变的讨论奠定了坚实的基础，也为后者提供了足够的历史纵深。相比之下，维拉莫威兹对文艺复兴时代以前的古典学历史几笔带过，普法伊费尔则专注于荷马史诗、以荷马为代表的游吟诗人、智者运动、个体哲学家（苏格拉底、柏拉图与亚里士多德）等几个方面，论题可誉之为集中，也未尝不是一种局限。[1] 不唯如此，桑兹还善于对具体问题，比如一个字、一个词、一部文献乃至一个学者的研究，进行追本溯源的查考。相关案例在书中随处可拾，例如，桑兹指出，19 世纪德国古典学家马丁 · 赫尔兹“在格赖夫斯瓦尔德对考古学的兴趣，可以追溯到韦尔克的影响；他关于古典学识之纲的讲座，则是柏克的影响所致。同样，他对罗马史家的关注归功于尼布尔，对于拉丁语法学诸家的兴趣则受益于拉赫曼”[2]。

其二，对学术问题的“全背景”介绍。笔者在这里使用了“全背

---

1 维拉莫威兹:《古典学的历史》，第 1—4 页; Rudolph Pfeiffer, *A History of Classical Scholarship from the Beginnings to the End of the Hellenistic Age*, Chapters 1 and 2, pp. 1–84。

2 《学术史》第三卷中译稿（即出），第 120 页。

景”而非“背景”二字，意在凸显桑兹在探讨相关问题时唯恐不入其细、不穷其全的态度。比如，在《学术史》第一卷第三章探讨抒情诗研究时，桑兹费了好几页篇幅铺陈背景。先是引用柏拉图《普罗泰戈拉篇》中的对话，“勾画出一幅雅典正规教育的有趣图景……图景重点在于对诗人的学习”；再引用柏拉图《法律篇》强调“向诗人学习”在古希腊普通课程中的重要性；再借助多理斯陶器艺术作品验证以上判断；然后再追溯相关词语的来源，以此渐渐过渡到抒情诗的主题。[1] 这样的全背景介绍在普法伊费尔这类专家眼中不免有繁琐之嫌，不过从有利于读者更全面、更有兴趣地了解一个问题来说，其益处自不待言。它也从侧面反映出作者治学的旨趣和路数，张治先生曾指出：“在写《古典学术史》之前，桑兹本人从事的研究，主要是古希腊罗马文学方面，涵盖了训诂、文体、修辞学以及注疏、版本文献的研究。”[2] 由此观之，全背景介绍并非出于偶然，而是其来有自。

（三）娓娓道来，善讲故事

以笔者的实际经历而言，除了研究问题的需要，读古典学术史在很多时候并没有愉快的阅读体验。究其缘由，一在于古典学的高度专业性，能看懂、读进去本就需要一定的知识储备与积累；二在于相关学术著作的写作方式往往不追求文学性，而是将一大堆陌生人名、地名、著作名、考证径直呈现在读者面前，令人意兴萧索。这些问题在很大程度上已成为古典学著作的特色，同时也成为读者眼中的障碍。作为这一领

1　本书第 101—104 页。

2　张治:《文献考据与文学鉴识：西方古典研究的学统与精神》，载《读书》，2011 年第 3 期。

域的经典著作，桑兹《学术史》并不能完全避免这些问题。虽然如此，通过一种特殊的方式，它仍尽力让读者对文本生出轻松、亲切、温馨之感。这便是桑兹娓娓道来、善讲故事的本领。

所谓娓娓道来、善讲故事，也就是并不那么急切地直奔主题、切中要害，而是通过介绍人物生平、著作由来，甚至插入一些传说、轶事、趣闻等，将人自然引至关键问题，或为关键问题提供例证、说明。这样，就减少了受众在阅读过程中的梗塞、窒碍之感。笔者尤喜不时穿插进来的故事，它们仿佛长途跋涉旅行中的绿洲、花丛，让人一洗疲惫，顿然振奋。比如，《学术史》第二卷穿插的一个故事便颇有趣，令人不禁莞尔一笑。

> 彼得·弗朗士（1645—1704）与布鲁胡修斯是同门学生，他曾在阿姆斯特丹的“新教堂”，为纪念在西西里海岸一场胜利之战中阵亡的英雄，海军上将鲁伊特（Ruyter），荣幸地朗诵一首维吉尔诗作。聚集在教堂前来聆听此诗的人众如此之多，以至诗人的朋友，当时在指挥军队的那位戎马学者布鲁胡修斯，在每次征兵时都用拉丁语问话，所有答复以拉丁语者即可入伍。[1]

以上，是笔者对《学术史》特色与风格的一管之见。自然，一千个人眼中有一千个哈姆雷特，笔者所喜悦激赏、厌恶否定者，他人未必认同。一直以来，桑兹著作收罗宏富，以其史料价值名闻于世，而在叙述、论断、创见等问题上颇受诟病。普法伊费尔的看法很有代表性：“作

---

1 《学术史》第二卷中译稿，第 194 页。

为一个整体，桑兹的著作不过是古典学者的名录，按时间、国度、编目（book by book）排列起来，它不是真正的学术史本身；人们看不到统摄性的观念、合乎逻辑的结构，对于转瞬即逝与恒常不变之物，亦不见冷静区分。”[1] 除此之外，一些细节问题也受到人们的关注，比如桑兹给予古典学史上一位重要人物洛伦佐·瓦拉的篇幅，明显与后者享有的历史地位、做出的贡献不相称，须知，普法伊费尔在《古典学术史：1300—1850 年》中用了整一章内容来研究此人。

笔者在此无意否定以上批评，关键的问题在于：学术之繁荣兴盛，有赖于学者各辟蹊径，各显神通。如果说维拉莫威兹的《古典学的历史》以短小精悍、评论犀利著称，普法伊费尔的《古典学术史》以主题鲜明、逻辑严密引人注目，桑兹《学术史》则胜在雍容自在、广取博收。它的材料丰如宝库，它的阅读体验相对轻松，这便是它的独特价值。

桑兹三卷本《学术史》是迄今为止涵盖时空范围最广、篇幅最巨、内容最全、材料最富的西方古典学历史著作，是治古典学者不可或缺的参考文献。多年来，囿于精通多门古典语言的人才缺乏等主客观条件，中文学界与广大读者无缘得见桑兹大作，张治先生不畏辛劳，十余年呕心沥血，终让这一巨著的完整中文版顺利面世，其贡献值得充分肯定。可以预见，随着该书的付梓出版，国内学术界多了一份有价值的参考材料，读者也多了一个了解西方古典学历史的渠道。这是值得庆贺的好事、喜事。

---

1 Rudolph Pfeiffer, *A History of Classical Scholarship from the Beginnings to the End of the Hellenistic Age*, p.viii.

作为同行，笔者深感治学不易、译事为艰，更何况是这样一部令人望而生畏、高难度的大部头学术著作。张先生在熟练掌握古典语言的基础上，不停留在“信”的层次上，奋力以“达”“雅”为更高追求，从而为读者奉献了这样一部兼具学术性与可读性的中译本，个中甘苦，唯译者自知。

陈　恒

导读一

《西方古典学术史》译本引言

所谓的西方古典学，通常指西方对古希腊罗马典籍的阅读和研究，这一阅读和研究的接受过程便构成西方古典学术史。

西方古典学历史悠久，源远流长。古希腊文明最早可以追溯到公元前三千多年的克里特文明。传说中的代达洛斯（Daedalus）为克里特王弥诺斯（Minos）建造的迷宫至今残迹犹存，清楚地表明了当时文明发展的水平。后来古希腊文明发展的中心转移到伯罗奔尼撒半岛，迈锡尼（Mycenae，一译米克奈）兴起。在迈锡尼衰落之后，雅典成为古希腊文明发展的新的中心，古希腊文明进入最繁荣的时期。此后古希腊奴隶制城邦衰落，马其顿兴起，马其顿的亚历山大（Alexander）东征促进了古希腊文化与西亚和北非各地区的文化交融，希腊化王国埃及的亚历山大里亚（Alexandria）成为新兴的古希腊文化中心。

一般说来，一部古典作品的产生同时便伴随着对它的阅读史的开始。广为人知的特洛亚战争发生在迈锡尼时代后期（约公元前 13 世纪末至 12 世纪初），以那场战争为题材的荷马史诗起初口传，后来出现文本，成为古希腊第一部传世的书面文学作品。荷马史诗在其存在和流传过程中同时经受了各种演释和批评，因此对荷马史诗的阅读和研究也便成为有文本可循的希腊古典学的开始，同时也是西方古典学术史的开始。应该说，大规模的希腊古典学研究出现在亚历山大里亚时期。当时在埃及托勒密王朝（Ptolemaei）的倡导和支持下，来自希腊化世界各地的学者们聚集亚历山大里亚，对广泛收集来的希腊典籍抄本进行校订、编辑，许多古典著作就是在这一时期经过校订，成为定本流传后世的，从而也使这一时期成为西方古典学术史上一个重要的时期。

古罗马文明的兴起稍晚于古希腊。古罗马早期主要是在同其周边部族连续不断的冲突和战争中求得自身的发展和壮大的，从而阻滞了文化的发展，使得它远远滞后于国力的增强和统治范围的扩大。由于古代罗马和古代希腊是近邻，因此古罗马文化的发展很早便受到先于自己繁荣发展的古希腊文化的影响。特别是从公元前 2 世纪初古罗马开始直接向巴尔干半岛扩张，并且征服了希腊本土后，相比之下古希腊文化更是处于强势地位。关于这种文化态势，古罗马诗人贺拉斯（公元前 65—前 8 年）曾经写道：

> 被俘的希腊把野蛮的胜利者俘获，把文明
> 送来蛮荒的拉提乌姆。[1]

1　贺拉斯:《书札》, II, 1, 156–157。贺拉斯的这一行半诗的拉丁文是:
Graecia capta ferum victorem cepit et artis
Intulit agresti Latio.

当时，先进的希腊文化令罗马倾倒，罗马人直接借鉴和利用希腊人现成的文化成就，使罗马文化迅速发展起来。直到纪元前后古罗马文化达到其发展的“黄金时期”时，古罗马作家仍然以“师承希腊”为荣，同时在借鉴和吸收中力求与希腊竞争。古罗马人正是这样建立了自己的文明，成为西方古典学的新时期——古罗马时期，并且同古希腊文明一起，共同构成欧洲古典文明。

狭义说来，西方古典学术史指古希腊罗马时代的学术历史，广义的西方古典学术史则延伸包括其后的各个时代的接受史，直至当代。现在这部《西方古典学术史》的作者约翰·埃德温·桑兹（John Edwin Sandys，1844—1922）是19世纪后期至20世纪前期西方著名的古典学者，曾经长期在剑桥大学从事古典学研究，造诣深厚，著述丰富。他在朋友们的鼓励和支持下，努力追寻古典著作的历史命运，在浩如烟海的古籍中寻找对它们的接受痕迹，从而对西方古典学术史做了如此系统、详尽的研究。据作者自称，他原打算写作一部通俗性学术史读物，结果却写成了一部鸿篇巨制。《西方古典学术史》全书内容丰富，材料翔实，博大精深，受到普遍的肯定和称赞。虽然此后西方陆续有类似的著作问世，或去繁就简，或加强史料批评，但在资料的翔实方面无出其右者，而且还往往以这部史著为依据，充分肯定这部史著的价值。

西方古典学术研究传统历史悠久，资料丰富。相比之下，我国的古典学研究起步较晚。国人接受西学主要开始于16世纪后期随着西方传教士东来而出现的“西学东渐”时期。尽管传教士们的使命是传播教义，但他们同时也促进了东西方的文化交流，使国人初步接触到西方古典。这种接触和交流在经过一段时期的低落和沉寂之后，到19世纪末20世纪初重又出现了兴旺势头，特别是在20世纪前期我国出现的新文化运动之后，更有大批学人前往西方求学，研究各科学问，寻求真谛。当前我国学界研究西方古典的热情颇高，但往往苦于我国国内有关研究资料严重不足。在这种情况下，译介《西方古典学术史》这样一部原始材料翔实、内容广博的著作是非常需要的，既可以帮助我国研究者了解学科历史状况，开阔眼界，扩大思路，同时也提供了许多难得的原始史料，对促进我国古典学研究工作的开展很有好处。

王焕生

2010年6月

导读二

“classical scholarship”“klassische Philologie”与“古典文献学”

1903—1908 年，J. E. 桑兹在英国剑桥大学出版社陆续出版了他的三卷本巨著 *A History of Classical Scholarship*。1911 年，H. T. 佩克的 *A History of Classical Philology* 由美国麦克米兰出版公司出版。前言中，佩克在论及同类著述时称，“结构紧密且明晰地提供此类综合知识的导读迄今尚告阙如……”而其所著“欲就古典学如何缘起以及使‘Classical Philology’成为一门学科的渐变提供一种综合、易懂的知识”。[1] 这两部英文著作的大题虽有所别，但在佩克看来，其述无异，尽管开篇桑兹即对“philology”这一“借自法、德语文的词”在英国“模棱两可的寓意”进行了较为详尽的辨析。

1968年，牛津大学出版社出版的R. 普法伊费尔的 *A History of Classical*

1 H. T. Peck, *A History of Classical Philology*, New York: Macmillan Company, 1911, p.vii–viii.

Scholarship from the Beginnings to the End of the Hellenistic Age 一书，1970 年由著者本人以 *Geschichte der klassischen Philologie von den Anfängen bis zum Ende des Hellenismus* 为大题译成德语出版。1982 年，艾伦・哈里斯则把维拉莫威兹的 *Geschichte der Philologie*（1921 年）译作 *History of Classical Scholarship* 在英美两地同时出版。对此的解释，休・劳埃德－琼斯的观点与桑兹相若，"因为对大多数英国人而言，'philology' 系指 'comparative philology'，而 'comparative philology' 则意为 '比较语言学'"。[1] 由是可见，不仅英国英语之于 "philology" 的释义异于德语，即便在桑兹与佩克等英美学者之间亦有差别。

其实，"philology" 这一 "借自法、德语文的词" 源自古希腊语，由 "philos" 与 "logos" 复合而成 "philologia"，最早见于柏拉图的《斐多篇》(*Faedros*)。"philos" 意指 "爱或被爱"，而同属动名词的 "logos" 则义项繁复，可为 "词、用语"，可为 "知识、理性"，也可为 "思考、论证"，等等，致使 "所钟爱者" 被后世赋予了不同的内涵，而在与 "古典的" 并用时同样出现了因地而异的解读。

"classical scholarship" 抑或 "klassische Philologie" 作为 "渐变" 而来的 "一门学科"，其内涵与外延亦在不断变化。雷纳克视之为 "关乎古人，特别是罗马人与希腊人文化生活的学科"。[2] 休・劳埃德－琼斯在维拉莫威兹 *Geschichte der Philologie* 英译本导论中称，"严格意义上讲，'philology' 不应包括对遗迹的研究，尽管应包括对历史与

---

1 U. von Wilamowitz-Moellendorff, *History of Classical Scholarship*, translated from the German by Alan Harris, edited with Introduction and Notes by Hugh Lloyd-Jones, London and Baltimore : Gerald Duckworth & Co. Ltd and Johns Hopkins University Press, 1982, p. vii.

2 S. Reinach, *Manuel de Philologie Classique*, Paris: Librairie Hachette et Cie, 1880, p.3.

哲学的研究。但维拉莫威兹对此的叙述则包括考古学与艺术史，因为在他看来，‘philology’与此类学科不可分离”。[1]桑兹认为，“‘classical scholarship’……是对希腊、罗马语言、文学及艺术的确切研究，是对它们传授予我们有关人类本性与历史的一切的确切研究”。[2]除语言学外，佩克的界定还包括“铭文学、古文字学、钱币学、校勘、哲学以及考古与宗教”。[3]比较而言，普法伊费尔的界说已不及其前辈学者的宽泛，他认为，“‘scholarship’系解读与还原文学传统之术。它源自公元前3世纪，经诗人们的艰难尝试而为一门独立的文科，其目的是保存并利用他们的文学遗产——‘古典著作’(the classics)。因之，‘scholarship’者现以‘classical’scholarship为名矣”。[4]

普法伊费尔所言的“诗人们”当指希腊化时代亚历山大城学馆的驻馆学者。其时，驻馆学者往往身兼数职，他们的“艰难尝试”不仅仅限于搜集史诗、抒情诗、戏剧、历史、哲学与科学等古典著作的写本，不仅仅“利用他们的文学遗产”从事诗歌创作，更以校勘、注疏与编目为要务。发端于泽诺多托斯、卡利马克斯与埃拉托斯特奈斯的“解读与还原文学传统之术”，至阿里斯多法奈斯的校勘实践而成一宗，经中世、近代的传播与发展已为专门之学。

若以“解读与还原文学传统之术”观之，愚以为“classical scholarship”或“klassische Philologie”的所指或可与中文语境中的“古典文献学”相

1 U. von Wilamowitz-Moellendorff, ***History of Classical Scholarship***, translated from the German by Alan Harris, edited with Introduction and Notes by Hugh Lloyd-Jones, p.vii.

2 J. E. Sandys, ***A History of Classical Scholarship***, Cambridge: Cambridge University Press, 1903, p.2.

3 H. T. Peck, ***A History of Classical Philology***, p.1.

4 R. Pfeiffer, ***History of Classical Scholarship***, Oxford: Clarendon Press, 1968, p.3.

比对，或可译作“西方古典文献学”以强调“希腊、罗马的”这一属性。

诚然，最早见于梁启超《清代学术概论》中的“文献学”一词，其内涵与外延自上世纪20年代起也一直经历着“渐变”。80年代中期，《文献》杂志还曾组织过“关于文献与文献学问题的讨论”，但对“文献的含义”“文献学的界定”以及相关议题的讨论延至90年代初始终未臻一致。2008年，曾参与讨论的董恩林先生撰文称，“文史学科的文献学（笔者称之为‘传统文献学’）名称、内涵、范围、体系诸问题，到目前为止，仍然存在一些问题”。但是，“无论称之为文献学、历史文献学，还是古文献学、古典文献学，我国文史学界所称‘文献学’都是以整理、研究古文献为目的的一门传统学问，过去称为‘校雠学’。……‘辨章学术、考镜源流’是其基本宗旨，保障传世文献文本的完整、理解的准确是其终极目标，注重研究文献文本价值与内容的真实是其基本特征”。[1]若由是推，普法伊费尔所说的“解读与还原文学传统之术”事实上也可理解为“以整理、研究古文献为目的的一门传统学问”。至若前辈学者惯用的“历史文献学”与“古典文献学”，他认为，“张舜徽先生所说的‘历史文献学’、吴枫先生所指的‘古典文献学’都是有别于现代文献学的古文献学、传统文献学，其‘历史文献’‘古典文献’是‘历代文献’‘古代经典’的意思，不是指历史学学科文献、古典文学学科文献”。[2]反观西方古典文献学的缘起，因“古典著作”滥觞于荷马史诗，而驻馆学者的校勘实践又多以诗文、戏剧的文本为发端，所以才有了普法伊费尔所谓的“文学遗产”一说。

---

1 董恩林:《论传统文献学的内涵、范围和体系诸问题》,《史学理论研究》, 2008年第3期，第44页。

2 董恩林:《论传统文献学的内涵、范围和体系诸问题》，同上引，第47页。

从桑兹到普法伊费尔，对西方古典文献学的界定经历了从广义到狭义的发展，同时也见证了西方古典文献学与西方古典学的分野。学理上言之，始于公元前3世纪的西方古典文献学初与西方古典学并无畛域之分，随着学科的不断细化才逐渐别于西方古典学，后与考古学、历史、艺术史、哲学一并而为西方古典学的分支学科。在西方古典学界，真正意义上的古典文献学著作当属L. D. 雷诺兹与N. G. 威尔逊合著的《写工与学人》[1]。该书不仅述及了西方古典文献的传承，写本的诸形态以及文本校勘，在第六章中，著者还专门讨论了文本校勘理论。作为古典文献学史著作，桑兹等人对古典文献学的界定虽各有所异，但具体到各章所论却不尽相同，除内容繁简不一、下限各有差别外，均关乎到不同时期、不同地区，乃至不同国度对古典文献的"解读与还原"。孙钦善先生在论及中国古文献学史的特点时曾言，"中国古文献学随着古文献的产生、流传和积累不断发展，形成一条源远流长、延绵不断的历史"[2]。相比之下，西方古典文献学史"源远"却未"流长"。其中重要的一点便是，作为古典文献载体的古希腊语、古拉丁语随着历史的变迁最终成为"死的语言"。对西方学者而言，无论是桑兹还是普法伊费尔，其古典文献学的历史无一例外地要溯源至他们共同的"古代"——由罗马而希腊。

桑兹鸿篇巨制的出版迄今已逾百年，其详尽的论述虽少卓见，但仍不失重要的学术价值。除内容宏富外，桑兹所旁及的语言也较为复杂，古典语文有希腊语、古拉丁语，近代语文则包括德语、法语、意大利语。张治君不畏其难，耗四年之功，译毕第一卷，并承接了另外两卷的

1 L. D. Reynolds & N. G. Wilson, *Scribes and Scholars: A Guide to the Transmission of Greek and Latin Literature*, third edition, Oxford: Clarendon Press, 1991.

2 孙钦善:《中国古文献学史》(上下)，"绪言"，中华书局，1994年，第4—5页。

译事，其典雅的译笔值得期许。

把桑兹的巨著译作《西方古典学术史》固然无错，维拉莫威兹的名著译为《古典学的历史》[1]也自有其道理。但把普法伊费尔撰述的英文版译作《西方古典学术史》，德文版迻译为《古典学的历史》怕是会判若两书、难尽其义了。

浅愚之见，不知张治君以为如何？

张　强

庚寅仲夏记于东北师范大学世界古典文明史研究所

1　维拉莫威兹:《古典学的历史》，陈恒译，生活·读书·新知三联书店，2008年。

中译本说明

1. 第一卷翻译使用的底本来自 1921 年剑桥大学出版社第 3 版。

2. 保留原书行文中“( )”与“[ ]”的用法。如：才设置了演说（ῥήσεις）课程；“齐塔拉琴”（琴“壳”由木匣代替，双“角”更以琴匣的延伸臂，来固定琴弦的另端）；[柏拉图]；圣埃德蒙 [埃德蒙·理奇]；等等。

3. 专名（人名、地名、书名）首次出现时在译文后直接附原文。如：芝诺多图斯 Zenodotus，甫里乌斯的提蒙 Timon of Phlius，罗塞塔 Rosetta，《亚历山大里亚战记》*Bellum Alexandrinum*，等等。个别的术语酌情附以原文。如：七十子译本 *Septuagint*，“想象 imagination”，等等。书后附译名对照表，以便查览。附原文时，均不加“( )”，以区别于原文本有“( )”者。

4. 所引希腊语、拉丁语的文献、词汇，皆附原文以资读者考核，原书无英译文者，则在其后加方括号“【】”附楷体字的中译文。如：*Τρώεσσι δὲ κήδε᾽ ἐφῆπται*【特洛伊城即将遭陷落】，*Μόχθος*【受罪劳心者】，studiorum

claritate memorabilior quam regno【学术声望胜过赫赫皇位】，等等。注释引文为正文已有译述者，多不复译。该文献附英译文者，则主要由英译文译出。所有文献译述方案，凡参考前贤先进之说者，俱加以适当说明。如：*τά τε Ὁμήρου ἐξ ὑποβολῆς γέγραφε ῥαψῳδεῖσθαι, οἷον ὅπου ὁ πρῶτος ἔληξεν, ἐκεῖθεν ἄρχεσθαι τὸν ἐχόμενον*【使荷马史诗能为诵人所轮流诵读，其第一人所收煞处，成为继起者的开首（参考 Hicks 以及 Yonge 的英译）】；*νῦν δ᾽ ὅτε πάντα δέδασται*，“如今整个园地已分配完了”【译按，罗念生译文】，等等。

5. 译注均以楷体字置于方括号“【】”内，并前加“译按”二字为标识。如：双笛【译按，指 aulos】；尼柯弗儒斯 Nicephorus【译按，希腊文意为“带来胜利者”】；作者是沙提雍或里尔的高提耶 Gautier de Châtillon or de Lille（Gualterus ab Insulis【来自岛城的高提耶，译按，里尔在今日法国北部边境附近，其名称源于拉丁文“岛屿 Insulis”一词。注释中复又称高提耶作瓦尔特】，卒于 1201 年）；等等。

6. 英语外的其他现代语言均在译文后说明原系何种文字。如：“事实上，根本不应将这些拜占庭学者视同抄胥，而当列为校雠家。他们不是那些规矩而愚笨的僧侣行的同行，那些僧侣辛勤地摹写他们不能理解同时也自认不能理解之物。他们是我们的同行……他们永久地修补了这些诗作，数量之多，令人目眩。”【译按，原文系德文】

7. 近代学者人名，见于注释者不译，见于正文者译。近世西方地名、人名的翻译，部分参考《外国地名译名手册》《世界人名翻译大辞典》及商务印书馆“翻译参考资料”丛书。

8. 注释所引文献需附其原文标题时，将缩写形式恢复为完整的全称。个别简称已成惯例，则沿用之，并附说明。有些文献的章节页码与译者所查对的有出入，除少数修正外，大多仍保留原书的形态，不另加说明。页码后的 v，或表示“反面”，或表示“左页”，难以落实，故不译。

9. 原书表示强调的英文斜体字，或非句首的普通词汇而首字母大写的，译文以楷体排出；正文中小号字体部分的概述，译文也用楷体写出，其中的斜体强调部分则更以粗字体，以示分别。字母大写的单词，译文则以黑体字排出。

10. 保留原书索引和原书页码。原页码见于译文页边。【附注：原书段落间嵌入小标题，由编辑先生代为译出，特此声明】

11. 原书摹本图片，仅译其附完整释文者。12 张年表，附以原样不译。

12. 译文中“全盛期”或“盛于”字样，表示历史人物活跃之时期，此根源于雅典的阿波罗多儒斯。人物活动年代上下文略有出入者，仍各从原文，不做校订。

13. 纪年方式，原书有 B. C. 或 A. D. 字样，未采取 C. E.（Common Era，公元纪历）的标志，故一律以“西元前”“西元”字样译出。

14. 人名绰号，根据传记辞典等资料，可意译者不以音译，不易凿实者则仍以音译。如: Scot 一号涉及苏格兰地区中古时候的爱尔兰移民，故而多改译作“爱尔兰人”，中古晚期则酌情译作“苏格兰人”。

15. 凡兄弟姐妹、姑表堂亲、甥侄子婿，于原文未明示其关系者，则尽力查考确认，少数难以判定者，则取概称代之。如：兄弟、姐妹、甥侄、叔伯等等。

16. 涉及印刷术出现之前古代文献的手稿版本信息，原文使用 M. S.（manuscript）与 codex 二字，前者强调抄写者手写誊录之本，后者则强调经过装订而成为现代形式上的“书本”，皆译作“抄本”（个别语句中调整为“抄本手稿”）。唯有极少数情况下，manuscript 系作者本人亲笔书写或口授而他人笔录之原稿，则译作“稿本”。“抄本”“稿本”统称作“手稿”。若原文使用 copy 一字，表示原有抄本之复制品，则译作“副本”。若原文使用 transcript 一字，强调文字上的转录留存，则译作“誊录本”。

17. 罗马文学部分的专有名词多参考王焕生《古罗马文艺批评史纲》及《古罗马文学史》。宗教术语的汉译，多参考文庸《基督教词典》（修订版）。其他方面很多专有名词，无权威定说者居多，则多凭译者知识与判断自行斟酌，不尽合理之处，恳请读者专家批评指正。

图 1　西元前 5 世纪初期，雅典学校的诸种情景

多理斯 Duris 创作的一支高脚浅底杯 Cylix 上的红图黑底瓶画，发现于凯伊剌 Caere，今藏于柏林老博物馆中。见本卷第 42 页（本书中提及的页码若未加说明，均为英文本页码，即本书页边码——中译本编者注）。

Quid est aetas hominis, nisi ea memoriâ rerum veterum cum superiorum aetate contexitur ?
【人生一世有何可为，莫非记载事迹，将之织入古代先祖的生命中去？】

西塞罗，《演说家》*Orator*，§120

x

第三版前言

在此第三版中，作者对全卷进行了一番悉心修订。除了校正一些偶然的疏忽外，他有意令文字基本保留原貌。然而，当 1915 年出版了整部著作的修订简略本，题为《西方古典学术简史》*A Short History of Classical Scholarship* 时，他愈发清楚地认识到瓦罗 Varro 所起的作用，在某个特殊意义上说，乃是连接亚历山大里亚和罗马语法学家们的纽带（第 140 页）；他将图卢兹 Toulouse 那位古怪的语法学家“维吉尔”生活之时代定为不早于西元 7 世纪中叶（第 450 页）；他还找到了充足的理由，以调整他关于“爱尔兰的早期希腊语知识”之观点（第 451 页）。

因增补晚近的相关参考文献，目前注释的篇幅达到至少 150 页。新增文献包括慕尼黑的路德维格·特劳勃 Ludwig Traube（1861—1907 年）两册具有非凡启发意义的讲演录，谈及拉丁经典著作在中古时期的命运，慕尼黑当地于其人身后在 1909 和 1911 年刊行。再就是萨克逊学者马克斯·曼尼修斯 Max Manitius 精深全面的著作，一部中古时期的拉丁文学史，同样出版于慕尼黑，时在 1911 年。

米兰的莱米乔·萨巴迪尼 Remigio Sabbadini，其研究主要关注于学术复兴时期古典著作之抄本的重获事迹，但在他《拉丁与希腊文抄本的发现》*Scoperte dei codici Latini e Greci*（1914 年）第二部分中，为我们回顾了意大利某些早期人文主义者的活动，这些人的卒年在 1374 年彼特拉克逝世之前。因而在第 611 页有关意大利“文艺复兴运动之先驱”的一个注释【译按，即中译本 847 页注释 2】，以及第 xviii 页处本卷参考书目中，都征引了这部著作。另一方面，萨巴迪尼论及法兰西与日耳曼地区的早期人文主义者，那些人卒年在下一个世纪，因此属于本书第二卷的内容，该卷以学术之复苏发轫，连同第三卷亦即终卷一起，出版于 1908 年。

1920 年 6 月

ix

第二版前言

早在始料未及之时，读者便希望此卷有新的一版问世，而插图以及文本和注释也都需要做一番仔细的校订。第一版中刊布的参考文献，在此第二版几乎全部移至注释中。“雅典时期”的插图中，有幅古代诵人像，业已置于史诗早期研究一章之前，而“喜剧与悲剧之面具”以及斯帕达宫 Spada Palace 的“亚里士多德”，则让位给亚里士多德和阿里斯托芬著作的抄本图影。有关罗马时期希腊文学研究的某些篇幅，从第四编的篇首移至第三编首章末尾处更为合适。“拜占庭时期”有多处增补，涉及此主题的晚近之参考文献，包括克伦巴赫 Krumbacher 教授为那部题为《当代文化》*Die Kultur der Gegenwart* 的百科全书式著作所做的贡献【译按，指《中古希腊文学》一书；《当代文化》产生于帝制德国，初成于魏玛共和国时期，是一部巨型百科全书式的类编丛书，所谓“当代文化”者非今日之常见义，而有以德语学术界之力量清算当时所有可知的学科知识之意】（1905 年）。“西方中古时期”同样参考了某些权威著作，诸如嘉斯顿·帕里 Gaston Paris 的《中古法国文学》*Littérature française au Moyen-Age*（1888 年），古斯塔夫·格勒伯 Gustav

Gröber 在《罗曼语语文学纲要》*Grundriss der romanischen Philologie* 第二卷中对中古拉丁文献的目录学调查，科尔 Ker 教授的《黑暗时代》*Dark Ages*（1904 年），以及罗杰 Roger 先生的《古典文学的教育，自奥索尼乌斯至阿尔昆》*Enseignement des lettres classiques d'Ausone à Alcuin*（1905 年）。对圣帕特理克 St Patrick 的简短论说，由伯里 Bury 教授所著《传记》*Life*（1905 年）之指引而得以修订，而对布鲁瓦的彼得 Peter of Blois 的评论，增补了谢尔勒 W. G. Searle 神父一部未刊著作所援引的内容。注释中对每个论题的新近研究文献大体上都插入了不少参考内容。注文与正文的新添部分，总计约 28 页……

1906 年 10 月

v

第一版前言

若言本书之缘起，当追溯至大约九年前时，我听从吾友耶博 Jebb 教授的善意劝说，受《英伦社会》*Social England* 编辑邀请，对学术之历史准备做一番简短的调查，遂有 1896 与 1897 年所出版的那几部著作【译按，指作者所著《英伦学术》*English Scholarship*（1896 年）等书】。在此期间我拟订了一个计划，要著述一部更为全面的古典学术之通史，将从雅典时代的诞生期开始，继而追踪其在亚历山大里亚与罗马时期的成长，随后则是通过中古时期和学术复兴，直到古代经典著作研究在欧洲各国乃至海外英语民族中的进一步发展。我早已熟悉费城的古德曼 Gudeman 教授【译按，Alfred Gudeman，曾任宾夕法尼亚州大学教授】所著《古代语文学史纲》*Outlines of the History of Classical Philology*，我有意指出的是，在这位饱学的作者所精心结构的《史纲》中，假如用 80 页篇幅就将完整的历史描绘出同样的大体轮廓来，那么对于以英语著述的其他同论题作品来说便无不是多此一举的了。但既然根本缺乏所谓的这种“史”的著作，则我耗费工夫以力求满足这一明显的需要，看来便是值得的，因此，数年前，我要写一部古典学术之通史的想法得到了剑桥大学出版社董事们的允准。实际上我始终想要写成一部易于阅读的书，它或许也可胜任为一部学术参考著作。我承认此书在我笔下变得闳肆庞大，超出了原本的想象。但当我想起有一部德文的“古典语文学史”【译按，即参考书目中 Gräfenhan 的著作】，尚未逾出西元 4 世纪的时间下限，便占据了 1900 面的大八开本纸页，于是我情愿（如同克莱夫 Clive【译按，Robert Clive 男爵，东印度公司的缔造者】一样）“震惊于我本人的节制”了。我本有望将此任务于单独一卷 vi
中完成，但看来已是不可能的了，主要原因是中古八个世纪里在西欧地区有关古典学问的史料文献极为庞杂。在研究这部分内容时，我自己不得不与大量的文本进行搏斗，挣扎于“主簿丛书”*Rolls Series*、《日耳曼历史学文库》*Monumenta Germaniae Historica* 以及米涅 Migne 的《拉丁教父著作集成》*Patrologia Latina*，并且被迫要掌握那些以法文、德文、意大利文以及英文出版的大量散见专著中的内容。通过这些及其他文献资料，我力图追寻拉丁经典著作的后世命运，研究更为重要的中古人对希腊文化的认知迹象，并为经院哲学作一个概述。若不是将后者考虑进来，则对于中古时期的文献便不可能有足够的理解。故而这是我论题的一个必要部分，盖因经院哲学产生于对希腊著作译文的研究，并不可避免地受制于中古人士对亚里士多德著作渐次演进的各认知阶段。不过，沿着某种哲学形式的整体发展过程来看，尽管这如同一种心智训练般具有价值，总体而言却不宜于对古典文学伟大杰做宽广而自由的研究，我本人的兴趣主要限定于与学术史直接相关的问题上。这正是（若允许我以塞内加的短句来翻一新样）：quae philosophia fuit, facta philologia est【昔日哲学所有者，语文学今日之状也。译按，塞内加原文，“哲学”“语文学”的位置颠倒过来，此非作者的原创，更为人知的翻新者是尼采】[1]。在此书中，我大体研究的是与各时代的文学史，甚或在某些细微程度上说也是与政治史相关的学术史。但对于主要人物的论述笔墨，本书并未形成均衡如一的比例。于是，立于中古时期入口处三位具有深远影响的伟大著作家中，有关普理西安 Priscian 之特点的论说文字必然会远远少于波爱修斯 Boëthius 或卡息奥多儒 Cassiodorus 的部分。许多较不重要的人名，文中只是偶然提及，
vii 就被排除在索引表的定本之外，以便挪出空间，将更完整的参考信息留给较为重要的人名，诸如亚里士多德与柏拉图、西塞罗与维吉尔。我相信，通过 12 张年表可以为此主题的学习提供更多便利。第 xi 页附有这些年表的目录。

此论题可分作若干部分（陈述于第 14 页），本卷囊括了前 6 部分，企图在其范围内足够完整，从时间上看，覆盖了 25 个世纪的前 19 个，即是这 6 编所涉及的部分。在此工作之后，我希望不久即可写出自彼特拉克时代至今日的一卷学术史来[2]。该卷初拟草稿已经写出大半部分来，因而在今年的复活节假期，我已到佛罗伦萨好客的图书馆中，着手进一步研究文艺复兴时期及中古某些时期的文献了。今年春天，我参观了卢瓦尔河畔中古学问的家园，还研究了中古教育体系的相关造像与书面资料，这些纪念物仍留存于世间，乃是可见的化身，代表着曾影响索利兹伯瑞的约翰 John of Salisbury 在“沙特尔的经典静谧”中孕育其思想的那些因素。

在此篇前言结尾，我乐于列出全部的致谢名单，他们都曾多少推

1 《书简集》，108§23。

2 1908 年，刊为 2 卷。

助我完成这一难免颇为费神的劳作。首先我应感谢剑桥大学出版社的董事们，以及社中全体员工，难忘有位态度一贯严谨的审稿人，他（除了一些更为重要的校正之外）曾努力将中古人名的拼写还原成那些中古人士本人做梦都未想到的标准形式。假如接下来我可以在此向影响此卷之着手工作的人们表达谢忱，则不能遗忘给予本书起初之激励、使之终能问世的那位朋友（即是我开篇所提到的那位）。再者，若我可以举一简单的事例，以说明我受另外两位学者的沾溉之恩——其中一位与我愉快地交往了四十年，另一位，啊呀！则是短暂得很——我自已故的阿克顿 Acton 爵士那里得到一处线索，对博韦的樊尚 Vincent of Beauvais 之博学多才留下了最初的明朗印象；迈耶 Mayor 教授有一句话，则使我关注约 viii
翰·德·加兰迪亚 Joannes de Garlandia。三一学院的研究员中，亨利·杰克逊 Henry Jackson 博士甚为良善，曾向我清晰地论述了他对柏拉图《克拉底鲁篇》*Cratylus* 的诸多看法，詹姆斯·达夫先生友好地垂询并认可了我对中古卢克莱修研究里某个问题的看法[1]。詹姆斯博士所编订的学院书目及其他著作，使我对剑桥藏中古抄本的知识大为受益。遂令我在摹本插图中列了一幅兰弗朗 Lanfranc 的亲笔手书【译按，中译本 732 页】，还有一度属于贝凯特收藏的索利兹伯瑞的约翰著作副本的一段摘录【译按，中译本 749 页】，以及麦耳比克的威廉译作的一部早期誊录本上的题记。有 4 幅摹本图片是首度发表。感谢爱德华·芒德·汤普逊阁下，与出版其大作的科甘 Kegan 氏诸君及公司，允许我从他那大名鼎鼎的《希腊与拉丁古文书法手册》*Handbook of Greek and Latin Palaeography* 所附诸多摹本中取用了 5 幅。我还从柴德良 Chatelain《古典拉丁语的古文书法》*Paléographie*

1　第 535 页，注释 3【译按，即中译本 747 页注释 2】。

des Classiques Latins 的 300 幅本中摘录了两小幅图影，还有一幅出自瓦滕巴赫 Wattenbach 与范 · 维尔森 von Velsen 的《希腊抄本图录》*Exempla Codicum Graecorum*。我必须要感谢剑桥的督学先生，许我使用他的《书之关护》*Care of Books* 这一要著中的一幅图片（所提供者远不止此）。我还要怀着感激之心，回忆因我个人需要而为大学图书馆馆长及全体员工所添的麻烦，还有彼得豪斯、冈维尔与凯斯、圣体、抹大拉及三一学院的诸位图书馆馆长，以及我本人所在学院图书馆馆长的辛劳，此外还要提到我从前的一位学生，剌普逊 Rapson 教授，现供职于大英博物馆。使我进益的国内外学者之所有著作，俱见于后文注释中。

1903 年 10 月

主要内容概略 xix

第一章:“学者”与“学术”的定义;“学术”与“语文学”。*φιλόλογος*, *γραμματικός*, *κριτικός*。现代“语文学”。本书总体计划。

第一编　雅典时期，约西元前600—约前300年

年表，下迄西元前300年

第二章：史诗之研究。荷马与“诵人”。梭伦、庇西特拉图与希帕库斯。早期篡入伪文。荷马对早期希腊诗人的影响。荷马与智者派。荷马神话的寓意说。柏拉图、阿里斯托芬和伊索克拉底作品中的荷马。对荷马的引述，以及早期的“编订”。亚里士多德论荷马。赫西俄德、安提马库斯、刻厄芮卢斯。

第三章：抒情诗研究。柏拉图论诗学；多理斯瓶画。“抱琴”诗人与“歌吟”诗人。“歌吟”体、诉歌体和短长格诗人研究。

第四章：戏剧诗的研究与考辨。阿提卡喜剧中的文学批评。悲剧诗人的文本。对戏剧诗人作品的引述。柏拉图与亚里士多德的戏剧批评。

第五章：荷马、德谟克利特、柏拉图与亚里士多德作品中的论诗段落。亚里士多德的诗学论著。

第六章：修辞学的兴起与散文研究。柏拉图的《高尔吉亚篇》和《斐德若篇》。亚里士多德的《修辞学》。亚里士多德与伊索克拉底及德摩斯提尼的关系。作为修辞学分支学问的文学批评。散文在雅典教育中的地位。柏拉图与亚里士多德著作在早期的流布。雅典时期的图书室。

第七章：（1）语法学与词源学的肇端。对语言起源问题的早期思考。柏拉图的《克拉底鲁篇》。亚里士多德言及语法学之处。（2）逍遥学派的文学史与批评。泰奥弗剌斯特、普拉克西芬和法勒戎的德米特理乌斯。

xx **第二编　亚历山大里亚时期，约西元前300—西元1年**

年表，西元前300—西元1年

第八章：亚历山大里亚学派。图书馆与图书馆长们。菲勒塔斯。芝诺多图斯。“埃托里亚人”亚历山大。吕柯弗隆。卡利马库斯。埃拉托色尼。拜占庭的阿里斯托芬。阿里斯塔库斯。卡利斯特拉图斯。赫密普斯。雅典的阿波罗多儒斯。阿蒙尼乌斯。“色雷斯人”第欧尼修。提冉尼奥。狄都慕斯。（忒律丰。忒翁。）

第九章：斯多葛哲人与帕迦马学派。斯多葛派的语法学。帕迦马的图书馆。伊利翁的珀勒蒙。斯刻博息的德米特理乌斯。玛洛斯的克剌忒斯。帕迦马与罗马。阿波罗多儒斯在帕迦马。阿忒诺多儒斯。“硕学之士”亚历山大。玛葛涅息亚人德摩特理乌斯。亚历山大里亚与帕迦马。雅典与其他学术重镇。

第三编　罗马时期的拉丁学术，约西元前168—约西元530年

年表，西元前300—西元1年

第十章：自恩尼乌斯去世（西元前169年）至奥古斯都时代的拉丁学术。西元前169年之前的希腊文化影响。比德纳战役与玛洛斯的克剌忒斯（西元前168年）。阿克奇乌斯。卢基理乌斯。罗马人以希腊语所作的罗马史。埃琉斯·斯提洛。瓦罗。自瓦罗至昆体良所论之“类推法”与“异态法”。希腊文学习对西塞罗的影响；对卢克莱修、卡图卢斯、秦纳与瓦罗·阿塔奇努的影响；对恺撒、奈波斯与萨鲁斯特的影响；对维吉尔、贺拉斯、加卢斯、普罗珀提乌斯与奥维德的影响；以及对庞培·特罗戈斯与李维的影响。

第十一章：西元前1世纪的文学批评与语法学。瓦罗、西塞罗与波略的文学批评。阿提库斯与提洛。尼基第乌斯·费古卢斯。鲁修斯·阿忒乌斯·普莱特克斯特。瓦勒理乌斯·加图。语法学术语。贺拉斯的文学批评。对维吉尔与贺拉斯的早期研究。

年表，西元1—300年

第十二章：奥古斯都时代至西元300年期间的拉丁学术。希津努

斯。斐涅斯忒剌。维琉斯·弗拉库斯。帕莱蒙。两位塞内加。佩特洛尼乌斯。珀息乌斯。阿斯柯尼乌斯。老普林尼。普洛布斯。昆体良。塔西佗。小普林尼。马提阿尔。玉万纳尔。斯塔提乌斯。苏维托尼乌斯。诸语法学家。弗隆托。葛琉斯。忒伦提安努斯·茅儒斯。佛斯图。阿克洛与玻菲里奥。肯瑟理努斯。

年表，西元 300—600 年

第十三章：西元 300—500 年间的拉丁学术。诺尼乌斯。奥索尼乌斯。保理努斯。叙马库斯。维吉尔研究。维克多理努斯。埃琉斯·多纳图斯。嘉理修斯和狄奥墨得斯。塞尔维乌斯。圣杰罗姆与圣奥古斯丁。马克罗比乌斯。马提安·卡帕剌。索理努斯、维哲修斯、庞彭纽斯·梅拉著作的校订；瓦勒留·马克西姆斯的缩略本。阿波利纳理斯·西多尼
xxi 乌斯。高卢学派。语法学家与注疏家。阿斯特理乌斯校订的维吉尔著作（494 年）。

第十四章：西元 500—530 年间的拉丁学术。波爱修斯。卡西奥多儒。本尼迪克特与卡西诺山。普理西安。

第四编　罗马时期的希腊学术，约西元 1—约 530 年

年表，西元 1—300 年

第十五章：帝国初世纪的希腊文学批评。哈利卡那苏斯的第欧尼修。卡拉刻特的凯基琉斯。《论崇高》。德米特里乌斯。

第十六章：帝国初世纪的字词之学。朱巴、潘费卢斯与阿庇翁。二流文法学家。

第十七章：1 世纪末的文学复兴。“金嘴”狄翁。普鲁塔克。法沃理努斯。

第十八章：2 世纪的希腊学术。哈德良帝。赫若得斯·阿提库斯。马可·奥勒留帝。阿里安等史家。比布鲁斯人斐隆、忒剌勒斯的弗勒冈与托勒密·坎努斯。波桑尼阿斯。文人型的修辞学家：埃琉斯·阿理斯泰德和推罗的马克西姆，琉善和阿耳基弗伦。技匠型的修辞学家：亚历山大、埃琉斯·忒翁与赫谟根尼。语法学家：阿波罗尼乌斯·狄斯古卢斯、希洛狄安与尼坎诺耳。辞书学家和“阿提卡派”：弗里尼库斯、墨埃里斯、哈波克剌提翁与波鲁克斯。赫法斯提翁。叙马库斯评注之阿里斯托芬。柏拉图著作的注疏家。盖伦。塞克斯都·恩披理克。亚历山大里亚的克莱芒。

第十九章：3 世纪的希腊学术。斐洛斯特拉图斯家族与卡利斯特拉图斯。埃利安。阿特纳奥斯。修辞学家：阿蒲昔尼斯、米努昔安、米南达与朗吉努斯。第欧根尼·拉尔修。阿弗洛底西亚的亚历山大。新柏拉图主义的兴起。奥利金。普洛提诺与波弗利。阿理斯泰德·昆体良努斯。

年表，西元 300—600 年

第二十章：4 世纪的希腊学术。优西庇乌斯、德刻昔普、希姆理乌斯、忒米斯修、理班纽斯与尤里安帝。士麦那的昆图斯。忒奥多修、阿蒙尼乌斯和赫剌丢斯。

第二十一章：西元 400—530 年间的希腊学术。诗人、史家和哲人。

希帕提亚、叙涅修斯和帕剌纠斯。新柏拉图主义者：普鲁塔库斯、希耶罗克勒斯、叙利安努斯、普洛刻卢斯、赫尔美亚斯、阿蒙尼乌斯与达马斯纠。查士丁尼帝关闭雅典的学校（529 年）。辛普利奇乌斯与小奥林匹奥多儒。“大法官第欧尼修”。语法学家、辞书学家、文章编选家与修辞学家。东方的学府。罗马时期的终结。

xxii 第五编　拜占庭时期，约西元 530—约 1350 年

年表，西元 600—1000 年

第二十二章：西元 529—1000 年的拜占庭学术。

阶段 I（529—641 年）：“豢猪人”乔治。亚历山大里亚的斯第潘努斯。《复活节期编年史》与马拉拉。

阶段 II（641—850 年）：大马士革的约翰。忒奥诺斯图。叙利亚和阿拉伯人的亚里士多德研究。

阶段 III（850—1350 年）之第 i 部分（850—1000 年）：9 世纪时的经典著作。佛提乌斯与阿瑞塔斯。君士坦丁·波弗洛根尼图斯帝的百科全书。刻法剌斯的希腊文苑英华集。苏伊达斯辞典。

年表，西元 1000—约 1453 年

第二十三章：阶段 III 之后续。西元 1000—1359 年及其后的拜占庭学术。普塞卢斯。亚里士多德著作的注疏家。词源学及其他类辞书。柴泽斯。忒奥都儒斯·普罗德洛姆。尤斯塔修斯。科林斯的格雷高利乌

斯。拉丁族征服君士坦丁堡（1204 年）。君士坦丁堡与西方世界。帕莱奥罗古斯王朝的学者：普兰努德斯、莫斯考普卢斯、“宗师”托马斯、特理刻林纽斯与赫律索洛拉斯。拜占庭学术的特点。9 世纪以降的希腊文经典。它们在拜占庭时期的遗存。突厥人征服君士坦丁堡（1453 年）。

第六编　西方中古时期，约西元 530—约 1350 年

年表，西元 600—1000 年

第二十四章：大格雷高利。都尔的格雷高利。语法学家“维吉琉斯·马罗”。哥伦班与柏比约；加卢斯与圣高尔。塞维利亚的伊息多耳。西班牙、高卢、意大利与爱尔兰的希腊语。塔尔瑟斯的忒奥多尔。阿尔德海姆。比德。卜尼法斯与富尔达。

第二十五章：查理大帝与阿尔昆。奥尔良的忒奥都耳福。爱尔兰僧侣，克莱芒、邓迦尔与多纳图斯。艾因哈德。刺班努斯·茅儒斯。“斜眼”瓦拉弗理德。塞尔瓦图斯·卢普斯与经典著作。爱尔兰人约翰。奥塞尔的厄理克与勒米。帕维亚、摩德纳及圣高尔存留的经典著作。“埃因歇德伦僧侣”。教会对希腊文的使用。胡克巴德与“罗锅”亚柏。阿尔弗雷德王及其译作。

第二十六章：10 世纪。普卢翁的莱杰诺与列日的剌忒理乌斯。《贝伦迦尔帝颂》。克吕尼的奥铎。布鲁诺。昆佐。罗斯维妲。赫德维格与埃克哈特二世。斯贝耶尔的瓦勒忒尔。葛伯特、富尔贝与瑞歇尔。律特普朗。弗勒律的亚柏。恩舍姆的埃尔弗理克。

xxiii 年表，西元 1000—1200 年

第二十七章：11 世纪。沙特尔、圣埃维鲁与贝克。班贝格与帕德伯恩。赫斯费德的朗贝与不来梅的亚当。“厚唇”瑙克尔与“罗锅儿”赫尔曼努斯。比萨特的安瑟尔姆。德息得理乌斯、阿尔法努与彼得·达密安。11 世纪的希腊语。圣德尼的希腊文圣经文选。圣昆廷的都铎。加尔都西会与西多会。

第二十八章：12 世纪。早期的经院学者与经典著作。经院哲学问题；唯实论与唯名论。中古时期关于柏拉图的知识；以及西元 1128 年之前关于亚里士多德的知识。兰弗朗与安瑟尔姆。阿贝拉尔。沙特尔的伯纳德、康舍的威廉、巴思的阿德拉尔与布瓦蒂耶的吉尔贝。弗莱辛的奥铎。沙特尔的忒奥多理克。都尔的伯纳德·席尔维斯特。

第二十九章：12 世纪之后续。索利兹伯瑞的约翰。布鲁瓦的彼得。“威尔士人”杰刺德。12—14 世纪英国本土的拉丁散文体史著家。12—13 世纪意大利、英国、法国与日耳曼的拉丁诗歌。法、德、意、英诸国的希腊语。

年表，西元 1200—1400 年

第三十章：13 世纪。新面目的亚里士多德。阿拉伯人和犹太人对于希腊哲学的阐释。出自阿拉伯文的拉丁译本。早期巴黎的亚里士多德研究。阿勒斯的亚历山大。埃德蒙·理奇。奥弗涅的威廉。葛洛赛特斯特。博韦的樊尚。大阿尔伯特。托马斯·阿奎那。麦耳比克的威廉。布拉班的席格。巴黎的基耶。瓦特尔福德的杰弗瑞。

第三十一章：13 世纪以降。（1）罗杰·培根。莱蒙德·鲁尔。“苏格兰人”邓斯。威廉·舍伍德。奥卡姆的威廉。瓦尔特·鲍利。布剌德瓦丁。贝里的理查。布理丹。冉顿的约翰。（2）厄尔涅留与阿库尔修斯在博洛尼亚；热那亚的巴尔比；帕多瓦的彼得。在巴黎，希腊文的教学，与拉丁本亚里士多德著作的研究。在北部意大利，文艺复兴运动先驱者。但丁的拉丁语学习。

第三十二章：中古时期的抄写员与经典著作。拉丁经典著作在法、德、意、英诸国的遗存。中古时期大学的兴起。依据中古书目的记录和中古抄本的留存，对中古时期主要拉丁著作被引用与受摹仿情况的调查。中古“文科”诸艺之学，对比于经典作家之研究。奥尔良的语法学与文学学校同巴黎的逻辑学学校之冲突。《七艺之战》（1236 年之后）。此诗作者的预言，经由文艺复兴运动之晨星、彼特拉克的出生（1304 年）而得以应验。

Es tu scolaris? Sum. Quid est scolaris? Est homo discens virtutes cum solicitudine... Qualis substantia est scolaris? Est substantia animata sensitiva scientiae et virtutum susceptibilis.

【君乃学者乎？然。何谓学者？彼即居厄困而不改其德之人。学者之本性则如何？彼勤于向学，从善如流。】

出自《君乃学者乎？》*Es tu scolaris?*，一部中古世的语法教学问答集，刊于 Bäbler 的《中世纪拉丁语法史论集》*Beiträge zu einer Geschichte der lateinischen Grammatik im Mittelalter*（1885 年），pp. 190 以下

第一章 1

导言

何谓学者

“学者”scholar之称谓，本义为“学习的人”learner，继而引出第二层含义，凡熟练修习全部由“学校”the school所授者，或是通过早年的练习以及持久的自我修养而在准确无误的知识上臻于完备者，俱可当之。莎士比亚如此评议沃西主教Cardinal Wolsey：“他是一个**学者**，老练而良善。”[1]此称谓特别用以指称才能足以驾驭语言者，即如拉斯金Ruskin在《芝麻与百合》*Sesame and Lilies*中说的：“音调，或表达一简单句式的口吻，立可标识出一名**学者**。”[2]然而此名常常进而限于指称一类人等，彼“通晓所有最出色的希腊拉丁作家”，“不仅熟记彼辈的语言与思想，且已形成识鉴，好与古哲为友”[3]。真正的学者，虽须几近活在过去中，然当志于继

1 《亨利八世》，IV，ii，51。

2 p. 24（1888）.

3 Donaldson的《古典学术与古典学问》*Classical Scholarship and Classical Learning*，1856，p. 150。

存旧者，以益而今而后。其人将遵从乔治·赫柏特 George Herbert 的嘱令：“你若勤学，请将时间所混淆者传抄完善吧。”[1] 纵令他已经位居人师，仍将不辍于学；他的箴言将是“*discendo docebis, docendo disces*”【教学相长】；即若乔叟《序言》里【译按，指《坎特伯雷故事集》的序言】的“教士”——“他既乐于学习，又乐于教授”；待他积年以进阶，仍孜孜奉行梭伦的话——“*γηράσκω δ’ αἰεὶ πολλὰ διδασκόμενος*”【余虽老矣，尚能不辍学问。译按，出自普鲁塔克《梭伦传》，31，7，3】；及殁时，他或许会非常满足，假若他的同好或门人赞许他时就如罗伯特·布朗宁 Robert Browning 所说的，
2 “向虔心于学问者致敬”，并且认为死者无愧于“一个语法学家的葬仪”。

何谓学术

“学术” scholarship 或可定义作“一个学者心智之造诣的总括”，它有时被界定作“学识” learning 或“博学” erudition，然又常常受到比较。近半世纪前，这样的比较被牛津与剑桥的两位当世耆秀分判得明白。“依我之见，”丹瑙逊 Donaldson 说，“博学之士未必尽可谓有成就的学者，然则任何有成就的学者，若稍假时日，均可成为博学之士。”[2]“必备者并非知识，”马克·帕提逊 Mark Pattison 则言，“而是科律；并非科学，而是科学之习惯；并非博学，而是学术。”[3]“古典学术”者，或可被描述成本书所理解的那样，是“对希腊、罗马的语言、文学与艺术，以及所有教育我人关乎人之本性与历史的准确研究”。

“学术”与“语文学”

英语中之“语文学” philology 一词由法、德语言中借来，相比之下，“学术”更具有英语特色，且使得“学者”“学术性”与之有明确关联；反之，语文学在英国为一用意暧昧的舶来词，尽管“语文学者”及“语

1 《庙堂门廊》*The Church Porch*，xv。

2 《古典学术与古典学问》，p. 149。

3 《文集》*Essays*，i 425（写于 1855 年）【译按，见于《古董家》第六章】。

文学家”很容易单纯被采用作语言学的含义。是故司各特在《古董家》*Antiquary* 里遣使他的一个角色议论某词究竟来自凯尔特语还是哥特语：“吾以为这场争论必可为一名语文学家轻松解决，假若其中有那语言的任何残痕。”[1] 或许也要想起威廉・琼斯爵士 Sir William Jones 的传世之言：“凡是研究梵文、希腊文、拉丁文的**语文学者**，无不相信它们本有某个共同渊源的。”[2]“语文学者”几乎从不能被用在任何更广的含义中；即便在语言学一义上，我们也通常指的是“学者”。“当我不屑地言及**‘语文学’**一词，”拉斯金说，“它可能会反击说我是个糟糕的**学者**。”[3] 当前英语 3
中“语文学”词义的乱用，可从一部题为“比较语文学入门”的典型著作里得到阐明，语文学一词频繁用于此类语义，如“**比较**语文学”，以及作为语言科学的同义词。其作者，毋庸多言，已充分注意到此词义在英语与德语间的混乱。“在德语里（按他的公正观察），Philologie 仅是意谓一门从文学角度研究语言的知识，它将语言视作一民族之精神与特性的表达，因此那将语言作为语言研究的学科只构成这门知识的从属部分。但是在英国，此类语言研究学科，同那本当位列其下的语文学科学相较而言，已经发展甚广，以致它毫无收敛地篡取‘比较语文学’及近年的‘语文学’的名位。”[4] 同样，新版《不列颠百科全书》的“语文学”条目，谓“语文学通常的浅显易解之义为对词语的研究；此门知识涉及的是人类的语言能力，以及所有揭示人之本性与历史的言说。语文学有两个主要分支，相对于‘语词’与‘言说’的使用，一者是说什么，一

1 世纪纪念版，第 4 章，p. 61。
2 《著作集》*Works*，iii 34，1807 年版。
3 《现代画家》*Modern Painters*，IV xvi §28 n。
4 P. Giles，《比较语文学入门》*Manual of Comparative Philology*，p. 3 以下。

者是以何语言说；一者是表达的思想，当被记录下来则具文学形式，一者是表达的手段：这些分别**文学的与语言学的**……欧陆之用法（尤在德国）较英语而言，更倾向于把语文学之名”的解释侧重在“**文学的**”层面上。然而，在英国，遗憾的是语文学和比较语文学不断彼此混淆。然在40年前，马克斯·缪勒 Max Müller 即坚信**比较语文学**与广义上的**语文学**全无任何共同点，“**语文学**云云，即是一门历史科学。语言在此仅是门径耳。古典学术用希腊拉丁等语言作为手段，以理解逝去岁月托留
4 于我辈的文学遗产，其为符咒，从时间坟墓里唤集千秋万邦之伟人的思想意绪，其为路径，即自此来追踪人类社会、道德、知识与宗教的演进……而**比较语文学**与此则迥异，盖为一门语言的科学，故语言不再是门径，其自身当即科学考察的唯一对象。”[1]

上述理由，已然充足可证：本书择取《西方古典学术史》一名对于以英语为母语之国家的后学先进们来说具有合法性。然而，无论我们出于这样的关系考虑而使用“学术”，还是使用“语文学”，任何一种选择下，语文学之历史都仅为我们主题的一个部分，故先要用数段文字对语文学以及“语文学者”philologer、“语法学家”grammarian 和“考辨家”critic【译按，西学古义中的 κριτική 显然与今日的 criticism（单指文学批评）用法不同，κριτική 最初之义是“区分”，用于学术分目上，多是指对各种文献的考据学，推断作品真赝和创作时代、作者身份，等等。然而由此种学问中又生发出作家的品第。自然也有对文学作品的赏鉴功夫在。至于近代，才专指文学批评。本书所谓 criticism，实兼具考证与赏鉴之学。因此基本采用“考辨”一词译之（个别情形择用“考证”或“批评”），考是文献考证，辨是文学辨析。】诸词的古希腊来源作番稽考。欲判别其现代衍生

1 《关于语言科学的讲座》*Lectures on the Science of Language*，i 24，1866年版。

词之分别，则对于其古义之异同的辨析便不是琐碎无趣的了。

φιλόλογος

关于φιλολογία这词的来历有些复杂[1]。最早见于柏拉图，意谓“对争论的爱好”或是“对专业性讨论的爱好”[2]。其相对应的饰词φιλόλογος即延指“爱好论说者”[3]，以对应于“憎恶交谈者”[4]。可进而描述雅典为一座“乐于对话的”城市，以对应斯巴达、克里特的那种不修文辞的偏好[5]。苏格拉底以这词来涉指自己时有意含混其义，要么是“喜好谈话”，要么是“喜好议说”（如演说家吕西亚 Lysias 那般）[6]。此外，言及φιλόσοφος，意思则是指“爱理智者”[7]。这样在柏拉图那里λόγος一词含义用法多变：“言说”“交谈”“对话”“讨论”“理智”。亚里士多德曾云，斯巴达人尽管为ἥκιστα φιλόλογοι，即“最少文饰之族”，然而却培养 5
出希腊的“七哲”之一，督理会委员喀隆 Chilon[8]；而在亚里士多德的著作中，我们也见到有这样的分类名称：ὅσα περὶ φιλόλογοι，即关于阅读、修辞、风格和历史的问题[9]。至此，这词尚无更狭之义。待斯托拜乌斯（西元 5 世纪人）在撰述伯里克利 Pericles 趣闻录时，采用φιλόλογος的新义，指的是“有教养的”，以对应“未受教育的”（ἀπαίδευτος），其

---

1 Lehrs，《φιλόλογος，γραμματικός，κριτικός 析义》（哥尼斯堡，1838 年）；重刊于《希洛狄安三书》*Herodiani scripta tria* 的附录中，pp. 379–401，1848；参看 Boeckh，《语文学百科与方法论》*Encyklopädie und Methodologie der philologischen Wissenschaften*，pp. 22–24。

2 《泰阿泰德篇》，146 A。

3 同上书，161 A。

4 《拉凯斯篇》，188C。

5 《法律篇》，641 E；参看伊索克拉底:《论财产交换》*Antidosis*，第 296 节，其文将 φιλολογία 和 εὐτραπελία【机智】都视作雅典人的特征。

6 《斐德若篇》，236 E。

7 《理想国》，582 E。

8 《修辞学》，ii 23，11【译按，应在第 10 节】。

9 《问题集》，xviii，p. 916 b。

人未真能引述伯里克利那时代的语言，而仅止于反映一晚期的用法[1]。

在亚历山大城率先择取 *φιλόλογος* 为名号的，是那位博学多才的学者，精于天文、地理、纪年与文学史的埃拉托色尼 Eratosthenes（约西元前 276—前 195 年）。在罗马同样的称号也被人采用过，此人是萨鲁斯特 Sallust 和波略 Pollio 的朋友，一位生于雅典的罗马自由民，鲁修斯·阿忒乌斯·普莱特克斯特 Lucius Ateius Praetextatus（全盛期在西元前 86—前 29 年）[2]。这个词被普鲁塔克用来指那些在阅读诗歌时着迷于辞藻之美的人[3]。在古希腊晚期，这个词有两个主要含义：（1）“勤学的”，“乐于向学的”，（2）“有学识的”，“学有心得的”[4]。雅典风作家弗里尼库斯 Phrynichus 认可第一义，而贬黜第二义[5]。

这个词也频频出现在西塞罗书信那些耳熟能详的拉丁文里，philologia 意指“文学的研究”[6]，而 philologus 则有博学或文雅之义[7]。维特鲁威 Vitruvius 称荷马为 poëtarum parens philologiaeque omnis dux，“诗艺之
6 宗，文界名宿”，并言帕迦马之诸王即由体会 philologia 或云“文学”之乐感而决意建造他们显赫的图书馆[8]。塞内加在书简中对比 philologus 于

---

1 斯托拜乌斯 Stobaeus，O 17。

2 苏维托尼乌斯 Suetonius，《语法学家列传》*De Grammaticis*，10。

3 《论如何听诗》*De Audiendis poëtis*，第 11 章。

4 Lehrs，前揭，p. 380，（1）eruditionis amicus, studiosus ;（2）eruditus, litteratus。

5 Rutherford 校订本，p. 483，*φιλόλογος· ὁ φιλῶν λόγους καὶ σπουδάζων περὶ παιδείαν· οἱ δὲ νῦν ἐπὶ ἐμπειρίαν τιθέασιν οὐκ ὀρθῶς*【*φιλόλογος*，即是那些热爱文辞且认真于修习者；纵然就其学识未必为实用的】。

6 《致阿提库斯》*ad Atticus*，ii 17，1 ;（西塞罗之子）《致亲友书信集》*ad Familiares*，xvi 21，4 ; *συμφιλολογεῖν*【文学之同好】=una studere【一名潜心向学者】，同上，§8。

7 《致阿提库斯》，xii 12，3 ; 52，2 ; xv 15，2 ；或被用作名词，如在 xv 29，1 及《致兄弟昆图斯》*ad Quintum Fratrem*，ii 10，3。

8 vii 卷首语，§8 及 §4。

grammaticus 之肤表浅义：盖云 philologus 每每显露出嗜古之兴味，而 grammaticus 则徒留心于传意之体式[1]。此后，马提安·卡帕剌 Martianus Capella 在西元 5 世纪撰作奇幻寓言体的《斐萝萝嘉与墨丘利之联姻》*de nuptis Philologie et Mercurii*，新妇斐萝萝嘉 Philologia 即显形为言论之女神，随侍的七位伴娘乃是自由七艺的人格化身。而 philologus 的近代拉丁语义变得更易通晓了。它现今通常意指“学者”scholar，这就包括属于 grammaticus 之引申义上所涵盖的全部古典著述家，甚而更广——非但须有希腊罗马语言的学问，且要兼备可助于准确理解其文学艺术的全部知识。在近代拉丁语被称之为 philologi 者，在古代则被认作 grammatici（引申义），或 critici。

如是简短地追溯 *φιλόλογος* 一词之历史，我们现在将要简略描述一下其在近代拉丁语以及法语、德语中已然完全取代其位置的两个词语：*γραμματικός* 和 *κριτικός*。

在希腊文学的黄金时代，*γράμματα* 通常意谓字母表诸符，而 *γραμματικός* 则以指称那些精熟于彼等字母符号的人物，能知晓“其序数与本性”[2]；简言之，即学会认字的人[3]。与之同时代的 *τέχνη γραμματική* 不过是 *γράμματα* 的技艺[4]，即读书的本事[5]。非止此时代，即使在之后的任何时代，*γραμματικής* 都意谓 *γράμματα* 的 *γραμματικός*

1 《书简集》，108§29。

2 柏拉图:《斐莱布篇》，17 B；参看《泰阿泰德篇》，207 B；色诺芬:《回忆录》，iv 2，20。

3 柏拉图:《理想国》，402 B。

4 《斐莱布篇》，18 D；《克拉底鲁篇》，431 E；《智者篇》，253 A；参看 *ἡ τῶν γραμμάτων μάθησις*【识字方面的教育】（《泰阿泰德篇》，206 A，207 D；《普罗泰戈拉篇》，345A）。

5 亚里士多德:《政治学》，1337 b 25 以下;《范畴篇》，c. 9；《论题篇》，vi 5，142 b 31 以下。

教师，教授阅读与写作之人[1]。拉丁语中与 *γραμματικής* 对应的词是 litterator[2]。

7 早期 *γράμματα* 罕见文学一义[3]，我们应将此新义归之于其亚历山大里亚时期的派生词 *γραμματικός*。新义可指称一位“研习文学的人”，特指学诗者；同样，*γραμματική* 此时也具此新义。或谓 *γραμματική* 此义之产生莫早于利吉姆的忒阿根尼斯 Theagenes of Rhegium（全盛期在西元前 525 年），其人为最早的荷马作品寓意诠释者[4]。据云柏拉图是第一位运思审度 *γραμματική* 一词本义的人[5]，可以《克拉底鲁篇》*Cratylus* 为证，此篇盖讨论词语的本性。亚里士多德同样被认为创立了关乎引申义上的 *γραμματική* 之技艺，包含对诗体文学的博学研究[6]。但这其实是晚期文士的措辞，我们确信忒阿根尼斯与柏、亚二氏俱未尝自命 *γραμματικός*，除却纯指称能读会写之泛义的场合。

泰奥弗剌斯特的门生，罗得斯的逍遥学派传人普拉克西芬 Praxiphanes（全盛期在西元前 300 年），为第一位被以该字之新义称作 *γραμματικός*

---

1 柏拉图:《欧绪德谟篇》,279 E,*περὶ γραμμάτων γραφῆς τε καὶ ἀναγνώσεως οἱ γραμματισταί*【以文辞的书写和诵读为胜场的语法教师】；参看《普罗泰戈拉篇》；326 D，《法律篇》，812 A。

2 苏维托尼乌斯:《语法学家列传》，4。

3 此义似乎可见于柏拉图《申辩篇》，26 D，*ἀπείρους γραμμάτων*【少识字】，然而这遭到 Kaibel 的反对，见《赫尔墨斯》*Hermes*，xxv（1890），102 以下。

4 “色雷斯人”第欧尼修会注，p. 729，32，（*γραμματική*）*ἀρξαμένη μὲν ἀπὸ Θεαγένους, τελεσθεῖσα δὲ παρὰ τῶν Περιπατητικῶν Πραξιφάνους καὶ Ἀριστοτέλους*【（*γραμματική*）始自忒阿根尼斯，至逍遥派的普拉克西芬与亚里士多德其义方全备】。

5 第欧根尼·拉尔修，iii 25，*πρῶτος ἐθεώρησε τῆς γραμματικῆς τῆν δύναμιν*【以学理辨语法学之义旨的第一人】。

6 “金嘴”狄翁 Dion Chrysostom，《演说集》,53，1，*ἀφ᾽ οὗ φασι τὴν κριτικήν τε καὶ γραμματικὴν ἀρχὴν λαβεῖν*【据言最初是他创立了考辨学和语法学】。参看 Susemihl，《亚历山大里亚时期的希腊文学史》*Geschichte der griechischen Litteratur in der Alexandrinerzeit*，ii 663–665。

的，其人兼具诗笔史才，曾有作品流传。然据另一流传说法，得此指称
之第一人应是库马的安提都儒 Antidorus of Cumae，他所在时代甚早，可
能是亚历山大里亚时期，曾撰文研究荷马与赫西俄德，还写过一部文体
论。在安氏之后，有埃拉托色尼的两卷本著作尝以 *γραμματικά* 为题名，
虽然其内容全不可知[1]。“色雷斯人”第欧尼修 Dionysius Thrax（约生于西元
前 166 年）有一部语法著论，为此题材现存最早的，他将 *γραμματική* 8
定义为“大体指关于诗文创作者惯用手法的实际知识”[2]。他将之分为六部
分：其一是准确的阅读，再者是解释诗的修辞格，其三是对生僻字眼的
释义与解题，其四关乎词源学，其五列述合语法规则的形式。此五部分
构成语法技艺未臻化境，甚而当居二流，而其理想之技艺唯在其六：“诗
歌之评判，此为各艺最显赫者。”[3] 另有一种四分法更佳，包括：（1）文本
的校正；（2）准确的阅读；（3）讲解注疏；（4）批评考辨[4]。哈利卡那苏斯
的第欧尼修 Dionysius of Halicarnassus 两度将 *τήν γραμματικήν* 述作涵指读

---

1 亚历山大里亚的克莱芒 Clemens Alexandrinus，《杂缀集》*Stromateis*，i p. 309，*Ἀντίδωρος*（抄本作 *Ἀπολλόδωρος*）*ὁ Κυμαῖος πρῶτος τοῦ κριτικοῦ εἰσηγήσατο*（Usener 作 *παρητήσατο*）*τοῦνομα καὶ γραμματικὸς προσηγορεύθη. ἔνιοι δὲ Ἐρατοσθένη τὸν Κυρηναῖόν φασιν, ἐπειδὴ ἐξέδωκεν οὗτος βιβλία δύο, γραμματικὰ ἐπιγράψας. ὠνομάσθη δὲ γραμματικός, ὡς νῦν*（约西元 200 年）*ὀνομάζομεν, πρῶτος Πραξιφάνης*（约西元前 300 年）【库马的安提都儒第一个使用“考辨家”这一名号，且被称作为一名语法学家。或谓是昔勒尼的埃拉托色尼为首位被称作此名的，自从他发布了两卷以“语法学”命名的著述。而第一个可以我们今日（约西元 200 年）之词义称之为一名语法学家的，则是普拉克西芬】。

2 *ἐμπειρία ὡς ἐπὶ τὸ πολὺ τῶν παρὰ ποιηταῖς τε καὶ συγγραφεῦσι λεγομένων*（Iwan Müller 的《古典学术手册》，i 130[1]，152）[2]。

3 参看斐洛 Philo，p. 348 B 以及 462 G；及塞克斯都·恩披理克 Sextus Empiricus，pp. 224，226，转引自 Classen，《希腊语法初论》*De Grammaticae Graecae Primordiis*，p. 12 以下。

4 “色雷斯人”第欧尼修的注释，见于 Bekker 的《希腊遗书》*Anecdota Graeca*，736，（*μέρος*）*διορθωτικόν, ἀναγνωστικόν, ἐξηγητικόν, κριτικόν*。

写和文法之艺，却不曾引申其义来指文学批评[1]。

罗马帝国时代，亚历山大里亚时期所衍生的 *γραμματικός* 之义受到苏维托尼乌斯 Suetonius 的注意，他令这一舶来词 grammaticus 具有拉丁语中 litteratus 同样的含义[2]。他继而谓科尔奈利乌斯·奈波斯 Cornelius Nepos 亦附同此见，并把 litterati 和 grammaticus 俱等同于 poëtarum interpretes【诗之注家】。同样，西塞罗亦视 grammatica【语法学】与 studium litterarum【文学研究】为同义词[3]，其外延包含 poëtarum pertractatio【诗学】，historiarum cognitio【史识】，verborum interpretio【字释】, pronuntiandi quidam sonus【音读】[4]。在他处他又将 grammatici 释作 interpretes poëtarum【诗之注家】[5]。正如西塞罗未辨理科学问与 studium litterarum【文科研究】之分别，昆体良 Quintilian 亦时或将 grammatica 理解作 litteratura【文法】的同义词[6]，系统研究涉及风体与命意，以及决疑
9 与诗笺之种种[7]。他分其学为二部，一为“雅正语言之科学”，一为“诗之通解”[8]；遂又谓前者尚须兼具“正确书写”，后者则必然以“高声无误地诵读”为前提。于是这 grammatica 除涵指读写无误之外，亦兼行考辨

1 《论德摩斯提尼》*De Demosthenes*, p. 1115 R.；《论文章作法》*De compositione verborum*, p. 414, Schaefer 编订本（c. 14）。

2 《语法学家列传》，4。

3 《论演说家》De Oratore，i §10。

4 同上，§187。

5 《论预言》*De Divinatione*，i §34；参看上书，116；以及《演说家》*Orator*，§72。参看《致阿提库斯》，vii 3，10，quoniam grammaticus es, si hoc mihi *ζήτημα* persolveris, magna me molestia liberaris【从此，语法学家，当你为我解释此处 *ζήτημα*（探索、调查）之含义，你便将我从困厄中解脱】。

6 II i 4.

7 I ii 14.

8 I iv 2.

criticism 之事，辨诗章之真赝，品文苑之甲乙[1]。塞内加 Seneca 为斯多葛派哲学之信徒，此学派于语法学尤为好尚，故采择 grammaticus 之义稍狭[2]。他亦曾比较西塞罗的《共和国篇》，在一位哲学家 philosophus、一位语文学家 philologus 和一位语法学家 grammaticus 前不同的关照。哲学家或会惊异于非正义方面被议论得如此多，而语文学家注意的则是：罗马的两位君主，其一（指安库斯 Ancus【译按，罗马第四代国王】）之生父和另一（指努马 Numa【罗马第二代国王】）之生母不为人所知；罗慕洛 Romulus 据言会薨于一次日食中，dictator【独裁者】早期被称作 magister populi【民众之主人】，甚至在王权时期即有一次 provocatio ad populum【向民众申诉。译按，指罗马法中公民可向民众申诉以免某些严酷刑罚】，“即如斐涅斯忒剌 Fenestella 所持之说”。而语法学家（继而）关注于（1）措辞，如 reapse【实然】之于 re ipsa【实质】；（2）词义转变，西塞罗择用 calx【石灰标线】而非 creta【粉笔标线】，择用 opis pretium【赏酬、报答】（在恩尼乌斯 Ennius 的引文中）而非 operae pretium【付账】；（3）短语 caeli porta【天门】由恩尼乌斯从荷马著作中借来，它转而又为维吉尔所借用[3]。最后，及奥略·葛琉斯 Aulus Gellius（全盛期在西元 150 年）欲审订短语 ex iure manum consertum【依

---

1 I iv 3，（iudicium）quo quidem ita sever sunt usi veteres grammatici，ut non versus modo censoria quadam virgula notare et libros，qui falso viderentur inscripti，tanquam subditos summovere familia permiserint sibi，sed auctores alios in ordinem redegerint，alios omnino exemerint numero【（考辨之学术）一向被老塾师们（grammatici）视为己任，他们不单满足于寻章摘句的考订伪书，这不过如同从家族中逐出佯装血亲的子嗣，他们还要将有些作者归为正脉，以别于另一些历来被忽略的文士】。

2 《书简集》*Epistles*，88§3，grammaticus circa curam sermonis versatur，et，si latius evagari vult，circa historias，iam ut longissime fines suos proferat，circa carmina【语法学家勤于经营文辞，如若他有些企图，他会研究历史，要是将其术业领域伸展到极致，他竟要研究诗学了】。

3 《书简集》，108§30–34。

律法行按手礼】含义之时，他征求一位 grammaticus 的意见，那人自命精研维吉尔 Vergil、普劳图斯 Plautus 和恩尼乌斯著作，但却（恰恰）完全不知此法律用语实出于恩尼乌斯[1]。以上表明，自亚历山大里亚时代以来，*γραμματικός* 主要涵指于诗艺的研究与通解上的才智，而 *γραμματική* 所涵盖的，既有文法学，（在其广义上）又指诗歌的考辨批评。

10 κριτικός 前揭 *γραμματικός* 的亚历山大里亚时期之义，在同义之上显然稍晚于 *κριτικός* 的采用。这词尝被发现于时期未明的伪柏拉图对话中，叙述七贤时的一个希腊男童的成长期，其被诙谐地描述作“在导师和教练，以及读写教师（*γραμματισταί*）之手下饱经折磨”，而“后待他长成，又要受制于数学、兵法和文学考辨的教师”（*κριτικοί*）[2]。故可据此相信，既然 *κριτικοί* 或许更早具有了 *γραμματισταί* 在亚历山大里亚时期所被赋予之含义，同样 *κριτική* 亦当相应地早于 *γραμματική*[3]。

考辨之学被视作创立于亚里士多德，在亚历山大里亚及帕迦马时代，其最早的代表人物是亚历山大城的阿里斯塔库斯 Aristarchus 和珀伽蒙的克剌忒斯 Crates of Pergamon[4]。克剌忒斯和他帕迦马学派门人们将

1　葛琉斯，xx 10。

2 《阿克息奥库斯篇》*Axiochus*，366 E。参看 P. Girard，《雅典的教育》*l'Éducation Athéninne*，p. 224–227。

3 “色雷斯人”第欧尼修会注，p. 673，19，*ἐπιγέγραπται γὰρ τὸ παρὸν σύγγραμμα κατὰ μέν τινας περὶ γραμματικῆς, κατὰ δὲ ἑτέρους περὶ κριτικῆς τέχνης· κριτικὴ δὲ λέγεται ἡ τέχνη ἐκ τοῦ καλλίστου μέρους*【既然早期所载录之著述要么与语法学相关，要么与考辨学之技艺相关，便有人以考辨学命名这一技艺的最佳部分】，Bekker，《希腊遗书》，p. 1140，*τὸ πρότερον κριτικὴ ἐλέγετο*（*ἡ γραμματική*），*καὶ οἱ ταύτην μετιόντες κριτικοί*【早先的考辨学据言（和语法学）俱曾同属于考辨学】。参看 Susemihl 所引述的 Usener 的话，前揭书，ii 665。

4 “金嘴”狄翁，《演说集》，53，1，*Ἀρίσταρχος καὶ Κράτης καὶ ἕτεροι πλείους τῶν ὕστερον γραμματικῶν κληθέντων, πρότερον δὲ κριτικῶν, καὶ δὴ καὶ αὐτὸς ὁ Ἀριστοτέλης, ἀφ' οὗ φασι τήν κριτικήν τε καὶ γραμματικὴν ἀρχὴν λαβεῖν*【阿里斯塔库斯与克剌忒斯等人后来都被称作为语法学家，起先则名为考辨家，此外正是那个亚里士多德，据言他创立了考辨学和语法学】。

γραμματική 列为 *κριτική* 之下属，尤喜别人称他作 *κριτικοί*[1]。考辨学即较 *γραμματικός* 居更高之地位。于是阿特纳奥斯 Athenaeus（全盛期约在西元 200 年）即称说对某诗篇之作者身份的调查是一种考辨学（*κριτική*）的断案事业，此为 *γραμματικός* 之上乘[2]；而盖伦 Galen（约西元 130—200 年）尝著论考究何人可称为 *κριτικός* 和 *γραμματικός*，即暗示此二者当有某些差别。

然盖伦之时代较西塞罗约晚二世纪余，后者的书信集里，含糊提及阿里斯塔库斯之后，即谓对己身之期许，tamquam criticus antiquus【如 11
古之考辨家】，欲对文献之真伪做一番决断[3]。贺拉斯 Horace 之文章亦用是词，谓恩尼乌斯为 alter Homerus, ut critici dicunt【考辨家口中的又一位荷马】，这或当是指瓦罗 Varro 之见[4]。塞尔维乌斯 Servius 评论维吉尔时是词亦频频出现，常见的是 nontant critici【考辨家言云云】[5]。终者，*κριτικός* 作为名衔尝见施于哈利卡那苏斯的第欧尼修其身；二世纪时特剌勒斯地方的慕纳修斯 Munatius of Tralles（赫若得斯·阿提库斯 Herodes Atticus 的导

---

1 塞克斯都·恩披理克:《反对博学家》***Adversus mathematicos***，i 79，（*Κράτης*）*ἔλεγε διαφέρειν τὸν κριτικὸν τοῦ γραμματικοῦ· καὶ μὲν κριτικὸν πάσης, φησι, δεῖ λογικῆς ἐπιστήμης ἔμπειρον εἶναι· τὸν δὲ γραμματικὸν ἁπλῶς γλωσσῶν ἐξηγητικὸν καὶ προσῳδίας ἀποδοτικὸν κτλ*【据言（克剌忒斯）将考辨学与语法学区别开来：一者这通常所谓的考辨学即应包括言辞、知识的经验；另者，语法学则单纯指对语言的解释和音韵上的构词法，云云】。以及 248，*Ταυρίσκος ὁ Κράτητος ἀκουστής, ὥσπερ οἱ ἄλλοι κριτικοί, ὑποτάσσων τῇ κριτικῇ τὴν γραμματικὴν κτλ*【克剌忒斯门人陶理斯库斯 Tauriscus，一如其他考辨家那样，将语法学置于考辨学之属下云云】。

2 第 116 页。

3 《致亲友书信集》，ix 10，1。

4 《书简集》，II i 51。

5 色维乌斯论《埃涅阿斯纪》i 71，viii 731，xi 188 等。（转见于 Lehrs，前揭书，p. 397 注释）

师），和三世纪时的卡修斯·朗吉努斯 Cassius Longinus 亦分享此名[1]。如是似可认为，由于 *γραμματικός* 一词的初义"语法家"与其衍生义"学者"之含糊，以及相应出现的 *γραμματική* 一词的初义"语法学"与其衍生义"学术考辨"之含糊，于是 *κριτικός* 一词通常即施用于指称彼辈 *γραμματικοί* 中以 *γραμματική* 一科为胜场者，此科即文献的考辨。我们或可得出推论，盖谓现代英人称之 scholar，法人称之 philologue，德人称之 philolog 的，在古时当冠以 grammaticus 或 criticus 之名，依据其业绩而定，后者较杰出；而 philologus 一词多指虔心向学者，或是指一位在校生，其人各科成绩均优异，尤嗜古学[2]。

现代"语文学"

近代以还，第一个以 studiosus philologiae 自况的人，是现代德国学派的创始者沃尔夫 F. A. Wolf，1777 年 4 月 8 日，他在哥廷根大学的入学考试表单里这么形容他自己【译按，他入学时填报了一个大学并不存在的语文学系】，从此即有"语文学之诞日"一说[3]。此数年后，沃尔夫对 Philologie 顾犹怅怅，盖为此名被亚历山大里亚时代的同好们限定于仅文献研究一域，排除文艺赏鉴，而近代又屡屡被视作与语言研究之科学同义。因此
12 他偏好 Alterthums-wissenschaft 一名，意谓"古代事物之科学研究"[4]。其

---

1 Usener 注疏哈利卡那苏斯的第欧尼修《论摹仿》*de Imitatione*，p. 133 注；以及 Lehrs，前揭书，p. 395。

2 Lehrs，前揭书，p. 379。

3 F. Haase 在 Ersch 和 Gruber【译按，谓二氏所主编卷帙庞杂的《科学与艺术综合大百科》*Allgemeine Encyklopädie der Wissenschaften und Künste*】中，"Philologie" 词条，p. 383 注释 29。

4 《短著集》*Kleine Schriften*，ii 814 以下。

他的名谓已经随时代改变而暗生新义了[1]，然在法、德两国，Philologie 者坚如磐石。

“语文学”长期被局囿于语言学上，且被认定是仅涵语法学、辞书学、笺注学和语词与文献的考辨数门；然自沃尔夫以降，是名多被认知其更广之义，即涵盖古代生活任何方面的研究，如希腊与罗马传承至今的文献、碑铭和遗物[2]。学者中如阿斯特 Ast、本哈代 Bernhardy、柏克 Boeckh，还有奥弗利·缪勒 Otfried Müller、芮采尔 Ritschl、哈阿策 Haase 俱持是解[3]。与此般广义持相背之观点的，首推歌特弗利·赫尔曼 Gottfried Hermann，他视“语文学”仅止于语言科学而已[4]。

沃尔夫与本哈代、柏克、缪勒和芮采尔，还有莱夏特 Reichardt 及哈

---

1 例如“古典学问”、studia humanitatis【人文学识】，以及这无古典味的术语 humaniora【人文的】（遭到 Boeckh 的批评，见其《语文学百科全书》*Encyklopädie der philologischen Wissenschaften*，p. 24 以下）。

2 《短著集》，ii 826。

3 Ast，《语文学概论》*Grundriss der Philologie*（1808），p. 1；Bernhardy，《语文学百科全书略要》*Grundlinien zur Encyklopädie der Philologie*（1832），pp. 48–53；Boeckh，《莱茵博物馆》*Rheinisches Museum*【译按，即《莱茵语文学博物馆》杂志 *Rheinisches Museum für Philologie*，下文皆如此简称】（1827），i 41；Müller，《哥廷根学术通报》*Göttingische gelehrte Anzeigen*，iii（1836），p. 1682；Ritschl（1833），在《短论集》*Opuscula Philologica*，v 7；以及 Haase 在《科学与艺术综合大百科》，iii 23 p. 390；Usener，《语文学与历史学》*Philologie und Geschichtwissenschaft*，波恩，1882，p. 14；Wilamowitz，《语文学与教育改革》*Philologie und Schulreform*，哥廷根，1892，p. 8（俱引自 Freund 的《语文学三年》*Triennium Philologicum*，i p. 9[3] 以下）。参看 Hermann Paul 的《日耳曼语文学概述》*Grundriss der Germanischen Philologie*，i 1–7。

4 Hermann 的观点遭到 Boeckh 与 Müller 的攻击，见于前揭书。在《希腊学会会报》*Acta Societatis Graecae* 的前言中，其出言颇带有对比较语文学家的不屑，谓“qui ad Brachmanas et Ulphilam confugiunt atque ex paucis non satis cognitarum linguarum vestigiis quae Graecorum et Latinorum verborum vis sit explanare conantur【他们求诸婆罗门与乌尔菲拉（译按，Ulphilas 系发明哥特语字母之人），试图根据对那些一知半解的语言的少量线索，来解释希腊文和拉丁词汇的意义渊源】”。（参看 Freund，p . 20[3]）

阿策已将归于“语文学”之疆域的各门学问以不同的方式汇集、分目[1]。此科目之分类的趋势已然致使语法学不止为“语文学”研究之门径，而
13 是俨然成为一门研究之主课了。语言学的导论性研究、普通语言学和比较语言学也日益显得紧要起来。碑铭文字，以往被沃尔夫列于文艺之下属者，今日知其部分属于古人所书之记录，可与文学比肩而立，另一部分则作希腊罗马世界历史、文物档案证据之补遗[2]。

古典学术史

此古典学术史应乎沃尔夫所建言之二十四类“语文学”的末题，又是哈阿策所谋划的“语文学”初步研究之先声，也是伊万·缪勒 Iwan Müller 百科全书式的著作《古典学术手册》*Handbuch der klassischen Altertumswissenschaft*（1886 年以后）所惨淡经营者。往昔对于古典学术史之普及课程的认识，以全然明了其过去之地位和将来之前途为必要者。这般知识对学生自是不可缺少，甚至对学者也重要，他们参考了往昔学界之先进所下过的功夫，在引领今人评议古典作家们时即能明智一些。历史之学并非绝无兴味可以附生，而触及如此繁复、要紧之主题时则尤其比比皆是，如对语言之起源的探察，雅典文学与戏剧之考辨的生长，亚历山大里亚和罗马长于考辨的博学劳作者与文法家，以及君士坦丁堡的辞书纂修。此历史亦触及中古之经院哲学，触及文艺复兴与宗教改革，亦触及近代世界发达国家的教育体制之基。

---

1 Wolf,《短著集》, ii 894 ; Bernhardy,《略要》, p. xi ; Boeckh,《百科全书》*Encyklopädie*, pp. 54–64 ; Müller，前揭书; Ritschl，前揭书; Reichardt,《语文学之分科》*die Gliederung der Philologie*（1846）; 以及 Haase，前揭书（转录于 Freund，前揭书，pp. 15–18^3）。

2 Boeckh,《希腊碑铭集》*Corpus Inscriptionum Graecarum*，vol. vii 的导论。

此一古典学术史自西元前 6 世纪叙至晚近为止，现今面世的本卷
为第一阶段。是卷所跨越的历史，或为最便易划分的，计为以下六个主 14
题，然其彼此时限安排仅算约数。

I. 雅典时期，自西元前 600 年至前 300 年。

II. 亚历山大里亚时期，自西元前 300 年至基督时代之始。

III. 拉丁学术的罗马时期，自西元前 168 年至 530 年。

IV. 希腊学术的罗马时期，自基督时代之始至 530 年。

V. 拜占庭时期，或云东方之中古世，自 530 年至 1350 年。

VI. 西方之中古世，自 530 年至 1350 年。

此书之余卷将概述自 1350 年意大利文艺复兴至 1521 年列奥十世逝世之期间意大利的学术史；并对法、荷、英、德等欧洲诸国以及美国的现代学术发展做一番考察。

时间之跨度将延及两千五百年之久远，我们的叙述于世纪交替中，沿途将在学问之群乡次第居停，自雅典到亚历山大城和帕迦马，随后又抵罗马，再由此去往君士坦丁堡。中古东西欧洲的广阔世界亦将被囊括于其中，唯值但丁弥留之际（1321 年）要在意大利驻足片刻。将来之时日里，此书或许会邀约我们走往沃克吕兹 Vaucluse【译按，在法国南部，彼特拉克少时游历此地】和阿夸 Arqua【译按，在佛罗伦萨，彼特拉克之墓地在此】寻访彼特拉克 Petrarch 的游学行踪；随后即转往北地之学术重镇，彼处曾领受文艺复兴之熏染。这番考察中，我们将倾注兴趣于三个世纪里的雅典，三个世纪里的亚历山大里亚，五个多世纪里的罗马；其后的八个世纪里，开始关注君士坦丁堡，然后遂散及欧西了。近世的研究要少于六
个世纪。自但丁亡故至列奥十世亡故，恰是两个世纪，本书对这一时期 15
的回顾，几欲独尊意大利之一隅；而在最后 380 年里，我们冀望去追踪

文艺复兴以降意大利与其他地方的学术进程。

在学术史的最后一期，要比此卷的古早“世代”里更为关注于学者个人的传略与著作。对于名声赫赫之人，其绩业之评估自为举世所寄望。若名不见经传者，简要提及足矣；于是相形于如是广大之主题而言，一部著作所及有限，诸多打算不可避免地要一并被忽略了。然而著者仍将致力于记录准确的细节，比如关乎书中所涉及的人事年代。在文献或学术编年中尤为重要的人物名号，在年表中俱可占有一席之地，本卷展开的十九个多世纪，试请以此表为纲要。读者或可忆起西塞罗氏，他在《演说家》中讲起友人阿提库斯 Atticus 正构撰一部纵贯七个世纪的巨著，已然成功于“严格地遵从和叙述日期，从不疏忽任何显要之事，且包含独立一卷七个世纪的编年史”。此后，那作者又谦和地问道：“其作品应具何物，是趋新还是对西塞罗一人有益呢”，他随后自己得出满意答复，即是有“公益性”，并“对他一人而言甚有新意”者。我信读者在取用此书之时，或多或少耳目一新，至少在其年表中感觉如是，这些谦谦君子们会发现其功用，类如西塞罗于阿提库斯的《编年志》*liber annalis* 中所见的：ut explicatis ordinibus temporum uno in conspectu omnia viderem【以此纲要概括时代，使得一切俱得依序彰显】[1]。

1　西塞罗：《演说家》，120；《布鲁图斯》*Brutus*，14 以下。对于各年表所覆盖之时代的概观，以及它们所在的页码，见于上文第 xi 页。

16

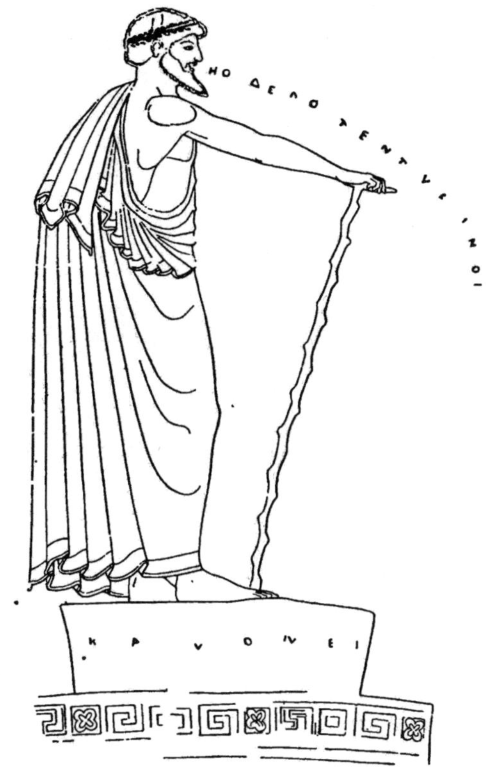

图 2　朗读某史诗段落的诵人

开言 *ὧδέ ποτ' ἐν Τύρινθι*...（**原文如此**）

来自武耳奇 Vulci 地方的双耳陶瓶，刊于《通讯社古物集成》，v（1849）pl. 10；现存于大英博物馆（E 270 号，见于《瓶器分目》*Catalogue of Vases*，iii，p. 202，Cecil Smith 编著）。见下文第 19、30 页

第一编

雅典时期 17

ξυνελὼν λέγω τὴν πᾶσαν πόλιν τῆς Ἑλλάδος παίδευσιν εἶναι.

【简言之，吾人之城市即是希腊之学校。】

修昔底德，ii 41 § 1

τοσοῦτον δ' ἀπολέλοιπεν ἡ πόλις ἡμῶν περὶ τὸ φρονεῖν καὶ λέγειν τοὺς ἄλλους ἀνθρώπους, ὥσθ' οἱ ταύτης μαθηταὶ τῶν ἄλλων διδάσκαλοι γεγόνασι, καὶ τὸ τῶν Ἑλλήνων ὄνομα πεποίηκε μηκέτι τοῦ γένους ἀλλὰ τῆς διανοίας δοκεῖν εἶναι, καὶ μᾶλλον Ἕλληνας καλεῖσθαι τοὺς τῆς παιδεύσεως τῆς ἡμετέρας ἢ τοὺς τῆς κοινῆς φύσεως μετέχοντας.

【我们的城邦在智慧和口才方面把别人远远地抛在后面，使它的学子成为外族人的教师；它使“希腊人”这名称不再作为“种族”的代称，而作为“智慧”的代称，而“希腊人”一词则是用来称呼受过我们的教养的人的，而不是用来称呼同种族的人的。】【译按，采用罗念生译文】

伊索克拉底，《泛希腊集会辞》*Panegyric*， § 50

Conspectus of Greek Literature &c., down to 300 B.C.

Epic Poets	Lyric Poets	Dramatists	Philosophers	Historians	Orators &c.
floruit Homer c. 700 Hesiod Before 700 earlier Cyclic Poets, Stasinus, *Cypria*, Arctinus, *Aethiopis*, *Iliupersis*, and Agias, *Nostoi*					
700 Intermediate Cyclic Poets; c. 660 Lesches, *Little Iliad* c. 645 Peisander	690 Callinus[e] 676 Terpander 657 Alcman 650 Archilochus[ei] 640 Tyrtaeus[e] 640 Semonides of Amorgos[i] 620 Mimnermus[e] 620 Stesichorus 612 Alcaeus 612 Sappho 600 Arion				
600 Later Cyclic Poets;	594 Solon[ei] c. 639—559 544 Ibycus 542 Hipponax[i] 540 Theognis[e]	580 Susarion[c]	585 Thales c. 624—548 575 Anaximander c. 611—547	550 Cadmus of	

mon, *Tele-gonia* Homeric Hymns **500**	530 Anacreon		*c.* 588—524 530 Pythagoras *c.* 580—*c.* 500 530 Xenophanes *c.* 576—480	500 Hecataeus	
489 Panyâsis Antimachus *fl. c.* 464—410 404 Choerilus **400**	Simonides of Ceos 556—468 Pindar 518—*c.* 443 Bacchylides *c.* 507—430	Epicharmus[c] 540—450 Phrynichus *fl.* 512—476 Aeschylus 525—456 Sophocles 495—405 449 Cratinus[c] Euripides 480—406 429 Eupolis[c] 429 Phrynichus[c] Aristophanes[c] *c.* 450—385	500 Heracleitus *c.* 535—475 495 Parmenides 455 Empedocles 450 Anaxagoras *c.* 500—428 Socrates 469—399 420 Democritus 460—357	Herodotus *c.* 484—*c.* 425 430 Hellanicus Thucydides *c.* 460—*c.* 400	466 Corax Tisias 427 Gorgias *c.* 485—380 Pericles 493—429 447 Protagoras *c.* 480—411 435 Prodicus 435 Hippias Antiphon 480—411 Thrasymachus *c.* 457—400 Andocides *c.* 440—390 Lysias *c.* 445—378
Critics (525 Theagenes) Zoïlus *fl.* 365—336 340 Heracleides Ponticus Chamaeleon Praxiphanes **300**	**Musicians** (676? Terpander) (508 Lasus) Melanippides d. 412 Philoxenus 435—380 Timotheus d. 357 310 Aristoxenus	*Middle Comedy* 390—320 Antiphanes[c] Anaxandrides[c] Alexis[c] *New Comedy* 320—250 Philemon[c] *c.* 350—263 Menander[c] 344—292 Diphilus[c]	400 Antisthenes Plato 420—348 Aristotle 384—322 Theophrastus 372—287 Zeno *c.* 364—263 Epicurus 341—270	Ctesias *fl.* 415—398 Xenophon *c.* 430—*c.* 355 360 Cleidemus Ephorus *c.* 405—330 352 Theopompus 346 Androtion Dicaearchus 347—287 Timaeus *c.* 350—*c.* 260 Philochorus *c.* 306—261	Isocrates 436—338 Isaeus 420—348 Demosthenes 384—322 Aeschines 389—314 Lycurgus *c.* 390—324 Hypereides *fl.* 344—322 Deinarchus *fl.* 342—291 Demetrius of Phaleron *fl.* 317—307

[e] elegiac, [i] iambic, [c] comic poets.

第二章

史诗之研究 19

荷马与“诵人”

希腊最古之诗歌，提供给希腊人最古老的主题，以此进行研究、笺注与文学批评。我们有证据表明，自约西元前 600 年时，希腊世界之各邦多有吟咏荷马诗章之诵人，见于开俄斯 Chios、德洛斯 Delos、塞浦路斯、叙拉古、西锡安 Sicyon，及阿提卡诸地。阿提卡的讽诵之风当与雅典的酒神节和布劳戎 Brauron 的类似节庆有关[1]；继而西元前 594 年梭伦执政雅典时，尝立法规嘱命诵人们连续逐章吟唱荷马诗章，不再只是摘选

1 刻列耳库斯 Clearchus，引自阿特纳奥斯，vii 1，*ἡ τῶν ῥαψῳδῶν (ἑορτή)，ἣν ἦγον κατὰ τὴν τῶν Διονυσίων*【诵人们庆祝酒神之节日】。赫叙基乌斯 Hesychius【译按，5—6 世纪时亚历山大里亚的词典编修家】，*Βραυρωνίοις τὴν Ἰλιάδα ᾖδον ῥαψῳδοὶ ἐν Βραυρῶνι τῆς Ἀττικῆς*【布劳戎节庆者，在阿提卡的布劳戎地方以诵读《伊利亚特》为娱乐】。参看 Welcher，《论系列史诗》*Der epische Cyclus*，i p. 391 以下；A. Mommsen，《宗教节日学》***Heortologie***，pp. 122，138。上文第 16 页，有一幅对诵人诵读之形象描述的画。

20 独立的片段[1]。此项法规不只令诵读竞赛更严格，更提高了听众水平，使得他们对于诗歌内容的整体连续的认识不逊色于诵人们。更甚者，诵人间的竞赛类如先古诗人间的对抗，这在观者中激发出鉴识力，不仅是评定竞逐的诵人，更是品第所竞逐之诵读，故形成推动力，催生出一种流布广远的文学批评形式。

梭伦 上述传统与雅典立法者梭伦颇有渊源，与之相对的，是斯巴达立法者莱克格斯 Lycurgus 的一段传奇。莱氏之时代未明，或谓其人之盛年

---

1 第欧根尼·拉尔修:《梭伦传》，i 2，57，*τά τε Ὁμήρου ἐξ ὑποβολῆς γέγραφε ῥαψῳδεῖσθαι, οἷον ὅπου ὁ πρῶτος ἔληξεν, ἐκεῖθεν ἄρχεσθαι τὸν ἐχόμενον*【规定诵人相继诵读荷马史诗，其第一人所收煞处，成为继起者的开首（参考 Hicks 以及 Yonge 的英译)】。我在此理解 *ἐξ ὑποβολῆς*【提式的方式】，与［柏拉图］《希帕库斯篇》*Hipparchus*, 228 B（引文见下文第 21 页）中的 *ἐξ ὑπολήψεως*【接续竞逐的方式】非为同义，但却相关。*ἐξ ὑποβολῆς* 者，意即“传递戏份”，指的是两位诵人在连续的表演中，由第一人在一处结束其自家戏份，再传递给另一人以替换之（*ὑποβάλλει*）；而 *ἐξ ὑπολήψεως*，意即“占得戏份”，指的是继起的诵人占据了戏份（*ὑπολαμβάνει*【赶超，夺得】)。*ἐξ ὑποβολῆς* 尝引起诸多讨论。其不同的解读可陈述如次：（1）‘se invicem excipiendo’，“照连续（或轮流）的序列”（Wolf，Boeckh，Wilamowitz）；（2）ex praecepto，“依预定的规则”，诵人们忽略其被告知应忽略者，而照旧诵读余下部分（Nizsche）；（3）ex exemplari praescripto，‘ad fidem exemplaris probati’，“自权威的文本”，以便诵人们能有所依据（Gräfenhan，《古代的古典语文学史》*Geschichte der klassischen Philologie im Alterthum*, i 268；Bernhardy，《希腊文学纲要》*Grundriss der griechischen Literatur*, i 330[4]）；（4）praesente aliquo qui verba subiceret，“以题词的方式”（Hermann，Monro，等等），此说忽视了 *οἷον ὅπου—τὸν ἐχόμενον*【“所（收煞）处”—“继起者”】。有关此番影响广泛的争论之文献，部分可见于：Wolf，《荷马史诗绪论》*Prolegomena ad Homerum*, c. xxxii；Boeckh，《希腊碑铭集》，ii 676 以下；Nitzsch，《荷马史诗决疑》*Quaestio Homerica*，iv（1828），《论荷马之史》*De Hist. Homeri*，ii 132（1837），Sagenpoesie，p. 413（1852）；Hermann，《短著集》，v 300–311，vii 65–87（1834–9）；Wilamowitz，《荷马研究》*Homerische Untersuchungen*，pp. 263–6（1884）。参看 Ritschl，《语文学短著集》*Opuscula Philologica*，i 56；Sengebusch，学位论文，ii 111；A. Mommsen，《宗教节日学》，p. 138；Bergk，《希腊文学史》*Griechische Litteraturgeschichte*，i 499；Christ，《希腊文学史，止于查士丁尼帝时代》*Geschichte der griechischen Litteratur bis auf die Zeit Justinians*，§37[4]；Jebb 的《荷马》*Homer*，p. 77；Andrew Land 的《荷马与史诗》*Homer and the Epic*，p. 36；以及 Monro 的《奥德赛（卷 xiii–xxiv）》，pp. 267–285。

在西元前 776 年，奥林匹克纪之始，或谓当再早一世纪。据普鲁塔克[1]，莱氏在克里特得见荷马诗章，遂将其副本携至希腊。普鲁塔克此言之依据可能出自厄福儒斯 Ephorus，盖西元前 4 世纪之史家。即在阿提卡之壤，可匹敌梭伦者复有庇西特拉图 Peisistratus，其人治雅典时期在西元前 庇西特拉图
560—前 527 年。故老流传，他为采辑荷马散佚诗篇并依序排订之第一人。此说未见更早于西塞罗之作家，或在现存希腊语作家中莫早于波桑尼阿斯 Pausanias（全盛期在 174 年）[2]；然而于荷马诗章功劳卓越者究为梭 21
伦还是庇西特拉图，这问题显然在西元前 4 世纪的麦加拉 Megara 一位史家[3]那里已不陌生。毋庸多言，庇西特拉图故事已被讨论甚多。学界名宿，或无保留完全相信其事，或全然斥为谬说，时而亦有在一定限度上相信确有其事者，辩说此故事不过暗示着重续传统，却在时代发展中渐

---

1 《莱克格斯传》，c. 4，有 Wilamowitz 的讨论，见氏著《荷马研究》，pp. 267–285。

2 西塞罗:《论演说家》，iii 137，qui primus Homeri libros，confusos antea，sic disposuisse dicitur，ut nunc habemus【据言最早成书的荷马著作，在被混入他人文字之前，便是如此编排的，一如我们所见者】；波桑尼阿斯，vii 26，*Πεισίστρατος ἔπη τά Ὁμήρου διεσπασμένα τε καὶ ἄλλα ἀλλαχοῦ μνημονευόμενα ἠθροίζετο*【庇西特拉图从事整理荷马的散佚之文，他聚集了散见各处的文字载录】。参看 Wolf 的《绪论》，c. xxxiii；Egger，《希腊文学批评史论》*Essai sur l'Histoire de la Critique chez les Grecs*（1887 年版），pp. 9–18；Wilamowitz，前揭书，pp. 235–266；Flach 的《庇西特拉图及其文学活动》*Peisistratos und seine litterarische Thätigkeit*（1885）；以及 E. Meyer，《古代史》*Geschichte des Alterthums*，ii 388–391。另见 Jebb 的《荷马》，p. 114；A. Lang，《荷马与史诗》，p. 37；T. W. Allen 在《古典学评论》*Classical Review*，xv（1901），p. 7 以下；以及 Monro 的《奥德赛（卷 xiii–xxiv）》，pp. 402 以下。

3 第欧根尼·拉尔修，i 2，57，*μᾶλλον οὖν Σόλων Ὅμηρον ἐφώτισεν ἢ Πεισίστρατος*，< Leaf 博士，《伊利亚特》，1900，p. xix，在此插入 *ἐκεῖνος γὰρ ἦν ὁ τὰ ἔπη εἰς τὸν κατάλογον ἐμποιήσας καὶ οὐ Πεισίστρατος*【既然此公将这史诗载入表册，则庇西特拉图便与此事无关】，> *ὥς φησι Διευχίδας ἐνπέμπτῳ Μεγαρικῶν*【因此便如丢凯答斯 Dieuchidas 在他的《麦加拉志》卷五中所云，梭伦对于荷马的发扬光大之功远过于庇西特拉图】。关于丢凯答斯的年代，参看 Wilamowitz，前揭书，p. 240 以下。

已被忽略了[1]。泛雅典娜节中，荷马诗章每每被后世人吟诵[2]，盖以庇西特拉图成就之殊美来颂扬女神，其人甚或被称作此节日的创立者[3]；又据归于柏拉图名下的一篇对话，庇西特拉图有一子名希帕库斯 Hipparchus（西元前 527—前 514 年在位），其人“第一个将荷马之诗携来此地，嘱命诸诵人依序连贯吟读于泛雅典娜节上，此风至今犹存”[4]。这故事与梭伦
22 时期雅典即有讽诵荷马诗章之说相悖，然希帕库斯独引领诵读之风于泛雅典娜节上仍或可信。刻俄斯的西蒙尼德 Simonides of Ceos 即是应希氏之邀[5]，于西元前 522—前 514 年在雅典居停，颇值一提的是，在西蒙尼德的篇什中，我们发现现存最早的一行荷马诗章引语，云 *οἵη περ φύλλων γενεὴ τοίη δὲ καὶ ἀνδρῶν*【世代如树叶生落】[6]，他将之归于“开俄斯之士”的手笔。

早期篡入伪文

关于荷马诗章中的早期篡入伪文，颇有些来历不明的故事。或

---

1 Jebb 的《荷马》，p. 114 以下。此说亦被 Ritschl 所择从，但遭到 Ludwich、Wilamowitz 与 Flach 的一致反对。Wolf 与 Lachmann 曾同意此说，并将荷马史诗的书写本定为庇西特拉图之时代。此说近来颇为盛行。Leaf 博士（《伊利亚特》，1900，p. xix）确信“在梭伦与庇西特拉图之时，雅典尝制定了一个荷马的官方副本”。

2 莱克格斯：《反对列奥刻剌忒》*c. Leocr.*，102，*οὕτω γὰρ ὑπέλαβον ὑμῶν οἱ πατέρες σπουδαῖον εἶναι ποιητήν, ὥστε νόμον ἔθεντο καθ'ἑκάστην πεντετηρίδα μόνον τῶν ἄλλων ποιητῶν ῥαψῳδεῖσθαι τὰ ἔπη*【既然你们的父辈如此看重这位诗人（指荷马），遂通过一项法令，让每四年一次的雅典娜节上，所有诗人中唯有他的作品必要被人诵读——译按，原来注释中的引文有缺漏，现据定本补充译出】。

3 见 Aristeides，《泛雅典娜演说》*Panath.*，Dindorf 编订本，p. 323 的评注。然而此泛雅典娜节的运动盛会自西元前 566 年（Busolt，《希腊史》*Griechische Geschichte*，ii^2 344）即已开始举办，比庇西特拉图成为僭主时早 6 年。

4 ［柏拉图］：《希帕库斯篇》，228 B，*ἠνάγκασε τοὺς ῥαψῳδοὺς Παναθηναίοις ἐξ ὑπολήψεως ἐφεξῆς αὐτὰ διιέναι*【在泛雅典娜节庆诸人轮替上场的诵读竞逐中获胜】。参看第 19 页注释 2。

5 同上书，228 C，以及亚里士多德的《雅典政制》*Constitution of Athens*，c. 18§1，在此希帕库斯也被称作为 *φιλόμουσος*【爱好文艺的】。

6 《伊利亚特》，vi 146。

言庇西特拉图即尝于《奥德赛》中引入一行以纪念阿提卡英雄忒修斯 Theseus[1]；而梭伦与庇氏俱有可能曾添加一句语涉艾阿斯 Ajax 的诗行，则为了要证明萨拉米斯 Salamis 自古即为雅典之领土[2]；然萨拉米斯之恢复在梭伦执政期，时庇氏方及弱冠，则此事当独与梭伦有关[3]。在庇西特拉图授权之下，整理荷马诗章者有四人[4]，渥努玛克里特 Onomacritus 即其一，据希罗多德，此人曾在窜改穆赛欧斯 Musaeus 的谕言时被当场捕获，因而僭主之子希帕库斯将其流放[5]。

荷马史诗对早期希腊诗人的影响

此时期的荷马被赫西俄德（全盛期约在西元前 700 年）频频效仿[6]，被早期挽歌体诗人卡里努斯 Callînus（约在前 690 年）认作是一部史诗《忒拜纪》*Thebais*[7] 的作者，更在不同程度上被诗人们照搬重复着，这其中有最早的短长格写作者阿基洛库斯 Archilochus（全盛期在前 650 年），此人被“朗吉努斯”[8] 称为“最似荷马者”，还有阿耳刻曼 Alcman（前 637 23
年前后）和斯忒西考儒 Stesichorus（前 640—前 555 年间）[9] 等抒情诗人。

---

1 《奥德赛》，xi 631，*Θησέα Πειρίθοόν τε, θεῶν ἐρικυδέα τέκνα*【忒修斯与佩里都，荣耀的神子】。普鲁塔克:《忒修斯传》，20；参看 Flach，p. 27。

2 《伊利亚特》，ii 558，*στῆσε δ᾽ ἄγων ἵν᾽ Ἀθηναίων ἵσταντο φάλαγγες*【将那舰队列在雅典大军之麾下】。斯特拉波，p. 394；参看 Flach，p. 29。

3 参看第欧根尼·拉尔修，i 2，57；另见 Busolt，《希腊史》，ii^2 220。

4 柴泽斯 Tzetzes，《阿里斯托芬喜剧绪论》*Prolegomena de comoedia Aristophanis*，*τεσσάρων ὄντων* <*τῶν*> *ἐπὶ Πεισιστράτου συνθέντων τὸν Ὅμηρον*。参看 La Roche，《古代的荷马文本考辨》*Homerische Textkritik im Altertum*，p. 10；以及 Jebb 的《荷马》，p. 115 注释。

5 希罗多德，vii 6。

6 Sihler，在《美国语文学学会学刊》*Transactions and Proceedings of American Philological Association*，1902，xxvii–xxxi。

7 波桑尼阿斯，ix 9，5。

8 *περὶ ὕψους*【《论崇高》】，c. 13§3。

9 Mahaffy，《希腊文学史》*A History of Classical Greek Literature*，i 31。参看 Christ 对赫西俄德的评论，氏著，§65^4；有关阿基洛库斯与斯忒西考儒，见 Bergk，ii 191 与 293，以及（概述性的）i 483。

品达　庇西特拉图僭主既被逐，此时有品达出，明“诵人”一词之原始[1]，将 Rhapsodos 述作“荷马之群嫡，抒轴献功之歌者”[2]。他婉转言及月桂枝，人们以之寓指诗的传统。（据他说，）荷马自己就尝“凭他那神机独运的月桂权杖，将艾阿斯 Ajax 之威风——公正陈述，遗此主题与吟者们歌颂”[3]。品达颂赞安菲亚莬斯 Amphiaraüs 的诗行纯属在缅怀荷马颂赞阿伽门农之佳句[4]。他描述“喷烟吐火之契麦剌 Chimaera【译按，喷火怪兽，狮首蛇尾羊身】”的短句像极荷马[5]，而在语涉柏勒罗丰、伽尼米德和坦塔卢斯时则稍有出入[6]。在借用他的同乡、波欧提亚诗人赫西俄德之短句时，他亦复任意赋予新意，本是形容农人劳作的警隽妙语，他转以状写运动家的辛勤操演[7]。在品达时代甚或整个雅典时期，诗人与受众饱受古老诗人荷马与赫西俄德的熏染，是故，少许之触发即可唤起对于某些习见之诗行的回忆了。

---

1 *ῥαψῳδός*，来自 *ῥάπτειν ἀοιδήν*【编织歌诗之人】（赫西俄德，残篇 227），***contexere carmen***，***pangere versus***【连缀歌句，固定诗行】。参看 Bergk，《希腊文学》，i 490。

2 《尼米亚颂》，ii 1，*Ὁμηρίδαι, ῥαπτῶν*（直译作“缝合”）*ἐπέων ἀοιδοί*。

3 《地峡颂》，iii 55，*Ὅμηρος... πᾶσαν ὀρθώσαις ἀρετὰν κατὰ ῥάβδον ἔφρασεν θεσπεσίων ἐπέων λοιποῖς ἀθύρειν*。参看 Bergk，《希腊文学》，i 492。

4 《奥林匹亚颂》，vi 17，*ἀμφότερον μάντιν τ'ἀγαθὸν καὶ δουρὶ μάρνασθαι*【兼为高贵的先知和投矛的竞技者】；《伊利亚特》，iii 179，*ἀμφότερον, βασιλεύς τ'ἀγαθὸς κρατερός τ'αἰχμητής.*【（阿伽门农）兼为高贵的王者与强悍的投矛手】。这等缅怀还有更清晰可判处，即在他说荷马 *ἄγγελον ἐσλὸν ἔφα τιμὰν μεγίσταν πράγματι παντὶ φέρειν*【（荷马）他言高明的信使带与万事莫大的荣耀】（《皮提亚颂》，iv 278），再无一句可如上述的诗行更类似于荷马的那句了，——*ἐσθλὸν καὶ τὸ τέτυκται ὅτ'ἄγγελος αἴσιμα εἰδῇ*【信使可如此为之（劝说）甚是高明和适当】（《伊利亚特》，xv 207）。参对《地峡颂》，iv 37，与《伊利亚特》vii 198 以下；另见《尼米亚颂》，vii 20。

5 品达：《奥林匹亚颂》，xiii 90；以及《伊利亚特》，vi 182。

6 《奥林匹亚颂》，xiii 67（Gildersleeve 的注释）：i 43，57（Fennell 的注释）。

7 《地峡颂》，v 67，*μελέταν ἔργοις ὀπάζων*【操练追逐之劳作】；以及赫西俄德：《农作与时日》，411，*μελέτη δέ τοι ἔργον ὀφέλλει*【勤于生产之习作】。

悲剧诗人

荷马诗章对于雅典的悲剧诗人们影响甚巨。亚里士多德固然宣称， 24
“《伊利亚特》《奥德赛》至多各提供悲剧以一二主题”[1]，但我们发现从其中开掘主题的，埃斯库罗斯至少有六部悲剧和一部萨提尔剧，索福克勒斯有三部悲剧（《瑙锡卡雅》《费阿刻斯人》,《佛里吉亚人》可能也是），欧里庇得斯有一部萨提尔剧《圆目巨人》。《瑞索斯》*Rhesus* 的无名作者【译按，此剧旧题欧里庇得斯所作，后世判为伪作】是从《伊利亚特》中采择主题的；而阿基琉斯、赫克托尔，与拉厄提斯、珀涅罗珀及其追求者们一起，常现身于西元前 5、前 4 世纪的末流悲剧诗人笔端。亚翁之说唯可求证于索、欧二氏，于埃斯库罗斯则非，《诗学》之论几近遗漏斯人。然事实唯在于一般的悲剧史诗大半是得启发于史诗系列的其他诗作，依次名为《塞普里亚》*Cypria*、《埃塞俄比亚人》*Aethiopis*、《小伊利亚特》*Little Iliad*、《特洛伊的陷落》*Iliupersis*、《归乡纪》*Nostoi* 及《忒勒歌努斯志》*Telegonia*[2]。

埃斯库罗斯

埃斯库罗斯或许将“荷马”当作全部史诗系列的作者，遂称其已作为“荷马盛宴之一脔”[3]。阿里斯托芬的《蛙》中，驱遣埃氏承认他自“神圣荷马”处谋得主意，以塑成“狮心”英雄透克洛斯、帕特洛克洛斯的非凡形象[4]。荷马的影响表现在许多独具匠心的描述语上，也表现在为数不多的古体名、动词的遣用上，以及荷马式的习语与措辞，荷马式的明喻与隐喻[5]。

索福克勒斯

索福克勒斯被希腊的鉴赏家们评作是荷马真正的门徒，是“悲剧界

1 《诗学》，23§4。

2 见 Nauck，《希腊悲剧残篇》*Tragiecorum Graecorum Fragmenta*，pp. 963–8；或见 Haigh，《希腊的悲剧》*Tragic Drama of the Greeks*，pp. 473–476。

3 阿特纳奥斯，347 E，τεμάξη τῶν Ὁμήρου μεγάλων δείπνων。

4 《蛙》，1040。

5 详情见 Haigh，前揭书，p. 86。

25 的荷马”，更是史诗的崇尚者[1]。其人所受荷马之沾染，于名义上不及埃斯库罗斯，然而如其他戏剧家们，他借用了某些史诗的形式与描述，以及某些习语与明喻。其人之剧作使荷马之精神复生。其人物构思亦是荷马化的，理想而不失人性[2]，他以冷静的自制力描述人物，即使在狂烈的激奋中亦是如此。这一如既往地，“荷马魅力之妙，已经为其人所掌握”[3]。固然他极少径直自《伊利亚特》或《奥德赛》中领受启发，据言他“喜好的是整个史诗系列”[4]。现存戏剧与此系列有关者，为《艾阿斯》和《菲洛克提忒》。

欧里庇得斯

欧里庇得斯的现存剧目中，唯《圆目巨人》直取材于荷马《奥德赛》，而史诗系列则于《在奥利斯的伊菲革涅亚》《赫卡柏》《特洛亚妇女》《安德洛玛刻》《海伦》《厄勒克特拉》《在陶里斯的伊菲革涅亚》和《俄瑞斯忒斯》。现存剧目似无有从《伊利亚特》中起兴之情节，不过在《腓尼基妇女》的开场一幕中，安提戈涅和她的老保傅自殿堂屋顶观瞻忒拜城外的阿耳戈斯大军，显然是重温《伊利亚特》的隽永之场景，彼间海伦和普里阿穆如是在特洛伊城上瞭望希腊群雄[5]。

希罗多德

由悲剧诗人转观历史家，可见希罗多德尝推测荷马之年代。他将赫

---

1 伊翁 Ion，见于《索福克勒斯传》***vita Sophocles***，*μόνον... Ὁμήρου μαθητήν*【独一无二的，荷马之传人】。波勒莫 Polemo，转见于第欧根尼・拉尔修，iv 20，*Ὅμηρον τραγικόν*【荷马风的悲剧】。尤斯塔修斯 Eustathius 评注《伊利亚特》，pp. 440，605，851，902 等，*φιλόμηρος*【喜好学问的】。参看 Lechner，《论诗人索福克勒斯》***De Sophcle poeta***，*Ὁμηρικωτάτῳ*【最似荷马风格的】(1859)；Schneidewin 的《索福克勒斯》***Sophokles***，p. 27；Bergk，《希腊文学》，i 830，iii 369 以下；以及 Haigh，前揭书，p. 202 以下。

2 亚里士多德，《诗学》，3§2。

3 《索福克勒斯传》，*Ὁμηρικὴν ἐκματτόμενος χάριν*。

4 阿特纳奥斯，297 D，*ἔχαιρε... τῷ ἐπικῷ κύκλῳ*。参看 Christ，《希腊文学史》，§175，p. 258[4]。

5 《伊利亚特》，iii 139–244。

西俄德与荷马俱置于彼时代的前四百年，即早于西元前 430 年又 400 年（称 12 世代更为准确[1]）[2]。他思考过《伊》《奥》二篇之外，荷马尚著作了几部诗章，世人认可的是《塞普里亚》、《七雄后人传》*Epigoni*。他对《七雄后人传》出于荷马之手有些怀疑[3]，且否认《塞普里亚》为荷马所 26
作[4]；然后者之论据基于以下事实，据他所知，此诗暗示帕里斯去斯巴达后即往特洛伊驶去，而非如《伊利亚特》中所言去向西顿[5]。耶博教授评论得甚是，谓“可见此种归属之推议，于风体、语言或精神上的证据考虑何其不足。若非有些表面之矛盾，可令其推议为世人所接受，不然就是留下讼端，争议不绝了”[6]。

修昔底德

修昔底德将费阿刻斯人当作历史中人族，将荷马的舰队细目表当作历史文件[7]。然他使此攻城故事成为一个批评主题，含具理性精神。在此精神下，他声称希腊诸主将受迫而去往特洛伊者，并非昔在海伦之父前所誓之责任，而是畏于阿伽门农之至上权威;而围城的积年累月，是因为希腊大军被迫在维持粮草供应上费尽功夫[8]。早先时候人们以在荷马作品中篡入诗行来为雅典增加荣耀，此种心绪已不复存在，修昔底德驱令伯里克利在葬礼演说时自豪地宣布，雅典人不需要荷马为其

1 希罗多德，ii 142；E. Meyer 的《古史探微》*Forschungen zur alten Geschichte*，i 152 以下；Mahaffy，《希腊文学史》，i 24。

2 希罗多德，ii 53

3 希罗多德，iv 32。

4 希罗多德，ii 117。

5 《伊利亚特》，vi 290。

6 《荷马》，p. 86。

7 同上书，p. 85。

8 修昔底德，i 9 以及 11。

城市唱颂歌[1]。

德谟克利特 最早论述荷马之专文被归于德谟克利特 Democritus（西元前 460—前357年），虽则其主旨已不可知[2]。若他确曾著述此文，或许会有些许内容即是被后世所征引的，言称德谟克利特尝谓荷马有神赋才艺，其史诗美具多方，谋篇构思促成了法度与通变之美满联姻云云[3]。或许对荷马之研读启导其高尚亦常带诗意的语言，此即西塞罗所激赏者[4]。

27 自西元前 600 年迄前 300 年，三世纪间研究荷马诗章者甚夥，然不
荷马和智者派 具识断力。荷马为“教诲希腊之人”[5]；且在西元前第五世纪，智者们跻身于此期最活跃的教师中，纷纷盛言诗章的某篇构成雅典全部文教的基础。于是有普罗泰戈拉（约西元前 480—前 411 年），分别表达模式为四题：疑问、答复、祈愿、命令，遂妄议《伊利亚特》开篇语句之表达，类如一名祈愿者在缪斯面前使用了**命令式**，“女神请歌唱那愤怒吧”*μῆνιν ἄειδε θεά*；然亚里士多德征引此评断时，唯言如此见解对于诗学并无
普罗泰戈拉 任何特别价值[6]。普罗泰戈拉对西蒙尼德诗作之考辨的样板，尚见于柏拉图《普罗泰戈拉篇》，西元 4 世纪时有柏、亚二翁之忠徒称许普氏“精解

---

1 ii 41，4.

2 第欧根尼·拉尔修，ix 13§48，*περί Ὁμήρου ἢ (?) ὀρθοεπείης καὶ γλώσσεων*【论荷马词语正义与措辞】。参看 Egger，前揭书，p. 107[3]，Saintsbury 的《欧洲批评与文学品鉴史，自最古之文本至今》*A History of Criticism and Literary Taste in Europe, from the earliest texts to the present day*【译按，下文简称为《批评史》】，i 15。

3 “金嘴”狄翁，《演说集》，53 开篇，*Ὅμηρος φύσεως λαχὼν θεαζούσης ἐπέων κόσμον ἐτέτηνατο παντοίων· ὡς οὐκ ἐνὸν ἄνευ θείας καὶ δαιμονίας φύσεως οὕτω καλὰ καὶ σοφὰ ἔπη ἐργάσασθαι*；以及亚历山大里亚的克莱蒙，《杂缀集》，vi 18。

4 《论演说家》，i 49；《演说家》，67。

5 柏拉图：《理想国》，606 E，*τὴν Ἑλλάδα πεπαίδευκεν*。

6 《诗学》，c. 19§5。

西蒙尼德及其他诗人之作品”[1]者，可能就源自此处。

厄理斯的希庇亚斯 Hippias of Elis，为我们所知者尽来自柏拉图两篇冠 希庇亚斯
以其名的对话中，其人所好尚不仅在精研文字音韵诸学[2]，亦热衷于品论荷马笔下群雄之甲乙，言“刚鲁朴直”之阿基琉斯胜过“善谋多诈”之奥底修斯[3]。他可能与《小希庇阿篇》中的对话者某君之父有相同看法，谓《伊利亚特》较《奥德赛》更为精彩，既然奥底修斯与阿基琉斯分别为此二史诗的主脑人物[4]。他谓荷马生于库马 Cumae[5]，一世纪后有史家厄福儒斯亦附同此见。他于荷马、俄耳甫斯、穆赛欧斯及赫西俄德中辑成文类编[6]；且颇具识见地议说僭主 τύραννος 一词不属于荷马的时代，而
是始用于阿基洛库斯 Archilochus 时代，反之见于荷马诗中，即便是篡位 28
得王的厄刻图斯 Echetus，亦被称作 βασιλεύς【王者】[7]。

彼同名之人，塔索斯的希庇亚斯 Hippias of Thasos，通过校订两部荷马诗章以彰显新义。在 δίδομεν δέ τοι εὖχος ἀρέσθαι，“我们许他所祈愿的”句中，他将陈述式的 δίδομεν【赐予、准许 δίδωμι】换作不定式 διδόμεν【译按，δίδωμι 的不定式一般写作 διδόναι，διδόμεν 为是字的史诗体，请参阅罗念生译本《诗学》(人民文学 1962 年版第 99 页注释 3)】，是文见于《伊利亚

---

1 忒米斯修 Themistius，《演说集》，23，τὰ Σιμωνίδου τε καὶ ἄλλων ποιήματος ἐξηγούμενος。

2 《大希庇亚篇》*Hippias Major*，285 B；《小希庇亚篇》*Hippias Minor*，368 D。

3 《小希庇亚篇》，365 B。

4 同上，363 B。

5 《荷马传第六种》*The Sixth Life of Homer*，见于 Westermann 的 *Βιόγραφοι*【译按，此人编有《希腊次要作家的传记作品集》*Vitarum Scriptores Graeci minores*】，p. 30 以下。

6 可能出自一部题为 συναγωγή【《汇编》】的著作，引自阿特纳奥斯，609 A。

7 《奥德赛》，xviii 84；关于索福克勒斯的《俄狄浦斯王》亦有争议，参看 Friedel，《论智者希庇阿的荷马研究》*De Hippiae Sophistae studiis Homericis*，哈雷 Halle，1872；以及《论智者派的荷马研究》*De Sophistarum studiis Homericis*，收入《哈勒（大学）语文学博士学位论文》*Dissertationes Philologicae Halenses*，i（1873），pp. 130–188。

特》第21书297行，所祈愿者即是在第2书的15、32、69行中三次出现的那句 *Τρώεσσι δὲ κήδε᾽ ἐφῆπται*【特洛伊城即将遭陷落】。所以不取陈述式者，缘于如此即暗示宙斯有意欺骗阿伽门农，遂遣梦神给英雄传口讯，而不定式唯进而去除骗局之设立，虽则梦神确为宙斯所遣者，受其怂恿而欺骗英雄。此番发难似是基于一处过失，即好比仅是片语只言的错置所造成，这出于疑点最多的第21书。另见其他段落（《伊》，第23书，328行）中，又有 *ου* 一词来历不明，遂被误解作 *οὗ*，谓“某之”，今将包含此例的可疑诗行附于下：

> *ἕστηκε ξύλον αὖον, ὅσον τ᾽ ὄργυι᾽, ὑπὲρ αἴης,*
> *ἢ δρυὸς ἢ πεύκης· τὸ μὲν οὖ καταπύθεται ὄμβρῳ.*
> 有一枯木，高约庹许，生于此地，
> 或橡或松，为雨水侵蚀殆半。[1]

希庇亚斯似建议将 *οὖ* 改作 *οὐ*（变“侵蚀殆半”而为“未受侵蚀”），这就是现今文中的校订成果[2]。

高尔吉亚 后有高尔吉亚 Gorgias（约在西元前485—前380年）可能曾撰写
29 过一篇阿基琉斯之颂歌[3]。其著述得流布于今者，有对话两篇关乎特洛

1 Derby爵士的译文【指原文的英译】，除却将这里的“侵蚀殆半”来替换了他译文中合乎通常文本的“未受侵蚀”。

2 亚里士多德:《诗学》，c. 25§11，以及《辩谬篇》，iv 8；并参看Wolf的《绪论》，c. xxxvii，p. 102，Wagner本；另见Vahlen，《亚里士多德诗学论集》*Beiträge zu Aristotles Poetik*，iii 368，以及第三版，p. 69以下。另者，有Ritter关于前揭之《诗学》的论述，建言此 *οὐ* 为旧本，为希庇亚斯读为 *οὖ*。

3 亚里士多德，《修辞学》，iii 17。

伊故事，名为“海伦颂”和“帕拉梅德斯辩辞”。其门人中，理居纽斯 Licymnius 或当注释过荷马作品，荷马史诗会注 *scholia* 中曾提及[1]；而阿尔栖达玛斯 Alcidamas 似为《奥德赛》作过一篇雄辩文章，称许此史诗为“人类生活之明鉴”[2]。

埃里亚学派 Eleatics 之创始者，刻洛丰的克塞诺凡尼 Xenophanes of Colophon，因荷马表现神明之段落激起而抗议，谓“荷马与赫西俄德将凡人之过失与丑行尽纳入神圣中”[3]。当即有其稍年幼些的同代人，赫拉克利特 Heracleitus，宣说“应对荷马与阿基洛库斯大加鞭笞”[4]，赫西俄德也不容宽恕。他显然以为这头两位诗人误将幸福解作依赖于天意，而赫西俄德则于吉日与灾时混淆未辨[5]。此期另一伟人毕达哥拉斯 Pythagoras，据云曾下至冥界，见赫西俄德之魂魄被缚于一铜柱上呼叫呻吟；而荷马之魂则悬吊在树上，围以巨蛇，以谴罚他关乎神明所说的一切[6]。

为回应此番抗议，某些荷马的辩护者坚持说其神话中的肤浅意义 30

---

1 《伊利亚特》之注疏，ii 106。

2 亚里士多德:《修辞学》，iii 3§41；参看 §§ 1，3。

3 塞克斯都·恩披理克:《反对博学家》，ix 193，*πάντα θεοῖς ἀνέθηκαν Ὅμηρός θ'Ἡσίοδός τε | ὅσσα παρ'ἀνθρώποισιν ὀνείδεα καὶ ψόγος ἐστίν*。（Zeller 的《前苏格拉底哲学》*Presocratic Philosophy*，i 561；以及 Jebb 的《荷马》，p. 88 注释。）参看克塞诺凡尼，引自希洛狄安，ii 16，20，Lentz 本，*ἐξ ἀρχῆς καθ'Ὅμηρον ἐπεὶ μεμαθήκασι πάντες*【最初，所有人都受教化于荷马所言】。参看 Gräfenhan 的概述，在《古代的古典语文学史》，i 202 以下，211 以下，以及 *Egger*，前揭书，p. 96^3 以下。

4 第欧根尼·拉尔修，ix 1。

5 Zeller，前揭书，i 10，32，102 以下。

6 第欧根尼·拉尔修，viii §21。参看 Geffcken，《古代的文化之争》*Antike Kulturkämpfe*，见于《新年刊》*Neue Jahrb.*【译按，此刊物 1830 年之前名为《语文学及教育学年刊》*Jahrbücher für Philologie und Pädagogik*，1830—1897 年间名为《语文学及教育学新年刊》*Neue Jahrbücher für Philologie und Pädagogik*，1898 年以后更名为《古典学新年刊》*Neue Jahrbücher für das Klassische Altertum*，下文 *Neue Jahrb.* 者一律简称《新年刊》】，xv 593–611。

荷马神话的寓意说

并非真者，在此表面下另有深意。这层深奥之义理，在雅典时代被称作 ὑπόνοια【隐奥之思想】[1]，及至于普鲁塔克时 ὑπόνοιαι 又被冠以“讽喻”之名[2]。利吉姆的忒根尼斯 Theagenes of Rhegium（全盛期在西元前 525 年），其人建言讽喻有两重形式，一为伦理，一为物理，故视诸神之名也是两层表达，一是世人精神之业力，一是自然多变的元质。依他之见，则阿波罗为波赛冬 Poseidon 之对立面，即如火之于水；帕拉斯 Pallas 对立于阿瑞斯 Ares，如智之于愚；赫拉 Hera 对立于阿耳忒密斯 Artemis，如气之于月；赫尔墨斯 Hermes 对立于烈陀 Leto，如明理或多谋之于健忘[3]。刻剌佐墨纳厄的阿那克萨革拉 Anaxagoras of Clazomenae（全盛期在西元前 450 年）将日之光线领会作阿波罗的箭矢。因不满于日神故事的预言太明显，据言（姑且听之）他曾在珀涅罗珀 Penelope 的纺织中发现辩证法则的寓意，经线为前提，纬线为结论，而她操之以行动的炯炯炬火非它，正是理性推衍之光芒[4]。尽管他被称为从精神命意上疏解荷马之神话的第一人[5]，但可能唯有其门人才真可当此，特别是阑普萨库的墨忒若都儒斯 Metrodorus of Lampsacus（卒于西元前 464 年），此人主张赫拉、雅典娜和宙斯俱为自然之元质[6]，而阿伽门农[7]代表空气。这等解人，或许颇中亚里士多德的意，既然他提及那些“老辈的荷马学家们，洞悉微小之相类者，却不能于大

1 色诺芬:《会饮篇》，3§6；参看柏拉图:《理想国》，378 D。

2 《论如何听诗》，第 4 章 p. 19 E。

3 《伊利亚特》威尼斯会注本，xx 67。参看 Monro，《奥德赛（卷 xiii–xxiv）》，p. 410。

4 《奥德赛》会注，ii 104。

5 第欧根尼·拉尔修，ii 11。参看 Monro，411。

6 塔先努斯 Tatian，《反对格拉古》contra Graecos，202 D（Zeller，前揭书，ii 372）。

7 赫叙基乌斯，相关词条。

处有所发见”[1]。

柏拉图《伊翁》中的荷马

色诺芬《回忆录》谓诵人们“记诵荷马的措辞用字尤为精准，本人却糊涂至极”[2]。此辈或有善于解读荷马而其名得以彰显者，伯里克利时有塔索斯的斯忒西穆卜若图斯 Stesimbrotus of Thasos[3]，苏格拉底时有以弗所的伊翁 Ion of Ephesus。柏拉图的短篇对话中最有兴味者其一即以伊翁之名为题，此人非仅长于吟诵，且能对荷马作出解读。他曾在泛雅典娜节上
向二万余雅典人吟诵荷马诗章。常加金冠、袭华袍[4]。对荷马之迷狂使他 31
“着魔”，他将这迷狂复传递与其受众。这是一道魅惑之链，听者为其终端，其魅惑的感应由缪斯传至诗人，继而通过伊翁从诗人传至听者[5]。他也曾撰文疏解荷马，宣称自己“议说荷马能比任何人更出色”，——胜过了麦忒若多儒斯 Metrodorus 或斯忒西穆卜若图斯；看来他将自家用以“润饰”荷马的行文摛藻之功，列为阐发诗人辽深之义旨的要务了。

柏拉图《理想国》中的荷马

然荷马神话叙述之辩词，竟无一者，可使荷马免于同其他诗人一道被逐出柏拉图之理想共和国。柏翁力主荷马与赫西俄德所述神与英雄之事迹乃是对其本质的谬误表现[6]。诗人纯为一“效仿者”，“我人须令彼知晓吾邦不设其位焉”[7]。“对荷马所怀之敬爱”，此为柏拉图少时已熟悉者，“使他不愿言其不是；但是真理须当彰显”[8]。“荷马以降的全部诗人俱不出

1 *οἱ ἀρχαῖοι Ὁμηρικοί*【老辈的荷马学者们】,《形而上学》, xiii 6，7，p. 1093 a 27。

2 《回忆录》, iv 2，10。

3 色诺芬:《会饮篇》, 3，6；Monro，411。

4 参看上文第 16 页的“诵读之诵人”。

5 《伊翁篇》, 533 D–E。

6 《理想国》, 377 D–378 E。赫西俄德也曾在《法律篇》, 886 B–C 中被不指名地提及。

7 《理想国》, 398 A。

8 595 B.

模仿者之列；彼等临摹美德之影像，然未尝及于真理”[1]。“我们将许可荷马为最伟大之诗人……却仍须严守立场：唯颂神祇与伟人之歌诗属于可在吾邦存留者”[2]。荷马被柏翁逐出共和国，此引起一种相当有争议之文学[3]。荷马固有此放逐，然雅典人仍诵读不辍[4]，此幽幽古风延续下来，竟亘越亚历山大里亚时代。甚至于在基督纪元的首个世纪将尽之时，特洛阿德（Troad）之希腊人仍在以荷马诗章为童蒙之教材[5]。其实自雅典世代至于今日，对荷马的学习从未绝断过。

32 关于以荷马为教科书，我们可以追述普鲁塔克《亚西比阿德传》[6]中两则轶事以遣兴。谓亚西比阿德 Alcibiades “方成年之时，去见一位教师，求予之一部荷马的书，教师说他并无与此有关的书，亚西比阿德挥拳殴之，扬长而去”。另一教师则谓“有荷马之副本一册，为他自己所校”。“如何？”亚氏则说：“君既长于校订荷马，安能专注于教授他人读写之技乎？何不悉心指导群生？”此二则轶事，其一表明雅典青年将初等塾师至少持有些许荷马诗卷视作理所当然的要求；其二提供与我们一个早期的业余文本考据学的案例；这都可暗示，较之于纯粹幼蒙课本，荷马为更加适合青年之教科书。

阿里斯托芬 阿里斯托芬 Aristophanes 最早的一部剧作中，有一场景，述笃信老派

1 600 E.

2 607 A.

3 Sengebusch，学位论文，i 119（Mahaffy，《希腊文学史》，i 33）。

4 色诺芬，《会饮篇》，3§5。

5 “金嘴”狄翁，《演说集》，11，p. 308 R。

6 普鲁塔克：《亚西比阿德传》，7。

诗教风习的为人父者，以“荷马中百思无解之字”[1]考试其子：其子偏好合乎生活日用的散文体，遂反而以梭伦法令的废词问难其父。在《蛙》中，“神圣荷马”跻身于高贵诗人班列，因他卓越群伦地以诗艺描述战争[2]。其诗章还在很多段落里得到了引述或戏仿[3]。

伊索克拉底

由喜剧诗人转向最庄重之古代演说家，我们发现了伊索克拉底 Isocrates，在他写给尼考柯勒斯 Nicocles 的劝勉书简中，尝流露出他对荷马与其他早期悲剧诗人们所怀有的敬慕[4]，并责难时人好尚卑劣之喜剧过于 33 赫西俄德、忒俄革尼 Theognis 及甫基理德 Phocylides[5]。在《颂词》*Panegyric* 中，他称述荷马之名声因“他为抵御外敌而战者唱出华美颂歌”之实而愈振，并谓此即何以荷马在雅典人指导青年时候所敬重之缘由[6]。在其小册子《非智术家》*Against the Sophists* 中他点出问题，荷马既“被视作最贤明之人”，何故要将神祇描绘作权衡多虑者。盖因为荷马欲教诲世人，知晓即使神祇，对于将来如何亦未能洞悉[7]。终者，他在写于95岁之年的《泛雅典娜》*Panathenaic* 中，言及亚里士多德学园 Lyceum 的那些常客们，每每诵读荷马与赫西俄德，并引之以“高谈阔论”；然而他将自己关于诸诗

---

1 阿里斯托芬，*Δαιταλεῖς*【《筵席》】，转见于盖伦：《希波克拉底词语汇释序言》*in praef. lexici Hippocratici*，p. 404，Franz 编订本，*πρὸς ταῦτα σὺ λέξον Ὁμηρείους γλώττας, τί καλοῦσι κόρυμβα... τί καλοῦσ᾽ἀμενηνὰ κάρηνα*【你看这些荷马的语词，它们被称作是绝顶之极处云云，亦被称作是令人生畏的群峰】。

2 《蛙》，1036。

3 《鸟》，575，685，910，914；《和平》，1089 以下；《云》，1056。参看 Monro，《奥德赛（卷 xiii–xxiv）》，p. 415 以下；以及 Sherrans，《阿提卡喜剧诗人的荷马之学》*De poetarum comicorum Atticorum studiis Homericis*，1893。

4 伊索克拉底，2§48。

5 伊索克拉底，2§43，44。

6 《颂词》，159。

7 13§2.

人的评论，延搁至于他日方便之际，竟终不可期[1]。——或可想见的是，伊索克拉底的学生时代，荷马诗章已然成为左伊卢斯 Zoïlus 之琐碎考辨的课题[2]。

“荷马诗章”的引述

雅典时代“荷马诗章”的引述与今天所见的文本或有出入。修昔底德[3]征引“荷马的”日神颂[4]，认定荷马为“盲者”，“居住于多岩石的开俄斯”的两段文字，与留存于今的荷马风颂歌抄本对比有细节上的异同。类似的分歧亦见于柏拉图的引述中。或为出于明确意图的，然也有另一些是记忆之误所致[5]。埃斯奇纳斯 Aeschines 从《伊利亚特》[6]中援引了15行的片段，此为古典作家最长的引文，至少有4处异文；莱克格斯也有一段短些的引文，出入则甚微[7]。此外，亚里士多德约有21处荷马引文异于
34 今之通行本[8]，并有5段文章涉及荷马诗章时候文字是极为漫不经心的[9]。上述诸种异文都是出于记忆失误所致，恐甚少有可说明西元前5、前4

1 12§§33，34.

2 关于其人的年代，见第108页以下。

3 修昔底德，iii 104。

4 《荷马风颂歌》*Homeric Hymn*，i 145–150以及165–172。

5 《理想国》，379 D（Monro，《奥德赛》，p. 429注释），388 A，389 E，405 E，424 B。

6 《伊利亚特》，xxiii 77–91，引述自埃斯奇纳斯 Aeschines，i 149。

7 《伊利亚特》，xv 494–499；莱克格斯，§103。

8 《伊利亚特》，ii 32，196，391以下，iv 200，vii 63，viii 18以下，84，ix 385以下，538以下，592以下，x 1，12，457，xi 542，xiv 217，xv 245；《奥德赛》，iv 567，xi 598，xv 399，xix 121。参看 R. Wachsmuth，《亚里士多德的荷马研究佳作选》*De Aristotelis Studiis Homericis Capita Selecta*，pp. 1–19；以及柏拉图、埃斯奇纳斯和亚里士多德所引述的种种异文，见 Laroche，《荷马文本考辨》*Homerische Textkritik*（1866），pp. 23–36；以及 Wilamowitz，《荷马研究》，p. 299。参看 Römer，《亚里士多德的荷马引文与荷马疑义》*Die Homercitate und die Homerischen Fragen des Aristoteles*，收入慕尼黑科学院【译按，本书或称作拜仁科学院，为同一单位】的学报，xvii（1884）264–314，639以下；以及 Vahlen，柏林科学院的《会议报告》，1902，（1）168以下。

9 《伦理学》，ii 9，iii 11；《政治学》，viii 3，p. 1338 a；《修辞学》，iii 4；《诗学》，8。

世纪荷马文本之实情者。大体而言，引文之证据表明，彼诸世纪间的文本直与我们所见者无甚差别[1]。

荷马早期的“编订”

史诗作家安提马库斯 Antimachus（全盛期在西元前 464—前 410 年），居于伊奥尼亚 Ionia 之刻洛丰，其人略早于柏拉图一代人，曾校订过荷马的文本，为荷马的威尼斯注本【译按，此为 10 世纪的一种《伊利亚特》的注释抄本，于 1781 年被 Villoison 发现于威尼斯的 St. Mark 图书馆】提及约 12 次[2]。F. A. 帕雷 Paley 先生认为这是《伊利亚特》和《奥德赛》同于今本形式的首次发表[3]。尚有一个荷马的“版本”被普鲁塔克和斯特拉波 Strabo 归于亚里士多德。普鲁塔克在其《亚历山大大帝本纪》中引述翁尼希克里图 Onesicritus 的说法，谓亚历山大常在枕边置一匕首，和一部《伊利亚特》复本，是亚里士多德为其校勘的，称为“巾箱副本” the casket copy[4]。斯特拉波谓亚历山大大帝为荷马之崇拜者（*φιλόμηρος*），并说尝有一种荷马著作的修订本，称为“巾箱本”；复言亚历山大详读其书，并在卡理斯忒涅 Callisthenes 与安纳克萨库 Anaxarchus 的协助下对其中一部分加以注释；又谓他将此书置于一匣中，此物造价不菲，是从波斯宝库中觅得的战利品[5]。

---

1 A. Ludwich，《作为前亚历山大里亚时期文献证据的荷马定本》*Die Homer-vulgata als voralexandrinische erwiesen*，1898；Monro，《奥德赛》，426—430。

2 *ἡ Ἀντιμάχου*（即 *ἔκδοσις*【发表】），*ἡ κατὰ Ἀντίμαον*, *ἡ Ἀντιμάχειος*。《伊利亚特》会注，i 298，424，598；v 461；xiii 60；xxiii 870；以及《奥德赛》，i 85。参看 Monro，《奥德赛》，413。

3 《现存荷马诗文或古史诗系列遗篇之平议》*Homeri quae nunc exstant an reliquis Cycli carminibus antiquiora iure habita sint*（1878），p. 39，quis ille fuerit qui Homerum nostrum litteris primum mandavit，si non fuit Antimachus，ego ignoro【曾首度着手于荷马文本之人，如不是安提马库斯，我不知为谁】。

4 普鲁塔克:《亚历山大传》，8，*ἡ ἐκ τοῦ νάρθηκος*【存于油膏匣中者】。

5 斯特拉波，p. 594。“巾箱本的《伊利亚特》准是被看作别致的传奇，不被人当真了”（Monro，《奥德赛》，418）。

在亚历山大将伐亚洲之前，他来至特洛伊原上访古，尝在阿基琉斯墓前
35 奉上花环，告语斯人何其幸福，生时既有忠心耿耿之挚友，临殁之际又有宣告其命运的奇伟之预警[1]。

亚里士多德论荷马

亚里士多德在《诗学》中言称，荷马史诗“所造人物比真实人类更完善”[2]，并“在诗体的庄重方面卓越不群”[3]，可为华美史诗的“最古最老成之圭臬”，且体现了“遣辞骋怀的绝伦之艺”[4]。诗人避于后台，遗下其性格显明如塑的人物自陈其情[5]。荷马已然将虚幻艺术的接近真理之法教授其他一切诗人[6]。在“情节整一”方面，荷马一如既往地峻拔杰出；《伊》《奥》二诗不分伯仲，俱环绕一中心行动展开[7]。二诗“虽部章繁多，且各部皆有自家之容积；然合之于全体，其结构亦能尽善尽美”[8]。在《修辞学》一书，亚氏阐释“使事物活现目前”之义旨，即论表达之生动，曾援引荷马史诗中的隐喻数则：西叙福斯 Sisyphus 之石又跃回谷底，何其“残酷无情”，飞矢“渴求”其标靶，长枪“欲啖”敌人之血，还有“急于杀人”之矛首，刺穿英雄的胸膺。复谓明喻亦可造出同样效果，荷马以此法于死物之上赋予生命、运动及活力，诸如言及“怒海滔滔之波浪”一行诗，——“弓着背头顶了泡沫，绵亘不绝，浪复一浪”[9]。

亚里士多德于荷马之兴味使得他发愿要编订《荷马疑义集》*Homeric*

---

1 普鲁塔克:《亚历山大传》，15。
2 2§3.
3 4§9.
4 24§§1，2.
5 §7.
6 §9.
7 8§3.
8 26§6. 参看 Jebb 的《荷马》，p. 4 以下；Monro，417 以下。
9 《修辞学》，iii 11§§3，4。

Problems，此主题在他撰写《诗学》篇末关于“裁断决难”一节时已开始着手[1]。这些疑难唯有残篇存留[2]。借助于荷马注释本的手稿，尤其是威 36
尼斯 B 稿本（11 世纪），我们得以知晓其中的要义究竟。其中征引荷马疑义 21 处，尚未包括斯特拉波、普鲁塔克和阿特纳奥斯的单篇文章；新柏拉图派的波弗利 Porphyry 对这些疑义也不陌生，他在西元 3 世纪时写就一本类似的著作。疑义之要点多关注于诗歌中的道德与剧情意义，而非文字或文学的考辨[3]。例如，“阿伽门农何故要诱使大军回希腊？”[4]“及希腊三军往船上逃，奥底修斯因何甩掉战氅，为传达雅典娜终止逃兵的号令而奔波？”[5]“为何荷马在《伊利亚特》中安排克里特岛有百城，至《奥德赛》中唯有九十座？”[6]“在《伊利亚特》中荷马说日神所目见耳闻无远弗届，如何又在《奥德赛》中需要信使报告牛群被屠的消息？”[7]“若诸神不饮他物，唯酌神酒 nectar，卡吕普索 Calypso 女神怎么可以给赫尔墨斯‘调制’神酒，既然‘调制’意谓掺水？”[8]“何谓‘黑夜的大部已经逝离——去了三分之二，仅剩三分之一’？”[9]“何以两个塔兰

---

1 《诗学》，25，*περὶ προβλημάτων καὶ λύσεων*，特别见 §§10，11。

2 *ἀπορήματα*【存疑】，*προβλήματα*【疑义】或 *ζητήματα*【探察】（原本可能是 6、7 或 10 卷），亚里士多德，残篇 142—179，Rose 编订本。在这些残篇中，我们发现 *ἠπόρησεν*【存疑】（159），五次出现相应的词 *λύειν*【驳议、补正】（149，160，161，164，174），还有一段（179）的标题为 *Ἀρ. Ὁμηρικοῖς ἀπορήμασιν*【亚里士多德对荷马史诗的质疑】。参看 Mitchell Carroll，《亚里士多德的诗学》*Aristotle's Poetics*，c. 25，“依据荷马会注集”（巴尔的摩，1895）。

3 参看 Egger，前揭书，pp. 188–194[3]；以及 Saintsbury，前揭书，pp. 49 以下。

4 《伊利亚特》，ii 73。

5 《伊利亚特》，ii 305。

6 《伊利亚特》，ii 649；《奥德赛》，xix 173。

7 《伊利亚特》，iii 277；《奥德赛》，xii 374。

8 《奥德赛》，v 93。

9 《伊利亚特》，x 253。

同 talent 的黄金之巨数仅充作驱车赛会的第四名奖品？”[1] 亚里士多德对于末题的部分解释大意是，荷马时代的塔兰同单位小于阿提卡时代的，今之学者尽从是说。有一度发难者触及文本之考辨，“*αὐδήεσσα* 作修饰语，意即‘能言的’‘作人语的’，如何可以施用于‘女神’基尔刻 Circe
37 和卡吕普索[2]，并曾一度形容凡人伊诺 Ino？”[3] 此处前两例的解释甚奇，*αὐδήεσσα* 之义唯当以“善吹笛的”解读，故与 *μονῳδης* 同义，即“长于独唱的”；而在伊诺的例句中，则当读作 *οὐδήεσσα*，意即“生于陆地的”。综观此《荷马疑义》诸残篇，颇令人败兴；很可怀疑是否真为亚里士多德所作，而非各种普通寻常的问题集合，冒亚翁之大名以传世[4]。由兹复归《诗学》段落，可顿时神旺，亚翁引述荷马的短句，谓狄俄墨得斯 Diomede 的同袍们睡于直立入地的长矛旁，“其所持矛戈坚直立定，尾端扎入泥地”[5]，而不是将其平置地上，如此则（同于注释家们所见）可免于矛戈倾倒引起警报的风险。亚氏决此疑难，不过简单释作“此为当时习俗，至今尤为伊鲁里亚人 Illyrians 所遵从”[6]。想必是在《诗学》散佚的篇什中，亚里士多德评说“荷马诗章中最炫目者”，是描述特洛伊人初见披阿基琉斯耀眼盔甲的帕特罗克勒斯 Patroclus 后如何反应的一节，他们那刻以为是阿基琉斯已然抛却“愤怒”，与希腊军士和好：“人人四顾

1 《伊利亚特》，xxiii 269；亚里士多德，《残篇》，164，Rose 本。

2 俱曾被称作 *θωὸς αὐδήεσσα*【神作人言】，见于《奥德赛》，x 136 等处，以及 xii 449。

3 《奥德赛》，v 334，*βροτὸς αὐδήεσσα*【凡人作人言】。

4 Zeller，《亚里士多德》*Aristotle*，i 96，104。

5 《伊利亚特》，x 152 以下，*ἔγχεα δέ σφιν | ὄρθ᾽ ἐπὶ σαυρωτῆρος*。

6 《诗学》，25§7。

茫茫，欲从掩体处觅一逃路”。亚氏补充说，是为蛮族之种性也[1]。

综上所述，自梭伦时至于亚里士多德时，荷马史诗不断被研究与援引，成为寓意阐释和理性分析或修辞术所钟爱的课题。荷马也是数量有限的文字考辨学之研究对象。关乎其诗的文学考辨，我们证据不足，唯可倚重亚里士多德的《诗学》诸论。对其文本的考辨要留待于亚历山大里亚时期再行叙述。

荷马之外，在雅典时代尚有关于包括“史诗系列”（约西元前776— 38
前566年）诸篇诗人的研究，这些诗人（如前文所见）对于悲剧诗人采择主题大有贡献。赫西俄德（约全盛于西元前700年）的《神谱》也被 赫西俄德
当作神话教科书来研读，其中疑难之处或许会被那些格外早熟的学生提出来令教师窘于应对。据言伊壁鸠鲁 Epicurus 在14岁（约在西元前328年）之前，即曾以赫西俄德叙述卡俄斯 Chaos 的刁钻疑点向某些塾师和智者问难，因为得不到满意答复，遂决心致力于哲学研究[2]。赫西俄德《农作与时日》流布更广，其中的道德箴言和农事谚语，不仅开图色尔 Tusser《农俗家政聚珍》*Points of Good Husbandrie* 之先河，也为涂柏 Tupper《谚语哲学》*Proverbial Philosophy* 创立了规范。阿里斯托芬尝令埃斯奇纳斯提名赫西俄德入“高贵诗人”的班列，因为他描述了“土地的耕种，犁田的时节和收获的季候”[3]。《农作与时日》的一段关于命运或谣言的诗章，曾

---

1 Townley《伊利亚特》注疏，xvi 283（亚里士多德:《残篇》，130，Rose 本），*πάπτηνεν* : *δεινότατον τῶν ἐπῶν Ὁμήρου τοῦτό φησιν Ἀριστοτέλης ἐν ᾧ πάντες φευκτιῶσι, καὶ οἰκεῖον βαρβάρων*【*πάπτηνεν*（四顾）：是为荷马之最为有力的诗句，据亚里士多德言，四顾而逃，乃是蛮族之本性】。

2 第欧根尼·拉尔修，x 2。

3 《蛙》，1034。

被亚里士多德引述，埃斯奇纳斯则援引了两次[1]，他还在两个场合中征引一段具有政治学意义的文字[2]，其中后一次征引是为了说明“我们所以自幼即用心研习诗人们的箴言，是为了成年后可以去遵从它们”。赫西俄德亦因写作诗体的箴言而扬名，这些箴言训诫的是敬畏与顺从，即为阿基琉斯在人马喀戎 Cheiron 所学者；喀戎训诫的传说，不仅可由品达[3]与柏拉图[4]来见证，也体现在某位无名艺术家的瓶画上，此瓶今在柏林博物馆，图画表现了两个男童悄立聆听，一男童居中就座，朗读一卷，其
39 身前有一匣，复置放另一书卷，以古字体标明题目为 +IRONEIA[5]【译按，+IRONEIA 当为 CHEIRONEIA。据原画，匣上复有 KALE 字样，研究者或认为原题即“chironeia kale”，可解作“从喀戎习善”】。对于这部作品，赫西俄德的作者身份，早在亚历山大里亚时代即被拜占庭的阿里斯托芬 Aristophanes of Byzantium 否决了[6]。

安提马库斯

尚有两位史诗诗人值得提及。其一者，是刻洛丰的安提马库斯（全盛期约在西元前464—前410年），写作了一部冗长的史诗名为《忒拜纪》*Thebais*，据云故事始于狄俄墨得斯归来、墨勒阿革洛斯 Meleager 身亡，及第26卷末，向前追述至七雄兵临忒拜城前[7]。然而他似是得到了柏拉图的激赏，据言柏翁曾亲聆诗人朗诵其长篇大套的作品。在场听众陆续脱身

1 《农作与时日》，761；埃斯奇纳斯，1§129，2§144（参看德摩斯提尼，19§243）；亚里士多德：《伦理学》，vii 13，5。

2 《农作与时日》，240 以下；埃斯奇纳斯，2§158，3§135。

3 《皮提亚颂》，iv 102。

4 《理想国》，391 B–C。

5 见 Klein，《欧弗洛尼乌斯》*Euphronios*，283^2 中的插图；Daremberg 与 Saglio，在 Éducation 词条下，p. 469；或见 P. Girard，《雅典的教育》，p. 149。

6 昆体良，i1，15（参看 Kinkel，《希腊史诗残篇》*Epicorum Graecorum Fragmenta*，i，p. 148 以下）。

7 珀菲理翁，贺拉斯《诗艺》注疏，146。

而走，唯遗柏翁一人。“我便继续诵读，”诗人泰然自若地道，“在我的意识里，柏拉图一人可抵得千名听者”[1]。或谓柏拉图曾将安提马库斯的诗歌全集送至刻洛丰一部，以证明此诗人优胜于刻厄芮卢斯 Choerilus[2]，其后有帕迦马学派的玛洛斯人克剌忒斯 Crates of Mallos 反对此说[3]。至亚历山大里亚时期，卡利马库斯[4]曾谴责安提马库斯史诗作品之流毒，此见得到卡图卢斯 Catullus 的附和[5]。然安提马库斯仍被授予史诗经典诗人列中的高位[6]，甚而哈德良帝 Hadrian[7]认为他比荷马都高明，想是因为其诗作较易模仿。有人提及此人校注荷马的“版本”，其中有些阐述在荷马的会注集 *scholia* 中有收录[8]。

刻厄芮卢斯

另一要提及的史诗诗人，是萨摩斯的刻厄芮卢斯 Choerilus of Samos（全盛期在西元前 404 年），其人被斯巴达将军吕山德 Lysander 及马其顿王阿刻劳斯 Archelaus 奉为彼时代诗人中的翘楚[9]，写作过一部关于波斯战 40
争的史诗，暴得大名。刻厄芮卢斯开拓了史诗写作的新局面，他放弃了老派的神话题材，转入摹写国族与历史的主题。据政令的明文规定，他的诗作要与荷马史诗一同被大众诵读，此为其人所获得的无上殊荣[10]。

---

1 西塞罗：《布鲁图斯》，191。

2 普洛刻卢斯 Proclus，柏拉图《蒂迈欧篇》注疏，i，p. 28 C（Kinkel，前揭书，p. 274）。

3《帕拉廷希腊文苑英华集》，xi 218。

4 残篇，441。

5 卡图卢斯，95，10。

6 昆体良，x i 53。

7 狄奥·卡西乌斯 Dio Cassius，lxix 4（参看《罗马皇帝本纪》*Historia Augusta*，“哈德良本纪”，15）。

8 上文第 34 页，注释 3。参看 A. Ludwich，《阿里斯塔库斯的荷马文本考辨》*Aristarchs Homerische Textkritik*，i 18；ii 432，383。

9 普鲁塔克：《吕山德传》，18；阿特纳奥斯，345 D。

10《苏伊达斯辞典》，*σὺν τοῖς Ὁμήρου ἀναγινώσκεσθαι ἐψηφίσθη*【被公推为可与荷马一起被朗诵者】（Kinkel，前揭书，p. 265）。

亚里士多德在《论题篇》[1]谓荷马的明喻较之于刻厄芮卢斯更为清晰。在《修辞学》[2]中，亚氏开列了几部史诗的序幕首句，在《伊利亚特》和《奥德赛》的开篇短句之后，遂即援引的显然是刻厄芮卢斯史诗的开场白。

此前亚里士多德尚引述了一句短诗，以说明自辩词作为序幕的例证：——*νῦν δ'ὅτε πάντα δέδασται*，“如今整个园地已分配完了”【译按，罗念生译文】。当时之读者无疑都熟悉的上下文，幸运地在一部古注本中留存下来，今将大意翻译如下，或可充当此章的结语：

啊！往昔精通诗艺的吟者真是幸福，
他们侍奉文艺女神，当时的土地尚待开垦。
如今整个园地都已分配完了，各行艺术俱定了边界；
我落在最后，任凭我东瞻西望，
也寻不见新套上马匹的车子来参加赛会。[3]【译按，参考罗念生译文，稍做改动】

---

1 viii 1.

2 iii 14.

3 *ἆ μάκαρ, ὅστις ἔην κεῖνον χρόνον ἴδρις ἀοιδῆς,*
Μουσάων θεράπων, ὅτ' ἀκήρατος ἦν ἔτι λειμών·
νῦν δ' ὅτε πάντα δέδασται, ἔχουσι δὲ πείρατα τέχναι,
ὕστατοι ὥστε δρόμου καταλείπομεθ', οὐδέ πῃ ἔστι
πάντῃ παπταίνοντα νεοζυγὲς ἅρμα πελάσσαι.

第三章

抒情诗研究 41

诗歌之学习：柏拉图《普罗泰戈拉》篇

普罗泰戈拉在柏拉图的同名对话篇中，曾勾画出一幅雅典正规教育的有趣图景。此备受讨论的图景重点在于对诗人的学习。

当学童们学会了文字，并开始理解书上的内容……老师们会将杰出诗人的作品置于坐席间，敦促学童高声吟诵、沉心钻研，诗中有许多训诫、故事、赞歌，颂扬古之贤者，鼓舞他们起而效仿……当学童修习齐塔拉琴 cithara 时，音乐教师们亦复传授他们其他杰出诗人的作品，即歌诗[1]【译按，古之抒情诗常以琴伴奏而歌】，渐通韵律后，学童之心灵全然熟谙于节奏与曲调，变得温柔敦厚，言行俱可富于优美的节度及和谐；因为节奏与韵律的调节为人生之所需。此外，父母会将孩童送至体育导师那

---

1 *μελοποιῶν*.

里，使得其肉躯以更佳状态侍奉其心灵的德行，无人会因为身体虚弱而在战时或其他考验中成为懦夫。[1]

向诗人学习复在柏拉图的《法律篇》涉及教育的普通课程时得到强调：

> （在对话中“雅典人”说）我们有众多的诗人，或作六音步体，或作
> 42 （短长格）的三音步体，或作其他韵体，有的能严守规法，有的止于供人讥笑而已。雅典人万众同声地主张正在接受正规教育的年轻人应接受这诗教的熏染，用心去记诵、研习，把握全诗要领；还有些人采撷编选诗人们的菁华，或是编订出演说文稿的全集来，他们说这些都是值得所有向善求智慧之人烂熟于心的，从中可以得到丰富的人生经验和学识。[2]

多理斯的陶器绘画

艺匠们曾展现过与以上画面类似的内容，西元前5世纪早期多理斯 Duris 制作的一只阿提卡陶器，即以雅典学校的两幕场景修饰其外观。其一的中心是坐于椅上的教师，手中书卷半展，审听面前站立的学童功课，童子或许在聚神讲述所修习的内容，亦许是在记诵教师的垂训。书卷展开部分标记了一行传写错谬的古典颂诗：*Μοῖσά μοι ἀμφὶ Σκάμανδρον ἐΰρροον ἄρχομαι ἀείδειν*【缪斯予我（诗兴），我将开始歌唱那奔流的斯坎蛮德河 Scamander】。左有一长髯教师在弹奏七弦抱琴 lyre，对面一个学生，手中乐器形制相同而略小，两人俱坐于石凳之上。其右亦有

1 柏拉图：《普罗泰戈拉篇》，325 C–326 E。

2 柏拉图：《法律篇》，810 E。

一石凳，坐一长髯男子，手拄一杖，想是那站立学童的教师或保傅仆人 παιδαγωγός。另一幕里一青年教师坐于中央，左手托蜡版，右手执铁笔。其人显然是在校阅面前站立男童的作业。其左复有一青年教师正吹奏双笛【译按，指 aulos】，教授立于前的另一学童。其右则与第一幕雷同，一长髯男子拄杖监看着授课。很多器具悬于墙上，包括一轴书卷，一对相互缚劳的写字板，一只柳条篮，一对扁杯，两块交叉的木板束成的十字尺（可能用于绘角与直线），还有一只竖笛包，三架抱琴。[1]

荷马史诗需用的弦鸣乐器是福明科斯琴 phorminx、齐塔拉琴或称齐 43
齐塔拉琴和抱琴
塔芮斯琴 citharis。“抱琴” lyre【译按，异于第 29 章末附图“音乐学”化身旁边的里拉琴 lyra，后者系拜占庭时期出现的乐器】一名最早见于赫尔墨斯颂歌中，其义所指即是齐塔芮斯琴。但在“抱琴”和“齐塔拉琴”之间并非没有分别。瓶画上描述的，和《法律篇》[2]中提到的是“抱琴”（其双“角”突出，并有一形制源自龟壳的琴体），而《普罗泰戈拉篇》提及的是“齐塔拉琴”（琴“壳”由木匣代替，双“角”更以琴匣的延伸臂来固定琴弦的另端）。有时也并称两种乐器[3]。虽则抱琴与“齐塔拉琴”，尤其前者，俱为教学中常用乐器，然而以之写作歌诗的诗人，在雅典时期并不被称作“抱琴”诗人 “lyric” poets，而是被称作 μελοποιοί，即“μέλη”或“歌诗”的“作者”[4]。追溯“抒情的” lyric 一词的源头，我们要寻至亚

“抱琴”诗人与“歌吟”诗人

---

1 （以黑底红图）刊于《通讯社古物集成》*Monumenti del Instituto*【译按，即罗马的《考古通讯社未发表古物集成》*Monumenti inediti pubblicati dall' Instituto di Corrispondenza archeologica*】，ix 图版 54；另见于 Michaelis 的文章中，刊于《考古学消息》*Archäologische Zeitung*，xxxi p. 1。见本书卷首页。

2 809 E，λύρας ἅψασθαι.

3 柏拉图:《理想国》，399 D。

4 亦作 κιθαρῳδοί（Bergk，《希腊文学史》，ii 117）。

历山大里亚时期，阿里斯塔库斯的门人，语法学家“色雷斯人”第欧尼修[1]，方首次提到“抒情诗人”；而首言“歌吟”melic诗人的则更晚，要推迟至普鲁塔克[2]（全盛于西元80年）的时代。

兰普罗克勒和弗里尼斯

阿里斯托芬曾比较教育的故新之不同风尚，尝作一剧，时约在西元前423年前后，缅怀往昔年代里的塾师教学生唱那“帕拉斯【译按，即雅典娜】，诸城邦可怕的掠夺者”。歌是由兰普罗克勒 Lamprocles（约西元前476年）写的，此人是品达的弟子、台蒙 Damon 的导师[3]。或是唱那
44 居第德 Cydides（或言是赫迈俄尼的居第亚斯 Cydias of Hermione）的“高亢曲”。——这些歌代表着往昔年代低沉、板重的旋律，与莱斯博斯的弗里尼斯 Lesbian Phrynis 代表的以花样繁多的装饰音取胜的时调形成对照[4]。在别的剧作中，阿里斯托芬还频频斥责酒神歌诗人基内希亚 Cinesias，这个诗人也曾陪同外邦人弗里尼斯、摩兰尼庇德斯 Melanippides 和提摩透斯 Timotheus 被斐克拉底在一篇雄文中声讨，今得存于普鲁塔克的著作[5]中。

阿尔凯乌斯和萨福

雅典时代对“歌吟”诗人的研究或可从章句摘引中推知一二。阿尔凯乌斯 Alcaeus（全盛于西元前612—前580年）向萨福 Sappho（全盛期

1 《语法学技艺》，p. 6 l. 10，Uhlig本，*λυρικὴ ποίησις*（参看 Smyth 的《希腊歌吟诗人》*Greek Melic Poets*，p. xvii 注释）。参看瓦罗的《遗篇》*Relliquiae*，p. 187，Wilamanns 本；以及西塞罗的《演说家》，183。

2 ii 120 C，*τοῦ μελικοῦ Πινδάρου*【品达的歌吟诗】，参看普林尼，《自然史》，vii 89，192；poëmatis melici 最早见于西塞罗，《论演说之化境》*De Optimo Genere Oratorum*，1。

3 *Παλλάδα περσέπολιν, δεινὰν θεὸν ἐγρεκύδοιμον,*
ποτικλήζω πολεμαδόκον, ἁγνὰν
παιδα Διὸς μεγάλου δαμάσιππον【扫荡城市的帕拉斯，激起烽燹的威灵，/ 冲洗了将士们，（她是）圣洁的 / 驯服马匹的大神宙斯之女】。（参看 Smyth，前揭书，p. 340）

4 阿里斯托芬:《云》，966—972。

5 《论音乐》，p. 1141§30（关于弗里尼斯，参看 Smyth，p. lxvi，关于摩兰尼庇德斯和提摩透斯，同上书，454，462）。

在前 612 年）致意的一行诗和女诗人的四行酬答，今在亚里士多德的著
作中得以保存[1]；而柏拉图的《斐德若篇》援引了斯忒西考儒 Stesichorus
的涤罪诗[2]【译按，《斐德若篇》谓诗人曾因羞辱海伦而目盲，继而作一诗翻案，目
力得以恢复】。忒俄斯的阿纳克里翁 Anacreon of Teos（全盛期在西元前 530 阿纳克里翁
年）和刻俄斯的西蒙尼德 Simonides of Ceos（西元前 556—前 468 年）俱 西蒙尼德
曾被希帕库斯 Hipparchus 延为雅典的座上宾。阿纳克里翁好吟哦的是
醇酒与情爱，故作品不得施于教育，也不为刻板的哲人和演说家所征
引。他是会饮中的诗人。阿里斯托芬[3]曾提到他的甘美韵律，将之与萨
摩斯的伊比库斯 Ibycus of Samos（全盛期在西元前 544 年）齐名并称。西
蒙尼德关于正义就是"借人财物要归还"的说法十分流行，在《理想
国》中则受到了批评[4]。《普罗泰戈拉篇》里，他的一首诗作还被普罗泰
戈拉选来立论[5]。那智者声言在诗中发现一种悖论。诗人先说，"人欲为
善诚难矣"；却又矛盾地责备庇塔库斯 Pittachus 所谓"善人难作"之言。
苏格拉底提出解决矛盾的答案，他区分了"为"（becoming）与"作"
（being）的不同，这方法或许是对智者们惯用的"阐释法"的"消遣
漫画"，是故这段对话大体可"被当作是柏拉图对盛行一时、冗长琐 45
碎的阐释技艺的讽刺"[6]。莱克格斯 Lycurgus[7]引述过西蒙尼德哀挽马拉松
之国殇的诉歌体铭文，以及歌颂温泉关 Thermopylae 英雄的两则铭文之

1 《修辞学》，i 9（参看 Smyth，p. 239）。
2 243 A；参看《理想国》，586C。
3 《地母节妇女》，161。
4 i p. 331 D–E.
5 p. 339（Smyth，pp. 54，309）.
6 Jowett 的《柏拉图著作集》，i 113 注 1，124 注 3。
7 《反对列奥刻剌忒》，409。

一，这两则都可见于希罗多德著作[1]中。虽则其中致占卜师美吉司提亚斯 Megistias 的一则铭文可确然归于西蒙尼德，但这些引语都未标明作者。他曾为骡车赛会的赢家，利吉姆的阿那克西拉斯 Anaxilas of Rhegium 或其子，写过一篇合唱歌 ode，开篇的句子后被亚里士多德引为例句，以说明以庄语敷物称的修饰效用：“起初那骡车赛的胜利者给他很少的报酬，他便不情愿为其作合唱歌，遂以构思‘半驴’甚难为理由；可那人偿以丰酬之后，西蒙尼德就写道：——‘欢迎呀，如风暴疾走的神骏之女儿’【译按，参考罗念生译文】。”[2]

品达　忒拜的品达 Pindar（西元前 518—约前 443 年）在雅典一定是妇孺皆知的，原因不在于他赞美了阿尔刻迈翁家族的美伽克勒斯 Megacles the Alcmaeonid 在皮提亚 Pythia 的夺冠[3]，而在于他称萨拉米斯是雅典人的光荣[4]，而雅典是“戴紫罗兰花冠的耀目城市”，是“希腊的壁垒”[5]。据说品达的乡党因为这雅典颂歌要他缴罚金，然雅典人双倍偿还了诗人的损失，并为之竖立了铜像以示敬意[6]。柏拉图反复征引品达的诗句，例如《美诺篇》*Meno*，视其人为一位“神圣的诗人”，并引述了他哀歌 dirges 中的一段华章[7]。论法治的诗行似乎尤为柏翁所钟爱，在《普罗泰戈拉篇》

1　vii 228.

2　《修辞学》，iii 2，14，*χαίρετ'ἀελλοπόδων θύγατρες ἵππων*。

3　《皮提亚颂》，vii。

4　《皮提亚颂》，i 75。

5　残篇，46，*αἴ τε λιπαραὶ καὶ ἰοστέφανοι καί ἀοίδιμοι, Ἑλλάδος ἔρεισμα, κλειναὶ Ἀθᾶναι, δαιμόνιον πτολίεθρον*【噫兮，戴紫罗兰冠的耀目之都，为人所歌颂的希腊壁垒，著名的雅典，神圣的城邦。译按，“*αἴ τε*”今多写作“*Ὦ ταὶ*”，属于品达的酒神颂残篇】。参看《尼米亚颂》，iv 18；《地峡颂》，ii 20；以及阿里斯托芬，《阿卡奈人》，636–640。

6　［埃斯奇纳斯］，《书信集》***Epistulae***，iv（Donaldson 的《品达》，p. 346）；参看伊索克拉底，《论交换财产》***Antidosis***，166。

7　《美诺篇》，81 B。

《高尔吉亚篇》和《会饮篇》以及《法律篇》[1]都曾提及。希罗多德[2]和修 46
辞学家阿尔喀达马斯 Alcidamas [3]复都引过此行。品达进而为整个希腊世界所崇敬。在色萨雷 Thesaaly，以及故乡忒拜和奥科美那斯 Orchomenus，他成名甚早；特内多斯 Tenedos 之人民至少知晓其一首合唱歌；在埃伊纳岛 Aegina 他的知名度更高些；居于阿尔戈 Argos、西锡安和柯林斯 Corinth 的人亦知道他；在柯林斯地峡、尼米亚 Nemea，在德尔斐和奥林匹亚，那些观临伟大的希腊赛会的人士一定常常提起品达的名字。他在伊奥尼亚海北岸，受到与伊比鲁斯 Epirus 接界的塞斯普罗蒂亚 Thesprotia 地方的阿卡亚民人 the Achaeans 的盛情挽留[4]，他形容那地方“一片山区牧场，起自多多纳城 Dodona，蜿蜒直至伊奥尼亚海”[5]。他的名声远播东西洛克瑞亚 Locria；西南达至遥远的昔勒尼 Cyrene，向西则远至西摩剌 Himera、喀玛里纳 Kamarina、阿克剌伽 Acragas 和叙拉古 Syracuse。他的第六奥林匹克合唱歌，召唤世人“缅怀叙拉古和奥尔图基亚 Ortygia，希伦 Hieron 以他清白的权杖和杰出的顾问治理着此地，不仅敬奉着红润足踝的得墨忒耳 Demeter，也以节庆向她骑白马的女儿珀尔塞福涅 Persephone 致意，对于埃特纳山 Aitna 的神主宙斯更是礼拜有加”，这些诗行曾被发现刻录在叙拉古的一块古砖石上，可能是希伦命令为之的[6]；而他的第七奥林匹克

---

1 残篇151，*νόμος ὁ πάντων βασιλεὺς κτλ*【诸僭主的法令云云】。参看Schröder，在《语文学家》*Philologus*，1918（《美国语文学杂志》，1919，218以下）。

2 希罗多德，iii 38。

3 亚里士多德：《修辞学》，iii. 3§3。

4 《尼米亚颂》，vii 64以后。

5 《尼米亚颂》，iv 52以后。

6 《奥林匹亚颂》，vi 93–96；《德意志古学杂志》*Zeitschrift für deutsches Alterthum*，1846，p. 616；Bergk，在当地【叙拉古】；以及 Freeman 的《西西里史》*The History of Sicily*，ii 539。

合唱歌是向希腊最伟大的拳斗手罗德斯的迪亚戈剌 Diagoras of Rhodes 致敬的，被镀金铭刻于林多斯 Lindos 的罗德斯城一座雅典娜神庙中[1]。品达写过一首胜利颂（encomium）[2]，献给马其顿王“爱希腊者”亚历山大；一百五十年之后，在忒拜遭受屠城之时（西元前 335 年），这倒或许成为了另一位亚历山大王的胜利颂歌纪念，

47 那厄玛瑟亚的霸主，唯宽恕了
品达罗斯的宅院，而让庙堂与塔楼
尽付齑粉。[3]

巴居理德斯

希腊九大“歌吟”诗人【译按，此为希腊化时期学者所列名单：Alcman, Sappho, Alcaeus, Anacreon, Stesichorus, Ibycus, Simonides, Pindar 以及 Bacchylides】，余者最早如斯巴达的阿耳刻曼 Alcman of Sparta（全盛期在西元前 657 年），最晚如刻俄斯的巴居理德斯 Bacchylides of Ceos（西元前 507—前 430 年），却皆未为雅典时代诸作家所引述。然巴居理德斯与其亲长西蒙尼德，据云曾被品达记恨，写入他向瑟伦 Theron【译按，西元前 476 年时阿克剌伽御车赛会的胜者】致敬的第二奥林匹克合唱歌的名篇：“吾弯臂下的箭袋中全是如飞的箭矢，叫啸着蓄势待发，求那睿智者为目标（*φωνάεντα συνετοῖσιν*），然这一切尚需解释之人。生而能知者自是上智；但世人仅

---

1 Gorgon 转引品达会注。参看 A. Croiset，《品达的诗》*La poésie de Pindare*，p. 18。C. Graux，《语文学杂志》*Revue de Philologie*，v 117（＝《书目叙录及其他》*Notices bibliographiques et autres articles publiés dans les Revues critique*，302），言称此合唱歌是以金墨水书写在一小卷羊皮或其他上好皮革的内面的（Gildersleeve 的《品达》，p. 184）。

2 残篇，121［86］。

3 弥尔顿，《商籁集》之八；参看普林尼，《自然史》，vii 109；埃利安 Aelian，《史林杂史》，xiii 7。

仅学会了些搬弄口舌的知识，好比是那对聒噪的鸦雀，烦扰着宙斯的圣鹰。"[1]【译按，鸦雀影射巴居理德斯与西蒙尼德，当时二人也在希伦的王庭做客，素为品达所恶】然时间也于巴居理德斯有所补偿。我们今日可知，即在瑟伦赢得比赛的同一年（西元前 476 年），品达的这位对手写过一首庆贺希伦在赛会上夺冠的合唱歌，在诗中自抒其志，高至鹰隼飞处[2]；八年后（西元前 468 年），巴居理德斯再次为希伦的获胜赋歌，他复如是言："吾歌惟诉与善虑者听。"[3]

亚里士多德《诗学》[4]提及"酒神颂诗体" dithyrambic poetry，与"供箫管及齐塔拉琴演奏之曲";然此论著未曾言及当时的抒情诗体发展情况。但作者未必即对此种作品全然漠视。我们尚可得见亚里士多德所作一首庄严的美德颂[5]。

为方便起见，希腊之抒情诗系或可不仅包含"歌吟"体 melic，还当 诉歌
有诉歌体 elegiac 与短长格体。皆能合于歌，且渐能以器乐伴奏，"歌吟" 推尔塔尤斯
诗之乐器有抱琴或齐塔拉琴，"诉歌"与"短长格诗"则谐以箫管[6]。最早 48
的诉歌诗人（依一般意见）是推尔塔尤斯 Tyrtaeus（全盛期在西元前 640 年）。他的诗作《王道篇》*Eunomia* 为亚里士多德所特别提及，然如此亦不比演说家莱克格斯，在法庭上引他激人奋进的《劝勉诗》*Exhortations* 多达 32 行以上。柏拉图《法律篇》中曾复述过同诗的另外两部分，称作

---

1 《奥林匹克颂》，ii 91–97；参看 Jebb，《巴居理德斯》*Bacchylides*（1905），13–23。

2 《合唱歌》v，16–27。

3 《合唱歌》iii，85，φρονέοντι συνετὰ γαρύω。

4 1§2.

5 转见于阿特纳奥斯，695 A（Smyth，pp. 142，468）。

6 参看 Jeeb，《希腊古典诗歌的生长与影响》*Growth and Influence of Classical Greek Poetry*，pp. 108，117，122。

者是一位"最神圣非凡的诗人"，虽则对其关于作战勇敢是唯一可赞扬之美德的说法有些惋惜[1]。

闵纳穆斯

士麦那的闵纳穆斯 Mimnermus of Smyrna（全盛期在前 620 年）虽好政治，却不失为一位多愁善感之诗人。他如此叹息复又祈愿道："呜呼！死亡将要袭来，解脱我于病灾与苦虑，方在我耳顺之年。"[2]这般情愫，在梭伦拜访闵纳穆斯时，则受到强健不息之良善觉力的抗议："纵如此，然请你接受我的建议吧，抹去这行字；若我可于此题思想胜君一筹，也莫嫉恨；理迦斯拓德 Ligyastades【译按，此名大约为梭伦所杜撰，Λιγυαστάδης 或是从 Λίγυς 利古理亚人生出】修改了这话，他唱道：'死亡或会来袭，到我年已耄耋。'"[3]梭伦显然遂了愿，因为他似确然亡故于八十之年（约西元前 639—前 559 年）。

梭伦

其诗则诉歌与短长二体俱堪为楷模。其诉歌有四十余行，生气充沛，宣扬向雅典的效忠，是故在控诉埃斯奇纳斯时，德摩斯提尼 Demosthenes 号召法庭文书高声诵读这段诗章；同样在这首诗中，亚里士多德摘出二三片段，录入《雅典政制》，并列于他 35 行论政治改革的短长格诗，与 9 行长短格的同主题作品。《修辞学》单引了一行警告克里底亚 Critias 的诗。柏拉图《吕西斯篇》引过一副对句 couplet，未具作者姓名，但在别处提到了梭伦及其同时代人[4]。

49 在《蒂迈欧篇》，克里底亚（殁于西元前 404 年【译按，这并非梭伦警告的那人】）详细地忆述了其十岁那年的一件事。其时正值阿帕图理亚 Apaturia 节，办理少年男子的注册；依节日风俗，父母出奖金举行朗诵比

---

1 亚里士多德，《政治学》，v 6，2；莱克格斯，《反列奥刻拉忒》*Against Leocrates*，107；柏拉图，《法律篇》，629 A，E，660E。

2 《蛙》，6。

3 《蛙》，20。

4 德摩斯提尼，19§255；亚里士多德，《雅典政制》，c. 5 及 12；《修辞学》，i 15；柏拉图，《吕西斯篇》，212 E，《卡尔米德篇》，157 E，《蒂迈欧篇》，20 E 及特别是 21 B–C。

赛（ῥαψῳδία），许多诗歌被选读了，其中“我们很多男童都读了梭伦的诗，那时其诗尚未过时”（即谓方流入公众中，被他们朗诵为时不久）。这少年的祖父与梭伦同时代，素有交谊，有人与之言，谓梭伦“人中才俊，诗界显贵”。老者哂然，云，“若梭伦仅立诗歌为其终身事业……他会与荷马、赫西俄德，或其他诗人齐名。”

诉歌体隽语诗人，列洛斯岛的德摩多库斯 Demodocus of Leros 和米利都的甫居理德斯 Phocylides of Miletus（全盛期在西元前 537 年），分别为亚里士多德在《伦理学》[1] 和《政治学》[2] 中所引述，前者描绘了米利都人民的性格，后者说的是中等阶层的好处。麦加拉的忒欧根尼 Theognis of Megara（全盛期在西元前 540 年）因歌颂政治之忠诚而为柏拉图在《法律篇》中所推重，《美诺篇》曾对他的诗作释义读解，色诺芬与亚里士多德复都援引过他的隽永名言[3]。其人之诗作多涉及政治，且强烈地带有贵族气，故难流布于民主风的雅典。他是一位典型的学究作家，可用这行格言诗为证：“信然为我所知晓者，系忒欧根尼生前事。”[4] 以上俱足表明他的道德格言常得引述，却始终多陈腐之气。这些诗句似乎对于伊索克拉底的世俗智慧启发良多，伊氏称诗人（与赫西俄德、甫居理德斯并列）为英明的顾问，而相比于当日的喜剧诗人，则是被世人冷落了[5]。忒

甫居理德斯

忒欧根尼

1 vii 9.

2 iv 11，9.

3 柏拉图，《法律篇》，630，《美诺篇》，95 E；色诺芬，《回忆苏格拉底》，i 2. 20，《会饮篇》，ii 5；亚里士多德：《论理学》，i 8，x 9。

4 *τουτὶ μὲν ᾔδειν πρὶν Θέογνιν γεγονέναι*（Dousa ad Lucil.，未明残篇 102，转述自 Gräfenhan，i 71）；普鲁塔克，《道德文集》，ii 777。参看 Schömann，《学术短著集》*Opuscula Academica*，iv 25 以下。

5 伊索克拉底：《致尼古刻剌斯》*To Nicocles*，43。

50 欧根尼有些轻松的韵句，显然是合于箫管曲调的歌诗，为会饮宴乐所作，其中有一短句尝发现被刻于塔纳戈剌 Tanagra 的一只酒杯上[1]。

短长格诗人

阿基洛库斯

早期短长格诗人的先驱者，帕罗斯岛的阿基洛库斯 Archilochus of Paros（全盛期在西元前 650 年），虽被古人班列于荷马身侧，然品达在其二世纪后称之为“乖戾暴躁的阿基洛库斯，常因恶语中伤其敌以求自利，而往往陷入悲惨境地”[2]。复言“阿基洛库斯的歌诗，正是响彻奥林匹亚的胜利颂，再三重复的副歌渐渐增强”【译按，出自《奥林匹亚颂》，ix，1】，这因为颂歌已然全无留存，姑且用我们今日的胜利曲来充样：“眼见英雄来征服。”【译按，似出自亨德尔的《犹大·马加比》*Judas Maccabeus*】阿基洛库斯为阿里斯托芬两度效仿[3]，为亚里士多德两度征引[4]，复两度出现在柏拉图对话中[5]。他的诗为诵人们所吟哦，如荷马、赫西俄德、闵纳穆斯及甫居理德斯的诗作一样得以谱曲成歌[6]。其他短长格诗人，还有阿摩戈斯岛的西蒙尼德 Semonides of Amorgos 和以弗所的希珀纳刻斯 Hipponax of Ephesus，未被雅典时代文献所征。而梭伦的短长格诗作已见前揭[7]。

雅典时代写作诉歌、短长格诗以及歌吟诗者，较少为人所知，自这有限的引文中必然难以得出什么结论。大多诗作皆为“即兴偶为之”；故多朝荣暮枯，极少有符合品达所言：“文辞久固于行动”[8]者。然这些诗

1 1365，*ὦ παίδων κάλλιστε*，参看 241 以下；Christ，《希腊文学史》，§100[4]。

2 《皮提亚颂》，ii 55。

3 《蛙》，704，《和平》，603。

4 《政治学》，vii 6，3，《修辞学》iii 17。

5 《理想国》，365 C，《欧吕克雪亚篇》*Eryxias*，397 E。

6 阿特纳奥斯，620。

7 第 48 页。

8 《尼米亚颂》，iv 6。

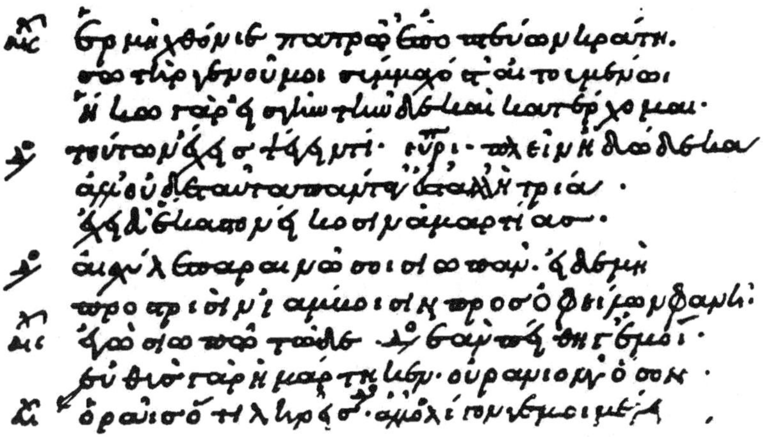

图 3　出自阿里斯托芬的拉文纳 Ravennas 抄本（11 世纪）

尺寸约为初版全摹本（莱顿 Leyden，1904）的 3/4

作尝在雅典私人生活中有一地位，或助教学，或娱宴饮，或两者兼具。诉歌诗体延续 16 世纪，始自卡林努斯 Callînus（约西元前 690 年），终于君士坦丁 · 刻法剌斯 Constantinus Cephalas（约西元 920 年）的希腊诗文集。在希腊戏剧中，此韵体唯在安德洛马刻 Andromache 的悲悼词[1]中择用过一次；然短长格诗体于戏剧对话中显出一种新鲜生机，歌吟体在合唱部中亦复如是；而史诗体的叙述文辞则显现在希腊悲剧里信使的台词中。至
西元前 452 年，希腊经典抒情诗宣告终止，其时品达与巴居理德斯的合 51
唱歌方为人所知。抒情诗人素重个人之兴发，至此独思默语之乐渐渐告

1　欧里庇得斯:《安德洛马刻》，103–116。

退，代之发达的是广大戏剧观者所哄起的公众热情。前484年埃斯库罗斯赢得他的第一份悲剧奖金；索福克勒斯在前468年首度获奖，大约是这时，西蒙尼德亡故；而欧里庇得斯始在前442年得奖，品达大约在同时去世；而约前450年时，克刺忒斯 Crates 和克剌提努斯 Cratinus 的老派阿提卡喜剧获得成功，阿里斯托芬也降生人间了。

对埃斯库罗斯的攻击，《蛙》，1126—1136：

ΑΙ. Ἑρμῆ χθόνιε πατρῷ᾽ ἐποπτεύων κράτη,
σωτὴρ γενοῦ μοι σύμμαχός τ᾽ αἰτουμένῳ.
ἥκω γὰρ ἐς γῆν τήνδε καὶ κατέρχομαι.
ΔΙ. τούτων ἔχεις ψέγειν τι; *ΕΥ.* πλεῖν ἢ δώδεκα.
ἀλλ᾽ οὐδὲ πάντα ταῦτά γ᾽ ἔστ᾽ ἀλλ᾽ ἢ τρία.
ἔχει δ᾽ ἕκαστον εἴκοσίν γ᾽ ἁμαρτίας.
ΔΙ. Αἰσχύλε παραινῶ σοι σιωπᾶν· εἰ δὲ μή,
πρὸς τρισὶν ἰαμβείοισι προσοφείλων φανεῖ.
ΑΙ. ἐγὼ σιωπῶ τῷδ᾽; *ΔΙ.* ἐὰν πείθῃ γ᾽ ἐμοί.
εὐθὺς γὰρ ἡμάρτηκεν οὐράνιόν γ᾽ ὅσον.
ΑΙ. ὁρᾷς ὅτι ληρεῖς; *ΔΙ.* ἀλλ᾽ ὀλίγον γέ μοι μέλει.

译文：【按，下文中楷体字表示此本未注明的角色。参考罗念生以及 Jeffrey Henderson 译文】

埃斯库罗斯：地下的赫尔墨斯，我父王国的护卫，
请应允我的祈愿，做我的援手与盟者。

因为我方来此，返归我的故土。（出自《奠酒人》头三行）

酒神：　　　你于此有何见解？

欧里庇得斯：有一打以上可以挑剔。

酒神：　　　整个不过三行。

欧里庇得斯：而每行有二十处错谬。

酒神：　　　我警告你噤声，埃斯库罗斯——否则，

你要遭的罪比这三句韵文得到的更多。

埃斯库罗斯：我么，要为他这人住嘴？

酒神：　　　如你肯从我的建言。

欧里庇得斯：他犯的错立时可积累如山。

埃斯库罗斯：（对酒神）瞧你说的傻话！

酒神：　　　少管我傻不傻。

第四章

52

戏剧诗的研究与考辨

戏剧与文学的裁决

文学的裁决，在雅典不仅为诵人的史诗吟诵所促进[1]，亦得到抒情诗的有奖竞赛，以及更多的戏剧诗比赛的激励。但这类裁决俱属于平庸业余之流。初，戏剧竞赛由观者喝彩声响程度决定奖金归属。继而喜剧比赛交由五名裁判做决定，悲剧的裁判人数可能相同。此区区几名裁判，要在从初步之大名单中投票选出，再由民众任予权责。埃斯库罗斯与索福克勒斯的频频得奖，证明大多比赛的裁断都很合理；然而，令人称奇者，是索福克勒斯《俄狄浦斯王》的演出竟败于一个二流诗人，埃斯库罗斯的侄辈，斐洛克勒斯 Philocles。欧里庇得斯仅五度获奖，而埃斯库罗斯据信有十三胜，索福克勒斯至少十八胜。裁判们在这些场合宣读的判词，对于引导改善初演不成功的作品非谓无益。不成功作品的修改与重

---

1 第 20 页。

写亦并非罕有之事[1]。

戏剧的批评偶尔也可以从剧本中觅得出路。欧里庇得斯在其《厄勒克特拉》（第526—544行）中，即曾公然批评埃斯库罗斯在《奠酒人》 53
促成俄瑞斯忒斯与其姊相认之手法。这类批评，若跳出悲剧范围，在喜剧中是更多见且合适的。当埃斯库罗斯与索福克勒斯同台竞赛，而喀蒙 Cimon 与其同僚们第一度（前468年）将优胜裁断于后来者，此事颇值得纪念；六十余年后，喜剧诗人弗里尼库斯 Phrynichus 在剧作中表现了九位缪斯集于庭堂上，为裁决悲剧诗人的价值，遂将赞誉致与索福克勒斯的戏剧事业[2]。

阿提卡喜剧中的文学批评弗里尼库斯的缪斯们

上述弗里尼库斯的《缪斯们》*Muses* 所叙，挑战着我们熟知的阿里斯托芬的《蛙》（前405年）。在此剧中，令人难忘者，为索福克勒斯未参与悲剧之宝座的角逐。埃斯库罗斯与欧里庇得斯并列一处，相互攻击对手的剧本。这些批评延续约近于三百诗行（1119—1413），不妨简述于下。

阿里斯托芬的《蛙》

欧里庇得斯先责备埃斯库罗斯的文风恣肆无度，随即埃氏批评对手的序诗。欧里庇得斯继而声称自己使悲剧更亲民体国；埃斯库罗斯则举出自己的尚武剧，如《七将攻忒拜》和《波斯人》，自认激发了邦人的爱国情愫。埃氏复又嘲弄对手，说他在舞台上招来了癫狂的妇女与褴

1 Egger，《希腊文学批评史论》，p. 26以下。

2 Egger，同上书，p. 38以下；参看《希腊喜剧残篇》*Fragmenta Comicorum Graecorum*，ii 592，Meineke本，*μάκαρ Σοφοκλέης, ὃς πολὺν χρόνον βιοὺς | ἀπέθανεν, εὐδαίμων ἀνὴρ καὶ δεξιός, | πολλὰς ποιήσας καὶ καλὰς τραγῳδίας· | καλῶς δ'ἐτελεύτησ', οὐδὲν ὑπομείνας κακόν*【有福的索福克勒斯啊，他享尽悠长的人寿才死去，他是幸运而又聪明的男人，写下诸多诗作和华妙的悲剧：妙在至其剧终，也没留下什么缺憾】。

楼的失位君王。于是欧里庇得斯攻击《奠酒人》的开篇诗行，揭发（其中的）一二处同义词语的赘述，“听”与“闻”，和“我来此”与“我重返至”[1]。（关于后一案例，埃斯库罗斯成功地反驳说，添加第二个动词是对的，如此则尤适于交代流放者的返回。）埃斯库罗斯反击欧里庇得斯的序诗为乏味，且奚落说其短长格诗行的第五音节之后停顿太多，并得出一个滑稽轻浮的结论，谓如此出现停顿或允许这类语法结构的韵文俱“损失了他的小油瓶”（ληκύθιον ἀπώλεσεν）【译按，ληκύθος 原意指细颈长身的希腊油瓶，学界或以为此处暗示性器官，作者此处所谓“滑稽轻浮”“突降法”云云，盖取此说；然 J. Henderson 以为非是】，于是诗人的悲剧措辞就得以
54 突降法 bathos 收场了。欧里庇得斯则复反击埃斯库罗斯的歌队台词是串联了诸多华词，含义晦涩，韵律呆板，副歌单调。埃斯库罗斯继而回敬的是对欧里庇得斯歌队部分一系列造作诗章的恭维之词，从中表明其人在歌队部分的旋律与音韵上的创新另造。随即埃氏又戏拟了对手的抒情独唱，使用的合唱歌诗行组合了虚假的崇高与粗俗的悲情，两者都掺和着不相干的吁天求助。后来，两诗人置各自诗句于天平上权衡。出现一副巨秤；埃斯库罗斯居一端，欧里庇得斯居另一端。二人依序逐行诵读自己的剧作中诗句，巨秤由其诗行意义之轻重决其二端之升降。最后，埃斯库罗斯倦于逐行比赛，挑战欧里庇得斯以全面的决赛。他还狡猾地暗示对手的剧本写作得力于家奴刻斐索丰 Cephisophon，以及此前提到的一行描述他家奴“啃书本”的诗句，即“手不释卷地萃取出他智慧的菁华”（第 943 行）：

得了！别逐行称量了！叫他一起上，——

1　1128，ἥκω γὰρ ἐς γῆν τήνδε καὶ κατέρχομαι。见第 51 页的摹本。

他的老伴，他的子嗣，他的刻斐索丰，
再搭上他自己，还有他全部的藏书，
我唯须两行诗，就能胜出。

酒神狄奥尼索斯，这场智慧冲突的仲裁，最终决定埃斯库罗斯获胜，请他重返地府。在此后的歌队部分（1482—1499），阿里斯托芬构思了一段对埃斯库罗斯的颂词，赞美他创造真正的诗之美善的贡献，而欧里庇得斯遭得警告，不该再与苏格拉底同座攀谈，非难诗艺，漠视悲剧艺术的高尚标的。

尾处对苏格拉底的不逊之言，并不合乎我们在柏拉图中认知的那个形象；不过总体而言，尽管阿里斯托芬对欧里庇得斯的非议明显属于偏见，但我们反而觉得对两位悲剧家所采择的评议观点尚都是有启导意义的。由上文知，阿里斯托芬的评议“所仰赖者，是以理性态度关照艺术、感味，乃至政治、宗教。他不满于批评对象身上体现出不可知论的意图，阴险的诡辩和乖戾的情感；而他感到同样强烈不满的是，作品中冗长幼稚的阐述和插叙，以及‘娇贵的’情愫和风体，胡闹的把戏和轻浮的情节”。再者，他“是极优秀之批评家和极高明的人物，他未许将 55
埃斯库罗斯之瑕疵全面展示，又认可欧里庇得斯为其自身价值提出充分的辩护”。这样“就真实文本径直评议”的范例，纵然本是以戏剧体裁获得显效，实则为人所见的却是“正式的批评散文”，且变得“稍逊于技法”了[1]。

1　Saintsbury，《批评史》，i p. 22 以下。复见 Jebb 的《古典希腊诗歌》*Classcal Greek Poetry*，pp. 230–233，及 H. M. Reynolds 在《美国语文学学会学刊》，xxi（1890），xvii 以下。阿里斯托芬曾对欧里庇得斯的精炼文字功夫表示激赏（残篇，397 D）。

今自阿提卡喜剧的残篇中摭拾出的文学批评之踪迹，远远多于一度曾所推想者[1]。菲耳克拉忒 Pherecrates 作一剧，名《卑贱者》*Cheiron*，尝引入赫西俄德并加以戏仿，剧中有“音乐”一角，抱怨她在当时某些抒情诗作者那里遭到滥用[2]。在忒勒刻雷得 Telecleides 的《赫西俄迪》*Hesiodi* 中，我们得悉当时数位诗人的消息，有一段是关于欧里庇得斯的想是来自此剧，谓他的悲剧得助于墨涅希洛库斯 Mnesilochus 和苏格拉底[3]。老派喜剧家的其他作品，如弗里尼库斯 Phrynichus 的《诸悲剧家》*Tragedians* 和柏拉图 Plato 的《诸诗人》*Poets*，可能是涉及文学批评的。阿刻匈尼库 Axionicus[4] 在《欧里庇得斯迷》*Phileripides* 中对欧氏的崇拜者有一番讥讽，或谓其剧为斐里普斯 Philippus 或是斐利彼得斯 Philippides 所作[5]。有六部剧作【译按，作者分别是 Ameipsias，Amphis，Antiphanes，Diphilus，Ephippus 及 Timocles】题名《萨福》*Sappho*，其中四部剧情我们近乎全然不知；在安提芬尼 Antiphanes[6] 的剧作中我们仅知萨福被述作提出随即解答着一串谜语；而狄菲鲁斯 Diphilus[7] 的剧作则将萨福置于她的崇拜者中，有阿基洛库斯，全盛期早她四十年，有希珀纳刻斯，晚她七十年。以萨福此一殊例观之，我们单从这些剧本题名中得出的推论必将都是不可靠的。

56 喜剧诗人提默刻乐斯 Timocles，有一段剧作颇令人解颐，盖云一人观

---

1 尤见于 Baker，《论希腊喜剧中的文学批评》*De Comicis Graecis litterarum iudicibus*，见于《哈佛古典语文学研究》*Harvard Studies in Classical Philology*，xv（1904），121–240。

2 阿特纳奥斯，364 A，B；普鲁塔克，《论音乐》，§30；参看 Meineke，《希腊喜剧残篇》，II 334 以下；Egger，前揭书，39；Baker，前揭书，153。

3 Meineke，I 88，II 371；Baker，156.

4 阿特纳奥斯，175 B（Meineke，I 417）；Baker，211。

5 Meineke，I 341，474；Baker，221.

6 Meineke，I 277 以下；Baker，196.

7 Meineke，I 477；Baker，217.

悲剧而感到宽慰，自谓关注剧中他人烦恼可消解自身烦恼。安提芬尼也有一剧，名《诗》*Poiêsis*的，有一片段谓悲剧较喜剧好写，因为悲剧之故事皆采于观众所熟知者[1]。然这两个片段实则都无任何文学的批评。另外有一残篇，被归于希穆鲁斯 Simulus（喜剧诗人，约在西元前355年时），尝为文学批评界的一位独具慧眼者所激赏，惊叹其领先之处“不单提供一种诗歌与诗歌批评理论，更展现一种令人惊异的完整性，不仅胜出我们在亚里士多德中发现的全部，亦可抵得上在其最得意时的朗吉努斯”[2]。今将此残篇提供于下：

有天分而乏技艺者，纵是
何人也不能成事；
徒有技艺而无天赋者亦如是。
又若技艺、天赋具于一身，
诗人仍须寻得法式，
情志与体验；和那兴发之时机；
善批评者能擒得诗人之感味。
此间如稍有些许差池，
则叫他全盘皆输，败兴无获。
天资、良知，复加勤勉及雅度
可使诗人聪慧美善，累月积年

1　阿特纳奥斯，vi 222 A，223 B；Baker，前揭书，199，212。

2　Saintsbury，《批评史》，i 25。

彼辈终老，再无他事扰。[1]

57 哲学家克塞诺克拉底 Xenocrates，尝受毕昂 Bion 之攻击，却拒绝自我辩护；谓“悲剧者，于喜剧的嘲讽前无须屈尊作答”[2]。实然，鲜有证据表明喜剧诗人的不逊之言引起悲剧家们改动其作品。《美狄亚》中有一诗行，可能是因为《云》里一句谑语形成今貌的[3]。《墨勒阿革洛斯》*Meleager* 和《俄纽斯》*Oeneus* 的序诗，曾在《蛙》中被奚落的，显然被小欧里庇得斯【译按，诗人的子侄】改动过后再次搬上舞台[4]。《在奥利斯的伊菲革涅亚》*Iphigenia in Aulide* 的序诗未遭阿里斯托芬的非议；实因此剧晚出于《蛙》[5]；然其剧有两个不同的开场白:（1）短短长格体的对话，（2）常见的欧氏序诗。后者或是为前者所替换的，因为阿里斯托芬一再羞辱他

1 斯托拜乌斯 Stobaeus，60，4，*οὔτε φύσις ἱκανὴ γίγνεται τέχνης ἄτερ | πρὸς οὐδὲν ἐπιτήδευμα παράπαν οὐδενί , | οὔτε πάλι τέχνη μὴ φύσιν κεκτημένη. | τούτων ὁμοίως τῶν δυοῖν συνηγμένων | εἰς ταὐτόν, ἔτι δεῖ προσλαβεῖν χορηγίαν, | ἔρωτα, μελέτην, καιρὸν εὐφυῆ, χρόνον, | κριτὴν τὸ ῥηθὲν δυνάμενον συναρπάσαι. | ἐν ᾧ γὰρ ἂν τούτων τις ἀπολειφθεὶς τύχῃ, | οὐκ ἔρχετ'ἐπὶ τὸ τέρμα τοῦ προκειμένου. | φύσις, θέλησις, ἐπιμέλει', εὐραξία, | σοφοὺς τίθησι κἀγαθούς· ἐτῶν δέ τοι | ἀριθμὸς οὐδὲν ἄλλο πλὴν γῆρας ποιεῖ.* 在第6—7行，Meineke 之注疏（略去 *χρόνον*【时间】为衍文）建言作 *καιρὸν, εὐφυῆ κριτὴν ἅπαν τὸ ῥηθὲν κτλ*【审时又精明的考辨家善于如何云云】；但是 *εὐφυῆ καιρὸν*【精于审时度势的】可见于波里比乌斯，i 19，12。在《希腊喜剧残篇》，I xiii 中，他认为第三行中的 *πάλι* 与 *τέχνη*，以及在第七行中将 *τὸ* 置于 *ῥηθέν* 之前，不合阿提卡喜剧之习惯，因而推断此残篇与其他两个类似之片段的作者，俱为一位教诲诗人，名叫希穆鲁斯的，其人生活年代稍早于奥古斯都时期。此片段或被用以与贺拉斯《诗艺》408—413 做比较。

2 第欧根尼·拉尔修，iv§10。

3 欧里庇得斯:《美狄亚》，1317，*τί τάσδε κινεῖς κἀναμοχλεύεις πύλας*【译按，罗念生译:“你为什么要摇动，要推开那门”】（及 Porson 与 Verrall 注释）；阿里斯托芬，《云》，1397，*σὸν ἔργον ὦ καινῶν ἐπῶν κινητὰ καὶ μοχλευτά*【此为尔之事业，生造新词又将它抬高】。

4 Fritzsche 注疏阿里斯托芬的《蛙》*Ranae*，1206。

5 我在编订欧里庇得斯《酒神伴侣》*Bacchae* 所作的导言，p. xliii。

的序诗。欧里庇得斯的《忒勒甫斯》*Telephus* 有一行诗，述及阿基琉斯在掷骰子，“阿基琉斯掷了两次——掷了一双二、幺点”，曾在《蛙》(第 1400 行)中出现的，据言后来为诗人所略去，以顾全上下语境之完整；不过此删略不应是因《蛙》而为的，此剧发表不久欧里庇得斯即殁。故当是小欧里庇得斯代劳，若是诗人自己所为，此举或许会在早些时候欧波利斯 Eupolis 的嘲弄剧中被提及的。

埃斯库罗斯的剧作在其身后频频重演，至前 4 世纪时则是索福克勒斯更受欢迎，而最终欧里庇得斯成为无可匹敌者。人世更替间，演者与写手们对剧本的改动导致文本面目失真。从而有显赫的雅典政治家和演说家，莱克格斯 Lycurgus (约前 390—前 324 年)，不仅颁令建立三大悲剧诗人的铜像，而且立法将他们的剧作副本置于公共档案处保护。城镇文书要依据此本校订演出脚本，若无违背之处方可允其公演[1]。这种抄本 58
可能仅包括那些作者亡后尚在演出的部分。据言此抄本被“善人”托勒密 Ptolemy Euergetes (西元前 247 或西元 146 年【译按，托勒密三世或八世】)借往亚历山大城图书馆，留下了 15 塔伦特为押金，许日后必归以完璧。然而托勒密以损失押金的代价留下了原件，归还了雅典人一部华丽的副本[2]。若这原抄本到过亚历山大城，似乎它根本不曾被视作决定意义的权威文献。否则，亚历山大里亚的考辨家阿里斯托芬，在悲剧诗人的注释中便不会只是谨慎地猜测了。也许莱克格斯的提议与其说是欲保存原

1 普鲁塔克:《十大演说家传》*Lives of the Ten Orators*，p. 841 F，*τὰς τραγῳδίας αὐτῶν ἐν κοινῷ γραψαμένους φυλάττειν, καὶ τὸν τῆς πόλεως γραμματέα παραναγιγνώσκειν τοῖς ὑποκρινομένοις, οὐκ ἐξεῖναι γὰρ* < 由 Grysar 加入 *παρ’* > *αὐτὰς*(换作 *ἄλλως*)*ὑποκρίνεσθαι*【人们要求对这些悲剧作品进行防护，且要求城邦人员要以文件记录演出以供参对，便不可能有擅自更改剧本之行为了】。

2 盖伦:《希波克拉底论时疫》*in Hippocratis Epidemiarum*，III 2。见下文第 111 页。

稿，还不若说是记录当时公演的脚本，以防止积习日久会有人擅自改变剧本面目。此官定本所提供者，即是一种测判法，可分别出莱克格斯时代以后演出人对剧本的改动[1]。

悲剧诗人的文本

重要悲剧诗人被当作权威，见引述于演说家和（不乏有所批评的）哲学家处。莱克格斯征引自欧里庇得斯的《厄瑞克透斯》*Erechtheus* 的诗句多过 55 行，且有两节出自佚名悲剧诗人[2]；埃斯奇纳斯[3]引过两段欧里庇得斯，德摩斯提尼[4]引过索福克勒斯的十六行《安提戈涅》，以阐明为埃斯奇纳斯所触犯的政治操行准则。柏拉图引述了三节埃斯库罗斯
59 的《七将攻忒拜》[5]，但反对诗人在另一部剧作里借忒提斯 Thetis 之口讲出对阿波罗的不敬之言[6]。柏拉图未曾引及索福克勒斯，却将索氏的《洛克里斯的埃阿斯》*Aiax Locrus* 中的一行诗归于欧里庇得斯[7]。于是他说“世人皆以为悲剧家为智者，则欧里庇得斯尤胜于他人”。《高尔吉亚篇》两番引述欧里庇得斯[8]。亚里士多德对埃斯库罗斯的引述可谓极少，自索福克勒斯处则援引较多，从欧里庇得斯处的引文，出自现存剧本的 10 种，

---

1 p. 15 在 Korn，《论经由莱克格斯传抄叙录的埃斯库罗斯、索福克勒斯和欧里庇得斯通行本》*De publico Aeschyli Sophiclis Euripidis fabularum exemplari Lycurgo auctore confecto*，波恩（1863），pp. 34；参看 Wilamowitz 在《赫尔墨斯》*Hermes*，xiv 151，以及在《欧里庇得斯的赫拉克勒斯》，i 130[1]；另见 Peterson 注疏昆体良，x 1，66，‘correctas（Aeschyli）fabulas in certamen deferre’【在争议中将（埃斯库罗斯的）作品列目叙录】。

2 《反列奥刻拉忒》*Against Leocrates*，§§ 100，92，132。

3 1§154.

4 19§247；《安提戈涅》，175–190。

5 《七将攻忒拜》，1（《欧绪德谟篇》，291 D），451（《理想国》，551 C），592 以下（《理想国》，361 B，362 A）。

6 《理想国》，383 B。参看 380 A，563 C，《斐多篇》，180 A，《会饮篇》，383 B。

7 *σοφοὶ τύραννοι τῶν σοφῶν συνουσίᾳ*【明主总与智士交往】（《理想国》，568 A 及其注释；《塞亚各篇》*Theages*，125 B）。

8 484 E，492 E。《会饮篇》，177 A 引述了《美刺涅珀》一句台词。

另外 14 种则未提及[1]。阿里斯托芬曾在柏拉图的《会饮篇》里作为对话人物出现，至于他的喜剧台词却极其罕见于哲学家著作中，演说家处则全无引述者。

对戏剧诗人作品的引述

剧场于雅典人而言主要是一娱乐场所，却也有引申作教育方式之处。阿里斯托芬曾遣使埃斯库罗斯告语欧里庇得斯："塾师于学童之意义，正如诗人于青年；是故我等诗人在教诲他人时，必要严于持道德律。"[2]欧里庇得斯于世人的教诲或许未能全然合格，却是极受欢迎的。他的风行程度越过希腊世界甚至为普鲁塔克所逮及一二。在《尼基亚斯传》*Life of Nicias*[3]中，言及西西里远征（西元前 413 年）的悲惨结局，叙拉古的某些雅典战俘重获自由，盖因其能背诵欧里庇得斯的篇什；又谓在考诺斯 Caunus，卡里亚 Caria 海滨之遥对罗德斯岛的城市，曾禁止一只被海寇所追逐的船入港，及发现船上有人精熟欧里庇得斯的歌诗时才给予允准，——这故事尝供与布朗宁写作《布劳斯琴历险记》*Balaustion's Adventure* 的素材。同样，在《吕山德传》*Life of Lysander*[4]中，述及九年之后【译按，西元前 404 年】，雅典为斯巴达所征服，一忒拜人建言当毁灭这个 60
城市，完全遗弃为废址，此斯巴达统帅被一福基斯 Phocian 歌手深触其同情，所歌者正是欧里庇得斯《厄勒克特拉》开篇的歌队序诗。然而，无论由此惨烈事件导致如何的愧疚，雅典与比雷埃夫斯港之间的城墙[5]是必毁无疑了，纵然有弥尔顿如是想象：

---

1 见 Bonitz 或 Heitz 的《引得》。

2 《蛙》，1055。

3 第 29 节。

4 第 15 节。

5 色诺芬：《希腊志》*Hellenica*，ii 2，20–23，通常称之为"长墙" the walls，见德摩斯提尼，《反勒普提涅斯》*Against Leptines*，§§ 69，72。

那重复的曲调

来自厄勒克特拉的悲悼诗人，令权者

欲挽救雅典的长墙免于废墟颓垣。[1]

在欧里庇得斯及其之后的时代里，悲剧诗人的选集在雅典的学校多被潜心研习。于是或才设置了演说（ῥήσεις）课程，如柏拉图《法律篇》[2]所言。“悲剧”之研究，成为学校中另一门科目，这体现在喜剧诗人阿勒克西斯 Alexis 作品中，盖谓传奇乐师林努斯 Linus 将群籍置于赫拉克勒斯前，嘱他慎览题目，择出最有兴趣者。群籍包括一部悲剧（未详著者），以及俄耳甫斯、赫西俄德、刻厄芮卢斯、荷马、俄彼卡穆斯 Epicharmus 与“各类图书”；而赫拉克勒斯的选择颇标新立异，他看中的是一本烹饪手册[3]。

在埃斯库罗斯与欧里庇得斯的戏剧比赛中，阿里斯托芬讨好观众，设想“每人手里都有小册子，可提示自己句句精通”[4]；他对欧里庇得斯亦颇大度，曾遣酒神坦言，昔在船上阅《安德若米达》*Andromeda*，激起欲再见欧里庇得斯的心愿[5]。然而阿里斯托芬与老派的阿提卡喜剧诗人们相似，俱凭其对公众人物放肆不羁的人身攻击，难以符合教育之目的，尽管彼等的西西里先驱俄彼卡穆斯 Epicharmus（卒于西元前 450 年）的剧作似富含道德格言[6]。后期阿提卡喜剧更合乎此旨;“喜剧”即如“悲剧”，

1 弥尔顿:《商籁集》之八。

2 811 A.

3 阿特纳奥斯 Athenaeus，164 B。

4 《蛙》，1114。

5 同上书，54。

6 第欧根尼 · 拉尔修，viii 78，*γνωμολογεῖ*【格言集】。

列于西元前2世纪忒俄斯 Teos 的学校科目里，设奖金以鼓励低年级学童
修习[1]。罗马时代，收集自米南达 Menander 的剧作中的说教台词，按字母 61
表序排列出来，多至850余条。喜剧如此，悲剧亦不例外。早在基督时代，撒旦或许既已将雅典贴切地形容作处处都可习染和亲聆：

崇高而庄严的悲剧诗人，
用合唱歌和短长格诗来施行教育，
他们真是最优秀的，纯道德的教师，
使人乐于接受，用奇拔的警句，
来处理命运、机会，以及人世沧桑等；
他们描写强度的动作、高度的情感最为佳妙。[2]【译按，朱维之译文】

柏拉图的戏剧批评

柏拉图的戏剧批评主要见于《理想国》一重要段落，其他对话篇亦偶有涉及。在《斐德若篇》[3]中谓一人将至索福克勒斯或欧里庇得斯面前，自云“会写一大段剧白述一小事，也会写一小段剧白述一大事，或悲切、或惊悚、或威吓，俱可入其词”，柏拉图云，此人“仅知晓悲剧之皮毛矣”[4]，而悲剧自身则“安排得众多要素成一整体，彼此间及其与整体关系都是和谐的”[5]。略言之，悲剧必为一有机的整体。《斐莱布篇》[6]

---

1 Boeckh，《希腊碑铭集》，3088（= Michel 的《希腊碑铭集》*Recueil d'inscriptions grecques* 之 no. 913）。

2 弥尔顿：《复乐园》，iv 261–266。

3 268 C.

4 269 A.

5 268 D.

6 48 A.

由悲剧、喜剧所激发的热情述作是一种混合着欢欣与痛苦的感受。《高尔吉亚篇》[1]细审查了“庄严威灵的悲剧”之目的。其目的无非是取悦观者，故悲剧作品被视作不过换一种方式的奉承而已。在《会饮篇》的尾声，清晨降临，其他客人或已离去，或是睡熟，只见苏格拉底仍在与喜剧诗人阿里斯托芬和悲剧诗人阿迦通 Agathon 交谈。他劝服两诗人同意，“喜剧之才禀类于悲剧者，作家果长于此道，则悲剧家亦能作喜剧”，不
62 过（对话叙述者谓）两诗人“已极困乏，故不甚能明其意”[2]，其意或当在于，悲剧与喜剧的目的俱在影响人心；若经由真技艺而收得功效，则此两者必“预设世人有科学的知识，此知识于世人而言正适合对两者具有同等的理解力”[3]。虽非理所应当，但确实如此，悲剧与喜剧在《理想国》与《法律篇》中难有些微的赞赏之词。柏拉图力主说，“摹仿”，或谓再现丑恶与卑劣，在音乐与诗歌，尤其是戏剧中地位如此显要，是在潜移默化地使演者与观众习染那些应受指摘的思想与行为[4]。进而言之，悲剧施于观者之效果，赖于激发其怜悯与悲悼；喜剧则赖于凌驾在他人之不幸上的开怀愉悦。诗人们要求我们对爱欲、嗔怒、恐惧、嫉妒及其他不足取之心志要感同身受，既然俱非我们想望于自身者，则再现这些心志也不能使得我们欢喜[5]。如是观之，悲剧所激发之怜悯与恐惧可令人丧志，种种情愫退化至于多愁善感，男子的阳刚之气变得衰颓。由上述种种及类似之原因，柏拉图将戏剧诗人逐出他的理性共和国。

---

1 502 B.

2 223 B.

3 Zeller，《柏拉图与旧学园》*Plato and the Older Academy*，p. 509 n. 66。

4 《理想国》，395 C 以下，401 B；《法律篇》，816 D（Zeller，前揭，p. 510）。

5 《理想国》，603 C–608 A，387 C 以下；《法律篇》，800 C 以下（Zeller，前揭，p. 511）。

亚里士多德的戏剧批评

当柏拉图抗议悲剧以其激发的同情使男子懦弱之时，亚里士多德则以其对悲剧的著名界说，默然反对着其师之观点。彼之界说的末尾，暗示悲剧呈与我们高尚的义旨，去体认悲悯诸情，随即从我们周遭移除它们以得解脱："通过引发怜悯和恐惧使这些情感得到"（不是净化 purification，而是）"宣泄 purgation【译按，参看罗念生:《〈诗学〉译后记》】"[1]。后一词是katharsis的真义，即如弥尔顿在《力士参孙》（1671年）序言所云【译按，即《论诗剧中的悲剧》，有金发燊译文】。早于弥尔顿的解读，有意大利人色诺 Scaino（1578年）和伽鲁兹 Galuzzi（1621年）之先声[2]；而是词的确切含义后被屯宁 Twining（1789年）、维尔 Weil[3]（1847年）、柏耐斯 Bernays（1857年），及其他人所商榷[4]。 63

《诗学》之宏论，含有悲剧发展历史的速写。在他处或当有较此论现存部分更详之论述，在介绍"开场白与对话设置"[5]时，亚里士多德应提及忒斯庇斯 Thespis【译按，于戏剧中引入第一位演员之作家，将歌队长身份改作讲述者】。论文现存部分谓埃斯库罗斯是首个引入第二位演员的作家，他使歌队愈趋次属，对话益发突出；复有索福克勒斯引入第三位演员，添

---

1 《诗学》，6§2。

2 Bywater，《语文学杂志》*Journal of Philology*，xxvii，266–275（1900）；1909年版，152以下，361以下。

3 《德国语文学会议》*Versammlung deutscher Philol.*，x（巴塞尔），131以下。

4 例如Egger，前揭书，pp. 267–300；Susemihl与Hicks，《亚里士多德的政治学》*Politics of Aristotle*，pp. 641–656；以及Butcher的《亚里士多德的诗学理论》*Aristotle's Theory of Poetry*，pp. 236–268。Chr. Belger曾讨论亚翁之诗学与柏拉图的关系，见其著《论亚里士多德在〈诗学〉中仍承续的柏拉图之门风》*De Aristotele etiam in Arte Poetica componenda Platonis discipulo*（柏林），1890。又见G. Finsler，《柏拉图与亚里士多德的诗学》*Platon und die aristotelische Poetik*（莱比锡），1900。

5 忒米斯修 Themistius，《演说集》，26，316 D。参看Rose，《亚里士多德的伪书》*Ar. Pseudepigraphus*，79。

置了画景[1]。此论别处鲜有提及埃斯库罗斯的，除却偶然提到其剧作《尼俄柏》*Niobe*[2]，还说到欧里庇得斯改用了埃氏的一句诗行，将一平白字更为生僻者，立令是句产生化腐朽为神奇的效果[3]。索福克勒斯与欧里庇得斯两度对立：其一，亚里士多德认定歌队“应作为演者之成员，为整体之要件，共襄剧情，索福克勒斯即如此，而欧里庇得斯则非是”[4]；其二，言“索福克勒斯尝谓他刻画人物传写其‘应有之貌’（ought to be），而欧里庇得斯则据实（as they are）描述”[5]。亚里士多德至少四次提及《俄狄浦斯》[6]，足见他极推崇是剧。他也为欧里庇得斯作了辩护，以答复那些“指责他写了很多不幸福的结局”；亚翁说这样“是正确的结局”；这样
64 剧情才“最具悲剧效果”，且由此当尊奉欧里庇得斯为“最擅长悲剧创作的诗人，尽管他在处理其他部分时错谬甚多”[7]。其作品如《美狄亚》、《在陶里斯的伊菲革涅亚》*Iphigeneia in Tauris* 和《俄瑞斯忒斯》都曾得以述及。有些诗人“将整个特洛伊故事搬演于舞台，而非如欧里庇得斯那样择一断片，故多不能成功”[8]。《修辞学》[9]中曾立欧里庇得斯于寻常语言中拣择词汇的功夫为楷模。在《诗学》唯一提及阿里斯托芬之处，先言索福克勒斯“或谓其人如荷马，为摹仿家，因为二者都摹仿高贵之人物”；

---

1 4§13.

2 18§5.

3 22§7，以 *θοινᾶται*【宴飨】代替 *ἐσθίει*【吞吃】。

4 18§7.

5 25§6，参看 Butcher，前揭，p. 361[2]，及 Seaton 在《古典学评论》，xi 300 以下。

6 第 14、15、16、26 章；此剧后多名之为《俄狄浦斯王》*Oedipus Tyrannus*【译按，以别于索氏另一部传世剧作《在刻洛奴斯的俄狄浦斯》*Oedipus at Colonus*】。

7 13§6.

8 18§5.

9 iii 2§5.

另者则谓其人如阿里斯托芬，因为二者都是善于摹写生活入戏之诗人[1]。论述喜剧之章节未能传至今日；然据现存部分推测，亚里士多德应偏好中期喜剧，因其渐渐趋于人物类型的归纳，而非如老派阿提卡喜剧那般唯知针对个人进行挖苦谩骂。一位“嘲世文人”lampooner，是亚里士多德使用的标签，暗指的便是这位显赫突出的代表人物，阿里斯托芬[2]。

亚里士多德的“演者训导”

亚里士多德于戏剧之兴味，驱使他辑录了有关演出资料档案的摘要，是为戏剧史研究之根据。考 *διδάσκειν* 一词，盖指歌队与演员的教学训练以及剧本的排练，可能关于一部剧作，也或者是解说一次节庆中某位诗人创作的系列剧，称为“演者训导”（didascalia）。这也可指称那些关于演出效果的官方记载，于是被亚翁拿来作标题。此著作无疑从戏剧比赛的各种成功记录中获得大量切实证据。这些记录可分五类：（1）城邦的公共档案处文件；（2）私人竖立的纪念碑之铭文，竖碑者多是支付戏剧生产一切资费的chorêgus（*χορηγός*，资助人）；（3）官方统计的某次节庆全部获胜剧目；（4）同一节庆某分类比赛的获胜名单；（5）悲剧、喜剧演员和诗人名单，以数字表明他们获胜的总次数。普鲁塔克载 65
记了一个（2）中的事例，铭文纪念的是西元前476年的获胜，其资助人是地米斯托克利 Themistocles[3]。其（3）亦有一例，记录前458年之胜者

1 3§2.

2 5§3；9§5；Butcher，前揭，p. 370以下。

3 普鲁塔克：《地米斯托克利传》，5§3【译按，当为5§4】，*Θεμιστοκλῆς Φρεάρριος ἐχορήγει, Φρύνιχος ἐδίδασκεν, Ἀδείμαντος ἦρχεν*。参看 Dittenberger 的《希腊铭文总集》***Sylloge Inscriptionum Graecarum***，694–695[2]，及 Gercke 在《年刊》【译按，指《古典学发展年刊》***Jahresbericht über die Fortschritte der klassischen Altertumswissenschaft***，Conrad Bursian（1830—1883）为此刊物的创办人和早期主编，下文一律简称《年刊》或 Bursian 之《年刊》】，vol. 124，p. 480以下。

名单，其中有埃斯库罗斯，是年因《奥瑞斯提亚》*Orestcia* 三部曲而获奖。基于此种种记录的亚里士多德著作，乃是根本之资源，以助我们了解戏剧比赛的结果，此关系当时诸多诗人，如埃斯库罗斯、索福克勒斯、欧里庇得斯与阿里斯托芬，他们先后在其中竞逐头筹。此著作为卡利马库斯 Callimachus（约在西元前 260 年）类似作品提供依据，而卡氏著作转而复为拜占庭的阿里斯托芬 Aristophanes of Byzantium（约在西元前 200 年）所征用，而此阿里斯托芬的作品残篇，又因被古代注释家们引以研讨希腊戏剧，得以出现在现存文献中。亚里士多德的 *didascalia*，有残篇十三幅，其五具亚翁之名，余者无[1]。自雅典公众之记录始，经由亚里士多德、卡利马库斯、拜占庭的阿里斯托芬的著作，传至转录其文为论据的注释家，终在希腊戏剧家著作的抄本中为我们所见。此传递之精确尤在一实据中显得令人惊叹。虽则埃斯库罗斯的美第奇家藏抄本 Medicean MS（10—11 世纪），已距《阿伽门农》的首度公演（西元前 458 年）相去十四五个世纪，然誊写者记录了是年资助人、执政官名录，以及此为埃斯库罗斯首度获奖之事实，后被 1886 年发现于卫城的一段碑铭所证实，那上面有雅典该年度酒神节全部获胜者的名单[2]。

66 据言亚里士多德还著有一书，《酒神节胜者》*Dionysiac Victories*，然从未见有引文，或当即是 *Didascalia* 的别名。他后来曾草拟过奥林匹亚与

1 亚里士多德，残篇 618—639，Rose 编订本。参看 Trendelenburg，《希腊语法家论悲剧技艺》*Grammaticorum Graecorum de arte tragica iudicia*, pp. 3 以下；A. Müller 的《希腊古代剧场研究教本》*Lehrbuch der griechischen Bühnenalterthümer*，p. 375 以下；Haigh 的《阿提卡剧场》*Attic Theatre*，pp. 59–64，319–328；以及 Jebb 在 Smith 的《希腊与罗马古学词典》*Dictionary of Greek and Roman Antiquities*，ii 865 A。

2 Haigh，前揭书，pp. 18，64，319。抄写者所犯之唯一的错谬，即在将第 28（κη̄）届奥林匹亚赛会写成了第 80（π̄）届。

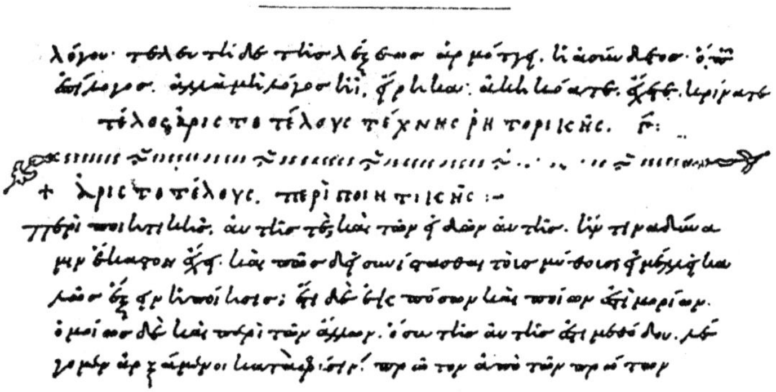

图 4　出自巴黎抄本 Codex Parisinus，A^{c}，no. 1741（11 世纪）

亚里士多德《修辞学》与《诗学》

【释文】

λόγου· τελευτὴ δὲ τῆς λέξεως ἁρμόττει ἡ ἀσύνδετος, ὅπος ἐπίλογος ἀλλὰ μὴ λόγος ᾖ, εἴρηκα, ἀκηκόατε, ἔχετε, κρίνατε.

τέλος Ἀριστοτέλους τεχνῆς ῥητουρικης.

Ἀριστοτέλους περὶ ποιητικῆς.

περὶ ποιητικῆς αὐτῆς τε καὶ τῶν εἰδῶν αὐτῆς, ἥν τινα δύναμιν ἕκαστον ἔχει, καὶ πῶς δεῖ συνίστασθαι τοὺς μύθους εἰ μέλλει καλῶς ἕξειν ἡ ποίησις, ἔτι δὲ ἐκ πόσων καὶ ποίων ἐστὶ μορίων, ὁμοίως δὲ καὶ περὶ τῶν ἄλλων ὅσα τῆς αὐτῆς ἐστι μεθόδου, λέγωμεν ἀρξάμενοι κατὰ φύσιν πρῶτον ἀπὸ τῶν πρώτων.

【译文略（《修辞学》最后一句，及题署，之后是《诗学》的标题和正文第一节）。】

皮提亚赛会的获胜名单[1]。他在《伦理学》中提到一位奥林匹亚胜者[2]，指称颇为含混。尽管古时有亚里士多德注疏家，阿弗洛底西亚的亚历山

1　第欧根尼·拉尔修，v 21，*Ὀλυμπιονῖκαι* 和 *Πυθιονῖκαι*（残篇，615—617 Rose 本）。

2　《尼各马科伦理学》，vii 4，*Ἄνθρωπος ὁ τὰ Ὀλύμπια νικῶν*【一个在奥林匹亚获胜的人】。

大 Alexander of Aphrodisias，声称 *Ἄνθρωπος* 者此处为一确称，乃奥林匹亚某获胜拳斗手的真名，历代编者仍排斥此种解释，将是字排印作小写字首，即 *ἄνθρωπος*【某人】。然 1899 年首度公布的发现于奥克西林库斯 Oxyrhynchus 的一份纸莎草文献，表明这位希腊注释家是对的，因为我们读的 *Ἄνθρωπος* 之名，其人正是西元前 456 年奥林匹亚拳斗赛的赢家[1]。

---

1 Grenfell and Hunt，《奥克西林库斯纸草书》*Oxyrhynchus papyri*，ii p. 93，及《古典学评论》*Classical Review*，xiii 290。

第五章

柏拉图与亚里士多德的诗学批评 67

荷马的诗学理论

我们在荷马诗章里见到了最早的希腊诗学理论。《奥德赛》谓诗歌原始于“灵感”。盲歌手德摩多库斯 Demodocus 为“缪斯钟爱之人”，得其“美歌”之所赐；缪斯“喜好歌人之竞赛”，故“教授他们歌之诸道”，德摩多库斯得缪斯“之提兴，将歌群雄的光荣事迹”;他“师从缪斯学艺，或谓其师是同父兄长阿波罗”；及他起唱，是“受驱于神明”[1]。同样，那违心为追求珀涅罗普之众人服务的奴隶，歌人费弥奥斯 Phemius，在奥底修斯前讨饶时道:“我自学歌吟技能；神明将各种歌曲倾入我胸臆。”[2]

德谟克利特

相信诗人之神助灵兴，是德谟克利特教义之一，其人对荷马诗兴的认识早见于前文[3]。他如此泛论诗家:“无论诗人如何下笔，凡是得到神示

---

1 《奥德赛》，viii 63–5，73 *ἀνῆκεν*，481 *οἴμας*，488，499 *ὁρμηθεὶς θεοῦ*。

2 《奥德赛》，xxii 347。

3 第 26 页。

或圣灵启发的，都是佳美之作。”[1]他“以为无人可成为伟大诗人，除却癫狂者”[2]。“头脑健全的诗人”，要被德谟克利特排除在赫利孔 Helicon【译按，诗神所居住的山岭】的栖息地之外了[3]。

68 柏拉图 “灵感”之理论在柏拉图处也颇显著。以柏翁之见，一切艺术与诗歌之创造，甚而包括哲学思想，同以高上灵感为源泉。《斐德若篇》将“缪斯附临之情状”称为一种“迷狂，她占据了温顺、贞洁的灵魂，激发其至于癫狂境界，流露于合唱歌与其他各体诗作，赞颂古时豪杰的无尽事业，垂训千秋后世。若是没有这种缪斯的迷狂，无论谁去敲诗国大门，追求成为好诗人的技艺，都是不可能的。与那些迷狂诗人的作品相比，他和他清醒时的诗作都黯然无光”[4]。《申辩篇》中，苏格拉底曾咨询诸诗人，“悲剧诗人、酒神颂歌作者和其他诗家”，请教他们自己最完美作品中的含义，却见他们谈起来鲜有如同创作中表现得那么好。他便得出结论，诗人作诗，非由才智，而是通过某种天赋与灵感（如同占卜者与预言家）[5]。《法律篇》里，有“一则古事”，已成雅典远古之传统，世上人们都信以为实，谓“每当诗人被拥坐于缪斯三脚诗坛上，他即失去了理智”[6]。《美诺篇》提及诗人与政治家俱可冠以“神圣的”之绰号，还有“卜师与先知，他们说确实不知所言为何”[7]。但灵感说在《伊翁篇》***Ion*** 里

---

1 克莱芒:《杂缀集》, 698B。*ποιητὴς δὲ ἅσσα μὲν ἂν γράφῃ μετ᾽ἐνθουσιασιμοῦ καὶ ἱεροῦ πνεύματος καλὰ κάρτα ἐστι.*

2 西塞罗:《论预言》，i 80。

3 贺拉斯:《诗艺》，295。

4 245 A.

5 22 B.

6 719 C.

7 99 D.

表达最为完整，这篇对话曾被疑为伪作（持此说的考据家如阿斯特 Ast、施莱尔马赫 Schleiermacher、祖瑟弥尔 Susemihl 和策勒尔 Zeller），也有些人（如赫尔曼 K. F. Hermann、斯塔尔鲍姆 Stallbaum、斯坦哈特 Steinhart 和格罗特 Grote）把它视作柏拉图的早期作品：

举凡优秀史诗家创作的美善诗章，都非凭着技艺，而是靠灵兴与魇祟；那些杰出的歌吟诗人也如此，——如大母神祭的狂欢者，起舞之时并无理智可言，当歌吟诗人们结构他们的优美诗节时，也一样的无理智可言。反之，当他们沉于格律讲究时，他们也如激越的狂者，被附体，——好似酒神狂女那样，全无自觉，而自能从河水中汲取蜜与
乳，——歌吟诗人附灵有相同的行止，他们也承认这一点。因为诗人不 69
是告诉过我们（如你记得的），他们好似蜜蜂，为我们采酿甘美之芳液，乃是取自“缪斯的幽谷与嘉园所淌流”的“蜜泉”么；而他们也正像蜜蜂一样飞舞着。所以这些话是真的；诗人正是这种轻盈有翼的圣洁生命；唯在灵感的激发下超出自我，脱离理智，方可谋篇酌句；一旦理智复原，他们就不能再写诗，或口宣那神谕一样的语言。他们的歌里说到诸多显赫之事，伊翁，如你谈论荷马那样，凭的不是技艺，而是神的馈赠，所有成功诗人所择用的主题都来自缪斯的指派。如是则有人能作酒神颂，有人能作赞美诗，或史诗体，或短长格；他们唯可长于某种诗作，因为这不靠技艺而是靠神力所成……是故神要夺去诗人的理智，以充作他的代言人，神灵也这么对待卜师和先知，目的在于要我们聆听这些代言人的时候可以领略到，既然他们失去了理智，那么就不是这些诗人讲出令我们击节称赏的语句，而是神，他本尊才是发言者，他要告知我们，恰

好通过诗人之口而已。[1]

在别处，柏拉图曾以更为清醒的语言，来平心静气地分析诗艺产生的过程。厥称诗歌为一种“模仿”，而非“灵兴”[2]。“模仿”为一切艺术之特性，而诗艺尤其是如此。《理想国》卷三最先发难：是否“一切模仿都应被禁绝”，“悲剧和喜剧是否可被许可在城邦留存”，书中主张，一个有其主业的人，不能同时又模仿着其他行业；又者，即使是两种性质很接近的模仿，比如悲剧与喜剧，一人也很难兼胜二任。因此当拒斥所有好模仿事物的诗歌[3]。这是对作为模仿艺术的诗歌的攻击之言，在卷十中复重张此说。对于那些不能洞悉其本质的人而言，任何诗体的模仿言辞都是有害的[4]。正如画家唯能制作表面与事物相似的
70 影像，而非实在的事物自身，更不及那理想之事物，因此，那些临摹者，特别是诗人与悲剧诗人，乃是“与真相隔离在第三层”[5]（或可说成是“被二度隔离”）。

柏拉图将艺术述作一种“模仿”，这见解被诸多批评者非议亦不足为怪。故“近代社会之我人当说艺术不仅是模仿，也是以感知力去表达理想”[6]云云已是公允之言了。诗人与画家也并非止于模仿一业，柏拉图在别处论及画家时也持此说。他说，“何以称之一画师不算得最好的画家，若他以完美方式绘出最高尚之人体美，于画上未遗留任何瑕疵，

1 《伊翁篇》，533 E–534 D。

2 Zeller 的《柏拉图》，pp. 509–513。

3 《理想国》，394–395。

4 595 B.

5 597 E.

6 Jowett，《柏拉图著作集》，ii 130，1871 年版。

却不能证明此美男为可能存在之现实？”答案是：“他当然是最好的画家。”[1]注疏有言：“学理之误，莫谬于将艺术贬作单纯之模仿了，如此则将所探索之美拆作碎片，而不见整体……一件艺术品，其组成的必要条件独可证明，单纯之模仿绝非艺术。”[2]复引证《高尔吉亚篇》某节注疏，已然说得明白，谓“此番责难……即便于柏拉图立场上而观，也是涤荡得太过干净了，因为至少欧里庇得斯是出于某种道德动机写作的，故致力于成为导师，能兼具良好声望与剧作的诗艺之美。同样，对于索福克勒斯与埃斯库罗斯的苛评，以现代人的理解而言，愈发是不可谅解的”。《斐德若篇》有一节[3]，业已被引述来“证明柏拉图对诗艺之卓绝是完全了然于心的，随时可配合他需要而将政治理论忘于一旁”[4]。

亚里士多德

甚至我们已经从柏拉图转入对亚里士多德的考察后，诗为“模仿”之艺、诗乐尤在“模仿之道”的说法[5]，依然跟随在后。然相应于柏拉图哲学与亚里士多德哲学之间的差别，模仿之说亦发生一变。柏拉图氏， 71
“以抽象存在之概念为起点”，并用“相”之世界以指涉真实存在之世界，可感之现象仅不过是那高于感知力的原型的复制品，这在艺术的领域内，显然不过是略对神界原始所化生的凡间摹本认知一二罢了。（如我们所见，）柏拉图认为诗人和画家描摹实物时都不能尽善尽美，而这实物又是其“相”的遥遥影像。是故柏拉图将诗画之艺术品贬低至复制品之复制品处，遂两度隔绝于真理。诗人画家“模仿”或表现事物的技

1 《理想国》，472 D。

2 Jowett 与 Campell，《理想国》596 D 注疏。

3 268 C.

4 W. H. Thompson 关于《高尔吉亚篇》502 B 的注疏。——复见 Saintsbury《批评史》，i 17–20。参看前文第 61 页。

5 《诗学》，1§2。

能便同样是浅薄的，这些不够完美的技能也就不值得推崇了[1]。策勒尔[2]即总括此二人之异同:“柏拉图与亚里士多德皆认可艺术属模仿之说，然而他们由此竟得出不同之结论。柏翁以之仅为对可感现象的模仿，因此对艺术之虚假与无益极为不屑；亚氏则另辟蹊径，视艺术表现为可感受之媒介，将普遍真理传达予我人，因此艺术则高于关乎个别事物的经验知识了。”亚里士多德其哲学整体的基本学说，不是“存在”Being 而是“生成”Becoming，随处可见引起他高度重视的，是直观世界诸现象之生长发展的过程。因而他不仅关注于物理科学的研究，而且也热衷于评鉴模仿艺术的创作，包括诗歌与绘画。简言之，虽则“模仿”一词与亚里士多德和柏拉图都有关系，但柏翁使用是词时所不言自明的那种轻蔑已然消泯了[3]。

这个范畴有些狭的“模仿”一词，于现代读者的印象里似在表示一种毫无创见的机械复制，此印象可从亚里士多德所提供的线索来彻底
72 得到矫正。尽管艺术被亚氏追溯为对“模仿”的天赋嗜好，乐于比类认知[4]，但艺术又不局限在单纯的复制上。艺术不止模仿自然，也要完成自然阙如的[5]。艺术致力于掌握万象之共相。（与历史学相比）诗歌表现的是事物之普遍性一面[6]。在谈及“模仿”之后，亚里士多德即认识到诗人，

---

1 参看《蒂迈欧篇》，19 D。

2 《亚里士多德》*Aristotle*，ii 307。

3 这在上文所引的 Butcher 教授书中已经阐述得很完备了，见 pp. 121–162[2]，特别是 pp. 158–160；另当特别参看 Zeller 的《亚里士多德》，ii 300–324，以及 Belger 与 Finsler 的著作，即第 63 页注释中所引之书。

4 《诗学》，2§1；15§8。

5 《物理学》，ii 8，*ἡ τέχνη τὰ μὲν ἐπιτελεῖ ἃ ἡ φύσις ἀδυνατεῖ ἀπεργάσασθαι, τὰ δὲ μιμεῖται*【技艺者或是玉成自然所缺欠之事，或则是在模仿自然】。

6 《诗学》，9§§1–3。

特别是悲剧诗人，可以将人物表现得比实际的人更完善，正如波吕格诺托斯 Polygnotus【译按，全盛期在西元前 465 年，画家】描绘的肖像比现实之人更为高尚[1]。他也为天才之剧作甚而为迷狂之激情留了余地，遂谓“诗艺所需要的，或是天机骏利，或是六情俱狂”，又言前类诗家能将己身倾注于所表达的人物性格中，而后一类诗家情之所至，不能自已[2]。然亚里士多德虽明白诗人迷狂中创作经验，却未言及作为“创造力”的“想象”imagination。《修辞学》[3]中曾说幻想 *phantasia* 是“一种微弱的感觉”；在他处又将之定义为“由对现实所感觉而产生的运动”[4]，即所谓“将感觉之印象呈现并存留于心智之前的过程”[5]。甚至在最好耽于幻想的人们那里，“想象”之法则也未能得以剖析。对于作为“创造性的想象”的 *phantasia*，直至五个世纪之后才可见于斐洛斯特拉图斯 Philostratus 的著作[6]中。

---

1 1§4.

2 17§2。参看《修辞学》，iii 7，11，*ἔνθεον ἡ ποίησις*【得神谕而成的诗篇】，《问题集》，XXX 1，*Μάρακος... ἀμείνων ἦν ποιητής, ὅτ'ἐκσταίη*【玛剌库斯（叙拉古人，生平不详）若思想不出问题，本是个不错的诗人】。以及第 68 页所引柏拉图《伊翁篇》；并参前引 Finsler 著作，172–191。

3 i 11，6.

4 《论灵魂》，iii 3，429 a 1，*κίνησις ὑπό τῆς αἰσθήσεως τῆς κατ'ἐνέργειαν γιγνομένη*（E. Wallace 编，p. 153）。

5 E. Wallace，《亚里士多德哲学概观》***Outlines of Philisophy of Aristotle***，p. 90[3]；参看 Cope 关于《修辞学》i p. 205 的注释；Freudenthal，《论亚里士多德的“想象”观》***Ueber den Begriff der*** *φαντασία* ***bei Aristoteles***；Bonitz，《引得》***Index***，相关词条。

6 《蒂雅纳的阿波罗尼乌斯传》***Vita Apollonii***，vi 19（参看前揭 Saintsbury，i 120）；提及一些神像，由名为斐狄亚斯 Pheidias 或普剌柯西忒勒 Praxiteles 的人刻成，*φαντασία ταῦτ'εἰργάσατο, σοφωτέρα μιμήσεως δημιουργός. μίμησις μὲν γὰρ δημιουργήσει ὃ εἶδεν, φαντασία δὲ καὶ ὃ μὴ εἶδεν· ὑποθήσεται γὰρ αὐτὸ πρὸς τὴν ἀναφορὰν τοῦ ὄντος. καὶ μίμησιν μὲν πολλάκις ἐκκρούει ἔκπληξις, φαντασίαν δ' οὐδέν· χωρεῖ γὰρ ἀνέκπληκτος πρὸς ὃ αὐτὴ ὑπέθετο*【想象促成这些制作，精明的艺匠遂不满足于模仿；模仿所创造的不过寻常之物，而想象能造出前所未见之物；想象构思的是普通事物的理想态。模仿常被惊愕所困阻，而想象则不会，反而因此愈发循着自己的宗旨而精进】。参阅本书第十九章。

73 亚里士多德的诗学论说，从他的《诗学》已可略知大概了，此书题旨宏深，惜传至今世的本子未够良善，多有阙佚与窜衍。今述其要略如下（省其衍文）：

诗歌、音乐、舞蹈、绘画与雕塑诸艺，皆循“模仿”为常法；然于媒介、对象及体式上则各不相同。就诗歌而言，其模仿的**媒介**在于节奏、语言与音调（第 1 章）。模仿的**对象**是行为中的人，悲剧是模仿高尚之人，而喜剧则是模仿俚俗小民的（第 2 章）。模仿的**体式**或如荷马兼用直接叙述和戏剧叙述[1]，或纯以戏剧来表现，即如悲剧与喜剧（第 3 章）。

诗之起源出自两个缘由，一是模仿之天性，一是天生所具的音调感和节奏感。诗歌遂分两端，可以荷马的《伊利亚特》《奥德赛》与滑稽诗《马耳癸忒斯》*Margîtes*（被归为荷马所作）之对照为证，前者类如悲剧，后者类如喜剧【译按，据罗念生注疏，亚里士多德所谓“喜剧”乃指早、中期的世态喜剧；《马耳癸忒斯》非讽刺诗而是滑稽诗，故开出喜剧之先河】。随即陈史以明悲剧的发展（第 4 章）以及喜剧的演进。史诗之旨要与悲剧同，俱以韵体传摹高尚人物，唯史诗长短无受时间的制约，而悲剧自身有些特定的要素【译按，指悲剧自身的长度不超出一个白昼】（第 5 章）。得出悲剧的定义，是“行为之模仿，严肃、完整，以及一定篇幅；语言得艺术的修饰，剧作的不同部分择用不同的体裁；以动作而非叙述取胜；借引起怜悯与忧

1 亦即或“如某些晚近史诗家”，参看 24§7（Bywater，《语文学杂志》，xiv 42），或“如某类抒情诗人”，参看柏拉图《理想国》394 C 所涉及 *ἀπαγγέλλοντα*【叙述】的议说：*δι' ἀπαγγελίας του ποιητοῦ*【诗人凭以自叙心迹的】（酒神歌）。然 Ritter 和 Vahlen 二氏持议颇公允，谓此间提及二种诗体，史诗体和戏剧体，而非如前揭柏拉图著作中所言的三种。参阅 Belger 本，pp. 34–44，以及 Bywater 本《诗学》，p. 118 以下。

惧，使得这些（确言之，当作‘这种’）情感得到宣泄”[1]。其因素有六者，三个外部因素，戏景、歌诗（μελοποιία）、言白【译按，包括说明文字和对话文字】，三个内部因素，情节、性格和思想（第 6 章）。情节必要有成一整体、自得完足，且合乎长度限制（第 7 章），必有其统一性（第 8 章）。戏剧的统一性，唯可经由循习诗学的真理而得（第 9 章）。情节有简繁之分，简者不需通过命运翻覆（περιπέτεια）或知见真相（ἀναγνώρισις）而达到结局【译按，据罗念生，指境遇发生转变的结局】；繁者则至少具备其一（第 10 章）。继而界说命运翻覆与戏剧中的突发事件（πάθος）（第 74
11 章【译按，下文直接跳入第 13 章，因为第 12 章多被疑为窜入之伪作】）。一部良善之悲剧模仿的行为应足供引发怜悯与忧惧。怜悯之心生于见人遭受了不应得的不幸，而引发忧惧之情则是因为不幸者与我们为同类（第 13 章）。这些情感由情节来引发更好些（第 14 章）。所表现的性格，必是良善的，且合乎身份、真实如生活，并保持一致性；还应该是合于理想的（第 15 章）。真相的知见被分为大约数类（第 16 章）。悲剧诗人应遵从某些法则：（i）具备完美一致地领会戏剧角色 *dramatis personae* 的识见，他须令场景幕幕显于目前，且在想象中自己演练各部；（ii）他须先立戏剧的大纲，嗣后再插入诸情节以丰足之（第 17 章）。他应该审慎处理情节的“结”（δέσις），更要重视其“解”或曰 *dénouement*（λύσις）。他要善于综合择取各体诗作的优长。不可将本适于史诗的繁多材料写成一部悲剧。还要使歌队的合唱歌成为整体的有机部分（第 18 章）。悲剧中的思想（διάνοια）或谓之“心智成分”，可通过戏剧之语言与行为得到表达。言白当主要属于朗诵的领域，而非诗学（第 19 章）。此后分析了不同类

1 Butcher 译文。参看本书第 62 页。

型的字词，尤其是隐喻词的界说和例示（第 21 章）。注入诗中的奇崛词、隐喻词、装饰词，结合那些寻常词汇，可构成明白清晰的崇高语体；不然便采用些延伸、收缩或改变其含义的衍生词（第 22 章）。

史诗在行为的统一性上与悲剧**相类**（第 23 章），也有简、繁之分，以及“性格体”与“苦难体”的区别，且有类似组成部分（歌诗与场景除外），也要求有佳美之思想和言词。**相异**之处表现在规模、格律，也在赋予不可据信之虚构以现实感的技能上（第 24 章）。继而陈述对诗歌的各种异议（περὶ προβλημάτων καὶ λύσεων【关于疑难和解答】）。阐明诗之真实，当别于寻常之现实（第 25 章）。史诗常被视作比悲剧高明，因其迎合有教养之受众的意趣，他们不需靠演剧动作来理解。然而实则悲剧是更高明的艺术：其具备史诗全部的因素，又加以音乐和诸多平添的形象【译按，据罗念生注疏，“形象”可能是衍文】；且在更狭短之时间内达成模仿的目的，并更具行为的统一性（第 26 章）。[1]

所谓行为、时间和地点的“三一律”，通常被归属在亚里士多德名下，然据观察，行为的统一性是他唯一确实责令作家遵守的[2]。这部论诗
75 的著作显然不是全帙，抒情诗几全被忽略了，而喜剧仅道及其缘起。在第六章中，作者许诺说要谈论喜剧，但这部分未得存留。他对“滑稽”有所界说[3]，但关于《修辞学》[4]中言及《诗学》曾分别“滑稽的不同种

1 更多细节的分析请见前揭 Butcher 著作，pp. 1–3；参看 Saintsbury，前揭，pp. 32—39；以及 Prichard《亚里士多德论诗学》*Aristotle on the Art of Poetry* 的讲座，pp. 9–18。

2 Egger，前揭，265[3]；Butcher，前揭，283–295[2]。

3 5§1.

4 iii 18.

类”，这部分未见于今本[1]，无疑是与喜剧有关系的。在《政治学》[2]里曾简要论及 katharsis，言称于此问题表述更为明确的议论见于《诗学》（*ἐν τοῖς περὶ ποιητικῆς*），但对悲剧的这部分定义[3]亦未能幸存在今本中[4]。《修辞学》[5]还提及全本《诗学》曾论及同义词；他可能还提到了忒斯庇斯[6]。亚里士多德的对话体《论诗人》[7]，可能分作三卷，将《诗学》论著的主题改作通俗的论述，《诗学》的原初形式或许兼涵二者。即使以其今本而言，亦不失为一部无价的著作。手法上简洁、科学、精巧，风格质朴，全无文饰与华辞，却仍得突显于希腊文学，成为诗学系统批评之最早典范；且在今日所见故往之批评文献中，我们尚找不出其他希腊文献可与之抗衡，这篇《诗学》开启文学批评之范式，直至于罗马时代，我们方才最终见到一篇名文《论崇高》。

1　参看 Vahlen 第三版（1885 年），pp. 77–80。

2　1341 *b* 39.

3　6§2.

4　见残篇 5（Vahlen 和 Bywater）。

5　iii 2，7。参看残篇 4，Vahlen 本，= 1，Bywater 本。

6　上文第 63 页。

7　《圣马可馆藏本亚里士多德传》*Vita Aristotelis Marciana*，*ὁ περὶ ποιητῶν διάλογος*（Rose，《亚里士多德残篇》*Aristotelis qui Ferebantur Librorum Fragmenta*，1886，p. 76，其中引及 8 个残篇）。

第六章

76 # 修辞学的兴起与散文研究

希腊早期修辞学的历史文献，大多在以下著作已搜辑起来，包括施彭格尔 Spengel 的《文章津梁》*Artium Scriptore*（1828 年），维斯特曼 Westermann 的《辩术史》*Geschichte der Beredtsamkeit*（1833—1835 年），还有库珀 Cope 发表在《剑桥古典与圣教语文学学刊》*Cambridge Journal of Classical and Sacred Philology* 上关于智者派修辞学的论文（1855—1857 年）。也有数种著作阐述其历史，布拉斯 Blass 教授的《阿提卡辩术》*Attische Beredsamkeit* 卷一（1868 年）有过详细论说，瑞查德 · 耶博 Richard Jebb 的《阿提卡演说家》（1876 年）又加以精彩概括[1]，而维尔肯斯 Wilkins 教授在西塞罗的《论演说家》以及《演说家》的两篇导言（1879 年，1885 年）[2] 里，则将此问

1 vol. 1，pp. cviii–cxxxvii.

2 pp. ii–xi. 参看 Volmann，《希腊与罗马修辞学通览》*Die Rhetorik der Griechen und Römer in systematischer Übersicht*，第二版，1885 年；复见 Iwan Müller 的《古典学术手册》，11 D，455–489。

题作一简要陈述。如此，下文只算是对修辞学史一个相当简短的考察，唯在于能领略其要领即可。

荷马史诗中的演说家

英雄时代的几位豪杰，在荷马史诗中俱被描绘作兼有辩才和武功。阿基琉斯被教育成“会发议论的演说家，会做事情的行动者”[1]；涅斯托尔 Nestor 是讲话清晰的演说家，其唇间“吐出的语音比蜜更甜”[2]；墨涅拉奥斯 Menelaus 常能一语道破玄机，“发言简要又清楚”[3]；而奥底修斯虽行为粗鲁，他的“低沉语声”和“纷飞如冬雪的言辞”[4]却也是无与伦比的。

伯里克利

有史可载的时代里，雅典是雄辩在希腊的唯一家园。据言伯里克利 77
的辩论有非凡的说服力。欧波利斯 Eupolis 云，“此人魅力即在其能使人折服的唇舌，面对铄金之言，他能反击得众口无声”[5]；阿里斯托芬则说他如奥林匹亚的宙斯，“电闪雷鸣，震慑希腊”[6]。但伯里克利的辩才纯为实用的本事，技艺的理论研究对之毫无影响。理论研究已在西西里萌生出来，但必是微不足道，其对雅典人的影响直到伯罗奔尼撒战争开始时才表现出来。

高尔吉亚

希腊修辞学兴于西西里，乃是由分别于西元前 472 年在阿克剌伽 Acragas 及西元前 466 年在叙拉古建立的民主制度所致。最早专于此道的人是皋辣克斯 Corax 和提奚亚斯 Tisias，及伯里克利殁后两年，即西元前 427 年，提奚亚斯的门人，得了大名的高尔吉亚，才在雅典崭露头角。他来雅典是为请援，因他家乡列翁提尼 Leontini【译按，在叙拉古西北邻】为

1 《伊利亚特》, ix 443。

2 i 249.

3 iii 214.

4 iii 222.

5 小普林尼:《书简集》, i. 20，17。

6 《阿卡奈人》, 531。

叙拉古所侵犯。此项使事被修昔底德[1]记录下来；然而语惊四座的高尔吉亚却未见载记。唯西西里的史家，狄奥多鲁斯 Diodorus[2]，方告诉我们，“虽则雅典人逞才好辩（*φιλόλογοι*），却惊讶于高尔吉亚的超卓之气，赞叹其对比鲜明，子句条晰，结构骈俪，词尾铿锵有声。俱爱其新巧，遂趋之如潮”。这些对于演说的描绘之辞，可以最简的方式分类如下：

ἀντίθεσις = 文义对偶

παρίσωσις = 结构骈俪

παρομοίωσις = 音声协韵

最后一项可再细分为 *ὁμοιοκάταρκτον* 首音节相同，*ὁμοιοτέλευτον* 尾音缀相同【译按，据罗念生在亚里士多德《修辞学》中的译法】和 *παρονομασία* 词语重复，所据者是两个对应词汇的首、尾或其全体产生的“音声协韵”。高尔吉亚第一个开始令希腊散文多少有些技艺化风格。他的风格
78 带有强烈的诗歌色彩[3]；甚至在弥留之际他仍专注于诗思：“终然是睡眠，将我送到他兄弟死亡那儿”；他另一句临终遗言好似沃勒 Waller 描写老年身体的诗行，即“灵魂的暗窠，破碎且枯朽”。他的文句被拆碎作若干短小、对称的子句，其效果酷似真正的格律韵文；他的示范为后世追求技艺的散文作家紧紧追随，特别是西元前三世纪以降那些“小亚细亚风”的好尚者，他们就如我们所熟悉的 16 世纪“绮丽体”（Euphuism）作家[4]。

---

1 iii 68【译按，应作 86】。

2 xii 53.

3 亚里士多德：《修辞学》，iii 1，9。

4 Norden，《古代艺术散文》*Die Antike Kunstprosa*【译按，Kunstprosa 这个德文词指的是介乎散文诗歌之间严肃的修辞作品，姑且以字面义直译之（英文译作 prose of art），下文同】，pp. 25 以下，134 以下，786 以下。

伊索克拉底

师承了高尔吉亚的演说辞令的，即是他门生，杰出的辩士伊索克拉底（西元前436—前338年）。然而此人绝不似日后那些高尔吉亚的“亚细亚”追附者一般，那些人的文句狭促拙劣，怎比伊索克拉底这样，发展了他老师过于简洁和单调的子句，将之熔铸为一种更为丰富多变的环形句式 periodic form，其节奏婉转如歌，抑扬微妙谐和，造成富于变化的协韵对称之效果。在此，取其《泛希腊集会辞》尾声处（第186节）一小段话来作范例：*φήμην δὲ καὶ δόξαν | πόσην τινὰ χρὴ νομίζειν, | ἢ ζῶντας ἕξειν, | ἢ τελευτήσαντας καταλείψειν, | τοὺς ἐν τοῖς τοιούτοις ἔργοις ἀριστεύσαντας*【“吾人必要考虑的是，赢得这些名声荣耀有多么伟大，令他们生时配享，战死沙场者也能传名后世，——假若是他们肯加入此战？”译按，可参看罗念生的长句译文，见《修辞学》，卷三第七章的译注】；伊索克拉底的风格缔造了西塞罗风格的根基；而西塞罗又转而赋予欧洲诸语言一种规范，甚是完美地成就了现代散文的丰富风格。

普罗泰戈拉
普罗第库
希庇阿斯
忒剌绪马科

有些修辞家出于高尔吉亚的西西里学派，孜孜不懈于半诗体的散文风格，以“文辞美善”（*εὐέπεια*）为旨归，而此时在希腊，某些智者学派人物，如普罗泰戈拉、普罗第库 Prodicus 和希庇阿斯 Hippias，则另举“文辞达意”（ὀρθοέπεια）[1] 为主义。普罗泰戈拉区分了演说的论式 modes；普罗第库的风格曾被柏拉图在《普罗泰戈拉篇》[2] 中所谑仿，他本人则详述过同义词的辨别；而希庇阿斯则致力于表达出准确、崇高的 79
风格。还有两个名字可以简短提及的。一是卡尔凯多尼亚的忒剌绪马科 Trasymachus of Calchedon（约西元前457—前400年），可标识着希腊散文

---

1 柏拉图，《斐德若篇》，267 C；施彭格尔，《文章津梁》，pp. 40 以下。

2 337 A–C.

的一个时代，形成了于修昔底德的“精雕细琢”和吕西亚 Lysias 的“平铺直叙”二者间执其中道的风格，并在此方面成为柏拉图和伊索克拉底的先驱[1]；而另一人是拜占庭的忒奥都儒斯 Theodorus of Byzantium（全盛期在西元前 412 年），此人被柏拉图和亚里士多德俱视为卓越的修辞学家，曾为演说此门引入了数个新术语，《斐德若篇》[2] 称其为“华辞巨匠”（λογοδαίδαλος【译按，直译为“语词上的代达罗斯”】），此称呼意味着他长于修辞技巧。

忒奥都儒斯

柏拉图《高尔吉亚篇》《斐德若篇》

柏拉图有两篇对话特别关注修辞学的，是《高尔吉亚篇》和《斐德若篇》。前者并未将修辞学述为一门技艺，而是凭经验侥幸获得的诀窍，且缺乏专业的学理[3]。柏拉图在这两篇对话中对那些市井流行的修辞术论文作家奚落了一番；不过他对修辞学并无讨伐之意，在《斐德若篇》里，反倒是描绘出一副修辞学的新轮廓，即要多一些哲学原理为根据，还可借助语调以便于言者创发意见，亦可借助心理学，以便鉴识听者所具人性的不同变相，遂能采用最佳手段说服他们。能说服人，即是他技艺的宗旨[4]。

亚里士多德《修辞学》

柏拉图在《斐德若篇》所显现出的线索，继而在亚里士多德的《修辞学》中得到详尽的展开，尤其是此书的前二卷，研讨的便是以言辞服人的方式。第一卷言修辞术的分类；第二卷则包括：（1）“对人性所容易得到感染之情绪及其成因的严谨分析”；（2）“关于不同人物性格

1 哈利卡耳那索斯的第欧尼修 Dionysius of Halicarnassus，《论德摩斯提尼的言辞风格》*de admirabili vi dicendi in Demosthene*，c. 1–3。

2 266 E.

3 463 B，501 A.

4 Thompson 的《斐德若篇》，p. xiv。

的叙录，和分别适用其身的辩论类型”[1]。故言前二卷探讨的是论辩之发
明（εὕρεσις），其后第三卷则专注于修辞学的另外两个部分，即风格 80
（λέξις）和安排（τάξις）。

第三卷的内容包括对高尔吉亚诗体风格的品鉴（第1章），界定风格之大美在于明晰和得体（第2章），稍及“隐喻”和“附加词”，举证说明散文中滥用复合词或舶来词以及多余的附加词的弊病（第3章），区分了明喻和隐喻的差别，并作例证说明后者（第4章）。纯净的希腊语要求联系词（σύνδεσμοι）或从句要用得妥当，避免委婉和含混，性、数变化要正确。一般而言，所有笔写的文章要符合易诵读易讲述的规则。因此必须避免过多的连接词或从句，也要避免难加标点（ἃ μὴ ῥᾴδιον διαστίξαι）的文句。也须避免轭式修辞【译按，zeugma 指用一词来修饰两个并列的词，易造成语法错误】和插入语（第5章）。固可以迂回婉转的说辞获得文章气势；若要明晰，则须避免这些。我们当然要使用隐喻和附加词以彰显义旨，但必不可使得文章变成了诗歌。文章气势还可以通过变单数为复数，或在名词和附加词前重复使用冠词，以及列举事物所不具有的特征来表现（第6章）。风格若能表现丰富情感、真实性格，且又合于题旨，则就是得体的（第7章）。散文应当有节奏，而无格律。第一派安格 paean（– ⏑ ⏑ ⏑【译按，“–”表示长音节，“⏑”为短音节。派安格共有四种形式，区别在每音步的长音位置】）提供了适用于句首的节奏；第四派安格（⏑ ⏑ ⏑ –）则适用于句尾。最好用长音节收煞；是故结尾不当由抄写员或任何页边的标点识符（παραγραφή）来显明，而当是由节奏表明的（第

1 Thompson 的《斐德若篇》, p. xx。

8章）。散文有两种句法，一是串连体（*λέξις εἰρομένη*），不间断地将数段文字联结为一句话，希罗多德即采择此种体式；一是环形体（*λέξις κατεστραμμένη*）。环形句不宜太长，亦不宜太短；假令它包含若干从句，必须使它可轻易地一气读完。从句群可以是彼此简单分立的，也可以是骈偶对立的；遂举证了伊索克拉底的《泛希腊集会辞》的十个例句。除却 *ἀντίθεσις* 或谓“文义对偶”外，尚有 *παρίσωσις*，即从句等长的平衡句，和 *παρομοίωσις*，即相应词语的首音节或尾音节相类的谐音句（第9章）。风格的优雅或是来自隐喻的使用（第10章），或是援借拟人化表达（第11章）。作文体式不同于辩论体式，不论协商（即议事会的辩论）或是讼争。著述之体精确；论辩之体适于口头发表。口头发表必不能音调单一，而要适当加以变化。口头演说类如风景画：在庞杂的听者面前，细微的修饰变得无甚用途。讼争一体更为精确。（礼赞中）
81 的“夸饰”之风最宜于拿来下笔成文；其目的在于供人阅读；其次则是讼争中的文辞。——本卷余章则关注于演说辞各部分的安排：开场绪论（*προοίμιον*，第14章），铺叙（*διήγησις*，第16章），验证（*πίστεις*，第17章），及结论（*ἐπίλογος*，第19章）。

亚里士多德与伊索克拉底及德摩斯提尼的关系

亚里士多德生于前384年的斯塔杰洛斯 Stageirus 城，自前367至前347年居雅典，前335至前323年二度在雅典生活，前322年死于卡尔基斯 Chalcis 城。《修辞学》成书时间不能早于西元前338年[1]，可能也不会早于前336年[2]。假若前336年亚里士多德完成此书，他已是48岁，

1 ii 23，6。【译按，依照今本，当为第5节，该节提及西元前339年的史事】

2 ii 23，18。【译按，当为第17节，该节引述“参加共同和平条约意味着服从命令”，“共同和平条约”签订于西元前336年秋，这是《修辞学》一书提及的最晚史事】

据他自己的说法，心智“约在 49 岁时”发育完成[1]，则对此言应有新意可体味。或许在撰述这些话时，作者亦自觉是将置身于一个思想生活臻于全盛的阶段吧。西元前 338 年，不只是发生了喀隆尼亚 Chaeroneia 战役，而且也是“雄辩老人”伊索克拉底的卒年，伊氏终前八年尝力劝腓力征伐波斯（《演说》第 5，“致腓力”；西元前 346 年）；在战后他又写信给胜者，欣喜于自身诸多愿望终于达成。虽则伊索克拉底和亚里士多德之间一贯不和，这大约是在亚翁第一次居停雅典时的后期，然而二人俱倾心于马其顿。此外，伊索克拉底的藻饰文风导致其文易被征引，以指示其表达的修辞形式。是故独他能成为亚里士多德在《修辞学》中引述频频的作者，这也就不足为奇了；某章所摘引的甚至达到十处之多[2]。伊索克拉底且老亚里士多德 52 岁，而德摩斯提尼则是亚翁的平辈。然而，在《第一次反腓力》*First Philippic*（西元前 351 年）和《奥林提亚三讲》*Three Olynthiacs*（西元前 349 年）发布时，亚里士多德亦在雅典，他却从未使用这位伟大演说家的文辞来阐释任何一条修辞规则。他独独引过一条明喻，说是出自德摩斯提尼，却并不见于现存此人的演讲词中[3]【译按，或言此 Demosthene 当是伯罗奔尼撒战争中的雅典将领】，倒是曾借某个小演说家的言辞，说德摩斯提尼之方略为雅典一切灾难之渊薮，以此作为谬误推理的例证【译按，彼二流演说家之言，谓德摩斯提尼的方略导致了后来战争的发生，亚里士多德认为这是把前后发生的二事并置一处强加之以因果关系】[4]。他曾言“雅

1 ii 14，4.

2 iii 9.

3 iii 4，3.

4 ii 24，8.

82 典的演说家们，尤其是伊索克拉底”[1]，又（在一段可疑的衍文中）称夸张语 hyperbole 是“阿提卡演说家们”爱好的手法[2]。他征引过数位演说家语出惊人的隐喻文句，这包括伊斐克拉底 Iphicrates、勒普提涅斯 Leptines、凯斐索多德斯 Cephisodotus、佩都劳厄斯 Peitholaüs、梅洛克勒斯 Moerocles 和珀吕育刻忒 Polyeuctus 等，但他引文看来并非出自公众出版物，实在更似从吕克昂学园日常语录中抽绎出的“议事会”未刊文件[3]。他阐述“高呼” $\beta o\tilde{\eta}\sigma\alpha\iota$ 的隐喻用法，征引德摩斯提尼的末流政敌之言[4]，哪里比得上征引德摩斯提尼本人的言辞更合适呢[5]。可言一条绝非臆测的意见：既然亚里士多德在雅典如外乡人那样生活，且与腓力和亚历山大关系亲密，那么在阐述修辞规律时，对这著名的反马其顿演说家的言辞难免要避而远之了。他对其他反马其顿演说家，如莱克格斯和叙珀芮德斯 Hypereides 均从未征述其言，但他也没有提及亲马其顿派的埃斯奇纳斯。凡涉及雅典的对外政策，他显然以为作为外乡人应该保持中立。在被后世品第出来的十大“阿提卡演说家”中，伊索克拉底是唯一一位被亚翁具名征引其言的；尚有一节文字，出自《葬礼演说》，后来一直被错归为吕西亚[6]的，在亚里士多德书中未言及作者名谁[7]，或是出自追摹伊索克拉底之无名氏的手笔。

一般意义上修辞术和散文的关系

雅典时代散文风格的研究主要涉及的是修辞学研究。公众演说之

1 iii 17，10.
2 iii 11，16.
3 参看 Wilamowitz，《亚里士多德与雅典》*Aritoteles und Athen*，i 350。
4 iii 10，7.
5 19§§92，129.
6 2§60.
7 《修辞学》，iii 10，7。

文最早获得一种风雅体式，而其他文体与修辞学保持较近世更亲近的联系。在历史领域，修昔底德的文体带有西西里修辞术的余韵；这位史家采用演说辞表达彼等时代的政见，又以对话为媒介，搬演雅典与米洛斯 Melos 二邦论战的戏剧于笔下。下一世纪鹊起的两位良史作家，厄福儒斯与忒欧庞普斯 Theopompus，俱出自修辞学家伊索克拉底门下。故《修辞学》的品鉴并不局限为对演说辞的品鉴。其中[1]所征引过的一种特别文体即出自希罗多德，然而大抵还是不出一般的散文范围，并无几条是出自 83
诗歌的。亚里士多德以降，文学批评成为修辞学领域下的分支。

现存的最早希腊散文，尚为全帙的即是希罗多德（西元前 484—约 散文家研究
前 425 年）的作品，据优西庇乌斯 Eusebius 的编年史，此人曾于雅典的议事厅上诵读自己的“群书”，时间约在西元前 446—前 444 年。琉善[2]说，希罗多德在奥林匹亚吟哦他的史著，令群众陷入迷狂，又言他的书分为九卷，后来被依次冠以缪斯九神之名。修昔底德的传记家们纷纷传言，说这伯罗奔尼撒战争史的作者当时亦在现场，被希罗多德的朗诵感动得落泪；不过这故事多被认为不足为据[3]。修昔底德关于早期希腊海军的陈述可能都来自希罗多德，而对他关于居隆 Cylon 事件和斯巴达诸僭主的说法则默不作声地加以修正[4]。他声称自己关于希腊上古情形的结论比先进们的所云更为可信，那些“诗人”和“文家”都不如他[5]，但他在书中

1 iii 9，2.

2 《埃提翁篇》*Aëtion*，1。【译按，埃提翁者为古希腊的名画家】

3 Dahlmann 的《希罗多德传》*Life of Herodotus*（G. V. Cox 译本，1845 年）；以及 Stein 编订本《希罗多德历史》，p. xxi。

4 修昔底德，i 126 及 i 20。

5 i 21.

唯一提及姓名的史家只有希剌尼库斯 Hellanicus[1]。同样被希罗多德点名的史家只有赫卡泰乌斯 Hecataeus[2]，此人得到过赫拉克利特 Heracleitus 的品第，即那句名言："学识广博未必使人智慧；否则岂不是说赫西俄德与毕达哥拉斯，还有克塞诺凡尼与赫卡泰乌斯都是智慧的么。"[3]修昔底德转而又成为德摩斯提尼所研习的对象，这从风格上[4]和他演说的素材上[5]都可看得明白，尽管不可相信琉善所云，谓这位演说家竟抄修昔底德的著作八遍之多[6]。德摩斯提尼的风格继为埃斯奇纳斯[7]所效仿和评骘，借用其一系列
84 尖厉的隐喻之语，以攻讦他的论敌。终者，有柏拉图的对话集被他伟大的门人亚里士多德所研究和引述。这些引语所冠的题头凡四类：（1）有柏拉图或苏格拉底之名，附于对话篇名之后；（2）只列篇名；（3）提及为柏拉图所言，却未具篇名；（4）出处以泛称和复数标示，以"有人声言"或"认为"的句式引入，这其中或隐或显地即意谓是柏拉图的某篇对话[8]。这些引证颇为重要，可据以测定柏拉图名下的对话之真伪[9]。

散文在雅典教育中的地位

雅典教育中诗歌所取得的地位，部分是取决于信奉诗人即是教师，是受神启谕者，部分则是由于诗歌更早地获得艺术的形式，这方面散文要晚许多（除却那些较易被记熟的），故其地位显然居于诗歌之下。在

---

1 i 97。关于"修昔底德时代的散文家"，见 Forbes 编订本《修昔底德历史》，第一卷，p. xli–lxxx。

2 ii 143 等。

3 残篇 16。

4 哈利卡耳那索斯的第欧尼修，《论修昔底德》，53，54（德摩斯提尼，14§13）；参看 Blass，《阿提卡辩术》*Die Attische Beredsamkeit*，III i^2 19，37。

5 《第三次反腓力》，47–51，《奥林提阿克斯第三讲》，21，《反勒普提涅斯》*Against Leptines*，73。

6 《致无知者》*Adversus indoctum*，4。

7 iii 166.

8 参见 Bonitz 和 Heitz 的引得。

9 Zeller 的《柏拉图》，54–77。

初等教育中，散文殆以伊索寓言[1]为范本。在柏拉图的《斐德若篇》[2]里，苏格拉底看来是认为读写之学不及谈话与记忆；但在色诺芬的《回忆录》[3]中，我们发现苏格拉底则是和他的朋友们在展阅并细读“贤明的古人所写的书卷，他们在其中留给后人宝贵的财富”。当他尚还年轻时，尝“听闻有人吟读”阿那克萨革拉 Anaxagoras 的著作，便迫不及待地求得了一部[4]。“散文体的笔调”，以及“不计节奏和韵律的散文创作”，是否该和诗歌一起被列入教育方案中，这是柏拉图在《法律篇》[5]里讨论的问题，“这等代代因袭相成的大量作品”（或散文或韵文）被看作是“有危险的”，而像《法律篇》这样的对话，则被认为是“得到神启的”，且“确实好像是诗一样”，柏拉图认为这实在可以作为合适的对话体模范，以教育青年[6]。

柏拉图和亚里士多德作品的早期传播

及柏拉图身后，其人所撰对话篇的原始稿本，或许是保存在学园里 85
了。他的外甥兼继承人斯彪西波 Speusippus 执掌该校 8 年，之后转由克塞诺克拉底经营 25 年，其后是珀勒蒙 Polemon 等。原始手稿的副本无疑是在较早时候即已完成，其中有一部分从雅典转运至亚历山大城，这可能是借助于法勒戎的德米特理乌斯 Demetrius of Phaleron 为中介[7]。现存柏拉图最古的抄本都发现于埃及。佩特里 Petrie 氏在法尤姆 Faiyûm 的古劳波

1 阿里斯托芬：《鸟》，471。
2 274 C.
3 i 6，14.
4 《斐多篇》，97 B。
5 809 B，810 B.
6 811 C–E.
7 Grote 的《柏拉图》Plato，i 122，135，169；参看 Zeller《柏拉图》中的批评，51–3，另外特别参看 Gomperz，《柏拉图论集》*Platonische Aufsätze*，ii 1899。

Gurob 发现的莎草纸文献，被鉴定为西元前 3 世纪中叶之物，包含了《斐多篇》凡 12 卷轴，是精心誊录以供出售的副本[1]。

待亚里士多德逝世，他的吕克昂学院以及他的书斋，为其继承人泰奥弗剌斯特 Theophrastus 掌管了 34 年以上。在此期间，亚里士多德的门徒，罗德斯的优德慕斯 Eudemus of Rhodes，曾致函泰奥弗剌斯特请求借抄《物理学》的一段文字，这在他自己的誊录本中已经遗失[2]，足见大师手稿的其他抄本于其继承人在世时还流传世间[3]。泰奥弗剌斯特卒岁约在西元前 287 年，他将他自己和亚里士多德的藏书都传与弟子纳琉斯 Neleus，纳琉斯把这些文献全部移至特洛阿德的故里斯刻博息 Scepsis。数年后此镇向阿塔利得朝诸君称臣，其主上约在西元前 230 年开始筹建帕迦马的大图书馆，希望能够与托勒密在亚历山大城的图书馆相抗衡。纳琉斯的
86 后人将书籍慎藏在地窖中，以待良机将之安全运送出国。这些文献即如此在他们的保护下经过了 150 年，约西元前 100 年时，经由忒奥斯的阿佩理孔 Apellicon of Teos 带出，送与雅典保存。在西元前 86 年，雅典被苏拉 Sulla 攻陷，这些文献又从雅典转送至罗马，在那里它们被学者们翻阅，这其中包括提冉尼奥 Tyrannion、安德洛尼库斯 Andronicus[4] 等；但由于

---

1 见 87 页；原件在大英博物馆展出，Case A，1。参看 Mahaffy 的《佩特里莎草纸》*Petrie Papyri*（1891），图版 viii–x；E. M. Thompson 的《希腊与拉丁古文书法手册》*Handbook of Greek and Latin Palaeography*，p. 120；Kenyon《古希腊莎草纸书写研究》*Palaeography of Greek papyri*，pp. 59–63；Blass 在《萨克逊学会会议报告》，l. 197 以下；Gomperz，维也纳《科学院会议报告》【译按，即《奥地利科学院会议报告》*Sitzungsberichte der Oesterreichischen Akademie der Wissenschaften* 之简称，下文同】，cxxvii（1892）；以及 Usener，《哥廷根学术通讯》*Göttingische gelehrte Nachrichten*（1892）。

2 Zeller 的《亚里士多德》，i 136；格罗特的《柏拉图》，i 140。

3 Stahr，《亚里士多德研究》*Aristotelia*，ii 1–166，294 以下；Susemihl，《亚历山大里亚时期希腊文学史》，ii 299 以下，注释 324。

4 据普鲁塔克在《苏拉传》26 而补充。

长期疏于护理，文献的许多部分变得不可卒读，而在阿佩理孔经手后所制作的副本，在无知的辨读和修补下，变得面目全非了。以上故事，我们得自于提冉尼奥的门人斯特拉波 Strabo，他说亚里士多德是第一个“庋藏图书”之人，故树立了“日后埃及君主们效仿的模范”[1]。这故事部分在阿特纳奥斯的一段文字[2]中得到验证，但在另一段[3]中出现悖谬之处，阿特纳奥斯无意中说起亚里士多德传至纳琉斯的全部书籍都被卖与托勒密二世来充实他的亚历山大城图书馆，据称这位君王得到超过 1000 部亚里士多德著作的册页或卷帙[4]。现存最早的抄本，是莎草纸本的亚里士多德《雅典政制》，1890 年发现于埃及，可能是西元 100 年之物[5]。

除亚里士多德的图书室外，我们未听说雅典时期有何其他的重要藏书场所，尽管据说萨摩斯的波吕克拉底 Polycrates of Samos、庇西特拉图和欧里庇得斯也有收集书籍的习惯[6]。柏拉图和伊索克拉底的门徒，“暴君”克理阿刻斯 Clearchus 曾在卑提尼亚 *Bithynia* 的本提·希拉克里亚 Pontic Heraclea【译按，指黑海附近的希拉克里亚城，以区别于色萨利 Thessaly 的同名城市】创建一图书馆，时间早于西元前 364 年[7]。而早在前 400 年时，色诺芬[8]已提及在好客海【译按，Euxine，即黑海】岸边曾见到有些搁浅的船骸，所载货物中有“大量的书稿”。有篇约在西元前 1 世纪时或稍后的铭文

1 斯特拉波，pp. 608–609；Grant 编订的《伦理学》，*Essay* i 5–8；Grote 的《柏拉图》，i 138 以下。
2 214 D–E.
3 3 B.
4 《亚里士多德会注》*Scholia In Aristotelem*，22 a 12。参看 Zeller 的《亚里士多德》，c. iii，以及 Shute 的《亚里士多德著作史》*History of the Aristotelian Writings*，pp. 29–45。
5 有 Kenyon 所编订的全摹本（1891 年）；样本可见于 E. M. Thompson 氏前揭著作中，p. 140。
6 阿特纳奥斯，p. 3。
7 佛提乌斯 Photius，《群书集缀》*Bibliotheca*，222 b。
8 《长征记》，vii 5，14。

上罗列了一张清单，著录有德摩斯提尼的几篇演说，赫兰尼科斯的部分作品，之下依次还有埃斯库罗斯、索福克勒斯、克剌忒斯、狄菲鲁斯
87 的作品，以及欧里庇得斯的《墨勒阿革洛斯》*Meleager* 与《阿尔刻迈翁》*Alcmaeon*，据推测这应是由雅典的年轻人提供给他们学校 *gymnasium* 图书馆的赠书目录[1]。我们知道雅典青年确实每年都向某所学校的图书馆赠送一百卷书籍，此校名为托勒密学院 Ptolemaion，始建于亚历山大里亚时代（可能由“爱姊者”托勒密二世 Ptolemy Philadelphus 创立），直到罗马时代，西塞罗[2]和波桑尼阿斯[3]尚还来此校参观过。但在雅典时代，其民人尚不能读到这许多的书，因为他们靠的是耳学，在剧场里，在法庭前，在阿卡德米学园的林中，在吕克昂学园的小道上，这些构成了他们全部的教育。约翰·亨利·纽曼如是说：“若学生有所见闻，于其中为同情的魔力感染者，这就是雅典所备的教育，却不干阅读的事。”[4]

---

1 《阿提卡碑铭集》*Corpus Inscriptionum Atticarum*，ii 992。

2 《论至善与至恶》*De Finibus*，v 1，1。

3 i. 17，2（及 Frazer 的注释）。参看《阿提卡碑铭集》，ii 465，468，478，480，482，ἔδοσαν καὶ βιβλία εἰς τὴν ἐν Πτολεμαίῳ βιβλιοθήκην【所赠属于托勒密学院藏书】。以及 Dittenberger，《论阿提卡青年》*De Ephebis Atticis*，p. 51；Curtius，《雅典城史》*Stadtgeschichte von Athen*，lxxxii 238，282；P. Girard，《雅典的教育》，p. 159 以下。

4 《历史素描集》*Historical Sketches*，p. 40。

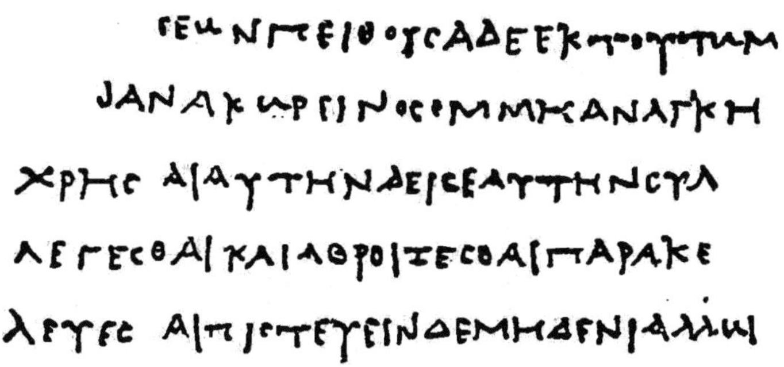

图 5　出自现存最早的柏拉图《斐多篇》抄本

p. 83 A（约在西元前 250 年）；见前文第 85 页

（E. M. Thompson 爵士的《希腊与拉丁古文书法手册》*Handbook of Greek and Latin Palaeography*，p. 120；参看《希腊与拉丁古文书法绪论》*An Introduction to Greek and Latin palaeography*，1912 年，p. 110）

释文:

<αισθη>σεων πειθουσα δε εκ τουτωμ

<με>ν αναχωρειν οσομ μη αναγκη

χρης<θ>αι αυτην δ'εις εαυτην συλ-

λεγεσθαι και αθροιζεσθαι παρακε-

λευες<θ>αι πιστευειν δε μηδενι αλλωι

第七章

88
语法学与词源学的肇端

希罗多德

据希罗多德[1]说，随卡德摩斯 Cadmus 而来的腓尼基人将其字母表传与希腊人，这种书写方式渐得合乎希腊语言之需。在忒拜，希罗多德于伊斯摩涅 Ismenian【译按，为忒拜的圣山】的日神庙中，曾亲睹三座三脚架，上面铭刻有"卡德摩斯体"文字，"它们大都和伊奥尼亚的字母相似"。他将铭文的年代分别鉴定为拉伊乌斯 Laïus 之时、俄狄浦斯 Oedipus 之时和劳达玛斯 Laodamas 之时，这三人是卡德摩斯的第三、四、六代子嗣[2]。希罗多德亦谓伊奥尼亚人所居之地距腓尼基人最近（比如塞浦路斯和罗德斯二岛），遂借用腓尼基人字母，稍加改变，仍惯于称之为"腓尼基"字母[3]，——此说为在忒奥斯 Teos 的伊奥尼亚人市镇附近发现的一段铭文

1 v 58.

2 v 59–61.

3 v 58.

所证实[1]。

拼写的教法，是练习组成一系列的音节，即用辅音依次连接各个元音。在阿提卡发现的一块砖石上有这样的残篇，标记着 *αρ βαρ γαρ δαρ*，*ερ βερ γερ δερ*，等等[2]。喜剧诗人卡里亚斯 Callias 尝作一部“字母剧”（*γραμματικὴ τραγῳδία*），剧中人物 *dramatis personae* 即是字母表的字母们，在开场时全要被清点一遍，至尾声则唯独再列举一遍元音字母。此剧有一段拼读合唱，*βῆτα ἄλφα βα*，等等，其中有些合唱队的安排据言曾为欧里庇得斯（西元前 431 年）在《美狄亚》中所效仿，——此说 89
并无什么意思，不过标示出字母剧的大概时间[3]。在欧里庇得斯的《忒修斯》中，目不识丁的家奴描述着忒修斯名谓（*ΘΗΣΕΥΣ*）的每个字母符号的形状。同样的情节，也被阿伽通 Agathon 和忒奥狄刻特 Theodectes 用来表达忒修斯的名字。而据说索福克勒斯曾在一部萨提尔剧中表现过字母表每个符号的形状，可能是采用了舞蹈者的姿势[4]。在欧几勒德斯 Eucleides 执政雅典时（西元前 403 年），依照阿喀努斯 Archinus 的建议，雅典的**公众**文件被规定用伊奥尼亚字母来书写[5]；因而“蛮族会盟”（通常被称作“喀蒙和约”或“卡里亚斯和约”，在西元前 466 或前 449 年之后）被忒欧庞普斯斥作捏造之文书，理由却正在于记录它的铭文所使

1 《希腊碑铭集》，3044，=《希腊古铭文》*Inscriptiones Graecae antiquissimae*，497 B 37（约在西元前 475 年），*ὃς ἂν ... φοινικήϊα ἐκκόψει*【……即弃用了腓尼基文字】（Roberts，《希腊碑铭学》*Greek Epigraphy*，p. 170）。

2 《志于学》*Philistor*，iv 327。

3 参看 Verrall 本《美狄亚》，p. xxiii。

4 阿特纳奥斯，pp. 453–454。

5 《苏伊达斯辞典》*Suïdas*【译按，须知此书正名应当作《苏达辞典》】，在 *Σαμίων δῆμος* 词条下。

用的是伊奥尼亚字母而不是阿提卡字母[1]。有一事实值得注意，欧里庇得斯早在欧几勒德斯执政之三年前已经谢世，他以 *H* 作为“忒修斯”（见上文所示）的第二个字母，这或可证明说，西元前 403 年之前的雅典人，会在**文学创作或私人**的场合中使用伊奥尼亚字母表。

柏拉图

或许是自柏拉图的三段文章促成了通行的字母（*στοιχεῖα*【译按，意谓“音素”，强调其不可分割，参见亚里士多德《诗学》，1456b】）分类法，即为：（1）“响亮的”或“有声的”字母（*φωνήεντα*，vocales），我人之谓“元音”者；（2）“不发声的”字母（*ἄφωνα*），我人之谓“辅音”者。后者可再细分作（a）不仅“不发声”而且“闭闷”的字母（*ἄφωνα καὶ ἄφθογγα*），我人之谓“哑音”者；还有（b）虽“不发声”，但“非闭闷”的字母（*φωνήεντα μὲν οὔ, οὐ μέντοι γε ἄφθογγα*），例如 *λ*, *μ*, *ν*, *ρ*，*ς*，即后世所谓的“半元音”（*ἡμίφωνα*）者[2]。《蒂迈欧篇》[3]中有一节，提及“齿”“舌”与“唇”产生“汩汩之言辞”，此为“一切涌动之流最华贵者”。在《克拉底鲁篇》[4]，柏拉图发现唯 Ε，Υ，Ο，Ω 几个字母

90 尚无特定之名，故可知 *epsilon upsilon omicron omega* 数名晚出，是时之希腊人把它们念作 *ει*、*υ*、*ου*，及 *ω*。后来 epsilon 之名，或单独的 *ε*，被引入以区别于双元音 *αι* 的字母，同样，upsilon 或单独的 *υ* 被用以区别于双元音 *οι* 的字母，此二名称遂俱应属于拜占庭时代后期，在那时 *ε* 与 *αι*、*υ* 与 *οι* 之发音各彼此相似。而 *omega* 之名亦为晚出者：*ἄλφα* 与 *Ω*

---

1 哈波克剌提翁 Harpocration【译按，著有《雅典十大演说家字汇》】，在 *Ἀττικοῖς γράμμασιν* 词条下。

2 《克拉底鲁篇》，424 C；《斐莱布篇》，18 B，C（彼处 *τὰ μέσα* 为“半元音”）；《泰阿泰德篇》，203 B。

3 75 D.

4 394 D.

（而非 *omega*）之并举者，可见于希腊文《新约》最善之抄本中，言 *ἐγώ εἰμι τὸ ἄλφα καὶ τὸ ὦ*[1]【我是阿拉法，我是俄眉戛】，亦可见于普卢顿休斯 Prudentius：“以 *ἄλφα* 与 *ὦ* 命名。”[2]

追溯词语分类的原始，必见于柏拉图处。“语法”者，起初主要被视作是读写之技艺[3]；但它涵有声调属性的学理，关乎音长与节奏的问题，是故可说它也近乎音乐。触及词语分类问题，语法学即发展至于新的阶段。依据惯常的说法，柏拉图第一个区别名词与动词，称前者为 *ὄνομα*，后者为 *ῥῆμα*。然这两个术语之间并不全然一致[4]，柏翁对 *ὄνομα* 和 *ῥῆμα* 所作的辨析并未澄清名词与动词在**语法学**上有何不同，而仅止于说明主词与谓词的**逻辑学**之异[5]。《智者篇》[6]中确实有那么一节，其中主要观点应该是柏拉图的本意，正将语词分别为名词和动词。他在文中说：“有两种对存在的摹仿，可以语声表达出来”，“一曰 *ὀνόματα*，一曰 *ῥήματα*”；“指涉行动的我们称作 *ῥῆμα*”，“而将表述行动之实施者的语音符号称作 *ὄνομα*”；“单独的一串 *ὀνόματα* 或 *ῥήματα* 俱非就是话语”；
“唯当它们混合在一起时，才会生成语言”[7]。柏拉图所谓的 *ῥῆμα* 者，包 91
括了各种谓词。于是，《克拉底鲁篇》[8]中，*Διῒ φίλος*（施动于某人的，【意

1 《启示录》，i 8。

2 Mayor 的《希腊语阅读初阶》*First Greek Reader*，p. lii；Blass，《古希腊语音读》*Pronunciation of Ancient Greek*，p. 20。

3 见前文第 6 页。

4 Classen，《希腊语法初论》（1829），p. 45 以后。

5 Deuschle，《柏拉图派语言哲学》*Die Platonische Sprachphilosophie*（1852），p. 8 以下。

6 261 E.

7 参看《泰阿泰德篇》，206 D，《会饮篇》，198 B，199 B，《理想国》，340 E，462 C，464 A，474 A，562 C，《蒂迈欧篇》，49 E；复见《克拉底鲁篇》，425 A，431 B（Deuschle，p. 9）。

8 399 B.

即“为宙斯所爱”】）即可称作 ῥῆμα，而其派生出的 Δΐφιλος【为宙斯所爱者】则是一个 ὄνομα 了。后世人将柏拉图的 ὄνομα 和 ῥῆμα 视作对语词的语法学分类，而柏拉图意图中的这个分类是否已然彻底了，抑或还有语词的其他构成，只因为相对次要些便被忽略掉了，——这一问题在普鲁塔克的《柏拉图疑义集》*Plotonic Questions*[1]中得到讨论，他赞同后一种看法。我们看到柏拉图有些意见，似在分别实词与饰词的语法学上的不同[2]；他对于数[3]、动词时态[4]和“主动与被动”[5]都是有所认知的。

语气尚未被论及，不过普罗泰戈拉已从修辞学角度分析了表达的几种模式，可对应为语法上的语气[6]。他还把名词分作三类：雄性的，雌性的，和无生命的（σκεύη），这般分法显然是基于现实或自然的理由，而非语法学的根据。“雄性的”和“雌性的”名词指称的是男性和女性，强调性征的差别，一般之人伦、畜生都如此区分，而无生命的名词包括所有的其他物体之名，自然造化或人文化成，存于真实中或仅为抽象之思，都可当此。这最后一类包含许多词语，于语法学上看其实是有阳性或阴性的，但是普罗泰戈拉的分目似不可等视为阳性、阴性、中性的名词分类法。普罗泰戈拉表达“类属”的术语（γένη），后来被语法学者用以指称“性别”了[7]。

---

1 《道德论集》*Moralia*，ii 1008。

2 参看 ἐπωνυμία【绰号、别名】在以下诸篇:《巴门尼德篇》，131 A,《智者篇》，225 D,《斐德若篇》，238 A。

3 《智者篇》，237 E。

4 《巴门尼德篇》，151 E，156 A；《智者篇》，262 D。

5 《智者篇》，219 B；《斐莱布篇》，26 E。参看 Deuschle，pp. 10，17，18；Schömann，《讲辞划分之学》*Die Lehre von den Redetheilen*（1862），p. 2； 以及 Steinthal，《语言学史》，i^2 137 以下。

6 第 27 页。

7 Cope 在《古典与圣教语文学学刊》，iii 48 以下，以及对于亚里士多德《修辞学》，iii 5，5 的注疏，及《引论》，p. 293。阿里斯托芬的《云》659 行以下，或许是在讽刺普罗泰戈拉。

在早期的希腊哲学家中我们发现了一些对于语言起源问题的思考。
如毕达哥拉斯（兴盛期在西元前 540—前 510 年）即言称“数”之外
的最高智慧，当属于“给万物命以名称者”[1]。赫拉克利特（全盛于西元 92
前 500 年），尽管以语言晦涩而驰名，却似曾打算在言辞表达上下些功
夫，不过他在此问题上有何合理阐述就不为我们所知了。我们知道的
是他曾说词语是天然存在的（*φύσει*）。据赫拉克利特的说法，词语与
人造物品不同，而是像可见事物的自然面目一样；类如影子，水的映
象，或是镜中所见的图景[2]。德谟克利特（西元前 460—前 357 年）将诸
神之名称为“有声的造像”[3]。与其同时代的希波克拉底（约西元前460—
前 359 年）则说名字是“造化之成训”（*φύσιος νομοθετήματα*）；而
安提斯忒涅 Antisthenes（全盛于西元前 400 年）曾就名谓与语言问题
写成著作，联系以他辩证法的理论[4]。但我们对于这些思考的了解是不
够完整的。对于柏拉图我们有甚多的文献素材可供形成一家学说，但
仍有许多不着头绪之处。据言柏拉图是第一个思考“语法”本质之
人[5]；他对话篇中论及语言的段落曾被斯托拜乌斯 Stobaeus 辑录起来[6]。

---

1 *ὁ τὰ ὀνόματα τοῖς πράγμασι θέμενος*，普洛刻卢斯的柏拉图《克拉底鲁篇》注疏，p. 6；西塞罗，《图斯库兰辩论集》***Tusculan Disputation***，i 25；Steinthal，p. 157 以下。

2 阿蒙尼乌斯 Ammonius 的亚里士多德《解释篇》注疏，p. 24 B Ald【译按，此 Ald. 似标识阿蒙尼乌斯身份的缩写，意即是亚历山大里亚人，以区别于同名其他著作家】，转引自 Lersch，《古代语言哲学》***Die Sprachphilosophie der Alten***，i 11 以下；参看柏拉图:《泰阿泰德篇》，206 D；Steinthal，pp. 171，173。

3 *ἀγάλματα φωνήεντα*，奥林庇亚德儒斯的柏拉图《斐莱布篇》注疏，p. 242；Steinthal，p. 182。

4 Zeller 的《柏拉图》，p. 211 以下。

5 法沃理努斯 Favorinus 之说，附于第欧根尼·拉尔修，III 19，25，*πρῶτος ἐθεώρησε τῆς γραμματικῆς τὴν δύναμιν*【以学理辨语法学之义旨的第一人】。

6 81§§14–16（《斐莱布篇》，p. 186；《泰阿泰德篇》，202 B；《智者篇》，261 D）。

然此诸片段皆不及名为《克拉底鲁篇》的对话更为重要。

《克拉底鲁篇》中有三个对话者，对于语言其本质与起源持有不同的观点：（1）赫谟根尼 Hermogenes 认为语言是因袭而成的，所有的名称俱起源于约定俗成（*ξυνθήκη καὶ ὁμολογία* 384 D）；好比是奴隶的名字，可随意命之。（2）克拉底鲁 Cratylus 是赫拉克利特的追随者，他坚持说语言是天生即成的，所有的名称要么即是真名，要么根本就不是一个名称；他未能考虑到摹仿的范畴；一个词语或是对于某物的完整表述，或就单纯是一声无可言喻的话音。（3）苏格拉底于两端执其中道，称语言是天然生成的，但又经由习俗所调整[1]。以他所见，“语言是因袭而成也是天生即成的，此确实亦可认为是合乎理性的；语言是一种制作，非由天机偶成，而是人文造就；辩证法家是语词的工匠，立法者核定它们为
93 标准”[2]。话语是以声音的方式对事物的表述或摹仿。苏格拉底论及词源学，颇多恣肆之言，周厄提 Jewett 认为那是在“奚落诡辩家、语法家们之耽于空想的新学派”[3]；但“值其词源学之热情稍稍减退后”，又恢复初衷之“对语言合乎理性的解说”。“他在解说中，将复合词分成其各个初始的要素，继而分判简单词，析为得以组成的字母”。苏格拉底“称说语词形成于以音声对理念的摹仿；他也意识到时间的影响，外来语的作用，对和谐音效的渴想……；他遂也认可有些许偶然的机缘了”[4]。他显然是带着讥讽的口气，说道：“依我之见，我们可任随己意增减字母，改

---

1 Lewis Campbell，《不列颠百科全书》，第九版，Plato 词条下。

2 Jowett 的《柏拉图著作集》，i $622^1 = 257^3$。

3 同上书，p. 624^1，259^8。

4 同上书，p. 625^1，259^8。

变重读，我们也可将词语转成文句，将文句转成词语。”（399 A）又言，ἄνθρωπος【人】之为名，即是如此，略去一个字母，改变了重读，便从文句转成词语；其义之原始，当作 ὁ ἀναθρῶν ἃ ὄπωπεν，“对其所见的探究者”。言及诸神，苏格拉底的口气变得庄重起来，指出我们唯可以己意来称呼他们，“诸神有他们自己的名字，但我们对此一无所知”（400 E）。接着，苏格拉底被问及诸神的世人称名之由来，他造出许多空幻的假说，唯一可被接受的，是帕拉斯 Pallas 之名 ἀπὸ τοῦ πάλλειν τὰ ὅπλα（407 A【“出于带着刀兵舞蹈”，译按，Pallas 为雅典娜的别称，πάλλειν 含有“舞蹈”或“摇摆”之意】）。苏格拉底猜测说，有些词不能单借助于希腊语来解释，必然会有借自外族的语汇，“因为希腊人，尤其那些居于蛮族治下的希腊人，常会从蛮族语言中借来词语。请考虑 πῦρ【火】一词，难说不是外来语；因为要找出其与希腊语言的关系甚是不易，而弗里基人 Phrygians 有一相同的词，唯词尾稍变罢了，另如他们的 ὕδωρ【水】、κύνες【犬】及其他，俱是如此”（409 D，410 A）。他将 κακόν【恶；病】（416 A）和 ὀφέλλειν【创造、增进】（417 C）都视作“外来”词语；但“他从未虑及的是，希腊语言与蛮族语言可能有一共同渊源”[1]。在一番牵强附会的词源议论后，苏格拉底为他自己辩解说，“你必要记住，所有的语言无非都在矫饰与变更；字母被随兴地增减，在漫漫岁月里不断被曲解误记，——有时也会为追求音声悦耳而变”（414 C）。又言，“古代语言的万端变化常常阻碍我们对词语的认知；故我们要记得，不管我们回溯词语的分析走得多远，必有些许关键因素未曾论及”（421 D，E）。“衍生之名义出自原始基本义，那么原始之义又如何指称起某物来的呢？”（422 A）

1　Max Müller 的《讲座》*Lectures*，i 132（1866 年）。

"形体所能表述某物的唯一途径，即是通过摹仿；而舌与口即如身体之
94 其他部位一样擅摹仿。如此则何者为名？名作为摹仿，并非音乐或图画式的，而是对事物本性的表述；因此它不是乐者或画师的发明，而是属于命名者的创作"（423 A—E）。"分析名称由来的办法，就是返至字母，或其构成时的原始成分。首先，我们将字母表的诸符分目别属，如此当我们逐一研究字母，即可通过不同的组合来认知它们。我们可将字母施用于研究对象的表达上，组成音节，继而组成词汇（424 C—E）。我认为这是古人组织语言的方式。至于原始与派生因素是否分判得准确，这是我们只能靠臆想来解决的问题了。但我们坚信我们所择取的办法是对的，这也是唯一的发现之路。否则我们就得乞援于那 *Deus ex machina*【解围之神】了，谓'最早的名得于神赐，因此它们都是对的'；这或许是上策，要不我们只好说蛮族比我们更古老，我们学习他们的语言了，或者还可以说，岁月之悠长使得真相蒙上了一层面纱"（425 A—E）。基本词汇必不能源自外族语言，当"解析为组成所用的字母，这些字母就该有一意思在才对。语言的创立者意识得到这些：α 用以表达尺寸；η 表示长度；o 表示圆；ν 表示内在；ρ 表示冲撞或骚动；λ 表示流动态；$\gamma\lambda$ 表达出液体或黏滑物质的凝滞；δ 和 τ 有约束的意思；而 ϕ，ψ，σ，ξ 四者，表示风与冷，诸如此类"（426 C—427 D）。

"柏拉图对字母表诸符的分析，"周厄提[1]如是说，"显示对语言本质的一种奇妙的洞见。""从形体姿势进而至于舌头的运动"，他"迈出语言心理学的一大步。他可能是第一个说'语言是摹仿之音声'之人，在语文学中这是最伟大最深刻的真理"。但是习俗的影响不逊于摹仿。"摹

1 Jowett 的《柏拉图著作集》，i p. 646[1]，283–284[3]。

仿”，据柏拉图说，“为一贫乏之事，故要有同样贫乏的习俗来补足；尽管我颇认同的是，音义谐调的语言形式必然是最完美的”（435 C—D）。

柏拉图被认为是后人称为语言拟声论的倡导者。“他可能也是第一位分别简单词和复合词的人……；但看来他全然不知词根与词尾有何分别”[1]。这篇对话或可以视作包含了“对当日的语文学空想风气的嘲讽”[2]；作者或是在以此奚落“流行当时语文学家们中的专断之风”[3]，这都是未可确知的。

柏拉图在《克拉底鲁篇》中的词源学思考在哈利卡那苏斯的第欧尼 95
修和普鲁塔克那里受到尊敬，但他们二人的说法在今天看来通常会被认为太荒唐，难以认真视之。施莱尔马赫称作“近代有价值的发现”的观点，即认为柏拉图用意可全然或绝大部分在于将他的词源论当作是单纯的戏拟和谑仿。这种观点被斯塔尔鲍姆 Stallbaum、布兰迪斯 Brandis、策勒尔[4]等人所接受；但格罗特 Grote[5]提出反对意见，他在此一如既往地采用死抠字眼的平淡观点，认为那些空想的奔放与幽默的戏剧感，都是柏拉图风格的一贯特点。但若不肯承认柏拉图的词源论有严肃的意图，就也不必附和说他想对当时的词源学思考作单纯的嘲谑了。（即如亨利·杰克逊 Henry Jackson 博士对我所言，）“他在《克拉底鲁篇》中所采取的立场是鲜明而且严肃的。他坚持说，尽管名称的义指取决于习俗，但名称本身自有起源，以试图用声音表述所指的事物。因为衍生之名出于

---

1 Jowett 的《柏拉图著作集》，i p. 646[1]，284[3]。

2 同上书，p. 625[1]，260[3]。

3 同上书，p. 627[1]，262[3]。

4 《柏拉图》，p. 213 注释。

5 《柏拉图》，ii 519–529。

原始之名，而原始之名的构成则出于未成熟的音声，这些鸣啼之声，凭借所用发声器官的运动，便自然地适合于表述某些基本的经过和状态：例如字母 ρ，凭舌动而发声，就合适于表述运动。但他显然想要暗示的是:（1）部分因为自起始以来名称中有些偶发的因素，部分因为时过境迁名称遭到败坏和伪饰，其起源变得晦暗难索;（2）既然名称能最佳地代表的是命名者的看法，则如赫拉克利特派的意见，这是不能导向真实的。如此看来，柏拉图对于所开列出的词源学并无特别属意者；如在他浩渺之言中带有讥嘲意味地推托于欧绪弗洛 Euthyphro 的权威（396 D）那样，这段陈述中颇有一些讽刺的元素。而且，柏拉图对于语言起源这些泛泛问题的兴趣，与其对完美谐和理论的兴趣相比次要得多，遂在对话的尾声反驳了克拉底鲁以名论物的教条意见”[1]。

斯坦哈特 Steinthal 在讨论这篇对话的时候，指出柏拉图起初假设词语作为自然产物而存在，终了处则声称它们当是习俗的结果[2]。此说公然悖逆着古典学术的传统，如普洛刻卢斯 Proclus 即说柏拉图拥护的是语言自然起源论[3]；这些观点或可得以折中，有人便认为柏拉图的立场是在
96 自然说与习俗说两派的中间。其他各家对此也有论及[4]，最有价值的是丢

---

1 另见于 Jackson 博士 1906 年在课堂上关于《克拉底鲁篇》的讲说。

2 《希腊与罗马语言学史》*Geschichte der Sprachwissenschaft bei den Griechen und Römern*，i^{2} 107，150。

3 同上书，168。

4 例如: Dittrich（柏林）1841；Schaarschmidt，《莱茵博物馆》*Rheinisches Museum*，xx 321–356，Alberti，同上，xxi 180–209，xxii 477–499，Lehrs，同上，xxii 436–440；Luckow（Treptow）1868；Hayduck（布雷斯劳 Breslau）和 Dreykorn（茨魏布吕肯 Zweibrücken）1869；也见于 Steinhart 的《绪论》*Prolegomena*，Susemihl 的《柏拉图哲学生成论》*Genetische Entwickelung der Platonischen Philosophie*，I 144–174，以及 Ch. Lenormant 的《克拉底鲁篇注疏》*Commentaire sur le Cratyle de Platon*（雅典），1861。

舍尔 Deuschle[1] 和本菲耶 Benfey[2]（后者具比较语文学的视角）两家。早期对这篇对话兴趣长久不衰地集中在语言哲学上，但语言在此（以及在其他地方）对于柏拉图而言不及辩证法更为重要。其义旨大体，在策勒尔看来好像可总结为“我人必要放弃从词语里寻求事物知识的努力”（435 D–436 D，438 C）；“我人不可在名称上花费心思，而是专注于事物本身”（439 A，440 C），以及“要承认辩证法家高明于语言创立者”（389 A–390 E）[3]。同样，海忒先生 D. D. Heath 在《语文学杂志》（xvii 192–218）表明，柏拉图对命名学理论的概述，和他对赫拉克利特学派的评议，完全是“屈就于明确表达出的结论”——“合理的命名学，近乎完美的，可以传达自然真理之义。但名称不过是形象罢了，因此必有对事物不甚完美的表述，最可靠的还是研究事物本身；故而……不假他力而获得关乎事物真理的知识，一定是组成这种近乎完美的命名学的先决条件”（p. 193）。论及柏拉图究竟对他的词源学有多认真这一问题时，海忒先生谓“柏拉图无意于对希腊语言的精确历史进行描述和分析”，因而这部分对话可以拿来和其他几篇中的神话传说相对照，即格罗特所言“奇幻构想的图景使得泛泛的观点变得详细和生动”（p. 201）。

关于语言起源的辩难长久地继续下去。亚里士多德反对词语天然存现的观念，认为词语之意义是纯然由习俗生成的（《解释篇》，c. 2 及 4）；伊壁鸠鲁 Epicurus，则认为词语起初成于天然，后来是约定俗成（θέσει

1 《柏拉图派语言哲学》（马尔堡 Marburg），1852，p. 83。

2 《哥廷根科学院论文集》*Abhandlungen der Gesellschaft der Wissenschaften in Göttingen*，xii（1866），189–330。

3 Zeller，《柏拉图》，p. 214。

【法定的】)[1]。麦加拉学派哲学家【译按，Megarian 是所谓小苏格拉底学派的一支】狄奥多鲁斯，偏执习俗一端，于是宣称他有权创立他个人的语言，便叫他的一个奴隶为 ἀλλὰ μήν【倒是真的】，对于其他奴隶也用希腊语小品词随意名之[2]。而另一面，有斯多葛派追溯语言起源为自然[3]；罗马的语法学家尼基第乌斯·费古卢斯 Nigidius Figulus（约西元前 45 年）也持相同看法，如我们在奥略·葛琉斯（x 4）处所闻，他叙述过这一争论不休的问题。

97 亚里士多德 亚里士多德的诗学之论中包括对言语组成部分的分析及其他语法学细节问题（20 章），还有一节关于名词的性属（21 章）。这两部分可能是篡入的文字。在前者中，"字母"之义得以界定，并被分作元音、半元音和默音（φωνήεντα, ἡμίφωνα 和 ἄφωνα）；然后解释了什么是名词、动词、"连接词"（σύνδεσμος）；"变格"（πτῶσις）被当作是名词和动词的词形变化，表述着"属""予"等义，或是数目的关系，或是"祈命口气"的关系[4]。在《解释篇》*De Interpretatione* 中，唯现在时态的动词才是 ῥῆμα，其他时态都是它的 πτώσεις，而名词的 πτωσεις 甚至还包括了形容词和副词。与 πτῶσις 相对的，主格被称作 κλῆσις[5]【名称、呼唤】。亚里士多德分别了不同的格，但其数量和名称尚未确定[6]。动词的"主动与被动"二态之外，继而有"中性"和"异相"二类，今人知是肇始于

1 第欧根尼·拉尔修，x 75；卢克莱修，v 1027 以下。

2 阿蒙尼乌斯的亚里士多德《解释篇》注疏，p. 103，转见于 Lersch，i 42。

3 奥利金 Origen，《驳科尔苏斯》*contra Celsum*，i 24（Lersch，i 46）。

4 Classen，前揭，52–58；Steinthal，前揭，i^2 253–259。

5 Steinthal，i^2 266 以下。

6 Classen，64 以下。

此[1]。送气音符号被亚里士多德称作 *παράσημον*【标志】，能将 *ΟΡΟΣ*“边界”与 *ΟΡΟΣ*“山丘”分别开来[2]，或许是把前者写作 |- *ΟΡΟΣ*。亚里士多德说赫拉克利特的著作难以句读（*διαστίξαι*）[3]，但他实际只提及一种符号标志，即 *παραγραφή*[4]，即在语句结束处之后首词下标一水平的短横线。这借自古人的符号，标志着一句话的终结，可用于单句中，也可用于一组有关联的语句，于是有“段落”一名。

在《范畴篇》第一章里，亚里士多德只承认有两种言语成分，即 *ὄνομα* 和 *ῥῆμα*，名词和动词。《修辞学》[5]和《问题集》[6]中他偶尔提及 *σύνδεσμοι*，这个术语涵指连词、关联小品词，甚而也指关联的从句。《诗学》[7]中他还造用了 *ἄρθρα*（代词与冠词【译按，*ἄρθρα* 本指身体器官连接部位，亚里士多德在此也是指起连接作用的词语，然又不同于 *σύνδεσμος*】），但哈 98
利卡那苏斯的第欧尼修[8]向我们保证说只有三种言语成分为亚里士多德所认可，因此以及其他种种原因，此篇可疑的章节最好还是当作是篡入的伪作吧。

在论及语言起源的争辩中，如前所述[9]，亚里士多德拥护的是“习俗”说而非“自然”说。他提出组成一个陈述句的术语，即以主格的

1 Schwalbe 的《资料集》*Beitrag*（1838），p. 92。
2 《辩谬篇》*Sophistici Elenchi*，177 b 3。
3 《修辞学》，iii 5。
4 《修辞学》，iii 8。
5 iii 5 和 12。
6 xix 20.
7 c. 20.
8 《论文章作法》*De compositione verborum*，c. 2。
9 上文第 96 页。

名词作为主语，动词作为谓语[1]；故而两者的分别在于动词有时间性的意味，名词则无[2]。柏拉图[3]将陈述句视作由 *ὄνομα* 和 *ῥῆμα* 组成（此外并无对于主语、谓语的其他称呼了），且有肯定式与否定式之分，前者即 *φάσις*，后者即 *ἀπόφασις*，至亚里士多德则不仅有专门术语称呼肯定式（*κατάφασις*）和否定式（*ἀπόφασις*），及否定意义的动词和名词，而且也有对于主语（*τὸ ὑποφασις*）和谓语（*τὸ κατηγορούμενον*）的专称[4]。主语"Subject"实即 subjectum 的现代形式，后者是晚期出现的拉丁词语，马提安·卡帕剌用它来翻译先见于亚里士多德著作中的术语[5]。

逍遥学派

语法学上的术语名谓，在西元前 3 世纪以后，经由斯多葛学派延续发展下去[6]。而逍遥学派所承继的，乃是亚里士多德的文学史与批评这一研究传统。我们在结束对雅典时期的考察之际，不妨简述一下这个学派的几个成员。

本都库斯人赫拉克利德斯

希拉克里亚的本都库斯人赫拉克利德斯 Heracleides Ponticus of Heraclea（全盛于西元前 340 年）就学于亚里士多德之前曾是柏拉图的门徒。虽则他的哲学著述很快被人遗忘，其语法学和文学著作却得以长久流传。他的著作涉及修辞学与音乐，诗歌与诗人，荷马问题，荷马与赫西俄德的时代，荷马与阿基洛库斯，以及索福克勒斯与欧里庇得斯。其作品有以

1 格罗特的《亚里士多德》，i 156。

2 《解释篇》，16 b 2。

3 《智者篇》，261 以下。

4 同上书，194 以下【译按，原注误，似应见于《辩谬篇》，约在 167 以下】；参看 Steinthal，i^2 183 以下，235 以下。

5 iv 361.

6 第 146 页以下。

γραμματικά 为名的，可能触及的是文学批评的问题。有一篇摘录题为
ἐκ τῶν Ἡρακλείδου περὶ πολιτειῶν【赫拉克利特论城邦制】是亚里士多德 99
的 πολιτεῖαι【译按，指佚失殆尽的《城邦政制》】删节本的一部分，今知此书
出于楞泊斯 Lembos 的赫拉克利德斯 Heracleides，这是一位亚历山大里亚的
“语法学家”，生活在“爱母者”托勒密 Ptolemy Philometor 在位时（西元前
182—前 146 年【译按，即托勒密六世】）[1]。本都库斯人赫拉克利德斯有一同
乡与他学力相当，名叫卡麦良 Chamaeleon 的，著作涉及荷马、赫西俄德、 卡麦良
斯忒西考儒、萨福、阿纳克里翁、剌苏 Lasus、品达、西蒙尼德、忒斯庇
斯和埃斯库罗斯；也论述过早期悲剧历史和旧喜剧[2]。塔伦廷的亚里斯托 亚里斯托
克森 Aristoxenus of Tarentum，也是逍遥派学人，以乐律上的造诣成为古代 克森
世界的权威（全盛于西元前 318 年），著作包括一部音乐史，以及有关
悲剧舞蹈和悲剧诗人的著作，此外还著有毕达哥拉斯、阿尔吉塔 Archytas
【译按，西元前 4 世纪塔伦廷的哲学家】、苏格拉底和柏拉图的传记[3]。

散文批评，在亚里士多德的继承人，莱斯博斯 Lesbos 岛人，伊勒苏 泰奥弗剌
斯的泰奥弗剌斯特 Theophrastus of Eresos（西元前 372—前 287 年）那里得以 斯特
延续。根据第欧根尼·拉尔修[4]，他有十部修辞学著作，其中有一篇《论
风格》（περὶ λέξεως），在西塞罗时候尚得流传。在西塞罗的《演说家》

1 Gräfenhan，前揭，i 63 以下，360；Classen，前揭，p. 8；Müller，《希腊历史残篇》***Fragmenta Historicorum Graecorum***，ii 197–207；Christ，《希腊文学史》，§420^4；另见 Unger，《莱茵博物馆》，xxxviii 481 以下；Cohn，Breslau，1884；Schrader，《语文学家》，xliv 236 以下；Holzinger，《语文学家》，liv，lvi；Voss，Rostock，1897；Susemihl，《亚历山大里亚时期希腊文学史》，i 501–505。

2 阿特纳奥斯，406 E；Christ，§420^4；Köpke，柏林，1856。

3 Müller，ii 262–292；Christ，§422^4；Hübner，《古典学研究目录》，p. 12。

4 v 46–50. 参看 Rabe 的 1890 年波恩大学学位论文。

中，明确地提及他的地方，包括论及希罗多德和修昔底德风格（§39），优美风格的四个要点（79），散文的格律（172，228），以及赞歌的用法（194，218）；有些章节或许应追溯到泰奥弗剌斯特那里，比如讲演及其动情之效果（55），措辞的美感（80）和隐喻的适度（81）等。在西塞罗的第 20、21 节中所援用的，将风格分为“壮丽”“质朴”，以及“混杂”或“中和”，我们也将此归于泰奥弗剌斯特。在奥古斯都时期，他这篇论风格的文章，在哈利卡那苏斯的第欧尼修的多篇著作里被明确征
100 引或以其他方式提及[1]，或许其他未有指名道姓处也是暗自师承其说的[2]。泰奥弗剌斯特也写过一篇论喜剧的著作[3]。他和他的学派同好们似曾讨论过这个问题，即言语的成分是否只意味着 *ὄνομα* 和 *ῥῆμα*，抑或还当包括 *ἄρθρα* 和 *σύνδεσμοι*[4]。

狄凯阿库斯

在亚里士多德的年轻一辈学生中，有梅萨纳的狄凯阿库斯 Dicaearchus of Messana（西元前 347—前 287 年），写过一部重要的著作，题为《希腊生活》【*βίος τῆς Ἑλλάδος*】。这是第一次在文明史领域上的尝试，追述自历史源头降至亚历山大时期的“希腊生活”。此书涉及范围广阔辽远，不仅包括希腊的地理历史的说明，道德与宗教状况，还热衷于讨论音乐和诗歌。涉及诸如佩列涅 Pellene、科林斯和雅典等城邦政制的论述曾为西

---

1 《论文章作法》，16，《论吕西亚》*De Lysia*，14，《论德摩斯提尼》*De Demosthenes*，3，《论伊索克拉底》*De Isocrates*，5；参看泰奥弗剌斯特《残篇》，iii 93–96 Wimmer 编订本，以及笔者编订版的西塞罗《演说家》，p. lxx 和 §79 的注释；亦见 A. Mayer，《泰奥弗剌斯特论风格》*Theophrasti περὶ λέξεως*（莱比锡），1910。

2 Usener（《哈利卡那苏斯的第欧尼修的〈论摹仿〉遗篇》*Dionysii Halicarnassensis librorum de imitatione reliquiae*，1889，p. 141）论及第欧尼修："normas elocutionis aestimandae Theophrasto plerumque debet"【其雄辩术常奉泰奥弗剌斯特为圭臬】。

3 阿特纳奥斯，261 D。

4 辛普利奇乌斯 Simplicius 的亚里士多德《范畴篇》注疏，fol. 8，威尼斯版。

塞罗所提及[1]，这些或许是这部著作的一部分，或许是此书的资料存录；而关于“音乐竞赛”的论述可能属于一篇关于“酒神节赛会”的长篇论文。狄凯阿库斯的名字也被签署在某部论述索福克勒斯和欧里庇得斯戏剧的著作上；其中关于《阿尔刻提斯》《美狄亚》的部分至今尚存。他也写过七贤人的传记，还有毕达哥拉斯和柏拉图的传记，此外在他关于希腊的巨著里还论述了几位最重要的诗人。他对希腊地理做过些研究，西塞罗[2]尚还熟知他的地图；但他绝不仅只是个学究。他测量过伯罗奔尼撒群山的高度，在雅典的泛雅典娜节日上表现得像个公共演说家，在奥林匹亚的泛希腊节日上也是如此[3]。

泰奥弗剌斯特有一学生，罗德斯或密提勒涅 Mytilene 的普拉克西芬 Praxiphanes，全盛于西元前 300 年，是最早专注于术语字义的“语法学”研究者之一人[4]。其兴趣包括历史学、诗学、修辞学，以及文学作品的考辨诠释。他最早提出赫西俄德《农功与时日》的通行本之来源是伪作，根据在于此文本未曾见于早期的手稿中；他也考辨过柏拉图《蒂迈欧篇》的开篇语句。他有关诗学的著作以柏拉图和伊索克拉底两人对话的形式展开；可能在西元前 291—前 287 年间，阿拉图斯 Aratus 和卡利马库斯就学于他的门下[5]。 普拉克西芬 101

迄今尚知晓其名的逍遥派学人，按其出生地来说全都不是阿提卡

1 《致阿提库斯书简》*Ad Atticum*，ii 2。

2 同上书，vi 2。

3 Müller，《希腊历史残篇》，ii 225–253；Christ，§421^4；Hübner，p. 13。

4 见前文第 7 页。

5 Susemihl，i 144 以下；参看 Preller，《论普拉克西芬》*De Praxiphane*（1842），收入于《论文选》*Ausgewählte Aufsätze*（1864）；另见《赫尔墨斯》*Hermes* 中的几篇文章，xii 326 以下（Wilamowitz），xiii 46 以下（Hirzel）和 446 以下（Schöll）。

人。他们来自意大利和西西里，攸克辛海岸与爱琴海诸岛，只为求得哲学训练，这在雅典是最丰富多样的。逍遥学派不只是一个希腊的学派，它更多地属于广义上的希腊世界。至此，我们在结尾要提及一人的名字，他尽管只是一个自由人之子，不过倒算是阿提卡籍贯的，并且在雅典攀升到最高的政治地位，即使在他落难之后，仍不失为一名称职的中介人，将雅典的学术传输到一座新兴的城市。这城市正是由亚历山大，这位在遥远东方传播希腊文明的无敌先驱，于西元前 330 年在尼罗河三角洲的西疆创建的。

法勒戎的德米特理乌斯

法勒戎的德米特理乌斯 Demetrius of Phaleron，约生于西元前 354—前 348 年，卒于西元前 283 年之后，曾师从泰奥弗剌斯特，大概在西元前 324 年始就任公职。十年间（西元前 317—前 307 年）他以声望被卡山德 Cassander 任命为雅典的摄政。饶有文学兴味的一个事件或许值得一提，就是他最早将游吟诗人的背诵引入希腊的**剧场**[1]。西元前 307 年失位之后，他逃往忒拜，在那里又度过十年，在西元前 297 年去往埃及，他在托勒密一世的王廷上获得极大的鼓舞，遂开始推动促成亚历山大里亚图书馆的建设。由于劝谏托勒密一世废“爱姊者”托勒密的王储权，待后者于
102 西元前 283 年大权独揽时，即将德米特理乌斯放逐出境。除却大量的政论和演说著作外，他还写过关于《伊利亚特》和《奥德赛》的文章，收集过伊索寓言，草拟过雅典执政官的年表。他的修辞学论文中讲过亲闻于德摩斯提尼的一则轶事，关于这位演说家年轻时如何矫正口齿不清的缺陷[2]；这部作品还提到一些细节，例如伊赛乌斯的生辰和伊索克拉底的

1 阿特纳奥斯，620 B。
2 普鲁塔克:《德摩斯提尼传》，c. 11。

图 6　亚历山大大帝

4 德拉克马银币，色雷斯国王利西麦克斯 Lysimachus 所发行【译按，利西麦克斯是亚历山大大帝的继任者之一，银币发行时间约在西元前 280 年】（来自大英博物馆）

卒年，又如记述当建筑师菲隆 Philon 向雅典民众描述海军武库构造时，是怎样施展其如簧巧舌的[1]。被题为德米特理乌斯著作的《论表达》περὶ ἑρμηνείας，当属于后世作品。他的公众演讲著作只有些不完整的残篇存留下来；因此对于认知其人的演说特点，我们不得不全然依赖于西塞罗了。他被称作是“中和”风格的首要代表，善以甚小力度造就莫大的感染效果；他的措辞带有平和温润的特点，且“所用隐喻、转喻灿若繁星，令文章焕发光辉”[2]。其华丽文风胜过吕西亚和叙珀芮德斯 Hypereides[3]，这标志

1　西塞罗:《论演说家》, I 62。
2 《演说家》, §§ 91 以下。
3 《布鲁图斯》, 285。

着德摩斯提尼殁后阿提卡雄辩术的衰落[1]。德米特理乌斯在雅典的演说和政治圈子里取得显赫地位后，继而又推动了著名的亚历山大里亚图书馆的兴建，正好起到连接希腊文化的第一中心和第二中心的作用，就此意义而言，在这部学术史里，他标志着雅典时代的结束，也标志着亚历山大里亚时代的开始。

---

1 西塞罗《演说家》的《导言》，p. xxxiii。参看 Christ，§424[4]；Susemihl，I 135–144。

第二编

亚历山大里亚时期 103

πολλοὶ μὲν βόσκονται ἐν Αἰγύπτῳ πολυφύλῳ
βιβλιακοὶ ξαρακῖται ἀπείριτα δηριόωντες
Μουσέων ἐν ταλάρῳ.

甫里乌斯的提蒙 Timon of Phlius，转见于阿特纳奥斯，22 D

在熙攘川流的埃及，
有许多来谋食的人，
抄写纸草不能停休，
彼等长年累月地争论，
在缪斯的雀笼里。

【译按，以上由作者所附英文转译。原文的意思是:“族群繁茂的埃及供养了许多 / ‘纸草书幼莺’ (=‘书虫’)，不休地争论，/ 在缪斯的雀笼里。”】

这首诗描述的是亚历山大里亚博物馆，约西元前 230 年

Conspectus of Greek Literature &c., c. 300—1 B.C.

Rulers of Egypt	Rulers of Pergamon, &c.	Poets	Scholars and Critics, &c.	Chronologers, Historians &c.	Philosophers
		floruit			322 Theophrastus[p]
330 foundation of Alexandria		300 Philetas *c.* 340—*c.* 285-3			320 Pyrrhon *c.* 360—270
323 d. of Alexander		290 Hermesianax		295 Sosibius	317-07 Demetrius of Phaleron[p]
Ptolemy I (*Soter*)		285 Alexander Aetolus b. *c.* 315	285 Zenodotus *c.* 325—*c.* 234	*c.* 280 Craterus 280 Berosus	314 Polemon[a]
322 satrap 305 king	283 Philetaerus	285 Lycophron b. *c.* 330—325		277 Manetho	308 Zeno[s] 364—263
285 Ptolemy II (*Philadelphus*)	278 Antigonus Gonatas, king of Macedonia, d. 239	276 Aratus		272 Hieronymus of Cardia	306 Epicurus 341—270
270 d. of Arsinoe II		276 Timon of Phlius *c.* 315—*c.* 226		264 *Marmor Parium*	304 Crantor[a] 300 Praxiphanes[p]
	263 Eumenes I	272 Theocritus b. *c.* 324			
247 Ptolemy III (*Euergetes* I)		Leonidas of Tarentum			287 Straton[p] 276-0 Crates[a] 270 Arcesilas[a] *c.* 315—241
		260 Callimachus *c.* 310—*c.* 240		240 Antigonus of Carystos 295-0—*c.* 220	264 Cleanthes[s] 331—232
238 decree of Canopus	241 Attalus I	250 Apollonius Rhodius b. *c.* 283			241 Lacydes[a]
		250 Rhianus			232 Chrysippus[s] *c.* 280—*c.* 208-4
		c. 250 Herondas	234 Eratosthenes *c.* 275—*c.* 195		
222 Ptolemy IV (*Philopator*)	222 Antiochus the Great, king of Syria, d. 187	220 Euphorion b. *c.* 276			
205 Ptolemy V (*Epiphanes*)			200 Hermippus		

196 Rosetta stone 182 Ptolemy VI (*Eupator*) 182 Ptolemy VII (*Philometor*) 146 VIII (*Philopator Neos*) 146 IX (*Euergetes* II, or *Physcon*) 117 Cleopatra III and her sons X (*Philometor Soter* II, or *Lathyrus*) and XI (*Alexander*)	159 Attalus II 138 Attalus III 133 d. of Attalus, who makes Rome his heir	150? Moschus 150 Nicander Antipater of Sidon	195 Aristophanes of Byzantium *c.* 257—*c.* 180 180 Aristarchus *c.* 220—145 168 Crates of Mallos *c.* 145 Ammonius *c.* 130 Dionysius Thrax	197 Neanthes 191 Heracleides *c.* 185 Polemon of Ilium 170 Demetrius of Scepsis b. *c.* 214 170 Polybius *c.* 205—*c.* 123 144 Apollodorus	176 Aristobulus [p] 155 Carneades [a] *c.* 219—129 140 Panaetius [s] *c.* 181—*c.* 109 121 Cleitomachus [a] *c.* 175—*c.* 105 105 Philo of Larissa [a] *c.* 147—80
100					
81 Ptolemy XII (*Alexander* II) 81 Ptolemy XIII (*Auletes*) 51 *Cleopatra* VI and Ptol. XIV, (47) Ptol. XV, and (45) *Caesarion* 30 Egypt becomes a Roman province		100? Bion 80? *Bionis epitaphius anon.* 60 Meleager 12 Antipater of Thessalonica	Ptolemy of Ascalon Philoxenus 45 Apollodorus (rhetor) of Pergamon, 105–23 30 Didymus *c.* 65 B.C.—10 A.D. Aristonicus Tryphon 30—8 Dionysius of Halicarnassus Caecilius 25 Juba d. 20 A.D. Apollonius	70 Castor of Rhodes 60 Diodorus (*c.* 90—*c.* 30) visits Egypt 24 Strabo (*c.* 63 B.C.—*c.* 24 A.D.) visits Egypt	80 Antiochus [a] d. 68 80 Poseidonius [s] *c.* 135—*c.* 45 60 Andronicus [p] 55 Philodemus Q. Sextius b. *c.* 70 Philo Judaeus b. 20 B.C. d. after 40 A.D.

[a] *Academics*, [p] *Peripatetics*, [s] *Stoics.*

Continued from p. 18.

第八章

亚历山大里亚学派 105

希腊学术经由早期托勒密王室的扶助，在亚历山大里亚兴盛起来。“救世主”托勒密 Ptolemy Soter 在埃及做总督的时间在西元前 322—前 305 年，称王的时间在西元前 305—前 285 年，在此段统治期间，法勒戎的德米特理乌斯首度进言，建议在埃及首都建立公共图书馆（约在西元前 295 年）[1]。“救世主”托勒密煞费苦心地邀请了泰奥弗剌斯特和米南达到亚历山大里亚定居，又为他儿子和继承人“爱姊者”托勒密（前 285—前 247 年在位）的教育延请了两位老师，一位是诗人兼学者，科斯的菲勒塔斯 Philetas of Cos，另一位是泰奥弗剌斯特的衣钵传人，哲学家斯特拉托 Straton；于是有着帝王气象的亚历山大里亚取代了讲求民主精神的

1 Susemihl，《亚历山大里亚时期的希腊文学史》*Geschichte der griechischen Litteratur in der Alexandrinerzeit*（1891），i 6，138。

雅典的地位，成为希腊世界的文学中心。亚历山大里亚时期之初最重要的学术机构便建在这座托勒密家族的城市里。大图书馆的落成，首先要特别归功于“救世主”托勒密肯于听从德米特理乌斯的建言[1]，但荣誉常常记在托勒密二世的身上，他或许继续并完成了父业[2]，尽管他自己的爱
博物馆 好主要在动物学上[3]。托勒密二世另有一项功绩，便是建立了华美的学术
106 圣地，因 *Μουσεῖον* 之名而众所周知，意即“缪斯的神祠，或家宅”，这是斯特拉波西元前 24 年游历亚历山大里亚时的称述之词，在他笔下的博物馆，是皇城区域的一部分，包括一条廊道，是缀有许多壁龛和座椅的拱廊街道，有一座华厦，容有一个公共厅堂，供职于博物馆的学者们在此聚餐。这个学术团体有不少公共资产；其领袖人物是由当局指定的，被称作“博物馆的祭酒”[4]。这些学者们所得的生养供给显然是达到了丰厚的水准，故而同时代的讽刺诗人，甫里乌斯的提蒙 Timon of Phlius（约在西元前 230 年）风趣地称这博物馆为“缪斯们的雀笼”[5]。海罗达思 Herodas[6] 列数亚历山大里亚的迷人胜景，博物馆紧紧排在手足神的庙堂 *θεῶν ἀδελφῶν τέμενος* 之后【译按，海罗达思此语见于拟曲《媒婆》，有周作人译本，作“兄弟神的庙堂”】，这庙宇是托勒密二世同他的姊姊兼妻子雅希娜

1 Wilamowitz，《卡律斯托的安提贡努斯》*Antigonos von Karystos*，p. 291，以及 Kuiper（乌得勒支 Utrecht）1894（Mahaffy 的《托勒密帝国》*Empire of the Ptolemies*，1895，p. 92）。

2 Susemihl，i 6–7.

3 狄奥多鲁斯，iii 36，3 以下（Mahaffy，前揭书，p. 128 以下）。

4 p. 793 以下，*τῶν δὲ βασιλείων μέρος ἐστὶ καὶ τὸ Μουσεῖον, ἔχον περίπατον καὶ ἐξέδραν καὶ οἶκον μέγαν, ἐν ᾧ τὸ συσσίτιον τῶν μετεχόντων τοῦ Μουσείου φιλολόγων ἀνδρῶν κτλ*。

5 第 103 页的引述。

6 i 31.

二世 Arsinoe II 的祠堂，后者（如今日所知）[1] 死于西元前 270 年 [2]。这与柏拉图和亚里士多德的学园都有些瓜葛。博物馆的名字可感发柏拉图派学人们的兄弟情谊，或谓 ***thiasos***【译按，θίασος 本义涉及与诸神的联系，兼有团体、队伍之意】，回忆起在“阿卡德米学园小树林”中对缪斯诸神的公祭，以及泰奥弗剌斯特遗愿中提到的“缪斯宫 / 博物馆”[3]；而博物馆的廊道，或曰 ***peripatos***【译按，περίπατος 意谓“散步长廊”，也引申来指称亚里士多德开启的逍遥学派】，亦不难唤起人们对早期逍遥学派的记忆。然而我们愿意将它视作牛津或剑桥任一学院的原型，以此来体会其特征，这包括就餐的大厅，以及回廊、庭院，还有诸多供与研究所用的捐赠援助。博物馆的成员们可能享有年金；但那图书馆是否如英国的学院制一样隶属于博物馆，就不得而知了，尽管它们相距甚近。我们也不能了解在知识传承方面有何举措。纵然在它成立五百年后，依然被斐洛斯特拉图斯称叹
为英才高士的聚落 [4]；一个世纪后，博物馆所在的这角城区被阿米安·马 107
赛理努斯 Ammianus Marcellinus 称作为“长久以来英杰荟萃之家园”[5]，而最

---

1 Mahaffy 的《托勒密帝国》，p. 79。参看《莱茵博物馆》，liii 464。

2 关于“救世主”托勒密（和柏列尼珂一世 Berenike I）以及“爱姊者”托勒密和雅希娜二世的肖像，参见第 145 页附图上镌有 *ΘΕΩΝ ΑΔΕΛΦΩΝ* 字样的钱币。

3 第欧根尼·拉尔修，v 51。

4 《智者列传》*Vitae Sophistarum*，i 22，5。τράπεζα Αἰγυπτία ξυγκαλοῦσα τοὺς ἐν πάσῃ τῇ γῇ ἐλλογίμους【安置于埃及以广邀各邦名士的餐桌】。

5 xxii 16，diuturnum praestantium hominum domicilium。亚历山大里亚的博物馆和图书馆曾为诸多专论的主题，著者包括 Ritschl（《语文学短著集》*Opuscula Philologica*，i 1 以下）、Parthey 和 Klippel，都发表于 1838 年，Göll 发表于 1868 年，Weniger 发表于 1875 年，Couat 发表于 1879 年；论及此题的，尚有 Clinton，《希腊年代记，希腊的文明与文学大事年表，自 55 届至 124 届奥林匹亚纪》*Fasti Hellenici, the Civil and Literary Chronology of Greece from the 55th to the 124th Olympiad*，iii 380 以下；Bernhardy，《希腊文学纲要》，i 527–542^{4}；Susemihl，前揭书；Holm，《希腊史》*Griechische Geschichte*，iv，c. 14；Mahafy 的《托勒密帝国》，91–599；以及 Dziatzko 在《鲍礼古典学百科全书》*Pauly-Wissowa* 中，Bibliotheken 词条，409–414。

后一位名列博物馆成员的人物，便是著名的数学家和新柏拉图主义者忒翁 Theon（全盛期在西元 380 年），他的女儿就是那位心灵高洁、身世悲惨的希帕提亚 Hypatia（卒于西元 415 年）。金斯利 Kingsley 写过她生平的遭际，将与之联系密切的博物馆，这片令亚历山大里亚的学者和诗人难以忘怀的所在，描述成幸福的乐园："学院比肩相邻，人们尽在散步、交谈和歌唱，悬铃木、栗树、无花果树和棕榈树浓密成荫。处处洋溢着希腊思想与诗谣的光芒。"[1]

图书馆

托勒密王朝早期的另外两所学术机构是两座图书馆。较大的那座曾被认为是在位于亚历山大里亚城东北的皇家区 Brucheion，可能非常靠近博物馆[2]。然而现推测在此城的西半部，七里长堤 Heptastadion 的东南边，距离亚历山大港约 400 码【译按，近于 370 米】，接临主衢的北口，这条大街沿途覆以遮荫的柱廊[3]，从城市的东北到西南，延伸了近 4 英里[4]【译按，约 6 公里】。"这座世界奇观屹立在那儿，蔚蓝的常晴天空烘衬出其白色屋顶的光芒；从这些辉煌建筑物的屋脊和山墙上极目远望，可以看到波光粼粼的大海"[5]。

较小的那座图书馆，有时或被称作"子馆"，即在西南角的刺寇提
108 斯 Rhakôtis 城区，邻近赛拉皮斯 Serapis 神庙和"庞培柱" Pompey' s Pillar【译

---

1 《希帕提亚》*Hypatia*，c. 2。

2 Susemihl，i 336.

3 阿理斯泰德 Aristides，ii 450 Dindorf 编订本【译按，指阿理斯泰德的《埃及人》*Αἰγύπτιος*】，*ἐν τῷ μεγάλῳ δρόμῳ τῷ κατὰ τὰς στοάς*【在这条大街上布有柱廊】。

4 参看 Dziatzko《鲍礼古典学百科全书》中的 Bibliotheken 词条，p. 412。Botti 于 1898 年所绘制的地图，重见于 Mahaffy 的《托勒密朝治下的埃及》，同样也把博物馆置于新城的中心，商业区的南部，博物馆和主衢之间由公共花园隔开；不过这样似乎在皇城区和皇宫西边太远的地方了。

5 同注释 13。

按，此柱乃是为向罗马皇帝戴克里先致敬所筑，后人误以为是纪念庞培逃难至此而遇害，故名为“庞培柱”】，距城外的摩列奥提 Mareotic 湖亦不远。阿甫托尼乌斯 Aphthonius（西元 4 世纪末）无疑曾有意指出这座图书馆的存在，当时他满怀热情地描述亚历山大里亚的这座“卫城”。这番描述有两层意思，首先，这好像是在暗示，在他著述的时候，一座“卫城”已然在赛拉皮斯庙附近的高地上具足规模[1]；其次，他称说图书馆与庙宇比邻而居，并且又有廊道，则这两者便都属于古代图书馆的特征[2]。

赛拉皮斯图书馆

如皇家区的大图书馆一样，赛拉皮斯庙旁的这座图书馆之完成，亦当归功于“爱姊者”托勒密。尚有一事也肇端自他，根据约瑟夫 Jesophus[3] 曾引述的“亚理斯提阿 Aristeas【译按，此人为托勒密二世时期的埃及官员】书简”，此君王委命数位年迈的犹太饱学之士将摩西的法律书译为希腊文，由此开启了著名的七十子译本 *Septuagint* 的工作，或许这一计划还是承继于“救世主”托勒密[4]。托勒密二世治时，约在西元前 255 年，他于墨埃理 Moeris 湖畔筑一希腊殖民地，那是片新垦的绿洲，之后又不断拓殖开去，今以法尤姆 Faiyûm 名闻于世。可见证此区希腊文化的，是 1889—1890 年由福灵德斯・佩特里 Flinders Petrie 先生所发现的大批莎草纸文献，其中包括柏拉图《斐多篇》《拉凯斯篇》，欧里庇得斯《安提厄

---

1 参看亚历山大里亚的克莱芒 Clement of Alexandria，《劝勉篇》*Protrepticus*，p. 14 Sylburg 本。

2 阿甫托尼乌斯，《初阶训练》*Progymnasmata*，c. 12（i 107 Walz 本），*παρῳκοδόμηνται δὲ σηκοὶ τῶν στοῶν ἔνδοθεν, οἳ μὲν ταμίαι γεγενημένοι τοῖς βίβλοις, τοῖς φιλοπονοῦσιν ἀνεῳγμένοι φιλοσοφεῖν, καὶ πόλιν ἅπασαν εἰς ἐξουσίαν τῆς σοφίας ἐπαίροντες, οἳ δὲ τοὺς πάλαι τιμᾶν ἱδρυμένοι θεούς*【在廊道里建筑了许多的房间。有的为储藏图书，开放给那些钻研哲学的人，可供全城的人来此获取智慧，另一些房间则是用以敬奉那些古老神明的】。

3 《犹太古史》*Antiquitates Judaicae*，xii 2。

4 Susemihl，i 6（注释），以及 Swete 的《希腊本旧约导读》*Introduction to the Greek Old Testament*，pp. 9–28，520。

普》*Antiope* 的残篇，推断抄录之年代，即在西元前 3 世纪[1]。

至此或可提及安菲波理斯的左伊卢斯 Zoïlus of Amphipolis，此人因其
109 对于荷马的苛酷批评而著名，人们错把他当成托勒密二世时候的人，维特鲁威 Vitruvius[2] 曾言托勒密二世带着静默的不屑听完此批评家的评论，遂以钉死于十字架的极刑报答他的工作。今知批评家左伊卢斯与修辞家左伊卢斯实为一人。其真实时代的判断依据在于，修辞家的老师乃是波吕克拉底 Polycrates，一位比伊索克拉底稍长的同代人，左伊卢斯的修辞学著作曾为青年时（约在西元前 365 年）的德摩斯提尼所研读，且他著过一部历史，结束于腓力之死时（西元前 336 年）。因此他的全盛期应在这段时间内。埃利安 Aelian[3] 描述过此人的外表，其短髦、长髯、秃顶，俱为犬儒派人物的特征。左伊卢斯的门生阿那克西美尼 Anaximenes 也是犬儒学者第欧根尼的弟子；可能在对柏拉图的诋毁上双方达成了同情共识；如犬儒派的祖师安提斯泰涅一样，左伊卢斯也曾对伊索克拉底口出恶语；尤其是对荷马的攻击显露出他的本色。其关于荷马的批评之语充斥于一部九卷的书中，《苏伊达斯辞典》所赋予的诨号，*Homeromastix*【诋毁荷马之人】，也许便是那部著作的标题。其中包含一段文字，赞颂的是受损害的独眼巨人波吕斐摩斯 Polyphemus，批评家评论说，一旦奥底修斯被独眼巨人诅咒，纵是他的守望女神雅典娜也要离弃他了[4]。奥底修斯的同伴们，在诗中由基尔克变为猪后即“泪流不止”，左伊卢斯便嘲笑他

1 Mahaffy 的《托勒密帝国》，pp. 156，180；Kenyon，《希腊莎草纸的古书法》*Palaeography of Greek Papyri*，p. 6 以下。参看第 87 页上的摹本。

2 第 vii 书，序言。

3 《史林杂史》，xi 10。

4 “柏拉图的”《希帕库斯篇》*Hipparchus* 评注，p. 229 D。

们是“哀哭的猪仔”[1]；他讽刺荷马诗中完全的对等，即指奥底修斯在与
基科涅斯人 Cicones 争战时，恰好每只船上损失六人[2]；他批评诗人竟令阿
基琉斯支使帕特罗克勒斯 Patroclus “调配醇酒”来招待阿该亚使节[3]；阿
波罗放出致命的箭矢，居然以阿该亚人营中无辜的骡犬为首批受害者[4]；
而宙斯自己也须用天平估量命运的轻重了[5]。如柏拉图[6]所见，左伊卢斯也
发现阿基琉斯对帕特罗克勒斯之死所表达出的悲悼有些过度[7]。他还对于 110
雅典娜在狄奥墨得斯 Diomedes 的“头与肩上燃起火来”[8]这段描述不以为
然，吹毛求疵地说这会危及英雄的生命，还批评说伊代奥斯 Idaeus “离
弃了他堂皇的战车”[9]，这时他若留在车上也许会逃得容易些（假如这真是
他离开战车的目的）。对于“那魂灵悲泣着去到地下，有如一团烟雾”[10]这
样的陈述，他批评说烟雾该是向上走的。如克律西波 Chrysippus 一样，他
指出荷马在《伊利亚特》i 129 中所用的“宙斯会给” *Ζεὺς δῶσι*，是单
数名词接复数形式的动词，遂受到阿里斯塔库斯 Aristarchus 的反驳，说应
读为 *δῷσι*（虚拟不定过去式 *δώῃσι* 的第三人称单数的缩短体【译按，依据
罗念生《词典》，这词的原形为 *δίδωμι*，意谓由神“赐予”】），体例即如《奥德赛》
i 168，“父将归返” *πατὴρ ἀποδῷσιν*[11]。但对诗人的攻击多集中在其命意

---

1 *χοιρίδια κλαίοντα*（*περὶ ὕψους*《论崇高》，9§14）。

2 《奥德赛》，ix 60。

3 《伊利亚特》，ix 203。

4 《伊利亚特》，i 50。

5 《伊利亚特》，xxii 209。

6 《理想国》，388 A。

7 《伊利亚特》，xviii 22。

8 《伊利亚特》，v 7。

9 《伊利亚特》，v 20。

10《伊利亚特》，xxiii 100。

11 Cobet，《考据学杂篇集》*Miscellanea Critica*，339。

上，涉及语法错误的相当少见。苏伊达斯辞典中保存了一个说法混乱的传言，谓聚集在**奥林匹亚**的希腊人对左伊卢斯十分愤慨，不仅把他从赛会上赶走，又将他从斯喀戎尼亚峰顶抛下——此处距离**科林斯地峡**赛会的现场不远。他对荷马的一两篇批评（关于《伊利亚特》i 50 和 ix 203）碰巧与亚里士多德《诗学》论文（c. 25）中的见解相同。在亚历山大里亚时期，率先回应他对荷马的攻击之辞的是阿忒诺都儒斯 Athenodorus，乃是诗人阿拉图斯 Aratus 的兄弟[1]，而在罗马时期，奥维德 Ovid 则认为他仅仅是出于对荷马价值的嫉妒心才有意诋毁，因而得以传名的：

ingenium magni livor detrectat Homeri:
quisquis es, ex illo, Zoïlus, nomen habes.[2]
荷马也会被嫉妒的口舌所中伤，
左伊卢斯，从此你名就是嫉妒。

言归正题，关于这两座亚历山大里亚图书馆所庋藏的抄本总数说法不一。就我们所知，在答复皇室的审查时，法勒戎的德米特理乌斯（约在西元前 285 年）声称已经有 20 万部抄本，此后不久他就把这一数字增加到 50 万部[3]。在卡利马库斯 Callimachus 时（约在西元前 310—前 240 年），大图书馆保存了 40 万卷书籍，其中包括不少独立不分卷的著作，

---

1 Susemihl，i 293，注释 39。

2 《爱的补救》*Remedia Amoris*，365（参看蒲柏 Pope 的《论批评》，465 以下，以及此诗初稿至于第 124 行处的收煞）。关于左伊卢斯，特别参看 Lehrs，《论阿里斯塔库斯的荷马研究》*De Aristarchi Studiis Homericis*，200–207[3]，以及 Blass，《阿提卡辩术》，ii[2] 373–378；并参看 Clinton 的《希腊年代记》，iii 380 以下，485。

3 “亚理斯提阿书简”，见于优西庇乌斯《福音初阶》*Praeparatio Evangelica*，viii[2] p. 350 a。

以及9万种分卷的著作[1]。在西元前1世纪中叶，总数据言曾一度至于70万卷[2]。小馆收纳了428 000卷[3]，可能多为晚近的抄本，作品各自独立地收入一个卷轴中[4]。 111

据言托勒密王室曾采取许多良策，只为扩充他们图书馆里的财富。盖伦[5]说许多进入港口的船只被迫要交出船上所有的抄本，其主人只能收回原件的复本；这些抄本即得名为 τὰ ἐκ πλοίων【舶来品】，其中（据这故事的某一版本）有一部希波克拉底著作的抄本，被来自邦菲利亚Pamphylia 西达 Side 城的医家墨涅蒙 Mnemon 带至亚历山大里亚[6]。盖伦也提供过一个故事，已见于前文[7]，其中说到雅典三大悲剧家的官定文本被护送到亚历山大里亚去的过程，这发生在“善人”托勒密 Ptolemy Euergetes 治下，这名号要么是指托勒密四世（西元前247—前222年），要么[8]是指八世“大腹”托勒密 Ptolemy Physcon（西元前146—前117年）。在亚历山大里亚与帕迦马两地的对于学识的皇家赞助形成了激烈的竞争。甚而据言有一位托勒密帝，可能是“爱姊者”，曾禁止埃及莎草纸的出口，遂导致在攸美尼斯 Eumenes 治下（一世，西元前263—前241年）的帕迦马人采用兽皮作为书写载体[9]。但是这类材料早已被使用了，故可推定是对之的改进是外来者传入帕迦马的。这时人们将皮革处理得平顺光

1 柴泽斯 Tzetzes，见于 Susemihl，i 342。

2 葛琉斯 vi 17；阿米安·马赛理努斯，xxii 16，13。

3 柴泽斯，如上所述。

4 Dziatzko，前揭书，p. 411。

5 xvii a，p. 606.

6 Susemihl，i 815，ii 681.

7 上文第58页。

8 Usener，见于 Susemihl，ii 667。

9 普林尼：《自然史》，xiii 70。

滑，以便于两面都能书写，取代了单面书写的这种产品被称作帕迦马纸 charta pergamena，或“羊皮纸”；但这个词的出现莫早于戴克里先法令（西元 301 年）[1]。传说攸美尼斯二世（西元前 197—前 159 年）曾邀请亚历山大里亚图书馆长，拜占庭的阿里斯托芬，从亚城前往帕迦马。而仅仅
112 凭着猜疑之心，认为这位图书馆长准备接受邀请了，“神明者”托勒密 Ptolemy Epiphanes（西元前 205—前 182 年）便将他投入囹圄[2]。亚、珀两城的皇室对于收集抄本的热情自然招致许多伪作赝品的出世[3]；也致使许多投机者制作出篡夺古人面目的复本[4]；还因此出现了只求效率而粗心大意的抄本[5]。

须记住那大图书馆被推断是位于亚历山大里亚港外不过 400 码处[6]。西元前 47 年，庞贝遇害不久后，罗马士卒与埃及人在城市的街巷中发生冲突，迫使恺撒要火烧罗马舰队以免被埃及人掌握。海军船厂也被燃及[7]。据史家俄若修斯 Orosius（约在西元 415 年）所云，火势蔓延上岸，**恰巧有** 4 万卷书稿储存在邻近的馆阁中[8]。欧若修斯的话渐次被推演成新说

---

1 Birt，《古代书业》*Antike Buchwesen*，p. 51。

2 苏伊达斯辞典，转见于 Susemihl，i 431；参看 ii 667。

3 盖伦，xv p. 105，*πρὶν γὰρ τοὺς ἐν Ἀλεξανδρείᾳ καὶ Περγάμῳ γενέσθαι βασιλεῖς ἐπὶ κτήσει βιβλίων φιλοτιμηθέντας, οὐδέπω(!) ψευδῶς ἐπεγέγραπτο σύγγραμμα· λαμβάνειν δ'ἀρξαμένων μισθὸν τῶν κομιζομένων αὐτοῖς σύγγραμμα παλαιοῦ τινος ἀνδρός, οὕτως ἤδη πολλὰ ψευδῶς ἐπιγράφοντες ἐκόμιζον*【既然亚、珀两城的君主均嗜好搜集书籍，此前尚未曾（!）出现有被收录进去的伪作；现在则要开始得到报应了，他们收到的古书出现了许多的赝品】。以及同书，p. 109。

4 David（或 Elias）在亚里士多德著作会注的 28 a 13 以下（Susemihl，ii 413，注释 367）。

5 斯特拉波，609（Susemihl，ii 667 以下）。

6 上文第 107 页。

7 恺撒：《内战记》*Bellum Civile*，iii 111。

8 俄若修斯，vi 15，31，quadraginta milia librorum proximis forte aedibus condita exussit【附近碰巧有 4 万卷书籍存贮于燃烧的房屋内】。

法，谓这些书籍是恺撒从图书馆里搬出来的，暂时堆在港口附近的某处，以便于作为征服者的战利品载回罗马；继而群书的遭焚演变成图书馆被烧毁的传说[1]。图书馆根本不可能毁于这次大火。《亚历山大里亚战记》*Bellum Alexandrinum* 的作者明确宣称[2]，既然连市民的私人住宅，从地板到屋顶都是石筑的，亚历山大里亚也就能幸免于难了。约在西元 80 年时，普鲁塔克
作《恺撒传》[3]暗示说火势从船队蔓及船坞，又从船坞烧到图书馆；至于 113
3 世纪初，狄奥·卡西乌斯[4]说船厂和谷仓以及书库都被焚毁；但这些说法看来都不够可靠，相对而言，当认为遭到兵燹之厄的不是图书馆，而是那些被转移到港口附近房屋里的书籍。亚城的皇家记录，不仅在恺撒来访之前为西西里的狄奥多鲁斯 Diodorus Siculus [5]所查阅，也在许久之后展于阿庇安 Appian [6]的面前。图书馆遭焚的故事，既未曾见西塞罗说起，此人在稍后时即乘克雷奥帕特拉 Cleopatra 居停罗马之际劝诱女王允其从亚城借出些书来[7]，也不被仅在22年之后游历亚城的斯特拉波载记。最早提及这场经籍灾难的是塞内加[8]。“帕迦马的图书馆”藏书 20 万卷，终在西元前 41 年由安东尼 Antonius 赠予克雷奥帕特拉[9]，据言图密善 Domitian 帝曾以誊录亚历山大里亚藏书的方式来弥补意大利诸图书馆的不足[10]。至奥

1　Parthey，《亚历山大里亚博物馆》*Das alexandrinische Museum*，p. 32。

2　i 2.

3　c. 49.

4　xlii 38.

5　iii 38.

6　序言 10。

7　《致阿提库斯》*Ad Atticus*，xiv 8，xv 15（Mahaffy，前揭书，461）。

8　《论心灵的宁静》*De Tranquillitate Animi*，9，quadraginta milia librorum Alexandriae arserunt【亚历山大里亚有 4 万卷书被烧毁】。

9　普鲁塔克:《安东尼传》，58。

10　苏维托尼乌斯:《图密善帝传》，20。

勒良 Aurelian 帝时（西元 272 年），包括图书馆所在的亚城大半区域遭到洗劫[1]，故可推知此即图书馆所受过的最大毁坏了；因为在此后的数个世纪里，安条克 Antioch 的修辞学家阿甫托尼乌斯开始将注意力投向另一座图书馆，即赛拉皮斯庙旁的那座了[2]。这座神庙在西元 183 年曾发生局部的火灾，后在提奥多西一世 Theodosius I 时（西元 391 年）倾颓，被亚历山大里亚宗主教，提奥菲卢斯 Theophilus 改建成一座教堂和修道院，历经这番衰败，赛拉皮斯庙旁的那座小馆也便几乎没有可能幸存下来了。欧若修斯来访之时，唯见空空的书柜在这城的"诸庙"里[3]，但他的证据并
114 不明确[4]。西元 642 年时，萨拉逊人 Saracens【古阿拉伯人】的哈里发欧默尔 Omar 殿前大将阿慕娄 Amrou 攻陷了亚历山大里亚，据言有亚里士多德著作的注疏家"勤奋者"约翰 Johannes Philoponus，向征服者要求存留亚城图书馆作为恩惠，征服者迫于压力，便奏请哈里发定夺，遂有了这番著名的答复："若这些希腊人写的东西合乎圣书之意，这些就没什么用处，不必保存；若与圣书义旨相背，则是邪恶的言辞，理应毁灭。"于是图书馆的藏书被投入火中，作为亚城 4000 家浴室的燃料足足烧了六个月。这个故事出自阿布尔法拉基乌斯 Abulpharagius[5]；但吉本 Gibbon 强调说[6]，此人于 600 年后的遥远异乡所书写的孤证，可由两位比他更早的编年史家对此

---

1 阿米安·马赛理努斯，xxii 16，5。

2 阿甫托尼乌斯，见第 108 页所引。

3 欧若修斯，vi 15，32，quamlibet hodieque in templis exstent，quae et nos vidimus，armaria librorum，quibus direptis exinanita et a rusticis hominibus nostris temporibus memorant【然而今之庙宇中所呈现的与我们所见的，是那些被扫荡一空的书柜，今之乡人也这么说】等。

4 Gibbon，iii 495，Bury 注本。

5 《历代王朝纪》*Dynasties*，p. 114，Pocock 译本（参看 Gibbon，v 453，515，Bury 注本）。

6 c. 51.

未置一言而被驳倒，其中更早的一位与亚历山大里亚有直接关联，即宗主教攸蒂齐乌斯 Eutychius，曾详细描述过此城的陷落。吉本补充说，对书籍的破坏有悖于穆斯林的教旨。无论如何，很可怀疑的是，待到萨拉逊的大将攻入亚历山大里亚时，此城真还有什么大量的古代抄本存在么[1]？

图书馆长们

亚城最早的四位图书馆长，依次是芝诺多图斯 Zenodotus（约西元前 285—前 234 年）、埃拉托色尼 Eratosthenes（约西元前 234—前 195 年）、拜占庭的阿里斯托芬（西元前 195—前 180 年）、阿里斯塔库斯 Aristarchus（西元前 180/172—前 146 年）。或有人推想说卡利马库斯在芝诺多图斯和埃拉托色尼之间曾充任馆长，埃拉托色尼与阿里斯托芬之间或当还有罗德斯岛的阿波罗尼乌斯 Apollonius Rhodius，但考其系年则知此说为非[2]。时在阿里斯塔库斯任职近一个世纪后，帕甫斯 Paphos 的一篇碑铭上说此职务 115
在西元前 89 年之后，交与“救世主”二世（“野豌豆”Lathyrus）的族人，亦是他的祭司，这人名叫奥涅桑德 Onesander，他的生平事迹皆不可知[3]。

上述这些人名中唯卡利马库斯与罗德斯岛的阿波罗尼乌斯二人，在文学史和学术史上都享有盛名；我们因而可以先对亚历山大里亚时期的文学做一番巡礼，之后再来详述此时期的学术成绩。

亚历山大里亚时期的文学

此时期的文学作品毫无自然独创之处，皆是没有新意地追摹古人；其借以兴发灵感的绝非真正天才的直觉冲动，而是靠着对于一个去而不

1 参看 Susemihl，i 344。现代作家们就 Gibbon 之说法的回应，可见于 Parthey，《亚历山大里亚博物馆》，p. 106。参看 Bury 对于 Gibbon 著作的注释，v 454，及 452（其中言及“勤奋者”约翰所生活时代早于亚历山大里亚被攻陷一个世纪）。参看下文第 377 页。

2 Busch，《初建时的亚城图书馆》*De bibliothecariis Alexandrinis qui feruntur primis*，1884 年；Dziatzko 在《鲍礼古典学百科全书》中 Bibliotheken 词条，p. 412；Gercke 在《年刊》，vol. 150，p. 484 以下。

3 《希腊研究学报》*Journal of Hellenic Studies*，ix 240。

返的黄金时代的缅怀；它并不面向全体的自由民发声，而仅是投合少数有教养者的心意，这些人博学多识、懂得鉴赏，是宫廷趣味的主顾或提供者，他们与所在的商业都城中的大多数人分隔开来，形成一个独立的阶层。此时期的诗人以学识构造诗句，他们或许该被称为善用文字的专业人士。戏仿讽刺作家以甫里乌斯的提蒙（约西元前 315—前 226 年）为代表，此人居于卡尔凯多尼亚和雅典，耕作自家的园地至近 90 岁时，擅以六音步韵体写作对诸哲学流派义理的批评，我们偶尔从中拾得一段对亚城博物馆的早期讽喻诗[1]。田园诗人无可置疑地首推叙拉古的提奥克里忒 Theocritus of Syracuse（全盛于西元前 272 年）。他的牧歌第 17 首（西元前 273—前 271 年），是写给“爱姊者”托勒密的颂诗，赞美其广阔的帝国和奇伟的财产，以及此君对于祭司和诗人的慷慨之举；第 14 首（在西元前 269 年之后）是关于在役的士兵；第 15 首题为《阿多尼斯节巡礼》*Adoniazusae*（在西元前 270 年之前），借由两位叙拉古女士生动地
116 描绘了亚城节日中的众生形象；然而对于生活在城市喧尘与浮华里的人们来说，在其仿造的田园诗中别有一种迷人之处，可使读者们匆匆览阅牧人的林泉生涯，在悬铃木下或松林中，或者是在俯瞰西西里海的丘陵牧场上。提奥克里忒之外可佐以另外两位田园诗人，叙拉古的摩斯库斯 Moschus，写过《逃走的爱神》*Runaway Eros*（约西元前 150 年），还有士麦那的彼翁 Bion of Smyrna，他是《悼阿多尼斯》*Lament for Adonis*（约西元前 100 年）的作者[2]。海罗达思 Herondas 的拟曲，于 1891 年首度出版，其年代可能在“爱姊者”在位后期。提奥克里忒与海罗达思同样追摹的是索

1　上文第 103 页。

2　关于彼翁的年代，参看 Bücheler 在《莱茵博物馆》xxx 33–41；Knaack，在《鲍礼古典学百科全书》的相关词条；以及 Christ，§365[4]，p. 547，注释 3。

甫隆 Sophron 的拟曲作品，直到西元 1 世纪晚期或 2 世纪初期，这些作品还留存于世，即如一部发现于埃及，属于这一时期的抄本上所标注的[1]。教诲诗以索里的阿拉图斯 Aratus of Soli 之作为代表，他生活于佩拉 Pella 的宫廷中（西元前 276 年），现存他的题为《天象》*Phaenomena* 的天学长诗追摹的是赫西俄德，重述了攸都绪斯 Eudoxus 之义理，在后半部分的"天气的征兆"则是参考泰奥弗剌斯特的著作。这篇长诗赢得过卡利马库斯的称赞[2]，并在罗马时期先后出现瓦罗·阿塔奇努 Varro Atacinus【译按，高卢诗人，"阿塔奇努"乃绰号，谓生地在阿塔克斯 Atax 河畔】、西塞罗、日耳曼尼库斯 Germanicus【译按，即罗马皇帝克劳狄一世】和阿维安努斯 Avienus 多个表达敬意的译本。教诲诗中的杰作，现存的还有谈毒伤（《毒虫志》*Thêriaca*）和解毒（《解毒志》*Alexipharmaca*）的叙事史诗，其作者都是尼坎德尔 Nicander（西元前 150 年），此人的某些亡佚的诗篇曾是奥维德在《变形记》*Metamorphoses* 追摹的对象。其他博学的韵体篇章之代表作，还有卡利马库斯（约西元前 310—前 235 年）的诉歌体颂诗和隽语诗，罗德斯岛的阿波罗尼乌斯 Apollonius Rhodius（全盛期约在西元前 250—前 200 年）讲述阿尔戈英雄传奇的史诗，以及吕柯弗隆 Lycophron（约西元前 295 年）的短长格戏剧。此时期数学和其他科学的代表人物，是欧几里德 Euclid（全盛期在西元前 300 年）[3]，和叙拉古的阿基米德 Archimedes（约西元前 287—前 212 年）；机械学的大师有亚历山大里亚的希戎 Heron 和拜占庭的菲隆；最早研究圆锥截面的是珀迦的阿波罗尼乌斯 Apollonius of Perga，

---

1 《奥克西林库斯纸草书》，ii p. 303。

2 《希腊文苑英华集》*Anthologia Graeca*，ix 507。

3 托勒密一世曾闻欧几里德相告，言通往几何学之路绝无捷径（普洛刻卢斯:《欧几里德几何原本释义》，p. 68）。

117 天学专家有尼西亚的希帕库斯 Hipparchus of Nicaea；地理学方面有埃拉托色尼；编年史方面，迦勒底部分有贝罗苏斯 Berôsus（西元前 280 年），埃及部分有曼涅托 Manetho（西元前 277 年），而希腊部分则有一位不知其名的作者，留下了今藏于牛津的帕罗斯大理石残片，略述自远古至西元前 264 年间的希腊历史[1]。重要的三语碑铭，分别用埃及的象形文字、世俗体文字和希腊文字书写，有两件最为著名，分别属于西元前 238 年和前 196 年[2]，一是勒普修斯 Lepsius 发现于 1865 年的"坎努帕斯 Canopus【译按，在亚历山大里亚城东部】法令"，一是"孟菲斯法令"或称"罗塞塔石碑"，是法国人于 1798 年在尼罗河口罗塞塔 Rosetta 附近发现的。"罗塞塔石碑"在 1802 年移至大英博物馆，其希腊文被珀尔森 Porson 在随后几年里还原；后来成为扬 Young 和商博良 Champollion 破解埃及象形文字的关键。亚历山大里亚的学术盛世终于阿里斯塔库斯的卒年，约在西元前 145 年，此时我们遇到一位个人修史的重要代表，波里比乌斯 Polybius（约西元前 205—前 123 年），此人在西元前 146 年亲睹迦太基的倾颓和科林斯的烽燹，在岁末他写的关于罗马人的征伐记录，阐述了埃及的历史，特别是在"爱父者"托勒密 Ptolemy Philopator【译按，"爱父者"或有"爱家园者""爱国者"之引申义】（西元前 222 年）到"大腹"托勒密（西元前 146

---

1 编订的文本有 Flach 于 1884 年，F. Jacoby 于 1904 年，以及《莱茵博物馆》lix。特洛伊的陷落在此残片中被推定在西元前 1208 年（此前托勒密二世时的亚城博物馆的成员，索斯比乌斯 Sosibius 曾将年代断作西元前 1171 年，他写了一部编年史，认为荷马全盛期在西元前 865 年。特洛伊的陷落后来被埃拉托色尼更为西元前 1184，已成定说）。一个新的残篇公布于《雅典通讯》*Athenische Mitteilungen*，1897，p. 183，包含西元前 336—前 299 年，表明米南达第一次获奖时间在西元前 316 年（而非前 322 年），菲勒蒙第一次获奖在西元前 328 年，后者的生平可能应从约西元前 350 年延至西元前 263—前 262 年。

2 文本见于 Mahaffy，前揭书，pp. 226–239，及 316–327。

年）期间的埃及史。尽管他是自希罗多德和修昔底德以来最伟大的历史家，但他对于早先的希腊文学却少有兴味，引述希罗多德只有两次，修昔底德和色诺芬则各被引述一次。他的史观更多借重的是罗马文化而非亚历山大里亚【译按，原书作者似对波里比乌斯缺少书斋气的著史风格有些微词，然而此人的长处本在于将自身的政治经验和旅行考察带入著述中去，这却也正是希罗多德、修昔底德的本来特色】；而在学术之历史中，其著作最引人注意之处，即在于是现存最早和最优秀的“普通话”之样板，此语体基于阿提卡散文而成，约在西元前 300 年开始流行于希腊世界[1]。一个世纪后，我们发 118
现西西里的狄奥多鲁斯（约西元前 40 年）这位以伊索克拉底门生厄佛儒斯 Ephorus 为榜样的历史家，他编了一部终止于恺撒高卢战役的历史，为此他查阅罗马的藏书和公共档案，约在西元前 60 年走访亚历山大里亚和上埃及各地，在叙述埃及早期历史的时候，对于古帝王奥什曼第阿斯 Osymandyas 之名琢磨不解，这位帝王在底比斯 Thebes 收藏圣书的所在入口上方置一题额，称此处为“灵魂诊所” Sanatorium for the soul[2]。作为目击者，他向我们讲述访问亚历山大里亚城时的所见：一个无意中杀死了一只猫的罗马人被群众无情地处以死刑[3]。这事件对于我们目下的论题有重要意义。这证明亚城的群氓“已非所声称的希腊人了”，而是“充溢着埃及人的血液”[4]，如此可以说，在亚历山大里亚时期的尾声里，亚城的希腊文明复归沉寂，即如最初时那样局囿在一个非常有限的圈子里了。

---

1 参看 O. Cuntz，《波里比乌斯及其著作》*Polybios und sein Werk*，1902。

2 西西里的狄奥多鲁斯，i 49，3，*ψυχῆς ἰατρεῖον*。此帝今被判定身份为拉美西斯（二世）· 密阿蒙 Ramses Miamun（西元前 14 世纪）。

3 狄奥多鲁斯，i 14。

4 Mahaffy，前揭书，440。

菲勒塔斯 亚历山大里亚时期人们崇尚的是博学与考辨。甚而诗人通常都是学者。此时期最早学者兼诗人的，是科斯的菲勒塔斯 Philetas of Cos[1]（约西元前 340—前 285 至前 283 年），他不仅是“爱姊者”托勒密的老师，也培养了芝诺多图斯和诉歌诗人赫摩夏纳克斯 Hermesianax 这样的高足。菲勒塔斯极度纤弱的体格十分引人注意；甚至于有人说他不得不穿厚重的鞋底，以免被风吹走[2]。他写过一部字汇的书，搜集诗歌中的生僻字，将这本摘录的著作题为 *ἄτακτα*【无规则者】或 *ἄτακτοι γλῶσσαι*【无规则的措辞】或仅作 *γλῶσσαι*【措辞】[3]。他对于荷马史诗文本里所认可的校读文句，在后来的会注本里被多次提及[4]，其身后有一更伟大的荷马注家阿里斯塔库
119 斯，也钟爱这些段落，便在一部著作中将它们辑录下来，题之为《致菲勒塔斯》*πρὸς Φιληταν*[5]。约在西元前 292 年，他返回故乡科斯公开主持了一个诗盟，提奥克里忒和阿拉图斯都参与其中[6]。“救世主”托勒密曾在西元前 310 年，将科斯岛从安提柯帝国 Antigonus 中“解救”出来；在那里他的儿子“爱姊者”于西元前 308 年降生；从此科斯便与亚历山大里亚有着密切的关系。它为皇室的流亡者提供了安身之所；而凭借其山峦的峻拔秀美，也吸引着厌倦了商业巨都的酷热与喧嚣的文士们来此归隐[7]。科

1 斯特拉波，657 末尾，*ποιητὴς ἅμα καὶ κριτικός*【诗人兼善考据】。

2 阿特纳奥斯，552 B；埃利安，《史林杂史》，ix 14。

3 参看阿特纳奥斯，383 B。

4 《伊利亚特》，ii 269，xxi 126，179，252（Susemihl，i 179，注释 26）。

5 见狄都慕斯关于《伊利亚特》i 524，ii 111 的注疏。

6 Susemihl，i 175，以及在《语文学家》*Philologus*，57（1898）。此名阿拉图斯者，是提奥克里忒的友人（《牧歌》vi），但是否即是那位天学诗人，还须存疑（参看 Wilamowitz 在《哥廷根学术通讯》*Göttingische gelehrte Nachrichten*，1894，182 以下）。

7 Mahaffy，前揭书，54。海罗达思第二首拟曲即以科斯为背景。约在前 258 年“爱姊者”败于安提柯，从此他有段时间全无海上的操控权，直至前 247 年得到安德洛斯岛 Andros（同上书，150）。

斯之成为“教诲君王之地”颇可怀疑；更可信的，不如认为菲勒塔斯被宣召至亚历山大里亚，而非“爱姊者”屈尊前往科斯。菲勒塔斯的诗纯是表现情色的诉歌，全无特色可言。在亚历山大里亚他所享有的名声很快即为卡利马库斯所取代，然而罗马的作家们认为他俩的名望是旗鼓相当的。普罗珀提乌斯 Propertius 的一首极著名的对句双行诗便将二人并置一处：

Callimachi manes et Coi sacra Philetae,
in vestrum, quaeso, me sinite ire nemus.[1]
【卡利马库斯的魂灵与科斯人菲勒塔斯的圣仪，
我唯愿能得允许，可踏入你们的林中地。】

芝诺多图斯

他的门生以弗所的芝诺多图斯 Zenodotus of Ephesus（约西元前 325—前 234 年），早在“爱姊者”托勒密治时便被任命为亚城大图书馆的第一任馆长。在任期间他将史诗作了分目，而由“埃托里亚人”亚历山大 Alexander Aetolus 和吕柯弗隆分别负责悲剧和喜剧部分的工作[2]。芝诺多图 120

1　iv 1，1。参看 iii 26，31；iv 3，52；v 6，3；昆体良，x 1，58。【译按，原书所用的普罗珀提乌斯《诉歌集》版本似与常见的四卷本不同，引文见于四卷本的 iii 1，1；之后的三处应该指的是四卷本的 ii 34，31；iii 3，52；iv 6，3。】

2　柴泽斯论希腊喜剧的评注 II，见于 Studemund 的文章 §19，在《语文学家》，46（1888），p. 10，*ἰστέον ὅτι Ἀλὲξανδρος ὁ Αἰτωλὸς καὶ Λυκόφρων ὁ Χαλκιδεὺς ὑπὸ Πτολεμαίου τοῦ Φιλαδέλφου προτραπέντες τὰς σκηνικὰς διώρθωσαν βίβλους· Λυκόφρων μὲν τὰς τῆς κωμῳδίας, Ἀλέξανδρος δὲ τὰς τῆς τραγῳδίας*【须知“埃托里亚人”亚历山大、喀尔基斯人吕柯弗隆被“爱姊者”托勒密任命为校理群书的人员：吕柯弗隆校理的是喜剧，而亚历山大校理的是悲剧】，同上文，§21，*τὰς δέ γε σκηνικὰς Ἀλέξανδρός τε... καὶ Λυκόφρων διωρθώσαντο· τὰς δέ γε ποιητικὰς Ζηνόδοτος πρῶτον καὶ ὕστερον Ἀρίσταρχος διωρθώσαντο*【校书者有亚历山大和吕柯弗隆；也有芝诺多图斯校理诗歌部分，其后继任者为阿里斯塔库斯】。

斯编纂了一部荷马史诗字汇，其中对于疑难字义的解说多出于臆猜，他显然满足于此[1]。在前 274 年之前不久，他整理了《伊利亚特》和《奥德赛》第一个合乎学理的版本。大约即在此时，诗人阿拉图斯咨询甫里乌斯的提蒙有何可推荐的荷马版本，后者回答说应该是以古代的抄本为底本的，而不是那些已经被校订过的（τοῖς ἤδη διωρθωμέ νοις）[2]。芝诺多图斯被称作是荷马史诗的第一位校理者（διορθωτής）[3]；他的整理本参考了为数众多的抄本；这两部史诗可能至此时方才各自被划分为 24 卷，在一些错谬诗行的页旁标记了存疑符号。他之所以要判定这些诗行为错谬，主要理由是他认为与上下文不一致，或者与所描写的英雄与神祇的举止身份不合。于是他剔除了《伊利亚特》卷三 423—426 行，原因是阿佛洛狄忒给海伦“端来了凳子”是不合适的；同样，他修改了卷 88 行的文字，因为对于一个女神而言，要**辛苦地**寻求她所需要的人也是与其角色特征相背的。这两条批评个案中的后者，在威尼斯《会注集》中得到（可能是出自阿里斯塔库斯）有力的回复，谓女神彼时伪装成凡人，故被指出的不得体也就不存在了[4]。因其本人写史诗，芝诺多图斯偶尔会嵌入自家韵句以全诗义【译按，后人指出此说全无依据】，或是拈拾多句而糅合为一。但在比勘校理所用的抄本方面，他还是值得信任的。我们对其考辨功夫的认知，全然依赖于荷马史诗《会注集》的威尼斯抄本（A）。他有时搞混了 σφῶι（第二人称）与 σφωέ（第三人称），νῶι（主格和宾格）

1 Knaack，《鲍礼古典学百科全书》的“亚历山大里亚时期的文学”词条，p. 1404。

2 第欧根尼・拉尔修，ix 113。

3 苏伊达斯辞典，该词条下。

4 Lehrs，《论阿里斯塔库斯的荷马研究》，p. 333[3]；参看 Cobet，《考据学杂篇集》，225–239（特别见 227，234）及 251，及下文第 133 页注释 2【译按，即中译本 223 页注释 2】。

与 *νῷιν*（属格和与格）[1]，颠倒了双数与复数形式，一处把 -*αται* 视作单
数词尾，另一处又视作复数，-*ιω* 取代了 -*ιων* 作为比较级词尾；但他明
确指出了 ἑὸς 实非仅限于作为第三人称形式【译按，参阅罗念生词典对该词
的解说】，因而他的读解也就并非全无可取之处了[2]。他有时是正确的，而 121
他了不起的后继者阿里斯托芬和阿里斯塔库斯却是错误的[3]。他对荷马诗
章的校订，于**任何**旨在恢复真实原貌的文本而言都是最早的。之后有史
诗诗人理亚努斯 Rhianus 以赏鉴和识断完成的一部校订本[4]。芝诺多图斯也
校订过赫西俄德的《神谱》*Theogony*，并对品达和阿纳克里翁的文本做了
些证据不足的推断[5]。理查德·耶伯 Richard Jebb 爵士曾出色地总结了芝诺
多图斯作为荷马史诗的考辨家之价值。“在新兴学术之曙光中，他如同
是一位天才人物，胸有考辨之怀抱，惜无充足的考辨之手段。他坚持研
究荷马的风格，但未能将此研究置于一个可靠的基础上面。问题之症结
在于，他常疏忽于区别词语的日常用法和荷马的特殊用法。关于方言问
题亦如是，他未能彻底分辨古语和新伊奥尼亚方言的异同。而且因为过
于信赖自己对荷马的感觉，就随意做出了一些武断的修订。不过，仍然
要说他开拓了新的领域；其著作曾享有伟大的声望，所造成的影响是相

1 Cobet，前揭书，250。

2 见 Leaf 博士《伊利亚特》索引中的芝诺多图斯条目。

3 Römer 在《拜仁科学院论文集》*Abhandlungen der Bayerischen Akademie der Wissenschaften*，1 Cl. xvii 639–722。

4 Mayhoff，《论理亚努斯的荷马考辨研究》*De Rhiani Cretensis Studiis Homericis*，1870，转见于 Susemihl，i 399 以下。

5 Düntzer，《论芝诺多图斯的荷马研究》，*De Zenodoti Studiis Homericis*，1848；Römer，同上；Christ，§428^4；Susemihl，i 330–334，以及 Hübner 的《古典学研究目录》*Bibliographie der klassischen Altertumswissenschaft*，§7。

当长久的”[1]。

“埃托里亚人”亚历山大

“埃托里亚人”亚历山大（生年约在前315年，全盛期在西元前285—前276年）负责的是亚城图书馆所藏悲剧和萨提尔剧作品的分目。可能基于此事，他被苏伊达斯辞典称为 *γραμματικός*。他在亚城的工作大约始于西元前285年，止于前276年，之后便返至“曲膝”安提贡努斯 Antigonus Gonatas【译按，“曲膝”指其膝部内弯，俗称之“X型腿”】的马其顿首都。他年轻时可能在科斯与提奥克里忒、阿拉图斯过从甚密，并且还陪同后者在马其顿居停过。作为悲剧诗人的他，被列入著名的亚历山大里亚七曜 the Alexandrian Pleias 之中。他也写过史诗体，和短长格四音步体。后者中有几行议论欧里庇得斯的佳句：

122

ὁ δ'Ἀναξαγόρου τρ όφιμος χαιοῦ στριφνὸ ς μὲν ἔμοιγε προσειπεῖν,
καὶ μισογέλως, καὶ τωθ άζειν οὐδὲ παρ'οἶνον μεμαθηκώς,
ἀλλ'ὅ τι γράψαι, τοῦτ'ἂν μέλιτος καὶ σειρήνων ἐτετεύχει.[2]
【卓越的阿那克萨革拉之弟子，言语刻板
且生性阴郁，从未学得在酒宴上的俏皮玩笑，
但他的作品甘美如饴，连塞壬们都会陶醉。】

吕柯弗隆

在攸比亚岛 Euboea，喀尔基斯的吕柯弗隆 Lycophron of Chalcis（约生于西元前330—前325年）在西元前285年左右被召至亚历山大里亚，

---

1 Jebb 的《荷马》*Homer*，p. 92 以下；参看 Monro，《奥德赛》，436 以下。

2 见于葛琉斯，xv 20，8。参看 Meineke，《亚历山大里亚时期文选》*Analecta Alexandrina*，215–251；Couat，《亚历山大里亚的诗歌，托勒密王朝前三帝时》*La poésie alexandrine sous les trois premiers Ptolemées*，105–110；Susemihl，i 187–190；Christ，§353[4]。

委任作整理亚城图书馆的喜剧诗人。或是在他故乡攸比亚时（约西元前295年），或更可能是在亚历山大里亚（约西元前284年），他写作了《亚历山大》*Alexandra*，是一篇冗长的悲剧体独角戏，他奇怪地把神话、历史和语言学问融为一体，品味甚为浅薄，在表达上刻求晦涩。他是亚城悲剧七曜之一。他还写过一部最早的喜剧论著，从现存残篇来看至少有11卷，且就学者造诣而言有些不合宜之感[1]。

昔勒尼的卡利马库斯 Callimachus of Cyrene（约西元前310—约前240年），与稍早他些年岁的同代人阿拉图斯，在雅典师从逍遥学派的普拉克西芬（约在西元前290年）。年轻时被邀至亚历山大里亚，在此度完余生。他的《贝勒尼采帝后之发》*Coma Berenices* 作于西元前246年，仅见存于卡图卢斯 Catullus 的译文中，内容或有指涉“爱姊者”托勒密的继室，他著名的姊姊，薨于西元前270年的雅希娜二世 Arsinoe II[2]，她身后被尊奉为西风岬爱神 Aphrodite Zephyritis，而就此诗整体来说，则是献给“善人”托勒密一世的新妇贝伦尼采 Berenice 的赞歌。卡利马库斯与罗德斯的阿波罗尼乌斯结下文字怨尤，在双方的诗作里都有所表现[3]。甚至到晚年对此还恨恨不已，自称“所歌之诗句，为嫉妒心不能减损者”， 卡利马库斯

1 Strecker，《论喜剧的解释者吕柯弗隆、欧弗洛尼乌斯与埃拉托色尼》*De Lycophrone Euphronio Eratosthene comicorum interpretibus*，见于 Susemihl，i 274；吕柯弗隆的《亚历山大》，Holzinger 本，1895；Christ，§375[4]；以及 Hübner，《古典学研究目录》，§7。

2 上文第106页。

3 阿波罗尼乌斯在《帕拉廷希腊文苑英华集》，xi 275，*Καλλίμαχος· τὸ κάθαρμα, τὸ παίγνιον, ὁ ξυλινὸς νοῦς.* | *αἴτιος· ὁ γράψας'αἴτια Καλλιμάχου'*【卡利马库斯是个无赖，是个骗子，是个木脑壳；起因便是卡利马库斯所写的《起因》】（Croiset，《希腊文学史》*Histoire de la Littérature Grecque*，v 211）；《阿尔戈传奇》*Argonautica*，iii 932以下；以及卡利马库斯的《阿波罗颂歌》*Hymn to Apollo*，105–114。

ὃ δ’ἤεισεν κρέσσονα βασκανίης [1]。对比于阿波罗尼乌斯恣肆壮阔的史
123 诗，卡利马库斯偏爱于构思颂歌与警句，缩小英雄主题的规模，他表达其主张的诗句为后世所熟知：μέγα βιβλίον μέγα κακόν【卷帙多，害处大】[2]。他或被认作是继芝诺多图斯之后亚历山大里亚图书馆的馆长。无论他有无确实充任此职，他肯定是一位最为勤勉的目录学家。据说他草拟了一份名家著述的目录，竟不少于120卷，被称作是 πίνακες τῶν ἐν πάσῃ παιδείᾳ διαλαμψάντων καὶ ὧν συνέγραψαν【译按，原话出自苏伊达斯辞典，大意是说“他撰写了整个教化界名著之目”，πίνακες 为卡利马库斯一部书目著作的题名】。这部巨著已绝不仅仅是一份单纯的书目了。它包括了重要作家的小传，比如在阿提卡戏剧部分还会注明剧作的创作年代。此书开列8个类别：（1）戏剧家，（2）史诗与抒情诗诗人，（3）法家，（4）哲学家，（5）历史家，（6）演说家，（7）修辞学家，（8）杂著作家。戏剧以年代为顺序；在品达和德摩斯提尼中以主题为序；在泰奥弗剌斯特和杂著作家类里，则以字母表排序。若作品来源有争议，则会列述各家观点。在这份目录中，如同图书馆各个卷轴上所贴的签条（σίλλυβος）一样，除了作者和标题之外，会记录所著录作品的开首文字和总行数[3]。卡利马库斯有部四卷的长诗名为 Αἴτια【《起因》】，记述不同城市的起源和建立的传说，同样内容也出现在他的一部散文作品里面。这部散文作品列举了德谟克利特的著述和方言。他的作品不论韵散，总共有800余卷之多[4]。

---

1 《隽语诗》*Epigrammata*，21，4。

2 阿特纳奥斯，72 A，*Καλλίμαχος ὁ γραμματικὸς τὸ μέγα βιβλίον ἴσον ἔλεγεν εἶναι τῷ μεγάλῳ κακῷ*【语法学者卡利马库斯说卷帙大的书害处也大】。

3 O. Schneider 的《卡利马库斯》*Callimachea*，ii 297–322；Susemihl，i 337–340。

4 关于卡利马库斯，见 Couat 的《亚历山大里亚的诗歌》，111–284；Christ，§349[4]；Susemihl，i 347–373；以及 Hübner 的《古典学研究目录》，§8。

他的学校拥有众多的著名学者与诗人，诸如埃拉托色尼、拜占庭的阿里斯托芬、他的对头罗德斯的阿波罗尼乌斯，以及赫密普斯 Hermippus、伊斯忒耳 Istrus 和昔勒尼的菲洛斯帖芬尼 Philostephanus 等。他有部专论涉及不同国家的同物异名，还讨论过第欧尼修·晏波斯 Dionysius Iambos【译按，Iambos 或许是个绰号，字面上可理解为“短长格诗人”“骚客”，其中可能包含戏谑的味道】的方言，这些对后代学人的语言学研究产生深远影响。不仅可以 124
在阿里斯托芬和伊斯忒耳的残卷中找得到痕迹，在帕里昂的尼奥托勒密 Neoptolemus of Parion 和雅典的菲勒蒙 Philemon 那里也能发现线索。尼奥托勒密写过“字汇”和一部诗论，后者是贺拉斯的《诗艺》所追从的权威著作之一[1]；菲勒蒙写过“阿提卡名词与语汇”，并且是纯化论者【译按，purist，坚持语言规范的严格不可违犯】的先驱，后来这派人物坚持阿提卡希腊语的完足性，反对外来语的侵蚀[2]。

说卡利马库斯是亚城图书馆馆长是非常不切实的，其根据基本是可能性的**推想**罢了。然而他的一位学生以及乡党，昔勒尼的埃拉托色尼，倒确实曾经得到这崇高的职位，通常都认为他是亚城图书馆的第二任馆长。

埃拉托色尼（约西元前 275—约前 195 年）[3] 在雅典度过了数年光 埃拉托色尼
阴，在那里的时候他被“善人”托勒密征召到亚历山大里亚（约在西元前 235 年），被委任为图书馆馆长。他任此要职的时间历经“善人”（卒年西元前 222 年）和“爱父者”（西元前 222—前 205 年）两朝。前一位君主的品味在自然科学，后一位则喜好文艺。“爱父者”不仅写

1 波菲里奥 Porphyrio，见于 Susemihl，i 405。

2 Susemihl，i 372–373.

3 Gercke 在《年刊》，vol. 124，p. 486；认为生卒年在约西元前 284—前 204 年。

过悲剧，还建了一座庙堂来纪念荷马，并在庙中竖立了诗人的坐像，用曾争夺其出生地的诸城之徽章环饰四周[1]。立庙之事被视为标志着对荷马态度的变化。芝诺多图斯尚可纵任一己之念，以想当然的意见窜改荷马的原文，而在卡利马库斯和埃拉托色尼的影响下，激发出对荷马更强烈的敬意，视之为希腊诗父，遂也出现了阿里斯托芬和阿里斯塔库斯对其文本更为清醒节制的分析，以及在理亚努斯的史诗作品中对其风格认真仔细的摹仿[2]。

埃拉托色尼在博物馆成员们中获得了“贝塔” *βῆτα* 这个特别称号，
125 想必不出这两个理由，要么因其形体的特别之处（好比是老年人的弓背），要么（更可能）归因于他许多领域上所获得的成就都可排在第二位上[3]。更具嘉许意味的称号 *πένταθλος*【五项全能者】显示出他在不止一门心智操演中所获得的杰出成就，尽管（如 *βῆτα* 一名的第二个含义）这也暗示着他比那些专精于一门研究的人们要逊色些[4]。我们容易想见得出，博物馆的每位专家都会自豪于在自家部门的胜长，并心怀妒意地贬低学问路数更为宽广通达的同行，说那些真要“贯通各家”之学者是“二流”人物。但只有在短篇史诗和诉歌体，以及哲学对话方面，埃拉托色尼确实看来不能算得最好的。在其他方面他达到了历代学术同仁的

---

1 埃利安，《史林杂史》，xiii 22。

2 Usener，见于 Susemihl，ii 671。

3 *β*、*γ*、*δ*、*ε*、*ζ*、*θ*、*λ* 俱曾被用作绰号；参看佛提乌斯，《群书集缀》，p. 151，7–28，以及 Parthey，《亚历山大里亚博物馆》，p. 53 注释。在 Rostand 的《雏鹰》*L'Aiglon*，1 iii 中，我们发现也有一句，*je fais donc le bêta* “我得到了第二名”。

4 在［柏拉图］《阿玛托尔篇》*Anterastae*【译按，此名本义指“情场角逐者”】，135 E，*οἱ πένταθλοι* 被称作 *δεύτεροι*【第二名】以对照于最优秀的跑步和摔跤选手。参考 *ὕπακρος*【近乎第一者】，136 A，以及 *περὶ ὕψους*【近乎第一】，c. 34§1，（出自叙珀芮德斯）*σχεδὸν ὕπακρος ἐν πᾶσιν ὡς ὁμ πένταθλος*【在众多五项全能者中最接近第一名】。

最高水平。广博的学识促令他第一个自封以 *φιλόλογος* 的荣誉称号[1]。他是第一个以系统、科学的方法研究地理学的人[2]。也写过关于数学、天文学和大事系年的著作[3]，他在编年史中关于奥林匹亚获胜者的记述值得留意。不过以他渊深学识所完成的杰作，是一部至少有 12 卷的著作，谈的是早期阿提卡喜剧（*περὶ τῆς ἀρχαίας κωμῳδίας*）。他在该书中纠正其前辈吕柯弗隆和卡利马库斯之失，未以系年顺序展开论述，而是将之分成一系列的专题，包括剧本的作者与年代，以及文本考辨、语言和题旨等要点。他对于雅典古迹的了解[4]不如他对历史沿革中的阿提卡方言所知道的多。其百科全书式的学问并非不能与诗学品味相协调。宣称《伊 126
利亚特》中的勇士之战，和《奥德赛》中的英雄漫游，是对真实事件的精确描述，这样乏味平庸的观点遭到埃拉托色尼的反对，他主张任何真正的诗歌其意旨都在招引想象而非陶铸理智[5]。“我们可以查明奥底修斯漫游时的场景”（埃拉托色尼如是说），“你便会发现那是粗制滥造的匠人编排的空话，遂感到昨是而今非”[6]。

拜占庭的阿里斯托芬

下一任图书馆馆长（约在西元前 195 年）是拜占庭的阿里斯托芬（约西元前 257—约前 180 年[7]），他先后师从芝诺多图斯、卡利马库斯和

1 上文第 5 页。

2 Tozer 的《古代地理学史》*History of Ancient Geography*，p. 182。

3 Mendelssohn，《论埃拉托色尼编年史的来源与典据》*De Eretosthenis Chronographi fontibus et auctoritate*，哥廷根，1871。

4 第 163 页。

5 斯特拉波，p. 7，*ποιητὴς πᾶς στοχάζεται ψυχαγωγίας, οὐ διδασκαλίας*【（埃拉托色尼认为）诗人全都追求对想象的招引，而非教诲】（被斯特拉波所批评的一种观点）。

6 同上书，p. 24。关于埃拉托色尼，参看 Christ，§429[4]，Susemihl，i 409–428；以及 Hübner 的《古典学研究目录》，§9。

7 Gercke 在《年刊》，vol. 124，p. 486；认为生卒年在西元前 266 至前 265—前 189 至前 188 年。

埃拉托色尼。是第一位诗人兼学者的馆长；他与阿里斯塔库斯共同执掌古代世界学术之牛耳。他将重读法与标点法简化为明晰的体系。有些标点法是亚里士多德所熟知的[1]。阿里斯托芬则独创出了省音号、用于一个单字内部（如作为末音节）的分字号（*ὑποδιαστολή*）、连字号（单字下面的 ‿）、逗号（*ὑποστιγμή*）、冒号（*μέση στιγμή*）以及句号（*τελεία στιγμή*）；还有音长标识，˘ 表示“短音”，而 ‒ 表示“长音”，最后还有重读音符号，昂音号 ´、抑音号 `、流音号 ^ 或 ῀[2]。发明这些重音符号
127 的目的在于保存真实的发音，那是已然正在被希腊世界的民族杂居败坏着的。许多用于文本考辨的新符号必定都来自阿里斯托芬。短平划线名为 *ὀβελος* 或“短剑号” –，这曾被芝诺多图斯用来表示伪造的诗行，阿里斯托芬又添上星号 ※ 以标志意义不完整的段落，在抒情诗中则表示格律的变化；又以 *κεραύνιον*【译按，本意指“闪电”】T 表征可存疑的集合，其中数行连串的诗句被认为都是不可靠的；最后还有 *ἀντίσιγμα*，或即言倒置的 sigma 字母Ɔ，以表示同义反复[3]。这些符号被用作他所编订的

1　上文第 97 页。

2　伪阿卡狄乌斯 Pseudo-Arcadius，pp. 186–190，见于 Nauck，《亚历山大里亚语法学家拜占庭的阿里斯托芬残篇》*Aristophanis Byzantii grammatici Alexandrini fragmenta*（1848），p. 12 以下；这部希洛狄安的摘要，已经考证得知出自忒奥多修 Theodosius（4 世纪末期，Christ，§628，p. 870[4]）。参看 Steinthal，前揭书，ii 79 注释。复见 Blass 论述希腊古文书法的文章，收入 Iwan Müller 的《古典学术手册》，vol. i，C§6。K. E. A. Schmidt 提出异议，谓重读和标点在阿里斯托芬之前就已存在了，见氏著《希腊拉丁语法学史著论集》*Beiträge zur Geschichte der Grammatik des Griechischen und Lateinischen*，p. 571 以下。伪阿卡狄乌斯的意见或许是由 Jacob Diassorinus（16 世纪；见 Cohn 在《鲍礼古典学百科全书》的 Arkadios 词条）所捏造出来的。参看 Lentz，《希洛狄安论艺遗篇》*Herodiani Technici reliquiae*，1 xxxvii。

3　Nauck，前揭书，pp. 16–18；Lehrs，《论阿里斯塔库斯的荷马研究》，p. 332，注释 240[3]；Reifferscheid，《苏维托尼乌斯遗稿》*Suetoni Reliquiae*，pp. 137–144。参看 Monro，《奥德赛》，421，以及 Susemihl，i 435[4]，注释 28。

《伊利亚特》和《奥德赛》中，可见得比芝诺多图斯与其后的编订者理亚努斯所择用的符号更为先进了。阿里斯托芬如芝诺多图斯一般亦在很多诗行上标出短剑号，不过他对前人所存疑处有所修正，所遗漏处有所补充。如是观之，他已留心于抄本的证据，或至少是有心要忠实载录其文，即便是他所不能赞同的部分。在他所抵触的某几行诗里，他的立场全出于己见；这里显得相当大胆的意见，然而通常是正确的。证明他敏锐之识力的一处典型范例是他对《奥德赛》之收煞、自 xxiii 296 至结尾部分的驳斥[1]。不过他和芝诺多图斯一样都好以亚历山大里亚时期的标准评判荷马诗章展现出的风俗图画，并将不得体或有失尊严之处归罪于浑然保持着英雄时代原初朴拙之气的措辞[2]。

除却他编订荷马的工作外，阿里斯托芬还整理了赫西俄德的《神谱》，以及几位抒情诗人，阿尔凯乌斯、阿纳克里翁和品达。在编修品达作品时，他制作了一个可能最早的全集本。将其合唱歌分成 16 卷，8 卷言神事，8 卷言人事（εἰς θεούς 与 εἰς ἀνθρώπους）。两组之下又有细分，即（1）（言神事，）颂神歌 Hymn、日神颂 Paean、酒神颂 Dithyramb、典礼序歌 Prosodia、少女歌 Parthenia（后三类各占 2 卷）；（2）（论人事，）舞歌 Hyporchemata（占 2 卷）、颂人歌 Encomia、悼歌 128
Threnoi、胜利颂 Epinikia（占 4 卷）。有一卷典礼合唱歌附于 1 后，作为少女歌的补遗（τὰ κεχωρισμένα τῶν παρθενίων），同样在涅摩亚合唱歌部分的卷末，这可能是 4 卷胜利颂歌的结尾，也附录了数首与涅摩亚赛

1 Nauck，前揭书，p. 32。

2 《奥德赛》，xv 19，82，88；xviii 281 等，引自 Cobet，《考据学杂篇集》，225–227。参看拉斯金的《现代画家》*Modern Painters*，iii 83。

会夺冠者无干的诗歌（可能题为 τὰ κεχωρισμένα τῶν Νεμεονίκων）[1]。

对此编序的概述可见出存于布雷斯劳 Breslau 抄本之品达《传记》中的诗集各卷拟题基本上应归于阿里斯托芬。此外，确可认为是他将品达的诗句分成合韵的 κῶλα【译按，指阿里斯托芬创立的一种划分韵体诗文的音步单位，大概一行诗可分成二三个 κῶλα，姑且译作“枝句”】[2]。如此可方便检查韵律和校勘衍脱[3]。对品达作品的注疏，不同于荷马者，在于设定了一个修缮完备的文本，看来可能这文本实则即出于阿里斯托芬的整理[4]。他在抒情诗诸家方面的学识，足够捍卫芝诺多图斯对其文本考订功夫的抨击了。是故“阿纳克里翁[5]将一只小鹿描述成被遗弃的 κεροέσσης ... ὑπο ματρός【屠人手下之角兽】。芝诺多图斯注一 ἐροέσσης【可爱】评语，理由是唯有雄兽才会生角。阿里斯托芬辩护说，从文本来看诗人们（品达、索福克勒斯和欧里庇得斯）都给雌鹿安上了和雄鹿一样的犄角”[6]。

从他对于欧里庇得斯和阿里斯托芬的注疏中可明确地推断，拜占庭

---

1 参看 Thomas Magister，《品达传》*Vita Pindari*；Wilamowitz，《欧里庇得斯的赫拉克勒斯》Euripides，*Herakles*，i 139[1]，以及《希腊抒情诗人的文本演变》*Textgeschichte der griechischen Lyriker*，见于哥廷根科学院的《论文集》，1900，1–121。

2 哈利卡那苏斯的第欧尼修，《论文章作法》，22，κῶλα... οὐχ οἷς Ἀριστοφάνης, ἢ τῶν ἄλλων τις μετρικῶν, διεκόσμησε τὰς ᾠδάς（为品达所著【译按，意谓枝句是品达合唱歌里的音步之别称】），参看该书，26（涉及西蒙尼德）。巴居理德斯的抄本即以枝句方式抄写。

3 于是在品达的《奥林匹亚颂》，ii 26 中，φιλεῖ δέ μιν Παλλάς【他被雅典娜钟爱】之后许多抄本俱作 φιλέοσι δὲ Μοῖσαι【被缪斯钟爱】，但这位注释家的意见是：ἀθετεῖ Ἀριστοφάνης, περιττεύειν γὰρ αὐτό φησι πρὸς <τὰς> ἀντιστροφάς【阿里斯托芬反对删除该枝句，认为重叠多余】。

4 Wilamowitz，前揭书，p. 142 以下。

5 52[49]，Bergk.

6 Lehrs，《论阿里斯塔库斯的荷马研究》，p. 352[3]，被 Jebb 转引于《荷马》，p. 93。确定此说出自阿里斯托芬的证据，在埃利安《史林杂史》，vii 39；又，芝诺多图斯的评议见于狄都慕斯注疏的品达《奥林匹亚颂》，iii 29 = 52，χρυσοκέρων ἔλαφον θήλειαν【生有金角的牝鹿】（经由 Ridgeway 教授考证，是为驯鹿 reindeer，见氏著《希腊早期时代》，i 360–363）。

的阿里斯托芬在准备要校订这两位诗人的著作。可能他也编订过埃斯库罗斯和索福克勒斯。他写了这三位悲剧诗人以及阿里斯托芬所有剧 129
作的叙录，今尚存留在缩略的小题序（ὑποθέσεις）中，置于每部剧作之前[1]，大体以亚里士多德和其他逍遥派学者的研究成果为基础[2]。阿里斯托芬把柏拉图的著作也划分成了若干个三部曲，即（1）《理想国》《蒂迈欧篇》《克里底亚篇》；（2）《智者篇》《政治家篇》《克拉底鲁篇》；（3）《法律篇》《米诺篇》《伊庇诺米篇》；（4）《泰阿泰德篇》《欧绪弗洛篇》《申辩篇》；（5）《克里托篇》《斐多篇》《书信集》[3]；然而将《克里托篇》《斐多篇》分离于《申辩篇》，这么安排恐不能被视为妥帖了。

他还编纂了一部重要的字典，题为 λέξεις[4]，其中他论述了假定是古代作家所未知的词语，或会记录下不同的年代、称呼的方式、家属或市民的生活用语，或是阿提卡或拉哥尼亚 Laconia 方言用语[5]。这著作显示出丰富的方言知识，标志着一个追溯词义原始的新时代，于是将“字汇编修”升级到了辞书编修的水平[6]。他可能写过一部关于类推 Analogy 或

1 Schneidewin 在哥廷根《论文集》, vi 3–37；以及 Trendelenburg,《希腊语法家论悲剧技艺拾遗》*Grammaticorum Graecorum de arte tragica iudiciorum reliquiae*（波恩，1867）。

2 Wilamowitz，p. 144 以下（见上文第 64 页以下）。

3 第欧根尼・拉尔修，iii 61，见于 Nauck，前揭书，p. 250；参看 Christ，p. 429[3]，以及《柏拉图研究》*Platonische Studien*，p. 5 以下。

4 这部著作有一残篇收入阿陀斯山之抄本中，发表在 Miller 的《希腊文学杂录》*Mélanges de litterature grecque*，427–434；参看 Cohn，在《古典语文学年刊》*Jahrbücher für classische Philologie*，增刊，xii 285，以及 Fresenius，《论取自拜占庭人的阿里斯托芬与苏维托尼乌斯之辞书》*De λέξεων Aristophanearum et Suetoniarum excerptis Byzantinis*，威斯巴登 Wiesbaden，1875。

5 他论 πρόξενοι【外邦代表】、ἰδιόξενοι【个人代表】、δορύξενοι【袍泽】和 ξένοι【友客或异乡人】的文章，显然即是琉善《法剌芮斯》*Phalaris*，ii 1 的注释 3 的来源。

6 Nauck，pp. 69–234；Susemihl，i 439 以下。

语法学规范的著作，以之比较于异态 Anomaly 或不合语法学规范者[1]。他显然要以此书规定希腊语词形变化的正常规则，方法是专注在有规律变格的常法，而非无规律的和例外的形式上。他的其他著述，还有一部动词大全，一篇论述阿基洛库斯某句短语（*ἀχνυμένη σκυτάλη*）的文章，

130 一篇关于喜剧面具的论文，以及一份列述米南达援借前人文章段落的单子[2]。他还写过一部关于卡利马库斯《书表》*πίνακες* 的著作[3]。最后，可信他开列过一个各在不同诗体中最为杰出的古代诗人名录。这是从昆体良 Quintilian 的一篇文章（X i 54）中推断得知的，其中声言罗德斯的阿波罗尼乌斯未被载入 *ordo a grammaticis datus*【语法学家所提供的名录】，“因为阿里斯塔库斯和阿里斯托芬不曾收入任何的同代人”。在同一章中（§59）他复言阿基洛库斯是阿里斯塔库斯所称赏的三位短长格诗人之一；在别处（I 4，3）他说古之 *grammatici* 不仅要标注存疑诗行和批驳某部作品是伪造，也还要将开列有所甄选和剔除的作家名单；我们从他著作卷 10 的第一章里（§§46—54）中得知，所甄选出的前四位史诗诗人是荷马、赫

---

1 瓦罗《论拉丁语》，x 68，tertium（analogiae）genus est illud duplex quod dixi，in quo et res et voces similiter proportione dicuntur，ut bonus malus，boni mali ; de quorum analogia et Aristophanes et alii scripserunt【第三种（类推法），我已提及有两个要素，即实物和言词，后者的读音带有一定比例的相似性，比如“好”bonus 与“坏”malus，复数则是 boni 与 mali ；阿里斯托芬等人曾论述过这些词语的规律】；以及 ix 12，Aristophanes... qui potius in quibusdam veritatem（= analogian）quam consuetudinem secutus【阿里斯托芬在一些事情上遵从事实（＝类推法）而非惯例】。）参看 Nauck，pp. 264–271 ; Steinthal，ii 78–82 ; Susemihl，i 441。

2 他对米南达所欠前人之文债的结合着对诗人的明显赞赏，以如下字句描述，*ὦ Μένανδρε καὶ βίε, |πότερος ἄρ᾽ὑμῶν πότερον ἀπεμιμήσατο*【米南达呀，你们这代人是靠自己还是靠临摹呢？】。叙利安努斯 Syrianus，《赫尔摩根尼斯注疏》***in Hermogenem***，ii 23，Rable 编订本。

3 阿特纳奥斯，408 F，*τὸ πρὸς τοὺς Καλλιμάχου πίνακας*【关于卡利马库斯《书表》】，336 E，*ἀναγραφὴ δραμάτων*【戏剧作品载录】。

西俄德、安提马库斯和潘尼亚息斯 Panyasis。这些段落几乎便是自鲁恩肯 Ruhnken [1]以降讨论亚历山大里亚之正典 canon 的全部依据了。鲁恩肯将此名单当作是一份**散文**与韵文作家的经典名录了。本哈代 Bernhardy [2]等人把它限制在诗人的范围内，而演说家的正典后来被认作要么是帕迦马学派的著作（约在西元前 125 年）[3]，要么就是出自狄都慕斯，或更可能是出自卡拉刻特的凯基琉斯 Caecilius of Calacte [4]，此人即哈利卡那苏斯的第欧尼修之友人。从阿里斯塔库斯到斯特拉波，其间有费勒塔斯和卡利马库斯被列入诉歌正典诗人中，而阿波罗尼乌斯、阿拉图斯、提奥克里忒等人被列入史诗正典诗人中。有关亚历山大里亚时期的正典，最为重要的文献是蒙特法贡 Montfaucon 出版的一份来自 10 世纪阿陀斯山 Mount Athos 131
的抄本名录，以及（略有差异的）由克拉默 Cramer 整理的稍晚些的饱蠹楼 Bodleian 藏本。下面是这份名录所胪列的内容，经由乌瑟纳尔 Usener 修订[5]，将后期添补上的人名删去了。名录的最后是波里比乌斯，他的卒年在拜占庭的阿里斯托芬之后五十年以上。

---

1 《希腊演说家批评史》*Historia Critica Oratorum Graecorum*, pp. 94–100 =《次要著作集》*Opuscula*, i 385–392；参看 Wolf 的《短著集》*Kleine Schriften*，ii 824。（“正典”canon 一词被追溯至 Ruhnken，他也常用 τῆς πρώτης τάξεως“最佳名单”这一短语，以及援用昆体良的“名录”ordo。）

2 《希腊文学纲要》*Grundriss der griechischen Litteratur*，i[4] 185–188。

3 Brzoska，《论阿提卡十大演说家之正典》*De cannoe decem oratorum Atticorum*，1883。

4 苏伊达斯辞典提及其著作之一 χαρακτῆρες τῶν ι′ ῥητόρων【演说家速写集】。参看 Meier,《次要作品集》*Opuscula*，i 120 以下，特见 128；P. Hartmann,《论十大演说家之正典》*De canone decem oratorum*，1891；Susemihl，i 444，521，ii 484 及特见 694 以下；以及 Kroehnert,《经由古人记录而存留的诗歌是正典?》*Canonesne poetarum scriptorum artificum per antiquitatem fuerunt?* 1897；复见 Heydenreich 的埃尔兰根博士学位论文 *Erlangen Dissertation*，1900。

5 哈利卡那苏斯的第欧尼修,《论摹仿》*de Imitatione*，p. 130，复刊于 Peterson 的昆体良，x，p. xxxvi。

（史诗体）诗人（5）：荷马、赫西俄德、佩桑德 Peisander、潘尼亚息斯、安提马库斯；

短长格体诗人（3）：西蒙尼德、阿基洛库斯、希珀纳刻斯；

悲剧诗人（5）：埃斯库罗斯、索福克勒斯、欧里庇得斯、伊翁 Ion、阿凯乌斯 Achaeus；

喜剧诗人，早期（7）：俄彼卡穆斯、克剌提努斯、欧波利斯、阿里斯托芬、菲耳克拉忒、克剌忒斯、柏拉图；中期（2）：安提芬尼、阿勒克西斯；后期（5）：米南达、斐利彼得斯、狄菲鲁斯、菲勒蒙、阿波罗多儒斯；

诉歌体诗人（4）：卡里努斯、闵纳穆斯、菲勒塔斯、卡利马库斯；

抒情诗人（9）：阿耳刻曼、阿尔凯乌斯、萨福、斯忒西考儒、品达、巴居理德斯、伊比库斯、阿纳克里翁、西蒙尼德；

演说家（10）：德摩斯提尼、吕西亚、叙珀芮德斯、伊索克拉底、埃斯奇纳斯、莱克格斯、伊塞乌斯 Isaeus、安提丰 Antiphon、安都奇德斯 Andocides、狄纳库斯 Deinarchus[1]；

历史家（10）：修昔底德、希罗多德、色诺芬、菲里斯图斯 Philistus、忒欧庞普斯、厄佛儒斯、阿那克西美尼、卡理斯忒涅、希剌尼库斯、波里比乌斯[2]。

---

1 狄纳库斯，被 Usener 删去，又为 Kroehnert 所恢复。

2 有关正典问题，参见 Steffen，《论阿里斯托芬与阿里斯塔库斯所述的正典》*De canone qui dicitur Aristophanis et Aristarchi*，1876；Kroehnert，前揭书（他否认有演说家作品之外的任何所谓“正典”）；Susemihl，i 444–447 以及 Wilamowitz 的责难之词，在哥廷根《论文集》，1900 年，5 以下，63–71。（参看 Radernacher 的概述，在《鲍礼古典学百科全书》*Kanon* 词条下，1919。）对阿里斯托芬的一般概述，见 Susemihl，i 428–448；Christ，§435[4]；Wilamowitz，《欧里庇得斯的赫拉克勒斯》，i. 137–153[1]；Cohn 在《鲍礼古典学百科全书》的相关词条；以及 Hübner 的《古典学研究目录》，§11。

拜占庭的阿里斯托芬可能年近花甲时才在他的门生里选中继承人，即是萨摩忒雷斯的阿里斯塔库斯 Aristarchus of Samothrace（西元前约 220—前 145 年）。此人在“爱母者”托勒密 Ptolemy Philometor 当位时（西元前 181—前 146 年）居于亚历山大里亚，之后由于自己的学生“新爱父者”Philopator Neos 的被谋杀和“善人”二世 Euergetes II（前 146 年）的即位【译按，“新爱父者”是“爱母者”与克雷奥巴特拉二世之子，“爱母者”死时此子尚幼，故被其叔父篡位，即“善人”二世。此君复与他的皇嫂也是姊妹，克雷奥巴特拉二世结婚，并杀害了“新爱父者”。或有历史家根本不承认“新爱父者”算得托勒密王朝的一位君主，马赫菲甚而认为他的死于自然原因】，逃往塞浦路斯，没多久便故去。他的系列注疏（*ὑπομνήματα*）占据了不少于 800 卷的篇幅，部分是讲座记录，部分是完整的著作。这些注疏的价值不及他的考辨性的论文（*συγγράμματα*）有价值，涉及《伊利亚特》和《奥德赛》、阿开亚人的海军阵营[1]，以及菲勒塔斯和克塞农 Xenon（最早的“分 132
辨派”chorizontes，认为《伊利亚特》和《奥德赛》属于不同的诗人创作）。作为一位注释者，他避免了不切题旨的炫学，且坚持说每个作者都是他自己作品的最佳解人。他为语法研究打下合理的基础；最早明确将话语分成八个部分，名词、动词、分词、代词、冠词、副词、介词和连词[2]。作为一个语法学家他坚持**类推**法则，反对**异态**法则【译按，类推法则指较有规则的词形变化，异态法则指较无规则的词形屈折变化】。他校订了阿尔凯乌

阿里斯塔库斯

---

1 参看 Goedhart 的学位论文（乌特勒支 Ultrecht，1879）。

2 *ὄνομα*、*ῥῆμα*、*μετοχή*、*ἀντωνυμία*、*ἄρθρον*、*ἐπίρρημα*、*πρόθεσις*、*σύνδεσμος*（*ὄνομα* 包括形容词在内）。昆体良，i 4，20，alii ex idoneis...auctoribus octo partes secuti sunt，ut Aristarchus.【对阿里斯塔库斯而言，八分法的探索已算得是先驱了】。参看 Ribbach（瑙姆堡 Naumburg，1883）。

斯、阿纳克里翁和品达[1]；注释过埃斯库罗斯的《莱克格斯》，以及索福克勒斯和阿里斯托芬，甚至希罗多德[2]的作品；还校订并注释过阿基洛库斯和赫西俄德。他对于荷马的词汇深有研究，在校订《伊利亚特》和《奥德赛》时在页边标注着种种考辨和说明的符号。这些符号共计六种：（1）**短剑号**—以标示该诗行是伪造的，这已经被芝诺多图斯和阿里斯托芬使用[3]；（2）**对折号**（*διπλῆ*）>，标示所有在语言或内容上值得注意的地方；（3）**加点对折号**（*διπλῆ περιεστιγμένη*）⋗，用以标明阿里斯塔库斯与芝诺多图斯相异的韵文段落；（4）**星号**（*ἀστερίσκος*）※，标示一段错误地重见于他处的韵文；（5）**圆点**（*στιγμή*），用以标示**可疑的**伪文，也可连接使用（6）**倒** sigma **号Ͻ**，意义则与阿里斯托芬用时不同，表示的是此间数行序列混乱，数个圆点表示那几行诗应紧接在倒 sigma 号所标的那行之后[4]。

133 他对荷马的考辨有三点值得注意。（1）他仔细研究过荷马的**语言**。

1 参看 Feine 的学位论文（莱比锡，1883）。

2 Grenfell 与 Hunt，《阿默斯特纸草集》*Amherst papyri*，ii（1901），no. 12，*Ἀριστάρχου <εἰς τό> Ἡροδότου α' ὑπόμνημα*（这是他曾注释过这位作家文章的孤证）。

3 上文第 127 页。（阿里斯塔库斯的）威尼斯抄本 *Codex Venetus*，*τὸν δὲ ὀβελὸν ἔλαβεν ἐκ τῆς Ζηνοδότου διορθώσεως*【译按，“存疑号得到芝诺多图斯的改进”】。

4 参看下文第 142 页；另见 Lehrs 和 Reifferscheid，被引于第 127 页；Ludwich，《阿里斯塔库斯的荷马文本考辨》*Aristarchus Homerische Textkritik*，i 19–22；以及 Jebb 的《荷马》，p. 94。同样的符号被用在编订柏拉图作品中（第欧根尼·拉尔修，iii 66），这或被认作是阿里斯托芬所为，在第 129 页已提及（Gomperz，《柏拉图论集》，ii）。关于阿里斯塔库斯，又可参见 Lehrs，《论阿里斯塔库斯的荷马研究》（1833），第三版，1882；Ludwich，前揭书，2 卷本（1885）；Steinthal，《希腊与罗马语言学史》，ii 100[2] 以下；Wilamowitz，《欧里庇得斯的赫拉克勒斯》，p. 138[1]；P. Cauer 的《荷马考辨的基本问题》*Grundfragen der Homerkritik*，11–35；Susemihl，i 451–463；Christ，§436[4]；Cohn 在《鲍礼古典学百科全书》中的相关词条；Monro，《奥德赛》，430 以下，439–454；以及 Hübner 的《古典学研究目录》，§12；还有 Roemer，《阿里斯塔库斯在荷马文本考辨中的删略》*Aristarchs Athetesen in der Homerkritik*（1912），以及《语文学家》，LXX，321–352。

于是发现荷马史诗中的 *ὧδε* 从未有“这”或“这里”的意思，而总是表达“于是”；*βάλλειν* 用来指称投掷武器，*οὐτάζειν* 指称短兵之创伤；*φόβος* 意为“奔逃”，*πόνος* 意为战争之“艰苦”。（2）他极为信赖**抄本之权威**，对于存在矛盾的校读文句，则要靠诗人的语言习惯用法来判决。与芝诺多图斯截然对立之处在于，他刻意回避单纯的推测式校读，甚而被后世的校勘家们指责为过分谨慎了。（3）他的注疏涉及作品**主旨**，比较荷马与其他早期作家的神话观，阐明荷马之教化文明的典型特点。他对地形学之兴味令他要构思一幅特洛伊和希腊军营的平面图；并发见 *Ἄργος Πελασγικ όν* 指色萨利 Thessaly，而 *Ἄργος Ἀχαϊκόν* 指伯罗奔半岛[1]。作为批评家，他比芝诺多图斯和阿里斯托芬更为清醒明断，但他有时也会如其前辈一样，沉湎于从质朴少文的荷马风格中拣择出表达的“不当之处”[2]。

阿里斯塔库斯常见的荷马著作之抄本大略可分成两组，标题或以（1）**人名**，或以（2）**地名**。前者即名为 *αἱ κατ'ἄνδρα*（*ἐκδόσεις*）【依人名发表者】；后者则作 *κατὰ πόλεις*，或 *αἱ ἀπο*（或 *ἐκ*，或 *διὰ*）*τῶν πόλεων*，或是 *αἱ τῶν πόλεων*【依城市发表者】。前者常以编者之名来引述：安提马库斯、芝诺多图斯、理亚努斯、索息根尼斯 Sosigenes、菲勒蒙、阿里斯托芬；后者则用他们所得之地名指代：马赛利亚、开俄斯、阿尔戈、辛诺珀 Sinope、塞浦路斯、克里特和爱奥利斯；但克里特本可能未被阿里斯塔库斯择用，爱奥利斯本仅仅在处理《奥德赛》的几处异文时被引用。除却以上两组外，还有被标作“通行本”或“平民本” 134

---

1 Jebb 的《荷马》，p. 94 以下。

2 Cobet，《考据学杂篇集》，229；W. Bachmann，《阿里斯塔库斯的美学观》*Die ästhetischen Anschauungen Aristarchs*，纽伦堡 Nürnberg，1902–1904。

（κοιναί，δημώδεις）的，代表着当时的“定本”vulgate，被认为是相较于“更精确的”或“学究气的”（χαριέστεραι）诸本而言是“更草率的”（εἰκαιότεραι）。

对于荷马文本的现存证据主要见于威尼斯的两部抄本，A 本和 B 本，分别属于 10 世纪和 11 世纪，都载录了更早版本中的**会注集**，和引自古人著作的论述。通过这些资料已然可以显现所谓的荷马“定本”，及至 1891 年荷马史诗莎草纸本被发现，年代回溯到基督时代，正与此本全然切合。与此本形成对照的是亚历山大里亚考辨家们的校读，以及某几位古代作家的引述。1891 年出土的早期莎草纸，内容是《伊利亚特》xi 502—537 的残篇，由福灵德斯·佩特里先生从一堆属于西元前 260—前 224 年的文书中发现，并由马赫菲 Mahaffy 教授发表，它提供了一个不同于定本的文本之线索，39 行里有 4 行诗句是多出来的。同样的情形出现在 1894 年尼刻尔 M. Nicole 于日内瓦、1897 年格朗费尔 Grenfell 和郓忒 Hunt 两位先生所发表的残篇中。这些发现中可得出两点启发。第一，这些托勒密朝的莎草纸代表了一个冗长的前亚历山大里亚版本，之后它被芝诺多图斯、阿里斯托芬和阿里斯塔库斯的考辨学术删略成当前的版本。但此说与**会注集**的证据相左，后者收录了亚历山大里亚考辨家们所认可的文本校读意见，表明亚城学人们未对传统文本加以任何的改动。第二，荷马文本中的佚诗如此引人注目，却只见于托勒密朝时极少的几种莎草纸书里，这证明今日的定本不可能出现在托勒密朝的时代，而必当在晚些时候才成形。但是（1）**会注集**里涉及亚历山大里亚的几位考
135 辨家时，说狄都慕斯和阿里斯托尼库斯 Aristonicus 区分过亚城先贤们尤其是阿里斯塔库斯的编订本与其他所谓“通行本”或“平民本”的不同，这表明在亚历山大里亚时期有某种流行版本已经存在了。（2）亚历山大

里亚时期之前的作家们的引述表明他们的荷马文本大体与我们所见的相同。自希罗多德以降，29 位作家引过荷马诗句 152 段，被引用的 480 行（左右）诗句中为通行本所无者不会超过 9—11 行。由此可知在亚历山大里亚时期以前就有通行本的荷马文本了，至早可述至西元前 5 世纪。托勒密朝的莎草纸本因而完全可被视作是一个散佚的荷马异类文本，其异之处可见证于以下之事实，即《亚西比阿德次篇》[1] *Second Alcibiades*【译按，此篇是伪造的柏拉图对话】的作者以及埃斯奇纳斯和普鲁塔克对之耳熟能详，故而他们偶尔引述的一段诗文，在通行本的荷马中竟是找不到的[2]。

尽管阿里斯塔库斯对于荷马的通行文本所发生的影响微乎其微，后世的作家们仍满怀敬意地视这位考辨家为权威。在威尼斯荷马抄本（A 本）中，注家在《伊利亚特》ii 316 处明知 πτρυγος【译按，鸟翼】通常是倒数第三音节重读，却仅仅是遵从阿里斯塔库斯的意见而择取了倒数第二音节重读 πτέρύγος[3]；在《伊利亚特》iv 235 处他将阿里斯塔库斯

1 149 D。“事实上，这段伪造的引文出现在一篇伪造的柏拉图对话中，唯可确证的是，对于真的柏拉图而言的荷马，即我们的荷马，不再更多，也不再更少了”（Leaf 本《伊利亚特》第 2 卷，viii 548 以下）。

2 特别参见 Ludwich，《作为前亚历山大里亚时期文献证据的荷马定本》*Die Homer-vulgata als voralexandrinische erwiesen*，1898，T. W. Allen 先生的书评见于《古典学评论》*Classical Reviews*，1899，pp. 39–41。在同一卷中，p. 334 以下，Allen 氏向我们展示现代版的荷马文本与古代定本的比较，其百分之六十的段落所标注的读解是相同的，超过百分之二十的部分，古代定本与另一版本相互矛盾，还有不到百分之二十的部分文本有脱衍。在 p. 429 以下，他展示说，知为阿里斯塔库斯所作的读解（凡 664 处），有五分之一到六分之一的部分没有在抄本中留下任何线索，而只有十分之一的部分可见于迄今所整理的全部抄本中。在《古典学评论》，1900，p. 242 以下，他展示说知为芝诺多图斯的读解（凡 385 处）中有 259 处未在今天可见的抄本中存留下来，剩余的有所存留，只有 4 处可见于各抄本中；又言罕见的属于拜占庭的阿里斯托芬的读解（81 处），有 46 处未见于今之各抄本，余者有所存留，只有两处可见于各抄本中。

3 πειθόμεθα αὐτῷ ὡς πάνυ ἀριστῳ γραμματικῷ【译按，“全然信从这位卓绝群伦的语法学家”】。

136 的意见置于赫马庇亚斯 Hermappias 之前，“即使后者看来是对的”[1]。阿里斯塔库斯的考辨之才赋被潘奈修斯 Panaetius 认可，称其人为“通神者”[2]；而在西塞罗[3]和贺拉斯[4]那里他的名字与伟大的考辨家同义，此等荣誉至今始终未曾止歇。他是以科学方法进行学术研究的奠基者。他也是一个学派的领袖，跻身门下而享有盛名者有阿波罗多儒斯、阿蒙尼乌斯、“色雷斯人”第欧尼修 Dionysius Thrax。甚至当为人君者（“善人”二世），在前 146 年即位后发动对其希腊国民的迫害，包括阿里斯塔库斯在内的希腊学人也未得赦免，而此君与其朝臣讨论荷马著作之考据观点至于深夜，还自创了一条对于《奥德赛》某行诗的精妙修正[5]。

卡利斯特拉图斯

次于阿里斯塔库斯继而为阿里斯托芬最重要门人的，是卡利斯特拉图斯 Callistratus，因其对老师的崇拜致使与阿里斯塔库斯的结怨。他写了些对荷马某些篇章的考辨文字，曾遭到阿里斯塔库斯的批驳。他还写过对于《伊利亚特》、品达、索福克勒斯、欧里庇得斯和阿里斯托芬的评述[6]。

---

1 *εἰ καὶ διςεῖ ἀληθεύειν*，这位语法学家复见引述于 xi 326，xiii 137，但不知其他有关信息。

2 *μάντις*，阿特纳奥斯，634 C。

3 《致阿提库斯书简》，i 14，3。

4 《诗艺》，450。

5 《奥德赛》，v 72。普鲁塔克：《区分奉承者与友人》*De adulatore et amico*，17，60 A，*Πτολεμαίῳ φιλομαθεῖν δοκοῦντι περὶ γλώττης καὶ στιχιδίου καὶ ἱστορίας μαχόμενοι μέχρι μέσων νυκτῶν ἀπέτεινον*【爱好学问的托勒密会与身边的食客们因为意见相左而喋喋不休地讨论韵体和故事到午夜】。阿特纳奥斯，61 C，*ὁ δεύτερος Εὐεργέτης παρ᾽Ὁμήρῳ ἀξιοῖ γράφειν, ‘ἀμφὶ δὲ λειμῶνες μαλακαὶ σίου ἠδὲ σελίνου’. σία*（一种沼泽植物）*γὰρ μετὰ σελίνου φύσθαι ἀλλὰ μὴ ἴα*（Susemihl，i 9）【“善人”二世坚持认为荷马有行诗应写为：“旁边是柔软的草地，防风草与野芹正繁茂”（《奥德赛》，v 72。从王焕生译文，改动处在于将 *σίου* 防风草，替换了原来的 *ἴου*，王译作“堇菜”），因为通常所见与野芹栖生一处的是防风草，而非堇菜】。

6 R. Schmidt，《论卡利斯特拉图斯与阿里斯托芬》*De Callistrato Aristophaneo*，重刊于 Nauck，《拜占庭的阿里斯托芬残篇》；参看 Susemihl，i 449 以下。

赫密普斯

在开始讨论阿里斯塔库斯的后辈[1]之前，尚须提及卡利马库斯的一个门生，士麦那的赫密普斯 Hermippus of Smyrna，他写过一部范围广博的传记与书目著作，承接着他老师的《书表》，包括了亚历山大里亚图书馆所收藏的全部文学名流的生平和著述目录。此书丰富的子目曾被引及的有，关于立法者、七贤、毕达哥拉斯、高尔吉亚、伊索克拉底、亚里士多德和克律西波（卒年约在西元前 208—前 204 年）。第欧根尼·拉尔修拿此书作为主要的典据之一，普鲁塔克写作莱克格斯、梭伦和德摩斯提 137
尼的传记时也是如此[2]。

阿波罗多儒斯

雅典的阿波罗多儒斯 Apollodorus（全盛期在西元前 144 年）是阿里斯塔库斯在亚历山大里亚时的学生，他于约西元前 146 年时离开此城。西元前 144 年之后，他将一部系年纪事的巨著题献给帕迦马的阿塔卢斯二世 Attalus II，此书始于特洛伊被攻陷时，止于当下。后来又将下限延至西元前 119 年。这部著作用喜剧的三音步格式写成，可能是为了便于记忆；不幸的是它竟取代了埃拉托色尼所著可能更为伟大的编年史著，成为大事系年的宝库。西塞罗的《书信集》[3]中提到过阿波罗多儒斯，说他可能阐明了一位伊壁鸠鲁派哲人和雅典某几位政治家的年代问题。当某个人物的生卒年月不能确知时，他使用该氏在世时的要事发生之年代来推定此人全盛之时期；被称作是这人的 ἀκμή【巅峰期】，相应可当作是约在 40 岁之年[4]。依据埃拉托色尼和斯刻博息的德米特理乌斯 Demetrius of Scepsis 的意见，阿波罗多儒斯写了一部 12 卷的书来讨论荷马的船目表，

1 Blau，《论阿里斯塔库斯的门人们》*De Aristarchi Discipulis*，1883。

2 Christ，§432[4]；Susemihl，i 492–495.

3 《致阿提库斯》，xii 23，2。

4 Diels 在《莱茵博物馆》，xxxi 1 以下。

并多次得到斯特拉波的引述[1]；他还写过关于索甫隆和俄彼卡穆斯以及词源学的讨论，一部用短长格韵体写成的地理学概论。还有一部关于希腊宗教（περὶ θεῶν【论神明】）的24卷要著[2]，此书存留了为数众多的残篇，有些内容与同一作者的神话著作《群书集成》*Bibliotheca*【译按，此书有周作人译本，题作《希腊神话》】相关段落相互矛盾。在西元前100—前55年间，有人编辑了一部神话手册，成为狄奥多鲁斯、希津努斯 Hyginus 和波桑尼阿斯述及此题时的资料来源；也是现存这部署名阿波罗多儒斯的《群书集成》的来源[3]。

138 阿里斯塔库斯传其衣钵与门人阿蒙尼乌斯，此人倾全力于解说和捍卫他老师对荷马的校订。他写过“论亟须阿里斯塔库斯校订荷马的更多版本”，“论柏拉图所欠荷马的文债”，以及“论诗体学”，这可能是在他对荷马进行考辨期间写成的。他是狄都慕斯在论述阿里斯塔库斯的荷马校订时所追从的主要权威之一。最后，他写过一部品达的评论，从中看来他是步其夫子之后尘[4]。

阿蒙尼乌斯

“色雷斯人”第欧尼修

阿里斯塔库斯的另一位显赫的高徒是“色雷斯人”第欧尼修 Dionysius Thrax（约生于西元前166年）。因其导师对于所有悲剧作品都如数家珍、无不通晓，这位怀着钦佩之心的弟子描绘了一幅肖像，让悲剧之灵（可能是画在一块胸牌上）贴近他的心脏[5]。后来，忒剌克斯去罗德斯岛教书，

---

1 B. Niese 在《莱茵博物馆》，xxxii 306。

2 Christ，§438[4]；Susemihl，ii 33–44；Schwarz 在《鲍礼古典学百科全书》的相关词条，pp. 2857–2877；以及 Hübner 的《古典学研究目录》，§14，p. 21。

3 Christ，§576[4]；Susemihl，ii 50 以下；参看 F. Jacob，《阿波罗多儒斯的编年史》*Apollodors Chronik*；以及 Schwarz，前揭书，pp. 2875–2886。

4 Susemihl，ii 153；《鲍礼古典学百科全书》相关词条，p. 1865。

5 然而阿里斯塔库斯有时遭到他学生严厉的批评，即如《伊利亚特》ii 262，xiii 103 的会注集所示。

在那里他制作了一个涅斯托尔的酒杯[1]，其材质是由他的门人们特以捐赠的方式提供。但他传名千古的主要称号，乃是他写了最早的希腊语法学著作。此书至今尚存于世，篇幅不到16个印刷纸页[2]。开篇先界定何谓语法[3]，将之述作六个部分（ἀνάγνωσις、ἐξήγησις、γλωσσῶν καὶ ἱστοριῶν ἀπόδοσις、ἐτυμολογία、ἀναλογίας ἐκλογισμός、κρίσις ποιημάτων【阅读、解释、口语与叙述性解说、词源、类比性思考、诗的评判】）。之后讨论的是重读（τόνος）、标点（στιγμή），字母和音节（στοιχεῖα καὶ συλλαβαί），在列举了语词之成分（ὄνομα、ῥῆμα、μετοχή、ἄρθρον、ἀντωνυμία、πρόθεσις、ἐπίρρημα、σύνδεσμος【名、动、分、冠、代、介、副、连】）后，以变格和变位【译按，名词、形容词的词形变化称为变格，动词的词形变化称为变位】，没有涉及句法和文体规则。在这部语法书中 ὄνομα 不仅包含名词，也包含了形容词和指示代词、疑问代词；ἄρθρον 除了指涉冠词还包含了关系代词；而 ἀντωνυμία【代词】则仅限于人称代词和物主 139
代词[4]。至少在13个世纪内，这部书一直都是标准的语法著作。帝国时代几位伟大的语法学家阿波罗尼乌斯和希洛狄安 Herodian 都知晓此书。在对之作注的各家中，值得提及的是“豢猪人”乔治（6世纪末）、斯第潘努斯 Stephanus（7世纪初），以及（不久后出现的）赫列都儒斯 Heliodorus 和摩兰普斯 Melampus[5]。它成为资料来源，供予拜占庭时期的语法答问手

---

1 《伊利亚特》，xi 632–635。

2 Bekker 的《希腊遗书》*Anecdota Graeca*（1816），pp. 629–643；有 T. Davidson 的英译本（重刊于《思辨哲学杂志》*Journal of Speculative Philosophy*，圣路易，美国），1874；最佳之善本是 Uhlig 编订本，1883。此书显然是在罗德斯岛写成的，受到了斯多葛学派的影响。

3 上文第8页。

4 Classen，《希腊语法初论》，p. 85。

5 Susemihl，ii 173 注释。参看 A. Hilgard 本的《会注集》*Scholia*，1901。

册（ἐρωτήματα），例如"豢猪人"乔治所写的那本，还有在文艺复兴时期由拜占庭的流人，诸如赫律索洛拉斯 Chrysoloras、伽扎 Gaza、君士坦丁·剌斯喀理斯 Constantine Lascaris 和查尔贡都剌斯 Chalcondylas 等，带到意大利的小册子。这篇论文中的希腊文术语于是也流传了若干世纪，例如 *ὄνομα*【名词】、*γένος*【性】、*ἀριθμός*【数】、*κλίσεις*【变格】、*πτώσεις*【格】、*πτώσεις ὀνομαστική καὶ εὐθεῖα*（主格）、*γενική*（属格）、*δοτική*（与格）、*αἰτιατική*（宾格）、*κλητική*（呼格）；*ῥῆμα*【动词】、*συξυγίαι*【变位】、*διαθέσεις*【语态】、*ἐγκλίσεις*【语气】、*χρόνοι*【时态】、*πρόσωπα*【人称】。严格遵从阿提卡的习语，主动与被动语态在此可以 *τπτω*【打击】和 *τπτομαι* 为例，数的变化【译按，单数、双数、复数】上体现为 *τύπτω*、*τύπτετον*、*τύπτομεν*，人称变化（在较次的抄本中）体现为 *τύπτω*、*τύπτεις*、*τύπτει*。显然在亚历山大里亚语法学家忒奥多修（可能是昔勒尼的叙涅修斯的一位友人，全盛期在西元 400 年）的《规则初阶》*Canons* 中，这个动词才第一次出现了它完整的词形变化表，由所有可被想象出的语态和时态组成。在 5 世纪末之前，是表曾被列入亚美尼亚版和叙利亚版的"色雷斯人"第欧尼修著作附录中[1]；遂经由文艺复兴时的手册，得以接通现代语法学，虽则如此，众所周知的是，唯主动态与被动态的现在时、未完成时，方是雅典时期阿提卡散文中所确实使用的时态[2]。

在罗马人中，瓦罗 Varro 应感激"色雷斯人"第欧尼修的语法书，为他所定义的动词之"人称"，甚而是为语法书本身。此书的权威性得

1 Uhlig 编订本，pp. liii，49，51。

2 参看德摩斯提尼《个人演说选集》*Select Private Orations*，ii，反刻农 Conon 演说辞的附记。

到苏维托尼乌斯 Suetonius、列缪・帕莱蒙 Remius Palaemon（昆体良的教师）的尊奉，也为（可能是间接接触到的）晚期的罗马语法学家们所追从，诸如多纳图斯 Donatus、狄奥墨得斯 Diomedes、嘉理修斯和多息透斯 Dositheus。其原始文本为普理西安 Priscian 所知晓。 140

“色雷斯人”第欧尼修还写过二三部修辞学著作，以及一部对克剌忒斯的评论，对赫西俄德《农作与时日》《奥德赛》《伊利亚特》的评注。在最后一部评注中，他尊奉阿里斯塔库斯的意见，当真把荷马说成是雅典人了[1]。

提冉尼奥

他的学生，大提冉尼奥 Tyrannion the elder，是阿密素斯 Amisus 人，在西元前 67 年随卢库鲁斯 Lucullus 去往罗马，在那儿做伟人庞贝的老师，当亚里士多德的抄本被苏拉在西元前 86 年时运来罗马时，他是最早识得其价值的人[2]。因为编订了如亚里士多德和泰奥弗剌斯特等希腊作家的著作，他便被看作是阿提库斯 Atticus 博学的顾问。尽管“色雷斯人”第欧尼修把语法学分成六个部分，但是他的学生提冉尼奥，则有可能更为合理地提出了四分法的方案:（1）精准的诵读，（2）阐意;（3）文本的校正，以及（4）考辨。后通过瓦罗，这种分类法被首度传播给罗马的语法学家[3]。提冉尼奥还论述过希腊与拉丁两种语言以及其辞令之间的联系。对后一著作的注释是由其学生写成，即小提冉尼奥，他初到罗马时是名罪犯，因西塞罗夫人特伦提亚 Terentia 的关系获得了自由[4]。

---

1 Christ，§439^{4}；Susemihl，ii 168–175；Cohn 在《鲍礼古典学百科全书》的相关词条；以及 Hübner 的《古典学研究目录》，§14，p. 20。

2 上文第 86 页。

3 Usener，《一种古老的语文学教学法》*Ein altes Lehrgebäude der Philologie*，在《拜仁科学院会议报告》*Sitzungsberichte der Bayerischen Akademie der Wissenschaften*，1892，582 以下。

4 Christ，§442^{4}.

狄都慕斯 在阿里斯塔库斯的所有传人中，最多识且又勤勉的，是狄都慕斯 Didymus（约西元前 65—西元 10 年），曾执教于亚历山大里亚，可能也在罗马教过书[1]。因其惊人的勤奋，他得了个显赫名号曰 *Chalcenterus*【铜肠胃】[2]。据说他写过 3500 到 4000 卷著作，故毫不奇怪的是，有时他会在
141 一卷书中忘记有些内容是自己在别卷已经写过了的[3]。他被马克罗比乌斯 Macrobius[4] 称作 grammaticorum facile eruditissimus omniumque quique sint quique fuerint instructissimus【堪称前无古人后无来者的最博学和最善为人师的语法学家】。他在修纂辞典方面下的功夫，包括关于“隐喻”“晦义字”“拼写变化产生的名称讹误”几篇论文，以及两部关于喜剧语言和悲剧语言（*λέξεις κωμικαί* 和 *τραγικαί*）的大部头著作。最后这两部书（尤其是第二部）或可被视作是辞典纂修学最基本的资源了，它们通过阿特纳奥斯、《会注集》以及赫叙基乌斯 Hesychius 和佛提乌斯 Photius 的两部辞书传递至今世。论悲剧语言这部的第 28 卷被哈波克剌提翁 Harpocration 摘引[5]；还有一个更长的残篇被保存在马克罗比乌斯著作里[6]。言及他作为一个编订者、文本考辨家和评注家的劳绩，我们该首先提到他的著作《论阿里斯塔库斯的校勘》*περὶ τῆς Ἀρισταρχείου διορθώσεως*，书中力图详尽地恢复阿里斯塔库斯对荷马的校订。阿里斯塔库斯作过两

1 Susemihl，ii 195，注释 264；以及特别参见 Wilamowitz，《欧里庇得斯的赫拉克勒斯》，157–168。

2 *Χαλκέντερος*，参看阿米安・马赛理努斯，xxii 16，16，multiplicis scientiae copia memorabilis.【据言学识丰富多面】。

3 昆体良，i 8，19，参看阿特纳奥斯，130 C；另见塞内加，《书信集》，88§37。

4 v 18。

5 在 *ξηραλοιφεῖν*【涂油膏】词条下。

6 v 18§§9，12，关于使用 *Ἀχελῷος*【译按，此处意谓江河之泛称】作为泛称的水。

个校订本，但是都已佚失，故狄都慕斯只得求助于聚斂抄本中的这类证据，可判定是得自于阿里斯塔库斯的考辨专论与系列评注中的，以此来恢复其原貌。在威尼斯荷马抄本 A 中，每卷的末尾开列会注之来源，都会提到狄都慕斯，此外还有两个晚出世些的后辈，阿里斯托尼库斯，以及希洛狄安，后者写过《伊利亚特》之韵律与重读研究的论文（约在西元 160 年），还会提到尼坎德尔 Nicanor，曾论过荷马史诗的标点（约在西元 130 年）。下面所举一个简单的例子，是《伊利亚特》x 306 的一段注释，将芝诺多图斯、阿里斯托芬和阿里斯塔库斯所提出的意见都记录了下来：

δώσω γὰρ δίφρον τε δύω τ' ἐριαύχενας ἵππους,
οἵ κεν ἀριστεύωσι θοῇς ἐπὶ νηυσὶν Ἀχαιῶν.
【我将把一辆战车、两匹拱脖子良马
——阿该亚人的快船上最好的牲口。】

οὕτως Ἀρίσταρχος, οἵ κεν ἄριστοι ἔωσι· ὁ δὲ Ζηνόδοτος αὐτοὺς οἳ φορέουσιν ἀμύμονα Πηλείωνα（参看第 323 行）· *Ἀρισοφάνης καλοὺς οἳ φορέουσιν.*【阿里斯塔库斯说是指勇士们的牲口；而芝诺多图斯云是指佩琉斯之子的车马；阿里斯托芬则谓解作辎重便好。】

在下面这段文字（《伊利亚特》，viii 535—541）中，有页边的考辨符号，以及一条注解，是由阿里斯托尼库斯引述的芝诺多图斯和阿里斯塔库斯的观点，并附言狄都慕斯也如同阿里斯托尼库斯那样陈述过 142
这些观点：

α

Ↄ αὔριον ἣν ἀρετὴν διαείσεται, εἴ κ'ἐμὸν ἔγχος

Ↄ μείνηι ἐπερχόμενον· ἀλλ'ἐν πρώτοισιν, ὀΐω,

Ↄ κείσεται οὐτηθείς, πολέες δ'ἀμφ'αὐτόν ἑταῖροι,

· ἠελίου ἀνιόντος ἐς αὔριον. εἰ γὰρ ἐγὼν ὧς

· εἴην ἀθάνατος καὶ ἀγήρως ἤματα πάντα,

· τιοίμην δ' ὡς τίετ'Ἀθηναίη καὶ Ἀπόλλων,

ὡς νῦν ἡμέρη ἥδε κακὸν φέρει Ἀργείοισιν.【译按，据罗念生、王焕生译文，作“明天他会认识他的勇气能不能 / 抵抗我的长枪的袭击。我却认为 / 他会在前锋当中受伤，躺在地上，/ 他的许多伴侣在明朝太阳升起时，/ 也躺在他的身边。但愿我在自己的日子里 / 能长生不老，像雅典娜、阿波罗受尊重，/ 像明天会给阿尔戈斯人带来祸害一样”。】

ὅτι ἢ τούτους δεῖ τοὺς τρεῖς στίχους μένειν, οἷς τὸ ἀντίσιγμα παράκειται, ἢ τοὺς ἑξῆς τρεῖς, οἷς αἱ στιγμαὶ παράκεινται· εἰς γὰρ τὴν αὐτὴν γεγραμμένοι εἰσὶ διάνοιαν. ἐγκρίνει δὲ μᾶλλον ὁ Ἀρίσταρχος τοὺς δευτέρους διὰ τὸ καυχηματικωτέρους εἶναι τοὺς λόγους· ὁ δὲ Ζηνόδοτος τοὺς πρώτους τρεῖς οὐδὲ ἔγραφεν. τὰ αὐτὰ δὲ λέγει περὶ τῶν στίχων τούτων ὁ Δίδυμος ἃ καὶ ὁ Ἀριστόνικος· διὸ οὐκ ἐγράψαμεν τὰ Διδύμου.【有三行位置应固定，旁边标以倒 sigma 号，之后的三行则标以圆点号；它们这样标写出来是有意义的。阿里斯塔库斯偏爱第二组的三行，自信此说为真；芝诺多图斯认为第一组的三行不该被写入。狄都慕斯和阿里斯托尼库斯对这些诗行也持同样看法；因此没记下狄都慕斯的意见。】（在抄本中，第三个 στιγμή 应该置于末行之前，而非次末行之前，这显然是自阿里斯塔库斯

的校订本中所阙如的。)[1]

狄都慕斯也写过关于赫西俄德、品达和巴居理德斯，以及埃斯库罗斯、索福克勒斯和欧里庇得斯的评注。品达和索福克勒斯中的很多注释，以及三位悲剧诗人的传记，可能都该主要归于他的笔下。他还评注过喜剧诗人欧波利斯、克剌提努斯和阿里斯托芬，现存后者的会注集可由叙马库斯 Symmachus 追溯到狄都慕斯，最终至于拜占庭的阿里斯托芬[2]。他又扩张精力至散文研究领域中，将修昔底德编订一过，后来马赛林努斯为修昔底德作传，其全部抑或至少是第 1—45 节借鉴自狄都慕斯[3]；他还编订了阿提卡演说家安提丰、伊塞乌斯、叙珀芮德斯、埃斯奇纳斯、德摩斯提尼[4]的著作，此外还有至少十卷的关于演说家们的修辞学作品摘要备览，以及一篇专论，题为 *περὶ τοῦ δεκατεῦσαι*【《什一论》，译 143
按，*δεκατεῦσαι* 多指什一税】。他的语法学著作包括一篇论文，涉及词尾变化（*περὶ παθῶν*）和表音法；他的文学和古物学的论文，涉及神话与传奇（*ξένη ἱστορία*【异域史事】）、荷马的生地、埃涅阿斯的死亡、阿纳克

1　阿里斯托芬、阿里斯塔库斯和他的传人阿蒙尼乌斯，以及狄都慕斯和阿里斯托尼库斯，俱在关于《伊利亚特》x 398 的集注中被提及，有部分曾被 Leaf 在注释中引述过。参看 H. Browne 的《荷马学手册》*Handbook of Homeric Study*（1905）中的摹本，p. 54。

2　叙马库斯全盛期在西元 100 年（Wilamowitz，《欧里庇得斯的赫拉克勒斯》，i 179[1]）；参看 O. Schneider，《论阿里斯托芬会注集中的古代注疏来源》*De veterum in Aristophanem scholiorum fontibus commentatio*，pp. 59–63。

3　Susemihl，ii 203，注释 314。

4　《论德摩斯提尼评注》*De Demosthene commenta*，Diels 与 Schubart 编订本（1904），包括了许多出自斐洛柯儒斯 Philochorus 和忒欧庞普斯著作的引文，以及一部德摩斯提尼《反阿理斯托刻剌忒》*contra Aristocratem* 字义汇释的残篇。另见 Foucart 的《备忘录》*Mémoire*（1907）。

里翁和萨福[1]、抒情诗人、梭伦的ἄξονες[2]【旋转柱】、谚语，甚至还谈论到西塞罗的《共和国篇》*De Republica*。

尽管他恢复了阿里斯塔库斯对荷马的校订本，对系统的文本考辨之要求，看来却是稍逊于认知的。有比他年少些的同代人，亚历山大里亚的阿里斯托尼库斯，写了一篇关于阿里斯塔库斯所用考辨符号的论文；且莫论狄都慕斯与阿里斯托尼库斯的观点有何异同，后者更合适被立为规矩[3]。阿里斯托尼库斯的著作可能作于狄都慕斯的同类主题著作之前[4]，且显然是提供了更为完整的阿里斯塔库斯考辨之段落[5]。在狄都慕斯对品达和阿里斯托芬、索福克勒斯和欧里庇得斯的评注里，鲜见其非凡之睿智；然而我们应感念斯人，正是他广为搜集有考辨与注疏的古人著作，并将这些成果传于后世。戛戛独造的学者们俱已逝去了，若要尽其所能地贡献一份心力，唯有悉心去保存那丰富的古代学识；这就是狄都慕斯诚挚又勤勉地献予我们的[6]。

比狄都慕斯稍幼的同代人中，有一长于语法学和纯学术之人，其全盛期在奥古斯都治时，名叫忒律丰 Tryphon，其父为阿蒙尼乌斯，可能不是那个阿里斯塔库斯的学生[7]。忒律丰著作残篇见存于数人之作品中，包

---

1 塞内加:《书简集》，88§§37。

2 普鲁塔克:《梭伦传》，1。

3 参看 Christ，§443，p. 635[4]；Wilamowitz，前揭书，161。

4 Lehrs，前揭书，28[3]；Ludwich，《狄都慕斯残篇所存的阿里斯塔库斯之荷马文本考辨》*Aristarchs Homerische Textkritik nach den Fragmenten des Didymos*，i 51。

5 Ludwich，i 60 以下。

6 Wilamowitz，《欧里庇得斯的赫拉克勒斯》，i 157–166[1]；参看 Christ，§443[3]；Susemihl，ii 195–210；M. Schmidt，《亚历山大里亚语法学家"铜肠胃"狄都慕斯残篇集》*Didymi Chalcenteri Grammatici Alexandrini Fragmenta Quae Supersunt Omnia*（1854）；Ludwig，前揭书；以及 Hübner 的《古典学研究目录》，§14，p. 22。

7 上文第 138 页。

括阿波罗尼乌斯·狄斯古卢斯 Apollonius Dyscolus、希洛狄安、阿特纳奥斯，以及第三位阿蒙尼乌斯 Ammonius（约在西元 389 年），末者曾摘录 144 过赫伦尼乌斯·菲隆 Herennius Philon（约在西元 100 年）关于同义字的著作。从这些残篇上来看，除却讨论表音与声律，以及言语之各部的一些问题外，他还论述过希腊的方言与书面表达、音乐的术语、动植物的名称。今日尚存有一部后世人的摘录，取自他论述字母变化以及比喻和韵律的著作，但其中许多部分仅留下了标题，例如关于荷马的方言和抒情诗人，以及关于多里斯和埃奥利斯方言的部分即是如此。为数众多的标题表明，他是一位“类推法”的笃信者[1]。

亚历山大里亚的“语法学家”忒翁 Theon，全盛期在提比略治时， 忒翁 写过《奥德赛》的评注，可能也注过品达的作品；确然曾编纂过一部悲剧和喜剧用语的辞典，使用了狄都慕斯所搜集的材料。他继承其父阿耳忒密多儒 Artemidorus 之业，完成了卡利马库斯《起因》（*Αἴτια*）的评注，此外还独立评注了吕柯弗隆、提奥克里忒、罗德斯的阿波罗尼乌斯以及尼坎德尔的著作。他与亚历山大里亚时期诗人们的关系便如同狄都慕斯与雅典古典时期的伟大作家们那样。因此堪称是“亚历山大里亚诗人们的狄都慕斯”[2]。

---

1 Christ，§554^4；Susemihl，ii 210–213；残篇由 Velsen 所搜集（柏林），1853；后由 Schwabe 进行补充，在《第欧尼修与波桑尼阿斯》*Dionysius et Pausanias*，p. 69。*Τρύφωνος τέχνη*【《忒律丰的技艺》】，由大英博物馆于 1891 年出版。

2 Christ，§554^4；Susemihl，ii 215–217。参看 Maass 在《语文学研究》*Philologische Untersuchungen*，iii 33，并参看 Wilamowitz，前揭书，i 156，161，186。
在此对忒律丰与忒翁所作的简短评论中，我们已经逾出此卷的年代限定。后来的亚历山大里亚学者，自潘费卢斯 Pamphilus 和阿庇翁 Apion 以降之人物，留待罗马时期再谈（下文第 295 页）。

亚历山大里亚诸学者（如我们所见）大体上几无例外地关注对希腊诗人文辞考辨，首先是研究荷马，继而是对品达和诸戏剧诗人。他们是专业学者的最早的典范，现代世界应感念他们所做的贡献——将希腊黄金时代的文学加以考辨和分类，并传于后世。现在，我们要结束对亚历山大里亚文辞考辨之学人的拜访，转入新的话题，关注帕迦马学派所培养出的更为多样的研究，以及与此学派相关联的语法学体系。

145

图 7　托勒密一世与柏列尼珂一世（左），托勒密二世和雅希娜二世（右）

托勒密二世和雅希娜二世时期的 8 德拉克马 Octadrachm 金币，上镌有 *ΘΕΩΝ ΑΔΕΛΦΩΝ* 字样（来自大英博物馆）

另有托勒密一世、柏列尼珂一世与他们的儿子托勒密二世的肖像，材质为红玉髓，是 Muirhead 的藏品，收录入 C. W. King 先生的《古代玉器与指环》*Antique Gems and Rings*，I p. ix 以及 II pl. xlvii 6，King 先生谓此物可能是用作托勒密二世的印章

第九章

斯多葛哲人与帕迦马学派 146

斯多葛派的语法学

斯多葛派哲人们研究语法学，并不以此学本身为目的，而是作为论理学完整体系的一个必要环节。他们使用的术语多为语法学家所一直沿用，而关于语言之实质的论说则在现代读者们看来甚无新意。他们区别开不谙表达的动物之嗥吠与发音清楚的人类语音（*φωνὴ ἔναρθρος*）。后者要么可能变成书写（*ἔγγραμμος*），要么则不能书写（*ἄγραμμος*）。若这语言变成了书写，就成为 *λέξις*【词语】，其组成要素为 24 个字母。他们进而区分了字母的发音（*στοιχεῖον*）与其书写时的字符（*χαρακτὴρ τοῦ στοιχείου*），以及字符的名称（例如 *ἄλφα*）。他们认为字母由七个元音和六个辅音（*β γ δ*，*π κ τ*）组成，余者俱被随意地当作为半元音了。词语（*λέξις*）即由这些字母组成，或可传意（*σημαντικαί*）或不可。前者即成为一种 *λόγος*【语言】；*λέγειν*【说话】便是用言词对理智所作的表述，而 *προφέρεσθαι*【宣讲】仅意味着声音的表达。言辞可成散文，亦可成韵体；它分有两重性质，各诉诸耳与心神[1]。早期斯多葛派哲人们将语词划分为四部，ὄνομα、ῥῆμα、σύνδεσμος、ἄρθρον【名词、动词、连词、连接词（冠词）】，克律西波则又分别了作为“专有名称”的 ὄνομα【名词】（例如 Σωκράτης【苏格拉
147 底】），和 ὄνομα προσηγορικόν，***nomen appellativum***【普通名词】（例如 ἄνθρωπος【人】）。在 ἄρθρον【连接词】之下包括了代词与冠词，且他们已经注意到 ἄρθρον 有词形变化而 σύνδεσμος【连词】没有。对 ῥῆμα【动词】的定义与 κατηγόρημα 或谓词相同。谓词可以是主动的（ὀρθά）、被动的（ὕπτια）或是中性的（οὐδέτερα）。一种特别类型的动词虽则在形式上是被动态，但不合乎其实义，乃是“反身使动态”动词（ἀντιπεπονθότα），现在通常称作“中动态”。πτῶσις，或谓“词形变化”，被斯多葛哲人们用在名词和 ἄρθρον（代词与形容词）上，而不用于动词。尽管亚里士多德称主格名词为 ὄνομα【名词】，而间接格【译按，主格之外的其他格】名词形式为 πτῶσις【词形变化】，然而斯多葛哲人却认为主格的名词也属于 πτῶσις【词形变化】，但他们不会（如亚里士多德般）称呼副词为相应形容词的一个 πτῶσις【词形变化】[2]。他们确实将 πτῶσις 限定于四格中，即主格（ὀρθὴ πτῶσις 或 εὐθεῖα，casus rectus）与其他三种间接格（πτῶσις πλάγιαι），依次为属格（γενική）、与格（δοτική）和宾格（αἰτιατική）。这些间接格的原初之义不久即被遗忘了；宾格在起初时并非意谓所非难之对象，而是一个举动的效果（τὸ

1　第欧根尼·拉尔修，vii 55–58；参看 R. Schmidt，《斯多葛派的语法学》*Stoicorum Grammatica*（哈雷 Halle，1839），p. 18 以下；Gräfenhan，《古代的古典语文学史》，i 441，505；Steinthal，《语言学史》，i 291–293，以及 Egger，前揭书，p. 349 以下。

2　上文第 97 页。Steinthal，i 297–303。

αἰτιατόν，“所导致的”）；是故对其原初义的最佳表征，可以 effectivus【“效果格”；译按，本义即实效的】或 causativus【“原因格”；译按，本义为作为原因的；此术语有时成为宾格的代称】当之。再者，γενική【属格】于斯多葛哲人唯可意谓 γένος【属】或种、类（如在“部分”属格中），尽管日后普理西安将之译作 generalis【属类】[1]。用时伴随有主格之主语的动词，被斯多葛派称作 σύμβαμα【完全谓词，= κατηγόρημα】（例如 περιπατεῖ【他四处走动】）；用时伴随有间接格主语者，则为 παρασύμβαμα【无人称谓词】（例如 μεταμέλει【后悔，懊恼】）。一个有主格之主语的动词需要一个间接格来组成完整语句，是谓 ἔλαττον ἢ σύμβαμα【译按，直译作“少于完全谓词”】（例如 Πλάτων φιλεῖ Δίωνα【柏拉图喜爱狄翁 Dion】）；一个有间接格主语的动词需要另一间接格来组成完整语句，则谓 ἔλαττον ἢ παρασύμβαμα【比较不确定的无人称动词】（例如 Σωκράτει μεταέλει Ἀλκιβιάδους【亚西比阿德（属格）令苏格拉底（与格）感到懊恼】）[2]。换言之，这是两类动词，有人称的和无人称的，其彼此各又可分成及物的与不及物的。过去、现在和未来的时态，则被区别为 παρῳχημένος、ἐνεστώς 和 μέλλων 三种（χρόνος【时态】）。斯多葛哲人们为现在与过去时态所命之名称如下：

现在时：（χρόνος）ἐνεστώς παρατατικός【现在持续进行的（时态）】（或 ἀτελής【未完成的】）。 148

未完成过去时：παρῳχημένος παρατατικός（或 ἀτελής）【过去持续

1 Zeller 的《斯多葛派、伊壁鸠鲁派与怀疑派》*Stoics, Epicureans and Sceptics*，p. 94。

2 Steinthal，i 306.

进行的（或未完成的）】。

完成时：ἐνεστὼς συντελικός【现在完成的】（或 τέλειος【完成的】）。

过去完成时：παρῳχημένος συντελικός（或 τέλειος）【过去完成的】。

以上四种时态，无论 τέλειοι【完成时】或 ἀτελεῖς【未完成时】，俱为 ὡρισμένοι【确定了时限的】，(tempora) finita【完成（时）】；其他时态，无论未来时或过去时，则都是 ἀόριστοι【不定式，译按，ἀόριστος 意谓没有确定时限的】；但是，尽管未来被称作 ὁ μέλλων（χρόνος），ἀόριστοι 这词只用于过去时中[1]。

斯多葛哲人也特别留心于词源学。他们将语言视作自然之产物，且言“拟声法” onomatopoeia 为最初构词的原则。此说由奥利金 Origen 明确提出[2]，后来在一篇署名圣奥古斯丁的著论[3]中得到认可；然而在此二人之前，斯多葛哲人们词源学说中的空想已被盖伦[4]挑剔过了。除却第欧根

---

1 Steinthal，i 309，314；T. Rumpel，《以希腊语为中心的词形变化学》*Die Casuslehre in besonderer Beziehung auf die griechische Sprache*，1845，pp. 1–70。

2 《驳科尔苏斯》, i p. 18，...*ὡς νομίζουσιν οἱ ἀπὸ τῆς Στοᾶς φύσει (ἐστὶ τὰ ὀνόματα), μιμουμένων τῶν πρώτων φωνῶν τὰ πράγματα καθ'ὧν τὰ ὀνόματα, καθὸ καὶ στοιχεῖά τινα ἐτυμολογίας εἰσάγουσιν*【斯多葛哲人言（名谓为）天造之物，最初之词语为事物之摹仿，名谓即依此而生成，遵照此理他们得出了词源学的规则】。

3 《辨术初阶》*Principia Dialeticae*，c. 6，haec quasi cunabula verborum esse crediderunt，ut sensus rerum cum sonorum sensu concordarent【他们（斯多葛派）视此有如语词之摇篮，此间事物之意义与音声之意义相谐】。

4 《柏拉图与希波克拉底学述》*De Placitis Hippocratis et Platonis*，ii 2，*ἀλαζὼν ἐστι μάρτυς ἡ ἐτυμολογία... τὴν βελτίστην ἐτυμολογίαν ἤ τι ἄλλο τοιοῦτον, ἃ περαίνει μὲν οὐδέν, ἀναλίσκει δὲ καὶ κατατρίβει μάτην ἡμῶν τὸν χρόνον.*【译按，删节号前后部分在原文中的顺序有所颠倒。大意说：这等词源学所持有的是炫人眼目的证据……有些人如此着迷于词源学，其情形却是一方面毫无成绩，一方面还白费了本可有所收获的功夫。】——关于这个话题的概述，参看 R. Schmidt，《斯多葛派的语法学》；另见 Steinthal，i 271–374；Christ，§426[4]，以及 Susemihl，i 48–87。

尼·拉尔修和几位亚里士多德的古代评注家外，我们所知斯多葛哲人们关于语言问题的意见，就主要来源于前揭圣奥古斯丁的这篇论文了[1]。他们的语法学理论为瓦罗所熟知，他（如其所言）融会贯通了克理安忒斯 Cleanthes 与拜占庭的阿里斯托芬二人之学问[2]。

斯多葛学派的建立者是齐庭的芝诺 Zeno of Citium（西元前 364—前 芝诺
263 年）[3]，据言曾写过 *περὶ λέξεων*【《论措辞》】，且以斯多葛派的术语来说，*λέξις* 被定义作“书写出的语声”，可推想此书主要在界定概念，而在其中有些段落里作者采用了“语法错误”【译按，原文中的 solecism 即由
古希腊语演变而来，参阅第欧根尼·拉尔修《名哲言行录》，i 51】一词的引申含 149
义[4]。他也论“诗”，产生了五卷关于“荷马问题”的著述，寓意派的阐释充斥其中，这理应遭到阿里斯塔库斯[5]的抨击。如同亚里士多德，他也认同将《玛耳基忒斯》*Margites* 视为荷马的作品，在《奥德赛》iv 84 中，通过校勘他提出有处文字指涉的是“阿拉伯人”[6]。他认为宙斯、赫拉和波赛冬分别代表了以太、空气和水；于是在解说赫西俄德的《神谱》时，他恣意发挥其词源学的玄想能耐[7]。通常是研读神话，也特别地眷顾荷马史诗，斯多葛派哲人的寓意发微，实为他们的学术特色之一了[8]。

---

1 Steinthal，i 293 以下；Teuffel，《罗马文学史》*Geschichte der römischen Litteratur*，§440,7，Schwabe 修订本。

2 瓦罗：《论拉丁语》*De Lingua Latina*，v. 9，non solum ad Aristophanis lucernam，sed etiam ad Cleanthis lucubravi【不仅借助于阿里斯托芬的烛照，也还依靠了克理安忒斯的指引】。

3 Gomperz，在维也纳的科学院《会议报告》，cxlvi（1903），6。

4 A. C. Pearson，《芝诺与克理安忒斯残篇》*Fragments of Zeno and Cleanthes*，pp. 27，81，82。

5 第欧根尼·拉尔修，vii 4；“金嘴”狄翁 Dion Chrysostomus，《演说辞》*Orationes*，53，4。

6 Pearson，前揭书，pp. 31，218，219。

7 Pearson，前揭书，pp. 13，155。

8 Zeller 的《斯多葛派、伊壁鸠鲁派与怀疑派》，334–348。

克理安忒斯 芝诺的传人，阿索斯的克理安忒斯 Cleanthes of Assos（西元前 331—前 232 年），写过语法论著，并且是斯多葛派中第一位修辞学作家[1]。曾在其著作 *περὶ τοῦ ποιητοῦ*【《论诗家》】中论及荷马，将俏皮的词源学说和玄妙的寓意阐释运用于对诗人的解说中去。在他对于“摩吕【译按，*μῶλυ*，见于《奥德赛》，x 305，为一种黑根白花的植物】草”的寓意发微中，我们见到 *ἀλληγορικῶς*【副词，以寓意的方式（表达）】的最早词例[2]。依克理安忒斯之见，“厄留息斯秘仪 the Eleusinian mysteries 是一种有寓意的象征；荷马史诗，假如得以恰当地理解，便是真理的明证；宙斯、珀瑟丰涅 Persephone、阿波罗和阿弗洛狄忒都有某个确定的真名，可以揭示出幽昧的义理，乃是被日常的信仰遮蔽而非保存者，赫拉克勒斯与阿特拉斯的神话中亦有同样的真义”[3]。他声称诗歌是表现神圣之尊严的最佳媒介[4]；他那庄重高雅的《宙斯颂歌》今尚留存于世[5]。

克律西波 作为语法学和斯多葛派总体学说的代表人物，克理安忒斯不及克律
150 西波 Chrysippus（约西元前 280—约前 208 至 204 年）名气大，此人就如斯多葛派的廊柱一般为世人所熟知[6]，*εἰ μὴ γὰρ ἦν Χρύσιππος, οὐκ ἂν ἦν Στοά*【若无克律西波，便无斯多葛派】[7]。他品性慎独，拒绝了亚历山大

---

1 西塞罗:《论至善与至恶》*De Finibus*，iv 7；昆体良，ii 15，35；Striller，《斯多葛派修辞学述评》*De Stoicorum studiis rhetoricis*。

2 Pearson，前揭书，pp. 287，293。

3 上书，p. 43。

4 菲洛德慕斯 Philodemus，《论音乐》*De Musica*，col. 28；参看塞内加:《书简集》，108，10（上书，p. 279 以下）。

5 斯托拜乌斯:《牧歌集》*Eclogues*，i 1，12（上书，p. 274）。

6 西塞罗:《论学园派》*Academica*，*ii 75*，qui fulcire putabatur porticum Stoicorum【如斯多葛派门廊之坚柱】。

7 第欧根尼·拉尔修，vii 183。

里亚朝廷的征聘，且从不将他为数甚巨的著作题献给王室。他著作多达700余种，而据说他辩舌如簧，无人可及项背，在文字功夫上却甚为粗疏[1]；因此著作未能流传久远。他本是西里西亚的梭里 Soli 人氏，写过数篇论述“语法错误”Solecisms 的文章，此后这个术语便不再与梭里土著的方言有什么瓜葛了，而只是意味着逻辑谬误，以及对优雅谈吐与正确发音的冒犯了[2]。他也写了一系列论“含混”（*ἀμφιβολία*）的著作，以及“论五格”“论单数与复数的术语”“论修辞学”和“论语词的部类”等文[3]。克律西波提出语词部类的五分法（*ὄνομα*、*προσηγορία*、*ῥῆμα*、*σύνδεσμος*、*ἄρθρον*【名词、普通名词、动词、连词、冠词】），其门生，塔尔瑟斯的安提帕忒 Antipater of Tarsus，添加了第六部类（*μεσότης*【中动态动词】）。克律西波同意芝诺的观点，谓泰初不仅有正义，而且有律法，以及正确的言词（*ὀρθὸς λόγος*）。他写了四卷的书来论述“异态”anomaly[4]，（就已知情形而言）是第一个在语法学意义上择用此术语的，与“类推”analogy 相对应[5]，持“类推”说者坚称词语的形式有适应的规则，持“异态”说者则强调**例外**。亚历山大里亚的考辨家阿里斯塔库斯坚持“类推”说，而拥护“异态”说最力者，为斯多葛哲人玛洛斯的克剌忒斯，此人如克律西波与安提帕忒一样，为西里西亚土著，至后来（约在西元前168年）成为帕迦马学派的领军人物。

帕迦马及其统治者

亚历山大里亚城在学术文化上的对手城市帕迦马，古时即为一雄

1 哈利卡那苏斯的第欧尼修:《论文章作法》，c. 4。

2 Gräfenhan，i 508以下。

3 Classen，《希腊语法初论》，73以下。

4 第欧根尼·拉尔修，vii 192，*περὶ τῆς κατὰ τὰς λέξεις ἀνωμαλίας πρὸς Δίωνα, δ*【《与狄翁论异态词书》，四卷】；瓦罗:《论拉丁语》，ix 1（Susemihl，ii 8）。

5 Lersch，《古代语言哲学》，i 51。

城名镇，矗立于密息亚 Mysia 的海岸 15 英里之外处，俯瞰整个开伊库斯 Caïcus 谷。早在亚历山大里亚时期初年，色雷斯 Thrace 君主利西麦克斯 Lysimachus 帐下的钱粮司长官，菲勒泰儒斯 Philetaerus，在此创建一个王朝。摆脱了对利西麦克斯应尽的臣子之道后（约在西元前 283 年），
151 他挪用了 9000 塔伦特的巨资来树立威信，并将权力传与他的子侄攸美尼斯一世 Eumenes I（西元前 263—前 241 年）和阿塔卢斯一世 Attalus I（西元前 241—前 197 年）。攸美尼斯一世曾慷慨地资助阿耳刻息劳斯 Arcesilaus，此人生在邻城皮坦涅 Pitane，为雅典中期学园的第一位祭酒，曾写作隽语诗颂赞阿塔卢斯一世；不仅如此，攸美尼斯一世还将逍遥派哲人里柯 Lycon 诚邀至其宫廷[1]。著名的阿塔卢斯一世继承其位后，成功地击退高卢入侵者，开始自封为王，并以华美的青铜群像来庆祝其战功，最著名者是名为“垂死的高卢人”的，今唯存其大理石的复制品，藏于卡彼托博物馆，为我们所熟知。在被征调来塑成群像的雕刻家中，有一人叫安提贡努斯 Antigonus，他也写过关于金属浮雕法和著名画家的论文，一度也被称为卡律斯托 Carystos 的安提贡努斯[2]。这位雕刻家兼论述艺术的作家，因此便被认作是人名、地名都相吻合的一位作者，卒年略晚于西元前 226 年的，后者写过一部哲人生平录，被第欧根尼·拉尔修频频引述，以及一部关于自然界奇景的著作，迄今尚存。文学上他是帕迦马学派早期的首席代表[3]。阿塔卢斯一世本人也是位著述家，他对特洛

---

1 第欧根尼·拉尔修，iv 30，38。【译按，里柯的证据见于该书，v 67。】

2 芝诺比乌斯 Zenobius，《谚语集》*Paroemia*，v 82。

3 参看 Wilamowitz 富有才情与创见的著作，《卡律斯托的安提贡努斯》，见于《古典语文学研究》，iv；又参见 Christ，§430[4]；以及 Susemihl，i 468 以下。

阿德 Troad 地方巨大松树的描绘留存于斯特拉波著作里[1]。拉居德 Lacydes 继阿耳刻息劳斯之任，成为雅典的学园领导人【译按，新学园的创立者】，阿塔卢斯邀请他到帕迦马的王廷中来，却遭到拒绝，拉居德巧妙地回复说，影像应该隔着一段距离欣赏。尽管如此，阿塔卢斯专为拉居德在学园中安置了一座花园【译按，命名为 Lacydeum】[2]。他较为顺利地邀请来了未来的历史家，尚还年轻的涅安忒斯 Neanthes，以及著名的数学家，珀迦的阿波罗尼乌斯，此人把他论述圆锥曲线的名著题献给了阿塔卢斯一世。可能是在他治时，帕迦马的图书馆开始搜集书稿，但是建立该馆的 图书馆
可信年代，被斯特拉波[3]判定为在其后的攸美尼斯二世在位期间（西元前
197—前 159 年）。这位攸美尼斯是阿塔卢斯的长子，他的母亲是阿珀勒 152
霓 Apollonis，其美丽的头像被镌刻在居齐库斯 Cyzicus【译按，在小亚细亚北部，为阿珀勒霓的故乡】的钱币[4]上。攸美尼斯二世力求使他的图书馆达到与亚历山大里亚图书馆相抗衡的水平，且花费心思地劝诱拜占庭的阿里斯托芬离开亚城到帕迦马来[5]。他以修筑华厦来装点其首都，包括一座宙斯的大神坛。伟丽的万神殿中的神话造像极具生气，于檐壁上表现着诸神与提坦们的战争，其形象丰富多变的特征可能得益于帕迦马图书馆里博学的神话家们所给予的灵感[6]。神坛之年代被判定为约在西元前 180—前 170 年，而我们对其雕像的认知，以及有关帕迦马全城的建筑与地

---

1 p. 603.

2 第欧根尼·拉尔修，iv 60。

3 p. 624.

4 Head 的《古币》*Coins of the Ancients*，图版 48, 6。至于攸美尼斯二世的肖像，见下文第 166 页。

5 苏伊达斯（Ἀριστοφ 词条下），ὡς βουλόμενος πρὸς Εὐμένη φυγεῖν【他被控告意欲投奔攸美尼斯】，见上文第 111 页。

6 E. A. Gardner 的《希腊雕像手册》*Handbook of Greek Sculpture*，ii 462。

貌，经由德国人在 1878—1886 年的发掘得以增广[1]。神坛区外有处低下的平地，在此筑有剧场，占据一片广阔的平台，靠近神坛的左翼。在剧场和神坛之上，有一区域，为雅典娜普里阿斯·尼柯弗儒斯 Athena Polias Nicephorus【译按，意谓“带来胜利的城市保护女神”雅典娜】的神庙，再远的高处是卫城，在海拔 1000 英尺。雅典娜神庙区是一块 240 × 162 平方英尺的矩形场地，东边有 19 英尺宽的单排柱廊，北边则是两倍宽的双排柱廊。这些柱廊是双层的，北边的上层双排柱廊在被发现时还保存有四个大房间。其中最大的一个 42 英尺长、49 英尺宽，余者长度各有不同，宽度在 39 英尺。最大那间的东、北、西三面，设有狭窄的平台和座椅，北面的中央有一石具，被认为是某座雕像的基座。在此基座的前面靠近东南出口的地方，发现一座雅典娜的巨型雕像，以敬奉这位图书馆的监
153 护神[2]；在此废墟的近旁，有些塑像基座上各题有荷马、阿尔凯乌斯、希罗多德和米利都的提摩透斯 Timotheus of Miletus（卒于西元前 357 年）几人的名号，此外还有两位名不见经传的马其顿历史家（阿波罗尼乌斯和巴剌刻卢斯 Balacrus）[3]。15 世纪初，在帕迦马发现的一片石头上镌有向萨福致敬的对句诗，当是《文苑英华集》vii 15，西顿的安提帕忒 Antipater of Sidon（约在西元前 150 年）之作。这些俱可表明此处为一图书馆[4]。在最大的房间中，北墙上有两排孔洞，其较低的一排甚还延伸到东墙。这可能是用来支撑托架的。很有可能的是，这四间屋的墟址便是著名的帕

---

1 参看其官方报道；亦见于 Baumeister 的《古典名物志》*Denkmäler des klassischen Altertums*，pp. 1201–1287；以及 Holm，iv c. 21，n. 1 等。

2 玉万纳尔，iii 219；普林尼:《自然史》，vii 210。

3 Fränkel，第 198–203 号。

4 普林尼:《自然史》，xxxv 10。

迦马图书馆所仅存的残余了[1]。附近的小室，许是供抄写员和服务员所用的，然而图书馆前部的上层柱廊，也许该是用作通道或休闲室。总之它面朝东南，有阳光充足的景观，可俯览邻近的“胜利女神雅典娜”之殿堂，以及庭中用以纪念战功或曰感恩的刻像，极目展望，则是开伊库斯谷的辽远风景。

柱廊和前述文学家雕像上的题铭，或被判定属于阿塔卢斯二世在位期（西元前159—前138年）[2]，此君如他的两位先王一样，亦是位艺术与学术的赞助者。就是此阿塔卢斯二世，当雅典的阿波罗多儒斯离开亚历山大里亚来到帕迦马（约在西元前146年），就将其编年史巨著题献与他[3]。他是斯多葛派哲人塞琉古斯Seleucus的门人，也曾从阿里斯塔库斯处问学多年，对亚历山大里亚与帕迦马两派学术有所贯通，其中帕迦马学术与斯多葛派哲学有紧密联系。

阿塔卢斯二世传位于阿塔卢斯三世（西元前138—前133年），此人 154
为暴君，于赞助学术或是提高雕刻与建筑技艺方面都没能追随其先王们所树立的伟大典范。然而他的确是尼坎德尔（约西元前202—约前133年）所赞颂的对象，上文已经提及[4]的这位写作毒蛇咬伤和解毒的教诲诗人，他可能颇为理解这位君王的追求。阿塔卢斯三世荒于朝政，唯以

---

1 Conze,《柏林德意志科学院月刊》*Monatsberichte der Deutschen Akademie der Wissenschaften zu Berlin*, 1884, pp. 129–1270；Baumeister的《古典名物志》, p. 1222, 以及p. 1215处的总图, p. 1219处的雅典娜神庙区的复原图;《鲍礼古典学百科全书》, *Bibliotheken* 词条下, p. 414；Pontremoli和Collignon的《帕迦马》*Pergame*, pp. 135–152；以及J. W. Clark,《书之关护》*The Care of Books*（1901）, pp. 7–11, 是处有一幅图书馆的结构图, 简化自《帕迦马古物研究》*Altertümer von Pergamon*, 1885, 卷2, 图iii。

2 Urlichs,《帕迦马题铭》*Inschriften von Pergamon*（1883）, p. 20以下。

3 见上文第137页。

4 上文第116页。

园艺自娱，特别热衷于种植有毒的花草。他还爱好制作蜡模和浇铸青铜像[1]。便是在这般衰落的光景中，阿塔利得朝对于艺术的赞助在其末期也显得气数将尽了。帕迦马的碑铭上却赞扬阿塔卢斯三世的某些战功（可能包括了一次小小的拓疆），都是不说则无人知晓的事情。他在位的短短五年间，最值得载记史册的，莫过于他的遗产落入罗马人之手（西元前 133 年）。至此他的家族掌权恰好是 150 年[2]。

伊利翁的珀勒蒙

上文说及卡律斯托的安提贡努斯是早期帕迦马学派的首席代表[3]。此外效忠于帕迦马王室的学者还有伊利翁的珀勒蒙 Polemon of Ilium，他与拜占庭的阿里斯托芬同世（全盛期在西元前 200—前 177 年）。现知他曾投书给阿塔卢斯，可能是阿塔卢斯一世。他关于德尔斐宝库的著作无疑得到了赏识，在西元前 177 年他当上了该地的**保护人** *proxenos*。他在雅典居停了一段时间，成为公民，但也许这发生在帕迦马；但是他特别为人所知的是他在希腊全境以及意大利和西西里的漫游。他是位多产的希腊方志作家，且勤于誊写、搜集和解说碑石文字，这使得他受到后来克剌忒斯所追赠的头衔，stelokopas，或谓“轻叩石碑者”[4]，这个称号提醒
155 我们，这位巡行四方的文物家，对纪念碑上苔痕斑斑的缔约人名号甚为眷顾，举世遂以为他是个“老朽人物”。然而珀勒蒙更为著名的身份是 periegetes【游记作家】。狄都慕斯和阿里斯托尼库斯，斯特拉波和普鲁塔

---

1 查士丁 Justin，xxxvi 4，3（转见于 Susemihl，ii 415）。

2 关于帕迦马的历史，参看 Fynes Clinton，《希腊年代记》，iii 400–410；Holm 的《希腊史》*History of Greece*，iv c. 13，n. 6 以及 c. 21；以及 Wilcken 在《鲍礼古典学百科全书》的 *Attalus* 词条下。关于阿塔卢斯三世的“喜好”，参看 Mommsen，《罗马史》，Bk iv c. 1，以及 Mahaffy 在《赫尔墨斯与雅典娜》*Hermathena*，ix（1896），pp. 389–405。

3 上文第 151 页。

4 赫罗第库，转见于阿特纳奥斯，234 D。

克，都曾引述过他的著作。普鲁塔克颂赞过此人的学识及对于希腊文物的盎然兴味[1]。他将四卷书稿作为还愿的献礼，唯曾致于雅典卫城。有一问题是，波桑尼阿斯直接或间接地从珀勒蒙的著作中受益程度如何，尚须再三讨论，但是弗雷泽 Frazer 却否认有此影响[2]。珀勒蒙的兴趣并不局限于方志。他的古物寻访驱使他研究希腊喜剧，我们对于希腊戏拟剧的相关主题之认知几乎全来自珀勒蒙[3]。

斯刻博息的德米特理乌斯

大约西元前 150 年时候，古物之寻访可以特洛阿德地方斯刻博息的德米特理乌斯 Demetrius of Scepsis（约生于西元前 214 年）为代表，他写过 30 卷散漫无归的著作，谈论在《伊利亚特》卷 2 中仅占 60 行的特洛伊军队清单。用耶博 Jebb 教授的话说，“此著看来可能是亚历山大里亚时期皓首穷经者最令人惊羡的不朽之作了。从古代文献的各个领域，以及故老相传或乡邦载记里收存了大量的信息，以便于最为详赡地审量主题中的每个明示或暗含的要点。神话学、历史学、地理学、地形专论、旅人们的见闻录、不同时代和类别的诗歌，古代所有门类的科学，好像都被这位百科全书式的评注家调遣于笔端了”[4]。斯特拉波引述其人的文字有 25 段以上，特别是有关特洛阿德的地貌，在此他的乡土知识得到尤高的评价[5]。与米利都的希剌尼库斯 Hellanicus of Miletus 看法相同，伊利翁的珀

---

1 《会饮篇疑义》，v 2，675 B，*πολυμαθοῦς καὶ οὐ νυστάζοντος ἐν τοῖς Ἑλληνικοῖς πράγμασιν ἀνδρός*【博学多才，且孜孜不倦于寻访希腊古物】。

2 《波桑尼阿斯》*Pausanias*，I lxxxiii–xc。

3 阿特纳奥斯，698 B。Preller，《珀勒蒙的记游残篇》*Polemonis periegetae fragmenta*（1838）；Susemihl，i 665–676；Christ，434[4]。

4 《希腊研究学刊》*The Journal of Hellenic Studies*，ii 34 以下【译按，该文题名为《荷马史诗的与希腊的伊利翁》*Homeric and Hellenic Ilium*】。

5 p. 602，§43.

156 勒蒙怀着乡邦荣誉感，将特洛伊平原上的希腊城市伊利翁认作是荷马史诗中特洛伊的城址。希腊的伊利翁对应于希萨里克 Hissarlik，或即谢里曼 Schliemann 的“特洛伊”，距离赫勒斯滂海峡 Hellespont 仅 3 英里。伊利翁人的自负感被斯刻博息的德米特理乌斯打消，他认为该址位于再向内地行进 $3\frac{3}{4}$ 英里的高地上，相应于名为布拿拔舍 Bunárbashi 的村落[1]。

玛洛斯的克剌忒斯

伊利翁的珀勒蒙与斯刻博息的德米特理乌斯二人俱为特洛阿德人，属于帕迦马君王治下之民，我们要从彼辈转而提及一个与帕迦马当地关系密切的人名。便是攸美尼斯二世（图书馆的创建者）在位期间帕迦马学派的领袖，玛洛斯的克剌忒斯 Crates of Mallos。他强烈地反对比他年长些的同代人，伟大的考辨家亚历山大里亚的阿里斯塔库斯，（如克律西波一样）持“异态”说，以反对“类推”说[2]。他也反对阿里斯塔库斯以寓意观所解说的荷马（如上文所见[3]），此道正是克剌忒斯所在斯多葛派之胜长。他的观点见于其对荷马的寓意法评注，以及一部考辨学的评注

---

1 Jebb 的《荷马》，p. 148；参看《希腊研究学报》，ii 33，iii 185–217【译按，该文题名为《希萨里克墟址及其与〈伊利亚特〉的关系》*The Ruins at Hissarlik and Their Relation to the Iliad*】；以及（支持 Hissarlik 说的）Mahaffy，同上刊，iii 69 以下【该文题名为《希腊城市伊利翁之地址与文物》*The Site and Antiquity of the Hellenic Ilion*】。关于德米特理乌斯，参看 Susemihl，681–685；Christ，§392[4]；Leaf 的《特洛伊》*Troy*，1912，135 以下。

2 瓦罗，《论拉丁语》，ix 1，Crates nobilis grammaticus qui fretus Chrysippo homine acutissimo，qui reliquit περὶ ἀνωμαλίας IIII libros，contra analogiam atque Aristarchum est nixus【著名语法学家克剌忒斯，信服写作《论异态法》四卷的克律西波之才智，遂发难于阿里斯塔库斯所持的类推说】。葛琉斯，ii 25，ἀναλογία est similium similis declinatio，quam quidem Latine proportionem vocant. ἀνωμαλία est inaequalitas declinationum，consuetudinem sequens. Duo autem Graeci Grammatici illustres，Aristarchus et Crates，summo opere ille ἀναλογίαν，hic ἀνωμαλίαν defensitavit【“类推法”即相类的词具有相类的词形变化，便可算是拉丁语所谓的“规则性”。“异态法”则谓词形的无规则变化，其后的用法中也如是。有两位杰出的希腊语法学家，阿里斯塔库斯和克剌忒斯，各执一端，竞相辩难】。

3 上文第 149 页。

中，二书分别题名为“Ὁμηρικά”【荷马诗说】和“διορθωτικά”【校理正义】[1]。这些评注的残篇保存于《会注集》中，与出自“荷马生平”的些微载记掺杂在一起。此外我们还找到一些对赫西俄德的零散评注，以及确实可证明是出自其笔下的对欧里庇得斯和阿里斯托芬的评注，和一部论述阿提卡方言的著作。至于他是否“编订”了某个版本的荷马，即如其在对于文本的考评中所标榜的那样，则是不得而知的了[2]。他对荷马的 157
校读里颇不乏值得表彰者，如《伊利亚特》xxi 323 中的 τυμβοχόης【奠酒，垒坟，单数属格】（作 τυμβοχοῆσ(αι)【复数主格】，阿里斯塔库斯亦持同说），同卷 558 中的 πρὸς πεδίον Ἰδήιον【往伊达之原，译按，Ἴδη 谓“多林之山”，专指特洛伊郊外或克里特岛的伊达山。今荷马定本之《伊利亚特》，则作“往伊利翁平原”】（作 Ἰλήιον【伊利翁】），以及 xxiv 253 中的 κατηφέες【受辱】（作 κατηφόνες【辱没】）。在 xi 754 中他认为 διὰ σπιδέος【穿过平川】比 δι’ ἀσπιδέος【“穿过盾牌的（平川）”，译按，有注家解说其意谓“穿过丢得遍地盾牌的平川”，或谓当解作“盾牌形状的平川”，等等】更恰当[3]。他赞成芝诺多图斯与埃拉托色尼而反对阿里斯塔库斯之见，亦认为荷马将双数与复数形式结合使用[4]。他努力将荷马诗义合于斯多葛哲人们的地理学观念。据此观念，欧凯努斯 Oceanus 之奔流绕经整个热带地区，向两极地带各引出两条支

1　他可能曾建议对于《奥德赛》xii 106【译按，应为 105 行，言怪物卡律布狄斯每日三次吞吐海水】，用 δίς【两次】代替 τρίς【三次】（Ludwich 的《荷马之定本》*Homervulgata*）。

2　C. Wachsmuth，《玛洛斯的克刺忒斯》*De Cratete Mallota*（1860），p. 31；Ludwich，i 43；Maass，《阿拉图斯》*Aratea*，pp. 167–207；Helck，1905。Maass（p. 172）认定克刺忒斯写过三部荷马研究著作，（1）διόρθωσις【校理正义】，（2）περὶ διορθώσεως【各家校理平议】，（3）Ὁμηρικά【荷马诗说】。

3　Wachsmuth，28 以下。

4　同上书，20 以下。

流。奥底修斯的旅行见闻因此应该属于外层的海洋世界，而并非（如阿里斯塔库斯所认为的）发生在内层（或谓地中）海[1]。墨涅拉奥斯的七年旅程，被认为是从迦底剌 Gadeira【译按，或谓即今日西班牙西南之 Cádiz，为希腊神话中西方的地狱入口】到印度的航线[2]。对莱斯特律戈涅斯人 Laestrygones 之域的描述有云：“夜间与白日的牧放间隙很短暂【罗念生译文】”，克剌忒斯认为是指夜短的北方[3]。他对地理学的兴趣更可表现在一事上，即斯特拉波所提及的，他曾构造了一个地球仪[4]。

在“类推”与“异态”二说之间的争辩中，作为一个斯多葛学派的语法学家，克剌忒斯的关注点主要在变格与变位。拜占庭的阿里斯托芬曾辛苦地用五种测试法来将词语分类。举例来说，若两个词是同“类型”，则都是名词或动词，都有相同的“格”或“词形变化”，且在词尾、音节数和读音上都一致，他们是可以彼此“类推”的；也就是说他们属于同样的变格或变位。阿里斯塔库斯加入了第六种测试法，即所比较的二词是否都是简单词或复合词。克剌忒斯似是将如此费尽周折地判定变格、变位之律则的工作，视为无用且多余的事，他更愿意将此类语
158 言现象认作是约定俗成故无定法的结果。但是他错在全盘否认“类推”法，且等于是与亚历山大里亚学派符合事实的语法学术相对立[5]。

1 葛琉斯，xiv 6，3。

2 斯特拉波，p. 38；参看 Gudeman 的文章，见于《约翰斯·霍普金斯大学通报》*Johns Hopkins University Circulars*，1902 年 12 月号。

3 见阿拉图斯《天象》第 61 行集注。

4 p. 116。参看《赫库兰尼姆残卷》*Volumina Herculanensia*【译按，赫库兰尼姆 Herculaneum 即是与庞贝齐名的被火山灰湮没的意大利古城】，xi 147[2]，τὰ περὶ τῆς σφαιροποΐας ὁ Κρ[ά]της【有关地球仪方面，克剌忒斯】（Usener 本，转见于 Maass，前揭书，p. 169）。

5 Susemihl，ii 7–10；参看 Steinthal，ii 121–126。对克剌忒斯的概论见于 Lübbert，《莱茵博物馆》，xi（1857），428–443；C. Wachsmuth，前揭书，以及 Hübner 的《书目》，§13。

克剌忒斯可能就是帕迦马图书馆著者书目表 πίνακες 的草拟人，在此表中（有时会如此），散文体的一流作家们，特别是演说家，会占据显赫的位置，正如诗人在亚历山大里亚语法学家们的表目中那样[1]。哈利卡那苏斯的第欧尼修确曾提及帕迦马人的目录中关于狄纳库斯某演说词的内容[2]；但他又言，卡利马库斯也好，帕迦马的学人也好，谁都不曾写过对那位演说家的详细评述[3]。这表明第欧尼修怀抱同样的预期心态，准备在亚历山大里亚的书目中看到与帕迦马学人的书目中相同的内容，也表明前一书目并无意排除演说家们。又者，阿特纳奥斯[4]说到归于阿勒克西斯名下的一部戏剧，没有被卡利马库斯或阿里斯托芬的书目著录，甚至也不见于帕迦马学人拟定的书目。在被推想的克剌忒斯目录残篇中，对诗人阿耳刻曼的评议成为唯一可寻得关联的主题[5]；此外，被确认是克剌忒斯所作的唯一一篇隽语诗[6]，内容是贬斥史诗诗人刻厄芮卢斯，说他远远不及安提马库斯。

克剌忒斯曾作为外交使臣前往罗马元老院，“是时恩尼乌斯辞世未

1 Reifferscheid，布雷斯劳，1881–1882；Brzoska，同上，1883（Susemihl，i 343，521，ii12，484，694）。

2 《论狄纳库斯》，11，*οὗτος ἐν τοῖς Περγαμηνοῖς Πίναξι φέρεται ὡς Καλλικράτους*【这（某篇法律提案）在帕迦马的书目表中被列于卡利克拉底名下】。

3 同上书，1，*ὁρῶν οὐδὲν ἀκριβὲς οὔτε Καλλίμαχον οὔτε τοὺς ἐκ Περγάμου γραμματικοὺς περὶ αὐτοῦ γράψαντας*。

4 336 E，*οἱ τὰς ἐν Περγάμῳ ἀναγραφὰς ποιησάμενοι*【甚至在帕迦马的（目录中）都（不）见载记。译按，引者未抄录原文句首 *οἱ* 前的 *οὐδέ*（不，没有）】。

5 苏伊达斯，*Ἀλκμὰν Λάκων ἀπὸ Μεσσόας, κατὰ δὲ τὸν Κράτητα πταίοντα(?) Λυδὸς ἐκ Σάρδεων*【阿耳刻曼是摩索亚地方的拉哥尼亚人，但据克剌忒斯的意见，误认他是来自萨迪斯的吕底亚人】。

6 《英华集》，xi 218。

久”。既然恩尼乌斯卒于西元前 169 年，而苏维托尼乌斯[1]将克剌忒斯的
159 来访与此事并提，也曾提到克剌忒斯是由阿塔卢斯王派到罗马来的，此王即阿塔卢斯二世，登基时间在西元前 159 年。因此，时或有人（例如费纳－克灵顿 Fynes-Clinton）推想克剌忒斯的出访时间应在西元前 159 年。尽管苏维托尼乌斯将此次出访时间贴近恩尼乌斯卒年是正确的，但好像他不该将之排定在阿塔卢斯治时。阿塔卢斯在其皇兄攸美尼斯二世在位时，曾多次作为使节前往罗马。他五度在罗马居停（西元前 192、前 181、前 168、前 163、前 160 年），其中西元前 168 年距离恩尼乌斯过世时间最近，当是时，在比德纳 Pydna 援助埃密琉斯・保卢斯 Aemilius Paulus 的战事方毕，阿塔卢斯就被派去恭贺罗马人的胜利。此行的随员中必定有医师斯忒剌提乌斯 Stratius[2]，看来可能也会有克剌忒斯。若如此，则当谓派遣克剌忒斯的实际是 ab Eumene rege cum Attalo【来自攸美尼斯王，随同阿塔卢斯】，而非 ab Attalo rege【自阿塔卢斯王】了。克剌忒斯的来访供与罗马好学之士一个良机，他对此城的文学研究造成非比寻常的影响。当他在帕拉廷漫步时，偶然失足跌入一个排水道口，摔断了腿。他将剩下的羁旅时光用在讲演上，这些讲演激发了罗马人对文学研究的学

---

1 《语法学家列传》*De Grammaticis*，c. 2，primus...studium grammaticae in urbem intulit Crates Mallotes，Aristarchi aequalis，qui missus ad senatum ab Attalo rege inter secundum ac tertium Punicum bellum ***sub ipsam Ennii mortem***，cum regione Palatii prolapsus in cloacae foramen crus fregisset，per omne legationis simul et valitudinis tempus plurimas acroasis subinde fecit assidueque disseruit, ac nostris exemplo fuit ad imitandum【最早将语法学研究带入此城的是玛洛斯的克剌忒斯，他是阿里斯塔库斯的同辈，被阿塔卢斯王派到元老院来的年期，在第二、三次布匿战争之间，是时恩尼乌斯谢世不久，在帕拉廷他掉入一个下水道，跌折一足。之后的整个出使期间，他一面休养复健，一面广泛交接洽谈，在谈话中不断进行语法学的指导，以指示我人摹仿的典范。——参考张竹明等人译本】。参看 Scioppius，《语法学与哲学》***Grammatica Philosophica***（1628）的导言，引自 Max Müller 的《讲座》，ii 110^5。

2 李维 Livy，xlv 19。

术兴味，其结果便是我们将要在下文罗马时期部分所要提到的[1]。不论如何，自此可推想得出，在他与罗马的政要们谈话时，恐很难不会言及帕迦马图书馆的庭堂与廊道，还有毗邻的庙宇，此建筑被认作是攸美尼斯二世所立，他或许便是克剌忒斯的尊主了。既然他所随从的阿塔卢斯来罗马之前在比德纳作战，且又因为昆图斯·梅特卢斯 Quintus Metellus 为被埃密琉斯·保卢斯挑选的三人之一[2]，回返罗马传递宣布胜利的捷报，所以梅特卢斯无疑在罗马与克剌忒斯会面。由于这种关联，则我们很乐于记下在西元前 146 年，梅特卢斯修建了 Porticus Metelli【梅特卢斯柱廊】的廊道和在此环绕之内的其中一座庙宇，也乐于记得奥古斯都在该址又建造了 Porticus Octaviae【屋大维娅柱廊】（在西元前 33 年之后），包括围绕于 160
其内的一座希腊语图书馆和一座拉丁语书籍的图书馆，后者上承阿息纽·波略 Asinius Pollio 在 Atrium Libertatis【“自由堂”】中的藏书（西元前 37 年），下启帕拉廷图书馆（西元前28年）[3]。如此言之，克剌忒斯的来访最终对于罗马公共图书馆的建筑布局可谓颇有影响。

克剌忒斯学派

克剌忒斯最著名的门生，是斯多葛哲人潘奈修斯 Panaetius（约西元前185—前110年）[4]，不过此君放弃了他导师的寓意解经法，而采用阿里斯塔库斯本分自然的方法[5]。克剌忒斯门下尚有帕迦马人阿忒曼 Artman，评注过品达向西西里君主致敬的颂歌；玛洛斯的芝诺多图斯 Zenodotus of Mallos，他曾为阿里斯塔库斯加上存疑剑号的某行荷马诗句作辩护；卑提

1 下文第 172 页。

2 李维，xliv 45。

3 参看 Middleton 的《古代罗马》，ii 200 以下；以及 J. W. Clark，《书之关护》，pp. 12–14。

4 小西比阿 Scipio 的朋友，西塞罗在《论义务》*De Officiis* 中追随的权威。参看 Susemihl，ii 63–80，704 以下。

5 Schmekel，p. 207 以下（转见于 Susemihl，ii 705）。

尼亚有一位米耳累亚的阿斯刻勒庇亚德 Asclepiades of Myrleia（生活于西元前 130—前 80 年间）[1]，他写了关于涅斯托尔之酒樽的博学专著，以及对荷马和提奥克里忒的评注，一部卑提尼亚史，和一部“语法学家”的历史；埃及人提洛提斯的赫剌刻勒翁 Heracleon of Tilotis，写过一部《伊利亚特》与《奥德赛》的评论[2]。

希葛息亚 Hegesias，来自息皮卢斯山区的马格内西亚城 Magnesia ad Sipylum，那里距离帕迦马大约 40 英里。他代表了当时演说的“亚细亚”风，尽管并无任何证据，可将此风和帕迦马扯上关系，但我们从帕迦马与阿提卡在西元前 1 世纪的反响中找到些纠葛，这两地方与罗马也有些

帕迦马的阿波罗多儒斯

牵连。帕迦马诞生了一位修辞学家，阿波罗多儒斯 Apollodorus（约西元前 102—约前 20 年），他曾将一位“阿提卡的第欧尼修”列入故乡之门人的行列。后来他离开了帕迦马前往罗马，被尤里乌斯·恺撒 Julius Caesar 选中，成为少年屋大维的导师（西元前 45 年），还建立了一所很成功的修辞学校[3]。帕迦马与罗马的另一处关联，见于斯多葛派的一个人物身

阿忒诺多儒斯

161 上，即塔尔瑟斯的阿忒诺多儒斯 Athenodorus of Tarsus，此人曾滥用帕迦马图书馆馆长的职权，企图窜改早期斯多葛哲人著作，因为有些观点与后起的该派思想相异[4]。可能也是自他开始传说庇西特拉图修订过荷马史诗[5]。西元前 70 年，加图 Cato 访问帕迦马时，阿忒诺多儒斯已垂垂老矣，被邀请到加图在罗马的寓所居住，遂亡故于此[6]。克剌忒斯的学校推举出

---

1 《鲍礼古典学百科全书》，相关词条，1628–1630；B. A. Müller，莱比锡，1903。

2 Susemihl，ii 13–27；Schanz，在《赫尔墨斯》*Hermes*，xxv（1890），36–54。

3 Susemihl，ii 504 以下。

4 第欧根尼·拉尔修，vii 34。

5 Susemihl，ii 246.

6 普鲁塔克：《小加图传》*Cato Minor*，10，16。

“硕学之士”亚历山大

另外一位渊博的希腊人，“硕学之士”亚历山大 Alexander Polyhistor（约西元前 105—前 35 年），他也到罗马定居过。在苏拉时代，他曾一度陷入囹圄，后来他做了楞图卢斯 Lentulus 府上的一名教师，这位独裁者予他以罗马公民身份。他的著作以数量取胜，而非质量，多是些不加考辨的历史学、地理学题材的资料汇编。他有部罗马历史传闻集，有些地方受到李维[1]、提布卢斯 Tibullus[2]和维吉尔[3]的追摹；他的女预言家名单和德尔斐早期历史也曾被波桑尼阿斯参阅。他对东方诸国族饶有兴趣，尤其是对犹太人。看来他颇有用心地想给教化未足的罗马人提供丰富的知识，以便于他们能够领会当时才学博奥的诗人，熏染他们的观念，坚信传说里罗马诸王与特洛伊英杰们的联系。在亚历山大的门人中，有位自由民叫希津努斯，被奥古斯都派去执掌帕拉廷图书馆[4]。

玛葛涅息亚人德米特理乌斯

玛葛涅息亚人德米特理乌斯 Demetrius Magnes，一位西塞罗的同辈，也曾将一部论和谐的著作题献给阿提库斯[5]，他尚有两部亡佚的著作，带有历史学和语文学的特征，一论诸同名城市，二论诸同名作家。在后一部书里，有关狄纳库斯的大部分论述都被哈利卡那苏斯的第欧尼修引述和评辨[6]，而该著的其他部分则可见于第欧根尼·拉尔修所编辑的《名哲言行录》中[7]。

亚历山大里亚与帕迦马

在比较亚历山大里亚与帕迦马的学术高下时，我人须知前者已经 162
度过若干阶段。在首位托勒密治时，阿伯蒂剌的赫卡泰乌斯 Hecataeus of

1 i 3.

2 ii 5.

3 《埃涅修纪》，x 388。

4 Susemihl，ii 356–364；《鲍礼古典学百科全书》，i 1449 以下。

5 《致阿提库斯》，viii 11，7；12，6。

6 《论狄纳库斯》*De Deinarcho*，c. 5。

7 Susemihl，i 509 以下。

Abdera，这位历史学家兼学者，曾在一部埃及史中将此国度描述作亘代不衰的智慧家园[1]。托勒密朝的国初三帝，他们连缀一贯的政律朝纲延续了一个世纪（西元前 323—前 222 年），此期间，第一流的学问在亚城繁盛起来，且遗存其余响在此后的千秋万代；然这时期的诗歌，纵见有罗马人的效仿，却是第二流的，唯提奥克里忒是例外，斯人同亚城之关系不甚紧密。亚历山大里亚学术之第一期中，菲勒塔斯、芝诺多图斯、卡利马库斯和埃拉托色尼俱是"诗人"兼学者。第二期里的阿里斯托芬与阿里斯塔库斯只是学者：此时学者已经收缩为专门家，但尚能有新意，可谋得发展之余地。第二期在"大腹"托勒密登基（西元前 146 年）和阿里斯塔库斯的过世（约西元前 143 年）中落下帷幕。"大腹"托勒密以文本考辨为游戏，且又对亚城之希腊人加以迫害，其中包括那位伟大的考辨家本人[2]。波里比乌斯曾在西元前136年前后来到亚历山大里亚城，他说[3]亚城之希腊人比那些外国雇佣兵还粗蛮，相较而言，埃及之本土族民倒是"精明而知礼"。"大腹"托勒密曾派遣他的外籍军卒攻击亚城的希腊族体面人群体，结果便是此阶层在波里比乌斯来访时已灭绝殆尽。对希腊人的迫害，致使犹太人起而成为亚城的精神生活中日益重要的因素，此族早已领受希腊文化的熏染，故也未免遭受"大腹"托勒密的猜忌。这番迫害便也"导致诸多的岛屿与城市里挤满语法学家、哲人、几何学家、乐师、画匠、教练师、医生和其他的专业之士，他们迫于贫困而授业，倒也因此培养出许多杰出的门生"[4]。亚城学术之第三期里，阿里

---

1 Holm，iv c. 20，注释 8。

2 有关"大腹"托勒密（"善人"二世），见上文，第 136 页，注释 5【即 226 页注释 5】。

3 xxxiv 14.

4 摩涅刻勒斯 Menecles 转见于阿特纳奥斯，184 C。

斯塔库斯的门人，雅典的阿波罗多儒斯，所偏爱的是雅典和帕迦马而非亚历山大里亚，而“色雷斯人”第欧尼修 Dionysius the Thracian 也离开亚城去往罗德斯岛，狄都慕斯在一个世纪后，可能索性定居在罗马了。

不过，亚历山大里亚学派在各期都主攻**文辞考辨**一业。甚至连才识 163
广博、学问通达的埃拉托色尼也未能免于帕迦马派代表人物，伊利翁的珀勒蒙之攻击，后者揭发他在阿提卡古名物上的谬误，且由此而讥讽埃拉托色尼，说他着实曾在雅典受了教育，却压根儿就没游览过此城[1]。这是亚、珀二城之间文字交锋的最早一处迹象。发生在持“类推”说的阿里斯塔库斯与持“异态”说的克剌忒斯之间的冲突，则是另外一处。这般争执传递到双方之后学身上：阿里斯塔库斯门下的“色雷斯人”第欧尼修和巴门尼斯库斯 Parmeniscus，与克剌忒斯的门人，玛洛斯的芝诺多图斯，相互攻击对方导师的观点[2]。其余波甚至可在辽远之巴比伦也找得到回响。一位克剌忒斯的追随者，其年代未知，名叫巴比伦的赫罗第库 Herodicus，无疑还记得亚城考辨家们的论争，讨论人称代词的史诗用法，尤其记得阿里斯塔库斯曾证明荷马只使用过 *μιν*【其】而未用过 *νιν*【彼，译按，两词俱可作为第三人称代词使用，荷马史诗和伊奥尼亚方言用前者，多里斯和阿提卡方言使用后者，参看罗念生《词典》】，遂称言阿里斯塔库斯门下诸君“于生僻之角落虫鸣不休，被几个单音节字搞得昏了头”：——

γωνιοβόμβυκες μονοσύλλαβοι, οἷσι μέμηλεν
τὸ σφὶν καὶ σφῶϊν καὶ τὸ μὶν ἠδὲ τὸ νίν.

---

1 *περὶ τῆς Ἀθήνησιν Ἐρατοσθένους ἐπιδημίας*【关于埃拉托色尼在雅典的居停】。参看斯特拉波，p. 15，并见 Wilamowitz，《卡律斯托的安提贡努斯》，p. 164 以下；以及 Susemihl，i 670 以下。

2 C. Wachsmuth，前揭书，7。

【译按，γωνιοβόμβυκες 直译作“于角落蜂鸣不休者”，这成为语法学家的诨号。σφὶν 谓“他／她们”，σφῶϊν，你们俩，此两行可大体译作：

钻单音节词语之牛角的腐蠹，被

σφὶν 和 σφῶϊν、μὶν 和 νίν 弄昏了头。】[1]

亚历山大里亚学派既专于文辞章句之学，帕迦马学派则能另辟蹊径，谋得学术研究的更广阔之空间。此派学人中，卡律斯托的安提贡努斯代表艺术与艺术史；伊利翁的珀勒蒙代表学术行旅与题铭研究；斯刻
164 博息的德米特理乌斯代表地志学；雅典的阿波罗多儒斯代表编年史之学；玛洛斯的克剌忒斯，则代表的是斯多葛派哲学与语法学、文学考辨的联姻。怀有世界公民感的斯多葛哲人自会乐于应邀来帕迦马定居，而柏拉图学园派的哲人们仍忠诚地固守在雅典。阿塔卢斯一世和攸美尼斯一世时常表现出对此学派和雅典的特别兴趣。前者为纪念他征服高卢人的战功，将那组著名的雕塑作品献与雅典卫城，一如他安置在帕迦马的高阁之上的；而在后者治时，帕迦马有了自家的泛雅典娜节。阿塔里德朝对罗马也是一往情深。纵然亚历山大里亚的阿里斯托芬言称波赛冬预告埃涅阿斯之王权的那些诗行[2]可能有疑，帕迦马学人却慎重地保持着对埃涅

1 阿特纳奥斯，p. 222 A，参看 Cobet，《考据学杂篇集》，p. 250，以及 Susemihl，ii 24 以下。同样地，帖撒隆尼卡的菲利普 Philip of Thessalonica（大约在图拉真帝时代）也戏称语法学家们尽是些芝诺多图斯的幼犬和卡利马库斯的小卒，猎捕些寒酸的小品词，在 μίν 和 σφίν 中欣然自得（《文苑英华集》，xi 321）；又言他们是阿里斯塔库斯门下之书蠹，祈祷终能在某个不光彩的夜里可以给那些卡利马库斯的信徒来个突袭（同上书，347）；参看 xi 142，以及维吉尔，《短诗集》*Catalepton*，ii 4。

2 《伊利亚特》，xx 306–308。

阿斯传说的信奉[1]。

相较于帕迦马和亚历山大里亚，在亚历山大里亚时期的希腊世界，鲜有城市能有此等重要的学术地位。在旧盟邦分崩离析后的雅典，仍是拥挤的哲学学校。自西元前约 250 年亚历山大驾崩之后兴起的新喜剧，菲勒蒙是其中翘楚之一，唯有他访问过亚历山大里亚。雅典也是史 雅典
家的故园。斐洛柯儒斯即在此钻研他的阿提卡历史，直到后来（西元前 261 年）他支持“爱姊者”托勒密反对“曲膝”安提贡努斯之事业，惨受飞来横祸。安提贡努斯的同父异母兄弟，克剌忒儒斯 Craterus（西元前 321—约前 265 年），乃是亚历山大麾下同名大将之子，曾在雅典收集并阐述保存在公共档案馆中的历史律令文书。阿波罗多儒斯也是在此完成了有关编年史和神话学的巨著。在异乡人中，陶洛美尼翁的蒂迈欧 Timaeus of Tauromenium（约前 350—约前 260 年）在生命的后五十年里一直住在雅典，而伊利翁的珀勒蒙在这座世界名城里找到他旅行的中心，他已成为此城最忠实的公民了。在亚历山大里亚时期，佩拉 Pella，马其 佩拉
顿王国之首都，唯在“曲膝”安提贡努斯治下曾是文学之胜地，这位国王当时本人即是麦加拉派哲人（尤梵图斯 Euphantus）之弟子，是芝诺的友朋，延请芝诺的两个门生为座上宾；可能也曾邀约了哲学家诗人甫里 165
乌斯的提蒙；当然还有诗人“埃托里亚人”亚历山大和阿拉图斯，后者据说是尚欠国王的文债，即是他天学名诗的题材。阿拉图斯也曾在“救世主”安提阿库斯 Antiochus Soter 治时（西元前 287—前 262 年）拜谒叙利亚的王廷。及安提阿库斯大帝 Antiochus the Great 在位时（西元前 224— 安提阿库斯
前 181 年），安条克这座叙利亚的新都，装点了一所剧场、一处竞技场，

1 Wilamowitz，前揭书，p. 158，尤参看 161。

以及一些艺术品和一座图书馆，此图书馆自西元前220年开始经由饱学的史诗诗人卡尔基斯的欧佛良 Euphorion of Chalcis 所关护，此人居其位鞠躬尽瘁至死，故在以后的世纪里成为诗人们所钟爱的原型，诸如提布卢斯、普罗珀提乌斯以及科尔奈利乌斯·加卢斯 Cornelius Gallus 都曾描写过他，此外在维吉尔的作品中他也曾被匆匆提及一笔[1]。西塞罗的委托人，诗人阿齐亚斯 Archias，约生于西元前119年，尝言自己年轻时，安条克乃是学术与文化的家园[2]。安提阿库斯王族之末期（在西元前69年之后），也有一座图书馆并一座缪斯庙在安条克建成。安条克遂在塞琉古王朝气数将尽之时，获得了"缪斯宫／博物馆"这份亚历山大里亚早在首位托勒密帝时就已得到的礼物。

塔尔瑟斯

塔尔瑟斯以该城之诸多学校而驰名，但只是当地的市民所光顾的所在，并且这些人也多到异乡完成学业[3]。

科斯和罗德斯岛

科斯 Cos，如上文所述[4]，乃是与亚历山大里亚保持密切联系的文学桃花源；而罗德斯岛曾从亚城迎来写阿尔戈英豪远征记的诗人和最早希腊语法学的作者，成为修辞学家的学堂，这不仅在埃斯奇纳斯的残年之时是如此，甚至在西元前1世纪初叶，墨隆 Molon【译按，即 Apollonius Molon】的折中学派还曾提供西塞罗在此修习雄辩术的机会。罗德斯岛也是卡斯托耳 Castor 从事研究之所在，他写过一部重要的编年史著，为瓦罗[5]和尤里乌斯·亚非利加努斯 Julius Africanus 所引述，始于亚述国王尼努斯 Ninus，终于西元前61年庞贝之大捷[6]。这里更为世人所熟知的是作为斯多葛哲人

1 《牧歌集》*Eclogae*，x 50。
2 《为阿齐亚斯而辩》*Pro Archia*，4。
3 斯特拉波，p. 673。
4 上文第119页。
5 奥古斯丁：《上帝之城》，xxi 8，2。
6 Susemihl，ii 365–372.

潘奈修斯（约西元前 185—前 110 年）的出生地[1]，且有他的门人波赛冬纽斯 Poseidonius（西元前 138—前 145 年）所开办的学校，其课业曾吸引 166
西塞罗在西元前 78 年、庞贝在西元前 67 和前 62 年来此听讲。波赛冬纽斯在意大利、高卢和西班牙的浩然壮游，凭借对于地理学、民族志和人类社会整体之历史发展的兴味与热情，凝结为一部承接波里比乌斯事业、叙述西元前 144—前 86 年间史事的著作。其影响可追见于狄奥多鲁斯和斯特拉波，卢克莱修、李维、恺撒和萨鲁斯特，瓦罗和西塞罗，而且近来发现[2]甚至在塔西佗 Tacitus 的《日耳曼尼亚志》*Germania* 中也可找到遗韵。最后还有一位安德洛尼库斯 Andronicus，也出生于罗德斯岛，他在西元前 1 世纪中叶前不久曾执掌雅典的逍遥学园，并编订了亚里士多德和泰奥弗剌斯特一套“系统的”新版著作集，包含著作的分类细目，两人遗嘱的副本，以及《范畴篇》的释义和亚里士多德另外某部著作的评注[3]。因其逍遥学人的身份，他对文学会倾注极大的热情，这方面他不逊色于亚历山大里亚时期雅典的学园派哲人们，诸如珀勒蒙，便将荷马和索福克勒斯视为最心仪的诗人[4]；或如克冉托尔 Crantor，则是荷马和欧里庇得斯的崇拜者[5]，他不仅写过《蒂迈欧篇》或柏拉图其他某部对话的最早评注[6]，而且还写过一部论述慰藉的著作，日后得到西塞罗和普鲁塔

---

1 E. Schwartz，《古代人物特写集》*Charakterköpfe aus der Antike*，1903。

2 Gudeman，《美国语文学学会学刊》，xxxi（1900）107 以下【译按，此文题目为《塔西佗日耳曼尼亚志原始》*The Sources of the Germania of Tacitus*】；参看 Christ，§405[4]，以及 Susemihl，ii 128 以下。

3 Susemihl，ii 301–305.

4 第欧根尼·拉尔修，iv 20。

5 同上，26。

6 普洛刻卢斯注疏《蒂迈欧篇》，24 A。

克的效仿；或如克里托马库斯 Clitomachus，他曾被认定是西塞罗在《论预言》和《论神性》*De Natura Deorum* 中所追摹的主要权威之一。

图 8　4 德拉克马银币

头像人物为攸美尼斯二世，帕迦马图书馆的创立人（见第 151 页以下）
（大英博物馆藏）

第三编

罗马时期的拉丁学术 167

Grammatica Romae ne in usu quidem olim, nedum in honore ullo erat, rudi scilicet ac bellicos etiam tum civitate, necdum magnopere liberalibus disciplinis vacante.

【早先的罗马人没有研究语法学的，更谈不上重视此学问，显然那时国人仍然粗鄙无文，战火不绝，遂无闲暇的自由供以接受教育。】

苏维托尼乌斯，《语法学家列传》，§1

Je treuve Rome plus vaillante avant qu'elle feust sçavante.

【我发现，罗马在成为学术之邦前更具勇者之风。】

蒙田，《随笔集》，i 24

Conspectus of Latin Literature &c., c. 300—1 B.C.

Political Events	Literary Events	Poets	Historians	Orators	Scholars and Critics &c.
300					
Third Samnite War 298—290 272 Tarentum taken First Punic War 264—241 Second Punic War 218—202	240 the first Latin play exhibited at Rome	272 Andronicus reaches Rome 240 Andronicus *c.* 284—*c.* 204 235 Naevius *c.* 264—194 Plautus 254-1—184 204 Ennius 239—169	216 Q. Fabius Pictor*g* b. *c.* 254 210 L. Cincius Alimentus*g*	280 Appius Claudius Caecus	
200					
First Macedonian War 200—197 Syrian War 192—190 Second Macedonian War 171—168 Third Punic	Cato, *De Agri Cultura*, the *earliest extant work in Latin Prose*	179 Caecilius d. 168 Pacuvius 220—132 166 Terence 185—159	195 Cato 234—149 151 A. Postumius	195 Cato 234—149 167 L. Aem. Paulus 147 Scipio Africanus minor 144 Ser. Sulp.	168 Crates of Mallos visits R[illegible]

143—133 123 *Leges Sempronia* Cimbrian War 113—102 Jugurthine War 111—106	ricians and philosophers 155 Critolaus, Carneades and Diogenes at Rome	180—103 L. Accius 170—*c.* 90	115 L. Coelius Antipater	137 M. Lepidus Porcina 133 Tib. Gracchus 163—133 123 C. Gracchus 154—121 115 M. Aemilius Scaurus 105 P. Rutilius Rufus	133 Valerius Soranus b. *c.* 154 Porcius Licinus Volcatius Sedigitus 100 L. Ael. Stilo *c.* 154—*c.* 74
100——					
Marsian War 90—88 82 Sulla dictator 60 First triumvirate Gallic War 58—51 Civil War 49—45 44 d. of Caesar 43 Second triumvirate 31 battle of Actium 30 Augustus 63 B.C.—14 A.D.	92 schools of Latin rhetoric closed *c.* 88 school of Latin grammar opened by Sevius Nicanor, and of Latin rhetoric by L. Plotius Gallus 39 first public library founded by Pollio 28 *bibliotheca Palatina* 22 *Aen.* ii, iv and vi recited 18 *Carmen Saeculare* 14 Vitruvius *De Architectura* 9 close of Livy's History	Laberius 105—43 Lucretius 97—53 Catullus *c.* 84—54 Bibaculus *c.* 83—*c.* 24 Varro Atacinus 82—37 45 Publ. Syrus Gallus 70—27 Virgil 70—19 Horace 65—8 Tibullus 54—19 Propertius 49—15 Ovid 43 B.C.—18 A.D.	Cl. Quadrigarius Valerius Antias 78 Sisenna 73 Macer Nepos 99—54 Sallust 86—34 A. Hirtius d. 43 Livy 59 B.C.—18 A.D.	99 M. Antonius 143—87 95 L. Licinius Crassus 140—91 88 P. Sulp. Rufus 124—88 *c.* 85 *auctor ad Herennium* 75 C. Aur. Cotta 124—74 69 Hortensius 114—50 63 Cicero 106—43 59 Caesar 100—44 Calvus 82—47 40 Pollio 76 B.C.—5 A.D. 31 Messala 64 B.C.—8 A.D.	Servius Clodius d. 60 Staberius Eros Varro 116—27 Orbilius 114—*c.* 17 Atticus 109—32 Santra Tiro *c.* 104—*c.* 4 Valerius Cato b. *c.* 100 58 Nigidius Figulus 98—45 Ateius Praetextatus 28 Hyginus 64 B.C.—17 A.D. Fenestella 52 B.C.—19 A.D. 12 Q. Caecilius Epirota 10 Verrius Flaccus

g denotes historians who wrote in Greek.

第十章

西元前169—西元14年间罗马人学习希腊语的时代 169

西元前169年之前的希腊文化影响

拉丁语言的字母表，始于上古某时，（径直或辗转）借自大希腊 Magna Graecia【译按，指南部意大利与西西里地区】的殖民者；而拉丁文学，最好将之视为发轫于第一次布匿战争结束时（西元前241年），其根基也以希腊文学为主要模范。最早的作家并非罗马本地人氏；他们甚或都不是拉丁族人。第一位拉丁诗人乃是希腊人安德洛尼库斯 Andronicus（约西元前284—约前204年），他后来以卢奇乌斯·李维乌斯·安德洛尼库斯 Lucius Livius Andronicus 之名闻于世。他在罗马教授希腊语和拉丁语，尝以粗陋的萨图尔努斯格律 Saturnian【译按，罗马早期诗歌格律，每行中间有明显停顿，前半部分为短长格，后半部分为长短格，据恩尼乌斯《年代记》残篇232（西塞罗《布鲁图斯》，71.7以下），这是从前预言家们 vates 和林牧诸神 Fauni 使用的格律】翻译《奥德赛》，至于贺拉斯少年时，这译文还存在于学童的课本中[1]。李维乌斯也将希腊戏剧译成拉丁语，从韵步上看和原作很相似，他对特洛伊故事题材情有独钟。这批戏剧第一次公演的时间大约在西元前240年。接下来是奈维乌斯 Naevius（约西元前264—前194年），生于坎帕尼亚 Campania，却有着拉丁族的血统，他的戏剧作品多有希腊渊源，西元前235年是他首次公演之时。他晚年写作了一部旧萨图尔努斯格律的伟大歌诗，以第一次布匿战争为题材，其中有些部分被维吉尔在《埃涅阿斯纪》中所效仿。奈维乌斯的墓志铭是四行萨图尔努斯格律诗句，在此他对拉丁诗人的身份颇为自得，遂索性忘记了希腊人的恩惠，他称言自己过世所引发的悲悼并不为外邦的“缪斯们”所感，而会得到意大利本土卡密霓诸神 Camenae【译按，相当于希腊神话中的缪斯九神】的哀伤，
170 并且说因他的死，罗马不复有人以古拉丁口音对话了。

> Inmortales mortales si foret fas flere,
> Flerent Divae Camenae Naevium poetam;
> Itaque, postquam est Orchi traditus thesauro,
> Obliti sunt Romae loquier lingua Latina.[2]
> 【不朽者若能哀悼凡俗者，
> 神圣的卡密霓们必哭诗人奈维乌斯；
> 如此，待他去往冥界之后，
> 罗马将忘记如何说拉丁语。】

---

1 《书简集》*Epistulae*，ii 1，65。

2 葛琉斯，i 24，2（Hertz本）。Gudeman，在《美国语文学学会学刊》，xxvi（1896）【译按，当是xxv（1894）】140以下，建言此铭文（以及普劳图斯和帕库维乌斯的碑铭）是出自瓦罗之手笔。

奈维乌斯之后有恩尼乌斯 Ennius（西元前 239—前 169 年），其故乡在卡拉布里亚 Calabria 的一个小镇，他熟悉希腊语和奥斯坎语 Oscan 的程度如同拉丁语一般[1]。造化以奇怪的方式嘲弄世人，加图这个抵抗希腊影响的顽固保守者，偏偏鼓动了恩尼乌斯移居罗马（西元前 204 年），他到此之后传授拉丁语和希腊语。恩尼乌斯的悲剧作品极大地受惠于希腊人的原作。他叙述罗马历史的伟大史诗名为《年代记》*Annales*，在其中他丢弃了古萨图尔努斯格律而代之以希腊的六音步体，对于前人粗鄙的诗律颇为不屑——

他人尝叙及此故事
以往昔的羊人牧神和游吟诗人的歌韵，
及我这时代之前，根本无人曾登上过
那缪斯们的峻岭或是领会歌诗的学问。[2]

新韵体在卢克莱修 Lucretius 处得到更深远的发挥，他致于前人【择按，指恩尼乌斯】的颂词颇有名气，作“最先从赫利孔之秀峦上摘得常青叶冠的，注定要在意大利的各邦享有美誉”[3]；后有维吉尔于一曲终了处奏得新变之风雅，《埃涅阿斯纪》绝非仅止于从早期诗人那里东借西凑，而是也浸润着他自己国族的精神气质。恩尼乌斯作一铭文在自家胸像上，正体现他本色，盖不用旧罗马的萨图尔努斯格律，而是用方由希腊输入的诉歌对句。

1　葛琉斯，xvii 17。
2　西塞罗:《布鲁图斯》，71，76；《演说家》，171。
3　卢克莱修，i 117。

Nemo me lacrimis decoret, nec funera fletu
Faxit. Cur? Volito vivu'per ora virum.[1]
【不需有人饰我以泪，亦不需葬仪以供
哀哭。何故？我将在世人口间栩栩如生。】

171 这诗人提供与拉丁文学新的史诗韵体乃是一大贡献，且又热衷于学术的枝节问题，诸如语法和拼读，据说他还创立了一套速记体系[2]。上述这三位早期诗人，安德洛尼库斯、奈维乌斯和恩尼乌斯，都曾写过喜剧与悲剧，但是他们的喜剧被列入专门一类，名为 *palliatae*【着大披肩者】，意谓是“混迹于希腊衮袍下的”戏剧。后辈学人言称有 12 部源自希腊传奇故事的悲剧为恩尼乌斯的外甥帕库维乌斯 Pacuvius 所作，其中有一剧模仿索福克勒斯，另一剧则模仿了欧里庇得斯。希腊的原作，系指菲勒蒙、狄菲鲁斯和米南达的新阿提卡喜剧，都是普劳图斯（西元前 254—前 184 年）和泰伦斯 Terence（西元前 185—前 159 年）效仿的榜样。生活时代居于普劳图斯、泰伦斯之间的是凯基琉斯 Caecilius，其人卒于西元前 168 年（即在恩尼乌斯过世后一年，之前两年则有《安德洛斯少女》*Andria*【译按，泰伦斯的处女作】一剧的问世），留与祖国约四十部喜剧，从

---

1 西塞罗：《图斯库兰辩论集》，i 34。

2 Teuffel 的《罗马文学史》*History of Roman Literature*，Schwabe 编订本，由 G. C. W. Warr 译出，1900 年版，p. 127 以及 §104，5。两部书，《论字母与音节》*de litteris syllabisque* 和《论韵体》*de metris* 被判为出自后来的一位恩尼乌斯（苏维托尼乌斯，《语法学家列传》，1），这人可能也是伊息多耳 Isidore 所提及的速记体系之作者，见伊著《语源》*Origines*，i 22，vulgares notas Ennius primus mille et centum invenit【恩尼乌斯第一个发明了千位和百位的通行速记法（notae）】。参看 M. Schanz，《罗马文学史》*Geschichte der römischen Litteratur*（见于 Iwan Müller 的《古典学术手册》），§39 末。

标题上推想，大都出自希腊题材[1]。拉丁文学在史诗和戏剧诗方面仰赖希腊之孳乳的风气亦蔓延至史著领域。最早的罗马史家，费边·皮克多 Q. Fabius Pictor（生于约西元前 254 年），他与奈维乌斯和恩尼乌斯是同代人，就以希腊语写作，据言（未明虚实）比他晚出的琴基乌斯·阿理门图 L. Cincius Alimentus（西元前 210 年任执政官）亦复如是[2]。波斯图缪·阿尔比努斯 A. Postumius Albinus 确以希腊语写就一部罗马史，他将此书题献与恩尼乌斯[3]。最初研究希腊语而享有盛誉的人是苏尔庇修·伽卢斯 C. Sulpicius Galus，恩尼乌斯谢世那年逢他主政，举办演出了诗人的一部剧作[4]，此人还身历过比德纳 Pydna 战役，预言过一场随即发生的月食[5]。

马其顿国王珀修斯 Perseus，在比德纳一役（西元前 168 年）中败与 172
卢修斯·埃密琉斯·保卢斯 Lucius Aemilius Paulus，标志着一个新时代的开端，而诸多文学事件也都和此事有关。比德纳的征服者访谒奥林匹亚之时，曾立于斐狄亚斯的宙斯像前，因熟谙荷马史诗而断言这位雕塑家必是从荷马那里获得了灵感；在恩尼乌斯外甥帕库维乌斯 Pacuvius（西元前 220—前 132 年）的著作中，埃密琉斯·保卢斯显然是唯一成为主题的现实罗马人物。再者，比德纳战役与由此导致的罗马在希腊世界之强势，造成千名亚该亚族男子被放逐出境【译按，其中不乏希腊的名流显贵，盖

---

1 关于作为译者身份的普劳图斯、凯基琉斯、安德洛尼库斯、恩尼乌斯和泰伦斯，参看 Leo，《普劳图斯研究》*Plautinische Forschungen*（1895），77–89。

2 哈利卡那苏斯的第欧尼修：《罗马古史》，i 6（参看 H. Nettleship，《讲演录与文集，以拉丁文学与学术为题》*Lectures and Essays on subjects connected with Latin Literature and Scholarship*，i 341，Mommsen，《罗马史》，iii c.14 注释，以及 Schanz，§64，2）。

3 Teuffel，§127，1.

4 西塞罗：《布鲁图斯》，78。

5 李维，xliv 37。

罗马人以此方式报复他们没有支援其打击马其顿人】，流寓在埃特鲁斯坎 Etruscan 各镇。17 年后，唯有 300 人尚安在，他们终得以归回故土，其中有波里比乌斯，是这些流民中最著名者，他后来回到罗马与小西比阿重叙前谊，并最终讲述了罗马人的战功始末，系自第二次布匿战争爆发到前 146 年迦太基和科林斯的陷落。此外，比德纳亡国君主的希腊图书馆，留与征服者的子嗣所用，其次子【译按，即小西比阿】后来又征服迦太基，成为文学界赫赫有名的“西比阿集团” Scipionic Circle 之核心。最后，比德纳大捷还导致了希腊文学对拉丁文学一次更为深远意义上的扩张，这是

玛洛斯的克剌忒斯

由玛洛斯的克剌忒斯 Crates of Mallos 一人（可能也包括那些前往罗马称贺其战功的随行人员）所引发的，此人代表帕迦马学派的最杰出成就。

对于克剌忒斯来访及其后事的文献来源，出自苏维托尼乌斯的《语法学家列传》*De Gammaticis*。他在此文的开篇议论说早期之罗马人未经教化、穷兵黩武，故从未有闲暇来享受过文艺之美，无人通晓文学研究（grammatica），更毋奢谈对学问的重视了。他又说，这类研究起初并无可观者，即来自最早的教师，他们是诗人，自身有一半属于希腊（指的是李维乌斯·安德洛尼库斯和恩尼乌斯，据说他们在罗马和其他地方教授希、拉双语），其作为不外乎翻译希腊著作，或朗诵他们偶然以拉
173 丁语写成的文字。又言被归于恩尼乌斯名下的论字母和音节以及论韵律的两部书，应当被判与后世的同名者，苏氏陈言道，依他之见，最早引入罗马文学研究的人是玛洛斯的克剌忒斯，其人在罗马城的意外羁留期间，做了许多次朗诵和讲座，激发了罗马人对此学科的兴趣[1]。我们还可

1　见第 159 页。据蒙森推想（Bk iv c. 12），荷马史诗乃是这些讲座的主题。此说虽无证据，但荷马确实是克剌忒斯文学研究的主要课题。

得知，正因克剌忒斯所做出的示范，促成奈维乌斯一部七卷本的史诗新编出版，该书以第一次布匿战争为题，还有恩尼乌斯《年代记》得以在公众场合被诵读；更有甚者，（事隔两世代之后）还导致卢基理乌斯 Lucilius 讽刺诗作的朗诵。恩尼乌斯身后不久，其文本得到奥科塔维·朗帕第奥 Octavius Lampadio 的校勘[1]。

罗马人研究希腊语之成绩，可以一事作为显赫例证：约在西元前 164 年时，提比留·森普洛尼乌斯·格拉库斯 Tiberius Sempronius Gracchus[2] 以希腊语向罗德岛人演讲，其文辞在西塞罗时候尚存世[3]。老加图（西元前234—前 149 年）以刚毅之精神抵制希腊的影响，可能在他的申诉下，希腊的哲人辞士在西元前 161 年被逐出罗马。西元前 155 年，这些哲学家们复又归来，其中包括学园派的卡内德斯 Carneades、逍遥派的克理托劳斯 Critolaus，和斯多葛派的第欧根尼 Diogenes，他们通过诡辩驳回奥洛波斯 Oropus 向雅典人索要的罚金，这撩起罗马青年们的兴致，也激起垂老之加图的愤慨[4]。在其暮年，加图警告其子远离希腊医师和希腊文学，且言后者观览尚可，然不值得研究[5]。据说他晚年曾学习希腊语[6]，并且获益良多，身为一位**演说家**，由阅读修昔底德和更主要是阅读德摩斯提尼而进步；但是普鲁塔克在记述这番传言时保持审慎之态度，说即使作为一位**著述家**，加图也显示出希腊文学的影响，他的许多格言也是直译自希腊文的[7]。在他去日无多 174

老加图

1 葛琉斯，xviii 5，11。

2 格拉古兄弟之父。

3 《布鲁图斯》，79。

4 普鲁塔克:《加图传》，i 22。

5 普林尼:《自然史》，xxix 14。

6 西塞罗:《论老年》，26。

7 《加图传》，i 2。

之年，曾预见到小西比阿会攻克迦太基，他征引了荷马的一行诗句，以陈述他对领军人物与其他罗马将帅之殊别的看法：*οἶος πέπνυται, τοὶ δὲ σκιαὶ ἀΐσσουσι*【才智仅在他一身，余者不过是飘忽的幽灵。译按，出自《奥德赛》，x 495】[1]。小西比阿的希腊朋友中有斯多葛派的潘奈修斯和未来的历史家波里比乌斯，后者于迦太基烽燹中目见他这位从前的弟子陷入对帝国命运的静思中，且亲闻他喃喃沉吟着《伊利亚特》中的诗行：*ἔσσεται ἦμαρ ὅταν ποτ' ὀλώλῃ Ἴλιος ἱρὴ καὶ Πρίαμος καὶ λαὸς ἐϋμμελίω Πριάμοιο*【神圣的伊里昂、普里阿摩斯和普里阿摩斯的荷梣木矛的子民遭毁灭的日子即要来到。译按，出自《伊利亚特》，iv 164 以下，vi 448 以下】。科林斯之陷落与迦太基所遭遇者发生在同一年（西元前 146 年），罗马得以成为希腊化世界的主宰者；但是希腊，尽管屈服于刀兵之下，却仍继续在文章学问上保持优胜：言 Graecia capta ferum victorem ceperat【希腊人曾胜过那少教养的征服者】，较 cepit【一直据有（优胜），译按，此为贺拉斯原文】为更符实情者[2]。

阿克奇乌斯

最早去往小亚细亚旅行的罗马人中，有一人名叫阿克奇乌斯 L. Accius（西元前 170—约前 90 年），他写过多部以特洛伊故事为题材的悲剧。在学术史上为我们所关注的仅在于，他写过一部关于希腊和罗马诗歌，尤其是戏剧诗的历史，以索塔德斯风格 Sotadean 的韵体【译按，索塔德斯 Sotades 是西元前 3 世纪的色雷斯诗人】完成，题名为《训解》*Didascalica*，这标题可使人联想到亚里士多德的 *διδασκαλίαι*【演者训导】[3]。他最早讨论某

1 《加图传》，27。

2 贺拉斯：《书简集》，II i 156。

3 Madvig，《学术短著集》*Opuscula Academica*，i 87 以下（p. 70 以下，1887 年版）；Hermann，《短著集》，viii 390；Lachmann，《德意志语文学短论集》*Kleinere Schriften zur deutschen Philologie*，ii 67；Norden，在《莱茵博物馆》，xlviii（1893）530 以下；以及 Hendrickson，《美国语文学刊》，xix（1898）285 以下，特别见 303 以下。

部被误归为普劳图斯所作的戏剧之真伪[1]。从他正字拼法的怪癖好中，我们可得知他从不使用字母 Y 和 Z，而且，当 A、E、U 为长音时，他便以重复写两次来表示[2]。瓦罗曾写过一篇名为《论古代文字》*de antiquitate litterarum* 的论文题赠予他，可证实他在这些话题上的兴趣[3]。阿克奇乌斯所引介的语言及拼读上的革新，遭到卢基理乌斯 Lucilius（西元前 180— 卢基理乌斯
前 103 年）的奚落，此人不仅讨论了正字拼写和诗律的一些问题，讥讽 175
拉丁悲剧家们夸诞的文辞，甚至还去品第荷马和欧里庇得斯，而且责备他的同代人品味太偏狭，受希腊文的影响，不脱措辞风格上的窠臼[4]。卢基理乌斯曾无甚恶意地取笑罗马的伊壁鸠鲁主义者提图·阿耳布基乌斯 Titus Albucius，因为此人喜好被人以希腊语问候，尽管如此，（同西比阿集团的其他成员一样）卢基理乌斯自身对希腊文学中的杰作却并不陌生。

罗马人以希腊语所作罗马史

盖乌斯·阿基理乌斯 Gaius Acilius 曾为元老院传译西元前 155 年希腊使节的演讲词，在前 142 年他写了一部希腊语的罗马史；大亚非利加努斯 the elder Africanus 之子，也曾以希腊语写过一部历史，今已佚失。利基尼乌斯·克拉苏·第维斯·穆基安努斯 P. Licinius Crassus Dives Mucianus，西元前 131 年的执政官，他精通希腊语，竟至于在管理亚细亚事务时，要么以普通希腊语发布决议，要么视情形从希腊四种方言中随意选用其一[5]。

卢基理乌斯之后有一位无甚名气的隽语诗人，博基乌斯·理齐努斯 Porcius Licinus，他以长短格创作了一篇关于罗马文学的诗体历史，在其中

---

1 葛琉斯，iii 3，9。

2 马理乌斯·维克多理努斯 Marius Victorinus，见于《拉丁语法家集成》*Grammatici Latini*，6，8【译按，应写作 vi 8】；Ritschl，《小品集》，iv 142。

3 Teuffel，§134，7 和 11；Schanz，§§49，50。

4 Teuffel，§143，7.

5 昆体良，xi 2，50。

他力主罗马诗歌源起时间滞后的说法，便出现在这常被引述的诗行：

Poenico bello secundo Musa pinnato gradu
Intulit se bellicosam in Romuli gentem feram.[1]
【在第二次布匿战争中缪斯才展翼飞来
降临这罗慕洛斯武勇之后人的国族。】

瓦勒理乌斯 阿克奇乌斯同时代的年轻一辈，也是瓦罗的先辈，其中有索拉的瓦勒理乌斯 Q. Valerius of Sora（生于约西元前154年），区分过语言学和古物学的不同。当瓦罗被问及何谓 favisae Capitolinae【卡庇托山秘窖】时，他承认他全然不知 *favisae* 一词的来源，并引瓦勒理乌斯的观点搪塞过去，大意谓 favisae 是 flavisae【译按，*flavisae* 语源自 *flare*，原指熔金铸币的工艺过程】之讹，其义与 thesauri【宝库】相同[2]。

斯提洛 此时期最杰出的学者是埃琉斯·斯提洛·普莱柯尼努斯 L. Aelius Stilo Praeconinus（约西元前154—前74年），拉努维昂 Lanuvium 地方人氏，是一位罗马骑士。他曾与瓦罗、西塞罗等年轻人一起阅读普劳图斯等人的剧作。普莱柯尼努斯之名缘于其父 praeco【传令官】的职业，而斯提
176 洛（或谓“书写者”【译按，Stilo 原谓尖头之书写工具】）一名则归因于他为罗马贵胄人物笔录言辞的技能。在西元前100年，他离开罗马去往罗德斯岛，在那儿度过了两年时光[3]。“色雷斯人”第欧尼修，阿里斯塔库斯学派的领袖，那时也在罗德斯，可能是他的影响，斯提洛将阿里斯塔库斯

1 葛琉斯，xvii 21，45。
2 同上书，ii 10，3（Teuffel，§147，1）。
3 苏维托尼乌斯：《语法学家列传》，3。

的符号引入对拉丁诗歌的考辨中来[1]。我们发现斯提洛被瓦罗称为 litteris ornatissimus【学识最渊博】者，此言引自葛琉斯[2]，他自己则称斯提洛是 doctissimus eorum temporum【当时被认为是最博闻多识者】，并说瓦罗和西塞罗以他为榜样，避免用 novissimum【最新】一词来表达 extremum【最近】的意义[3]。斯提洛在西塞罗的《布鲁图斯》(205)中被描绘成一个对希腊与拉丁文学最为精通的人，是一位批评家，善于从个人心智，以及历史和政治的角度对古代作家和罗马先贤进行考辨。《论演说家》提及他对法律和古物的钻研[4]。他在语法学尤其是词源学上的钻研，有几分是由对斯多葛派哲学的热情所激发的。他看来是位勤奋的著述家，他的学识大量流入瓦罗、维琉斯·弗拉库斯 Verrius Flaccus、老普林尼和葛琉斯的文章中去。他的著述，包括一部《战神颂歌集》*Carmina Saliorum* 的注释[5]；一份普劳图斯剧作的考辨目录，在此他认为有 25 部戏剧是真的作品，与此相关的是瓦罗所引述对普劳图斯文风的赞辞，可能出自斯提洛，大意说假如缪斯愿意讲拉丁语，她们必将采用普劳图斯的言辞[6]。他还写过一篇关于公理陈述的论文(《论公理》*περὶ ἀξιωμάτων*)，显然是与斯多葛派的句法研究有关，后来葛琉斯[7]经历一番颇费周折的查寻，在和平宫【译按，韦斯帕芗帝所建】的图书室找到此文；斯提洛还编辑过梅特卢斯·努米第

---

1 葛琉斯，vi 9，11–12；Marx，《〈致赫伦尼乌斯〉绪论》*Prolegomena ad Herennium*，138 以下。

2 i 18，2.

3 x 21，2。瓦罗引述埃琉斯·斯提洛在《论拉丁语》，v 18，21，25，66，101；vi 7，59(参看 Reitzenstein，《瓦罗》*M. Terentius Varro*，1901，31 以下，37 以下，43，52)。

4 i 193，Aeliana(Madvig 作 aliena)studia【埃利安研究；Madvig 校读作“其他的研究”】。

5 瓦罗：《论拉丁语》，vii 2；参看费斯多 Festus，manuos、molucrum、pescia 词条，转引自 Suringar，《拉丁学术批评史》*Historia Critica Scholiastarum Latinorum*，i 29。

6 昆体良，x 1，99。

7 xvi 8，2.

库斯 Q. Metellus Numidicus 的著作集，此人曾与斯提洛一起在西元前 100
177 年时被流放；斯提洛可能也写过一部古物学著作，研究十二铜表法，最后，他还有一部字汇，包括了以词源学、古物学和历史学为主题的数篇文章[1]。卢基理乌斯的讽刺诗和柯伊琉斯·安提帕忒 L. Coelius Antipater 的编年史，俱被题赠予斯提洛。在其身后的学者[2]，有普洛修斯·加卢斯 L. Plotius Gallus 和塞维乌斯·尼坎诺耳 Saevius Nicanor，他们分别是早期的拉丁修辞学和文学的教师；奥勒留·欧庇琉斯 Aurelius Opilius，是普劳图斯的学生;安东尼·尼弗 Antonius Gnipho，为恩尼乌斯的年代记做过注释；庞庇琉斯·安德洛尼库斯 M. Pompilius Andronicus，写过编年史的考辨文章，由欧耳比琉斯 Orbilius 出版；塞尔维乌斯·刻洛丢斯 Servius Clodius，他娶了斯提洛的女儿，并窃走一些论稿，据说还写过一份普劳图斯真作的清单[3]；最后还有斯塔布留斯·厄洛斯 Staberius Eros，此人是布鲁图斯 Brutus 和卡修斯 Cassius 的导师，被老普林尼[4]带几分夸张地称为 conditor grammaticae【语法学的奠基人】。

斯提洛最有名气的门人，泰伦提乌斯·瓦罗 M. Terentius Varro（西元前
瓦罗 116—前 27 年），被西塞罗[5]评价为 diligentissimus investigator antiquitatis

---

1 Goetz 在《鲍礼古典学百科全书》，i 532 以下。参看 Mommsen，《罗马史》，Bk iv c. 12 及 13；Teuffel，§148；Schanz，§76。

2 苏维托尼乌斯:《语法学家列传》，3，5–8 等处。Teuffel，§159；Schanz，§194–196。

3 葛琉斯，iii 3，1。参看西塞罗:《致亲友书信集》*ad Familiares*，ix 16，4（致拜图斯 Paetus），Servius, frater tuus, quem litteratissimum fuisse iudico, facile diceret ‘hic versus Plauti non est ; hic est’，quod tritas aures haberet notandis generibus poëtarum et consuetudine legendi【令弟塞尔维乌斯，我拿他当极博学的人，他毫不费力地说出，“这篇不是属于普劳图斯的，这篇才是”，他有久经打磨的双耳，源自对诗人风格的鉴赏和读书的习惯】。

4 xxxv 190.

5 《布鲁图斯》，60。

【最勤奋的古学研究者】，昆体良[1]则说他是 vir Romanorum eruditissimus【最富教养的罗马男士】，圣奥古斯丁则谓其人阅读如此广泛，令人惊异于他怎么还有时间去写作，且又著作繁多，令人感到简直无人能把它们读完[2]。他的著作多达 620 卷之数，凡 74 种。其中包括了 41 卷的《人神古史记》*Antiquitatum rerum humanarum et divinarum*，其他古学著作还有《论罗马人的生活》*de vita populi Romani* 和《论罗马人的族性》*de gente populi Romani*，一卷谈“起源”的书名为 *Aetia*【译按，类如卡利马库斯的 *Aἴτια*】，以及一篇论述特洛伊皇族和罗马各部落的文章。他的文学史著作研究范围涉及普劳图斯[3]、戏剧、诗歌以及风格，还有三卷书稿论述图书馆；但不幸的是它们 178
都没能流传下来，也毫无证据显示它们曾被认真当作是文学考辨之学。他的语法学著作包括了 25 卷的《论拉丁语》，其中 5—10 卷（出版于西元前 43 年之前）还存世；2—7 卷论语源学；8—16 卷论词形变化、类推和异态；17—25 卷论句法；还有一卷书谈拉丁语言的起源，三卷谈类推法（《论词语的类同》*de similitudine verborum*），以及四卷的《论语言之用》*de utilitate sermonis*。此外，瓦罗还写了第一部拉丁语的“文科”liberal arts 百科全书，题目是《教育九书》*disciplinarum libri novem*，包含（1）语法，（2）逻辑，（3）修辞，（4）几何，（5）算术，（6）天文学，（7）音乐，（8）医学，（9）建筑学，前七者即是后来奥古斯丁[4]和马提安·卡帕刺的七艺，

---

1 x 1，95.

2 《论上帝之城》，vi 2。类似同样的话后来由伊息多耳拿来说圣奥古斯丁（vii 179，1803 年版），“mentitur qui te totum legisse fatetur”【凡言称读完其全集者，必是在撒谎】。

3 瓦罗所认可的 21 部剧作被称为 Fabulae Varronianae【经瓦罗叙录者】（葛琉斯，iii 3，3），遂得以保全了其中的 20 部留存至今，还有一部《毡袋记》*Vidularia*，其残篇仅存于安布罗斯图书馆藏的重写本（10 世纪）中。参看 Leo，《普劳图斯研究》，17 以下，45 以下。

4 《订谬篇》*Retractationes*，i 6，不过在此“哲学”代替了“天文学”的位置。

后来被表述为中古教育体系的 trivium【三科。译按，指语法、逻辑、修辞三门初级学科】和 quadrivium【四科】。其诗作中有一部《梅涅普斯体杂咏》*saturae Menippeae*，这是种新式的讽刺作品，韵体中混有散句，该作品有残篇存世。在此中瓦罗效仿的摹本是希腊的犬儒哲人，伽达剌的梅涅普斯 Menippus of Gadara（约在西元前 250 年）。在瓦罗写的《图像集》【译按，原题作 *Hebdomades*】中他搜集了 700 幅希腊罗马名人肖像。终者，瓦罗还作有三卷的《论农业》*de Re Rustica*[1]。这丰富多样的风雅事业，大体上成为西塞罗《论学园派》中赞誉的主题[2]。

可是（除却残篇）唯能流传今世的著作，只有《论农业》各卷，和六卷《论拉丁语》。后者的第 5—25 卷题献给西塞罗，因他曾焦躁地等待
179 瓦罗实现诺言，将某部重要著作题献与他，于是在他将《论学园派》第二稿（西元前 45 年）题赠给瓦罗之后获得了这等可观的回报。瓦罗的论著是现存最早的罗马语法学著作。这部巨著完成于西元前 43 年西塞罗谢世之前，颇得益于埃琉斯·斯提洛的斯多葛派教义，以及斯提洛对斯多葛与亚历山大里亚两派学术传统的贯通工作[3]。瓦罗甚至从“色雷斯人”

---

1 Teuffel，§§164–169；Schanz，§§182–193。参看 Ritschl，《小品集》，iii 419–505；Mommsen，《罗马史》，Bk v c. 12；Wordsworth 的《早期拉丁语的残篇与范例》*Fragments And Specimens Of Early Latin*，pp. 356–358；以及 Nettleship，ii 146 以下；亦见 Schanz，§§183–193；Wilmanns，《论瓦罗的语法学著作》*De Varronis libris grammaticis*，pp. 226，1864；Usener，《一种古老的语文学教学法》，在《拜仁科学院会议报告》，1892，582–648；以及 Reitzenstein，《瓦罗与欧凯塔的约翰·茅罗普斯，语言学史的个案研究》*Varro und Johannes Mauropus von Euchaita, eine Studie zur Geschichte der Sprachwissenschaft*，pp. 97，1901。

2 1§9.

3 Reitzenstein，《瓦罗》（1901）。

第欧尼修处推演出他对语法学的界定[1]，可能借助于斯提洛为中介，故谓瓦罗全然领受了第欧尼修的门生大提冉尼奥的恩荫[2]。现存前三卷论语源学，第 5 卷涉及地名，第 6 卷谈指称时间的专门语词，第 7 卷论诗歌中的表达。对我们而言，此数卷的价值在于其中对拉丁诗人的引述，而非那些精彩的词源学理。但瓦罗仍有高见，将 merīdies【中午】视作 medius（而非 merus【纯粹的】）dies【日之中时】的代称，并由此展开联系，记叙了一件趣事，谓他曾在普莱内斯特 Praeneste 亲见一个刻有 D 字图案的日晷[3]【译按，意谓足证古人表达中午一意时使用的是 medius dies 而非 merus dies】。接下来的三卷书关注的是类推法与异态法的争论：第 8 卷涉及反类推法的意见，第 9 卷涉及反异态法的意见，第 10 卷则是瓦罗自己关于类推法的观点。

瓦罗的类推法和异态法

在这后三书的第一卷中，有赞同多变之魅力的论述与例证：ex dissimilitudine plus voluptatis，quam ex similitudine，saepe capitur【异较于同，常有更多之乐趣】；故可推知，verborum dissimilitudinem，quae sit in consuetudine，non esse vitandam【日常习用所见的异体之字词，并未

---

1 瓦罗，残篇 91，grammatica est scientia eorum quae a poëtis historicis oratoribusque dicuntur ex parte maiore【语法学即是研究诗人、史家和演说家们的言辞之大体的科学】；参看上文第 8 页。瓦罗给予我们最早以拉丁语使用 lyricus【抒情诗】的范文，假若 Wilmanns 在《论瓦罗的语法学著作》，p. 187 所言为正确的，即将这段文字，塞尔维乌斯的《论重读》*de accentibus*，17，'Dionysius... Aristarchi discipulus，cognomento Thrax，domo Alexandrinus，qui Rhodi docuit，*lyricorum* poetarum longe studiosissimus...'【第欧尼修，阿里斯塔库斯的门人，诨号是"色雷斯人"，居于亚历山大里亚，后来去了罗德斯教书，抒情诗人中他最有学术热情了】，应归于瓦罗笔下。

2 上文第 140 页。关于其他各方面的希腊原典权威，参看 Kroll 在《年刊》，vol. 124，p. 29；另见 F. Muller，《论上古罗马人的语源学研究》*De veterum, imprimis Romanorum studiis etymologicis*，pp. 262（乌得勒支，1910）。

3 《论拉丁语》，vi 4。

定要避免者】(31—32)。异态论者极力主张语辞无规律可言；相似之词有时其变格也是相似的，诸如由 bonum【善】和 malum【恶】，观 bono 和 malo；有时变格则是不相似的，诸如由 lupus【狼】和 lepus【兔】，观 lupo 和 lepori；而不相似之词变格有时是不相似的，诸如由 Priamus 和 Paris，观 Priamo 和 Pari；有时变格则是相似的，诸如由 Iuppiter 和 ovis【绵羊】，观 Iovi 和 ovi。异态论者说，若类推法不能普及，则也就
180 没什么真的类推法了。是卷以若干词格变形无规律的例证作为结束，包括比较级、指小词和专名。次卷（ix）则批驳异态论，开篇先言称那位 nobilis grammaticus【著名语法学家】，克剌忒斯，以克律西波之见为是，而以阿里斯塔库斯之见为非，如此便误解了这二人。克律西波述异态法时，意在展示相似者常由不相似的词语来指称，而不相似者则有相似之名，是为其说之真义。而阿里斯塔库斯述类推法时，陈言说我们必要接受某词之变形或派生可作为余者之模本（或云范式），**只要习俗所许可**（§1）。瓦罗称克剌忒斯误解克律西波和阿里斯塔库斯可能不确实，而当他认可约定俗成之意义时，他倒真的放弃了严苛的类推法规约。凡为异态论者所陈言为根据者，尽是类推论每每失效之处，于是他说并非类推法，而是 consuetudo【习俗成约】，才是语言的指导规律。因为瓦罗不愿意自称作异态论者，他便姑且提出第三派，以自求荫庇，这一派系包括那些人，他们 in loquendo partim sequi iubent nos consuetudinem, partim rationem【在语言研究上或建言听从习俗成约或建言听从理论规则】。既然 partim【或而】之谓含混不清，这番描述遂如空言，因为两造各陈己见，相互矛盾。瓦罗将此第三派见解视为近乎他所持有的类推法观点；与此同时，他言此派对异态论者的异议也不排斥：consuetudo et analogia coniunctiores sunt inter se，quam ii credunt【习俗成约与类推定则彼此关联

之紧密，甚于他们（建言者）之想见】（ix 2）[1]。

西塞罗之见附同于瓦罗。他是一位类推论者，却又重视 consuetudo。身为有经验的演说家，他必不能忽视于此【指习俗成约】。故而要掌握合理专业之词形，且遵从世俗日用之成约。他本知道在早先拉丁语中的 pulcros【后来作 pulchros】、Cetegos【后来作 Cethegos】、triumpos【后作 triumphos】、Karta-ginem【后作 Karthaginem】并无送气音，但他顺应世风，引入此类发音（《演说家》,160）。他以 confidens【自信；自负】表示"无耻"之义，纵然心知非是（《图斯库兰辩论集》，iii 14）；他明知 scripsere【他们书写（诗体措辞）】并无错误，却仍声称唯 scripserunt【他们书写】是正字（《演说家》，157）。Usum loquendi populo concessi，scientiam mihi reservavi【言语之习用，我服从民众；学问之见解，我自有保留】（同上书，160）。西塞罗并不单纯地追求音声之铿锵，而仅将其作为世俗习用的一方面要求：consuetudini auribus indulgenti libenter obsequor【我情愿去遵从和谐顺耳的世风】（同上书，157）[2]。 西塞罗

类推法是恺撒的一部著作之主题，值他翻越阿尔卑斯山时成书[3]，大概在西元前 55 年。是书题赠给西塞罗[4]，计二卷，（1）关于字母表和词汇，以及（2）名词、动词词形变化的不规则性。正是在此书中，恺撒制定他著名的规则：ut tamquam scopulum，sic fugias inauditum alque 恺撒

1 Steinthal，《语言学史》，ii 130–136². 参阅 Reitzenstein，前揭书，pp. 44–65 以及 F. H. Colson 在《古典学季刊》*The Classical Quarterly*，1919，24–36【译按，此文题名为《类推论者与异态论者的论争》*The Analogist and Anomalist Controversy*】。

2 Steinthal，ii 154.

3 苏维托尼乌斯：《恺撒传》，56。

4 《布鲁图斯》，253；葛琉斯，xix 8，3。

181 insolens verbum [1]【须力避生词僻字，如躲投石】。恺撒竟认可 consuetudo 之合法，纵然在他以指点江山、将万事定于一律的统治欲写成的著作中亦如是。同样，贺拉斯复将词语的衰落与复兴视为仰赖于 usus，quem penes arbitrium est et ius et norma loquendi【“习惯”，是为语言的裁判，给语言制定法规与标准。译按，从杨周翰译文】(《诗艺》，71 以下)。

类推论者与异态论者的论争延续不休，超出本章的时限。欲完备

普林尼 此话题的调查，或该在此附论老普林尼（西元 25—79 年），其著作中有 dubii sermonis libri octo [2]【《语词双变》八书，译按，谓名词与动词的词形变化】，持类推论，但他也重视 consuetudo 的所有权能（consuetudini et suavitati aurium censet summam esse tribuendam【听惯且悦耳，便是甚高的评价了】)，主张 esse quidem rationem，sed multa iam consuetudine superari [3]【理智固可贵，但要应时顺世而行】。即便最初时的语言或许全以类推法制定的，却有 consuetudo 作为理智的天敌，常常将之驱逐出局。普林尼故能意识到 consuetudo 之权能早已溢出瓦罗所言。他也明白**权威**之功能，且认可被定作 veteri dignitate【旧而可贵】的词形。权威之可信与古风之可爱却常做了无规则可言的 consuetudo 之盟友，故而这三种势力俱成为类推法必要徒劳对抗的了 [4]。

昆体良 昆体良（约西元 35—95 年）也是位类推论者，不过他将类推法的疆域限制在决断可疑问题上（i 6，4）。在他看来类推法倚赖于先验条件

1 葛琉斯，i 10，4。参看 Hendrikson，在《古典语文学》*Classical Philology*，i 97–120【译按，当作 Hendrickson，其文章题作《尤里乌斯·恺撒之〈论类推法〉》*The De Analogia of Julius Caesar*】。

2 小普林尼:《书简集》，iii 5，5。

3 嘉理修斯，i p. 99。

4 Steinthal，ii 155.

而非理智；类推法并不为语言立法，而仅是对其法规进行观察和记录（同上，16）。

一个世纪后，希腊文学界有一怀疑论者，即医师塞克斯都·恩披理克，其人全盛期在西元 180—200 年，是位异态法的热情拥护者。他奚落在世的类推论极端分子，谓“这些学者啊，别看他们语不成句的，却指责所有古代作家都是讲蛮语的外族，可人家都是以文章醇正（εὐφράδεια）和树立希腊语文风气（Ἑλληνισμός）著称的，比如修昔底德、柏拉图和德摩斯提尼”（《反对博学家》，i 98）。 塞克斯都·恩披理克

然而这两派学说的论争主要还是发生在当下时代【译按，西元前 1 世纪】的之前一个世纪和之后一个世纪。在讲类推法的阿里斯塔库斯学派的影响下，语法构词得到极为精准的研究。语法学的词形变化表是这番论争的结果，这“必然推动对语型的全面分析”[1]。最先致力于简化希腊语言之面目、努力使之有序可循的人们，看到大多数的词形有规则、易分类，这些语法学家于是很想索性将所有不规则的词全简化统一成标准形态。这乃是较早时候的类推论者所从事的工作。在我们看来，他们是“规则”的辩护者，而异态论者则为“例外”提出了上诉理由。这场争讼的最终结论是这一事实：在语言王国中如同自然界一般，一致性与多样性是彼此融合而不能割裂的。

西塞罗起初是跟随伊壁鸠鲁派哲人斐德卢斯 Phaedrus 学习希腊哲学的，但是很快他的兴趣转向了斯多葛派的第奥多图斯 Diodotus（他与西塞罗生活在一起，卒于其家中）和学园派的斐洛 Philo，后者是克里托马 182 西塞罗

1 参看 J. Wordsworth 的《早期拉丁语的残篇与范例》，pp. 653–654。

库斯的门生。他在希腊直到完成学业的期间（西元前79—前77年）里，他在雅典研究阿斯卡隆的安提阿库斯 Antiochus of Ascalon【译按，当时执掌雅典托勒密学院 Ptolemaion 教席的哲学家，开创了号称“第五学园派”的伦理学体系】斯多葛化了的学园派哲学；也研究修辞学，或许有时在雅典，但主要是在罗德斯，在那儿他与斯多葛哲人波赛冬纽斯结谊甚密。西塞罗钻研希腊学术甚是投入，待他回到罗马，甚至被责骂为“一个希腊人及一个书呆子”[1]。他对希腊艺术漠然隔阂的态度反映在《四反维勒斯》*Fourth Verrine*（西元前69年）中；他对希腊文学较为了解，可见于《为阿齐亚斯而辩》（西元前62年）[2]；而他通晓斯多葛派的数条悖论，见于以此命名的著作中【译按，即《斯多葛悖论》*Paradoxa Stoicorum*，西塞罗在此书中解说斯多葛派不易为人所理解的义理，析为六条悖论】，另见《为墨列那辩护》*Pro Murena*。约在西元前60年，西塞罗已在热衷于研究狄凯阿库斯[3]和泰奥弗剌斯特[4]，并学着忒欧庞普斯的方式著作史学传论[5]。波赛冬纽斯显然启发了他如何写作第一篇修辞学论文《论选材》*De Inventione*的开头[6]，该文的其他部分则借鉴了赫尔玛高剌斯 Hermagoras。及他作《论演说家》（西元前55年）和《布鲁图斯》（西元前46年），文笔更为成熟，体现了原创水平，但前一书既表明他谙熟希腊哲学，我们却又见他在《演说家》（西元前46年）中抨击当日之狭隘的阿提卡派人士，而此书有一部分又是得自柏拉图、

1 普鲁塔克:《西塞罗传》，5。

2 下文第192页。

3 《致阿提库斯》，ii 2。

4 同上，ii 7，4；i 16，3。

5 同上，ii 6，2。

6 Phillippson 在《新年刊》，133，p. 417。

伊索克拉底、德摩斯提尼、亚里士多德和泰奥弗剌斯特的沾溉[1]。《论最优
秀的演说家类型》*De Optimo Genere Oratorum* 是一篇短序，附于西塞罗所译的
埃斯奇纳斯和德摩斯提尼演说的“华冠之论辞”，译文今已不存。他也
译过色诺芬的《齐家篇》*Oeconomicus*，以及柏拉图的《普罗泰戈拉篇》《蒂
迈欧篇》，后者部分仍存世。他的《命意篇》*Topica*，作于海舶中，正值
手边无书（在西元前 44 年 7 月），确非转译亚里士多德的同题著作。至
于他的哲学对话，他倒是曾在西元前54年时专门研读了亚翁的书[2]。他早
期的哲学著作《共和国篇》*De Rupublica*（西元前 54 年）和《法律篇》*De* 183
Legibus（西元前 52 年），题名使人将他与柏拉图联系在一起，而《西比阿
的梦》*Dream of Scipio*，乃是《共和国篇》的最后部分所述，正与《理想国》
结尾处“厄洛斯 Er 的梦幻见闻”相映成趣。西元前 51 年他重访雅典故
地（客居安提阿库斯之昆弟阿理斯图 Aristus 家中），得到伟大的伊壁鸠鲁
派诗人卢克莱修的帮助，成功地阻止了伊壁鸠鲁故宅的摧颓。在密提勒
涅，他遇见逍遥学派的克剌提波 Cratippus ；而待他从西里西亚 Cilicia 返回
雅典，他再度下榻阿理斯图之寓所（西元前 49 年）。内战期间，我们见
西塞罗应时地研究起玛葛涅息亚人德米特理乌斯的《论和睦》*On Concord*
来。在《论至善与至恶》的第 4、5 两卷，以及在《论学园派》（西元前
45 年）中，他所树立的主要权威是安提阿库斯。在《图斯库兰辩论集》
（西元前 44 年）中他所信从的是斐洛或波赛冬纽斯、潘奈修斯与安提阿
库斯。一封致安提库斯的信[3]中暗示了与此著作相关联的事，即谓他在研
习狄凯阿库斯的某篇论文。在《论神性》（西元前 44 年）的第一卷，他

1　参看本书作者的编订本，pp. lxvii–lxxi。

2　《致昆图斯》*Ad Quintus*，iii 5 和 6。

3　xiii 32，2.

可能追随了伊壁鸠鲁派的芝诺；当然还有波赛冬纽斯[1]，或也有菲洛德慕斯；第二卷（至少）有波赛冬纽斯；第三卷可确信是以克里托马库斯为权威。最后这两人更列于《论预言》（西元前 44 年）著作之来源中，而该书第二卷的 §§87—89，据西塞罗自道是得沾溉于潘奈修斯。《论老年》*De Senectute*（西元前 44 年）或许是受到刻俄斯的逍遥哲人阿里斯托 Aristo 的启发；《论友谊》*De Amicitia*（西元前 44 年）主要根据泰奥弗剌斯特之思想。《论义务》（西元前 44 年）的头两卷，众所周知是基于潘奈修斯之说而成的，另外也参据波赛冬纽斯，或者还要算上"秃头佬"阿忒诺多儒斯 Athenodorus Calvus，必是他提供了西塞罗该书第三卷的基本思路[2]。就连他的佚篇，纪念图利娅 Tullia【译按，其女名】的《告慰篇》*Consolatio*，也是追摹克冉托尔 Crantor 的《举哀论》περὶ πένθους，另一佚篇，《霍滕修斯篇》*Hortensius* 则效仿亚里士多德与波赛冬纽斯的同名著作《劝勉篇》*Protrepticus*[3]。在西元前 45 年，正是他写完《论至善与至恶》和《论学园
184 派》之时，他致信与阿提库斯[4]，坦白言称自己并无创造力，说他所致力的那些著作都是"抄袭"——ἀπόγραφα sunt: minore labore fiunt；verba tantum affero，quibus abundo【"抄录"便是如此：运较少之精力，得偌大之篇幅，可谓事半而功倍】。他年轻时曾以拉丁韵文翻译阿拉图斯的天学

1 i§§123.

2 《致阿提库斯》，xvi 11，4 及 14，4。

3 有关西塞罗在他哲学著作中所追随的希腊权威，详见于 Hirzel 的《西塞罗哲学著作研究》*Untersuchungen zu Ciceros philosophische Schriften*，1877–1883；Thiaucourt 的《西塞罗哲学论著议说》*Essai sur les traités philosophiques de Cicéron*，1885；Schanz，§§158–172；以及这诸种著作的通行本，特别是 Reid 博士编订的《论学园派》，pp. 1–9，和 J. B. Mayor 教授编订的《论神性》，i p. xlii 以下。

4 xii 52，3.

诗，在西元前60年，写作他执政生涯回忆录，穷尽他全部的希腊修辞之才能，此作引起波赛冬纽斯之敬慕与绝望，因为此人也曾被要求写同样题目的著作[1]。在他的《书简集》中，特别是那些致与希腊学人如阿提库斯的信函，他的行文常用希腊语。尽管他转录希腊哲学著作时可能多有纰漏错谬，拉丁语和现代语言中的词汇表却多由他而丰富扩大，经由他翻译的希腊哲学术语，完美得体，令人称叹[2]。*εἶδος*【种】、*ποιότης*【性】、*ποσότης*【量】遂在西塞罗的species、qualitas、quantitas和现代派生词中，获得“更长久的生命，更广大的意涵”。他翻译的晚近希腊作家如伊壁鸠鲁、克律西波和菲洛德慕斯之著作，就其文风而言还胜过原作。西塞罗于希腊语和拉丁语价值之评骘未有一贯的意见。有时“他说希腊语优于拉丁语[3]，或又言拉丁语优于希腊语[4]；读索福克勒斯或柏拉图，便能领会其超拔群伦的优美语言；而翻译潘奈修斯或菲洛德慕斯时，他又该觉得自己才是无敌至尊的吧”[5]。

西塞罗早期的阿拉图斯译本，被一位绝代大诗人反复效仿，此人便是卢克莱修Lucretius（西元前97—前53年）。他以相当明晰的体式，在其雄浑庄重之诗中阐述伊壁鸠鲁的自然体系，后者的著作“芜累隐晦，算不得是什么风格”[6]。卢克莱修曾认真地研习过德谟克利特、阿那　卢克莱修

1 《致阿提库斯》，i 19，10；ii 1，1。

2 参看Bernhardt，《论西塞罗对希腊哲学的翻译》*De Cicerone Graecae philosophiae interprete*，柏林，1865；以及Clavel，《论西塞罗的希腊语翻译》*De Cicerone Graecorum interprete*，巴黎，1868（有部分是重录H. Estienne的《西塞罗著述的希腊—拉丁词语汇释》*Ciceronianum Lexicon Graeco-latinum*，1557）。

3 《图斯库兰辩论集》，ii 35。

4 《论至善与至恶》，i 10。

5 Munro的《卢克莱修》*Lucretius*，引言，p. 306–307[8]。

6 Munro，同上，p. 306。

185 克萨革拉和赫拉克利特。偶尔他也从恩培多克勒 Empedocles 或是波赛冬纽斯那里获得沾溉（v）；还有修昔底德，卢克莱修不断将其原文转述错误，一度他还滥引了希波克拉底的话[1]。他译述荷马史诗[2]，并模仿赫西俄德[3]和欧里庇得斯[4]。仅有一节诗中，他所译自西顿的安提帕忒Antipater of Sidon 是贴近原文的[5]，这位安提帕忒是前 2 世纪后半期的隽语诗人，其诗律严守亚历山大里亚派的上乘规范。如此慎独且不加解释地翻译一位亚历山大里亚二流诗人的作品，且又公开坦白自己对恩尼乌斯的崇敬[6]，卢克莱修使得自己与新派诗人形成鲜明对照。这些被称作 poëtae novi[7] 或

欧佛良体诗人

νεώτεροι【新诗人】的[8]，或名 cantores Euphorionis【欧佛良体诗人】，他们对恩尼乌斯这位诗坛先贤不屑一顾[9]。他们将戏剧与其他广大体裁的史诗都抛在一旁，唯专注于写不入品流的史诗、情歌，以及嘲世或敬神的诉歌与警句，仿造些虚妄的学问和勉强合乎“亚历山大里亚派”诗风的韵脚。其领袖人物有瓦勒理乌斯·加图 Valerius Cato 和卡耳武斯 Calvus（西

卡图卢斯

元前 82—前 47 年），声望最大的诗人代表是卡图卢斯 Catullus（西元前 84—前 54 年），可体现他受亚历山大里亚派影响的作品，尤其见于《阿提斯》*Attis*【译按，罗马神话中类如希腊之阿多尼斯 Adonis 的神祇】[10] 和《贝勒尼

---

1 vi 1180–1195.

2 ii 24，324；iii 21，1000，1025；v 905 以下；vi 971.

3 v 1289.

4 i 101；ii 991–1006；v 805.

5 iv 181 以下。

6 i 117.

7 西塞罗：《演说家》，161。

8 《致阿提库斯》，vii 2，1。

9 《图斯库兰辩论集》，iii 45。

10 Wilamowitz（1879）.

采帝后之发》*Coma Berenices*，这两篇都译自卡利马库斯，复见于《珀琉斯与忒提斯的婚礼》*Peleus and Thetis*，以及致阿琉斯 M. Allius 的诉歌，其中可举出很多处离开主题去展示神话之艺的例证。卡图卢斯对早期希腊典范作品有所研究，故能在翻译萨福的一首合唱歌时，采用了她最有特色的韵步。其在卑斯尼亚的同好（西元前 57—前 6 年）是赫耳维乌斯·秦纳
C. Helvius Cinna，他完成了一部阿拉图斯的仿作[1]；显然他在两部精心巧构 秦纳
的诗作中效仿了尼西亚的帕耳忒尼乌斯 Parthenius of Nicaea，使得其作品
晦涩难读，须有笺注才可得解。瓦罗·阿塔奇努 Varro Atacinus（生于西 瓦罗·阿塔奇努
元前 82 年），其诗歌生涯始于一篇讲述恺撒征伐塞夸尼 Sequani【译按，高卢部落名】的史诗，因此蒙贺拉斯以讽刺诗体将其稍加褒奖[2]。35 岁之年，
阿塔奇努狂热投身于研究希腊文学，创作一篇地理诗，明显是效仿以弗 186
所的亚历山大，数篇预兆诗，则追随阿拉图斯为榜样，他还将罗德斯的阿波罗尼乌斯之《阿尔戈传奇》译写成拉丁诗歌。其译才可由下面几行见得一斑：

οὐδὲ κυνῶν ὑλακὴ ἔτ' ἀνὰ πτόλιν, οὐ θρόος ἦεν
ἠχήεις· σιγὴ δὲ μελαινομένην ἔχεν ὄρφνην.（iii 749）
【通城无犬吠，亦不闻人声；
一切在夜色中都变得黯淡寂静。】
Desierant latrare canes urbesque silebant；
Omnia noctis erant placida composta quiete.

---

1 伊息多耳，vi 12（Merry 的《罗马诗歌残篇》*Fragments of Roman Poetry*，p. 254）。

2 《闲谈集》*Sermones*【译按，此系原本的拉丁语题名。因贺拉斯的讽刺诗锋芒不盛，他自称作“闲谈”sermo。见王焕生，《古罗马文艺批评史纲》，第 152—153 页】，i 10，46。

这两行诗因老塞内加而得留存[1]，他记述了奥维德的意见，认为该剔除最后三字【即认为在 omnia noctis erant“一切都属于夜”之后结束】；并提及维吉尔对相同题旨同样出色的遣句之法[2]。

我们且不谈诗人了，而要关注一下共和国最后数十年间的几位史家。恺撒（西元前 100—前 44 年）如西塞罗一样在罗德斯岛研习修辞学；且待他讲述高卢之古事时，可能一直在模仿罗德斯的波赛冬纽斯。科尔奈利乌斯·奈波斯 Cornelius Nepos 可能学的是阿波罗多儒斯，他的一部著作在卡图卢斯诗集的献词（西元前 52 年）中被称为是最伟大的编年史著作；他还写过“语法学家”们的传记，惜未能传世。萨鲁斯特 Sallust（西元前 86—前 35 至 34 年）在所著《喀提林阴谋》《朱古达战争》中有两篇冗长拖沓的开场白，如同在其演说集和几乎所有散见于各著作的书信里那样，他所追摹的对象都是修昔底德，而就其简短扼要的语言风格来说，他倒学得更像些[3]。

在奥古斯都时代的诗人中维吉尔 Virgil（西元前 70—前 19 年）早先得阿息纽·波略的启发，去研究提奥克里忒，他在《牧歌集》*Eclogues* 中至少有 17 处模仿这位诗人的段落[4]。《牧歌》viii 37—41 数行，被伏尔泰当作是维吉尔诗作中最优美的，马考莱 Macaulay 称赞是“拉丁语言里最

恺撒

奈波斯

萨鲁斯特

维吉尔

---

1 p. 313 K【《辩言篇》*Controversiae*，vii 1，27】。

2 《埃涅阿斯纪》，viii 26 以下。

3 参看 Peterson 编订的昆体良著作，x 1，101，以及 A. F. West 在《美国语文学学会学刊》，1902，xxiii–xxv。萨鲁斯特的“导言”有部分可能学的是波赛冬纽斯（C. Wachsmuth，《古史研究引论》*Einleitung in das Studium der alten Geschichte*，662）。

4 详见 Kennedy 的笺注，Conington 的《导言》*Introduction*，Sellar 的《奥古斯都时期的罗马诗人：维吉尔》*The Roman Poets of the Augustan Age: Virgil*，c. IV i，或 Schanz，§224，以及 P. Jahn（1897–1899）。

美妙的诗行”，却不过是转译自提奥克里忒，且还有一处翻错了的，原诗是 πάντα δ'ἔναλλα γένοιτο【让一切都改变吧】，却被误译作 omnia vel 187
medium fiant mare[1]【让大海淹没一切吧。译按，谓维吉尔将 ἔναλλα “改变”理解成 ἐνάλια “在海里”】。然而总体上说，他的仿作与改写得如同独造，令人拜服。在《农事诗》*Georgics* 中维吉尔借鉴了荷马和赫西俄德，以及“亚历山大里亚派”诗人诸如阿拉图斯、罗德斯的阿波罗尼乌斯、卡利马库斯、提奥克里忒、彼翁、尼坎德尔[2]和帕耳忒尼乌斯[3]。有关气候带的段落来自埃拉托色尼的《赫尔墨斯》[4]；但塞尔维乌斯言称[5]维吉尔大篇幅地借用色诺芬《齐家篇》中的农事段落，这倒是没有凭据的。《埃涅阿斯纪》*Aeneid* 前半主要以《奥德赛》为范本，后半则模仿的是《伊利亚特》。关于特洛伊的陷落，得启发于庇珊德耳 Pisander[6]，构思狄多 Dido 情狂之时，学的是罗德斯的阿波罗尼乌斯笔下的美狄亚[7]；对卡密拉 Camilla 的描述可能是学习了阿耳刻提努斯 Arctinus 佚作《埃塞俄比亚人》中的庞忒息里娅 Penthesilea【译按，阿玛宗族的女王】。荷马和阿波罗尼乌斯作为维吉尔的诗作来源可举出颇多的例证来；打个巧妙的比方，就如阿波罗尼乌斯诗中

---

1 《牧歌集》，viii 58。

2 昆体良，x 1，56。B. O. Foster 在《美国语文学学会学刊》，xxxiii（1902），xcvi 以下。

3 葛琉斯，ix 9，3；马克罗比乌斯 Macrobius，v 2，4；Morsch，《论维吉尔农事诗中的希腊文学来源》*De Graecis in Georgicis a Vergilio expressis*（1878），p. 39；以及 Conington 的《导言》，及其关于《农事诗》i 437 的注疏。参看 P. Jahn 在《赫尔墨斯》，xxxvii，161–172，《莱茵博物馆》，lviii，《语文学家》，N. F.，xvii。

4 《农事诗》，i 233；普洛布斯 Probus《农事诗》注疏，p. 42 K。

5 指其 i 43。

6 马克罗比乌斯，v 2，4。

7 同上书，v 17，4。

所说的：由铜碗里的水映射在顶壁上的光彩幻化[1]。最后，《埃涅阿斯纪》中还留有一些对于希腊悲剧大家们的美好记忆[2]。

贺拉斯　贺拉斯（西元前 65—前 8 年）在他早期写《长短句集》*Epodes* 时模
仿的是阿基洛库斯[3]，成熟期的《颂歌集》*Odes* 还追摹阿尔凯乌斯与萨
福的韵体，其中（卷 iv 2）还有证据表明诗人通晓品达一些后来遗失了
的作品。据言贺拉斯吸收了亚历山大里亚批评家帕里昂的尼奥托勒密
188 Neoptolemus of Parium 最著名的教谕，将之纳入《诗艺》*Ars Poetica* 中[4]，他在
此书中坚持[5]主张对伟大希腊风范的不断研习。与维吉尔同时代的科尔奈
加卢斯　乌斯·加卢斯 Cornelius Gallus（西元前 70—前 27 年），曾研究过亚历山大
里亚时期的诗人，此人可能在其《致吕刻里斯》*Lycoris*【译按，吕刻里斯是
当时一位拟剧女伶，为加卢斯所爱，此诗集已佚】中模仿了帕耳忒尼乌斯，且当
然也有对欧佛良诗作的传译和追摹[6]。亚历山大里亚风富于学问的诉歌体
普罗珀　虽见弃于提布卢斯（卒于西元前 19 年），却得到普罗珀提乌斯 Propertius
提乌斯　的紧紧追随（卒于西元前 15 年），此人曾公开表示对于菲勒塔斯和卡利
马库斯的崇敬之心[7]。卡利马库斯凭 *Aἴτια*【《起因》】，不仅是普罗珀提乌斯
奥维德　最后一卷的前驱，且也为奥维德 Ovid（西元前 43—西元 18 年）的《岁

---

1 《埃涅阿斯纪》，viii 22，以及阿波罗尼乌斯，iii 755；参看 Heinze 的《维吉尔的史诗技艺》*Virgils Epische Technik*，1903。

2 例如 iv 469–473。参看 Nettleship，i 121–125，以及 Schanz，§233–234；又见 Kroll 在《年刊》，vol.124，p.32。

3 《书简集》，i 19，23。

4 见下文第 190 页。

5 268–269.

6 普洛布斯之维吉尔《牧歌集》注疏，x 50，以及塞尔维乌斯《牧歌集》注疏，vi 72 及 x 1。

7 iv 1，1；v 6，3。有关其希腊文学典范，参看 Otto（1882–1886），以及 1898 年 Rothstein 编订本的导言。

时记》*Fasti* 导夫先路，奥维德的这部著作，凡涉及古物之细节与历法之要略处，悉从维琉斯·弗拉库斯 Verrius Flaccus 之《岁时记》*Fasti* 出，后者我们仅能得其概述，即见于《普莱内斯特岁历》[1]*Fasti Praenestini*【译按，普莱内斯特为罗马邻近之山城】。奥维德的《岁时记》因诗人西元 8 年被放逐而没有完成。同样的祸因，也造成他将《变形记》付诸火炬；此稿幸得友人所存之副本而传世。希腊诗人有同主题者，即帕耳忒尼乌斯 Parthenius 的同名之作，以及尼坎德尔题为 ἑτεροιούμενα【变形】的佚篇。奥维德的变形故事中有叙述发生分歧的地方。翡翠鸟 *halcyon* 的传奇存在两种说法，一属于尼坎德尔，一属于忒奥都儒斯[2]：奥维德在 xi 270 处依从前说，在 vii 401 处依从后说。他还模仿了荷马、希腊悲剧家们[3]以及欧佛良。他想必是熟知欧里庇得斯《美狄亚》的希腊主题，故而将伊阿宋 Aeson 之返老还童同样错误地附会于巴克斯 Bacchus 侍女们的类似仪式[4]。这或许是奥维德在早年构思美狄亚一剧时所曾经留心过的。毋庸再多言的是，由《变形记》与《女杰书简》*Heroides* 可知他对希腊传说极为通晓[5]。奥维 189
德晦涩的作品中有一篇《朱鹭》*Ibis*，模仿了卡利马库斯攻击罗德斯的阿波罗尼乌斯的同名谩骂之作[6]。

第一部以拉丁语写作的世界史，由庞培·特罗戈斯 Pompeius Trogus 庞培·特罗戈斯

1 Winther，《论经由奥维德所传承的维琉斯·弗拉库斯之〈岁时记〉》*De fastis Verrii Flacci ab Ovidio adhibitis*（1885）。Hülsen（1880）与 Willers（1898）则强调是瓦罗的影响。

2 普洛布斯之维吉尔《农事诗》注疏，p. 44 K.；Bethe（1903）。

3 F. Beyschlag 在《柏林语文学周刊》*Berliner Philologische Wochenschrift*，1903，1372 以下。

4 vii 294。Robert，《画与歌》*Bild und Lied*，p. 231，5。

5 G. Lafaye，《〈变形记〉等书及其希腊原型》*Les Métamorphorses...et leurs modèles grecs*（巴黎，1904）。

6 《朱鹭》，58 以下。

完成于西元9年，可能是以亚历山大里亚人梯玛根尼 Timagenes 著作为基础所改编的。此书仅留存一部简目提要，（可能在3世纪时）由查斯丁所作，从中可推知其原始资料来自狄农 Dinon、厄福儒斯、忒欧庞普斯、蒂迈欧 Timaeus、菲剌尔克斯 Phylarchus、波里比乌斯，可能还有波赛冬纽斯[1]。而奥古斯都时代的史家第一人李维 Livy（西元前59—西元17年），关于他处理文献的方法最宜在其书的第四和第五两个"十卷组" decades 中得到认知。他在专述本国史事时跟从罗马编年史家夸德里伽里乌斯 Cl. Quadrigarius 和瓦勒里乌斯·安提阿斯 Velerius Antias，而在叙述罗马与希腊化各邦之关系时则以波里比乌斯为权威。虽则抄录希腊原作时并未过于雷同，但是他显然仅打算赋予此译本一副罗马人的音调和修辞装饰而已[2]。我们可将其在库诺斯克法莱山 Cynoscephalae 之役收煞处（xxx 5—10）的叙述拈出，与所抄袭的原作（xviii 18—27）进行细致比较，遂能明白（门罗 Munro 所谓）"李维时代的口耳传授是多么可信，他只需将波里比乌斯沉重、粗蛮的从句翻成拉丁语就大功告成了"[3]。

李维

1 Schanz，§§ 328–330.

2 Nissen 的《李维第四、第五个"十卷组"文本来源考》*Kritische Untersuchungen ueber die Quellen der vierten und fuenften Dekade des Livius*，1863；Schanz，§325。

3 《卢克莱修》，"导言"，p. 306[3]。

第十一章

西元前 1 世纪的文学批评与语法学 190

罗马时期的文学批评颇有希腊渊源，包括亚里士多德的《诗学》《修辞学》，以及泰奥弗剌斯特的佚作《风格论》*On Style*。而缔造亚历山大里亚时期之“正典”[1]的名宿，比如阿里斯托芬和阿里斯塔库斯两人的考辨之学，对之或许也具有影响。而贺拉斯的《诗艺》吸纳了帕里昂的尼奥托勒密未能传至今世的诗论，作为启发他讨论的源泉之一[2]。这位尼奥托勒密生活的时代介于卡利马库斯和阿里斯托芬之间[3]。 文学批评

在西元前 1 世纪初期，就有伍尔卡基乌斯·塞狄基突斯 Volcacius

---

1 上文第 130 页以下。

2 波菲里奥（‘in quem librum congessit praecepta Neoptolemi *τοῦ Παριανοῦ* de arte poëtica, non quidem omnia, sed eminentissima’【此书首先得益于帕里昂的尼奥托勒密之诗论，非全部照搬，而是吸收了其中的精华】)，见 Nettleship 的议论，《讲演录与文集》，i 173，ii 46–48。

3 Susemihl，i 405.

Sedigitus 开列出的一份囊括了 10 位拉丁喜剧诗人的“正典”名单，其中有凯基琉斯、普劳图斯、奈维乌斯、利基尼乌斯 Licinius、阿提理乌斯 Atilius、泰伦斯、图尔比利乌斯 Turpilius、忒剌贝亚 Trabea、卢斯基乌斯 Luscius 和恩尼乌斯[1]。瓦罗（如同泰奥弗剌斯特）分析出三种不同的风格，依次标识帕库维乌斯代表 ubertas【丰赡】，卢奇琉斯代表 gracilitas【纤弱】，泰伦斯则代表 mediocritas【适中】，堪称精恰得体[2]。瓦罗的杂咏 saturae 中偶尔也会涉及文学批评，有一处他说，棕榈枝可致予凯基琉斯，因他能以情节取胜，可致予泰伦斯，以其善于描绘人物，也可致予熟谙对白的普劳图斯；从另一方面说，提提纽斯 Titinius、泰伦斯和雅塔 Atta 最擅长令角色生动逼真；而忒剌贝亚、阿提理乌斯、凯基琉斯最懂得撩起亢奋
191 的情绪[3]。流行于贺拉斯年轻时[4]的古代诗人论说便来自瓦罗其人[5]。

西塞罗

西塞罗 Cicero（西元前 106—前 43 年）著作中的文学批评有因袭和照搬的成分，即如他频繁地比较文学与绘画和雕塑之艺术[6]。在这方面他上承尼奥托勒密等人之余绪，下启第欧尼修[7]与昆体良[8]之新声。后期的希腊考辨之学也产生了很多新术语，其中不少在西塞罗和奥古斯都的时代里面被传译成为拉丁文字[9]。拉丁语的批评术语在西塞罗那里得到极大

1 葛琉斯，xv 24；参看 Reich 的《论拟剧》*Der Mimus*，i 337–353。
2 葛琉斯，vi（vii）14，8。
3 Nettleship，ii 50–53；参看 Saintsbury 的《批评史》，i 240 以下。
4 《书简集》，ii 1，55。
5 Nettleship，ii 52.
6 《布鲁图斯》，§§70，75，228，261，298；《演说家》，§36（并见本书作者为之所写的《导言》，pp. lxxi–lxxiii）；以及 Nettleship，ii 54 以下。
7 《论文章作法》，21，《论德摩斯提尼》，2，《论伊塞乌斯》*De Isaeo*，4。
8 xii 10，1–10.
9 Nettleship，ii 56.

的扩充，此人尤偏爱以设喻方式来品第不同的文体风格，这些喻法或藉自道德品性，或出于人体生理[1]。在谈诗论艺时，凡是属于他个人**独见**的地方，他所喜好的显然尽是古代诗人们诸如阿克奇乌斯、恩尼乌斯、帕库维乌斯的宏大自由之风格。在《布鲁图斯》和《演说家》这些评价演说体散文的著作里，西塞罗维护自己的文学立场，驳斥了当时新兴于罗马的雅典风一派演说家，这其中有以吕西亚和修昔底德为榜样的卡耳武斯。而在检验这些意见分歧中信伪虚实之时，他则放弃了原则，称"假若时机合适，崇尚丰富与追求简朴皆是成为上乘文家不可或缺之要素"[2]。故而伟大的文体应"综合**一切**上乘的要素"[3]。西塞罗之为批评家的天赋尤展现于对以下诸人文体风格的论说中，包括：伽尔巴 Galba 与盖乌斯·格拉库斯 Gaius Gracchus，安东尼、克拉苏 Crassus 和斯凯沃剌 Scaevola，柯塔 Cotta 与苏尔庇修 Sulpicius，还有恺撒、卡理丢斯 Calidius 和霍滕修斯 Hortensius[4]。在有些简洁的短句中，他作为检阅者来概括讲话人具有的文学素质，深具洞见，善澄思渺虑，并且表述中颇能节制，与平 192
素的恣肆繁冗形成强烈反差。在《法律篇》[5]与《论演说家》[6]中，都将历史作为演说的分支，同希腊人自伊索克拉底的学生厄福儒斯与忒欧庞普斯以来形成此一定说的传统相合。纯以求真为目的而劳形于经典考据工

1 参看本书作者在西塞罗《演说家》，§§25，76 中的注释；又见 Causeret 的《西塞罗修辞学及文学批评中的语言研究》*Étude sur la langue de la rhétorique et de la critique litteraire dans Cicéron*（1886），pp. 155–158，以及 Saintsbury，i 220。

2 《布鲁图斯》，§183 以下（Nettleship，ii 58 以下）。

3 《论演说家》，iii 96 以下，101。

4 《布鲁图斯》，§§93，125，139，143，148，201，261，274，301。

5 i 5.

6 ii 51 以下。

作的观念在西塞罗时代颇少见。此观念或许在当时的哲学家或学者那儿有所发展，但哲学转向研究“抽象伦理学问题，学术止步于语词和本文的考辨”[1]。西塞罗在《共和国篇》[2]中愉快地将喜剧描述作imitatio vitae【人生之摹本】、speculum consuetudinis【世风之镜鉴】和 imago veritatis【真理之映象】。在《论演说家》[3]中他触及希腊与罗马诗人、演说家们的种种华妙风格，并详尽地阐述了一个理论[4]，谓语言之美好或倚仗词语本身及其组织，或则倚仗遣词运思之人物。《为阿齐亚斯而辩》里，西塞罗（如注疏家所告知我们的那样）当着其兄弟昆图斯 Quintus 的面，显示出对颂德文学的个人兴趣。他也提供给我们有价值的证据，以获知西元前102年前不久南意大利以及拉丁姆区 Latium 和罗马一带希腊文化的情况[5]。在《书信集》中仅有一处涉及文学批评的重要文字而聚讼颇众，西塞罗在此句中同意他兄弟对卢克莱修之“诗”作的看法：“Lucretii poemata, ut scribis, ita sunt; multis luminibus ingenii, multae tamen artis”【卢克莱修的诗就如你信中所言，闪烁着诗人才能的无数光华，但也包含着很高的技巧。译按，参考王焕生译文】，或建议在 multis 或 multae 之前增一 non 字，殊无必要[6]。

---

1 Nettleship，ii 56–68.

2 iv 13。【译按，此处拉丁引语在今本西塞罗之《共和国篇》中并不可见，唯存于文艺复兴时期欧洲学人们（起源于埃琉斯·多纳图斯）的转述中。】

3 iii 27 以下。

4 同上，149–207。

5 《为阿齐亚斯而辩》，§5，erat Italia tum plena Graecarum artium ac disciplinarum，studiaque haec et in Latio vehementius tum colebantur quam nunc isdem in oppidis et hic Romae propter tranquillitatem rei publicae non neglegebantur【意大利在那时到处充斥着希腊人的技艺和文教风习，拉丁姆区各镇的乐于向化的热情远胜过今日，罗马也是如此，因为共和国内的稳定安宁局面，这些内容便不会被世人忽视了】。

6 《致昆图斯》*Ad Quintum*，ii 11。Munro 的《卢克莱修》导言，vol. i，pp. 313–315，ed. 1873；参看 Saintsbury，pp. 214–217。

令人失望的是西塞罗品第卢克莱修的言辞如此含混模糊，毕竟他在翻译阿拉图斯时曾以效法这位诗人的方式表示过敬意[1]。

《演说家》一书不仅显示出西塞罗在文学批评上的最佳味旨，也向 193
我们提供了有价值的论据，以认知其人所具有的拉丁语文学知识究竟如何臻于何境。在关于如何恰当缀字成句的附记中，虑及谐声之法则[2]，西塞罗遂以 vexillum【旌旗】为 velum【帆篷】一词的旧体[3]，而实为后者的指小词；capsis 代替了 cape si vis【若你想要，可攫之】[4]，昆体良便公正地否定了此说；又以为组合词 ignoti【未知的】、ignavi【不动的】、ignari【无知的】因音声和谐所以比 innoti、innavi、innari 更为可取[5]，却未顾及 gnoti、gnavi 和 gnari【译按，被动态完成式分词形式，加 i—为其否定义前缀】显然才是各简单词的原本形式。

阿息纽·波略 Asinius Pollio（西元前 76—西元 5 年）曾严厉批评过 波略
萨鲁斯特的拟古诗风[6]，认为此诗人不仅模仿，甚至还剽窃了大加图的著作[7]。在情非得已之时（根据老塞内加），波略曾给予西塞罗极高的评价："huius viri tot tantisque operibus mansuri in omne aevum praedicare de ingenio atque industria supervacuum est"【此人著作既多且佳，必能传世久远，

---

1 Munro 在《卢克莱修》，v 619 处注疏；参看 Mackal 的《拉丁文学》*Latin literature*，p. 50，以及 Sihler 在《美国语文学学会学刊》，1897（xxviii）【译按，Sihler 此文名为《卢克莱修与西塞罗》*Lucretius and Cicero*】。

2 §§ 146–162.

3 §153.

4 §154.

5 §158.

6 苏维托尼乌斯：《语法学家列传》，10。

7 苏维托尼乌斯：《奥古斯都帝传》，86；昆体良，viii 3，29。

故而毋庸鼓吹他的天赋和勤奋了】[1]。

西塞罗出任执政官期间的一份述要，在他生时由好友阿提库斯（前109—前32）以希腊文写成[2]。阿提库斯的《编年志》，是一部纵贯七个世纪的罗马史系年著作[3]，可能成为了《卡庇托岁纪》*Fasti Capitolini* 与西元

阿提库斯与提洛

354 年的“大事年表”Chronograph 两者的资料来源[4]。阿提库斯在文学上也是举足轻重的人物，在从事抄胥职务的通学奴隶集团中他是佼佼者[5]。我们幸好有科尔奈利乌斯·奈波斯写的阿提库斯传，却可惜没有了西塞罗传。西塞罗释放的奴人提洛 Tiro 也写过他的生平，我们幸亏有阿提库斯和提洛保存了西塞罗的遗著。尤其是提洛，他与西塞罗书信和演说稿的传世颇有干系[6]。提洛还写了不少论拉丁语言的著作[7]，且发明过一种速
194 记法，后来分别经过阿格里帕 Agrippa 的自由民、斐剌居儒斯 Philargyrus、麦锡拿斯 Maecenas 的自由民阿奎拉 Aquila 以及塞内加的几次改进[8]。在加洛林王朝之时代里，这种速记法大为盛行，至 10 世纪初才逐渐鲜见起来，12 世纪后终于消失[9]。

尼基第乌斯·费古卢斯

比西塞罗稍晚出的那代人中，新毕达哥拉斯派的尼基第乌斯·费古卢斯 P. Nigidius Figulus（约西元前 98—前 45 年），是西元前 58 年的执政官，

1 塞内加:《论劝导》*Suasoriae*，vi 24。
2 《致阿提库斯》，ii 41；奈波斯，《阿提库斯》*Atticus*，18。
3 奈波斯，同上；西塞罗，《演说家》，§120，《布鲁图斯》，§§14，19。
4 Schanz，§116.
5 奈波斯，同上，13，3；西塞罗，《致阿提库斯》，xiii 21，3；44，3；弗隆托 Fronto，《书札集》，10。Hulleman 的《阿提库斯》*Atticus*，p. 173。
6 《致阿提库斯》，xvi 5，5；葛琉斯，i 7，1；xiii 21，16；参看昆体良，x 7，30。
7 葛琉斯，xiii 9，2。
8 伊息多耳:《语源》，i 21。
9 Schanz，§178，末尾。

他被其后一代列为学识仅次于瓦罗之人[1]。他的《语法学平议》*commentarii grammatici* 涉及语法学之大体，尤重视正字法 orthography、同义词和语源学的问题。这些问题常常在葛琉斯的著作里面得到引述，引者抱怨说它们比瓦罗的相应论述还要生涩难解[2]。他可能还发明了以顶点 apex 来标示长元音的方法[3]。鲁修斯·阿忒乌斯·普莱特克斯特 Lucius Ateius Praetextatus，他生在雅典后成为罗马的自由民，以 Philologus【语文学家】之名自命（如埃拉托色尼一样）。他研习过文体和罗马史，并与萨鲁斯特和阿息纽·波略交游[4]。瓦勒理乌斯·加图 Valerius Cato，在教授青年贵族培养诗学口味上享有盛名，临终时贫困潦倒；后来毕巴库卢斯 Bibaculus 写讽刺诗致予斯人，倒是无意中将其称为 summus grammaticus【顶尖的语法学家】，与亚历山大里亚和帕迦马的学人们相提并论：en cor Zenodoti, en iecur Cratetis【有芝诺多图斯的心灵，有克剌忒斯的智慧】[5]。

阿忒乌斯·普莱特克斯特

拉丁语法学之有专业术语，首先当归功于瓦罗，其次就是尼基第乌斯·费古卢斯。在西元前 1 世纪中期，名词或称为 nomen substantivum【实体之名谓】，具有性或谓 genus，各自用 virile【雄性】、muliebre【雌性】和 neutrum【中性】加以分别（masculinum【阳性】和 femininum【阴性】的产生不早于西元 2 世纪）。而数或 numerus，被瓦罗分成了 singularis【单

语法学术语

1 葛琉斯，iv 9，1。

2 葛琉斯，xvii 7，5；xix 14，3。

3 Teuffel, §170；Hübner，《罗马文学史略讲》*Grundriss zu Vorlesungen über die römische Litteraturgeschichte*，§45（Mayor【译按，指 John Eyton Bickersteth Mayor 以 Hübner 此书为基础而著作的《拉丁文学书目津梁》*Bibliographical Clue to Latin Literature*（1873）】，p. 44）；Mommsen，《罗马史》，Bk v，c. 12；又见 Schanz，§181。

4 苏维托尼乌斯:《语法学家列传》，10；Schanz，§195，6。

5 同上，11；Teuffel，§200；Schanz，§98。

数】和 multitudinis【多数】，pluralis【复数】是在晚至昆体良时被确立下
195 来的（他代表了列缪·帕莱蒙的学说），葛琉斯则用 plurativus。格，可（如斯多葛派所主张的那样）分作 rectus【直接的】与 obliquus【间接的】两类。这其中的 casus rectus【直接格。译按，即主格】在瓦罗那里名为 casus nominandei【提名格】或 nominativus；属格被瓦罗称为 casus patricus【生格】，而尼基第乌斯则另立 casus interrogandi【问格】一名；两人言及与格俱作 casus dandi【致予格】；而昆体良则分别使用 genetivus 和 dativus 来表称属格和与格。宾格在瓦罗那里是 casus accusandei【责难格】或 accusatives；呼格作 casus vocandei，葛琉斯著作中写成 vocativus。为昆体良所辨析的夺格，此名可能是得自恺撒，而瓦罗称它为 sextus【第六（格）】或 Latinus casus【拉丁格】，因为在希腊语中是没有此格的。瓦罗未能明辨词语的变位、变形。他将过去、现在和将来三种时态分成了 tempus infectum【未完成时】和 tempus perfectum【完成时】两类；而对于 modus【式】的理论含义他是一无所知的[1]。

贺拉斯的文学批评

贺拉斯所最早从事的文学批评见于他首部著作《闲谈集》（西元前 35 年）的第 4、10 二卷。在其中他假借与卢基理乌斯论战而发表了自己的主张。他说这位前辈诗人的风格过于陋促芜漫，而旧阿提卡喜剧的题材范围太狭，对他的 satura【杂咏】已不能胜任为模范了。诗学，他固执地声称，与庸众无甚瓜葛，而是属于少数人的天赋和特权[2]。约在西元前 19 年时，他以《诗艺》表达自己的文艺批评学说，有几分立足在

1 参看 Lersch，《古代语言哲学》，ii 223–256；Gräfenhan，ii 291–306；以及 L. Jeep，《拉丁语法学家的讲辞区分学说之历史》*Zur Geschichte der lehre von den Redetheilen bei den Lateinischen Grammatikern*，pp. 124–259。

2 i 4，40 以及 71；Nettleship，ii 70。

希腊学术根源之上，他极想号召国人废弃西塞罗和亚历山大里亚时期的批评学说，从而回到以希腊伟大作品为基础的批评上去。桑茨柏利 Saintsbury 先生言此作是“吾人可于所有罗马人中所见唯一完整的文学批评范本”，并批评其散漫无归、武断而又老套，不过他也充分肯定《诗艺》的华妙之处，它所具有的典范精神以及切实有效之价值[1]。贺拉斯在《书简集》第 2 卷的两篇信札里，抛弃了希腊语词与文本的框架窠臼，而是倚仗于自家的才气。在诗中他力主单纯尚古是无益的，并且强调完美的最后润饰是重要的。瓦罗和西塞罗崇拜的古代拉丁诗人，在贺拉斯 196
那里受到的冷遇更多些，而奥维德对之则抱有较温和的欣赏态度[2]。维吉尔和贺拉斯均在身后不久即成为经典作家，老派诗人们的风味已然剥离消隐，对这两位诗人的推重与效仿分别体现在了卢坎 Lucan 和珀息乌斯 Persius 的身上。

维吉尔早期研究

维吉尔的《牧歌集》和《农事诗》于其在世时既已出版，《埃涅阿斯纪》最早由瓦理乌斯 Varius 和图卡 Tucca 在他去世（西元前 19 年）之后才进行编订。卡尔维理乌斯·皮克多 Carvilius Pictor 在《反埃涅阿斯纪》*Aeneidomastix*【译按，-mastix 之后缀来自 μαστίκη，意谓“当受鞭笞的”】曾攻击过他；他的 vitia【不足】，或所谓文风上的失误，由赫伦尼乌斯 Herennius 搜辑；他的 furta【贼赃】，或所谓剽窃抄袭，则由培勒琉斯·法奥斯图斯 Perellius Faustus 缀录成篇；奥科塔维·阿维斯图斯 Octavius Avistus 条条列出他译自希腊文学的语句；以最早注疏西塞罗著作而闻名的阿斯科尼乌

1 《批评史》，i 221–228。

2 《恋歌》*Amores*，i 15–19，《哀歌》*Tristia*，ii 423；Nettleship，ii 70–73。又参看 Sellar 的《奥古斯都时期的罗马诗人：贺拉斯与诸诉歌诗人》*The Roman poets of the Augustan age: Horace and the Elegiac Poets*，pp. 102–117。

斯 Asconius，曾经回击过这些毁谤维吉尔的人[1]。首位在罗马的学校中辩护维吉尔的人，是出身于阿提库斯家中的一位自由民，名叫凯基琉斯·厄庇洛塔 Q. Caecilius Epirota，他在其第二位庇主即诗人科尔奈乌斯·加卢斯（西元前 27 年）死后开设了一所学校[2]。帕拉廷图书馆的馆长希津努斯，以及珀息乌斯的朋友柯尔努图斯 Cornutus，都曾对维吉尔的作品进行考辨。昆体良[3]和玉万纳尔 Juvenal[4]在世时，维吉尔遭受到贺拉斯[5]曾经萌生忧惧的命运，其作品亦成为学校里的教科书。而第一个考订成帙的版本出自普洛布斯 Probus 之手，时在尼禄之朝。注疏其作品的人有图拉真朝的维琉斯·朗古斯 Velius Longus、哈德良朝的泰伦提乌斯·斯高儒斯 Q. Terentius Scaurus，还有埃密琉斯·阿斯珀 Aemilius Asper（临近 2 世纪末）和埃琉斯·多纳图斯 Aelius Donatus（全盛期在西元 353 年）。**现存**最早的注疏，见于维罗纳 Verona 的《会注》本中，包括了辑自柯尔努图斯、维琉斯·朗古斯、阿斯珀和哈忒良努斯 Haterianus（3 世纪末）的引文：《牧歌集》和《农事诗》的注家，冠名为普洛布斯（全盛于西元 56—88 年）；《埃涅阿斯纪》注本则署克劳狄乌斯·多纳图斯 Tib. Claudius Donatus（4 世纪末），这不过是一篇散文体的义说而已，解说的是连缀子句间的修辞学关联；塞尔维乌斯（4 世纪后期）对维吉尔的全部著作都作过注疏，其中包括参考了埃琉斯·多纳图斯已经佚失的注文，这位多纳图斯看起
197 来学问识见俱不高，且极好以寓言进行解说，便不及塞尔维乌斯的博学

---

1 Nettleship 在 Conington 的《维吉尔》，i[4] pp. xxix–cix。

2 苏维托尼乌斯:《语法学家列传》，16。

3 i 8，5–6.

4 vii 226 以下。

5 《书简集》，i 20，17。

善断[1]。维吉尔最早的抄本，属于4或5世纪。

贺拉斯早期研究

贺拉斯作品的第一个考订版本也出自普洛布斯；第一个注疏本出自斯高儒斯，之后还有（2世纪后期的）赫伦尼乌斯·阿克洛，此人也注疏过泰伦斯和珀息乌斯。现存仅有的早期疏解，见于庞彭纽斯·玻菲里奥 Pomponius Porphrio（3世纪）辑录的《会注》，还有一种伪阿克洛 Pseudo-Acro 编注本，布鲁日的柯儒奎乌斯 Cruquius 教授曾将这些不同的抄本汇编起来。全赖柯儒奎乌斯（1565年），我们才得知 *codex antiquissimus Blandinius*【布兰第纽最古抄本】的来龙去脉，此书自根特的一家本笃会修道院的图书室中借出[2]，归还后不久因图书室失火而焚毁。它代表了一种比玻菲里奥时代还早的修订本，例如，在《闲谈集》，i 6，126，并不是 fugio rabiosi tempora signi【我总避开竞技的场合】（玻菲里奥勘定为如此），可信的文本当作：fugio campum lusumque trigonem【我总避开赛场和三人球戏】。唯一保存了后者面貌的抄本是哥达本 codex Gothanus（15世纪）。通过它以及另外七种抄本，我们可在《长短句集》的结尾处得知，罗马时期末产生过一种贺拉斯作品的校本，经费理克斯 Felix 这位 orator urbis Romae【罗马城的演说家】的协助，由维提乌斯·阿果理乌斯·巴息琉斯·马沃尔提乌斯 Vettius Agorius Basilius Mavortius（527年的执政官）完成[3]。现存最早的抄本属于8或9世纪。

下一章中，我们将开始讨论奥古斯都时代的语法学家和学者们。

---

1 Nettleship，《书简集》；参看 Schanz，§248。

2 抄本 "in monte Blandinio"【出自布兰第纽山】，"Roma Gandavum perlati"【自罗马带至根特】，指位于根特的布兰第纽山的圣彼得修道院（J. Gow 在《古典学评论》，1909，p. 204）。

3 参看 Schanz，§§263–265；以及 Teuffel，§240，6 以及 477，3。

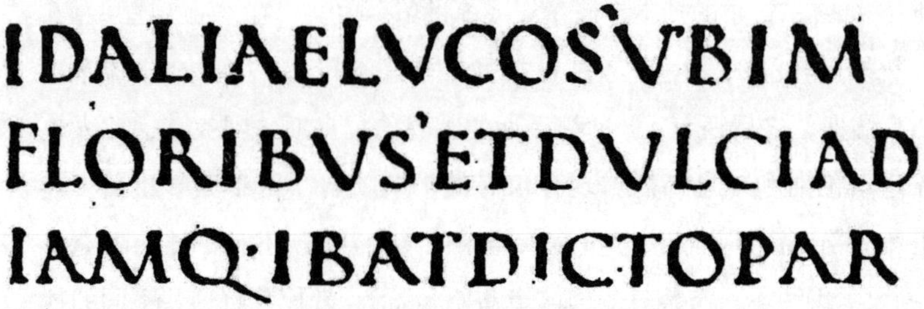

IDALIAELVCOSVBIM

FLORIBVSETDVLCIAD

IAMQ·IBATDICTOPAR

图 9　自圣高尔藏本 Codex Sangallensis 第 1394 号（4 或 5 世纪）的维吉尔作品

《埃涅阿斯纪》，i 693 以下（E. M. Thompson 的《古文书法》，p. 185）

Conspectus of Latin Literature &c., 1—300 A.D.

Roman Emperors	Poets	Historians, Biographers	Orators, Rhetoricians	Scholars, Critics &c.	Other Writers of Prose
A.D.		9 Pompeius Trogus	L. Ann. Seneca I 54 B.C.—39 A.D.		
14 Tiberius	Germanicus 15 B.C.—19 A.D. c. 14 Manilius				c. 14 Celsus
		30 Velleius Paterculus	P. Rutilius Lupus		
37 Caligula 41 Claudius	30–40 Phaedrus L. Ann. Seneca II 4 B.C.—65 A.D.	31 Valerius Maximus 41 Q. Curtius		35–70 Palaemon	43–4 Pomponius Mela L. Ann. Seneca II 4 B.C.—65 A.D.
54 Nero	54 Calpurnius Persius 34—62 Lucan 39—65			54–7 Asconius 3—88 56—80 Probus	Petronius d. 66 64–5 Columella
68 Galba 69 Otho 69 Vitellius 69 Vespasian 79 Titus 81 Domitian 96 Nerva 98 Trajan	Valerius Flaccus d. c. 90 Statius d. c. 95 Silius 25—101 Martial c. 40—104	Tacitus c. 55—120	68–88 Quintilian c. 35—95 100 Younger Pliny 61—c.113	76 Elder Pliny 23—79	70–97 Frontinus d. c. 103
100					
117 Hadrian	Juvenal c. 55 or 60—140	120 Suetonius		L. Caesellius Vindex	

Pius 161 M. Aurelius (161–9 L. Verus) 180 Commodus 193 Pertinax 193 Julianus 193 Septimius Severus		Justin	c. 90—168 158 Apuleius	Apollinaris d. c. 160 169 Gellius b. c. 130 Aemilius Asper Flavius Caper Statilius Maximus Terentianus Maurus Helenius Acro Festus	Gaius 110—180? Tertullian c. 150—230
200					
211 Caracalla 217 Macrinus 218 Elagabalus 222 Alexander Severus 235 Maximin 238 Gordian I, II 238 {Pupienus Balbinus} 238 Gordian III 244 Philippus 249 Decius 251 Gallus 253 Aemilianus 253 Valerian & Gallienus 268 Claudius II 270 Aurelian 275 Tacitus 276 Florianus 276 Probus 282 Carus 283 Carinus & Numerian 284 Diocletian (286 Maximian)	249 Commodianus 284 Nemesianus	223 Marius Maximus 250 Junius Cordus Spartianus Capitolinus Vulcatius Gallicanus Trebellius Pollio	Aquila Romanus 295 Arnobius 297 Eumenius Lactantius	Porphyrio C. Julius Romanus 238 Censorinus Mar. Plotius Sacerdos	218? Solinus Cyprian c. 200—255
300					

Continued from page 168.

第十二章

199

奥古斯都时代至西元300年期间的拉丁学术

西元28年，奥古斯都在帕拉廷山建立阿波罗庙，以铭志阿克兴Actium大捷。如帕迦马的“胜利女神雅典娜”圣祠一般，这里也环绕着通向一座图书馆的幢幢柱廊。这座图书馆包括了两个部分，分别庋藏希腊文和拉丁文的书籍，有一闳敞的厅堂介于两者之间。我们所知的是，这些书籍原本的收集者是庞贝乌斯·马赛尔Pompeius Macer[1]，而首任图书馆馆长是尤里乌斯·希津努斯C. Julius Hyginus[2]。

希津努斯 希津努斯Hyginus（约西元前64—西元17年）为“硕学之士”亚历山大（第159页）的门人、奥维德的朋友，也是奥古斯都时代最负盛名的学人之一。其研究追随瓦罗以及尼基第乌斯·费古卢斯的学术

1 苏维托尼乌斯:《恺撒传》，56。

2 苏维托尼乌斯:《语法学家列传》，20。

传统。他的著作领域很宽，最重要的是（1）维吉尔注疏和（2）讨论有关 Urbes Italiae【意大利各城市】的文章，曾得到塞尔维乌斯的反复引述[1]。希津努斯衣钵传给他家的自由民墨德斯图斯 Modestus，此人曾被昆体良[2]和马提阿尔[3]提及；希津努斯的另一位学生是庞彭纽斯·马赛卢斯 M. Pomponius Marcellus，此人初以拳击手为生，最后变成了学究人物，有一次在宫廷中讨论提比略帝措辞是否为优良的拉丁语言之时，他颇有勇 200
气地说，皇帝“civitatem dare potes hominibus，verbo non potes”【能赐给民人以公民权，却不能随意支配词语】[4]。瓦罗作为典范，得到斐涅斯忒刺 斐涅斯忒刺
Fenestella（西元前 52—西元 19 年）的效仿，此人写过不少于 22 卷的编年史，成为后世关于罗马古物与文学史之广博学问的文献资源。他被拉柯坦提乌斯 Lactantius 称作是“diligentissimus scriptor”【最勤勉的作者】[5]。同时代里还有维琉斯·弗拉库斯 Verrius Flaccus（全盛于西元前 10 年），创作了皇皇巨著《辞义疏解》*De Verborum Significatu*，乃是世界上第一部拉 维琉斯·弗拉库斯
丁语字典。留存于世的唯有庞贝乌斯·费斯多 Pompeius Festus（西元 2 世纪）所撰写的缩略本之残篇[6]，这个缩略本随后又经过保卢斯 Paulus 的进一步缩减，作为摘要呈现给查理大帝 Charles the Great。我们从苏维托尼乌斯的著作中得知，维琉斯·弗拉库斯在自家门墙内设立赛场，令学生们

1 Teuffel，§262；Schanz，§§342–346；有部今尚传世关于天文学和神话的著作，冠以他的名字，今证明是伪作（Schanz，§§347–350）。对于本章和下一章所提及的大多数学者，请参看 Gräfenhan，iv 57–94。

2 i 6，36.

3 x 21，1.

4 苏维托尼乌斯:《语法学家列传》，22。

5 《神道七书》*Institutiones Divinae*，i 6，14，转见于 Teuffel，§243，2。参看 Schanz，§331。

6 Reitzenstein（1887）；Willers（1898）.

互相竞逐学问。他做过奥古斯都帝皇孙们的导师，老死于提比略帝在位之时。他的遗作，可以在昆体良、葛琉斯、诺尼乌斯、马克罗比乌斯等人的作品中寻得一些线索[1]。看起来其著作颇有几分百科全书的性质，涉及的内容“不止于字典修纂，还有不少地方论及历史、古物，以及语法学，广泛征引诗人、法学家、史家的著作、旧律法公文，以及论述古人政教的书籍”[2]。他撰写《论正字法》*De Orthographia* 一文，可在后人对同一主题的论述中找到不少线索，如泰伦提乌斯·斯高儒斯和维琉斯·朗古斯，此二人著述时间在图拉真与哈德良二朝，又可见于昆体良著作的 i 4 和 7[3]。在普莱内斯特，有座为纪念弗拉库斯而竖立的塑像，其后的半圆形壁龛上铭刻着他的《岁时记》[4]，此著作的一部分内容存留在《普莱内斯特岁历》里面了[5]。

帕莱蒙

在拉丁语法学历史上占有显赫名声的，不可不提维岑提亚 Vicentia【译按，今之维琴察 Vicenza】的列缪·帕莱蒙 Q. Remmius Palaemon（全盛期在西元 35—70 年）。他生于从事编织工的奴隶家庭，陪侍他东家公子上学时
201 领会了些文学要义。获得自由之身后，他竟成为了罗马语法学教师中首屈一指的人物。他降生时正值奥古斯都朝末期，生涯历经提比略帝、克劳狄乌斯帝之治，这两位皇帝都曾宣称，就道德品质而言，委托子弟少年受其教育，帕莱蒙乃是最差之人选。然而他却因为过目不忘、出口成章以及即席赋诗的才能大受欢迎。他的《语法学技艺》*Ars Grammatica*，可

1 Nettleship，i 201–247.
2 同上书，p. 205。
3 同上书，ii 151–158。
4 苏维托尼乌斯:《语法学家列传》，17。Teuffel，§74，3。
5 Teuffel，§74，3 以及 §261；Schanz，§§340–341；Bursian 之《年刊》，113，128 以下。

能在西元 67—77 年之间得以流传，此书是第一部专门谈拉丁语法学的学术论著。我们从玉万纳尔[1]诗中得知，书中包括了正确讲话的规范、古代诗人的例证，还有专门章节论及俚俗和文法不当的语言。玉万纳尔的《集注》[2]里说，帕莱蒙是昆体良的导师，极有可能的是，昆体良的著作 i 4 和 5§§1—54，是重述其先师论说的大意。帕莱蒙是首位分别四种词形变化之人，他的语法学教义部分保存在嘉理修斯（4 世纪）著作里面。此人还风趣地自诩为降临于诗坛的仲裁者，如维吉尔的名句中所预言的，venit ecce Palaemon【帕莱蒙来此。译按，见《牧歌》，iii 50】，于是他自负地说，文字由他生而生，因他死而死[3]。

老塞内加，即考笃巴 Corduba【译按，即今西班牙之科尔多瓦 Cordova】的安奈乌斯·塞内加 L. Annaeus Seneca（约西元前 54—西元 39 年），其生涯连接共和国与帝国两个时代，他前半生崇拜西塞罗、波略和墨萨剌 Messala 的文风，及至晚年，他在著作中阐述奥古斯都、提比略二朝的演说发展史，其中回顾起往日所学，关注于修辞上之品鉴的问题[4]。他提及帕迦马的阿波罗多儒斯 Apollodorus of Pergamon（其门下有奥古斯都帝这样的学生），还说起奥维德昔日以诵讲为业的往事【译按，谓其演讲风格属于一种无格律的自由诗】[5]。在老塞内加生命之晚期，我们还要提及儒提琉斯·卢 老塞内加

1 vi 452 以下，vii 215.

2 vi 452.

3 苏维托尼乌斯:《语法学家列传》，23；Teuffel，§282；Nettleship，ii 149，163–169；Schanz，§475；又见 K. Marchall，《论列缪·帕莱蒙的语法学著作》*De Q. Remmi Palaemonis libris grammaticis*，1887；Bursian 之《年刊》，vol. 68（1891 ii），p. 132 以下；以及 Jeep 的《谈话术》*Redetheile*，p. 172 以下。

4 参看 Saintsbury，i 230–239。

5 《辩言篇》*Controversiae*，ii 2，8。

普斯 P. Rutilius Lupus，此人曾为小高尔基亚论述修辞格的著作编写了一部删订本（西元前 44 年），其中的范例采择得当，翻译自阿提卡演说家们的讲演录，今天已经看不到原作面目了[1]。

202 小塞内加[2]（约西元前 4—西元 65 年）潜心研究过斯多葛派的哲学[3]，

小塞内加 却不曾沾染此学派在语法学上的志趣。他批评西塞罗和维吉尔对恩尼乌斯的推崇[4]，并称说恩尼乌斯和阿克奇乌斯的语言都已陈腐过时[5]；即便是维吉尔的语言也不新鲜，虽则小塞内加频繁征引他的著作，甚而还夸赞他是“vir disertissimus”【最具辩才者】[6]和“maximus vates”【最伟大的诗人】[7]。他偶然称引贺拉斯的诗句，尤以《闲谈集》为多，而奥维德的《变形记》更是频频在他著作中出现，小塞内加说奥维德是“poëtarum ingeniosissimus，ad pueriles ineptias delapsus”【最有天赋的诗人，常陷入幼稚愚蠢的状态里】[8]。他对那些全心研究“无用之文辞”的人颇为蔑视，且讽刺希腊人的狂热劲头，说他们钻研尤利西斯的桨手之人数，《伊利亚特》是否先于《奥德赛》而写成，以及两部史诗的作者是否为同一位诗人[9]。在他第88篇书简里，他对“语法学家”们发出了讥笑之声[10]，那些人试图把荷马塑造成为一位斯多葛派、一位伊壁鸠鲁派、一位逍遥派或是一位

1 Teuffel，§270；Schanz，§480；Halm，《二流拉丁修辞学家》*Rhetores Latini Minores*，3–21。

2 参看 Saintsbury，i 246 以下；Teuffel，§§287–290；Schanz，§§452–472。

3 他所受伊壁鸠鲁及其他希腊哲人的沾溉，详见 Usener 的描述，还有 Thomas（1891）。

4 葛琉斯，xii 2（塞内加，残篇，110—113）以及《道德文集》*Dialogi*，v 37，5。

5 《书简集》，58，1–6。

6 《道德文集》，viii 1，4。

7 同上，x 9，2。

8 《物理探原》*Naturales Quaestiones*，iii 27，13。

9 《道德文集》，x 13，1–9；参看《物理探原》，iv 13，1。

10 §3.

柏拉图主义者，他对之一律大加揶揄[1]；他甚至不在乎应否追究荷马与赫西俄德孰为更早的诗人[2]；对于狄都慕斯长达4000卷帙的学识，他唯有怜悯其“冗赘多余”，里面净讨论一些有关荷马出生地点及萨福和阿纳克瑞翁之道德面貌的问题[3]。在第108篇书简里，他抱怨说辩论的精神已从“哲学”转向了“语文学”[4]，并且指出“语法学家们”考察维吉尔和西塞罗的角度与“哲学家”或“语文学家”的考察角度是不同的[5]。他几乎是生怕自己花费不必要的心思在这些问题的研究上面[6]，纵然在有的场合下他表现出了宽宏的雅量，称“语法学家们”为 custodes Latini sermonis【拉丁语言的守望者】[7]。此外，塞内加最早宣称亚历山大里亚图书馆有40 000卷书籍被毁[8]，固然李维赞美亚城图书馆是“皇家高贵之味旨和皇家盛广 203
之远见的赫赫丰碑”，他却置若罔闻，唯将之视作学术浮奢风气的纪念物，甚而都当不起“学术”的称号，因为（他坚持认为）书籍被购买来徒充摆设，而不是为真正的研究所用[9]。

佩特洛尼乌斯

另外一位尼禄暴政的牺牲品，佩特洛尼乌斯 Petronius（卒于西元66年），他远不是一位道学的作家，对于文学的兴趣显得更为浓厚许多。他现存的著作【译按，指《香情艳遇记》*Satiricon*，此书今唯存其中二卷，下文所说的“开篇”指的是传世残卷部分的开篇】以梅尼普斯风杂咏 satura Menippea 为

1 §5.
2 §6.
3 §37.
4 §23.
5 §24–34；上文第9页。
6 §35.
7 《书简集》，95§65。
8 上文第112页以下。
9 《道德文集》，ix 9，5。

体裁，其中散文里点缀着各种不同韵体的诗，戏仿着塞内加、卢坎和尼禄的风格[1]。开篇即顺带出现的文学批评，反对那些从演说辩论的练习中产生的浮夸语言[2]。在下文中的论调口径复也一致，告诫诗人勿在全篇中放任某些语句太过突兀炫异，主张使用雅洁精练的语言，避免村言野语，并将此观点去印证于荷马、维吉尔、希腊抒情诗人们，还有贺拉斯，他们俱符合（佩特洛尼乌斯得意地名之为）curiosa felicitas【(用字措

珀息乌斯 辞) 得当妥洽】的标准[3]。文学批评在珀息乌斯（西元34—62年）的讽刺诗中也占有一席位置，此人提到罗马人在晚餐后便萌生谈议文学的兴趣[4]。他在极尽挖苦、含沙射影的序篇过后，即开始讽刺职业诗人以及诵读诗歌的狂热，并戏仿着当时的蹩脚诗人们所爱好的“考究”风格。在第5、6二首讽刺诗的起首段落里也有批评的成分，可知其基本态度是反对空幻地追求希腊文学主题，推重雄直的罗马风格[5]。

阿斯柯尼乌斯 1世纪时最杰出的一位注疏家，是阿斯柯尼乌斯·佩甸努斯 Q. Asconius Pedianus（约西元3—88年），此人确实与李维素有交谊，且可能如李维一样出生在帕塔维昂 Patavium【译按，今意大利东北之帕多瓦】。他替维吉尔写过一部辩护词，已经亡佚[6]，而最广为人知的是他写过一部饱含学问与史才的西塞罗演说集注疏。全部流传下来的，只有其中五篇注疏的一部分内容，这五篇是《斥皮索》*in Pisonem*、《为斯高儒斯而辩》*pro*

204 *Scauro*、《为米洛而辩》*pro Milone*、《为柯尔尼琉斯而辩》*pro Cornelio*，以及

---

1 Teuffel，§305，4；Schanz，§§393–396.

2 §§1，2.

3 §118。Saintsbury，i 242–245.

4 i 31.

5 Saintsbury，i 248–253.

6 《反驳对维吉尔的诋毁》*Contra obtrectatores Vergilii*，多纳图斯的维吉尔传有所引述。

《白袍候选发言》*in toga candida*。其中有丰富的历史与古代名物的知识，并且显示出注者甚至对于西塞罗的未刊著作都如数家珍，也熟知他的党羽和对手们的演说。其研究方法盖以狄都慕斯为典范[1]。此书写成时间大约在西元 55 年【译按，《为斯高儒斯而辩》中提及 Claudius 已卒（西元 55 年）而 Longus Caecina（卒于 57 年）尚在人世】，唯保存于一种抄本里，于 1417 年由博乔 Paggio 在圣高尔所发现[2]。

语法学是老普林尼 the elder Pliny（西元 23—79 年）所感兴趣的众多科目之一，他在《自然史》*Naturalis Historia* 的序言中[3]，谦虚地言及他曾有专门一 *libelli*【节】来讨论这一主题。而他的外甥【译按，过继为养子】，小普林尼[4]，曾开列他舅父的著述目录，其中谈论 *dubius sermo*（或谓构词的不规则）竟有八 *libri*【卷】之多，写作于尼禄时代。这部著作有可能成为昆体良 i 5，54 至 i 6，287 这一大部分[5]的来源。也有可能正是被普理西安和都尔的格雷高利 Gregory of Tours 认定是普林尼所著的那部名为《语法学之艺》*Ars Grammatica* 的书。上文已经提到[6]，普林尼是位类推论者。就其观点所知甚少，然可信瓦勒理乌斯·普洛布斯所写的《论称谓》*de* 老普林尼

1 Leo（1904）.

2 Madvig（1828）; Teuffel，§295，2–3 ; Wissowa 在《鲍礼古典学百科全书》中的相关词条；编订本见于 Orelli 的《西塞罗全集》，v 2 pp. 1–95，编者为 Kiessling 与 Schöll（1875）。参看 Suringar，《拉丁学术批评史》，i 117–146 ; Voigt，《古代经典的复活，或，人文主义的第一个世纪》*Die Wiederbelebung des classischen Alterthums, oder das erste Jahrhundert des Humanismus*，i 239–240[3]；又见 Schanz，§476，尤见 p. 337[2]。

3 §28.

4 iii 5，5.

5 Nettleship，ii 158–161.

6 第 181 页。

nomine，就是以老普林尼的语法学著作为基础的[1]。这部百科全书式的《自然史》中有很多卷涉及古代艺术，这些内容（连同其所有瑕疵）俱成为我们对此主题的知识之基础[2]。此书流传下来的抄本众多，在中世纪一直极为盛行。索理努斯 Solinus 曾做过其中地理学部分的摘录，其他还有像《普林尼论医学》*Medicina Plinii* 这样的粹编。

普洛布斯　贝鲁特的瓦勒理乌斯·普洛布斯 M. Valerius Probus of Beyrut（全盛于西元 56—88 年）是 1 世纪时最杰出的语法学家。厌倦于戎马生涯后，他
205 遂决计要成为一名学者。在去罗马之前，因为阅读了几位古代拉丁作家的作品，感到兴奋，从此对文学产生兴趣，到罗马后他继续治学之路，并且结交了一批有学识的朋友在他身边，他每天花数个时辰与这些人讨论从前的拉丁文学[3]。马提阿尔 Martial，在将他的第 3 卷铭辞诗集公之于世时，曾致以 nec Probum timeto【毋庸畏惧普洛布斯了】作为辞别之言[4]。葛琉斯在介绍普洛布斯时说尽了赞美之言，他称他是一位“卓越的语法学家”[5]，阿波利纳理斯·西多尼乌斯 Apollinaris Sidonius 说他是“学界的柱石”[6]。他有许多无甚重要的考辨著作，此外还有一部《古语论丛》*silva observationum sermonis antiqui*。他就此论题以谈话方式讲授的许多例句被葛琉斯保存下来。葛琉斯还间接地引述了普洛布斯对普劳图斯、泰伦斯、维

1　O. Froehde，《瓦勒理乌斯·普洛布斯〈论称谓〉所受老普林尼影响之章节汇编》*Valerii Probi de nomine libellum Plinii Secundi doctrinam continere demonstratur*，1892；参看 Nettleship，ii 146，150；Schanz，§494，5。

2　关于普林尼的权威地位，参看 F. Münzer，《普林尼〈自然史〉渊源考释论集》*Beiträge zur Quellenkritik der Naturgeschichte des Plinius*（1897），以及 Kroll 在《年刊》，vol. 124，p. 47 以下。

3　苏维托尼乌斯:《语法学家列传》，24。

4　iii 2，12.

5　i 15，18.

6　《诗歌集》*Carmina*，ix 334。

吉尔、萨鲁斯特和瓦勒理乌斯·安提阿斯 Valerius Antias 的评议，提到他的一些著作，例如有关 occecurri【赶到，赴约】完成式的讨论，还有将 Hannibal 和 Hasdrubal 的宾格次末音节定为长音节，理由是普劳图斯和恩尼乌斯都是这样发音的（此二人对于这些词格的发音并未得到贺拉斯或玉万纳尔的遵从）。他制作了普劳图斯（？）、泰伦斯、卢克莱修、维吉尔、贺拉斯和珀息乌斯的校订本[1]，其中像亚历山大里亚学者们那样使用了一些考辨学的符号。这些符号有 21 种之多，几乎都不曾为瓦尔巩泰乌斯 Vargunteius 和埃琉斯·斯提洛所用[2]。他还写过一部论述法律拉丁用语中的缩略词的著作。在编辑维吉尔的文本时，普洛布斯寻溯到了最初的依据。我们得知他本人整理过维吉尔第一卷《农事诗》的自校本手稿[3]，许多为普洛布斯所用的考辨符号都能在美第奇藏本 Medicean MS 的维吉尔著作中找到线索，现存标署其名的《牧歌集》《农事诗》注疏本，至少其中的核心部分确属于他的成绩。属于普洛布斯的语法学著作里，有一部谈异态问题（《习见之异态词》*de inaequalitate consuetudinis*），一部谈时态，还有一部谈不确定的性属问题。还有两篇传世的论文也声称是普洛布斯所作：（1）《文辞正宗》*Catholica*，研究名词和动词;（2）一篇冗长无当的语法论述（标题为《组句析文之艺》*Instituta Artium*），并有一附录为 de differentiis 206【论差异】和 de nomine excerpta【论取名】。据猜想，这两篇论文基本上是由普洛布斯的相关讲义衍生而成，原来的讲义至少是一本由两部分组成的教科书:（1）《组句析文之艺》讨论文字、音节和八类词语；而（2）《文

1 参看 Leo，《普劳图斯研究》，21–41 各处。

2 Reifferscheid，《苏维托尼乌斯零篇辑佚》*Suetoni praeter Caesarum libros reliquiae*，p. 137 以下。Teuffel，§41，2。Gräfenhan，iv 372，380。

3 葛琉斯，xiii 21，4。

辞正宗》则研究名词与动词[1]。后世语法学家对于变位变格中的不规则变化之论说，大多都受到普林尼和普洛布斯二人的影响。凭此两人，再加上帕莱蒙，或许即可勾勒出传统拉丁语法学的主要轮廓[2]。

论罢普洛布斯，我们要提起一位名头更大许多的学者，便是法比乌

昆体良 斯·昆体良 Fabius Quintilianus（约西元 35—95 年），他生于厄布洛河畔的卡拉古理斯 Calagurris，是帕莱蒙的弟子，塔西佗和小普林尼的老师。他父亲在罗马教授修辞学，他也在此处度过了一生的大半时光，以法庭中的辩护律师和修辞学教师为职业。西元 68 年，他成为罗马第一所国家资助学校的校长，可能在二十年之后，他着手写他的伟大杰作——《演说术原理》*Institutio Oratoria*。他的教育观基本来自克律西波。文学研究（de grammatica）是其书第 1 卷第 4—8 章的主题，第 9 章则是 de officio grammatici【论语法学的义务】。有理由相信第 4 章和第 5 章 1—54 节得自帕莱蒙著作；第 5 章 54 节直到第 6 章 27 节以老普林尼著作为基础，第 7 章第 1—28 节的来源是维琉斯·弗拉库斯[3]。在异态说和类推说的论战中，如我们所见[4]，昆体良支持类推说而不过于严守门户之见。在第 10 卷第 1 章里，他假想出适于将来之演说家练习所用的阅读课程，包括（1）希腊和（2）拉丁两类经典作品，分别置于诗歌、戏剧、历史、演说辞和哲学几个类别里。在（1）中等于是承认了自己沿袭他人的批评之说，而并非原创。这些批评之说与哈利卡那苏斯的第欧尼修著作雷同

1 Teuffel，§300；Schanz，§§477–479；Aistermann【译按，指氏著《普洛布斯四说》*De M. Valerio Probo Berytio capita quattuor*】，lxxiv + 156，波恩，1910。

2 Nettleship，ii 170 以下；Schanz，§§494–495。参看 Bursian 在《年刊》，113（1903），133–136。

3 Nettleship，ii 169.

4 上文第 181 页。

之处实在太多，以至于简直不可能否认昆体良亏欠此人的文债了，固然 207
或有人试着显示此二人的一致性是因为都同样因袭了另外某一个更早的权威[1]。在他品第希腊诗人、史家、哲人的部分，昆体良好像又从泰奥弗剌斯特、阿里斯托芬、阿里斯塔库斯等亚历山大里亚派学者那里得到不少沾溉[2]。在（2）中，他贯穿始终的用心在于要树立古典拉丁作家的正典，使之尽可能地贴近希腊作家正典的标准。他没有专门地讨论过帕库维乌斯和阿克奇乌斯，也甚少提及普劳图斯、凯基琉斯和泰伦斯；他对卢克莱修的理解是错误的；然而他批评西塞罗后面的演说家时，倒是观点明白准确的，固然这些议论篇幅都不长。显然在昆体良看来，西塞罗前后时代的文学相对而言都不值得一提。他为西塞罗所写的精炼谨慎的批评，是历练通达、雄直冷峻的文章典范。若谓昆体良关心的是文学性和技术层面的问题，如怎样令阅读与一种出色的演说风格在形式上相适，那么塔西佗（约西元 55—120 年）在他匠心独运、深思明察的对话 塔西佗
篇《论诸演说家》*De Oratoribus*（西元 81 年）里眼界更为高妙，昌言文学云者，须经“判定为一种民族生活的表达，而并非属于形式或学院教学的问题”[3]。关于塔西佗所作对话篇作者的权威性，因其中的一句话[4]而产

---

1 Usener，《哈利卡那苏斯的第欧尼修的〈论摹仿〉遗篇》*Dionysii Halicarnassensis De imitatione librorvm reliquiae*，p. 132。Heydenreich，《论昆体良〈演说术原理〉第 10 卷》*De Quintiliani Institutionis oratoriae libro X*（1900），则坚持主张昆体良直接抄袭自第欧尼修。

2 Nettleship，ii 76–83；以及 Peterson 在昆体良著作集，卷十，pp. xxviii–xxxvii。昆体良抄本（X 1，87）的摹本，见下文第 215 页。

3 Nettleship，同上，p. 87 以下。Teuffel，§325（昆体良）；§334（塔西佗）；参看 Schanz，§483 以下和 §428 以下；塔西佗的编订本：Orelli-Andresen，1877；Peterson，1893；Gudeman，1894。

4 cc. 9 与 12；in nemora et lucos；nemora et luci【森林与圣林。译按，谓隐逸之所。昆体良在《演说术原理》(x 3，24)、小普林尼在《书简集》(i 6，2) 中都提到过山林隐居生活与文学创作的关系】。

小普林尼 生疑点，在小普林尼（西元 61—113 年）给他的信里曾作为塔西佗本人的观点提出[1]，这便在一定程度上给出了答案。小普林尼对于演说术的批评也饶有兴致。他写过一封长信给塔西佗，其中他提到荷马史诗中演
208 说家的典范，并引述伯里克利风格的古代颂词[2]。他还谈到德摩斯提尼的《议金冠》*De Corona* 和《斥梅第亚斯》*Meidias*[3]，并引述自己演说辞中的一些片段，以说明措辞上的适度胆识[4]。

马提阿尔 普林尼大概与玉万纳尔生年相同，死期晚于较年长些的同代人马提阿尔九年。这两位诗人里面，马提阿尔 Martial（约西元 40—约 102 至 104 年）极为欣赏卡图卢斯[5]，对于同代人西利乌斯·伊塔利库斯 Silius Italicus 的溢美之词更是超出了揄扬恭维的限度[6]。在评价另一位同代人时，其诗作晦涩之至，需要有人来作笺疏，于是马提阿尔说他希望自己的诗集也可以取悦语法学家们，但又愿意即便无学者们的帮助别人也可读懂[7]。在其他的许多铭辞诗中，正如桑茨柏利先生所充分指出的那样[8]，“我们寻到为数颇多的意见，属于批评的观点或与批评有关的观点”。早在 6 世纪时，马提阿尔就受到非洲诗人卢克索理乌斯的效仿，此人时或被当成为撒耳马修斯【译按，Salmasius 为 17 世纪法国古典学者克劳德·索迈兹 Claude

1 ix 10，2；poëmata...quae tu inter nemora et lucos commodissime perfici putas【你写于山林中的诗歌具有最完美的澄净】。

2 i 20.

3 ii 3，10；vii 30，4.

4 ix 26，8–12。参看 Teuffel，§340；Schanz，§444 以下。普林尼、塔西佗和昆体良三人的文学批评在 Saintsbury 那里得到充分论说，见氏著，i 270–321。

5 x 78 等处。

6 iv 14；vii 63.

7 x 21，grammaticis placeant, sed sine grammaticis.

8 i 256–268.

Saumaise 姓氏的拉丁写法】藏本 *Codex Salmasianus* 之“拉丁诗苑英华集”*Anthologia Latina* 的编辑者[1]。

玉万纳尔 Juvenal（约西元 55 至 60—140 年）的诗集里多次语涉文学，然而鲜见有文学批评。他挖苦那些受过教育的仕女们，写她们好说希腊语而不用拉丁文[2]，并且出言估衡荷马与维吉尔的价值[3]。在第 7 首讽刺诗里他描述了理想派诗人的形象，并以只言片语对昆体良加以颂扬[4]；在第 10 首中[5]，他“订出立身之原则”，以应对政治生涯中的危难，参考的便是德摩斯提尼和西塞罗两人的身世命运，不过他压根没有允许这些话题中的任一义理引他进入文学批评领域[6]。玉万纳尔诗中提到过斯塔提乌斯 Statius（约西元 40—约 96 年），这在他们的同时代人中是唯一一例[7]。斯塔提乌斯在为卢坎生日致庆的诗里，颇有些批评家的机锋，其中恩尼乌斯和卢克莱修（居于其他诗人之中）被简略地刻画出性格特征来： 209

玉万纳尔

斯塔提乌斯

> Cedet Musa rudis ferocis Enni,
> Et docti furor arduus Lucreti.[8]
> 【粗犷的恩尼乌斯之纯朴诗艺要让位了，
> 崇高的卢克莱修之炽热才识也是如此。】

---

1 Teuffel，§476.
2 vi 185–187.
3 vi 435–436.
4 53 以下，186 以下。
5 114–132.
6 Saintsbury，i 253–256.
7 玉万纳尔，vii 82–87。
8 《诗草集》*Silvae*，ii 7，75 以下；参看 Saintsbury，i 268 以下。

论罢诗人群体，我们再来讨论一位散文作家，他才是研究自西元前168年至普洛布斯时代之拉丁学术史的权威人士，其丰富多样的学问使之在中古早期大受欢迎。此人即苏维托尼乌斯·特兰奎卢斯 C. Suetonius Tranquillus（约西元75—160年），是图拉真帝时的一位辩护律师，后成为哈德良帝的私人秘书，他花费后半生的时间以筹划一部研究语言文学之历史的百科全书式著作。除了现存的《罗马十二帝王传》*de vita Caesarum* 之外，他还写过一系列重要的传记，总题为《名人传》*de viris illustribus*，划分作"诗人"、"演说家"、"历史学家"、"哲学家"、"语法学者"（grammatici）以及"修辞学家"五类子目。"诗人"卷中，我们尚可看到泰伦斯、贺拉斯、卢坎、维吉尔和珀息乌斯几人的小传[1]；"历史学家"卷只遗留下老普林尼的些许残篇。他的36篇"语法学者与修辞学家"传记里，传世的有25篇之多。在亡佚之作的繁多名目中，尚有谈论希腊人和罗马人的赛会、服饰的类别、羞辱人的词汇，以及罗马的风俗制度等话题。可能在另外一部题为 *Pratum* 或 *Prata*【《笔丛》】的佚书（各种话题的杂记）里，他谈到与罗马年历相关的不同纪岁方法，不仅成为肯瑟理努斯 Censorinus 和马克罗比乌斯研究这个问题时所追随的权威作者之一[2]，也是塞维利亚的伊息多耳博学通识的一个主要源泉。苏维托尼乌斯的著作里，还有一种是为西塞罗的辩护词，回应了亚历山大派学者狄

苏维托尼乌斯

1 有人认为 Borgius 的《卢克莱修传》*vita Lucreti* 出自苏维托尼乌斯，此篇由 J. Masson 发表于《学院》*Academy*，no. 1155（1894），并且在《语文学杂志》，xxiii 220–237 上得到讨论。这个观点已经得到否定，见 Fritsche 在《柏林语文学周刊》，1895，541，以及 Woltjer，同上，317，和《记忆女神》*Mnemosyne*，xxiii 222。

2 Reifferscheid，《苏维托尼乌斯零篇辑佚》，p. 149 以下。

都慕斯对之的攻击，以及一篇论述抄本页边所用考辨符号的文章[1]。今天 210
我们对于这些符号的认知，最主要应归功于苏维托尼乌斯[2]。

西元 2 世纪时的学者中，有饱学的类推论者凯瑟琉斯·文德克斯
Caesellius Vindex[3]，有研究正字法、语法学和诗学的泰伦提乌斯·斯高儒 斯高儒斯
斯 Q. Terentius Scaurus，此人也注疏过普劳图斯和维吉尔，可能还注过贺拉
斯[4]，维琉斯·朗古斯 Velius Longus 和弗拉维乌斯·卡珀尔 Flavius Caper[5]， 维琉斯·
这二人都写过正字法的著作，还有博识机敏的埃密琉斯·阿斯珀，他注 朗古斯
疏过泰伦斯、萨鲁斯特和维吉尔[6]。基尔塔【译按,Cirta，在北非今阿尔及利亚 卡珀尔
境内】的科尔奈乌斯·弗隆托 M. Cornelius Fronto（约西元 90—168 年）别 阿斯珀
有志趣，他是马可·奥勒留帝的导师，崇尚的是早期罗马文学，尤推重 弗隆托
普劳图斯、恩尼乌斯、加图、格拉库斯、卢克莱修、拉贝理乌斯 Laberius
【译按，早期拟剧作家】和萨鲁斯特。他从不提及泰伦斯或维吉尔，尽管他
偶尔会流露出对那些作家片段的记忆，不仅包括维吉尔，也有贺拉斯和
塔西佗[7]。弗隆托不欣赏塞内加，但对于西塞罗则赞不绝口，虽然他主要
关注的是此人的书信而不是演说辞，因为在后者中能得弗隆托过分青睐

---

1 *περὶ τῶν ἐν βιβλίοις σημείων*【论书卷的页边符号】（苏伊达斯辞典）。参看 Bergk，《语文学短论集》*Kleine Philologische Schriften*，i 593；Reifferscheid，p. 135 以下；Traube，对 Woelfflin 著作的评述，200，以及《速记法文献》*Archiv für Stenographie*，1901，53（Schanz，§532，4）。

2 对于苏维托尼乌斯的概论，参看 Teuffel，§347，Schanz，§§529–536；以及 Macé，《苏维托尼乌斯论集》*Essai sur Suetone*，1900。

3 Teuffel，§343；Schanz，§593。

4 同上书，§352；Schanz，§594 以下。

5 同上书，§343；Schanz，§596，599。

6 同上书，§328；Schanz，§598。

7 Naber 编订本，p. 144，"novissimum homini sapientiam colenti amiculum est gloriae cupido"【年轻人养成了一种见识，热衷于追求名声荣誉，视如衮衣绣裳】（参看塔西佗《历史》,iv 6【译按，弗隆托引述的是柏拉图的话，参看阿特纳奥斯，xi，507 D】）。

的生僻词汇要少见得多[1]。在文学批评方面，“他的辞令没有脱离老派学究们纯粹模式化的批评套路”[2]。

C. 苏尔庇修·阿波利纳理斯

阿伦修斯·科尔苏斯

在此还可提及两人，一位是迦太基的苏尔庇修·阿波利纳理斯 C. Sulpicius Apollinaris，他是珀尔提纳克斯 Pertinax 和葛琉斯的老师，著有一部《尺牍研究》*quaestiones epistolicae*，还曾以韵体为普劳图斯、泰伦斯的著作及《埃涅阿斯纪》写过概要[3]；另一位是阿伦修斯·科尔苏斯 Arruntius Celsus，他为普劳图斯和泰伦斯作过笺注[4]。

葛琉斯

211 相较以上数人而言，奥略·葛琉斯 Aulus Gellius [5]（生年约在西元 140 年）的地位更为重要，他撰有《阿提卡之夜》*Noctes Atticae*，这是一部关于早期拉丁语言与文学，以及法律和哲学的杂俎笔记，兼备趣味与学识。题名的来由，是因作者而立之年在雅典近郊开始写作此书，以打发漫漫冬夜。书中有大量文钞，其原作今多佚失。在雅典期间，作者结交了神秘派哲人珀勒歌林努斯·普鲁透斯 Peregrinus Proteus [6]，并常被邀至学识渊博的显贵，赫若得斯·阿提库斯的乡村别墅处做客[7]；他每月都与学者们会谈[8]，还曾到埃伊纳和德尔斐二处游历[9]。从他所存著作中，可见他极勤于学问，是位典型的学者。他频频去往各个图书室，这包括在帕拉廷山上的提比略宫，韦斯帕芗所建的和平宫，图拉真殿，还有提布尔 Tibur【译

---

1 Teuffel，§355，5；Schanz、§§549 以下，尤其是 §552；R. Ellis，《讲录》*lecture*，1904。

2 Nettleship，ii 91.

3 Teuffel，§357，1–2；Schanz，§597.

4 同上书，357，3；Schanz，§605，5。

5 同上书，365；Schanz，§607–609；Nettleship，i 248–276；参看 Boissier，《异教末世》*Fin du Paganisme*，第三版，1898，i 178–180；以及 Saintsbury，i 322–329；又见 Hertz，《罗马文学中的文艺复兴与罗可可》*Renaissance und Rococo in der römischen Litteratur*，1865。

6 xii 11，1.

7 i 2，1；xix 12.

8 xv 2，3.

9 ii 21；xii 5.

按，在意大利中部】的赫拉克勒斯庙，甚至在希腊的佩特雷 Patrae，他在彼处发现了“洵为古稿”的李维乌斯·安德洛尼库斯的著作[1]。他读了朋友借自提布尔某寺院的亚里士多德著作抄本，里面有一篇论述融化的冰雪水[2]，此后他便再也不喝冷饮了。他也很乐于记述他老师安东尼乌斯·朱力安努斯 Antonius Julianus 的事迹，彼人曾下大功夫核查了一份恩尼乌斯古抄本某个单字的误读[3]；他还提及费边·皮克多、加图、卡图卢斯、萨鲁斯特、西塞罗和维吉尔的珍善抄本，但这些可能俱是从普洛布斯处借阅的，据苏维托尼乌斯言，普洛布斯“耗尽心力，只为搜集经典作家的良善抄本”[4]。涉及文章风体的，葛琉斯记录了一些评论，简略论及柏拉图和吕西亚之高下，也有米南达和凯基琉斯，及格拉库斯和西塞罗的比较[5]。他曾述一故事，云在塔伦廷 Tarentum，老年的帕库维乌斯与青年阿克奇乌斯会面，老者方闻阿克奇乌斯诵读了他的《阿特柔斯》*Atreus*，评 212
价说其作品义旨宏大，但或尚欠淘洗，阿克奇乌斯答道，他希望自己的诗作终会改善，正如水果初为酸涩的，然假以时日，定会甘美成熟[6]。他引述对比过品达与维吉尔各自描述埃特那火山喷发的段落[7]。他也反驳过对萨鲁斯特和维吉尔的诽谤之词，商讨过塞内加的文风[8]。其著作四分之

1 xiii 20，1；xvi 8，2；xi 17，1；ix 14，3；xviii 9，5.

2 xix 5，4；参看 ix 14，3。

3 xviii 5，11。朱力安努斯于暑期假日里，领葛琉斯诸弟子往普透黎 Puteoli【译按，在库马附近】的剧院观聆恩尼乌斯纪事诗的朗诵（xviii 5，1–5）。

4 苏维托尼乌斯:《语法学家列传》，24（Nettleship，i 274）。

5 ii 5，ii 23，x 3.

6 xii 2.

7 xvii 10.

8 xii 2.

一强的内容涉及拉丁词语的修订，例如“mille”【千】的单数用法[1]，以及“pedarii senatores”【步行议事员。译按，据云古时议事员有显贵者，有驱车入议事院的特权，而新进者则徒步入院，故谓步行议事员，后引申指称尚未合格，聊作投赞成票充数的准议员】的笺注[2]，“obnoxius”【该罚的，顺从的，欠债的】的多义[3]，关于“proletarii”【生养子女的，译按，贬指那社会底层民人，于国家无何贡献，徒以生殖增添人口尔尔】和“adsidui”【永久居民，纳税人】[4]，还有恩尼乌斯的短句“ex iure manum consertum”【依律法行按手礼】之意的究竟[5]，和西塞罗如何使用“paenitere”【悔过】[6]。他也探讨了同义字，双关字，字源和语法学中有争议的问题，如H和V的发音[7]，写作中IN与CON的音长[8]，以及究竟当作tertium还是tertio【译按，二者俱有第三、三度之义，前者重时，“三度为官”；后者重序，“为第三任某官”】，curam vestri还是vestrum【译按，二者俱为第二人称复数的属格】[9]，multis hominibus【众人】与multis mortalibus【众凡人】的区别何在[10]。葛琉斯旁征博引了众多的希腊拉丁作家，对早期拉丁文学与拉丁“语法学家”们都有极高兴趣。但他拒绝了朋友的劝说，（宁可沉于若干细枝末节，而）不肯去探讨第一位“语法学家”究为何人的问题[11]。在这部杂学之书里，《桑佛与墨顿》*Sandford and*

---

1 i 6.
2 iii 18.
3 vi 17.
4 xvi 10.
5 xx 10.
6 xvii 1.
7 ii 3；x 4.
8 ii 17.
9 x 1；xx 6.
10 xiii 28.
11 xiv 6，3.

Merton【译按，18 世纪英人 Thomas Day 的一部教育小说】的读者们会乐于见到“安德鲁克里斯 Androcles 与狮子”【译按，安德鲁克里斯是一非洲奴隶，曾为巨狮拔刺疗伤，日后在罗马斗兽场上相见，狮子亦不伤他】的故事原型，据此书，这故事当出自亚历山大城的“语法学家”阿庇翁 Apion 著作[1]【译按，指他的《荷马诗字汇》*glossis Homericis* 中的一篇《埃及奇闻》*Aegyptiacorum*】。在古典学术之历史中，值得注意的是，西塞罗[2]称克理安忒斯与克律西波为“五流的”quintae classis，以甄别于德谟克利特，而葛琉斯则对举出“头等作家”scriptor classicus 和“平民作家”scriptor proletarius[3]，显然是取喻自塞尔维乌斯·图利乌斯 Servius Tullius 划分的罗马社会等级（classes），其第一等级称作 classici[4]，余者为“较次等级”（infra classem），末者为平民（proletarii）。对于“较次等级”与“头等级公证人”（classici testes）的解释可见于保卢斯所撰的费斯多 Festus[5]（写过维琉斯·弗拉库斯的辞典 213
摘要）著作节略本，故或可认为葛琉斯亦是遵从维琉斯之说为依据。总之，近代所谓“经典的”（classical），即是衍生自“claccus”这一特殊含义。

至于 2 世纪末，还可提到几人。泰伦提安·茅儒斯 Terentianus Maurus，泰伦提安
他写过一部诗体的手册，涉及“文字、音节与韵体”，韵体部分尚可在珀息乌斯之友人凯修斯·巴苏斯 Caesius Bassus 的一部著作里找到[6]；再有

1 v 14，10—30.

2 《学园派哲学（第一稿）》*Academicorum Priorum*，ii 73。

3 xix 8，15，classicus adsiduusque（= locuples）scriptor，non proletarius【经典权威作家，而非末流】。

4 vi（vii）13，1，引加图语。

5 pp. 113 和 56（Nettleship，i 269）。

6 Teuffel，§373^{a}；Schanz，§514.

阿克洛

费斯多

玻菲里奥

一位阿克洛 Acro，他注疏过泰伦斯与贺拉斯的著作；费斯多 Festus，刚刚提到他写过维琉斯·弗拉库斯的辞典摘要。玻菲里奥 Porphyrio，此人的贺拉斯会注本今尚留存，他或许比阿克洛稍晚些，因为他在《闲谈集》i 8，25 处引述过后者的著作。阿克洛被错误当成了一部庞杂的贺拉斯会注本的编纂者，这个注本系以阿克洛和玻菲里奥的原注本为基础，添加了苏维托尼乌斯《罗马志》*Roma* 里的一些内容[1]。斯塔提琉斯·马克西姆斯 Statilius Maximus 之为人所知的事迹，是曾经校订了西塞罗第二篇议土地法的演说辞，他当时借助了西塞罗之获释奴提洛的编订本[2]。葛琉斯[3]在谈到西塞罗指控维勒斯的演说辞时，提起过 *libri Tironiani*【提洛之书】。我们还知道斯塔提琉斯曾评论过加图、萨鲁斯特和西塞罗措辞的特点，而从葛琉斯到尤里乌斯·罗曼努斯 Julius Romanus 的这段时间里，他颇受埋没，因为前者从不引述他的著作，而后者则频频加以征引。

肯瑟理努斯

3 世纪的学林中，有博学的语法学家尤里乌斯·罗曼努斯，他的著作得到喀理修斯广泛的称引[4]；有多部语法学著述的作者，肯瑟理努斯 Censorinus[5]，其流传至今的有一部不完整的论文《论创生日》*De die natali*（西元 238 年），主要是根据苏维托尼乌斯的一些佚作而编辑的，包含了关于历史和编年史方面一些有价值的信息。在此世纪的后半叶里，

---

1 Teuffel，§374；Schanz，§601–602.

2 Statilius Maximus rursus emendavi ad Tyronem etc.【斯塔提琉斯·马克西姆斯转而求助于提洛已经完成的修订本】（A. Mai，《安布罗斯馆藏西塞罗著作抄本》*Cic. cod. Ambros.*，p. 231，转见于 Jahn，《莱比锡皇家萨克逊科学学会会议报告》*Berichte über die Verhandlungen der Königlich Sächsischen Gesellschaft der Wissenschaften zu Leipzig*，1851，329）。

3 i 7，1；xiii 21，16.

4 Teuffel，§379，1；Schanz，§603.

5 同上，6–8；Schanz，§632。

可以提及阿奎剌·罗曼努斯 Aquila Romanus，他写过一部言谈之修辞格的书，系改编自亚历山大·努米尼乌斯 Alexander Numenius 著作[1]；也可提到马理乌斯·普洛修·萨科耳多 Marius Plotius Sacerdos，他是三卷本《语法学之艺》*Ars Grammatica* 的作者，其中的第 2 卷与被认作普洛布斯所写的《文辞正宗》大致雷同[2]。

此时期一项特有的成果，是一位署名索理努斯的人所写的普林尼著 214
作摘要，这一形式后来经过改头换面，大为盛行，还得了个自负造作的名号曰“硕学大家”Polyhistor。就在 3 世纪过去了大半之时，塔西佗帝（275—276 年）下诏要保护他“先人”、那位历史学家的著作，便在每个公共图书馆里都置一部塔西佗著作的副本，并准备誊写更多副本以备将来所需[3]。

当我们在本章里快速地跨越了三个世纪，粗略浏览了自奥古斯都帝时代到戴克里先帝 Diocletian 时代的语法学历史，我们必定会觉得，相较于共和国最后一个世纪而言，西元 1 世纪的研究更为系统化，但也更为偏狭。出于训蒙目的而编写的实用手册取代了瓦罗精思博览的劳动成果，并最后导致了其人百科全书式著作绝大部分的名存实亡；不过我们也该对 1 世纪时的语法学家们表示谢忱，为的是他们所保存下来的所有知识[4]，而且我们不该忘记在此世纪里有对于已经成为经典著作的西塞罗诸篇的学术注疏，这以阿斯柯尼乌斯的冷峻理智为代表，也有作为西塞罗崇拜者的昆体良，他那具有合理判断力与出色鉴识眼光的文学批评。

---

1 Teuffel，§388；Halm，《拉丁二流修辞家》*Rhetores Latini Minores*，22 以下。

2 上文第 205 页。Teuffel，§394；Schanz，§604 以下；Jeep，《谈话术》，pp. 73–82。

3 沃庇斯库斯 Vopiscus，《塔西佗帝故事》，10。

4 Nettleship，ii 171.

在2世纪里，苏维托尼乌斯因其丰富的学识，应该可以被视作几乎与瓦罗并肩匹敌的人物，这个世纪从**学术**角度看，是一个著作摘要和书籍编纂的时代。书本学问成为时髦之物，不过博览通常流于琐细，人们翻遍古代经典著作，只为了寻找与时下用语不谐的字句。在**学术**领域，本世纪最有意思的品性体现在科尔奈乌斯·弗隆托、奥略·葛琉斯两人身上。当时，葛琉斯征询因痛风而足不出户的弗隆托，为济助这位博学的病人而建设一间新浴室，“约莫”造价几何，遂导致了一场学术的讨论，这真是此时代特有的现象。在讨论中得到证实的是，所使用的这个俗字 praeterpropter（“大约”“差不多”），确为瓦罗和加图所用，并且真的和恩尼乌斯一样古老[1]。

215 3世纪里唯一值得重视的学者便是肯瑟理努斯，虽则他的学问也主要是得自于苏维托尼乌斯，算是瓦罗的再传。不过，尽管瓦罗不曾屈尊迎逢优雅之文风，遂因缺乏此体而受到惩罚，他的冗长文章也导致了其饱学之作绝大部分不能流传，对于苏维托尼乌斯来说，其学术研究涉猎面太广，故除却传记外也鲜得存遗，然而肯瑟理努斯的小书，不过是一件转借了他人学问的生日礼物罢了，其中的引文都是二手资料，却成功地传诸后世，这在一定程度上得益于此书的简短，可能也得益于它保留了风格上的雅致。庞大的船队早已沉没，孤帆小艇却能在时间的激流怒潮中幸免于难。

---

1 葛琉斯，xix 10。

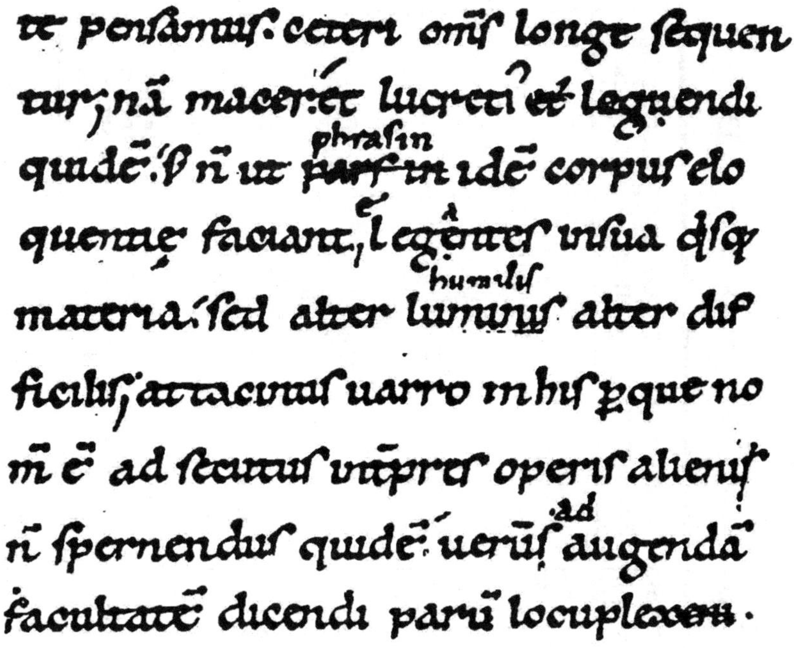

图10　出自昆体良著作（X 1,87）的洛伦佐抄本Codex Laurentianus之XLVI 7（10世纪）

（柴德良 Chatelain 的《古典拉丁语的古文书法》*Paléographie des Classiques Latins*，pl. clxxvii）

【释文】

(aequalita) te pensamus. ceteri omnes longe sequentur. nam Macer et Lucretius legendi quidem, sed non ut phrasin, id est corpus eloquentiae faciant; elegantes in sua quisque materia sed alter humilis alter difficilis. Atacinus Varro in his, per quae nomen est adsecutus, interpres operis alieni, non spernendus quidem, verum ad augendam facultatem dicendi parum locuples.

【（前文大意谓维吉尔仅居于荷马之下）。其他（诗人）远远落在后面。马赛尔（译按，Aemilius Macer，与维吉尔及贺拉斯同时代的对句诗人）及卢克莱修的作品倒真值得一读，但绝非为了铸造文体，或可说绝非为了雄辞之主干：这两人都优美地表达出了题旨，却或失于平庸或失于晦涩。使瓦罗·阿塔奇努获得声誉的诗章乃是译自他人之作，但绝不可以轻视他，纵然其言语不足以用来扩充修辞之武库。】

年表 5 拉丁文学及其他纲要，西元 300—600 年

Conspectus of Latin Literature &c., 300—600 A.D.

Roman Emperors	Poets	Historians & Biographers	Orators and Rhetoricians	Scholars and Critics	Other Writers of Prose
305 Constantius I 306 Constantine I		Vopiscus Lampridius		323 Nonius	
	330 Juvencus				
337–40 Constantine II –61 Constantius II –50 Constans I					
	350 Avienus			353 Marius Victorinus 353 Aelius Donatus	350 Hilary of Poitiers d. 367
361 Julian 363 Jovian 364–75 Valentinian I 367–83 Gratian 375 Valentinian II		360 Aurelius Victor 363 Eutropius	362 Claudius Mamertinus	Charisius Diomedes	373 Ambrose c. 340—397
392 Theodosius I 395 Honorius	379 Ausonius c. 310—c. 393 395—404 Claudian	390 Ammianus c. 330—400	389 Pacatus 391 Symmachus c. 345—405	Servius Ti. Claudius Donatus Macrobius	386 Jerome 331—420 395 Augustine 354—430
400					
423 John 425 Valenti-	404 Prudentius 348—c. 410 409 Paulinus 353—431 416 Namatianus	Vegetius Sulp. Severus c. 365—425 417 Orosius b. c. 390	Chirius Fortunatianus C. Julius Victor	401 Torq. Gennadius revises text of Martial	415 Cassianus c. 360—435 Martianus Capella

455 Petronius Maximus 455 Avitus 457 Majorian 461 Libius Severus 467 Anthemius 472 Olybrius 473 Glycerius 474 Julius Nepos 475–6 Romulus Augustulus	c. 440 Sedulius 470 Apollinaris Sidonius c. 430—480	455 Prosper c. 400—463		Nicomachus Dexter revise text of Livy Consentius Phocas	Lerinus 440 Leo I 395—461 470 Claudianus Mamertus
Gothic Kings 476 Odoacer 493 Theodoric	484–96 Dracontius 490 Avitus 460—c. 525	Gennadius		494 Asterius revises text of Virgil	
500					
526 Athalaric 534 Theodahad 536–9 Vitiges 541–52 Totila	Cyprianus c. 475—550	511 Eugippius *vita Severini*	507 Ennodius 473—521 514 Cassiodorus c. 480—c. 575	Fulgentius c. 480—550 512 Priscian 527 Vettius Agorius Mavortius revises text of Horace	510 Boëthius c. 480—524 529 Benedict 480—543 529 *Monte Cassino founded*
527 Justinian I 565 Justin II 578 Tiberius II 582 Mauricius	Maximianus Arator 550 Corippus Fortunatus c. 535—600	551 Iordanis Gildas 516—573 573 Gregory of Tours 538—593 Isidore of Seville c. 570—636			580 d. Martin of Bracara 590 Gregory I c. 540—604
600					

Continued from page 198.

第十三章

217 # 西元 300—500 年间的拉丁学术

3 世纪 3 世纪初叶（西元 212 年），卡剌卡拉 Caracalla 帝曾将**罗马公民**的称呼和义务扩展至帝国的全部自由居民身上；在那个世纪里（尽管与这项政制变革毫不相干），对于拉丁文学所做出的最重要的贡献，都不产生于罗马，而是出现在各行省；都不是由异教徒所为，而是出自基督信徒。在前半个世纪里，德尔图良 Tertullian（约 150—230 年）度过了他的晚年，而居普理安 Cyprian（约 200—258 年）几乎过完了他的一生，这两人与迦太基瓜葛很深；而在该世纪末，努米底亚 Numidia【译按，北非古国，时为罗马帝国治下行省】也出现了拉丁文学的作家阿耳诺比乌斯 Arnobius，卑斯尼亚则有拉柯坦提乌斯，此人被戴克理先帝自非洲征召到新都城尼柯
4 世纪 米迪亚 Nicomedia 去教授拉丁语修辞学。戴克理先朝（285—305 年）的罗马城不再是帝都京阙，而其重要地位经过一段时间之后，至迁都君士坦丁堡（330 年）时才开始明显减弱。尽管如此，罗马依旧是举世瞩目

的中心城市，在这里，逐渐势微的异教信徒与缓慢而稳固地发展壮大的基督教徒之间的争斗一刻也不消停。在 362 年，叛教者尤里安 Julian the Apostate，这位连异教史家都谴责为应被永世遗忘的皇帝[1]，下令禁止基督徒教授语法学和修辞学，理由是这些人不相信荷马、修昔底德和德摩斯提尼著作中的神明。这道法令迫使著名的教师维克多理努斯 Victorinus 辞 218
职而去，还造成了完全为基督徒所用之教科书的夭折。二十年后，格拉提安 Gratian 帝从元老院撤去自古以来未曾动摇过的胜利女神圣坛，围绕此问题发生了一场激烈的争论，其中代表旧秩序的是叙马库斯和普莱特克斯特，代表新秩序的是圣安布罗斯和主教达玛苏斯 Damasus，稍后还有普卢顿休斯。4 世纪将尽之时（392 年），罗马的古代宗教已在忒奥多修帝的诏令下被完全毁灭了，谁再贡献牺牲便会被判处死刑。在同一年，安条克的一个希腊人，阿米安·马赛理努斯，在罗马即将写完他接续自塔西佗的史著。他使用的是有些古怪的混合拉丁语【译按，据说是掺杂了希腊东部方言腔的拉丁语】，还夹杂着很多出于平日所记诵的“西塞罗曰”云云。这部著作的现存部分涉及 353—378 年数年的史事，具有不可估量的史料价值，此外对于罗马当世的生活场景也有些饶具趣味的描述，比如他记载某些闲散的罗马人“忌恨学问，视同毒药”[2]，罗马的“图书馆永远门户紧闭，好似坟墓一般”[3]。在此之后十年里（395—405年），忒奥多修之帝位被他的两个儿子瓜分，阿卡狄乌斯 Arcadius 帝君临东方，霍诺留斯 Honorius 帝统治西方。而亚历山大里亚的克劳狄安 Claudian[4] 成为拉丁

1　阿米安·马赛理努斯，xxii 10，7，obruendum perenni silentio【长久地被寂寞埋葬】。

2　xxviii 4，14，detestantes ut venena doctrinas.

3　xiv 6，18，bybliothecis sepulcrorum ritu in perpetuum clausis.

4　克劳狄安可能是一位名义上的基督徒（《鲍礼古典学百科全书》，iii 2656）。

大诗人中的最后一个异教徒代表，他生活在意大利，居于罗马和米兰二城。从他诗歌来看，其中最晚的写作时间应该是在404或405年。404年，生于西班牙而刚到罗马不久的基督教大诗人普卢顿休斯，出版了他的第一本诗集；405年，圣杰罗姆 St Jerome 在伯利恒 Bethlehem 完成了圣经的拉丁语译本，这项工作开始于他在罗马之时，至此际已经过去20多年了。

4世纪里语法学研究初兴于北非，新代表是个名叫诺尼乌斯·马赛卢斯 Nonius Marcellus 的努米底亚人。此世纪中叶左右，语法学研究在罗
219 马达到巅峰，出现了更伟大的多纳图斯，他注疏过泰伦斯，并且是圣杰罗姆的导师。随后出现了几位具体活动时间不详的语法学家，如嘉理修斯和狄奥墨得斯，他们独创性较少，却有谦逊的优点，故能将早先时代里的语法教学传与后世。本世纪最可代表其学术境况的人物，是奥索尼乌斯 Ausonius（本人系语法学和修辞学教师），与他杰出的友人，奥勒留·叙马库斯 Q. Aurelius Symmachus；还有那些孜孜不倦于钻研维吉尔、塞维乌斯和马克罗比乌斯的学者；最后，还有圣杰罗姆和圣奥古斯丁，他们二人的生命分别延续到下个世纪的第二和第三个十年里。

5世纪 410年，罗马遭阿拉理克 Alaric 王统治的哥特人洗劫，5世纪的人们争论着导致这次灾难的宗教原因，遂激发圣奥古斯丁写出他最伟大的著作《上帝之城》*De Civitate Dei*；一位年轻的西班牙教士，俄若修斯 Orosius，在414年到了希波 Hippo【译按，非洲西北部古城，时奥古斯丁任该城宗主教】，后来受奥古斯丁的鼓励，他将《上帝之城》扩写成一部世界史，里面仅仅提到了伯里克利，并且对德摩斯提尼的描述止于接受波斯贿赂一事，主要内容则以圣经、李维、塔西佗、苏维托尼乌斯、查士丁、欧特罗庇乌斯 Eutropius 为基础，可能也包括圣杰罗姆翻译的优西庇乌斯的编年史。在4世纪结束前，由于圣阿塔纳修 St Athanasius 于336年在特理尔 Trier【译

按，日耳曼古城】的率先推动，都尔的圣马丁 St Martin of Tours（卒于 400 年）于 360 和 372 年在高卢地区建立修道院；410 年之前，圣霍诺刺图斯创建了雷林岛 Lérins 修道院（在戛纳城外）；此后约在 415 年时，修院清规从东方被引入高卢，引介者是嘉西安 Cassian，他曾在马赛创建了一座圣维克多 St Victor 修道院。在他的《院规》*Monastic Institutes* 里，将手工劳动视为对 ennui【倦怠无聊】的一种补救，怀着赞赏之心引述为埃及的“古代教父”们所认可的警语，即谓“劳作的僧侣仅受一魔之烦扰，无可聊赖者则群魔缠身”[1]；此书仅有一处提到了手稿复制，举了一个意大利修士的例子，说那人忏悔自己无任何别的事情能做得了[2]。在此书的续篇[3]里，嘉西安记录了他与底比斯 Thebaid【译按，在埃及】隐士们的谈话，详述了一种 220
修道生活的理想，尽管他对于古典文学绝没有什么好感[4]，然而却鼓励智性的研究，这使得西方世界的修道院在中世纪时成为知识与文学，甚至是古典学术的家园。429 年，汪达尔人还没有入侵非洲之时，马提安·卡帕刺写了一部著作，后来在整个中世纪期间都保持着影响。从 439 年汪达尔人劫掠迦太基，到 451 年阿提剌 Attila 和他的匈奴大军进犯高卢，在此期间，马赛的一位教会长老，撒耳维安 Salvian，此人以矍铄之高龄活到 480 年【译按，其生平是 400—480 年】，他当时感愤于邦国之灾祸，写出一篇著名的宏论《论上帝的安排》*De Gubernatione Dei*，绝望地预感到罗马之政

1 《论院规及修道八戒》*De institutis coenobiorum et de octo principalium vitiorum remediis*，Lib. x（此卷论懒怠，或谓 taedium sive anxietas cordis【厌怠或幽闷】）23，operantem monachum daemone uno pulsari, otiosum vero innumeris spiritibus devastari。

2 同上书，v 39（Ebert，i^2 351）。

3 《教父会话录》*Collationes Patrum*（Ebert，352–354）。

4 《教父会话录》，xiv 12，13（Roger，《古典文学的教育，自奥索尼乌斯至阿尔昆》*L'Enseignement des Lettres Classiques d'Ausone à Alcuin*，146）。

制、文明与学术在走向终结[1]。451 年阿提剌在卡塔罗尼亚平原 Catalaunian plains 败给埃提乌斯 Aëtius，过了四分之一世纪后，其麾下某将之子奥多亚克 Odoacer 在 476 年卷土重来，倾灭了西罗马帝国。在拉丁文学中，这段历史恰可以对应于高卢的一位诗人和书信作家、阿波利纳理斯·西多尼乌斯的勤勉生平，此人是奥弗涅 Auvergne 饱读诗书的主教，他在 475 年眼看着自己的教区沦陷于西哥特人，不到九年之后便过世了。

诺尼乌斯

4 世纪的学术史发轫于诺尼乌斯·马赛卢斯 Nonius Marcellus（全盛于西元 323 年），他生于努米底亚的图波息昆 Thubursicum，为了教育自己的孺子而编写了一部百科全书式的著作，题为《修学治要》*De Compendiosa Doctrina*。此书分作三个部分，即词典修纂、语法学和古物研究。在语法学部分，编者大多抄袭普洛布斯、卡珀尔和普林尼；词典修纂的部分则援借了从尼禄、韦斯帕芗 Vespasian 二帝到图拉真、哈德良二帝期间的学者与古物学家们的成果，尤其受维琉斯·弗拉库斯沾溉
221 最多[2]。诺尼乌斯频频抄袭葛琉斯，却从不提其姓名。其著作的价值主要在于大量引述了早期的拉丁文学作品而已[3]。所有曾研读过此书的人说起这位编者，都带着很强烈的鄙夷之情。诺尼乌斯是这般的无知，或者说（更可能是）这般的无心，以致他似乎以为**图利乌斯** M. Tullius 和**西塞罗**不是同一个人[4]。

1 Halm 编订本，1877。

2 Nettleship，i 228–232，277–321；Teuffel，§404[a]；Schanz，§826.

3 特别参看 W. M. Lindsay，《诺尼乌斯·马赛卢斯》*Nonius Marcellus*，1901，以及 1903 年版。

4 P. Schmidt（1868【译按，即《诺尼乌斯著作的语法学文献来源》*De Nonii Marcelli auctoribus grammaticis*】），p. 92，转见于 Teuffel，§404[a]，4。

在此世纪中，拉丁学术在非洲的发展远不如在高卢那样兴旺，后一地区可推举奥索尼乌斯 Ausonius 及其派系来作为代表，他们对于拉丁经典有更为直接亲密的体认。奥索尼乌斯的生命（约 310—约 393 年）[1] 几乎是从世纪之初延伸到世纪之末；故而在拉丁文学史上 4 世纪被称为是奥索尼乌斯的世纪。他出生于波尔多 Bordeaux，在那儿他接受了“语法学”教育的初期发蒙，其中包括希腊语的学习，尽管他承认在这门语言上面他是个不成器的学生[2]。他后来跟随图卢兹 Toulouse 的叔伯继续学习（约 320—328 年）；约在 334 年，他成为家乡城市中先是“语法学”，继而是修辞学的专家；然后又过了三十年，他被征聘到特理尔去为年轻的格拉提安 Gratian 讲授“语法学”和修辞学。在他这位学生登基之后（375 年末），奥索尼乌斯得到了不少显赫的职位，在 378 年成为 praefectus Galliarum【高卢行省长官】，次年升至执政官。格拉提安帝死后（383 年）他回到波尔多，饶有精神地从事于多种著述。他现存的著作几乎全部写于这个时期。其大部分诗作之特点，是少见其诗艺的本领，而多显其格律上的才能。波瓦歇 Boissier 先生说得好[3]，奥索尼乌斯是“一个无可救药的蹩脚诗人”，他的诗作常常流于琐碎。然而这些诗作给我们提供了生动的描述，将奥索尼乌斯之时代里的种种个体形象和总体境况展现出来，其中歌颂了他自己的一些亲属，以及他在波尔多的旧日

奥索尼乌斯

222

1 Teuffel，§421；Schanz，§786；年代之确定见于 Peiper 编订本，pp. 90–114。

2 《波尔多受学忆往》*Commemoratio Professorum Burdigalensium*，viii 13–16：
“Obstitit nostrae quia, credo, mentis
Tardior sensus neque disciplinis
Adpulit Graecis puerilis aevi
Noxius error”【我想是受愚钝头脑的妨碍，少年时代的荒唐顽劣使我疏于希腊语的学习】。

3 《异教末世》*La Fin du Paganisme*（1891），i 205 = 175[3]。

业师与同僚，既有专门研究散文的修辞学教授，也有只关注于韵体作品的“语法学教师”，即指文学教授。这些人物中，“亚昆体良” a second Quintilian 因奥索尼乌斯绝妙的回忆录而扬名，据称在演说方面可与德摩斯提尼一较高下[1]；第二号人物，奥索尼乌斯肯定地说，此人（显然是通过其文学作品）增添了尤里安帝的荣誉，也曾为他的同僚、西元 363 年的执政官撒卢斯修 Sallustius 歌功颂德；第三号人物可跻身阿里斯塔库斯和芝诺多图斯之列；第四号人物对于斯考儒斯和普洛布斯的学问烂熟于心；第五号人物不仅熟悉这些语法学家，还饱览李维和希罗多德的著作，读过瓦罗的全部作品[2]。在奥索尼乌斯的诗作里有他送给才入蒙馆的幼孙的箴言，disce libens【乐于向学】；他从维吉尔的诗中引了一段 degeneres animos timor arguit【畏惧令心灵颓丧】，以鼓励孙儿不要害怕其塾师；还劝诫他先去阅读荷马和米南达，以及贺拉斯和维吉尔、泰伦斯和萨鲁斯特[3]。他给当时的一位晚辈作家、著名的叙马库斯写的诗札里，奥索尼乌斯吹捧其人汇合了伊索克拉底、西塞罗和维吉尔三者的优长[4]；同样，他也断言德特剌丢斯 Tetradius 的讽刺诗可与卢基理乌斯之作相匹敌[5]；他请求修辞学家阿克修斯·保卢斯 Axius Paulus “尽舟车之便”，携带其全部的诗作速来加隆河湾 Garonne 静谧的乡野，他打算在复活节游览过波尔多拥挤的市街后就躲避到这里。元旦里，他又寄给这位朋友一封双语混合体的诗札，奇妙地将希腊语和拉丁语糅合在一起[6]；第三封诗札以拉丁文

---

1 《波尔多受学忆往》，1。

2 同上书，2，13，15，20。

3 《田园诗》*Idyllia*，iv 46–63。

4 《诗札》*Epistulae*，ii。

5 《诗札》，xi。

6 《诗札》，viii。

起首而以希腊文终结，其中他告知友人这次前来便将自己的诗作都留在家里吧，因为他会在主翁家看得到各种诗体，更不必说希罗多德、修昔底德诸家的散文体了[1]。最后这函诗札有一个喜气的结尾：“vale; valere si voles me, iam veni”【祝健康，如你也将祝我，即刻实现】。不过，奥索尼乌斯只有一首诗达到特别高的水准，即他的《摩泽尔河》*Mosella*，其迷人之处在于描述了波恩卡斯梯 Berncastel 到特理尔途中摩泽尔河的晶晶水波和藤
蔓披拂的堤岸，此诗约作于西元 370 年岁末。与诗人雁书往还的友人叙 223
马库斯，虽则对于那些波光中游鱼的描绘（其描述之精细，足令居维叶 Cuvier 判断说诗中共列举了 15 种鱼）有所讥嘲，却终究还是把此诗与维吉尔的作品相提并论[2]。我们下面引述（并翻译）四行诗作为范例，以斜体写出的短句特别受到爱德华·菲茨杰拉德 Edward FitzGerald 的推崇[3]，此君受益于考维尔 Cowell 教授，遂不仅初次接触到奥玛开阳 Omar Khâyyam，也第一次知道了奥索尼乌斯：

> Quis color ille vadis, seras cum propulit umbras
> Hesperus, et viridi perfundit monte Mosellam!
> Tota natant crispis iuga motibus, et tremit absens
> Pampinus, et vitreis vindemia turget in undis.（192—195）
> 水中的光色，来自伴随夜影降临的

---

1 《诗札》，ix。

2 叙马库斯：《书简集》*Epistulae*，i 14，ego hoc tuum carmen libris Maronis adiungo【我将你此诗陈于马罗（译按，即维吉尔）之书中】。

3 《书信集》*Letters*（1846），i 205（1894 年版）。原作显然被蒲柏 Pope 在《温莎森林》*Windsor Forest*，211—216 行中效仿。

长庚星，山色被摩泽尔河沐浴一新！
群峦激荡着碧波，驱动藤蔓的倒影
摇曳流动，映得串串葡萄也涨熟了。

其中有纯然匠心独运的片段，乃出于对自然的热爱，使得拉丁文学具有了新的特点，除此之外，这首诗也载有一些愉快的回忆，不仅是对维吉尔，也有贺拉斯、卢坎和斯塔提乌斯[1]；故而（如我们由《集句》*Cento* 中所获知的）此诗远非止于证明作者对维吉尔文本的烂熟于心。作为“语法学”的教师，他必然是很了解拉丁文学的。在作为“语法学家”的伟大先驱里，他提到了埃密琉斯·阿斯珀、泰伦提乌斯·斯高儒斯和普洛布斯这几个人[2]。他甚而将特理尔的一位现已湮没无闻的“语法学家”，与瓦罗、克剌忒斯和亚历山大里亚的语法学家们相比较[3]，在别处他又提到亚城学者们时，提到芝诺多图斯和阿里斯塔库斯的名字，以及他们用于荷马诗章考辨的符号[4]。他声称他的父亲，一位名声显赫的医师，通晓希腊语胜过拉丁语[5]。他自己的铭辞诗多以希腊
224 语写成，也有的（如前所述）是混合了希腊语和拉丁语的，另有些是希腊诗集的拉丁语译作。可以引述下面这段谈论希腊竞技的铭辞作为例证，来说明最后这类作品：

1 见 Peiper 编订本中的说明，pp. 457–466。
2 《序篇》*Praefatiunculae*，i 20。
3 《诗札》，xiii 27–30。
4 《七贤会》*Ludus Septem Sapientum*，i 12。
5 同上书，ii 9。

Quattuor antiquos celebravit Achaïa ludos;
Caelicolum duo sunt et duo festa hominum.
Sacra Iovis Phoebique, Palaemonis Archemorique
Serta quibus pinus, malus, oliva, apium.[1]
【古时有四种著名的希腊赛会:
两种供于天神，另两种归凡人。
分别向宙斯、阿波罗和帕莱蒙、阿耳凯摩儒致敬，
奖品则是松枝冠、苹果、野厄莱亚果和芹叶冠。】

他在拉丁诗人中确是模仿到“更伟大的萨福体”之诗风的，这种风格只有贺拉斯曾近乎乱真地仿作过[2]。他的很多诗作，特别是他的《技艺赛会集》*Technopaegnion* 里的诸篇，都纯以技巧取胜。其中我们看到了一系列以单音节词汇作结尾的诗行，包括这有实用意义的一联，区别了 vas 和 praes：

Quis subit in poenam capitali iudicio? vas.
Quid si lis fuerit nummaria, quis dabitur? praes.
【资本支出的罚金要靠谁？（交）保证金（者）。
若是涉及金钱的案例，则如何交保？契约金。】

---

1 《希腊文苑英华集》，ix 357。【译按，四种奖品的顺序原本是野厄莱亚果、苹果、芹叶冠和松枝冠。】

2 萨福:《残篇》，60；贺拉斯:《歌集》，i 8；以及奥索尼乌斯，同上书，vii，p. 116，Peiper 本，Bissula，nomen tenerae rusticulum puellae【彼苏拉，这名字对此轻柔的少女而言有些粗陋。译按，彼苏拉系作者随征日耳曼时获得的斯瓦比亚女俘】。

而下面他谈论字母表符号的诗行可能是最有意思的：

Cecropiis ignota notis, ferale sonans V.
Pythagorae bivium ramis pateo ambiguis Y.
【刻克罗普斯王未听闻的，音声不吉的V。
毕达哥拉斯之岔路，我摊开双臂正是Y。（译按，刻克罗普斯为雅典建城传说中的第一位国王，V这个字母在古希腊语中是不存在的，故言“未听闻”；其读音近似者，在希腊语中与丧葬所呼声调类似，故言“音声不吉”。所谓“毕达格拉斯之岔路”，说的是毕达哥拉斯著名学说，认为青年成人过程中有善恶路径的不同选择。）】

难以想象得出，能够写这等琐屑诗句（且不提他有关诸君王和名城的诗行了）的人在十多年前（西元378年）竟曾居于执政长官的高位，管理高卢行省事务（其责权范围延伸到西班牙和非洲北岸，以及不列颠南部），并且，在376—380年的四年间，他使得其父亲成为伊里利亚行省Illyricum的名誉执政官，其子婿做到非洲的总督，他的外甥当上了罗马的执政官[1]。似可认为，当奥索尼乌斯重操波尔多的教授旧业时，长官复又变成了“语法学家”，将时间花在那些最无当的琐碎学术上，他还要追述维吉尔的名句来安慰身陷乏味苦差的自己：“in tenui labor, at
225 tenuis non gloria”【借由点滴细微之辛劳，获得不菲的荣耀】[2]。我们或会觉得遗憾的是，奥索尼乌斯似乎不曾用其大好良机来改革西部帝国学校里所通

1 Seeck的《叙马库斯》*Symmachus*导言（见于《日耳曼历史学文库》*Monumenta Germaniae Historica*），p. lxxix以下。

2 《农事诗》，iv 6，《技艺赛会集》的序篇所引与原文有出入。

行的教育体系，从而赋予学术事业一个恒久的运作机制[1]；但我们也许该承认他的声名，可能是他促成格拉提安帝在376年颁布不朽的条令，通过在高卢重要城市确立修辞学和希腊拉丁"语法学"的教师职位，并固定其人薪水金额，以改善公共教师们的社会地位[2]。

奥索尼乌斯图职业之便而做了基督徒，骨子里却显然是个异教分子，其宗教信仰令人处处生疑，然而这在他同时代的青年一辈书信友人保理努斯 Paulinus[3] 和叙马库斯[4]那里，情况则全然不同。保理努斯（353—431年）生于显赫家庭，为奥索尼乌斯的得意弟子，早年即以诗体翻译苏维托尼乌斯著作《君主论》*De Regibus*，显示出他的韵学才能，此译本现在仅存留一个断章[5]。他在30岁前曾担任执政官和某行省的地方长官。改宗皈依基督教（约390年）之举促使他昔日的导师祈祷"卑 保理努斯

---

1 Mullinger 的《查理大帝时代的学校》*Schools of Charles the Great*，pp. 13–16。

2 《狄奥多修法典》*Codex Theodosianus*，xiii 3，11，...frequentissimis in civitatibus...praeceptorum optimi quique erudiendae praesideant iuventuti, rhetores loquimur et grammaticos Atticae Romanaeque doctrinae【在民人稠密之城市……为青年弟子能接受教育，而安排最杰出的教师，即所谓教习希腊和拉丁语言的修辞学家与"语法学家"】（全文见于 Peiper 编订本奥索尼乌斯著作集，p. c）。关于奥索尼乌斯又见 Schenkl 的编订本（收入《日耳曼历史学文库》）；以及 Boissier 的《异教末世》，i 175[3] f，ii 66–78[3]；Roger，《古典文学的教育，自奥索尼乌斯至阿尔昆》（1905），2–18 等处；Dill 的《西部帝国最后一世纪里的罗马社会》*Roman Society in the Last Century of the Western Empire*，pp. 159，402，并见 pp. 167–188，"奥索尼乌斯所处的社会"；以及 T. R. Glover 的《四世纪的生活与文学》*Life and Letters in the Fourth Century*，pp. 102–124。较早时期的研究，最可观者见于《法兰西文学史》*Histoire Littéraire de la France*，i 2（1733），pp. 281–318，Evelyn-White 译本，1919年以后。

3 Hartel 编订本，维也纳，1894—1895；Peiper 的奥索尼乌斯著作集，pp. 266–309；Ebert，《西方中古文学史，止于11世纪初》*Geschichte der Litteratur des Mittelalters im Abendlande bis zum Beginne des XI Jahrhunderts*，i[2] 293–311；Teuffel，§437；Schanz，§876，以及 Boissier，ii 49–103[3]；并参看 Dill，p. 396 以下。

4 Seeck 编订本，收入《日耳曼历史学文库》，Teuffel，§425；Schanz，§816；Boissier，ii 267[3]；Dill，p. 143–166；T. R. Glover，pp. 148–170。

5 奥索尼乌斯:《诗札》，xix（Peiper 本，p. 267）。

欧提亚的诸缪斯”将他的朋友召唤回罗马诗坛[1]；然而保理努斯坚定地回复说，祭献给基督的心灵同阿波罗及缪斯诸神是并不疏远的[2]。他在409
226 年成为诺拉 Nola 的主教，然而即使是他的基督教义诗作里也还残留着早年学习贺拉斯和维吉尔时的记忆痕迹。他对于萨福体诗节和长短句的韵步尤为钟爱，特别是他意译《诗篇》第一章时明显模仿了贺拉斯的第二首长短句诗：

Beatus ille qui procul vitam suam
Ab impiorum segregarit coetibus.
【得赐福者，其人的生活远离了
堕落、乖僻和淫亵。】

保理努斯对异教文学的态度彰显于写给友人约维乌斯 Jovius 的信中，他指责后者在不意重获巨额金钱之后，感念的是命运女神之眷顾，而不明白这是上帝的意旨所致。他痛心疾首地看到友人花功夫去研读色诺芬、柏拉图和德摩斯提尼以及探讨哲学问题，却无暇成为一名基督信徒。他将文学的魅惑比作洛托斯果和塞壬的歌声，能令世人忘记他们真正的家园。然而他也并非欲让友人将哲学搁置一旁，而是调适以信仰和宗教的因素。如同圣奥古斯丁和圣杰罗姆一样，保理努斯在研究异教文学时认识到语言的力量之大，可以摧毁惯以粗蛮武力来加强真理依据之对手的胜局。在信中他常引述维吉尔的诗句，而以散文体所写体认神意的劝诫

---

1 《诗札》，xxv（p. 289），Latiis vatem revocate Camenis。

2 《诗歌集》，x 22，negant Camenis, nec patent Apollini | dicata Christo pectora。

文，论旨也经由一部 166 行的韵文作品得以稳固和加强[1]。

奥勒留·叙马库斯 Q. Aurelius Symmachus[2]（约 345—405 年）在 384— 叙马库斯
385 年时任罗马行政长官，391 年任执政官，乃是旧秩序虔诚的拥护者。怀此精神，他在 384 年写的第三篇 *Relatio*【反驳辞】[3]里，呈给瓦伦廷二世 Valentinian II 一份高贵的申诉，要求将胜利女神圣坛搬回元老院，他深挚感人地为宗教宽容而辩，其理由是“领会伟大神旨的方式多多益善”。 227
其人格之全貌类如西塞罗，而其书札风格则模仿的是小普林尼，后者所立 genus dicendi pingue et floridum【辞令丰华之宗系】，马克罗比乌斯认为是由他同代而稍年长的叙马库斯承继了这“丰奢”的余绪。“然而叙马库斯之‘丰奢硕朋’”（如吉本所言）却是“枝叶飘零，花果竟都不存；由其冗长的尺牍里很难抽绎出来什么情实与心思”。他显然有些束手束脚的样子，怕记述日常琐事时显得枯燥，而这类内容应该是后代人所感兴趣的部分，于是他的书信实则写得更加乏味了[4]；但至文艺复兴时期，这些书信颇得到波利齐亚诺 Politian 和庞彭纽斯·拉图斯 Pomponius Laetus 的推重。作为卓越的学者、政治家及演说家，他素来志在一种正规的古典文风，虽则不免采用了诸如 genialitas【欢娱】和 optimitas【优点】之类

---

1 《书简集》，16；以及《诗歌集》，22。参看《书简集》，5；又见 Boissier，《异教末世》，ii 83–85[3]；J. E. B. Mayor，《拉丁七经》*Latin Heptateuch*，p. liv 注释。

2 Teuffel，§425；Schanz，§816；又见 Norden 在《当代文化》*Die Kultur der Gegenwart*，1 viii 378 以下。

3 Bury 编订的 Gibbon《衰亡史》，iii 192（c. 28）；参看 Boissier 的《异教末世》，ii 274[3]，以及 T. R. Glover 著作中的简述，p. 154 以下。

4 他写给其弟的信（iii 25）中说（显然提及一段没保存下来的附言）：“subieci capita rerum, quia (quae?) complecti litteris *fastidii fuga* nolui”【我不愿将多端事件的头绪都拢于笔下，此是我有意畏避之事】。在别处他常把平日之新闻放入一个 index【索引】或 indiculus【分目】或 breviarium【概要】里，此文献不幸已经失传。

的措辞，和 fungi officium【被充役务】、honoris tui delector【我以荣名娱
足下】这样的句法。不过他信中处处透露出他对以往伟大作家们的精通。
他以“素好文学”[1]者自况，曾将德摩斯提尼的一句话译成拉丁文[2]，并且
反复引述西塞罗、泰伦斯和维吉尔，引述普劳图斯和贺拉斯各一次，引
述瓦勒留·马克西姆斯 Valerius Maximus 两次[3]。他父亲曾说瓦罗是“罗马
人学识的源泉”[4]，并且想当然地以为此儿应通晓瓦罗的隽语诗。西元369
年之后，叙马库斯寄给奥索尼乌斯一份普林尼“自然史”的副本，至少
228 是本节录[5]；396 年，他打算为其显赫的朋友普洛塔丢斯 Protadius 寻找一
部普林尼“日耳曼战史”的副本，还送给他一份恺撒的“高卢战记”，
假如这位朋友不满意李维最后一卷著作里对恺撒的论述[6]。可见在叙马库
斯的时代，李维著作尚能见到全帙。401 年，叙马库斯赠给友人瓦勒理
安努斯 Valerianus 一份完整的抄录本[7]；叙马库斯以及其家人对于李维的兴

---

1 iv 44.

2 《奥林提阿克斯》，3§39，parvis nutrimentis quamquam a morte defendimur, nihil tamen ad robustam valetudinem promovemus（抄本异文作 promovemur）【些微食物或可抵制死亡，却不能获得强健的体魄】。《书简集》，i 23，Seeck 编订本 p. 14。

3 Seeck 的索引。参看 Kroll，《论叙马库斯的希腊语与拉丁语学问》*De Symmachi studiis Graecis et Latinis*（1891）。

4 《书简集》，i 2。

5 《书简集》，i 23，Si te amor habet naturalis historiae, quam Plinius elaboravit, en tibi libellos, quorum mihi praesentanea copia fuit. In quis, ut arbitror, opulentae eruditioni tuae neglegens veritatis librarius displicebit. Sed mihi fraudi non erit emendationis incuria. Malui enim tibi probari mei muneris celeritate, quam alieni operis examine. Vale【若你想读普林尼所详述的自然史，可就此获得，我已及时抄出了副本。各卷中抄者素不求真，博学如君者，读之定觉不快。然而校文失准亦非我应负之责咎。我宁可因馈赠之迅捷而蒙君赞同，殊不能以自家校验他人之劳辛而令君满意也。祝安】。

6 《书简集》，iv 18，p. 104。

7 《书简集》，ix 13，munus totius Liviani operis, quod spopondi, etiam nunc diligentia emendationis moratur【我曾许诺以李维之全书为赠礼，此事目前因校勘之勤勉而延误】。

趣，还可根据前十书各卷里的题签得以印证[1]。其中三卷之后复被具以尼柯马库斯叔侄其中一位的题署，另外三卷上则有另外一位出现[2]，这些文本的校订者与叙马库斯都有姻亲关系。大约与此同时，可能受此影响，罗马的其他贵族也开始对修订拉丁抄本产生了兴趣。在 401 年，托古阿忒斯·根那丟斯 Torquatus Gennadius 修订了马提阿尔的文本[3]，402 年尤里乌斯·特理傅尼安努斯·萨宾努斯 Fl. Julius Tryfonianus Sabinus 在巴塞罗那修订了珀息乌斯的著作[4]，还在图卢兹修订了诺尼乌斯·马尔塞卢斯的著作[5]。叙马库斯也曾活在文学作品里，成为马克罗比乌斯《萨图尔努斯节会饮》*Saturnalia* 中的主要谈话者之一，叙、马两家的交谊延续到第三代子孙，因为我们发现叙马库斯的曾孙在拉文纳编订过马克罗比乌斯“西比阿之梦”的一个注释本，协助他工作的是另外一位马克罗比乌斯，这无疑就是作家的后人了[6]。

---

1 Victorianus v. c. emendabam domnis Symmachis【维克多理安努斯为叙马库斯大人所校订的《建城以来史》】。

2 Nicomachus Dexter v. c. emendavi exemplum parentis mei Clementiani【尼柯马库斯·德克斯特校订《建城以来史》完毕，以吾之父辈（译按，或可解作父亲）克莱芒提安为典范】（卷 iii、iv、v 末尾）；Nicomachus Flavianus v. c. iii praefect. urbis emendavi apud Hennam【三度出任城市行政长官的尼柯马库斯·弗拉维安努斯于恩纳校订《建城以来史》完毕】（卷 vi、vii、viii 末尾）。Teuffel，§256，11；§428，2；Schanz，§806。见下文 250 页所附美第奇家藏抄本的摹写图版。

3 Teuffel，§322，8；以及 Friedländer 编订本，i 69。

4 Teuffel，§302，5.

5 Teuffel，§404[a]，5；参看 Gräfenhan，iv 383 以下。

6 Teuffel，§444，8。有关题签的一般研究，见 Jahn 在《莱比锡皇家萨克逊科学学会会议报告》，1851，pp. 327–372，以及 Haase（1860）与 Reifferscheid（1872）所承担的布雷斯劳研究项目；又见 Spengel 在《语文学家》，xvii 555，Mommsen 和 Studemund 的《李维著作选》*Analecta Liviana*（1873），以及 B. A. Müller，《拉丁题铭辑丛》*Codicum Latinorum Subscriptiones*（公布于 1906 年）。参看 Marx 编订本《致赫伦尼乌斯》*ad Herennium*，p. 1 以下。一部阿普勒乌斯 Apuleius 的抄本曾在 395 年被一个叫克理斯普斯·撒卢斯修 Crispus Salustius 的人于罗马修订，而后在 397 年于君士坦丁堡又修订了一次（Jahn，p. 331）。

229 有些修辞学论著被判定是出自叙马库斯之时代，包括（1）齐理乌斯·佛图纳提安努斯 Chirius Fortunatianus 所写的一部修辞答问手册，该书以昆体良著述为基础，添入了西塞罗书里的一些论例[1]；（2）苏耳庇修·维克多 Sulpicius Victor 的著作，此人更合适做一善讼的法理学家而不是书卷气的修辞学者；（3）尤里乌斯·维克多 Julius Victor 紧跟昆体良风格的著作；（4）尤里乌斯·鲁芬尼安努斯 Julius Rufinianus 为罗马人阿奎剌·罗曼努斯著作所作的增补，在此书中说明修辞格时所举的例句有的来自恩尼乌斯和卢基理乌斯，有的则摘自西塞罗和维吉尔的著作[2]。

修辞家们

维吉尔研究

但是维吉尔非仅为修辞学家所探究的，在 4 世纪过去头四分之一后，他（远远超过了卢克莱修、奥维德、卢坎和贺拉斯）得到了圣教诗人玉万库斯 Juvencus（约 330 年）的模仿，后者在彼特拉克的时代和查理大帝的时代里是极受欢迎的作家[3]。在这个世纪的中叶，维吉尔的诗作既被歪曲地收入一部圣教诗歌集锦里，主使者是普罗芭 Proba，一位罗马地方长官的“绝世佳妻”[4]，复又被奥索尼乌斯歪曲地放在了一部异教诗歌集锦的行将结束之处。维吉尔还是塞尔维乌斯和马克罗比乌斯注释训诂工作的主题（如我们即将见到的）。他也是塾师们所钟爱的诗人，故而像圣杰罗姆和圣奥古斯丁这等教父，都曾为少年时代对之的深深迷恋而忏悔不已[5]。喜爱维吉尔之雅兴，在此世纪末期的高卢展现出了一幅可喜的图景，这来自鲁斯提库斯 Rusiticus（大概是约 430—461 年间纳邦涅 Narbonne 的

---

1 Saintsbury，i 346.

2 Teuffel，§427；Schanz，§§838–842；这些著作文本俱见于 Halm《二流拉丁修辞学家》一书。

3 Ebert，i^2 117.

4 《拉丁碑铭集》，vi 1712。Ebert，i^2 125。

5 Comparetti，《中世纪的维吉尔》*Virgilio nel medio Evo*，i cap. 1–5；Schanz，§247（《维吉尔：古代世界的延续》*Vergil: Fortleben im Altertum*）。

主教）写给欧舍理乌斯 Eucherius 的一封书信，后者则是西元 435—450 年间的里昂主教。写信的人回忆了孩童时期（大约是西元 400 年前后）在一个世俗文学研究者的图书室里所阅读的书籍。他告诉我们，这间图书室装饰着“演说家与诗人的肖像，有的是镶嵌画，有的是彩色的石蜡画，还有一些是石膏像，在每一个肖像之下，东翁都刻有铭文，以标示其人物的特征。但当面对一位具有公认之价值的作家时”（即以维吉尔为例），“他便如此题铭”（加了三行来自维吉尔本人的诗句）： 230

Virgilium vatem melius sua carmina laudant;
‘In freta dum fluvii current, dum montibus umbrae
Lustrabunt convexa, polus dum sidera pascet,
Semper honos nomenque tuum landesque manebunt’.
对维吉尔的颂词用维吉尔的诗行最佳：
“只要川流还入深海，只要云影还笼丘峦，
只要天上晴朗的牧场还生养着繁星点点，
君之荣耀、令名与赞词，都将永世而长存。”[1]

4 世纪中期标志着非洲籍的语法学家和修辞学家的兴起，马理乌斯·维克多理努斯 C. Marius Victorinus[2]，写了一些哲学和修辞学的著作（包括一部对西塞罗《论选材》的冗长注释本[3]），还有一部四卷本韵体论， 维克多理努斯

1 Conington 译本《埃涅阿斯纪》，i 607 以下。参看 Migne，lviii 489；Lanciani 的《古罗马》*Ancient Rome*（1888），p. 196；以及 J. W. Clark 的《书之关护》，p. 43。

2 Teuffel，§408，1；Schanz，§828；Jeep 的《拉丁语法学家的讲辞区分学说之历史》，pp. 82–89。

3 Halm，《二流拉丁修辞学家》，155–304；参看 Saintsbury，i 348。

主要以阿甫托尼乌斯的希腊文著作为框架。他收获了文学上的声望，得以在图拉真广场上立像。有趣的是，对他以拉丁文翻译的某些“柏拉图的”著作进行研究，这在圣奥古斯丁的教义思想发展上起到重要的影响作用[1]，后者记录到，在其暮年，维克多尼努斯改变信仰，皈依了天主教[2]。尤里安的狭隘法令（如上文所言）导致此人在362年辞去了他天主教教师的职务[3]。

多纳图斯 这代人中杰出者还有语法和修辞学者埃琉斯·多纳图斯 Aelius Donatus，他写过一部语法学的书，流传至今的有一长一略两个版本[4]；还
231 写过一部很有价值的泰伦斯注释[5]，在现存的泰伦斯《会注》本里被拿来与其他一二注家的解释合在一起；此外还有一部维吉尔的注释，为塞尔维
嘉理修斯 乌斯所频频征引[6]。另有两位同时代且风格相仿的语法学家，乃是嘉理修
狄奥墨得斯 斯 Charisius 和狄奥墨得斯 Diomedes，前者抄录了尤里乌斯·罗曼努斯[7]、柯米尼安努斯 Cominianus 和帕莱蒙几人著作的大部分篇章，故而能够留存与我们这些早期语法学说；而后者则大篇幅地抄袭了苏维托尼乌斯的佚作

1 《忏悔录》，vii 9。

2 同上，viii 2。

3 同上，viii 5。

4 Jeep，pp. 24–28。此书是塞尔维乌斯等人现存注疏的主题（同前书，28–56），也继而成为整个中古世代所使用的教科书。参看《沙特莱书录》*Registres du Châtelet*，ii 103，‘Il avait aprins jusqu'à son *Donnet* et *Catonnet*’【他一直研读到多纳图斯和加图的著作】（Madame Duclaux，《法兰西的乡野》*Fields of France*，260）。在古法语以及朗兰 Longland 和乔叟 Chaucer，*Donat* 或 *Donet* 是“语法学”的同义词，或者实际上即同于任何类别的“课程”（Warton 的《英诗史》*The History of English Poetry*，sect. viii）。

5 Wessner 编订本，1902。

6 Teuffel，§409；Schanz，§832；Nettleship 在 Conington 编订的《维吉尔》，i^{4} p. c。

7 Froehde 在《古典语文学年刊》，18 增刊（1892），567–672；然而还须参看 Jeep 的论述，转见于 Bursian《年刊》，vol. 113，158 以下。

《诗人列传》*de poëtis*[1]。两人著作中还都保留了很多瓦罗语法学论文的片段[2]。

塞尔维乌斯

4 世纪的后半叶，茅儒斯（或作马理乌斯 Marius）· 塞尔维乌斯 · 霍诺剌图 Maurus Servius Honoratus（约生于 355 年）成为一位著名的维吉尔注疏家，其著作之价值体现在神话、地理和历史的丰富学识上。此书今天也有一长一略两个版本形态。斯卡利杰尔 Scaliger 与瑞贝克 Ribbeck 以为长注本是真本，而奥弗列 · 缪勒 Otfried Müller 和提罗 Thilo 则以为略注本为真[3]。纳特勒史普 Nettleship 则证明塞尔维乌斯和伊息多耳搬用了相同的权威作家，特别是苏维托尼乌斯的著作，并且指出塞尔维乌斯貌似抄自多纳图斯的一些段落可能有一更早的出典，是诺尼乌斯，最终则出自维琉斯 · 弗拉库斯[4]。他的注疏依靠于借用其他文献的程度远不止如此，可能多是二手或三手地转抄自加图、瓦罗、尼基第乌斯和希津努斯等人的著作。这是一个传统学问的庞大宝库。作者展示出非凡的博学，以及在文字表述上所具的某种天资，他还可能过于喜爱标示维吉尔所用的修辞格；但是塞尔维乌斯实际上没有提供什么可以值得称为文学批评的东西。他告诉了我们，《埃涅阿斯纪》第四章抄袭了罗德斯的阿波罗尼乌斯；他 232
在《农事诗》的引言中注明，维吉尔《埃涅阿斯纪》追摹荷马尚存在差距，写《牧歌集》时已堪称提奥克里忒之二世，而至《农事诗》则已经远远超越了赫西俄德[5]。

---

1 Teuffel，§419.

2 Wilmanns，《论瓦罗的语法学著作》，pp. 152–155，172。参看 Bursian《年刊》，vol. 113，157–164。

3 Thilo 与 Hagen 的编订本，1878–1902。

4 《论文集》，i 322–340，以及见于 Conington 编订的《维吉尔》，i^4 pp. ciii–cvii。

5 参看 Suringar，ii 59–92；Thomas，《文集》*Essai*（1880）；Teuffel，§431；以及 Schanz，§§248，835；又见 Saintsbury，i 334–340。

圣杰罗姆

在此同一世纪里，最博学的基督教代表人物乃是希耶罗尼姆 Hieronymus，通常被称为圣杰罗姆 St Jerome（331—420 年），其人之显赫名声，立于对旧、新约诸经孜孜不倦的翻译和解说之上。他年轻时去往罗马，在那里成为多纳图斯的一名弟子[1]。他还在传道书（Ecclesiastes）的注疏[2]里自行记录了他老师解说泰伦斯诗行的话，泰伦斯原诗是 *nullum est iam dictum, quod non dictum sit prius*【今已无可言说矣，尚为往昔所未经说出者】[3]，多纳图斯解说的话已成俗谚：*pereant qui nostra ante nos dixerunt*【可厌者，先于我辈道出我辈所欲言】。杰罗姆也研究希腊哲学诸家著作，辛苦经营[4]，终积累成一书室。他复从罗马去至特理尔，在那里他研究了神学，遂感到自己渴求一种新的生活。随即在阿奎累阿 Aquileia 继续研习了一段时间之后，乘船奔赴东方，在叙利亚病倒了许久，反省往昔种种，颇生悔意，然而在阅读他所钟爱的作家如西塞罗和普劳图斯时能获得些宽慰，尽管他很少在乎（如他所忏悔的）旧约《诗篇》拉丁译文的拙劣浅野。最后他患了热病，梦见自己已死，被拖至全人类审判法庭之前。正当他俯首垂面，躲避影像的光亮之时，闻一威严的声音喝道："汝是何人？"他答道："吾是基督徒。"那声音可畏的回答令他战栗不已："错，汝非基督徒，汝分明是一西塞罗门徒（Ciceronian），因为'珍宝之所藏，亦即

1 《护教书驳鲁菲努斯》*Apologeticum adversus Rufinum*, i 16, puto quod puer legeris... commentarios... in Terentii comoedias *praeceptoris mei* Donati, aeque in Vergilium【我建议你少年时花功夫在一些注疏本上，如我老师多纳图斯对泰伦斯喜剧的评注，以及对维吉尔作品的评注等】;《年代记》*Chronicon* 356–357 A. D., Victorinus rhetor et Donatus *praeceptor meus* Romae insignes habentur【罗马此时的名人，有修辞学者维克多理努斯与我的老师多纳图斯】。

2 i 9【译按，"已有的事，后必再有；已行的事，后必再行；日光之下并无新事"】。

3 《阉宦》*Eunuchus*，序篇，41。

4 《书札集》，22，c. 30，Migne 本，summo studio et labore【极大的热情与劳力】。

是汝心之所归向'【译按,《马太福音》, 6 : 21】。"[1] 从此(在西元 374 年)以后,他弃绝古典书籍,消隐于安条克与幼发拉底河之间的沙漠中,过了 233
五年的隐士生活,不久后他从事于手工劳作,最后还以誊抄手稿为生。他投入于希伯来文的学习,以作为进一步自我规训的手段。返回安条克后,他又去往君士坦丁堡(380 年),师从纳西昂的格雷高利 Gregory of Nazianzus,同时完善了他的希腊语文学识。这番学习中最重要的成果之一,是他翻译的优西庇乌斯 Eusebius 编年史,此书的希腊文原著现今只有些许残篇存留了。两年之后杰罗姆回到罗马,在此地生活了三年,充任教皇达玛苏斯的书记(382—385 年)。这位教皇在战神广场的庞贝剧场附近建立了一座图书馆,收罗拉丁教会的文书档案,这座建筑物被杰罗姆称之为 chartarium ecclesiae Romanae【罗马教会的档案室】[2],有人[3]设想其外接有柱廊,盖仿照的是罗马那些伟大的异教徒图书馆之样式,而此样式又传沿自帕迦马图书馆(上文第 159 页以下)。应教皇之邀请,杰罗姆此时开始修订拉丁文圣经,并及时地译完了福音书与诗篇。385 年,杰罗姆赶往巴勒斯坦,在伯利恒建立了一座修道院(386 年)。如在沙漠中时那样,他在此确立了一种清修生活的模范,主要是致力于书本上的勤勉工作。在伯利恒的狭小陋室中(成为丢勒 Dürer 施展想象力所表现的一个主题[4]),杰罗姆不断在扩充他的藏书。他向僧众们讲授神学,又聚拢一校的男童,传授他们语法和古典各家,尤其是普劳图斯、泰伦斯,还有更为重要的维吉尔。在此他真正合适的身份是一位淹博的

1 《书札集》, 22, c. 30。

2 《护教书驳鲁菲努斯》, iii c. 20(J. W. Clark 的《书之关护》, p. 42)。

3 De Rossi 与 Lanciani(同上书, p. 43)。

4 有关其他艺术家对此题材的处理,参看 J. W. Clark 的《书之关护》, figs. 140, 149, 153。

学者，“西塞罗门徒”与“基督教徒”彼此和解了。他继续在研究希伯来文，将旧约译为拉丁文，写作论著《名人传》*de viris illustribus*（模仿的是苏维托尼乌斯著作），以及其他的种种工作。他的修道院在416年被帕拉纠分子 Pelagians 攻占，他在伯利恒（他在420年殁于斯）的最后岁月因蛮族的侵入而饱受苦难[1]。

234 杰罗姆的《书札集》，时限在370—419年之间，在中世纪与文艺复兴时期是非常流行的书籍。这些书信充满了对他所喜爱的古典作家的引文，尤其是维吉尔的作品。犹大的自裁、魔鬼的奸计、蛮族的入侵、僧众的同仇，及陵墓的阴霾，所有这些蕴藉之句俱从对维吉尔的征引中获得[2]。杰罗姆也引过恩尼乌斯和奈维乌斯、普劳图斯和泰伦斯、西塞罗和萨鲁斯特、贺拉斯和玉万纳尔。恰恰就是在那封他悔恨自己滥用修辞技巧，并为自己偏爱学术知识而忏悔的信函里[3]，他正读得入迷的作家包括了毕达哥拉斯、德谟克利特、克塞诺克拉底、柏拉图、芝诺和克理安忒斯等希腊哲学家，荷马、赫西俄德、西蒙尼德、斯忒西考儒和索福克勒斯等希腊诗人，还有希波克拉底和伊索克拉底，更不消说像监督官加图这样的罗马作家了[4]。他在一封信中[5]为自己频频引述世俗文学而自我开释，在另一封信中[6]表示自己全然了解历代名将们的价值，“其赳赳气概，照耀着罗马人的历史”，再有一封信中[7]，他讨论到翻译的上乘妙法，

---

1 Ebert，i[2] 184–192；Schanz，§§972–999，此书作者将杰罗姆生年定于348年。

2 《书札集》，58，60，Migne 本。

3 《书札集》，52。

4 Boissier，i 327–334[3]；Lübeck，《圣杰罗姆学术渊源考》*Hieronymus quos noverit scriptores et ex quibus hauserit*，1872。他还常引述塞内加和珀息乌斯的著作。

5 《书札集》，70。

6 《书札集》，60，5。

7 《书札集》，57。

盖为自己以意译经的计划作辩护，以为如此则胜于唯拘泥于字句的奴才气。“其人有无畏之决心，定要将圣文真义探究一番，由此成为纯正卓绝、坚忍勤勉的辉煌典范”[1]。在圣教文献中，杰罗姆最著名的成就即是拉丁文的圣经普及本 *Vulgate*。中世纪时期，他相继的三个《诗篇》译本同时存世，激发起了文本考辨的一股风潮，这三个译本分别是：（1）他所修订过的伊塔勒本 *Itala*【译按，北非教会所制造的第一个拉丁语圣经译本】，称为《罗马圣咏集》*Psalterium Romanum*，（2）基于奥利金《六本合参圣经》*Hexapla* 的译本，称为《高卢圣咏集》*Psalterium Gallicanum*，（3）他对希伯来原文的直译本[2]。在普通学术方面，杰罗姆最显赫的著作则是他所翻译和 235
接续的优西庇乌斯编年史正典，其中所增补部分大多出自苏维托尼乌斯的《名人传》，325 年之前的部分则来自其后继者们，属于他个人研究的部分是 325—378 年之间的史事。这些增补部分，可依据 1787 年所发现优西庇乌斯的亚美尼亚译本而得到证实[3]。我们在杰罗姆译作序言中可窥得此时代著书方法上的一点斑痕，他自谓译作是一匆匆讲述给速记书写员而产生的速成品。他自己的《名人传》*de viris illustribus* 最后的结语实译自爱任纽斯 Ireneaus[4]，系一段庄严的恳请辞，要求将来的每一位抄写人员都要比勘[5]他的抄本与所依据的底本，并作校正[6]，还要抄录这篇恳请之

1 Dill 的《西部帝国最后一世纪里的罗马社会》，p. 125。

2 参看 Schanz，§980；以及 Traube 在《德意志文学报》*Deutsche Literaturzeitung*，1904，134 以下；又见《演说及论文集》*Vorlesungen und Abhandlungen*，1911，48 以下。

3 A. Schöne，《优西庇乌斯两卷本编年史》*Eusebi chronicorum libri duo*，1866–1875；A. Schöne，《论优西庇乌斯的世界编年史》*Die Weltchronik des Eusebius*，1900。——参看 Teuffel，§434，9；Schanz，§977；以及 Ebert，i 207–210；又见下文第 349 页注释 1。

4 参看优西庇乌斯：《教会史》*Historia Ecclesiastica*，v 20。

5 ἀντιβάλῃς【你应比勘】一词是爱任纽斯的用法；参看斯特拉波，609。

6 核对（较低层之义）；参看《书札集》，52；苏维托尼乌斯，《多密善帝传》，20；叙马库斯，i 18。

辞。一个类似格式的文字，被称为 obtestatio Eusebii【优西庇乌斯的恳请辞】，在某个杰罗姆译圣典的抄本开篇里也出现过[1]。

圣奥古斯丁

在此讨论到圣奥古斯丁 St Augustine（354—430 年），必是要非常简略的，而且只选择了和本书的主题相关的内容。关于他生平的事迹，我们可以在其非凡的著作《忏悔录》中了解到。他在该书中说，他少年时一旦掌握了其中的学习门径，即喜爱上了拉丁语文；然而他却痛恨希腊文，尽管他找不出充足的理由来解释[2]。他承认，并且为之而忏悔的，是早年对维吉尔的喜爱，特别悲叹曾为狄多 Dido 之死所掬之泪水，他还带着悔过之心，回忆起沉浸在"木马"、特洛伊焚城以及柯柔萨 Creusa 魂灵等故
236 事中的少年欢愉时光[3]。他憎恶荷马，显然是因为其语言（不同他的拉丁母语）令他觉得生疏[4]。19 岁时，西塞罗的《霍滕修斯篇》在他心中首次产生了一种庄严印象[5]，强烈地感召起研究哲学的向学之心，这些研究成果今已遗失，唯有些许片段留存。20 岁时，奥古斯丁自学了亚里士多德的《范畴篇》[6]，以及有关"文科诸艺"的一系列著作[7]。在383年，他离开

1 Jahn，《莱比锡皇家萨克逊科学学会会议报告》，1851，p. 367。

2 《忏悔录》，i 13，20，Qui autem erat causae cur Graecas litteras oderam, quibus puerulus imbuebar, ne nunc quidem satis exploratum est. Adamaveram enim Latinas, non quas primi magistri, sed quas docent qui grammatici vocantur【我至今未能解释，为何我不喜欢少年时代即在学习的希腊文学。拉丁语文则是我非常喜爱的，并不是蒙师教的，而是那些被称为语法师的人们教的】。

3 《忏悔录》，i §§20–22。

4 同上书，23，Cur ergo Graecam grammaticam oderam talia cantantem? Nam et Homerus peritus texere tales fabelles, et dulcissime vanus est, et mihi tamen amarus erat puero etc【为何我不喜欢有故事可听的希腊语法课呢？因为荷马只是擅长编造些类似的故事，且无比浮华空洞，他可一点儿得不到我这等少年人的赞许】。

5 《忏悔录》，iii 4，7；viii 7，17。

6 同上书，iv 16，28。

7 同上书，iv 16，30。

了迦太基去往罗马，半年之后，受时任罗马长官的叙马库斯的推荐，被聘为米兰的修辞学教师。他在那儿与安布罗斯 Ambrose 结为好友。我们看到，31 岁的奥古斯丁，在寻求真理的途中研究了某部“柏拉图”著作，是由维克多理努斯翻译的拉丁文本[1]。翌年秋，他辞去教职，与其母、其子以及几位友人一起，隐居在米兰近郊的一座农舍中（Cassiacum），在那儿他为自己准备了洗礼，并于 387 年复活节时施洗。他这段退隐期的时光，部分花费在对维吉尔的研究和对“文科诸艺”的总体探察上，他还开始写作一部文学作品，后来回到米兰还在继续写。不过，我们在这里只需关心那部人文艺术的百科全书就好，他在当时写此书时，开始模仿的是瓦罗的《教育九书》。此书有意探究一下所有的艺术科目，即语法、逻辑、修辞、音乐、几何、算术和哲学（这最后一种取代了天文学的地位）；但是当时仅有语法学部分完成了，而论音乐的部分内容和余下各科的导言都是在后来才写完的[2]。传世的部分，包括了有关音乐的对话录、语法学著作的摘要，以及修辞、逻辑的一部分导言，然而后面这两个残篇的著作权归属还存有争议。修辞部分的著作[3]，是以西塞罗的老师、罗德斯的赫尔玛高剌斯，还有西塞罗本人的成果为基础的；这些文字仅存于佛图纳提安努斯的著作抄本中[4]；而他的逻辑著作（《论理学初阶》*Principia Dialecticae*），其中提及奥古斯丁是该书作者，乃是我们研究斯

---

1 《忏悔录》，vii 9，13；vii 2，3（上文，第 230 页）。

2 《订谬篇》，i c. 6。

3 Halm，《二流拉丁修辞学家》，137–151。

4 上文第 229 页。

237 多葛派语法学的权威文献[1]。388年，奥古斯丁重返非洲，在那儿他于391年成为希波的长老，396年升为主教，在此职位上直至430年去世。在普及的文学作品中，奥古斯丁因为所写的《忏悔录》(乃是彼特拉克及其时代以降很多人所钟爱的一部书）和《上帝之城》而得以流传，后一著作完成于西元426年。《上帝之城》中，奥古斯丁大量地征引了瓦罗的《古史记》(特别有关罗马神祇的内容[2]）和西塞罗的《共和国篇》。如此则为我们保留了这两部重要著作中极多的内容[3]。

马克罗比乌斯

4、5世纪之交的时代属于马克罗比乌斯 Macrobius，他著述存世的有一部西塞罗《西比阿的梦》(见于《共和国篇》的第6卷）义疏，以及一部7卷的杂著，题名《萨图尔努斯节会饮》。后者以对话形式写成，论及早期罗马文学与宗教的诸多话题。对话的场景发生在鲁修斯·阿忒乌斯·普莱特克斯特的府邸，此位东家是占卜和祭法方面的专家，卒于384年。就政治家、学者、古物家、哲学家和秘仪专家等身份来说，他在当时的罗马异教世界里都是名声最显赫的人物之一。他翻译了亚里士多德的《分析篇》*Analytics*，并在余暇中校理古典名著的文本[4]。他最负声

---

1 上文第148页。此书所依据的著作，要么是来自瓦罗《教育九书》的相关部分，要么是来自《论拉丁语》的第一卷（Wilmanns，《论瓦罗的语法学著作》，pp. 16–19）；而无论如何，瓦罗自家的权威依据可能是来自斯多葛派影响下的一部语法学著作，可能是菲洛克塞努斯 Philoxenus 之手，此人很可能是瓦罗同时代的人（Reitzenstein，《瓦罗与欧凯塔的约翰·茅罗普斯，语言学史的个案研究》，p. 87）。

2 Francken 的《瓦罗著作残篇》*Fragmenta Varronis*（1836）。参看 S. Angus（普林斯顿，1906）。

3 Teuffel，§440，7和10；Ebert，i^{2} 212–251。关于圣奥古斯丁对文学的看法，参阅 Saintsbury，i 378以下；有关他《忏悔录》的讨论，见 Harnack，《演说及文章集》*Reden und Aufsätze*，卷i（1904），49以下；T. R. Glover 的《四世纪的生活与文学》，194–213。S. Angus，《〈上帝之城〉文献渊源》*Sources of De Civitate Dei*，i–x，pp. 279，普林斯顿，1906。

4 "meliora reddis quam legendo sumpseras"【你还原藏本的面目，足称良善】（Bücheler 的《拉丁文苑英华集》，no. III，l. 12）。

誉之举，在于367年时修复了十二神柱廊Porticus Deorum Consentium，今天仍见于卡庇托山道之畔。我们从他与妻子二人互相赠答的有趣碑铭中索得其人的事迹形象：他们各自虔信当时不同宗教仪式的情景殊为可喜[1]。
【译按，以上均是对于普莱特克斯特的述评。】参与对话的人还有学者和政治家 238
叙马库斯[2]，以及塞尔维乌斯，他在此以维吉尔的谦卑门徒身份登场，在谈及这位诗人的一长段讨论中扮演了重要的角色。《萨图尔努斯节会饮》的作者有时被当成另一位马克罗比乌斯，其人做过praefectus praetorio Hispaniarum【西班牙军政长官】（399年），非洲总督（410年），西元422年成为vir illustris【显赫人物】和praepositus sacri cubiculi【配享圣堂者。译按，前者属于称号，后者则是一种待遇】[3]。这些日期中，399年曾有明令禁止在西班牙和高卢倾毁庙堂里的艺术宝藏，故而当时的执政长官很可能是一位异教徒。但是422年获得职名者必是一位基督徒；而在萨图尔努斯节会话发生之日（约380年），马克罗比乌斯推崇的是叙马库斯与该异教团体的其他人物，他是一位虔敬的多神教信徒，其观点带有强烈的新柏拉图主义倾向。如此，除非我们假想出一段彻底的改宗行为，或是在《萨图尔努斯节会饮》成书之后多年接受了一个徒有名义的基督头衔，否则，这里所提出的身份指证是难以信服的。事实是，现存马克罗比乌斯的著作里从未提及任何与基督教有关联的人与物。他不是罗马本地人，可能生于非洲或（更可能是）希腊。无论如何，他有一个希腊人名，他对于希腊文学的一些隐奥内容也有些见解，并且他写过语法论文，谈的

1 《拉丁碑铭集》，vi 1778–1779（Bücheler，如前引）。参看Dill的《西部帝国最后一世纪里的罗马社会》，pp. 17，18，77，154以下；以及Glover，pp. 162–164。

2 上文第226页。

3 Teuffel，§444，1及7。

就是拉丁语和希腊语的动词之间的差别[1]。

《萨图尔努斯节会饮》用很大的篇幅在谈论神话学和语法学问题，其中涉及词源学（自然还是一种前系统学科的状态），然而讨论突然转向，集中在维吉尔的多元而全面的价值上。这场讨论始于第一卷末尾一个有兴味的段落，又在一段间隔后继续出现在第三、四卷。第一卷显示出维吉尔对于宗教仪式的精准认知，接下来的部分证明了他对修辞资源的掌握，卷五则把维吉尔与荷马做比较，并拿品达和他对埃特纳的描述
239 作了一番平行对比（如葛琉斯著作中那样），而第六卷详述了维吉尔所受早期拉丁诗人们的恩惠影响，最后由扮演塞尔维乌斯的角色提出一长段的措辞品鉴作结[2]。第七卷，多受益于普鲁塔克的《饮宴杂议》*Convivial Questions*，（除了些别的问题外）涉及对罗马历法的冗长讨论。

作者不声不响地从塞内加作品里摘了一段文字[3]，更频繁地抄袭葛琉斯和苏维托尼乌斯以及某些古代维吉尔注家，此外还征引了普鲁塔克和阿忒纳奥斯，并添加了一份狄都慕斯著作的摘要。也多处参考了西塞罗，不过只有两处涉及卡图卢斯和贺拉斯，一处珀尔息斯，三处玉万纳尔，还有诸多二流语法学家的著作，其主要兴趣则在维吉尔及其前辈。不过，“感召其人者，乃维吉尔之学问，而非维吉尔之诗章，固言维吉尔运用古物与文学知识甚为得体云云非虚，然以此为维吉尔主要成就者则大谬”[4]。尽管《萨图尔努斯节会饮》对维吉尔诗歌评价有此误解，但

---

1 Teuffel，9；Glover，pp. 171–172。伊拉斯谟，《拟西塞罗篇》*Ciceronianus*，p. 148（p. 65，1621 年本），将马克罗比乌斯看作一位 Graeculus【希腊佬】。有关希腊动词的论文有爱尔兰人约翰 Joannes Scotus 所作的摘要（Tillemont，《帝王本事》*Histoire des Empereurs*，v 664）。

2 vi 6–9。参看 Saintsbury，i 329–334，以及 Glover，173–185。

3 《书简集》，47§5，见于《萨图尔努斯节会饮》，i 11，13。

4 Glover，p. 181.

仍是理所当然地被现代维吉尔作品编订者们广泛称引[1]。在对话中的时代里，塞尔维乌斯尚是一青年，他对维吉尔的注疏还没问世，但可能在此书写成之前已完成[2]。《萨图尔努斯节会饮》和塞尔维乌斯注疏之间有些雷同之处[3]，故而可提出疑问谓是马克罗比乌斯抄袭了塞尔维乌斯，还是今传塞尔维乌斯的注疏本里窜入了马克罗比乌斯著作的内容呢[4]？从一种现代趣味的角度出发，我们会记得约翰逊博士 19 岁时作为新生初到牛津的那个夜晚，默默不语地坐在父亲和导师的面前，但是，在他们谈话的期 240
间，“蓦地插嘴，引述的是马克罗比乌斯”[5]。我们无法分辨，他引的是一段社会生活的行为规则，抑或是一桩得体的轶闻，再不就是一处对当场提及的维吉尔诗句的批评之言，但是我们可确知一点，在那个场合下，将马克罗比乌斯赠给未来的维吉尔注疏家的那句话用来称述这位未来的莎士比亚注疏家，是最好不过的了，《萨图尔努斯节会饮》中如此形容他们：iuxta doctrina mirabilis et amabilis verecundia【立时其渊博学识受人推

---

1 参看 Nettleship 在 Conington 的《维吉尔》中对于维吉尔及其古代考辨批评家们的论述，见该书，i[4] pp. xxix–lvi。

2 其人口授学说唯见马克罗比乌斯提起过：见 i 2，15，Servius inter grammaticos doctorem recens professus【塞尔维乌斯兼有语法学教师和新近的公共修辞教师二业】；vi 6，1，nunc dicat volo Servius quae in Vergilio notaverit... ；*Cotidie enim Romanae indoli enarrando eundem vatem* necesse est habeat huius adnotationis scientiam promptiorem【现在我打算由塞尔维乌斯来告诉大家他在维吉尔著作中有何收获……他每日都为罗马人讲述同一位诗人，故而对于所见必有洞彻之认识】。

3 《萨图尔努斯节会饮》，iii 10–12，以及塞尔维乌斯《埃涅阿斯纪》注疏，iii 21，iv 57，viii 279，285；又见《萨图尔努斯节会饮》，i 15，10 和 17，14，以及塞尔维乌斯《埃涅阿斯纪》注疏，viii 654，和 i 8。

4 看来更可能的解释是“马克罗比乌斯和塞尔维乌斯两人俱抄袭了更老的注疏和批评文本”，比如卡尔维理乌斯·皮克多的《反埃涅阿斯纪》，赫伦尼乌斯 Herennius 的《纠谬篇》*vitia*，培勒琉斯·法奥斯图斯的《窃文辑》*furta*，以及阿斯柯尼乌斯的《反驳对维吉尔的诋毁》（Nettleship，在 Conington 本维吉尔著作集，i[4] li–liii）

5 Boswell（1728 年 10 月 31 日），i 32，Napier 版。

崇，其谦和品德令人爱戴】[1]。

《西比阿的梦》注疏文字长于白文数倍，竟而有幸得于保存下来。其中有甚多脱离了原书题旨的讨论，涉及新柏拉图主义、神话和天文学，还包括了“天球之音乐”[2]。此书如《萨图尔努斯节会饮》一样，作者自认不算原创，而是受惠于普洛提诺等人[3]。其主要目的在于支持柏拉图和西塞罗，认同死后之生命的存在，随即他从垂挂于天地间的荷马的“金锁链”【译按，或称作 Hermetic Chain，中古炼金术以为，万物由神至最低生命体之间皆有联系，如同一无形的锁链。荷马原文见于《伊利亚特》，viii 19 以下】上发现一系列联系，可接连不断地从崇高之上帝一直降至造物的最低阶层。我们在此不再去关注注疏里的其余内容了[4]。然而或可补充说明的是，这篇注疏之文在中世纪受到很大的推崇。马克罗比乌斯被阿贝拉尔称作是“绝非庸辈的哲学家”，圣托马斯·阿奎那引其疏文，以作为新柏拉图主义的权威学说[5]。洛理的纪尧姆 Guillaume de Lorris 在援用《西比阿的梦》作为《玫瑰传奇》*Roman de la Rose* 第一部分之框架时，也曾提到过马克罗比乌斯[6]。而乔叟对他也很熟悉[7]。

241 在北非，汪达尔人之烽燹燃及这里之前，马提安·卡帕刺 Martianus

---

1 i 2，15.

2 ii 3，7，11.

3 他征用了波弗利《论蒂迈欧篇》若干内容（Linke，《纪念马丁·赫尔兹语文学论文集》*Philologische Abhandlungen für Martin Hertz*）。

4 有关精彩的分析，见于 Dill，106–112，以及 Glover，186–193。

5 Petit，《论马克罗比乌斯的西塞罗义疏》*De Macrobio Ciceronis Interprete*（1866），c. ix 以及 pp. 72，79（Glover，p. 187 注释 1）。

6 Gaston Paris，《中古法国文学》*La Littérature française au Moyen-Age*，§111。

7 《禽类议会》*Parlement of Foules*，l. 19 以下；参看 E. P. Anderson 在《美国语文学学会学刊》，xxxiii（1902），xcviii。

Capella 著作了（约 410—427 年）[1] 一部自由七艺的百科全书，盖全以寓言形式写成，描述的是墨丘利和斐萝萝嘉 Philologia 的婚礼，自由七艺化身为七位伴娘。这部著作主要以瓦罗的《教育九书》为根基框架，修辞学卷（v）则主要取自阿奎剌·罗曼努斯著作，有关几何学和地理学一卷（vi），取自索理努斯和普林尼，音乐科学一卷（ix）则出于阿理斯泰德·昆提良努斯 Aristides Quintilianus。如瓦罗《梅涅普斯体杂咏》*Satura Menippea* 所言，散文通常别于韵文，韵文纵然“音步谬讹”者，就可读性来说仍胜过散文，而散文于两种极端方式间摇摆，时或平淡乏味，时或绚丽夸饰。此寓言故事前二卷为引人进入情节的部分。墨丘利发愿求一妻子，遂请教于阿波罗，日神极度称荐了名为斐萝萝嘉的一位 doctissima virgo【睿智无比的少女】。新娘被引领至神界，在她不情愿地被迫发誓弃绝了自己全部的学识之后，伴随着缪斯们的歌声死去而升入天堂。接下来的七卷书描述了七位伴婚少女的容貌和品质，分别是语法、逻辑、修辞、几何、算术、天文学和音乐。次序与瓦罗书中相同，卷数亦同，唯一分别在于瓦罗另有两卷论医学和建筑，而马提安·卡帕剌忽略了这两科，并用开头两卷来介绍他的寓言故事。第二卷的天庭议会中，描述荷马、维吉尔和奥尔甫斯拨奏起鲁特琴，而阿基米德和柏拉图转弄着黄金的球仪，泰勒斯站立于水雾中，赫拉克利特被火烧得通红，德谟克利特被一团原子缠绕着，毕达哥拉斯在一些神圣数字的迷宫中小心行走，亚里士多德置身于对“隐德来希”【译按，Entelecheia 系亚里士多德自造之神秘的哲学概念，或译作“实践”“内在目的性”等】的永恒探求之中，而

马提安·卡帕剌

1 “Roma quam diu viguit”【彼时尚存盛景之罗马】（vi 637）隐示其时晚于阿拉理克王洗劫罗马之 410 年；“Carthago nunc felicitate reverenda”【迦太基正是洪祚尊贵之邦】（vi 669）则早于汪达尔侵入非洲之 429 年。

伊壁鸠鲁则佩饰着玫瑰和紫罗兰花[1]。修辞学卷的范例主要采于西塞罗书
242 中，也有泰伦斯和维吉尔的诗句，还有少数是出自恩尼乌斯和萨鲁斯特。不过作者加入些他自己奇思妙想的点子，比如修辞少女敬奉斐萝萝嘉的亲吻之声响彻全场，nihil enim silens, ac si cuperet, faciebat【纵使有心静默，而终不能无声也】[2]。综合各艺，尤其是语法学卷里，俱被许可去讨论纯粹绝对的教科书本，这部著作的戏剧化形式总的来说常失败在细节上的枯燥乏味。

此书著作时间[3]可能略晚于圣奥古斯丁于387年写成的《论文科教育》*disciplinarum libri*。中世纪早期的学校将此书作为首选，通常也是唯一的课本，故而对于教育和文学品味来说影响甚巨。基督教中的修辞学家，塞库儒斯·墨姆尔·费理克斯 Securus Memor Felix，是罗马城里的修辞教师（其人在527年参与马沃尔提乌斯的贺拉斯版本校理），在他的学生，语法学家德忒理乌斯 Deuterius 的帮助下，修订了该书的文本，时间是498年，或更可能是在535年[4]。在弗耳根修斯 Fulgentius（约480—550年）的《古贤论道义说》*Expositio Sermonum Antiquorum* 中曾经一度引述卡帕剌著作，此人还在其《神话全书》*Mythologicon* 中模仿该书体例[5]。都尔的格

1 ii 212（Dill，p. 415）.

2 Liber v，接近篇末。

3 H. Parker 曾论及，“自由七艺”，《英伦史学评论》*English Historial Review*，1890，pp. 417-461。Parker 先生尽管不失公正地反对将此书著作下限年代定于470年，但有关该书 vi 657 处提到的“Byzantium”一字又思虑过多，遂将时间上限认作早于330年。

4 Jahn，《莱比锡皇家萨克逊科学学会会议报告》，1851，p. 351。Denk，p. 209，称德忒理乌斯是比萨人。德忒理乌斯可能在米兰教过书（见恩诺丢斯著作注疏，lxiii 279，Migne 本）。有关马提安·卡帕剌一种抄本上的题签，其中 ARV 被写作 R，Wiltheim（参看 Roger，99）以为费理克斯是克勒蒙 Clermont 人，持同样观点的有 Tillemont，《帝王本事》，v 665，以及 Denk，前揭；然《法兰西文学史》，iii 173 里，认为其生地尚未可知。

5 弗耳根修斯更为世人所熟知的是他写过一部《埃涅阿斯纪》的寓意阐释（Teuffel，§480）。

雷高利（卒于 595 年）曾提到这部书[1]，索利兹伯瑞的约翰 John of Salisbury
（卒于 1180 年）也频频征引，此书存有很多抄本，有一部 8 世纪的剑
桥本，其他抄本在 10 世纪初始和终了之时，分别曾一度属于班贝格 243
Bamberg 和莱歇瑙 Reichenau 的修道院[2]。后七卷（如近人所评述）“确有教益，又枯槁如中古塾师之荆条。前二卷的寓言迂腐得有趣，全书混杂了奇思妙想和学究冬烘气，故贴近于异教徒学术的末世之象，其时旧学统被打乱，不断以奇怪的方式重新组合起来，随即再被打乱。这个过程生产出了下一代人的 pabulum【精神食粮】”[3]。但是这部书对于中古诗歌和艺术的影响必然是不可被遗忘的。在 12 世纪里尔的阿兰 Alanus ab Insulis 的《反克劳狄安篇》*Anticlaudianus* 中[4]，在兰茨堡的赫剌德 Herrad of Landsberg 的《欢乐园》*Hortus Deliciarum* 中，在 13 世纪对自由七艺的精细描摹中[5]，以及在阿塔旺忒 Attavante 为匈牙利君主马梯厄·柯维努斯 Matthias Corvinus 绘制（约 1460 年）的威尼斯圣马可图书室卡帕剌藏本插图中，都能找得

1 《法兰克人史》, x 卷末 , si te... Martianus noster septem disciplinis erudiit【若是我们的马提安教授了你七门科艺……】。爱尔兰人约翰（约卒于 875 年）、亚历山大·纳坎 Alexander Neckam，以及奥塞尔的勒密吉乌斯 Remigius of Auxerre 都曾有阐述，1149 年，维利博德 Wilibald（Jaffé，《考比耶史料集》*Monumenta Corbeiensia*，i 275–279）。在查理大帝治下的奥尔良主教忒奥都弗斯 Theodulphus 的一首诗中亦复出现过该书，这首诗题名为 *De septem liberalibus artibus in quadam pictura depictis*【《自由七艺图赞》】，Migne 本，cv 333，又见《日耳曼历史学文库》，拉丁诗歌部分，i 544。

2 Teuffel，§452；Ebert，i 482–485。参看 Mullinger 的《剑桥大学史》*History of the University of Cambridge*，i 23–26，100；Saintsbury，i 349–354，以及 Dill，412 以下。

3 H. O. Taylor，《中世纪的古典遗产》*The Classical Heritage of the Middle Ages*（1901），p. 51。

4 Migne，ccx.

5 Mâle，《十三世纪宗教艺术》*l'art religieux du xiiie siècle*，pp. 102–121（1898）。最早对自由七艺进行精细描摹的，当发轫于沙特尔（西元 1145 年）和拉翁之大教堂的正面临街墙壁（Viollet le Duc，《法兰西建筑分析词典》*Dictionnaire raisonné de l'architecture française*，“人文学科” Arts Libéraux 词条）。

到这影响的痕迹。

索理努斯、维哲修斯等人的校订

450年，忒奥多修二世驾崩，这位东方帝国的君主曾屈尊做过抄写员，其书法素有誉声。即便是在他主持竞技赛会的时候，他也要花些功夫来做些漂亮的书法字样。有关他誊写索理努斯 Solinus 一部抄本的记录，今天还保存在该副本的题签中，曰：opera et studio（或作 studio et diligentia）Theodosii invictissimi principis【属于至尊无上之忒奥多修的工作和努力（或作勤勉劳作）】。同年，一个名叫欧特罗庇乌斯的人在君士坦丁堡校订了维哲修斯 Vegetius 的一部著作，而在此后的半个世纪里，有人校订了庞彭纽斯·梅拉 Pomponius Mela 的著作以及卢斯替鸠·赫庇丢·多姆努鲁 Rusticius Helpidius Domnulus 在拉文纳所编写的瓦勒留·马克西姆斯的缩
244 略本，校订者要么是恩诺丢斯 Ennodius 和卡息奥多儒 Cassiodorus，要么就是我们接下来要关注的阿波利纳理斯·西多尼乌斯[1]。

阿波利纳理斯·西多尼乌斯

5世纪之后半叶，高卢学林最负雅望者乃是盖乌斯·索琉斯·阿波利纳理斯·西多尼乌斯 Gaius Sollius Apollinaris Sidonius（约431—约482至484年）。此人生于里昂，在那里他学习了诗歌、修辞学和哲学。他的父亲和祖父俱是基督教徒，在国中官位显赫。他的妻丈，阿维图斯 Avitus，在455年登基为罗马皇帝，因而能在图拉真图书馆的名宿人像群中为西多尼乌斯开列一个位置[2]。同样，在对他的赞颂表示认可后，马乔理安 Majorian 帝以一尊桂冠半身像嘉奖给他（461年），而安忒米乌斯 Anthemius 赠予了他第二尊立像（467年），并任命他为罗马的行政长官。从大约472年到他去世的484年前后，他一直是奥弗纳城 urbs Auverna 的

1 Jahn 在《莱比锡皇家萨克逊科学学会会议报告》，1851，342–347。

2 《诗集》，vii。

主教，此地今天名作克勒蒙—菲朗 Clermont Ferrand。当他被全无异议地选为主教时，不过还只是一位教外的显贵。在尤理可 Euric 带领西哥特人入侵所招致的艰难乱世里，奥弗纳在 475 年被吞并，主教也身陷囹圄，西多尼乌斯在此时期履行其职责的方式堪称典范。而当他于自己的大教堂中度过弥留之际，为数众多的男女妇孺一同哀悼及呼告：cur nos deseris, pastor bone, vel cui nos quasi orphanos derelinquis?【为何抛却我们，你这良善的牧人（译按，此处特指基督），你要将我们这些被抛弃的孤儿交与何人呢？】[1]

他的诗歌和书信得以留存下来了。其诗体包括六步格、诉歌体和当时最为流行的十一音节体。最后这类诗体有一部作品[2]显示出对于古典文学广泛而又可能有些肤浅的稔熟。在他六音步的诗作中，神话因素占有主要地位。为了成为一名主教，他曾表示要放弃写诗[3]，但却并非从此生疏于这种娱心的方式。他诗歌主要模仿的是维吉尔和贺拉斯、斯塔提乌斯和克劳狄安[4]，而他自己也被中世纪的博学诗人模仿，但是至于文艺复兴之初旦，彼特拉克则认为他是一个难以效尤的诗人[5]。他的书信以小普林尼为典范，在这方面与叙马库斯的书信作品很类似，但就敷陈着色的生动 245
和兴味的变化而言则又远胜之。如普林尼一样，这些书信中勤于摹写乡野诸庭院之景[6]。尤为重要的是，它们提供了许多高卢社会形态与学术状况的细致描绘，也具体而微地呈现出作家本人的文学品味，后者在其诗

1　都尔的格雷高利:《法兰克人史》，ii 23。

2　《诗集》，ix。

3　《书信集》，ix 12，2；16，3，ll. 45–64。

4　参看 Geisler，《西多尼乌斯仿前人诗作辑录》*Loci similes auctorum Sidonio anteriorum*，见于 Luetjohann 编订本，pp. 351 以下，384–416。

5　《私人书简集》*Epistulae Familiares*，“序篇”，p. 21（1859），“illius stili obice”【他那含混的风格】。

6　《书信集》，ii 2 与 9。

作中也有所展示。他好引维吉尔和贺拉斯、西塞罗和塔西佗，还是萨鲁斯特的崇拜者[1]，他训蒙其子阅读米南达和泰伦斯[2]，年轻时他曾研读过亚里士多德的《范畴篇》[3]，他还有位朋友致力于柏拉图的研究[4]，但他本人提及篇名的对话录只有一部《斐多篇》，且是阿普勒乌斯的拉丁译本[5]。他说起在尼姆 Nîmes 城附近一位显贵朋友的图书馆，其中拉丁著作包括了瓦罗和贺拉斯，以及奥古斯丁和普卢顿休斯的作品，还有一部奥利金的拉丁译本[6]。他说他的朋友，波尔多的兰普理丢斯 Lampridius of Bordeaux（此人由于某个特殊原因而受到他的逢迎），曾以同样流利的希腊语和拉丁语进行演说[7]；另一位朋友纳波那的康森修斯 Consentius，写希腊文的诗歌同拉丁文诗歌一样出色[8]，而其父大康森修斯，被他不免谄媚地比拟为荷马和希罗多德[9]，媲美于索福克勒斯、欧里庇得斯和米南达，以及从普劳图斯到马提阿尔的一系列拉丁作家[10]。当他听闻一名路过本镇的僧侣带着一份法奥斯图斯 Faustus（普罗旺斯地区里兹 Riez 半帕拉纠派的主教 Semi-pelagian bishop）本人的神秘手稿，将去往法奥斯图斯的故土不列颠，遂迅速追赶上那人，抱着事不成不罢休的态度将那部手稿口述给书记员写成

1 《诗集》，ii 190，xxiii 152。

2 《书信集》，iv 12。

3 iv 1.

4 iv 11.

5 ii 9；《诗集》，ii 178。

6 ii 9，4。他还提及其他的图书馆，见于 viii 4 以及 11§2，《诗集》，xxiv 92，以及《书信集》，v 15 的一位 bybliopola【书贩】。

7 ix 13.

8 ix 15，l. 21.

9 《诗集》，xxiii 134，primos vix poterant locos tueri | torrens Herodotus, tonans Homerus【纵是希罗多德之激流、荷马之奔雷，亦难保持这第一名的席位了】。

10 《诗集》，xxiii。

一部副本[1]。法奥斯图斯曾著文提倡灵魂有其物质性，遭到马墨图·克劳狄安努斯的反驳，后者的驳论中翻译了柏拉图对话录的很多篇幅，还参考了泰勒斯、毕达哥拉斯、芝诺、伊壁鸠鲁、波弗利等哲学家的论述[2]。此人将这部驳论题献给西多尼乌斯，因其在答谢他人赞美时用尽文学典 246
故中的词汇，却在友人争执时从不执于一端[3]。西多尼乌斯还为我们留存了“回环体”诗歌中一句耳熟能详的范例，即 Roma tibi subito motibus ibit amor【罗马，因有你才顿然生出炽烈之爱】[4]。他曾将瓦罗“拟对话体”【译按，原文 logistoric 出自拉丁语 logistoricus，系指一种混合了哲学对话录和异想故事的文体，瓦罗原作已佚】的著作和优西庇乌斯的编年史送给某位朋友[5]。他慨叹世人大多不尊重文学，pauci studia nunc honorant【如今敬学之人寡矣】[6]；但是又为发现某友人之崇高心中保有一份“现已逐渐灭绝”了的文学精神而感到欣喜[7]。他感伤于蛮族语言侵犯到拉丁语的古典风格[8]。同拉丁语相比，他对凯尔特语和日耳曼语都持不屑态度[9]，甚至都没有被他日耳曼友邻中的佼佼者打动过[10]。他的缪斯在粗蛮的勃艮第人面前张口结舌了，

1 《书信集》，ix 9，16。

2 有 Engelbrecht 编订本，1885 年。

3 iv 3.

4 ix 14，4.

5 viii 6，18.

6 v 10，4.

7 iv 17.

8 ii 10，1，tantum increbruit multitudo desidiosorum, ut, nisi vel paucissimi quique meram Latiaris linguae proprietatem de trivialium barbarismorum robigine vindicaveritis, eam brevi abolitam defleamus interemptamque【懒惰的庸众竟如此之多，除非有一班像你这样的正人君子，起而捍卫拉丁语的正确用法，使之免于粗野蛮语的锈蚀，否则我们很快就要哀悼其灭绝了】。

9 iii 2；v 5，1.

10 iv 1；vii 14.

他问道："我怎能在七尺（7 feet）蛮人环伺的情形下作得出六音步（6 feet）的诗来呢？"[1] 我们采用近人的一句感激之言赠予西多尼乌斯及其同时代人，以此作为临别告白是最好不过的了。他全然堪称是某群体中的最杰出者，这些人"身处政纲崩坏、文教倾覆之时代，消解了蛮族文化的冲击，从而为后世保存了一条敞开的通道，使我们的精神生活与遥远的源头能够接通"[2]。

247 高卢学派 对拉丁文学的兴趣在高卢维持的时间最长久，相关学派早在1世纪时即已兴起于奥顿 Autun、里昂、图卢兹、尼姆、维埃纳 Vienne、纳邦涅和马赛等城市，3世纪以降，继而在特理尔、布瓦蒂耶 Poitiers、贝桑松 Besançon 和波尔多得到发展[3]。可以看到，高卢学派大致有三个倾向[4]：（1）以西多尼乌斯为代表，其与古典学术的关系已见于上文；恩诺丢斯（约474—521年）亦在此列，他生于高卢，早年将对文学的追求视

---

1 《诗集》，xii。

2 Dill 的《西部帝国最后一世纪里的罗马社会》，p. 451。有关西多尼乌斯，参看 Luetjohann 的编订本（见于《日耳曼历史学文库》）；又见本笃会的《法兰西文学史》，vol. ii；Teuffel，§§466，1 以及 467；Ebert，i^2 419 以下；Germian（1844）、Kaufmann（1864–1865）和 Chair（1866）的著作，以及 Mullinger 的《查理大帝时代的学校》（1877），pp. 141–153，160–163；Mommsen，《演说及文章集》（1905），132 以下；Roger，《古典文学的教育，自奥索尼乌斯至阿尔昆》，60–81；Saintsbury，i 383–389；以及 Dill，187–223，410 以下，434–451。参看 Hodgkin 的《意大利与入侵者》*Italy and her Invaders*，ii 298–374。

3 Denk，82–93；Roger，2 以下，81 以下，91 以下。塔西佗在《编年史》，iii 43（西元21）提到奥古斯托都努姆 Augustodunum（奥顿）的一所名校，其衰落期始于270年，经过粗暴的巴高达运动之破坏【译按，系指270年高卢地区奴隶贫民的起义】，在297年被修辞学家尤墨纽斯 Eumenius 热情地促成其恢复原貌。尤墨纽斯对之进行过一番有趣的描述，谓此学校位于城市最美丽的一群建筑物之中央，有一些用来教授语法学、修辞学和哲学的教室，其柱廊装饰着历史学和地理学内容的图像，此外还有浴室、健身房和角力馆（《拉丁颂词》*Panegyrici Latini* 的演说辞第 iv 篇，Bährens 编订本）。

4 J. E. B. Mayor，《拉丁七经》，1889，p. liv 以下。

为疗治时代病症的良药[1]，但在成为帕维亚 Pavia 的主教之后，便对“文科研究”这个名称产生了憎恶感[2]；还有维南修斯·弗图纳图 Venantius Fortunatus（约 535—600 年），这是位意大利人，他成为布瓦蒂耶的教会长老，写过一部有关都尔的圣马丁的史诗，模仿的是维吉尔和克劳狄安。此一类倾向或可描述为“本质上是异教的，徒饰以教会人士的外表”。（2）第二类倾向可以诺拉的保理努斯 Paulinus of Nola 为代表，他们值逢教堂正要引入当地重要的圣徒（比如诺拉的斐理克斯 Felix of Nola）以成为“新的万神殿堂”，遂“心怀嫉恨地护卫自家门徒免除这异教经典的侵蚀”。（3）第三类倾向是属于那些“睿智而且更纯正的教会老师”的，诸如布瓦蒂耶的希拉理 Hilary of Poitiers（卒于 367 年），杰罗姆[3]说他是个昆体良的模仿者；苏耳庇修·塞维尔儒斯 Sulpicius Severus（卒于 425 年），他在其《史志系年》*Chronica* 中模仿了萨鲁斯特、塔西佗和维勒育斯 Velleius，而且在他关于都尔的圣马丁的著作里，尽管他对古典著作表示轻蔑之意[4]，却仍旧以西塞罗为范本，并一度回忆起维吉尔来；克劳狄乌斯·马理乌斯·维克多 Claudius Marius Victor（卒年约在 425—450 年）将他时代所有的灾难都归罪于当时的修辞学教育，盖放弃了保罗 248
和所罗门而着迷于泰伦斯、维吉尔、贺拉斯和奥维德[5]；阿尔勒的希拉理 Hilary of Arles（约卒于 450 年）接替霍诺剌图 Honoratus 成为阿尔勒的主教，并写了一部他前任的传记，此人颇热衷于阐说难读的文章段落给

1 《圣体篇》*Eucharisticum de vita sua*，vi 394。

2 《书信集》，ix 1，Hartel 编订本，1882；Vogel 编订本，1885；参看 Dubois，《恩诺丢斯的拉丁文风》*La Latinité d'Ennodius*，1903；Ebert，i^2 432 以下；Roger，191–193。

3 《书信集》，83（参看 Roger，150 以下）。

4 《圣马丁传》*Vita Martini*，c. 1（Roger，144）。

5 Denk，p. 224。他本人也在以维吉尔为效仿对象，同时也学习卢克莱修和奥维德。

学生们听[1]；阿耳齐姆·阿维图斯 Alcimus Avitus[2]是维埃纳的主教（约卒于525年），他模仿的是维吉尔、贺拉斯、玉万库斯、克劳狄安、塞都琉斯 Sedulius 和西多尼乌斯；终者，还有一位土伦 Toulon 的主教居普理安努斯 Cyprianus（约475—550年），他以拉丁韵文翻译了前七经。最后这系学者，"尽管从罗马模范作家们那里借取了他们的语言、品味和未经教化的道德范式，却又努力去开创着一种改良的文学，为此而毫不羞怯于从希伯来和基督教的传统中撷取其灵感和主题"[3]。怀有同样的精神，安布罗斯（卒于397年），一位 Praefectus Galliarum【高卢长官】之子，可能生于特理尔，却在罗马完成了学业，他从巴兹尔那里吸取了大量素材来完成其《创世六日纪》*Hexaëmeron*，同时也特别乐于称引维吉尔的著作；而他在《论神职人员的义务》*De Officiis Ministororum* 中的榜样，显然是西塞罗的《论义务》*De Officiis*。他的拉丁颂歌追随的是布瓦蒂耶的希拉理，而此人创作灵感受到了希腊教会颂歌文学的启发。

语法学家与注疏家

有一位高卢语法学家的两篇论著被归入西多尼乌斯的时代，因为作者所冠名与西多尼乌斯的一位诗人朋友相同（且可能也合乎其身份的），即是康森修斯[4]。同时代而不同地域的，可提及多纳图斯语法著作的某些注疏集，其中一部（出自毛里塔尼亚的庞贝乌斯 Mauretanian Pompeius）在中世纪流布较广；另有一部字汇，都是引自于普劳图斯和卢基理乌斯的著作，作者叫卢克塔修·普拉基都斯 Luctatius Placidus，可能是非洲人；还有斐拉尔吉理乌斯 Philargyrius 等人关于维吉尔《牧歌集》《农事诗》的义

---

1 Denk，p. 191（引自《法兰西文学史》，iii 23）。

2 Peiper 编订其著作（《日耳曼历史学文库》，1883）；Teuffel，§474，5。

3 J. E. B. Mayor，同前引。

4 《论名词与动词》*De nomine et verbo*，与《蛮族外来语与本土语变形》*De barbarismis et metaplasmis*（Keil，《拉丁语法家集成》*Grammatici Latini*，v 2，338）。

疏[1]。约在西多尼乌斯辞世十年之后，都尔基乌斯·鲁斐乌斯·阿普洛尼 249
安·阿斯特理乌斯 Turcius Rufius Apronianus Asterius，此人做过 494 年的执政官，他最早将基督教诗人塞都琉斯的《复活节诗集》*Carmen Paschale* 公布于世，此时他在罗马校理了维吉尔的一部作品，兹有美第奇家藏本《牧歌集》篇末的“题辞”为证。录“题辞”之全文如次：

Turcius Rufius Apronianus Asterius, uir clarissimus et inlustris, ex comite domesticorum protectorum, ex comite priuatarum largitionum, ex praefecto urbi, patricius et consul ordinarius, legi et distincxi codicem fratris Macharii, uiri clarissimi, non mea fiducia set eius cui si et ad omnia sum deuotus arbitrio, XI Kalendas Maias Romae.

PUBLI UERGILI MARONIS

us

Quisque legis relegas felix, parcasque benigne,
Si qua minus uacuus praeteriit animus ;
Distinxi emendans, gratum mihi munus amici
Suscipiens, operi sedulus incubui.

BUCOLICON LIBER EXPLICIT.

【都尔基乌斯·鲁斐乌斯·阿普洛尼安·阿斯特理乌斯，才智过人，素具雅望，身列守护官及内政官、皇家财库**【译按，区别于国库，属于皇帝私有财产】**管理委员，现为罗马城行政长官、贵族及常任执政官，校读并标点了极富才智的友人马喀理乌斯之抄本，本人虽无信心，但上帝会认

1 斐拉尔吉理乌斯见于 Thilo 和 Hagen 的《塞尔维乌斯》*Servius*，iii 2（1902）；Teuffel，§472。

为我多少算是个诚恳的裁决者，五月朔日前11天【译按，即4月21日】于罗马。

普布琉斯·维吉尔·马罗的《牧歌集》释义。

此书既有幸被您展读，乞以宽怀视之，

固不免因难得闲暇而有所疏忽。

我已标点了校文，承蒙吾友

尽责的支持，我以诚恳之心完成此事。】[1]

西多尼乌斯称他的一位朋友为福人蒂提儒斯 Tityrus【译按，系维吉尔《牧歌集》第一首中牧人的名字】，因其人将失于蛮族的土地重新收复回来[2]。面对这些危险的外来者，他晚年很可能会忍不住讲出维吉尔的话来：impius haec tam culta novalia miles habebit? barbarus has segetes?【所耕之良田要为不敬神的兵卒占有么？蛮族人要夺走我们的谷实么？译按，维吉尔《牧歌集》第一首第70—71行。】但他那时的“蛮族人”很快要被获胜的入侵者取代了，后者最终竟将高卢一名改作为法兰西。仅在西多尼乌斯身后不久几年，克洛维 Clovis 统领的法兰克人在苏瓦松 Soissons 击败了叙亚格理乌斯 Syagrius 和他的比利时军团（486年），十年后克洛维战胜了阿勒曼尼人 Alemanni[3] 后不久受洗（496年），此后愈是战无不克，覆灭了阿墨理克人 Armorican、勃艮第人（500年）和西哥特人（507年），这导致了

1 Jahn，在《莱比锡皇家萨克逊科学学会会议报告》，1851，p. 348以下；Teuffel，§231，9；摹本见于 Ribbeck，《维吉尔著作集》*Vergili Opera*，iv 206。原始文本中的头联对句书写被误写于题铭文字之末尾了，有标志注明其正确的位置。

2 《书信集》，viii 9，5，l. 12。

3 Bury 的《晚期罗马帝国》*Later Roman Empire*，i 284，谓时在492年。

罗马政权的实际终结和高卢地区之墨洛温王朝 Merovingian dynasty 的建立，
这一改变在 536 年得到查士丁尼帝的正式认可。在此期间，奥多亚克
Odoacer 这位在 476 年结束了西部帝国命运的人，于 493 年被东哥特人的
君主忒奥多理克 Theodoric 取代，后者统治整个意大利数十年，直到 526
年去世方止。忒奥多理克在位之年，或可被视为罗马时期与中世纪之间 250
的过渡期，西方学术以大名鼎鼎的波爱修斯和卡息奥多儒为代表，东方
则有普理西安。有关这些人，见于下章。

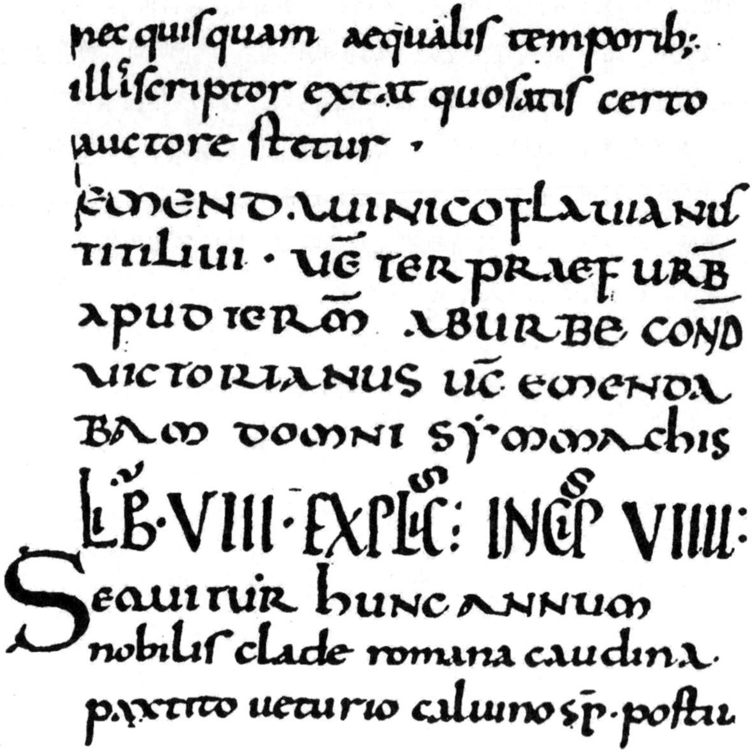
nec quisquam aequalis temporib;
illis scriptor extat quo satis certo
auctore stetur.
EMENDAUI NICOFLAUIANUS
TITILIUI . UC TER PRAEF URB
APUD TERM ABURBE COND
UICTORIANUS UC EMENDA
BAM DOMNI SYMMACHIS
LIB VIII EXPLIC INCIP VIIII
Sequitur hunc annum
nobilis clade romana caudina
pax t. ueturio caluino sp. postu

图 11　出自洛伦佐抄本之 LXIII 19 的李维《建城以来史》，viii（10 世纪）

（柴德良的《古典拉丁语的古文书法》，pl. cx）见上文第 228 页

第十四章

西元 500—530 年间的拉丁学术 251

6 世纪之最初三十年，正值罗马时期的谢幕与西方中世纪的序曲，拉丁文坛上再无他人名声可比安尼齐乌斯·曼琉斯·塞维理努斯·波爱修斯 Anicius Manlius Severinus Boëthius（约 480—524 年）更大的了。他是显赫了六个世纪之久的安尼齐家族族长，其四段名字中，第二名是纪念一位罗马共和国时期的英雄，第三名则代表诺里库姆 Noricum 一位圣洁的隐士[1]；他的妻子是元老院议员叙马库斯的女儿，其高祖即是演说家叙马库斯[2]。早年勤于读书，后因学识广博而暴得大名，尤对希腊语文了解甚详，他曾怀着雄心壮志欲将柏拉图和亚里士多德的全部著作译成拉丁文，以求印证此二人本质上彼此谐应之观点[3]。尽管此宏图终于未竟，

波爱修斯

1 Bury，《晚期罗马帝国》，i 285 以下。

2 第 226 页。

3 波爱修斯注疏亚里士多德《解释篇》，ii 2，3，Meiser 本 p. 79（= Migne 本，lxiv 433）。

然而波爱修斯已完成部分的成就即刻就得到了认可。与他通信的帕维亚主教恩诺丢斯，确信此公“所传递的古代学问之薪火遂加倍烛耀了”[1]；而卡息奥多儒约在西元 507 年，当时他正是忒奥多理克的书记员，提笔向这位希腊科学与哲学的解说人致敬，称道其高尚的工作，曰：“经由斯人，作为音乐学家的毕达哥拉斯，作为天文学家的托勒密，作为算术家的尼各马可，作为几何学家的欧几里德，作为神学家的柏拉图，作为名学家的亚里士多德，作为机械学家的阿基米德，俱学着说起罗马人的
252 语言来。”[2] 他能有如此十全才能，遂被忒奥多理克征召去建造一座日晷和一架水钟，以馈赠勃艮第的国王[3]，为“法兰克人的王”克洛维的宫廷举荐一位乐师[4]，又被遣往国家通货流通中去侦查一名舞弊者[5]。当波爱修斯接到这些任务时，他已经荣膺 illustris【名流】和 patricius【贵胄】之称号。他是 510 年的独裁执政官，甚至在此执政之年里，他依然受爱国情怀所激奋，去教授其乡人有关希腊人的智慧[6]。他在 522 年达到声望的巅峰，其二子均担任执政官职务，他本人则在元老院宣读了对忒奥多理克的颂词。不久之后，他和岳父叙马库斯被指控图谋要将罗马从蛮族的奴役【译按，指忒奥多理克的东哥特王朝】下解放出来。指控的根据是含混不

---

1 《书信集》，vii 13。

2 《杂著集》Variae，i 45（Milman，《拉丁教会史》*History of Latin Christianity*，i 413，1867 年版）。

3 《杂著集》，i 45。

4 ii 40.

5 i 10.

6 《亚里士多德〈范畴篇〉注疏》，ii（Migne 本，lxiv 201），Etsi nos curae officii consularis impediunt quominus in his studiis omne otium plenamque operam consumamus, pertinere tamen videtur hoc ad aliquam reipublicae curam, ...cives instruere etc【尽管官事累身，耗尽闲暇无力从事研究，然须见此学系乎国家事务，能教化公民云云】。

清的[1]，他却受到昏昧不明的元老院的谴责，这位研究哲学的弟子，他曾不幸地因柏拉图的激励而投身于国事中去，最终发现自己不得不在所研究的领域上谢幕了。他离开了他那墙壁装饰有象牙和水晶的图书室[2]，陷入帕维亚和米兰二城之间一座监狱的幽暗中，羁留许久之后，他于 524 年被处以极刑。同样的遭际在次年降临于叙马库斯身上，又过了一年，忒奥多理克驾崩，人们说他因悔恨这些冤狱而困扰致死（526 年）。至于 722 年，伦巴第的王，律特普朗 Luitprand，为纪念波爱修斯而建立了一座坟墓，亦在此一世纪里，他被追崇为“殉教者”，这一当地古老的祭仪，终在 1883 年被认可为合法[3]。

波爱修斯在古代世界与中世纪之间具有沟通中介的作用。他是博学 253
的罗马人中最后一个通晓希腊语言且研究其文学的，而他又是向中世纪介绍亚里士多德逻辑学论著的第一人。他的**哲学著作**[4]包括对维克多理努斯译波弗利著《范畴篇》之导论的笺注；一篇波爱修斯本人翻译的导论，并附有更详细的引申阐述；一部《范畴篇》的译文，附有 4 卷的注疏（西元 510 年）；一部《解释篇》的译文，附有一种两卷本、一种六卷本的注疏（西元 507—509 年）；此外他还翻译了亚里士多德的前后《分析篇》《辩谬篇》和《论题篇》；保留下来的还有对西塞罗《论题篇》的注疏片段，其中涉及不少有关分类、定义以及各类演绎法的原始著作。现在还

---

1 他本人对于这番指控的看法见于《哲学的慰藉》*Philosophiae Consolationis*，i 4 散文部分 66，senatum dicimur salvum esse voluisse etc【彼人谓我将谋元老院之危安云云】。此问题之始末详见 Hodgkin 的《意大利与入侵者》，III iv c. 12。

2 《哲学的慰藉》，i 5 散文部分 20，bybliothecae comptos ebore ac vitro parietes。

3 《教廷公报》*Acta Sanctae Sedis*，xvi 302–303；该教令标题是："Servo Dei Severino Boëtio, philosopho martyri sancto nuncupato"【神仆塞维理努斯·波爱修斯，名为神圣的殉教哲人】。

4 Migne 本，lxiv 1–1215。

可看到的波爱修斯著作还有对算数学（此作尤受推重）、几何学（一部将欧几里德著作改写为拉丁语的论著）和音乐学（此作将该艺术退回到毕达哥拉斯时代的水平，曾一度阻碍了其系统化的发展进程[1]）的论述。

波爱修斯在学术史上的重要地位，主要取决于其有关亚里士多德的哲学著述首度催生出一个难题，此难题磨砺着学人族中最敏锐聪颖的理智，直至中世纪末而经久不衰。在唯名论者与唯实论者间的长久论战中，最初的示警信号即是发自于波爱修斯。波弗利在其“范畴篇导论”中，已经提出三个问题：（1）“**属**与**种**俱有效么”，即问其是否实在，“还是它们仅存在于主体的简单概念之中？”（2）“若是它们为有效的，则当是有形物质还是无形物质呢？”（3）无论哪种情形，“它们是否与有感知能力的客体相隔膜呢，抑或它们驻留于这些客体中，形成某些与
254 之共存的东西呢？”[2]这些问题都曾被波弗利置于一旁以求另做深入的探究。波爱修斯在他对波弗利的第一部注疏集里，因采用的是维克多理努斯译文，遂宣称对**属**和**种**的实在性是不容怀疑的[3]；但在他第二部注疏集的首卷卷末，基于其本人亲笔所译的波弗利，我们发现他估衡了柏拉图和亚里士多德的观点：“依照柏拉图之见，**属**和**种**若具普遍性时，便俱非只是概念，彼等乃是实在之物，存于形体之外；而根据亚里士多德所言，

1 Macfarren 在《不列颠百科全书》所言，转引自 Hodgkin，iii 529。

2 见于《波弗利导言注疏集》，Migne 本，i 82（de generibus et speciebus【论属与种】），sive subsistant, sive in solis nudis intellectibus posita sint, sive subsistentia corporalia sint an incorporalia, et utrum separata a sensibilibus an in sensibilibus posita. 参看 Hauréau，《经院哲学史》*Histoire de la Philosophie Scolastique*，i 47–52，以及 H. F. Stewart 的《波爱修斯》，c. vii，尤见于 p. 248 以下。

3 Migne 本，lxiv 19 C，si rerum veritatem atque integritatem perpendas, non est dubium quin verae (vere?) sint【若你虑及事物的真实性和完整性，无疑它们都是实在的】。参看 F. D. Maurice，《中古哲学》*Mediaeval Philosophy*，p. 11。

彼等若具普遍性时皆被思想为无形者，然并非分离于可感知世界外的真实存在”[1]。他于是转而赞同亚里士多德的观点了，纵然此前他更偏从柏拉图之说；但是像波弗利一样，他留下了悬而未决的问题，且认为于亚、柏二人间取舍答案是不合适的。12 世纪有位打油诗人，名叫圣维克多的戈弗雷 Godefroi de Saint Victor，乐于将波爱修斯描述成在这场观念之争里始终缄口不表态的人：

Assidet Boethius, stupens de hac lite,
Audiens quid hic et hic asserat perite,
Et quid cui faveat non discernit rite,
Nec praesumit solvere litem definite.[2]
【波爱修斯且坐其间，眩然失策，
他方听取了双方各自博学的陈说，
究竟应偏从哪方，令他甚为困惑，
于是他不执一端，以求两全。】

但是这犹豫不断的裁判方式并不能令学者们的敏锐之心智感到满意，我们可见亚里士多德的学统在 8 世纪时由刺班努斯·茅儒斯 Rabanus Maurus 固守，9 世纪却受到爱尔兰人约翰毫不妥协的反对，后者既是柏拉图和唯实论的拥趸，也不赞成波爱修斯含糊不清的亚里士多德派学说[3]。这番冲突一直延续到中世纪末期，方式有所变更（讨论全称概念究竟是 realia

1 Migne，lxiv 86 A；Stewart，p. 253.

2 《哲学之泉》*Fons Philosophiae*（Hauréau，i 120）。

3 Hauréau，i 144，173.

ante rem【本体先于个体】，还是 nomina post rem【名称后于个体】，抑或 realia in re【本体居于个体之中】)。

波爱修斯之学术兴味首在哲学，次及神学，他对于论理学的研究也往往是关切于理论化之神学的某些深奥观点。抄本中有五篇神学短论被
255 置于他名下[1]，而是否真如《哲学的慰藉》那么确然出于其笔下，这问题长期以来争执未决。1877 年所发现卡息奥多儒的一个著作残篇，有力证明了其中四篇的真实性，包括了一篇《论三位一体》*De Trinitate*，是写给他岳父叙马库斯的。这四篇论文都属于早年之作，其表现于论题中的兴趣主要还在论理学上[2]。纵然其《范畴篇》译文在 10 世纪末之前一直没有取代“圣奥古斯丁”本[3]，而他所翻译的《分析篇》《论题篇》和《辩谬篇》显然至于 12 世纪还鲜为人知[4]，但是其神学论文却为众人所熟悉，包括阿尔昆（约 735—804 年）、兰斯 Rheims 的大主教（850 年）辛克马尔 Hincmar、爱尔兰人约翰（卒年约在 875 年），以及奥塞尔的勒密吉乌斯（卒于 908 年）[5]。这些论文曾得到 1141 年始出任布瓦蒂耶主教的吉尔贝 Gilbert de la Porreé 的详细解说，此事成为连接波爱修斯与中世纪之关系的另一条纽带。

其人生平中的巅峰之作，《哲学的慰藉》*Philosophial Consolatio*，乃是其

---

1 Migne，lxiv 1247–1412.

2 H. Usener 对 Anecdoton Holderi【译按，系指卡息奥多儒一部名为《家族序谱》*Ordo generis* 的著作】的论述（《鲍礼古典学百科全书》，波爱修斯条，p. 600）。参看 Hodgkin 的《卡息奥多儒》，pp. 73–84，以及 Stewart，pp. 11–13，108–159；而持相反观点者，见 C. Jourdain 的《史学备乘》*Excursions Historiques*，p. 19 以下。E. K. Rand 编订，H. F. Stewart 译（包含《哲学的慰藉》）【译按，此指波爱修斯的神学论文集】，收入 Loeb 丛书，1918。

3 Hauréau，i 97.

4 Prantl，《西方逻辑学史》*Geschichte der Logik im Abendlande*，ii 4。

5 最后两人的评注有 E. K. Rand 的编订本（1906）。

死刑前不久写于囹圄中的著作。是书以对话体写成，杂入 39 首短诗，用了 13 种不同的韵体，混于追摹梅涅普风格的散文中，这种文体在瓦罗、塞内加和佩特洛尼乌斯，还有马提安·卡帕剌的笔下一直都是用于较轻松之题材，但在此却升至甚为崇高的地位上。此著作始于一首诉歌体诗文，自言缪斯们确乎现身于囚人之斗室，给予他以诗歌之灵兴，此时女王模样的斐洛索菲娅 Philosophia 降临，嘱诸缪斯散去，她本人则消解了囚人的哀伤。诗歌部分的措辞中，塞内加是主要被模仿的对象，但也有些地方令人想起维吉尔、贺拉斯、奥维德和玉万纳尔[1]。有首诗[2]结尾是对柏拉图学说的回忆，另有首[3]则完全受柏拉图《蒂迈欧篇》的启发，这篇对话录的内容在散文部分也不断被引述，且明显也有《高尔吉亚篇》的痕迹[4]。其中还有迹象表明他也借鉴了今已散佚的亚里士多德《劝勉篇》[5]，还 256
有直接引自亚里士多德《物理学》和《论天》*De Caelo*、西塞罗《论预言》和《西比阿之梦》中的语句。身为折中派的哲学家，他也偷师于斯多葛派哲人。尽管此著作并无明确属于基督信仰的证据，某些措辞却显然具有基督教渊源。当提及人类之命运受影响于 daemonum variâ sollertiâ【恶魔之孽业】抑或 angelicâ luminis【天使之贞德】[6]时，便分别暗示着新柏拉图主义和基督教的思想。斐洛索菲娅的辞令直可 veri praevia luminis【引领

1 pp. 228–231，Peiper 编订本。

2 iii 11.

3 iii 9.

4 iv 2 以及 4。

5 Bywater 在《语文学杂志》, ii 59；Usener，同上书，51；2 散文部分 4, 38，以及 4 散文部分 6, 20（Peiper 本）。

6 iv 6 散文部分 51。但是“天使在伊安布理克 Iamblichus 和普洛刻卢斯的体系里具有显要地位”（E. K. Rand，《哈佛古典语文学研究》，xv 18）。

我到真理的光辉下】[1]；世界居于一位 rerum bonus rector【万物之贤主】[2]的仁善统御下；作者将天堂当作其“家园”，是他的 domus【住所】[3]，是他的 patria【故里】[4]，这里的权笏，由 dominus regum【独尊之君主】所操持，所有僭主都被取缔了。圣经中的影响见于以下的片段，如描述 summum bonum, quod regit cuncta fortiter, suaviterque disponit【至尊之上善，有驾驭天下之威，有安置万物之慈】[5]，又如所谓 vasa vilia et vasa pretiosa【下贱之器具与尊贵之器具】[6]，以及 huc omnes pariter venite【到此处来，尔等大众】[7]。但是较于这样的一些字句而言，更为显著者则是书中其实毫无任何宗教慰藉的含义可言。作者对于祈祷与神意的信仰表明他思想上熏染有基督教的气息，也许要归因于他的基督教教育背景。至少从职业上来说，事实是波爱修斯处此时代则不可能非基督徒而充任公职。他没有反对任何的基督教理，不过他采取的是有神论者之态度而并非即是基督教徒的态度。他提供与中世纪一种折中派非教条的德育范式，并赋予精致韵文与明晰散文的混杂文体以莫大的魅力；又者，他乃是古代世界的最后一颗明星，故而长久地留于人们的视野中，虽则他所反射的那些光芒之源头早被忘却了。作为他传与后世之临终遗产的这部杰作，曾在中世纪时期被反复地重译、阐述和模仿，这些译文跻身于欧洲各国本土语言最早的文学作
257 品之列，包括了英语、法语、德语、意大利语和西班牙语，这些译者都

1 iv 1.
2 同上。
3 同上。
4 iv 1 以及 v 1。
5 iii 散文部分 12，以及《智慧篇》*Wisdom*【译按，次经之一，又译作《所罗门智慧书》】，viii 1。
6 iv 散文部分 1。
7 iii 韵文部分 10。

是名头大如阿尔弗雷德 Alfred 王、乔叟和伊丽莎白女王的人。该书还被马克西姆·普兰努德斯 Maximus Planudes（卒于 1310 年）译成希腊文。奥托三世 Otho III，驾崩于 1002 年，比阿尔弗雷德晚一百年，他在自家图书馆里放置了一尊波爱修斯的半身像，乃是当世最出色的拉丁诗人、后来成为教皇的席尔维斯特二世 Silvester II 之纪念物[1]。三个世纪之后，波爱修斯被但丁在《飨宴》*Convito* 等作品中引述了二十次以上[2]，但丁最为人所熟悉的诗行，Nessum maggior dolore Che ricordarsi del tempo felice Nella miseria【痛苦莫过于在不幸之日回忆欢乐之时】[3]，便是受惠于波爱修斯[4]：in omni adversitate fortunae infelicissimum est genus infortunii fuisse felicem【在一切不幸运命中，最悲哀者即是曾经幸福过】[5]。但丁将他置于四重天，身列十二道“灵动且优裕的光辉”之中，此乃神学领域中博学卓识之人的灵魂：

此间在那所有喜乐福善的光辉里，
有一神圣之灵魂，他令所有倾听者
见识了尘世的背信弃义之举。
其肉身为这灵魂所舍弃，今安卧在

1 Peiper 的《波爱修斯》，p. 40。

2 Moore 的《但丁之研究》*Studies in Dante*，i 282–288；R. Murari，《但丁与波爱修斯》*Dante e Boezio*，博洛尼亚 Bologna，1905。

3 《地狱篇》，v 121。

4 II iv 4.

5 波爱修斯之前又有人已占了先，见叙涅修斯 Synesius《书札集》*Epistulae*，57，Migne 本 lxvi 1392。*συνεπιτίθεται δή μοι τῇ πικρᾷ τῶν παρόντων αἰσθήσει μνήμη τῶν παρελθόντων ἀγαθῶν, ἐξ οἵων ἄρα ἐν οἵοις γεγόναμεν*【回忆其曾经幸福过，比照今昔境遇，我体会出眼下的苦涩】.

金天 Cieldauro[1] 之下，而灵魂从流谪
于殉难中逃出，至于永久的安宁。[2]

但丁之后又过了二百年，波爱修斯构思于“帕维亚之塔狱”的这部慰藉
之书，复又告慰了身处伦敦之塔狱的托马斯·莫尔爵士。此后还受到老
258 斯卡利杰尔[3] 和卡索邦 Casaubon 的推崇，被吉本赞许为“黄金书卷”，后
者还称颂作者是“能被加图或图利【译按，即西塞罗】认作同胞的最后一
位罗马人”[4]。

---

1 在帕维亚的圣彼得教堂（今已被亵渎），有这黄金穹顶。

2 《天堂篇》，x 124。

3 《诗学》*Poëtices*, liber vi, Quae libuit ludere in poesi divina sane sunt; nihil illis cultius, nihil gravius, neque densitas sententiarum venerem, neque acumen abstulit candorem. Equidem censeo paucos cum illo comparari posse【其人之诗作无疑卓绝超俗，读之畅然；他于此道无所挂碍，无可操劳，自能心思细密而无妨魅力，见识精深而未失挚情。我敢说能相匹敌者实在极少】。参看 Blount 的《名著估衡》*Censura Celebriorum Authorum*，746 以及 Migne 本，lxiii 573，其中复引及利普修斯 Lipsius 和沃修斯 G. J. Vossius 的著作。

4 Bury 的 Gibbon《衰亡史》, iv 197–204（c. 39）。又参看 Hodgkin 的《意大利与入侵者》, III iv c. 12；A. P. Stanley 在 Smith 的《词典》；Hartmann 在鲍礼百科全书；Teuffel，§478；Ebert，i^{2} 485–497；Zeller，《历史发展中的希腊哲学》*Die Philosophie der Griechen in ihrer geschichtliche Entwicklung*，iii（2）927 以下；《波爱修斯全集》*Boëthii Opera*，Migne 本，vols. lxiv；《亚里士多德解释篇注疏集》*Comm. in Arist. περὶ ἑρμηνείας*，Meiser 编订本（1877—1880）；《五卷本哲学的慰藉》*Philosophia Consolationis libri V*，Peiper 编订本（1871）；盎格鲁－萨克逊译本有阿尔弗雷德王御译本，Sedgefield 编订本（1899 以降）；良善的英译本出自 H. R. James（1897）和 W. V. Cooper（1902）。有关中古译本和波爱修斯的综述，参看 H. F. Stewart 的（Hulsean 讲座）《文集》（1891）。关于他与基督教的关系，见 Nitzsch（1860）；Usener 的《逸籍新获》*Holderi Anecdoton*（1877）；Hildebrand（1885）；P. Giovanni Semeria，《塞维理努斯·波爱修斯所反映的基督教观》*Il Cristianesimo di Severino Boezio rivendicato*（罗马，1900）；E. K. Rand，《论波爱修斯哲学的慰藉之成书》*On the Composition of Boëthius' Cons. Phil.*，见于《哈佛古典语文学研究》，xv (1904) 1–28；再有关他与中世纪的关系，参看 Hauréau，《经院哲学史》, i 112 以下（1872）；Prantl 的《逻辑学史》，ii 4；Mullinger 的《剑桥大学史》，i 27–29；以及 H. O. Taylor 的《中世纪的古典遗产》，51–56，参看 Manitius，22–36。

卡息奥多儒

波爱修斯之人寿折损过早，死于非命，而其同时代人卡息奥多儒，这位东哥特王朝的能臣良相，得以延寿至九十高龄。其人生于西元480—490年间意大利南部的斯库拉齐翁 Scyllacium（即斯奎拉刻 Squillace）。他的全名是弗拉维乌斯·马格努斯·奥勒留·卡息奥多儒“元老”Flavius Magnus Aurelius Cassiodorus Senator，这串名字的最后一段仅被他本人用于官方通信中。**卡息奥多儒**乃是父名，8世纪前并不用于此子身上，直至出现于“助祭”保罗 Paulus Diaconus 著作中[1]，复见于阿尔昆的约克郡的书室目录之中：“*Cassiodorus* item, Chrysostomus atque Ioannes”【又有**卡息奥多儒**及金口约翰】[2]，此行文字提供了证据以反驳 Cassiodorius 之写法，后者一度流行于某些学者中。其父于500年任执政长官，曾授予他法庭中的 Consiliarius 即顾问之职务。一次为忒奥多理克而作的褒扬颂说辞令华美，遂使得他被指派为 Quaestor【财务官】，随后又依照这一官职的新含义而成为他家圣上意旨的拉丁语解释人和重要急件的起草者。他本人代表其君主，在所起草的“财务官准则”中如此描述其职责：“凡任财务官者须深知我人心思之隐衷，如此则能言合我人之意旨……渠须刻刻预备 259
应奉紧急之召宣，且要善创奇功伟绩，此如西塞罗所言，本系演说家与生俱来之技艺……渠须在吾王驾前口言吾王之语。”财务官必须安排好他分内职责中的每一问题，“以恰当的文饰”来加以建言。他还要收集各行省发来的申诉函件，并加以答复[3]。现存卡息奥多儒在财务官任职期

1 《伦巴第氏族史》*Historia gentis Langobardorum*，i 25，（Justiniani）temporibus Cassiodorus apud urbem Romam tam saeculari quam divina scientia claruit【（查士丁尼）朝时期，卡息奥多儒所在之罗马城处于圣学清明之世纪】。

2 Migne，ci 843。

3 《杂著集》，vi 5，Hodgkin（缩简编译）的《卡息奥多儒书信集》，p. 300以下。

间所写的公函，自西元507年延至511年。如他父亲一样，他做了卢卡尼亚 Lucania 和布鲁梯 Bruttii 地区的长官，此处系他的出生之地。514年他成为独裁执政官，在519年出版了他的《史志系年》*Chronicon*，复于526年忒奥多理克卒时高升（可能非首次）至 Magister Officiorum，或称为“百官之长”，于此位上他继续担任实际工作中的首相职务，服务于忒奥多理克之女阿玛剌斯维塔 Amalasuetha，虽则此女扮演的是其子阿塔剌理克 Athalaric 之摄政的角色。尽管拘于“百官之长”的虚位，卡息奥多儒仍在扮演一名财政官的角色：erat solus ad universa sufficiens【其人纯是要奠定大局之基础】[1]；“每须决定于雄辩之时，总见他出而受命”[2]。526—533年间，他写了《哥特史》。533—536年，接连三位短命君主继承忒奥多理克之王位，卡息奥多儒则接替其父之职而任执政长官。我们在他的书信中看得到他自言升职至此的段落[3]。至537年岁末，他以《杂著集》*Variae* 之名出版了自己的公函总集。540年，背信的查士丁尼帝遣令朝中猛将贝利萨留 Belisarius 攻入拉文纳城，卡息奥多儒显然已撤离那里，他返回到布鲁梯的祖荫地产上，安度人生的暮年。他在那儿写了一部先人行状和一篇《论灵魂》，还建立了两所修道院，并为了指导“他的僧众”，而写了一部极端冗长的《诗篇注疏》、一部相对短些的《使徒书信注疏》，以及一部名为《三家史集》*Historia Tripartita* 的基督教会
260 史（自306叙至439年），将希腊史家苏格拉底、索佐闵 Sozomen 和忒奥多瑞 Theodoret 的著作混合译述出来，由厄庇法尼乌斯 Ephiphanius 遵照他的嘱托而完成；此外还有一篇教育论，题为《圣教与世俗学问绪论》

1 ix 25，7.

2 ix 24，6.

3 ix 24.

Institutiones Divinarum et Humanarum Lectionum（始作于 543 年）。在他 93 岁之时，其僧众意外地请求他论述一下拼写法则，于是他编辑了一部《论正字法》*De Orthographia*，借鉴了十二位语法学家的著作，从多纳图斯直到普理西安。他活至 553 年东哥特王国最终覆灭，复又见证了伦巴第国王阿耳博因 Alboin 在 568 年入侵意大利，而死于 575—585 年间，终寿 96 岁[1]。

卡息奥多儒《史志系年》[2]的世界史提要之时间下限至于 519 年，不过是对优西庇乌斯和普洛斯珀 Prosper 著作的拙劣抄袭而已，且又在结尾处不适当地偏袒哥特人族。对于其偏护立场的指责也出现在其《哥特史》一书上，其中他有意要为哥特人在意大利营造一种合法正统的氛围。此书只有约丹涅斯 Iordanes 的缩编本留存下来了[3]。《诗篇注疏》和《三家史集》为中古世人所熟知。其他著作与我们的主题也多有关系。卡息奥多儒的公函，被辑录成了 12 卷，他名之曰《杂著集》，这里面无疑包括了为数极广的通信人，从查士丁尼帝直到速记员们的督管，但是，其文体的特点非但不是像作者所愿想的那么灵活多样[4]，反而倒是倾向于千篇一律地夸饰、绚丽、艳俗，而且闳大不经，令现代读者颇感吃

1 特理忒米乌斯 Trithemius，《教会著作家叙录》*De Scriptoribus Ecclesiasticis*，1494，f. 35，claruit temporibus Iustini senioris [518–527] et usque ad imperii Iustini iunioris paene finem [565–578], annos habens aetatis plus quam xcv anno domini DLXXV【显然，从查斯丁一世时期（518—527 年），再继而到查斯丁二世称帝（565—578 年）的几乎整个时期，至 575 年其人寿已 95 年有余了】。

2 Migne 本，lxiv 1214–48；首位编订者为 Cochlaeus，其人将此书（于 1528 年）题赠给托马斯·莫尔爵士，复又将《杂著集》部分分册的第一版题赠给亨利八世（1529 年）。

3 Mommsen 编订，1882（《日耳曼历史学文库》）。

4 《序篇》，§15。

惊[1]。当一位大吏怀着自豪之心，回想起他在御驾前绵长之会话，提笔就
261 自然不免要采用一种崇高的风体，以记述那些 gloriosa colloquia【承恩之廷对】[2]，其中不仅是在讨论国家事务，君王也会垂问古代贤人们的相关言论；固然如此也罢了，不过须承认的是，大多数书信中的思想“通常金玉其外，败絮其内”[3]而已。他特别喜好在书信的首尾之处缀以“明智的老话”，复添上些“近来的实例”作为修饰。这些公函常给人有“缺乏风趣”[4]的不适当感，因其颇伤大体地填充着许多故事，有关鸟类的涉及画眉、鸽子、鹧鸪、鹳、苍鹭和鸥、鹰、雕、鹫之属，涉及兽类的有变色蜥蜴、蝾螈和大象，鱼类则包括了鲫、鳐、狗鱼、海豚、带有紫色染料的骨螺，还有“深海中的美味”海胆。“悠然飘飞的鸟儿恋着自家巢窠，走兽们为灌木丛中的栖身之所四处奔走，骄奢浮华的游鱼在汪洋世界中逍遥够了，也会返回它熟悉的洞穴里：罗马，她该多么地受其儿女的爱戴呀！”[5]这节文字实际出自一封讨论罗马城市装饰的函件里。其他的信函中我们读到了有关罗马城墙、庙宇和沟渠的准备工作[6]，有关城市的布局和划分，还涉及 Circus Maximus【大竞技场】[7]。在委派以从事罗马公共建设的文书里，出现了些许未来之哥特式建筑的特点，“以美观的条石为纤细的支柱”，沃特·司各特爵士将该风格比喻作“一束

1 参看 R. W. Church，《杂文集》*Miscellaneous Essays*，p. 169 以下，191–198，1888 年版；Bury，《晚期罗马帝国》，ii 187。

2 《序篇》，§8。

3 Hodgkin 的《卡息奥多儒书信集》，p. 17。

4 同上注。

5 i 21（Hodgkin，p. 156）.

6 i 25，28；ii 34；iii 31.

7 iii 51 等处。

矛戟上扎了个花冠”，仿佛几乎已被这位东哥特大臣用优雅的文辞预告
给世人了：quid dicamus columnarum iunceam proceritatem? moles illas
sublimissimas fabricarum quasi quibusdam erectis hastilibus contineri?【我
们所营造的纤细柱石之高耸将献与何人？这些人工制造的至高之巨物，好不浑似捆
束着的枪林矛丛？】[1] 他写信为拉文纳订购大理石和马赛克[2]，在537年的一
封函件里出现了最早有关威尼斯的历史记录[3]，此外对于科摩 Como 的记
载，对于波米奥 Bormio、阿巴诺 Abano 和拜亚 Baiae 的洗浴所的描述[4]，以
及那不勒斯湾南部山原牧场中针对肺病的牛奶疗法[5]，都是随处可见的。
还有提到波罗的海沿岸民人以琥珀为赠仪[6]，并谓有非洲的找水人一路寻 262
至罗马[7]云云。有道指令涉及公共机构之书写材料的供应，将我们带至
尼罗河畔，促生出一番对造纸发明的议论，谓此业“遂教伟辞雄辩成为
可能”[8]。于史家而言，此“罗马最后一位政治家”[9]的书信集之价值，莫
过于其通过忒奥多理克时期的法令文书，详细展示出广泛的律条和行政
规矩是如何制定出来的[10]，并表现出忒奥多理克时期的哥特民众与罗马公
民们之间和平、有序、文明的关系在逐步发展[11]。这些人民声称赞诗所云

1 vii 15，3，以及司各特的《最后的游吟诗人之短咏》*The Lay of the Last Minstrel*，ii 9 和 11。

2 i 6 ; iii 9.

3 xii 24.

4 xi 14 ; x 29 ; ii 39 ; ix 6.

5 xi 10.

6 v 2.

7 iii 53.

8 xi 38.

9 Ugo Balzani 的《早期意大利编年史诸家》*Early Chroniclers of Italy*，p. 12。

10 R. W. Church，《杂文集》，p. 158，1888 年版；Hodgkin 的《意大利与入侵者》，iii 280。

11 涉及 civilitas【受教化的】（其界定见 Mommsen 的索引，释作 status reipublicae iustus【温和友睦之行止】），见 Hodgkin 的《卡息奥多儒书信集》，p. 20 及索引。

的这位君王聪慧[1]、宽容[2]之美德并非虚言，且有一句话可以代表其心声：nos quibus cordi est in melius cuncta mutare【陛下使吾民之心灵更接近至善了】。他们以为勃艮第人[3]和潘诺尼亚人 Pannonians[4]较哥特人而言乃是蛮族。在一份为忒奥多理克继位者草拟的文件里，足令诸学究如历史学家们一样发生兴趣的，乃是在蛮族国王与意大利合法的哥特君主间所作出的广泛区别。主题是语法学家的加薪。

“语法学乃一切文学之宏伟根基，雄辩之术，赖于此荣耀之母……语法学之技艺不见用于蛮族诸王：唯在合法王统之下方能行之。他族万国纵有杀戮之良兵，罗马之君独有口舌之利刃……语法学家最惜光阴，一时无赖即感万般困厄，若令其人伏于公衙之下，坐待无信之官家舍予薪酬，此无异于胯下之辱也。”……此等人“即是陶铸我辈子弟风度及品性之巨匠。当任由之，使自按心性以生，方可得其效以全力，而人文科艺之教化乃大成也”[5]。

卡息奥多儒出于文才等理由，荐举一位高卢族人费理克斯充任 511 年的执政官，因为此人是一位 verborum novellus sator【文辞之青年护法】[6]。
263 他不可能提及利吉姆时全无提醒国家公函的持有人，此处“能得此名，来自希腊文之 ῥήγνυμι【破裂】”[7]。他古怪地推想 Circenses【斗兽场】象征

1 xi 1，19 sapientia（异文作 patientia【耐心】）。
2 ii 27，nemo cogitur ut credat invitus【无人被迫信仰非所愿望者】。
3 i 45 以下。
4 iii 23 以下。
5 ix 21，Hodgkin 本，p. 406。
6 ii 3.
7 xii 14.

着 circum【环】与 enses【剑】[1]。致信与一位法庭中的下属时，那人是当时尚且非常清寒的 Cancellarius【格窗边的书记员。译按，此职务至后世变得非常显赫】，他对此称呼的字源作了如下一番有趣的议论：

> 犹记君之称衔，所谓 Cansellarius 者。盖匿身于斗室栅格小窗之后，看守着有窗的诸门，任君有意藏匿，而终不免将为诸人所窥也。[2]

仅有一次（见于其书序篇）他隐约提到贺拉斯（nonumque prematur in annum【藏之九年。译按，见《诗艺》，第 388 行】）；但却经常想起或引用维吉尔，包括那句后来在赞辞里常常援述的名言：primo avulso non deficit alter aureus【金枝既折，继者复生】[3]。他唯有援引过西塞罗修辞学著作[4]，引述塔西佗不过一次，盖为告知波罗的海民人有关琥珀之起源[5]。经由这些函件，卡息奥多儒（虽则水准极为低下）展示出"西塞罗或老普林尼一般百科全书式的学养"[6]。

《杂著集》之末卷，他绘出一幅可喜的画图，以描述布鲁梯地区的首善之城，也正是他的生地，斯库拉齐翁。言此处"如串葡萄，悬挂于群山之上，终年浴于明媚日光之下，复得海上习习之风凉，四周的农人

---

1 iii 51.

2 xi 6，Hodgkin 本，pp. 112，463。

3 《杂著集》，v 4；参看 ii 40，7；v 21，42§11，以及 xii 14（在布鲁梯，intuba【菊苣】非 amara【苦味的】）。

4 《论演说家》，i 30；《布鲁图斯》，46。

5 《日耳曼尼亚志》，45（《杂著集》，v 2，"quidam Cornelius"【据考涅琉斯所云】）。

6 R. W. Church，同上书，p. 160。

悠然地耕作于谷地、葡萄园和橄榄丛间”[1]。为东哥特王朝效力三十载后，他正是退隐此处，并以长寿的余生致力于注定会对中世纪知识界发生持久影响力的一部著作上去。他已经在同阿伽珀杜 Agapetus 通信了，此人在 535—536 年间出任教皇，他们在信中商量着要按亚历山大里亚和
264 尼西比 Nisibis 的模式，在罗马筹建一所神学学校[2]。阿伽珀杜择选了西莲 Caelian 山上一处宅院，此后连接于圣大格雷高利堂，并建起了一座图书馆：9 世纪时，有位埃因歇德伦 Einsiedeln 的朝圣者在此发现了一行诗铭，据称出自此位教皇之口，云：codicibus pulchrum condidit arte locum【为护其书，筑此嘉室】[3]。由于贝利萨留入侵意大利，罗马神学学校的计划无果而终，但卡息奥多儒将之搬于生地的合适所在，遂得偿夙愿。尽管此时他仍是执政长官，但已在斯奎拉刻湾旁的墨西亚 Moscian 山脚筑起了一系列的 vivaria，或谓禁渔区[4]。他在此成立了其两所修道院中的一所，（犹如当今毗邻布里斯托尔 Bristol 的**鱼池** ***Fishponds*** 学院）因这些 vivaria 而得名，叫作 monasterium Vivariense【护生修院】[5]。读其书，知此处有灌溉良好的佳苑，邻近珀勒纳 Pellena 河之流水可涤除病痛[6]，而“山脚下，海滩上”

---

1 xii 15，Hodgkin 本，p. 8。

2 《圣教与世俗学问绪论》，“序”，Migne 本，lxx 1105 以下；参看 Hodgkin，p. 56；Boissier，《异教末世》，i 216[3]。

3 埃因歇德伦抄本（De Rossi，引自 J. W. Clark 的《书之关护》，p. 44）。

4 《杂著集》，xii 15，14。

5 A. J. Evans 先生将罗马人之斯库拉齐翁定位于罗刻拉 Roccella，现今斯奎拉刻之东北 6 英里处，而修道院在斯奎拉刻和海岸之间，维吉尔之所谓 navifragum Scylaceum【折桅覆舟的斯奎拉刻。译按，见《埃涅阿斯纪》，iii 553】即此也（Hodgkin 本，pp.9，68–72）。罗刻拉被称为“景致壮丽的小天地”，故而成为 Lear 的《卡拉布里亚》*Calabria* 组画中一幅美景的主题，见其书【译按，指 Edward Lear 的《风景画家在南卡拉布里亚之观光录》*Journals of a Landscape Painter in Southern Calabria* 一书】，p. 104。

6 《绪论》，i 29。

有“阿瑞菟沙 Arethusa【译按，古希腊之林泉女神名】之泉”，周边缀以瑟瑟荻草之冠冕，共同构成一处清馨愉悦之所在[1]。对于那些更偏爱清静无扰之境的人，另有一处修道院，或直谓隐士庐，位于“卡斯托尔 Castle 山令人着迷的隐奥中”，这是一处孤绝之地，环绕以古代的城墙，可能是来自某个废弃的城堡[2]。如上是主要保存于其《绪论》一书中的有关描述，这是一部半神学半百科全书性质的著作，他于 543—555 年间为方便“其僧众”而撰作[3]。此书的第一部分，冠以其分标题《圣教学问绪论》，论述的 265
是构成旧约与新约的九部抄本之内容，警示其僧众勿以寥寥貌似可信之校文即去减损圣教文字的纯洁性。其他文本的校理者必要研究古人之著作，即 libros priscorum，再倚赖那些精熟于世俗文学者的援助，对文本进行修正[4]。他提及数位基督教史学家，和几名重要的教父，偶尔提及一位在他图书馆中工作的同事，即第欧尼修修士（艾克西古厄斯 Exiguus【译按，此人之绰号，意谓“寒士”】），此人奠定了我们现今时代的纪年方式【译按，谓以耶稣降生之年纪元】，最早使用于西元 562 年[5]。卡息奥多儒还敦促他的僧众们，勤于学问但勿以此途径为目标，而要借此来获得圣书中更良善的知识[6]。在论及世俗文学并劝勉僧众研究经典著作之后，他恳请那

1 《杂著集》，viii 32（Hodgkin 本，p. 380）。

2 《绪论》，i 29，montis Castelli secreta suavia... muris pristinis ambientibus inclusa。

3 Mommsen 为《杂著集》所作的前言，p. xi。在 c. 17 的脚注中则暗谓有种晚出的修订本，时在查士丁尼帝当朝之末年（565）。

4 1130 B【译按，即《绪论》，i 15，14】，ubicumque paragrammata in disertis hominibus reperta fuerint, intrepidus vitiosa recorrigat【无论在饱学的作者笔下发现了怎样的拼写错误，都要毫不犹豫地将之改正】。

5 《耶稣复活之纪年算法》*Computus Paschalis*，见于 Migne 本，lxix 1249。最初将此书归为卡息奥多儒的，是皮提厄乌斯 Pithyoeus。

6 《绪论》，i 28，p. 1142 A–B。

些对于文学作品不甚上心的读者，可去花功夫在种植园艺上，而与此主题有关的古代作家，就有伽吉琉斯·马提阿理斯 Gargilius Martialis、刻伦弥拉 Columella 和埃密理安努斯·马赛尔 Aemilianus Macer，他已将这些书稿留存给他们，以备阅览[1]。据猜测而知，若不是卡息奥多儒，加图的《农业志》*De Re Rustica* 或已不复存世了[2]；但要注意的是他其实并未提到这部著作。他耗费巨资从北非和世界各地购买书稿[3]，并鼓励其僧众悉心传钞。他提到曾见有一组圣经经卷，in codice grandiore littera grandiore (clariore?) conscripto【卷帙庞大，誊钞清晰】，其中还包括了杰罗姆的译文。这部抄本大概被他从拉文纳带走，由此可推想此本的一部分内容在通行本圣经的亚秘阿提努斯 Amiatinus 钞卷的前四篇也就是最古老的那四篇中得以流传下来，一同保存在佛罗伦萨的洛伦佐图书馆 Laurentian library 内。后者的扉
266 页插图表现的是正在撰写律法的以斯拉 Ezra，背景上开门的书柜，与拉文纳的伽拉·普拉熙狄娅 Galla Placidia 寝陵（440 年）中镶嵌画所表现的四福音书柜大体相似[4]。这些典籍俱藏于卡息奥多儒修道院图书室的柜子（armaria）中，其中有九只载有圣经及相关研究著作，少数希腊文的抄本置于第八 armarium【柜】中。总体的安排不是以作者分类而是以主题分。圣杰罗姆和根那丢斯的传记类著作被合编在一部抄本中，而西塞罗、昆体良和佛图纳提安努斯的修辞学著作也得到了同样的对待[5]。

---

1 《绪论》，i 28，p. 1142–1143。

2 Norden，《古代艺术散文》，p. 664。

3 《绪论》，i c. 8。

4 H. J. White，在《圣经研究》*Studia Biblica*，1890，ii 273–308；J. W. Clark 的《书之关护》，扉页图，以及 pp. 39–41。

5 i 8，17；ii 2。Franz，《卡息奥多儒》，pp. 80–92，开列了一个此图书室必备或可能藏有书籍的目录。

他对那些在誊写抄本时悉心有加的僧众会特别青睐。谈及 scriptorium【钞书】时，他具言 antiquarius【古籍学者】之特权，谓此等人士“钞录圣训，流布于世，由而喜获此般特权，盖能凭一己之手默示凡俗众生解脱之道，借笔墨以退恶魔之诱惑；圣主所言，由钞胥写来，字字皆是施于撒旦其身的创痕”[1]。书写者的技艺既已由年轻僧侣们在都尔的圣马丁修道院自学而成[2]，而在约 550 年时的高卢，菲勒奥卢斯 Ferreolus 颁布训令，谓体弱不能负荷繁重劳作的僧人可以读书和抄书作为适当职业[3]。但这门技艺在卡息奥多儒那里受到更为严厉得多的约束。他本人就为如何悉心谨慎地抄写诗篇、先知书和使徒书信做出了榜样[4]。

《绪论》中亦谈及一些拼写规则，从中可见卡息奥多儒赞同写作中的 in 应与尾随之辅音相同化，以求谐悦[5]。出于相同之理由，他将 quidquam 改写成 quicquam。为规避讹误，抄写者们都必要读古代作家有关正字法的书籍，包括维琉斯·郎古斯、科耳修斯·瓦勒理安努斯 Curtius Valerianus、帕庇理安努斯 Papyrianus 和“殉道坚士” Adamantius Martyrius 论 V 与 B，攸提珂斯 Eutyches 论送气音，以及佛喀斯 Phocas 论词性。这些著作由他自己耗费毕生精力搜集得来。他又言圣教经文的抄本当装帧以配得上其内容的封面，故而提出一种图案卷册来，包括了各种装订方式的样本。为了便于夜间阅读，他曾造出一种灯具，构思精巧之 267

1 《绪论》，i 30。

2 苏耳庇修·塞维尔儒斯，《圣马丁传》*Vita Sancti Martini*，c. 7。

3 c. 28，***paginam pingat digito***, qui terram non praescribit aratro（Franz，《卡息奥多儒》，p. 56）。

4 《序》，p. 1109 B。

5 i 15（Migne 本，p. 1129 A），multa etiam respectu euphoniae propter subsequentes litteras probabiliter immutamus, ut illuminatio, irrisio, immutabilis, impius, improbus【因其后之字母的不同，为求谐悦便有多种形式的变化，诸如 illuminatio, irrisio, immutabilis, impius, improbus】。

处在于永不缺油且不需调理，他还设计了一种日晷，只用于晴天，又发明了一座水钟，可以日夜兼程、阴晴不论地运行[1]。

9 世纪里，剌班努斯·茅儒斯 Rabanus Maurus 在其著作《论神职人员的使命》*De Institutione Clericorum* 模仿了《绪论》的第一部分，莱歇瑙的修道院也把这部分著作列为教科书[2]。该书的第二部分，是一简短的手册，题为《论艺术及人文学问诸科》*De Artibus ac Disciplinis Liberalium Litterarum*[3]，卡息奥多儒简要地将七门文科介绍了一番，他用去一半的篇幅来谈论理学，余者论述其他六艺，其中唯修辞学部分内容格外充实些。马提安·卡帕剌对于文科诸艺的寓言未被卡息奥多儒提及，但毋庸置疑的是，通过强调数字“七”之圣洁意义，通过对“智慧修建七柱以筑就她家庭舍”之说的重新阐释，以及通过将七艺与僧侣教育相连缀，卡息奥多儒不经意中促进了异教著作的流传[4]。论音乐的短章提到阿尔比努斯的一部著作，卡息奥多儒犹记当年是在罗马读到此书的，但或许已经亡
268 佚，gentili incursione sublatus【毁于异族之入侵】。论理学的长篇章节，乃是节略自亚里士多德的大半部《工具论》，读者于其中还会读到有关波弗利《引介》中的内容，以及波爱修斯（viro magnifico【显赫之人】）的《解释篇》六卷本注疏，后者的一部抄本留存给了僧众。这里引述到有

1 i 30.

2 Franz，《卡息奥多儒》，p. 124。

3 Migne，lxx 1150–1213.

4 H. Parker，在《史学评论》*Historical Review*，v 456。参看 Hauréau，《经院哲学史》，i 25，以及 Mariétan，《科学分科之问题》*Problème de la Classification des Sciences*（论文发表于瑞士之弗莱堡），1901，pp. 61，83（Roger，《自奥索尼乌斯至阿尔昆》，181，注释 3）。“纵然基督教获得全胜，古老异教徒的学问却从未被摧毁”；卡息奥多儒即是个中人物，“他们将异教学问稍加基督化，便使之在后代更为流行了”（Ugo Balzani，p. 5）。

关亚里士多德写《解释篇》的奇妙语句，calamum in mente tingebat【他笔端浸有心智之墨】。书中添有一节专论逻辑之谬误，还涉及修辞学和论理学更关切的一些问题。此章结尾处，柏拉图与亚里士多德被奇怪地称为 opinabiles magistri saecularium litterarum【世俗学问之善幻想的大师】，因为了解作者修辞表述的能力，故而这样的语句作为赞美之辞来说太无力度了。或当留心的是，《杂著集》中伟辞造作之文风，在《绪论》里面得到了简化，其中（以其作者自家之言来说），plus utilitatis invenies quam decoris【得体将使你获益更多】[1]。伊拉斯谟对卡息奥多儒之高义与虔行极为服膺，但对他试图在《绪论》中涵盖圣教与世俗全部学问的做法不以为然[2]。可这著作是为没学问的僧侣而编写的，对于他们来说这著作则无疑是有用的。修辞学一章受到了塞维利亚的伊息多耳和阿尔昆的模仿，后者受有关论理学那章的沾溉更多[3]。

《论正字法》[4]一文制定了拼写的规则，使抄写者免犯那些常见的讹误。从“殉道坚士”论 V 与 B 的著作里抽绎出的四章，显示出教养不足者在识这些字母之音读时必定总是惶惑不堪的，这些人分辨 vivere 和 bibere 的能力（即便有也是）微乎其微[5]。卡氏佚作中尚有一些对多纳图斯和萨科耳多 Sacerdos 著作的汇编[6]。经由他对抄写者们的悉心调教，使

1 p. 1240 C.

2 《书信集》，1038。

3 Franz，《卡息奥多儒》，p. 125。

4 Keil，《拉丁语法家集成》*Grammatici Latini*，vii 127。

5 Migne，p. 1261 C，bibo... a vita per v, a potu per b scribendum est【bibo 者，写以 v 则指“生命”，写以 b 则指“饮水”】。讹误者，诸如 vibamus 之于 bibamus，fobeas 之于 foveas，就确实出现在通行拉丁语本《圣经》的抄本中（Franz，《卡息奥多儒》，p. 61）。

6 p. 1123 D.

得早期拉丁文学作品免受毁灭之灾。他懂希腊文，但偏爱于阅读希腊作
269 品的拉丁译本[1]，遂促成了约瑟夫的《犹太古史》拉丁文译本[2]。圣杰罗姆在他伯利恒的蜗居中树立了与世隔绝地致力于著书事业的伟大先例，卡息奥多儒则第一个以更为宽阔、更为系统的方式实践着这样的道德标准，将之施行于修院门庭中。霍吉金 Hodgkin 博士所言颇有见地，谓“卡息奥多儒之可贵，在于他断然调用了修院冗多的闲暇，来保存圣教与人世之学识，使之传诸后世，这显示出他对于时代要求的深刻洞察力，欧洲文明当永远要感谢斯人”。同样地，兰赛 W. Ramsay 教授如此评说：“从他的成规与实践中获得的益处，未可拘囿在他所主持的机构之上，也未可限定于他所存身的那个时代。相同的系统逐渐演化成为类似的机构，古人著作的传抄成为修院生活规定成文的职业，如此说来，我们很可能都间接地受到卡息奥多儒的惠助，为的是这些古代天才人物的遗著能够为数甚巨地流传下来。”[3]实际上，众所周知的是以后数世纪的文明教化，以及尤其要紧的修院图书馆和教会学校，这类机构在“黑暗时代”里传承着学术之薪火，便都和卡息奥多儒的预见卓识有着密切关系[4]。

波爱修斯和卡息奥多儒曾被恰当地称作“双杰”，且被比拟为“双面雅努斯 Janus”[5]。若言波爱修斯之目光反顾凝视于旧日古典世界的衰颓

1 《序》，1108 A，dulcius enim ab unoquoque suscipitur, quod patrio sermone narratur【对每位读者而言，以其母语写成的著作更易被接受】。

2 《绪论》，i 17。

3 W. Ramsay 为 Smith《传记词典》所写的相关词条。

4 参看 Ebert，i 500^2，以及 Norden，《古代艺术散文》，pp. 663–665；又见 A. Olleris，《古典书籍的护法，卡息奥多儒》*Cassidore conservateur des livres de l'antiquité*，1841。

5 Ebert，i 486^2，einen Januskopf bildet dieses Dioskurenpaar【雅努斯一头双面】。

岁月，则卡息奥多儒则已前瞻到基督世界的中古之曙色了；两人虽方式
不同，却同样地保存了伟大往昔的文化传统，使之免于被蛮族之风暴席
卷殆尽。卡息奥多儒前半生勤于政治，后半生献身宗教，立于罗马与条
顿、古代与现代的两个世界之交线上，具有多重意涵。众所周知，卡息 270
奥多儒乃是第一个屡屡使用 modernus【近世，现代】这词的人[1]。

《绪论》之外，卡息奥多儒好像并没给他的僧众写其他的清规戒条，而且我们对于这位创始人身后的修院命运也一无所知。他推荐僧人们去阅读西方修院生活的奠基者嘉西安的院规著作，且警告诸人提防作者的自由意愿之观点[2]。有关本尼迪克特和本笃会教规，我们在他的著作里面未见只字片语。他的训导中其实也包含了规诫，但无法证实前者为后者所约束。最早称卡息奥多儒是本笃会教徒的人是特理忒米乌斯 Trithemius（卒于 1516 年）[3]，然而卡息奥多儒的沉默在巴隆尼乌斯 Baronius [4]看来正充分驳斥了此说，并且巴隆尼乌斯的观点并未被嘉莱 Garet 在他冗长的同论题著作（1679 年）[5]中给予真正的反驳。卡西诺山的本笃修院建成于 529 年，要比卡息奥多儒建立在斯奎拉刻湾的那座早十余年；但是后者先树立了献身学术劳作的楷模，后来这一规范才成为本笃修道会最具声

---

1 Hodgkin, pp. 1–2。参看《杂著集》, iv 45（叙马库斯）antiquorum diligentissimus imitator, modernorum nobilissimus institutor【效法古贤的最勤勉者，缔造现世的最显赫者】; iii 5，3, modernis saeculis moribus ornabatur antiquis【以古典之德行装点现世之人生】; 8，1；31，4；viii 14，2；25，1；xi 1，19。这词复见于卡息奥多儒之同代稍年长的恩诺丢斯著作里，lxiii 54 A，232 B，以及 499 的一件公文中（Wölfflin,《莱茵博物馆》, xxxvii 92）。

2 《绪论》, i 29。

3 《圣本笃会名人传》*De viris illustribus ordinis sancti Benedicti*，i c. 6 以及 iii c. 7。

4 《编年史》*Annales*，499 年纪事（no. 77）。

5 Migne，lxix 483–496.

望的功绩之一[1]。

本尼迪克特　本尼迪克特，此人如波爱修斯一样，属于安尼齐族，生于努尔西亚Nursia，此地在旧萨宾区之北部，他生年在480年，（几近）与波爱修斯和卡息奥多儒同岁。在despectis litterarum studiis【文学研究遭受鄙弃】[2]之时，他逃离了罗马的欢娱和危险，来至偏僻的苏比雅克Subiaco，常跟随身侧的，有年轻的罗马贵族茅儒斯，即后世称作圣茅尔St Maur的。过了一段时日，他往南去，至50英里外的卡西诺山，那里仍矗立着一座阿波罗神庙，其所属之圣林已成为邻近民人的禋祀之中心。民众被说服后，捣毁了祭坛，焚烧了圣林[3]；山上最后一座异教徒要塞，于529年被一座修院取代，经过多次修缮，仍能屹立在1700英尺之高处，俯瞰北部的广袤山区，东部的阿布鲁齐Abruzi之岩岩峰峦，向西向南远眺，则看到的是一线长长的静谧河流，环绕着加里利亚诺Garigliano之空旷的峡谷——即是那rura, quae Liris quieta mordet aqua taciturnus amnis【碧波轻漾的利瑞斯之静静河域。译按，系出自贺拉斯《颂歌集》，i 31，7—8】。毗邻山脚有处罗马圆形剧场之墟址，附近还有"异教徒中的本笃会人物"瓦罗的别墅故址[4]。本笃修道会之戒规中所盛言的三种美德，乃是孤绝幽寂中的

271

1　卡息奥多儒的《文集》见Migne本，lxix，lxx；《杂著集》，有Mommsen编订本（见《日耳曼历史学文库》），1894；复见Bury的Gibbon《衰亡史》，iv 180以下，522；Hodgkin的《意大利与入侵者》，1885，iii 274–277，310–328，以及《卡息奥多儒书信集》，1886，其引及的文献，特别参考A. Franz，《卡息奥多儒》，pp. 137，1872，以及R. W. Church，在《教会季刊》*Church Quarterly*，1880（《杂文集》，1888，pp. 155–204）；又见V. Mortet，在《语文学杂志》*Revue de Philologie*，1900，1903（1904）；Roger，175–187；以及Ker的《黑暗时代》*Dark Ages*，117–119。参看Traube，《演说及论文集》，i 106，ii 127–131，145；Manitius，36–52。

2　格雷高利的《对话录》*Dialogi*，ii开首。

3　格雷高利的《对话录》，ii 8；参看但丁，《天堂篇》，xxii，37–45。

4　Montalembert，《西方的僧侣》*Monks of the West*，i 434，1896年版。

沉默，以及谦卑和顺从；所从事的三项职业，乃是敬奉上帝、读书和手工劳作。“圣本尼迪克特戒规”的第 48 章宣扬“怠惰为灵魂之敌”，并规定手工劳作要预留出数个小时的时间来（夏日午后近两个小时，年中其他季节则在上午八九点之前）用于阅读圣教书籍，称为 lectio divina【灵阅】。四旬大斋期里，每个僧侣都要从图书馆取一本书，以备节日期间阅读。每周也要选一僧人在用餐时间为余者高声诵读[1]。无人可以擅自占有一部书籍或一块写字板，甚至是一支笔（graffium【蜡版锥笔】）也不可放入私囊[2]。这样看来，本笃会的学术工作并非其创立者原本制定下的 272
要求。本尼迪克特去世（约在 542 年）之前，其忠诚的学生茅儒斯攀越了阿尔卑斯山，他在奥尔良 Orleans 受到了欢迎，在卢瓦尔河的葛兰费依 Glanfeuil 邻近昂热 Angers 之处，他建立了法兰西的第一座本笃会修道院，这个地方被后世名之为卢瓦尔河畔的圣茅尔 St Maur-sur-Loire[3]。圣茅尔之称还成了英国塞牧尔 Seymour 望族的别号；还总是伴随着法国本笃会的学术工作，即如“圣茅尔社” Congregation of St. Maur，自 1630 年至法国大革命期间，该社之总部乃是巴黎南部圣日耳曼德佩区 Saint-Germain-des-Prés 的修院教堂[4]。

---

1 c. 38.

2 c. 33。《本笃修会戒规》*Benedicti Regula Monachorum*，Wölfflin 编，1895；该编者的论文见于《文献》*Archiv*，ix（1896）493；Traube 的《圣本笃会戒规文本渊源考》*Textgeschichte der Regula S. Benedicti*，1898。参看 Hallam 的《欧洲文学导论，15—17 世纪》*Introduction to the Literature of Europe, in the fifteenth, sixteenth, and seventeenth centuries*，i 4；Harnack 的《修道会：理想与历史》*Das Mönchtum: seine Ideale und seine Geschichte*，42[4]；Norden，p. 665，注释；Grützmacher，《论努尔西亚的本尼迪克特之重要性》*Die Bedeutung Benedikts von Nursia*；Roger，171–175；Manitius，88–91；Cuthbert Butler，《本笃修道会》*Benedictine Monachism*，pp. 23，160–183，332–352。

3 Mabillon 的《圣本笃会圣徒行状》*Acta Sanctorum Ordinis S. Benedicti*，i 290。

4 J. W. Clark 的《书之关护》，pp. 115 以下，地图显示了图书馆馆址。

据说，本尼迪克特晚年曾预见卡西诺山巍峨之建筑会因为掠夺者的蹂躏而倾颓倒塌[1]，583年伦巴第人首度给予此预言以先兆，继而是857年的萨拉逊人。542年岁末，本尼迪克特受哥特国王托提拉 Totila 的参访，此王所来非为摧毁，而是求教，他从本尼迪克特处学到仁爱之道，离去后仍能铭记在心[2]。也有人言，建院者晚年常为自己修道会的锦绣前途而心悦不已。如此说来，至少可解释那个故事，谓他一度曾见拂晓之昏黑突然被甚于白日的耀目光辉驱散[3]。本书后面的章节中，将就所关心的主题，去留意此公之愿心是如何得以实现的。

普理西安

为卡息奥多儒编入其《论正字法》一书的最后一位语法学家是普理西安 Priscian，qui nosto tempore Constantinopoli doctor fuit【乃是近世君士坦丁堡之博士】[4]。对其生平的了解所知者，至多莫过于他写过（约在512年）一部阿纳斯塔修斯 Anastasius 帝的颂诗，此君统御东方世界在
273 491—518年之间[5]；曾有他的一个门生在君士坦丁堡完成了其语法学巨著的一部抄本，这名学生就是书法家忒奥都儒斯 Theodorus，时在526—527年中[6]。他有三部次要的著作：（1）论数、量、衡，（2）论泰伦斯的韵体，以及（3）一些修辞学习题，几乎全部得自于希腊人的原著。这

---

1 格雷高利的《对话录》，ii 17（及前揭 Mabillon 氏著作之序言）。

2 同上，ii 15；Jameson 夫人的《修道会传奇》*Legends of the Monastic Orders*，i 7–13，以及 Milman 的《拉丁教会史》，ii 80–96。参看 Hodgkin 的《意大利与入侵者》，iv 462–498。

3 格雷高利的《对话录》，ii 34；Montalembert，前揭书，i 435 以下。

4 c. 12.

5 Bährens，《拉丁二流诗人》，v 264。

6 ...scripsi artem Prisciani eloquentissimi grammatici doctoris mei manu mea in urbe Roma（异文作 Romana）Constantinopoli...【我曾在罗马人的君士坦丁堡亲手抄订并缩编了普理西安这位最雄辩的语法学教师的著作】Olybrio v. c. consule，即 Mavortio Olybrio, cons. 526–527（Jahn，在《莱比锡皇家萨克逊科学学会会议报告》，1851，p. 354）。

些著作曾被题献于叙马库斯（可能是那位485年的执政官），普理西安见得此人之前便已晓得其高贵的声誉（对于叙马库斯访问君士坦丁堡的缘由全不可知，或是偶然所致）。普理西安生于毛里塔尼亚的恺撒里亚 Caesarea，毫无证据可说明他曾居于罗马。他的《语法学》*Grammar* 凡18卷；I到XVI卷论词形变化；XVII和XVIII两卷论句法。在该书献词中，他自言打算译出阿波罗尼乌斯（都斯古卢斯）、希洛狄安的希腊文著作；但他自己的著作里的浅尝辄止可与前者的 spatiosa volumina【庞大之卷帙】和后者的 pelagus【渊博如海】形成对照。他追武阿波罗尼乌斯之学甚紧，如从其书各卷所见，几近全然保留了阿波罗尼乌斯的相关章节，即有关代词、副词、连词和句法的部分。普理西安的拉丁语学问来自弗拉维乌斯·卡珀尔；受嘉理修斯、狄奥墨得斯、多纳图斯（及塞尔维乌斯的多纳图斯注疏）和普洛布斯的沾溉也不少；另外还有西塞罗著作中提供的一张语法学范例的早期表单。这部著作中来自西塞罗和萨鲁斯特的引文相当丰富，此外则还有普劳图斯、泰伦斯、维吉尔、贺拉斯、奥维德、卢坎、珀息乌斯、斯塔提乌斯和玉万纳尔。较少引及加图、阿克奇乌斯、恩尼乌斯和卢克莱修；卡图卢斯、普罗珀提乌斯、恺撒和老普林尼的著作极为鲜见，提布卢斯和塔西佗则完全没有被提到过。希腊文的例句主要摘自荷马、柏拉图、伊索克拉底和德摩斯提尼。他自家文风十分冗繁，好似对于拉丁散文中的字词序列之要紧完全漠然。他在后世却能暴得大名。其学生攸提珂斯称他为“Romanae lumen facundiae”【拉丁语文之光辉】和“communis... hominum praeceptor”【全人类之教习】。普理西安的一部抄本在阿尔德海姆 Aldhelm（卒于709年）时代进入英格兰。比德 Bede 曾引述过他，阿尔昆称他有“Latinae eloquentiae decus”【丰美 274
的拉丁语风】，并提及约克郡的图书馆目录中有他的名字。阿尔昆的学生，剌班努斯·茅儒斯，曾在一篇语法学论文中抄袭过他的著作，此人的学生，塞尔瓦图斯·卢普斯 Servatus Lupus（卒于 862 年）复又细致地对这部著作进行了研究。普理西安的语法学在中世纪是一部重要的教材，因而今天仍有超过 1000 种的抄本存世。文艺复兴时期之初，普理西安出现在一首咏诵传闻中的彼特拉克之死的诗里，恍若是语法学界最重要的代表人物（1343 年）[1]；在 14 世纪中期之后，佛罗伦萨之圣玛利亚教堂 Santa Maria Novella 的教士礼拜堂（后人称作西班牙小礼拜堂）中，或是普理西安或是多纳图斯，其肖像被放置在人格化的七种世间科学之一的语法学下，而在七种天界学问的代表中，中央的角色有时被认定是波爱修斯（约 1355 年）。

在波爱修斯执政罗马（510 年）不过两年之后，普理西安在君士坦丁堡颂扬着东方的皇帝（512 年）。在此两事件之间有克洛维的谢世（511 年），在此七八年前，波爱修斯曾应忒奥多理克帝之重臣卡息奥多儒的要求，为这位君主挑选一位娴熟的竖琴琴师。波爱修斯卒后（524 年）又二年，忒奥多理克帝驾崩（526 年），同年普理西安的语法学著作出现了抄于君士坦丁堡的副本，现存所有之抄本都延承于此本。罗马时期的终结以波爱修斯的去世为标志；而普理西安的宏著由他的学生在君士坦丁堡而非罗马誊抄传世，预示着学术史的拜占庭时期之开端。普理西安的原本抄毕又二年，查士丁尼帝在登位伊始，就关闭了雅典的各所

1 Antonio Beccaria，Grammatica era prima in questo pianto | E con lei Prisciano【语法学最先陷于悲哀，同她的普理西安一起】（Priscian，1 xxxi，Hertz 本）。——Hertz 本是最好的普理西安著作版本（其中次要著作编者为 Keil），1855—1859。参看 Teuffel，§481；以及 Jeep 的《拉丁语法学家之语言部分教学史》*Zur Geschichte der Lehre von den Redeteilen bei den lateinischen Grammatikern*，89-97。

学校，大约与此同时的西方世界里，卡西诺山的修道院在阿波罗神坛的
墟址上兴起。当我们从阿波罗神坛墟址走至卡斯托尔山 Castle Hill，途中
总不免思绪万千，俯瞰禁渔区之修院和斯奎拉刻湾，追想卡息奥多儒以 275
余生 33 年之光阴，训导其僧众成为全神投入的钞书人，而他漫长人生中
的最后一部著作之结尾，是从普理西安之篇什中择其佳者所作的摘要。
由此，我们感到，我们已然将罗马时期抛诸身后，我们已然站立于中世
纪的边界上了。

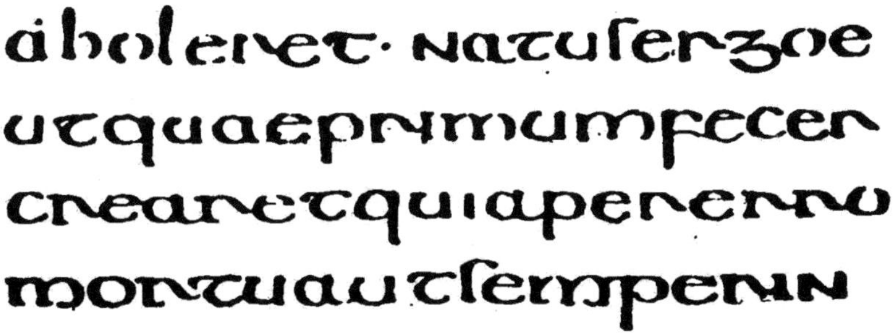

图 12　出自卡西诺山的圣经注疏

作于西元 569 年之前（E. M. Thompson 的《古文书法手册》，p. 202）

第四编

罗马时期的希腊学术 277

ὁ καθ' ἡμᾶς χρόνος... ἀπέδωκε τῇ μὲν ἀρχαίᾳ καὶ σώφρονι ῥητορικῇ τὴν δικαίαν τιμήν, ἣν καὶ πρότερον εἶχε, καλῶς ἀπολαβεῖν·... αἰτία δ' οἶμαι καὶ ἀρχὴ τῆς τοσαύτης μεταβολῆς ἐγένετο ἡ πάντων κρατοῦσα Ῥώμη.

【在吾人之世代……因某些缘故，严谨明澈的古代修辞之学，又恢复了她往昔尊贵的地位……依我之见，这一伟大变革的起因即是罗马对世界的征服。】

哈利卡那苏斯的第欧尼修，

《论古代演说家》*De Oratoribus Antiquis*，c. 2—3

ἡμεῖς οὐ πρὸς τὰ διημαρτημένα ἀφορῶμεν, ἀλλὰ πρὸς τὰ δοκιμώτατα τῶν ἀρχαίων.

【吾人从不妄加青眼，唯一尊崇阿该亚古风之高妙。】

弗里尼库斯，《语辞粹录》“献辞” *Eclogae Dedicatio*

Conspectus of Greek Literature, &c., 1—300 A.D.

Roman Emperors	Poets	Historians, Biographers, Geographers	Orators, Rhetoricians	Scholars, Critics, &c.	Other Writers of Prose
A.D					
14 Tiberius		c. 24 d. Strabo	Theodorus of Gadara	Theon Seleucus	
37 Caligula 41 Claudius	Philippus of Thessalonica			Apion Heliodorus 40 ? Anonymus περὶ ὕψους	40 Philo Judaeus (b. 20 B.C.) visits Rome
54 Nero	Lucillius	63 Josephus 37—c. 98		50 Pamphilus Pamphila Erotianus	
68 Galba 69 Otho 69 Vitellius 69 Vespasian 79 Titus 81 Domitian 96 Nerva 98 Trajan		Plutarch c. 46—c. 125	75 Nicetes of Smyrna Dio Chrysostom c. 40—c. 114	Epaphroditus Demetrius περὶ ἑρμηνείας	Dioscorides
100					
117 Hadrian	Dionysius Periegetes Mesomedes	Herenn. Philon c. 64—c. 141 Phlegon	Favorinus Alexander Aelius Theon	110 Aspasius Ael. Dionysius Nicanor	

161 M. Aurelius (161-9 L. Verus) 180 Commodus 193 Pertinax 193 Julianus 193 Septimius Severus	169 Oppian, *Halieutica* Babrius	160 Appian 161–9 Polyaenus, *Poliorcetica* Ptolemaeus 173 Pausanias	143 Herodes Atticus 103—179 Demetrius 176 Aristides 129—*c.* 189 189 Maximus Tyrius Hermogenes	Herodian Pausanias, *Atticista* Hephaestion Harpocration 180 Phrynichus 180 Pollux Alexander Aphrodisiensis	Lucian *c.* 125—*c.* 192 Alciphron Galen 131—201 175 Atticus Numenius Sextus Empiricus Clemens Alexandrinus *c.* 160—*c.* 215 193 Athenaeus
200					
211 Caracalla 217 Macrinus 218 Elagabalus 222 Alexander Severus 235 Maximin 238 Gordian I, II 238 { Pupienus { Balbinus 238 Gordian III 244 Philippus 249 Decius 251 Gallus 253 Aemilianus 253 Valerian & Gallienus 268 Claudius II 270 Aurelian 275 Tacitus 276 Florianus 276 Probus 282 Carus 283 Carinus & Numerian 284 Diocletian (286 Maximian)	211 Pseudo-Oppian, *Cynegetica*	211–21 Dion Cassius *c.* 155—230–40 221 Julius Africanus 250 Herodian *c.* 165—*c.* 255	215 Philostratus I, *Lives of the Sophists*, b. *c.* 170, *fl.* 215–45 235 Apsines *c.* 190—250 235 Philostratus II, *Heroicus* and earlier *Eikones*, b. *c.* 190 260 Minucianus Longinus *c.* 220—273 273 Menander	207 Pseudo-Dositheus Timaeus Aristides Quintilianus	Xenophon Eph. Diogenes Laertius (Ammonius Saccas) 203 Origen 185—254 222 Aelian *c.* 170—230 244 Plotinus 204—270 262 Porphyry 233—*c.* 301–5 Heliodorus
300					

Continued from p. 104.

第十五章

帝国初世纪的希腊文学批评 279

奥古斯都时代的罗马，卓然成为希腊文坛主要代表人物们心向往之的中心。约西元前 20 年时，斯特拉波访谒此城，四十年后他完成了那部地理学巨著，其中大量征引古代希腊文家之言，盖自荷马始，继而有亚历山大里亚时期之作家，如埃拉托色尼和希帕库斯、斯刻博息的德米特理乌斯，以及阿波罗多儒斯。距此约十年之前，恰逢狄奥多鲁斯之史集问世，便有半数篇幅从对罗马诸图书馆的研究得来。哈利卡那苏斯的第欧尼修抵达罗马也在这时，他至少住在此城有二十二载，自西元前 30—前 8 年。他曾习拉丁文，故通晓拉丁文献，后来写成流传至今的罗马上古史著作[1]。然而我们在此关注的仅是其修辞学著作。雅典风与亚细亚风

哈利卡那苏斯的第欧尼修

1　有关希腊人学习拉丁文之情况，参看 Egger，《古史与语文学论集》*Mémoires de l'histoire ancienne et de la philologie*，259–276，以及 Gudeman，《美国语文学学会学刊》，XXI（1890），vii–x。

的论争，自德摩斯提尼时代传至于西塞罗时代，到第欧尼修时显然是前者占了上风。他将雅典风的得势归因于世界之霸主的权威影响力，以及其国政治家们的批评与实践上的天赋[1]。第欧尼修的著述多致力于阿提卡散文之正宗的复活与延续。其著作的确切写作时间不可得知，但依据作
280 者就已公布之著作的夫子自道，间或可提供出一个信息，以排出一个不甚确切的系年次序，在此将简述如次：

1.《致阿麦欧斯第一书》。此短文旨在驳斥逍遥学派某个无名之辈的观点，以为德摩斯提尼长于演说之术得益于亚里士多德《修辞学》中的教谕。第欧尼修列出德摩斯提尼之12篇演说文，证其俱写于奥林提亚战争 Olynthian war（西元前348年）结束之前，而此战争在《修辞学》第三卷中曾被提及；另外12篇写于奥林提亚战争到西元前339年之间，后者即是《修辞学》成书之时间，这比《议王冠》（西元前330年）的发表也要晚些。涉及奥林提亚战事处，他屡屡引述斐洛柯儒斯著作中的重要段落。他还具列了一个不完整的亚里士多德生平系年和一个德摩斯提尼的演说发表系年，但在后者中他将《议海隆涅苏斯》*Speech on Halonnesus*、《第四次反腓力》和《辩答腓力来信》*Speech in reply to the Letter of Philip* 也纳入进来【译按，著者认为这三篇俱属于伪作】，而对于《奥林提亚三讲》三篇的排序（II、III、I）也招来严重的驳难。他不失公允地认识到希腊的修辞学并非单仰赖于逍遥学派，而且更依靠了演说家们，诸如安提丰、伊索克拉底、伊塞乌斯、德摩斯提尼、埃斯奇纳斯、莱克格斯和叙珀芮德斯，忒剌叙马库斯 Thrasymachus 和忒奥都儒斯，阿尔喀达马斯（高尔吉亚

1 《论古代演说家》，2—3；见上文第277页。

的学生）和忒奥狄刻特 Theodectes 等伊索克拉底的门生，还有腓力与亚历山大时代的阿那克西美尼等人[1]。这是第欧尼修现存著作中唯一之作，仅仅处理文学的**历史**问题而非文学的**批评**问题。

2.《论文章作法》（*περὶ συνθέσεως ὀνομάτων De compositione verborum*）一文，是写给作者门徒鲁福斯·美理修斯 Rufus Melitius 的，眼界更广大、命意更老练了。其文开篇区分了思想与言辞的不同，分辨了“题旨之领域”（*ὁ πραγματικὸς τόπος*）与“表述之领域”（*ὁ λεκτικὸς τόπος*）二者之异。表述之领域包括了辞藻之**捃摭**、与词序之**调遣**，但在此只论述了后一内容。文章继而简要评述了“言辞之分部”的历史。名词、动词和连接义小品词（σύνδεσμοι）由“忒奥狄刻特和亚里士多德”所认知。斯多葛派学人又添加了冠词（ἄρθρον）。后世著作家们沿此道路将形容词（τὸ προσηγορικόν）和代词（ἀντωνυμία）从名词中分出来，将副词（ἐπίρρημα）从动词中分出来，将介词（πρόθεσις）从连接义小品词中分出来，将分词（μετοχή）从形容词中分出来，诸如此类云云。这些言辞的组成部分若调遣得当，则成一 κῶλον【子句】，而数 κῶλα【子句之复数】之合适组合则又成一“复句”（c. 2）。下文展示了诗歌与散文的遣词调句之技艺（c. 3），分别摘引了荷马（《奥德赛》，xvi 1–16）和希罗多德（i 8–10）的著作，而两者中的几个短小段落都被做了改写，以便对照出原作的高妙之处。有些作家忽略了这门技艺，盖指波里比乌斯、希葛息亚和克律西波（c. 4）。其后，讨论到了语词与子句的合体之安置，心思的表露（c. 6–9）。修昔底德与安提丰可作为文体之优美（或谓“崇高”，τὸ καλόν）的典范，泰息亚斯 Ctesias 和色诺芬则可当文体之怡悦 281

1 《致阿麦欧斯第一书》*Ad Ammaeus*，i 2（W. Rhys Roberts 编订本，p. 41）。

（ἡ ἡδονή）的典范，希罗多德则兼擅两者之长（c. 10），对于他的这位乡党先贤，批评家怀有无比的崇敬之意。主要可借由韵律、节奏、多变及适中（τὸ πρέπον）等方式来获得这些效果。有关韵律之法给出了《俄瑞斯忒斯》中的几行诗作为例证（c. 11）。然而，此数种方式的采用，当常依时机（καιρός）而定，而迄今并无哪个修辞学家或哲学家曾写过有关时机的指南手册来（c. 12）[1]。继而以字母表各符之音读来展现谐悦（乃是“韵律”的一个要素），被分成了元音（φωνήεντα，φωναί）和辅音（ψόφοι）；后者又分出半元音（ἡμίφωνα）和默音（ἄφωνα）。长元音较乎短元音更为谐悦。以下元音的悦耳程度依次递减：ᾱ、η、ω、υ、ι、ο、ε，对于半元音，则是λ和ρ，继而是μ和ν，最后是被指控为不讨人喜欢的字母ς。九个默音又可细分，一可分成ψιλά（tenues【清闭止音】）即κ、π、τ，δασέα（aspiratae【浊闭止音】）即χ、φ、θ，以及μέσα（mediae【中闭止音】）即γ、β、δ；二可分成腭音（κ、χ、γ），唇音（π、φ、β）和齿音（τ、θ、δ）；前种分法里，浊音谐悦于中音之上，中音则在清音之上（c. 14）。切当的例句，以说明字母和音节之组合的（c. 15），正好从荷马的ἠϊόνες βοόωσιν【两岸回应着】（《伊利亚特》，xvii 265）和χερσὶ ψηλαφόων【以双手摸索】（《奥德赛》，ix 416）中得出。接下来，作者谓词语之意义必由**声响**所暗示出，如同荷马诗中描绘的鹰隼之啸、箭矢之疾，以及瀑浪之拍岸。由此作者觉得摹仿与造名之才赋乃是一种天生的本能，故提及柏拉图，他因在《克拉底鲁篇》等对话录中的论述而被看作是研究词源学的第一人。（第欧尼修继而说，）“以优美之词语构成的**那等**语句必定是优美的，而优美之词语则由优美之音节

1 Rhys Roberts，p. 46 注释。

和字符所组成”[1]。于是复又以荷马诗作为例，这位“兼备众多音调的诗人”（*ὁ πολυφωνότατος ἁπάντων τῶν ποιητῶν*），描述了珀涅洛普之魅力、棕榈树之生长、克洛丽斯之美貌、戈尔戈之丑恶、山洪之交汇、阿基琉斯与斯卡曼德罗斯的战斗，或是奥底修斯的同伴在波吕斐摩斯洞穴中的厄运。语言之美，依泰奥弗剌斯特的界定，当赖于特具个性之语句的优美，但多靠音声的奇妙组合而收得成效。船舰名录（《伊利亚特》，ii 494–501）中，甚至波奥提亚诸镇那些诘屈粗鄙的地名，在荷马的诗才下也悦耳了起来（c. 16）。之后列举并区分了各种不同的韵步（c. 17）；音韵之讲求借由文体的大师们给出验证的例句，这包括了荷马、修昔底德、柏拉图和德摩斯提尼，又以亚细亚风演说家希葛息亚与他们做了对比（c. 18）。之后，多变的魅力可在斯忒西考儒和品达的韵体风格中发现，也可见于希罗多德、柏拉图和德摩斯提尼著作的复合句中（c. 19）；适中的得体运用，见于荷马对西绪福斯之巨石的生动描绘中，其中的音声正可作为意义的回声，与之相谐（《奥德赛》，xi 593–598）。又分辨三个 *ἁρμονίαι*，或谓作文之调式，（1）“严朴式”（*αὐστηπὰ ἁρμονία* 或
σύνθεσις【严朴的调式或组合】），史诗上以安提马库斯和恩培多克勒为代 282
表，抒情诗有品达，悲剧有埃斯库罗斯，史著有修昔底德，演说文有安提丰（c. 22）；（2）“温雅式或华美式”（*γλαφυρὰ*【雅致】，*ἀνθηρά*【华丽】），其代表有赫西俄德、萨福、阿纳克里翁、西蒙尼德、欧里庇得斯、厄福儒斯、忒欧庞普斯和伊索克拉底（c. 23）；（3）“折中式”（*κοινή*【混合】），其代表有荷马、斯忒西考儒、阿耳凯乌斯、索福克勒斯、希罗多德、德谟克利特、柏拉图、亚里士多德和德摩斯提尼（c. 24）。关于散文之谋

1 参看 Saintsbury，i 130。

篇可在何等程度上取法于诗章佳作，亚里士多德在《修辞学》(iii 8，3)中曾提出一个简短的律条，以为散文必是有节奏而无格律，在此被拓展成：散文应具有韵律感、节奏感和谐悦性，但确然又不具有格律、节奏和诗体。这一规则借由德摩斯提尼的一段文字得以彰示；有人提出异议，称难以相信如此伟大的一位演说家会耗费这么多精力在琐细问题上，批评家答复说，这根本没有理由感到惊讶，假若一个人的演说才誉超越了所有前人，其著作能流行于未来的任何时代，他自身经受起了嫉恨和时间的无情考验，那么他必定从不轻易择用一个思想或言词，而要下大功夫来厘清思绪、装饰语言了。要是伊索克拉底耗费了10年时间写他的《泛希腊集会辞》，柏拉图《理想国》的开篇八字是建立在他无数次不同方式安排组合词序的基础上而成的，我们就毋庸惊讶于德摩斯提尼也下过苦功，为追求谐悦之音声，或是为避免因估量不周而轻用的一个字词、一个想法了[1]。这部著作的最后，考察了诗歌能从散文佳作中取法多少。这在英雄史诗、抑扬体中要比抒情韵体中实现的可能性要小许多，后者的音步更自由，举例为西蒙尼德的名篇《达那厄颂》*Ode on Danaë*（如c. 22所引的品达酒神歌诗，c. 23所引的萨福《爱神颂》*Ode to Aphrodite*），此篇能传于后世，就侥幸于抄录在此。

3.《论古代演说家》(*περὶ τῶν ἀρχαίων ῥητόρων ὑπομνηματισμοί*)。此篇论文原初分为两部，包括（1）三位早期演说家，吕西亚、伊索克拉底、伊塞乌斯，（2）三位晚期演说家，德摩斯提尼、叙珀芮德斯、埃斯奇纳斯，前三人创立雄辩术，后三人则使之臻于完美。唯有（1）部尚存，（2）部之有关德摩斯提尼的讨论，或许便经过扩充，而流传在对这位演

1　这段名文，以及其上下文，见译于Jebb的《阿提卡演说家》，I lxxvi以下。

说家的专门论述文章里（第4篇）。在此文中，批评的目的在于建立一个希腊散文的标准，不仅止于演说辞，而是文章写作的每一门类。因此他论述诸演说家时，并不强调作者之个性，而着眼于体式类型。论吕西亚、伊索克拉底、伊塞乌斯之三篇中，他都是先叙其生平，随即评其文体，并从其著作中摘出例句若干。吕西亚被赞为文辞纯净，取譬得体，明澈精当、简扼生动，忠于人物性格，与题旨相称，善说服人，具有难摹仿的魅力（c. 13）；伊索克拉底因爱国精神而受到颂扬，他被赞为文风温润丰赡，然有时失于平淡、繁冗；伊塞乌斯较于吕西亚而言少些纯 283
朴，好逞才智，他为德摩斯提尼之演说才能提供了源头。第欧尼修将一些巧妙的字眼用以比较此三位演说家：例如，“对于吕西亚言是天赋的魅力，在伊索克拉底那儿要**奋斗**获来”（《论伊索克拉底》，3），吕西亚还有一个天赋，“即便他宣传某者为**错谬**，你仍会信他”；伊塞乌斯如此精明，“即便他在谈说真相，你也会怀疑他”（《论伊塞乌斯》，3）。吕西亚“没有像伊索克拉底和德摩斯提尼那样的观众缘”（《论吕西亚》，28）。——第欧尼修在后来著作中也论及德摩斯提尼和狄纳库斯（第4篇和第6篇），但是其规模和主旨都与此篇论文不同了。

4.《论德摩斯提尼的雄辩术》。原标题与开篇部分已佚，现标题即 *περὶ τῆς λεκτικῆς Δημοσθένους δεινότητος* 和 *De admiranda vi dicendi in Demosthene*，出自1586年叙耳堡Sylburg本。在结尾处作者许诺要写一部 περὶ τῆς πραγματικῆς αὐτοῦ δεινότητος【论德摩斯提尼解题缀事之才力】，却不见传世。所传此文，虽体式不全，然仍可视为批评之杰构[1]。第欧尼

1 Blass，《亚历山大朝至奥古斯都朝之希腊雄辩术》*Die griechische Beredsamkeit in dem Zeitraum von Alexander bis auf Augustus*，p. 180。

修言德摩斯提尼乃善用三类典型之措辞，熔铸成他一家之风格，这三类措词法即（1）修昔底德所代表的高华与精致（λέξις【风格】，ὑψηλή【崇高的】，περιττή【丰余的】，ἐξηλλαγμένη【奇异的】）；（2）吕西亚所代表的平淡与朴质（λιτὴ καὶ ἀφελής【纯朴的与平实的】）；（3）伊索克拉底所代表的杂糅与纠合（μικτὴ καὶ σύνθετος【混合的与拼凑的】）（c. 1–3，33，34，36）。如此区分为三类，可能要归于泰奥弗剌斯特（c. 3）。论文随后对三种**作文之调式**（以对照于上文的三种**措辞之品类**）作了番细致的分辨（类如《论文章作法》，22—24 所述），（1）埃斯库罗斯、品达和修昔底德所代表的**"严朴式"**；（2）赫西俄德、萨福、阿纳克里翁和伊索克拉底所代表的**"温雅式"**；（3）荷马、希罗多德、柏拉图和德摩斯提尼所代表的**"混合式"**（c. 36–42）[1]。德摩斯提尼之善变形态，堪比于传说中的普洛透斯 Proteus（c. 8）。其演说辞甚能摇人情志，此特点尤为读者所感知。"吾读伊索克拉底之说词，恒能清醒且平静……然一经拈起德摩斯提尼之词文来，遂渐而中热，受其驱使来往也……我能于其人心志所摇荡处相谐应也"（c. 22）。

5.《致耐欧斯·庞贝乌斯》*The Letter to Gnaeus Pompeius*（由此人名，想是庞贝的一个希腊自由民），回复给一位不满于作者对柏拉图之批评的通信人。第欧尼修自认一直着迷于柏拉图奇妙的表述能力，而且又谓虽则对他个人而言更偏爱于德摩斯提尼而非柏拉图和伊索克拉底，但他对于后二者也都不会产生谬见的（c. 1）。他引述自己的《论古代演说家》中一段话，谓柏拉图兼具**高华与平淡**之二体，其于前者的驾驭能力稍逊一筹，而平淡风格在柏拉图来说，"因古旧之气味而愈显老成"，遂"焕发

1 参看上文第 281 页。

优美之光芒”，又“如芳草地吹来之馨香气息”。他援引《斐德若篇》有此二体特点的例句，谓尽管在柏拉图笔下“风体之高华有时堕于空洞与
枯窘”，然在德摩斯提尼的语句中便从来或几乎未寻见此弊（c. 2）。他还 284
被问及对于希罗多德和色诺芬的看法。他回复时征引了佚作《论摹仿》（*περὶ μιμήσεως*）第二卷中的一段长文，谈及这些史家，还提到了修昔底德、菲里斯图斯、忒欧庞普斯。这几乎是这篇疑伪之作的全部存留之篇章了。其第一卷（据第欧尼修所言）涉及摹仿的通性（非潜存于一切美艺下之规则，而是指对已有风格样式的复制过程）；第二卷讨论的是哪些作者值得被摹仿；第三卷（并未到此结束），讨论了摹仿的适当方式。第二卷的一部摘要存有残篇，题为 *τῶν ἀρχαιων κρίσις*，***De Veterum Censura***【古人月旦】[1]。借由这些残篇，我们可以比较第欧尼修和昆体良的文学批评（x i）了。

6.《论狄纳库斯》。第欧尼修在此篇论述了狄纳库斯的生平与文风，但其主旨在于为这位演说家的讲辞拟定一份叙录名单。他甄别出了 60 篇确系真品，而伪作不少于 27 篇。有些篇章可依据风格或是系年排列而被弃除，像有时他成功地展示出，就某篇演说辞的发表时间来看，其假定的作者，狄纳库斯，“尚且年纪未满十岁”呢（c. 13）。

7.《论修昔底德》，是写给昆图斯·埃琉斯·图贝洛 Quintus Aelius Tubero 的，这人可能是位法学家和历史学家。这篇批评之作，谈及（a）这位历史学家对主题事件的处理及（b）其风格。在（a）中，第欧尼修讨论了修昔底德的选题，以及他的处理方式，对史家采用了年鉴式的修史方法提出反对意见（c. 9），认为其对战争原因的叙述也不

1 Usener，《哈利卡那苏斯的第欧尼修的〈论摹仿〉》。

能服人（10），得出的结论也显得唐突无理了（12）。（第欧尼修说）修昔底德应该从雅典势力的隆盛下笔，这才是**真正的**缘由；而最有效的收煞（如他在别处所讲的），应该是族盟 Phyle 中被放逐者的回归和宪制的重建（《致耐欧斯·庞贝乌斯》，3）。第欧尼修亦发现些谬误，如著名的葬礼演说辞所选择的时机无甚意义可言（18），而整部著作各部分的比例也失当（13–15）。在（b）中，他引述了原作中叙拉古大港口的最后一战（vii 69–72）和对于希腊人内讧的反思（iii 81–82），对之各有褒贬之词（c. 26–33）。在第二个章节里，他特别严苛地责难了这句话：*ῥᾷον δ'οἱ πολλοὶ κακοῦργοι ὄντες δεξιοὶ κέκληνται ἢ ἀγαθοί, καὶ τῷ μὲν αἰσχύνονται, ἐπὶ δὲ τῷ ἀγάλλονται*【小人多有智慧之名，君子则蒙愚拙之讥，故而君子益感羞惭，小人愈发骄纵】（iii 82，7），他的评价（c. 32）迫使人们断定他未能析解文意。他对米洛斯人讼争中的错误也有所指摘（37–41），又在随后的章节中（42【译按，当在43】）列出一个名单，乃是他认为值得效法的演说辞。然而整体来看，第欧尼修对于这些演说辞并不看好，尽管他（略举几例）极为推重此史著的叙事部分。在不少的场合下（本文 c. 25，《致耐欧斯·庞贝乌斯》，c. 3，《论狄纳库斯》，c. 23），第欧尼修对当时试图效仿修昔底德作文法则者明显有所关注。这个现象并非想当然，因为我们可在更早些时的西塞罗《演说家》中找到推论之根
285 据（30，32）。与此相关，第欧尼修在最后强调说，修昔底德在古代作家那里只有被德摩斯提尼效仿，而后者能吸收其长足之处，回避掉那些讹误（c. 53）[1]。

1 一部发现于奥克西林库斯的修昔底德卷 ii 之注疏，批评了第欧尼修对于修昔底德的看法（《泰晤士报》*Times*，1906 年 5 月 14 日）。

8.《致阿麦欧斯第二书》对于修昔底德的**文体**讨论得更加细致。开篇即引用了《论修昔底德》, c. 24 对其文体特征的概述。随后依序举例说明各条特征, 即: 对含混语、古语和诗体语词的择用(c. 3), 对婉辞与省略语的择用(4), 以名词作动词用(5), 以动词作名词用(6), 以主动态作被动态用(7)和以被动态作主动态用(8), 以单数作复数用和以复数作单数用(9与13), 以人为物和以物为人(14), 还有他混杂了性别属性(10), 对格(11)与时态(12)的特别用法, 对插入语的用法(15), 多义夹缠的表达方式(16), 以及为文造情的言辞特质(17)。第欧尼修对于史家们的品评通常属于不切之言, 如其他古代作家一样, 他把历史学看作是修辞学的一个分支, 故而他很少能够感知到修昔底德识见之伟大, 更多看到的是此人含混隐晦之风体耳。第欧尼修谓"能解修昔底德书中**一切义**者少之又少, 若无人与之笺注, 则有**数义**终将暗昧于世也"(51)。即便除却第欧尼修广泛征引自此史家著述的诸多文本条证不论, 这番判语也恰可证明自第欧尼修时代至今, 修昔底德史著之文本无大出入。假若今日被斥为"ascripts"【译按, 意谓附赘之言】的那些子句, 因其侵犯到表述的完美明净而不应存于当时, 我们就不会见到第欧尼修对于修昔底德的晦涩难解生出这么多抱怨了。

以上俱是第欧尼修著作之可信者。《修辞之艺》一书, 归于他名下, 却颇不副实, 则(至少部分地)确系晚出之作。是书可分三部:(1)论华赡之辞赋的不同类型(c. 1–7), 其中提及马克·奥勒留帝(卒于西元180年)治时的一位演说家, 名为尼古斯特拉图斯 Nicostratus;(2)论思想的辞令性质(*περὶ τῶν ἐσχηματισμένων λόγων*), 占据了 c. 8 和 c. 9 的整个章节, 这可能是第欧尼修极早期的著作, 在这两章中有一条为他所乐道的引言, *οὐκ ἐμὸς ὁ μῦθος*【我无妄语】;(3)论述演说练习中应避免的失误（c. 10），论述对演说辞的评鉴（c. 11）。这二章有诸多类似处，或可确认出自一人之手。作者在 c. 10 末尾许诺要写篇《论摹仿》，这定可使我们确信系第欧尼修之作，尽管于取材和手法上看都不像他[1]。

在第欧尼修无可置疑的那些真实作品里，我们或许会感到遗憾的是，此公缺少些许对修昔底德和柏拉图著作真正之价值的体会；但必要
286 承认的事实是，在对希腊文学的艺术与技法所做的周详且专业的批评中，唯有这些著作能在亚里士多德的《修辞学》和那部《论崇高》之间的若干世纪的光阴流逝中卓然独立。后有一无名作家，称第欧尼修是“修辞学批评之典范”[2]，多刻索帕忒 Doxopatres（11 世纪人）亦谓“伟哉第欧尼修，讲说华妙文义，洵为吾艺林之元祖也”[3]。在现代学者中，葛雷芬翰 Gräfenhan[4] 目之为“彼人之时代里最具学养与洞见的批评家之一”。厄戈尔 M. Egger[5] 所言较为苛刻，谓第欧尼修“除了勤于饾凑材料，敏于申析文法之外，他全无作为一真正之批评家的迹象”。桑茨柏利先生不可避免地要重视他，就可取信、便参考和传统中的重要性等方面考量，将他放在仅次于亚里士多德的地位上，就谈艺之启发后人而言，则也不过落于“朗吉努斯”之后耳，又言第欧尼修“在巡览文艺品鉴之领域时，堪称目光长远的批评家，常能分辨无误——即谓他赏阅文学作品和剖分其高劣等级时都有一理性的态度”[6]。此外，瑞斯·罗伯茨 Rhys Roberts 教授在他杰

---

1 参看 Christ，§464，p. 666[4] 注释 3。

2 Spengel，《希腊修辞学家》*Rhetores Graeci*，i 460。

3 Walz，《希腊修辞学家》*Rhetores Graeci*，vi 17。

4 iii 344.

5 p. 395.

6 pp. 127，137.

出的编译本《论文三书》中，曾提及“其论文之作筑成一黄金宝库，荟萃了希腊一流作家们的精彩文句”；谓第欧尼修再三“警示吾人一常为忘却的真理，即古代作家之卓然绝伦，乃是骏利与精妙的技艺使然”。“一种富有学养的清简风格正是他所标举的范准”。“其自家之文风……至少具有非同寻常的明晰与清秀”。“他是一学者，同时是一批评家”，“供与我人有关文学批评术的系统修习以最古老也最优秀的一次示范”。彼人所凝神伫思者，“竟纠缠于文体问题及字词把玩上，或许其详略未尽均衡；然于近世而言”，此种态度“并不全然无用；而有裨于尚求此用者”[1]。第欧尼修的近世之影响，及于布瓦洛 Boileau（1674 年）和蒲柏（1711 年）[2] 的一些诗艺规训，（在 1834 年）丁尼逊 Tennyson 引及第欧尼修一部佚作的残存之摘要[3]，在致信给斯佩丁 Spedding 时说：“吾自别后多有著作，或 287
不逊于阿尔凯乌斯之 *ἡδὺ καὶ βραχὺ καὶ μεγαλοπρεπές*【静谧、简扼与雄浑】，复可比之于西蒙尼德之 *ἐκλογὴ τῶν ὀνομάτων καὶ τῆς συνθέσεως ἀκρίβεια*【简汰名谓，精审结构】。”[4]

卡拉刻特的凯基琉斯

与哈利卡那苏斯的第欧尼修相齐名者，自然可举其友，即来自西西里北岸卡拉刻特的凯基琉斯 Caecilius of Calacte。第欧尼修引他为

1 pp. 46–49【译按，《论文三书》*The Three Literary Letters*，此书系第欧尼修论文的三封书简】。

2 参看《批评论》*Essay on Criticism*，175–178（《论文章作法》，c. 12），及 665，“须读第欧尼修如何提炼荷马的才思，可谓字里行间俱唤起新的美感来”。

3 *Ἀρχαιων κρίσις.*

4 《丁尼逊叙略》*Memoir*，i 140。——有关第欧尼修的修辞学著作，参看 Blass，《论哈利卡那苏斯的第欧尼修的修辞学著作》*De Dionysii Halicarnassensis scriptis rhetoricis*，1863，《亚历山大朝至奥古斯都朝之希腊雄辩术》（1865），c. vi；Christ，§464[4]；Croiset，v 356–370；又见 Egger，396–406；Saintsbury，127–137；特别参看 W. Rhys Roberts 编译本《论文三书》，《致阿麦欧斯》第一、二书和《致耐欧斯・庞贝乌斯》（剑桥大学出版社），1901，以及其中所引及的文献；又见 Max. Egger 的《哈利卡那苏斯的第欧尼修》*Denys d'Halicarnasse*，pp. 306（1902）；Teubner 版的白文，为 Usener 所编订。

同道，谓此人也赞成“修昔底德之演说式推论”enthymemes 盖“为德摩斯提尼所效尤”[1]；这二位批评家常被人联系在一起议论，如昆体良[2]和《十大演说家列传》的无名作者俱持此观点。凯基琉斯曾写了部论十大演说家之特点的著作[3]，但这部著作仅存了一个重要的残篇，乃是对安提丰的评价，论者注意到他鲜有场合会采用“心思之表达”[4]。然而，这一题目关乎十家正典之说的最早渊源，昆体良赞同之，而第欧尼修则不认可【译按，第欧尼修唯选其中六家为正典】，故此说法不能确定是狄都慕斯所创。由于凯基琉斯本系帕迦马学者阿波罗多儒斯之门生，故可将此正典之说上溯至帕迦马学派，[5]然极可能有一亚历山大里亚学派源头[6]。无论如何，须知此标题正可显示凯基琉斯已知此正典论列而未必是他的创说。其修辞学著作包括了对德摩斯提尼与埃斯奇纳斯及德摩斯提尼与西塞罗的比较，还有一部字典、一部修辞艺
288 术论和一部论演说之表达的著作[7]。他的佚作 *περὶ ὕψους*（“崇高风格论”）为现存同题之作者所评议，谓其作缺乏主题上的庄严，虽就“崇高”之**本质**举出无数的论例，然而对于凭以达此风格的**方法**问题上未置一言。此书还被批评说忽略了作为“崇高”感之来源的“激情”[8]，

1 《致耐欧斯·庞贝乌斯》，3。

2 iii 1，ix 3.

3 *περὶ χαρακτῆρος τῶν δέκα ῥητόρων*.

4 佛提乌斯，p. 485 *b* 15。

5 Brzoska（1883），R. Weise 之驳论，系《凯基琉斯问题辩难》*Quaestiones Caecilianae*（1888）。

6 第 129 页。

7 有关凯基琉斯，参看 Blass，《亚历山大朝至奥古斯都朝之希腊雄辩术》，191–221；Christ，§465[3]；Croiset，v 374–378；又见 Rhys Roberts 在《美国语文学学会学刊》，xviii 302–12，以及他所编译的“朗吉努斯”《论崇高》（剑桥大学出版社），1899，pp. 7，220–222；以及《鲍礼古典学百科全书》，v（1897）1174–1188。

8 c. 8.

并且认为吕西亚胜过柏拉图[1]。

无名氏《论崇高》

1554—1808年间的所有编者，都认为现存之《论崇高》περὶ ὕψους出于“第欧尼修·朗吉努斯”Dionysius Longinus之手，后由阿马第Amati指出，在一种梵蒂冈抄本中，却写作“第欧尼修**或**朗吉努斯”。两部巴黎抄本的**目录**中出现了同样的异文；但在该论著的**题名**处，两个名字并置一处，其间有一颇大的空白。此外，还有一佛罗伦萨本的标题为 ἀνωνύμου περὶ ὕψους【无名氏论崇高】之字样。我们姑且能认同最后一说，因为很难将此论作归于哈利卡那苏斯的第欧尼修或卡修斯·朗吉努斯Cassius Longinus（卒于273年）名下，亦不能判给其他任一知名作家，如普鲁塔克或亚历山大里亚的忒翁Theon。这部论著本身所引作家之最晚者，系安菲克拉底Amphicrates（全盛于西元前90年）、西塞罗、凯基琉斯和伽达剌的忒奥都儒斯Theodorus of Gadara（全盛于西元前30年），故而颇可能属于西元1世纪之作品[2]。不论如何，都可看出第欧尼修和其友人凯基琉斯与此书的密切关系，凯基琉斯的同主题著作推助了此书的问世。该书之总体目标是要举出一种感人遥深之风格有哪些基本要素，且在规避了一切浮夸、生涩、矫饰和呆板的情况下，于思想的庄严、情绪的炽烈中获得灵感，表达得言辞高贵、文章老练。所论非限于“崇高”一题；它是一部对文学批评的综合考察，而对于那些使文体具有某种庄严之感或 289
非凡之气的元素尤为关注。（下文的摘录中以星号标明文本中的少数几

1 c. 32§8.

2 见Rhys Roberts，pp. 1–17，以及Kaibel在《赫尔墨斯》*Hermes*，1899，107–132（F. Marx的驳论见于《维也纳学术》*Wiener Studien*，xx，1898，169–204，他主张卡修斯·朗吉努斯是《论崇高》的作者）。Wilamowitz将其时间定为约西元前40年（《古希腊文学》*Die griechische Literatur des Altertums*，1905，148）。

处阙文。）

在具陈了凯基琉斯同主题论著的缺失（上文，第 287 页）之后，作者将“崇高”定义为属于“语言的某种卓绝与华妙”（c. 1）；继而为回应有关是否存在“崇高之**技艺**”的疑问，他指出予人壮丽恢宏之印象的风格或许是自然天赋，但也受制于**技艺**的（c. 2）。***

因与崇高不谐应而造成的风格之不足有（1）浮夸，（2）生涩，（3）表错情绪，以及（4）呆板之品味（τὸ ψυχρόν）。描述这些不足时，以埃斯库罗斯为例证说明浮夸，以蒂迈欧为例说明呆板（c. 3–4）。它们俱由追求当时流行之新言辞所招致（c. 5）。

若要避免这些不足，我们要对真正的崇高有一清晰的认知。此为不易之事，盖因“欲明风格之正体，先须存积若干的经验”（*ἡ τῶν λόγων κρίσις πολλῆς ἐστι πείρας τελευταῖον ἐπιγέννημα*）。真正的崇高风格，其悦人之力具有全体性与永恒性（c. 6–7）。

此风格有五因素：（1）构思之庄严，（2）情感之炽烈，（3）文辞与立意之相谐，（4）措辞之高雅，（5）行文之典重（c. 8）。

庄严之构思确为五因素之首要者，且仅能得之于（尽可能的）“陶冶灵魂，使之宏阔”（τὰς ψυχὰς ἀνατρέφειν πρὸς τὰ μεγέθη）。“崇高性”（如我在他处所言）乃是伟大心灵的回声（ὕψος μεγαλοφροσύνης ἀπήχημα）。这可求验于荷马，并与赫西俄德相比衬；也可见于“犹太人的立法者”……那人在他律法之圣书上开篇就写道：“神说，要有光，就有了光。要有地，就有了地。”将《伊利亚特》《奥德赛》相比，后者显然是作者晚期作品，露出诸多面的衰退，如对奇迹之喜好、情节从属于性格的叙写和刻画。作《奥德赛》之荷马好似将坠之夕阳，虽仍辉煌，其光芒却少了几分强炽；这部著作又好似奇伟的潮水之退落，引领了我们进入布满神话与传奇的浅水滩。“若我要在此谈起古代，那将仍是**荷马**的古代”（c. 9）。

构思庄严，也表现为对最引人注目点的采选，以及将它们合为一贯通之整体。最好的例证是萨福的《颂歌》(《致阿纳克里翁》)，其中极富变化的情感被组合入一幅完美的画面里（c. 10）。

如德摩斯提尼那样的善于铺陈敷设（c. 11），也属于构思庄严的一种表现，可将之比较以柏拉图和西塞罗。柏拉图相对少些“火热心灵的光芒”。德摩斯提尼不时会骤然暴雨倾盆，要么便是雷霆万钧，而西塞 290
罗则如燎原之火，存储了滔天无尽之炎光（c. 12）[1]。

还可以去摹效伟大的散文家和诗人，正如荷马被阿基洛库斯、斯忒西考儒、希罗多德和柏拉图追摹那样。无论作什么诗文，凡需有才思或文辞的巍峨高华之气者，我人须自问若是荷马或修昔底德或柏拉图或德摩斯提尼将会如何表达；要么就自寻一立言之法，可令昔日的荷马或德摩斯提尼闻而动容，或是能教未来每一世代的读者为之称赏（c. 14）。

生动并具感召力的状物拟象，更是可以造成崇高之美，即如欧里庇得斯所为，他耗尽心力，以求给爱与癫狂之情绪一种悲剧的效果，并在所有其他的想象之领域也均有涉足。在埃斯库罗斯和索福克勒斯的剧作，以及在德摩斯提尼和叙珀芮德斯的演说辞里，还可见到一种优美的想象类型（c. 15）。

---

1 参看塔西佗，《论演说家》，36，“magna eloquentia, sicut flamma, materia alitur et motibus excitatur et urendo clarescit”，如 Pitt 的著名译文：“悬河辩舌也如焰，得其材料而生，掀之愈烈，灼之愈明。”（Samuel Rogers 的《回忆录》*Recollections*, p. 178，以及 Stanhope 的《彼特传》*Life of Pitt*，iii 413，1879 年版）

“情感之炽烈”另有专文讨论，故在此未被论及。真正之崇高也可形于文辞之表现，比如**起誓之辞**，德摩斯提尼之名誓即为一例（《议金冠》，208），他以那些阵亡于马拉松、萨拉米斯、阿忒密锡翁 Artemisium 和普拉提亚 Plataea 的将士们为誓，“所有人俱得到公共葬礼之殊荣，而非仅只有胜利者”——演说家明知喀隆尼亚之败绩，在此际却不容他再激昂地追述早先的那些战役之胜利了，为了避免任何潜在的被反驳的机会，他就机敏地补上了前面的那段话【译按，《议金冠》一辞发表于西元前 328 年，此时雅典人刚刚遭逢喀隆尼亚战役之惨败，从此走上失去自治能力的时代，而此战役与德摩斯提尼自身及其政治策略密切相关】（c. 16）。若所立的修辞格式为前所未见者则更有效力，如马拉松将士之誓词，其中之“辞格”全然消隐于语境的煊赫了（c. 17）。辞格表现包括了**修辞学中之问难**，可证之以德摩斯提尼在《第一次反腓力》辞中就腓力而提出的质问（§§10，44）；也包括有**连词之省略**，见于荷马的《奥德赛》（x 251–2），德摩斯提尼的《斥梅第亚斯》（§72）和色诺芬的《希腊志》（iv 3，19，ἐωθοῦντο ἐμάχοντο ἀπέκτεινον ἀπέθνῃσκον【进军，迎敌，戮虏，成仁】），与伊索克拉底派招牌式的堆积若干关联性小品词形成对比（c. 19–21）；还有**倒装句法**（或谓句序倒置），这可见用于那些走笔浑若天成的一流作家们，因为艺术臻于自然则完美，而自然被灌注以艺术的无形之灵气则会最为生动。希罗多德、修昔底德和德摩斯提尼的作品中随处可找到倒装格式的例句（c. 22）。诸种修辞格依情形而将其表达加以组合、积聚、转换和递变，再加上语法之格、时态、人称、数、性的交替，其效果则是极
291 为生动可感的。单、复数的代换、现在时用于讲述过去之事，也均有举证；而直面读者发言，或突然从第三人称更换为第一人称，也都可产生鲜明之效果（c. 27）。最后提及的修辞格是**迂回之辞**，作者定是极为轻蔑

于这种表现手法的（c. 28–29）。

崇高风格之第四个因素，是慎重择选以寻常义而具震慑力的辞藻（c. 30），毋庸详述其效力，“因优美的语言洵为心智特具之光芒”（*φῶς γὰρ τῷ ὄντι ἴδιον τοῦ τὰ καλὰ ὀνόματα*）。*** 至于一节文字中适合采用几个隐喻，可以德摩斯提尼为榜样（例如《议金冠》，296）。亚里士多德和泰奥弗剌斯特谓，辅以谦辞则可消解隐喻手法的过分滥用。情感激昂之段落中，或可允许一串隐喻之胪列。这亦可见证于柏拉图的《蒂迈欧篇》（65C–85E）等处，尽管柏拉图每因此而受人非议。而凯基琉斯以为好此道的吕西亚更胜一筹（c. 32）。

此后几节偏离了主题，却颇有趣味（c. 33–36），讨论我们应该更追崇稍有瑕疵但具庄严华妙之风格的作家，还是那些无可挑剔的平庸之才，以及我们应该更敬重其优点之多，还是敬重其擅场能高于他人呢。作者以为荷马可胜出提奥克里忒和罗德岛的阿波罗尼乌斯，阿基洛库斯胜过埃拉托色尼，品达超过了巴居理德斯，索福克勒斯则优于伊翁（c. 33）。德摩斯提尼比叙珀芮德斯优秀（c. 34）[1]，柏拉图比吕西亚高明（c. 35）。

与暗喻密切相关的是**比拟**与**明喻**（c. 37）。但这部分论述亡佚了。*** 接下来以希罗多德和伊索克拉底为例谈**夸饰**（c. 38）。

行文的尊贵或庄严包括了对词语的精心排遣，恰如德摩斯提尼（《议金冠》，188）句末收煞处的 *ὥσπερ νέφος*【如云（退散）】；包括了对

1　在 c. 34，1 中原文是 *εἰ δ'ἀριθμῷ μὴ τῷ ἀληθει κρίνοιτο τὰ κατορθώματα*【若其价值不取决于真确，而取决于其伟大之处】。我建议改为 *εἰ δ'ἄρα μὴ τῷ μεγέθει ἀλλὰ τῷ πλήθει*【若崇高感终究不在于数量而在于伟大程度】。在 33，1 中我们以 *πλείους*【更多数】和 *μείζους*【更强】对应；在 35，1 中以 *μεγέθει*【数目】与 *πλήθει*【伟大程度】对应。

短语的适当布置，如欧里庇得斯剧作，其诗歌特质更多取决于他对组构文句的能力，而非他的创作才华。

对形成崇高感有妨害作用的错误中，包括格律的无节制，子句的支离、狭促（c. 41），行文流于简陋或繁缛（c. 42），还有表达上的琐细（c. 43）。

有一哲人尝提出疑问，谓何故今世不出伟大之作家，这是否应该归罪于专制的政府呢。作者以为，毋宁说是由于人类的奢欲，比如对金钱和对享乐的嗜好。作者质问道，处于这样一个时代里，我们如何能够想象出尚且存有无偏袒的批评者，去品鉴那些注定传世久远的巨著呢。最后，他许诺另作一文来论述情感，将之与一般性的文学问题及特别是与崇高联系起来（c. 44）。

奇怪的是，此杰作从未在任何现存古典文献中被提及。至近代于
292 1554年后方屡经编订，更频频得以迻译，布瓦洛（1674年）的译本最为著名，他作的序言激发了蒲伯在《批评论》中对这部论著的假想作者致以敬意，见于下面这段文字的最后对句：

> 豪杰呀，朗吉努斯！缪斯九神全显灵了，
> 齐同祝福她们具有诗人之光辉的批评家。
> 一位热心的评判者，怀了满腔的诚挚之情，
> 讲了这些期盼的话语，至今依然颠扑不破：
> 其人自家的典范使得他的那些法则更牢固，
> 乃是他本人从伟大的崇高之美中汲取得来。

费涅隆 Fénelon 以为此书胜过亚里士多德的《修辞学》，称许为陶铸品味并激发想象之法门[1]。吉本曾用过布瓦洛的译注本，发现希腊文“文多喻饰，善造拟称，译家极难转达此风格”（12 Sept. 1762【译按，见吉本日记，*The Miscellaneous Works of Edward Gibbon*（1837），p. 445】）。麦考利谬称此书作者“与其说是位批评家，不若说是个妄人”[2]。近时，厄戈尔[3]将此书赞为“自亚里士多德《修辞学》《诗学》以降的同类希腊论著中最具独创性者”。安德鲁·朗先生对此身世不详的作者有一番精彩的评说：“他沿途追溯风体的崇高格调和激越情怀”……“他看重的是坚信与慎选的本质价值”，“他供与我们过去之世代里最显赫的例证”，“他有时轻语责难，有时起而号呼”[4]。卡索邦[5]与鲁恩肯[6]二氏俱赞美此作为“金书”，而桑茨柏利先生同样说“此书之全文”俱应“以金字写出”，应将作者的论“优美词语”的“令人拜服的高论”，镌于“钻石”之上，即那句：“因优美之文辞，于情于理都正是心灵的光。”[7]最近的一位英国编订者[8]，恰如其分地在他导言结束时称赞了此书的作者，谓其“深厚的慈悲与广博的怜悯有助于他向现代的心智引介古老的灵魂，这也使得他在文学史 293
上居于持久不衰的地位，被视作古希腊的最后一位伟大的批评家，以及

1 《论修辞术之对话，其一》*Premier Dialogue sur l'Êloquence*，见引于 Egger，p. 427。
2 《著作集》，vii 662（1866 年版）。
3 p. 426.
4 为 H. L. Havell 先生译本（1890）所作之《导言》，p. xxx 以下。
5 见引自 Boileau 的《前言》。
6 《论文集》，p. 24（《次要著作集》，p. 525）。
7 p. 167.
8 W. Rhys Roberts，p. 37.

（某种意义上）广阔之世界中第一位国际化的批评家”[1]。

德米特理乌斯有关言辞表达的论著[2]，被错误地认为出自法勒戎的同名前辈之手，此书当然属于罗马时期[3]，且可能是出现于西元 1 世纪时。作者频频征述亚里士多德的《修辞学》，对于演说辞的文体与格律生发了不少有趣的见解。故而他恰当地将“松散”之文体比作一堆挨在一起的石子儿，零落无序，将“掉尾”之文体【译按，谓复句每以主句置后】比作同样之石子儿，不过自相凑聚，堆垛紧密，拱成了一个穹顶[4]。他将散文之子句（κῶλα）与韵文之格律加以比照，各举赫卡泰乌斯文章与色诺芬之《长征记》中的子句为证，以简短之子句为普遍更佳者。他也讨论了句读和并列句（包括 homoeoteleuta【尾韵相同之对句】）。桑茨柏利先生[5]将其主旨颇恰妥地称述为论“散文体写作技艺”之书。

---

1 概其全貌的综论，可参考 Christ，§551^{4}；Croiset，v 378–383；Egger，425–439；Saintsbury，i 152–174；Churton Collins，《诗学与批评之研究》*Studies in Poetry and Criticism*（1905），204–262；以及 Weiske（1809）、Egger（1837）、Jahn（1867，Vahlen 的重订本，1887^{2}，1905^{3}）诸氏之编订本，特别是 Rhys Roberts（1899）本，其中有最后提及两个编订本所征引的著作文献；英译有 H. L. Havell（1890）本和 A. O. Prichard（1906）本两种。

2 《论表达》*περὶ ἑρμηνείας*，尤其是 iii 259–328；Radermacher 编订本，1901，以及 Rhys Roberts 本，1902，后者定其作于西元 1 世纪。参看 Christ，§424^{4}。

3 §108 提及贵族们的紫绶带【译按，属于罗马帝国时期的贵族服饰。又，20 世纪有关此书作者究竟为哪一德米特理乌斯的研究又有更多的争论，人们多认为作者应是西元一二世纪之人，本书这里提供的证据，似乎也不可靠了】。

4 §13.

5 i 104.

第十六章

帝国初世纪的字词之学 294

朱巴

从文学批评之学转而讨论辞典学，在早期的辞典之纂写人和文集之编修者中，必要提及的是毛里塔尼亚 Mauretania 的国君（盛于西元前 25 年）朱巴二世 Juba II 之尊讳。是人乃朱巴一世的嗣子，其父（如加图一样）在塔普苏斯 Thapsus 之役（西元前 46 年）告败后即命丧黄泉，他被拘至罗马，在那儿受到了悉心的教育。由于战时支持屋大维反对安东尼与克奥帕特拉，他获赐嘉奖，得与安、克所生之女成婚，并重建了王国（西元前 29 年）。四年后，他被允许去扩充其国疆域，东起努米迪亚，西至赫尔克勒斯之柱，置王都于约耳 Iol，将之更名为恺撒里亚 Caesarea（今之歇尔谢耳 Cherchel）。朱巴二世在位时，国政清平无扰，至提比略朝方卒，约在西元 20 年。普鲁塔克曾称赏他的历史研究，以为位居人君而博学者无人能出其右[1]，老普林尼[2]和阿特纳奥斯[3]亦同样对他的渊雅学识表示赞叹。他写过有关罗马、亚述、阿拉伯和利比亚的历史，另有一部不少于八卷的绘画技艺论，其中有为名画家们作的传记。他还写了一部剧院史，则至少有 17 卷，里面谈及戏剧中所用的乐器、合歌队的歌舞、
295 伶人各行当的分配。阿特纳奥斯[4]和佛提乌斯[5]俱征引过此书，其中大部分内容可能留存下来而未具撰人姓名，即见于戏剧著作的会注中，特别是存于波鲁克斯 Pollux 的《专名汇释》*Onomasticon* 中[6]。有一部归于朱巴名下的格律学手册，实则改编自后世作家赫列都儒斯的著作[7]。

潘费卢斯

亚历山大里亚的潘费卢斯 Pamphilus of Alexandria（盛于西元 50 年）曾编纂了一部 95 卷的巨著，专收稀见难解之词汇（*περὶ γλωσσῶν ἤτοι λέξεων*），此书被改成各种节略本后原本亡佚殆尽。兰克 C. F. Ranke、史密特 M. Schmidt、理茨尔 Ritschl 和纳布尔 Naber 将一种节略本视为赫叙基乌斯辞典的参考来源，兰克和史密特鉴定此本即赫氏在著作序言中提到的第欧根尼安努斯 Diogenianus 之 *Περιεργοπένητες*（“穷书生”辞典）。但后来韦伯 Weber 则主张第欧根尼安努斯之著作并不仅是潘费卢斯之节略本，还缩编了为数众多的其他辞书[8]。潘费卢斯的原作为阿特纳奥斯所

---

1 《塞尔托理乌斯传》*Sertorius*，9，*ὁ πάντων ἱστορικώτατος βασιλέων*【通晓史学之君】，《安东尼传》，87，*ὁ χαριέστατος βασιλέων*【最尚文学之主】。

2 《自然史》，v 1，studiorum claritate memorabilior quam regno【学术声望胜过赫赫皇位】。

3 83 B，*ἀνὴρ πολυμαθέατατος*【饱学之士】。

4 175 D.

5 《群书集缀》，161。

6 Rohde，《论波鲁克斯著作之来源》*De Pollucis fontibus*（1870）；Bapp，《莱比锡古典语文学研究学刊》，viii 110 以下。Christ，§553^{4}；Croiset，v 402。

7 Schanz，《罗马文学史》，§606。

8 Hugo Weber，《语文学家》，增刊，iii（1878），454 以下；参看 Bursian 之《年刊》，xvii 125（1881）。参看 Christ，§§556^{4}，631^{4}。

熟知，后者以不同之题名提及此书，时常还仅以作者之名代称之。

潘费刺

在潘费卢斯之同代人中，有一同名的潘费刺 Pamphila【译按，同一人名的阴性形式，则系女性】，其人在厄庇都儒斯 Epidaurus 生活了 23 年，集其所学，作了一部 33 卷的杂著，谈论的是文学史相关的事迹和轶闻，奥略·葛琉斯常引其书[1]。荷马、欧里庇得斯和米南达赫然成为其闺房之学，然而不可确定的是，有关这些作家的论述，是否如苏伊达斯辞典等书所言，竟是出于其父亲索特理达斯 Soteridas 和夫君苏格拉提达斯 Socratidas 之手呢。

阿庇翁

“文法学家”阿庇翁过着一种并不宁静的生活，这个有着埃及血统
的亚历山大里亚希腊人【译按，Apion 一名即源自埃及圣牛 Apis】，继忒翁[2]之
后成为亚历山大里亚学派的领袖，提比略和克劳狄乌斯朝时他在罗马执 296
教。他孜孜不倦地勤勉工作，遂使他被目为蹇苦之人，得了 *Μόχθος*【受
罪劳心者】的诨号；而他漫无边际的虚荣心和聒噪恼人的自我标榜，令提
比略帝唤他为“人间的铙钹”，而老普林尼[3]所置之辞和缓了些，叫他作
“自擂之鼓”，或（应合乎我人之论断的）“自家号角的鼓吹者”。借助于
阿里斯塔库斯的著述，他编辑了一部荷马作品辞语汇释，赫叙基乌斯和
尤斯塔修斯频频引及此书[4]。他伪称自己从坟墓中唤起了荷马的幽灵，为
的是质询诗人父母的姓名及他的生地；但阿庇翁不肯向别人透露他所获
得的信息[5]。他写过一部埃及史志，提供给葛琉斯以安德鲁克里斯与狮子

1 例如 xv 17 及 23。参看 Croiset，v 407。正是潘费刺记存了伯罗奔尼撒战争爆发时各史家的年纪，希剌尼库斯 65 岁，希罗多德 53 岁，而修昔底德 40 岁（他或许是 30 岁更可信些）。

2 见上文第 144 页。

3 《自然史》，序言 25。

4 Gräfenhan，iii 58，226，254；Christ，§557；Croiset，v 405.

5 约瑟夫，《反阿庇翁》*contra Apionem*，ii 2。

的故事素材[1]，还夹杂了对亚城之犹太人的某些诋毁，这些内容受到卡里古拉 Caligula 帝的注意，约瑟夫（西元 37—约 100 年）在一部留存下来的作品中对之加以反驳。犹太人的境遇也促使了年迈的斐洛（西元前 20—西元 40 年以后）在卡里古拉和克劳狄乌斯二帝在位期间所进行的有力辩护，他由此而一度从书斋中走出，暂时地搁置了他平生所主要从事的柏拉图研究、对《创世记》寓意的诠释，以及对摩西律法的解说。

二流文法学家

在此时期（以及之后的一小段时间内）之二流文法学家们中，或可提及以下几人：一个是阿斯卡隆的托勒密，此人似乎在恺撒时执教于罗马，其著作涉及希腊语的正确音读、荷马诗文的重读以及阿里斯塔库斯对荷马著作的校订。奥古斯都朝的阿波罗尼乌斯，为阿尔喀比乌斯 Archibius 之子，写了一部荷马辞典，有一种摘要本留存至今。还有亚历山大里亚的塞琉古斯，为荷马史诗作了部注疏，他被邀请到提比略帝的宴席上，去讨论皇帝白日里读书所产生的观点，而他在准备这些讨论
297 时，冒失地询问御侍圣上所读为何书，这导致他先遭失宠，继而被迫自裁[2]。亚历山大里亚的菲洛克塞努斯同样也致力于荷马研究和重读法，集注中经常引述到他。再就是厄若提安努斯 Erotianus，他在尼禄朝编写了一部希波克拉底的辞典，此书至今还存在。喀隆尼亚的厄帕弗罗第忒 Epaphroditus of Chaeroneia（可能是约瑟夫的恩主），（根据苏伊达斯辞典所载）历经尼禄、韦斯帕芗、提图斯和图密善数朝都居于罗马，动用他庞大图书馆里的 30 000 卷书籍作为资源，去笺注荷马、赫西俄德、品达、克刺提努斯和卡利马库斯[3]。在此或许还可再提及安奈乌斯 · 柯尔努图斯

1 见上文第 212 页。

2 苏维托尼乌斯:《提比略帝传》，56。

3 Gräfenhan，iii 65 以下；Croiset，v 352 以下。

L. Annaeus Cornutus 所仅存的希腊语著作，此人系珀息乌斯的友人和导师，其著作清算了世间流行的神话，以斯多葛学派的词源学和寓意解释法加以阐说[1]。他还有拉丁文著作，讨论了“心智之命意”，“音读与正字法”，以及他的“维吉尔注疏”，今都未传世，而对于珀息乌斯和玉万纳尔的注疏，虽冠他的名字，却是属于中世纪人的伪作了[2]。

1 《柯尔努图斯之希腊神话学纲目》*Cornuti Theologiae Graecae compendium*，C. Lang 编辑本，1881。

2 Croiset，v 418.

第十七章

298

西元1世纪末的文学复兴

1世纪结束前的希腊文学复兴，可注意两位有特别志趣的作者，他们无意间向我们展示了当时的学术居于何等地位。

“金嘴”狄翁

其一是“金嘴”狄翁（约西元40—约114年），他生于卑提尼亚的普鲁萨 Prusa，图密善帝在位的十五年中（81—96年），他被放逐出卑提尼亚和意大利。在平生的三个时期，即流放前、流放中与流放后，他一直都是一位伟大的旅行家，于足迹所到的很多地方，他都令人信服地展示其雄辩本色，故得“金嘴”之名号。存其言辞凡八十余篇，其中有不足完篇留存者。其作品较之于演说辞而言似更近随笔之文。某篇[1]乃向新伊利翁 New Illium 之民人证明，“特洛伊未遭劫掠”。其证据盖倚仗于未言及姓名的一位埃及祭司，与早已消逝的某些碑铭，还有荷马所讲述的故事中

1 《演说集》【译按，题名不甚合其实际，姑且依惯例译之】，11。

不可能发生或谓不当发生的些许问题。其行文之理路整体上被认为是有意为反讽之作，故仅是一种修辞术之操演，不足引起认真计较[1]。比他长篇冗套的喋喋争辩而较为有趣之处，是他偶然提及一令人印象深刻之事，即谓新伊利翁之民人自远古至当时一直都在悉心学习《伊利亚特》。在另一篇作品[2]中，我们可获得一番颇启人心窍的比较，乃是对索福克勒斯的《菲罗克忒忒斯》*Philoctetes*（西元前409年）和埃斯库罗斯、欧里庇得斯 299
（西元前431年）同主题剧作的研究。为细读此三部剧作而做的准备工作并非乏味无聊。狄翁自言仲夏每日清晨的头一个钟点即起床，空气颇凉爽且带有几分秋意，他行毕盥洗和祷告之事，安静地驾车出门，稍做漫步和休憩后，再洗浴并涂油，略进少许早餐，方才开始对这些剧本加以研读。他称自己那时体质纤弱，故被建议到一友人的乡间别墅中去休养，在那儿他为爱好古典文学的人们写作随笔，供聚会者娱乐耳目之用[3]。

狄翁称自己乐于比较三大悲剧诗人各自如何处理同样的题材。埃斯库罗斯之作有其一贯的壮丽之象，典重古朴，敢于从构思和表现上面求突破[4]；欧里庇得斯则文思谨慎敏锐，具有修辞才华[5]；而索福克勒斯的风格居于两者之中间，其文笔堂皇高华[6]，悲剧感出而不伤和谐之象，柔媚之美中亦包含雄浑之气。我们亦从此文得知，欧里庇得斯剧中，奥底修

---

1 Von Arnim 的《普鲁萨人狄翁之生平及其著作》，p. 166 以下。

2 《演说集》，52。

3 Von Arnim，p. 162.

4 *ἡ μεγαλοφροσύνη καὶ τὸ ἀρχαῖον, ἔτι δὲ τὸ αὔθαδες τῆς διανοίας καὶ φράσεως*【高雅且古朴，运思属词皆有豪气】，以及 *τὸ αὔθαδες καὶ ἁπλοῦν*【豪直且简朴】。

5 *τὸ ἀκριβὲς καὶ δριμὺ καὶ πολιτικόν*【精切、机敏、温雅】。

6 *σεμνήν τινα καὶ μεγαλοπρεπῆ ποίησιν*【其诗风高华崇赫】。

斯早预知特洛伊使节的来访；埃斯库罗斯与欧里庇得斯相同处在于，奥底修斯之容貌为雅典娜乔装改扮了，歌队由勒穆诺斯 Lemnos 的民人组成，而不是（如索福克勒斯剧中那样）奥底修斯的希腊战友们。索福克勒斯的合唱歌充满了美感和贵气，不像欧里庇得斯那样添入了诸多的道德情绪。不过，狄翁自己更倾向于完全地废除歌队[1]。

另有一篇[2]系欧里庇得斯《菲罗克忒忒斯》开场的一个节略；还有一篇[3]则讨论了苏格拉底所受荷马之沾溉。在他的《罗德斯演说》[4]中，他指责罗德斯民人不敬恩主，在其雕像的基座上镌刻了新的名号，这显然是在模仿德摩斯提尼的《反勒普提涅斯》。以上所述，俱属于他演说文辞的**文学**类。政治类（涉及卑提尼亚的事务）在此则非我们所关心的；
300 他生命中第三阶段的**道德**类演说词，主要受斯多葛派学说的启发，遂用了沉重的语气，谴咎刻莱奈 Celaenae 的弗里基城镇以及塔尔瑟斯和亚历山大里亚之居民伤风败俗、放荡荒淫。不过幸运的是，其中也存有一幅田园画卷，描绘了攸比亚岛之贫穷牧人和猎徒们知足常乐的生活，这在古代文学中几乎仅见于此[5]；还有一篇谈及一位英睿君主的赏赐，恩泽

1 见 Jebb 的《菲罗克忒忒斯》，pp. xv–xxi。

2 《演说集》，59。

3 《演说集》，55。

4 《演说集》，31。

5 《演说集》，7。Mahaffy 的《罗马治下的希腊世界》*Greek World under Roman Sway* 一书中有删略之译文，见 pp. 276–290。参看 Otto Jahn 的《古物学通俗论文集》*Populäre Aufsätze*, 58–74（《古代乡村史》*Eine antike Dorfgeschichte*）。可附议者，我们从此篇演说词中可知，在忒拜一切俱摧颓，唯卡德摩亚 Cadmea 得以幸存时，他们在古广场的旧址上重新供奉了一尊赫尔墨斯神像，因其旧像上的题铭注明是为祝贺某次竖笛比赛的获胜【译按，言忒拜人极重视此项荣誉（系全希腊的比赛），故重建家园时先立此像】。

所及，至于波律斯泰 Borysthenes【译按，今之第聂伯河】河口附近奥耳比亚 Olbia 的半开化族类，其民人对荷马稔熟于心，有些人甚至研读过柏拉图[1]。尤要提及的是其中一篇奥林匹亚演说词[2]，谓斐狄亚斯向聚集在奥林匹亚的希腊人发言，解说他如何在天赋的引导下完成奥林匹亚的宙斯的庞大塑像。这篇演说词看来是受传统的影响，即认为斐狄亚斯的灵感来自荷马描述宙斯低眉的三行著名诗句[3]。一节醒目的段落，指出诗歌与雕塑对比时的一些异同：

> 诗艺（据斐狄亚斯云）是自由无拘束的。荷马并不拘囿于一种单独的方言，而是在伊奥尼亚方言中混合了多立斯，甚至阿提卡方言，将这些不同口音的言辞像染布一样谨慎地组织起来，并不是只注意到他那时的方言口语，而是返回往昔，摭拾一些阿该亚古话，赋以流行的活力，恰似在一个长久遗弃的密窖里发现一枚古董钱币；即使是蛮族的语言，亦不鄙弃，任何具有优美或雄壮力的词语，都不忽略。荷马的隐喻与他对日常语汇的点化功夫也都值得称赏。他已然证明在措辞、用韵上都是一位富于创造的诗人，他还擅长模拟各种音响，无论水声、木声、风声、火声、海声、石声、铜声、兽声、禽声、笛声以及牧徒们的哨声。因此他从不怯于语言表述各式样的构思，并且，借由他丰富的想象，能够引导心灵产生他所要的任何一种情绪。而我们这些可怜的艺匠（斐狄亚斯云），却远不能尝到一点这样的自由。我们必须使用坚固耐磨的材料，故难于觅取，也难以加工；且对于一个神祇的相貌，我们只能给予一个专 301

1 《演说集》，36。

2 《演说集》，12。

3 《伊利亚特》，i 528–530。

一的形式，还要全面地表达出其神力和神性的所有特征。而诗人，可以轻易地在韵格里表达出多种形式的美；他们可随意表现静止与行动，举止与言辞，以及对幻象的感觉和时间的流逝。只要意象或构想被诗人把握而未曾逃逸，一个灵感，或是灵魂的一次冲动，就足以使他思如泉涌，产生无尽的话语。**我们**的技艺呢，却相反，充满痛苦，苦难重重。要下功夫对付磐石，工序要缓慢进行。而最大的妨害在于，艺匠要保持他心中的形象始终如一，此或许要假以数年，直至完成作品。有个说法或许正确，谓眼比耳可靠，但眼更难被说服，并执着于更清晰逼真的证据。凝视静物，眼可固着于客体，耳却容易激动，受人鼓惑，遂在声律之魔力的文辞中震颤迷醉了。（i 234—236，丁道夫 Dindorf 编订本）

这节文字有时被看作是莱辛《拉奥孔》的蓝本，但很值得怀疑的是莱辛是否知晓此节，因为其读者必记得他在这部名著开首征引了普鲁塔克[1]著作里记录的西蒙尼德的隽永言论，谓画是不语之诗，诗是能言之画。

奥林匹亚演说词中还有对柏拉图、对神话的评论也饶有趣味。作为一名哲学家，狄翁显然以在柏拉图和色诺芬著作中读到的苏格拉底为其楷模。在这篇演说词的引言中，他戏拟苏格拉底式的佯作无知，以图激发他人的反思省察。在面向亚历山大里亚民人发表的第 32 篇演说词中，他自称（如柏拉图《申辩篇》中的苏格拉底）来此忘记了自我，只关注人们的道德良善[2]。狄翁的著述特点在于以平顺畅达吸引人，而全无重

1 《论雅典人之荣耀》*De Gloria Atheniensium*，3。

2 i pp. 404，407，Dindorf 本。

点[1]。他对词句的灵活运用不时让我们联想到柏拉图或德摩斯提尼，这两
位都是他欣赏的作家。当他被放逐后（如斐洛斯特拉图斯所言[2]）身上只
携带两部书，一是柏拉图的《斐多篇》，一是德摩斯提尼的演说词，《论
伪使》*De Falsa Legatione*。在应一位尊贵友人的求教，而为其草拟的研读计 302
划中，狄翁举出米南达和欧里庇得斯，以及（最重要的）荷马，作为诗
人代表（将歌吟体、诉歌体、短长格和酒神颂诗人归属于闲适派）；而
散文家中，要读希罗多德和修昔底德，第二等史家里读忒欧庞普斯胜过
读厄佛儒斯；演说家中，叙珀芮德斯、埃斯奇纳斯、莱克格斯三家较大
师级的德摩斯提尼和吕西亚更易理解和模仿。与古阿提卡演说家相比，
尽管有当日顽固的阿提卡派之观念（τῶν πάνυ ἀκριβῶν【尽其精致】），但
即使对近来的修辞名家而言，读者或许也都可从中受益。最后，在“苏
格拉底派”中，他尤推重色诺芬，且谓色诺芬在《长征记》的慷慨陈词
令他动容落泪[3]。

普鲁塔克

“金嘴”狄翁之外，同时代还有一位极多才高产的文人，即普鲁塔克。此人生于西元45—50年之间的喀隆尼亚，对希腊诗歌尽熟于心，他19岁时离开波欧提亚 Boeotia 之故乡，在雅典度过了不少年月。他在彼处学习修辞学、数学，更重要的是学习哲学，尤其是在阿蒙尼乌斯传授的柏拉图哲学。此后他又游览埃及，并（在韦斯帕芗帝治时）居停罗马甚久时日。在罗马时，普鲁塔克授讲哲学，听者多罗马之学者，如阿鲁伦

1 Croiset，v 483.

2 《智者列传》，i 7。

3 《演说集》，18。狄翁之综论，可参看 von Arnim 富于考据的编订本（1893—1896），及其《普鲁萨人狄翁之生平及其著作》（1898）；以及 E. Weber 在《莱比锡古典语文学研究》*Leipziger Studien zur klassischen Philologie*（1887）；Christ，§520[4]；Croiset，v 466–483；Egger，440–455；及 Saintsbury，i 109–113。

努斯·卢斯提刻 Arulenus Rusticus 之辈。他足迹至于意大利各地，其中有北部的拜德理亚库姆 Bedriacum 之战场[1]。旅行之后，他返回故乡安度其漫长的余生，只偶尔去过雅典或德尔斐，或为洗温泉而去过温泉关或攸比亚岛的埃得普苏斯 Aedepsus。可能在哈德良帝时，约西元 125 年，普鲁塔克去世。

303 普鲁塔克坚决拥护柏拉图之哲学，故而以《蒂迈欧篇》之所述论说灵魂的起源[2]，并在"柏拉图学说决疑"的十章文字中讨论与柏翁相关的琐细问题。《理想国》结尾处厄洛斯所见之象，在《论天谴之迟发》*De Sera Numinis Vindicta* 篇末有一可相匹俦者。所谓"初生之婴孺头几周醒时不笑，唯酣睡时方开颜"的现象，在他的《论灵魂》*De Anima* 中被解释作"依柏拉图学说，转世之魂灵为此世间诸相所侵扰惊吓，遂不乐，而睡梦中忆得与神明相对时之快乐，故对此光荣幻景生出欢喜相"[3]。他常攻讦斯多葛派与伊壁鸠鲁派的观点，虽则他自己也不时援引斯多葛派之说，且所论也多有悖于柏拉图者。对于亚里士多德的严谨之哲学著作，他似乎鲜有涉猎；但在对事件的收集和分类及对知识进行百科全书式的探寻上，他显示出逍遥学派的影响；另外，他当然也征引了亚里士多德、泰奥弗剌斯特和斯特拉托不少著作之细节。普鲁塔克的宗教以德尔斐为天地之中心；他论及德尔斐神庙入口处所铭刻的神秘字母 *E* 时，以他的老师阿蒙尼乌斯之解释为结论，谓此字母符号为其名（εἶ）之代称，故

---

1 《奥托传》*Otho*，14。当时其向导系一做过执政官的考古学家，梅斯忒理乌斯·弗罗鲁斯 Mestrius Florus，正是此人，曾在席上矫正韦斯帕芗帝念若 plaustra 而不是 plostra【马车，译按，原字无误，改 o 作 au 系装腔作势】，次日皇帝戏呼其为 Flaurus（φλαῦρος）而不是 Florus（苏维托尼乌斯，《韦斯帕芗帝传》，22）。

2 p. 1012 以下。

3 p. 736。Mahaffy 的《罗马治下的希腊世界》，p. 292 下。

意味着“尔是”，即信徒走近神庙时对神之存在 Being 的赞颂。在“皮提亚神谕”一篇中，他探究的问题是，为何阿波罗古时习惯以韵体答示世人，现在却以散文体传布神谕。讨论“神谕之绝息”的对话篇里，多涉及介乎神人之间的精灵，故而用纯朴且神秘的传说，以怪异之光芒所烛照，包括厄立特里亚海 Erythean Sea 的老先知、不列颠诸小岛上的鬼灵，以及潘神之死。这个题目从此成为弥尔顿等后辈诗歌源泉中之难以忘怀者。

普鲁塔克的杂著，通常被称为《道德论集》，其中不少作品与文学批评全无关系。但即便是文学批评，普鲁塔克也主要倾向于道德之教 304
诲。他对荷马著作的评论（Ὁμηρικαὶ μελέται《读荷马须知》），仅有残篇留存；论波欧提亚先贤赫西俄德《农作与时日》的片段存于普洛刻卢斯和柴泽斯的著作中，可据以推想是一部混合了琐细发现和道德宣教的杂录。他读阿拉图斯和尼坎德尔之教诲诗的心得，有些或许可见于这些作家的集注里，但纯是谈自然科学问题[1]。传世较完整的著作，有一题为“论童蒙教育”的小册子，可能并非出自普鲁塔克之手，非常有趣，却与文学关系甚微。“青年学诗之法”的题目颇令人期待，也只能以失望告终。作者为其责任感所抑，凭道德观念认为古希腊诗人绝非青年之可靠的导师；但他没有指出荷马诗歌代表的是道德与宗教思想的原始未开化阶段，而是竭力要从古代诗人那儿找出可作为行事典范的例证来，唯有以虚渺的解说来作为努力的成果[2]。“既未能庇护聪慧之诸童，使之

1　普鲁塔克，v 20–36，Dübner 本。

2　参看 J. Oakesmith 的《普鲁塔克之宗教》*Religion of Plutarch*，pp. 69，176（Longmans 本，1902）。普鲁塔克在此援引斯多葛派和逍遥学派之说（A. Schlemm，《普鲁塔克〈论诗歌听赏〉之来源》*De fontibus Plutarchi De Audiendis Poetis*，1893）。

绝不读诗，故而应择其上品教之。诚如鲫首，味美，能补，却易生出无尽空幻之梦想【译按，πολύπους 即章鱼，其首之肉甘美，然古人以为易致幻觉】[1]。因此，你应注意运用教育之矫正功能，给予此危险之物以正确的意义”[2]。普鲁塔克实则谈不上是文学批评家，他纯是位道德家，好以各色之文学来为他的说教服务。然我们要感激他，为的是他保存了众多诗人的片段，如不是他，这些残篇就不能传诸后世了[3]。作为一个波欧提
305 亚人，普鲁塔克特别喜好征引忒拜诗人品达。但在他“论耳学”（περὶ τοῦ ἀκούειν）的文章中，连为我们保存早期希腊诗人之遗篇的长处都不见了，只是谆谆劝导一种平和冷静的专注态度，甚而告诫学生勿对文体发生任何特别之兴趣。“若因体式非阿提卡风，即便是中肯之言也不乐入耳，这样好似拒绝了一切良药，却仅是因为其非自阿提卡所造之罐中倒出者”[4]。文学对普鲁塔克而言就是一剂良药，而不是激情之根、怡神之泉、悦心之源。

不可确认《论希罗多德之毒心肠》是否为普鲁塔克所作。该文首尾俱称扬希罗多德为敏锐之作家，具有优雅迷人之文体。文章中也赞许希罗多德善裁评人物，但又多次置他于修昔底德的史家地位之下，且引述了极多段文字，以证明其人的乖戾、恶毒和苛酷。波斯战争已过去了数个世纪，演说家和修辞家们一直在为希腊往昔的辉煌岁月散布迷魅，希罗多德这位史家所描述的图景兼顾晦明，便不被那些自我欺骗的人欢

1 p. 15 B.

2 Saintsbury，i 140.

3 参看 F. M. Padelford，《论普鲁塔克等人对诗歌的研究与使用》*On the Study and Use of Poetry by Plutarch...*，纽约，1892。

4 c. 9；Saintsbury，i 141.

迎，因为他们相信有完美光明的伟大事迹，在此希腊人扫荡着其他的蛮族。即使在普鲁塔克的时代，忒拜人没有参与过的普拉提亚大捷，依然在获胜的所在【译按，在忒拜城西南】进行纪念[1]。

有篇论文未能存留全貌[2]，其中普鲁塔克对米南达的美德表示激赏，而阿里斯托芬的偶尔的村语粗言却叫他震惊，故称后一位不足为道德上的教师。他将阿里斯托芬看作是庸俗（φορτικός、βάναυσος）、造作（θυμελικός）之徒；米南达则是优雅、敬畏及妥切的作家，可比为柔风经过、树影婆娑之草茵，有群芳掩映，使观者获得小憩之感。普鲁塔克对阿里斯托芬的才赋全无觉察，故想不通此诗人何以承受“敏慧”
（δεξιότης）之令誉。假若宴会上朗诵的是古阿提卡喜剧的片段，每一位 306
客人都必须配备一名语法学家来解释那些私密的典故[3]。

在他的九卷《饮宴杂议》中，文学因素仅稍得显露。在安排宾客入席之时，普鲁塔克会敦促你“将饥渴的求知者置于杰出的学者身边”[4]。他探询为何A是字母表排首位者[5]。他讨论缪斯的数目[6]，及舞蹈的三种形式[7]，晚餐佩戴花环的习俗，地峡赛会获胜者之华冠的材料[8]，疑惑于古人是否奖赏诗人[9]，还有为何表现充满痛苦之事件的戏剧与其

---

1 《阿理斯泰德传》*Aristides*，19，21。

2 p. 853.

3 《饮宴杂议》，vii 8，3§5。

4 i 2，6.

5 ix 2.

6 ix 14.

7 ix 15.

8 v 3.

9 v 2.

他艺术却能令人愉悦[1]。在讨论到谈话的艺术时，他从荷马史诗中找出不少的例证来[2]。涉及荷马，他提出若干疑问：为何赛会的程序上，拳击先于摔跤和赛跑[3]；ζωρότερον【纯（葡萄）酒。译按，见《伊利亚特》，ix 203】究竟确指何物[4]；ἀγλαόκαρπος【果实殷殷的（大树），见《奥德赛》，vii 115】与被恩培多克勒当作苹果树之代称的 ὑπέρφλοια【丰产的】又是何意[5]。在写给他妻室的告慰信函中，发现批评家之失，在于“一意搜集荷马全部的病谬之句，所获为数无几，却同时忽略了另端之无穷竭者，即是此诗人所成就其辉煌声名者”[6]。对话录《论神谕之绝息》*De Defectu Oraculorum* 的引言中，涉及语法学的问题，诸如 βάλλω【投掷】是否在将来时中失去一 λ，χεῖρον【更糟的】与 βέλτιον【更善的】的原级如何，被称为是导致蹙眉翻脸、争讼不已的祸因；不若其他话题，可以平和镇定的风度进行讨论[7]。

称普鲁塔克主要是一位道德家，不只因其《道德论集》，也因其《名人传》里绘人肖像栩栩如生的良善之笔墨，故而蒙田称此书为他的“祈祷书”，罗兰夫人则称之为“精魂之田园”[8]。《名人传》中，如《伯里克利传》《恺撒传》《德摩斯提尼传》和《西塞罗传》，兼有文学与史学
307 之气味，但令人失望的是，当我们指望在比较希腊与罗马这两位最伟

1 v 1.
2 ii 1.
3 ii 5.
4 v 4.
5 v 8.
6 p. 611。Trench，《普鲁塔克》，p. 27。
7 p. 412 F.
8 Trench，p. 34 以下。

大的演说家时能见到些许文学批评，普鲁塔克（尽管他在《罗马谈丛》中展示了对拉丁族礼俗的兴趣）却因所知拉丁语未备详尽而推卸此责任[1]，实际上他对凯基琉斯做这样的比较颇有微词[2]，且即便对于德摩斯提尼，他也根本没对其文体做任何品评。《西塞罗传》[3]显示了普鲁塔克对西塞罗的哲学著作（直接或间接地）有些熟稔。维森伯格 Weissenberger 氏讨论过他的拉丁语知识[4]，为其所受沃克曼 Volkmann 的攻讦进行辩护。普鲁塔克的《伽尔巴与奥托平行传》以塔西佗或其他兼及两传主的著作为蓝本[5]。《卢库鲁斯传》[6]中似有条来自拉丁文学的间接引语[7]，他又将罗马称为 *τῶν ἀνθρωπίνων ἔργων τὸ κάλλιστον*【人类业绩之最丰伟者】[8]，可能也是得自于对维吉尔 rerum pulcherrima Roma【罗马城，最美的成就】[9]的记诵。其《罗马谈丛》，从未征引奥维德《岁时记》，部分内容以瓦罗和朱巴之书为基础，而《希腊谈丛》则多抄录亚里士多德著作。

总体而言，普鲁塔克不能被严格地当作一位文学批评家，但是他绝对堪称文学爱好者。他有一篇残碎的对话录，讨论雅典人的荣耀更多得自于战争还是智慧，其中文学得到充分的称赏；还有，在对伊壁鸠鲁派发难时，他也温和地捍卫辞章之学的旨趣。文章曾论及青年可从诗人

---

1 《德摩斯提尼传》，2。

2 《德摩斯提尼传》，3。

3 24，40.

4 《论普鲁塔克的语言学问》*Die Sprache Plutarchs*，1895。

5 Schanz，§438；E. G. Hardy 的《罗马史研究》*Studies in Roman History*，295 以下。

6 c. 39，Gudeman 称之为“痕迹明显的窜改”，见《美国语文学学会学刊》，xx 149，注释 16【译按，题为《普鲁塔克西塞罗传渊源新考》*A New Source in Plutarch's Life of Cicero*】。

7 贺拉斯，《书简集》，i 6，45。

8 《论罗马之气运》*De Fortuna Romanorum*，316 E。

9 《农事诗》，ii 534。Oakesmith 的《普鲁塔克之宗教》，p. 84 注释。

著作中收获的好处，即提供了巴兹尔诸多线索，以助他完成关于异教作家研究之裨益的论文。蒙田自谓“离开普鲁塔克便一事无成”。在骚塞 Southey 的《博士》*Doctor* 中，费乐蒙·霍兰德 Philemon Holland 的《道德论集》译著，是丹尼尔·多弗 Daniel Dove 在书架上可安排落脚处的少数书籍之一。普鲁塔克的著作被杰莱米·泰勒 Jeremy Taylor 引作典故或参考文
308 献达 250 次以上;《道德论集》占据了丹尼尔·维滕巴赫 Daniel Wyttenbach 一生的24年光阴，对尼安德尔 Neander 的职业也起着重要的影响[1]。“普鲁塔克，”爱默生如是说[2]，“只要有书籍存在，他就会不断地被重新发现，万古常青。”[3]

法沃理努斯

普鲁塔克与“金嘴”狄翁都与阿尔勒的法沃理努斯 Favorinus（生于约西元 75 年）有些瓜葛，此人系狄翁之门生，与弗隆托和普鲁塔克相过从。他游历过以弗所，但平生主要居住在罗马，在此赫若得斯·阿提库斯曾听过他的讲学，葛琉斯也颇崇敬他。法沃理努斯名列哈德良帝时代最博学之人一时曾深得皇帝的宠遇，似亡于安东尼·庇护帝之治下。其著作的数量与种类可以和普鲁塔克相媲美，其中包括了哲学、史学、语文学和修辞学著作，但他主要是一位修辞学家而不是哲学家。哲学上他抱持怀疑论。除却大量的半哲学气味的著作外，他还著有至少 5 卷的

1 Trench，pp. 74，108 以下，121。

2 该文刊于普鲁塔克《道德论集》W. W. Goodwin 教授校订之译本（1870）的卷首，亦见于论《书籍》之随笔，《社会与孤独》*Society and Solitude*，1889 年版《散文集》的 p. 451。

3 有关普鲁塔克，参看 Gréard（1866）及 Volkmann（1869）的专著，R. C. Trench 的《讲录四篇》*Four Lectures*（1873）和 J. Oakesmith 的《普鲁塔克之宗教》；又见 Christ，§§470–485[4]；Croiset，v 484–538；Egger，409–425；以及 Saintsbury，i 137–146。有关“作为语文学家的普鲁塔克”，见于 Gudeman，在《美国语文学学会学刊》，1895【译按，会议记录的 v–ix 页】；有关他对古代希腊哲人的援引，见 A. Fairbanks，同上刊，1897。参看 R. Hirzel，《论对话录》*Der Dialog*，ii 124–237，1895。

《回忆录》和24卷的《杂著集》。后者被佛提乌斯称为博学之册府，此二书都成为第欧根尼·拉尔修所追从的权威著作[1]。他著作仅有残篇传世，但他或许可在此标志着狄翁与普鲁塔克向安敦朝的智者派和阿提卡派的转变，这些将在下一章稍做简述。

1 Christ，§510[4]；Croiset，v 539以下。

第十八章

309 # 2世纪的希腊学术

2世纪：哈德良帝

2世纪近三分之二的时间里，罗马帝国处于哈德良帝（117—138年）和安敦朝诸帝（138—180年）的昌明统治之下。哈德良帝对于希腊文学广加赞助，其中尤其嘉奖修辞学之发展，特别是对于雅典的资助，图拉真在位时他曾任彼城之执政官，从此获得声名。登基之后，哈德良帝延续始于650年前庇西特拉图的工作，完善了恢宏壮大的奥林匹亚神庙。在卫城以北地区，他修筑了以自己名号命名的“斯多阿”，以弗里基大理石砌成其墙壁和列柱，以黄金和蜡石装饰其顶盖，廊厅中有小室，皮藏典籍图书，并有绘画与雕像点缀其间[1]。日后在附近发现的索福克勒斯之半身像，以及《伊利亚特》《奥德赛》人物的大理石雕像，或许一度也曾在这些建筑中为图书馆增添着荣耀之光辉。马可·奥勒留帝在雅典

1 波桑尼阿斯，i 18，9。

建立了一所哲学学校，为四大学派各设一教授讲席，分别传扬学园派、
逍遥派、斯多葛派和伊壁鸠鲁派之主义；又建立一所修辞学校，设“政
治学”和“诡辩术”二科，后者之教席由皇帝亲自指派，并负责管理全
校。哲学学校的四席教授由赫若得斯·阿提库斯 Herodes Atticus（103— 赫若得斯·
179 年）进行选拔，此人同哈德良帝一样，是雅典的最大捐助人之一。 阿提库斯
他慷慨解囊，用奔忒理库斯山 Pentelicus 采石场的大理石为伊利索斯河
Ilissus 建立了炫目的泛雅典娜竞技场，并且（在此时期波桑尼阿斯写作 310
他的《希腊纪略》）在卫城南部的坡面上修建了一座冠以雪松木穹顶的
新剧院。他是此时代中最具才华的诡辩学家，可能曾以爱比克泰德著作
中的一些合适的片段去反驳伪斯多葛主义者；他在救济一名声称自己只
有“胡须和手杖”的冒牌犬儒派时，能够援引穆索尼乌斯 Musonius 的有
力之先例[1]。赫若得斯在雅典的府邸和他在橄榄丛密、流水潺潺的刻菲西
亚 Cephisia 的乡间别墅，引来众多的政客、哲人与修辞学家，成为座上常
客[2]。这其中有著名的修辞学家阿理斯泰德。最可印证安敦王朝时期的希
腊文学研究精深的，是那位“王位上的斯多葛派”，即马可·奥勒留帝， 马可·
他在著名的《沉思录》（τὰ εἰς ἑαυτόν）中，恰好设立了一专门的章节 奥勒留
讨论阿提卡悲剧与喜剧的道德影响[3]，而这些教化成果通常代表了除基督
教之外的最高道德标准，新柏拉图主义也要居于下风。《沉思录》之著
者率先嘉奖了修辞学人赫谟根尼早慧的才赋；奥勒留父有一养子名维鲁
斯 L. Verus，乃是赫法斯提翁 Hephaestion 和哈波克剌提翁之门徒；而康茂
德 Commodus 帝在位时也曾将昔日的导师，语法学家波鲁克斯，任命为

1 葛琉斯，i 2，3–13；ix 2。
2 同上书，i 2，2。
3 xi 6.

雅典的修辞学教授。在此世纪中，不乏对雅典与罗马之学术的资助，但是，此时期最伟大的语法学家却出现在了亚历山大里亚，是那位过着困窘日子的阿波罗尼乌斯·狄斯古卢斯。此人之子，希洛狄安，则生活于罗马城，将自己有关重读法的杰作题献给了马可·奥勒留。

诗人，历史家，等等

第二世纪中对希腊古代史诗的兴趣，可见于一部散文体著作中，此作品要在荷马和赫西俄德之间评判一番诗艺上的孰高孰低[1]。此期对韵文之兴趣可以“游方者”第欧尼修 Dionysius Periegetes 和奥庇安 Oppian 之教
311 谕诗、墨索密德斯 Mesomedes 之复仇女神颂及巴布理乌斯 Babrius 的寓言为代表；历史著作则有阿庇安（盛于 160 年）和阿里安 Arrian（盛于 130 年），后者乃是新一代的色诺芬，风体“貌如变色龙”[2]，盖效仿多方，学希罗多德、修昔底德，也学色诺芬和泰息亚斯；以战史成一家言者则有波里耶努斯 Polyaenus（盛于 161—169 年）；地理学与天文学以亚历山大里亚的克劳狄·托勒密 Claudius Ptolemaeus 为翘楚；而方志及传记二领域，则由比布鲁斯人斐隆 Philon of Byblus（盛于约 64—141 年）的“郡城及其先贤”给予关联，忒剌勒斯的弗勒冈 Phlegon of Tralles 还研究了奥林匹亚赛会的历史。图拉真和哈德良二帝时期（否则便是再早些时候），亚历山大里亚学者托勒密·坎努斯 Ptolemaeus Chennus，除了作有一部题为《斯芬克斯》*Sphinx* 的历史剧和一部名为《荷马前史》*Anthomerus* 的 24 卷史诗外，还编纂了一部卷帙繁杂的轶闻辑录，此书为佛提乌斯所知[3]。

---

1 *ἀγών*【竞艺之会】，刊于 Goettling 之《赫西俄德》，pp. 241–254，以及 Rzach 的编订本。参看 Christ，§72^4。这 *ἀγών* 的有些诗体部分，系出一名叫莱斯彻斯 Lesches 的人之手笔，曾被发现于一部西元前 3 世纪的莎草纸书上（Gercke，《年刊》，vol. 124，1905，p. 476）。

2 Kaibel 在《赫尔墨斯》，xx（1875），508。

3 卷 190，*καινὴ ἱστορία*【新史也】。

此人近来重新受到重视，因知他写过一篇《亚里士多德之生平与著述》，此文已佚，初题献给一个叫加卢斯 Gallus 的人，一份阿拉伯文的著作书目，得自于希腊原文的叙利亚文译本，其中将此文著作权归于“托勒密”名下[1]。

安敦朝的古物学与方志研究之大家为波桑尼阿斯，173 年时他仍在 波桑尼阿斯 从事写作《希腊志略》[2]，之前已写了阿提卡的见闻，接下来写亚该亚，写赫若得斯·阿提库斯的剧场建筑。他从小亚细亚毗邻赫尔姆斯 Hermus 河与奚毕卢斯 Sipylus 山的家乡出发，他足迹遍及了整个希腊、意大利和撒丁岛，甚至还游览了叙利亚，拜谒过利比亚沙漠之中的阿蒙神殿。波桑尼阿斯著作的价值不可估量，因为其中有关古代希腊的神话、风土、雕塑及建筑的记载太丰富了。其效用已被在雅典、阿尔戈利斯 Argolis 以及德尔斐和奥林匹亚的考古挖掘运动认同。此书既非考古指南，也不是导游手册，而是一部旅行存念的著作。无须以理性疑之，认为它多以作者一己之经验为内容；可议者在于，波桑尼阿斯在何等程度受到其他人的著述影响，如古物学上之于伊利翁的珀勒蒙[3]，方志学上之于以弗所的阿 312
耳忒密多儒 Artemidorus of Ephesus（盛于西元前 100 年），历史学之于帕甫斯的伊斯忒耳 Istrus of Paphos（卡利马库斯之门生）。他对欧里庇得斯的征引远不及对古代史诗那么频繁，我们所知的（或谓我们以为自己所知的）美塞尼亚战争相关资料，几乎都来自他所保存的一部分亚历山大里

---

1 Christ，§559，尤见 A. Baumstark，《叙利亚世界的亚里士多德》*Aristoteles bei den Syrern*，1900。此书目见于亚里士多德《残篇》，pp. 18–22，Rose 本。

2 v 1，2.

3 见上文第 154 页。

亚诗人理亚努斯的亡佚之史诗[1]。

演说辞家：阿理斯泰德

生活于安敦朝的智者派人物，最著名的一位是埃琉斯·阿理斯泰德 Aelius Aristides（129—189 年【译按，近人判定其生卒年为 117—181 年】），他曾在帕迦马和雅典学习演说术，此外还游历了罗德斯岛和埃及。155 年他去往意大利的途中遭遇风暴，健康受损，从而被迫在帕迦马和士麦那长年养疴。士麦那被一场地震摧毁之时（178 年），他得到马可·奥勒留之援助重建此城。在雅典，他发表了泛雅典娜演说辞，以华辞评述雅典历史。他将历史学的位置放在诗艺与修辞术之间[2]，还就柏拉图在《斐德若篇》和《高尔吉亚篇》中的抨击之词而为修辞学进行辩护，使密尔提阿德斯 Miltiades、地米斯托克利、喀蒙和伯里克利免于柏拉图在那些对话中给予的轻蔑待遇。他还虚构了若干篇对话，以议论希腊史事，并为《伊利亚特》第九卷中阿基琉斯的演说写了一篇散文体的释文。最后，阿理斯泰德还留给我们一幅生动的画面，描述的是马可·奥勒留之师，柯泰雍的亚历山大 Alexander of Cotyaeum，在阿理斯泰德笔下，他是一位博学多才、传授古代经典的讲师，其乡党父老应坚信此人会得到地下之古代作家们的宠爱，在那里他会登上不朽的王位，成为所有解人中最优秀者[3]。不幸的是，阿理斯泰德所提到的亚历山大唯一一部作品被含糊地称作以
313 荷马为主题，而今天所仅存的残篇涉及的却是希罗多德的文本批评[4]。在

1 Christ，§501[4]；Croiset，v 679–683；Kalkmann，《游记作家波桑尼阿斯》*Pausanias der Perieget*（1886）；Grulitt 与 Bencker（1890）；Heberdey，《波桑尼阿斯的希腊之旅》*Die Reisen des Pausanias in Griechenland*（1894）；Frazer 的《波桑尼阿斯著作集》（1898）；Hitzig 与 Blümner 编订本，1896–1910；W. H. S. Jones 译本，1918–。

2 ii 513.

3 《演说辞》，12。

4 见引于波弗利，p. 288，Schrader 本。

编订阿理斯泰德时，我们发现有两部作品受到勒普提涅斯的启发，并确然与德摩斯提尼的文本有着密切的联系；但其作者究竟为谁却不尽明了[1]。从文体上看，阿理斯泰德尊奉阿提卡风为当时最严格者，其尤爱效仿的作家是修昔底德、柏拉图、色诺芬、伊索克拉底和德摩斯提尼。与德摩斯提尼一较高下是他平生之志，故而当他在梦中遇一哲人，与言汝已逾越彼演说家时，他欣然自得[2]。他因模仿阿提卡作家甚有成，而受到了弗里尼库斯的高度赞扬[3]；朗吉努斯则激赏于他的渊博学识和充沛精力[4]；后来的修辞术学者们，诸如理班纽斯 Libanius 和希姆理乌斯 Himerius 则将他视为经典作家；他的声名延续到拜占庭时期，“宗师”托马斯 Thomas Magister 独将他排入荷马、修昔底德、德摩斯提尼和柏拉图诸人之列，学校中对他演说辞的研习至今仍可由留存下的《集注》和《序说》得到印证。他坦言对文学之爱好偏重于修辞学方面，谓“言辞”盖“唯一之乐趣所在”，“平生全部之所得即在于修辞研究之术业也”[5]。他在向一神祇致辞时失言自夸，遂为此而另作辩词[6]，其中广泛征引了若干演说家和诗人的言辞，尤其是援引了梭伦。但他显露出没有什么文学品鉴的口味。在学术史中，阿理斯泰德受到关注，主要是因为他对于阿提卡风散文的古人规范研究有成，以及为我们保存了梭伦短长格诗作中历来公认

1 未见于阿理斯泰德著作的抄本中，只是在他演说辞中的一段文字中得知他自称写了这些作品，见《驳卡庇托》，p. 315（H. E. Foss，1841）。

2 i 325.

3 转见 Photium，p. 101 A 18。

4 Dindorf 的《阿理斯泰德》，iii 741。

5 Canter 在 Dindorf 的《阿理斯泰德》，iii 779，见引于 Saintsbury，i 114 以下。

6 《演说辞》，49。

的最长之段落[1]，这纪录一直保持到重新发现亚里士多德的《雅典政制》为止[2]。

推罗的马克西姆 较乎阿理斯泰德更逊色者，是那位“柏拉图派哲人”，推罗的马克西姆 Maximus of Tyre（盛于 180 年）。此人在很多地方演说（包括弗里基
314 和阿拉伯），并多次访问罗马。他的四十一篇演说辞皆以高尔吉亚的矫揉造作、过度匀饬的风格写成，堆垛重言成为他无节制的爱好。他是个具有折中派格调的柏拉图主义者，当他驳斥伊壁鸠鲁派时，便随手借用逍遥派、斯多葛派和新毕达哥拉斯主义之说；又如普鲁塔克一样，他或许也被当作是一位新柏拉图主义的先驱人物。但普鲁塔克乃是一位真正的哲学家，因其睿智思想而可为引导人生之顾问，而马克西姆仅是一个修辞学者，偶因偏好言及某些哲学论题耳。这些论题本身并非全无兴味可言，例如“荷马可代表某一哲学学派么？”[3]；“论柏拉图所信之神”[4]；“论苏格拉底之 *Daimonion*【灵异】”[5]；“论苏格拉底式之爱”[6]；“柏拉图判荷马应被逐出其理想国之说合理么？”[7]；“议论神灵，诗人与哲学家孰更擅长？”[8]；“人文科艺有益于美德么？”[9]云云。他还讨论音乐和几何学的影响；乐于引述荷马和萨福的诗[10]，致力于恢复莱斯博斯岛女诗人的清白声

---

1 《演说辞》，49。

2 关于阿理斯泰德，见 Dindorf（1829）和 Keil（1899）的修订本；且转见 Christ，§521[4] 以下；Croiset，v 572–581；以及 Sainsbury，i 113–116。

3 32.

4 17.

5 14，15.

6 24–27.

7 23.

8 10.

9 37.

10 例如 24，9。

誉[1]，并颂扬荷马博闻多识，但又称阿拉图斯亦不逊色[2]。他极为推崇柏拉图[3]，故而在讨论至柏拉图于荷马之态度时，坚言对柏拉图之追崇与对荷马之追崇甚谐洽无间。总之，我们必须承认，就文学批评而言，面对此人讲稿标题时所生发的热切期待只能以失望告终了[4]。

才学卓绝的讽刺作家，萨摩萨塔的琉善 Lucian of Samosata（约 125— 琉善
约 192 年），在他的讽刺散文中以诸多修辞学家和诡辩派智者作为主题，而他本人也属于当时诡辩与修辞学教育的产物。他生于北部叙利亚，在伊奥尼亚受教育，后在小亚细亚、希腊、马其顿等地游历演讲，履迹甚而至于意大利和高卢。他在雅典居住了二十年左右（约 165—185 年），
为了余生之计，他接受了官方差使去往埃及。 315

学术史只关注他名下之八十篇作品的一部分内容。他的《元音断案》（*δίκη φωνηέτων*）对彼时的阿提卡希腊语有所解说，描述了一场在元音法庭上由字母 Sigma 控告字母 Tau 的讼案，怨恨后者将其粗鲁地逐出不同的词语中，诸如 *σήμερον*、*θάλασσα* 和 *Θεσσαλία*，当时的阿提卡风作家俱训读为 *τήμερον*、*θάλαττα* 和 *Θετταλία*。他的讽刺文章《论著史之体》（*πῶς δεῖ ἱστορίαν συγγράφειν*）一度颇受追崇，盖攻讦一班修史之庸才，他们预备以希罗多德和修昔底德的文体描述帕提亚战役（结束于 165 年）。这番对当世之史家的攻讦，消隐锋芒于佯为将来之史家给予的忠告中了。对于真正之史家的两个重要要求（依琉善之说）乃是才智（*σύνεσις*【译按，是词含知识、悟性、决断之多义】）与表述

---

1 Welcker 的《短著集》*Kleine Schriften*，ii 97。

2 30.

3 17，1；27，4.

4 Christ，§511[4]；Croiset，v 581–582；Saintsbury，i 117–118.

能力（ἑρμηνεία【译按，是词另有“阐释”之义，后世之“元史学”即围绕此义展开，中国古代史学家言“史长三才”云云，皆系前之σύνεσις，而于ἑρμηνεία则似多以体例予以裁制匡范尔】）。其《食客》一文，系谑仿自柏拉图以下之哲学家与修辞学者们就修辞学主题而引起的论争。在他的《勒克斯芬尼》*Lexiphanes*【译按，是为琉善自拟人名，意谓“炫耀奇僻之词语者”】中，我们可见他对当时的阿提卡风作家极尽揶揄，盖讽刺他们着迷于抄得古阿提卡作家的陈词腐语，来点缀自家的作品。这类饾凑缀补工作的例文俱出自勒克斯芬尼，他遭到了严厉的批评，并被郑重地告诫不要靠近当代修辞学者们的卑劣创作，而要追摹伟大的古典作家们，诸如修昔底德和柏拉图，尤其是要献身于美惠诸女神，以昭晰清明为信条。勒克斯芬尼这一人物被认为是影射字典编纂家波鲁克斯[1]，但此人直到康茂德治时方至雅典教授修辞学，而《勒克斯芬尼》确系琉善之早期作品[2]。他的《伪语言家》*Pseudologites*（或语言拙劣者）意在批驳那些常犯语病的语法学家，虽则于文体的正误上斤斤计较，略嫌有些学究气。此外，他还写过一篇有趣的文章（《驳无知者》*Adversus Indoctum*），讽刺的是一位搜集装订精美之
316 书籍的藏书家，他拥有阿基洛库斯和希珀纳刻斯、欧波利斯和阿里斯托芬、柏拉图、安提斯忒涅和埃斯奇纳斯的著作副本，但他对之既不能阅读，也全无理解。在《演说家之师》（ῥητόρων διδάσκαλος）中，琉善攻讦的是时兴之教课方式，体现了其最具代表性的特点，有时也被指认为（如《勒克斯芬尼》中那样）在影射波鲁克斯。这篇对话具有同样的主旨，琉善区分了两条获得修辞术技能的津梁，一是长期而勤勉地追摹

1　会注家们俱持此说，亦见 C. F. Ranke，《波鲁克斯与琉善》*Pollux und Lucian*（1831）。

2　§26. Christ，§539[4].

古代的伟大作家，诸如柏拉图和德摩斯提尼；二是辑录流行的成语以备常用，而搜罗造作的古语来作偶尔的修饰[1]。修辞学还出现在他的《二重控诉》*Bis Accusatus* 中，“修辞学”指控琉善遗弃她，“对话”则控告琉善羞辱她。在《与赫西俄德的谈话录》中，琉善奚落了这位古代诗人，说他伪装成一个受到灵性振奋的传述天意之人。最后，在《论舞蹈》这篇对话体文章中，琉善说到，一位艺能高超的哑剧舞者应该像笺释诗作的学者一样，悉心去体会荷马、赫西俄德，还有（特别重要的是）那些悲剧诗人们。

琉善在彼时代的文学作品中挑剔瑕疵，这些缺点可归咎为对古代典范的热心模仿，他揶揄的是当时之轻佻粗浮的修辞学者，以及盲目崇信的历史学家，还有那群膜拜于陈腐辞藻的阿提卡风作家们。然而他自己的文体也是属于阿提卡风格，虽然略胜一筹，却远不至化境，故而科贝特 Cobet 有这番富于见地的断言，quanto opere a Graecitatis antiquae dicendi sinceritate desciverit【此人于著作中的语言究有几分希腊古风之纯正亦尚未能知】[2]。他精晓希腊文学的章句，可由他不断证述荷马、赫西俄德和品达的作品[3]，以及屡屡萦绕其心的修昔底德、色诺芬、柏拉图和德摩斯提尼而得以证明[4]。琉善著作里对德摩斯提尼的嘉赞，显示出作者对这位具爱国情怀的演说家怀有一种得体的欣赏，但在这些称许中表现出的才智不足或许是伪造的。奥林匹克赛会上要背诵希罗多德历史的传说，见于 317

1 Saintsbury, i 151.

2 《异文释读》*Variae Lectiones*, 300 页，参看 75 页。

3 Ziegeler,《琉善诗学批评与模仿》*De Luciano poëtarum iudice et imitatore*（1872）。

4 Brambs,《琉善的引述与追慕》*Citate und Reminiscenzen bei Lucian*（1888）。有关琉善的阿提卡风格，参看 Mesnil（1867），W. Schmid,《阿提卡风文学》*Attikismus*, i 221–225，以及 Chabert（1897）。

与史家同名之篇什中。琉善之文中可察觉有贺拉斯和玉万纳尔的渊源[1]，他在《论著史之体》[2]中有一节文字与塔西佗《日耳曼尼亚志》[3]颇雷同。其艺术品藻的本领可以《肖像画》(Εἰκόνες)和《鸠刻西斯》*Zeuxis*【译按，古希腊名画家】二文为证。至于他驾驭语言的能耐则明显有柏拉图的影响，虽则说他的才赋近乎阿里斯托芬，并且他也不断地提及后者。他也谓克剌提努斯对他有所启发，此外还有梅涅普斯的讽刺剧[4]。在他的《君是普罗米修斯》*Prometheus es* 中，琉善自认曾"试图将哲学会语同喜剧诗人之声调相谐"，并欲避免过失、兼取其优长[5]。拜占庭时期的作家最常模仿他[6]，文艺复兴时期也依然受到欢迎[7]，拉伯雷、居拉诺·德·贝热哈克 Cyrano de Bergerac 及斯威夫特俱尝以独特的方式重新讲述过他《信史》中的旅行传奇。琉善显然对于阿提卡散文大师们怀有好慕之心，但他缺少足够的庄重意志和稳固原则，故而未能使自己成为一位真正伟大的古典文学批评家[8]。

阿耳基弗伦

稍后有一作家名叫阿耳基弗伦 Alciphron 的，可与琉善合论。阿理思泰涅特 Aristaenetus 在其虚构之书信[9]中言此人与琉善有书札往还，他无疑

---

1 A. Heinrich，《琉善与贺拉斯》*Lukian und Horaz*（1885）。

2 §60.

3 §3.

4 Rabasté，《琉善著作的喜剧性因素》*Quid comicis debuerit Lucianus*（1867）。

5 Saintsbury，i 149.

6 Krumbacher，《拜占庭文学史：自查士丁尼帝时代至东罗马帝国覆灭》*Geschichte der byzantinischen Literatur von Justinian bis zum Ende des Oströmischen Reiches*，§§194，198，211，p. 756[2]；Hase，《短评与摘录》*Notices et Extraits*，ix 2，129。

7 Förster，《文艺复兴时期之琉善》*Lucian in der Renaissance*（1886）。

8 参看 Saintsbury，i 146–152；又见 Egger，464–469；Christ，§§533–542[4]；尤见 M. Croiset，v 583–616，及其《文集》*Essai*（1882）。

9 i 5 及 22。

模仿了琉善的笔调[1]。阿耳基弗伦以想象命笔而作《书简集》，则受启发于菲勒蒙、狄菲鲁斯和米南达。

阿普勒乌斯

非洲马都拉的阿普勒乌斯 Apuleius of Madaura 以拉丁文仿效琉善的希腊语著作，其讽刺体小说成书于庇护帝和奥勒留帝在位期间，后人名之曰《变形记》*Metamorphoses*，盖得自于琉善《变驴记》*Ass* 的启发。318
其中包括**丘比特与普绪克** *Cupid and Psyche* 的著名神话。阿普勒乌斯别号 philosophus Platonicus【柏拉图派哲人】，源于其几部次要著作：（1）《论苏格拉底之神祇》*De Deo Socratis*，系一篇对柏拉图派有关神祇与神灵之论的冗长解说；（2）《论柏拉图及其学说》*De Platone et eius dogmate*，议论的是柏拉图的自然与道德哲学，后来有一部假托亚里士多德论逻辑学的伪书就效仿此作。他还写过《论宇宙》*De Mundo*，系意译那部置于亚里士多德名下的 περὶ κόσμου，其真正的作者可能是大马士革的尼古劳斯 Nicolaus of Damascus[2]。

修辞技艺研究者
亚历山大

希腊之修辞学包括了文学考辨之学和风格体式之学，在这些方面遂与学术之通史有若干关联。先前的修辞学教学中积累的全部基本知识，在哈德良帝时代得到努米尼乌斯 Numenius 之子亚历山大 Alexander 的总结[3]。他论修辞手法的文章[4]被后世之作家奉为权威，比如提比略的德摩斯提尼修辞格论[5]、菲拔芒 Phoebammon 有关“修辞学之格”的论说[6]（做了

---

1 参看 iii 55 以及琉善的《会饮》*Symposium*。

2 所有的这些《哲学丛论》*Opuscula de Philosophia* 俱由 Goldbacher 编订（1876）。

3 其残篇见于 Spengel，《希腊修辞学家》，iii 1–6。

4 Spengel，iii 9–40.

5 Spengel，iii 59–82.

6 Spengel，iii 43–56.

些分类和简化的工作）、希洛狄安以诗章作范例的引论[1]，俱效仿此文而作。

埃琉斯·忒翁

亚历山大里亚的埃琉斯·忒翁 Aelius Theon【译按，别于第八章中的数学家忒翁和语法学家忒翁】或也生活于哈德良帝时代，他注疏过色诺芬、伊索克拉底和德摩斯提尼，他的 *Progymnasmata* 或谓“初阶训练”留存至今[2]。忒翁的著作涉及十二类写作技艺：格言、寓言、记述、证词与驳词、平叙、描绘、赞颂、比照、拟象（或谓形象白描）、命题（或谓抽绎题义），以及法令提案，并附有若干古代文家的例文。此书在 4 世纪
319 末被理班纽斯的门生阿甫托尼乌斯的一部类似作品取代，但从同时代中看，它在赫谟根尼的著作面前却得以一直居于稳固地位。

赫谟根尼

塔尔瑟斯的赫谟根尼 Hermogenes of Tarsus，生活于马可·奥勒留帝时代，十五华年即已扬名，后来却未能实现他早年的远大志向。他的《初阶训练》[3]不如忒翁的著作有趣，他的著作有论及律法争议的[4]，有论及修辞命意的（以阿提卡演说诸家为例）[5]，有论及辩论术的[6]，以学术史的论旨看，俱不如他那篇界定不同风格、设立各自学法的论文来得切要，该文对于几位一流散文家也有品藻之鉴识[7]。

此世纪之修辞学成为文学表达之技艺，与语法学和辞书学关联密切。

语法学家

著名语法学家阿波罗尼乌斯·狄斯古卢斯 Apollonius Dyscolus 或许是

1 Spengel，iii 60–104.

2 Spengel，iii 59. 参看 Saintsbury，i 93 页，即不失明智地将此人置于阿甫托尼乌斯之前代。埃琉斯之名见于苏伊达斯，认为是哈德良帝时人。

3 Spengel，ii 3–18；参看 Saintsbury，i 90–92。

4 *περὶ στάσεων*【论讼争】，Spengel，ii 133–174。

5 *περὶ εὑρέσεως*【论立意】，Spengel，ii 177–262。

6 *περὶ μεθόδου δεινότητος*【论雄辩之道】，Spengel，ii 426–456。

7 *περὶ ἰδεῶν*【论风格】，Spengel，ii 426–456，尤见 410–425。参看 Croiset，v 629–634。

阿波罗尼乌斯·狄斯古卢斯

哈德良帝时人，他一生至死都困窘潦倒，居于亚历山大里亚原来的皇家区，似在安东尼·庇护帝时在罗马居停了短暂时日。其名号狄斯古卢斯（“易怒者”，或“难懂者”）据说是因为他脾性乖戾，乃极度贫困所致[1]，但更有可能是说他文风不易读懂。阿波罗尼乌斯及其子希洛狄安，是帝国时期最重要的语法学家。他是使此学科成系统的奠基人，并开希腊语文句式研究之滥觞。其为数众多的著作在很早时就已亡佚殆尽了。普理西安的语法学巨著即以阿波罗尼乌斯为基础，可由此事实得出结论，谓阿波罗尼乌斯之著作（现在大多仅知其标题）从十三个主题展开论说，终使“语法之艺”初具规模。这种观点（为德龙克 Dronke[2] 和沃理格 Uhlig 所持之论）却并不被广泛接受。语法学之完整科艺的成形，不能从普理西安处推断而来，亦不能从常因此意图而征引的“色雷斯人”第欧尼修著作之**注释**中得出[3]。故而阿波罗尼乌斯之著作未被视为一部成系统
的论文，而不过是一系列重要问题的专篇研究了[4]。他要著的主旨包括对 320
于言辞的概述，详论名词与动词，以及句法。依他之见，言辞可分作八部，依次是名词、动词、小品词、冠词、代词、介词、副词和连词。他有关名词和动词的论说尤其得人称引，不只普理西安，“豢猪人”乔治（约 600 年）同那些“色雷斯人”第欧尼修的注释家们都曾引述过。其

---

1 匿名传记（转见于 Flach，《米利都的赫叙基乌斯》*Hesychius Miles*，p. 243）。参看 Gräfenhan，iii 70 页。

2 《莱茵博物馆》，xi 549 页。

3 Preller，《论文集》*Aufsätze*，p. 89。

4 参看 Matthias，在 Fleckeisen 的《年刊》【译按，指 Fleckeisen 主编的《古典语文学年刊》】，增刊，xv，引自 Jeep 的《谈话术》，p. 94。

著作有四篇流传下来的，却是论及代词、副词[1]、连词和句法[2]的部分。这最后一篇分作四卷，第一卷裁定言辞各部分之数与序（盖为名词与动词排定优先级别），继而讨论冠词的句中位置；第二卷安排代词之位置；第三卷先言“语法一致”（καταλληλότης）的规则及例外情形，复又论动词寻常安置之句法；第四卷包括介词、副词和连词的位置，但只有一小部分留存下来[3]。

固然，我们将谓自“色雷斯人”第欧尼修始，语法学成一专门学问[4]，然而是阿波罗尼乌斯为此奠定学理基础。他分析了语言之真正性质和组成部分，将当时流行的虚浮之论见俱废弃不用，并引入合理之解说。于是他反对那些认为“冠词之用在于区分性别”的见解，坚持言辞之各部皆根源于自身特有之概念[5]。冠词之特性乃是“回溯至于方才已提及之人”，当我们提到某个已知的人，抑或某个已被明确认知的物
321 类，就会出现这样的回溯[6]。古代作家中唯有他写过完整独立的句法研究著作，其观点在整个中世纪都被视为权威，其地位一直延续到忒奥都儒斯·伽扎 Theodorus Gaza 和君士坦丁·刺斯喀理斯的时代。他对言辞各部的界定已较之前人有明显的进步，故被普理西安和后世继起的语法学家

---

1 首次刊行于 Bekker 的《希腊遗书》*Anecdota Graeca*，ii 630–646。

2 同上书，ii 479–525。

3 R. Schneider 与 Uhlig 编订本（1878 年以后）。参看 L. Lange,《论阿波罗尼乌斯·狄斯古卢斯的句法系统》*Das System der Syntax des Apollonios Dyskolos*（1852），以及 Egger,《阿波罗尼乌斯·狄斯古卢斯》*Ap. Dyscole*（1854），又见 Steinthal, ii 220–347；Christ, §564[4]；Cohn 在《鲍礼古典学百科全书》, 11 i 136–139；以及 Croiset，v 635 页。

4 上文第 138 页。

5 《句法》, i p.23，Bekker 编订本，ἕκαστον δὲ αὐτῶν ἐξ ἰδίας ἐννοίας ἀνάγεται。

6 同上书，p. 26（Croiset，前揭）。

们采纳[1]。普理西安称之为“maximus auctor artis grammaticae”【语法技艺之巨匠】[2]，并说阿波罗尼乌斯父子都是“maximis auctoribus”【伟大著作家】[3]。此父子著作数量之多，见于普理西安的描述中，他谓阿波罗尼乌斯“卷帙浩繁”，又言希洛狄安的著作如 pelagus【汪洋大海】一般[4]。

希洛狄安

埃琉斯·希洛狄安 Aelius Herodianus 是阿波罗尼乌斯·狄斯古卢斯之子，他在马可·奥勒留帝时居于罗马。其代表作题为 καθολικὴ προσῳδία【《语音通说》】，凡 21 卷，前 19 卷讨论通常所谓的重读法，卷 20 论音量（χρόνοι）和送气音（πνεύματα），卷 21 论重读后附，**元音延长与元音合拼**。此书之基本框架建于阿里斯塔库斯和忒律丰之著作上，颇属题无剩义之论域。今唯于忒奥多修和“阿卡狄乌斯”Arcadius 所存之节录本中见其大体。希洛狄安尚有论著涉及正字法，涉及外来语和单音节词，涉及名词与动词，还有涉及流音、变格和动词变形。我们对于这些著作所知者全仰赖于后世的语法学者们，例如荷马会注以及拜占庭的斯第潘努斯。希洛狄安仅存之著作是一篇“论生僻词”的文章（περὶ μονήρους λέξεως），包括了一组有关稀见词和不规则词的条目。前言之结尾巧妙地引入词表中的第一个条目，宙斯[5]。还有一部摘要，系其关于“通常”音节之音量的论说（περὶ διχρόνων）。另有数篇他论

1 参看 Gräfenhan，iii 109–132。

2 xi 1.

3 vi 1。参看 xiv 1，xvii1。

4 《小引》*Proëmium*，§4。

5 πρῶτος ἡμῖν θεὸς παρέστω· δίκαιον γὰρ τὴν ἀρχὴν ἀπ'αὐτοῦ ποιήσασθαι, ὡς καὶ ὁ Σολεὺς（阿拉图斯）ἀρχόμενος ἔφη ἐκ Διὸς ἀρχώμεσθα【先得神祇启示我们；因有正义由他而得以成为始因，遂如索里人在开篇所云，“请先述宙斯”。——译按，ὁ Σολεὺς 即“索里人”，盖以乡里之名代称阿拉图斯】。

《伊利亚特》和《奥德赛》之重读的节录。这些节略主要依靠荷马会注本得以保存[1]。希洛狄安对于阿里斯塔库斯之说多能服膺，而对于忒律丰
322 和其他名不见经传的学者之观点则常有议论[2]。由后世之语法学家们，希洛狄安得到 *ὁ τεχνικός*【妙手能家】的称号[3]。

尼坎诺耳

上文所言之《会注》，有另一文献来源，即是尼坎诺耳 Nicanor 的著作（*περὶ στιγμῆς*【论标点】），此作者系一亚历山大里亚语法学家，略早于希洛狄安，可能生活于哈德良帝时代。尼坎诺耳分别了八种标点符号[4]，即三类句号[5]，两类冒号【译按，古希腊文冒号可用如今汉语之顿号】[6]，以及三类逗号[7]。他对于标点符号的兴趣遂使他得到“标点学家”（*ὁ στιγματίας*）的头衔[8]。

辞书学家

2 世纪中的辞书编纂之学，从模仿古时阿提卡典范名家之热潮中获得一股新的动力。对这些典范的**研习**盖始于哈利卡那苏斯的第欧尼修，而对之进行**效仿**则是新智者学派的典型习气，后者形成于 1 世纪末期，至安敦朝时代则大盛[9]。这种模仿式的文学新类别激励了辞书的编修工作，着手此业的编纂者们自冠“阿提卡派”之名号。究其目的，一者

---

1 Lehrs,《希洛狄安三书》(1848)。

2 Lehrs,《论阿里斯塔库斯的荷马研究》, p. 30[3]；参看 Ludwich,《阿里斯塔库斯的荷马文本考辨》, i 75–80。

3 概述可参看 Hiller,《希洛狄安著作疑义》*Quaestiones Herodianae*（1866）; Lentz,《“妙手”希洛狄安之遗篇》*Herodiani technici reliquiae*（1867）; Gräfenhan，iii 72，99；Croiset，v 637。

4 Bachmann 辑本《希腊遗书》, ii 316。

5 *ὑπερτελεία*【过度终结】、*τελεία*【终结】、*ὑποτελεία*【次终结】。

6 *ἄνω πρώτη*【初顿】、*ἄνω δευτέρα*【再顿】。

7 *ἀνυπόκριτος*【简单句停顿】、*ἐνυπόκριτος*【条件从句停顿】、*ὑποστιγμή*【逗点】。

8 Friedländer,《尼坎诺耳〈论《伊利亚特》之标点〉辑遗》*Nicanoris περὶ Ἰλιακῆς στιγμῆς reliquiae*（1850）；参看 Gräfenhan，iii 67，94；Christ，§563[4]；Croiset，v 637 页。

9 参看 Bernhardy,《希腊文学纲要》, i 630–642[4]。

是要辑汇阿提卡作家们认可之语辞，再者是要将阿提卡作家们笔下的陌生词语解释清楚。亚历山大里亚时期，这样的词语已经被阿里斯托芬和克剌忒斯草拟出一个汇目出来了；而早在帝国时期，“暴戾者”德米特理乌斯 Demetrius Ixion 和卡拉刻特的凯基琉斯复做此工作；在西元 1 世纪时，有些末流语法学者，如多洛休斯 Dorotheus 和厄庇忒塞 Epitherses，尼坎德尔和伊壬耐乌斯 Irenaeus 再度拾此牙慧[1]。但是要在哈德良帝时代，希腊学 323
术进入了一个新阶段[2]，辞书之学方才得以向前迈出其要紧的第一步。

埃琉斯·第欧尼修

在此时期辞书编纂学的主要代表是那位“阿提卡派”人物，埃琉斯·第欧尼修 Aelius Dionysius，据苏伊达斯辞典所云，他是哈利卡那苏斯的第欧尼修之后裔。他编录了一部阿提卡语汇的词典，正编五卷，补编逾五卷，各编每个词条皆有若干例释。佛提乌斯[3]称此书对于阿提卡风的模仿者和阿提卡作家的研究者是同样有用的。他自制的副本还包括了一部同类型的词典，规模与埃琉斯词典相当，但例文较少，编者也是位“阿提卡派”，名叫波桑尼阿斯，生活于安东尼乌斯·庇护帝时代，马可·奥勒留帝在位时可能也还在世。佛提乌斯[4]依约觉得，将这两位阿提卡派的词典熔铸汇通为单独一书，以字母次序排列出所有词条，甚是一件妙事[5]。今天我们对此二人的知闻，最主要赖于尤斯塔修斯。他们的学识源于拜占庭的阿里斯托芬和狄都慕斯、潘费卢斯，以及第欧根尼安努

“阿提卡派”波桑尼阿斯

1　Croiset，v 639。

2　Wilamowitz，《欧里庇得斯的赫拉克勒斯》，i 173。

3　卷 152。

4　卷 153。

5　卷 152—153。参看 Rindfleisch，《论波桑尼阿斯与埃琉斯·第欧尼修的修辞学词典》*De Pausaniae et Aelii Dionysii lexicis rhetoricis*（1866）。

维斯梯努斯 斯、忒律丰和希洛狄安[1]。哈德良帝时代，亚历山大里亚的尤里乌斯·维斯梯努斯 Julius Vestinus 汇辑了修昔底德、伊塞乌斯、伊索克拉底、德摩斯提尼和其他演说家著作中的词语[2]，而他的同乡，瓦勒理乌斯·波利奥 Valerius Pollio，则编选了一部阿提卡方言短语辑录，主要取自诸诗人。波利奥之子为狄奥多鲁斯，复以解释阿提卡演说家们使用的难字为主要研究领域[3]。

弗里尼库斯 “阿提卡派”中，我们最感兴趣的是弗里尼库斯 Phrynichus 和墨埃里斯 Moeris，他们有些著作留存到今天。弗里尼库斯似是在奥勒留帝和康茂德帝时曾于卑提尼亚教授修辞学。他是位情绪激昂的纯粹主义者【译按，
324 谓其人主张用词须严格遵守传统规范】，尽管体质羸弱，仍完成了一部庞大的阿提卡词语汇释，计 37 卷，题为 *σοφιστικὴ προπαρασκευή*，“辩术武库”。我们对于此长篇巨制的了解，全在于贝刻耳 Bekker《希腊遗书》出版的那个选录本[4]与佛提乌斯所做的摘要[5]，后者至少五次称说此书太长，以至于作者未能树立典范以展示其言语间所赞许的文体之美。此书的框架有部分尚筑于埃琉斯·第欧尼修著作之上。弗里尼库斯所心许之典范作家，散文体中，有柏拉图和十大阿提卡演说家，以及修昔底德、色诺芬和苏格拉底派的埃斯奇纳斯 Aeschines Socraticus、刻理提亚斯 Critias 和安提斯忒涅（对柏拉图、德摩斯提尼和苏格拉底派的埃斯奇纳斯尤为偏好）；诗体中，则推重埃斯库罗斯、索福克勒斯、欧里庇得斯和阿里斯

---

1 E. Schwabe，《埃琉斯·第欧尼修与阿提卡派的波桑尼阿斯残篇辑录》*Aelii Dionysii et Pausaniae Atticistarum Fragmenta*（1890），依字母顺序合之。

2 苏伊达斯，*Οὐηστῖνος*【维斯梯努斯】。

3 卷 149。有关概述参看 Christ，§571[4]；Croiset，v 640 页。

4 i pp. 1–74.

5 卷 158。

托芬[1]。他（或许在青年时）还写过一部篇幅较小的著作，流传至今，苏伊达斯辞典上著录作 *Ἀττικιστής*【阿提卡语文】，或题作 *ἐκλογὴ ῥημάτων καὶ ὀνομάτων Ἀττικῶν*【阿提卡风语辞粹录】。此书包括了一长串的法则和禁律，以告知学习者行文需避忌何事，又该以何语代言[2]。通过此书，作者倾力关注于阿提卡一流作家们的惯用辞藻，不肯丝毫背离或误犯阿提卡文风的清规戒律[3]。被弗里尼库斯摭拾出来以供非难的两个人物，俱生活于哈德良帝治下，代表了违背了阿提卡诗文标格的近世作家：一个是洛利安努斯 Lollianus，他本是希腊人，且在雅典教书；另一人法沃理努斯 325
是高卢族，在罗马城也不算是无名之辈了[4]。

弗里尼库斯有关阿提卡风的观点遭到奥儒斯 Orus 的反驳，这位语 奥儒斯

---

1 佛提乌斯，卷 158，p. 101 b。这部辞书可能原本是以主题排布的（Kaibel 的哥廷根大学学位论文，1899）。

2 勿言 *ἑκοντήν*，须作 *ἐθελοντήν*【自愿地】；勿言 *ὄπιθεν*，须作 *ὄπισθεν*【向后，将来】；勿言 *ἱκεσία*，须作 *ἱκετεία*【乞援】；勿言 *ὑπόδειγμα*，须作 *παράδειγμα*【范例】；勿言 *ὠνάμην*，须作 *ὠνήμην*【得益】；勿言 *μέχρις*，须作 *ἄχρις*【直至，极为（用于元音前）】；勿言 *μέχρι*，须作 *ἄχρι*【直至，极为】；勿言 *ἀπίναι*，须作 *ἀπιέναι*【逐回家乡】；勿言 *εἰσιέτω*，须作 *εἰσίτω*【参入，进入】；勿言 *εὐχαριστεῖν*（此语在近代希腊语中仍习用），须作 *χάριν εἰδέναι*【感念】。*ἄρτι*【现在，适才】未可言将来之事。*τέμαχος*【切成之块】只可用于鱼类。未可言 *ἀποτάσσομαι*，而作 *ἀσπάζομαι*【拥抱，欢迎】；勿言 *σημᾶναι*，须作 *σημῆναι*【存记，标识】；勿言 *φλεγμᾶναι*，须作 *φλεγμῆναι*【发炎，生疮】；勿言 *περιέσσευσε*，须作 *ἐπερίσσευσε*【大量的】；勿言 *πιοῦμαι*，须作 *πίομαι*【饮酒】；勿言 *ἤλειπται*，须作 *ἀλήλειπται*【弃置】；勿言 *ὤμοκε*，须作 *ὀμώμοκε*【许愿，起誓】；勿言 *ἀπελεύσομαι*，须作 *ἄπειμι*【缺席】;勿言 *πεινᾶν* 与 *διψᾶν*，须作 *πεινῆν*【饥饿】与 *διψῆν*【口渴；译按，此二字俱有“渴求”之引申义】；勿言 *κακοδαιμονεῖν*，须作 *κακοδαιμονᾶν*【恶灵附身】。“作答”不是 *ἀποκριθῆναι*，而须作 *ἀποκρίνασθαι*；*ἐπίδοξος*【光荣的】未可用作 *ἐπίσημος*【声名狼藉的】之义；勿言 *ἐωνησάμην*，须作 *ἐπριάμην*【购买】；勿言 *ἤμην*，须作 *ἦν*【曾是】，诸如此类【译按，以上词语释义，同义异体者均注于正字后，时态格数，未细作分别；阅今之字典，不尽以弗里尼库斯之训诫为是，读者自识】，不少于 400 条。Lobeck 编订本（1820）；Rutherford 编订本（1881）。

3 参看题赠柯内理安努斯 Cornelianus 的《献辞》，见引于上文第 277 页。

4 上文第 308 页。

法家的生平失考，或以为稍晚于弗里尼库斯[1]。有部题为《反对阿提卡派》（Ἀντιαττικιστής）作者佚名的小词典，可能系他所撰[2]。这位后辈将弗里尼库斯等人所贬斥的词语视作古典而可信的。例如弗里尼库斯反对以 ἀκμήν【立即；仍然】作 ἔτι【仍然】义使用[3]，而奥儒斯则谓这样的用法一度见于色诺芬的著作。《反对阿提卡派》记录了这个用法，且附引叙珀芮德斯作为参考。

墨埃里斯 我们对于埃琉斯·墨埃里斯 Aelius Moeris 全无所知，但现存有他所收集的阿提卡语字汇（λέξεις Ἀττικαί），如弗里尼库斯的著作一样，此文献或也被称为 Ἀττικιστής【阿提卡语文】[4]。

哈波克剌提翁 瓦勒理乌斯·哈波克剌提翁 Valerius Harpocration 作过一部阿提卡演说家语词汇释（λέξεις τῶν δέκα ῥητόρων【十大演说家字汇】），此人生平时代未详。苏伊达斯辞典称他是亚历山大里亚的一位修辞学家。今人说法不一，或谓其人在提比略帝时代[5]，或谓在哈德良帝时代[6]，或谓与理班纽斯同时[7]。似乎最宜将其人置于第二世纪里[8]，且应与尤里乌斯·卡庇托理努斯 Julius Capitolinus[9] 所提及的那个哈波克剌提翁是同一

---

1 E. Hiller,《论语法学家奥儒斯之时代》*Die Zeit des Gram. Oros*,《古典语文学年刊》, 1869, p. 438 以下，附和 Ritschl,《短论集》*Opuscula*, i 582，即将之置于弗里尼库斯稍后时。但 Reitzenstein,《希腊语源学史》*Geschichte der griechischen Etymologika*, pp. 287 以下及 348，则认为奥儒斯为奥理翁 Orion 同时代人（约西元 425 年）。

2 Bekker,《希腊遗书》, i 75–116。

3 no. 100.

4 Bekker 编订本，1833；参看 Christ，§571[4]；Croiset，v 641。

5 E. Meier,《论哈波克剌提翁之生平年代》*de aetate Harp.*，见于《学园论丛》*Opuscula Academica*, ii。

6 Bernhardy,《就哈波克剌提翁生平年代之证据的发难》*Quaestionum de Harp. aetate specimen*。

7 Valesius, 1862 年编订本；理班纽斯（《书简》, 371 年）指责忒米斯修将"埃及人哈波克剌提翁"诱至君士坦丁堡的恶劣天气中去（约在 353 年）。

8 Dindorf 亦持此说。

9 《维鲁斯帝秘史》*Verus*, c. 2。

人，曾跻身负责教辅卢齐乌斯·维鲁斯帝的grammatici Graeci【希腊语法家】之列，由此他就该属于安敦王朝的时代。此人未曾称引过任何晚于奥古斯都帝时代的语法学家或辞书编修者，此事实可证其生年应在提比略帝时，但亦符合较晚年代之说，因为在头两个世纪中，是否 326
有任何关于阿提卡演说家的论著问世且令他有意征述，尚是存疑之事。哈波克剌提翁的字汇以两种形式留存至今，一是全文本，一是节略本，但前者之抄本甚粗劣，远不及后者之诸本。全文本抄本一种（P）见于剑桥三一学院图书馆，另一种（Q）见于剑桥大学图书馆（Dd 4, 63）。第二种页边缀录数篇文章（包括斐洛柯儒斯论陶片放逐法的一个章节），由都布瑞 Dobree 氏将之首度刊行（1822年），题为《剑桥藏修辞学辞书》*Lexicon rhetoricum Cantabrigiense*。哈波克剌提翁自身的这部著作特别之价值，在于将阿提卡演说家之语言与雅典制度联系了起来。除了引述悲剧和喜剧诗人，此书还为我们保存了为数很多的文献片段，包括几位雅典史志家希剌尼库斯、安德罗提翁 Androtion、法诺德慕斯 Phanodemus、斐洛柯儒斯和伊斯忒耳的著作，以及亚里士多德的《诸邦政制》、泰奥弗剌斯特的《法律篇》，还有像赫卡泰乌斯、厄佛儒斯和忒欧庞普斯、阿那克西美尼和马尔绪亚斯 Marsyas 的史学著作，他征引过辑录阿提卡法令的"冷面"安提贡努斯、旅行记作家波列蒙和狄奥多鲁斯（《论德姆斯【译按，系古雅典之行政单位】》*On Demes*），所引之学者则有亚历山大里亚的卡利马库斯、埃拉托色尼、狄都慕斯，哈利卡那苏斯的第欧尼修，以及忒律丰之子第欧尼修。末尾两人显然是他著作权威来源中最晚出者。他著作中五处提及德摩斯提尼的某个被称为Ἀττικιανά【精校本】的抄本，这在我们所见的德摩斯提尼抄本中，在《回应腓力来书之演说》的末尾[1]也有两处提及此本（分别见于慕尼黑和威尼斯抄本，B 本和 F 本），相关者可见于琉善以此名所称呼的人物[2]，或以为此人即是西塞罗之友阿提库斯[3]。哈波克剌提翁甚少误入
327 歧途，如他在论短语 ὁ κάτωθεν νόμος【此后所颁布的条令】那样[4]，如实地记述了狄都慕斯所提出的三条博学却不切要的解释，却不言其义即“继而下达之律令”“嗣后之条例”也[5]。

波鲁克斯　另一位辞书编修家，尤里乌斯·波鲁克斯 Julius Pollux（Πολυδεύκης）系瑙刻拉提斯 Naucratis 人（全盛于西元 180 年），他著作了一部《专名汇释》凡十卷[6]，辑录阿提卡语词和短语，题献给他的皇家门生，康茂德帝[7]。康帝曾将雅典的一个教授席位委任给他，他遂在此位上工作至终老，享年 58 岁。此书以主题安置结构。最有价值的部分在卷 4，涉及音乐、舞蹈和希腊的戏剧，或许有些内容得自于朱巴[8]；卷 8 涉及雅典

---

1 διώρθωται ἐκ δύο Ἀττικιανῶν【在两个精校本中得以改正】。参看盖伦，《柏拉图〈蒂迈欧篇〉注疏残篇》*fragmenta commentarii in Timaeum Platonis*，p. 12，Daremberg 本，κατὰ τὴν τῶν Ἀττικῶν ἀντιγράφων ἔκδοσιν【依据已出版的那部精校之抄本】，以及 Bernhardy，《希腊文学纲要》，i 634^4。

2 《驳无知者》*Adversus Indoctum*，2，24。

3 参看 Dziatzko 在《鲍礼古典百科全书》，Ἀττικιανά 词条。

4 德摩斯提尼，23【译按，指《反阿理斯托刻剌忒》】§28。

5 ὁ μετὰ τοῦτον νόμος（Bekker 的《希腊遗书》，269）。参看 Cobet，《论古代语法学的创作与应用》*De auctoritate et usu Grammaticorum veterum*（1853）；Blass 在 I. Müller 的《古典学术手册》，i B 4，p. 155^2。关于哈波克剌提翁，参看 Christ，§572^4；Croiset，v 646 以下。

6 Dindorf 编订本（1824）；Bekker（1846）本；Bethe（1900–）本。参看 Christ，§573^4；Croiset，v 645 以下。

7 Ἰούλιος Πολυδεύκης Κομμόδῳ Καίσαρι χαίρειν【尤里乌斯·波鲁克斯向康茂德·恺撒致意】，“年轻的康茂德于 166 年获得恺撒头衔，却至 177 年才得到奥古斯都这个更高级的头衔”（Jebb 在《希腊研究津梁》*Companion to Greek Studies*，p. 148）。

8 上文第 294 页。Rhode，《论波鲁克斯所获取之戏剧研究文献来源》*De Pollucis in apparatu scaenico enarrando fontibus*（1870）。

人的法庭和城邦的官制，部分内容以亚里士多德的《雅典政制》为框架[1]；还有卷九，§51 以下，涉及钱币。波鲁克斯首先文献来源是狄都慕斯、忒律丰和潘费卢斯的辞书；在卷 2 中，他有时依赖一位名叫鲁福斯 Rufus 的医学作者；自卷九以上，（如他亲口所称）他还采用了小高尔吉亚 Gorgias the younger 的《专名汇释》*Onomasticon*。菲洛斯特拉图曾为之作传，谓考据之学虽是波鲁克斯的擅场，其辩说之辞却是情绪胜于技巧[2]；而如前文所见[3]，琉善的会注家们依据《勒克斯芬尼》和《演说家之师》对极端热衷于阿提卡风措辞者的嘲弄，而称此二作品俱是有意在讽刺波鲁克斯。但总体而言，似有理由同意这两部琉善著作的编导者赫姆斯特赫伊斯 Hemsterhuis 的看法[4]，盖谓波鲁克斯未尝受到琉善的攻讦，琉善本人尽管是一位阿提卡风作家，却不留情面地将矛头指向于当时他也深受其影响的阿提卡风。

在此时期有关诗歌韵体研究最杰出的权威是亚历山大里亚的赫法斯 328
提翁 Hephaestion，他可能就是那位同名的语法学家，曾与帕迦马的忒勒 赫法斯提翁
甫斯 Telephus、哈波克剌提翁一起负责卢齐乌斯·维鲁斯帝的教育[5]。假若真是这样，他应是 2 世纪中叶之人。他论诗韵律的著作（原本不少于 48 卷）仅有他自作的《便览》*Encheiridion* 以摘录的方式存世。其中最佳的三个抄本，一见于巴黎，二见于剑桥，而批注本（含有对更早之文献来源即赫列都儒斯著作和赫法斯提翁未缩编原著的节录）则属于牛津的两

1 见本书作者编订本的《导言》*Introduction*，p. xxv，以及《证据文献》*Testimonia*。

2 《智者列传》，ii 12，τὰ μὲν κριτικὰ ἱκανῶς ἠσκεῖτο κτλ。

3 上文第 315 页。

4 琉善:《绪言》，p. 31 以下，以及 v 175，Bipont 本。

5 尤里乌斯·卡庇托理努斯:《维鲁斯帝秘史》，c. 2。

部抄本[1]。此书长久被认为是该论题的权威著作。我们还有此人谈诗的文章，最重要的部分是关于阿提卡喜剧歌队**主唱段落**（parabasis）的论说。

叙马库斯

在2世纪初，阿里斯托芬研究即已被叙马库斯推动其发展（约在100年），由此人传世之批注本可知他以如下顺序评注各剧:《财神》《云》《蛙》《骑士》《阿卡奈人》《马蜂》《和平》《鸟》《地母节妇女》《公民大会妇女》和《吕西斯特拉塔》。他显然制造了第一部阿里斯托芬的选集[2]。赫列都儒斯先已研究过这位喜剧诗人的韵体，为赫法斯提翁导引先路，或将他置于西元1世纪之前半期中。

柏拉图注家阿尔比努斯、阿提库斯、忒翁、努米尼乌斯

安敦朝时代的柏拉图注家中，可提及阿尔比努斯，他是151年时为盖伦讲课之一名教师，曾著有一部论柏拉图之义理的重要作品，留存下的两个片段，一是商榷对话诸篇的次序，一是概述柏拉图的学说（署名时稍改动作阿尔基努斯 Alcinous）[3]。一位叫阿提库斯 Atticus 的人（盛于175年）也写过一部柏拉图注疏，普洛刻卢斯存录了他对《蒂迈欧篇》
329 的笺释。柏拉图著作中谈数学的章节被士麦那的忒翁以一种新毕达哥拉斯思想加以阐释，其中部分解说文字流传下来[4]。最后还有一位新毕达哥拉斯派学人努米尼乌斯 Numenius，他著书论及柏拉图学说与后期学园派的分歧，可列为新柏拉图主义的先驱。

涵泳于柏拉图主义、逍遥学派、斯多葛派和伊壁鸠鲁派各自不同学

---

1 Gaisford 编订本（1855^2），以及 Westphal（1866）本；还有 Consbruch 编订本（莱比锡，1906）。参看 Christ，§567^4；Croiset，v 649 以下。

2 Wilamowitz，《欧里庇得斯的赫拉克勒斯》，i^1 179 以下；以及 Christ，§214^4，p. 315 中引用的文献。上述戏剧的次序遭到 Rutherford 博士的反对，见氏著《阿里斯托芬著作集注》*Scholia Aristophanica*，iii 38，43；然又可参看《古典学评论》，xx 116 以下。

3 刊布于 K. F. Hermann 的柏拉图著作文本中，vol. vi（Croiset，v 691）。

4 Hiller 编订本，1878。

说中的训练，成就了盖伦 Galen（131—201 年）一家之学，此人生于哈德良帝在位时的帕迦马，后在帕迦马、士麦那和亚历山大里亚学医，又至罗马居住了一段年月。马可·奥勒留帝驾崩之时（180），盖伦返回帕迦马，在那里尽其终寿。除了在医学和哲学（包括伦理学和逻辑学）领域著述丰硕，他还涉笔于语法学和文学批评。在他自拟的著作表目中，有 10 部是此类论题的[1]，其中 5 部涉及古代的喜剧。其他的有些讨论阿提卡风的问题，包括一部 48 卷的早期阿提卡作家词语汇释辞书。在《论自家著作次序》[2]一文中，他表示并不同情当时之阿提卡风，他甚至奚落了那些挑剔口音错误之人。其辞书的目的，仅在于探寻古人写作用词之本义，据他看来，这些词语常常被当时人曲解。盖伦曾谓风格之价值莫过于明晰[3]，实则重复着亚里士多德《修辞学》[4]的定说，故又谓自己文笔之妙处取决于寻常话白的运用，而不是受阿提卡风和阿该亚风的影响[5]。他注疏过柏拉图的《蒂迈欧篇》和《斐莱布篇》、亚里士多德的《范畴篇》和《分析篇》，以及泰奥弗剌斯特和克律西波的著作，但除了最先提到的那部注疏留存了些残篇外，其他均已不存。盖伦尚有 118 部验证为真的著作存世，其中一篇讨论了诡辩派的表述法[6]，另一部则关注希波克拉底和柏拉图的教条。 盖伦

1 c. 17.

2 c. 5.

3 《论自然之能力》*De Facultatibus Naturalibus*, c. 1, ἡμεῖς γε μεγίστην λέξεως ἀρετὴν σαφήνειαν εἶναι πεπεισμένοι【总之，我们认为言辞以优美清晰为至上】。

4 iii 2，1.

5 Croiset, v 721, 725；参看 Christ, §645[4]，以及 W. Herbst，《盖伦，阿提卡风研究之证据文献》*Galeni, de Atticissantium studiis testimonia*（莱比锡，1911）。

6 《小议巧言之诡计》*Libellus de Captionibus quae per dictionem fiunt*，Gabler，1903（《古典学评论》，xviii 50）。

330 2世纪结束之际，医界产生出一经验学派，代表人物即塞克斯都·恩披理克 Sextus Empiricus，此人言论为我们认知希腊怀疑学派的首要权威。他有两部著作传世，较短者题为《皮浪学说概要》*Pyrrhonean Sketches*，简述那位怀疑论奠基人的学说，以驳斥独断论者的逻辑、物理和道德教条之方式写成。其较长一部著作，即《释怀疑论》*Sceptical Commentaries*，凡11卷，卷I—V矛头指向独断论者，余六卷则驳斥专门学科的诸教师（πρὸς μαθηματικούς【译按，即前文所译的《反对博学家》，此 μαθηματικούς 非数学家之谓】），即语法教师（VI），修辞教师（VII），几何教师（VIII），算术教师（IX），占星术教师（X）和音乐教师（XI）[1]。他力图依次毁灭人文各科术艺[2]，以证明任何学问都不能真正被传授：其著作虽不乏灵慧之处，却未免思虑欠妥、论说陈腐，不过所引之诗颇有趣味。又有可喜者，盖攻讦各科术艺之余，他也保存了若干的相关实例。比如他驳斥语法学者一卷中就具有特别之价值，为学术史提供了某些相关之证据[3]。或可补说事，即塞克斯都赞同将语法学分为三目，（1）为**技艺**目，包括语辞之研究；（2）为**考史**目，包括对神话和古史典故的解释；（3）为**笺注、考辨、校雠**之目（i 4）。他在此可能追从的是阿波罗尼乌斯旧说[4]。

塞克斯都·恩披理克

基督教学者中的一位显赫人物可标志着此世纪的终了，即是亚历山大里亚的克莱芒（约160—约215年）。他可能生于雅典，在希腊和意大利、叙利亚和巴勒斯坦的哲学学校中汲汲求知，最后他到了亚历

亚历山大里亚的克莱芒

1 抄本文献中第二组各卷被误置于第一组处，全书通常被以此组之标题称引，即《反对博学家》。

2 ἐγκύκλια μαθήματα【普通学科】，p. 600，l. 23。

3 如前文第10页注释4【译按，即《导言》注释59】。

4 Christ，§512[4]；Croiset，v 701–703。

山大里亚（约180年），在已经皈依基督教的斯多葛派哲人潘泰努斯
Pantaenus之讲席上觅得所追求的学说。克莱芒本人亦在亚历山大里亚教
书（约190—203年），先为潘泰努斯之同事，继而承其衣钵，弟子中有
奥利金。约在203年，克莱芒永远地离开了亚城，在小亚细亚各地及安 331
条克度过余生。其主要的三部著作相继展示了他的学说，即（1）《劝勉
篇》（*λόγος προτρεπτικὸς πρὸς Ἕλληνας*【劝勉希腊人之言辞】），一部
针对异教徒发难的博学、系统之作，清算了近乎整个希腊世界的神话和
思想；（2）《师道篇》*Paedagogus*，一部以劝说和启示为主要方式的导引之
作，部分内容援用了希腊哲学家之成说，特别是来自斯多葛派的穆索尼
乌斯·鲁福斯Musonius Rufus[1]；（3）《杂缀集》*Miscellanies*[2]，此书目的在于为
道德至善赋以形式上的精确，因而要调和信仰与理性、基督真理与异教
哲学。他认为异教哲学实根源于希伯来古经文，又通过激励严肃思考的
习惯，以及净化心灵，使之远离非理性的成见，从而成为基督信仰的先
导[3]。他论调有一种折中主义倾向[4]，随意从希腊哲学家那里汲引资源，最
看重的是柏拉图，有时他明确地承认所受的沾溉之惠，有时则缄默地听
由知其根底的读者自去考镜源流[5]。克莱芒将希腊哲学看作是上帝给予各
民族用以思想修炼的恩赐，但对于基督教哲人，他所从事研究的都是严

---

1 Wendland，《穆索尼乌斯辩疑》*Quaestiones Musonianae*（1886）；《穆索尼乌斯遗文》*Musonii Reliquiae*，Hense编订（1905）。关于克莱芒中的柏拉图著作引文，参看C. P. Parker在《哈佛古典语文学研究》，xii（1901），191–200。

2 *κατὰ τὴν ἀληθῆ φιλοσοφίαν γνωστικῶν ὑπομνημάτων στρωματεῖς*（谓杂色布匹补缀所成之物）【依真正的知识（诺斯Gnosis）哲学所作的论文集缀，译按，此系《杂缀集》之原题】。

3 Croiset，v 746–753.

4 《杂缀集》，i p. 124。

5 F. L. Clark在《美国语文学学会学刊》，1902，xii–xx。

肃之对象，相比之下希腊哲学不过是消遣而已[1]。有人妙语评价他是“一位天生的演说家，缪斯诸神的友伴，欣悦于得体的趣闻和美妙的言辞，钟爱文学外衣下的一切事物”[2]。其学识无疑极为淹博，但未全然同化为一元。即如毕达哥拉斯派的努米尼乌斯[3]先设之譬喻，后因克莱芒援引而闻名者，真理如同彭透斯 Pentheus，被迷狂信众撕碎了身躯，各执其一肢，犹以为得其全体[4]。他将上帝之山描述成现实中的喀泰隆山 Cithaeron，并将借用于欧里庇得斯《酒神伴侣》的辞藻来称述基督教会的神秘仪礼[5]。
332 福音嘉训，对于克莱芒而言即是“新歌，其伟力远胜于俄耳甫斯和阿里翁 Arion 所唱者”[6]。其风格带有浓厚的荷马诗语之气味，有时会以寓意于言外的方式对荷马加以笺释；对于阿提卡习用之语词也全不陌生[7]。现代学者认为《杂缀集》是克莱芒最重要的著作，其中展示了渊博的学识，与同时人阿特纳奥斯堆垛学问的著作颇有几分相像。作者自己将此书的繁复比作华圃或林岩，生养万物众灵[8]。然则万变不离其宗者，盖有一主导之思想在这位杰出的基督哲学家胸中，能使学问的所有目的归于一元。对于克莱芒而言，希腊人之一切哲学，实际甚或可言一切学识，都比其他族类的文化更具新意，而这些思想都来自犹太人。同此心志者，先已见于努米尼乌斯之设问：“若无摩西，柏拉图以阿提卡之希腊文可表

1 《杂缀集》，vi 149–168。

2 Bigg 的《新柏拉图主义》*Neoplatonism*，p. 162。

3 转见于优西庇乌斯:《福音初阶》，xiv 5，7。

4 《杂缀集》，i 13，57。

5 ll. 470–477.

6 《劝勉篇》，c. 1。

7 Bigg 的《亚历山大里亚的基督教柏拉图主义者》*The Christian Platonists of Alexandria*，p. 45 n；（有关克莱芒的象征手法）Hatch 的《锡伯特教席讲录》*Hibbert Lectures*，p. 70。

8 《杂缀集》，vi 1；vii 111。

达出他自己什么东西来呢？”[1]此类观念，可追溯至亚历山大里亚的犹太学者们，即犹太人斐洛 Philo Judaeus（西元前 20—西元 40 年）和阿里斯托布鲁斯 Aristobulus（西元前 176 年），后者在评述柏拉图《蒂迈欧篇》时曾说过不少这类的话[2]；阿里斯托布鲁斯与克莱芒之间发生联系的一个关节，可能是也关注于犹太文化的“硕学之士”亚历山大[3]。《杂缀集》中相关希腊之学术史最重要的段落，是 I 21（比较希伯来与希腊的编年史表）、V 14（论希腊文学的希伯来渊源）、VI 2（论希腊作家之间的剽窃）各章[4]。这其中的第二个章节，部分内容编辑自塔先努斯 Titian【译按，克莱芒之师】的著作。

亚历山大里亚的克莱芒在学识著称的希腊教父中为最早一人。他保留了涉及俄耳甫斯教和厄留息斯教秘仪的大量细节记录，而就《劝勉篇》[5]所展现的这些秘仪知识来看，甚而可推想他本人也是入会者。读过罗贝克 Lobeck 的《光耀集》*Aglaophamus*【译按，是语源于希腊文之 333
ἀγλαόφαμος，为色雷斯之密教用语，意谓光耀夺目，常见于希腊俄耳甫斯教文献中】一书，或许会有感于此，即在这些问题上，克莱芒的著作被引述为最重要的文献证据[6]。

---

1 《杂缀集》，i 22，150。

2 参看《杂缀集》，v 14，97。

3 上文第 161 页。参看 Cobet，《赫尔墨斯》*Ἑρμῆς*，i 170。

4 Christ，§681^4.

5 2 及 12。参看 G. W. Butterworth 译本，Heinemann，1919。

6 《光耀集》，p. 140。

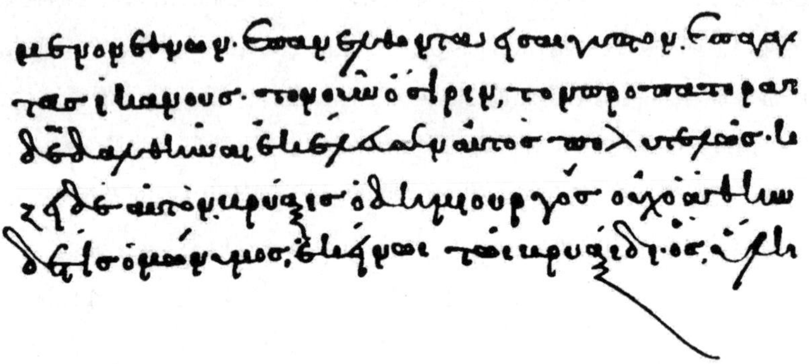

图 13　出自亚历山大里亚的克莱芒（《劝勉篇》，§48）之巴黎抄本（西元 914）

由巴阿涅斯 Baanes 为恺撒里亚的大主教阿瑞塔斯所制之副本（下文第 404 页）（E. M. Thompson 的《古文书法手册》，p. 164）

【释文略】

第十九章

3世纪的希腊学术 334

3世纪

自2世纪到3世纪的转变期，大约始于塞普提缪·塞维尔儒斯帝 Septimius Severus 193年登基，直到305年戴克里先帝退位为止，我们于其中体察到一种衰落感。从阿理斯泰德和琉善的时代，进入到斐洛斯特拉图斯家族、埃利安和阿特纳奥斯的时代。科学研究中，我们不再寻得可与亚历山大里亚的托勒密和帕迦马的盖伦相提并论之人。历史研究中，却显然有所进步，著述家中有狄奥·卡西乌斯和希洛狄安之伦，两人都以修昔底德为规范。哲学研究中，前一世纪马可·奥勒留帝所达至的高度，得以被最早的新柏拉图主义者充分维持。诗歌之衰颓，由世纪初伪奥庇安之《田猎诗丛》*Cynegetics* 可见一斑，能偿其失者，幸有以弗所的色诺芬和赫列都儒斯所著罗曼传奇之兴起。

“雅典人”斐洛斯特拉图斯

3世纪的智者派人物，有“雅典人”斐洛斯特拉图斯 Philostratus “The Athenian”（生年约在170年，全盛于215—245年），此人在217年之前，将《蒂雅纳的阿波罗尼乌斯传》*Life of Apollonius of Tyana* 题献给尤莉亚·多姆娜皇后，即塞维尔儒斯帝之妻，卡剌卡拉帝 Caracalla 之母，“各门艺术的支持者，所有才智之士的朋友”[1]。或许最可纪念的片段，是在涉及雕塑艺术时阿波罗尼乌斯将 φαντασία 定义为“**创造性**的想象”[2]，如此即赋予这个词汇以新义，乃亚里士多德所未能通晓者。数年以后（约 230—237
335 年），斐洛斯特拉图斯写成《智者列传》，卷 1 述古代智者，如高尔吉亚等人；卷 2 述近世智者，以赫若得斯·阿提库斯为翘楚。此部列传既非据实之行状，亦非学理之评估，唯可称为以夸饰之文体绘就的修辞群像。我们偶尔在赫若得斯·阿提库斯生平中，获知阿提卡人所言希腊语之纯熟，胜于雅典人一筹[3]；又得知甚至在阿理斯泰德卒后，士麦那的修辞学研究仍很兴盛[4]。斐洛斯特拉图斯的《竞技志》*Gymnasticus* 著于 219 年之后，兴趣在于奥林匹克赛会及其他各类运动竞赛的历史。他的《情书集》，主要受雅典新喜剧派和亚历山大里亚的诉歌诗人之启发[5]。这些诗札也为希腊与英伦诗歌建立了有趣的联系，因我们在本·琼生 Ben Jonson 著名的《歌赠茜莉亚》*Song to Celia* 以下段落中找到了渊源：

酌我卿之瞬盼，
　祝卿余之誓言；
爵畔或遗唇痕，

1 Gibbon，c. 6（i 127，Bury 本）。斐洛斯特拉图斯:《蒂雅纳的阿波罗尼乌斯传》，i 3；《智者列传》，ii 30；《情书集》，73。

2 vi 19（前引于上文第 72 页）；参看《论崇高》*περὶ ὕψους*，xv 1，及 Egger，p. 484。

3 ii 1，13.

4 ii 26，1.

5 Croiset，v 764–770.《竞技志》，Jünther 编订本，1909。

　我于琼浆何羡……
贻卿蔷薇之冠，
　添姿增华未敢，
唯求赋此心意，
　不教其蕊凋残。
一旦香泽濡染，
　愿卿将之归还；
自此芳芬共花发，我愿，
　如卿一般永远！[1]

本特利 Bentley 之嫡孙，昆博兰 Cumberland，指摘琼生在此处从一个“卑劣之智者”的“无名情书集”中抄袭了“满纸造作、牵强的命意”；继而昆博兰又遭到吉法德 Giffard 的驳斥[2]。

“勒穆诺斯”的斐洛斯特拉图斯

就诗歌之想象和对文章简洁的好尚而言，“雅典人”斐洛斯特拉图斯不及其侄“勒穆诺斯”的斐洛斯特拉图斯 Philostratus of lemmos（生年约在 190 年）。后者所著之《英雄志》*Heroicus*【译按，学界目前多以为此书系雅典的斐洛斯特拉图斯所著】，系一组特洛伊战争群雄之描绘，书中居于赫勒 336

1 《情书集》，33，*ἐμοὶ δὲ μόνοις πρόπινε τοῖς ὄμμασιν... μόνου δ'ἐμβαλοῦσα ὕδατος καὶ τοῖς χείλεσι προσφέρουσα πλήρου φιλημάτων τὸ ἔκπωμα*【唯酌我以卿之美目……举杯向芳唇，施以满尊香吻】（参看阿理思泰涅特，i 25，以及阿珈提雅斯 Agathias 在《帕拉廷希腊文苑英华集》，v 261）。2，*πέπουφά σοι στέφανον ῥόδων, οὐ σὲ τιμῶν, καὶ τοῦτο μὲν γάρ, ἀλλ'αὐτοῖς τι χαριζόμενος τοῖς ῥόδοις, ἵνα μὴ μαρανθῇ*【我前已赠卿蔷薇花冠，未敢说增加卿之芳华，只求花儿得到宠幸，以不凋谢为盼】。46，末尾，*τὰ λείψανα (τῶν ῥόδων) ἀντίπεμψον μηκέτι πνέοντι ῥόδων μόνον ἀλλὰ καὶ σοῦ*【愿君归还所遗之物（蔷薇），自此余香已非出于蔷薇，而是君之芳泽了。译按，此篇赠予某男童，故称呼更译“君”字以示分别】。

2 Ben Jonson，viii（1875），259 注释。参看 Saintsbury，i 119。

斯滂海峡畔富于学养的一位葡萄园丁，声称得自于帕拉米德斯 Palamedes 显灵所示。其中纠正了荷马对那些英雄的描述，更为伦理化和戏剧化。此书与学术史并无多少关系，唯提及某些不再存世的希腊悲剧，即欧里庇得斯的《艾涅乌斯》*Oeneus*[1]和《帕拉米德斯》[2]，亦证明对荷马的研究具有持续不衰的兴趣。在其《画论》*Eikones* 中，作者自言所评述的是那不勒斯某画廊的 64 幅画作，但是否真有这些作品还多待商榷，傅列德里希 K. Friederichs（1860 年）主张这些评述出自古代诗人的片段，布伦恩 Brunn（1861 年，1871 年）反对其说，而玛兹 F. Matz（1867 年）持折中的看法。

斐洛斯特拉图斯三世

斐洛斯特拉图斯二世的《画论》受到其孙，斐洛斯特拉图斯三世 Philostratus III 的模仿。他的评述留存下来 17 篇。卷首有一篇议论，简述画与诗的关系。此《画论》复受到卡利斯特剌忒 Callistratus 的效仿，评述了 14 座雕塑，其中包括了普剌柯西忒勒的三座和吕昔普斯 Lysippus 的一座[3]。

卡利斯特剌忒

杂著体作家中或可一提的是埃利安 Aelian（约 170—230 年），此人系普莱涅斯特的一名祭司。精神上是罗马人，却说得“如雅典人”一般的希腊语，老师即“阿提卡派人物”波桑尼阿斯[4]。他写过 17 卷的《动物志》，主要援引闵都的亚历山大 Alexander of Myndos（西元 1 世纪）著作，
337 又写过 14 卷的《史林杂史》（ποικίλη ἱστορία）。此二书展示了他博杂的学识，且对辑录带有道德和宗教熏化之倾向的实例有特别的热情。

埃利安

1 i 5.

2 xii 2.

3 Christ，§§524–526[4]；Croiset，v 761–773. Schmid，《阿提卡风文学》，iv 7，然将上述斐洛斯特拉图斯二世之著作归于一世之名下。亦见 K. Münscher，《论斐洛斯特拉图斯家族》*Die Philostrati*，在《语文学家》，增刊 x（1907）。

4 斐洛斯特拉图斯:《智者传》，ii 31。

《村居书简》，作者题署埃利安之名，或许原本是雅典人所作，漫篇皆是田园牧歌之调，乃受中期与新期阿提卡喜剧之启迪[1]。

饾饤学问之习气在瑙刻拉提斯的阿特纳奥斯 Athenaeus of Naucratis 身上体现得淋漓尽致，此人在康茂德帝及继位诸君时代居住于罗马。他的淹博之宏篇，题为 *Δειπνοσοφισταί* 或谓“筵宴中之诸学士”，原本凡 30 卷。被删略为 15 卷，此节本亦未得全帙传世，且是孤本。场景设于罗马大祭司【译按，谓古罗马传统宗教之领袖】拉伦提乌斯 Larentius 的府邸，各门才学，语法学、诗学、修辞学、音乐学、哲学和医学——在此由众多的谈话者所呈现，有些人颇为著名，如普鲁塔克、阿里安、盖伦和乌耳庇安 Ulpian。对康茂德帝的轻蔑之词[2]暗示了此书写成于其驾崩（193 年）之后[3]。这是一部以对话录为掩障的百科全书。饮食、器盏、烹调，著名的饕餮掌故，谤人声誉的轶闻，古代谜语与宴饮歌行拾零，还有对乐器的专门议论，这不过是所提供的盛宴之一脔而已。受惠于阿特纳奥斯的引述，我们得以收获近 700 名古代作家别无可寻之处的著作片段，特别是此书成为保存中期与新期阿提卡喜剧的最大一宗文献。我们也要感激他存录了卡利斯特剌忒写的有关哈墨丢斯 Harmodius 与阿理斯托盖通 Aristogeiton 的“宴饮短歌”（scolion）[4]。 阿特纳奥斯

此时代修辞学之代表人物为伽达剌的阿蒲昔尼斯 Apsines of Gadara（约 190—250 年），此人约在 235—238 年在雅典执教，是“雅典人”斐洛斯 修辞学家：阿蒲昔尼斯

---

1 Christ，§529⁴；Croiset，v 774–777.

2 537 F.

3 Dittenberger，哈雷 Halle 之《菲仪集》*Apophoreton*【此系刊名，典出阿特纳奥斯书中，指主人赠客的礼品。Dittenberger 的文章，题为《阿特纳奥斯及其著作》*Athenaus und sein Werk*】（1903），将此书著作时间定于 193—197 年。

4 p. 695，Kaibel 编订本，1887–1890；参看 Christ，§532⁴；Croiset，v 778–780。

特拉图斯的朋友，厄墨萨的弗隆托 Fronto of Emesa 的竞争对手（约 244—
249 年）。他的演说词早已亡佚，但其学说部分存于所著的《修辞学》[1]一
书中，此书内容实无新意可言，宗旨纯在于实用，开列出极少的条规来，
338 却乐于用大量的例句来作说明。他似还曾写了部德摩斯提尼的评注[2]。米
米努昔安 努昔安 Minucianus 的《修辞学》[3]则被视为一部经典，并得到波弗利的阐述。
劳第刻亚的米南达 Menander of Laodicea 也曾评述过此书，这人可能即德摩
斯提尼和阿理斯泰德著作的会注本中都提到过的那位米南达。现存的两
米南达 篇论文也署名米南达[4]，其一被布耳西安 Bursian 判为出自米南达，其二则
应是艮涅忒琉斯 Genethlius 所作[5]，这些判断后被尼彻 Nische 颠覆[6]。第一篇
论文分辨了各种辞藻技巧之表述类型，并按照所见之文献来源加以分类。
敬神之颂歌即分成九类，均开列诗人名目作为印证之根据。“城市”“海
港”“海湾”之“颂曲”，以及创作一篇卫城的赞词之捷径，都是这篇著
作所讨论的问题。第二篇论文，则是应付贺喜、哀悼等文辞形制[7]。

朗吉努斯 3 世纪最著名之修辞学家为卡修斯·朗吉努斯 Cassius Louginus（约
220—273 年），他是厄墨萨的弗隆托的外甥暨继承人，奥利金的门生，
他受普洛提诺的推重，学生辈有波弗利，他还是芝诺碧娅 Zenobia 女王
【译按，系罗马的叙利亚殖民地君主】的重臣。他在亚历山大里亚求学，在雅

1 Spengel 的《希腊修辞学家》，i 331–414。

2 德摩斯提尼《反勒普提涅斯》之“会注”，p. 458，9；及会注本赫谟根尼，v 517，Walz 本。参看《鲍礼古典学百科全书》，相关词条，及 Croiset，v 781 以下。

3 Spengel，i 415–424.

4 同上，iii 329–446。

5 《拜仁科学院会议报告》，1882，*Abt*. 3。

6 柏林（1883）；Bursian 之《年刊》，xlvi 98 以下。

7 Croiset，v 782 以下；Saintsbury，i 104 以下。

典执教三十年，此后即在帕尔密拉 Palmyra 担任芝诺碧娅的咨政顾问，他豪侠仗义，支持女王抵抗奥勒良帝，遂终招杀身之祸。有关他所著《论结局》（περὶ τέλους），仅有一个大幅残篇留存下来[1]。他还写过一篇新柏拉图主义的文章（περὶ ἀρχῶν【论王制】），但普洛提诺读后，以为朗吉努斯乃学者（φιλόλογος），而不是哲学家[2]。作为一名修辞学家，他有不少著作，其中《修辞学》有部分篇章传世，原埋没在阿蒲昔尼斯的著作中，鲁恩肯首先分辨出此部分系朗吉努斯所作[3]。此著几等于是一部 339
对“创意”、布置、风格、腔调和记忆术之实践经验的集合[4]。该书之受欢迎，原因在于较乎稍早的赫谟根尼之《修辞学》更为简短易记[5]。朗吉努斯的学问涉及哲学、修辞学和文学批评，波弗利以为他是批评家中的第一名[6]，攸纳庇乌斯 Eunapius 称他是一个“活图书室，会走的博物馆”[7]。他写的论阿提卡用语之文有两个版本，此外他还有若干篇荷马的研究著作[8]，所提出的荷马问题在门生波弗利的同类著作中具有影响。因作为一名批评家而声闻远播，他遂被抄写匠们误同为《论崇高》的作者[9]，况且

1 波弗利，《普洛提诺传》，§20。

2 同上，§14。

3 《次要著作集》，183–185；Wyttenbach 的鲁恩肯传记，p. 169，见引于 Walz，《希腊修辞学家》，ix p. xxiii 以下。

4 Spengel，299–320.

5 同上，p. 321。

6 《普洛提诺传》*Vita Plotini*，20，κριτικωτάτου καὶ ἐλλογιμωτάτου【长于批评，声誉颇高】，及 21，ἐν κρίσει πρῶτος【头号批评家】。

7 《波弗利传》*Vita Porphyrii*，p. 456 a 2，见于 Boissonade 编订本《攸纳庇乌斯之智者传》*Eunapii Vitae*（Didot，1849）。

8 苏伊达斯辞典中提及 ἀπορήματα 与 προβλήματα Ὁμηρικά【《荷马著作问难》与《决疑》】，εἰ φιλόσοφος Ὅμηρος【《荷马是否为哲人》】等题名。

9 上文第 288 页。

该篇与他的《语文学叙说》的残文真有几处是意旨一致的[1]。

早先时候，哲学史的文献，以档案的形式被各学派保存。这些材料被作家们所用，他们或撰写人物传，如阿理斯托克塞努 Aritoxenus、斯彪西波、赫密普斯、卡律斯托的安提葛努；或编修各学派历届领袖名录，如索提翁 Sotion 和“食客”赫拉克利德 Heracleides Lembus ；或概述各学派之观点，如泰奥弗剌斯特、“好战者”狄都慕斯 Areius Didymus 以及埃伊修斯 Aëtius 俱

第欧根尼·拉尔修

是[2]。然哲学史著作仍是空白，第欧根尼·拉尔修（出自西里西亚的拉尔特 Läerte）所著只是一个缺乏批判精神的辑录而已。他或许是 3 世纪初期之人，有关怀疑论之章节终结于塞克斯都·恩披理克的嫡系传人[3]，且不曾
340 只字提及新柏拉图主义。这部著作被他献给一位对哲学有兴趣的贵妇人[4]。此书旨在列举各学派之主要代表，附以小传和轶闻，各家著作目录，及对其观点的一般性综述。前两卷包括“希腊七贤”，阿那克萨革拉和阿刻劳斯 Archelaus 之前的早期哲学家，以及苏格拉底及其门徒，唯柏拉图除外，他独自占据第 iii 卷。卷 vi 专论学园派，卷 v 为亚里士多德及其逍遥学派，卷 vi 为犬儒派，卷 vii 为芝诺到克律西波的斯多葛派。至卷 viii，我们重又回到早期，关注于毕达哥拉斯学派，还有恩培多克勒和攸都绪斯；卷 ix 混杂着赫拉克利特、埃利亚派 Eleatics、原子论者和怀疑论者，卷 x 则专论伊壁鸠鲁学派，对其学说时或表露出赞同之意。而即使对于伊壁鸠鲁言行的记录，作者也遭到非议，因对文献依据的援引毫无用心可言[5]，而在

1 *φιλόλογοι ὁμιλίαι*，Walz，《希腊修辞学家》，vi 225（涉及索福克勒斯）；vii 963（*περὶ λέξεως στομφώδους*【论夸饰之言】，参看《论崇高》*περὶ ὕψους*，iii 1，xxxii 7）。

2 Diels，《希腊学述》。

3 ix 116.

4 iii 47，ix 20【译按，似应改作 x 29】。

5 Usener，《伊壁鸠鲁》***Epicurea***，xxi 以下。

开列亚里士多德的著作目录时，他遵从了亚历山大里亚的旧目，却不知在西塞罗时代已经被罗德斯岛的安德洛尼库斯 Andronicus of Rhodes 修订得更为完善。此书可能部分地参考了马格内西亚的狄奥克勒 Diocles of Magnesia（ἐπιδρομὴ φιλοσόφων【哲学大纲】，西元前 1 世纪），阿尔勒的法沃理努斯（παντοδαπὴ ἱστορία【历史杂著集】）著作而成，而文字细节上则袭用了阿尔戈的洛邦 Lobon of Argos [1] 伪造之书（περὶ ποιητῶν【诗人论】）[2]。

阿弗洛底西亚的亚历山大

2 世纪末至 3 世纪初，出现一位古代注疏亚里士多德最重要人物，即来自卡里亚地区阿弗洛底西亚城镇的亚历山大 Alexander of Aphrodisias。此人活跃于塞普提缪・塞维尔儒斯帝时代，曾在大约 198 年时被征召到雅典，他将著作《论命运》题献给塞维尔儒斯帝和卡剌卡拉帝（不晚于 211 年），此书讨论的是亚里士多德有关命运与自由意志的观点。其著作对于亚里士多德文本和希腊哲学史的研究具有特别之价值，被后世作家广泛征述，如新柏拉图主义者叙利安努斯和辛普利奇乌斯即好称引其 341
书。与当时之学园派人士好神秘主义大相径庭者，亚历山大主要专注于对亚里士多德的阐释。现存之注疏，包括《分析前篇》之首卷[3]、《论题篇》[4]、《论感觉及其对象》[5]及《形而上学》[6]。他也写过很多独立命题的论文[7]。学术复兴之时，他卷帙繁多的著作有近乎一半被编订以及翻译成拉

1 Hiller 在《莱茵博物馆》，xxxiii 518 以下。

2 F. Nietzsche，在《莱茵博物馆》，xxiii–xxv，以及 Wilamowitz，《语文学研究》，iv，330–349。也有人认为法沃理努斯是唯一的文献来源，见 Maass 在《语文学研究》，*Heft 3*，以及 Rudolph，《莱比锡古典语文学研究》，vii 126（Christ，§514^4；Croiset，v 818–820）。

3 Wallies 编订本（1883）。

4 同上（1891）。

5 Thurot 编订本（1875）；Wendland 本（1901）。

6 最新的 Hayduck 编订本（1891）。

7《著作拾零》*Scripta Minora*，Bruns 编订，见于《亚里士多德著作附集》*Supplementum Aristotelicum*，ii。

丁语；近来又出版了他的可信之著作，主要由柏林学院成就此事[1]。

新柏拉图主义

3 世纪希腊思想文化的唯一独创之成就，即是新柏拉图主义，其中自然包括了对柏拉图学说的重新研究，然而也尝试去整合其他希腊哲学学派的宗旨。早先时候，各学派部分义理已互相融汇，并混入新旧不同之信仰。此趋势尤可见于犹太人斐洛、普鲁塔克和努米尼乌斯，以及（本世纪之初）亚里士多德注疏家阿弗洛底西亚的亚历山大等人著作中。亦在此世纪里，对柏拉图文本的词语研究，体现于智者蒂迈欧 Timaeus 的柏拉图辞典中[2]，假若出自新柏拉图主义者的摘要不是一段窜入的文字[3]，则此人当晚于波弗利。

通常以为新柏拉图主义之肇基人乃阿蒙尼乌斯·萨卡斯 Ammonius Saccas，他在 3 世纪上半叶执教于亚历山大里亚，但未将自己的学说形诸

奥利金

文字。在他众多的门徒（约 205—211 年）中，有一位基督教哲人奥利
342 金 Origen[4]（185—254 年），此人在 203 年继承克莱芒接掌亚历山大里亚的基督教学派，成为希腊教父中第一位大学者。他本为自学而亲手誊录希腊之典籍，但为能无偿教化他人，复以低价全部出让。奥利金的著作与学术关系最大者是《六本合参圣经》，系《旧约》之编订本，盖以六栏并列希伯来文、希腊文字体之转写，以及阿奎拉、叙马库斯、“七十子”和忒奥多提翁 Theodotion 之译文而成。有七位速记员和同样多的抄写员参与此事，所成的著作占去五十大卷羊皮纸，但是今日只有残篇存遗

1 Gerke 在《鲍礼古典学百科全书》，i 1453 以下。

2 Ruhnken 编订本，1789。

3 在 *οὐχ ἥκιστα*【非至恶、非最轻、颇有益】词条下。

4 波弗利转引优西庇乌斯，《教会史》，vi 19，7。Zeller，《希腊哲学史》，iii 2，459，认为这位基督教哲人被混为同名的一位阿蒙尼乌斯的异教徒学生了。

下来。奥利金也曾对《新约》文本下过不少工夫。作为一名注疏家，他认定圣经通常有三义，字面之义、道德之义和上帝之义，为引出最后一义，他尤好以设譬寓言作为解经之法。他以此三义对应人之身体、灵魂与精神，且奇妙地将之想象为“每件能当二三小桶”的迦南水壶[1]。这种好用讽喻的癖好，与其广泛博杂的学识不无关系。根据他于 239 年一篇面向学生“善造奇迹者”格雷高利 Gregory Thaumaturgus 的谈话录，他在恺撒里亚讲学的范围包括论理学、物理学、几何学、天文学、伦理学、形而上学和神学。杰罗姆称奥利金在柏拉图和亚里士多德、努米尼乌斯和柯尔努图斯著作中俱寻得可支持基督教义的学说[2]。奥利金在恺撒里亚度过平生最后的二十年光阴，其著作绝大部分副本由潘费卢斯（卒于309 年）制成，藏入后者为该城市所建立的著名图书馆[3]。

新柏拉图主义的真谛被精简为普洛提诺 Plotinus（204—270 年）的 普洛提诺
著作，此人于 232—243 年间在亚历山大里亚跟随阿蒙尼乌斯·萨卡斯学习，余生 26 年则一直居住在罗马。他或许理应被当作新柏拉图主义的奠基人，只为将此学说之义理付诸永恒的文字。在他的讲堂里，“诵
读的是柏拉图和亚里士多德的新近注疏[4]，但随处都会匠心独运地一转话 343
锋，论述便体现出普洛提诺所领悟的阿蒙尼乌斯之精神”[5]。通过学生波弗 波弗利
利 Porphyry（233—约 301 至 305 年）的帮助，普洛提诺的学说得以留存

1 奥利金的《慕美书》*Philocalia*，c. 12，p. 19，J. A. Robinson 本。

2 杰罗姆:《书札集》，70。参看 Croiset，v 845–855；参看 Christ，§682[4]，Bigg 的《亚历山大里亚的基督教柏拉图主义者》，以及 Westcott 在《基督教传记辞典》。

3 希耶罗尼姆【杰罗姆】:《教会著作家叙录》，c. 75。

4 波弗利:《普洛提诺传》，3。

5 T. Whittaker，《新柏拉图主义者》*The Neo-Platonists*，p. 33；参看 Bigg 的《新柏拉图主义》，p. 187，以及 R. Eucken，《伟大思想家的人生观》*Die Lebensanschauungen der grossen Denker*，1902[4]。

下来，总共6组、每组9卷，题为《九章集》*Enneades*[1]。波弗利尚在年轻之时已在亚历山大里亚与奥利金相熟，复又在雅典师从卡修斯·朗吉努斯。是在朗吉努斯处，他得到“波弗利乌斯”Porphyrius之名，以充作他推罗之旧名“马尔库斯”Malchus的转译，意谓“王者”。263年，波弗利在罗马投于普洛提诺门下。他成为学者、数学家、哲学家，也是历史学家。自波弗利至尤里安帝期间，新柏拉图主义的一个基本目标是捍卫哲学、维持异教文化。波弗利对基督教的攻讦主要与历史批评相关联，并对“背教者”尤里安帝发生重要影响，后得到优西庇乌斯等人的回击。他的《哲学史》主要关注于柏拉图，但也包括了留存至今的一章《毕达哥拉斯传》。他跻身于最后一批能以前辈们的第一手资料来论哲学的著作家，故而他引述朗吉努斯[2]的话，谓除普洛提诺和阿密琉斯Amelius（普洛提诺的一名学生）以外，其他哲学家都不再致力于对前辈思想的收集、阐说和发挥工作了。在垂暮之年，波弗利写了《普洛提诺传》，他对其师学说的自家讲解还见于他的《精思录》*Sententiae*一书[3]。他还编写过一部史事纪年的著作，成为优西庇乌斯所遵从的权威文献[4]。在学术之领域，他有一篇论文研究“语文学的观察”（*φιλόλογος ἱστορία*）和“语法学的疑难”（*γραμματικαὶ ἀπορίαι*），还为修昔底德历史和亚里士多
344 德《范畴篇》各写过一篇“导论”。他的《引介》*Eisagoge*，或称为亚里

---

1 Creuzer编订本（牛津，1835；巴黎，1855）；Kirchhoff，1856；H. F. Müller，1878；Volkmann，1883。E. T. 由S. MacKenna，1908— ；参看W. R. Inge，《普洛提诺之哲学》*The Philosophy of Plotinus*，1919。

2 《残篇》，5，5。

3 T. Whittaker，pp. 112–114。

4 《希腊历史残篇》，iii 688以下。

士多德《范畴篇》的导论，曾得波爱修斯之翻译[1]，对中世纪的思想产生重大影响，他对《范畴篇》的注疏则仅有残篇留存[2]。他也写过“荷马之哲学”的问题，讨论君主可由其诗中得到什么益处。他文学研究上的才能，现在只能体现在《荷马决疑》（Ὁμηρικὰ ζητήματα）的一些残篇[3]，此中不乏与亚里士多德《荷马疑义集》相关联之处[4]；另外则还有《论水泽神女们的洞穴》[5]，在此书中，曾出现于《奥德赛》卷 xiii 102–112 的伊塔卡 Ithaga 洞穴胜境，被认为是宇宙之隐喻。洞穴本身和水泽神女、洞穴的两个入口，石器以及蜂群，俱被波弗利以极有想象力的方式解释出寓意来，有过分炫学之痕迹，（幸好）征引文献甚多。他的《致马尔刻刺书》有许多道德教令的语句，乃抄自塞克斯都和伊壁鸠鲁[6]。他的《论清修》（περὶ ἀποχῆς ἐμψυχων），将素食主义推荐给那些一心要从事哲学生活的人[7]，其中存录了泰奥弗剌斯特《论虔敬》的文章要旨[8]，此外还引了不少诗人作品，例如有欧里庇得斯《克里特人》*Cretes* 的重要残篇。

---

1 上文第 253 页。

2 《波弗利对亚里士多德〈范畴篇〉的“引介”和注疏》*Porphyrii Isagoge et in Aristotelis Categorias commentarium*，Busse 编订，见于《亚里士多德注疏集》，iv，及波爱修斯的《引介》译本（1887）。《引介》也曾被译为叙利亚文，一位希腊化的叙利亚人在著作以此译本作为引导其国人研究亚里士多德的门径（A. Baumstark，《叙利亚世界的亚里士多德》）。

3 H. Schrader 编订本（1880）。参看 Gräfenhan，iii 298 以下。

4 亚里士多德:《残篇》，142，164，178，Rose 本。

5 Nauck，第 2 版（1886），附《毕达哥拉斯传》、《论清修》*De Abstinentia* 和《致马尔刻刺书》*Ad Marcellam*。参看赫拉克利特 Heraclitus【译按，此人非前苏格拉底哲学家，生活时间约在西元 1 世纪时】，《荷马史诗之寓意》*Allegoriae Homericae*，1851，《荷马著作疑义编》*Quaestiones Hom.*，1910。

6 Usener 的《伊壁鸠鲁》，p. lviii 以下；参看 A. Zimmern，《波弗利致马尔刻刺》*Porphyry to Marcella*（1896）。

7 T. Whittaker，pp. 114–122.

8 Bernays，《泰奥弗剌斯特》*Theophrastos*（1866）。

研究荷马《生平与诗章》的著述，见存于普鲁塔克的《道德论集》中，
345 或被指为波弗利所作。其中就“同韵脚”homoeoteleuton 之结构有可喜的领会，遂使之成为古时人对韵律之魅力认知程度的证据[1]。

阿理斯泰德·昆体良努斯

音乐理论的研究者，有阿理斯泰德·昆体良努斯，他自然比西塞罗晚出[2]，而可能亦晚于波弗利。他所描述的灵魂自苍穹之域降落凡世，中途还经过月界[3]，分明是新柏拉图主义的思想，且与波弗利的一段文字参对起来颇为近似[4]。此人著作的价值，主要在于其中所转录了塔伦廷的亚里斯托克森，以及更早的一些权威作家，如柏拉图之好友、雅典的台蒙 Damon[5]。

1 Trench，《拉丁文圣诗》*Sacred Latin Poetry*，p. 30^{2}（Saintsbury，i 68 以下）。——对波弗利的综合论说，见 Lucas Holstenius，《论波弗利的生平与著述》*De vita et scriptis Porphyrii*（1655），以及 Croiset，v 831–841，并参看 Christ，§621^{4}。

2 《乐论》*περὶ μουσικῆς*，ii 6。

3 《乐论》，ii 17。

4 《精思录》，32。

5 von Jan 在《鲍礼古典学百科全书》，ii 894。

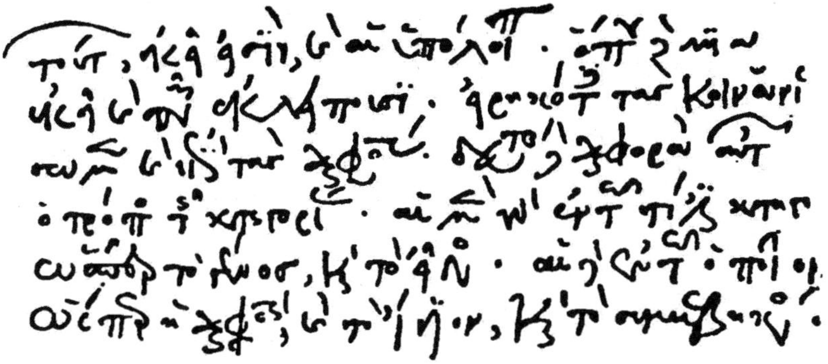

图 14　出自某学生誊录波弗利的亚里士多德《范畴篇》之导论注疏集的巴黎抄本（西元 1223 年）

（E. M. Thompson 的《古文书法手册》，p. 172）

【释文】

τούτων, ἐκεῖ εἰσίν, καὶ αἱ ὑπόλοιποι· ὅπου δὲ μία <ἐκλείπεται>, ἐκεῖ καὶ πᾶσαι ἐκλείπουσι. εἰρηκότες τὰς κοινων <ας χωρή>σωμεν καὶ ἐπὶ τὰς διαφοράς. δευτέρα δὲ διαφορὰ αὐτῶν <ὑπέρχεται,> ὁ τρόπος τῆς κατηγορίας· αἱ μὲν γὰρ ἐν τῶι τί ἐστιν κατηγο<ροῦντες> ὥσπερ τὸ γένος καὶ τὸ εἶδος· αἱ δὲ ἐν τῶι ὁποῖον <τί ἐστιν> ὥσπερ ἡ διαφορὰ, καὶ τὸ ἴδιον καὶ τὸ συμβεβηκός.

亚美尼亚人大卫 David the Armenian【译按，5 世纪时的新柏拉图主义哲学家】

Conspectus of Greek Literature, &c., 300—600 A.D.

Roman Emperors	Poets	Chronologers & Historians	Orators and Rhetoricians	Scholars and Critics	Other Writers of Prose
305 Constantius I 306 Constantine I 337–40 Constantine II 337–61 Constantius II 337–50 Constans I 361 Julian 363 Jovian 364 Valens 378 Theodosius I 395 Arcadius	362 Apollinaris of Laodicea, d. *c.* 383–92 Quintus Smyrnaeus	313 Eusebius 265—340	335 Philostratus III Later *Eikones* ? Callistratus 340 Proaeresius 276—368 Libanius 314—*c.* 393 Themistius 310–20—*c.* 394 Himerius *c.* 315—386 Aphthonius	Ulpian 335 Dexippus 365 Theon Olympiodorus I 391 {Ammonius, Helladius} Theodosius	Iamblichus *c.* 280—*c.* 330 326 Athanasius 295—373 367 Epiphanius 315—403 Gregory Nazianzen *c.* 330—*c.* 390 371 Basil 331—379 Gregory of Nyssa *c.* 343—*c.* 396 381 Chrysostom 344-7—404 394 Theodore of Mopsuestia *c.* 350—403
400					
408 Theodosius II	Palladas *c.* 410 Nonnus	405 Eunapius, *Lives of Philosophers and Sophists*	Troilus	Stephanus Byzantinus 425 Orus	406 Synesius *c.* 370—*c.* 413 Isidore of Pelusium *c.* 370—450

		439 Socrates	Syrianus		431 d. of Plutarchus
450 Marcian 457 Leo I	Anatolius, bp of Constantinople 449–58	443 Sozomen 450 Zosimus		Hesychius Alexandrinus	415–50 Hierocles 431–38 Syrianus 438–85 Proclus 410—485 *c.* 450 *Syriac Commentators on Aristotle*
474 Leo II 474 Zeno					
	Tryphiodorus			Stobaeus	485 Marinus 480—520 'Dionysius Areopagita'
491 Anastasius I	Colluthus Musaeus	John of Antioch	Procopius of Gaza Marcellinus	Hermeias Timotheus of Gaza	Aristaenetus
500					
	Christodorus				
518 Justin I 527 Justinian I	Paulus Silentiarius Romanus *fl.* 527—565 Agathias *c.* 536—582	518 Zachariah of Mytilene 533–6 Procopius *fl.* 527—562 Petrus Patricius *fl.* 534—562 533 Nonnosus Agathias *c.* 536—582 551 John Lydus 563 John Malalas *c.* 500–73	Sopater Choricius Agapetus	Ammonius son of Hermeias Simplicius Joannes Philoponus *c.* 550 Hesychius of Miletus Joannes Charax	Isidorus Hegias 520 Damascius 529 *The School of Athens closed*
565 Justin II 578 Tiberius II 582 Mauricius		581 Theophanes 582 Menander Protector 593 John of Epiphania 593 Evagrius		564 Olympiodorus II ? David the Armenian ? Choeroboscus	559 Anastasius of Antioch d. 599
600					

Continued from p. 278.

第二十章

347 # 4世纪的希腊学术

4世纪　进入4世纪后不久几年，戴克里先帝即退位（305年），世纪行进了前四分之一时（324年），基督教被尊为国教，而拜占庭被选为新都之地址，此后将成为希腊学术新的中心。世纪过了三分之二时，尤里安帝的短期执政（361—363年）带来了异教势力反弹。11世纪的一位历史学家，称异教世界的最后神谕就发生在尤里安当政时，皇帝遣使赴德尔斐重建阿波罗神庙，但工程启动不久，使臣就被命令返回，且带去以下的答复：

εἴπατε τῷ βασιλῆι, χάμαι πέσε δαίδαλος αὐλά.
οὐκέτι Φοῖβος ἔχει καλύβαν, οὐ μάντιδα δάφνην,
οὐ παγὰν λαλεοῦσαν· ἀπέσβετο καὶ λάλον ὕδωρ. [1]

1　Cedrenus，《历史纲略》*Historiarum Compendium*，i 304，p. 532，波恩本。

汝可报知尔王：华厦已然倾覆。
日神容身无所，月桂先知不复。
洪声之源缄口，神谕之泉干枯。

至4世纪末，亚历山大里亚的赛拉皮斯庙遭到摧毁（391年），罗马的元老院（至少在名义上）归属于基督教（394年），奥林匹亚节庆被废除，异教徒的颠覆在提奥多西一世时被终结，罗马帝国疆域在此帝身后被分给他的两个儿子，阿卡狄乌斯帝君临东方，霍诺留斯帝统御西方（395年）。

在异教文明向基督教文明的转型时期，持基督教立场的重要希腊作 348
家，有优西庇乌斯、阿塔纳修、厄庇法尼乌斯 Epiphanius、巴兹尔、纳西昂的格雷高利、尼撒的格雷高利 Gregory of Nyssa、刻律索斯托 Chrysostom【译按，即“金嘴”约翰】，以及墨普苏提亚的忒奥多尔 Theodore of Mopsuetia。
优西庇乌斯（265—340年）是潘费卢斯（卒于307年）的忠实门徒，在 优西庇乌斯
恩师的图书室中他打下了渊深的学问基础，故以自号优西庇乌斯·潘费理来表达其感念之心，他后来成为巴勒斯坦地区之恺撒里亚的主教（313—340年）。杰罗姆[1]称潘费卢斯效仿庇西特拉图或法勒戎的德米特理乌斯，热衷于在全世界收集手稿抄本。他的门生兼友伴，优西庇乌斯最为人知的身份即历史学家和纪事系年家。早先的世纪中，塞克斯都·尤里乌斯·亚非利加努斯 Sextus Julius Africanus 曾撰述过犹太与别教世界历史的编年合录，史事截止于西元221年。这部重要的著作被优西庇乌斯编入他的《编年史》。优西庇乌斯此书可分成两部分：一是通史

1 《书札集》，34，vol. 1 p. 155。

概述，二是编年表目，整体则构成古代世界所完成的最伟大的编年史著作。西元325年以前的希腊与罗马历史之年月日期，我们所知的大多以此书为基础。在第一部分里有关希腊史的权威文献来自罗德斯岛的卡斯托耳（西元前60年），他提供了西锡安、阿尔戈和雅典诸王的名录。而奥林匹亚赛会冠军名录，无疑是取自塞克斯都·尤里乌斯·亚非利加努斯，遂以西元220年的冠军告终。科林斯和斯巴达列王名录得于狄奥多鲁斯，马其顿、色萨利及叙利亚列王名录得于波弗利，先前在托勒密王朝的名录中也钞录了波弗利的著作。罗马史的概述起初摘录了哈利卡那苏斯的第欧尼修、狄奥多鲁斯和卡斯托耳，随后还提及卡西乌斯·朗吉努斯、忒剌勒斯的弗勒冈和波弗利。优西庇乌斯的目的本要显示摩西诸书早于一切希腊著作，而学界会感谢他唯在于其著作的意义超出了原本要证明的问题之价值。优西庇乌斯的希腊文本仅有摘录留存；我们要了解其他部分，只好依赖于杰罗姆的拉丁文译本，另外还有亚美尼亚文译
349 本，首次刊行于1818年[1]。优西庇乌斯的《教会史》（终止于西元324年）则是同类著作的第一部，而他的《福音初阶》[2]包括了对不同形式之宗教的调查，引述希腊哲学家的文献很多，柏拉图的对话录征引了23篇，仅是《法律篇》即超过50个片段[3]。

亚历山大里亚的阿塔纳修 Athanasius of Alexandria（295—373年），是正统教派的捍卫者，纵然有辨理逻辑之精妙，却更多引人注意于他的

---

1 《优西庇乌斯两卷本编年史》，Schoene 编订本，1866—1875；Schoene，《论优西庇乌斯的世界编年史》（1900）；杰罗姆译本的饱蠹楼藏抄本之珂罗版，附有 J. K. Fotheringham 的导言（1905），另有 Traube 的《莱顿巴黎及梵蒂冈之残卷》*fragmenta Leidensia Parisina Vaticana*（莱顿，1902）。参看 Salmon 在《基督教传记辞典》，ii 348—355。

2 E. H. Gifford 编订本，1903。

3 Lightfoot 在《基督教传记辞典》，ii 331b。

立身之行为，而不是演说与著述。厄庇法尼乌斯 Epiphanius（315—403 年）是 335—367 年间耶路撒冷附近的学术领袖，而晚年则是康斯坦提亚 Constantia（古时为塞浦路斯的萨拉米斯）的主教，他在《驳异端》中对各派希腊哲学做了一个简短的描述[1]。巴兹尔 Basil（331—379 年）是卡 巴兹尔
帕多齐亚 Cappadocia 之恺撒里亚的主教，纳西昂的格雷高利（约 330—约 390 年）来自同一地区，两人都曾在雅典师从基督教徒普洛埃勒修斯 Proaeresius 和异教徒希姆理乌斯。不少基督教徒怀有对古希腊文学的偏见，他们两人对之都表示抗议，巴兹尔贡献了一篇专门的讲演，以众多之引文来证明文学充满训诫和仪范，可用来提升心志，以备理解基督教义[2]。巴兹尔描述他在本都斯的伊莉丝 Iris 河畔清修经历，在那个景致优美胜过卡吕普索之岛【译按，见《奥德赛》，v】的所在[3]，他用五年时间建设了东方最早的修道院，并为奥利金著作编选集。是时巴兹尔派出的信使，前往教皇达玛苏斯处求援，以反对东方的准阿理乌斯派 Semi-Arians，
结果无功而返，他以荷马诗句表达了他的惋惜之情[4]，感喟自己曾经怀有 350
的高傲心气[5]。他的《创世六日纪》模仿了犹太人斐洛的著作，嗣后安布罗斯又效尤之。他的友人，纳西昂的格雷高利，曾有一篇为他葬礼而作

1　被 Diels 在他的《希腊学述》中分散地刊行出来，见 pp. 587–593，并给予严厉的批评，见 pp. 175–177。

2　《论可从希腊人的著作中获取的有益思想》*πρὸς τοὺς νέους ὅπως ἂν ἐξ ἐλληνικῶν ὠφελοῖντο λόγων*，Sommer 编订本（1894），Bach 编订本（1901）。参看 De Studio S. S. ad Greg. Ep., ii，以及纳西昂的格雷高利，《巴兹尔葬礼布道文》*Funeral Sermon on Basil*，p. 323 c，Morell 编订本，关于世俗教育，*ἣν οἱ πολλοὶ Χριστιανῶν διαπτύουσιν, ὡς ἐπίβουλον καὶ σφαλερὰν καὶ Θεοῦ πόρρω βάλλουσαν, κακῶς εἰδότες*【许多基督教徒怀有偏见地表示憎恶，视为险诈之物，将使我们与上帝疏远】（Croiset，v 937）。

3　《书札集》，14；西元 358 年。

4　《伊利亚特》，ix 698 以下。

5　《书札集》，239。

的布道文，乃是宗教演说中的雄辩之杰作。纳西昂的格雷高利以长于滔滔论道而闻名，但他写正统古典风格的六音步体诗、诉歌、短长格诗和伊奥尼亚韵文也都很有天赋，采用了一种新式的格律翻倍计值，即依靠于重读，而非音长。他的诗偶尔采纳恩培多克勒之成句，对于赫西俄德之诗则频频效尤[1]。自欧里庇得斯《酒神的伴侣》等剧而作的组曲，曾一度被归于此人之名下，今已知系中世纪作品[2]。巴兹尔有一弟，即尼撒的格雷高利（约 343—约 396 年），曾不经意间显示出青年的基督教徒还是会被传授异教徒的诗歌[3]。他主要是一位勤于注经的神学家，阐释方式带有奥利金的偏好，重神性、象征和寓意，并遭到墨普苏提亚的忒奥多尔

刻律索斯托（约 350—403 年）和刻律索斯托的强烈驳议。刻律索斯托 Chrysostom（344 至 347—404 年）具有德摩斯提尼和伊索克拉底的技艺以及过人的天赋，他师从安条克的理班纽斯，十六年（381—397 年）中以其非凡雄辩的辞令获得的影响，远甚于在君士坦丁堡出任宗主教的短暂且多事时期

墨普苏提亚的忒奥多尔（398—403 年）的声誉。墨普苏提亚的忒奥多尔 Theodore of Mopsuestia（约 350—428 年）作为一名解经家和神学辩难者而极受推重。佛提乌斯曾说他反对以寓意解经[4]。他重视的是语法学和史学方法，其渊源来自刻律索斯托之师以及他自己的老师，安条克的狄奥多鲁斯 Diodorus of Antioch。在注解《新约》时，他表现出一名学者的本性，即能细察在常人所忽视的琐屑字词，对语法和发音严加考究，并敏锐地探讨可疑的疏解[5]。

---

1 Rzach 在《维也纳学术》，xxi（1899），98–215。

2 Brambs 编订（1885）。其价值被 A. Baumgartner 夸大过甚，见氏著《世界文学史》*Geschichte der Weltlitteratur*，vol. iv（1900）。

3 ii p. 179.

4 卷 3。

5 H. B. Swete 在《基督教传记辞典》，iv 947a。

神秘主义者暨新柏拉图主义者，伊安布理克 Iamblichus，卒年约在西 351
元330年。这可使我们推知新柏拉图主义者德刻昔普 Dexippus 的生活时代， 德刻昔普
此人传世的亚里士多德《范畴篇》注疏[1]之引论中曾提及伊安布理克。德
刻昔普也写过一部对话，讨论普洛提诺对《范畴篇》的评议[2]。除新柏拉
图主义者外，主要的散文作家，在异教徒一方还有希姆理乌斯 Himerius、
忒米斯修、理班纽斯和尤里安。希姆理乌斯生于普鲁萨（约 315 年），在 希姆理乌斯
雅典执教近四十载。他的 71 篇《宣讲录》*Declamations* 存世仅 34 篇。其中
有些属于命题的修辞习作，如拟叙珀芮德斯为德摩斯提尼辩护词，或是
拟德摩斯提尼请求罢免埃斯基纳斯。还有些性质上属于学院课程初始的
开场演说，这类中有一篇口气之隆重，好似厄留息斯的秘仪祭司之道白：
“在引领诸位进入圣殿的典礼开始之前，请许我先明确告诫何事可为，何
事不可为。”[3]在另一篇中他告谕他的“新生”们，要领导羊群，没必要诉
诸鞭杖，只消依靠悦耳的曲调足矣：“何等的箫管齐鸣，能如本座质朴的
重读一样，叫列位灵魂震撼？”[4]早先时候，希姆理乌斯或许该是一位雅
致的诗人，而不是对诗学一知半解的修辞学者。他远不能成为对修昔底
德和德摩斯提尼深有研究的学者，他对诗歌兴趣更为浓厚。他从古代抒
情诗中广泛汲取，以散文体叙其大概的方式提供我们阿尔凯乌斯[5]、萨福[6]

1 Busse 编订本，1888。

2 Spendel 编订本，1859。

3 xxii 7；xv 3（Capes，《古代雅典的大学生活》*University Life in Ancient Athens*，p. 80 以下）；参看 Bernhardy，《希腊文学纲要》，i 660[4]；Juleville 的《雅典的学校》*L'École d'Athènes*；以及 Hertzberg，《希腊史》*Geschichte Griechenlands*，iii 311–357。

4 xv 2；Capes，p. 114 以下。

5 xiv 10.

6 残篇 133，147，Bergk 本。

和阿纳克里翁[1]某些亡佚的合唱歌，还表现出对斯忒西考儒、伊比库斯、西蒙尼德和品达的熟稔[2]。

352 忒米斯修

忒米斯修 Themistius（生年约在 310—320 年）拒绝了罗马和安条克的重要任职，而将其平生大多时间在君士坦丁堡度过，在那儿他成为一名声誉极高的辩术教师。相继得君士坦丁二世、尤里安、朱维安 Jovian、瓦伦斯 Valens 和忒奥多修诸帝的恩遇，并受委托负责阿卡狄乌斯帝的教育，不过可能他未活至亲见门生在东方登基之日（395 年）。现存他早期著作《亚里士多德释义》的部分内容，是有关《后分析篇》《物理学》《论灵魂》的冗长解说，另外还有若干次要的论文[3]。他的《形而上学》释义，卷 Λ，被译成阿拉伯文（在 9 世纪），后又译为希伯来文（1255 年）和拉丁文（1576 年）[4]。在其教学中，《范畴篇》占有首要地位。当他被指控教唆学生们变得专横自负时，他质问说："列位难道听说我的哪一位朋友会倚仗着同义、同音、同源的字眼儿，就言语不逊或行为倨傲么？"[5]他自家著述主要都是官方的公共演说词。在接连几位君主治下，忒米斯修都是君士坦丁堡实质上的公众演说人，他将此身份所付诸的最为著名的用途，即是反复呼吁在宗教信仰和礼拜上的宽容心。他得到了基督徒和异教徒同等高度的尊重[6]。他的通信友人，基督徒纳西昂的格雷

---

1 残篇 124—126，Bergk 本。

2 xxii 5；xiii 7；Teuber，《希姆理乌斯研究辨疑》*Quaestiones Himerianae*（1882）；Dübner 编订本（1849）；参看 Christ，§602[4]，以及 Croiset，v 869 以下。

3 Spengel，2 卷本（1866）；亦见《后分析篇义述》*Paraphrase of the Posterior Analytics*，i，Wallies 编订（1884），以及《论天篇释义》*Paraphrasis of De Caelo*，Landauer 编订（1902）。

4 Steinschneider，《论中世纪的希伯来文译书》*Die hebraeischen Uebersetzungen des Mittelalters*，§89。

5 《演说集》，xxiii，p. 351（Grote 的《亚里士多德》，i 81）。

6 Christ，§601[4]；Croiset，v 871–876；Dindorf 编订本，1832。

高利，称他是“辩坛之王者”[1]。其名声并列于在君士坦丁堡所研究学习的
五个经典作家，即修昔底德、伊索克拉底、德摩斯提尼、柏拉图和亚里
士多德[2]，后他又添加了一位阿里斯托芬作为第六人[3]。他在一篇致父亲的
作品里，展示了他与古代经典的大致渊源[4]，其中他含糊地提及“金质的
米南达、欧里庇得斯和索福克勒斯，美丽的萨福和高贵的品达”，而在
《问难篇》*Basanistes* 中他征引不一样的作家，并着实给予了评议[5]，但他都
没有道出任何切中实质的、真正意义上的文学批评来。“对于忒米斯修 353
言……古之伟大作家俱是值得给予无限敬意之人物，值得频繁征引……
而不是仅作为材料去使用”[6]。在另一篇演说录[7]中，他抱怨教师们花在单
一某作家解说上的时间过长：“在一册贫瘠的书耗费的辰光，足够令希腊
人攻下特洛伊了。”他使自己与当时的智者派相疏远，“智者们或可安居
于梦园的空幻中，但他的课堂只对永恒之真理发生兴趣”[8]。

理班纽斯

当日另一位杰出的教师，是理班纽斯 Libanius（314—约 393 年）。他出生于安条克，15 岁时始对文辞学识产生热情，遂倾售己之宠鸽，转而研究古代经典。那时人最常读荷马、赫西俄德、希罗多德和修昔底德、吕西亚和德摩斯提尼诸作家，但其他人，如戏剧诗人，还有品达和阿里斯托芬，柏拉图和亚里士多德，也并未被忽视，这可由理班纽斯及其同

1 《书札集》，140。
2 《演说集》，iv p. 71。
3 《演说集》，xxiii p. 350。
4 《演说集》，20。
5 《演说集》，21。
6 Saintsbury，i 125.
7 《演说集》，23。
8 Capes，p. 90.

代人的引文得到印证。20 岁时，他在读《阿卡奈人》时遭遇了一场恐怖的雷电风暴，险令他目盲耳聋，甚至使他余生都易生头痛[1]。22 岁时，尽管其宗族亲属希望他能留在家乡，而且朋友助他与继承了大笔遗产的妇人成婚，他却坚持要在雅典完成其学业："若能亲睹雅典之烟尘，他连女神的援手都肯推拒。"[2]在雅典，理班纽斯受一学生团伙欺压，他们强迫他只参加他们爱戴的教授之讲席，不久他就为了私下去研习古代阿提卡作家们的著作而放弃出席[3]。近四年的学习期间，他游访了科林斯、阿尔戈（得以学习当地的秘仪）和斯巴达（他参与了"峻拔"女神阿耳忒弥斯 Artemis Orthia 圣坛之原始粗蛮的鞭笞典礼）[4]。但他在雅典的时光很快就结束了："他视此番经历，如若梦寐，遂继续其人生的路程。"[5]然而此后不
354 久，他成为一名公共教师，先后在雅典、君士坦丁堡、尼西亚和尼科密迭亚 Nicomedeia 诸城任职，在尼科密迭亚的五年（344—349 年）长久留于他记忆中，成为"他生命中的春日"或"花季"[6]。当时友人来访，携来令他欢喜的礼物，即满满一车书籍[7]。离开尼科密迭亚，他又返至君士坦丁堡和雅典，40 岁时，经历十六载漂泊之后，他返回安条克的故家，仍以公共教师为业至终老。在罗马时期的希腊修辞学家中，他提到过法沃理努斯、阿德理安努斯 Adrianus 和朗吉努斯[8]，他还花费很大的心血以获

1 i 9 以下，Reiske 编订;《书信集》，639。
2 i 11（Capes，p. 66）.
3 i 13（同上，99 以下）。
4 i 18.
5 Capes，p. 67.
6 i 38.
7 i 39.
8 《书信集》，1313，546，998。

得一尊阿理斯泰德的半身像[1]。如忒米斯修在君士坦丁堡一样，理班纽斯全力拥护安条克的异教事业，不过他最著名的学生却是刻律索斯托。据言，他在病榻弥留之际，有意立刻律索斯托为他的继承人，“只要他不被基督教徒众牵着走”[2]。理班纽斯和巴兹尔之间的往来书札不可征信，故并无甚证据可认定这位基督教主教曾是这位异教修辞学家的门生。

理班纽斯著述甚多。其中纯粹学术性著作[3]是《宣讲集》（*μελέται*）和《辞锋磨砺集》（*προγυμνασμάτων παραγγέλματα*），后者包括以阿基琉斯和美狄亚为角色编撰的谈话录，有一篇对德摩斯提尼和埃斯基纳斯进行比较，略嫌滞板。他还写过对德摩斯提尼的考辨著作，包括演说家之《传记篇》以及对其演说词的《评述篇》。这些都有抄本留存，大多德摩斯提尼的编订本都将之付梓刊行。他正确地拒绝将《议海隆涅苏斯》当作是德摩斯提尼之手笔，且倾向于将论与亚历山大大帝和谈之演说词判给叙珀芮德斯。他的修辞术著作有一部为苏格拉底的申辩，一篇对埃斯基纳斯的驳议，两者都以阿理斯泰德矫饰之体式写成。他在《悼诗集》*Monodies* 中触及尼科密迭亚之毁灭和尤里安之驾崩，悲痛中有谴神之语，其行文与修辞学家米南达[4]的训诫如出一辙。他的其他演说词则有趣 355
得多，因为常涉及学院生活和当时的大众文化。我们注意到他有些助手，代为抄写全部的演说词，还有一个奴隶抄写其完成了的文集[5]。有一篇谈话录描述了安条克元老院的两幅装饰画（盖为田园生活之写照）[6]，还有一

1 《书信集》，1551。

2 索佐闵 Sozomenus【译按，指氏著《教会史》】，viii 2。

3 Reiske 编订本（1784–1797）；Förster，1903– 。

4 iii 435，Spengel 本。

5 《书信集》，656。

6 iv 1048 及 1057。

篇则在为当时的哑剧辩护，以反驳阿理斯泰德的攻讦[1]。作为一名广受欢迎的教师，他自豪于门徒的众多，他“太谦虚而未肯承认他培养的修辞学家遍及三洲万岛，远至赫拉克勒斯之柱”，但他坦然承认他在色雷斯和卑提尼亚、伊奥尼亚和加西亚、加拉提亚 Galatia 和亚美尼亚、西里西亚和叙利亚这些地方，都有“精神上的子嗣”[2]。他转述一个学生对他发的抱怨:“我从这无休止的工作中会得到什么，竟要读这么多的诗人，这么多的修辞学家，还要了解每一种文体风格的代表作家？”[3]他则抱怨生徒们的顽劣:“有些人抱臂袖手，立如塑像，有些人茫然合算着迟到的人数，要不就直盯着外面的树丛……他们把德摩斯提尼全然遗忘了，从最末的释文到最初的都一样忘得干净。”[4]他规劝无所事事者“少操心竞逐，多留意书本”[5]。他的《书信集》收存了超过 1600 封信札，理班纽斯之生平与时代在其中也得到了反映[6]。在此中我们偶然了解到他对拉丁语文并不通晓[7]，他责怪一位罗马的朋友不用希腊文写信给他，虽则友人对于荷马和德摩斯提尼都有会心之研究[8]。他告诉德米特理乌斯[9]，因为受够了学生们的诵读，他便不再现场授学，而是为他们朗读他的通信友人部分“拟书
356 札对话”。他对阿提卡喜剧并不陌生[10]，当时也没有一个作家，能够比他更

1 iii 345.
2 iii 444（Capes，p. 79 以下）。
3 iii 438（同上，p. 81 以下）。
4 i 200–202（Bernhardy,《希腊文学纲要》, i 663[4]；Sievers，p. 29；Capes，p. 111 以下）。
5 《演说集》, xxxiii（ii 294 以下）; Saintsbury，i 123。
6 J. C. Wolf 编订本（1738）。
7 《书信集》, 923，1241。
8 《书信集》, 956。
9 《书信集》, 128（Saintsbury，同上）。
10 Förster,《莱茵博物馆》, 32，86 以下。

透彻地浸淫于德摩斯提尼等阿提卡演说家的语言。四个世纪之后，理班纽斯被佛提乌斯视为能大体维持阿提卡风格的真正水平之人[1]。在最近对德摩斯提尼的考据中，理班纽斯对其演说词语言的记述，为检验其原始文本提供了一部分材料，对其演说词的《评述篇》被认为具有永久之价值[2]。他与近代文学的唯一联系，可能是他的《宣讲集》第六卷[3]，一度被本·琼生在《沉默女人》中描绘莫乐斯 Morose 这一角色时模仿[4]。

现存德摩斯提尼著作的会注本，时或署名作乌耳庇安 Ulpian。这些注文无甚价值[5]，可能有部分属于这位著名的智者派人物，他写过许多修辞学论文和宣讲词，然都已亡佚他曾在厄墨萨和安条克教授过修辞学，时在君士坦丁大帝在位期间，他的学生中有基督教徒普洛埃勒修斯，可能也有异教徒理班纽斯[6]。 乌耳庇安

尤里安帝常被理班纽斯提及，不必说其他著作中大量的随口评论了，对话录里面就有三篇涉及皇帝生平和性格的，他们两人颇多共同之 尤里安帝

1 卷 90，κανὼν… καὶ στάθμη λόγου Ἀττικοῦ【经典作家，中乎阿提卡语言之轨范】。他常被称为 Δημοσθένης ὁ μικρός【小德摩斯提尼】。参看 Bielski，《论理班纽斯对德摩斯提尼生平之研究》*De aetatis Demosthenicae studiis Libanianis*，1914；G. Middleton，《理班纽斯之演说研究》*Studies in the Orations of Libanius*，阿伯丁，1919，pp. 8–12。

2 参看本书作者的德摩斯提尼《第一次反腓力和奥林提亚三讲》之索引。

3 δύσκολος γήμας λάλον γυναῖκα ἑαυτὸν προσαγγέλλει【沉郁之男子与喋喋多话之妇人结了婚，便宣告了他自己的磨难来临。译按，Morose 一名有"沉郁、乖僻"义】（相继由 F. Morell 编订，Paris，1593–1597）。

4 《著作集》，iii（1873），341 注释；Hallam 的《欧洲文学导论》，iii 97[4]。对理班纽斯的综述，参看 Sievers，《理班纽斯生平述略》*Das leben des Libanius*（1868）；Juleville，《论理班纽斯的生平和通信》*Sur la Vie et Correspondance de Libanius*；Christ，§599[4]；Croiset，v 876–883；Egger，502–509；Saintsbury，i 121–124；又见 Petit，《理班纽斯》*Libanius*，以及 A. Harrent，《安条克之学校》*Les école d'Antioche*，1898。

5 Boeckh，《论雅典的城邦政务》*Die Staatshaushaltung der Athener*，Fränkel 编订本，p. 535，"无知的乌耳庇安 der unwissende Ulpian"，参看 399，412，549，612，641；特别要留意 p. 624。

6 Müller 和 Donaldson，《古希腊文学史》，iii 290 以下。

处。都被古代经典之优美与雄强迷住双目，遂同样地“热衷于居住在满是神祇、女神和英雄的世界”[1]。当理班纽斯听闻尤里安帝殂落之消息，我们确信唯有柏拉图的警语，以及要为此君主写一篇颂词的责任，方能使
357 得这位修辞学家免于自刎剑下[2]。尤里安帝乃是君士坦丁大帝同父异母兄弟之子，他的希腊语教育得益于一个叫马耳东尼乌斯 Mardonius 的希腊化斯基泰人，此人推重柏拉图、亚里士多德、泰奥弗剌斯特以及（最为重要的）荷马。当少年人对运动比赛和舞蹈等娱乐怀有兴趣时，他的导师便严肃地指点给他看荷马如何高明地描述为纪念帕特罗克勒斯而举行的竞逐、费阿刻斯人的舞蹈、费弥奥斯和德摩多库斯的歌艺，德洛斯的棕榈树，卡吕普索的岛屿，基尔刻的洞穴以及阿尔基努斯的苑囿[3]。在卡帕多齐亚度过六年光阴之后，尤里安复至君士坦丁堡和尼科密迭亚听人授学。在后一城市，因年方 14 岁，他不被准许去听理班纽斯的课讲，但他私下取得了内容记录[4]。他在雅典短期游学（355年），交游中有未来的主教，巴兹尔和纳西昂的格雷高利。后来他致信给两位同窗，还劝勉他们勿要轻视文学或忽略了修辞学和诗歌，还要多留心于数学，且要多读柏拉图和亚里士多德[5]。他自己的研究却因国家事务而中断。他堂兄君士坦提乌斯 Constantius 帝召他去征伐高卢，他带着遗憾离开了雅典，他将手伸向卫城，含泪地恳求雅典娜赐他一死[6]，但还是不情愿地在米兰披上了紫袍，那时他喃喃自语着荷马的谶语诗句，当作是对自己将来命运的预

1 J. R. Mozley 在《基督教传记辞典》，iii 710 b。

2 i 91 以下，521。

3 《厌髯者》*Misopogon*，351 D。

4 理班纽斯，i 527。

5 《书简集》，55。

6 《书简集》，p. 275 A。

言：ἔλλαβε πορφύρεος θάνατος καὶ μοῖρα κραταιή【黑紫的死亡与强有力
的命运降临了】[1]。当尤里安在高卢取胜的捷报传至君士坦丁堡，朝中才士讥
为“希腊腔之业余人士”[2]，但高卢士卒旋即在巴黎拥他称帝，而他正沉思
于《奥德赛》中，便祈祷宙斯“示以朕兆”[3]。君士坦提乌斯帝死在亲征尤
里安之途中，尤里安遂登帝位。这个异教徒、新柏拉图主义者、信仰魔
法和崇拜日神的人，他过去十年中内心都不信上帝，今朝终撕开面罩，358
露出了本色。从此他的雄伟计划便是保留“希腊化”，或称为希腊文明，
其中古老宗教就是最具代表性的标志[4]。他宣扬对一起宗教给予宽容，敕
谕异教祭司，告诫他们不可阅读阿基洛库斯和希珀纳刻斯，不可阅读旧
阿提卡喜剧，不可阅读情爱小说，以及无信仰者如伊壁鸠鲁之流的作
品，“诸神对之”（他开心地说）“是一向要其毁灭的”[5]。他还明令禁止基
督徒教师从事任何异教文学的教授，因他们不相信荷马、赫西俄德、希
罗多德和修昔底德、吕西亚、伊索克拉底和德摩斯提尼所说的神祇[6]。或
许是因为这条法令，阿波利纳理斯，这位曾经是亚历山大里亚的语法学
家，现今是劳第刻亚教会的神父，撰写了一组基督教诗歌，而他袭用父
名的儿子，却以荷马的韵体写了 24 卷的圣经史记，止于扫罗时代，在
圣诗中模仿了品达、欧里庇得斯和米南达，并将《诗篇》译成了六音步
的希腊韵体[7]。尤里安帝试图在安条克发动宗教复兴却不得民心，遭到指

1 《伊利亚特》，v 83。阿米安·马赛理努斯，xv 8，17。

2 同上，xvii 11，1，litterionem Graecum。

3 iii 173；《书简集》，p. 284 C。

4 Whittaker，《新柏拉图主义者》*The Neo-Platonists*，p. 144。

5 p. 386 C；T. R. Glover，p. 64。

6 《书简集》，42，p. 423 A；纳西昂的格雷高利，《演说集》，iii 51。

7 只有最后一种留存下来，Migne 编订本，xxxiii 1313。

责，说他在《厌髯者》中对此城市讥讽过甚。离开安条克，他着手发动对波斯的一次远征。行军之初，他曾致信理班纽斯，对于此人，尤里安帝不久前曾称之为“安条克的公民，杰出的演说词作家，对赫尔墨斯和我怀有深厚感情”[1]。他在信中说，在贝罗伊亚 Beroea，所有的预示都由宙斯发布，他也虔诚地祭献了一头白色公牛[2]。但远征终以尤里安帝的殂落而结束，他不幸在底格里斯河畔的波斯首都泰西封 Ctesiphon 一场小冲突
359 里受了致命伤。他短命的皇帝生涯未被忘却：124 年之后，信奉古代神灵的人们将他的卒年作为纪历元始[3]。

尤里安帝的著作富于考据，足见其对古代希腊经典的熟稔。自童蒙时，他就一直对藏书怀有强烈热情[4]。他以皇帝身份临幸伊利翁，见到一位同情异教的主教，保护雅典娜神庙、赫克托尔祠堂和阿基琉斯陵墓免受亵渎[5]。单是列举他引的荷马诗句，就足可印满三页纸[6]。他也常征引赫西俄德和品达、欧里庇得斯和阿里斯托芬、提奥克里忒和巴布理乌斯，读起巴居理德斯来也饶有兴趣[7]。他自欧里庇得斯剧作中摘录的诗句多出自《酒神伴侣》《腓尼基妇女》和《俄瑞斯忒斯》[8]。他从不引埃斯库罗斯的作品，那个时代显然也没人再阅读索福克勒斯了，因为他的确从《俄狄浦斯王》614 行处引了一句名谚，但不知晓渊源何来。马耳东尼乌斯

1 《厌髯者》，354 C。
2 《书简集》，27，p. 399 C。
3 玛理努斯 Marinus，《普洛刻卢斯传》*vita Procli*，36。
4 《书简集》，9；《厌髯者》，p. 347 A。
5 《书简集》，78。
6 Brambs，《尤里安著作研究》*Studien zu den Werken Julians*，i（1897），pp. 41–43。
7 阿米安·马赛理努斯，xxv 4，3。
8 Brambs，i 54.

尝教他揣摩柏拉图与苏格拉底、亚里士多德和泰奥弗剌斯特[1]，他多次提及亚里士多德，但征引柏拉图著作更为频繁，并敦促上文提及的昔日同窗们去研究此二人[2]。他钟爱的德摩斯提尼演说词，是《奥林提亚三讲》第一、二篇以及《议金冠》，而对于《反勒普提涅斯》和《议色雷斯半岛》*De Chersoneso* 也都不陌生。伊索克拉底的作品，他最常引《厄瓦高剌斯》*Evagoras* 和《颂词》*Panegyricus*，也提及《致蒂摩尼库斯》*ad Demonicum* 和《致尼古刻勒斯》*ad Nicoclem* 诸篇。他偷师伊索克拉底和德摩斯提尼最多的，乃见于（情有可原的）现存他最早的一篇演说词，《赞颂君士坦提乌斯》，盖作于 24 岁[3]。在尤里安居停卡帕多齐亚期间，有个叫乔治的人借给他“若干哲学与修辞学著作”，此人后来成为亚历山大里亚主教，惨遭亚城群氓杀戮，身后留下一所珍贵的书库，惹得尤里安动念欲将之搬到安条克，以供他一人独用[4]。他在君士坦丁堡建立一家公共图书馆， 360
将他个人藏书尽置于其中[5]。这所图书馆在他崩殂 128 年后毁于火灾[6]。

士麦那的昆图斯

可能是与尤里安同时或稍晚时代，士麦那的昆图斯 Quintus of Smyrna 写成一部史诗，可弥合《伊利亚特》《奥德赛》二书故事间的空隙。六音步的诗律显示其略早于活跃期约在 410 年的诺恩努斯 Nonnus。昆图斯模仿了荷马、赫西俄德和罗德斯的阿波罗尼乌斯。他忠实于荷马的语

1 《厌髯者》，353 B。

2 《书简集》，55。

3 Brambs，《尤里安著作研究》，ii（1899）。

4 《书简集》，9，36。

5 佐昔慕斯 Zosimus，iii 11，5。

6 有关尤里安，参看 J. Wordsworth 在《基督教传记辞典》的记述以及所引之文献，包括 G. H. Rendall 的《胡耳思基金论文》*Hulsean Essay*（1879）；以及 A. Gardner（1895），G. Negri（1901），和 T. R. Glover 的《四世纪的生活与文学》，pp. 47–76；及 Christ，§603[4]；Croiset，v 893–902。

调，学荷马的用词，但不用其习语。即如赫西俄德，早在《神谱》中所说，缪斯女神们“有朝传授他一阕曼妙歌诗，当时他正在赫利孔圣山下牧羊”，故而昆图斯自言少年时受过缪斯们的启示，他“在士麦那平原的小丘上看护着羊群，忽有一声断喝，从遥远的赫尔姆斯河传来”[1]。他熟悉士麦那左近的传奇景观，尼俄柏所化奚毕卢斯山崖的顽石[2]，恩底弥翁 Endymion 出没的弗里基[3]，以及特洛阿德富有传说的岛屿、海岬和墓冢[4]。昆图斯未受系列史诗诗人的影响，他有意要证明得维吉尔的沾溉，却不成功[5]。近世批评家们赞赏他叙述庞忒息里娅和得伊达弥亚 Deidameia 故事的方法，奥俄涅盎 Oenone 的传说也受到好评，其中昆图斯“有些懒惫于去旧立新”，后来丁尼逊重写过这个故事。昆图斯的著作，总体上代表了一个“善追摹而不能创立”的时代。即便是奥俄涅盎的传说，据说也可以在亚历山大里亚找到渊源[6]，遑论整部著作太多处显示出亚历山大里亚诗人、罗德斯的阿波罗尼乌斯的痕迹来[7]。

361 语法学家，亚历山大里亚的忒奥多修 Theodosius of Alexandria，或可认

忒奥多修 为就是那位“神奇的语法学家忒奥多修”，此称呼出自叙涅修斯在他第四封书简近结尾处所致的赞词。若真如此，他应被置于约 4 世纪末期。有一部“色雷斯人”第欧尼修语法学著作的笺注集，被误判于忒奥多修

1 xii 308–313.

2 i 294–306.

3 x 126–137.

4 vii 400–416.

5 遭到 Koechly 的驳斥，见氏编订本，p. xiii 以下。

6 Rohde 的《希腊小说及其渊源》*Der griechische Roman und seine Vorläufer*，p. 118[2]。

7 Kemptzow，1891。有关昆图斯的综述，参看 T. R. Glover 的《四世纪的生活与文学》，77–101；G. W. Paschal 的《士麦那的昆图斯之研究》*A Study of Quintus of Smyrna*（芝加哥，1904）；Christ，§584[4]；Croiset，v 903–905。

名下，此书分二部，其一摘录了拜占庭僧侣普兰努德斯 Planudes（13 世纪末期）以希腊文翻译的普里斯先著作，并附有摩兰普斯和斯第潘努斯的注文，其二则是忒奥都儒斯·普罗德洛姆 Theodorus Prodromus（12 世纪）的著作[1]。忒奥多修可能还写过希洛狄安论重读著作的摘要（*κανόνες τῆς καθολικῆς προσῳδίας*【《语音通说要义》】），此书多以为系安条克的著名语法学家阿卡狄乌斯（西元 600 年之前）所著[2]。还有部“名词与动词词形变化规则初阶”[3]，则无疑出自他的手笔。此书常附于“色雷斯人”第欧尼修著作之后，故旧时多以为系第欧尼修所著。但两者之间有明显的分别。如“色雷斯人”第欧尼修自限于实用的时态，所引 *τύπτω*【打击】之词形变化未尽穷举，而忒奥尼修罗列出全部可以想象出的动词之不定过去时和将来时，而不顾古人用法，乃成为此类语法书的始作俑者。通过此书，这种易生误导的教学宗旨传至后世，得到约翰·喀刺刻斯 Joannes Charax 和“豢猪人”乔治（6 世纪）的阐发，从而影响及于文艺复兴时期甚至近代欧洲的语法学家们。这类畸形怪异的形式构造，显示出瑰玮的生机，但确也遭到了科贝特切中要害的彻底否定，他强烈地攻讦这种举措，乃是造出“monstra et portenta formarum...quae in magistellorum 362
cerebris nata sunt，in Graecorum libris nusquam leguntur”【畸形怪异之词形……那些冬烘先生靠这些在希腊书籍中从未出现的东西在当时出了名】[4]。

---

1 Uhlig，《“色雷斯人”第欧尼修》*Dionysius Thrax*，页 xxxvii；Hilgard 在《希腊语法学家》*Grammatici Graeci*，iv，页 cxxvii 以下。

2 有 M. Schmidt 编订本，1860。

3 *εἰσαγωγικοὶ κανόνες περὶ κλίσεως ὀνομάτων καὶ ῥημάτων*，Bekker，《希腊遗书》，974–1061；Hilgard 编订本有“豢猪人”乔治的会注，见《希腊语法学家》iv，1889–1894。

4 《异文释读》，p. 330。有关忒奥多修之综述，参看 Christ，§628[4]，及 Cohn 在《鲍礼古典学百科全书》的词条。参看上文，第 139 页。

阿蒙尼乌斯和赫剌丢斯

临近世纪末（391 年），异教徒在亚历山大里亚结成社党，抵制对赛拉皮斯庙的破坏，其中有两位语法学家，阿蒙尼乌斯和赫剌丢斯 Helladius[1]。前者署名的同义字研究著作，只不过是拜占庭人编订的一册赫伦尼乌斯·菲隆著作[2]，而赫剌丢斯编纂的辞典，为佛提乌斯所知晓[3]，且成为苏伊达斯辞典追从的权威文献之一。阿蒙尼乌斯和赫剌丢斯自亚历山大里亚逃亡到君士坦丁堡，在这里培养出的学生中有一位教会史家，苏格拉底 Socrates[4]。

1 鲁菲努斯 Rufinus，《教会史》，ii 22；苏格拉底，《教会史》，v 16–17。

2 Cohn 在《鲍礼古典学百科全书》，ii 1866。

3 卷 145。

4 佛提乌斯，卷 28。

第二十一章

西元 400—530 年间的希腊学术 363

5 世纪以降

本章将结束我们对罗马时期的探研。所跨越的时间，自阿卡狄乌斯帝的短暂且无政绩的统治阶段始，终止于查士丁尼帝长久且富成效的在位期之初年。阿卡狄乌斯帝的继承人，是才华洋溢的书法家忒奥多修二世，他在位时，君士坦丁堡建立了一所大学，以图与雅典的学校相制衡。那时的文学风尚，可由以下事件想见一二：当朝皇后尤多西亚 Eudocia 生为雅典人，曾以一次希腊文的演说赢得安条克民人的喝彩，其结尾征引了荷马的诗句：*ὑμετέρης*（原文作 *ταύτης τοι*）*γενεῆς τε καὶ αἵματος εὔχομαι εἶναι*【这即是神赐你们的世系和血统】[1]。5 世纪初叶，我们在北埃及发现了希腊诗歌复兴的一线生机。这乃是诺恩努斯的时代，他生于底比斯的潘诺波利斯 Panopolis，后可能生活在亚历山大里亚。他写了部 44 卷

诗人：诺恩努斯

1 《伊利亚特》，vi 211，xx 241；厄瓦葛利乌斯，i 20；Bury，《晚期罗马帝国》，i 131。

的庞杂零乱的史诗，交代酒神狄奥尼索斯的漫游经历，乃是神话知识的恢宏廪库。改宗基督教后，他为圣徒约翰的福音书加以随意、通达的阐释。两部著作的韵体特征俱以长短短格为主，严格避免出现连续的两个长音节，且偏好在每行第三音步中以一长短格停顿，此规律几乎一成不变，又每每在末尾二音节中采用昂音重读——通常末尾仅有一个重读。这些改良，更适合于田园牧歌而非史诗，士麦那的昆图斯即对此一无所
364 知；此风气最终成为拜占庭时期以重读定节奏的诗体之先声[1]。诺恩努斯
忒律菲奥多儒 派学者，有埃及的语法学家和诗人，忒律菲奥多儒 Tryphiodorus，写过一部典雅但无趣的《特洛伊劫难记》；
柯卢图斯 柯卢图斯 Collûthus，来自底比斯的律柯波利斯 Lycopolis（活跃于 491—518 年），写过一个海伦的短篇史诗；还有
穆赛欧斯 （三者当中唯一货真价实的诗人）穆赛欧斯 Musaeus，他的《茜罗与利安得尔》*Hero and Leander* 承继亚历山大里亚时期卡利马库斯之余响，乃是罗马时期的最后岁月里希腊文学最具美丽的作品[2]。5、6 世纪之交，科普特人
克理斯托多儒 克理斯托多儒 Christodorus of Coptus 以其文风典丽的诗描述了希腊 73 位诗人、哲人、史家和英雄的塑像，从而名声大噪。这些塑像立于君士坦丁堡，乃是宙克昔普斯 Zeuxippus 健身馆的装饰品，直到 532 年毁于火灾[3]。

5 世纪里的通史作家以佐昔慕斯为最杰出代表，他模仿的是波里比
众史家 乌斯[4]。教会史家，则有苏格拉底延续优西庇乌斯的著作，自 306 年叙至 439 年，还有索佐闵与忒奥多瑞，他们所叙述的年代与苏格拉底相同。

---

1 Christ，§585[4]；Croiset，v 994–1000；参看 Bury，i 317–320。

2 Christ，§586[4]；Croiset，v 1003。有关忒律菲奥多儒与柯卢图斯，参看 Weinberger 在《维也纳学术》，18（1896），116–179。

3 《帕拉廷希腊文苑英华集》，ii。

4 佐昔慕斯还模仿色诺芬使用 σύν【伴随；借由】。

这四位史家都属于5世纪中叶人。

此世纪的哲学家目光主要关注于柏拉图的《蒂迈欧篇》和一部伪造 哲学家
的俄耳甫斯教义诗集，还有一部神谕集，曾得到波弗利的阐释。新柏拉图主义在普洛刻卢斯身后（485年）日趋衰落，渐渐于6世纪销声匿迹了。伊安布理克（约280—约330年）的叙利亚学派在4世纪上半叶如日中天，尤里安帝崩殂之后也湮没无闻了。5世纪之初，亚历山大里亚
成为新柏拉图主义的又一个中心，此学派中最受瞩目的人物乃是希帕提 希帕提亚
亚。她父亲是哲学家兼数学家，忒翁，曾注释过阿拉图斯、欧几里德和
托勒密的著作，编订过一份138—372年间的执政官名录，且是亚历山 365
大里亚博物馆的最后一位著名成员（365年）。希帕提亚在雅典学习的是柏拉图主义哲学，在亚历山大里亚讲授的课程是数学以及对柏拉图和亚里士多德的研究，在其哲学课堂上她所追从的是普洛提诺的传统[1]。根据当时一部教会史所载，她的辉煌事业因亚历山大里亚群氓的宗教狂热而陡然中断于415年的春天[2]。

希帕提亚最优秀的门生是叙涅修斯，其书信集中显示出对他老师至 叙涅修斯
高的尊敬，甚至在他成为托勒麦斯 Ptolemais 的主教，管辖着昔勒尼的五城地区 Pentapolis 时，依然如故。他生于昔勒尼（约370年），祖上来自多里斯，是这座城市的建设者，叙涅修斯曾自豪地记述这里也是卡内德斯和阿理斯提波 Aristippus 的故乡。他少年时在户外过着健康的生活，如此保持着对逐猎的爱好，从未更改。青年时在亚历山大里亚跟随希帕提亚学习数学和哲学（约390—395年）。他自称与友人赫叙基乌斯，由他们对几

1 W. A. Meyer，转引自 Bury，i 208。

2 Hoche 有对希帕提亚的专论（《语文学家》，xv 435 以下），另有 W. A. Meyer（1886）。

何学的共同研究的神圣盟约而交从密切[1]；他赠与友人拜奥尼乌斯 Paeonius（成为君士坦丁堡的名流），一架自己发明的星盘[2]；他在一封书信里，向另一位友人透露，他只身客寓利比亚时，以求知的眼眸仰望着星空，着迷于以温柔的感化力俯看着他的那些星辰[3]。他父亲是昔勒尼的议员，把自己的藏书室传给了他。叙涅修斯身后的藏书，要比他所继承的还要多出不少来，他终其一生都是彻底地钟情于希腊。大约自 400 年至 402 年（时宗主教为“金嘴”约翰），他作为昔勒尼派至阿卡狄乌斯帝朝廷的特
366 使在君士坦丁堡盘桓。在皇帝面前他为国请命，慷慨陈词[4]，恳请免去赋税。此篇演说颇受益于“金嘴”狄翁，然风格上论狄翁比叙涅修斯更质朴些[5]；除引自《高尔吉亚篇》和《理想国》的段落外，文中还点缀了 16 处诗句。他借用荷马的成语中，竟有一句是用以指称皇帝们的，说他们徒有紫金衮袍、珠光宝气，终是招致“荷马的咒谴——石头堆就的衬袍”罢了[6]。在君士坦丁堡等地，叙涅修斯显然受到一些人的冷落，仅仅因为他们曾见识过学园派的林地、亚里士多德的讲堂和芝诺的柱廊[7]。因而叙涅修斯也造访了雅典，他自安纳居儒斯 Anagyrus 致信给他兄弟，说他已经游览过斯菲图斯 Sphettus 和忒理亚 Thria、刻菲西亚和法勒戎，亲睹了柏拉图和亚里士多德各自的学园，看视了“彩绘柱廊”在被某罗马总督劫掠

---

1 《书信集》，92。

2 Migne，lxvi 1577.

3 《书信集》，100，p. 1470 D。

4 1310 A，τῶν πώποτε Ἐλλήων θαρραλεώτερον【从未有希腊人如此斗胆】。

5 Theodorus Metochita，在 Dindorf 的《狄翁》，ii 367。参看《拜占庭学刊》*Byzantinische Zeitschrift*，1900，85–151。

6 《伊利亚特》，iii 57；1080 A。

7 《书信集》，54。

走波吕格诺托斯的杰作之后的全部残余。雅典的辉煌（他补充说道），仅留下徒有盛名的场所，希帕提亚在亚历山大里亚已远远超越了“普鲁塔库斯智者双子”（或指普鲁塔库斯 Plutarchus 和叙利安努斯 Syrianus，或指前者的儿子和女婿）。普鲁塔库斯等智者招徕学生听讲，不是倚仗吐属辞令的名气，却是用采自叙美图斯 Hymettus 山的罐装蜂蜜进行贿赂。雅典过去是智慧之士的家国，现在只能从她的养蜂人那儿换得最后一点荣耀了[1]。

在一场地震灾祸中，叙涅修斯离开了君士坦丁堡，又在惊涛骇浪中抵达了昔勒尼的海岸。回乡之后，他在亚历山大里亚居停两年（402—404 年），娶了一位基督教徒为妻。404 年他定居故家，成为一名乡绅，以豢养犬马为乐，以为生活无非“读书和逐猎”两事[2]。一度他制服了当地的匪帮，令他惊窘的是，这时民生躁动，拥护他做托勒麦斯的主教（406 年）。他思虑了七个月后，决意要献身于亚历山大里亚的宗主教忒奥菲卢斯给予的圣职，时在 407 年初。很快他就非常积极地投入到职事 367
中去，但他的任期一定不长，因为我们在 413 年之后就不见他的踪影了。因而可能他在希帕提亚的悲剧结局之前一两年就去世了。他的书信集有 7 封是写给这位老师的，他把她视为“母亲、伯姊和导师”，当他连丧三子，又惶恐于昔勒尼的时运，他写信向她倾诉自己的哀伤，并（以荷马成句）向她承诺：“即使住在冥界的死者一切都遗忘了”【译按，见《伊利亚特》，xxii 389】，他仍会怀念着希帕提亚[3]。他的《狄翁篇》，是一部 *Apologia*

---

1 《书信集》，136。

2 1307 D，1388 C；参看 1484 A，1488 C。

3 《书信集》，124；又见 10，15，16，33，80，153；参看《书信集》4，1342 B（致信给他在亚历山大里亚的兄弟），*ἄσπασαι τὴν σεβασμιωτάτην καὶ θεοφιλεστάτην φιλόσοφον, καὶ τὸν εὐδαίμονα χορὸν τὸν ἀπολαύοντα τῆς θεσπεσίας αὐδῆς*【向哲人（指希帕提亚）致以崇高敬意，祈神庇佑，神主将赐予她福祚】，以及《书信集》，132，135 以下。

pro vita sua【生命的申辩】，大概写于405年，谈论教育和道德原则，盖为了一个尚未出世的婴儿而著。此著受到“金嘴”狄翁的教导启发，叙涅修斯把此君晚期的作品视为简朴、自然之典雅文体的模范。他向希帕提亚讲述过写作的经历[1]。某些哲学家指责他伪托荷马之义旨，推重语言的优美与韵律。于是他举狄翁为例，说明一个修辞学家可不必丢弃古典文体的魅力而成为一名哲学家。在此论著中，叙涅修斯主张真正的哲学家必须精熟于希腊文，必要领略到美惠女神们的神秘之处，且要熟悉于一切关乎文学之事物，如此他方可如学者（φιλόλογος）般拥有**知识**，如哲学家般**裁断**价值[2]。“这些好批评的呆人，蔑视修辞术和诗艺，非是个人之有好恶，而是缘于天性之贫乏也”[3]。“辞藻之美绝非小道，是为纯粹之乐事，无关涉于现实状况之利害”[4]。“应修饰其言辞，再同时去研究哲学”。叙涅修斯志在两者兼备，然而哲学家的批评往往不修文辞，语法学家们对哲学著作却是在逐个音节地考究，全然忘却创立其自家的思
368 想[5]。他答复那些批评他所用文本存有纰漏的声音：“这有何妨，不过是某个音节为另一个所易而已”。“校勘之必要在于本身即是一种绝好的训练”。“书籍之意义，总体上说，在于激发主动修习之能力，使人思考，且洞彻道理”[6]。在煞尾处，他以迷人的坦率态度，提到自己善于为手边正在阅读的任何文章即兴写一个续篇，并且说，他对古代悲喜剧的模仿本事可能得于他在亚历山大里亚的岁月。他还说，读者会因为这些作品而

1 《书信集》，153。
2 1125 A，C.
3 1125 D.
4 1129 B.
5 1152 A.
6 1160 C–D；1556 A；参看 Nicol，p. 109；Crawford，p. 163 以下。

把他当成某个古人，一会儿与克剌提努斯和克剌忒斯同时，一会儿与狄菲鲁斯和菲勒蒙并世。波弗利的影响痕迹显然也存于《狄翁篇》里，他的《论梦》（他将梦视为一种神启的方式）则跟普洛提诺有些渊源。在这部匆匆写就的著作中，他偶尔提到夜间梦幻中涌现的思绪，不仅有助于他追逐猎物，甚而对涵养其文体气度也有裨益[1]。

他的《书信集》，凡159札，以时序自约399年至413年编目，多载记当日时事，亦富有风度、见识和文学兴味。厄瓦葛利乌斯 Evagrius、佛提乌斯和苏伊达斯都曾称赏此书[2]。可在其中看到叙涅修斯之不同的形象，有时他旅行四海，有时则充满活力地投身于为家乡谋福利的事业，有时他是个好学深思的弟子，有时则是位雷厉风行的行政官员。而贯穿于始终，给人印象最深刻的，乃是作者的文人雅趣。他说起有人求诗，但他“没功夫从诗箧中将之翻检出来”[3]。在这封信中他还引述了《奥德赛》[4]和阿基洛库斯。他在海滨致信给他的兄弟，出现了数行颇具田园风情的诗句，描述的是昔勒尼住所四周的禽鸟花木，并且说，这些林泉女仙们的洞府需要一位提奥克里忒，来为之赋就一阕赞歌[5]。在亚历山大里亚至昔勒尼途中遭遇风暴，他便回忆起索福克勒斯的《艾阿斯》，以
及《奥德赛》中的暴风雨片段[6]。他语带戏谑地告诉友人，昔勒尼南部乡 369
野之民人以为奥底修斯和圆目巨人仍存在于世间，且假想他们从未见过

1 c. 9.
2 Volkmann 的《昔勒尼的叙涅修斯》*Synesius von Cyrene*，p. 113。
3 《书信集》，129。
4 ix 51.
5 《书信集》，114。
6 《书信集》，4。

的皇帝，乃是类同于曾经驶往特洛伊的某个阿伽门农[1]。对叙涅修斯自己而言，墨涅拉奥斯真正是哲学家的典型，其人善屈折真相，连多变的海神普洛透斯 Proteus 都不及他[2]。他的全部著作中涉及希腊文学之处极为可观。他征引柏拉图最为频繁（约 133 次），其次为荷马（约 84 次）和普鲁塔克（约 36 次）；较少引及亚里士多德（20 次）和希罗多德，还有赫西俄德、品达、欧里庇得斯、阿里斯托芬、色诺芬和普洛提诺（各约 10 次）；引述最少的是阿基洛库斯、恩培多克勒、埃斯库罗斯、索福克勒斯、修昔底德和德摩斯提尼[3]。他的一位通信友人显示出对德摩斯提尼更为熟悉，此人即僧侣兼学者，佩流西翁的伊息多耳 Isidore of Pelusium（约 370—约 450 年），他对德摩斯提尼的记诵征述，散见于 2000 封信札中，时或对于文本考辨有些价值[4]。曾有一度，狄翁著作里引述的一段文字，分明来自《伊利亚特》，xxii 401，叙涅修斯居然妄言声称此句定是狄翁独造之语[5]。可庆幸者，叙涅修斯的著作展示出此前希腊文学研究的程度和特征[6]，也体现出他的思想观点，我们可认出这是一位饱学多才的非凡人物，是一名学者，又是一位运动家，他确实有修养，但不能彻底免于学究气质，他站在新柏拉图主义和基督教义的分野上，一度还行事立言如异教演说家和哲人，一度又成为活跃的爱国分子和基督教会主教。布朗宁夫人盛赞他的《圣歌集》，并从中译出两首来，而第 10 首，即最后一首，

---

1 《书信集》，147。

2 1128 D.

3 Crawford，pp. 522–579；Hauck 的傅理兰计划 Friedland Program【译按，为研究叙涅修斯引述希腊作家发起的调查计划】，1911。

4 参看本书作者所编订的《第一次反腓力和奥林提亚三讲》之索引。

5 1200 A.

6 参看 Volkmann 的《昔勒尼的叙涅修斯》，p. 135。

也是其中最简短的一首，可见于《古今圣歌集》*Hymns, Ancient and Modern*
中[1]。即便有一首显得冗长晦涩，但当他要为圣父圣子歌唱，遂嘱令无情 370
不仁的自然界寂灭其一切声响，这段诗篇仍具有不失典雅的简洁风度：

让知敬畏的天地噤声，
让苍穹碧海肃静，
让风消止水波自平，
大川朗晏，小溪清宁。[2]

诗歌技巧甚至在他的散文中也不罕见。他把昔勒尼的自由生活与亚历山大里亚的法庭做演说时所忍受的羁苦相比较，《狄翁篇》中如此说道："我咏歌给诸位昔勒尼乡人听真，此水每日奔涌，沿路浩荡不歇休，不是有水钟为之规划了行程，也不是他人裁定的宿命……诚然有朝我将辞世而命终，但流水滔滔，日夜不停，岁月轮转，直至永恒。"[3]

相对于叙涅修斯的新柏拉图主义和基督教赞歌而言，我们或许简短

---

1 No 185，"吾主耶稣，垂悯于我"（由 A. W. Chatfield 译出，1876）。

2 iii 72–81.

3 《狄翁篇》，c. 11，1149 A ; Crawford，p. 195。——有关叙涅修斯的综述，见《全集》*Opera*，Migne，lxvi 1021–1616 ; Tillemont，《最初六个世纪教会史的文献资料》*Mémoires pour servir à l'histoire ecclésiastique des six premiers siècles*，xii ; Clausen（1831）; Druon 的《叙涅修斯生平与著作研究》*Études sur la vie et les œuvres de Synesius*（1859）; Volkmann（1869）; Lapatz（1870）; A. Gardner（1886）; J. C. Nicol（1887）; Halcomb 在《基督教传记辞典》; Nieri 在《语文学与古典教育杂志》*Rivista di Filologia e d'Istruzione classica*，xxi（1892），220 以下; Seeck 在《语文学家》，lii（1893），458–483（其中修订了《书信集》的编年）; W. Fritz，《昔勒尼的叙涅修斯主教书信集》*Die Briefe des Bischofs Synesius von Kyrene*，pp. 230（1898）; W. S. Crawford（1901）; 以及 T. R. Glover 的《四世纪的生活与文学》，pp. 320–356 ; 亦见 Christ，§654[4]，Croiset，v 1043–1049 ; 以及 Kingsley 的《希帕提亚》，c. 21。

地浏览一下最后一位异教徒诗人的150首隽语诗，这是帕刺达斯 Palladas 的作品。唯见他感喟于古代世界的神祇岁月一去不返[1]，唯见他埋首于古代诗人的研究中，却因贫困而卖掉了他的品达和卡利马库斯[2]，惟见他以富于机智的诗章讲述学者如何阅读《伊利亚特》[3]，且发现《奥德赛》和《伊利亚特》一样，都证明荷马是一个厌恶女性的人[4]，唯见他自表心迹，如通常所见的任何一个阴郁的厌世者，唯一的热情都献与希帕提亚：

你呀，我眼中的你和你的言辞
令我崇敬，因为我知道你的室女闺阁
就在衡汉之间，你的星宿在碧落中，
尊贵的希帕提亚，有逻各斯的美惠，
你是司掌睿智学问的无瑕明星。[5]

371 希帕提亚的惨死，如苏格拉底所述[6]，并未给居理尔 Cyril 宗主教及
居理尔 亚历山大里亚教会增添些许耻辱。居理尔（380—444 年）于 412 年接替忒奥菲卢斯出任宗主教。除却布道和解经之外，现存居理尔的著作还有一篇辩词，以基督教立场去驳斥尤里安，去驳斥阿理乌斯教派和聂斯
忒奥多瑞 脱利亚教派。他遭到了聂斯脱利乌斯 Nestorius 的友人忒奥多瑞 Theodoret

1 《帕拉廷希腊文苑英华集》，ix 441。

2 ix 175.

3 ix 173–174.

4 ix 166.

5 ix 400. 参看 Alfred Franke，莱比锡，博士论文，pp. 101（1899），以及 T. R. Glover，pp. 303–319。

6 vii 15.

（386—约 458 年）的反对。忒奥多瑞是叙利亚北部城市居鲁斯 Cyrrhus 的主教（428 年），以希腊哲学之智慧分析基督教真理，著作完成于出任主教后不久，对不同学派的哲学进行了一番比较。他对希腊哲学家之观点的论述有些价值，主要是因为已证实其渊源来自西元前 1 世纪的埃伊修斯[1]。

此时期希腊语学习的情况，可由下面的事实得以说明：415 年在狄奥斯波利斯 Diospolis（吕达 Lydda 之古称）召开的宗教会议上，帕拉纠斯 Pelagius，一个罗马家庭的不列颠人（约 370—440 年），以其纯熟的希腊语惊动四座。当时圣奥古斯丁派历史学家欧若修斯作为使者前往巴勒斯坦参与此会，帕拉纠斯的语调令他感到陌生[2]。站在圣奥古斯丁的立场与帕拉纠斯进行论战的，是一位优秀的希腊学者，马理乌斯·麦耳卡托尔 Marius Mercator（盛于 419—449 年），他曾以希腊语写过反对聂斯脱利亚教派的著作。这时，罗马的希腊学术之衰落，也有事例可资说明：当聂斯脱利乌斯给刻勒斯丁 Celestine（430 年）寄来一封希腊文信函或其他文件时，这位教皇便不得不从马赛利亚请卡西安努斯 Cassianus 来给他做翻译[3]。 帕拉纠斯

雅典见证了新柏拉图主义的最后岁月[4]。波弗利的叙利亚学生，伊安布理克（卒年约在 330 年），写过一部波弗利的传记和一篇劝勉世人研究哲学的文章，其中含有对柏拉图和亚里士多德著作的摘录，他的神秘学说被一个叫聂斯脱利乌斯的人【译按，此非上文同名之人】引入雅典。4 世纪末期，一个新学派通过这位聂斯脱利乌斯之子被移植到旧学派中，嫁 新柏拉图主义者、普鲁塔库斯

---

1 ἡ περὶ τῶν ἀρεσκόντων ξυναγωγή【总论各家学说】，Diels，《希腊学述》，pp. 45 以下。

2 C. Gidel，《近代希腊文学新探》*Nouvelles Études sur la littérature Grecque moderne*（1878），p. 61 以下。

3 同上书，64–65。

4 参看 F. Schemmel，在《新年刊》，1908，494–513。

372 接人即普鲁塔库斯 Plutarchus（卒于431年），他重新树立了论理学的权威，不仅致力于神秘哲学的思考，也以新柏拉图主义诠释亚里士多德和柏拉图。他为亚里士多德的《论灵魂》作了一部重要的评注，然而他的著作几乎都亡佚了，只有被小奥林匹奥多儒 Olympiodorus 等亚里士多德注疏家引述的几个片段留存下来。继他之后成为雅典的学校校长的，有叙利安努斯（431—438年）、普洛刻卢斯（438—485年）、玛理努斯、伊息多儒斯 Isidorus、赫基亚斯 Hegias，达马斯纠 Damascius 为殿军（529年）。

希耶罗克勒斯；叙利安努斯

普鲁塔库斯的门生，亚历山大里亚的希耶罗克勒斯 Hierocles，继承了希帕提亚的事业，他的全盛期在415—450年间，为"毕达哥拉斯"的"金言诗集"作过一部评注，尚存于世[1]。希耶罗克勒斯弟子，埃涅阿斯 Aeneas，是一名信仰基督教的新柏拉图主义者，写过一部对话录，题为《泰奥弗刺斯特篇》，讨论灵魂不灭和肉身复活，因其华妙的文风与对柏拉图的成功模仿而受到赞誉。有关普鲁塔库斯的继承人，亚历山大里亚的叙利安努斯 Syrianus，我们得知，他在开始讲授柏拉图之前，习惯于先给学生们介绍亚里士多德的"次要秘仪"说。据说他写过《斐多篇》《理想国》和《法律篇》的评注。他评注的三卷《形而上学》已经刊行[2]，对修辞学家赫谟根尼著作的评注也留存于世[3]。而我们对于叙利安努斯这位新柏拉图主义者的全部认知，却是出于他教出一位杰出的学生，普洛刻卢斯，此人宣称其一切成绩俱归功于这位富于灵感的老师。

普洛刻卢斯

普洛刻卢斯 Proclus（410—485年）生于君士坦丁堡，曾师从奥理翁学习

1 Gaisford 编订，见于《斯托拜乌斯诸家文选》*Stobaei Eclogae*，ii（1850）；Mullach，《希腊哲学残篇》*Fragmenta philosophorum Graecorum*，i 408。

2 Usener 编订，见于柏林本亚里士多德著作集，v（1870）；Kroll 编订本（1902）。

3 Rabe 编订本，1892–1893。

语法学，师从亚历山大里亚的老奥林匹奥多儒研究亚里士多德，430年之前不久到达雅典。在他歇脚或饮水的第一站，便是在一座祭献苏格拉底的祠堂附近。他在雅典随叙利安努斯阅读了所有亚里士多德著作，随后又读完了柏拉图。客寓生活实践着严格的禁欲宗旨，勤勉不辍，之后主持学校，为时47年。我们确信他思想深沉，能言善辩，并有着伟大的 373
人格魅力。其门人弟子相信他得到神的佑助，曾经有一位偶入讲坛的听者宣称普洛刻卢斯的头脑有如天象之瑰玮[1]。依据他“万物都相互交感”的原则[2]，他提出哲学家应该观察各国族的宗教仪典，成为“全世界的秘仪祭司 hierophant”，他还参加死者的祭仪，为的是抢先一睹古代阿提卡英雄们的墓穴[3]。他将新柏拉图主义简化为一种精确的体系，却无法以人生去印证长久脱离现实的理论。他笔耕峻疾，著述丰硕，多为柏拉图之注疏。他的体系与柏拉图学说的熨帖程度胜于普洛提诺，其三一体之说亦渊源自柏拉图。普洛刻卢斯现存著作里，有对《理想国》《蒂迈欧篇》《巴门尼德斯篇》的注疏，也有他的《神学原理》和一部关于柏拉图之“神学”的论著[4]。他在注疏《理想国》时，为荷马辩护，驳斥了柏拉图的攻讦。他的7篇诸神赞歌也得以传世，盖获灵感于某一股“不朽之渴望”的心气，仿佛是柏拉图或普洛提诺所产生过的触动。诗人曾迫切向往“崇高雄浑之路”，遂祷祝日神、雅典娜和诸缪斯，冀求那纯粹且“仁爱的牵引之光（*φῶς ἀναγώγιον*），得以去往彼处的方式即研习那些唤醒

1 玛理努斯:《普洛刻卢斯传》，c. 23。

2 《神学原理》*Elements of Theology*，no. 140。

3 Whittaker，p. 160.

4 V. Cousin，第2版，1864。

灵魂的书籍”[1]。他的学生，玛理努斯，说普洛刻卢斯探索过希腊和蛮族的神学与神话学的全部虚实究竟，并将他们简化成完美和谐之一体[2]。（据策勒尔说）普洛刻卢斯真是一个“学究”：所有的才赋都用在对典籍的阐释上面，对于这些文字他毫无保留地接受，而不去考虑如何加以考辨[3]。有人称，他常说“如果是能力所及，便希望净化人类的知识，暂时将一

374 切古人的书籍取缔，唯留下《蒂迈欧篇》和《神谕集》【译按，指《迦勒底神谕集》*Chaldaean Oracles*】”[4]。他并未考虑过圣经，但他对柏拉图的热情，不久后便扩散至整个西方世界，有一事例可资印证，即“逻辑学等人文科艺，兴盛了数个世纪，几乎成为欧洲文化的唯一根基，却只有寥寥几册概略，相比而言，并列传世的就有”《蒂迈欧篇》大半篇幅的一个拉丁文译本[5]。

普洛刻卢斯之后，新柏拉图主义维持了约一个世纪。其中的代表人

赫尔美亚斯 物有赫尔美亚斯 Hermeias（5世纪末），他执教于亚历山大里亚，有一部曼衍支离的《斐德若篇》会注，尚存于世[6]，汤普逊 Thompson 博士的编订本从中引录了许多内容，并认为:“在新柏拉图派的成堆废品中，难免也

1 Bury 的《晚期罗马帝国》，i 316。

2 玛理努斯，c. 22。

3 然则，可参看 Whittaker，p. 162。E. von Hartmann 讨论了普洛刻卢斯（及其他普洛提诺的信徒），见氏著《形而上学史》*Geschichte der Metaphysik*，1899，176–202。有关他对柏拉图的注疏，参看 Whittaker，第 2 版，231–314。

4 玛理努斯，c. 38。

5 出自卡尔齐丢斯 Chalcidius；参看 Whittaker, p. 160。有关卡尔齐丢斯的《蒂迈欧篇》注疏（约西元 300），参看 Switalski（明斯特 Münster，1902），主张这可能是译自 2 世纪一位折中派柏拉图主义者的著作，原作借鉴了努米尼乌斯，并从阿德剌斯图 Adrastus 和阿尔比努斯处获得了波赛冬纽斯《蒂迈欧篇》注疏的主旨。

6 Ast 编订刊行，1810，另有 Couvreur 编订本，1902。

夹杂着博学甚至是明智的议论”[1]。赫尔美亚斯与叙涅修斯的观点[2]相同，即以各类型之美作为这篇对话录的主题。他在亚历山大里亚的事业由其子阿蒙尼乌斯所继承（6 世纪初），此人以注疏亚里士多德的逻辑学论 阿蒙尼乌斯 著而著名[3]，且是现存阐释波弗利《引介》的最早一人[4]。阿蒙尼乌斯的弟子有辛普利奇乌斯、阿斯刻勒庇乌斯 Asclepius[5]、小奥林匹奥多儒和“勤奋者”约翰。“勤奋者”约翰（除了其他著作外）注疏过亚里士多德的《物理学》[6]。阿蒙尼乌斯注疏的《范畴篇》之《引介》在叙利亚学者影响颇广[7]。

普洛刻卢斯的继承人（玛理努斯、伊息多儒斯和赫基亚斯）渐次凋零之后，雅典的学校在达马斯纠主持下呈现最后一次复兴景象。达马斯 375 纠曾就学于亚历山大里亚，后至雅典成为玛理努斯的学生。他不似伊安 达马斯纠 布理克般是名纯粹的神秘主义者，而是像普洛刻卢斯一样也是位论理学家。他的“伊息多儒斯传（其瑕疵在多幼稚之言）”和“第一原理之问答”尚存于世[8]，而对亚里士多德的注疏却亡佚了。达马斯纠 Damascius 在 529 年成为学校掌门人，是时，柏拉图学派薪尽火传的“金链”被查士 查士丁尼 丁尼的法令敲断，就此终结了雅典的新柏拉图主义之课业。公众早已停 关闭雅典 止为教授们付款，就连私人捐赠现在也遭到压制，学院关门诚为迟早之 的学校

---

1 Thompson 的《斐德若篇》，pp. ix，92，136。

2 Volkmann 的《昔勒尼的叙涅修斯》，p. 148。

3 Busse 编订，《范畴篇》注疏，1895，《解释篇》注疏，1897。

4 Busse 编订本（1891），及柏林计划（1892）。参看 Bursian 之《年刊》，lxxix 88。

5 《亚里士多德形而上学前七卷注疏》*In Aristotelis metaphysicorum libros AZ commentaria*，Hayduck 编订（1888），大多以阿弗洛底西亚的亚历山大之注疏为蓝本。

6 Vitelli 编订（1887–1888）。

7 Baumstark，《叙利亚世界的亚里士多德》，1900。

8 *ἀπορίαι καὶ λύσεις*【问难与解惑】，Ruelle 编订（1889）。

事[1]。教师们先在雅典的家中悠荡了些许时日，然后，在532年，其中的七人，名为第欧根尼、赫尔美亚斯、尤拉理乌斯 Eulalius、普理西安、达马斯纠、伊息多儒斯和辛普利奇乌斯，动身前往库斯洛斯 Chosroes 之朝廷，这位开明君主不久前方荣登波斯王位，以其奖励对柏拉图和亚里士多德著作的翻译可得知他于希腊哲学的兴味。雅典教师们的过高期望落了空，郁愁中他们恳请准许回国。533年，库斯洛斯与查士丁尼缔结条约，确保这些哲学家不会因其思想而受到迫害[2]。他们返回帝国，却要定居在亚历山大里亚而不是雅典故家。这些离开雅典去往波斯的人
辛普利奇乌斯 中，有一位是达马斯纠与赫尔美亚斯的门生，即西里西亚的辛普利奇乌
斯 Simplicius，他传世著作包括亚里士多德《范畴篇》[3]《物理学》《论宇宙》
和《论灵魂》[4]的注疏，其人“对于爱比克泰德的道德伦理阐释成为一部
376 经典著作，保存在诸国的图书馆中”[5]。最后这部著作因体裁而得以流行，
但其主要的价值却不在于评注，而是其中征引的早期希腊哲学家著作片
小奥林匹奥多儒 段。在564年之后，小奥林匹奥多儒尚在亚历山大里亚，他留下一部柏拉图传记，及《亚西比阿德初篇》*First Alcibiades*、《高尔吉亚篇》、《斐多篇》、《斐莱布篇》与亚里士多德《天象学》的注疏。可惜的是这些著作无论就文笔还是哲思而言未显示出独到之处。亚美尼亚人大卫可能是奥

1 Bury本Gibbon《罗马帝国衰亡史》，iv 266注释；参看Finlay的《希腊史》，i 277–287，Tozer编订本；Herzberg的《希腊史》，iii 488–545；以及Gregorovius，《中古雅典城邦史》*Stadt Athen im Mittelalter*，i 54–57；又见L. Friedländer，在《德意志评论》*Deutsche Rundschau*，1899，421以下。

2 阿珈提雅斯（全盛于570），ii 30（Ritter与Preller【译按，指二氏所著《希腊哲学史》*Historia Philosophiae Graecae*】，末尾）。

3 Basel，1551.

4 以上三种为Diels、Heiberg、Hayduck编订（1882–1895）。

5 Gibbon，c. xl（iv 267，Bury本）。

林匹奥多儒的门人[1]，他注疏过《工具论》*Organon*各篇，以及波弗利的《范畴篇》之《引介》[2]。伴随新柏拉图主义学派的凋谢，希腊哲学之研究实际上也在6世纪末期终止了[3]。

“大法官第欧尼修”

雅典学校关闭后不久，这时（在532年）有人第一次提及所谓“大法官第欧尼修”Dionysius the Areopagite的著作【译按，此系托名之伪作，Areopagite指古雅典最高议事会之法官，所辖该机构带有法庭性质，设在卫城之西北方的战神山Areopagus上，参看亚里士多德《雅典政制》，iii 6。中文通行本《新约》将此名译作“亚略巴古的官丢尼修”】。这些著作与普洛刻卢斯和达马斯纠的学说多有相合之处，故而这位作者被界定为一名基督教的新柏拉图主义者，著作年代被断认是大约480—520年间。其中涉及天堂与教会的阶层体系（各分三组，每组三级），圣名与神秘神学，对于“天使学”、神秘主义和中古之泛神论（以爱尔兰人约翰为例）俱产生影响[4]。作者被称为经院哲学之父，在东方，大马士革的约翰颇重视研究他，在西方教会，
则得到阿奎那的关注。他的学说不仅有但丁[5]、萨沃纳罗拉Savonarola、费 377
奇诺Ficino和米兰多拉的皮柯Pico della Mirandola扬其余波，在斯宾塞的

---

1 持此说者，见Rose《论亚里士多德著作之排序与依据》*De Aristotelis librorum ordine et auctoritate*（1854），224以下，及Busse，波弗利《引介》前言，xli–iv。Neumann（1829）以为他是叙利安努斯的门人，故将之置于5世纪末期。

2 见第345页之摹图。

3 有关新柏拉图主义之综述，参看Zeller，《希腊哲学》*Die Philosophie der Griechen*，iii 2（及其中所引之文献）；又见于T. Whittaker的《新柏拉图主义》（1901）；与Bigg的《新柏拉图主义》（1895）。

4 Milman，《拉丁教会史》，ix 57以下；Westcott，《西方宗教思想》*Religious Thought in the West*，pp. 142–193；T. Whittaker，p. 188；H. Koch，《伪第欧尼修》*Pseudo-Dionysius*（1900）；对晚期文献的评论，见Leimbach，在《格雷斯社哲学年刊》*Philosophisches Jahrbuch der Görresgesellschaft*，x（1897），90以下。

5 《天堂篇》，x 115–117；xxviii 97–132。

"三个三元组"trinall triplicities 中也可找到痕迹[1]，甚至在弥尔顿华妙的诗行中，更是列数了天堂阶层的排序：

"有位""主治""大君""能力""掌权"们。[2]【译按，采用金发燊译文】

尽管雅典和亚历山大里亚的学者对柏拉图和亚里士多德著作详加阐释，语法学和辞书纂修也并未受到冷落。语法学家们此时主要的启发源于希洛狄安。加沙的提摩太 Timotheus of Gaza（约 500 年）便是从希洛狄安著作中得到了他有关语音组合论的要点[3]，上文提及阿蒙尼乌斯之门人，"勤奋者"约翰（6 世纪早期），也以同样的模范，写了一部论语调和重读的著作，附有一张不同重读的词汇表[4]，在中世纪时得到广泛使用。而约翰·喀剌刻斯（6 世纪上半叶）同样也为希洛狄安的正字法论著编撰了一部摘要，其中一部分（一个涉及重读后附的残篇）尚存世[5]。

语法学家

辞书学家："阿蒙尼乌斯"

辞书纂修方面，2 世纪阿提卡风学者的工作，被一群机械的编辑者承其余绪。一部同义字研究[6]，显然只是赫伦尼乌斯·菲隆同题著作的一

1 《天国之爱的颂歌》*Hymns of Heavenly Love*，64；参看《天国之美的颂歌》*Hymns of Heavenly Beautie*，85–98。

2 《失乐园》，v 601。这些术语的根本来源，是拉丁译文《罗马书》，viii 38；《歌罗西书》，i 16。参看 Lupton 在《基督教传记辞典》，i 847—848。

3 *κανόνες καθολικαὶ περὶ συντάξεως*【论句法之一般原理】，Cramer，《巴黎皇家图书馆藏手抄古本希腊遗书》*Anecdota Graeca e codicibus Manuscriptis Bibliothecae Regiae Parisiensis*，iv 239。

4 Egenolff 编订（1880）。

5 Bekker 的《希腊遗书》，1149–1156。Krumbacher，《拜占庭文学史》，§242[2] 以下。

6 *περὶ ὁμοίων καὶ διαφόρων λέξεων*【论同义字与多义字】，C. F. Ammon 编订本（1787）。Christ，§629[4]；Cohn 在《鲍礼古典学百科全书》，Ammonios 条（no. 17），将此书推定为属于拜占庭时期。

个校订本[1]，其抄本却题署为“阿蒙尼乌斯”著作，此人在391年离开亚历山大里亚去往君士坦丁堡[2]。较重要的一部著作出自奥理翁，其人生于 奥理翁
埃及之忒拜，后在亚历山大里亚讲学，教过普洛刻卢斯（约430年），又在君士坦丁堡讲学，学生有忒奥多修二世之妻，尤多西亚皇后。该著作系一部词源学辞典，由现存部分可知是以本都库斯人赫拉克利德、菲洛 378
克塞努斯、阿波罗尼乌斯·狄斯古卢斯、希洛狄安及米利都的奥儒斯之研究为框架，奥儒斯常被混淆为奥理翁[3]。奥理翁此著之原本，乃成为拜占庭时期词源学编修的一个源头。

亚历山大里亚的赫叙基乌斯，可能属于5世纪人，他编纂了我们所知规模最庞大的一部古代希腊语辞典。与其称为“辞典”，不若叫作字汇。序言中称此书为第欧根尼安努斯著作的一个新编订本[4]，添加了阿庇翁和阿波罗尼乌斯（阿尔喀比乌斯之子）的荷马辞书之内容。第欧根尼安努斯之辞典究竟是出于自创还是仅摘录自潘费卢斯，此问题还有待商榷。赫叙基乌斯对于校雠古典有特殊之价值，其著作常令鲁恩肯及晚近之考据家在研究古代文本时，能够还原出被解释性的同义字替换的原文来。现存的此部辞书规模已壮观，然不过是一部缩略本而已，其原本则显然含有每一条征述之典据题名[5]。 亚历山大里亚的赫叙基乌斯

---

1 上文第362页。

2 苏格拉底:《教会史》，v 16。

3 Ritschl，《论奥儒斯与奥理翁》*De Oro et Orione*，《短论集》，i 582–673；Christ，§630[4]。奥儒斯和奥理翁可能系同时代人，二人起初俱执教于亚历山大里亚，后又至君士坦丁堡（参看Reitzenstein的《希腊语源学史》，pp. 287以下，及348）。

4 上文第295页。

5 Ruhenken的《序言》*Praefatio*，见《次要著作集》，pp. 192–219。亦见于Wentzel的《赫叙基乌斯著作考实》*Hesychiana*，见《赫尔墨斯》，1898，275–312。

米利都的赫叙基乌斯

此后一个世纪中，有另一位同名的学者，即米利都的赫叙基乌斯，他生活于查士丁尼帝在位期间，著有一部与希腊文学史有特别重要之关系的辞书[1]，盖得益于埃琉斯·第欧尼修和赫伦尼乌斯·菲隆二人著作。我们对于此辞书的了解仅来自苏伊达斯辞典的引述，该书作者则称自己的著作乃是对米利都的赫叙基乌斯著作的摘录。

379 拜占庭的斯第潘努斯

查士丁尼帝时有一部地理学辞书巨著的摘要，此书原本出自拜占庭的斯第潘努斯 Stephanus of Byzantium，大约问世于西元 400 年之后【译按，今认为系 6 世纪人】。该著作 Σ 之前的条目即有五十卷，其规模可想而知。原本唯一所存部分，是 *Ἰβηρία* 和 *Δύμη* 至 *Δώτιον* 诸条目。此书为记述史事与名人，必定摘录了很多古代著作。语法学上斯第潘努斯追奉希洛狄安，地理学上则信从赫卡泰乌斯、**厄佛儒斯**、埃拉托色尼、阿耳忒密多儒（全盛于西元前 100 年）、斯特拉波、波桑尼阿斯，还有对于他而言特别重要的赫伦尼乌斯·菲隆[2]。

佳作选集：普洛刻卢斯

最早编辑诸家文章选读的学者中有一位普洛刻卢斯，此人被纳西昂的格雷高利[3]和苏伊达斯认定与新柏拉图主义者普洛刻卢斯为同一人[4]，维

1 *ὀνοματολόγος ἢ πίναξ τῶν ἐν παιδείᾳ ὀνομαστῶν*【记名录与名士表目。译按，*ὀνοματολόγος* 系名词学（Onomatology）之原文，本义为“通报来客名字的奴仆”】，《米利都的赫叙基乌斯残存之记名录》***Hesychii Milesii Onomatologi quae supersunt***，Flach 编订本（1882）。参看 Krumbacher，《拜占庭文学史》，§139[2]。

2 Christ，§597[4]；Dindorf 编订（1825），Westermann（1839），Meineke（1849）。P. Sakalowski，《拜占庭的斯第潘努斯著作残篇》***Fragmenta von Steph.*** von Byz.，认为这部著作完成于 530 年之前。参看 Stemplinger 的《研究》***Studien***，见《语法学家》，1904，615–630。

3 Migne，xxxvi 914，*Πρόκλος ὁ Πλατωνικὸς ἐν μονοβίβλῳ περὶ κύκλου γεγραμμένη*【柏拉图学派的普洛刻卢斯，单卷《系列史诗辑述》】。

4 上文第 372 页。

拉莫威兹 Wilamowitz 亦以为是[1]，然而此书的风格与彼哲学家的现存著作全然不同。早先的学者[2]曾认为此人乃是锡卡 Sikka 的攸蒂齐乌斯·普洛刻卢斯 Eutychius Proculus（马可·奥勒留帝之导师），然而那是一位拉丁语法学家[3]。他还可能是因“列述风俗节庆”而被阿弗洛底西亚的亚历山大提及的那位普洛刻卢斯[4]。我们对普洛刻卢斯“语法学（即文学）诸家集”所知的内容几乎都得益于佛提乌斯[5]，他说在前两卷中，作者先分别
了诗歌与散文的不同，然后探讨史诗、诉歌、短长格和歌吟体诗，每一 380
体裁都举出一位领衔之代表，继而着重谈史诗系列，将之称为不同作者完成的连贯之组诗。这些概述，可由保存在《伊利亚特》的威尼斯抄本 codex Venetus 等手稿中的普洛刻卢斯著作残篇得到印证。这些残篇有一荷马小传，有一特洛伊系列史诗诸作者名录，涉及的作品有《塞普里亚》、《伊利亚特》、《埃塞俄比亚人》（阿耳刻提努斯）、《小伊利亚特》（莱斯彻斯 Lesches）、《特洛伊的陷落》（阿耳刻提努斯）、《归乡纪》（阿基亚斯 Agias）、《奥德赛》和《忒勒歌努斯志》（优迦蒙 Eugammon），对除却《伊利亚特》和《奥德赛》之外的每部作品内容均有概述。我们对于希腊的

1 《语文学研究》，vii 330；Immisch 赞同此说，见《龚珀先生祝寿论文集》*Festschrift für Gomperz*，1903。

2 Valesius，以及 Welcker，《史诗系列，或荷马时代历史》*Der epische Zyklus oder die Homerischen Geschichte*，i 3 以下。

3 卡庇托理努斯：《马可·奥勒留帝秘史》，c. 2。

4 亚里士多德《辩谬篇》p. 4 注疏。Kaibel，认为此书作者不可考，且确定了其年代与风格特点（哥廷根科学院，《论文集》*Abhandlungen*，1898），并在他的《喜剧绪论》*prolegomena περὶ κωμῳδίας* 中展示了拜占庭时期有关诗歌的学识多出自此一源头。“普洛刻卢斯”之“源头”说，得到 Zielinski 的讨论，见《古典语文学周刊》*Wochenschrift für Klassische Philologie*，1898，1331 以下。参看 F. Stein，《普洛刻卢斯诸家集所选的语法学问题》*De Procli Chrestomathia grammatica quaestiones selectae*，波恩，1908。

5 抄本，239。

这些亡佚史诗内容的了解几乎完全来源于此[1]。此外还有两卷，可能谈论了戏剧诗和散文。

阿帕弥亚的索帕忒耳 Sopater of Apamea 的《史家文选》，及其所摭引
的文献来源，我们只能通过佛提乌斯的记述才获知一二[2]。唯一近乎全帙
斯托拜乌斯 流传至今的诸家选集，来自约翰·斯托拜乌斯 Joannes Stobaeus（得于马其
顿的斯托拜 Stobi），此人生活时代可能稍后于他所征引最晚出的作家希耶罗克勒斯（约 450 年）。原本凡 4 卷:（1）为哲学、神学及医学，（2）为论理学、修辞学、诗学和伦理学，（3）涉及美德与恶癖，（4）涉及政治学和家政学。全书分作 206 节，每节标以一短笺，题下便汇辑文摘，先以韵体，再以散文体。如此征述的作者不少于 500 人[3]。中世纪时，此四卷本被抄书者改成两部独立的著作:（1）（2）题为“医学与伦理学文摘”（ἐκλογαί【文摘】），而（3）（4）则题为“文苑集”，此题名实可用于整部著作[4]。

381 修辞之学仍存于普及教育中，且被当作是社会生活的必要准备。在
修辞学家 此，可对阿甫托尼乌斯稍加留意，此人系理班纽斯之门人，生活于 4、5
阿甫托尼 世纪之交。他因一部初阶练习的小册子而名声大噪（προγυμνάσματα），
乌斯 此书以简洁明了及范例丰富著称[5]，他追随了赫谟根尼的传统，不过习练

1 Monro 的荷马《奥德赛》之《附录》（1901），pp. 343–383。Christ，§637[4]；Croiset，v 978。文本见于 Gaisford 的《赫法斯提翁》*Hephaestion*，Westphal 的《希腊诗学著作》*Scriptores Metrici Graeci*，和 Kinkel 的《希腊史诗残篇》*Fragmenta Epicorum Graecorum*，i 1，2，16 以下，32 以下，36 以下，49，52，57，63，69。

2 卷 161。

3 佛提乌斯，卷 167。Meineke 的《序言》，xxxvii。

4 Gaisford 编订（1822）；Meineke 本（1857）；Wachsmuth 与 Heyse 本（1884–1893）；参看 Christ，§639[4]；Croiset，v 979。

5 Spengel，ii。参看 Christ，§546[4]；Croiset，v 982 以下。

的门类由12种增至14种，一者为由“证词”中分离之“驳词”，一者为新立之“谴责”。是为多家注疏之主题，且得以被当作教科书，沿用至拜占庭时期[1]，甚而沿用至17世纪之时。此书有幸被桑茨柏利先生称为“一部最精巧的速成课本，它当得起修饰语部分的赞美，也该遭到名词部分的羞辱”[2]。阿甫托尼乌斯之后，修辞学著作只剩下注疏前辈成果的工作了。于是特洛埃卢斯 Troilus（约400年）、叙利安努斯（430年）、马赛理努斯 Marcellinus（约500年）和索帕忒耳（6世纪初期）便都注疏过赫谟根尼著作。马赛理努斯还有一部修昔底德的传记传世，可能是在狄都慕斯工作之基础上完成的[3]。

6世纪早期，在东方的古代学问之一流学校，都在雅典、亚历山大 学校
里亚和君士坦丁堡[4]。其中，雅典成为异教徒之最后的避难所，亚历山大
里亚，“多元文化之中心”，兼容（特别在4、5世纪中）异教诗学与哲学
及基督教神学，而君士坦丁堡，自忒奥多修二世时代建立了一所大学[5]，
几乎也是一所基督教学问的学校[6]。尤里安帝在君士坦丁堡建立世俗学问
的图书馆（所庋藏的荷马抄本手稿之壮观，竟摆开有40码之长），在 382
491年毁于火灾，但在宗主教宫殿还有一座教会文献的图书馆[7]。尼科密
迭亚和安条克的黄金岁月停留在4世纪，即是理班纽斯的时代。西部美

1 “几何学家”约翰 Joannes Geometres（10世纪上半）与约翰·多刻索帕忒 Joannes Doxopatres（11世纪上半）之注疏，见于 Krumbacher，《拜占庭文学史》，452，462，尤见735[2]。

2 i 92.

3 Susemihl，《亚历山大里亚时期希腊文学史》，ii 203注释。

4 希姆理乌斯，vii 13；忒米斯修，xxiii p. 355。参看 Ch. Diehl，《查士丁尼帝与6世纪之拜占庭文明》*Justinien et la civilisation byzantine au VIe siècle*（1901），卷 iii。

5 Bury，i 128.

6 Bury，i 212，317.

7 Bernhardy，《希腊文学纲要》，i 664[4]；Bury，i 252。

索不达米亚的埃德萨 Edessa 之希腊与叙利亚学校，最终也已在 489 年关闭了。除以上这些所在之外，地中海东岸能够引以为傲的还有贝鲁图斯 Berytus，此城自 3 世纪至 551 年因地震而倾覆，是一所庞大的罗马法律学校，同时也（如优西庇乌斯）兼及希腊世俗学问的教授[1]。再往南去，有恺撒里亚之学校，教师中有奥利金，学生中有史家优西庇乌斯和普洛柯比乌斯 Procopius（全盛于 527—562 年）。甚而在往昔腓力斯人 Philistines 的土地上也建立起了文化的家园。至 5 世纪末，加沙[2]的提摩太氏中产生了一位语法学家，还有加沙的普洛柯比乌斯（全盛于 491—527 年）这样的修辞学家，他对荷马史诗的释义得到佛提乌斯的推重[3]，他的学生及继承人，柯理丘斯 Choricius[4]，也是一位修辞学家，曾任查士丁、查士丁尼二帝朝中的官方演说人。柯理丘斯的演说词，成为拜占庭时期学习的范例之一，即便在今天也对考辨德摩斯提尼之文本有其价值[5]。

至此，我们所检阅的每一位修辞学家、辞书纂修者和语法学家，他们所归属的同一个时期在西元 529 年结束了。此年发生了许多事件，东
383 方有雅典学校之关闭，西方有卡西诺山修道院之兴起。三年后（532 年），查士丁尼帝为君士坦丁堡建立者的永恒智慧致以敬礼，开始重建

1 《论巴勒斯坦之殉道者》*De Martyribus Palaestinae*，iv 3；参看理班纽斯，《书信集》，1033；以及 Bernhardy，《希腊文学纲要》，i 664[4]。诺恩努斯，《狄奥尼索斯纪》*Dionysiaca*，xli 396，称此城为“恬静人生之摇篮”，而阿珈提雅斯，ii 15，“腓尼基之骄傲（*ἐγκαλλώπισμα*）”。

2 Seitz，《加沙的学校》*Die Schule von Gaza*（1892）；Roussos，《加沙三贤》*τρεῖς Γαζαῖοι*（1893）；Wilamowitz，《古希腊文学》（1905），215。

3 p. 103 a。其《书信集》刊行于《希腊书札著作》*Epistolopgraphi Graeci*（Didot 编订）。参看 Eisenhofer（布来施高 Breisgau 之弗莱堡 Freiburg，1897）；以及《拜占庭学刊》，vi 55 以下，viii 263 以下。

4 Boissonade 编订，1846；Förster 在《语文学家》，liv 93–123 等处。

5 见本书作者的德摩斯提尼《第一次反腓力和奥林提亚三讲》之索引。

教堂，他命令将以弗所、希略波利斯 Heliopolis 神庙的柱石用于装饰教堂，遂于身后留下圣索菲娅的壮丽穹顶和恢宏气势，矗立在由缤纷多彩的大理石处处雕琢的城市里，成为古代世界最后一座伟大的宗教建筑。自 529 年《查士丁尼法典》颁行，至 533 年《法学汇编》*Digest* 和《法学阶梯》*Institutes* 成书，古人的法学知识得以总结并简化为一个体系，最终逾越了古罗马十二铜表法的水平。以后的岁月里，这位禁锢了雅典学校的君主，又废除了罗马的执政官制度，如此，实质上也就终结了西方世界的罗马时期，如他在东方世界已经做到的那样[1]。

384

图 15　饱蠹楼馆藏抄本柏拉图最后一篇对话录的开首（莱顿摹本，1898—1899）

由“书法家约翰”为佩特雷的助祭阿瑞塔斯抄录，时在西元 895 年 11 月（下文第 403 页以下）

【释文略】

1　假如，在此过渡时期里，有什么意义深远的事件，足可被视为新旧秩序更替之标志的话，那么或许就是（如 Bury 教授所见）542 年的大瘟疫了，这场灾难在君士坦丁堡持续了四个月，而在罗马帝国肆虐了四年之久。“当瘟疫过后，在 550 年，我们觉得是到了一个迥异于 540 年的全新天地里”（Bury 的《晚期罗马帝国》，i 400）。

第五编

拜占庭时期 385

ἐστερήθημεν καὶ βιβλίων, καινὸν τοῦτο καὶ παράδοξον, καὶ νέα καθ' ἡμῶν ἐπινενοημένη τιμωρία.

【连书籍都被抢掠一空，这番对我新奇又出乎意料的惩罚，令我大受折磨。】

佛提乌斯，《致巴兹尔皇帝》*ad Imperatorem Basilium*，
《书札集》，218，瓦勒塔斯 Valettas 编订本

μὴ θαυμάσῃς, εἰ φίλος Ἀθηνα ίων καὶ Πελοποννησίων καθέστηκα... δεῖ γὰρ τοὺς παῖδας ἀγαπᾶσθαι διὰ τοὺς πατέρας.

【无须惊讶于我成为雅典和伯罗奔尼撒民人的朋友……由敬爱父辈自然会钟爱其子女。】

普塞卢斯 Psellus，《书信集》，20，萨塔斯 Sathas 编订本

τί δή ποτε, ὦ ἀγράμματε, τὴν μοναστηριακὴν βιβλιοθήκην τῇ σῇ παρεξισάσεις ψυχῇ; καὶ ὅτι μὴ σὺ κατέχεις γράμματα, ἐκκενοῖς καὶ ἐλευσεταί τις μετὰ σέ, ἢ γράμματα μαθών, ἢ ἀλλὰ φιλογράμματος.

【不学的人啊，何故让修道院的图书馆和尔等心灵一样？自己拒斥学问罢了，还要将容纳学识的家园荒废。放过它吧，让它保护那些财富。后人将再光顾此处，他们于学识或有造诣，或有热情。】

尤斯塔修斯，《论正确的修院生活》*De emendanda vita monastica*，
c. 128，塔弗 Tafel 编订本

Conspectus of Greek Literature, &c., 600—1000 A.D.

Emperors	Poets	Historians, Chroniclers	Rhetoricians	Scholars	Ecclesiastical Writers
600					
602 Phocas 610 Heraclius	626 Sergius 629 Sophronius 610–41 Georgius Pisides	610–31 John of Antioch 610–40 Theophylact Simocattes 630 *Chronicon Paschale*		610 Stephanus of Alexandria	630 Maximus Confessor 580—662
641 Heraclius, Constantinus, and Heracleonas 642 Constans II					*Barlaam and Josaphat*
668 Constantine IV				Jacob of Edessa *fl.* 651—719	Anastasius Sinaites *fl.* 640—700
685 Justinian II 695 Leontius 697 Tiberius III	Andreas of Crete *c.* 650—720				
700					
705 Justinian II (restored) 711 Philippicus 713 Anastasius II 715 Theodosius III					
House of Leo 717 Leo III	736 John of Damascus *c.* 699—*c.* 753				736 John of Damascus

780 Constantine VI 797 Eirene of Athens	725—794 Theodorus Studites 759—826	Georgius Syncellus *fl.* 784—*c.* 810			
800					
802 Nicephorus I 811 Stauracius 811 Michael I 813 Leo V 820 Michael II 829 Theophilus 842 Michael III *Macedonian Dynasty* 867 Basil I 886 Leo VI	830 Josephus Studites d. 883	Nicephorus Patriarches d. 829 813 Theophanes Confessor d. 817 *Theophanes continuatus* 813—961 867 Georgius Monachus	Nicolaus, *Epistolae* 852—925	Theognostus *fl.* 813-20 Michael Syncellus *fl.* 829-42 830-76 *Syriac and Arabic translations of Aristotle* 857 Photius *c.* 820—*c.* 891 863 Cometas 870 d. Alkendi 870 Ignatius 882 *Etymologicum parvum*	806 Nicephorus Patriarches d. 829 857 Photius *c.* 820—*c.* 891
900					
912-59 Constantine VII 920-44 Romanus I 959 Romanus II 963 Nicephorus II 969 John I, Zimisces 976 Basil II	917 Constantinus Cephalas, editor of *Anthologia Palatina* 961 Theodosius, Ἅλωσις Κρήτης John Geometres *fl.* 963—986	Constantine Porphyrogenitus 905—959 963 Symeon Magister 992 Leo Diaconus *c.* 950—992	*Philopatris* 965 or 969	907 Arethas *c.* 860—932+ 950 d. Alfarabi 950-76 Suïdas	Symeon Metaphrastes, *Lives of Saints*
1000					

Continued from p. 346.

第二十二章

西元 529—1000 年的拜占庭学术 387

希腊文学史中的拜占庭时期，宽泛地讲，或可始于 330 年君士坦丁堡建立，终于 1453 年此城覆没。如此可分为三个阶段：（1）拜占庭早期，约三个世纪，自 330 年至 641 年赫拉克利乌斯帝 Heraclius 殂落；（2）两个世纪的中期，对于君士坦丁堡的世俗学问而言，大约自 641 至 850 年这阶段是黑暗时期；（3）拜占庭晚期，长达六个世纪，自 850 至 1453 年[1]。在学术史中，此第三阶段仅有五个世纪，始于 850 年拜占庭学术在佛提乌斯引导下的伟大复兴，终止于约 1350 年，此时距君士坦丁堡沦陷还有整整一个世纪，但学术的热情已经转移至西方，意大利北部的城市相继摄取到自东方来的第一道崭新的光芒。

---

1 Krumbacher，《拜占庭文学史》，第二版，1897，pp. 11 以下；以及《中古希腊文学》*Die griechische Literatur des Mittelalters*，见《当代文化》，1905，I viii 237–285。参看 Wilamowitz，《论世界史分期》*Weltperioden*，哥廷根，1897。

在此学术史研究中，我们为便利起见，将以上所述早期的头两个世纪（330—529年）视同于罗马时期的最后两个世纪，剩下的时间有一世纪余（529—641年），则作为本编之开首。在此世纪中的记载历史

388 第一阶段（529—641年）：历史家

者，有那个“政客兼士卒”，恺撒里亚的普洛柯比乌斯（盛于527—562年）。他是贝利萨留的秘书，将其征伐著录史册。普洛柯比乌斯尚奇，如希罗多德；善辩，如修昔底德；而信命运之力决定事件成败，这一点则与波里比乌斯无二[1]。有“诗人与修辞学家”[2]及古典学者，阿珈提雅斯（536—582年），撰写了哥特战争的结束、波斯与科尔克斯 Colchos 战争（541—556年）的始末，以及匈奴人入侵（558年）等史事，以神意（τὸ θεῖον）为报应之发动者[3]。有“卫国者”米南达 Menander Protector（582年），他的史著是对阿珈提雅斯著作的模仿和延续。还有埃及人忒奥菲剌克图·塞摩卡塔 Theophylactus Simocattes，他以绮丽之华辞描述了摩理斯 Maurice 帝在位时的历史，文中多有借自希伯来圣书和希腊传奇故事中的隐喻。古物学研究则是“吕底亚人”约翰·劳伦提乌斯 Joannes Laurentius Lydus（约490—570年）的擅场，他师从普洛刻卢斯学习亚里士多德和柏拉图著作，著作《职官论》*On Offices*，对罗马公益事业及其衰落原因做了番详尽的考察[4]。

诗人

诗歌领域里，有位卡利马库斯和诺恩努斯的模仿者，叫作“静穆司”保罗 Paulus Silentiarius（这位绅士司仪，维持查士丁尼帝宫廷的宁静），他写了近100首典雅的隽语诗，俱收入《帕拉廷希腊文

1 Bury的《晚期罗马帝国》，ii 178。Haury编订本（莱比锡），以及Comparetti编订本，1895–1898。参看Felix Dahn，《恺撒里亚的普洛柯比乌斯》*Procopius von Caesarea*（1865），以及Krumbacher，《中古希腊文学》，263以下。

2 Gibbon，c. 43（Bury本，iv 420）。

3 Bury，ii 254以下。

4 同上，ii 183以下。

苑英华集》中[1]，还作有著名的《圣索菲娅大教堂游览记》[2]，其中他偶尔
流露出对雅典人的蔑视，并赞美关掉雅典哲学学校的君主，自称对其诗
作的品评不能靠"食豆的雅典佬，而要交与上帝与皇帝都喜爱的虔敬宽
厚之人"[3]。庇息迪亚的乔治 George of Pisidia（Georgius Pisĭdes），除了为赫拉
克利乌斯帝立下戎马功劳外，还写过一首论创世的诗，其观点与亚里士
多德和柏拉图、波弗利与普洛刻卢斯都不同。除了在一首诗中，他模仿 389
诺恩努斯的六音步体外，他还有一度曾使用短长格音步，基本上严守诗
法。但他打破了末尾长短长音步的定规，且从不叫重读落在诗行的最后
一个音节上，因而背离了古代诗人的准则[4]。普塞卢斯是11世纪拜占庭文
坛的翘楚，尝以荣耀之身作长书，答复"欧里庇得斯与庇息迪亚的乔治
之诗作孰更出色"的问难[5]。历史家阿珈提雅斯，他在年少时着迷于英雄
史诗，且"爱好悦耳的精致韵格"，遂能日后将此心绪浸染到他的散文
体著作中。他也为《帕拉廷集》贡献了近百首隽语诗作[6]，有首诗的序言[7]
采用了新喜剧体，诗中还摘引了一段阿里斯托芬的《骑士》[8]。他告语世
人，"诗乃神圣物"，且"（如柏拉图所言）信众颠若狂"[9]。此时期的圣歌
诗人，则有君士坦丁堡的宗主教（626年）塞尔吉乌斯 Sergius，和耶路撒

---

1 例如 v 266，270，301。

2 Graefe 编订（1822）；Bekker 本（1837）；德语译本，有 Salzenberg 本（1854）。

3 Bury，ii 185 以下。

4 同上，ii 256 以下；Krumbacher，《中古希腊文学》，266 以下。

5 利奥·阿拉修斯 Leo Allatius，《论乔治》*De Georgiis*，重刊于 Fabricius，《希腊群书集要》*Bibliotheca Graeca*，x 7 以下；Bouvy，《诗韵与旋律》*Poètes et Mélodes*（1886），p. 169；Krumbacher，p. 710[2]。

6 如 v 237，261；vi 76。

7 iv 3.

8 55 以下。

9 Bury，ii 186.

冷的宗主教（629 年）索弗洛纽斯 Sophronius。

“豢猪人”乔治 “豢猪人”乔治的生活年代，当莫早于 6 世纪之晚期。此人在拜占庭教育中，因在君士坦丁堡大学中讲授语法学而据有一席之地[1]。他的重要著作以岁序排列，则是（1）论诗律，（2）“色雷斯人”第欧尼修讲义，（3）忒奥多修讲义，（4）正字法讲义，（5）赫法斯提翁讲义，（6）阿波罗尼乌斯和希洛狄安讲义。他的语法学知识得自上述各家，以及奥儒斯、塞尔吉乌斯、“勤奋者”约翰和喀剌刻斯等人，其中最后这三位与之同属于 6 世纪人。“豢猪人”乔治本人首度被引录，见于 10 世纪抄本《佛罗
390 伦萨本语源学》*Etymologicum Florentinum*，系在佛提乌斯启发下编写的著作，所遵从的典据认可“豢猪人”乔治的观点，因而可知他的年代不会晚于 750 年[2]。他讲解亚历山大里亚的忒奥多修制定的名词和动词规则，完整留存下了一篇冗长的文稿，有部分是录自口述（*ἀπὸ φωνῆς*）[3]。相对而言，“豢猪人”乔治似对后世偏好研究源头大学者的拜占庭语法学家影响微乎其微，但在文艺复兴时期，君士坦丁·剌斯喀理斯（米兰，1476 年）和贝鲁诺的乌尔班努斯 Urbanus（威尼斯，1497 年）等人的教科书却严谨地遵从着他的著作[4]。

7 世纪初（610 年），解说亚里士多德著作的有亚历山大里亚的斯第

---

1 他的忒奥多修的释义著作有个抄本，称他为 *διάκονος*【助祭】和 *οἰκουμενικὸς διδάσκαλος*【公众教师】。他也是大学的图书馆长，*χαρτοφύλαξ*【文献夹；书籍管理人】。参看 Hilgard，《希腊语法学家》，iv p. lxi 以下。Papadopulos-Kerameus 将之置于 750 年以后（《拜占庭学刊》，viii 212 以下）。

2 Reitzenstein，《希腊语源学史》，p. 190，注释 4。

3 Hilgard 编订，见《希腊语法学家》，iv 1（1889），101–417，及 iv 2（1894）前言及 1—371。

4 Krumbacher，§244^{2}.

潘努斯 Stephanns，他注疏了《范畴篇》[1]《解释篇》《论天》《论灵魂》《分析篇》《辩谬篇》和《修辞学》[2]。 斯第潘努斯

此时期的教会作家有阿纳斯塔修斯，系安条克的宗主教（559 年，卒于 599 年），经院哲学的先驱，他反对查士丁尼帝提出的基督肉身不坏的观点。有“忏悔师”马克西穆 Maximus Confessor（580—662 年），系赫拉克利乌斯帝的私人秘书，却也反对皇帝的一志论观点。世人还推想马克西穆是匿名著作《复活节期编年史》*Chronicon Paschale* 的作者，此书 《复活节期编年史》
是一部世界史摘要，自创世记至西元 630 年，包含执政官表，后最早由昔郭纽斯 Sigonius 刊行于世（1556 年），还有许多编年细目，经卡索邦首先告知斯卡利杰尔，并由后者收入于他编订的优西庇乌斯之《编年史》（1606年）中[3]。此书所依从的典据文献主要是塞克斯都·尤里乌斯·亚非利加努斯和优西庇乌斯之著作，以及执政官《岁纪》和约翰·玛拉拉 玛拉拉
John Malalas 的编年史。最后一种，今天所见终结于 563 年，其作者是安条克人，要为当时的民众以日常生活的语言写一部编年史手册。抄稿之 391
孤本存于饱蠹楼，作者之姓名被约翰·格雷高利 *John Gregory*（卒于 1646 年）确认，终由约翰·穆勒 John Mill 付梓刊行（1691 年），附录有一封著名的“致穆勒书”，向欧洲显示出本特利的批评才能和学识来。在此信中，勘订并解说了玛拉拉引述的希腊诗文，确定了短短长格的音律法则，并校正了一些名谓谬误，“最早的戏剧诗人”Themis、Minos 和 Auleas 当改作忒斯庇斯 Thespis、开俄斯的伊翁 Ion of Chios 和埃斯库罗斯

1 Hayduck 编订（1885）。

2 Rabe 编订，见《亚里士多德著作希腊文注疏集》*Commentaria in Aristotelem Graeca*，xxi 2。

3 Salmon 在《基督教传记辞典》，i 510；Graux，《厄斯库列尔的希腊文献考论》*Essai sur les origines du fonds grec de l'Escurial*，346 以下。

Aeschylus[1]。玛拉拉把希罗多德看成是波里比乌斯的后辈，以西塞罗和萨鲁斯特为罗马之诗人[2]。

巴兰和乔沙法

僧侣巴兰 Barlaam 与印度王子乔沙法 Josaphat 的传奇或许产生于 7 世纪上半叶，乃是中古最为著名且最广为人知的故事。西奈山修道院中发现过原本亡佚了的阿理斯泰德《申辩篇》*Apology* 之叙利亚文译本，显示出《巴兰与乔沙法》有 16 个印刷页的内容是直接抄袭自阿理斯泰德[3]。

第二阶段（641—850 年）

第二阶段的两个世纪（641—850 年），由破坏圣像的列朝君主统御了 200 年，“以索利亚人”利奥 Leo the Isaurian，在 727 年发布反对偶像的法令，后来女皇爱莲娜 Eirene 在 802 年废除此令，而亚美尼亚人利奥在 816 年复又颁布了同样的法令，最终在 843 年被忒奥多拉 Theodora 皇后弃置一旁。反对“以索利亚人”利奥破坏圣像运动的主要人物，是叙

大马士革的约翰

利亚人，大马士革的约翰 John of Damascus（约 699—753 年）[4]，此人在萨拉逊人的朝廷中充任显赫官职，在大马士革发表了三篇著名的偶像崇拜辩护词。他的老师柯斯玛斯 Cosmas，是位通晓柏拉图和亚里士多德著作
392 的意大利僧侣，曾遭到阿拉伯海盗的劫掠，可能是从卡拉布里亚滨海地区流落到了大马士革的奴隶市场。约翰还有一部赚得大名的著作，《学问渊源》*Fons Scientiae*（*πηγὴ γνώσεως*），是一部基督教神学的百科全书，开篇短短几章涉及亚里士多德的《范畴篇》，并夹杂着波弗利的《引介》之

1 Jebb 的《本特利》*Bentley*，pp. 12–16；G. T. Stokes 教授在《基督教传记辞典》，相关词条；Krumbacher，§140[2]。

2 Krumbacher，《中古希腊文学》，265。

3 J. Armitage Robinson，剑桥《文本与研究》*Cambridge Texts and Studies*，1891；Krumbacher，§392[2]；Bury，ii 532–534。

4 Krumbacher，§§16，275[2]；《中古希腊文学》，268。

摘要，对这两者的知识得益于拜占庭的利奥提乌斯 Leontius of Byzantium（485—约 542 年）。在其他文章里，约翰还提到某位论敌将亚里士多德视为“第十三位使徒”[1]。他将亚里士多德的逻辑学体系运用于基督教神学，通过彼得·伦巴德 Peter Lombard 和托马斯·阿奎那，为西方世界之学人所熟知。他兼得“双重荣耀，乃是东方教会的末代第二位神父，又是其中最著名的诗人”[2]。

希腊赞美诗

耶路撒冷东南有圣萨巴斯 St Sabas 修道院，盘踞于岩岩峡谷上俯瞰死海，大马士革的约翰在此完成了那些赞美诗，其中至少有三首，以英语译文而在现代世界广为传诵：“那些永恒的亭舍”；“快来，尔等信众，让乐曲响起”；还有希腊教会的辉煌经典，“这是复活之日”[3]。他的养兄，耶路撒冷的柯斯玛斯，是最富学识的希腊基督教诗人[4]，而他的外甥，圣萨巴斯的斯提芬 Stephen（725—794 年），被认为是赞美诗“君可困乏，君可倦怠？”的创作者[5]。在这些诗人之前的，尚有安纳托利乌斯 Anatolius，他于 449—458 年间出任君士坦丁堡的主教，写有希腊岛民的夜间祷歌，“白日过去不复返”[6]；罗曼努斯 Romanus，被称为“拜占庭时期最伟大的诗人”（盛于 527—565 年）[7]，追摹他的人中有一位安德理亚斯 Andreas，乃是

1 《驳雅各彼塔斯》*Contra Jacobitas*，c. 10。

2 J. M. Neale 的《东方教会颂诗集》*Hymns of the Eastern Church*，p. 33（1863 年版）。

3 同上，38，55，57。

4 同上，64–83。

5 同上，84–6。

6 同上，2–12。

7 Krumbacher，§272^2，p. 663，以及《希腊中古文学》，259–262。P. Maas，《拜占庭学刊》，xv（1906），1 以下，已证实罗曼努斯属于查士丁尼帝时人。

克里特岛的大主教（约650—720年），写过250节长的大型卡农Canon，还写了一首以“教徒，尔可否领会彼等？”为开篇的颂歌[1]。君士坦丁堡的斯笃第翁Studion修道院是西西里的约瑟夫Joseph of Sicily（盛于830年）静修之所在，他创作了颂歌“噢，幸福的朝圣团”[2]，斯笃第翁的忒奥多尔（759—826年）也安居于此，他写的卡农比《审判日》*Dies Irae*【译按，13世纪中叶由意大利修士柯拉诺的托马斯Thomas of Celano所创作】早四个世纪，一度
393 是“教会最伟大的审判日颂诗”[3]。其他赞美诗作家，还有历史家忒奥芬尼Theophanes（卒年约在817年），以及君士坦丁堡的宗主教（843—847年）莫脱丢斯Methodius，他曾召开宗教会议，在843年恢复了偶像崇拜[4]。

在此第二阶段中，除却圣教诗人，散文体的著作家，不仅有上文业已述及的大马士革的约翰，还有“西奈山人”阿纳斯塔修斯Anastasius Sinaites（盛于640—700年），他的主要作品是Ὁδηγός【引路人】，或谓“真途指津”，开篇的诸多定义都取自亚里士多德；斯笃第翁的忒奥多尔，还写过一些神学论著，并有一部庞大的书信集，可据以了解9世纪时的社会生活[5]。此人是著名书法家，以致力于保存和传录更多的抄本而为世人所知[6]。“亚美尼亚人”利奥在位时（813—820年），语法学家忒奥

1 Neale，pp. 17，18.

2 同上，122–152。

3 同上，p. 112。

4 同上，pp. 89，119。上述颂诗的希腊文本，刊行于Moorsom的《古今圣歌集览要》*A Historical Companion to Hymns Ancient and Modern*，pp. 79–91^2。

5 Migne，xcix.

6 Krumbacher，§61，6^2；G. A. Schneider（明斯特），pp. 112；及A. Gardner，《斯笃第翁的忒奥多尔》*Theodore of Studium*（1905）。

诺斯图 Theognostus 编辑了一部正字法著作，有超过一千条规则，主要以 忒奥诺斯图
希洛狄安论重读之巨作为雏形而成。在此书中，将拜占庭希腊语中的元
音，与读如元音的双元音并置一处，ε 与 αι、υ 与 οι 俱是，元音被称为
ε ψιλόν【纯 ε】或 υ ψιλόν【纯 υ】，以甄别于复合之双元音[1]。9 世纪前半
期，“宗座秘书”米迦勒 Michael Syncellus（全盛于 829—842 年）著作了
一部句法构造的通俗手册。此五十年中的其他散文著述家，还有“宗座 编年史诗
秘书”乔治 George Syncellus（约卒于 810 年），写过一部终止于戴里克先 家；乔治，
帝时代的编年史；忒奥芬尼（约卒于 817 年），将编年史续至他的时代， 忒奥芬尼，
又被别人续至 901 年；宗主教尼柯弗儒斯 Nicephorus【译按，希腊文意为“带 尼柯弗儒斯
来胜利者”】（卒于 829 年），写了一部 602—769 年间的帝国简史，并与
斯笃第翁的忒奥多尔一道成为“亚美尼亚人”利奥皇帝破坏偶像政策的
主要反对派。此位君主的支持者中，有语法学家约翰，在 832—842 年
间出任宗主教，他兼具高卓之文学造诣和渊博之科学知识，并因后者而 394
遭无知者非议，诬称他研习巫术[2]。但整体上说，偶像破坏时期的世俗学
问是异常贫瘠困乏的。

虽则君士坦丁堡的世俗文学在这两个世纪遭遇了一个所谓的黑暗时 叙利亚和
期，但是希腊学识的光辉却在此时期传递到了东方的叙利亚和阿拉伯。 阿拉伯人
5 世纪埃德萨的叙利亚就已接受了亚里士多德的哲学，而在此世纪中期， 的亚里士
普洛布斯即以叙利亚文注疏了《解释篇》《前分析篇》和《辩谬篇》。埃 多德著作
德萨的学校因对聂斯脱利派表示同情，故而在 489 年被芝诺 Zeno 帝关闭，

1 Krumbacher，§245[2]；参看上文第 90 页。

2 Finlay，ii 117，143，207 以下。

薪火所传，一至于尼西比[1]，引起卡息奥多儒的注意，一至于军迪沙普尔 Gandisapora[2]（在苏萨 Susa 和埃柯班塔纳 Ecbatana 之间），彼处遣派叙利亚学者分别去教授阿拉伯人哲学与医学。6 世纪时，亚里士多德的著作已被赖塞纳的塞尔吉乌斯 Sergius of Resaina 译成叙利亚文[3]；7 世纪中，《解释篇》《范畴篇》和《分析篇》俱以此种文字刊布于世，并附埃德萨主教（盛于 651—719 年）雅各 Jacob 所作的亚里士多德《传记》。在阿拔斯朝廷 Abbāsidae 治下（自 750 至 1258 年，于 762 年立都巴格达）的阿拉伯人，借由叙利亚为中介了解到希腊人的医学学科，哈伦·拉希德 Harun-al-Raschid 之子，哈里发买蒙 Al-Mamun 在位期间（813—833 年），欲征召拜占庭之数学家利奥一用，遭到忒奥菲卢斯 Theophilus 帝严词拒绝（约 830年）[4]，然此时期有许多哲学著作被叙利亚基督徒从希腊文译成叙利亚文，继而又转译为阿拉伯文。即在买蒙御宇之时，亚里士多德著作在伊
395 本·伯特里格 Ibn al-Batrik（“宗主教之子”）引导下首度被译为阿拉伯文。聂斯脱利教徒，侯奈因·伊本·易司哈格 Honein Ibn Ishak，或被称作约翰尼修斯 Johannitius（卒于 876 年），他通晓叙利亚文、阿拉伯文和希腊文，曾主持巴格达一所重要的翻译家学院，并（在译出柏拉图、希波克拉底和盖伦著作外）[5]挂名发动其子嗣与门生，以叙利亚文和阿拉伯文翻译了

---

1 *καὶ Συρίης πέδον εἶδα καὶ ἄστεα πάντα Νίσιβίν* [τ'], | *Εὐφράτην διαβάς*【全叙利亚皆知之名府，跨越幼发拉底河的尼西比】。此条铭文，见引于 Ramsay 的《弗里基之城市与主教辖区》***The Cities and Bishoprics of Phrygia***，ii 723。参看 Lightfoot 的《伊纳修斯》***Ignatius***，i 497。见上文第 264 页。有关学校西元 496—590 年间所立之塑像，参看 Nestle，在《教会史研究杂志》***Zeitschrift für Kirchengeschichte***，1897，211–229。

2 Gibbon 写作 Gondi Sapor，见 c. 42（iv 361，Bury 本）。

3 A. Baumstark，《秉烛目耕集，叙利亚与希腊著作》***Lucubrationes Syro-Graecae***，358–438。

4 Cedrenus，p. 549；Gibbon，c. 52（Bury 本 vi 34）。

5 同上，vi 29 注释。有关阿拉伯人涉及柏拉图《理想国》的著作，参看 Wenrich，124。

亚里士多德的希腊文注疏集。10 世纪的亚里士多德、泰奥弗剌斯特、阿弗洛底西亚的亚历山大、忒米斯修、叙利安努斯、阿蒙尼乌斯等人的著作之新译本，俱产生自叙利亚的聂斯脱利教徒。东方世界里最著名的阿拉伯哲学家中，巴士拉的肯迪 Al-Kendi of Basra（卒年约在 870 年），注疏过亚里士多德的一部逻辑学著作；巴格达的法拉比 Al-Farabi【今人多译作"阿尔法拉比"】（卒于 950 年）在逻辑学上毫无保留地追从亚里士多德，并从气质上接受了新柏拉图主义学说；阿维森纳 Avicenna（980—1037 年）在伊斯法罕教书，他将医学知识与亚里士多德的解说结合在一起，分析《工具论》并注疏了《灵魂论》《论天》及《物理学》和《形而上学》[1]；还有加惹尔 Al-Gazel【或作"阿尔加惹尔"】（1059—1111 年），他起初在巴格达执教，并（因宗教理由）反对亚里士多德的学说[2]。因为西班牙被阿拉伯人在 8 世纪初征服，故而阿拉伯文的亚里士多德译本，自东方传至西方的阿拉伯人辖区。12 世纪西班牙的亚里士多德研究，与转自阿拉伯文

1 参看 Carra de Vaux（巴黎，1900）。

2 Ueberweg 的《哲学史纲要》*Grundriss der Geschichte der Philosophie*，第 8 版，ii§28（英译本《哲学史》*A History of Philosophy*，pp. 402–417），并附征引之文献，以及 Hübner，§35，Krumbacher，p. 1098[2] 以下，尤见于 G. Flügel，《希腊著作的阿拉伯译者》*De Arabicis scriptorum Graecorum interpretibus*（1841），J. G. Wenrich，《希腊著作在叙利亚、阿拉伯、亚美尼亚和波斯的转译和注疏》*De auctorum Graecorum versionibus et commentariis Syriacis Arabicis Armenicis Persicisque*（1842），A. Müller，《阿拉伯世界所传播的希腊哲学》*Die griechischen Philosophie in arabischer Ueberlieferung*，哈雷，1873，J. Lippert 的《希腊—阿拉伯翻译文学领域之研究》*Studien auf dem Gebiet der griechisch-arabischen Übersetzungs-literatur*（1894），E. Sachau，《东方的亚里士多德研究》*Zu den Aristoteles-Studien im Orient*，见于《布特曼氏寿辰纪念专集》*γενεϑλιακὸν zum Buttmannstage*，1899，pp. 50–64，以及 Steinschneider 在《图书馆学中央导报》*Centrablatt für Bibliothekswesen*，1889，51–81，与 Virchow 的《病理分析学和生理学档案》*Archiv für pathologische Anatomie und Physiologie*，124（1891），115–136。以及 A. Baumstark，《5—8 世纪叙利亚文的亚里士多德著作》*Aristoteles bei den Syrern vom v–viii Jahrhundert*（1900）。参看 Hauréau，《经院哲学史》，第 2 版，II i 15–29。有关埃德萨的忒奥菲卢斯的荷马翻译，见《柏林语文学周刊》，1910，444 以下。

的亚里士多德著作之拉丁文译本，将留至西方中世纪的章节再作交代[1]。

396 在被当作拜占庭时期之黑暗阶段的两个世纪伊始，“以索利亚人”利奥帝抵制住了萨拉逊人意图倾覆君士坦丁堡的最后挣扎，巧妙地重组了帝国的军事防御和国家内部的行政机构，却对于学术事业毫无任何之贡献。他确实剥夺了位于宫墙与圣索菲娅之间的一所皇家学院的资金，并驱逐了“大众导师”Ecumenical Doctor 的领袖和协助他制定艺文与神学政令的 12 位饱学之士[2]。据佐纳剌斯 Zonaras 和修道士乔治说，他甚至还焚毁了学院和庋藏了圣教与世俗典籍达 33 000 卷的图书馆，这一举动（考虑到建筑物的位置）竟如此轻率，故必不可信。然而可能只有各家神学院遭到了压制，因为我们知道博学的神学家们，诸如斯笃第翁的忒奥多尔和宗主教尼柯弗儒斯“受过语法、语言、科学和哲学领域中

第三阶段（850—1350 年）

出色的世俗教育”[3]。在此黑暗阶段的末期，“拜占庭人”利奥获得忒奥菲卢斯帝（829—842 年）的允准，成为公共教师；之后，恺撒·巴耳达斯 Caesar Bardas 为“酒鬼”米凯勒 Michael the Drunkard 帝摄政期间，偶像破坏运动被废止（通过米凯勒之皇母，忒奥多拉的影响），君士坦丁堡的大学也重新开张了（863 年）。857 年，宗主教是伊纳修斯 Ignatius，一位无比正直高尚的人，他的父亲（米凯勒一世）和祖父（尼柯弗儒斯一世）都曾是皇帝，他却遭到了放逐。还有一位同样正派而学问更胜一筹的人物，佛提乌斯，他的兄长娶了皇后忒奥多拉的姐妹，他的叔伯祖父塔拉修斯 Tarasius 则是从前的宗主教，如塔拉修斯一样，他也从国家的首

1 第三十章。

2 Finlay，ii 44；Bury，ii 433 以下。

3 Bury，ii 435，519.

席机要文书之世俗职务升至东方教会的领袖[1]。佛提乌斯的升迁与教宗的继承发生了严重冲突，伊纳修斯遂在863年恢复原职。创立马其顿王朝的皇帝巴兹尔一世（867—886年），指命佛提乌斯教育他的皇太子，即 397
是后来的“明哲”利奥 Leo the Wise；两部道德劝诫著作，以巴兹尔之名义传至今日，大体以阿伽珀杜教皇写给查士丁尼帝论君主职责的著作为蓝本，并（如佛提乌斯写给保加利亚君主的信函[2]一样）参考了伊索克拉底的伦理格言，实际有可能是佛提乌斯所作[3]。由于878年伊纳修斯逝世，巴兹尔帝重新起用佛提乌斯，886年，他的学生“明哲”利奥将他放逐，他在891年死于流亡之地。

佛提乌斯

佛提乌斯，约生于820—827年间，几乎未能完成他自身的学业，便怀着终身之热情投身于为他人授业解惑的工作了。他对于矫正友人们的语法错误显示出一种几近学究式的偏好，这股热情伴随其身，不仅度过了宗主教之任期，甚而在流放生涯中也丝毫不减[4]。他的府邸总有渴求学问之青年来访，他为他们解说亚里士多德的《范畴篇》，以及类属与个体、“精神”与“物质”的相关争论[5]。他写了一部论理学的教科书，并与学生们讨论神学和古典学术的问题。甚至在荣升高位后，他的教育事业也未曾终止，家中依然络绎不绝地接纳着帝都知识界中最好寻根究底

1 Finlay，ii 175以下。

2 《书札集》，6，pp. 224–248，Valettas编订本。

3 Krumbacher，§191[2].

4 例如《书札集》，236，Valettas本，... οὔτε σολοικίζουσι... συνήθης εἰμὶ πείθεσθαι【……你们只管讲话违反语法吧……我是可以信赖的朋友】。

5 《与安菲洛基乌斯辩难书》*Quaestiones Amphilochiae*，77 c. 1（Hergenröther编订本，iii 342）。

的人物[1]。访客在主人面前大声诵读着书籍，主人本人给予这些书籍以评价，表达他对其主旨和形式的看法。对任何一位听他讲学的客人，他都要求其人全无异议地顺服，甚至要求写下书面承诺，表示赞同他的观点[2]。就连论敌也承认他才能恣肆宽泛，其学问兼通数科，不仅卓荦于同时代人，甚而能与古代最有学问者分庭抗礼。在其哲学研究中，他偏好亚里士多德，却对柏拉图少有兴趣，故而对柏拉图的理念学说极其不以
398 为然[3]。在他的论理学著作中，基本上遵从于波弗利、阿蒙尼乌斯和大马士革的约翰所采用的方法[4]。

佛提乌斯有两部著作对于学术史具有特别之意义，乃是（1）《群书集缀》*Bibliotheca* 和（2）《辞典》*Lexicon*。在《群书集缀》或《万卷菁华》*Myriobiblon* 写给他兄弟塔拉修斯的献词中，他称此书是应他兄弟的要求而作，记录当后者不在时佛提乌斯的社交圈里那些高声诵读并进行讨论的那些书籍。当时，佛提乌斯正准备出使亚述宫廷，这是哈里发在巴格达的王座。从献词的信函中看，这部巨著似可能是在出使期间编写完成的[5]；但无论献词如何含糊费解，从该书结语中得出的最合理解释，便

---

1 《书札集》，3，《致教皇尼古拉斯》*ad Papam Nicolaum*（p. 149，Valettas 本），*οἴκοι... μένοντι χαρίεσσα τῶν ἡδονῶν περιεπλέκετο τέρψις, τῶν μανθανόντων ὁρῶντι τὸν πόνον, τὴν σπουδὴν τῶν ἐπερωτώντων, τὴν τρίβην τῶν προσδιαλεγομένων κτλ*【在自家中……喜为求知若渴的雅士围绕，观睹求知者的辛劳，问难者的真诚，深入商榷者的切磋，等等】。参看 Hergenröther 编订本，i 322–335。

2 Hergenröther，i 336，注释 118。

3 Hergenröther，iii 342.

4 Krumbacher，§216[2].

5 例如 Nicolai 在 Brockhaus，《百科全书》*Encyklopädie*，part 87，p. 359；Saintsbury，i 176。Gibbon，c. 53（vi 105，Bury 本）对此颇感迷惑。

是成书时间当在作者离开亚述之前[1]。此时限必定早于西元857年，佛提乌斯还是一位平信徒，他这部著作包含280章，相应于可独立阅读并评议的卷帙（codices）序号，贝刻耳的编订本凡两卷，洋洋洒洒占据了545张四开版纸页。有部分论述中引文过于冗长，并附有对其文体或题旨的批评。所征述的散文著作，出自神学家、史家、演说家和修辞学家、哲学家、语法学家和辞书纂修家、物理学家和医学家之手，甚至还有传奇说部、会议记录和圣徒及殉道者的行状。史学著作所占篇幅仅次于神学著作，在此书中得以传诸后世的，有较重要的评述或云摘要的史学作家，有赫卡泰乌斯、泰息亚斯、忒欧庞普斯、西西里的狄奥多鲁斯、希拉克里亚的曼农 Memnon of Heraclea、阿里安、忒剌勒斯的弗勒冈，以及编年史家塞克斯都·尤里乌斯·亚非利加努斯，晚近的史家还有忒 399
拜的奥林匹奥多儒、拜占庭的诺努苏斯 Nonnŏsus 和以索利亚人康迪都斯 Candidus。我们也从中得到普洛刻卢斯和赫剌丢斯的文章选读之撮要，及对后一著家所编修的辞书以及第欧根尼安努斯与阿提卡派的埃琉斯·第欧尼修、波桑尼阿斯和弗里尼库斯之同类著作的短评。作者特别喜好文学批评，书中提及希罗多德之迷人处，伊索克拉底单一而匀称的子句，以及泰息亚斯洁净、简短且有生气的文体。在佛提乌斯看来，约瑟夫长于论辩，其辞句警辟而多哀婉之气；阿庇安，洗练素朴；阿里安，谙熟于叙事精要之法。琉善煞费苦心地经营出一种散文喜剧，可谓华丽典雅

1 p. 545，*εἰ μὲν ταύτην τὴν πρεσβείαν διανύοντα* (*διανοοῦντα* 抄本) *τὸ κοινὸν καὶ ἀνθρώπινον καταλάβοι τέλος, ἔχεις τὴν αἴτησιν τῆς ἐλπίδος οὐ διαμαρτοῦσαν... εἰ δ'ἐκεῖθεν ἡμᾶς ἀνασωσάμενον τὸ θεῖόν τε καὶ φιλάνθρωπον νεῦμα εἰς τὴν ἀλλήλων θέαν... ἀποκαταστήσει* 【假如国家与此处的人君达成交涉，希望尚不致落空……同时，假如从此神明和仁慈的天意让我们得以重逢……百事复兴的话】（他将寄与其兄弟一些新的评论）。

之文体。弗里尼库斯曾收集修辞绝妙之材料供与他人采用，自己却无动于衷。斐洛斯特拉图斯文笔明晰雅致；叙涅修斯措辞雅正，但嫌诗歌气过浓，虽则其《书信集》充满魅力；亚历山大里亚的居理尔的写作风格是一种夹杂了诗歌的散文变体；理班纽斯乃是阿提卡文风的正典和楷模。最后，这位批评家还写了现存最早的小说评论，称赫列都儒斯的《埃塞俄比亚外史》*Aethiopica*写尽境遇之残酷与绝处之逢生[1]。按照吉本的话，此著作总体上可谓印证了一点，即“除诗歌之外，没有什么艺术或科学是这位万事通的学者所不知道的，他思想深邃，读书勤苦，言辞动人”[2]。

他的《辞书》(*λέξεων συναγωγή*【词语辑汇】)晚出于《群书集缀》，他在其中采用了埃琉斯·第欧尼修与波桑尼阿斯的词汇表摘录，两者都以第欧根尼安努斯的著作为蓝本，还用到了缩略本的哈波克剌提翁著作，以及蒂迈欧和波爱修斯的柏拉图著作字汇[3]，荷马词汇则依赖于伪阿庇安、赫列都儒斯和阿波罗尼乌斯。这部辞书一直仅保存在《盖尔藏
400 本》*codex Galeanus*（约 1200 年）中，以前为托马斯·盖尔 Thomas Gale 博士（卒于 1702 年）所有，现存于剑桥三一学院图书馆。波耳逊誊录过两遍，第二个副本由都布瑞出版（1822 年）[4]。佛提乌斯在第一次流放期间（867—877 年），写给居齐库斯主教安斐洛库斯 Amphilochus 的那些学识渊博的信件中，对某些词语的解释，与他在这部辞书中所云相吻合[5]。

---

1 参看 Saintsbury，i 176–183。

2 c. 53（vi 104，Bury 本）。这部著作遭到 A. Solari 不当的轻视，见《古史论衡》*Rivista di storia antica*, ix 456–465。Edgar Martini,《君士坦丁堡的宗主教佛提乌斯著〈群书集缀〉版本源流考》*Textgeschichte der Bibliotheke des Patriarchen Photios von Konstantinopel*（Teubner 版，莱比锡），1911。

3 Naber 的《绪言》。

4 此前有（根据另一个抄录本）Hermann 编订本（1808）；此后有 Naber 编订本（1864–5）。

5 Hergenröther，iii 10.

上述文本并不是以佛提乌斯为主的唯一之《辞书》。10世纪的一部抄本，《佛罗伦萨本词源学》[1]，现在被称为《真本词源学》*Etymologicum genuinum*，其中征引了佛提乌斯的五个片段，其形式或是 οὕτως ἐγώ, Φώτιος ὁ πατριάρχης【(如此) 我，宗主教佛提乌斯】[2]。但（颇奇妙的是）在更早之《辞书》的若干摘录中却没有提到过他的名字，而是代称 ἐκ τοῦ ῥητορικοῦ【以修辞家】。他的《与安菲洛基乌斯辩难书》[3]引述了一段论磁石的文章，我们查得在《词源学》也出现过，其根本出处是来自赫剌丢斯的文章选读，佛提乌斯摘入《群书集缀》[4]。在《词源学》中一篇条目的末尾，那个最先抄录这部著作的可怜学者，怨叹着自己的贫穷，自称迫于对语言的热爱（τῷ τῶν λόγων ἔρωτι），耗费无眠的数夜，以完成其责任，唯希望能由此工作得到丰厚进项，从而脱离穷困，活得有滋味儿些[5]。此书的权威典据，来自莫脱丢斯、奥儒斯和奥理翁，芝诺比乌斯（注疏过阿波罗尼乌斯）、希洛狄安、"豢猪人"乔治、忒奥诺斯图（盛于820年），以及古诗的各家评注。早在6世纪对荷马著作语汇的释义，通行本似乎增补了"豢猪人"乔治的成果，并将形式简化为一部辞书；此后插补进新内容到辞书中去，在此最后一个阶段里，佛提乌斯将这部著作【译按，指上述《词源学》一书】据为己有，因而成为希腊语源学辞书的创始人。《真本词源学》后附有一部《小词源学》*Etymologicum parvum*，

---

1 刊于（附《小词源学》*Etymologicum parvum*）E. Miller 的《希腊文学杂录》*Mélanges de literature grecque*（1868），pp. 11–340。

2 Reitzenstein 的《希腊语源学史》（概述见于《柏林语文学周刊》，1898，p. 902 以下），pp. 58–60 以下。

3 131.

4 p. 529. Reitzenstein，63–65.

5 同上，66。

401 也是以佛提乌斯的排序方式写出的，根据其篇末的记录，这部著作完成于5月13日礼拜日，这个“（圣索菲娅）大教堂开放”之日期，被鉴定为发生在882年，那时大教堂才经修缮，西面的拱殿在皇帝“马其顿人”巴兹尔的敕令下得以重建[1]。即使在他的大天主教堂开放之日，这位宗主教对于他三部辞书中最小一部的成书，无疑也并非无动于衷的。

佛提乌斯现存的《书札集》[2]虽说多有劝勉和告诫、哀悼或谴责之辞，但主要讨论了教义、神学或解经的问题。在流放期间写给皇帝巴兹尔一世的一封信中，他苦恼于连自己书籍的使用权都被剥夺了[3]。另一封信中，他讶异于尼科密迭亚主教将圣彼得使用 ἐγκομβώσασθε【束腰布（奴隶所系，以别于自由民）】一语[4]视为蛮族风气，并由俄彼卡穆斯和卡律斯托的阿波罗多儒斯之著作来论证此语为得体[5]。写给居齐库斯主教的信中，他赞赏柏拉图的书信，认为胜过德摩斯提尼和亚里士多德的同类作品，推荐收信人去研读的书信有“被判定给阿克剌伽的僭主，法剌芮斯 Phalaris”的作品，其他作者还包括布鲁图斯、皇帝哲人（可能是马可·奥勒留）、理班纽斯，以及巴兹尔、纳西昂的格雷高利和伊息多耳[6]。他告知劳第刻亚的主教，要培养一种纯净的阿提卡文体[7]；而后来，他还纠正过一位僧侣兼哲学家尼柯弗儒斯的文章，并提议，一旦他明确获

---

1 Reitzenstein，69. Papadopulos-Kerameus 认为应将是年定为994年，乃巴兹尔二世重修圣索菲娅之年代（《拜占庭学刊》，viii 212以下）。

2 Valettas 编订本收260封；另有45封由 A. Papadopulos-Kerameus 刊行，1896。

3 p. 531，Valettas 编订本，见第385页引文。

4 《彼得前书》，v 5。

5 p. 541.

6 p. 545. 可能是由于佛提乌斯的影响，“法剌芮斯”和布鲁图斯的书信集才会被保存在如此繁多的抄本中（Hergenröther，iii 230）。

7 p. 547.

知可得到所需的书籍，他就要编一部修辞学著作集[1]。写给保加利亚君主
米凯勒的长信[2]，第二部分多抄袭自伊索克拉底的《致尼古刻剌斯》。他
《书札集》的文体富于变化，从过度的繁芜冗余到几乎是简练扼要，两
个极端都体现出来。长信中最优美的篇什之一，是写给教皇尼古拉斯的
第一封（861 年），其中他陈说自己丧失了静谧之生活，被迫结束了凡俗 402
身份，怀着忏悔之心，回想起昔日家中的快乐时光，那时候他被孜孜向
学者所围绕着，每逢他退朝回来，他们总是热情地迎接他[3]。

与佛提乌斯同时代的次要人物，有一位考弥塔斯 Cometas，在大学教授语法学（863 年），曾着手校订荷马著作，这工作成为他写的两首隽语诗的主题[4]；还有一位伊纳修斯，乃是“语法学宗师”（870—880 年），而他自命为语法学的修补者：

Ἰγνάτιος τάδε τεύξεν, ὃς ἐς φάος ἤγαγε τέχνην
γραμματικήν, λήθης κευθομένην πελάγει.
【伊纳修斯写了这些著作，揭示了
隐匿于遗忘之海中的语法学技艺。】[5]

---

1 p. 551.

2 《书札集》，6。

3 p. 149, Valettas 编订本，*ἐξέπεσον εἰρηνικῆς ζωῆς, ἐξέπεσον γαλήνης γλυκείας κτλ*【失去宁静生活，失去平静与恬谧云云】。有关佛提乌斯，参看 Milman 的《拉丁教会史》, iii 156–170；Hergenröther 的《佛提乌斯著作集》, 1867–1869；Krumbacher, §216[2]，以及《中古希腊文学》，270 以下。

4 《帕拉廷希腊文苑英华集》，xv 37，38。

5 同上，39。Krumbacher，p. 720[2].

但遗忘之波涛早已湮没了伊纳修斯的语法学，正如考弥塔斯的荷马著作校订一样。

古典作品研究

通常人们都会注意到，佛提乌斯的《群书集缀》中全无对古典希腊诗人的记述。可能是因为这位博学的作者更偏好于散文。他的学生，“哲人”利奥 Leo the Philosopher，曾被恺撒·巴耳达斯任命为君士坦丁堡大学的数学教授，自称一朝跟随了佛提乌斯学习修辞学的“神圣知识”后，便跟缪斯女神们道了永别[1]。佛提乌斯的散文贡献当然优胜于他对圣教诗歌的稀疏建树，而除此之外，他青年时期曾经研究主要的古典诗人，晚年则在一部著作里声明只记述他老成之年阅读的书籍，即不再谈论诗歌，这前后之间是具有连贯性的。9 世纪时的君士坦丁堡，学校里学习，并为大众所稔熟的作家，有荷马、赫西俄德、品达；剧作家中，埃斯库罗斯（《普罗米修斯》《七将攻忒拜》《波斯人》）、索福克勒斯（《艾阿斯》《厄勒克特拉》《俄狄浦斯王》）、欧里庇得斯（《赫卡柏》《俄瑞斯忒斯》《腓尼基妇女》，接下来是属于第二等级的，有《阿尔刻提斯》《希波吕托斯》《美狄亚》《瑞索斯》《特洛
403 亚妇女》）[2]和阿里斯托芬（自《财神》始）各有几部剧作流行，此外还有提奥克里忒、吕柯弗隆和“游方者”第欧尼修。先要学习的散文作家是修昔底德，还有柏拉图和德摩斯提尼的部分作品，以及亚里士多德的著作和普鲁塔克的《名人传》，琉善在拜占庭时期尤其受欢迎，常

1 《希腊文苑英华集》，附录，iii 255。

2 欧琴纽斯 Eugenius（全盛于 500 年）的 *κωλομετρία*【音步组合韵体】被限定到这三位悲剧诗人的 15 部作品上来。参看 Bernhardy，《希腊文学纲要》，i 694[4]；以及 Wilamowitz，《欧里庇得斯的赫拉克勒斯》，i 130[1]。

有人模仿他的作品[1]。修辞学家中，最受欢迎的作者有“金嘴”狄翁、阿理斯泰德、忒米斯修和理班纽斯；小说家则以阿喀勒斯·塔修斯 Achilles Tatius 和赫列都儒斯最为走俏。地理学家斯特拉波在拜占庭时期之前，几乎都无人知晓。在圣教文学中，《圣经》之外阅读的主要书籍当然都出自希腊教父，诸如巴兹尔、纳西昂的格雷高利、尼撒的格雷高利、刻律索斯托、“阶梯”约翰 Johannes Climax（525—600 年，写过一部讨论 Scala Paradisi【天堂阶梯】的虔信著作，结尾附有一篇 Liber ad Pastorem【致神父书】)，以及大马士革的约翰，此外还要阅读使徒和殉道者的生平传记[2]。圣教文学在各大希腊图书馆的目录分类中，占据显赫的优势，在阿陀斯山的这类书目中即是如此[3]。但如此庞大的世俗文学体系能被保存至今，其实主要是得益于那批著名教士的学识和教养，这其中有佛提乌斯，还有阿瑞塔斯 Arethas。

阿瑞塔斯

阿瑞塔斯是佛提乌斯众多显赫门人中的一位。他约在 860—865 年生于佩特雷，在 907 年或更早之前出任卡帕多齐亚之恺撒里亚的大主教，卒于 932 年（一种他自己著作的莫斯科抄本在是年完工）或之后。尽管他所居住的卡帕多齐亚使他远离学术的首善之区，他却以极大的热情去收罗古典和教会著作，并这些书加以评注。现存的注文，涉及

1 例如《“爱父者”》*Philopatris*（965/969）、《提马理翁》*Timarion*（约 1150）、《马扎理斯》*Mazaris*（约 1416）。参看 Krumbacher，§§459，467，492^2；有关上面所标注的《“爱父者”》之年代，见 Rohde 的《短著集》*Kleine Schriften*，i 411，以及 S. Reinach 在《考古学评论》*Revue Archéologique*（1902），i 79–110（Krumbacher 在《拜占庭学刊》，xi 578 以下，对之有所评议）。而 Gutschmid 和 Grampe 则定为约 602—610 年间（R. Garnett 从此说，见《考恩希尔杂志》*The Cornhill Magazine*，1901，616 以下）。

2 Krumbacher，§215^2，p. 505.

3 Lambros 编订本（剑桥大学出版社），2 卷，1895 年以降。

404 柏拉图[1]、“金嘴”狄翁[2]、波桑尼阿斯[3]、琉善[4]、塔先努斯、阿忒纳歌剌斯 Athenagoras、亚历山大里亚的克莱芒和优西庇乌斯；他偶然写过三首无关紧要的隽语诗，收入帕拉廷文苑英华集中[5]。他对古典文学的兴趣，可由他督导并自己承担费用所制作的若干重要抄本中得以印证。这些抄本中有欧几里德（888 年），护教作家亚历山大里亚的克莱芒[6]和优西庇乌斯（914 年），阿理斯泰德（917 年），可能还有“金嘴”狄翁，自然还有柏拉图（895年）[7]。阿瑞塔斯是最早注释《启示录》的学者，他在自己所抄写的柏拉图著作中记有帕特摩斯 Patmos 出现天启幻象的情景。这部著名的钞稿由旅行家爱德华·丹尼尔·克拉克 Edward Daniel Clarke 从帕特摩斯带到剑桥，克拉克后来成为该大学的矿学教授。现存于牛津大学饱蠹楼图书馆，标注为 *codex Bodleianus Clarkianus* 39【饱蠹楼克拉克氏手卷 39 号】。卷末题署，称此抄本“由书法家约翰为佩特雷的助祭阿瑞塔斯手录，时在 895 年 11 月”。1801 年 10 月，当克拉克在修道院图书馆地上一堆混乱的卷轴中发现这部抄本时，“书皮尽是蠹虫，且破碎支离”[8]。其价值先后得到剑桥的珀尔森（1802 年）[9]和牛津的盖斯佛德 Gaisford（1812 年）

---

1 M. Schanz 在《语文学家》，34（1874），374 以下；E. H. Gifford 在《古典学评论》，1902，p. 16；J. Burnet，同上，p. 276。

2 A. Sonny，基辅 Kiev，1896，尤见于 pp. 85–94。

3 F. Spiro，在《瓦拉纪念文集》*Valla-Festschrift*【译按，当指 Festschrift Johannes Vahlen 一书】，1900，129–138。

4 Rabe，在《哥廷根学术通讯》*Göttingische gelehrte Nachrichten*，1903，643—656；以及会注本，1906。

5 xv 32—34.

6 摹本见第 333 页。

7 摹本见第 384 页。

8 Clarke 的《欧亚非三洲游记》*Travels in various countries of Europe, Asia and Africa*，vi 46（第 4 版，1818）。

9 Luard 的《珀尔森书信集》*Correspondence of Porson*，p. 80。

的充分肯定。后者在1820年将其释文刊行于世，此后又出版了影写之摹本（1898年以后）。阿瑞塔斯订作这个抄本时，他已经是一名助祭了。他订作欧几里德的牛津抄本（888年）时，还没出任教会职务，那几乎是中世纪最早的希腊草书小写体抄本了[1]。

宗主教佛提乌斯由于其昔日弟子“明哲”利奥登基而最终遭到罢免（886年）。此后由马其顿人巴兹尔的子孙御世八十年，即“明哲”利奥 405
和君士坦丁·波弗洛根尼图斯 Constantine Porphyrogenitus 二帝，俱是主要因文学著作得以流芳千古者。利奥帝（886—911年）写过家训和隽语诗，并以记录神谕之书而赢得“明哲”之名[2]。论兵法谋略之著作虽冠以 利奥六世
其名，但可能是“以索利亚人”利奥所作[3]。君士坦丁·波弗洛根尼图 君士坦丁
斯帝之得名，是因为他出生在帝宫的斑岩房间中【译按，porphyry 指斑岩， 七世
又谓紫色，Porphyrogenitus 即可解作生于紫斑岩房间者，又表示“生为至尊者”的含义，见吉本《罗马帝国衰亡史》，c. 48】。他在7—40岁一直居于朝廷幕后做傀儡（912—945年），因而在此期间以著书作画告慰自己[4]。他写了一部巴兹尔一世本纪，数篇军事部署和帝国行政的论文[5]，还有一部关于宫廷

---

1 E. M. Thompson，《古文书法手册》，p. 162。有关阿瑞塔斯，参看 Krumbacher，§217[2]，E. Maass 在《纪念葛劳氏杂著集》*Mélanges Graux*，pp. 749–766，以及 Jülicher 在《鲍礼古典学百科全书》，iii 675–677。Dräseke 建言，应写作“Aretas”，此说依据来自罗德斯的安德洛尼库斯，即曾编订亚里士多德书信之人（《神学学刊》*Zeitschrift für Wissenschaftliche Theologie*，xliv，1901，589 以下）。

2 Krumbacher，pp. 168，628，721[2].

3 同上，p. 636[2]。

4 Gibbon，c. 48（v 208 以下，Bury 本）以及 c. 53（vi 62–6）。参看 A. Rambaud，《10世纪时的希腊帝国；君士坦丁·波弗洛根尼图斯》*L'empire grec au dixième siècle*；Constantin Porphyrogénète（1870）。

5 Migne，cxiii 63–422.

仪礼的巨著[1]。他还组织编修了诸如历史、农业、医药等系列百科全书，为希腊文献做了重大贡献。历史百科全书被划分为53个标题，涉及遣使[2]、美德与恶习、阴谋、策略，及战事演说等。其中摘录了若干早期的史家著作，自希罗多德始，止于忒奥菲剌克图·塞摩卡塔。其中最重要的摘自波里比乌斯著作。曾由福尔维乌斯·乌耳新努斯 Fulvius Ursinus 在1582年以《遣使文章举要》*Selecta de Legationibus* 之题刊于安特卫普，继而由霍思歇尔 Hoeschel 在1603年予以增补[3]。另一种波里比乌斯等人的摘录是亨利·德·瓦洛瓦 Henricus Valesius[4] 出版的《美德与恶习摘要》*Excerpta de Virtutibus et Vitiis*（1634年），依据的是在塞浦路斯发现的一种抄本，为佩瑞斯刻 Peirescius[5] 获得，因而被称为《佩瑞斯刻本摘要》*Excerpta Peiresciana*。第三种摘录是迈伊 Mai 在1827年出版的《思想观念之摘要》*Excerpta de Sententiis*[6]。

刻法剌斯的文苑英华集

406 我们或许可以将君士坦丁·刻法剌斯所编辑的希腊文苑英华集定为10世纪之早期，此人在917年供职于拜占庭宫廷。他将较早期墨勒阿革洛斯、斐里普斯和阿珈提雅斯的编选本纳入自己的总集中，这部分隽语诗或可见于5—7卷和9—11卷。刻法剌斯的文苑英华集，凡15卷，被收入11世纪的一种《帕拉廷抄稿》*Codex Palatinus* 中，如此称呼是因为此本属于海德堡的帕拉廷图书馆。1623年，蒂利 Tilly【译按，Johan Tserclaes 之爵号，此人系三十年战争的佛兰芒元帅】攻陷海德堡，有3500种抄本手稿

1 Migne，cxii 74–1416.

2 同上，cxiii 605–652；《史籍要录》*Excerpta Historica*，De Boor 等人编订本（柏林，1903– ）。

3 De Boor 编订本，1903。

4 Henri de Valois（1603–1637）.

5 Nicolas Claude Fabre de Peiresc（1580–1637）.

6 Krumbacher，§§107–144，尤见 §112^{2}。

作为赠送教皇的礼物，被运往梵蒂冈，此抄稿即在其中。它被分成两部分，1797 年托伦提诺 Tolentino 条约签订后，成为拿破仑·波拿巴的一部分意大利战利品，（与其他 37 种帕拉廷抄本一起）被运往巴黎。巴黎和约（1815 年）后，包含 1—12 卷的第一部分，（同另外 37 种抄本）被返还给海德堡，留下一种照相版的摹本在巴黎，计有 48 叶。此抄稿最早由撒耳马修斯告知学界，1607 年他曾在海德堡抄录了整部书[1]。在此之前，希腊文集为人所知的只有《普兰努德斯文苑英华集》*Anthologia Planudea*（14 世纪），详见下文[2]。

《文苑英华集》中只有文学性的隽语诗之主题可与学术史发生关联，其中有些作品颇能触及古代文学批评的精髓。这些诗人批评的对象有荷马、赫西俄德和安提马库斯，阿耳刻曼、阿基洛库斯、斯忒西考儒、阿尔凯乌斯、萨福、伊比库斯、希珀纳刻斯、阿纳克里翁和品达，埃斯库罗斯、索福克勒斯和欧里庇得斯，阿里斯托芬和米南达，吕柯弗隆和卡利马库斯，阿拉图斯和尼坎德尔[3]。一首隽语诗巧妙地逐一讲出九位抒情诗人的特色来[4]，三位田园诗人被称为一并挤入了一个羊群、一个羊圈[5]，墨勒阿革洛斯和斐里普斯的题赠诗，将诗歌集比作花环，每一诗人都被铨判以恰当的花卉之名。那些诗人对散文作家的评价相对较少，却 407
也包括了希罗多德和修昔底德、色诺芬和柏拉图，还有另外几位哲学

1 Christ，§357，p. 534[4]；Krumbacher，pp. 727–729[2].

2 第 428 页。

3 vii 1–75；405–409；709；745；ix 24–26；64；184–213；506，575 等；参看 J. A. Symonds，《希腊诗人研究》*Studies of the Greek Poets*，359–366；以及 Saintsbury，i 81–86。

4 ix 184.

5 ix 205.

家[1]。一位拜占庭的隽语诗人，“学究”托马斯 Thomas Scholasticus，推重阿理斯泰德和修昔底德，以为可与德摩斯提尼匹敌，遂并称为“修辞学三星”[2]。最后，亚历山大里亚的字词考辨成为许多讽刺体隽语诗的主题，最著名的几首出自赫洛丢斯 Herodius（阿特纳奥斯曾存录之）、安提芬尼[3]和斐里普斯[4]。

10 世纪后半期，阿拉伯人被逐出克里特（961 年）的事件，被“助祭”忒奥多修 Theodosius Diaconus 铭记在一首有几分史家兴味的长篇短长格诗作中[5]。同时代人中有一位作品极多的诗人，“几何家”约翰 John the Geometer（盛于 963—986 年），他的隽语诗中有一首被认为是最好的，涉及古代诗人、哲学家、修辞学家和历史学家[6]。历史学研究的一时之选，有（1）署名“大师叙弥翁 Symeon Magister”的编年史，作者可能是那位著名的圣徒行传 Hagiography 作者，“编修者”叙弥翁 Symeon Metaphrastes[7]；有（2）10 世纪下半期之头 25 年历史，由“助祭”利奥 Leo Diaconus 所作，其文体受到荷马与普洛柯比乌斯之影响[8]。

诗人

苏伊达斯辞典

我们或可将苏伊达斯（*Σουΐδας*【译按，其本义表示堡垒、要塞】）这部伟大的辞书年代判定为 10 世纪下半期之头 25 年（950—976 年）[9]，此书

---

1 vii 93–135；676；ix 188，197.

2 xvi 315. 然而这出自《普兰努德斯本补遗》*App. Planudea*，晚于刻法剌斯本。

3 xi 322.

4 xi 321. 上文第 163 页注释。

5 Migne，cxiii 987 以下。

6 同上，cvi 901 以下；Krumbacher，§§305–306²。

7 Krumbacher，§149².

8 同上，§117²。参看《拜占庭学刊》，vi 106，285。

9 帝王世系，在 Ἀδάμ 词条下，结束于约翰 · 宰米斯柯 Joannes Tzimiskes【译按，Tzimiskes 源于亚美尼亚语，似戏称其形体矮小貌】（崩于 976 年），但这或许是后人附加的，故而这部辞书整体完成当在此之前。

综合了辞书和百科全书，最出色的条目是文学史的那些部分。其文献基础是（1）之前的辞书，诸如缩略本的哈波克剌提翁、埃琉斯·第欧尼修、波桑尼阿斯和赫剌丢斯著作；（2）荷马、索福克勒斯、阿里斯托芬和修昔底德的各家会注，以及亚里士多德著作注疏；（3）史籍，包括君士坦丁·波弗洛根尼图斯帝的摘录；（4）由米利都的赫叙基乌斯和阿特纳奥斯收集的传记资料；（5）其他流行于10世纪君士坦丁堡的作家，如埃利安、斐洛斯特拉图斯和巴布理乌斯的作品。此著作与佛提乌斯的辞书甚多一致之处，乃说明二者有相同蓝本的最好证据。现存最早提及苏伊达斯辞典的，见于尤斯塔修斯著作中（12世纪后期）。文艺复兴时期博学的希腊学者，如马喀理乌斯 Macarius、米凯勒·阿波斯托琉斯 Michael Apostolius、君士坦丁·剌斯喀理斯和“以马内利” Emmanuel（可能是赫律索洛拉斯），从其中编订出不少摘录来[1]。一部小规模的辞典，《紫罗兰丛》*Violarium*（Ἰωνιά），部分内容摘录自苏伊达斯，冠以尤多西亚之名（1059—1067年），系指君士坦丁·杜卡斯 Constantine Ducas 帝之皇后，今则判定其作者是君士坦丁·帕勒奥卡帕 Constantine Palaeokappa（约1543年）[2]，此人确曾刊印了些书籍，以11世纪的一位皇后之名义将一些学识转贩给世人。

历史家

408

---

1 有关苏伊达斯，参看 Christ，§633^{4}；Krumbacher，§233^{2}；Wentzel，《希腊辞书纂修史论集》*Beiträge zur Geschichte der griechischen Lexikographen*（《柏林科学院会议报告》*Sitzungsberichte der Akademie der Wissenschaften zu Berlin*，1895，477–487）；J. Bidez，《抄本传承——论苏伊达斯》*La tradition manuscritede Suidas*（同上，1912）。

2 Christ，p. 844^{4}；Krumbacher，§240^{2}.

Conspectus of Greek Literature, &c., 1000—c. 1453 A.D.

Emperors	Poets	Historians, Chroniclers	Rhetoricians, &c.	Scholars	Ecclesiastical Writers
1000					
976 Basil II 1025 Constantine VIII 1028 Romanus III 1034 Michael IV 1042 Michael V 1042 Constantine IX 1054 Theodora 1056 Michael VI 1057 Isaac I Comnenus 1059 Constantine X Ducas 1067 Romanus IV 1071 Michael VII Ducas 1078 Nicephorus III 1081 Alexius I	Christophorus of Mytilene *fl.* 1028–43 John Mauropus *fl.* 1042–55 *Christus Patiens*	1071 John Xiphilinus 1080 John Scylitzes 1080 Michael Attaliates 1080 Nicephorus Bryennius 1062—*c.* 1138 Cedrenus	John Doxopatres 'Siceliotes' Michael Andreopulus, translator of 'Syntipas'	Avicenna 980—1037 Psellus 1018–78 1057–9 Isaac Porphyrogenitus Algazel 1059—1111 John Italus Michael of Ephesus Eustratius of Nicaea *c.* 1050—1120	Symeon *c.* 1025—*c.* 1092 1078 Theophylact Euthymius Zigabenus *fl.* 1081—1118
1100					
1118 John II Comnenus 1143 Manuel I Comnenus 1180 Alexius II Comnenus 1183 Andronicus	Theodorus Prodromus d. *c.* 1159	Constantine Manasses 1145 Zonaras 1148 Anna Comnena 1083—1148 1176 John	Michael Italicus *fl.* 1147–66 *Timarion* 1155 Nicephorus Basilakes	'*Etymologicum Gudianum*' Tzetzes 1110—1180+ 1175 Eustathius	1143 Nicholaus of Methone d. *c.* 1165

1195 Alexius III		*c.* 1130—*c.* 1190		Corinthius	
1200					
1203 Isaac II & Alexius IV 1204 Alexius V Ducas *Nicaean Emperors* 1204 Theodore I Lascaris 1222 John III Ducas 1254 Theodore II Lascaris 1258 John IV Lascaris 1259 Michael VIII Palaeologus 1261 *Recovery of Constantinople* 1282 Andronicus II	1204 *Loss of Constantinople* *Latin Emperors* 1204 Baldwin I 1206 Henry 1217 Peter 1219 Robert 1228 Baldwin II –61 *Anthologia Planudea*	1206 Nicetas Acominatus *c.* 1150—*c.* 1211 1261 Acropolites 1217—1282	Blemmydes *c.* 1197—1272 Georgius (Gregorius) Cyprius 1241—*c.* 1290 Nicephorus Chumnus *c.* 1261—*c.* 1328	'*Etymologicum Magnum*' between 1100 and 1250 1296 Maximus Planudes 1260—1310	1275 Joannes Beccus d. *c.* 1293
1300					
1328 Andronicus III 1341–76 John V 1341–55 John VI Cantacuzenus 1376 Andronicus IV 1379 John V (restored) 1391 Manuel II 1425 John VIII 1448 Constantine XI 1453 *Fall of Constantinople*	Manuel Philes *c.* 1275—1345 *Iliad* of Const. Hermoniacus *c.* 1323–35	1308 Pachymeres 1242—*c.* 1310 Xanthopulus 1295—*c.* 1360 1356 John Cantacuzenus *c.* 1295—1383 1359 Nicephorus Gregoras 1462 Ducas 1463 Laonicus 1467 Critobulus 1477 Phrantzes	Demetrius Cydones *c.* 1325—*c.* 1396 1391 Manuel II 1350—1425 1416 *Mazaris* 1450 Matthaeus Camariotes	Moschopulus *fl.* 1295—1316 Thomas Magister *fl.* 1283—1328 Theodorus Metochites *fl.* 1283—1328 Triclinius John Pediasimus *fl.* 1328–41 Andreas Lopadiotes, *Lexicon Vindobonense* 1397 Chrysoloras *c.* 1355—1415	1349 Gregorius Palamas Barlaam *fl.* 1339–48 Nicolaus Cabasilas (*Mystic*) d. 1371 1438 Bessarion *c.* 1395—1472

Continued from p. 386.

第二十三章

411 西元1000—1359年及其后的拜占庭学术

拜占庭的法律与专政制度，在巴兹尔王朝的前四位皇帝统治下继续发展了一个世纪（867—963年），继而迎来一个较短暂的穷兵黩武时代（963—1025年），先后有约翰·宰米斯柯和“保加利亚屠夫”巴兹尔登上帝位，最后是一个更为短暂的保守且平静的繁荣期（1025—1057年），君士坦丁八世驾崩后，相继由他女儿左伊 Zoë 的三个丈夫依次称帝[1]。在此最后一个时期之前不久，普塞卢斯 Psellus【译按，希腊语意谓“口吃者”】（1018—1078年）降生世间，他是11世纪拜占庭文学最显赫的人物。他生于尼科密迭亚，至君士坦丁堡跟随日后的宗主教刻昔费林努斯 Xiphilinus 学习法律，在老师的感召下，对哲学发生兴趣。据他自

普塞卢斯

1 关于此时期，参看 Carl Neumann，《拜占庭帝国的世界》*Die Weltstellung des byzantinischen Reiches*（1894）81以下，以及 Schlumberger 的《拜占庭史诗》*Epopée Byzantine*，part iii（1025–1057）。

述，他从对末流哲人的研究使他最终摸索到亚里士多德和柏拉图，并进而阅读到了普洛提诺、波弗利、伊安布理克和普洛刻卢斯[1]。他还说，那时代的学问已不再兴盛，毋论在雅典还是尼科密迭亚、亚历山大里亚还是腓尼基，也毋论是旧日的罗马世界还是新兴起的东方帝国[2]。左伊皇后的第二任丈夫，“帕弗拉哥尼亚人”米凯勒 Michael the Paphlagonian 帝在位时（1034—1041 年），普塞卢斯在费拉德尔菲亚 Philadelphia 出任法官；在左伊第三任丈夫，君士坦丁·墨诺马库斯 Constantine Monomachus【译按，Monomachus 意谓“单打独斗之战士”】帝在位时（1042—1055 年），普塞卢斯成为君士坦丁堡新建一所法律、哲学和语文学学院的哲学教授。在此 412
时，他对柏拉图哲学产生了新的兴趣，认为比亚里士多德的哲学更为可爱，而后者为教会哲学家们所欣赏，从而使他背上异端的污名。作为一名公共教师，他着实尽力于复苏希腊文学，尤其是对柏拉图的研究，坐在他脚下的门人，有的甚而来自阿拉伯和遥远的东方。他后来升迁为国家要员【译按，曾是墨诺马库斯帝的得力政治顾问】，但这时（1054 年），他青年时的友人，刻昔费林努斯，退隐到密息亚奥林普斯群峰间一所著名的修道院去了，由于皇帝逝世（1055 年），普塞卢斯也做了僧侣，进了他友人的修道院。然而不久之后，他又返回尘世生活。在 1057 年巴兹尔王朝最后一位君主（米凯勒六世）退位之后，普塞卢斯在伊萨阿克·康涅努斯 Isaac Comnenus 帝及其两位继位者的朝中依然官位显赫。此后，他成为下一任君主，他自己的学生，米凯勒七世朝中的首席大臣，这位皇帝是个“无能天子”，将光阴全消耗在练习修辞学作文和填写短长格或短

1 《普塞卢斯之历史》*History of Psellus*（vi 37 以下），p. 108，Sathas 编订本，1899。

2 同上，p. 110。

短长格的诗歌上，从未操心过公共事务[1]。1075 年，刻昔费林努斯去世，普塞卢斯发表葬礼演说，这位友人已是他所荐举的第三位宗主教了。在学生皇帝被废黜之后不久，普塞卢斯与世长辞（1078 年）。

作为学者，普塞卢斯的才能是极为庞杂的。在纪念母亲的演说词[2]中，他自称讲学的题目涉及荷马、米南达和阿基洛库斯，涉及俄耳甫斯和穆赛欧斯，涉及西比尔 Sibyls 和萨福，涉及忒翁，以及“埃及才女”、可能指希帕提亚。关于米南达，普塞卢斯可能想将其格言诗句的创作权剥夺，因为他在别处提及紧随悲剧三诗人和阿里斯托芬之后的作者是 *Μενάνδρεια*，而不是米南达[3]。在他对君士坦丁·墨诺马库斯帝夸大其词的赞美文字中，皇上的雄辩、机敏和睿智叫他怀念起古时的伟大演说家、抒情诗人和哲学家[4]。在他卷帙繁重的著作中，不仅有一部止于他逝世前一年的世纪史（976—1077 年），还有一首论希腊论理学和语法学规
413 则的短长格诗，以及一部对雅典周边风物的简略描述著作。在他的《书信集》中，希腊经典常被提及，他特别崇敬雅典和伯罗奔尼撒的民人，盖因为其祖先的缘故[5]；遂哀婉叹息于学园和柱廊渐为世人所遗忘，逍遥学校也不过剩留一个名字而已[6]。在一封讨论纳西昂的格雷高利的书信中，他对古代作家的文体做了许多有趣的批评[7]。他开列雅典的庭讼术语

1 Finlay，iii 38.

2 Sathas，《中古希腊丛书》*Bibliotheca Graeca Medii Aevi*，v 59。

3 同上，538；Krumbacher，p. 504[2] 注释。

4 Sathas，同上，v 110。

5 《书信集》，20，见引于第 385 页；Gregorovius，《中古雅典城邦史》，i 177。

6 《书信集》，186，p. 472，Sathas 本。

7 致柏陀斯 Pothos 第一书，刊行于 H. O. Coxe，《饱蠹楼图书馆抄本目录》*Catalogi Codicum Manuscriptorum Bibliothecae Bodleianae*，i 743–751。

表，有一段论述克莱斯忒涅 Cleisthenes 将德谟斯 demes 散入新部族的政制革新，今日我们可知最根本的文献来源是亚里士多德的《雅典政制》[1]。有人将普塞卢斯恰当地比作是 11 世纪的佛提乌斯，他文体方面主要取法的对象是柏拉图，而书信集里合乎节奏、对仗工整的简短子句则酷似拜占庭时期的圣教诗歌。他对下一世代的作家发生了重要影响[2]。

继承普塞卢斯哲学教授职务的，是约翰·意大卢斯 John Italus，一位论理学方面心思敏锐的学者，他（并不忽视柏拉图和新柏拉图主义）主要致力于对亚里士多德的阐释，尤其长于《解释篇》和《论题篇》2—4 卷[3]。普塞卢斯的一名学生，以弗所的米凯勒 Michael of Ephesus，注疏过《工具论》的部分篇目（附有阿弗洛底西亚的亚历山大的摘要）和《伦理学》[4]；而尼西亚的尤斯塔修斯 Eustathius of Nicaea（约 1050—约 1120 年）对《伦理学》[5]和《后分析篇》的第 2 卷[6]进行过一番阐述。

亚里士多德著作的注疏家

在已刊布的普塞卢斯著作中，我们发现一篇超过 25 页的赞词，是向约翰·茅罗普斯 Joannes Maurŏpus 致意的。此人除了接受过当时的普通教育外，还曾特别学习过拉丁文，他的希腊语以伊索克拉底为榜样，时而在信札中用一些“冬日里的玫瑰般”的炽热语句令阴郁黯淡的文体为 414

约翰·茅罗普斯

1 21§4，本书作者编订，附有文献证据。普塞卢斯或许从维斯梯努斯给潘费卢斯著作的节录中获得引文（Bursy,《论亚里士多德雅典政制一书》, 1897）。

2 Krumbacher，§184²，以及《中古希腊文学》，272 以下；参看 Bury 校注本 Gibbon，v 504。普塞卢斯曾被“拜占庭智者”在《提马理翁》中所讽刺（《拜占庭学刊》，vi 483）。他对柏拉图《斐德若篇》的注疏曾刊行于《赫尔墨斯》，1899，315–319。

3 Krumbacher，§185².

4 Heylbut 编订本，见于柏林版《亚里士多德注疏集》，xx 461–620；《伦理学》卷 v 的注疏，有 Heyduck 编订本（1901）。

5 Krumbacher，pp. 1–406.

6 威尼斯，1534。参看 Krumbacher，pp. 430² 以下。

之一亮[1]。君士坦丁·墨诺马库斯帝登基（1042年）后不久，他成为君士坦丁堡的哲学教授，但此后他旋又在1047年成为欧凯塔 Euchaita 的主教，此城位于伊理斯 Iris 和哈利斯 Halys 之间，离本都斯的阿玛西亚 Amasia 有一天的路程。他在东方教会创办了一年一度纪念刻律索斯托、巴兹尔和纳西昂的格雷高利的庆典节日，在一首向柏拉图和普鲁塔克致敬的隽语诗中，他创立了基督教信仰自由的一个著名范例[2]。学术史中值得提及的，是他以短长格诗体写了一部词源学著作。所采择的词语与圣经的希腊文本相关联，其排列以主题为次序，先是诸如 *Θεός*【上帝】、*ἄγγελος*【天使】、*οὐρανός*【天】、*ἀστήρ*【星辰】、*ἥλιος*【日】、*σελήνη*【月】这样的词条，继而是各类风名和四种元素。柏拉图在《克拉底鲁篇》推想 *πῦρ*【火】是一个古老的“蛮族”字眼，却尝试为 *γῆ*【地】找到一个字源。后来的语源学家则将 *γῆ* 列入原始词语表目中，约翰·茅罗普斯也赞同此说，反对同时代的一位人士欲将 *γῆ* 剔出原始词语表，并且说，对于单音节词，我们是不必去索其语源的。茅罗普斯遵从的著述家显然是埃德萨主教（701 年）雅各布 Jacob，此人以基督教义改写过一部早期的“词源学”或谓“希腊主义”的著作，其根据之蓝本或是奥古斯都及提比略帝时代的塞琉古斯，或是同样时代的某位语法学家。

词源学辞典　我们已经见识过《真本词源学》与《小词源学》在佛提乌斯的指
415 引下变得完备。接下来这类作品有一部《词源学》***Etymologicum***（约 1100 年），被先前一部劣质抄本（1293 年）的主人冠以“古德藏本”Gudianum 的绰号，藏书者是丹麦人马夸德·古德（卒于 1689 年），他的藏书被彼

1　普塞卢斯，Sathas 编订本，同前，v pp. 148–150。

2　Krumbacher，§308^{2}.

得·布曼 Peter Burman 赠给了沃尔芬彼特 Wolfenbüttel 的图书馆。这部《词源学》的很多条目都抄自《真本词源学》和《小词源学》，有种最好的抄本，即 codex Barberinus I 70【巴贝尔藏本 I 70 号】（约在 12 世纪初年），将这些条目的来源都标以一个 *Φώτιος*【佛提乌斯】的字母组合图案[1]。有些条目则未见于佛提乌斯所编的两种《词源学》之现存抄本中，但它们都可能出自该著作更完整的副本[2]。总体上说，编者试图整合有分歧的观点时取舍不慎，又将不同文献根源的相同观点以其各自形式重复记录下来[3]。9、10 世纪对于旧辞典的保存所具有的毁灭性摧残程度，恰如这时代里的成果之丰硕。佛提乌斯及其同道，在学界广泛传播辞书学之兴味，但新造之著作的价值却往往很低劣，原本被抄写家们随意地缩略或扩充。12 世纪的勤奋学者们似乎复归于佛提乌斯时代的著作上去。这时出现了一部所谓的《广词源学》*Etymologicum Magnum*，此书主要是以《真本》为框架，添加了《古德藏本》以及拜占庭的斯第潘努斯著作和忒律丰“论送气音”著作里的内容，其中任意改变《真本》的标题和措辞，削减引文，增加了荷马史诗的片段，总体上不止满足于成为原文本的扩充修订版[4]。此书编修之年代，在 1100—1250 年间，首次（夹杂着许多窜改的文字）由卡列尔支 Callierges 刊行于世（1499 年），得题名为《广词源学》，始于此时。又先后有叙尔博格 Sylburg（1594 年）和盖斯佛德

1 Reitzenstein，前揭，p. 138。这部著作的出版者（B. G. Teubner）友好地提供了我一个标志的摹本，ϕ。Leopold Cohn（《德意志文学报》*Deutsche Litteraturzeitung*，1897，p. 1417）反对将ϕ当作是 *Φώτ*（*ιος*）的一个字母合拼，但没有做出任何解释。T. W. Allen 先生曾检验过抄本，向我确定说这个合拼有几种形式，其中有一种，*Φ* 组合以 *T*，升出于 *ω* 之上。

2 同上，152 以下。

3 同上，155。

4 同上，241 以下。

（1848年）进行修订。“语法学大家”叙弥翁的《词源学》[1]是《真本词源
416 学》的缩略本，另外添加了《古德藏本》、拜占庭的斯第潘努斯著作和一位失考的“修辞学辞典”里的内容。此书晚于1100年，早于1150年，即“佐纳剌斯”辞典[2]的大致成书年代，因其在叙弥翁《词源学》中摘录了一些注释汇编。对叙弥翁此书的一个扩充本，被称为“大语法”[3]。

《塞日叶氏辞书集》

《塞日叶氏辞书集》*Lexica Segueriana*之得名，是因为它们都存于11世纪的一部抄本中，从前此本属于皮埃尔·塞日叶 Pierre Séguier（1588—1672年，法兰西学院院长），现存于巴黎图书馆（Coislinianus 345【夸斯兰藏本345号】）。这部抄本，包括了数种小辞书和几篇论句法的论文，为我们生动地描述出10、11世纪君士坦丁堡语法学学习的普及程度。其中有荷马（阿波罗尼乌斯的那部）、希罗多德和柏拉图（蒂迈欧的那部）的著作释词，有墨埃里斯和弗里尼库斯所著的辞典，还有五部作者匿名的辞典，则统称为《塞日叶氏辞书集》，（1）与弗里尼库斯意见相左的非阿提卡风辞典；（2）句法辞典，范文取法了普洛柯比乌斯（盛于527—562年）和彼得若·帕特理鸠 Petrus Patricius（约500—562年）的著作；（3）争讼用词表；（4）修辞学术语表，有对希腊古物的说明，取自于一部演说家著作释词的辞书；（5）συναγωγὴ λέξεων χρησίμων【要词汇释】，因为大量抄袭弗里尼库斯、埃琉斯·第欧尼修等人著作里，其中A字母

1 Studemund，《希腊与拉丁遗书杂录》*Anecdota Varia Graeca et Latina*，i 113以下。

2 可能是“修士”安东尼乌斯 Antonius Monachus 编纂的（见 Stein 编订的希罗多德著作，大开本，ii 479以下）。

3 Reitzenstein，254以下。参看 Krumbacher，§237[2]。

起首的词汇部分就已极占篇幅了[1]。菲洛克塞努斯和居理尔的字汇，菲勒蒙的 lexicon technologicum【修辞术辞书】，著者并非冠其真名之人[2]。

《文多博纳辞书》

《文多博纳辞书》*Lexicon Vindobonense* 乃一位叫作安德理亚·洛帕第奥忒斯 Andreas Lopadiotes 的人所作（14 世纪上半期）。其中保存了索福克勒斯[3]和菲耳克拉忒别无载录的诗句，这几乎可算是此书唯一的价值所在。主要以缩略本哈波克剌提翁著作为蓝本[4]。

诗人

11 世纪里最出色的一位拜占庭诗人，密提勒涅的刻律斯托弗儒斯 417
Christophorus of Mitylene（盛于 1028—1043 年），他偶尔发兴，以短长格韵体写了些诗歌与警铭[5]。有部悲剧诗集锦，题为《基督受难记》*Christus Patiens*，一度被认为是纳西昂的格雷高利所作，今日已知其属于 11 或 12 世纪[6]。

历史学家

历史学的代表不止宗主教约翰·刻昔费林努斯的朋友普塞卢斯一人，还有这位宗主教的侄子，亦叫作约翰·刻昔费林努斯，他在米凯勒七世（1071—1078 年）的激励下，写成一部狄奥·卡西乌斯著作第 36—80 卷的摘要，由此为我们保存了别无可寻的最后二十卷内容[7]。1080 年，大约乃是另外三部史书的成书时间，（1）约翰·斯基利采 John Scylitzes 的编年史（811—1079 年），盖“宗座秘书”乔治和忒奥芬尼二人

---

1 《塞日叶氏辞书集》刊行于 Bekker 的《希腊遗书》，pp. 75–476，包括了（5）的 A 部；剩余条目则后来刊行于 Bachmann 的《希腊遗书》，i 1–422。参看 Christ，§635[2]；Krumbacher，§236[2]。

2 Krumbacher，§§561，571[2].

3 Nauck 738，*ζημίαν λαβεῖν ἄμεινόν ἐστιν ἢ κέρδος κακόν*【受到惩罚比靠欺瞒而获利要好】。

4 Krumbacher，§238[2].

5 Rocchi 编订（1887）；Krumbacher，§307[2]。

6 Krumbacher，§312[2].

7 同上，§153[2]。

著作的后续；（2）“阿塔利亚人”米凯勒 Michael Attaliates 的史书（1034—1079 年）；（3）尼柯弗儒斯·布律恩纽斯 Nicephorus Bryennius 搜集的亚列克修斯·康涅努斯 Alexius Comnenus 帝传记资料，他以色诺芬为模范，整部著作由其妻子，亚列克修斯之女安娜·康涅娜 Anna Comnena 续作并完成。我们认为刻德瑞努斯 Cedrenus 纂写的编年史当完成于此世纪后期，或下世纪之初，该书始于上帝创世，止于西元 1057 年[1]。

修辞学家 拜占庭修辞学家中最重要的人物，有一位是约翰·多刻索帕忒 John Doxopatres，或被称为“西西里的希腊人”约翰 John Siceliotes，是赫谟根尼和阿甫托尼乌斯著作的重要注疏家[2]。他属于 11 世纪上半期人[3]。在此世纪终了之时，一种受世人广泛喜爱的东方故事集，从叙利亚文翻译成希腊文，题为“辛提帕斯 Syntipas【译按，印度古代哲人，其原书不传，唯有部分内容存于《佛本生经》*Jataka*、《故事海》以及《一千零一夜》中】”，译者是米凯勒·安德略普卢斯 Michael Andreopulus，乃亚美尼亚君主密利忒涅的迦布列尔 Gabriel of Melitene 之臣民。通过此希腊译本，这些故事传至西方，被
418 再创造为七贤人与多洛帕陀斯 Dolopathos 的传奇，甚而影响到《罗马人故事集》*Gesta Romanorum* 和薄伽丘的《十日谈》[4]。

教会作家 此世纪教会作家有：叙弥翁，君士坦丁堡圣玛马修道院的院长，他跻身东方教会最伟大的神秘主义者之列，是 14 世纪寂静派狂热分子的先驱[5]；著名的圣经注疏家，保加利亚大主教，忒奥菲剌克特 Theophylact，

---

1 Krumbacher，§152[2].

2 Walz，《希腊修辞学家》，ii 及 vi。参看 Saintsbury，i 187 以下。

3 Krumbacher，§195[2].

4 同上，§393[2]，以及 Gaston Paris，《中古法国文学》*La Littérature Française au Moyen Age*，§71，参考书目见 p. 255 以下。

5 Krumbacher，§63[2].

他得益于刻律索斯托和纳西昂的格雷高利之处甚多[1]。他的《劝勉篇》*Exhortation* 写给其皇家门生，米凯勒二世之子君士坦丁，此篇借鉴了色诺芬、柏拉图、波里比乌斯、第欧根尼·拉尔修、叙涅修斯以及特别是"金嘴"狄翁和忒米斯修。由对"背教者"尤里安帝的引述，这种全无成见的态度显得有些令人讶异。他写给皇帝亚列克修斯·康涅努斯的《颂词》*Panegyric*，在结尾处发出要保护学术的感人召唤[2]。

12 世纪的代表人物是柴泽斯 Tzetzes（约 1110—约 1180 年），他写过一首谈文学和历史主题的教谕诗，竟有超过 12 674 行依重读节奏的诗句，展示出庞杂的博学多识。《千行集》*Chiliades* 之题名，是得于其首位编订者【译按，谓将此书任意割裂，分为若干卷，每卷 1 000 行诗句】，作者本人给这部著作定的题目不过是 *βίβλος ἱστορική*【《史学诸书》】而已。此书形式上是对其《书信集》作的诗体注释，充满了神话、文学与历史学问。下列有关自由七艺的数行，盖以波弗利的一节文字为蓝本，非常可以说明此人的风格： 柴泽斯

δευτέρως δὲ ἐγκύκλια μαθήματα καλοῦνται
ὁ κύκλος, τὸ συμπέρασμα πάτων τῶν μαθημάτων,
γραμματικῆς, ῥητορικῆς, αὐτῆς φιλοσοφίας,
καὶ τῶν τεσσάρων δὲ τεχνῶν τῶν ὑπ'αὐτὴν κειμένων,
τῆς ἀριθμούσης, μουσικῆς, καὶ τῆς γεωμετρίας,
καὶ τῆς οὐρανοβάμονος αὐτῆς ἀστρονομίας. [3]

1 Krumbacher，§52².
2 同上，§196²。
3 xi 525 以下。

【从此日常的学问将叫作
“体系”，目的是由此获得知识，
包括语法学、修辞学及哲学，
居于其下者还有四种技艺，
即算术、音乐与几何学
以及漫游于天界的天文学。】

这部长篇巨制，显示其作者的阅读范围，诗歌方面涵盖了荷马、赫西俄德、品达、悲剧三诗人、阿里斯托芬、提奥克里忒、罗德斯的阿波
419 罗尼乌斯、吕柯弗隆、尼坎德尔、“游方者”第欧尼修、奥庇安、俄耳甫斯祷歌、士麦那的昆图斯以及希腊文苑英华集。散文方面，他熟悉的历史学家有希罗多德、狄奥多鲁斯、约瑟夫、普鲁塔克、阿里安、狄奥·卡西乌斯和普洛柯比乌斯，熟悉的演说家有吕西亚、德摩斯提尼和埃斯基纳斯，哲学家则熟悉柏拉图和亚里士多德，地理学家则熟悉斯特拉波和拜占庭的斯第潘努斯，最后，还谙熟琉善的讽刺文章。援引作者的总数逾四百人之多[1]。柴泽斯的其他著作还有以万行诗句谈论《伊利亚特》与《奥德赛》的《寓言集》*Allegories*（约 1145—1158 年）[2]，一部《伊利亚特》注疏（约 1143 年），涉及荷马史诗之前、其间、之后相关题材的六音步诗，赫西俄德著作集注（早于 1138 年）[3]，阿里斯托芬著作的集注，所附一篇重要的《绪言》，提供了相关亚历山大里亚图书馆之

1　参看 H. Spelthahn，慕尼黑学位论文，1904。

2　参看 Saintsbury，i 187。

3　有关拜占庭时期的赫西俄德研究，参看 M. R. Dimitrijevic，《赫西俄德研究》*Studia Hesiodea*（莱比锡，1899），pp. 234。

有价值的信息[1]，吕柯弗隆和奥庇安著作集注，可能也有尼坎德尔的著作集注，赫谟根尼《修辞学》的诗体摘要，最后还有一部论诗法的诗歌（1138 年之后）。我们从柴泽斯自家著述中了解到他的不少生平，他常抱怨自己穷厄交困，无人识其才具。他一度如此窘迫，竟至不得不变卖所有的书，唯留下他的普鲁塔克。他与其他学者亦多积怨。只有他超乎寻常的粗心大意，方能胜过他过度的自尊。他称阿摩戈斯岛的西蒙尼德是阿摩戈斯之子，将纳刻索斯 Naxos 镇【译按，在克里特岛】置于攸比亚岛，将瑟维乌斯·图利乌斯【译按，罗马上古时期的国王】说成是罗马的“执政官”和“皇帝”，还将幼发拉底河与尼罗河混为一谈。他自豪于笔锋峻利、记性卓绝，但记忆力常叫他犯错误，他大概是一位愚钝的作者，一个不值得信赖的权威[2]。

柴泽斯的资助人中，有一位伊萨阿克·康涅努斯【译按，与上文同名人物非一人】，他皇兄是拜占庭帝王中最圣明者，约翰二世（卒于 1143
年），其子嗣曼纽尔 Manuel 一世（卒于 1180 年）、曼纽尔的第一任妻 420
子日耳曼公主蓓耳塔 Berta（爱莲娜），也都是柴泽斯的恩主。约翰帝之
姊，安娜·康涅娜 Anna Comnena，或可在此提她一笔，她为其父皇亚列 安娜·
克修斯一世作传，她丈夫，杰出的战士与外交家，尼柯弗儒斯·布律恩 康涅娜
纽斯（卒于 1137 年）为此传记收集了资料，安娜则在 1148 年开始增补及续作。她熟悉荷马、阿里斯托芬、悲剧三诗人，也熟悉希罗多德、修昔底德和波里比乌斯，故而其作品成为效仿普塞卢斯而兴起的文学复兴

1 上文第 119 页注释，有关他对《鸟》的注释，参看 J. W. White 在《哈佛古典语文学研究》，xii 69–108。

2 Krumbacher，§219[2]。柴泽斯本人的权威性，见 Zielinski 的讨论，在《古典语文学周刊》，1898，133 以下。

忒奥都儒斯·普罗德洛姆

中最早的代表[1]。约翰二世与曼纽尔帝都曾资助过忒奥都儒斯·普罗德洛姆 Theodorus Prodromus（卒年晚于 1159 年），这是一个受贫穷折磨的诗人，能以通俗希腊语和古典希腊语写作，尤长于摹仿琉善的散文体[2]。

尤斯塔修斯

12 世纪学者中最可纪念的名字乃是尤斯塔修斯 Eustathius，他在君士坦丁堡的语文学研究成就，比他自 1175—约 1192 年间在帖撒隆尼卡的终身大主教职务还要显赫。他作《品达注疏》时还是一名助祭，此书仅有一部分传世，是一篇论说抒情诗和品达风格的重要序言，涉及诗人生平，以及奥林匹克竞技和五项全能赛[3]，但无迹象显示出论者比我们掌握更多有关胜利颂 Epinician Odes 的资料。尤斯塔修斯还写过《"游方者"第欧尼修释义及会注》[4]，以及一部重要的《伊利亚特奥德赛注疏》[5]。《伊利亚特》的注疏文字是《奥德赛》注疏的两倍，但两者篇幅皆不及注疏者的导言，他怀着热情在文中信守着荷马之于希腊文学的意义[6]。这两部注疏
421 都从早先著作中摘录了大量内容，包括希洛狄安论重读的著作。《伊利亚特奥德赛注疏》的标题 *παρεκβολαί*【离题；枝节】意味着有些摘录是偶然采自泛泛的阅读中，尤其喜好摘录自汇编著作。尤斯塔修斯多次利用阿庇翁与希罗多儒 Herodorus（或即赫列都儒斯）的荷马字汇，这与威

---

1 Krumbacher，§§120，121². Schiller 译文见于《历史记录文献集成》*Allgemeine Sammlung historischer Memoires*，耶拿，1790。参看 Carl Neumann，《12 世纪希腊史学家与历史文献来源》*Griechische Geschichtsschreiber und Geschichtsquellen im 12 Jahrhundert*（1888），17 以下。

2 同上，§§313，333²；上文第 361 页。

3 刊于 Dissen 和 Schneidewin 的《品达》，1843 年。

4 Bernhardy 编订（1828 年），C. Müller 在《希腊地理学次要著作集》*Geographi Graeci Minores*，ii 201 以下。

5 Stallbaum 编订，7 卷，1825—1830 年。

6 在另一部著作中，他提及荷马史诗情景在帖撒隆尼卡戏剧演出中的再现；《短篇集》*Opuscula*，p. 81，Tafel 本。

尼斯抄本荷马著作的《会注》有部分相同的材料来源，保存了些许阿里斯塔库斯的考辨。其他的典据，还有阿特纳奥斯、斯特拉波、拜占庭的斯第潘努斯，以及米利都的赫拉克利德 Heracleides of Miletus 和苏维托尼乌斯的两部希腊文著作，又参考了埃琉斯·第欧尼修和波桑尼阿斯，原始本的《广词源学》（即未存录《真本词源学》全篇的完整文本）[1]，还有苏伊达斯辞典，更早先的作家从未征引过它。这些不过是他的一堆基本书籍，"从他的丰饶之角"（采用吉本的措辞），"倾倒出四百位作家的人名与典据来"[2]。

他伟大的荷马注疏使得现代学者一直将他视为拜占庭时期最有教益的一位人物。但他不单只是一位学者，除了学问上他超出所有同代人外，他还具有政治上的直觉，是一位作风大胆、眼光长远的改革家。《注疏》属于他早年在君士坦丁堡的岁月，那时他的住处是帝都主要的文学中心，如同是古代雅典的学园之属[3]。他所著作的当代史，写于出任帖撒隆尼卡大主教（1175 年）之后数年。1185 年，从西西里来的诺曼第人野蛮入侵帖撒隆尼卡期间，尤斯塔修斯在危难中坚守职责，抚慰西西里之将士，劝导他们削减过多的军队[4]，后来还著文叙说这次侵略的因果始末[5]。他还做了很多提高他教区僧侣智力和道德水平的工作。他反对僧侣们缩减修道院图书馆来迎合其人不知与书为伴的习气，恳请他们放过那些图书馆，使之能保存好珍贵的藏书，以便于将来某日或许有更热

1　Reitzenstein，《希腊语源学史》，p. 252 注释。

2　c. 53（vi 105，Bury 本）。

3　攸提密乌斯 Euthymius，转引自 Tafel，《帖撒隆尼卡之建城史》*De Thessalonica eiusque agro*，p. 399。

4　Finlay，iii 215.

5　Tafel 编订本（1832）；Bekker（1842）；亦见 Migne 本，cxxxv。

422 爱学问的人使用[1]。

尤斯塔修斯去世（约 1192—1194 年）后，有一篇词锋雄健的悼词称他是“黄金时期的最后一人”，作者自称是他从前的学生，米凯勒·阿柯米纳图斯 Michael Acominatus，此人出任雅典宗主教的时间显然与尤斯塔修斯被召往帖撒隆尼卡同年（1175 年）。其弟尼刻塔斯·阿柯米纳图斯 Nicetas Acominatus 说他是一名政治家，又长于 1180—1206 年间的历史，而他在雅典宗座的终身职务便是中古希腊史中最辉煌的一页。那时期他用笔墨描述了雅典的破败与阿提卡的荒凉；但当他入住建立在卫城平台上的官邸时，他一定感到基督教世界鲜有几个主教能拥有像帕台农神庙 Parthenon 这样的大教堂。米凯勒·阿柯米纳图斯发表的就职演说，将其听众称为古雅典人的后裔，赞美雅典是孕育雄词与才智的母亲，其名望所寄托者，与往昔时代的纪念物无关（其中他将吕西克拉底 Lysicrates 的歌队纪念亭称为“德摩斯提尼灯塔”），而是仰赖于她子民们的美德。但他旋即感到羞窘，因为那时的雅典人不能全然领会他滔滔不绝的辞令；时光流逝，雅典今昔差异的对照令他沮丧；他眼中所见，是羊群在雕梁画栋的稀落废墟间吃草。阿提卡风光魅力犹存，自叙美图斯山上望下去，他见到一边是整个阿提卡地区，一边是居刻剌德斯群岛 Cyclades，展开如一张地图铺在面前。但是他感到，那个演说家和哲学家的民族已经消失了，他写的唯一一首传世的诗歌，便是在伤悼于雅典的衰亡[2]。尚可告慰自己者，他自拜占庭携来的书籍，包括了荷马与修昔底德，欧几里德、尼坎德尔与盖伦等人著作，他将这些书赠与该宗座的官

米凯勒·阿柯米纳图斯

1 《论正确的修院生活》, c. 128（引文见上文第 385 页）。Krumbacher, §221^2,《中古希腊文学》, 274。

2 Boissonade,《希腊遗书》, v 374 ; Sp. Lampros, ii 397。

方图书馆，被装入两只书柜，置于神庙的祭坛旁边。1204 年第四次十字 423
军洗劫了君士坦丁堡，雅典被拱手让与法兰克人，遂称为拉丁教会的宗座，米凯勒撤退到邻近的刻俄斯岛屿上，于 1220 年在此去世，弥留时眼望着阿提卡的海岸[1]。

雅典和英格兰

米凯勒·阿柯米纳图斯尚未离任雅典大主教时，一群人，被马修·帕理斯 Matthew Paris 称为“相貌晦气的希腊哲学家”，从雅典来到约翰王（约 1202 年）的宫廷[2]。他们无疑是东方的僧侣，但不被准许留在英格兰。马修·帕理斯[3]在另一处说，他同代人贝辛斯托克的约翰 John of Basingstoke 是莱斯特 Leicester 的助祭长，写信给林肯郡主教罗伯特·葛洛赛特斯特 Robert Grosseteste 说，他在雅典学习时，尝见闻到某些为拉丁语世界所不知的东西。他在那里发现了《十二族长遗训》*Testaments of the Twelve Patriarchs* 的一部副本，林肯郡主教嘱托圣奥耳班 St Albans 的一位僧侣将之翻译成拉丁文；约翰本人也将一部希腊语法书译成了拉丁文。在他游访期间，他还知道了不少君士坦丁娜 Constantina 的事，这个女孩是雅典大主教之女，未满 20 岁，（除了通晓 trivium 和 quadrivium【译按，合指前三后四七艺】）已能预言瘟疫、地震及日月食。因为这位助祭长于 1252 年去世，故而这位饱学之女士的父亲，即雅典的希腊大主教，显然只能是米凯勒·阿柯米纳图斯。但是他说过自己没有子女，因而若我们需要相信贝辛斯托克的约翰真的游访过雅典，并且将一些希腊文抄本带至英格兰的话，我们必然认为马修·帕理斯所听闻的有关此饱学之女士

1 Krumbacher，§199^{2}，尤见 Gregorovius，《中古雅典城邦史》，i 204–227，240–244。第一部全集编订本是出自 Sp. Lampros，2 卷本（雅典，1879 年以降）。

2 《盎格鲁史（简史）》*The Historia Anglorum (minor)*，Madden 编订本，iii 64。

3 《大编年史》*Chronica Maiora*，Luard 编订本，v 285。

的身份有些可疑[1]。

424 格雷高利乌斯 此时期还有一位博学的神职人员，格雷高利乌斯 Gregorius，他是科林斯的大主教（约 1200 年），写过一部传世著作，涉及希腊方言。此书取法的范本，有部分是忒律丰（西元前 1 世纪）和“勤奋者”约翰（西元 6 世纪）的著作，有部分是品达、阿里斯托芬及特别是提奥克里忒的会注和字汇，还有部分则可能是作者阅读希罗多德、品达及提奥克里忒的独到心得。旨在求全，但结构布局失当；然而其抄本流传之繁多，足证明此书受欢迎的程度[2]。

编年史家 12 世纪史学著作中有三位编年史家，君士坦丁·马纳赛斯 Constantine Manasses 有 6733 行以重读定节奏的诗体作品，自上帝创世始，结束至 1081 年；佐纳剌斯与格吕卡斯 Glykas，两人的散文体编年史都截止于 1118 年[3]。此时代两位重要的历史学家，一是秦纳慕斯 Cinnamus，其著作存有一部摘要，自 1118 年延续至 1176 年；一是尼刻塔斯·阿柯米纳图斯，其巨型史著有 21 卷，涵盖年代在 1180—1206 年之间，于是将拉丁语族征服君士坦丁堡的事件也囊括进来[4]。

尼刻塔斯的兄弟米凯勒，即雅典的大主教，或许会被列入本世纪的修辞学家行列。而米凯勒·意大利库斯（盛于 1147—1166 年）也在此列，他的许多书简都是写给皇家成员和当时执掌大权者的。有一封信提

修辞学家

---

1 Gregorovius，前揭，i 231–234。参看 Hopf，《中世纪以来之希腊史》*Geschichte Griechenlands vom Beginn des MAs*，在 Ersch 和 Gruber（1867），vol. 85，175–177。贝辛斯托克的约翰的游访被定于 1240 年，见 Cantor 的《数学史讲座》*Vorlesungen über Geschichte der Mathematik*，ii 100²；若此年代正确，“未满 20 岁”的女孩，不可能是 1220 年已逝世的一位大主教之女。

2 G. H. Schaefer 编订本（1811）；参看 Krumbacher，§248²。

3 Krumbacher，§§154–156².

4 同上，§§122–123²。

到他将一位无名的君士坦丁堡宗主教的著作撕成碎片，指出此书整体几乎俱抄袭自刻律索斯托、巴兹尔和尼撒的格雷高利。在另一封信中，他写给穷学究忒奥都儒斯·普罗德洛姆，此人慷慨地称对方为第二个柏拉图[1]。此时另一位多著述的修辞学家是尼柯弗儒斯·巴兹剌克斯 Nicephorus Basilakes，他哀悼于兄弟在西西里战役牺牲的作品可能写于 1155 年[2]。

教会作家中，美托涅的尼古劳斯 Nicolaus of Methone（盛于 1143—1180 年）对当时的神学论战做了数量极为可观的解释，但自从反复有人发现他所知尽来自佛提乌斯等人，他的名声便备受打击。对普洛刻卢斯著作的批评分析几乎逐字地借鉴加沙的普洛柯比乌斯；但尽管缺乏原创性，却可说明，由于对 12 世纪兴起的古代哲学重新发生兴趣，出现了一种特别的声音，呼吁捍卫教会的朴素学说，免受新柏拉图主义细致精明之风的影响[3]。 425

美托涅的尼古劳斯

尼西亚帝国【译按，指拜占庭在尼西亚的流亡政权】由剌斯喀理斯家族统治，自 1204 年君士坦丁堡失陷，至 1261 年收复。在此期间，文坛最显赫人物是尼柯弗儒斯·布林密德斯 Nicephorus Blemmydes（约 1197—1272 年），他是位哲学家，又是一位神学家、地理学家、修辞学家和诗人。他的逻辑学与物理学手册被保存于诸多抄本中[4]。此时期的历史学家有乔治·亚柯洛波利忒 Georgius Acropolites（1217—1282 年），一位品格高贵的人物，他力避俗语，不肯屈尊使用 *γάδαρος*（*γαΐδαρος*）一词称呼驴子，

尼西亚帝国

布林密德斯和亚柯洛波利忒

---

1 Krumbacher，§197^2。忒奥都儒斯（如同忒奥菲剌克图·塞摩卡塔和“宗师”托马斯一样）自己很熟悉伪柏拉图对话《阿克息奥库斯篇》（Brinkmann，在《莱茵博物馆》，ii 441–455，1896）。

2 同上，p. 473^2。

3 Krumbacher，§22^2.

4 同上，§186^2；《生平与诗集》*Curriculum vitae et Carmina*，Heisenberg 编订本，1897。

因为这是一个希腊俗字【译按，源自阿拉伯语】，他就替换以词源上相比贵气些的字眼儿，ἀεὶδαρος，意即“终日郁郁者”[1]。但尼西亚的希腊帝国没有在学术史上给我们留下任何重要资产，君士坦丁堡的拉丁帝国在这时期也同样阙如（1204—1261年）。

君士坦丁堡与西方世界

西方的学者曾一直将东方的帝都视为古代文学的宝库。10世纪，那不勒斯的大司铎利奥随身带回一部抄本，系伪卡理斯忒涅的亚历山大大帝传奇，他将此书译为拉丁文[2]。1167
426 年，伽普 Gap 一个叫纪尧姆的懂医学的僧侣，被圣德尼 St Denis 的修道院院长派往君士坦丁堡去搜寻希腊文抄本，但他带回来的那些抄本可能只是与“大法官第欧尼修”有关[3]。当诺曼第人占领帖撒隆尼卡（1185年），他们想把搜罗来的书籍以一低廉的价钱出售，便发现意大利人准备要做买主[4]。甚至在拉丁民族占领君士坦丁堡之前，据说意大利人们就已装载满船的手稿抄本而返了[5]。大浩劫无疑由征服者一手造成，当时发生的三场大火也是罪魁祸首。其中第二次火灾发生在1203年8月19日，起因于佛兰芒兵士们的恣肆行动，烧了两天，“摧毁了满是古代艺术品和古典著作抄本的华丽的宫殿”[6]。“无法计算损失的程度，我们或许该落泪”（吉本说），“为的是君士坦丁堡三次大火中焚毁的那些图书”[7]。都城沦陷（1204年4月13日）之后，一队法兰克兵士在街巷间行进时，他们摆

---

1 Krumbacher，p. 287[2].

2 Zacher，伪卡理斯忒涅（1867）；Krumbacher，§374，p. 850[2]。尤里乌斯·瓦勒理乌斯 Julius Valerius 在340年之前已经由希腊文本译出此书了（Schanz，§374）。

3 Jourdain，《亚里士多德著作拉丁文译本年代渊源之查考》*Recherches critiques sur l'âge et l'origine des traductions latines d'Aristotle*，p. 46；Delisle 在《学人杂志》*Journal des Savants*，1890，725–739。

4 尤斯塔修斯，《拉丁族劫掠帖撒隆尼卡记》*De Thessalonica urbe a Latinis capta*，c. 135。

5 米凯勒·阿柯米纳图斯，i 17（Gregorovius，前揭，i 286）。

6 Finlay，iii 261，及 Nicetas，356，Villehardouin，82。

7 c. 60 篇末。

出随身的笔墨纸张，以表示对于会读书写字之人的轻蔑，记录此事的希腊史家对侵略者的行径报以抨击之词，称他们是“愚昧无知、全无教养的蛮族人”[1]。在拉丁皇帝的 57 年统治时期里，东西方世界可能出现了一些文学交流。1205 年，教皇英诺森三世 Innocent III 向“巴黎大学的宗师与学者”致以劝勉之言，请他们去希腊拯救文学诞生之地的学术研究[2]。菲利普·奥古斯都 Philip Augustus 在塞纳河建立了一家学院，君士坦丁堡
的希腊人可以在此学习拉丁语言[3]。此外，根据“布列塔尼人”纪尧姆 427
Guillaume le Breton 所云，1209 年，有人从君士坦丁堡带回（据说是）亚里士多德写的某部形而上学著作，并译成了拉丁文，但这些 libelli【小册子】（他补充说）被命令焚毁，因其可能引发出异端邪说[4]。

帕莱奥罗古斯王朝的学者

拜占庭帝国命终于帕莱奥罗古斯王朝 Palaeologi，此皇族统治之时期，自 1261 年从法兰克人手中收复君士坦丁堡始，至 1453 年突厥人攻克此城止。生活于此王朝的学者乃是新时代的先驱，他们与马其顿（867—1057 年）、康涅努斯（1057—1185 年）二王朝的学者相比，在对古典文本的整理研究上是大为不同的。9—12 世纪的抄本（诸如埃斯库罗斯、索福克勒斯和罗德斯的阿波罗尼乌斯著作的洛伦佐抄本，和阿里斯托芬的拉文纳抄本）坚持的是亚历山大里亚和罗马时期的传统，而 13 世纪以降的抄本则显示出拜占庭学者开始以一种任性浮躁的态度对待古希腊文本，从此随意改动古代诗人的韵律，旨在使之与他们自造的诗律系统相

1　尼刻塔斯，*ἀγραμμάτοις βαρβάροις καὶ τέλεον ἀναλφαβήτοις*，Gibbon，c. 60（vi 40，Bury 本）。

2　“... in Graeciam accedente, ibi studeretis literarum studia reformare, unde noscitur exordium habuisse【到希腊去，复苏文学发源地的文学研究】”（Jourdain，《亚里士多德著作拉丁文译本年代渊源之查考》，p. 48）。

3　Jourdain，p. 49.

4　或许是《物理学》，同上，p. 187 以下。

合[1]。此数世纪的学者们，比起西方学术复兴时代最早的代表人物来，他们与佛提乌斯、阿瑞塔斯和尤斯塔修斯更少有共同之处，那些西方人倒是继承了拜占庭时期最后的传统[2]。

晚期拜占庭学者中，与文艺复兴之先驱相连通的最早一人，是僧侣
普兰努德斯 马克西姆·普兰努德斯 Planudes（约 1260—1310 年）。他对于拉丁文极为精通，可能是希腊与拉丁教会持续的争端导致他学得这门语言的。他
428 或许因此而在 1296 年充任使者前往威尼斯。通过翻译成希腊文，他将许多拉丁文著作介绍给他的国人，其中有恺撒的《高卢战记》、西塞罗的《西比阿之梦》、奥维德的《变形记》和《女杰书简》、多纳图斯的小语法学，还有波爱修斯的《哲学的慰藉》，即便是诗歌部分，也被精妙地译成了相应的希腊韵体。他翻译的《女杰书简》以一部现在亡佚了的抄本为根据，这应该比我们现存的各个抄本都要优良。

这部译本的价值在此显然可证。在 vi 47 处，quid mihi cum Minyis, quid cum Tritonide pinu【米尼安人与我何干？特里同松木船与我何干？】，普兰努德斯的译文只忠实保存了 Dodonide【译按，即不是 Tritonide】一词，可由 *Δωδωνίδος ... φηγοῦ*【多多纳的……橡木舟】证明之，罗德斯的阿波罗尼乌斯用此称述阿尔戈破浪之舟的材料，见 i 157 和 iv 583。[3]

---

1 Wilamowitz，《欧里庇得斯的赫拉克勒斯》，i 194[1]，"事实上，根本不应将这些拜占庭学者视同抄胥，而当列为校雠家。他们不是那些规矩而愚笨的僧侣行的同行，那些僧侣辛勤地摹写他们不能理解同时也自认不能理解之物。他们是我们的同行……他们永久地修补了这些诗作，数量之多，令人目眩"【译按，原文系德文】。

2 Krumbacher，p. 541[2] 以下。

3 Gudeman，《奥维德女杰书简的普兰努德斯译作抄本》*De Heroidum Ovidii codice Planudeo*，柏林，1888（见引于 Arthur Palmer，1898 年版）。

普兰努德斯自己的著述，有一部语法学对话录和一篇句法论[1]，一部与其研究兴趣有关的书信集[2]，一部伊索传记，附有一部“寓言集”的散文体释义[3]，提奥克里忒与赫谟根尼著作会注，一部谈印度数学的著作，（可能）还有狄奥凡图斯 Diophantus 的算术著作头二卷会注。在他编辑的图书中，有从柏拉图、亚里士多德、斯特拉波、波桑尼阿斯、狄奥·卡西乌斯、叙涅修斯、“金嘴”狄翁及“吕底亚人”约翰等人著作中摘出的历史学和地理学要录，其中不乏关乎文本考辨的重要文献。他还缩略并重新整理了（有不少增补）君士坦丁·刻法剌斯的文苑英华集[4]，形成一部希腊隽语诗集，被称为《普兰努德斯文苑英华集》，这是 1607 年刻法剌斯编辑本被发现之前学者们所知道的唯一一部希腊诗歌总集。《普兰努德斯文苑英华集》保存在威尼斯的圣马克修院图书馆中，是普兰努德斯的手稿。他的署名之后，记有日期，是 1302 年（即西元 1301 年）9 月[5]。

同时代的名人，有约翰·贝库斯 John Beccus，是 1275—1282 年间 429
的宗主教，他强烈支持东西教会合一，甚至为此而在 1293 年命丧囹圄[6]。贝库斯主要的对手是塞浦路斯的格雷高利 Gregory of Cyprus，1283—1289 年间的宗主教，其传记与书信集提供给我们他那时代的一幅有趣图景，他的兴趣则在于教育，这由他著作的神话故事和伊索的散文体释义

---

1 Bachmenn，《希腊遗书》，ii 1–166。

2 M. Treu 编订本，布雷斯劳（1890）。

3 初版，米兰，约 1479（《美国语文学杂志》*The American Journal of Philology*，1903，304–317）；Krumbacher，§395^2；A. Hausrath，在《古典学新年刊》，1898，305 以下；以及《马克西姆·普兰努德斯的伊索研究》*Die Aesop-studien des Maximos Planudes*，在《拜占庭学刊》，x（1901），91。

4 上文第 406 页。

5 Krumbacher，§223^2.

6 同上，§29^2。

尼柯弗儒斯·昆努斯 可得以印证[1]。格雷高利的忠实门徒及坚定的支持者，尼柯弗儒斯·昆努斯 Nicephorus Chumnus（约 1261—约 1328 年），与皇室成员联姻，将女儿嫁与安德洛尼库斯二世之子。他在 1320 年离群索居，隐居于修道院中。他的文学著作主要将矛头指向了柏拉图和新柏拉图主义者，尤其是反对普洛提诺，但是他也对亚里士多德哲学进行攻讦。对柏拉图和亚里士多德的意见似乎形成一种争论，一方是文艺复兴时期的典型，另一方则是代表了早先的拜占庭时期。就此而言，尼柯弗儒斯·昆努斯成为文艺复兴的先驱。在他的修辞学著作里，他坚持文体崇尚阿提卡风格，其范规乃是伊索克拉底和阿理斯泰德，还有他的导师，塞浦路斯的格雷高利。他的修辞习惯，常损坏他书信中的意涵，他声称这些书信有的是以斯巴达之简洁风格（Laconic）写成，另一些则是阿提卡体，虽则句式与关联词重复频繁出现，令人感到乏味单调[2]。

莫斯考普卢斯 马克西姆·普兰努德斯的门人与朋友中有一位曼纽尔·莫斯考普卢斯 Manuel Moschopulus（盛于 1300 年），系克里特大主教之侄[3]。莫斯考普卢斯名声很大，是因为他从两大卷作者匿名的语法学著作中摘录出一部
430 希腊语法答问，在文艺复兴之早期影响甚巨[4]。他还编辑了一部阿提卡希腊语的学校用辞书，此外还对《伊利亚特》头二卷以及赫西俄德[5]、品达

---

1 Krumbacher，§§30，202^{2}.

2 同上，§203^{2}。

3 有关其生平，参看 M. Treu，《普兰努德斯书信集》*Planudis Epistulae*，208–212；有 5 封书信，见于《意大利古典语文学研究》*Studi Italiani di filologia classica*，x（1902），55–72。

4 此书与赫律索洛拉斯、喀耳孔第勒斯 Chalcondyles 等人之《教学问答集》*Erotemata* 的关系，参看 Voltz，在 Jahn 之《年刊》，139（1889），579–599；以及 Hartfelder 的《德国先驱菲利普·梅兰希顿》*Philipp Melanchthon als Praeceptor Germaniae*（1889），p. 255。

5 摹本见第 439 页。

的《奥林匹亚颂》、欧里庇得斯和提奥克里忒[1]加以短注。他对品达的拜占庭时期文本之影响是不得人心的。品达的抄本"族系"成员达 43 种，大多仅含有《奥林匹亚颂》一种，这被认为是代表了"莫斯考普卢斯恶劣的窜改式编辑"[2]。

莫斯考普卢斯的同代人，"宗师"托马斯，安德洛尼库斯二世（1282—1328 年）的机要顾问。在成为一名僧侣并更名为忒奥杜卢斯 Theodulus 后，他投身于古代经典的专门研究中。他写过不少教科书，主要的是一部"阿提卡名词与动词选"[3]，以弗里尼库斯、阿蒙尼乌斯、希洛狄安、墨埃里斯等人[4]著作为蓝本，增补了许多他自己的读书摘记，多出自希罗多德、修昔底德、阿理斯泰德和叙涅修斯。他还撰写过埃斯库罗斯、索福克勒斯和欧里庇得斯以及阿里斯托芬三部剧作（《财神》《云》《蛙》）的会注。品达之会注，也冠以他的名字，却被列尔斯 Lehrs[5]判给了特理刻林纽斯 Triclinius。

"宗师"托马斯

同时代还有一位学者，忒奥都儒斯·麦托齐忒 Theodorus Metochites（卒于 1332 年），如为他作过颂词的"宗师"托马斯一样，他也曾供职于安德洛尼库斯二世朝廷。尽管相较于前辈的一流学者如佛提乌斯和普塞卢斯显得逊色，但他是他那时代里最博学的人物。他的著作有《哲学与历史学杂录》，附有 70 多位哲学家和历史学家的著作摘录，多具有文本价值。他的学识得到学生尼柯弗儒斯·格雷高剌斯 Nicephorus Gregoras 的最

忒奥都儒斯·麦托齐忒

1 Krumbacher，§224².

2 Seymour 的《颂歌选集》，p. xxiii；Tycho Mommsen 编订本，p. xxiv 以下。

3 Ritschl 编订本，1832。

4 例如阿提卡派人物菲勒蒙，他写过一部短长格诗体的辞书，已亡佚，可能是 2 世纪之著作，其中的残篇见于尤斯塔修斯著作（L. Cohn，在《语文学家》，1898，353–367）。

5 《品达之会注》*Pindarscholien*，97–99。Krumbacher，§225².

高级的赞誉[1]，此学生是一位百科全书式博学之士，他最为人知的领域是历史学，但他也写过有关奥底修斯漫游经历的评注，其他若干部著作今
431 尚存于一部抄本手稿中，其中有一篇论语法学和正字法的文章[2]。

特理刻林纽斯

帕莱奥罗古斯王朝时代最著名的文本考辨家，是德米特理乌斯·特理刻林纽斯 Demetrius Triclinius（14 世纪初期）。他对赫西俄德、品达、埃斯库罗斯、索福克勒斯、欧里庇得斯（《赫卡柏》《俄瑞斯忒斯》《腓尼基妇女》）[3]和提奥克里忒的著作文本进行过详细的阐述和校勘（错讹并不少见）。他有关埃斯库罗斯和赫西俄德的会注（约 1316—1320 年）仍分别存于那不勒斯和威尼斯所藏他本人的亲笔稿本中[4]。他抄录的赫西俄德注明是在1316年[5]，抄录的阿甫托尼乌斯著作（牛津新学院）则在1298年，抄录的埃斯库罗斯与 15 世纪的威尼斯抄本有相同的渊源，而钞录的品达则是源于佛罗伦萨抄本 D（13—14 世纪）[6]。他对于诗律所知颇多，然在某些程度上受到了拜占庭时期希腊语言所出现的发音之变化的误导。他的文本校雠水平高低颇为悬殊。特别在品达著作一处，“他修改文本以合乎他粗糙的语法与韵体规则。他的注释充满了成见和独断。其价值可谓是多无裨益，任何容纳了他所推荐之解释的文本都是可疑的”[7]。现今有一

1 vii 11，p. 272，波恩版，*βιβλιοθήκη γὰρ ἦν ἔμψυχος καὶ τῶν ζητουμένων πρόχειρος εὐπορία*【他真是一个生动的书柜，大家都想有他在身边得到方便】（Krumbacher，§226[2]）。

2 Krumbacher，§128[2].

3 Wilamowitz，《欧里庇得斯的赫拉克勒斯》，i 194[1]，“事实上特理刻林纽斯更多属于现代之悲剧批评家的先驱，而不是传统学术可信赖的代表”【译按，原文系德文】。

4 Krumbacher，§227[2].

5 摹本见第 439 页。

6 Wilamowitz，前揭。

7 Seymour 的《颂歌选集》，p. xxii。

族 28 种的稿、抄本代表了他的文本编订[1]。

14 世纪初，僧侣索福尼亚斯 Sophonias 著作了亚里士多德《范畴篇》 索福尼亚斯
《前分析篇》《辩谬篇》《论灵魂》[2]《论记忆》《论睡眠》诸篇的释义，曾
一度被判为出自忒米斯修手笔，而其价值唯在于摘录出早先各家最好
的一些评注。同世纪中，出现了整部的《工具论》会注，编纂者是利 432
奥・麦根提努斯 Leon Magentinus，密提勒涅的都主教[3]。有位修辞学家和语 利奥・麦
法学家，叫约翰・格律基斯 John Glykys，历史学家尼柯弗儒斯・格雷高刺 根提努斯
斯是他的学生，对他很是崇敬。他做过短期的君士坦丁堡宗主教（1319 格雷高刺斯
年），写了一部句法，晓畅易读而学问不足，其中他大量地征述荷马、
修昔底德、柏拉图和德摩斯提尼著作，还摘录了不少七十子希腊文《圣
经》[4]。在君士坦丁堡的哲学教授约翰・佩第阿昔姆斯 John Pediasimus（盛于 佩第阿
1282—1341 年）的博杂著作里，有赫西俄德《神谱》《赫拉克勒斯之盾》 昔姆斯
及提奥克里忒《叙林科斯》*Syrinx* 的会注[5]。我们在此列述的晚期拜占庭学
者，最后一位是曼纽尔・赫律索洛拉斯 Manuel Chrysoloras，他出生于君士 曼纽尔・赫
坦丁堡陷落的一个世纪之前，去世时距离此事件尚有四十年时间，在此 律索洛拉斯
期间，他在意大利的希腊学术复兴中起到领导作用。

晚期拜占庭诗人中，可与 12 世纪的忒奥都儒斯・普罗德洛姆相匹 诗人
敌者，是 14 世纪的曼纽尔・菲勒斯 Manuel Philes（约 1275—1345 年）。
此人以韵体写他的对话录、动物学及艺术论著，偏好于三音步短长格，

1 Tycho Mommsen 编订本，p. xxx 以下。

2 Hayduck 编订本，1883。

3 Krumbacher，§182².

4 同上，§249²。

5 同上，§228²。

用韵时从不允许重读落在最后一个音节上[1]。菲勒斯从事于保持韵体与语言的古典风格，而他同时代人君士坦丁·赫谟尼亚库斯 Constantine Hermoniacus，受到一位伊比鲁斯暴君（1323—1335 年）的鼓舞，以日常俗语创造了《伊利亚特》的一个新译本，使用长短格诗体，每行

历史家 短到只有 4 个重读音步[2]。菲勒斯有首诗是纪念他的资助人帕齐密勒斯 Pachymeres（1242—约 1310 年）的，此人的史学巨著，将亚柯洛波利忒内容丰富的叙事从 1261 年延续到 1308 年，而他的次要著作里还有一篇论 ***quadrivium***【下四科（算术、音乐、几何、天文学）】的文章和一篇亚里士多德哲学的梗概[3]。半个世纪后，出现一位教会史学家，克珊陀普卢斯 Xanthopulus（1295—约 1360 年），其所著历史实际上止于西元 610 年。他与皇帝约翰·坎塔库泽努斯 John Cantacuzenus（1295—1383 年）同年生人，后者在 1355 年退位后隐居到修道院中，在那儿完成了一部 1320—

433 1356 年间的历史著作，其中他记录的“不是忏悔语，而是一个野心政客之平生的申辩词”[4]。还有一位同年生人的尼柯弗儒斯·格雷高剌斯（1295—约 1360 年），他曾在忒奥都儒斯·麦托齐忒门下受学，且（与帕齐密勒斯一样）对于有争议的神学问题显示出特别的偏好，由此而模拟柏拉图之文体写了一部史书，自拉丁族征服君士坦丁堡始，止于他去世那年（1204—1359 年）[5]。在这些历史学家之后，一个世纪逝去，我们方遇到一位雅典人，拉奥尼库斯·喀耳孔第勒斯 Laonicus Chalcondyles（盛

1 Krumbacher，§324^2.

2 同上，§371^2。

3 同上，§126^2。

4 Gibbon，c. 63（vi 489，Bury 本）。

5 Krumbacher，§128^2，及《中古希腊文学》，277。

于 1446—1463 年），他兄弟是《伊利亚特》的第一位编订者，他的文笔模拟希罗多德和修昔底德，记述了奥托曼土耳其势力在 1298—1463 年间的扩张。杜卡斯 Ducas，以通俗希腊语的文学形式描述 1341—1462 年间之事件。弗兰泽斯 Phrantzes（1401—约 1477 年），以介乎喀耳孔第勒斯与杜卡斯之间的文体，写 1258—1476 年间的历史。还有一位安布洛斯的克里托布鲁斯 Critobulus of Imbros，也是位修昔底德的模仿者，但他与杜卡斯和喀耳孔第勒斯形成鲜明对比，公然以突厥人的观点去探寻君士坦丁堡之征服者的胜利战功[1]。

修辞学家

这时期的修辞学家有随笔作家德米特理乌斯·居都涅斯 Demetrius Cydones（约 1325—约 1396 年），他在米兰学习拉丁语，效仿柏拉图文风，不仅为帖撒隆尼卡市民世仇争端中的牺牲者而哀悼（1346 年），而且还在著作中呼吁希腊人团结一致，并与拉丁教会联合起来（1369 年）[2]。此外还有皇帝曼纽尔·帕莱奥罗古斯（1350—1425 年），此君主曾徒劳地奔赴意大利、法兰西和英格兰（1399—1402 年），以求援助对抗突厥人。他的诫子书模仿了伊索克拉底；而书信中还有一篇是为了苏伊达斯辞典的一部副本而向德米特理乌斯·居都涅斯致谢的，书籍到手时，正值皇帝资金短缺，便风趣地称此辞书令他语言富足而阮囊告罄了[3]。最后还要提及著作“修辞学摘要”的马泰乌斯·卡马理奥忒 Matthaeus Camariotes， 434
此人一直在讲授哲学、修辞学和语法学的课程，即便当突厥人大军威逼君士坦丁堡城下时（1450 年）亦复如此，他第一个为当时的困厄唱起了修辞学的悼诗【译按，monody 系古希腊悲剧中哀悼者的独唱部分】，以《诗篇》

1 Krumbacher，§§132–135^2.

2 同上，§207^2（参看 G. Jorio，在《意大利古典语文学研究》，1897，257–286）。

3 同上，§210^2。

之佳句喟叹着“鸽子的翅膀”[1]【译按，见《诗篇》，68: 13】。

教会作家　此时期的教会作家主要热衷从事同 *Hesychastae*，或谓寂静派的论争。寂静派最重要的代表人物是格雷高利乌斯·帕拉玛斯 Gregorius Palamas（卒于 1349 年），他为寻求一种凝思的生活，离开了君士坦丁堡的宫廷，去往阿陀斯山修道院。他的反对者对寂静派的不断攻讦，始于卡拉布里亚僧侣巴兰 Barlaam（盛于 1339—1348 年）。尼古劳斯·卡巴昔拉斯 Nicolaus Cabasilas，最后一位伟大的希腊神秘主义者，卒于 1371 年。一个世纪后，贝萨理翁 Bessarion 去世，他生时将自己的忠诚报效之心从东方转移到西方教会，并为希腊学术在意大利的成长做出了很多贡献，包括他的资助、对柏拉图的热心研究，以及在威尼斯圣马克修院建立的图书馆。

拜占庭学术　现存拜占庭文学之遗书，除却神学著作，近乎半数属于最广意义上的学术之领域。拜占庭学者和罗马后期学者一样，散漫无归，俱无体系可言，思想之独造性不足，亦缺乏特立之个性，仅是机械地翻造过去世代的学问便已令他们心满意足。他们在学术相关之方面鲜能真的有所长进，甚而也很难表达出公正合理的判断来。若秉持公正之心去评判拜占庭学者，则他们是不能够与伟大的亚历山大里亚批评家们相提并论的，两个时代相距一千余年，其间的学术熏化与教养愈发出现了难度和阻碍。明智之士不会以阿里斯托芬或阿里斯塔库斯的标准去衡量普兰努德斯或特理刻林纽斯，莫斯考普卢斯同梅兰希顿一样很少沾有伟大的亚历
435 山大里亚学派的共同特点。即便是 9 及 11 世纪的拜占庭学者都未受益于亚历山大里亚时期的成就，遑论我们自己的时代。但他们起到了维持传统之连续性的作用，由此亚历山大里亚的知识方能传输至欧洲。他们

1　Krumbacher, pp. 451, 498^2.

必然可比拟为异域同时之人：佛提乌斯就可比为阿尔昆，普塞卢斯可比为安瑟尔姆 Anselm。生活于帕莱奥罗古斯王朝时的拜占庭博学之士，如普兰努德斯、莫斯考普卢斯、忒奥都儒斯·麦托齐忒之辈，若将他们视为文艺复兴最初之滥觞者，才当是其真面目。因为须知在希腊学问的复兴中，我们不仅受惠于那些希腊难民，他们自 15 世纪中期离开了君士坦丁堡，抵达意大利热情慷慨的滨海地方，我们甚而还要感谢此前一个世纪里的那些云游四方的希腊人。在此之前，文艺复兴的精神便在君士坦丁堡一直发生着作用了。9 世纪时，这股精神体现在佛提乌斯才华洋溢的个性人格上，遂照亮了一个晦暗愚昧的时代。10 世纪时，古学之智识与志趣在持续守成中显露衰落之势，君士坦丁·波弗洛根尼图斯帝的专断意志，产生出一大组百科全书著作，虽追求宏大之形制，实际却落入僵硬机械的形式。然而在此时代，我们或可感激有些人，如藏书家阿瑞塔斯和辞书编修者苏伊达斯，他们对古代遗产进行了明智的督管和阐释。11 世纪，普塞卢斯将其广泛的才智投入于古代学问之全体，其方法后来成为文艺复兴时期第一批人文主义者的典型特点；而在康涅努斯王朝（1057—1185 年）与帕莱奥罗古斯王朝（1261—1453 年），人文主义精神已然清楚明确地为世人所知了。由此可见，文艺复兴史学家必然在将来要回溯到莫斯考普卢斯和普兰努德斯，甚而进一步要回溯到尤斯塔修斯和普塞卢斯、阿瑞塔斯和佛提乌斯。为了获得一种语法学传统进程的连续一贯的视野，我们必要记得，促使忒奥都儒斯·伽扎、君士坦 436
丁·刺斯喀理斯和曼纽尔·赫律索洛拉斯推动希腊语言研究、发展意大利文学的著作，都是直接来自希腊和拜占庭之文献，来自忒奥多修的词语规则、莫斯考普卢斯的答问集，尽管这两部著作的最终源头是亚历山大里亚时期的“色雷斯人”第欧尼修，以及罗马时期的阿波罗尼乌斯和希洛狄安。

虽然拜占庭学术对西方知识界的重要影响，主要是通过保存与传播古代文献而实现的，但是也并不缺少独造和特立的学者，致力于对古代希腊经典著作的校雠与解释，甚至还不应忽视他们对新诗韵体系的苦心经营。这些学者最差的方面是语法学。他们在句法上功力不深，对词形变化也无所用心，对重读法和正字法比较关注，后一题旨之所以特别重要，是因为字形变化曾经影响到希腊语发音。但是语法学之为系统学科则被废置一旁，准备只作为初学者所用的手册而存在。对词形变化、句法、诗法和格律的论文不可胜数，以中古抄本的收集最为可观，但不能被视为学术著作，只是君士坦丁堡学校所使用的普通课本与习题集。这些论文很少彼此观点一致，教师和抄写员们每每凭靠一己之见，就用合并或插写的方式改变着他转抄的文本[1]。

9 世纪以降的希腊经典

可引发兴趣的是去弄清拜占庭人究竟掌握了哪些部分的古代文献，他们最喜爱哪些著作。9 世纪以降，他们掌握的古典希腊文学之遗篇，如荷马、赫西俄德、品达、阿提卡戏剧家、前亚历山大里亚时期历史学家和演说家，以及柏拉图和亚里士多德的著作，与今天所存之文献相差
437 无多[2]。但他们更易于取得博学专家和后期史家的著作，君士坦丁·波弗洛根尼图斯帝时代（912—959 年）的摘要编修者手中拥有众多后期史著（诸如德刻昔普、攸纳庇乌斯、普理斯库斯 Priscus、马尔库斯 Malchus、彼得若·帕特理鸠、“卫国者”米南达以及安条克的约翰之作品）的完整

1　略述 Krumbacher 之说，见 pp. 499–502[2]。参看《中古希腊文学》，275 以下；又见 Carl Neumann，《拜占庭文化与文艺复兴文化》*Byzantinische Kultur und Renaissance-Kultur*（1903），批评文章见《拜占庭学刊》，xiii（1904），275 以下，710 以下。

2　上文第 402—403 页。

副本，今天仅有残篇存余。大多部分的波里比乌斯著作都不为拜占庭人所知，但其史书残篇有不少是仅仅通过这些摘要而传到我们手里的，而佐纳剌斯和刻昔费林努斯熟悉的狄奥·卡西乌斯著作也并非足本。晚至13世纪，我们有一部不完整的推荐阅读作家名单，“修辞学”目有吕西亚、德摩斯提尼、埃斯基纳斯，还有希罗多德和修昔底德，后期作家里还有普鲁塔克、琉善、理班纽斯、希姆理乌斯、柯理丘斯、加沙的普洛柯比乌斯和恺撒里亚的普洛柯比乌斯[1]。

大部分希腊文献的亡佚，或可归咎于7世纪中叶（忒奥菲剌克图·塞摩卡塔时代）至9世纪中叶（佛提乌斯时代）间文学活动普遍性的中断。10世纪时，许多散文体著作可能是由于君士坦丁·波弗洛根尼图斯帝主持的摘要编修工作而消亡了。可能有众多的古代文献，毁灭于1204年君士坦丁堡被法兰克人攻陷后发生的三场大火中，而1453年突厥人占领此城时，对古代图书馆之遗献的破坏程度却可能是相对较小的，那时的希腊抄本已经被当作值钱的商品了。也许这个城市所遭受的第一次大动乱造成了严重损失，但是在当时一位描述君士坦丁堡陷落之始末的作家笔下，显然突厥人将所找到的抄本手稿统统拿去换取钱财，他们将整车的书籍运往东方和西方[2]。另一位史家，以亲突厥派之立场著 438

1 《耶路撒冷遗献集》*Anecdoton Hierosolymitanum*，见《亚里士多德著作希腊文注疏集》，III i（1901），p. xv，其中也提及拜占庭作家，包括普塞卢斯，*ὅστις ἐστὶν ἀναγκαῖος*【每个人都具有权威性】。这部《遗献集》最后部分是亚里士多德著作及其各篇注疏集。

2 杜卡斯，c. 42（p. 312，波恩本），*τὰς δὲ βίβλους ἁπάσας, ὑπὲρ ἀριθμὸν ὑπερβαινούσαις, ταῖς ἁμάξαις φορτηγώσαντες ἁπανταχοῦ ἐν τῇ ἀνατολῇ καὶ δύσει διέσπειραν· δι᾽ἑνὸς νομίσματος δέκα βίβλοι ἐπιπράσκοντο, Ἀριστοτελικοί, Πλατωνικοί, θεολογικοὶ καὶ ἄλλο πᾶν εἶδος βίβλου*【所有的书籍，以不可胜数之量，被装载上车舟，运至东西方各处；他们以一钱售出十卷，有亚里士多德派、柏拉图派、神学及其他各类书籍】。Krumbacher，§213[2]，pp. 503–506.

述，记载圣教与世俗书籍的毁损，声称或有被破坏者，但“较大多数”被廉价出售了[1]。有个威尼斯人叫劳儒斯·居理努斯 Laurus Quirinus，他在1453年7月15日写给教皇尼古拉斯五世的信中，不免过于夸大地引述一位枢机主教的话，说超过120 000卷书籍被毁灭[2]。

欲总结现代学术所受拜占庭时期的沾溉，莫过于下面所摘录弗莱得理克·哈理逊 Frederic Harrison 先生在1900年列德 Rede 讲座的这段话了：

> 拜占庭文学之独特不可或缺的贡献，在于保存了希腊的语言、语文学和古物学知识。不可想象，假如不是君士坦丁堡在中古早期看护着积聚在亚历山大里亚、雅典和小亚细亚各地学校中希腊学术的巨大遗产，假如佛提乌斯、苏伊达斯、尤斯塔修斯、柴泽斯等学者，没有在他们的辞书、轶闻录和注疏集中滔滔不绝，假如《拜占庭史书集成》*Corpus Scriptorum historiae Byzantinae* 从未得以编订，假如没有不知疲倦的抄写人员忙碌于衍生更多的古希腊文本，那么我们该如何能够重新振兴对于古代文学或文明的知识。尽管这一切通常显得太迂腐、呆滞、笨拙，但它们是不可或缺的。我们从拜占庭人的琐屑与乏味中摭拾出真理与知识，全亏了他们存留住这些内容，否则将永不传世。这些内容之有益于我们，就是因为其并非独创，亦不显赫，这道理并不自相矛盾。事实上，那些学者的才华，或许正是我们所缺少的。虽说是庸碌之才、迂腐之士，他们却毕恭毕敬地临摹着流芳百世的文字。他们若不如此辛苦，不朽者也早

1 克里托布鲁斯，c. 62，3（Bury 本 Gibbon，vii 194 注释）。

2 Cotton 抄本中的书信，见引于 Hodius，《希腊名人志》*De Graecis Illustribus*，1742，p. 192。参看 Pastor 的《教皇史》*History of the Popes*，ii 209 E. T.，及附录第22号（1453年12月）。

就死掉了。[1]

完整意义上的所谓“拜占庭时期”，在 1453 年随着突厥人对君士坦丁堡的征服便结束了，当那位年轻的征服者，穆罕默德二世，游缰于跑马场上，青铜柱上相互盘绕的三条巨蛇引起了他的注意，这图腾至今犹可见于“阿忒梅丹”Atmeidan【译按，突厥语，“马场”义】。19 个多世纪前，那些巨蛇曾首度头顶着史上著名的三足鼎，希腊人为纪念他们与蛮族在普拉提亚之战役的胜利，将之祭献给了德尔斐。征服者挥舞权杖，一击 439
便打碎了其中一条巨蛇的头颅，体现希腊人对抗蛮族之威力的象征在碎片中已然瓦解了。但是，我们仍要感念于东帝国之都城，虽有各种衰颓之因素，却足够强壮到屹立数个世纪，成为欧洲的壁垒，阻拦着东方的蛮族，从而庇护了西方新生之民族，使他们缓缓发展成熟，与此同时，拜占庭为西方安全地保存着古老希腊文学的财富，直到那些民族受到充足的教化方才交与他们。而我们对学术史的探索，现在则要从拜占庭时期迈入到西欧中古时期的相应时代里，继续考察有关其兴衰的掌故。

1 《早期中古之拜占庭史》*Byzantine History in the Early Middle Ages*，p. 36。

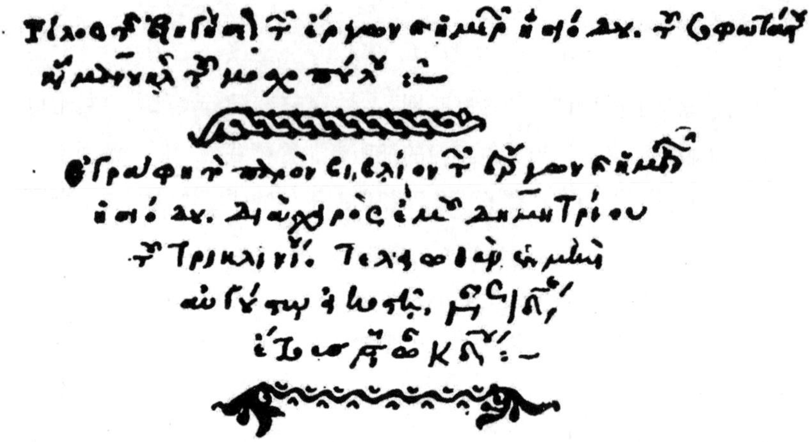

图 16　曼纽尔·莫斯考普卢斯编撰的赫西俄德《农功与时日》会注篇末

由德米特理乌斯·特理刻林纽斯录成副本，西元 1316 年
威尼斯的圣马可馆藏抄本 Codex S. Marci Venetus 464，fol. 78；Wattenbach 及 von Velsen，《希腊抄本图录》*Exempla Codicum Graecorum*，xxi（上文第 430 页以下）

第六编

西方中古时期 441

semper aut discere aut docere aut scribere dulce habui.

【我一直把学习、教书和写作当作甜蜜的事。】

比德，《教会史》*Historia Ecclesiastica*，v 24

mihi satis apparet propter se ipsam appetenda sapientia.

【在我看来，学识，须以自身为旨归。】

塞尔瓦图斯·卢普斯，《书信集》，1

in otio, in negotio, et docemus quod scimus et addiscimus quod nescimus.

【在闲适时，在忙碌时，我们教我们所知，学我们未知。】

葛伯特 Gerbert，《书信集》，44

claustrum sine armario <est> quasi castrum sine armamentario.

【没有书斋的修院，好比没有武库的堡垒。】

奥热地区圣芭芭拉的杰弗瑞 Geoffrey of Sainte-Barbe-en-Auge（约 1170 年），
在马泰涅 Martène 编，《遗献新辑》*Thesaurus novus Anecdotorum*，i 511

notitia linguarum est prima porta sapientiae.

【语言知识乃通往智慧之域的第一道门户。】

罗杰·培根，《著作三集》*Opus Tertium*，c. 28，p. 102，
布列沃 Brewer 本

可以说，经院哲学在巴黎产生亦复在此消亡。从波弗利的一个字眼儿——那是盗取自古代的吉光片羽，继而化生为这个学科；而古代文化的全面复兴又使之覆灭。

【译按，原文系法文】

维克多·库赞 Victor Cousin，《阿贝拉尔集外文编》*Ouvrages Inédits d'Abélard*，p. lx（1836 年）

Conspectus of History of Scholarship, &c., in the West, 600—1000 A.D.

Italy	Spain	'France' *W. Frankland*	'Germany' *E. Frankland*	British Isles
600				
604 d. Gregory I 612 f. Bobbio 615 d. Columban Greek monasteries founded in Rome by Martin I (649–55) 690 Greek declines in Italy	570–636 Isidore of Seville 657 Eugenius III bp of Toledo 690 d. Julian bp of Toledo	535–600 Venantius Fortunatus 613 Frank kingdoms united under Clothar II 620 f. Fleury 625 f. St Riquier 630 f. Ferrières 634 f. Rébais 'Virgilius Maro' 650 f. Péronne 656 f. Stavelot 658 Fredegarius 662 f. Corbie 688 d. St Wandrille	614 f. St Gallen 645 d. Gallus	602–5 Augustine abp of Canterbury ?*Hisperica famina* 651 d. Aidan bp of Lindisfarne 668–90 Theodore of Tarsus abp of Canterbury 673 b. Bede 675 b. Boniface 688–726 Ina, king of Wessex 690 d. Benedict Biscop
700				
715–31 Gregory II 726 f. Novalesa 730–80 Greek refugees in Italy 731–41 Gregory III 770 Petrus Pisanus 774 end of Lombard kingdom 786 end of Greek rule in central Italy 725–97 Paulus	714 Arab Conquest of Spain	721 f. Prüm 732 Saracens defeated by Charles Martel 752 end of Merovingian & beginning of Carolingian line 742–66 Chrodegang abp of Metz 772–814 Sole rule of	724 f. Reichenau 727 f. Murbach 744 f. Fulda 754 d. Boniface 763 f. Lorsch 742–84 Virgil bp of	650–709 Aldhelm 732 Egbert abp of York 734 d. Tatwine abp of Canterbury 735 d. Bede, b. Alcuin 778–82 Alcuin head

800	Charles the Great crowned at Rome 817–24 Pascal I 818–50 Greek refugees in Italy 823 Dungal at Pavia 846 d. Pacificus of Verona 858–67 Nicholas I		810 Dungal at St Denis 814–40 Louis the Pious 821 d. Theodulfus bp and founder of school of Orleans 826 Ermoldus Nigellus 837 Thegan 840–77 Charles the Bald 805–62 Servatus Lupus 845 Joannes Scotus (d. 875) 850 d. Freculphus 840–60 Sedulius at Liège 865 d. Radbertus 877 d. Eric of Auxerre 881–8 Charles the Fat	822 f. Corvey 770–840 Einhard 843 Treaty of Verdun 776–856 Rabanus Maurus 809–49 Walafrid Strabo 830 f. Hirschau 850 Ermenrich of Ellwangen 852 Rudolf, *Ann. Fuld.* 856 f. Gandersheim 874 Agius, *Poeta Saxo* 890 Salomo III, abbot of St Gallen	810–5 b. Joannes Scotus 871—*c.* 900 Alfred
900	916–24 *Gesta Berengarii* 924 d. Berengar 961–2 Otho I crowned at Rome king of Italy and emperor 967 d. Gunzo of Novara 972 d. Luitprand bp of Cremona 974 d. Ratherius bp of Verona 999–1003 Silvester II (*Gerbert*)	980 Cordova the centre of Arabic learning	908 d. Remi of Auxerre 910 f. Cluni 915 d. Regino of Prüm 923 d. Abbo Cernuus 930 d. Hucbald 942 d. Odo of Cluni 950 b. Gerbert of Aurillac 987 end of W. Carolingians & beginning of line of Hugh Capet 991–6 Gerbert abp of Rheims	911 end of E. Carolingians 912 d. Notker Balbulus 918–36 Henry of Saxony 925 Lotharingia recovered for Germany 936 *Ecbasis Captivi* 936–73 Otho I 965 d. Bruno abp of Cologne 973 d. Ekkehard I 973–83 Otho II 983 Walther of Speier 984 Hroswitha of Gandersheim 990 d. Ekkehard II 996–1002 Otho III	942–58 Odo abp of Canterbury 959–88 Dunstan abp of Canterbury *c.* 955—1030 Ælfric of Eynsham 969 f. Ramsey 985–7 Abbo of Fleury at Ramsey
1000					

Continued from page 216.

b. *born*; d. *died*: f. *founded*.

第二十四章

从大格雷高利（约 540—604 年）到卜尼法斯（675—754 年） 443

如前所述，罗马时期在值得纪念的 529 年结束，此年卡西诺山修道院在西方建成，雅典的学校在东方关闭。现在我们要转而关注的西方中古时期学术史，横跨了八个多世纪，自西元 530 年一直到 1350 年。此时期开始之初，有本尼迪克特的传记作者、大格雷高利的降生（540 年），此人是中古基督教之父；而在此时期行将结束时，则有但丁的辞世（1321 年），此人在他不朽的诗篇中体现了中古经院哲学的诸多要义。在对此时期的考察中，我们打算检览那些在文学世界具有特别志趣的人物，关注他们与古典学术史的具体联系。本章自本尼迪克特传记作者起，终止于卜尼法斯。

曾于 589 年出任教皇的大格雷高利 Gregory the Great（约 540—604 年），出身于元老院议员之家庭，所受的文学教育使他在罗马成为这方 大格雷高利面首屈一指的人物[1]。他早年出任地区行政长官之高职，后退出世俗生活，将祖产全部捐献给修道院的创建，其中西西里有 6 所，另有一所在罗马，他选此作为自己的静居之处。在作为教皇使者拜访君士坦丁堡的时期（584—587 年），尽管他不通希腊语，仍使自己卷入了一场与宗主
444 教的论争。他在一封书信[2]中抱怨道，君士坦丁堡根本没有人能将拉丁语出色地翻译成希腊语，这意味着对于后一种语言，他自己是知晓一点儿的，尽管在另一封信中他否认有任何这方面的知识，并且说自己从未用希腊语写过任何著作[3]。他的《广道德论》*Magna Moralia* 阐释了《约伯记》的寓意，因不能以希伯来文和希腊文进行研究，故只有依赖于不同时期的拉丁文译本。由他所影响，遂导致拉丁通行本圣经为世人所普遍认知和接受。在《广道德论》书前所附的长信末尾，他坦白表达了自己对言辞技艺的轻视，承认在规避蛮族语汇和减免前置词的误用方面并不谨慎，认为“根本不值得一直令神谕的语言屈从于多纳图斯的规则”[4]；他将此观念运用于他的注释工作以及圣教文章中去。最可体现他对拉丁文学之世俗研究态度的，是在写给维埃纳的主教德息得理乌斯 Desiderius 的一封信中。他有些耻于提及风闻的谣言，盖谓主教常教授别人以语法

---

1 都尔的格雷高利，《法兰克人史》，x 1；“助祭”保罗，《罗马城至福的格雷高利教皇传》*Vita beatissimi Gregorii papae urbis Romae*，c. 2。

2 《书信集》，vii 27，Ewald 与 Hartmann 编订本。

3 《书信集》，xi 55，nos nec Graece novimus, nec aliquod opus aliquando Graece conscripsimus【我们既不懂希腊语，更不会用希腊语写任何著作】（参看 vii 32，quamvis Graecae linguae nescius【希腊语一点不通】）。

4 《书信集》，v 53。

学的知识。“对基督的赞颂，不能出自呼告朱庇特的口唇”[1]。他期望得知那位主教并非真的乐于从事此类轻浮的科艺[2]。然而在别处，他复又着力推重语法学研究和文科技艺的知识，盖将之作为理解经文的工具；但表达此观点的著作[3]究竟真伪尚难有定论。后世作家记载过格雷高利全力抵制西塞罗著作的传言，由于其文风之魅力引得年轻人无心研究经文[4]，还 445
有人说他将所收罗到的李维著作全部焚毁，为的是里面到处鼓吹偶像崇拜[5]。甚至传说他纵火焚毁帕拉廷图书馆，唯恐其干扰圣经研究，但此说唯一之典据来自索利兹伯瑞的约翰[6]（卒于1180年），便不足征信了[7]。

同世纪里有三位历史学家，凑成有趣的一组，他们每个人都在证实语法学知识的衰落是大势所趋。第一位是一部编年通史的作者，约旦涅 约旦涅斯
斯 Iordanes，他为卡息奥多儒的《哥特史》所编的缩略本（551年）中，

1 《书信集》，xi 34，“in uno se ore cum Iovis laudibus Christi laudes non capiunt”；叫人想到杰罗姆的《致达玛苏斯书》，21§13，“absit ut de ore Christiano sonet Iupiter omnipotens”【歌基督之口兼能颂扬朱庇特】，xxii 386，Migne 本（R. L. Poole 的《中古思想史述略》*Illustrations of the History of Medieval Thought*，8）。

2 nugis et secularibus litteris【轻佻且世俗的文辞】；《书信集》，xi 34。

3 《列王纪上》注疏，卷 v，3，30，Migne 本 lxxix 356。

4 见于路易十一的法令（1473）；P. Lyron，《史乘独载》*Singularitates Historicae*，i 167（Tiraboschi，《意大利文学史》*Storia della letteratura italiana*，ii 2，10，vol. iii，p. 118，1787年版）。

5 圣安东尼努斯 S. Antoninus，《神学要略》*Summa Theologica*，iv 11，4（同上书）。参看 Leblanc，《是否大格雷高利不情愿学习人文科艺》*Utrum Gregorius Magnus litteras humaniores et ingenuas artes odio persecutus sit*（1852），批评意见见 Roger，156。

6 《王庭琐记》*Policraticus*，ii 26，viii 19。

7 有关格雷高利，参看 Tiraboschi，《意大利文学史》，iii 109–123（1787年版）；Bayle 的《史传与评论辞典》*Dictionnaire historique et critique*，相关词条；Gibbon，c. 45；Heeren，《中古古典文学史》*Geschichte der classischen Litteratur im Mittelalter*，i 78–81；Milman，《拉丁教会史》，ii 97–145；Ebert，《西方中古文学史》，i^2 542–546；Roger，187–195；Ker 的《黑暗时代》，132–138；F. H. Dudden（1905），i 153 以下，282–294；以及 Teuffel，§493；书信集有 Ewald 和 Hartmann 编订本，收入《日耳曼历史学文库》，1891–1899。参看 Manitius，92–106。

序言抄袭了鲁菲努斯，开首文字借自俄若修斯，他也承认自己欣然受惠于他人不合语法的拉丁文[1]。怀着自赏之心，他自称为 agrammatus[2]【不通语法者】，其每页著作皆可印证此名非虚。他以 dolus【机巧，伎俩（阳）】和 fluvius【河水（阳）】为中性词，以 flumen【水流（中）】、gaudium【欣悦（中）】和 regnum【王权（中）】为阳性词；词形变化上也纰漏百出；但即使他语法上一塌糊涂，却不可忽视他显然受到了卡息奥多儒修辞学术语的恩惠，他的所有博学之引述也都得益于此人[3]。

基尔达斯

从卡息奥多儒担任执政官到他去世，不列颠第一位本土的历史学
446 家，巴思的基尔达斯 Gildas of Bath 度过了一生的时光（516—573 年）。他的学识获于“不列颠人之师”圣伊尔图德 St. Iltud，在游访过爱尔兰后又得以扩大；他还在布列塔尼 Brittany 建立了一所修道院。克隆费特的布冷丹 Brendan of Clonfert 发现此人有一种以希腊文字抄写的弥撒书[4]。他的“不列颠墟址吊古”中前期史事部分多出自圣杰罗姆的书信和优西庇乌斯《教会史》的一个拉丁文译本，还有对维吉尔著作许多记忆中的摹仿[5]。总体上，基尔达斯著作以一种冗长、华丽、奇诡且夸饰的经院体拉丁文写成，繁杂的复合句总叫人如堕云雾之中[6]。

格雷高利主教

基尔达斯去世那年（573 年），著作法兰克人之历史的作家，格雷高

---

1 Scito me maiorum secutum scriptis ex eorum latissima prata paucos flores legisse【须知我已遵从了前贤的大多数著作，从他们的大园地中精选了这些辞令之花】。

2 《哥特史》*Getica*，265【译按，约旦涅斯搞混了名称】。

3 Teuffel，§485；Manitius，210–215；Ker 的《黑暗时代》，130。

4 G. T. Stokes，《爱尔兰皇家学院学报》*Proceedings of the Royal Irish Academy*，1892，193。

5 《埃涅阿斯纪》，ii 120，497；ix 24。

6 Mommsen 编订本，见于《日耳曼历史学文库》，1892。参看 Ebert，i^2 562–565；Teuffel，§486，1；Ker 的《黑暗时代》，131 以下；Roger，225 以下；Manitius，208 以下。

利（约 538—594 年），出任都尔的主教。他的史书序言中，提及高卢人的文学之衰败[1]。他的著作总体上显示出对于维吉尔的稔熟，特别是《埃涅阿斯纪》第一卷，但他引述的诗句一旦达到三行以上，便不能够无大损失于韵体[2]。他还冒失地指摘希尔佩理克 Chilperic 国王的诗歌韵律[3]，谓此君写作拉丁诗也就罢了，还要（如克劳狄乌斯般）尝试给拉丁语字母表添加许多新字符[4]。他熟悉萨鲁斯特《喀提林阴谋》的序言，但他引述的西塞罗是抄自杰罗姆的，普林尼和葛琉斯的段落可能也是别处转引来的。他反复为自己不足的语法知识而致歉[5]。他将复数格式的 haec【这些】和 447

---

1 Decedente atque immo potius pereunte ab urbibus Gallicanis liberalium cultura litterarum ... Vae diebus nostris, quis periit studium litterarum a nobis【高卢各城市之人文教育，每况愈下，大不如前……呜呼！处身于今日，而学问将逝矣】。

2 《法兰克人史》，iv 30 以及《圣马丁奇迹集》*Miracles of St. Martin*，i 40。

3 《法兰克人史》，v 44，‘scripsit alios libros idem rex versibus, quasi Sedulium secutus ; sed versiculi illi nulla paenitus metricae conveniunt ratione’【此王用韵体写了另外一些书籍，试图模仿塞都琉斯，但其诗句丝毫不合诗律】。然而后人将希尔佩理克像立于圣母院西南门，其手中持抱琴，姿势如阿波罗（Montfaucon，《法兰西修道院之纪念物》*Monuments de la monarchie française*，t. 1）。但 Mâle 在《宗教艺术》*L'Art Religieux*，438 中认为这座雕像表现的是大卫。

4 参看 Schmid，《教育史》*Geschichte der Erziehung*，II i 333。

5 《法兰克人史》，iv 1【译按，当是卷 i 小引】，veniam precor, si aut in litteris aut in syllabis grammaticam artem excessero, de qua adplene non sum imbutus【若我在文辞或音律上违背了语法规则，这门我不甚精通的技艺，请予我宽恕之心】。《教父列传》*Vitae Patrum*，2，前言，non me artis grammaticas studium imbuit neque auctorum saecularium polita lectio erudivit【我从未浸淫于语法技艺的学习，也未从世俗作家处深受熏陶作家们曾受的教育】。《光荣的殉道者列传》*Liber in gloria confessorum*，前言，timeo, ne, cum scribere coepero, quia sum sine litteris rethoricis et arte grammatica, dicaturque mihi a litteratis: “O rustice et idiota... qui nomina discernere nescis; saepius pro masculinis feminea... commutas; qui ipsas quoque praepositiones... loco debito plerumque non locas” ... sed tamen respondebo illis et dicam, quia: “opus vestrum facio et per meam rusticitatem vestram prudentiam exercebo”【当您被卷入我的撰作中时，我实在惶恐不安，因为我对修辞之术、语法之艺不甚通晓，文学人士如此说我：“噢！村野无知的家伙……你不知名词的分别，总是混淆阴阳……全部颠倒；还往往将前置词……放在不合适的位置。”……但我仍要回应这些人，告诉他们：“尔等有何用，还不是我提供的粗陋成就了你们的大作”】。

quae【哪些】与单数的动词组合起来，将 antedictus cives【对民众预言】写作 antedictos，percolibantur（即 perculebantur【译按，可能是“扈从”的意思】）作 percellebantur，他喜欢独立宾格的句法构造。通过研究他的著作，显示出当时拉丁语发音与拼写的差别，e 与 i 混淆，o 与 u 混淆，许多辅音出声微弱或完全受到抑制，送气音很少出现，齿擦音被运用于 ci 和 ti 中。同时，词汇表扩充，加入了出自希腊语、希伯来语甚至蛮族语言的外来词，旧词的使用也产生出了新的含义。背离古典用法，最为惊人之处，表现在句法方面，词语变形相对无甚出入。都尔的格雷高利首先是他死前之世纪中记述法兰克人史的权威，但他也为衰落期的拉丁语之状况提供了重
弗莱迭迦理乌斯 要的证据[1]。文辞的腐朽不振，在下一个世纪引起“学究”弗莱迭迦理乌斯 Fredegarius Scholasticus（盛于 658 年）的伤悼，此人在勃艮第一家修道院中写作了一部编年史，其序言抱怨世风日下，道术失落，先贤古哲后继无人[2]。

在都尔主教格雷高利的同时代稍长一辈人中，有布拉卡拉 Bracara
448 的大主教马丁，格雷高利称他是当时文坛首屈一指的人物，尤其称道于他的一首拉丁诗歌，今见于都尔的圣马丁教堂之南门上。他的伦理学著

---

1 Max Bonnet，《都尔的格雷高利之拉丁语》*Le Latin de Grégoire de Tours*（1890）。《著作集》*Opera*，Arndt 与 Krusch 编订，见于《日耳曼历史学文库》；Migne，lxxi；《法兰克人史》，Omont 编订，1886。参看 Ebert，i[2] 566–579；Teuffel，§486，3–9；Kurth，《都尔的格雷高利与 6 世纪的古典研究》*Grégoire de Tours et les études classiques au vie siècle*，见于《历史学论坛》*Revue des Questions Historique*，ii（1878），588；Manitius，216，《新文献》*Neues Archiv*【译按，即《古日耳曼史学学会新文献丛刊》*Neues Archiv der Gesellschaft für ältere deutsche Geschichtskunde*，下文皆简称作《新文献》】，xxi 553；Ker 的《黑暗时代》，125–130；以及 Roger，102–109。

2 《墨洛温王朝史著汇编》*Scriptores rerum Merouingicarum*，ii 557，nec quisquam potest huius temporis nec presumit oratoribus precedentibus esse consimilis【当下无人能与从前的演说家相比，亦无人如此称言】；参看 Haase，《论中古语文学研究》*De Medii Aevi Studiis Philologicis Disputatio*，28；Wattenbach，《中古德国史料考》*Deutschlands Geschichtsquellen im Mittelalter*，i[7] 114–118；Gröber，《罗曼语语文学纲要》*Grundriss der romanischen Philologie*，II i 102。

作，特别是《论嗔怒》*de ira* 和《人生至善法则》*formula honestae vitae*（涉及四种基本道德）二文[1]，不少地方借鉴了塞内加，故而过去长期被当作是塞内加本人的作品[2]。第二篇文中有一个法文译本，曾献给菲利普二世[3]。

布拉卡拉的大主教马丁

历史学家所寻见到的学术失落，亦被此时期的诗人们察觉。6 世纪中期有一位托斯卡纳诗人，马克西米安努斯 Maximianus，他早年居于罗马，晚年写作的六首诉歌对于中世纪的学生们具有非同一般的感染力[4]。他是基督徒，好以异教徒姿态示人。熟悉维吉尔、卡图卢斯和奥古斯都时代的诉歌体和抒情诗体诗人，他的诗法偶有纰漏，韵律上犯的错误【译按，指元音长短上的误用，下文同】有 *verĕcundia*【羞怯】和 *pĕdagogus*【上僚】等[5]。曾在米兰和拉文纳读书的阿剌托尔 Arator，他以诗体翻译《使徒行传》，也频频于诗法上不合格律。当时有个非洲人柯理普斯 Corippus（550 年）写了部历史题材的史诗，其流利的文体盖受维吉尔和克劳狄安的启发，他也模仿奥维德、卢坎和斯塔提乌斯，就诗法而论乃是那时期所有诗人中最得体的一位[6]。他的同代人，维南修斯 · 弗图纳图 Venantius Fortunatus（约 535—约 600 年），受学于拉文纳，后离开意大利去往高卢，结交了都尔的格雷高利，并在临终前出任布瓦蒂耶主教。他忠心拥护拉德允蒂 Radegunde 王后（科洛塔 Clothar 一世的遗孀）及其养女，我们由他

诗人：马克西米安努斯，阿剌托尔，柯理普斯

弗图纳图

1 收入于 Haase 编订塞内加著作的附录中。

2 Teuffel，§494，2；Schanz，§470；Manitius，109 以下。有关他的拉丁语文风，见 Haag，《罗曼语研究》*Romanische Forschungen*，x（1888）835 以下；以及 Krusch 在《墨洛温王朝史著汇编》的索引。

3 Gaston Paris，《圣阿勒克西斯传》*Saint Alexis*，213；《罗曼语研究》*Romania*，viii 476。

4 Reichling，在《日耳曼教育学文库》*Monumenta Germaniae Paedagogica*，XII，p. xx，xxxvii 以下。

5 Manitius 在《莱茵河博物馆》，xliv 540；R. Ellis 在《美国语文学杂志》，v 1–15 以及《古典学评论》，xv 368；Petschenig（1890），Webster（1900）。

6 Manitius，162–170.

的著作，得知拉德允蒂曾潜心研究圣格雷高利、圣巴兹尔、圣阿塔纳修的著作，又得知尼维勒 Nivelle 的女修道院院长，葛特鲁蒂 Gertrude 曾派信使去罗马和爱尔兰购买图书[1]。他还提及在图拉真广场上诵读维吉尔等诗
449 人作品的风俗[2]。他的诉歌体和六音步体带有不少维吉尔和奥维德、克劳狄安和塞都琉斯、普洛斯珀和阿剌托尔的痕迹，而他本人又受到后代诗人如阿尔昆和忒奥都耳福 Theodulfus、剌班努斯·茅儒斯和"斜眼"瓦拉弗理德 Walafrid Strabo【译按，Strabo 或作 Strabus，为拉丁文常见之诨号，意即"斜眼"】的效仿[3]。他描述过莫塞拉河畔的一座城堡，叙说过麦茨 Metz 至安德纳赫 Andernach 的一段旅程[4]，却未具有奥索尼乌斯《摩泽尔河》之魅力。他赠都尔主教的诗作，以总体上精准的萨福体诗节模仿贺拉斯的风格，结尾以 care Grĕgōri【敬爱的格雷高利】收煞，略嫌拙劣。同一诗中，他提及品达（Pindarus Graius【希腊人品达罗斯】），而在他的《圣马丁传》之散文体序言中，还曾以希腊原文引述了四个修辞学术语[5]。他对当时的诗人和散文家，凡是认定其灵感得自于荷马和德摩斯提尼者，他都极力夸赞称赏[6]；但他自己对于古典先贤的研究并未能防止他犯错，比如 *ādhuc*【至此】、*īnitium*【入口】、*idŏlum*【影像】、*ecclĕsia*【汇集】和 *trĭnitas*【三位一体】等词；他还有一行诗并置六位希腊人人名，*Archўta*、Pythagoras、*Arătus*、Cato、*Plāto*、*Chrўsippus*，一次犯了四个音长的错误[7]。然而他

---

1 viii 1；参看 Roger，126 注释。

2 iii 20；vi 8.

3 Manitius，Leo 与 Krusch 编订本 iii 与 iv 之索引，见于《日耳曼历史学文库》(1881—1885)。

4 iii 12；x 9.

5 ἐπιχειρήματα【意图；论据】、ἐλλείψεις【删略号】、διαιρέσεις【分类；分音符；元音拆分】、παρενθέσεις【插入语】。

6 viii 1.

7 vii 12，25；参看 Leo 编订本中的《诗律犯错索引》*index rei metricae*。

的圣教颂诗中有三首广为人知的作品。*Vexilla regis prodeunt*【王的军旗升起来了】一诗中弗图纳图效仿的模范乃是安布罗斯，而罗马兵士们凯旋时所歌的长短格四音步句，也是普卢顿休斯的擅场，成为 *Pange lingua gloriosi proelium certaminis*【歌颂吧，舌喉，为这光荣的战斗】遵从的样板。他还运用寻常的诉歌对句体描绘春天（*Salve festa dies*【节日快乐】），这首诗献给了南特 Nantes 城的主教费理克斯，弗图纳图极度称赞他是出色的希腊语学者，是“阿墨理克之光”。人们认为，只有以上这三首诗，以及由此而转译出的那些近代颂歌[1]，可算是弗图纳图传世至今的遗产[2]。圣杰 450
罗姆[3]谓高卢人的拉丁文风以丰饶、壮丽为特点，或言圣德息得理乌斯尚能达到此境界，他是卡奥尔 Cahors 的主教，卒于 665 年[4]。

语法学家维吉琉斯

见证拉丁文在 7 世纪之衰落（是为拉丁文学最黑暗的一个时代）的，是一位叫维吉琉斯·马罗 Virgilius Maro 的语法学家，他可能生活于此世纪中期[5]。他断然宣称其主人埃涅阿斯赐他马罗之名，“quia in eo antiqui

1 Moorsom 的《古今圣歌集览要》，pp. 58–66^2。

2 参看 Ampère，《12 世纪之前的法兰西文学史》*Histoire Littéraire de la France avant le douzième siècle*，ii 312 以下；Ozanam，《法兰克人的基督教文明》*La Civilisation Chrétienne chez les Francs*，pp. 412–419（1855 年版）；Ebert，i^2 533；Teuffel，§491 以下；Leo 在《德意志评论》，1882，414 以下；W. Meyer，《偶兴成诗的维南修斯·弗图纳图》*Der Gelegenheitsdichter Venantius Fortunatus*（1901）；Saintsbury，i 396–399；Ker 的《黑暗时代》，119–124；以及 Roger，100–102；又见 Manitius，170–181。

3 《书札集》，125。

4 Migne，lxxxvii 220（Norden，635）.

5 他现存的著作，只有 15 卷《小法比乌斯著作概要》*Epitomae ad Fabianum puerum*，8 卷《致兄弟尤里安助祭书信集》*Epistolae ad Julium germanum diaconum*（Mai，《古典作家与梵蒂冈公布之抄本手稿》*Classici scriptores e Vaticanis codicibus editi*，v 1）；参看 Hümer（维也纳，1882），与 Hümer 编订本，1886；Roger，110–126；Manitius，119–127。Zimmer，《柏林科学院会议报告》，1910，p. 1067，将此作家置于约西元 460 年时。但他的词源学显然抄袭了伊息多耳（636 年），而这一点见 Kuna Meyer，《5 世纪的爱尔兰学术》*Learning in Ireland in the Fifth Century*（1913），p. 22 注释 7。

Maronis spiritus redivivit"【因古代的那个马罗（译按，指维吉尔）曾使他灵魂复活】。他提及有些语法学家为了 ego【我】的呼格而争吵了两个星期[1]，因未完成时动词而发生的讨论势均力敌、旷日持久，以至于要拔剑相争[2]。此人的价值仅在于展示出从拉丁语到普罗旺斯之派生语言的转变，以及韵体形式从音长到节奏的转变。维吉琉斯・马罗还一度被当作是图卢兹学派的人物[3]。他记录了图书馆被分为基督教文学和异教徒文学两部分的社会风气[4]，还告诉我们他的导师"维吉琉斯・亚细亚努斯" Virgilius Assianus 写过一部拉丁十二帝王本纪[5]。借助于希腊文，他杜撰了些新词语：scribere【书写】变成了 charaxare，rex【王】以 thors（来自 θρόνος【王座】）形式出现，于是一种隐秘形式的拉丁语开始得到使用。在《爱尔兰言谈录》*Hisperica famina*（7 世纪）中可遇到类似的问题，此书的内容非常晦涩，聊以慰藉的是在其中竟还能找出一句如此明晰的话来："*pantes* solitum elaborant agrestres *orgium*"【译按，大意谓山居的农夫万事皆要勤勉劳作。其中的首尾二斜体字出自希腊文】[6]。此场景见于爱尔兰语地区，这奇怪的

《爱尔兰言谈录》

1 《书信集》，ii p. 123。

2 《书信集》，iii p. 138。

3 弗勒律的亚柏 Abbo of Fleury（卒于 1004 年），《语法学辨疑》*Quaestiones Grammaticales*，Mai 编订本，见《古典作家》，v 349，提及图卢兹的维吉尔 Virgilius Tolosanus。马罗引述过比利牛斯北部毕葛尔 Bigorre 地区的方言。

4 《书信集》，iii p. 135。参看 Roger，124 注释 4。

5 《书信集》，v 2，pp. 124–126。

6 Mai，前揭著作，v 479 以下；Ozanam，《法兰克人的基督教文明》（1855），423–451，483 以下，以及《日耳曼语研究》*Études Germaniques*，ii 479 以下；Ernault（巴黎，1886）；Teuffel，§497，7；《爱尔兰言谈录》，Stowasser 编订本（1887），以及 Stowasser 和 Thurneysen 在《拉丁语辞书学文献》*Archiv für Lateinische Lexicographie*，1886，168，526；Jenkinson 编订本（1908）；R. Ellis 在《语文学杂志》xxviii（1903），209 以下；Zimmer，《涅尼乌斯著作校雠》*Nennius vindicatus*（1893），291 以下，认为此书出自不列颠之西南（6 世纪上半叶）；参看 Roger，238–256；Manitius，156–159；Traube，《演说及论文集》*Vorlesungen und Abhandlungen*，ii 91，173。

词语构成可能带有爱尔兰语渊源之特点，其中我们还找到了借自希腊语的两个词汇。 451

爱尔兰的希腊语

在 6、7 世纪的爱尔兰，我们发现希腊语言的一些踪迹。比如在慕伊耳舒 Muirchu 的《圣帕特理克传》（作于 698 年之前）中有 antropi（得于 ἄνθρωποι【人众】），在“班戈轮唱圣歌集” Antiphonary of Bangor（约 680—691 年）中有 anthleta（得于 athleta【角力手；拳击手；运动员】），阿达姆南 Adamnan（卒于 704 年）的“圣哥伦巴 St Columba 传”的 A 抄本有 onomata【名词；实词】[1]。

在爱尔兰所发现的希腊化文明，亦见于英伦诸邦，6、7 世纪的作家们并未显示出任何有关希腊语言的真知，大多属于简单的希腊文术语，借自寻常的教会拉丁语，而其他字词可能主要得自于字汇书籍。这些来源中可能有希腊与拉丁语字汇书籍，可能也有诸如所谓《伪多息忒安解释篇》*Hermeneumata Pseudo-Dositheana* 的会话类课本[2]。

自 9 世纪以降，古典文化显现于塞都琉斯和爱尔兰人约翰几位爱尔兰学者的笔下，这得益于他们旅居海外，那些地方经受了加洛林王朝学

---

1 Roger, 268–273；以及 Gougaud，《凯尔特的基督教》*Les Chrétientés Celtiques*（1911），247 以下。从前人对于爱尔兰早期希腊语知识的看法有些夸大。
参看 Cramer，《中古希腊语研究》*De Graecis Medii Aevi Studiis*（1849），i 42；Ozanam，前揭，475–482；Hauréau，《文史散论》*Singularités Historiques et Littéraires*（1861），pp. 1–36；G. T. Stokes，《爱尔兰与凯尔特教会》*Ireland and the Celtic Church*（1886），Lect. xi 以及在《爱尔兰皇家学院学报》，3rd Series，ii 179–202，尤其 193；D. Hyde，《爱尔兰文学史》*Literary History of Ireland*（1899），217；以及 H. Zimmer，《不列颠与爱尔兰的凯尔特教会》*Keltische Kirche in Britannien und Irland*，见于《新教神学与教会大百科全书》*Realencyklopädie für protestantische Theologie und Kirche*（1901），摘要见于《英国史学评论》*The English Historical Review*，1901，p. 757 以下。Jubainville 相信希腊语是在 5 世纪时由高卢传入爱尔兰的（Roger，203，注释 2）。

2 Goetz，《拉丁字汇书籍集成》*Corpus Glossariorum Latinorum*，iii（1892）。

术复兴的洗礼[1]。

452 圣帕特理克 St Patrick 的“外甥”，塞赫纳尔 Sechnall，或叫作塞昆第努斯 Secundinus，据说曾在塔拉 Tara 南部的都姆绍林 Dumshaughlin 写作了爱尔兰地区的第一部拉丁语赞美诗。23 个诗节采用了一种长短格的节奏【译按，这是依据其每行音节数量而得出判断的，但其诗法是依照重读而衡量的，这里的 trochaic 实具有“扬抑格”的含义】，完全漠视诗律的音长问题，例如：

Dominus illum elegit ut doceret barbaras
Nationes, ut piscaret per doctrinae retia,
Ut de seculo credentes traheret ad gratiam
Dominumque sequerentur sedem ad etheriam.[2]
【主已决定，将如何教诲蛮族
将如何以教诲的网捕捞，
还将如何使得信众知主的
喜乐，追随他至天国。】

爱尔兰僧侣哥伦班 Columban，约 543 年生于伦斯特 Leinster，在厄恩

---

1 参看 Traube,《演说及论文集》, ii (1911), 39 以下, 84; M. Esposito,《中古爱尔兰的希腊语知识》*The knowledge of Greek in Ireland during the Middle Ages*,“研究集”, 都柏林, 1912, i pp. 665–683。
有关“陆上斯科特人”Scots on the Continent【译按，苏格兰人之旧称】, 见 A. W. Haddan 的《遗著集》*Remains* (1876), 258–294; 参看 H. Zimmer 的《中古文化的爱尔兰因素》*Irish Element in Mediaeval Culture* (英译本, 1891); Greith,《古爱尔兰教会及其与罗马、高卢和阿勒曼尼之关系史》*Geschichte der altirischen Kirche und ihrer Verbindung mit Rom, Gallien und Alemannien* (布来施高之弗莱堡, 1867); W. Schultze, 在《图书馆学中央导报》, 1884, 185, 233, 281。

2 Bury,《圣帕特理克传》*Life of St Patrick*, 1905, 117, 247。

湖 Lough Erne 的某个岛上接受了良好的教育，后至乌尔斯特 Ulster 东岸，进入班戈的一家修道院。此院在当时颇具盛名，想必在那里得到了古典文学的训练，他在 68 岁时能以阿多尼斯体 Adonic【译按，五音节为一音步，长短短长短】作长诗题赠友人，以下数行系该篇之节选：

Inclyta vates,
Nomine Sappho,
Versibus istis
Dulce solebat
Edere carmen.
Doctiloquorum
Carmina linquens,
Frivola nostra
Suscipe laetus.
【卓越诗家，
名作萨福，
佳句在此，
堪比蜜糖，
诗味怡人。
学人有言，
诗业可弃。
我辈蠢材，
乐在其中。】 Migne，lxxx 291

而在别处他引述过玉万纳尔，推荐古典诗歌和古代教父著作的书籍[1]。约在585年，哥伦班突然着迷于去海外旅行，遂与十二个同伴一起来到高卢。后受邀移居勃艮第，他在孚日山区 Vosges 的林间僻静处建立了安涅格雷 Anegray、卢塞维 Luxeuil（约590年）和方坦涅 Fontaines 三座修道
453 院[2]。大约在此时，他完成了他的修道会戒规，这与本尼迪克特所制定的戒规有许多共同之处，其中要求除却学校教书和田林间的艰苦劳作外，还要去抄录手稿[3]。约在610年，他被逐出勃艮第，退居南特，又继而返回到莱茵河畔，经过了苏黎世 Zürich 至楚戈 Zug，最终抵达康士坦茨 Constance 湖，他在那儿用两三年时间向异教世界布道。当他动身去往意大利（约612年），他受到伦巴第国王和忒奥朵琳达 Theodolinda 王后的欢迎，在伦巴第之东南、首府帕维亚，他在特莱比亚 Trebbia 河畔建立了柏比约 Bobbio 修道院[4]（约613年）。615年，哥伦班逝世于河对岸高处的一个巨穴中[5]。同世纪的约纳斯为他写了一部传记，此人系柏比约的僧侣，他在书中引及维吉尔和李维，且显然因为对古典著作的研究而形成了自己的风格。哥伦班的"佩带、酒杯和餐刀"，至今仍在 sacrarium【圣器收

1　Ussher，《爱尔兰诗札集成》*Veterum Epistolarum Hibernicarum Sylloge*，p. 11 以下。他的书信（Gundlach 编订本）里有阅读萨鲁斯特、维吉尔、贺拉斯、奥维德和珀息乌斯的记忆痕迹。

2　约纳斯 Jonas 所作的《圣哥伦班传》，cc. 9，10。参看 Margaret Stokes，《法兰西林区三月记》*Three Months in the Forests of France*（1895），以及 Roger，406–415。

3　Migne, lxxx 209. Margaret Stokes，《亚平宁山区六月记，意大利寻访爱尔兰圣徒遗迹朝觐之旅》*Six Months in the Apennines, a Pilgrimage in search of vestiges of the Irish Saints in Italy*（1892）。

4　当时被称为 *Bobio*，所根据的是此名的旧式拼写。库姆密安 Cummian 主教（卒于730年）的墓志铭上有 *Ebovio* 字样（Margaret Stokes，《亚平宁山区六月记》，p. 152）。

5　是年去世的还有一位爱尔兰僧侣，艾勒冉 Aileran，他所著作的一部圣经名谓简说的书，其中最出色的一部分抄袭自奥利金、斐洛和约瑟夫（Migne，lxxx 327–334）。

藏室】中展出[1]。

这位爱尔兰僧侣建立的修道院，成为北意大利的学术之家园。终有一日，其图书馆获得了一些抄本手稿的馈赠，有些属于4、5世纪，原初是为罗马文学之士所誊录的，还有些年代稍晚。捐赠人是哥伦班一些云游四方的同乡，如邓迦尔 Dungal[2]，这位爱尔兰僧侣曾在823年担任帕维亚一所学校校长。第一部目录记载了666种抄本手稿，包括泰伦斯、卢克莱修、维吉尔、奥维德、卢坎、珀息乌斯、马提阿尔、玉万纳尔和克劳狄安，以及西塞罗、塞内加和老普林尼的著作，此目录拟定于10世纪，穆刺托理 Muratori 曾将之刊行于世[3]。此书依据抄本的作者和捐赠人 454
进行编目。第二部目录“修补”于1461年，计280卷，由佩隆 Peyron 于1824年发现并刊布[4]。这个图书馆曾接受乔尔齐奥·梅鲁拉 Giorgio Merula（1493年）[5]、托马索·英希刺米 Tommaso Inghirami（1496年）和奥洛·齐安诺·帕刺息奥 Aulo Giano Parrasio（1499年）[6]的查访。许多有价值的抄本被枢机主教博洛密奥 Borromeo 搬走，其中有些被置于他建立在米兰的安

---

1 M. Stokes, pp. 14, 178以下。关于哥伦班，参看 Ozanam,《法兰克人的基督教文明》, c. iv；Ebert, i 617[2] 以下；Milman, ii 284–295；Moran 博士,《一位爱尔兰传教士及其著作》*An Irish Missionary and his Work*（1869）；G. T. Stokes,《爱尔兰与凯尔特教会》, Lect. vii；以及 M. Stokes, 前揭；又见 Roger, 230–232, 269注释5, 433注释2；以及 Manitius, 181–187。

2 Wattenbach,《中古之抄书业》*Schriftwesen im MA*, p. 489。然而 Gottlieb 坚持说老邓迦尔反对都灵的克劳狄乌斯的著作，是12世纪的一位邓迦尔所作（Traube,《拜仁科学院论文集》*Abhandlungen der Bayerischen Akademie der Wissenschaften*, 1891, 332–337）。

3 《意大利编年史》*Annali d'Italia*, iii 809–880，尤其是 p. 818；参看 G. Becker 的《古代图书馆目录》*Catalogi Bibliothecarum Antiqui*（1885）, p. 64；以及 Léon Maître 的《西方的主教学校与修道院》*Les écoles épiscopales et monastiques de l'Occident*, p. 297。

4 《西塞罗演说词残篇》*Fragmenta Orationum Ciceronis*, p. iii以下。

5 O. von Gebhardt，在《图书馆学中央导报》, v（1888）, 343以下；以及 Sabbadini,《拉丁与希腊文抄本的发现》*Scoperte dei codici Latini e Greci*（1905）, 156以下。

6 Sabbadini,《拉丁与希腊文抄本的发现》, 159。

布罗斯图书馆（1606年），另外一些应保罗五世的要求，被运往梵蒂冈（1618年）。1685年，一位博学的本笃会修士，马必雍 Mabillon，造访过这座修道院[1]。在整个18世纪，为数众多的残余卷帙被转送至都灵[2]。从此绝大部分散见于罗马、米兰和都灵的图书馆中，有些则被转运到了那不勒斯和维也纳[3]。实际可确定的几种安布罗斯馆藏重写本，包括普劳图斯
455 著作[4]、数种西塞罗演说词（4世纪）以及弗隆托书信集[5]，在19世纪初被发现于该图书馆，全部来自那位爱尔兰僧侣在柏比约建立的修道院；但是此院的僧众，尽管无论如何我们要感激他们保存了这些抄本，却在这些古老的卷册上覆写了那些随手可得之著作的晚期副本【译按，此即“重

---

1 《意大利行纪》*Iter Italicum*，215。他称此地为“柏比亚 Bobian（根据古名厄柏比亚 Ebobian）修道院”。

2 70部来自柏比约的抄本中有12部毁于1904年1月26日的火灾，其中有西塞罗演说录的重写本残篇（2—3世纪）、《狄奥多修法典》的重写本残篇（6世纪）和卡息奥多儒的残篇（6世纪）。参看 Gorrini，《国家图书馆之火难》*L'Incendio della Biblioteca Nazionale*（托里诺 Torino，1905），p. 41 注释。幸存的抄本目录，见于《语文学与古典教育杂志》*Rivista di Filologia e di Istruzione Classica*，xxxii 436 以下。

3 M. Stokes，281–282。有关都灵的抄本手稿，见 Ottino（1890），以及上一注释中的目录；有关罗马和米兰的藏本部分，见 Seebass 在《图书馆学中央导报》，xiii；有关其他部分，见 Gottlieb，前揭，iv 442 以下，及 Gebhardt，前揭，v 343–362，383–431，538。参看 W. M. Lindsay，前揭，xxvi 293 以下；以及 R. Beer 在维也纳的科学院《会议报告》，1911，78–104。

4 Studemund，《安布罗斯馆藏遗献叙录，重写本抄本手稿》*Fabularum reliquiae Ambrosianae, codicis rescripti Ambrosiani apographum*，p. v以下，Neque unde neque quo tempore codex in bibliothecam Ambrosianam pervenerit, certo constat ... Ubi sacer codex conscriptus sit nescimus. Bobbii eum conscriptum esse et vulgo credunt et inde probabile fit, quod rude ac parum elegans scripturae genus ... amanuensem non Italum fuisse persuadet; itemque genus scripturae Anglo-saxonicum quo supplementa illa insignia sunt, vix amanuensi ex Italia oriundo tribuerim【我坚持认为，安布罗斯图书馆的抄本卷册来源地和成书时间俱不明确……我们不知晓这圣教抄本在何地成书。柏比约修道院的人认为，此抄本为民间抄工所录，颇有可能，盖因字体粗糙，缺乏雅致……并不代表出自意大利抄工之手；而且此部分抄件享有盛名，就其盎格鲁—萨克逊字体而言，我很难相信会来自意大利的抄工】。

5 E. Hauler，《维也纳学术》，xxxi 2；C. R. Haines，英译本，Heinemann，1919–　。

写本”，指在羊皮抄本上，刮削原文以充新纸，在上面誊录其他文本】，如通行本拉丁文圣经、教会会议法令和圣奥古斯丁著作，遂使得那些原来的抄本文字难以辨识。其他曾一度属于柏比约收藏的抄本，值得一提的有叙马库斯残篇（在米兰）和忒奥多修法典（从前在都灵），西塞罗著作会注[1]（5 世纪），圣卢克 St Luke（5—6 世纪）、圣塞维理努斯 St Severinus（6 世纪）、约瑟夫（6—7 世纪）、圣安布罗斯、圣奥古斯丁和圣马克西姆的抄本（7 世纪），格雷高利的《对话录》（约 750 年），以及圣伊息多耳著作抄本（840 年之前）[2]。最终我们不可忘记“穆刺托理经目残篇”Muratorian fragment（8 世纪或更早），这是现存最早的《新约》各卷篇目。

加卢斯和圣高尔

当柏比约的创建人动身去往意大利时，他的同伴中至少有一位加卢斯 Gallus，留在了康士坦茨湖。此人借由其他爱尔兰僧众的协助，在毗邻的高地上建立了一所修道院（614 年），并根据附近的小镇为之命名为圣高尔 St Gallen。加卢斯以极高之年寿逝世，约在 645 年。今知圣高尔修道院，就保存拉丁和爱尔兰文献而言，其重要性不次于柏比约修道院[3]。如我们后来将见到的那样，至少有三部重要的抄本，瓦勒理乌斯·弗拉库斯 Valerius Flaccus 著作、奥索尼乌斯著作、反维勒斯演说的匿名注疏集，连同一部昆体良的完整副本，俱由博乔 Poggio 在 1416 年发现于此[4]。该院

1 首度由 Mai 出版（米兰，1815，以及罗马，1828），依据的重写本，部分见于梵蒂冈，部分见于安布罗斯图书馆；Orelli 编订本，V ii 214–369；最近的文献见于 Bursian 的《年刊》，cxiii（1902），192 以下。

2 在此确定年代的九种抄本的重写本摹本，由古文书法学会刊行。美第奇本的维吉尔（5 世纪）、孤本的嘉理修斯（7—8 世纪），现存于那不勒斯，也来自柏比约。

3 参看 F. Weidmann，《圣高尔图书馆之历史》*Geschichte der Bibliothek von St Gallen*（1842）；抄本目录见 G. Becker 的《古代图书馆目录》（1885）；参看 Léon Maître 的《西方的主教学校与修道院》，p. 278 以下；以及 Ozanam 的《法兰克人的基督教文明》，p. 487 以下。

4 Sabbadini，《拉丁与希腊文抄本的发现》，77–79。

456 图书馆还存有若干页的维吉尔，属于4或5世纪的抄本[1]。哥伦班还有一位学生，叫阿基利乌斯 Agilius（圣艾勒 St Aile），他是634年建立于雷斯巴库 Resbacus（巴黎东部的雷拜 Rébais）的修道院里第一位修道院长[2]，该院中的抄本誊录的著作家包括泰伦斯、西塞罗、维吉尔、贺拉斯、多纳图斯、普理西安和波爱修斯[3]。

塞维利亚的伊息多耳

自爱尔兰僧侣建立柏比约和圣高尔修道院，无意中促进了拉丁文学重要遗献的保存，此后短短未及25年的时间里，塞维利亚的主教伊息多耳 Isidore（约570—636年）完成了一部百科全书，为中古汇集了大量的古代世界的学识。此著作名为《词语原始》，以内容的丰富多样和对早先典据文献的旁征博引而著称。此书所题献的友人，将之分成20卷，称全书是一部涉及日常万事的“词源学”巨著。卷1—3，文科技艺，其中语法学（包含诗律）占一整卷；卷4，医学和相关书目；卷5，法律和编年史；卷6，圣经各书；卷7，天堂与世俗阶层；卷8，教会及教派（为数不少于68）；卷9，语言、种族和官制名谓；卷10，词源学；卷11，人；卷12，禽兽；卷13，宇宙及其构成；卷14，自然地理学；卷15，政治地理学、公共建筑、土地调查和筑路；卷16，矿石、金属；卷17，农业与园艺；卷18，战争、诉讼与体育竞赛；卷19，船舶、房屋、衣着和个

1 摹本见于 p. 197。

2 约纳斯，《圣哥伦班传》，26。

3 Greith，《古爱尔兰教会及其与罗马、高卢和阿勒曼尼之关系史》，p. 291（Denk，《高卢—法兰克教育史》*Geschichte des Gallo-Fränkischen Unterricht*，257以下）。“爱尔兰的佩隆涅”*Perrona Scottorum*（佩隆涅 Péronne，在考比耶 Corbie 附近）由爱尔兰僧侣约在650年建成；其修道院长系凯拉努斯 Cellanus（卒于706年）推崇阿尔德海姆；在索姆 Somme、考比耶、佩隆涅和圣理齐耶 St Riquier 的三家修道院，成为岛国与大陆间文学交流的纽带（Traube，在慕尼黑科学院的《会议报告》，1900年11月，《爱尔兰的佩隆涅》*Perrona Scottorum*，p. 493）。

人修饰；卷 20，饮食、器具。此著作主要以早先的类书汇编为蓝本，卷 2 多取自波爱修斯翻译的希腊文献；卷 4 的第一部分，来自凯琉斯·奥勒良努斯 Caelius Aurelianus；卷 11 来自拉柯坦提乌斯；而 12—14、15 等 457
卷取自于普林尼和索理努斯；不过此书的计划具有整体性，其中不少细节好像是抄袭了苏维托尼乌斯的《笔丛》这部佚书[1]。作者还使用过卢克莱修、萨鲁斯特的著作，以及一部维特鲁威的摘要，此外还借鉴了杰罗姆、奥古斯丁、俄若修斯等人著作[2]。此书被当作古典知识的百科全书，颂扬得如此伟大，以致在很大程度上，它令人遗憾地取代了对于古典作家本身的研究[3]。在伊息多耳其他的著作中，有一部编年史，以塞克斯都·尤里乌斯·亚非利加努斯的著作和优西庇乌斯的杰罗姆译本为框架（续至 615 年）；一部高卢人史，是根那丢斯《名人传》*De Viris Illustribus* 的续作；还有一部《物性论》*De Natura Rerum*，在中古时期广为人知。通过他为 14 只书柜（armaria）所写的诗句，我们对他自己的境况得到一个生动的印象，这些设备组成他的图书馆，上面装饰了 22 位作家的肖像，神学由于奥利金、希拉理、安布罗斯、奥古斯丁、杰罗姆、刻律索斯托和居普理安代表，诗歌则有普卢顿休斯、阿维图斯、玉万库斯、塞都琉斯，教会史领域有优西庇乌斯和俄若修斯，法学有忒奥多修、保卢斯和盖乌斯，医学有柯斯玛斯、达密安 Damian、希波克拉底和盖伦，除此 20 人外，还有大格雷高利，和伊息多耳的兄长利安德尔 Leander。作者以诉歌体诗纪念了他们每个人，开篇三个对句是对图书馆的一般性概述，暗示其包含了世俗和圣教两类文学：

1 Nettleship，i 330 以下；Schanz，§534。

2 Dressel，《伊息多耳〈词语原始〉渊源考》*De Isidori Originum Fontibus*，都灵（1874）。

3 参看 Norden，《古代艺术散文》，398。

sunt hic plura sacra, sunt hic mundalia plura:
ex his si qua placent carmina, tolle, lege.
prata (vides) plena spinis, et copia florum ;
si non vis spinas sumere, sume rosas...
【在此圣教书籍，与世俗的读物陈列成队，
若是其中有诗句令你愉悦，便捧着读吧。
你看这草丛生满了刺李，却也开着鲜花，
假如荆棘不再肆虐，你就独有这片玫瑰……】

组诗收煞处是“向一位来访者”致意的数行，其中最后的一组对句如下：

non patitur quenquam coram se scriba loquentem ;
non est hic quod agas, garrule, perge foras.[1]
【任谁以笔墨、以唇舌，他都不会同意，
因此，搬弄是非的蠢材，这儿不能容你。】

尽管伊息多耳本人熟稔于异教徒文学的诸多门类，他准许其僧众
458 阅读的书籍却仅限于语法学一门。他坚持说，比起获得知识后骄傲得得意忘形，或是读了危险的书误入歧途，教他们保持谦卑的无知则更为

1 Migne，lxxxiii，1107；参看 J. W. Clark，《书之关护》，p. 46。

安全[1]。由此狭隘的观念为理由，他甚而呼吁通行本拉丁文圣经，在《诗篇》lxxi 处的译文，在第 15 诗节末尾（如根据在 lxx 中一处劣下的异文所译）连接下一诗节的开头，遂成为意义独立的文本：quia non cognovi litteraturam[2], introibo in potentias Domini[3]【译按，此二句原译作“因我不计其数”和“我要来说主耶和华大能的事”，合为一句，可译作“因我不能确知这学问，我将依主的意志来发言”】。若伊息多耳参考了卡息奥多儒，他可以发现一句更好的祈祷箴言：praesta, Domine, legentibus profectum【主啊，你赐福那些读者吧】[4]。

伊息多耳被誉为“精熟于希腊、拉丁、希伯来之语言”[5]。他分别了五种希腊语，即四种方言加上 κοινή【通俗语】，并称希腊语在音声谐悦上胜过所有语言[6]。但他所知甚浅。可证明希腊语在西班牙传播之程度的，在较早时期，有位“闻名世界的西班牙人”，曾在尼西亚大会中崭露头角，即科尔多瓦的主教贺修斯 Hosius（卒于 357 年），据说他曾从东方带回一位希腊语教师，来协助他研究柏拉图。赫罗纳 Gerona 的哥特人主教 西班牙的希腊语

1 Migne，877，《伊息多耳戒规》*Isidori Regula*，c. 8，gentilium libros vel haereticorum volumina monachus legere caveat ; melius est enim eorum perniciosa dogmata ignorare quam per inexperientiam in aliquem laqueum erroris incurrere【僧徒切记，勿阅读异教徒或异端分子所写的书籍。尔若不知有害的学说，总好过被那些人用这些知识诱尔犯错】。参看《格言集》*Sententiarum*，pp. 685–687。

2 γραμματείας【学问】异文作 πραγματείας【功课；论说；经营】。

3 《格言集》，iii 13。

4 《圣教与世俗学问绪论》，i 33。伊息多耳之概论，参看 Ebert，i² 588–602 ; Teuffel，§406 ; Gröber，II i 110 ; Ker 的《黑暗时代》，138 ; Roger，195–201 ; Saintsbury，i 400 以下；Manitius，52–70 ; Traube，《演说及论文集》，ii 157–162。《词语原始》，Lindsay 编订，牛津，1910 ；托莱多抄本的摹写本（莱顿，1909）; Beeson，《伊息多耳研究》*Isidor-Studien*（慕尼黑，1913）。

5 Migne，lxxxi 53 D，86 B.

6 《书信集》，ix 1，4。

约翰（590 年），年轻时为了使自己在希腊语和拉丁语上有所精进，曾在君士坦丁堡度过了七年时光[1]。大约在伊息多耳逝世的年代，托莱多主教尤里安（卒于 690 年）展示了他的希腊语知识，此人为自己的两部著作题署了希腊语标题[2]，并两度涉及德摩斯提尼的文体之优美[3]。而在657年，
459 此宗座的另一位主教，欧琴纽斯 Eugenius 三世，宣称要有苏格拉底或柏拉图、西塞罗或瓦罗的本事，才可做到得体地去追思大格雷高利[4]。

高卢　在高卢南部，希腊语很大程度上是一门商贸语言；甚而在阿尔勒这样的罗马城镇，6 世纪初期那里的犹太人普遍以希腊语会话[5]。在高卢北部，有人于 659 年询问鲁昂 Rouen 主教圣欧万 St Ouen，如何评价毕答革拉斯、苏格拉底、柏拉图和亚里士多德等哲学家，如何评价荷马、维吉尔和米南达“那些恶劣作家的下作腔”，如何评价萨鲁斯特、希罗多德和李维的历史著作，如何评价吕西亚、格拉库斯、德摩斯提尼和图利【译按，指西塞罗】的雄辩，以及如何评价贺拉斯、索理努斯、瓦罗、德谟克利特、普劳图斯和西塞罗的才智，他竭力强调说，圣教著作是胜过世俗著作的[6]。这些人名古怪地并置一处，有些地方显得可疑。提及图利和西塞罗、德摩斯提尼和米南达，令人怀疑圣欧万是否真阅读过这些他深怀着轻蔑之心所开列的世俗著作。在他逝世前 1 世纪，两部著名的希腊—拉丁文对照本手稿，一是四福音书和《使徒行传》的贝扎抄本 Codex

---

1 伊息多耳，《名人传》，c. 44。

2 *προγνωστικῶν*【预见；先兆】和 *ἀντικειμένων*【反对】；Migne，xcvi 453，495。

3 同上，727。

4 Migne，lxxxvii 415 C.

5 Papon，《普罗旺斯通史》*L'Histoire générale de Provence*，i 113；Gross，在《犹太教历史与科学月刊》*Monatsschrift für Geschichte und Wissenschaft des Judenthums*，xxvii（1878），68。

6 Migne，lxxxvii 479；参看 Roger，413。

Bezae，一是圣保罗书信集的克莱蒙坦抄本 Codex Claromontanus，都产生于西欧，可能就来自高卢当地。7 世纪时，高卢人可能也吁求过一部希腊—拉丁文的字汇著作[1]，同世纪在里古热 Ligugé 的图书馆就收纳了“近乎全部的希腊和拉丁教父著作”[2]。

日耳曼

尽管此时期在高卢实在已很难找到希腊语作为一门知识的证据，而在日耳曼地区，这样的证据就更难发现了，根本就没有任何迹象可证明在查理大帝的学术复兴之前这儿对希腊语产生过兴趣。然而文学趣味在北方修道院中有所恢复，这得益于本笃会教士刻罗德甘 Chrodegang，他是麦茨的主教（742—766 年），曾在 737—741 年间出任查理·马特 Charles 460
Martel 朝廷的大员。他为重振教规而拟定的戒条[3]，曾用于法兰西、意大利、日耳曼和英格兰的修道院，遂使得修道院学校在歌唱、语言和书写方面保持了某种一致性，这特点要延续到阿尔昆时代为止[4]。

意大利

与此同时，意大利在 5、6 世纪中出现了希腊知识的衰落。希腊和拉丁教会不再能够达成共识，因为他们不再理解对方的语言了。这股衰败境况到 7、8 世纪有所改变[5]。在这两世纪里，实际上有四位教皇生为希腊人[6]。648 年，拉文纳的大主教茅儒斯，曾以希腊文致信[7]给教皇马丁一

---

1 Harley 抄本 5792；古文书法学会的摹写本，ii 25。

2 《法兰西文学史》，ii 429。参看 Traube，《演说与论文集》，ii 83 以下。

3 D'Achery 的《拾穗集》*Spicilegium*，i 564 以下；Migne，lxxxix 1053–1126；《传记》见 Pertz，《日耳曼历史学文库》，xii 552–572；Roger，427。

4 Denk，《高卢—法兰克教育史》271–276；参看 Putnam 的《中古的书籍》*Books in the Middle Ages*，i 128 以下。

5 Steinacker，在《龚珀先生祝寿论文集》（1902），324–341；参看 Harnack，《古代基督教文学史的文本与调研》*Texte und Untersuchungen zur Geschichte der altchristlichen Litteratur*，p. lix，以及《教义史》*Lehrbuch der Dogmengeschichte*，II i 31 以下；及 Krumbacher，在《莱茵博物馆》，xxxix 353 以下。

6 忒奥都儒斯，约翰六世、七世，扎喀理亚斯 Zacharias。

7 Migne，lxxxvii 103.

世（649—655年），而教皇也曾以数封希腊文信函寄与东方世界的名流显要[1]，但是不能证明这希腊文是他自己写的，尽管谴责一志论派的拉特兰公会议 Lateran Council【译按，发生于649年，须知此次公会议其不在史上21次世界基督教主教会议（即通常意义上所简称的"公会议"council）之列】中，颇有不少内容参考了希腊教父著作。有人推想是在马丁一世时，第一批希腊教派的修道院在罗马建立起来[2]。这些修道院将起到避难所之作用，以庇护那些被一志论派的异端分子（622—680年）逐出东方的希腊派僧侣。教皇阿伽笃 Agatho 给拜占庭君主的回信，分别用希腊文和拉丁文写成，同另外一封原文为希腊文的信函一并被保存起来。最终附同对一志论派进行谴责的君士坦丁堡第三次公会议，其法令曾由希腊文被教皇利奥二世翻译成拉丁文（683年），此教皇重建了维拉布伦的圣乔治 S. Giorgio in Velabro 长方形会堂式教堂，以纪念希腊和拉丁教会近来的和解局面[3]。但
461 希腊语不可避免地走向衰亡，690年即被视为这门语言在意大利暂时性绝灭的日期[4]。此后的世纪里，727和816年所颁布的破坏偶像法规，致使众多的希腊派僧侣及其世俗信徒从东方的帝国，奔向意大利南方，甚而到达罗马当地。来自叙利亚的教皇格雷高利三世（731—741年）为他们建起一座修道院，所取院名纪念的是圣刻律索高努斯 St Chrysogonus[5]。在

1 Migne，lxxxvii 119–198.

2 Hardouin，《公会议文献集成》*Conciliorum collectio regia maxima*，iii 719；Gidel，《近代希腊文学新探》*Nouvelles Études sur la Littérature Grecque Moderne*，p. 150。

3 Battifol，在《考古学与历史杂录》*Mélanges d'archéologie et d'histoire*，vii（1887），419–431，又，涉及罗马的拜占庭书店，见 viii 297 以下。

4 Martin Crusius，《斯瓦比亚人编年史》*Annales Suevici*，274（Gidel，p. 156）【译按，古代日耳曼的 Swabian 族在拉丁文学中被称为 Suebi 或作 Seuvi】。

5 《教宗列传》*Liber Pontificalis* 中所言 Graeca Latinaque lingua eruditi【精通希腊、拉丁语言】的教皇，只有利奥二世和格雷高利三世。

罗马，拉文纳督主教时期【译按，Exarchate of Ravenna 指的是拜占庭势力在西罗马帝国的统治时期（这时拉文纳是西罗马帝国的首都），督主教本是东方教廷中的职务】（554—750 年），“希腊的官吏，希腊的教士，希腊的僧侣，希腊的殖民者，仿佛不断形成一支拜占庭的侵略军，他们侵入教堂，甚而占领教皇宗座，而且，他们自然也带来了君士坦丁堡的语言和文化”[1]。在 750 年，希腊教皇扎喀理亚斯，接见了一群希腊修女，她们带来了圣安娜斯塔息娅 St Anastasia 女修道院的一幅著名的圣母像和纳西昂的圣格雷高利的遗物。保罗一世（761 年）同样款待过一些修道士，他们可能帮他寻觅到了他送给矮子丕平 Pepin-le-Bref 的希腊文抄本手稿[2]。而阿德理安 Hadrian 一世（780 年）为希腊人们扩建了一所教堂，那里自 6 世纪末以来被称为希腊经院圣母堂 Santa Maria in Schola Graeca，而君士坦丁堡方面（在拉文纳也如此）则改了新名字，称为科斯密丁 Kosmedion【译按，源自希腊语，谓美轮美奂】。818 年，当世所存的修道院数量太少，以致无法容纳涌入罗马的全部希腊僧众，帕斯卡 Pascal 一世馈赠给这些逃难者一座圣普刺克塞迪斯 St Praxedis 修道院，同世纪的其他教皇，如斯德望 Stephen 四世（817 年）和利奥四世（850 年），也纷纷为他们在罗马和南部意大利建立修道院[3]。意大利南方地区，自从查士丁尼帝的部将们收复意大利（553 年）[4] 以来，一直与君士坦丁堡保持着政治上的联系，直到遭受诺曼第人劫掠才终止（1055 年），最南方至文艺复兴时期仍有巴兹尔修道会的希腊僧众在活动。

---

1 Rushforth，在《罗马不列颠学会论文集》*Papers of British School in Rome*，i（1902），11；参看 Diehl 的《拉文纳督主教时代》*Exarchat de Ravenne*，241 以下。

2 参看 Roger，431 以下。

3 Muratori，《意大利史料系年汇编》*Rerum Italicarum Scriptores*，III i 215，234。参看 Gardthausen，《古希腊文书法学》*Griechische Paläographie*，p. 418。

4 Bury，《晚期罗马帝国》，ii 439 以下，447 以下。

462 在靠近“踵部”的古卡拉布里亚地区，及靠近“趾部”的近代卡拉布里亚地区，甚至有些乡村至今还在讲希腊语，只是稍带些方言的细微变化，而希腊语作为活的语言传统也还在那些地区的其他角落悠荡着[1]。当希腊僧侣融入南方滨海地区时，北方意大利的学术衰落，可由罗退尔 Lothair 一世为证，他在 823 年颁布的法令中，痛惜学问的普遍灭绝，遂重新组织他的意大利辖区的教育事业，在九个重要地区设立中央学院：帕维亚、伊维雷亚 Ivrea、都灵、克雷默那 Cremona、佛罗伦萨、费尔摩 Fermo、维罗纳 Verona、维琴察和弗留里 Friuli[2]。帕维亚的学院院长是一位爱尔兰人。

不列颠和爱尔兰

在不列颠，从明显直接根据《旧约》七十子本翻译的某个拉丁文本中，可追索到当地早期的希腊语知识之痕迹。这些痕迹也存在于匿名著作《论圣经的奇迹》*De Mirabilibus Sacrae Scripturae*（约 660 年）和一部爱尔兰教规（8 世纪初期）中[3]。在一块现存于彭典 Penzance 博物馆的锡制印版

---

1 Morosi，《奥特朗托地区的希腊方言之研究》*Studi sui dialetti greci della terra d'Otranto*，拉察 Lecce（1870），以及《卡拉布里亚的博瓦自治区的近代希腊语方言》*Dialetti romaici del Mandamento di Bova in Calabria*（1874），以及 Zambelli，《意大利式希腊语》Ἰταλοελληνικά，pp. 23，202；参看 Roger Bacon，《著作三集》，33；Cramer，i 26；Gidel，《近代希腊文学新探》，145–156，以及 Tozer 在《希腊研究学刊》，x 11–42，尤见 38 以下；又见 A. Dresdner，《10 及 11 世纪意大利神职人员的文化与风化史》*Kultur- und Sittengeschichte der italienischen Geistlichkeit im 10. und 11. Jahrhundert*（1890），p. 195 以下；及 A. Palmieri，《意大利的拜占庭研究》*Les Études Byzantines en Italie*，收入《拜占庭学年刊》*Vizantiiskii Vremennik*，x（1903），281–303。参看 Traube，《演说与论文集》，ii 85 以下。

2 Muratori，《意大利史料系年汇编》，I ii 151；《中古意大利文物典章》*Antiquitates Italicae Medii Aevi*，iii 815；Tiraboschi，iii 179 以下；《日耳曼历史学文库》，法律编，i 248。

3 J. R. Lumby，《7、8 世纪中西方教会的希腊语知识》*Greek Learning in the Western Church during the seventh and eithth centuries*，剑桥（1878），p. 3。“在盎格鲁－萨克逊教堂中，如在圣高尔和莱歇瑙一样，希腊文的信条以歌唱的方式得以施行”。“阿特尔斯坦 Athelstan 王的圣诗集”中有以盎格鲁－萨克逊文字写成的《主祷文》和《使徒信经》。尤见于 Caspari 的《洗礼象征与信仰法规的史料汇编》*Quellen zur Geschichte des Taufsymbols and der Glaubensregel*，iii（克里斯蒂安尼亚 Christiania【译按，奥斯陆之旧称】，1875），188–199，219–234，466–510（Mayor 论比德，p. 298 以下）。

上，可找得到三个希腊字母（εις）[1]；爱尔兰的一部 7 世纪末的法规中也
依约有些希腊语知识，其中如此定义一位僧侣：monachus Graece, Latine 463
unalis, sive quod solus in cremo vitam solitariam ducat, sive quod sine impedimento mundiali mundum habitet【“僧侣”系希腊文，其拉丁语义为“独自一人的”，或因其在隐修处过着独居生活，或因其居于尘世而免受世间的困厄】[2]。在《阿玛经》*Book of Armagh*（约 807 年）中，《主祷文》写为拉丁词汇，却是用了希腊字母[3]；直到大主教乌舍尔 Ussher 的时代，特理姆 Trim 的一座教堂仍被称为“希腊教堂”[4]，该址在 1846 年还被称作“希腊公园”[5]。有位爱尔兰僧侣，几何学家维吉尔 Virgil the geomater，在 8 世纪末期（767—784 年）成为萨尔茨堡 Salzburg 的第一位主教，他被卜尼法斯指控为相信对蹠点【译按，Antipodes 为地理学名词，盖指世界上存在相反的立足点，此语先见于柏拉图《蒂迈欧篇》，原本为讨论空间上下方向的相对性而提出】的存在[6]；半个世纪后，列日 Liège 的一位名叫塞都琉斯的爱尔兰僧侣，以拉丁文的诗体抄录了一部希腊文的《诗篇》集[7]，他摘录了奥利金的著作，并详述了杰

---

1 Haddan 与 Stubbs，《大不列颠与爱尔兰的公会议和教规文件》*Councils and Ecclesiastical Documents of Great Britain and Ireland*，i 699。

2 Haddan 与 Stubbs，《大不列颠与爱尔兰的公会议和教规文件》，i 170 以下。

3 参看 Roger，269。

4 Ussher，《爱尔兰诗札集成》，注释 16。

5 G. T. Stokes，《爱尔兰与凯尔特教会》，p. 218 注释。

6 同上，224；Ozanam，133 以下。卜尼法斯，《书信集》，lxvi，Jaffé 本，iii 191。参看 Wattenbach，《中古德国史料考》，i^{7} 136；Krabbo，在《奥地利历史学研究学会会刊》*Mittheilungen des Instituts für Österreichische Geschichtsforschung*，xxiv（1902），1 以下；Andrew D. White 的《科学与神学论战史》*A History of the Warfare of Science with Theology*，i 105–106；又见 Roger，263。

7 《加洛林朝拉丁诗歌集》*Poëtae Latini Aevi Carolini*，iii 151–237，Traube 本。他通常借用维吉尔、奥维德和弗图纳图的诗体。

罗姆的观点[1]。他一直被认为是《杂篇集缀》*Collectaneum* 的编者，是书被发现于摩泽尔河畔库萨 Cues 镇的一所图书馆中，人们一度以为是出自库萨的尼古劳斯 Nicolaus Cusanus 之手，其人在 1451 年到列日购买了一些抄本，而这里正是塞都琉斯的故乡[2]。《杂篇集缀》包含了以下著作的摘录:《致赫伦尼乌斯》，西塞罗的《论选材》、《为封提乌斯辩》*pro Fonteio*、《为弗拉库斯辩》*pro Flacco*、《斥皮索》、《斥腓力》*Philippics*、《斯多葛悖论》以及《图斯库兰辩论集》，还有弗隆提努斯 Frontinus、瓦勒留·马克西姆斯、《皇史六家》*Scriptores Historiae Augustae*、维哲修斯、马克罗比乌斯、俄若修斯、卡息奥多儒和比德的著作，此外，还有一组摘自泰伦斯和帕布利琉斯·叙鲁斯 Publilius Syrus 的道德说词，和 74 条以拉丁文形式写出的希腊“谚语”。以上的诸多摘录都体现于他的《基督教义导览》*liber de rectoribus Christianis*（855—859 年）中，这部著作以拉丁散文写
464 成，夹杂着诉歌体、萨福体及其他各种抒情诗韵体的片段[3]。《杂篇集缀》的“希腊谚语”可能渊源自爱尔兰，或许早于7世纪[4]，而塞都琉斯可能还从拉翁 Laon 的爱尔兰侨民处抄到了他的维哲修斯著作段落[5]。另一位爱尔兰僧侣，语法学家蒂库伊尔 Dicuil（约 825 年），在一篇地理学短论[6]

---

1 G. T. Stokes，pp. 225–228；参看 Ebert，ii c. 6；Pirenne，《列日的塞都琉斯》*Sedulius de Liège*（布鲁塞尔，1882）；Traube，《拜仁科学院会议报告》，1891，338–346；Ker 的《黑暗时代》，160。他对攸提珂斯的注疏，以马克罗比乌斯和普理西安为蓝本，显示出其人希腊语的知识（Hagen，《赫尔维提亚史志遗献》*Anecdota Helvetica*，1–38【译按，赫尔维提亚 Helvetia 为瑞士西部的凯尔特古国，今可代称瑞士联邦】）。

2 Traube，前揭，364–369。

3 S. Hellmann 编订，《“爱尔兰人”塞都琉斯》*Sedulius Scottus*，1906，pp. 19–91；有关《杂篇集缀》，同上，pp. 92–117。

4 同上，121 以下，135。

5 104.

6 《论大地周长的测量》*De Mensura Orbis Terra*。

中放远了视野，从冰岛一直谈到埃及的金字塔，令人印象深刻的是他在极为广泛的范围中提到以下希腊作家：阿耳忒密多儒、克利塔库斯 Clitarchus、狄凯阿库斯、厄佛儒斯、攸都绪斯、赫卡泰乌斯、希罗多德、荷马、翁尼希克里图、菲勒蒙、皮提亚斯 Pytheas、修昔底德、提摩斯忒涅 Timosthenes 和阑普萨库的色诺芬 Xenophon of Lampsacus。他的著作主要以恺撒、普林尼和索理努斯为蓝本，征引的著作家有庞彭纽斯·梅拉、俄若修斯、普理西安和塞维利亚的伊息多耳[1]。马克罗比乌斯和普理西安是他语法学方面的典据权威[2]。

当哥伦班从爱尔兰出发，先后于 585 年和 612 年分别到法兰西东部和意大利北部建立修道院，在此两个年代之间歇中，罗马派遣奥古斯丁【译按，区别于前面的圣奥古斯丁】代表大格雷高利去往不列颠。奥古斯丁于 597 年抵达肯特 Kent 郡，605 年死在坎特伯雷大主教的任职上。约六十年后，此大主教职务由教皇维塔利昂 Vitalian 起初任命给被称为“最善讲希腊、拉丁两门语言”[3]的阿德理安，后又任命给忒奥多尔 Theodore，此人生于塔尔瑟斯，又在雅典接受教育，因而很熟悉希腊文[4]。这位来自希腊的大主教（668—690 年）在坎特伯雷建立了一所学校，提供希腊语的教学，还捐赠了许多他本族母语的书籍。900 年后，大主教帕克 Parker 对坎特伯雷庋藏的抄写副本产生了思古幽情，这些副本是“荷马等希腊作家的著作，字体美观、纸张厚实，前面附有这位忒奥多尔的名

塔尔瑟斯的忒奥多尔

1 《论大地周长的测量》，214–216；Ebert，ii 392–394；参看 Letronne，Recherches，ii 3，vi 8 以及 Beazley 的《近代地理学的曙光》*Dawn of Modern Geography*，p. 317 以下。

2 Teuffel，§473，9.

3 比德，《英吉利教会史》，iv 1。

4 据《卜尼法斯书信集》，185，Jaffé 本，希腊人教皇扎喀理亚斯称忒奥多尔“Greco-Latinus ante philosophus et Athenis eruditus”【希腊、拉丁语上可与雅典哲学家和学问家相抗衡】。

465 字，他有理由认为（此外也使得其书古意盎然）这些卷册一度属于自己的书斋”[1]；但无疑这部仍保存在剑桥圣体学院图书馆的帕克藏卷中的荷马著作抄本，并不属于塔尔瑟斯的忒奥多尔（他在此抄本誊录成册时已去世八个世纪了），而是属于利纳克莱 Linacre 的朋友，威廉·塞凌 William Selling[2]。在已辞去大主教职务的阿德理安帮助下，忒奥多尔使英格兰许多修道院都成为希腊拉丁之学府，因而至比德（673—735 年）的时代，有些这样的学者还在世，诸如罗彻斯特 Rochester 的主教托比亚斯 Tobias（卒于726年）[3]，他们熟悉拉丁和希腊语言，宛如母语一般[4]。伍斯特郡的僧侣，塔特温 Tatwine，后亦成为坎特伯雷之大主教（卒于 734 年），除了以拉丁韵体作诗谜外，还写过一部拉丁语法，以多纳图斯的著作及其

---

1 Lambarde，《肯特漫游录》*Perambulation of Kent*，p. 233，1576 年版；Milman，《拉丁教会史》，ii 272。

2 M. R. James，《大主教帕克收藏的抄本手稿》*Abp Parker's MSS*（1899），p. 9。

3 比德，《英吉利教会史》，v 8，20，23。

4 同上，iv 2（附见 Mayor 在 p. 298 的注释）。参看 J. Gennadius，在《泰晤士报》，1896 年 9 月 1 日，及 Roger，286–288。阿尔德海姆作诗谜之前不久，在尚班涅的阿德马尔 Adémar de Chabannes 著作的一部莱顿抄本中，一位名叫高贝 Gaubert 的僧侣，对 p. 147 以下内容做了番不算精确的说明，他叙述了西方世界自 7 世纪至 10 世纪中叶语法学家的传承世系。依序点名如次：“Theodorus monacus et abbas Adrianus Aldelmo instituerunt grammaticam artem. Aldhelmus Bedam. Beda Rhabbanum. Rhabbanus Alcuinum. Alcuinus Smaragdum. Smaragdus Theodulphum. Theodulphus Iohannem et Heliam reliquit, sed non imbuit. Elias Heiricum, Heiricus Hubaldum et Remigium. Remigius Gerlannum episcopum. Gerlannus Guidonem episcopum Autisioderensium”【僧侣忒奥多尔与修道会长老阿德理安传授了阿尔德海姆语法学技艺。阿尔德海姆传比德。比德传剌班努斯。剌班努斯传阿尔昆。阿尔昆传斯马剌都斯。斯马剌都斯传忒奥都弗斯。忒奥都弗斯遗学问于约翰和厄利阿斯，但未亲授之。厄利阿斯传厄理克。厄理克传胡克巴德与勒密吉乌斯。勒密吉乌斯传戈尔兰努斯主教。戈尔兰努斯传基多主教和奥提息奥德伦西斯】。他注意到有个名字【译按，指辛普利奇乌斯】在比德和剌班努斯之间遗漏了，但他不知剌班努斯乃是阿尔昆的学生，而不是老师。对高贝的叙述最近一次的校订者是 Delisle，在《短评与摘录》*Notices et Extraits*，xxxv（1），1896，311 以下。参看 Traube，《演说与论文集》，ii 164 以下。

注疏为蓝本[1]。而希腊语的教学传统，一直传至又一位坎特伯雷大主教奥铎 Odo（875—961 年）的少年时代[2]。

阿尔德海姆

阿尔德海姆（约 650—709 年）670 年时还在坎特伯雷求学，他此
前的老师有爱尔兰学者麦杜弗 Maidulf，系马尔姆斯伯理 Malmesbury 修道
院的创办人，阿尔德海姆后来成为那里的院长（675 年）。他的著述工 466
作大多与马尔姆斯伯理相关联，此地保持学术重镇之地位，直到中古晚期。阿尔德海姆约在 692 年游访罗马，自 705 年到他去世期间担任谢尔伯恩 Sherborne 主教之职。他在埃文河畔的布拉德福德 Bradford 建立的教堂屹立至今。在有关其生平的记述中，我们可知他“通晓希腊语的所有成语方言，能付诸笔墨，形诸唇舌，仿佛生来就是一个希腊人”。“伊纳 Ina 王曾从雅典聘请了两位最富才华的希腊语教师【译按，阿德理安和忒奥多尔】”[3]；阿德理安[4]成为坎特伯雷圣奥古斯丁大隐修院院长，在他的教育下，阿尔德海姆，这位伊纳王同族亲戚，“学习上进步神速，不久后就被当作是比他的希腊语或拉丁语教师们更出色的学者了”[5]。他常将希腊

1 《修辞论八篇》*De octo partibus orationis*；Teuffel，§500，4；Roger，332–334；Manitius，203。

2 Migne，cxxxiii 934 B–C.

3 Migne，lxxxix 66.

4 马尔姆斯伯理的威廉，《英国主教列传》*Gesta Pontificum Anglorum*，v§189。

5 同上，85。见证他谙熟希腊语和拉丁语者，是一位“Scottus ignoti nominis”【不知名的苏格兰人】，要借阿尔德海姆的一本书读两周，并推介自己做他的学生：dum te praestantem ingenio facundiaque Romana ac vario flore litterarum, etiam Graecorum morem, non nesciam, ex ore tuo, fonte videlicet scientiae purissimo, discere malo, quam ex aliquo (alio?) quolibet potare turbulento magistro【既然您有如此高的造诣，精晓拉丁语的修辞以及各种文体，更是希腊语文的专家，我怎可不知，您的金口，显然即是最纯净的知识之源泉，您要知道，有人无论如何要拜您为师呢！】；见卜尼法斯，《书信集》，4（Mayor 的《比德》【译按，指 Mayor 与 Lumby 校注本《英吉利教会史》的 III、IV 卷，下同】，p. 298）。

语汇引入拉丁文学，此嗜好遭到马尔姆斯伯理的威廉的指责[1]。他时或提到亚里士多德和斯多葛派，并以使用希腊术语去界定希腊音步。他有关拉丁诗法的谈话录（米涅 Migne 编订本凡 45 卷之多），其生动之处在于其中夹杂了许多富于机巧的谜语诗，为的是让学生们去解开谜底和分析音步。在论拉丁格律的著作里，他自然会引述诸如泰伦斯、维吉尔、贺拉斯、玉万纳尔和珀息乌斯的诗歌。他最重要的散文体著作《论童贞之尊贵》*De Laudibus Virginitatis*[2]，结尾处许诺说（后来全然得以履行）还将有一篇同主题的韵文："修辞术的地基已打好，散文体的四壁都砌成，他要拿长短短格和长短格的瓦片来铺屋顶了。"[3]他的拉丁散文可是华丽失当[4]。
467 其散文与诗歌同样都好用希腊成语和头韵[5]。他主要的声誉，在于"其人乃第一位在教化古典学识上有所成的英国人，以及第一位有文学遗产传

1 《英国主教列传》，v§196，p. 344；Warton 的《英诗史》，Diss. II，p. cxxxv（1824 年版）；Cramer，i 41。

2 摹本（附肖像），见于《英伦社会》*Social England*，i 307²。

3 H. Morley 的《英国作家》*English Writers*，ii 135。

4 "Angli pompatice dicere solent"【盎格鲁人通常文风浮华不实】，而马尔姆斯伯理的威廉说阿尔德海姆 "ex pompa Anglum intelliges"【浮华夸饰，正如盎格鲁人】，见《英国主教列传》，同上。参看《致伊阿弗理都斯书》*Epistola ad Eahfridum*（685 年以后），lxxxix 94，Migne 编订本，"Hiberniae rus, discentium opulans vernansque (ut ita dixerim) pascuosa numerositate lectorum, quemadmodum poli cardines astriferis micantium ornantur vibraminibus siderum"【据说爱尔兰人的国土上，鲜花盛开，遍布春野，如同繁星摇曳，灿烂满天】，而"他的言辞之英华，便是留给爱尔兰友人或爱尔兰学生们的财富"（Haddan 的《遗著集》，267）。阿尔德海姆有一位爱尔兰通信友人，凯拉努斯，是爱尔兰的佩隆涅的修道院长（参看 Traube，《拜仁科学院会议报告》，1900，469–538）。阿尔德海姆的诗律研究见于他写给温彻斯特主教厄达 Hedda（676–705）的一封信中，Jaffé 本，iii 32。参看 Manitius，134–141。

5 Ebert，i² 622–634；Milman，ii 297 以下；Teuffel，§500，2；Mayor 的《比德》，p. 201；L. Bonhoff（德累斯顿，1894）；Traube，前揭，477–479；Manitius，《拜仁科学院会议报告》，cxii 535 以下；Roger，288–301；Browne 主教（1903）；Gaskoin 的《阿尔昆》*Alcuin*，20–23；Ker 的《黑暗时代》，139 以下；W. B. Wildman（1905）。

世的英国人”[1]。

阿尔德海姆已被公允地授予盎格鲁—拉丁诗歌之父的美誉，而比德 比德
（673—735年）虽是比他年轻，却是同时代更出名的人物，在文学史上独占散文领域的头等地位。他毕生都在亚柔 Jarrow 的修道院中度过，将时光用于钻研宗教和学问[2]。他在30岁时开始著述，借助他老师本尼迪克特·毕斯柯普 Benedict Biscop 和刻奥弗理德 Ceolfrid 从罗马等地带回来的书籍，他得到了丰富的文献资料。他甚至在弥留之际，仍伏在病榻上工作，他以盎格鲁—萨克逊语言翻译的圣约翰福音，即完成于他人生的最终时刻[3]。

在《英吉利教会史》*Historia Ecclesiastica Anglorum*（731年）中，我们感兴趣的是对慷慨之风义的记述，谓爱尔兰的教师们接纳英国学生（在614年），无偿地提供他们以书籍和言教[4]，我们还感兴趣于忒奥多尔和阿德理安及其学生们的知识传播[5]，罗马对英国的认知[6]，以及英格兰的书籍收藏和流布[7]。作者始终表现得对那时代的知识了然于胸，如同（富勒
Fuller 所云）“其时之头号学问家”[8]。他的措辞明晰、纯朴且较为洁净，正 468
是研究古史和教会主要教父所获得的精神自律的最可靠见证。

他提及本尼迪克特·毕斯柯普的事迹，谓此君五度拜访罗马，每

1 Stubbs 在《基督教传记辞典》，参看 Ozanam，《法兰克人的基督教文明》，p. 493–497。

2 《英吉利教会史》，v 24（前引于第441页）。

3 Guthbert 所云，转引自 Mayor 的《比德》，p. 179，Fuller，192。

4 iii 27.

5 iv 18；v 20.

6 v 19.

7 v 15，20.

8 Fuller 的《英格兰伟人史》*History of the Worthies of England*，p. 292，1663年版。

次归来都携有大批书籍[1]和图画。比德的编年史著作以杰罗姆编订的优西庇乌斯著作为蓝本，还借鉴了奥古斯丁和伊息多耳。他的拉丁诗才显露于为厄塞思理思 Etheldrida 王后所作的诉歌[2]，以及有关圣库思伯特 St Cuthbert 诸奇迹的六音步体诗。他还著作了一篇论韵格的文章，附有一张圣书用词表。他对希腊语的知识得以在此篇论文中显现出一些来，另外还可见于他《订谬篇》*Liber Retractionum* 中对《使徒行传》某个希腊文抄本[3]的论述中。他最常引述的拉丁作家是西塞罗、维吉尔和贺拉斯，还有（无疑是间接引述到的）卢基理乌斯和瓦罗。他身后的学术之衰落，引起马尔姆斯伯理的威廉在纪念他的短颂中如次哀叹：sepulta est cum eo gestorum omnis paene notitia usque ad nostra tempora（12 世纪），adeo nullus Anglorum studiorum eius aemulus, nullus gloriarum eius sequax fuit【自从斯人辞世，直到时下，几乎全部的历史学问都没落了下来，某种程度上说，英国再无人有他那般的求知欲，也再无人追从他的风仪荣誉】[4]。

卜尼法斯与富尔达

比德死后不久，其《教会史》已为同代人卜尼法斯 Boniface 所熟知，此人或名温弗理德 Winfrid（675—754 年），晚生于比德两年，卒年则晚

---

1 《修道院长列传》*Vitae Abbatum*。在其第四度旅程中，据说“eum innumerabilem librorum omnis generis copiam apportasse”【他满载着各种类型不可胜数的书籍（归来）】。本尼迪克特·毕斯柯普也在维也纳收集图书；他第六次旅程（685 年）几乎完全致力于收书，其中包括古典著作。

2 《英吉利教会史》，iv 20。

3 饱蠹楼希腊语、拉丁文的《劳德藏本》*codex Laudianus*，F 82，根据 Berger，在《短评与摘录》，xxxv（1）176。参看 Roger，390。

4 《英国诸王列传》*Gesta Regum Anglorum*，i 62（Mayor 的《比德》，1887）。有关比德，参看 Teuffel，§500，3；以及 Ebert，i^2 634–650，由 Mayor 与 Lumby 在《比德》中（与其他典据一并）译出；Manitius，70–87；Ozanam，《法兰克人的基督教文明》，498 以下；Wattenbach，《中古德国史料考》，i^7 146；Roger，304–310；Ker 的《黑暗时代》，141–146；以及 H. Morley 的《英国作家》，ii 140–157。拉丁诗人为阿尔德海姆和比德所知者，由 Manitius 列述出来，见《拜仁科学院会议报告》，1886，535–634。

二十载。他生于克列蒂顿 Crediton，在埃克塞特和努尔斯灵 Nursling 就学。经由教皇格雷高利二世允准（719 年），他在图林根和弗里斯兰传教，令 469
萨克逊人和黑森人改宗，在 723 年成为一名主教，745 年升任美因茨大主教，753 年辞去职务，退居弗里斯兰，并于次年殉道而亡。他的忠实随从，诺理库姆的斯都尔姆 Sturmi of Noricum，已经在赫斯费德 Hersfeld 的林间僻静处建立了一块殖民地，并深入到广阔的山毛榉丛林，沿着富尔达 Fulda 河向南追溯了 30 英里，直到他又寻觅到一块更为人烟罕至的所在，这里向四周各延伸 4 英里的范围，都是虔诚的卡罗曼国王敬奉给上帝的土地，一座著名的修道院（属于富尔达），经由卜尼法斯的许可而建立起来（744 年）[1]。卜尼法斯以“日耳曼之传道使徒”最为著名，在文学著述上，他的重要性并不突出。其著作包括两部论音步和语法（借鉴了多纳图斯、嘉理修斯和狄奥墨得斯著作）的课本[2]，一组以美德和恶癖为主题的六音步藏头诗 acrostic，以及用某种粗糙的拉丁语言写成的多篇布道文和书信[3]。在这些书信中，我们发现有几封出自英国的女修道院，带有阿尔德海姆的华丽修饰之风格，其中卜尼法斯被称作 amantissime frater【至爱的兄弟】[4]，而他自己的信件则被称为 dulcissimae【无比甜蜜的】[5]。他的亲戚中有一位修女，后来还主持过毕绍弗斯海姆 Bischofsheim 地区的改宗，曾怀着疑虑之心寄给他一小组拉丁六音步诗[6]。卜尼法斯还写信给英格兰的朋友求书，

1 卜尼法斯的《书信集》，79（西元 751），见 Jaffé《日耳曼史事丛刊》*Bibliotheca Rerum Germanicarum*，iii 218；Pertz（ii 368），《斯都尔姆传》*Vitae Sturmii*（Milman，《拉丁教会史》，ii 304 以下）。

2 Bursian，i 15，以及在《拜仁科学院会议报告》，1873，457 以下，《年刊》，i 8。

3 《书信集》，Dümmler 编订，见于《墨洛温与加洛林王朝时代书信汇编》*Epistolae Merowingici et Karolini Aevi*，i 231；《诗歌集》*Carmina*，Dümmler 编订，见于《加洛林朝拉丁诗歌集》，i 1。

4 《书信集》，14，Jaffé 本，在《日耳曼史事丛刊》，iii。

5 《书信集》，16，Jaffé 本。

6 《书信集》，23。

并请求过一位博学的女修道院长为他“以金字”抄录一部圣彼得的福音书[1]。书信中唯一涉及希腊语知识的一处，是以拉丁字母所写的几个希腊词汇[2]。他对语法的精确程度具有非常强烈的感觉，当听说一位无知的神父施行浸洗仪式竟然 in nomine Patria et Filia et Spiritus sancti【译按，当作 in nomine Patris et Filii et Spiritus sancti，即“以圣父、圣子、圣灵之名”，这里 Patria 是阴性夺格或主、呼格，Filia 是阴性与格或主、呼格（俱应作阳性属格单数）】时，他

470 几乎要怀疑此仪礼的合法性了[3]。他60岁那年还能写出典雅的六音步诗歌，以庆贺希腊人扎咯理亚斯荣升教皇之位[4]。身亡弗里斯兰后，他的躯体被运送到经他许可而在富尔达建立的那座修道院。该院奉行本笃会戒规，并很快成为与圣高尔修道院比肩而立的学术名校，出自这里的人物，有后来写《查理大帝传》的艾因哈德，第一位 praeceptor Germaniae【日耳曼导师】刺班努斯·茅儒斯等。968 年，这里被视为整个日耳曼地区最重要的一所修道院。此后就改作神学院，原来的修道院教堂改为主教座堂，但是创办人的骨骸仍安息于古窖中。镇上围绕着此修道院竖立了许多塔楼，有一座青铜像立于其中，那是对卜尼法斯的不朽纪念[5]。

---

1 《书信集》，32。

2 Apo ton grammaton agiis（= a litterarum sacris）【以文辞之神圣】及 cata psalmistam thesaurizat【为圣诗之宝库】，《书信集》，9。

3 《书信集》，58，Jaffé 本，lxxxix 929，Migne 本。

4 《书信集》，42，Jaffé 本，p. 748，Migne 本。

5 有关卜尼法斯，参看 Ozanam，《法兰克人的基督教文明》，c. v，170–219，503–506；Ebert，i^2 653–659；Teuffel，§500，5；Bursian，《德国古典语文学史》*Geschichte der klassischen Philologie in Deutschland*，i 14 以下；Norden，《古代艺术散文》，699；Roger，310–313，334–336；涉及富尔达学院，见 Specht，《德国教育史》*Geschichte des Unterrichtswesens in Deutschland*，1885，296–306。

亦见 Manitius，142–152；G. F. Browne 主教，《克列蒂顿的卜尼法斯及其同事》*Boniface of Crediton and his companions*，附有 17 幅插图，1910。

第二十五章

471

从阿尔昆（约 735—804 年）到阿尔弗雷德（849—900 年）

本章我们主要关注从查理大帝到阿尔弗雷德王一段时期里的古典学术。作为学术上的指导者，威尔士僧侣阿瑟尔 Asser 可代表阿尔弗雷德王时代，而英国人助祭阿尔昆则代表了查理大帝时代。

师从比德的厄葛伯特 Egbert，是约克的大主教，他在当地主教座堂学院中培养的学生，有一位即阿尔昆（约 735—804 年），其生年正逢比德去世。然而阿尔昆较少受惠于大主教厄葛伯特一般性质的管理，而更多得益于他导师艾尔伯特 Aelbert 的直接教导。艾尔伯特后来（766 年）继厄葛伯特出任大主教之职，他曾不止一次去海外寻访新的书籍和新的研究[1]，其中有一次，他的这位学生还随同他去罗马游历。778 年，阿尔昆成为约克的 阿尔昆

1 《论约克城圣徒》*De Sanctis Euboricae urbis*, 1455。他还遣人去找某些“宇宙学家”的书籍（Jaffé，《日耳曼史事丛刊》，iii 291）。

学院院长和图书馆馆长。在现存的几首拉丁六音步诗歌中，他曾怀着满腔热情描述了图书馆及其所庋藏的作家名录[1]。他提到的散文作家有杰罗姆、希拉理、安布罗斯、奥古斯丁、阿塔纳修、俄若修斯，维克多理努斯与波爱修斯，格雷高利与利奥，巴兹尔与刻律索斯托，卡息奥多儒与弗耳根修斯，阿尔德海姆与比德；提到的诗人和韵文作家，有庞贝乌斯·特罗戈斯
472 和普林尼，亚里士多德（无疑是借助于拉丁译本[2]）和西塞罗，维吉尔、卢坎与斯塔提乌斯；晚期的诗人中，他提到了塞都琉斯和玉万库斯，而修辞学家还有多纳图斯和普理西安。他对以上诸位及其他作家的列述表明，在8世纪最后25年中，约克的图书馆远胜过别处任何一家，即便是12世纪里的英格兰或法兰西的基督教会，无论是坎特伯雷或巴黎的圣维克多，还是诺曼第的贝克 Bec，都不能与之相比[3]。阿尔昆自己年轻时曾在约克誊抄过课本，而后来他主持都尔修道院时还派遣抄写员去故地抄录手稿[4]。

阿尔昆在780年第二次游访罗马，次年归国途中，在帕尔马 Parma 遇见了查理大帝，遂参与到令此君主留名青史的学术复兴事业中来[5]。12年前，当他第一次从罗马归来之时，已经拜谒过亚琛的法兰克宫廷，那年适逢查理大帝登基（768年）。现在，他受邀担任一家宫廷附属学院的院长，

---

1 《论约克的主教》*De Pontificibus Ecclesiae Eboracensis*，1535–1603，ci 843，Migne 本，并见于《加洛林王朝拉丁诗歌集》，i 203 以下；West 对之有良善的译文，见氏著《阿尔昆与基督教学校的兴起》*Alcuin and the Rise of the Christian Schools*，p. 34。

2 可能是署名奥古斯丁的《范畴篇》缩写本（Hauréau，《经院哲学史》，i 93–97）。

3 Léon Maître 的《西方的主教学校与修道院》，pp. 290，295；Mullinger 的《查理大帝时代的学校》，p. 61；Roger，313–321。

4 《书信集》，38。

5 高卢地区的学术传统断裂得如此彻底，以致当时有人说在查理大帝之前，“nullum studium fuerat liberalium artium”【不存在任何一门人文技艺的研究】（僧侣恩果利闵西斯 Monachus Engolismensis，转引自 Duchesne，ii 76）。参看僧侣桑加利安西斯 Monachus Sangalliensis，i 1（《加洛林朝代史料汇编》*Monumenta Carolina*，p. 631）。

在他的国王和大主教允准后，便在782年被任命为该校的导师，并且连
续做了8年的院长。此学院最著名之处在于它是一所移动机构，随宫廷而
驻留于亚琛或其他地方[1]。查理大帝对拉丁口语的熟悉程度，如同对于他的
日耳曼母语，似乎他也懂希腊语，尽管他讲得并不好[2]。他有关拉丁语和希
腊语的知识，大概是得自于一位年迈的语法学家，比萨的彼得；而他的宫
廷中负责教授希腊语的（782—786年）还有一位本笃会僧侣，“助祭”保
罗 Paulus Diaconus（约725—797年），他在帕维亚学习了这门语言，曾经在
贝内文托 Beneventum 居住（那里与希腊人来往密切），他晚年隐退于物外，
在卡西诺山写出了著名的《伦巴第史》[3]。能体现出“助祭”保罗希腊语知 473
识的，有他的这部史书，还有他为维琉斯·弗拉库斯著作的庞贝乌斯·费
斯多缩略本所作的摘要[4]，以及他为782年查理大帝印行的布道书所作的修
订，其中有以下这段令人难忘的见解：“我们怀着至高无上的热忱，勉力
自己去担负复兴的重任，去研究早因数典忘祖而几乎沦丧殆尽的文辞之
学。我们尽一切可能去负责所有的科目，以促进人文科艺的发展，将它们
树立为后世的典范。”[5] 789年，所有的教会书籍都被责令进行修订，这在
法兰克地区的 scriptoria【缮写室】中激发起一股非常活跃的生气[6]。

---

1 Léon Maître，p. 39.

2 艾因哈德的《查理大帝传》*Vita Caroli*，c. 25。

3 Waitz 编订本，见《日耳曼历史学文库》，1878；《诗集》*Poëmata* 和《书信集》*Epistolae*，Dümmler 编订本；参看 F. Dahn（1876）；Wattenbach，《中古德国史料考》，i^{7} 177–186；以及 Ker 的《黑暗时代》，164–171；又见 Ebert，ii 36–56；Teuffel，§500，6；Balzani 的《早期意大利编年史诸家》，66–90；Manitius，257–272；《助祭保罗诗集》*Die Gedichte des Paulus Diaconus*，Karl Neff 编订本，见于 Traube 的《中古拉丁语文学史料及研究》*Quellen und Untersuchungen zur lateinischen Philologie des Mittelalters*，III iv，pp. 231（1908）。

4 Nettleship，i 202；Teuffel，§261，6；上文第200页。

5 Pertz，《日耳曼历史学文库》，法律编，i 44（Mullinger 的《查理大帝时代的学校》，p. 101）。

6 Wattenbach，《中古之抄书业》，327^{3}；E. M. Thompson，《古文书法学》，233，以及《拉丁研究手册》*A Companion to Latin Studies*，剑桥，1920，783。

在英格兰短暂的逗留一段时间（790—793年）之后，阿尔昆返回法国。之前他已被任命为修道院长，管理特鲁瓦附近的圣鲁普 St Loup 和奥尔良附近的费理耶尔 Ferrières 两座修道院，796年他又被任命为都尔的圣马丁修道院院长，他很快将此院恢复成为当地的学术重镇。他教会僧众去运用笔墨而不是铁锹和锄头，告诉他们抄录手稿比栽培葡萄更有益[1]。在他的规训下，明晰精确的笔迹，即被称为**加洛林小写体**的书法，在都尔发展了起来[2]；“这种字体被当成标准而通行于帝国的各个学校，七个世纪后还被意大利和法国用为最早的印刷字样”[3]。阿尔昆还派遣他的僧徒去

---

1 Fodere quam vites melius est scribere libros【抄录书籍胜过刨栽葡萄】（《致穆赛乌斯》*ad Musaeum*）。

2 Delisle，《铭文与美文学院论集》*Mémoires de l'Académie des Inscriptions et Belles-Lettres*（1885），xxxii 29–56，附有5幅摹本图片；Traube，《拜仁科学院会议报告》，1891，427以下；E. M. Thompson，《古文书法学》，233以下。

3 Putnam，《中古的书籍及其制造者》*Books and their Makers in the Middle Ages*，i 107（仿照了 Delisle 前揭著作）。然而，对成为都尔之特色的书写字体形式，阿尔昆的直接贡献，已经受到波恩的 K. Menzel 教授的质疑，见于他为《特理尔所藏阿达福音书的手写字体》*Die Trierer Ada-Handschrift* 的五卷对开本所提供的文章（莱比锡，1889），3–5。Menzel 教授在其中确定了阿尔昆继承人的身份：（1）约克的弗理都基斯 Fridugis（804—834），（2）阿德拉尔 Adelard（834—845），前者管理修道院时，一位富有才赋的抄写员阿达尔保都斯 Adalbaldus 正处于精力旺盛期（Wattenbach，《中古德国史料考》，i^7 187）。他还指出，那部抄本所使用的半安色尔 semi-uncial 变体字迹（摹本见 E. M. Thompson，《古文书法学》，234）几乎不可能存在于900年，而加洛林小写体却一直保持着生命力（同上，234）。“阿达抄本”（一部拉丁文福音书之著名的 codex aureus【金纸典册】本，应查理大帝之要求而制成，赠给了特理尔的圣马克西敏 St Maximin 大隐修院，以查理大帝的姐妹阿达而得名，阿达卒年在817？或823？），是由两个抄写人用优美绝伦的小写体誊录完成的，（A）抄录于约790—799年间，（B）抄录于约800—820年间。抄本表里如一的华美，表明此书的准备工作可能是在亚琛这样的帝都进行的，其完工时间则大概在阿尔昆逝世（804）之后。从另一方面说，阿尔昆时代都尔所制作的寻常手稿，或许可用现存于科隆（no. cvi，摹本见于 Arndt 的《书写板》*Schrifttafeln*，37–40）的一部混杂了阿尔昆和比德著作的抄本作为代表。参看 Traube 的《演说与论文集》，ii（1911），25以下，以及 E. K. Rand 和 G. Howe，《梵蒂冈本李维和都尔的抄本》*The Vatican Livy and the Script of Tours*，收入“罗马美国学会论文集” Memoirs of the American Academy in Rome，1917。

英格兰访书[1]，并与他出生之地和成长之地的学者们一直保持着通信。他 474
本人终生都是学者和教师："在其人生的早晨"（以他某封信中的话说），"他在不列颠播种，而今已是人生的暮年，他在法兰西仍力耕不辍"[2]。他卒于 804 年，四年之前，查理在罗马加冕称帝。

阿尔昆的散文体作品，以有关语法学、修辞学和论理学的对话录而著称。他主要是一位语法学家[3]。在其《论语法》第一篇对话录[4]中，自由七艺被比拟为智慧宫的七大支柱[5]，并被称作是学者升往神学最高峰的七段台阶。他第二篇对话录的题旨取自早先的语法学家，包括其中提及的多纳图斯和普理西安，而解说则借鉴了伊息多耳。对话者中，一位是见闻广博的英国 15 岁少年，为一位比他小一岁的渴求知识的法兰克人解答疑问，还有导师本人，来主持这场讨论。语法学在此被狭隘地定义为书写音声的学科，乃是正确言辞文字的护卫者。在《论修辞学》和《论理学篇》*Dialectic* 的对话录中，相关人物是查理大帝和阿尔昆，前者主要 475
遵从的典据是西塞罗《论选材》和尤里乌斯·维克多[6]，后者则主要借鉴了波爱修斯、伊息多耳和伪奥古斯丁的《范畴篇》[7]。《论理学篇》的意义在《论三位一体》这篇文章中得以强调，而《论七科》的残篇显示出卡息奥多儒在阿尔昆时代还有被研究。《论正字法》的小册子按字母表序

---

1 《书信集》，38。

2 《书信集》，43（78，Jaffé 本），c. 209，Migne 本。

3 参看 Hauréau，i 126。

4 参看 J. Frey，《阿尔昆语法学技艺注释》*De Alcuini arte grammatica commentatio*（明斯特，1886）；又见 Freundgen，在《教育学著作集成》*Sammlung Pädagogischen Schriften*，帕德伯恩 Paderborn（1889）；Roger，336–341。

5 《箴言》，ix 1。

6 Halm，《二流拉丁修辞学家》，521。

7 遭到 Hauréau 的激烈批评，见氏著，i 26 以下；参看 Prantl，《逻辑学史》，ii 14 以下。

列讨论了许多易被拼错的拉丁词汇，对当时的拉丁语发音和文本的考辨颇有用处。其中告诫学生们要分别 alvus【腹】和 albus【白的】、vellus【羊毛】和 bellus【可爱的】、acervus【群】和 acerbus【粗糙的】，以及 vel【或】和 fel【胆】、quod【何人，何物】和 quot【多少】等[1]。或许有些遗憾的是，在此小册子里，作者奇怪地认为 hippocrita（模仿者；伪善者【译按，hippocrita 正字应作 hypocrita；hypo- 表示“在……之下”；而 hippo 的希腊文对应词本义是“马”】）源自 hippo 即“falsum”【欺骗】与 chrisis 即“judicium”【判断】[2]。

他为卜尼法斯的前辈圣维利布劳德 St Willibrord 写的《传记》，提供了爱尔兰学术之兴盛情状的证据：维利布劳德离开诺森布理亚 Northumbria，quia in Hibernia scholasticam eruditionem viguisse audivit【因为他听说在爱尔兰学术事业正发达起来】[3]。阿尔昆的 1657 行六音步体爱国诗歌，《约克诸王、主教、圣徒颂》*On the Kings, Bishops and Saints of York*，包含了若干处带有维吉尔和普卢顿休斯作品痕迹的段落。他的《隽语诗集》有一部分是不同修道院建筑的铭文，或是抄本手稿上的序跋题款。《致穆赛乌斯附咏》*ad Musaeum libros scribentium* 这首隽语诗[4]，有一组对句与阿尔昆的书信关联颇有趣，盖敦请查理大帝责令抄写人员要注意标点符号问题[5]：

per cola distinguant proprios et commata sensus,
et punctos ponant ordine quisque suo.

---

1 Keil，《拉丁语法家集成》，vii 295；Mullinger，78 以下；Roger，346–349。

2 Migne，ci 910 B.

3 c. 4.

4 67.

5 《书信集》，112，Jaffé 本；101，Migne 本。

【由冒号而适当停顿，逗号分出确定的句义，

点号则安顿好句中各成分的次序。】

他的三百封书信[1]（俱写于法国，其中六分之五写于都尔，属于他人生最后的八年）里，最有趣的，是那些写给他英格兰友人们，或写给查理大帝，或写给他从前的学生萨尔茨堡主教阿尔诺 Arno 的部分。这些信件文笔甚佳，表述得明晰自然，就文体言以致君主的篇什最为出色[2]。但是在查理大帝治下对拉丁语文风的矫正复原，导致了学者拉丁语和民人拉丁语的分离；于是在 812 年都尔召开的公会议上，人们感到有必要为了宗教指导工作而使用通俗语言[3]。 476

阿尔昆所引述的希腊文主要出自杰罗姆，他对这门语言的认知（见他写给安吉尔伯特 Angilbert[4] 的一封信，其中引用了《诗篇》LXX 的一段文字）显然是微乎其微的[5]。在那个宫廷学院【译按，指查理大帝身边的学者圈】中，安吉尔伯特被视为荷马，还有一位被视为马喀理乌斯 Macharius[6]，而阿尔昆则被视为弗拉库斯。他倒是对贺拉斯更为熟稔。早年在约克时，阿尔昆还曾满腔热情地研读过维吉尔，那时，用他的传记

1 《阿尔昆生平资料汇编》*Monumenta Alcuiniana*（1873）；参看 Sickel 的《阿尔昆研究》*Alcuinstudien*，在维也纳科学院，1875，461–550。

2 由 H. Schütze 有所分别地加以编订（1879）。

3 Gaston Paris，《中古法国文学》，p. 14。

4 《书信集》，27（252，Jaffé 本）。

5 阿尔昆的希腊语之学术（如其他许多人一样）遭到 Tougard 的过分夸大，见氏著《中古作家继承的希腊文学遗产，7—12 世纪》*L'Hellénisme dans les écrivains du Moyen-Age du vii au xii siècles*（1886），p. 23。参看 Hauck，《德国教会史》*Kirchengeschichte Deutschlands*，ii 134 注释 4。

6 洛尔施 Lorsch 的修道院长理奇柏德 Richbod，795—804 年在特理尔任大主教（Wattenbach，《中古德国史料考》，i^7 308）。

作者话说，他曾经 Vergilii amplius quam Psalmorum amator【热爱维吉尔甚于《诗篇》】[1]；但是后来他成为一名著名教师，据说便如此教导其弟子：“圣教诗人对你们而言足矣，何必沉湎于维吉尔的奢丽言辞中。”[2] 不过在伯尔尼的图书馆收藏了一种加洛林小写体的维吉尔著作抄本（9 世纪），被认为或者是阿尔昆本人誊抄的，或者至少是从他抄录的手稿转录出来的[3]，且显然一度属于他在都尔的修道院[4]；而在他本人写给约克故交们的诗文[5]中，对维吉尔也并无任何反感：

477 Moenibus Euboricae habitans tu sacra iuventus,
fas idcirco, reor, comprendere plectra Maronis,
somnigeras subito te nunc excire Camenas,
carminibusque sacris naves implere Fresonum.
【尔等居于约克城围墙中的圣教青年，
吾以为当下该去领会维吉尔的诗心，
为的是从这乏味的韵句里奋起，
将非凡的圣歌载满弗里西人的船舶。】

在此他好像还是将维吉尔主要视为一位圣教诗歌的典范。在别处，

---

1 《阿尔昆传》*Alcuini vita*，c. 1。

2 同上，c. 10，sufficiunt divini poëtae vobis, nec egetis luxuriosa sermonis Virgilii vos pollui facundia；参看 Maitland 的《黑暗时代》*The Dark Ages*，182^{2}，Wattenbach，《中古德国史料考》，i^{7} 190，以及 Mullinger，112。

3 C. G. Müller，《伯尔尼遗献汇录》*Analecta Bernensia*，iii 23 以下（Comparetti，《中世纪的维吉尔》，i 122）。

4 Chatelain，《古典拉丁语书法学》*Paleographie des classiques latines*，pl. 67。

5 260 以下。

阿尔昆感叹于他的一位友人对四福音书的稔熟程度还不及那 12 卷 *Aeneades*（原文如此【译按，指阿尔昆使用的题名有误，《埃涅阿斯纪》当作 Aeneis】）[1]。但不管他“对异教学问怀有的羞怯与猜疑”如何，“他爱这缪斯们的殿堂，且在敬礼膜拜者寥落无几的时刻，一度成为文艺圣坛的大祭司和神使”[2]。

在本笃会僧徒写作的法兰西文学史[3]中，阿尔昆一直被称为“当时最博学之人”，而近来的著作则认为他具有的是“经营管理之才”，以及“某种高瞻远瞩、不可拘束的视野”。他明白“人之弘道，可薪尽而火传”，也清楚“世代更替中有阻碍传承的种种风险”。“每当勉力亲为一事，他都尽量为学问道术谋求福祉，以图后人可在有利的条件下承继他的遗业，使之有庋藏富足的良善抄本作为保障，有教会为之遮蔽风雨，有国家社会为之捍卫尊严”[4]。学术之传统，自本尼迪克特·毕斯柯普、比德和厄葛伯特传至阿尔昆，而阿尔昆的影响又从约克至于都尔，通过刺班努斯至于富尔达，继而到达奥塞尔 Auxerre 和费理耶尔，到达新旧考比
耶[5]、莱歇瑙、圣高尔和兰斯，流风所及最终至于巴黎[6]。阿尔昆标志着欧 478

---

1 《书信集》，34（《阿尔昆生平资料汇编》，p. 714）。

2 Mullinger, p. 127.

3 iv 344.

4 A. F. West,《阿尔昆与基督教学校的兴起》，122 以下。

5 下文第 490 页。

6 前引，165，及 Monnier，264–268^2。有关阿尔昆的生平及著作（Migne，c，ci），见 Lorenz（1829，英译本，1837）；Monnier（1853；1864 年第 2 版）；Hauréau，i^2 123 以下，以及《查理大帝及其宫廷》*Charlemagne et sa Cour*（1880^5），198–224；Werner（1881^2）；Dümmler 在《新文献》，xviii 51–70，以及《万有德意志传记大典》*Allgemeine Deutsche Biographie*，又见于《加洛林朝拉丁诗歌集》，i 160–351（1881）；Jaffé 的《阿尔昆生平资料汇编》（1873）；Ebert，ii 12–36；Wattenbach，《中古德国史料考》，i^7 186–190；Hauck，《德国教会史》，ii 119–145；Mullinger（1877），West（1893）；又见 H. Morley 的《英国作家》，ii 158–172；Gaskoin，《阿尔昆的生平及著作》*Alcuin, his Life and his Work*，1904；Ker 的《黑暗时代》，151–153；Roger，《古典文学的教育，自奥索尼乌斯至阿尔昆》，313–318，321–324，336，349，394–399，440–446；Manitius，273–288；以及该书所引述的文献。对于 768–1180 年间整个时代，参看 Léon Maître 的《西方的主教学校与修道院》（1866）。

洲教育史中被称为本笃会时代的滥觞，此时代将从查理大帝治下短暂的学术复兴延续至巴黎大学的兴起（约1170年）[1]。

查理大帝建立的修道院中，有一所位于莱茵河东岸靠近沃尔姆斯的洛尔施（763年）。一所由哥伦班的学生圣万德理勒 St Wandrille（卒于668年）建在高德贝克 Caudebec 的修道院，位于鲁昂的西方，曾见证那位君主治下的学术复兴。这所修道院有部分建筑至今仍在使用，而另外一部分则只遗留下优美的墟址。修道院长戈尔沃德 Gervold（卒于806年）在此创办了一所学校，一位叫阿尔都因 Harduin 的神父，曾复制过 Romana litera【罗马文字】的四福音书[2]，显然是采用了安色尔字体写成[3]，他为修道院配备了一间 scriptorium【缮写室】。该院的编年史残篇中，有不少字眼儿借自于希腊文，如 scema【问题；思考；计划】、onomata【名称】、paralisis【瘫痪】、tirannidem【君主制】、anaglificus【浮雕艺人】等，且视 curia【元老院】词义同于 bouleuterion【希腊议事厅】，turricula【小塔】同于 pyrgiscos【墓塔；碗橱】[4]。希腊语的知识也见于弗雷库尔甫斯 Freculphus 的编年史中，此人系刺班努斯·茅儒斯的弟子、里修 Lisieux 的主教（卒于850年）[5]。

查理大帝时代的希腊研究，不过是由于东西方的来往交通而偶然得以发展，要么得益于寻常的外交仪式，要么就是出于商议双方皇族成员间联姻事宜的考虑。于是发生了对于一段姻缘的两次谈判，先是在查

---

1 Léon Maître，173；Rashdall 的《中古欧洲的大学》*The Universities of Europe in the Middle Ages*，i 26，293。

2 《修道院长万德理勒生平事迹集》*Gesta abbatum Fontanellensium*，c. 16，见于 Pertz，《日耳曼历史学文库》，ii 292。

3 Wattenbach，《中古之抄书业》，370[2]。

4 Migne，cv 741 B–C.

5 Migne，cvi 1128，1147，1162（Tougard，26）；Wattenbach，《中古德国史料考》，i[7] 237 以下。

理大帝和爱莲娜 Eirene 女皇（卒于 803 年）之间，继而是在前者一女与后者一子（时运不济的君士坦丁六世）之间。在这第二次对话中，皇帝之女将在数名神父陪伴下去学习希腊语，但计划最终落空[1]。804 年岁末，据言查理大帝已在奥斯纳布鲁克 Osnabrück 建立了一所学校，传授希腊语和拉丁语课程，目的之一即在于培养能在君士坦丁堡讲希腊语的外交使节[2]。巴塞尔的主教海托 Hatto，为他在君士坦丁堡徒劳之旅的记 479
录采用了一个希腊文题目（hodoeporicum【旅行指南】），著作中也有一些希腊词汇。以后，东方皇帝派遣的使者向西方皇帝致意时，则口称“imperatorem καὶ βασιλέα”【大将军皇帝。译按，此二名都是罗马皇帝头衔】。传说查理大帝在行将殂落之际，还将拉丁本福音书与希腊文、叙利亚文本悉心较比[3]。

在阿尔昆的友人及查理大帝的顾问中，有一位忒奥都耳福 Theodulfus， 忒奥都耳福
实际上继阿尔昆成为宫廷学院的领袖，他在 798 年出任奥尔良主教兼弗勒律 Fleury 的修道院长。此人值得我们称道之处，不仅在于他是义务教育的创始人，而且他也是一位多才多艺的拉丁诗人。他有首诗提及自己心仪的作家，包括有诸位教父以及伊息多耳，还有“异教众哲人”及普

1 Cedrenus，ii 21，波恩。

2 Migne，xcviii，894 B。作为奥斯纳布鲁克之基础的“教士公约”capitular 的可信性，见引于 Prantl、Léon Maître 等人之著作，Launoi 与 Rettberg 对之有所讨论（Bursian，《德国古典语文学史》，i 28；参看 Cramer，ii 17），表反对意见的是 R. Wilman，《威斯特伐利亚省皇家档案》*Die Kaiserurkunden der Provinz Westfalen*，p. 368，以及 Sickel，《加洛林朝君主事迹录》*Acta Regum et Imperatorum Karolinorum*，ii 428（Wattenbach，《中古德国史料考》，i^{7} 176 注释 3）。

3 Thegan，《“虔诚者”路易王事迹》*De gestis Ludovici*，c. 7；Gidel，《近世希腊文学新探》，157–161。查理对抄本校勘的关注，受到了抄录手稿的温尼哈理乌斯 Winidharius 的赞颂，见《加洛林朝拉丁诗歌集》，i 89，Non passus sentes mendarum serpere libris【受不得书中满是讹误】。

卢顿休斯等基督教诗人，语法学家多纳图斯和他的注疏者庞贝乌斯，一并还将维吉尔和奥维德也列入其中。关于最末这两位，他欣赏的是他们对神话的神秘象征式或寓言式的解释[1]。在另一首诗中，他提供我们最早描述自由七艺的诗文[2]。在“虔诚者”路易 Louis the Pious 治国之时，忒奥都耳福涉嫌叛逆之罪，自 818 年入狱直至 821 年去世。在狱中，他写作了著名的颂诗，开篇即 Gloria laus et honor tibi【无限荣耀、光辉和赞美】[3]，此诗在法国乃棕榈主日游行庆典的保留节目，传唱了九个半世纪，至大革命爆发方才终止[4]。

480 查理大帝时代的爱尔兰僧侣中博学之士的代表，是克莱芒和邓迦尔。
克莱芒 9世纪末期，圣高尔有位僧侣写了部《查理事迹》*Acts of Charles*，提到有“两
邓迦尔 个来自爱尔兰的人”【译按，此 Scots 谓爱尔兰或是盖尔移民】，他们“随不列颠商队在高卢的海滨落脚”，遂对人群高喊：“如有任何人渴求智慧，来我们这儿索取吧，因为我们出售此货。”[5]很快他们被邀约至查理的宫廷。其中的一人，克莱芒，占据了几分阿尔昆的地位，在宫廷学院中算是个班头[6]。另一人则“被派至意大利，去管理帕维亚的圣奥斯丁【译按，此 St Austin 即前述坎特伯雷大主教圣奥古斯丁】修道院”。在抄本中，第二位爱尔兰

1 《诗集》，14，19，i 543 Dümmler 编订《加洛林王朝拉丁诗歌集》，In quorum dictis quamquam sint frivola multa, Plurima sub falso tegmine vera latent【纵然渠辈辞令多耽浮鄙，谬妄却掩饰了更多真知】。

2 《诗集》，46，i 544 Dümmler 本。

3 《诗集》，69，i 558 Dümmler 本；Moorsom 的《古今圣歌集览要》，“无限荣耀、光辉和赞美”。

4 Ebert，ii 70–84；K. Lersch（哈雷，1880）；Hauréau，《文史散论》，37 以下；Wattenbach，《中古德国史料考》，i[7] 170；Ker 的《黑暗时代》，153 以下；Manitius，537–543。

5 Pertz，《日耳曼历史学文库》，ii 731；《加洛林朝代史料汇编》，631；Ebett，iii 214 以下；Ker 的《黑暗时代》，175。

6 Mullinger，121 以下。

人的名字或被误写作 Albinus（即阿尔昆），或被留一个空白。或可由此认为此遗落之名显然即是邓迦尔。这位饱读经籍的爱尔兰人，曾被查理大帝要求解释 810 年两度出现的日食现象，从回信中可看出他对希腊和拉丁诗人，尤其是对维吉尔的熟稔[1]。皇帝之孙罗退尔帝在位时（823 年），邓迦尔成为帕维亚的学院院长[2]。还有一位爱尔兰僧侣，多纳图斯（约 多纳图斯
800—876 年），他早年漫游于意大利北方，曾在 829 年受邀成为费耶索勒 Fiesole 的主教，他在生前的最后一次祷告中，暗示第四篇《牧歌》【译按，维吉尔作品】中含有“先知式”的诗行，他还在为自己题写的墓志铭上告诉我们，他曾“口授给弟子们有关语法学的练习、诗律的体系和圣徒们的生平”[3]。

艾因哈德 Einhard（约 770—840 年）以令人钦佩的拉丁文写作了查 艾因哈德
理大帝的生平传记，他以世俗身份在富尔达接受教育，大约自 795 年始，在亚琛宫廷中谋得一份美差，从事建筑营造和外交工作。他拥有一间极好的藏书室，且是一位勤勉的古典研究者。在 814 年查理过世后，艾因
哈德退出宫廷，在奥登沃德 Odenwald 建立了两座教堂，自 830 年移居后 481
世称之为塞利根斯塔德 Seligenstadt 的地方，直至十年后去世[4]。他的《查理大帝传》[5]，盖完成于其传主去世后不久，一直被公允地誉为“史才之

1 Migne，cv 447–458；《加洛林朝代史料汇编》，396。

2 上文，第 453、462 页。帕维亚的邓迦尔可能即是那位圣德尼修道院的隐士（810），这个观点为 Traube 所认同，见《拜仁科学院论文集》，1891，332 以下（又见单行本《高贵的罗马！》*O Roma nobilis*）。

3 《加洛林朝拉丁诗歌集》，iii 692，Traube；M. Stokes，《亚平宁山区六月记》，206，247 以下。

4 Wattenbach，《中古德国史料考》，i^7 198–206。

5 Jaffé-Wattenbach，《艾因哈德的查理大帝传》*Einharti Vita Caroli Magni*，1876^2；英译本出自 W. Glaisher。

经典”[1]、中古早期最宝贵的遗产之一”[2]，“由查理大帝所亲手开创的人文与世俗学问之复兴时期中最成熟的果实”[3]。与古罗马人相比，此书作者自称是一位 homo barbarus【蛮族人】，而从莱茵河到威悉河 Weser、从波罗的海到多瑙河的所有族类都是被称为“蛮族”的。但此书实则标志了加洛林朝代古典研究所达到的最高成就。对艾因哈德而言，查理是一位新的奥古斯都，传主与古罗马的关联以罗马亲自为之加冕（800 年）而达到最高点。他在拉丁文体上的模范，正是苏维托尼乌斯的《罗马十二皇帝传》[4]，此外也有迹象显示他曾悉心研究过恺撒和李维的著作。“其书有一种现代感，这是因为它已掌握了古代的诠释法则”[5]。他在自序中引述了《图斯库兰辩论集》，他还效法了西塞罗的修辞学著作及其某些演说词，如《二控威勒斯》《一反喀提林》和《为米洛辩》[6]。可能是由于艾因哈德的建筑学趣味所致，日耳曼人最先了解到维特鲁威的著作，并将之珍存，方为其他国家所知，流传后世。现存最早的抄本系哈利家族藏本 Harleian，一度属于科隆的高德剌姆努斯 Goderamnus，他是希尔德斯海姆的修道院长（1022—1030 年）；但此本亦稍晚于艾因哈德时代。艾因哈

---

1 Mullinger，126.

2 Hodgkin，《查理大帝》*Charles the Great*，222。

3 Ebert，ii 94；参看 Wattenbach，《中古德国史料考》，i[7] 198–209。

4 见 Jaffé-Wattenbach 校注本前言及 cc. 18—27 注释中相类似的段落；又见 F. Schmidt（拜伊罗特 Bayreuth，1880），（有关他效仿的其他对象）Manitius 在《新文献》，vii 517–568。“他真是比其典范（苏维托尼乌斯）还更古典，因为他在著作里倾注了更多心思，面对其主题的态度也更认真……他将当时寻常人易理解的文化剔出，选择与之相脱离的知识与学术作为著作的组成因素，并研究其中与他才赋相适的法则——这在任何时代里，每一位学者都是如此做的”（Ker 的《黑暗时代》，172–173）。

5 Ker 的《黑暗时代》，172。

6 Manitius，前揭，565 以下；《中古拉丁文学史》*Geschichte der lateinischen Literatur des Mittelalters*，639–646。

德致信给富尔达的一位学生，请他调查一下维特鲁威著作中某个技术术语的含义[1]。保存于富尔达的这位作家的著作副本，看来继而被寄到了莱 482
歇瑙[2]。

除了艾因哈德属于个别例外的情况，阿尔昆协助下查理大帝所倡导的学术复兴，主要关注的是圣教文学，并且为期不久[3]。查理死后，他孱弱的子嗣“虔诚者”路易（卒于840年）在位期间，文学著述之风气迅速衰落，即便路易国王本人（如同其父）“懂拉丁文，识希腊语”[4]终也无补。此君早年征讨巴塞罗那（801年），结盟布列塔尼人（818年）及丹麦国王哈罗德 Harold（826年），一位阿基坦 Aquitaine 的僧侣以六千行诉歌体诗来颂扬这些武功，此人是研究维吉尔、奥维德、卢坎和贺拉斯的学者，名叫厄尔摩都斯·尼葛卢斯 Ermoldus Nigellus[5]。有位出身贵胄的主教，忒冈 Thegan，写了一部《路易帝传》，宣称一个诗人需要联合荷马、维吉尔与奥维德之才力，方可形容出那些出身卑微的主教犯下的忤逆君主之罪恶（833年【译按，指是年教会废黜路易帝位之事】）[6]。829年，高卢的一群高级教士，根据826年的教会法规，有指派“导师与博士去传授文字和人文科艺的课程”的要求，遂不得不催迫路易“在至少三处适宜之辖区建成公共学校”[7]。在他治国期间，都尔修道院的学校失去了此前的重要地

1 《书信集》，56，Jaffé 本。

2 维特鲁威，Müller-Strübing 编订本，p. iii 以下。

3 Bartoli，《文艺复兴之先驱》*I Precursori del Rinascimento*（1876），10–16。

4 忒冈，《路易帝传》*Vita Ludovici imperatoris*，19。

5 Pertz，《日耳曼历史学文库》，ii 464 以下；《加洛林王朝拉丁诗歌集》，ii 1–93；Ebert，ii 170–178；Wattenbach，《中古德国史料考》，i[7] 228；Ker 的《黑暗时代》，155–158；Manitius，552–557。

6 《路易帝传》，44（Milman，iii 141）；Wattenbach，229。

7 R. L. Poole 的《中古思想史述略》，24 以下。

位，宫廷学院则由爱尔兰僧侣克莱芒主持，此人为路易之子、即未来的罗退尔皇帝（卒于 855 年）编纂了一部语法学著作[1]。“秃头”查理 Charles the Bald，为虔诚者路易第二任妻子、富有才华的朱迪思 Judith 所生，他在 840—877 年间为法兰克国王，临终前当了两年西方世界的皇帝。他令早期中古时代最著名的哲学家，“爱尔兰人”约翰（详见下文），去做他的学校首脑，并因为此外也邀请希腊的哲学教师而受到称赞[2]。

483 剌班努斯 “茅儒斯” 富尔达之历史悠久、地位显要的学校，初由卜尼法斯允准而建立[3]，汇聚了出自阿尔昆门下最有造诣的学术力量。剌班 Hraban 或谓剌班努斯，776 年生于美因茨，曾在富尔达接受教育，并（在 801 年之后）去都尔师从阿尔昆，后者赠他“茅儒斯”之名，盖来自本尼迪克特最为嘉赏的学生。剌班努斯自己也成为富尔达的一名教师，他将都尔的课堂上所记的阿尔昆讲学录珍存至此[4]。822 年出任修道院长后依然从事教学工作，他的学生中有塞尔瓦图斯·卢普斯和“斜眼”瓦拉弗理德。他在富尔达创建了图书馆，他老师阿尔昆的隽语诗《致穆赛乌斯》的一段诗章被镌刻于缮写室的门上[5]。842 年，剌班努斯退隐到富尔达外数英里处的一座人烟罕至的山林，在那里完成了他百科全书式的著作《万物本原》*De Universo*。847 年他出任美因茨大主教，856 年去世[6]。

---

1 Wattenbach，253.

2 厄理克，见下文第 496 页。

3 上文第 469 页。

4 Ne vaga mens perdat cuncta dedi foliis; | hinc quoque nunc constant glossae parvique libelli【为了避免心思浮荡而荒废，我将一切付诸书页；这些注释和小册子也将由此长存】。Migne，cxii 1600。

5 Wattenbach，《中古之抄书业》，432³。有关此图书馆，参看 Dümmler，《东法兰克王国史》*Geschichte des Ostfränkischen Reiches*，ii 652，注释 13。

6 Wattenbach，《中古德国史料考》，i⁷ 256–261；Hauck，《德国教会史》，ii 555 以下。

除了大量的圣经注疏外，剌班努斯还写了不少教育学著作。在其中一篇里，他将普理西安首度引介到日耳曼的学校中来。他写过一篇短论，谈字母表和缩写问题；还有部以波爱修斯、伊息多耳和比德著作为蓝本的编年史。有关神职教育的一篇论文，结尾以数章讨论异教徒的学术，他认为其有益于理解圣经[1]。他还评论过人文学术的诸门科艺，尤其是语法学，他将之定义为“解说诗人与史家著作的学科，属于矫正书写与言谈的技艺”[2]，可见比阿尔昆更强烈认识到语法学所具有的文学之层面。论理学[3]等科艺，他也出于教会神职之目的而进行谨慎的研究。论理学乃“disciplina disciplinarum ; haec docet docere, haec docet discere”【诸学科之学科，它研究如何教授，也研究如何学习。译按，抄自奥古斯丁《秩序论》*De Ordine*】[4]。剌班努斯发现，在柏拉图主义者的著作中，有益的道德告诫之语特别多，且多与一神崇拜相合。此文大部分内容根据奥 484
古斯丁、卡息奥多儒的著作以及格雷高利的《神父须知》*Cura Pastoralis* 编纂而成。他庞大的百科全书《万物本原》，实际上是伊息多耳著作的神学版。而他最后一部著作，《论灵魂》*De Anima*，以卡息奥多儒著作为蓝本，却奇怪地在结尾几章中讨论起罗马人的军事条律来，这部分是为了罗退尔二世的缘故而抄袭维哲修斯的著作。库赞 Cousin 发现了为亚里士多德和波弗利著作所作的一些带有唯名论意味的注释，认为是出自剌班努斯，而其他学者[5]多以为是他的一位学生所撰。剌班努斯素来以通晓希

1 《论神职人员的使命》，iii c. 16 以下。

2 c. 18；参看 Freundgen，见《教育学著作集成》，帕德伯恩（1889）。

3 c. 20.

4 c. 26.

5 Prantl 与 Kaulich（Seth，在《大不列颠百科全书》，xxi 420 b）。

腊语而著称，他的著述里，有些段落依稀显露出对此门语言的了解。例如在讨论 syllaba【音节】一词的语源和含义时，在引述了普理西安著作后，他便求助于希腊语："nam syllaba dicta est ἀπὸ τοῦ συλλαμβάνειν τὰ γράμματα"【所谓音节 syllaba 者，字面上看系出自"会集" συλλαμβάνειν】[1]。他似乎对荷马没有直接的认知，虽然常提及《伊利亚特》和《奥德赛》，并将之与《埃涅阿斯纪》一同视为诗歌之混杂类型（coenon vel micton【"不洁的"或"混杂的"】）的范例[2]。据说他主张拉丁语由希腊语衍生而来，因而希腊语知识有助于更准确地理解拉丁语[3]。在富尔达，通常会动用12名僧侣去抄录文献，延续至17世纪，便累积了一大批抄本手稿，其中大多于三十年战争期间不幸遗失。考尔维 Corvey 的威斯特伐利亚修道院（兴建于822年）之图书馆至9世纪时尚有声闻，而学术之盛景，亦曾及于多瑙河畔的列根堡 Regenburg 修道院（652年）和康斯坦茨湖西部之下湖区 Untersee 的莱歇瑙岛修道院（724年）[4]。

485 刺班努斯最重要的学生是"斜眼"瓦拉弗理德（约809—849年）。

---

1 《全集》*Opera omnia*，i 29；Migne，cxi 617；出自伊息多耳《词语原始》，i 16，1。

2 i 203；Migne，cxi 420；出自苏维托尼乌斯，《诗人传》*De Poëtis*（p. 5，Reifferscheid 本），转见于狄奥墨得斯，lib. iii 482，Keil 本。在 cvii 408 中，quidam eloquens【某篇演说词】乃是他一段著作的典据，那段文字几近雷同于西塞罗《演说家》，§69；这段引文（我未见有其他文献提及）必然是最终出自某个拥有《演说家》之完整抄本的作家。codices mutili【残损本。译按，此文献学术语之一，此类抄本有较多之阙文，另有 codices integri，意为"足本"或"准足本"，无阙文或阙文较少】自§91始。

3 Trithemius（Migne，cvii 84 B），见于 Cramer，ii 23。参看 Köhler 的《刺班努斯·茅儒斯与富尔达的学校》*Hrabanus Maurus und die Schule zu Fulda*，13 以下。有关刺班努斯，参看 Ebert，ii 120；Mullinger，《查理大帝时代的学校》，138–151；West 的《阿尔昆与基督教学校的兴起》，124–164；以及 Ker 的《黑暗时代》，160；《全集》见于 Migne，cvii–cxii。亦参看 Manitius，288–302。

4 Ziegelbauer，《圣本笃会文学发展史》*Historia rei Literariae Ordinis Sancti Benedicti*，i 487，569，见于 Heeren，《中古古典文学史》，i 162 以下。

与其师不同，他在诗歌上具有真正的天赋，曾研究基督教和异教诗人，在圣教和世俗主题上都曾涉猎。在他的圣教诗歌中，最令人震撼的是那篇有关维廷 Wettin 之**幻象**的作品，成为但丁《神曲》主题的先驱。他有两部重要的世俗题材诗作，为《论忒奥多理克之地位》和《小园》*Hortulus*，后一篇描绘了莱歇瑙修道院花园中的植物，在中古和文艺复兴时期广为传阅。频频显露出的维吉尔和奥维德之影响，与征引的几处塞勒努斯·桑摩尼库斯 Serenus Sammonicus，并未能减损他诗作的魅力与新意[1]。另外有一篇作品，其主要的模范对象是普卢顿休斯。他还写过具有原创形式的《教理释词》*Glossa Ordinaria*（后由布瓦蒂耶的吉尔贝与拉翁的安瑟尔姆加以修订），这些条目占据了一部拉丁文本圣经抄本的页眉和页边。他制作了新版本的《圣高尔传》和艾因哈德《查理大帝传》。他独立完成的散文体作品只有一部，为教会史题材，盖应所在修道院图书馆长的要求而作。他尚在壮年即已夭亡（849 年），盖横渡卢瓦尔河时不慎溺水而死。他确实是一位有非凡文才、兼通各艺的人物，且作为“秃头”查理的导师、莱歇瑙的修道院长，一直具有显赫之影响，产生出隽永之成就[2]。

“斜眼”瓦拉弗理德

瓦拉弗理德的一位学生，埃尔万根的厄尔闵理希 Ermenrich of Ellwangen，在写给魏森堡 Weissenburg 和圣高尔修道院长葛理墨德 Grimold 的一封信中，对于此时代的各类学问做了一番出色的描绘[3]。

埃尔万根的厄尔闵理希

---

1 见 Dümmler 在 pp. 335–350 处的注释。在 l. 106，Aut arbustivum vitis genus【何况满园藤蔓之属】，出自刻伦弥拉，《论树木》*De Arboribus*，4。

2 Migne，cxiii–cxiv；诗作见《加洛林朝拉丁诗歌集》，ii 259–423，Dümmler 本；Ebert，ii 145–166；Wattenbach，《中古德国史料考》，i⁷ 277–280；Hauck，ii 661；Specht，310；Ker 的《黑暗时代》，159；Manitius，302–314。

3 由 Dümmler（依据圣高尔的一部手稿）编订（1873）；参看 Bursian 在《年刊》，i 10 以下；Wattenbach，281 以下；Manitius，497 以下。

在讨论过心智与灵魂的分别之后，话题转入语法学方面，尤其是关注重读、音长和发音，并提及若干权威典据，不仅有阿尔昆和比德、普
486 理西安和多纳图斯，也有康森修斯、塞克斯都·庞贝乌斯 Sextus Pompeius 和塞尔维乌斯。他继而介绍了一部隐喻解经法的范本，且又离题而讨论起灵魂的性质来。借助维吉尔及各家注疏者，他对异教神话略加以评议，偶尔显露出他对异教诗人的轻蔑之心，屈尊将其作品视如粪土，唯有益于滋养圣教文学的土壤而已。他知维吉尔《牧歌集》模仿了提奥克里忒，《农事诗》模仿了赫西俄德，《埃涅阿斯纪》模仿了荷马，但他这些知识的来源显然只有塞尔维乌斯一家之说[1]。在结论中，他提及圣高尔修道院，将其创办人的诗意人生倡导为一种模范，并附几组韵文以颂扬他自己的导师，还涉及三位一体的神圣主题。

在这封信里，厄尔闵理希引及卢克莱修[2]、维吉尔和塞尔维乌斯，还有奥维德、普卢顿休斯、玉万库斯、阿剌托尔、拉丁译本的荷马，以及监察官加图 Cato the Censor 之子的墓志铭、奥索尼乌斯的《摩泽尔河》、普理西安翻译的“游方者”第欧尼修著作，此外还有普林尼、波爱修斯和弗耳根修斯[3]。该信也显示出对于希腊词汇的些许了解（同样也显示出对希腊文词形变化和诗法的无知），见于对只言片语的引述，时或还混杂了希腊、拉丁两种文字。但就整体而言，它代表的是一种肤浅的学识，而不是真正的学术鉴识。然而此作者的博闻多识，已令时人赏识，

1 上文第 232 页。

2 i 150–156.

3 Gottlieb，《论中古之图书馆》*Über mittelalterliche Bibliotheken*，p. 441。

遂在 865 年出任帕绍 Passau 之主教，直至九年后去世[1]。

塞尔瓦图斯·卢普斯

我们所见，有一更令人欣悦的景象，存在于塞尔瓦图斯·卢普斯 Servatus Lupus【译按，Lupus 为绰号，“狼”也，盖纪念其早年脱险于沙场之经历，字面未能尽意，姑以音译代之】的 130 封书信中。此人生于森斯 Sens 教区的一个显贵家庭，曾先后在费理耶尔与富尔达受学，自 842 年担任费理耶尔的修道院长，直至约二十年后去世。在富尔达，他不仅师从当时最博学的神学家剌班努斯达六年之久，还获得了当时最具才赋的学者艾因哈德在文学上的建议和指导。尽管剌班努斯的老师阿尔昆，在文学兴味上显得极为狭促，但他的学生卢普斯，却有着颇广阔的视野。就其文学精神论，他算得是文艺复兴时期人文主义者的先驱。他给某人通信中，对文学事业几近荒废的状况表示遗憾[2]。给另一人的信中，他又为自家近邻的文学复兴而感到欣慰[3]。他写给艾因哈德的信中承认，几乎还是在少年 487
时代，文辞之好尚即已在他心中根深蒂固了，对比艾因哈德所处查理大帝治下的文学复兴时代，适逢“求知者难容于世”之际，遂有今日文学之沦丧[4]。他本人热衷于借阅书籍，而对于他人索书则保持警觉。他要求一位亲戚派一名有才干的僧侣到富尔达去，从修道院长处借一部苏维托尼乌斯的抄录副本来，此书“分作大小适中之两卷，他要么亲自随身携来，要么托可靠的信使代为致送”[5]。他乞请都尔的大主教寄给他一部波爱修斯所注疏的西塞罗《命意篇》之副本[6]。他写信给约克的修道院长，要

---

1 Ebert，ii 179–184.

2 34，nunc litterarum studiis paene obsoletis【现在，文艺之学濒临绝灭】。

3 35，reviviscentem in his nostris regionibus sapientiam【当下有我们友邻地区的学术之复兴】。

4 《书信集》，1。

5 91.

6 16.

求出借被卡息奥多儒列为圣杰罗姆著作的旧约与新约辩难集，以及比德的同类著作，还要求借阅圣杰罗姆的《耶利米书》注疏第 7 卷以后部分，和昆体良 12 卷《演说术原理》[1]。因从弗勒律近邻所能借到的书籍有限，连法国其他各修道院及富尔达和约克也都不能满足他，他甚而致函到罗马去。于是他向教皇本尼迪克特三世（855—858 年）索求圣杰罗姆上述几种著作，还想借阅西塞罗的《论演说家》和昆体良著作的某种抄本，他昔日曾在罗马见过这些书（849 年），昆体良那部抄本“订成中等尺寸之单独一卷”。卢普斯补充说，他的修道院已经拥有最后这两部著作的一部分篇幅了，信末又请求再借阅一部多纳图斯的泰伦斯著作注疏[2]。而要是有人不断要求他借出一部抄本手稿，他就变得谨慎小心，以至于几乎决定要把书籍藏到安妥之地，唯恐彻底失去它[3]。在同一封信中，他答复了语法学家卡珀尔所涉及的拼写与诗法方面的一些枝节问题，征引了三次维吉尔的著作，两次马提阿尔，以及普卢顿休斯、阿尔昆和忒奥都耳福各一次。他在自己尚未阅览的情况下，即将圣杰罗姆注疏的诸先知书借给了奥塞尔的主教，并（无疑是为了答复某些质询）告知此人恺
488 撒确实不曾写过《罗马史》，而只作过《高卢战记》，显然那位主教对此书有所听闻，他承诺将尽快寄来一部该书的副本，并且说其续篇乃是出自恺撒的书记官希尔修斯 Hirtius 之手[4]。为了校订自家藏书的文本，他也借阅已有之书的优良抄本。他向一位友人致谢，感激他所校勘的马克罗比乌斯著作副本，还感激他寄来一部波爱修斯注疏的抄本手稿。在同一

1 62.
2 103.
3 20.
4 37.

封信中，他打听西塞罗《图斯库兰辩论集》的一部抄本，并解答了一些问题，引及维吉尔和玉万库斯、塞尔维乌斯和普理西安[1]。他告知普卢翁Prüm本笃会修道院的一位僧侣，说他为了获得西塞罗的《书信集》之真面目，计划将自己原有的藏本和新近所收到的抄本进行比较。他还向友人求借西塞罗所译阿拉图斯著作之副本，为的是增补他自己藏本中的一些lacunae【阙文】[2]。他拒绝将某部抄本寄给森斯的一位僧侣，因为其信使在一段徒步跋涉中有无处藏身的危险[3]。他也不肯把比德有关圣保罗诸篇传道书的《杂缀集》*Collectaneum*借给辛克马尔，理由是“此书太大，未能隐蔽于法衣或皮囊中，并且即便是两者都不成问题，也会因其版式美观而葬送于对之有兴趣的强盗手中”[4]。他不肯再将葛琉斯著作寄给艾因哈德，因这位修道院长不止一次地将之据为己有[5]。通过艾因哈德，卢普斯对收集安色尔字体的精抄之样本产生兴趣[6]。或可记得，在此时代里，秃

1 8.

2 69.

3 20.

4 76.

5 5.

6 5（cxix，448 C，Migne），“scriptor regius Bertcaudus dicitur antiquarum litterarum, duntaxat earum quae maximae sunt, et unciales a quibusdam vocari existimantur, habere mensuram descriptam. Itaque, si penes vos est, mittite mihi eam per hunc, quaeso, pictorem, cum redierit, schedula tamen diligentissime sigillo munita”【据说，御用文书卑尔考都斯用以抄录书籍的，正是那些较大号的（译按，或认为当译作最大号的，本注下同），有时被称之为“安色尔”古书文字。如此而言，若你们手边有，则我恳请将一张由此绘工完成的书页提供给我，这倒准保可以作为印模样板】。“安色尔”*Unciales*者，无疑来自圣杰罗姆的《约伯记》前言：“uncialibus (ut vulgo aiunt) litteris”【（俗语所谓的）“寸大”字】（F. Madan在《古典学评论》，xviii（1904），48）。参看《埃因歇德伦经籍注释集》*Commentarium Einsiedlense*，Traube（拜仁慕尼黑科学院之《会议报告》，1900，533–535）将此书作者判定为勒密吉乌斯Remigius，即塞尔瓦图斯·卢普斯之门生，“quaedam enim (litterae) unciales dicuntur, quae et maximae sunt et in initiis librorum scribuntur”【传言确有某种“安色尔”（字），或谓字形较大，或谓开首文字特大】（Hagen的《赫尔维提亚史志遗献》，221以下）。

头查理曾敕令以金字抄录一部福音书，并赠给圣德尼修道院[1]，卷首插图即是这位捐赠者的肖像。而都尔的修道院长曾赠与卢普斯一部加洛林小
489 写体圣经抄本[2]，这种书法正是依照阿尔昆的规定在都尔形成定体。

卢普斯对古典作品的态度，可由一封信得到些许印证，在此信中，他愉快地提及美因茨一位名叫普洛布斯的长老，谓此人慷慨大度地将西塞罗和维吉尔（他曾抄录过他们的著作）纳入上帝选民的名单中[3]。至于他个人的文学口味在致艾因哈德的信中体现得更明白，他先根据自己的判断提出“学识须以自身为旨归”[4]的观点，他还说当下之著述家们远远背离了由拉丁教父先驱所取法西塞罗式文体的高贵品格，直至晚近他偶然读到艾因哈德令人崇敬的著作《查理大帝传》才改变看法[5]。由他对拉丁作家们的频繁征述，可知其拉丁文学知识的广博。其中史学家提及李维[6]、萨鲁斯特、恺撒、苏维托尼乌斯、查士丁和瓦勒留·马克西姆斯[7]；修辞学家提及西塞罗与昆体良；诗人提及泰伦斯、维吉尔、贺拉斯和马提阿尔；语法学家提及卡帕尔、葛琉斯、多纳图斯、塞尔维

1 《法兰西文学史》，iv 282 以下。S. Berger（《拉丁通行本圣经之演变》*Histoire de la Vulgate*，277）将“金字”抄本的制作判给了宫廷学院。

2 范本见于 Lecoy de la Marche，《手稿与彩饰》*Les Manuscrits et la Miniature*（Quantin），p. 69。此手稿为马摩铁 Marmoutier 的一位僧侣所写（约 845—850）。参看上文第 473 页。

3 20 末尾。

4 引文见于第 441 页。

5 p. 434 A.

6 34，illud quod sequitur tangere nolui donec in Livio vigilantius indagarem【我一向不愿引述他人为典据，除非是研究问题比较慎重的李维。译按，此句或当译作“我在审慎地查证李维著作之前，不愿叙述继之发生的事情”】。

7 参看 Traube 在《拜仁科学院论文集》，xix（2），370 以下，以及《会议报告》，1891，p. 402 以下；Schnetz，《9 世纪瓦勒留·马克西姆斯著作考辨》*Ein Kritiker des Valerius Maximus in 9. Jahrhundert*，1901。

乌斯、马克罗比乌斯和普理西安。他声称对日耳曼语的了解乃是“当
下最切要之知识”[1]；同时，他又断然否认谣传他本人去富尔达学习那门
语言的说法；他实际上在彼处所消遣的时间，是用来抄录手稿的，ad
oblivionis remedium et eruditionis augmentum【以治疗遗忘、增广知识】[2]。
几乎没有迹象表明他通晓希腊语。他向艾因哈德请教过塞尔维乌斯著作
中的某些希腊词汇[3]；并且当哥特绍尔克 Gotteschalk 以同样的疑难请教他
本人时，他暗示说最好是从希腊人那里去弄清此语言的微妙之处[4]。他认
为 blasphemus【诽谤；詈骂】显然是一个希腊词，因为有 p 和 h 的组合， 490
并依据普卢顿休斯而证明第二音节系长音节，但他又说有位希腊人告知
他，“在希腊人中”（若是如此，他们显然允许用重读代替音长），“总是
读为短音节”——艾因哈德也持此说[5]。即便是在他答复秃头查理有关拉
丁教父信条问题[6]的文章中，他也不能避免去引用西塞罗和维吉尔的话[7]。

塞尔瓦图斯·卢普斯所处时代的重要意义，就抄本手稿的保存与传布而言，可由 9—10 世纪上半期里所产生的大量书卷得以印证，根据记

1 70.

2 6.

3 5 末尾。

4 30 末尾。

5 20 p. 467 C–D.

6 128.

7 Migne，cxix 633.《书信集》见 Migne，cxix 431–610，并参看 Nicholas，《塞尔瓦图斯·卢普斯书信研究》*Études sur les lettres de Servat-Loup*（1861）; De la Rochéterie 在奥尔良圣十字学院 Academie de Sainte Croix 的《备忘录》*Mémoires*，i（1865–1872）369–466；Mullinger 的《查理大帝时代的学校》（1877），c. 4；Sprotte 的《修道院长费理耶尔的塞尔瓦图斯·卢普斯传》*Biographie des Abtes Servatus Lupus von Ferrières*（1880）；以及 Du Dezert 的编订本（巴黎，1888）；又见 Ebert，ii 203–209；Manitius 在《莱茵博物馆》（1893），313–320；以及 Norden 的《古代艺术散文》，699 以下。参看 Manitius，483–490。

录，这些书一直属于法兰西的修道院图书馆[1]。也正是在此时代，古典作品的抄本首度到达了日耳曼地区，黄金时代的作家们寥寥落落，只有维吉尔、卢坎、李维和一部分西塞罗的作品充作代表，后世作家更常见一些，尤其是马克罗比乌斯、马提安·卡帕剌和伊息多耳。

邻近森斯和塞纳河上游的费理耶尔之修道院，乃是卢普斯的家园，
帕沙修斯 与亚眠相比邻的考比耶之修道院则属于他同代人剌德贝图斯 Radbertus 的
剌德贝图斯 栖身之所，此人还取了个名号，叫帕沙修斯 Paschasius（约 790—865 年）。他曾参与在威斯特伐利亚建立新考比耶的事业（822年）[2]。他熟悉拉丁文学，可由他著作的一些片段得知，那些段落实际是他抄袭西塞罗、塞内加、维吉尔和贺拉斯，几乎没有证据显示他了解希腊语[3]。

“秃头”查理被卢普斯称为“doctrinae studiosissimus”【最尚学问】[4]
491 者，他在位期间（840—877 年），引起文学风气的一股复苏景象，但这更类乎火焰将熄时的最后闪烁之光彩，而不是“星辰升起之光辉”。这最后一语乃是奥塞尔的厄理克 Eric of Auxerre（卒年约在 877 年）的谄媚之词，见于他写给查理国王的信中。厄理克甚至说，希腊大地当痛失她的子孙，因为这些人受查理国王的慷慨大度之吸引，纷纷来至高卢，而几乎整个爱尔兰的哲人都无视于渡海之险恶，情愿就此流离失所，他们也奔赴高卢，来响应一位智慧贤良如所罗门般人物的感召[5]。

爱尔兰人 爱尔兰人约翰 Joannes Scotus，或 John the Scot【译按，此 Scotus 在中古欧洲
约翰

1 Norden，704 以下。

2 考尔维，由“虔诚者”路易所建; Wattenbach，《中古德国史料考》，i[7] 301 注释 1。

3 Migne，cxx；Tougard，《中古作家继承的希腊文学遗产，7—12 世纪》，p. 30；Ebert，ii 230 以下。他的四首诗作（包括一篇“牧歌 egloga”）刊行于 Traube《加洛林朝拉丁诗歌集》，iii 45–53。

4 《书信集》，119。

5 Migne，cxxiv 1133.

意指爱尔兰人或盖尔人（苏格兰之北爱尔兰移民）】[1]（约 810 至 805—约 875 年），是爱尔兰的主要代表人物，亦是秃头查理宫廷中的首席哲学家。他大概从 845 年始主持宫廷学院，遂参与了一场短暂的学术复兴。他在世之时，英格兰为丹麦人所侵略，爱尔兰的希腊学术在法国受到欢迎。他喜用马提安·卡帕刺的参考手册，也熟悉诸如巴兹尔、刻律索斯托和纳西昂的格雷高利（他奇怪地将之等同于尼撒的同名人物）等希腊教父的作品，对奥利金尤其崇拜[2]，还大量抄袭了"忏悔师"马克西穆（卒于 662 年）的著作[3]。如马尔姆斯伯理的威廉所云，此人心智之所思，"全汇聚于希腊之一域"[4]。虽则其拉丁文体式裁制被认为是端正妥洽甚至是优美雅致的，但他完全知觉自己在希腊语学问上的不足。他熟悉柏拉图的《蒂迈欧篇》[5]，有人推测[6]他曾见过原来的文本，但无论如何，他所引的《蒂迈欧篇》拉丁译文至少与卡尔齐丢斯译本并无关系。他对希腊文的大概熟练程度，可由一事说明，即他曾被选中去以拉丁文翻译"大法官第欧 492

1 同时代人称之为 Joannes Scotus、Scottus，或 Scotigena；他翻译的"第欧尼修"中，自称是 Joannes Ierugena（后世之抄本更作 Erugena 和 Eriugena）。后来还出现过爱里吉纳 Erigena【译按，谓"生于爱尔兰"】，而 Joannes Scotus Erigena 之名莫早于 16 世纪（Christlieb，15 以下，转引自 R. L. Poole 的《中古思想史述略》，55；并见于 Traube《加洛林朝拉丁诗歌集》，iii 518）。

2 参看 Baur 的《基督教三位一体与道成肉身之学说的历史演变》*Die christliche Lehre von der Dreieinigkeit und Menschwerdung Gottes in ihrer geschichtlichen Entwicklung*，ii 263–344（Poole，60）。

3 J. Dräseke，《爱尔兰人约翰·爱里吉纳及其著作〈自然分属论〉卷五之典据》*Johannes Scotus Erigena und dessen Gewährsmänner in seinem Werke De divisione naturae libri V*，莱比锡，1902，以及《神学学刊》，xlvi（1903），563–580。

4 《英国诸王列传》，ii§122，in Graecos acriter oculos intendit.【心神唯凝注于希腊】。

5 见《自然分属论》，i 31，他引述了拉丁文本的 30 D 以下。在 iii 27，他提及行星，谓"quae semper circulos suos circa solem peragunt, sicut Plato in Timaeo edocet"【天体之运行之轨迹总是圆圈，柏拉图在《蒂迈欧篇》中即如此教诲】。

6 Hauréau，i² 152.

尼修”的著作。“第欧尼修”的某些著作曾由教皇保罗一世寄给“矮子”丕平，时在758—763年之间[1]，拜占庭皇帝，“口吃者”米凯勒Michael the Stammerer曾将此人神秘主义著作的一部抄本赠给虔诚者路易（827年）。这些著作的作者，被视为法兰西的守护圣徒。圣德尼的修道院长希尔都因Hilduin曾试图贡献一个令人满意的译本，最终却徒劳无功。于是命运降临到西方世界的一位爱尔兰僧侣身上，需要他将东方的希腊神秘主义者的著作引入到一位法兰克—罗马皇帝的知识领域中。“爱尔兰人”约翰的译笔忠于原作，且逐字直译，这部被视为义理通释的译作本身也还需要一个解释译述者。这是教皇的图书馆长阿纳斯塔修斯之观点，此人曾在君士坦丁堡学过希腊文，他惊愕于“这个居住于世界边缘的蛮族人，令人会以为他对希腊语的无知程度就好比他与文明教化相隔之遥远”，何以“能够证明自己可以理解这些秘义，并将之翻成另外一种语言”[2]。在“爱尔兰人”约翰的巨著《自然分属论》中，显然多次体现出“第欧尼修”之影响，特别是最后一卷，涉及实现至善的灵魂最终被吸引去接近神性的学说[3]，其中他糅合了新柏拉图主义和基督教思想，形成了“有关永恒世界的理论，将他自己作为造物之范本纳入其中”，这个理论意味着universalia ante rem【共相先于个体】之法则。他另一部重要的著作，《预定论正义》*Liber de Praedestinatione*，此书盖应辛克马尔要求而

1 《加洛林朝抄本手稿》*Codex Carolinus*，24；Roger，431以下。

2 Migne，cxxii 93 C–D. 译书之年代在858—860年。原本见于法国，而并非从爱尔兰传来；他后来翻译马克西穆的纳西昂的格雷高利亦是可信之文本。

3 摘要见于R. L. Poole，60–73。

作，辛克马尔是兰斯的大主教，常自负于对希腊语掌握的一点知识[1]，他请约翰著作此书的目的是为了批判哥特绍尔克（840 年）所陈述的奥古斯丁之学说。约翰在这部应战之作（851 年）中不断求助于论理学。他 493
还发出了经院哲学家之学说的先声，主张真正的哲学与真正的宗教两者是相同的[2]。他称自己的论说过程历经四个阶段，即“分属、界定、验证和分析”，每一阶段都赋予一个希腊文名称[3]。当拉丁教父们不能令他满意时，他便求助于希腊教父，而当教父俱与他背道而驰时，他转而寻找哲学家们为他庇护。论敌之谬误，令他生出怜悯心，遂说他们主要错在不懂希腊语。他的论著受到里昂、富尔达之神学家们的批驳，特鲁瓦的主教普卢顿休斯也加入反对派之行列，他研究了有关“奥利金之蠢话”的记载以及一处要邪恶的诡辩把戏的段落，借助于杰罗姆对西塞罗的弃绝之言，来迎击他对手“倚仗其古典学识而故意做出的高傲姿态”。杰罗姆曾坚持对圣教经文的理解方法，应从其质朴之义出发，而不是将之当成修辞学家们的战场；爱尔兰人约翰将他的读者们拖回至希腊文的源头上，但他却未能提供拉丁文的源头。最后，普卢顿休斯攻讦马提安·卡帕剌的著作，将之视为诱导约翰进入谬误之迷宫、对瓦罗的教学科目产

---

1 Migne，cxxv 538 A–B. 参看 Carl von Noorden 的《辛克马尔》*Hinkmar*（1863）; Schroers（1884）; Traube，在《加洛林朝拉丁诗歌集》，iii 406–420，以及慕尼黑《论文集》，xix 2（1891），362 以下（辛克马尔在拉翁的爱尔兰人侨居地）。

2 《自然分属论》，i 1 ; Hauréau，i^2 153 注释 1。

3 《预定论正义》，i 1（Migne，cxxii 358 A），*(μέθοδος) διαιρετική, ὁριστική, ἀποδεικτική* 和 *ἀναλυτική*。参看阿蒙尼乌斯，《论波弗利之〈引介〉》*in Porphyrii Isagogen*，p. 34，24，Busse 编订本（1891），我曾引述此文献，见《赫尔墨斯与雅典娜》*Hermathena*，xxix 431，以及亚美尼亚人大卫为波弗利的《引介》所作的《绪论》：*εἰσὶ δὲ τέσσαρες αἱ διαλεκτικαὶ μέθοδοι· εἰσὶ γὰρ διαιρετιή, ὁριστική, ἀποδεικτική, ἀναλυτική*【论理学之方法有四，即分属、界定、验证和分析】（J. A. Cramer 的《巴黎皇家图书馆藏手抄古本希腊遗书》，iv 442）；又见 Fr. Cramer，《中古希腊语研究》，ii 34 注释 156。

生兴趣的罪魁祸首，卡帕剌著作对瓦罗的观点是表示拥护的，虽则此前圣奥古斯丁已对之进行了批驳。爱尔兰人约翰对卡帕剌的密切关注，还可由奥娄 Hauréau 的发现得以印证，此人在圣日耳曼德佩区的大本笃会修道院所藏 9 世纪的抄本手稿中找到了约翰的注疏本[1]。

494 爱尔兰人约翰与其对手们的论战，颇可被视为中古学术史的一个转捩点[2]。比德与阿尔昆所传承下来的机械呆板之传统，现在被一种调查和讨论的精神代替，张扬理性，不是服从权威，这得到人们热切的拥护[3]。

爱尔兰人约翰可能在秃头查理崩殂（877 年）之后依然居留在法兰克王国境内[4]。在英国，传说他在马尔姆斯伯理度过了余生，并被学生们的数支尖笔刺中致死[5]，而一位名叫勒朗 Leland 的旅行家[6]，后来看到“修道院所属教堂中悬挂了一幅画像”，以示纪念。

他所征引的拉丁作家，有维吉尔和贺拉斯，普林尼和波爱修斯[7]。他的希腊语知识在当时甚为鲜见。对此种语言的癖好，使他为自己重要的著作选择了一个希腊文题目：*περὶ φύσεως μερισμοῦ*, id est De Divisione Naturae【自然分属论】，其中他还不断引述“第欧尼修”和格雷高利，并多次提及亚里士多德的《范畴篇》。“假若有人想多知道些有关‘可能性’

---

1 《短评与摘录》, xx（2）, pp. 1 以下（Hauréau, i 152）。参看 R. L. Poole，76，注释 25，以及 E. K. Rand，《爱尔兰人约翰》*Johannes Scottus*，11，81。

2 Mullinger，p. 189.

3 《自然分属论》, i 69, p. 513 B, ratio immutabilis nullius auctoritatis adstipulatione roborari indiget【心智识力为永恒不破者，而求助权威只能徒劳无功】。

4 波爱修斯《神学短论集》*Opuscula Sacra* 注疏完成于 867 年以后（Rand，3，18，27）。

5 马尔姆斯伯理的威廉，《英国诸王列传》，ii§122，关于此说的讨论，见 R. L. Poole 的《中古思想史述略》，313–329，以及 Traube，前揭，iii 522。

6 《旅行纪程》*Itinerary*，ii 26^2。

7 Migne，cxxii 498. 参看 Dräseke（引文见于第 491 页），以及 Rand，前揭，84。

和‘不可能性’的问题，legat περὶ ἑρμηνείας , hoc est, De Interpretation Aristotelem【应去读 περὶ ἑρμηνείας，也就是亚里士多德的《解释篇》】”[1]。他在“大法官第欧尼修”译本的前言献词中，颂扬查理国王没有令他心安于西方之文学，而是激励他到“希腊人最纯正和最广阔的海洋中”去寻找资源。在他着手此项工作时，他谦虚地自称在希腊语方面只是一个初学者；不过他对自己水平的这番评价还是基本属实的，虽说在一部篇幅超过 160 个印刷栏的著作里，他圆满地将所借鉴的原作近乎逐字译出，但当对其独创之著述加以考察时，在他写给法兰西国王和兰斯大主教的寥
寥几首六音步希腊语诗歌中，稚嫩之处显著可见[2]。这些作品足以证明巴 495
勒 Bale 主教的传言[3]不可信，即谓它们的作者曾在雅典学习希腊语。他居然偶尔还在拉丁诉歌体诗作中夹杂一些“sacro Graecorum nectare”【希腊的神圣佳酿】，即以希腊字母所写的希腊词汇。有一事可能与他的希腊语学习有关系：他以拉丁文草拟过一份马克罗比乌斯论希腊与拉丁动词之区别的论文摘要[4]。他裁定亚里士多德为“最精通于将万般造物分门别类的希腊人”，并特别征引其十大范畴之说，以为“可施之于造物，而未能（如圣奥古斯丁所示）用以说明造物者”[5]。然而柏拉图已发现，对于造物存在之本质的所有探索，目的皆在于认知造物者；因此故，约翰信从柏

---

1 Migne，cxxii 597 C.

2 同上，1237；又见 Traube，前揭，iii 518–556，另见《拉丁与希腊文爱尔兰诗集》*Carmina Scottorum Latina et Graecanica*，同上，685–701。其中的《罗马歌》*Versus Romae*（p. 554）被认为晚于 878 年，而在《辩护篇》*Integumenta* 中对于奥维德《变形记》的寓意解说，不会早于 13 世纪（p. 526）。两者都一度被归为爱尔兰人约翰的著作。

3 R. L. Poole，311 以下。

4 Ussher，《爱尔兰诗札集成》，p. 135；Teuffel，§444，9；Keil，《拉丁语法家集成》，v 595 以下；上文第 238 页。

5 《自然分属论》，i 14。

拉图的观点。他的柏拉图主义思想使他成为一名唯实论者，而他的唯实论最终导致了泛神论。“爱尔兰人约翰”，被他自己的某位乡党恰当地形容为“乖僻之天才”，“学识卓绝，思想异端”[1]。他的代表作在13世纪早期被视为某个异端学说的依据。因此该著作在教皇霍诺留斯三世的诏令（1226年）之下而被焚为灰烬，而由托马斯·盖尔在1681年刊布于牛津的 editio princeps【第一版】，在多年之后仍被著录于禁书索引之中[2]。

奥塞尔的厄理克与勒米

496 现在可以简短地提及约翰的两位同时代人，他们都是奥塞尔人。年长的一位名叫厄理克 Eric（841—877年?），曾在费理耶尔受学于塞尔瓦图斯·卢普斯。他曾将自己的研究成果，附带上一组诉歌体诗，一并寄给了奥塞尔的主教，我们在其中发现了一系列苏维托尼乌斯和瓦勒留·马克西姆斯著作的摘要，是依照卢普斯的指示而抄录的。为奥塞尔的圣日耳曼努斯 St Germanus of Auxerre 所作的六卷诗体传记，显示了他对维吉尔著作的熟稔和些许的希腊语知识[3]。他还给波爱修斯翻译的亚里士

1 G. T. Stokes，《爱尔兰与凯尔特教会》，p. 218。

2 有关爱尔兰人约翰，见 Floss 编订本《全集》（Migne，cxxii）以及所引述之文献；又见 Guizot 的《法兰西文明》*Civilisation en France*，iii leçon 29，pp. 137–178；Maurice，《中古哲学史》*History of Medieval Philosophy*，45–79；Hauréau，i 148–175；Ebert，ii 257–267；Wattenbach，《中古德国史料考》，i[7] 323 以下；Milman，《拉丁教会史》，iv 330 以下；Mullinger 的《查理大帝时代的学校》，c. 5；R. L. Poole 的《中古思想史述略》（1884），53–78；H. Morley 的《英国作家》，ii 250–599；A. Gardner（1900）；以及 Ker 的《黑暗时代》，161 以下。参看 Manitius，323–339。约翰在《自然分属论》*περὶ φύσεων* 的亲笔之 marginalia【旁注；夹注】，见兰斯抄本，875；对圣约翰福音的注疏，拉翁本，81；以及班贝格 Bamberg 抄本中的批注（Traube，在《中古拉丁语文学史料及研究》，1 ii [1906]，p. viii 以下）。E. K. Rand，在 Traube 前揭之《史料及研究》，pp. 106，编订了一部波爱修斯《神学短论集》的注疏，并将之归为爱尔兰人约翰所作。

3 Ebert，ii 285–292；Traube，前揭，iii 422。他对于恺撒的著作、贺拉斯的《歌集》和《长短句集》以及珀息乌斯和佩特洛尼乌斯的著作也都有所了解，同上，424。“宗师厄理克” *Heiricus magister* 见引于玉万纳尔的会注，ix 27。参看 Traube，前揭，iii 424–5，《新文献》，xviii 71–105，《莱茵博物馆》，xlviii 558–568；以及 Wattenbach，i 332 以下；又见 Rand，《爱尔兰人约翰》，16，97。

多德《解释篇》、波弗利的《引介》以及亚里士多德《范畴篇》各书添加了不少注释，其中最后一种被认为是“圣奥古斯丁由希腊文译成拉丁文的”[1]，然而事实上根本不是亚里士多德著作的译本，因而必然可以推知，10世纪时《范畴篇》的文本还未有人见过[2]。厄理克的杰出门人，奥塞尔的勒米 Remi of Auxerre，曾在兰斯学习（约893年），是首位在巴黎办学教书之人（900年；卒于908年）。他注疏的多纳图斯[3]和马提安·卡帕剌[4]著作至今尚存于世。希腊词汇出现在他论音乐的文章里，亦见于他注疏的《创世记》和多纳图斯著作。后一部注疏直到文艺复兴时代还在使用，其中他主要的拉丁文典据是维吉尔的作品。他还注疏过加图的《对句诗》 497
Disticha[5]，塞都琉斯的《复活节诗集》[6]，以及波爱修斯的《神学短论集》[7]。

帕维亚、摩德纳及圣高尔存留的经典著作

爱尔兰僧侣邓迦尔[8]（卒于826年）不仅研究西塞罗和马克罗比乌斯，对于希腊语也略知一二，曾使用过 μήνη【月】一词和 κατὰ ἀντίφρασιν【依据对立之命题；由其反义】这个短语，并解说术语 apologia【申辩】为“secundum proprietatem Graeci sermonis”【承继了希腊人陈说宣讲的特点】[9]。半个世纪后，我们注意到古典学术的蛛丝马迹，除了见于邓迦

---

1 Prantl，《逻辑学史》，ii 41–44；Rand，前揭，83。

2 Hauréau，188及196.

3 W. Fox 编订本（1902）；参看 Haase，《论中古语文学研究》，26以下注释；Thurot，在《短评与摘录》，xxii（2）；Bursian，《德国古典语文学史》，i 27及注释；Traube，《拜仁科学院会议报告》，1900，532以下。

4 Hauréau，i 203–205；参看 Ebert，iii 234以下。

5 Mancini，《皇家猞猁学院报告》*Rendiconti della Reale Accademia dei Lincei*，ser. v，xi 175以下，369以下；以及 Traube，在《柏林语文学周刊》，1903，261。

6 Hümer 在维也纳学院，1880年4月。

7 Rand，前揭，87–106；H. F. Stewart 编订本。

8 上文第480页。

9 Migne，cv 455，473，467.

尔在帕维亚执教的学校，亦在摩德纳 Modena 出现。当法兰克人的军队奔赴贝内文托去拯救路易二世之时（871 年），行伍间所唱的粗鄙谣曲全然不顾音调之变化，且满篇都只征引圣经中的语句[1]，而守卫城墙的摩德纳市民们则吟哦起高雅得多的拉丁诗歌，抑扬顿挫，回忆着古时特洛伊和罗马的围城之战：

O tu, qui servas armis ista moenia,
Noli dormire, moneo, sed vigila :
Dum Hector vigil extitit in Troïa,
Non eam cepti fraudulenta Gretia，etc.[2]
【列位，执起兵戈来守好四城，
别懈怠呀，我说，眼要留神：
好比当初赫克托尔守着特洛亚，
那些希腊贼人没一个能攻陷它。】

迄至 9 世纪末，圣高尔也有古典著作研究的证据，即其藏书中有爱尔兰语翻译的希波克拉底和盖伦著作以及多息透斯（4 世纪）之希腊语法学[3]。在哈特蒙德 Hartmund（约 841—883 年）捐赠该院图书馆的一批抄本手稿中，有（拉丁文的）约瑟夫、查斯丁、索理努斯、俄若修斯、马提

1 Traube，前揭，403—405。

2 Muratori，《意大利编年史》*Annali d'Italia*，diss. 40（Hallam，《欧洲文学导论》，i[4] 26 以下）；参看 Ebert，iii 174 以下；Traube，《高贵的罗马!》（1891），p. 9；《加洛林朝拉丁诗歌集》，iii 702–705；以及 Gröber 的《罗曼语语文学纲要》，II i 168。

3 Bursian，i 28 以下；Teuffel，§431，7；Schanz，§836。

安·卡帕刺、普理西安和伊息多耳诸人作品[1]；拉丁诗文则有才华洋溢的修道院长所罗摩 Salomo 三世（890 年）之著作（拟定了事实与文章之形式）[2]。圣高尔一位博学的僧侣，“口吃者”瑙克尔 Notker the Stammerer[3]（约 498
830—912 年），勤劳地为“胖子”查理的主教教区秘书长抄写了一部希腊文的手稿，系借自维切利 Vercelli 主教的圣经使徒书信诸篇之抄本[4]。瑙克尔在他的拉丁文章里点缀几个希腊词汇[5]；在一封解释了某些音乐符号的信函末尾，说道：Salutant te ellinici fratres【珍重，希腊味儿的兄弟们】，暗示他的僧友中至少有几位学习希腊文[6]。但他对翻译奥利金著作的愿望，则意味着他对这门语言还不熟悉。所作悲慨遥深的圣歌，有 Media vita in morte sumus【人生之中途，我们遭遇死亡】之句，是由一位工匠之猝死而感发的，那人当时在戈尔达施为马丁斯托卑 Martinstobel 溪峡修筑一座桥梁[7]。整个四旬大斋期间，这首歌被人们不断在晚祷时唱起，后来

1 Bursian，i 33 注释。

2 同上，i 39。Ebert，iii 150 以下，154 以下。有关其百科全书著作，参看 G. Meier，《自由七艺》*Die sieben freien Künste*，i 16 b。此书以一部《词语汇释》*Liber Glossarum* 的缩编本为依据（Goetz 在《萨克逊学会论文集》*Abhandlungen der sächsischen Gesellschaft*，xii 226 以下，244 以下）。有关其生平，参看 Dümmler，在苏黎世的《古物学会会刊》*Mittheilungen der Antiquarischen Gesellschaft*，xii 262；其诗歌则收入《中古拉丁诗歌集》*Poëtae Latini Medii Aevi*，iv 296 以下。参看 Manitius，594–598。

3 即 Balbulus【口吃者】。参看 Meyor von Knonau，在《古物学会会刊》，xix（苏黎世，1877）；以及 Manitius，354–367。

4 Pertz，《日耳曼历史学文库》，ii 101；Migne，cxxxi 989 C。

5 Migne，1025 A–B.

6 “末位”埃克哈特 Ekkehart minimus，见于 H. Canisius，《教会研究及史学文献大全》*Thesaurus Monumentorum ecclesiasticorum et historicorum*，ii 3 p. 198（1725 年版）。有关 9、10 世纪的圣高尔，参看 Wetzel（1877），及 Specht（1885），109，313–328。

7 Von Arx，《圣高尔地区史》*Geschichte des Kantons St Gallen*，i 93–95；Scheffel 的《古代艺术中的埃克哈特》*Ekkehard in Antiquitäten Kunst*，注释 186；有关其《宣教圣歌集》*Sequences*，参看 Ker 的《黑暗时代》，219。

还常出现在英国教仪的葬礼上。大约在此同时，还有一位被含糊地称为“Poëta Saxo”【萨克逊诗人】的僧侣，将查理大帝的事迹写成拉丁文的史诗，前四卷为六音步体（取材艾因哈德著作），最后一卷为诉歌体，哀惋于查理之崩殂和诺曼第人的入侵[1]。普卢翁的修道院长莱杰诺 Regino 所写的编年史，涉及 889 年事迹的部分使用的是查斯丁的文体[2]。869 年之前，爱尔兰的一位希腊学术爱好者马丁[3]，在拉翁抄写了一部希腊—拉丁
499 语字汇[4]；还有一部同样的著作存于考比耶的图书馆中，圣理齐耶和兰斯的图书馆里还藏有希腊文抄本[5]。8 或 9 世纪，一位不知名的“埃因歇德伦僧侣”The “monk of Einsiedeln” 访问帕维亚和罗马，他描述了罗马的全貌，并将一些拉丁文，甚至还有些希腊铭文的复制品带回故国[6]。教会中（尤其是在吟唱教义时）使用希腊文的迹象，见于明斯特、兰斯和布瓦蒂耶

“埃因歇德伦僧侣”

教会对希腊文的使用

1 Pertz，《日耳曼历史学文库》，i 227 以下；Jaffé，《加洛林朝代史料汇编》，542 以下；Ebert，iii 125 以下。《中古拉丁诗歌集》，iv 1–71，Winterfeld 本。此人一直被当成诗人（考尔维的）阿吉乌斯 Agius，曾写过一首美妙的诉歌体诗，以纪念甘德斯海姆 Gandersheim 的第一位女修道院长，哈图摩达 Hathumoda（卒于 874 年）；Traube，《加洛林朝拉丁诗歌集》，iii 368–388；Hüffer，《考尔维研究》*Korveier Studien*（1898）；Wattenbach，《中古德国史料考》，i[7] 307 以下；Manitius，583 以下。

2 Bursian，i 40。参看 Wattenbach，《中古德国史料考》，i[7] 311–314；Manitius，695 以下。

3 Traube，在慕尼黑科学院《论文集》，xix 362。

4 E. Miller 编订，见《短评与摘录》，xxix 2，1–230；参看 P. Piper，《1050 年以前之古德意志文学》*Die älteste deutsche Literatur bis um das Jahr 1050*，338 以下。

5 Léon Maître《西方的主教学校与修道院》之附录；Tougard，《中古作家继承的希腊文学遗产，7—12 世纪》，36 以下。

6 《埃因歇德伦无名氏著作》*Anonymus Einsiedlensis*，首度刊布于 Mabillon 的《古贤遗文集》*Vetera Analecta*，p. 358；参看 Mommsen 在《萨克逊学会会议报告》，1850，p. 287 以下。参看上文第 264 页。该作者可能是莱歇瑙的一位僧侣（Wattenbach，《中古德国史料考》，i[7] 280；Specht，311）。《拉丁碑铭集》*Corpus Inscriptionum Latinarum*，vi（1），p. ix 以下，nos. 1–80。

等地的主教辖区，亦见于维也纳的主教区座堂[1]；教堂的献祭仪式中，主教要以他的权杖在尘土中写出希腊字母表的字母来，直到13—14世纪还留存有这种习俗的证据[2]。在14世纪都尔的子夜弥撒中，希腊语仍被用以吟唱Gloria in excelsis【荣光耀升】之歌，而自13世纪直到大革命时期，圣德尼每年一度法兰西守护圣徒节日第八天的弥撒典礼上，也都在使用这门语言[3]。

但是从整体上说，在爱尔兰人约翰死后的两个世纪里，希腊语学习
陷入衰落期。偶有吉光片羽留存下来，乃是约翰授学之弟子，诸如胡克 胡克巴德
巴德Hucbald（卒于930年）[4]，他以146行的六音步诗句颂扬秃头查理，其
中每个词都以字母C为首[5]，并且还歌颂了“口吃者”路易抗击诺曼第人 500
侵略战争的胜利。胡克巴德的有些诗作夹杂了些希腊词汇，这情形在他
论音乐的文章中也有出现[6]。路易国王本人曾给勃艮第的一家修道院起名
为阿尔法Alpha，又为康皮埃涅Compiègne的一家修道院起名为卡洛波利
斯Carlopolis[7]。有首拉丁文诗歌，写的是诺曼第人围攻巴黎城（885—887

---

1 Martène，《古代教会仪礼》*De Antiquis Ecclesiae Ritibus*，i 88，102，114，117（1736年版）；Tougard，20。

2 Martène，ii 679；参看Roger Bacon的《希腊语法学》*Greek Grammar*，pp. 25，83，195，以及《著作一集》*Opus Majus*，i 94（= iii 117），Bridges本。

3 Martène，i 279；Tougard，21；参看Gardthausen，《古希腊文书法学》，422，尤见Omont，在《纪念加布理尔·摩诺德氏中古史研究》*Études d'histoire du Moyen Age dédiés à Gabriel Monod*（1896），177–185（《拜占庭学刊》，vi 461以下）。“纪念圣德尼的希腊语弥撒”，出版于1658和1777年（参看Egger，《法兰西的希腊文化》*L'Hellénisme en France*，i 49）。

4 Wattenbach，《中古德国史料考》，i[7] 335以下；Manitius，588–594。

5 Carmina clarisonae calvis cantate Camenae【歌唱一曲吧，清声的诸位卡密耐，颂扬那位谢顶者。译按，Camenae系罗马神话体系的林泉女神，后被视为缪斯诸女神】云云；Migne，cxxxii 1042以下；Ebert，iii 167；《中古拉丁诗歌集》，iv 267以下。

6 Tougard，40.

7 Gidel，189以下。

亚柏 年），由“罗锅”亚柏 Abbo Cernuus 所作。此人是一位圣日耳曼德佩区的僧侣（卒于 923 年）[1]，他在诗中运用了大量的希腊词；其“卷三”中的拉丁文行间夹注，对所有这类词语的意义加以解释[2]。

阿尔弗雷德 9 世纪的英格兰，最后一位登场人物是阿尔弗雷德 Alfred（849—约 900 年）。他在 5 岁时被带去见识了罗马，7 岁时又再度光临此城。尽管学术普遍呈现衰败景象，并且由于丹麦人的入侵而导致人心惶惶，他却度过了自己勤勉学习的少年时光。871 年继承了王位之后，便开始在威尔士僧侣阿瑟尔 Asser 的协助下，着手对拉丁作家进行一系列的翻译工作。在英国文学中，阿尔弗雷德是“我们的第一位翻译家”。在他的波爱修斯译本（约 888 年）中，为了他子民的利益，凡是他觉得合适的地方，都毫不犹豫地在原文中加以增补。他还翻译了俄若修斯 Orosins 的《通史》*Universal History*，也是以他个人喜好而任意增删。还有一部译本（他的本名未曾出现于其中），是比德的《教会史》；此外他还翻译了格雷高利的《神父须知》*Cura Pastoralis*[3]。只有在最后这一种译作里，这位国王将自己的大体意图描述得像一位译者。他感叹的是，能够理解礼拜仪礼，甚而可用英语解释拉丁文使徒书信者，在亨伯河 the Humber 以南寥寥无几，而至泰晤士河以南则根本一个都没有。因此，
501 他觉得将那些最有必要为人所知的书本译成英语是件善事。在国王的要求下，伍斯特的主教将格雷高利的对话录翻译出了一个缩略本。圣

1 Pertz，《日耳曼历史学文库》，ii 776–805；Migne，cxxxii 722；《中古拉丁诗歌集》，iv 72 以下。

2 Tougard，39；Ebert，iii 129 以下；Freeman，《史论集》，i 225–234；Wattenbach，《中古德国史料考》，i[7] 329 以下；Ker 的《黑暗时代》，159；Manitius，585–588。

3 Hatton 手稿（9 世纪），第 1—15 行，收入 Skeat 的《古英国手稿摹本十二种》*XII Facsimiles of Old English Manuscripts* 的 plate i，1892。

奥古斯丁的《独语集》*Soliloquies* 也有了一个这样的译本，则被归为阿尔弗雷德本人的手笔。他在这部译作的导论中，提及他先前的著述，拟设了林木之喻，谓“他与其友人从中带来了所能获取的最佳枝干，留存下许多材料以待后来之人”[1]。

1 H. Morley 的《英语作家》，ii 266–292，文献的其他部分，同前，p. 294，附有 1901 年之“千年纪念”的成果，尤其是 Plummer 的《福特讲席演说录》*Ford Lectures*；又见 Pauli 的《阿尔弗雷德传》*Life of Alfred*；Schmid 的《教育史》(1892)，II i 210–223。阿瑟尔的《阿尔弗雷德传》(W. H. Stevenson 编订，1904) 是“以华丽之拉丁文词装载极为明晰之思想”的范例 (Ker 的《黑暗时代》，177)。

第二十六章

502 10世纪

众所周知，自6世纪初至11世纪末的6个世纪，通常被称之为黑暗时代;而在这几个世纪里，以对10世纪的评价最低。那是晦暗的时代，黑铁的时代，沉铅的时代[1]。英格兰屡遭丹麦人蹂躏，邓斯坦 Dunstan 的僧院改革只是偶尔激发了一下人们对学问的兴趣。诺曼第人干脆在法兰西建立了他们的领土（912年），查理大帝的皇室宗亲们在此国度的统

1 Baronius,《史事系年》*Annales*，西元900年，"saeculum... ferreum... plumbeum... obscurum"【这个世代……如坚铁……似重铅……晦暗无明】;"obscurum"【晦暗的】被 Cave 选用作为称号。Leibnitz,《布伦希维格史著汇编》*Scriptores rerum Brunsvicensium*，§63（1707），荒谬地将之视为（至少在日耳曼如此）一个"黄金时代"，与13世纪形成对照；而 Guizot 和 Hallam（《欧洲文学导论》，i 4[4]）则一致认为7世纪而非10世纪，才是欧洲人心智发展中的最低点，同样，W. P. Ker 亦持有此说，见氏著《黑暗时代》，99。与 Leibnitz 相反，Charles 在《罗杰・培根》*Roger Bacon*，97，认为普遍可以接受的是将13世纪作为中古时期的"黄金时代"。参看 Muratori,《中古意大利文物典章》，iii 831；Mabillon,《圣本笃会圣徒行状》，vi 18以下，及 Mosheim,《教会史纲略》*Institutionum historiae ecclesiasticae*，i 590（1863）。

御终结于987年，取而代之的是加佩家族 House of Capet。与此同时，匈牙利人的游牧部落业已袭掠整个日耳曼地区，以及法兰西南部和意大利北部；9世纪之末年，他们将摩德纳附近诺南托拉 Nonantola 的修道院附属图书馆付之一炬[1]，而返回北方时，又令圣高尔和富尔达的修道院遭受同样的命运[2]。在日耳曼，查理皇族在911年被萨克逊诸王取代，其中的第二位国王，“猎禽者”亨利 Henry the Fowler，首度抵御住了匈牙利人的 503
侵扰（933年）。他的儿子奥托大帝 Otho the Great 最终平息了这场外患（955年），后在罗马加冕为西方世界的皇帝（962年），其继承者是奥托二世和奥托三世。当奥托三世在罗马由日耳曼教皇格雷高利五世授以皇帝冠冕时（996年），教皇制度60年来的末落期便结束了。三年之后，葛伯特，这位当时最著名的学者，成为罗马教皇。在世纪之末年，这位年轻的皇帝对亚琛 Aachen 的访问令人印象深刻，他拜谒了查理大帝的陵寝，看见那君主仍戴着皇冠坐在穹顶之下[3]；三年之后，皇帝和教皇双双辞世而去。

此世纪的学术兴盛于古都亚琛，领军人物是奥托一世之弟布鲁诺 Bruno，他在953—965年间出任科隆的大主教。这番盛景亦延伸至南方，到达土尔 Toul 和凡尔登的默兹河 Meuse 与摩泽尔河地区，那里是来自希

---

1 Muratori，《意大利编年史》，ann. 899。Mabillon（《旅行文献》*Voyage Littéraire*，252）在那里只找到两部手稿。

2 Milman，《拉丁教会史》，iii 280。

3 洛梅罗的奥托 Otho of Lomello，《诺瓦利斯编年史》*Chronicon Novaliciense*，见 Pertz，《日耳曼历史学文库》，“日耳曼史著汇编”*Scriptores rerum Germanicarum*，vii 106（Lindner 对之有所评议，复见 Hodgkin，《查理大帝》，250）。

莱杰诺 腊和爱尔兰的僧侣占据的殖民地[1]。同样在此地区，普卢翁的修道院长莱杰诺 Regino，他在 915 年卒于特理尔，生前曾著作过一部编年史，显示出对查斯丁的熟稔[2]，还写过一篇论和声的文章，其中正确地解释了一些
旺第埃尔 希腊术语[3]。旺第埃尔（在麦茨和土尔之间）的约翰 John of Vandières，在出
的约翰 任高尔兹 Gorze（在麦茨附近）的修道院长之后，研究了当时通行的亚里士多德逻辑学著作之《导论》，观点上运用了奥古斯丁《论三位一体》
刺忒理乌斯 中对《范畴篇》的理解[4]。列日的刺忒理乌斯 Ratherius of Liège（卒于 974
504 年），三度出任维罗纳的主教，他的著作常引述希腊和拉丁作家，其中拉丁作家包括了普劳图斯、斐德卢斯，以及维罗纳的诗人卡图卢斯[5]。他的《论对教规的轻视》*De Contemptu Canonum* 引述的一段贺拉斯，他如此介绍说: perlepide Flaccus cantitat noster【我们的弗拉库斯（指贺拉斯）唱得动听】; 他举贤任能，也唯以文学造诣为标准[6]。在他亡佚的著作中，有一部

---

1 Pertz，《日耳曼历史学文库》，“日耳曼史著汇编”，iv 501。《维德理克撰都尔主教圣杰剌德传》*Widrici Vita S. Gerardi Episcopi Tullensis*（963–994），“Coetum quoque Grecorum ac Scottorum agglomerans non modicum, propriis alebat stipendiis commixtum diversae linguae populum”【希腊人和爱尔兰人的联合不可小觑，这对于混合各族语言贡献尤巨】；参看 Mabillon，《圣本笃会编年史》*Annales Ordinis s. Benedicti*，iv 90；Martène，《遗献新辑》，iii 1066；Calmet，《洛林教会与人民史》*Histoire ecclésiastique et civile de Lorraine*，i，“都尔主教史”，c. 52；《法兰西文学史》，vi 57；Cramer，《中古希腊语研究》，ii 37；Gidel，《近代希腊文学新探》，195；Haddan 的《遗著集》，286。

2 Wattenbach，《中古德国史料考》，i^7 311–314；Bursian，《德国古典语文学史》，i 40。

3 Migne，cxxxii 491–499（Tougard，《中古作家继承的希腊文学遗产，7—12 世纪》，38 以下）；Ebert，iii 326–331。

4 Mabillon，《圣本笃会圣徒行状》，vii 393。

5 R. Ellis，《卡图卢斯著作集》*Catvlli Veronensis Liber*，p. viii^2。

6 Migne，cxxxvi 564；Ozanam，《意大利文学史未刊资料集，8—12 世纪》*Documents inédits pour servir à l'histoire littéraire de l'Italie, depuis le VIII siecle jusqu'au XIIe*，14；参看 A. Vogel，《维罗纳的刺忒理乌斯与 10 世纪》*Ratherius von Verona und das zehnte Jahrhundert*（1854）；Ebert，iii 373 以下，383。

拉丁语法值得注意，从该书古怪的题目 *Sparadorsum*【“免笞”必读】[1] 上，可令人回想起学童遗忘了语法规则时通常所受的处罚。

该世纪的头 25 年里（916—924 年），显然是在维罗纳，出现了一位不知名的语法学家，他写了一部史诗，题为《贝伦迦尔帝传》*Gesta Berengarii* 或《贝伦迦尔帝颂》*Panegyricus Berengarii*，其中他借鉴了维吉尔和拉丁版“荷马”，以及斯塔提乌斯和玉万纳尔。当时的语法学校中有一部辅助学习此诗的注释本，可从中了解到那时语法学家们的知识范围[2]。 《贝伦迦尔帝传》

此世纪之初，法兰西的阿基坦公爵威廉创立了克吕尼 Cluni 修道院[3]（910 年），其第一位修道院长由伯尔诺 Berno（卒于 927 年）担任；此后他的继任者奥铎 Odo（卒于 942 年）对该院施以改革；这些改革为麦茨、兰斯、列日和巴黎修道会的附属学校注入了一股新的生气[4]。奥铎出身贵胄，在都尔的圣马丁修道院度过他的青年时光，曾热衷于研究维吉尔，在一场梦中受到警告后，便放弃了这个危险的事业。在梦里，他看见一尊美丽的瓶子，上面却布满毒蛇；美丽的瓶子（他确信）即是那位诗人的韵句，而毒蛇则是其异教徒的思想与情感[5]。他去往巴黎，聆听了奥塞尔的勒米有关逻辑学和人文科艺的讲座，却对其哲学学说印象不深。奥铎后来抱怨道，“那些纯粹的逻辑学者们信仰波爱修斯超过于圣 克吕尼的奥铎

---

1 Spara（=serva）【宽恕】、dorsum【背部】；Pertz，《日耳曼历史学文库》，“日耳曼史著汇编”，iv 64，10；Gidel，198 以下；Bursian，i 42；Specht，205；Ker 的《黑暗时代》，178。

2 《中古拉丁诗歌集》，iv 354 以下；Ugo Balzani 的《早期意大利编年史诸家》，119 以下；以及 Manitius，632 以下。

3 E. Sackur，《11 世纪中叶以前克吕尼修道会在教会和世俗社会历史进程中的影响》*Die Cluniacenser in ihre kirchlichen und allgemeingeschichtlichen Wirksamkeit bis zur Mitte des elften Jahrhunderts*，1891–1894；Wattenbach，i^7 472–474。

4 Heeren，i 201.

5 Migne，cxxxiii 49 A.

505 经”[1]。然而他的著述却显示出他曾经研究过维吉尔、普理西安[2]，以及圣
奥古斯丁的《论理学》*Dialectic* 和马提安·卡帕剌，此外对于希腊语也有
所认知[3]；与其同时代且同名的另一位奥铎，乃是坎特伯雷的大主教（卒
布鲁诺 于 958 年），曾经学习过希腊语和拉丁语[4]。科隆的大主教布鲁诺（卒于
965 年）也通晓这两门语言，他乃是奥托大帝的幼弟[5]。此人在皇宫里跟
随某些东方的僧侣学习了希腊文，又从特理尔征聘了一位爱尔兰主教到
亚琛来教这门语言。他还鼓励抄录拉丁作家的著作，这些书成为一些历
史学家们的文体范本，如考尔维的维都肯德 Widukind of Corvey（卒于 1004
年），其《萨克逊列王传》*Res Gestae Saxonicae* 表明他曾经揣摩过萨鲁斯特和
李维[6]。那不勒斯的主教塞尔吉乌斯 Sergius[7] 也懂希腊、拉丁两门语言。还
昆佐 有一位意大利人，诺瓦剌的昆佐 Gunzo of Novara（卒于 967 年），当被圣
高尔的僧侣们指责以宾格代替夺格时，他给莱歇瑙的僧侣们写了一封长
信来为自己开脱，其中他引述了诸多拉丁作家的著作，可看出他所喜爱
的诗人是珀息乌斯和玉万纳尔[8]。他带到日耳曼的一百种抄本手稿中，有
亚里士多德的《解释篇》和《论题篇》，柏拉图的《蒂迈欧篇》，无疑分

1 Pez，《最新遗献辑录》*Thesaurus Anecdotorum Novissimus*，III ii 144（Cramer，ii 41）。

2 Migne，同上，“immensum Prisciani transiit transnatando pelagus”【他曾涵泳于普理西安之学海】。

3 参看 Hauréau，《文史散论》，129 以下；Ebert，iii 170–173。其《救赎篇》*Occupatio* 近由 Swoboda 编订（1900）。

4 Cramer，ii 38；Tougard，40.

5 Cramer，ii 35；Tougard，42；Bursian，i 41，43 以下；Norden，《古代艺术散文》，711 注释；Poole 的《中古思想史述略》，86–88；Wattenbach，《中古德国史料考》，i^{7} 358，401–403。

6 Waitz 编订，1882（Pertz，“史著汇编”）；Ebert，iii 428；Bursian，i 44 以下；Wattenbach，i^{7} 365 注释 2；Ker 的《黑暗时代》，186 以下；Manitius，714–718。

7 Gidel，196.

8 Migne，cxxxvi 1283（西元 960）。

别是出自波爱修斯和卡尔齐丢斯的拉丁译本[1]。他讨论过柏拉图主义者和亚里士多德学派人物就“共相”universals 之本质所展开的争议[2]；还被称许为将科学的兴趣结合到希腊语的研究上；但是，由于他使用拉丁字母来引述荷马的半行诗句（明显是抄自塞尔维乌斯的著作）[3]，上述之文本就 506
可能只是拉丁译言而已[4]。在此世纪中，洛尔施的书目上出现了大量的拉丁经典著作[5]。

罗斯维妲

856 年在汉诺威南方建立的甘德斯海姆修道院，本世纪因博学的罗斯维妲 Hroswitha[6]（盛于 984 年）隐居于此而著名，这位修女以“雄狮般的”六音步体（受到维吉尔、普卢顿休斯和塞都琉斯的启发）赞颂了 968 年之前奥托大帝的丰功伟绩。此外，为了给世人提供一种比拉丁喜剧更纯正的文学，她写作了六部道德与宗教戏剧，在其中将波爱修斯与泰伦斯作为模仿的对象。不过，正如泰伦斯剧作的中古抄写员们没有察觉其作品是以韵文写成的那样，罗斯维妲的剧本实际上也是散文体的。她的这些作品仅存于慕尼黑的一个手抄孤本中，日耳曼的早期人文主义者满怀热情地将之披露于世，由康剌德·凯尔忒 Conrad Celtes 首先将之刊印出版（1501 年）。剧作中有些场景确实颇不雅观，但美德总能最终获胜，并且所有的收煞一概完满得无可指摘。这些戏剧是否理应由修女来扮演存有争议，似乎还难以得出定论。作者对人物性格的简化确实非同寻常，而序幕中不加修饰的语句也具有一种迷人的直白：si enim alicui

---

1 Wattenbach，i[7] 352.

2 Migne，前揭。

3 Cramer，ii 41 以下；Tougard，42 以下；Ebert，iii 370 以下；Bursian，i 42 以下。

4 Bursian，i 34；Manitius，531–536.

5 Wilmanns，在《莱茵博物馆》，xxiii（1868），385。

6 clamor validus【大嗓门】是她对自己名字含义的解释。

placet mea devotio, gaudebo. Si autem vel pro mea abiectione vel pro vitiosi sermonis rusticitate nulli placet, memet ipsam iuvat quod feci【假若有人真喜欢我奉上的作品，我就满意了。但要是因为我的平庸或满嘴村言而无人乐于观赏，就让我自个儿对着我的创作乐呵吧】。近来出现异常之多的编订本，证明罗斯维妲持久的流行程度[1]。

赫德维格与埃克哈特二世

10 世纪还有一位博学的赫德维格 Hedwig 女士，她是奥托一世之弟、巴伐利亚的亨利 Henry of Bavaria 的女儿。从前关于查理大帝之女有
507 个传说，谓此公主学习希腊文的目的是打算嫁给君士坦丁六世[2]，围绕奥托一世这位侄女与某位“名叫君士坦丁的拜占庭王子”的婚约也有一个类似的传言。赫德维格学了希腊语，但她解除了婚约；她还学过拉丁语，那时她刚将对拜占庭王子的爱情转移到家乡一位富翁身上。不久之后（973 年），她在黑森林过起了孀居岁月，那时她由埃克哈特二世引导着致力于维吉尔的研究。这位老师是附近的圣高尔修道院一位僧侣，有一次他从该院的学校里将一位有前途的弟子带到她的面前，那学生用一句拉丁文表达了他学习希腊语的渴望：esse velim Graecus, cum sim vix, Domna, Latinus【我想要成为希腊人，女士，尽管我还很难算是个拉丁人】。赫德维格欣悦地亲吻了这个羞涩的少年，让他坐在她的脚凳上，他继续慌乱地即兴发表些拉丁文的诗句，而她则将自己以希腊文翻译的短歌《海与河》*Maria et Flumina* 传授给他：

---

1 编订本有 Magnin（1843；1857）；Barack（1858）；Bendixen（1862）；Winterfeld（1902）。参看 Milman，《拉丁教会史》，ix 181 以下；R. Köpke（1869）；Ebert，iii 314 以下；Bursian，i 45 以下；Wattenbach，i^{7} 369–372；Ker 的《黑暗时代》，179 以下；以及 Manitius，619–632。

2 上文第 478 页。

Thalassi, ke potami, eulogiton Kyrion.

Ymnite pigonton Kyrion, alleluja.[1]

她后来常常召唤他来做客，聆听他的拉丁诗歌，并教他希腊语。当
他终于要离开她的时候，她赠给他一部贺拉斯的抄本，还有些别的书
籍，这些书直到有人续写埃克哈特四世的编年史时还保存于圣高尔的图
书馆里[2]。这少年被擢升为该修道院的院长（1001—1022 年），当年那位
陪伴赫德维格阅读维吉尔的僧侣，成为美因茨的教长（卒于 990 年）。他
的伯父，埃克哈特一世，将阿基坦的瓦尔特之英雄事迹撰写成一部伟大
的史诗，其中有不少模仿维吉尔和普卢顿休斯的痕迹[3]。埃克哈特一世卒 508
于 973 年，他的诗歌得到埃克哈特四世（卒年约在 1060 年）[4]的校订。

斯贝耶尔的瓦勒忒尔

埃克哈特一世卒后十年，斯贝耶尔 Speier 有位叫瓦勒忒尔 Walther 的教师（983 年），提到了（在希腊和罗马神话等主题上的权威作家）荷

---

1 即 *θάλασσαι καὶ ποταμοί εὐλογεῖτε τὸν Κύριον, ὑμνεῖτε πηγαὶ τὸν Κύριον, ἀλληλούϊα*【海与河，你们赞美着主，奔流不息，歌唱着主，哈利路亚】！

2 埃克哈特四世的《圣高尔覆灭记》*Casus Sancti Galli*，c. 10（Pertz，《日耳曼历史学文库》，“史著汇编”，ii 122 以下，尤其 125；又见 Meyer von Knonau 编订本，见《圣高尔史料集》*St Gallische Geschichtsquellen*，iii，1877）。埃克哈特四世生平不会早于 971 年（Wattenbach，i^{7} 443）。参看 Wattenbach，i^{7} 356；Scheffel 的《埃克哈特》*Ekkehard*，309 以下；Ker 的《黑暗时代》，191–197。

3 Grimm 与 Schmeller，《10—11 世纪拉丁诗歌集》*Lateinische Gedichte des x–xi Jahrhunderts*（1838）；又见 Peiper 的《埃克哈特一世的瓦尔特纪》*Ekkehardi Primi Waltharius*（1873）；参看 Ebert，iii 265–276；Graf 的《中古时代记忆和想象中的罗马》*Roma nella memoria e nelle immaginazioni del medio evo*，ii 174；Strecker的《埃克哈特与维吉尔》*Ekkehard und Vergil*，见于《德意志古学杂志》，1898，339–365；以及 Ker 的《黑暗时代》，222–226；Althof 的德文译本，1902；Strecker 编订本，1907；参看 Manitius，609–614。

4 将埃克哈特四世的卒年定为 1060 年前后（而不是 1036 年前后），是 Dümmler 提出的意见，见 Haupt 的《杂志》【译按，即前揭《德意志古学杂志》】，1869，p. 2。关于埃克哈特一世、二世、四世，参看 Specht，111，323–328。

马、泰伦斯、维吉尔、贺拉斯、卢坎、珀息乌斯、玉万纳尔、波爱修斯等人。他主要模仿的是维吉尔，而对于奥维德、斯塔提乌斯、塞都琉斯和马提安·卡帕剌显然都不陌生，并且也熟悉波爱修斯所翻译的波弗利著作[1]。

瓦勒忒尔仅是个具有地方影响力的学者，法兰西、日耳曼和意大利

葛伯特（席尔维斯特二世）

同样认可的一位本世纪最显赫人物，乃是来自奥弗涅地区奥理雅刻的葛伯特 Gerbert of Aurillac。他生于 950 年前后，曾就学于奥理雅刻，师从克吕尼的奥铎之弟子莱蒙德 Raimund[2]，他为学术研究而远赴西班牙，至于靠近阿拉伯人前哨的巴塞罗那。此后他在都尔、弗勒律、森斯和兰斯，继而先后出任柏比约的修道院长和兰斯的大主教，退职后离开法兰西去往日耳曼皇帝的宫廷，复又成为拉文纳的大主教，最终登基为罗马教皇（被尊为席尔维斯特二世），时在世纪之末（卒于 1003 年）。在被他称作 dira et miseranda tempora【动荡忧惧之世】[3] 的岁月里，人们将他视为科学与知识的一个奇迹人物，他的研究范围包括了数学、音乐和医药，甚而还背上了沉迷于幻术的罪名。教皇的使节，不满于他所委命的兰斯大主教之职，激烈地宣称圣彼得的代理人（以及他的门徒们）拒绝将柏拉图、泰伦斯或其他的某位 pecudes philosophorum【搞哲学的败类】视
509 为师尊[4]。葛伯特对柏拉图的了解可能完全来自《蒂迈欧篇》的拉丁文节译本，虽说他在自己的《几何学》及其他著作里也引述过希腊文[5]。他的

1 参看 W. Harster，1877（Bursian，i 52）。

2 《书信集》，16。

3 《书信集》，130。

4 Pertz，《日耳曼历史学文库》，“日耳曼史著汇编”，iii 687；Milman，《拉丁教会史》，iii 342。

5 Tougard，45.

门生兼友伴，历史学家，兰斯的瑞歇尔 Richer[1]（卒于1010年），说他曾阐释过波弗利的《引介》，依据的是维克多理努斯的译本，并参考了波爱修斯的注疏，还说他也曾论说过（拉丁文译本的）亚里士多德《范畴篇》和《解释篇》，以及波爱修斯注疏的西塞罗《命意篇》[2]。一度亡佚的波爱修斯旧译之《范畴篇》，显然现在又被重新发掘出世了[3]。他还要求一位朋友寄给他一份波爱修斯所译《解释篇》的摘要[4]。他在兰斯论说过的作家，有泰伦斯、维吉尔、贺拉斯、卢坎、珀息乌斯、玉万纳尔和斯塔提乌斯。他熟悉萨鲁斯特、恺撒、苏维托尼乌斯以及（最重要的）西塞罗。他敦请某位友人为他在意大利征集手稿，寄给他波爱修斯和维克多理努斯的抄本，还有德摩斯提尼的《论眼疾》*Ophthalmicus*[5]；他向另一位友人建议，旅程中可携带西塞罗的《演说录》以及《共和国篇》，后者可能指的是只有第六卷部分内容存世的《西比阿的梦》[6]。他写信要求获得一部西塞罗《为德约塔卢斯王辩》*pro rege Deiotaro* 的完整副本[7]。甚而有人猜测，既然葛伯特频频征引其文字，西塞罗的演说录能够传世，很大程度上受益于他。他渴求恺撒、普林尼、苏维托尼乌斯、叙马库斯著作和斯塔提乌斯《阿基琉斯纪》*Achilleis* 的抄本。他曾告诉一位友人，谓他自己建立了一所图书馆，依靠的是日耳曼和比利时、罗马及意大利其他地区

1 Waitz 编订本，1877（Pertz，“汇编”）；参看 Ker 的《黑暗时代》，188–191。

2 Migne，cxxxviii，“历史类”，iii c. 46（Cramer，ii 51；Gidel，201）；参看 Mullinger 的《剑桥大学史》，i 44。

3 Hauréau，i 213.

4 《书信集》，123。

5 《书信集》，130。“爱真理者”德摩斯提尼 Demosthenes Philalethes（生活于尼禄之时代），乃是亚历山大里亚希罗菲卢斯 Herophilus 学派的一位医学家。

6 《书信集》，86；Norden，706 注释。

7 《书信集》，9。

所提供的抄本援助，他为此还曾向法兰西索要过一些誊录的文本[1]。他行笔间引及泰伦斯、维吉尔，也有贺拉斯的《歌集》与《书简集》、塞内加的《书信集》和萨鲁斯特的《喀提林阴谋》[2]。除这些外，他还提到过攸格剌菲乌斯 Eugraphius [3]的泰伦斯著作注疏以及卡息奥多儒，但未涉及任何希腊文作家。不过他一度出任柏比约的修道院长，该院的图书馆在 10
510 世纪时曾有一部《范畴篇》的希腊文本[4]，而今天我们有他亲笔所书的一篇短论，在其中他调和了《范畴篇》与波弗利《引介》之间存在的显著分歧[5]。从他与奥托三世的通信中可以推知他对希腊语有所了解，但须知奥托三世（其人自拜占庭母亲处继承了希腊语）只是要求葛伯特给他推
富尔贝 荐一部算术手册而已[6]。葛伯特的门人中有一位叫富尔贝 Fulbert 的，将医学纳入自己广阔的研究视野，他还出任过沙特尔的主教，在那里创办了一所闻名后世的学校（990 年，卒于 1029 年）。我们在下个世纪里会看到富尔贝的学生们都成为显赫一时的名师，遍及法兰西的许多地区[7]。葛

1 《书信集》，44。

2 《书信集》，123。

3 《书信集》，7。

4 Hauréau，i 217 注释。

5 同上，213 以下。

6 "Deposcimus ut Graecorum vivax ingenium suscitetis, et nos arithmeticae librum edoceatis"【冀望尔辈能够将希腊恒久之智慧发扬光大，为吾人献出一部算数学的导览著作来】（并见葛伯特的回复，见《书信集》，187）。有关葛伯特，《著作集》*Opera* 见 Migne，cxxxix，以及 Olleris 编订本（1867）；《书信集》*Epistolae* 由 Havet 编订（1889）；又参看 Muratori，《中古意大利文物典章》，iii 872–874；Maitland 的《黑暗时代》，55 注释；Ebert，iii 384–392；Wattenbach，i[7] 460；Werner，《奥理雅刻的葛伯特》*Gerbert von Aurillac*（1878）；Hock，《教皇席尔维斯特二世及其所在世纪之历史》*Histoire du Pape Sylvestre II et de son siècle*（1837）；Poole 的《中古思想史述略》，88 以下；Norden，705–710；Ker 的《黑暗时代》，198。

7 《著作集》见 Migne，cxli；Léon Maître 的《西方的主教学校与修道院》，102 以下；Clerval，《中古沙特尔的学校》*Les Écoles de Chartres au Moyen-Age*（1895），31–91；下文第 517 页。

瑞歇尔

伯特的另一位门人，瑞歇尔（即上文所提及的那位），也就学于沙特尔，本世纪末此地有一所事业兴隆的医学校，在富尔贝及其继任者们的领导下，该校成为一所举足轻重的学府。瑞歇尔在此地研究过的作家（991年及其之后），有希波克拉底[1]、盖伦和索刺努斯 Soranus，显然，他依据的是拉丁文译本和从希腊原本改写的拉丁文缩略本[2]。

律特普朗

此时代里最具原创性的希腊文学者，无疑是克雷默那的主教，律特普朗 Luitprand 或留德普朗 Liudprand（约 920—972 年）。他出身为伦巴第人，多次代表贝伦迦尔二世和奥托一世出使君士坦丁堡，在那里接受了颇为丰富却精要不足的希腊语知识，972 年他去世时显然也是在该
城。他对自己在 950 年[3]和 968 年[4]的奉使记录，提供了一幅幅描述生动 511
的画卷，使我们获知意大利与新罗马在风俗和观念上的诸多差异[5]。其中充满了希腊文的词汇、短句和成语，以及寥寥数语的小故事，这些内容有一新意，即由于作者总是努力用拉丁语将这些希腊文的发音记下来，例如 ἄθεοι καὶ ἀσεβεῖς【不敬的与渎神的】，athei ke asevis[6]。一度有人认为其著作抄本中的所有希腊词汇都是作者本人所题写的[7]。他征引过《伊利亚特》和琉善的《浮生记梦》*Somnium*，也熟悉柏拉图的名言 αἰτία

1　特别见于 iv c. 50（译文见 Ker 的《黑暗时代》，188 以下）。

2　Waitz 编订本，1877（Pertz，"汇编"）；参看 Cramer，ii 50–55，Gidel，202；Ebert，iii 434 以下；Wattenbach，i[7] 462–466；以及 Ker 的《黑暗时代》，188–191。

3　《酬对篇》*Antapodosis*，vi 5–10。

4　《星轺载记》*Relatio*，见于《留德普朗著作集》*Liudprandi Opera*，pp. 136–166，Dümmler 编订本，1877[2]。

5　Finley 的《希腊史》，ii 329。

6　《酬对篇》，ii 3。

7　Pertz，《日耳曼历史学文库》，iii 270；这遭到 F. Koehler 的非议（Wattenbach，i[7] 480）。

ἑλομένου, θεὸς ἀναίτιος【罪责自负，与神无涉】[1]。他还援引过泰伦斯、普劳图斯、维吉尔、贺拉斯及玉万纳尔，甚而还知道他们的写作时间[2]。律特普朗等人的屡次出使，旨在为奥托二世与尼柯弗儒斯二世之女忒奥法努 Theophanu 谋得姻缘[3]。他们最终获得成功，忒奥法努皇后的希腊语知识传承给了她的儿子，奥托三世，其父毕生都在修饰自己的言行，以求浑似一位希腊的军士，却在 982 年卡拉布里亚之战败北并沦为俘虏。奥托三世的老师是贝恩瓦德 Bernward，此人在 993 年出任希尔德斯海姆 Hildesheim 的主教，在有生之年里亲睹该地存储圣教与哲学文献的宏大图书馆在 1013 年的大火中化为灰烬[4]。在考尔维和黑尔福德 Herford 的其他日耳曼修道院，在匈牙利人手下遭遇到相同的命运[5]。

弗勒律的亚柏　在此期间的英格兰，10 世纪下半叶中，曾在卢瓦尔河畔的弗勒律接受教育的约克大主教奥斯瓦尔德 Oswald（卒于 992 年），于 969 年在亨廷顿附近的兰塞 Ramsey 创办一所大隐修院，他邀请了弗勒律的亚柏 Abbo of

1 《理想国》，617 E。

2 有关律特普朗，参看 Migne，cxxxvi；Cramer，ii 47 以下；Gidel，204–225；Ebert，iii 414–427；Wattenbachh，i[7] 474–480；Balzani 的《早期意大利编年史诸家》，123–142；Dümmler 编订本（1877）之前言；J. Becker，《克雷默那的律特普朗著作文本源流考》*Textgeschichte Liutprands von Cremona*（1908）。

3 Uhlirz 在《拜占庭学刊》，iv 467 以下，及《德意志传记通典》*Die Allgemeine Deutsche Biographie*。

4 《希尔德斯海姆史事系年》*Annales Hildesheimenses*，见于 Pertz，《日耳曼历史学文库》，iii 94，“sed hoc ah! ah! nobis restat lugendum, quia in eodem incendio ... inexplicabilis et inrecuperabilis copia periit librorum”【不过呀！唉！我人尚感悲哀者，同样是此地一场大火……不明起因也无法挽救地毁灭了图书馆中的那些财富】。

5 罗托 Rotho 使这两处得以重建（约 1043 年），《美因维尔克传》*Vita Meinwerci*，c. 49§150（《日耳曼历史学文库》，“日耳曼史著汇编”，xi 40）。

Fleury[1]（卒于 1004 年）来充任僧众的导师。除了在邓斯坦援助下完成一部东盎格鲁国王圣埃德蒙 St Edmund 的传记（约 985 年）外，亚柏还为兰塞的学生们著作了一部题为《语法学辨疑》*Quaestiones Grammaticales* 的学术作品。他在书中为他们解决了有关诗法和音读的很多疑难问题，论证分析间显露出对维吉尔和贺拉斯的准确知识，甚至还有对文本考辨的兴趣[2]。同时，邓斯坦（卒于988年）的早年生平《传记》，及与其时代相关的《书信集》，都（如同当时英吉利海峡两岸的其他著作一样）不断点缀着希腊文词。这些文辞可能取自于希腊文的颂祷歌或礼拜短诗，或可能取自于希腊文的字汇辞书[3]。同样是在这半个世纪中，还有一位埃尔弗理克Ælfric（约 955—约 1030 年），必须将这位牛津郡恩舍姆 Eynsham 的修道院长与另外两位同名的名人区别开来，那两位各自在坎特伯雷（卒于 1006 年）和约克（卒于 1051 年）出任大主教。这位埃尔弗理克是主教埃忒沃尔德 Ethelwold（卒于 984 年）的得力助手，他使得温彻斯特 Winchester 以教育重地而闻名。在温彻斯特时他已开始着手筹备教科书的 512

埃尔弗理克

1 僧侣爱穆安 Aimoin 为之作传，见 Migne，cxxxix 390，谓此人在弗勒律（靠近奥尔良）学习语法学、算术和论理学，在巴黎和兰斯学习天文学，待他返回奥尔良又学习了音乐学，此外还关注过几何学，以及修辞学（见于维克多理努斯的教科书）。参看《法兰西文学史》，vii，以及 Cuissard-Gaucheron 在《奥尔良考古与历史学会论丛》*Mémoires de la Société archéologique et historique de l'Orléanais*，xiv（1875），579–715；Wattenbach，i[7] 466 以下。

2 Mai 编订本，《古典作家》，v（1833），329–349，尤其 334，346 以下；Migne，cxxxix 375 以下；Léon Maître 的《西方的主教学校与修道院》，76 以下；Ebert，iii 392–399。参看 Haase，《论中古语文学研究》，27。兰塞隐修院的 600 种抄本（日后所计）中，有泰伦斯、维吉尔、奥维德、卢坎、马提阿尔，以及三种贺拉斯的著作抄本；还有"Sompnum Cypionis"【西比阿之梦】（Macray 编订本《兰塞隐修院编年史》*Chronicon Abbatiae Rameseiensis*，p. xliii，见于主簿丛书 Rolls Series）；而修道院长格雷高利 prior Gregory（盛于 1290 年）的希腊—拉丁文《诗篇》，则已从圣体学院的抄本收藏里寻得（M. R. James，《大主教帕克尔收藏抄本渊源考》*The Sources of Archbishop Parker's Collection of MSS*，p. 10）。

3 Stubbs 编订本的前言末尾及索引，收入于主簿丛书。

编写，后来在恩舍姆他继续并完成了这项工作，对于英格兰早期的拉丁语学习做出了很大的贡献。这些课本包括一部《拉丁语法》[1]，摘译自普理西安的著作。还有一部《字汇》，收入近3000个词汇，以拉丁语和英语对照，（大体上）按主题排序。这部《字汇》乃是现存最古老的拉英词
513 典[2]。第三种教科书，是《会话篇》*Colloquium*，在书中拉丁语作为一种鲜活的语言，被以一种会话的方式进行传授；对话所用的拉丁词汇，在行间译文中得以解释；学生被要求根据他自己的情况以及他友伴们的情况来回答问题;而教鞭是不会被遗忘不用的[3]。埃尔弗理克更因为写过三篇《布道文》*Homilies*（990—996年）而闻名于世，这些文章部分译自奥古斯丁、杰罗姆、格雷高利和比德，以萨克逊语写的前言中描述所预期的世界末日令人印象深刻[4]。同样的主题成为990年一篇对话录的宗旨，由亚柏（很久之前）在巴黎听闻并记录下来，那时他已从英格兰归来，出任了弗勒律的修道院长。

1000年 1000年的临近据说使得基督教欧洲肃然弥漫着一股不祥之感，以为万物之末日即刻到来。有时人们猜想，是那些相继发生的恐慌事件造成

1　根据剑桥大学收藏抄本，Hh. 1, 10，所作的摹本，见下文第515页。此书另外还有剑桥圣体学院藏本、三一学院藏本和牛津大学圣约翰学院藏本。

2　牛津刊本（1659）；Zupitza编订本（1880）；两者都包括了那部《语法》。

3　M. "Vultis flagellari in discendo? " D. "Carius est nobis flagellari pro doctrina quam nescire."【师（Magister）问："尔等愿在学习中受鞭笞么？"生对（Discipulus）："与其做无知愚人，余宁愿挨受教鞭。"】Thorpe编订本，《盎格鲁－萨克逊遗献钩沉》*Analecta Anglo-Saxonica*（1834），101以下；及Wright与Wülker的《盎格鲁－萨克逊与古英语词汇表》*Anglo-Saxon and Old English Vocabularies*（1884），i^3 79以下。摹本见《英伦社会》，i 189^2。

4　有关埃尔弗理克，尤要参看Dietrich在《神学史学刊》*Zeitschrift für die historische Theologie*，1855–1856；Ebert，iii 509–516；J. E. B. Mayor在《古典与圣教语文学学刊》，iv 2–5；以及Skeat，《埃尔弗理克之圣徒传》，i（1881）中的"导言"；又见Caroline Louisa White在《耶鲁英语文学研究》*Yale Studies in English*，ii（1898），pp. 218。

了世人所从事的公共生活陷入普遍的停滞状态，就连修院回廊间的宁静日常事务，而今也由于最终审判日的逼近而不能运作了。进而言之，在此危机关头，对于未来的忧惧激发了许多捐助人对教会的慷慨之举；但如此一来，这种忧惧也会（更加不可避免地）造成修道院学校中的生徒和缮写房中的抄写员分心走神。处于如此一个时代，抄书的人或许会问自己，继续誊录这些典籍书页有何益处，既然原本与副本马上都要消逝于 Dies Irae【最后审判日】遍及全世界的大火中，

> 那时，世界枯萎若烧焦的书卷，
> 天火将万物裹成一团【译按，系 Walter Scott 的诗句】。

但是，当度过了危难时刻之后，一度衰败的修道院就要进行重建；“大地她盛装以待，焕然一新，为教堂穿上了件白色的礼袍”[1]；一场伟大 514
的建筑革新即将开始；而在修道院学校里，文学艺术也纷纷复苏，呈现出一派生机[2]。若是假想说这番突然唤起的新生只是由于一时的恐惧感之

1 洛都尔福·葛拉波 Rodulfus Glaber，《900—1044 年间五卷史记》*Historiarum libri quinque ab anno incarnationis DCCCC usque ad annum MXLIV*, iii 4（西元 1003），“erat enim instar ac si mundus ipse excutiendo semet, rejecta vetustate, passim candidam ecclesiarum vestem indueret”。

2 Léon Maître 的《西方的主教学校与修道院》，96，以及 Olleris，《吉尔伯特传》*Vie de Gilbert*，21（见引于 Mullinger 的《剑桥大学史》，i 45 以下）；又见 Milman，《拉丁教会史》，iii 329，以及 Bartoli，《文艺复兴之先驱》，18 以下。世界末日将至的消息在 909 年已开始传播，自 994 至 1048 年，至少有 8 次天意所示，以 appropinquante mundi termino【世界末日将至】作为开篇的套语（De Vic et Vaisette，《朗格多克通史》*Histoire générale de Languedoc*，1733，ii，“证据” Preuves，pp. 86–215）；但是同样的话，也见于 660 年巴黎一位叫马尔库弗 Marculf 的老年僧侣所辑录的《轨仪集》*Formulae* 中（见《日耳曼历史学文库》的第四编，法律编，v，1886，p. 74）。参看洛都尔福·葛拉波：《900—1044 年间五卷史记》，iv，“小引”及 cc. 4–5。

消退，无疑是夸大之词[1]。不过无论如何，千禧年标志着从最黑暗的中古世纪走出，迈向一个大体上属于进步的时代，这个时代将在12世纪的知识复兴中达到顶峰。

1　Eicken，在《德意志史探微》*Forschungen zur deutschen Geschichte*，1883；Chr. Pfister，《"虔信者"罗贝尔王在位时期研究》*Études sur le règne de Robert le Pieux*（1885），322–325；Jules Roy，《千禧年传说之形成》*Formation de la Légende de l' An Mille*，1885；Orsi，在《意大利历史学杂志》*Rivista Storica Italiana*，1887，1–56；又见 G. L. Burr 在《美国历史学评论》*The American Historical Review*，vi no.3（1901年4月）；以及 Rashdall 的《中古欧洲的大学》，i 31。

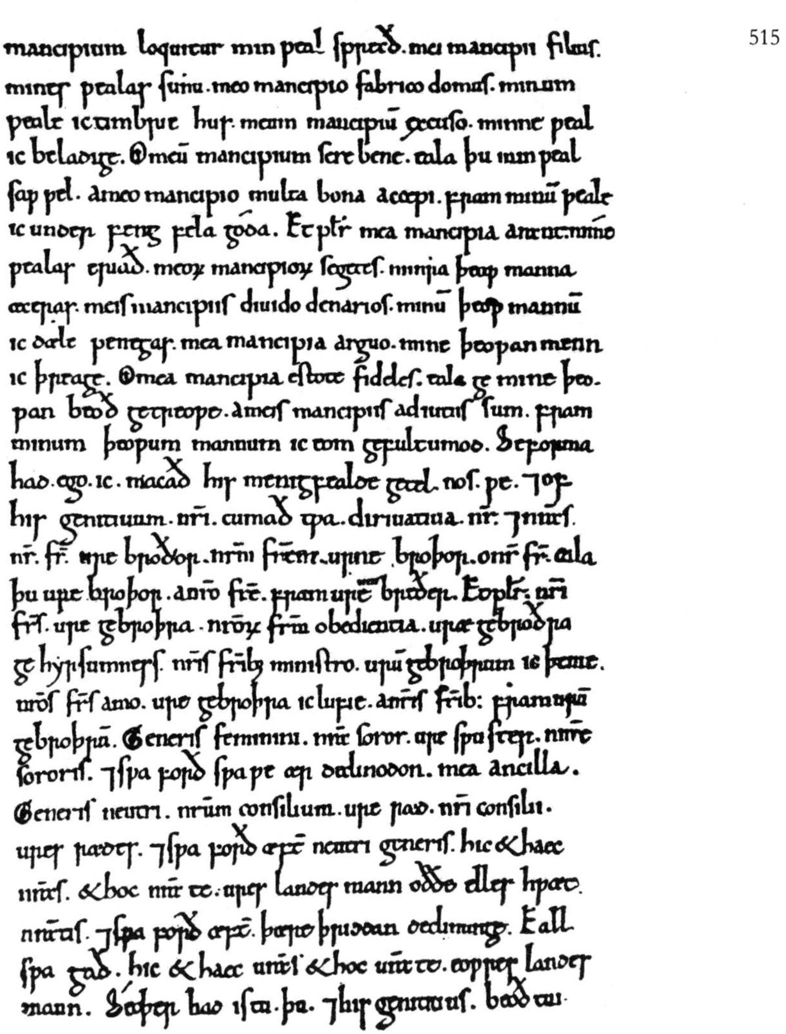

515

图 17　出自剑桥大学馆藏抄本（11 世纪）埃尔弗理克的拉丁语法书

folio 33（= p. 18，Zupitza 编订本）；见上文第 512 页

Conspectus of History of Scholarship, &c., in the West, 1000—1200 A.D.

Italy	Spain	France	Germany	British Isles
1000				
1005 b. Lanfranc 1033 b. Anselm c. 1050 *fl.* Salerno 1053 Papias 1056 Anselm of Bisate 1007–72 Petrus Damiani 1075 *fl.* Leo Marsicanus 1050–80 Constantinus Afer 1058–85 Alfanus abp of Salerno 1086–7 Victor III (Desiderius of Monte Cassino)	1020–70 Avicebron	1004 d. Abbo of Fleury 1010 d. Richer of Rheims 1029 d. Fulbert of Chartres 1034 f. Bec 1045–66 Lanfranc prior of Bec 1050 d. Rodulfus Glaber 1066 Lanfranc abbot of Caen 1066–78 Anselm prior of Bec 1084 f. Carthusians 1088 d. Berengarius of Tours 1078–93 Anselm abbot of Bec 1098 f. Cistercians	1004 d. Widukind of Corvey 1017 f. Bamberg 1022 d. Notker Labeo 1022 d. Bernward of Hildesheim 1036 d. Meinwerk of Paderborn 1054 d. Hermannus Contractus 1060 d. Ekkehard IV 1058–77 *fl.* Lambert of Hersfeld 1075 Adam of Bremen 1076 d. Immed of Paderborn	c. 1030 d. Ælfric of Eynsham 1070–89 Lanfranc abp of Canterbury 1075 b. Ordericus Vitalis 1077–93 f. *scriptorium* at St Albans under abbot Paul 1093–1109 Anselm abp of Canterbury
1100				
1111 William of Apulia 1113 Irnerius of Bologna		1106 d. Roscellinus 1112 d. Sigebert of Gembloux 1115 d. Ivo of Chartres 1115 Radulfus Tortarius	1100 Conrad of Hirschau	1109 d. Anselm

1117 d. Grossolano abp of Milan 1128 Jacobus de Venetia 1150 Alberico of Bologna 1187 d. Gerard of Cremona 1190 Godfrey of Viterbo 1191 Henricus Septimellensis 1194 Burgundio of Pisa	1138 d. Avempace 1130–50 Raymond abp of Toledo; translations from Arabic by Joannes Hispalensis and Gondisalvi 1143 Robertus Retinensis 1175 Gerard of Cremona 1126–98 Averroës 1135–1204 Maimonides	peaux 1124 d. Guibert of Nogent 1119–24 *fl.* Bernard of Chartres 1125 d. Marbod of Rennes 1134 d. Hildebert of Tours 1137 f. *Schol. Med.* Montpellier 1140 Bernard of Cluni 1079–1142 Abelard 1142 d. Hugo of St Victor 1142 d. Ordericus Vitalis 1142 *fl.* Petrus Helias 1146 d. Macarius of Fleury 1153 d. Bernard of Clairvaux 1145–53 *fl.* Bernard Silvester of Tours 1154 d. William of Conches 1154 d. Gilbert de la Porrée 1156 d. Petrus Venerabilis 1167 William of Gap *c.* 1160–70 f. Univ. Paris 1173 d. Richard of St Victor 1174 Matthew of Vendôme 1184 Jean de Hauteville 1192 d. Adam of St Victor	Metellus of Tegernsee 1137–58 Otto bp of Freising 1146–58 Wibald abbot of Corvey 1152–90 Emp. Frederic Barbarossa 1185 Saxo Grammaticus 1187 Gunther's *Ligurinus* 1165–95 Herrad of Landsberg	1130 Adelard of Bath 1142 d. William of Malmesbury 1147 b. Giraldus Cambrensis 1154 d. Geoffrey of Monmouth 1155 d. Henry of Huntingdon 1160 Serlo Grammaticus 1170 Robert of Cricklade 1110–80 John of Salisbury 1175 Peter of Blois settles in England 1175? b. Michael Scot 1167–83 Simon abbot of St Albans 1154–89 Henry II 1196 Walter Map archdeacon of Oxford 1198 d. William of Newburgh Daniel de Morlai 1200 d. Nigellus Wirecker

1200

Continued from page 442.

第二十七章

517

11 世纪

沙特尔的学校

在法兰西，11 世纪头 25 年里最著名的教师，是沙特尔的主教富尔贝 Fulbert（卒于 1029 年）。有个仰慕者如此称述此人之教学通过多种途径产生的影响：

Gurges altus ut minores solvitur in alveos …
Sic insignes propagasti per diversa plurimos …
Quorum quisque prae se tulit quod te usus fuerit.
【正如大海分离出那些涓涓细流……
你声名的树立，靠很多门人传扬……
各显其能，皆为你所用之才。】[1]

---

1 Mabillon 的《古贤遗文集》，i 422（Léon Maître 的《西方的主教学校与修道院》，103）；Clerval，《沙特尔的学校》，59 以下。

在诸多自豪于传承其衣钵的学生中，有列日的朗贝 Lambert 和亚德尔曼 Adelmann、都尔的贝伦迦理乌斯 Berengarius、冉布卢斯的奥尔贝 Olbert of Gembloux、圣理齐耶的 Angelrann、昂热的勒日纳德 Reginald，以及阿尔勒之蒙马约 Montmajour-lez-Arles 的多姆努斯 Domnus[1]。在此世纪中叶，位于诺曼第地区里修 Lisieux 之南部的圣埃维鲁 Saint-Évroult 隐修院，成为一所著名的抄写员学校，他们将富于才干的誊抄好手输送到法兰西的其他修道院，
以传授这门技艺[2]。诺曼第人的贝克修道院，在兰弗朗 Lanfranc[3]（1045 年） 贝克修道院
与安瑟尔姆（1066 年）的领导下兴盛起来，此二人俱从意大利北方来至诺曼第，并且后来同样被召至英格兰，相继成为坎特伯雷的大主教。

在英格兰，丹麦人的屡屡进犯随着克努特 Canute 帝征服全岛而终止 518
（1016 年），此前却一直叫当地人民无暇追求学问；1066—1071 年诺曼第人征服英国，至本世纪末方才对其知识思想生活发生影响。《盎格鲁—萨克逊编年史》记述了众多无情破坏的事例，其中只有涉及 1070 年赫赖瓦德 Hereward 对彼得伯勒 Peterborough 的劫掠时才提到了书籍：

> 他们从那里抢走了很多的金银，大量的币帛衣物，还有书籍，这些财富数量无人可以说得出，他们却还宣称是出于对修道院的衷心而如此行动。[4]

在日耳曼，11 世纪建立了主教制度，班贝格出现了图书馆与学校

---

1 见 Léon Maître 著作的索引；Clerval，62 以下，72–91。

2 奥德理刻·维塔利斯 Ordericus Vitalis，iii 483，v 582。

3 同上，ii 246。

4 收入 Skeat 的《古英国手稿摹本十二种》，plate iii。

班贝格和帕德伯恩的学校

（1017 年），帕德伯恩的学校呈现出了学术复兴的气象。这股复兴气象部分取决于 1009—1036 年的主教美因维尔克 Meinwerk 的影响，更大程度上则是得益于此人之侄，1052—1076 年出任主教的伊姆迈德 Immed，在他的时代里，研究的作家包括萨鲁斯特、维吉尔、贺拉斯和斯塔提乌斯[1]。取材于历史等主题的拉丁文诗歌中颇有些出色之作，但到此世纪末，对于古典著作的兴趣开始减退。这其中的原委包括了克吕尼的僧侣所产生的影响，他们主张更为严格的修道院清规和对教会意志更彻底的服从，而在希尔德布朗 Hildebrand【译按，即教皇格雷高利七世】与日耳曼皇帝对至尊权力充满趣味的争夺中，学问知识的声音趋向式微之境地[2]。本世纪中

赫斯费德的朗贝与不来梅的亚当

叶前后，萨鲁斯特和李维的文体令人惊叹地被组合在一起，出现在赫斯费德的朗贝 Lambert of Hersfeld（卒于 1077 年）所著《编年史》中，此人还熟悉泰伦斯、维吉尔和贺拉斯的作品[3]。萨鲁斯特和卢坎两位作家对于不来梅的亚当 Adam of Bremen 而言也毫不陌生，此人写作了一部《汉堡教会史》（约 1075 年），成为研究北欧早期历史一部重要的权威文献[4]。

“厚唇”瑙克尔

519 本世纪之初，圣高尔有一位杰出的教师，叫作“厚唇”瑙克尔 Notker Labeo（卒于 1022 年），也被称为“日耳曼人”瑙克尔，因为他将许多著作翻译（或是与人合译）成了日耳曼语，不仅有大卫王的《诗篇》，还有泰伦斯的《安德洛斯少女》、维吉尔的《牧歌集》，与“加图”的《对句集》，以及马提安·卡帕剌的著作、波爱修斯的数篇论文、拉丁译本的

1 《美因维尔克传》，见《日耳曼历史学文库》，xi 140（Bursian，i 55；部分内容见引于 Heeren，i 196）。参看 Wattenbach，《中古德国史料考》，ii^{6} 35 以下。

2 Bursian，i 58–62.

3 同上，i 57；Norden，《古代艺术散文》，750 以下。

4 Bursian，i 58。有关亚当和朗贝，参看 Wattenbach，《中古德国史料考》，ii^{6} 79 以下，97 以下。

亚里士多德《范畴篇》和《解释篇》[1]。他给罗纳河 Rhone 上游息翁 Sion 的主教写信，说及莱歇瑙的修道院长借走了这位主教所藏的西塞罗《第一次斥腓力》之副本及《命意篇》的注疏集，以西塞罗和维克多理努斯的《修辞学》作为抵押担保；他还说假如这位主教想要那些书籍的话，他一定会支付超额的羊皮纸和酬金给抄书匠人[2]。同世纪里，莱歇瑙的一位僧侣，“罗锅儿”赫尔曼努斯 Hermannus Contractus（1013—1054 年）写了一部编年史，以优西庇乌斯的拉丁译本和卡息奥多儒与比德的著作为蓝本[3]。10、11 世纪乃是圣高尔的黄金时代，至 12 世纪则进入了黑铁时代。

“罗锅儿”赫尔曼努斯

这时期的意大利，“语法”与诗歌之学似从未彻底消亡，预备跨入神职人员行列的青年贵族与学生，时常在私人的语法学校里一起学习拉丁文学[4]，指导他们的要么是野路子的“哲学家”，要么是思想水平好不到哪里去的教士，这些老师遭到更严苛的同行的怀疑。这些通晓文墨的神职人员中，有一位比萨特的安瑟尔姆 Anselm of Bisate（约 1047—1056 年），描述说诸圣徒和缪斯们都在争取他的归属权，而他却彻底困惑于应该选
择何者：“两班神圣俱是如此显赫，如此和悦，我竟不能选择他们中的任 520
何一方；故若是可能，我宁愿两全而不能废其一者。”[5] 在此世纪中，卡西

比萨特的安瑟尔姆

1 Jourdain，285 以下；Cramer，ii 43；Bursian，i 56。卡帕剌、波爱修斯和亚里士多德的译本由 Graff 在 1837 年付梓刊行，亦收入于 Hattemer，《中古文物集》*Denkmahle des Mittelalters*，iii 263-372（Prantl，《逻辑学史》，ii 61^2 以下）；Specht，325 以下；Manitius，29 以下，33 以下。

2 J. Grimm，《次要著作集》*Kleinere Schriften*，v 190；P. Piper，《瑙克尔著作集及其学派》*Die Schriften Notker's und seiner Schule*，i 861（Norden，708）。

3 Bursian，i 56 以下；Wattenbach，《中古德国史料考》，ii^6 42—47。

4 Giesebrecht，《意大利的文学研究》*De Litterarum Studiis apud Italos*，p. 15（= 29，意大利文译本）；Ozanam，《意大利文学史未刊资料集》（1850），1-79。

5 《修辞家战记》*Rhetorimachia*，ii；Dümmler，《逍遥学派的安瑟尔姆》*Anselm der Peripatetiker*（1872），p. 39（Poole 的《中古思想史述略》，82）。

德息得理乌斯 诺山的修道院长德息得理乌斯 Desiderius，成为教皇后被称为维克多三世（1086—1087 年），此时正督促着他的僧众誊录贺拉斯、奥维德《岁时记》、塞内加著作，以及西塞罗的若干论文[1]；西塞罗、萨鲁斯特和维吉尔也是卡西诺山编年史作者马尔息卡的利奥 Leo Marsicanus[2] 所熟悉的作家；出于同一修道院的僧侣阿尔法努 Alfanus，师法贺拉斯和波爱修斯，写作拉丁文的六音步和诉歌体以及抒情体诗都很出色，他后来在 1058—1085 年间成为萨勒诺 Salerno 的大主教[3]。彼得·达密安 Petrus Damiani（卒于 1072 年）这位严格的训导家，气量颇小地不满于当时僧侣们对"语法学"的研究，说这些人"相比于多纳图斯的规则而言，对本笃会之清规戒律显得漠不关心"[4]。然而他也承认，"研究诗人与哲学家的作品，旨在磨砺心智，便于洞察圣主之世界的秘密，去劫掠埃及人的财富，来建立上帝的会幕圣堂"[5]。在圣教诗歌中，他的代表作是那些歌咏"天堂之愉悦与荣耀"的赞美诗，开首即 Ad perennis vitae fontem【生命泉源永不枯竭】[6]。

11 世纪的希腊语 此世纪有关希腊语的知识，今则大多需印证于西方世界与君士坦丁堡的某些往来交通了。世纪初的希腊艺术家们从新帝国来到旧罗马，为"城外的圣保罗"之古老的长方会堂铸造铜门，作为这些门上的装饰，希

1 《卡西诺山编年史》*Chronicle of Monte Cassino*，iii c. 63，见于 Muratori，iv 474；Giesebrecht，34（59 以下，意大利文译本）；Balzani 的《早期意大利编年史诸家》，160 以下。

2 卒年约在 1116；Pertz，《日耳曼历史学文库》，vii；Balzani，164–173（奥斯提亚的利奥 Leo Ostiensis【译按，Ostia 系其出任枢机主教之地】）；Wattenbach，《中古德国史料考》，ii[6] 234。

3 Giesebrecht，54，66–95（仅见于意大利文本）；Ozanam，前揭，255–270；Shipa，《阿尔法努一世，萨勒诺的大主教》*Alfano I, Arcivescovo di Salerno*，p. 45（萨勒诺，1880）。

4 《短著集》*Opuscula*，xiii c. 11；Migne，cxlv 306。

5 《短著集》，xxxii c. 9；Migne，cxlv 560。

6 Trench，《拉丁文圣诗》，315；J. M. Neale，《东方教会颂诗集》（1865），2–15。

腊文字被用以镌刻诸先知之名[1]。希腊语同拉丁语一样，都在圣彼得大教
堂的仪式中得到应用[2]。威尼斯的一位宗主教，多米尼克·马伦葛 Dominico 521
Marengo，曾被派往君士坦丁堡以敦请重建教会，他以希腊文写给安条克主
教的一位信函（1053年），现仍存世[3]。十三年后，一位名叫约翰·意大卢
斯的意大利人，在君士坦丁堡开班授徒，讲的是柏拉图与亚里士多德，以
及普洛刻卢斯与波弗利[4]。在此期间，我们从教科书的文献中得知，有个伦
巴第人帕皮亚斯 Papias [5]在 1053—1063 年间编纂了一部拉丁语词典，书里 帕皮亚斯
标记了音长，并给出了词语的性和词形变化形式，但对于词语的古典结构
和近世所用的蛮族化结构没有加以区分，还很少关心词源学的问题。但他
凡是引到的希腊词语，一概附以拉丁译文，甚至还抄录了赫西俄德的五
行诗句[6]，并将它们译成拉丁文的六音步体[7]。然而，根据威尼斯本（1485
年）编订者的意见，这是一部窜改之作[8]。书中有对一些法律术语的定义，
并摘选了早先字汇书籍和文科手册的内容，包括当时通行的逻辑学课本[9]。

---

1 Gradenigo，《有关希腊—意大利文献的历史与考辨评论》*Ragionamento istorico-critico intorno alla letteratura greco-italiana*（布雷西亚 Brescia，1759），p. 29。

2 同上，p. 31。

3 同上，40。

4 上文，第 413 页；Prantl 的《逻辑学史》，ii^2 301。

5 Tiraboschi，iii 339 以下；Hallam，《欧洲文学导论》，i 72^4；有关《词汇表》的文献，见于《法兰西文学史》，xxii（1852），5–8；《莱茵博物馆》，xxiv（1869），378，390；Teuffel，§42，6–9，及 §472，7。帕皮亚斯的首先文献来源，是佚名作者的《词语汇释》*Liber glossarum*，此书部分内容来自普拉基都斯 Placidus（5 世纪?），被 Goetz 决断其年代在 8 世纪初期（《萨克逊学会论文集》，xiii 287）。

6 《神谱》，907–911。

7 Gradenigo，38.

8 Haase，《论中古语文学研究》，32 注释。

9 Loewe，《早期拉丁字汇著作集成》*Prodromus Corporis Glossariorum Latinorum*，235–238；Prantl，《逻辑学史》，ii^2 70。

至16世纪，人们仍在使用此书。约在1061年，奥尔巴 Alba 的主教本佐
本佐 Benzo，在他为皇帝亨利四世【译按，系指神圣罗马帝国的日耳曼皇帝（1050—
1106年）】所作的颂词中[1]，提到了品达与荷马，以及泰伦斯、维吉尔、卢
坎、斯塔提乌斯、贺拉斯（Horatius noster【吾人之贺拉斯】）与昆体良诸人
的名字，显示其希腊与拉丁文学的知识[2]；但他对希腊语的认知仅只是其
南意大利之渊源所致[3]。意大利人对希腊文学的兴趣，由洛伦佐图书馆馆
522 长班迪尼 Bandini，在佛罗伦萨的本笃会僧侣之图书馆庋藏10、11世纪的
希腊文抄本手稿中得以印证[4]。意大利拥有两位希腊语学者，即兰弗朗与
兰弗朗和 安瑟尔姆，俱出身于伦巴第族。帕维亚的兰弗朗 Lanfranc（生年约在1005
安瑟尔姆 年），他在意大利学习了人文科艺和法律，后移居诺曼第，在贝克生活多
年，曾是卡昂 Caen 的修道院长（1066年）、坎特伯雷的大主教（1070—
1089年）。据说他曾研究过希腊语[5]。对于后来的另一位坎特伯雷大主
教，奥斯塔 Aosta 的安瑟尔姆（卒于1109年），贝克同样也曾是他隐修之
地（1060—1093年），他对希腊语的兴趣，表现于希腊作家们观点的征
述[6]，对这些著作抄本的调查[7]，以及为自己的两部作品所拟的希腊语题名，

1 Pertz，《日耳曼历史学文库》，xi 592。

2 Graf，《中古时代记忆和想象中的罗马》，ii 172；Wattenbach，《中古德国史料考》，ii[6] 228。

3 Dresdner，《10及11世纪意大利神职人员的文化与风化史》，195。

4 《佛罗伦萨文献引证，15世纪》*Specimen Litteraturae Florentinae, s. xv*，i（1748），p. xxvi。

5 Migne，cl 30 B；有关兰弗朗的研究，参看 Crozals（1877），c. 1，2。他的影响可见于一种“如刺在手的【译按，原文 prickly 当是形容书写者下笔之细致敏感】”书写字体，此体可能源自“伦巴第”书法，显然是由他引入到贝克和卡昂，复又传至坎特伯雷的（M. R. James，《桑达斯讲座》*Sandars Lecture*，1903年5月29日，以及《坎特伯雷与多佛的古代藏书》*Ancient Libraries of Canterbury and Dover*，p. xxviii）。见第523页的摹本图示。

6 Migne，clviii 1144 C.

7 同上，1120 C。

monologion【《独语篇》】与 proslogion【《告语篇》，译按，谓对上帝所言】[1]。他劝告他的学生们要怀着必要的谨慎态度去研究维吉尔及其他教外作家[2]。

在转入与安瑟尔姆 Anselm 相关联的经院哲学史的话题之前，我们要稍微留心的是，11 世纪初期，有人在科隆为圣德尼隐修院誊录了一部希腊文的圣经文选（1021 年）[3]；此外，在诺曼第人史书的作家行列中，圣昆廷 St Quentin 的都铎 Dudo，在为赞颂诺曼第早先诸位公爵所作古怪的诗文混杂体作品里，他使用了颇多的希腊语词，而一位更重要的作家，布瓦蒂耶的威廉 William of Poitiers，则熟知萨鲁斯特和恺撒的作品[4]。同时代里，希尔德斯海姆修道院在贝恩瓦德的领导下变得声名卓著，而富尔达的修道院却在 1066 年开始走下坡路。本世纪后半叶，圣高尔与希尔绍 Hirschau 一直保持兴盛势头，希尔绍成为一所尤其著名的抄写员学校[5]。本世纪后期有两个新的宗 523
教修道会成立，或者可说它们是伟大的本笃会的两个分支教团，即加尔都 加尔都西会
西会 Carthusians（1048 年）与西多会 Cistercians（1098 年）。加尔都西会的戒 与西多会
规要求成员有责任维护有用书籍并勤于誊录副本。基葛 Guigo（卒于 1137 年）是格勒诺布尔 Grenoble 附近的大沙特勒兹修道院 Grande Chartreuse 的第五任修道院长，他被特理忒米乌斯描述为一个兼通世俗与圣教文学的人物[6]，

1 Tougard，p. 55.

2 《书信集》，i 55，exceptis his in quibus aliqua turpitudo sonat【（谓这些作家的著作里）常伴随些邪恶之言】。参看 Migne，clvi 852 以下。

3 《使徒书信与福音篇文选》*Lectionary of Epistles and Gospels*，今存于巴黎图书馆（Omont，《国家图书馆所藏 9—14 世纪希腊文手稿摹本集录》*Facsimiles des MSS Grecs Datés de la Bibliotheque Nationale du IXe au XIVe siècle*，pl. xiv）。

4 Migne，cxli；Körting，《文艺复兴时期意大利文学史》*Geschichte der Litteratur Italiens im Zeitalter der Renaissance*，III i 85–87；Wattenbach，《中古德国史料考》，i[7] 471。

5 Heeren，i 234 以下。

6 《希尔绍编年史》*Chronicon Hirsaugiense*，a. 1133。

他主张在抄书工作上要特别勤奋[1]。此后的一个世纪里，西多会成员们以其书法造诣而名声大噪[2]；但这两个修道会都没有预备将学校开放给那些与其修道院无关的学生们[3]。

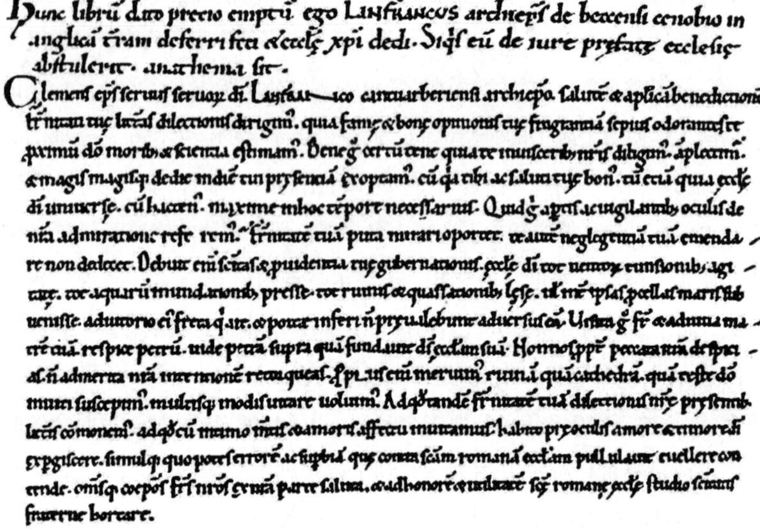

图 18　见于坎特伯雷基督教会堂的书写笔迹选样（约 1070—1084 年）

出自 11 世纪一部缮写美观的抄本之最后数页，其书内容系《教令集》*Decretals*（由一位教会神父执笔）与《教规集》*Canons*（显然由一位意大利人执笔），由兰弗朗赠与坎特伯雷的基督教会堂，复由 Whitgift 赠与剑桥的三一学院；MS B 16. 44（M. R. James，《西方手稿目录》*Catalogue of Western MSS*，i 540 以下）。尺寸略大于原本的 1/4。详见《图录说明》

1　Heeren，i 254；参看 J. W. Clark，《书之关护》，69。

2　同上，232；参看《法兰西文学史》，vii 11；J. W. Clark，70，84–89。

3　有关 10—11 世纪的教育，参看 Schmid 的《教育史》，II i 232–258（其中埃尔弗理克奇怪地被忽略不论）。

第二十八章

12 世纪——经院学者与经典著作 524

“爱尔兰人”约翰乃是经院哲学的先驱，在此门学术之历史初期占有重要地位的则是安瑟尔姆。我们考察至此阶段，或许因而有机会来略述其发展进程，以观经院哲学与希腊或拉丁文本研究的联系，我们还可以经院学者之代表人物为例，来尽量昭示其人对经典著作的认知程度[1]。 早期经院哲学及其代表人物

1 在这类相关的参考书籍中，有 Ueberweg 的《哲学史纲要》（Heinze 之第 8 版，1894），英译本，1875；Hauréau,《经院哲学史》，第 2 版（1872）；Prantl,《西方逻辑学史》（1855–1870）；Maurice,《中古哲学史》（1857；新版，1870）；Milman 的《拉丁教会史》，ix 100–161；以及 F. Schultze 的《哲学宗派谱系》*Stammbaum der Philosophie*（1890）中的表格 vi、vii，Seth 教授在《大不列颠百科全书》，xxi 417–431（其中引及 Kaulich 和 Stöckl 的史著）。有关该主题的局部论旨之专著，有 Jourdain 的《亚里士多德著作拉丁文译本年代渊源之查考》（1843 年版）；Rousselot 的《中古哲学研究》*Études sur la philosophie dans le moyen âge*（1840–1842）；Cousin 的《阿贝拉尔集外文编》之导言（1836），该文重刊于《哲学著作残篇集》*Fragments Philosophiques*，ii；Hauréau,《文史散论》（1861），以及《短评与摘录》，6 卷（1891–1893）；R. L. Poole 的《中古思想史述略》（1884）；而更近概述性的著作，有 Erdmann 的《哲学史概要》，第 3 版，1878，英译本，1898[3]，i§§149–225；以及 Schmid 的《教育史》，II i 282–308；又见 Gröber 的《罗曼语语文学纲要》，II i 239–247。参看《大不列颠百科全书》，1911 年版，xxiv 346–356。

σχολαστικός 一词原意系指“以闲暇治学问”，最初见于泰奥弗剌斯特写给他门生法尼亚斯 Phanias 的一封信中[1]；大格雷高利以 scholasticus
525 称呼一名学者[2]；加洛林王朝时，doctores scholastici【饱学之教师】的头衔给予神学和人文学科的教师，特别是那些论理学的教师。经院哲学 Scholasticism，或许可被称为教会宗旨控制下对古代哲学的一种仿制品[3]。其历史（包括其先驱者的历史在内）主要分成两段，（1）将亚里士多德逻辑学及新柏拉图主义哲学与教会宗义相调和，自爱尔兰人约翰（卒于 875 年）的时代至于阿马尔理克 Amalrich（卒于 1207 年）及其追随者的时代，即自 9 世纪至 13 世纪初;（2）此时亚里士多德哲学已全然通晓，复将之与教会之信条相调和，自阿勒斯的亚历山大 Alexander of Hales（卒于 1245 年）的时代至于中古末期。

爱尔兰人约翰断言真正的宗教即是真正的哲学[4]，但他用“大法官第欧尼修”的理解方式来解释教会宗义，并错误地将“第欧尼修”的学说设定为早期基督徒的学说，这些观点其实是 5 世纪后期新柏拉图主义者所提出的[5]。他相信“普遍性”先于“个体性”而存在，实质上这是柏拉图有关相的学说，后来被表述为一句短语，universalia ante rem【共相先于个体】。另一方面，被约翰称为 dialectici【论理学家】者，主张单独的个

---

1 第欧根尼・拉尔修，v 35。

2 《书信集》，ix 26，收入《日耳曼历史学文库》。

3 “经院哲学尝试将符合某些规律或类似公式的所有已知学问整合在普遍的合法性原则之下。它并不企图……要将一切知识禁锢在圣彼得的岩石上，甚或是封锁于亚里士多德的岩石上……真理唯一且不可分割，故而中古哲学发现自己的工作是将所有已知的学问合乎逻辑地与其自信已掌握了的唯一真理相谐应”。Stubbs，《中古史、近代史及相关论题研究 17 讲》*Seventeen Lectures on the Study of Medieval and Modern History and Kindred Subjects*，Lect. xi，211[1]。

4 上文第 493 页。

5 上文第 376 页。

体乃是第一位的实体，而种 species 和类 genera 只是第二位的。这种观点部分得自于亚里士多德的论理学著作，与波弗利的《引介》及波爱修斯对之的翻译和阐发；部分得自于归为圣奥古斯丁名下的那些著作。由波爱修斯翻译的波弗利《引介》，提及五种“宾词”predicables，即类、种、特异性、固有性及偶然性五个概念。其中还触及**类与种**究竟是实体性存在物还是仅属于精神概念的问题。正是由此问题引发出其他问题，是波 526
弗利由亚里士多德的《形而上学》、柏拉图的《巴曼尼德斯篇》以及他自己老师普洛提诺的学说而提出来的。尽管波弗利不肯去商讨这些问题，但这篇由波爱修斯所译出的文章[1]，最先激起了唯实论与唯名论之间的长期论战，一直延续到文艺复兴时期。“借自古代世界之文献的吉光片羽，便诞生出了经院哲学；而古代文化的全面复兴又使之覆灭”[2]。

柏拉图学说（根据亚里士多德所述）主张“共相”为独立之存在，且“先于”个体（无论从等级上言，还是从时序上言，都是如此），这是极端的唯实论。其惯称之规则是 universalia sunt realia ante rem【共相为先于个体之实体】。亚里士多德派学人则以为，“共相”虽具有真实存在性，却只是存在于个体之内，这是调和的唯实论。其规则是 univerasIia sunt realia in re【共相为存在个体之中的实体】。唯名论则相反，意味着唯有个体是实体，**类与种**只是相似性因素的主观组合，能够联系在一起乃是借助于相同的概念，我们用同一词语（vox【音声】或 nomen【名义】）表达出来。唯名论分为两种，区别在于一强调概念的主观性，二强调词语本身被用于指示概念所包含的对象。一是概念论，而二是极端的唯名

1 上文第 253 页。

2 第 441 页所引 Cousin 语（参看 Mullinger 的《剑桥大学史》，i 50）。

论；两者的规则都是 universalia sunt nomina post rem【共相为后于个体之概念】。所有这些观点，在 9、10 世纪里都有不同程度上的发展。

经院哲学的第一阶段始于柏拉图主义的唯实论而止于概念论；第二阶段始于亚里士多德学派的唯实论而止于唯名论。如此，在第一阶段，爱尔兰人约翰（卒于 875 年）及安瑟尔姆（卒于 1109 年）的唯实论，与罗赛林努斯 Roscellinus（卒于 1106 年）的早期唯名论相对立，继而出现了尚波的威廉 William of Champeaux（卒于 1121 年）的唯实论和阿贝拉尔（卒于 1142 年）的概念论。在第二阶段，持亚里士多德派唯实论观点的，有圣方济各会修士，如阿勒斯的亚历山大（卒于 1245 年）、博纳
527 文图拉 Bonaventura（卒于 1274 年），也有多明我会修士，如大阿尔伯特 Albertus Magnus（卒于 1280 年）和托马斯·阿奎那（卒于 1274 年），居对立面对之进行批判的是罗杰·培根（卒于 1294 年）和“苏格兰人”邓斯 Duns Scotus（卒于 1308 年），其后继者是伟大的唯名论者，奥卡姆的威廉 William of Ockham（卒于 1347 年）。

亚里士多德

1140 年之前，中古欧洲所知的古代逻辑学著作，只有亚里士多德的《范畴篇》和《解释篇》（采用波爱修斯之译本）；波弗利的《范畴篇引介》，由维克多理努斯和波爱修斯译出；奥古斯丁的《论理学初阶》，及伪奥古斯丁的《十大范畴》*Categoriae Decem*；马提安·卡帕剌以及卡息奥多儒的讨论论理学的著作；还有波爱修斯的以下作品：上述波弗利著作译本的注疏、亚里士多德《解释篇》和西塞罗《命意篇》的注疏，还附有两部讨论三段论的次要著作。此外还有伊息多耳。如此而言，亚里士多德的《工具论》五篇，只有《范畴篇》和《解释篇》为人所知，而《分析篇》《论题篇》和《辩谬篇》（在很长一段时期内）则无人听闻。冉布卢斯的西热贝 Sigebert of Gembloux（卒于 1112 年）不知有《分

析篇》《论题篇》（波爱修斯之译本）[1]；1128年（出现了雅各布·科勒理
刻 Jacobus Clericus 的威尼斯译本）后这两部书才受到关注，1132 年小桥
的亚当 Adam du Petit-Pont（后任圣亚撒甫 St Asaph 主教）的讨论到《前分
析篇》[2]，布瓦蒂耶的吉尔贝 Gilbert de la Porrée（卒于 1154 年）也征引过
此篇[3]。整套《工具论》为索利兹伯瑞的约翰（在 1159 年）所知晓，而
《物理学》和《形而上学》约在1200年才渐为人知[4]。在此期间，人们对
柏拉图的认知，须通过卡尔齐丢斯（4 世纪）的《蒂迈欧篇》拉丁节译
本，其中收入了有关其理念学说的一些论述[5]；还有亚里士多德所阐述
的柏拉图之观点；西塞罗、奥古斯丁和马克罗比乌斯所引述的段落；再 528
就是借助于阿普勒乌斯《论柏拉图之学说》*De Dogmate Platonis* 所讲述的其
人思想大义。《斐多篇》和《美诺篇》约在1160年即有译本[6]，但是鲜有
人知晓。

10、11 世纪之交，逻辑学在富尔达和维尔茨堡 Würzburg，以及“厚

---

1 下文第 557 页。

2 Cousin，《哲学著作残篇集》，ii 333 以下；Prantl，ii² 104。

3 Prantl，ii² 105，217 以下。

4 Amable Jourdain，《亚里士多德著作拉丁文译本年代渊源之查考，及经院学者所用希腊、阿拉伯文注疏之考证》*Recherches critiques sur l'âge et l'origine des traductions latines d'Aristote, et sur les commentaire grecs ou arabes employés par les docteurs scolastiques*（1819），第 2 版（Charles Jourdain，1843）。Cousin，《哲学著作残篇集》，ii 55–62；Hauréau，i 90–121；Prantl，《逻辑学史》，ii c. 13 及 14；概要见 Ueberweg，i 367，英译本，并见 C. H. Haskins，《美国历史学评论》，1920，612。

5 28 A，48 E（译本止于 53 C）。参看上文第 374 页。

6 译者是“厄理库斯”·阿理斯提波‘Euericus’Aristippus，系卡塔尼亚的助祭长（Rashdall 的《中古欧洲的大学》，ii 744）。《斐多篇》的译本，被发现于 1250 年和 1290 年的巴黎书目中（V. Le Clerc，《14 世纪法兰西文学史》，425，参看 Cousin，《哲学著作残篇集》，ii 466）。译者之名被 Rose（《赫尔墨斯》，i 1866，373–389）认定作亨理库斯·阿理斯提波 Henricus Aristippus，可能是曾与索利兹伯瑞的约翰一起研究《工具论》的那位“博学的希腊人”，地点可能是在贝内文托（下文第 540 页）。然而还要参看 Haskins 和 Lockwood 在《哈佛古典语文学研究》，xxi（1910），86–89。

唇”瑙克尔的圣高尔[1]俱成为显学；而在法兰西，11 世纪有葛伯特、其弟子沙尔特的富尔贝（卒于 1029 年），以及后者的弟子，都尔的贝伦迦

贝伦迦理乌斯和兰弗朗

理乌斯（卒于 1088 年），也都好此学。贝伦迦理乌斯蔑视普理西安、多纳图斯和波爱修斯的传统权威地位[2]，他更偏爱于研究语法与逻辑之技艺而并非研究古代的作家，于是预感到一场后来引起我们关注的冲突[3]。他还预见到未来的一场经院学术论战，这得自于他对被后世称为圣餐变体论之学说的攻讦，该学说得到兰弗朗（卒于 1089 年）的辩护。但在这场辩论中，论战之两派（不同于将来的经院学者）都倚仗于权威而非理性[4]。理性服从权威，这是兰弗朗伟大的继任者安瑟尔姆（卒于 1109 年）

罗赛林努斯和安瑟尔姆

的主导原则，他拥护唯实论，以及教会的正统教义，反对早期的唯名论者罗赛林努斯[5]（卒于 1106 年），而罗赛林努斯的唯名论导致他走向了三神论。“《独语篇》中以柏拉图的思考方式获得上帝存在的证据，这显示出安瑟尔姆视共相为个体内之实体（universalia in re）的学说在其心里与 universalia ante rem【共相先于个体】的思想相关联，共相为理想之美德、真理与正义的样本，世间万物借由参与其中而被判定具有那些性质。由此，他如同柏拉图一样上升至绝对的美德、正义与真理，又按新柏拉图
529 主义的方式进而得出三位一体关乎圣言之相式、理念的结论”[6]。

唯名论在 11 世纪后期首度崭露头角[7]，那时有些经院学者声称亚里

1 下文第 519 页。

2 Prantl，《逻辑学史》，ii^2 73 注释。

3 见第 32 章结尾。

4 参看 Poole 的《中古思想史述略》，102 以下。

5 prantl，《逻辑学史》，ii^2 78–96。

6 Seth 在《大不列颠百科全书》，xxi 422。

7 有关“唯名论之先驱”，参看 Poole，336 以下。

士多德曾主张逻辑学仅涉及词语的正确用法，并认为类与种都只是主观的，因而质疑“共相”的真实存在。这些经院学者有时或被人称为“**近代论理学者**”，盖因其反对传统上对亚里士多德思想的唯实论阐释。罗赛林努斯的极端唯名论和尚波的威廉[1]（卒于 1121 年）的唯实论，受到他们共同的著名学生阿贝拉尔（卒于 1142 年）平等无私的批驳，阿贝拉尔主张的是有所节制的唯名论，此后即被称作概念论[2]。在将论理学应用于神学方面，阿贝拉尔较其先贤走得更远。他将亚里士多德视为论理学领域的最高权威：“假设逍遥学派的领袖亚里士多德会犯错，我们哪里还能找到一位这等级别的权威呢？”阿贝拉尔唯一不能宽宥亚翁的事情就是他对柏拉图的驳议。通过对柏拉图意气相投的阐释，阿贝拉尔更乐于宣称柏拉图师徒二人的思想观点都是正确的[3]。他那卷帙浩繁的著述里有波弗利《引介》、亚里士多德《范畴篇》和《解释篇》集注，以及波爱修斯《命意篇》各书的集注[4]。他不熟悉希腊文著作，只看得懂拉丁文译本，但他总建议“圣灵院”the Paraclete【译按，指阿贝拉尔所建立的本笃会修道院】的修女们在拉丁文外也要学习希腊文和希伯来文，并指定她们的修女院长爱洛依丝 Heloïssa 为典范[5]。他只是通过亚里士多德、西塞罗、马克罗比乌斯、奥古斯丁和波爱修斯的引述才了解到柏拉图的思想[6]。他明确说过自己不能从柏拉图本人著作中学到其论理学，因为那些著作

阿贝拉尔

1 Michaud（1867）; Prantl，ii 130^2 以下。

2 Poole，140 以下。

3 《论理学》*Dialectica*，pp. 204–206（Ueberweg，i 391，英译本）。

4 Ueberweg，i 388.

5 Cousin，《哲学著作残篇集》，ii 51。

6 《神学要览》*Institutio Theologica*【译按，此处文献题名略写作 Inst. Theol.，存疑】，i 17；ii 17 等。

530 还没人翻译出来[1]。显然他使用过卡尔齐丢斯的《蒂迈欧篇》译本[2]；他熟悉“柏拉图称之为相的‘范本’”，也知道“柏拉图将上帝视为一名工匠，先设计图样、制定次序，再造出万物”[3]。他还倾向于支持柏拉图将诗人逐出其共和国的想法，主张诗家之学无论有何等的必要，都延续不了太久[4]。他还说亚里士多德的《物理学》和《形而上学》从未有人翻译过[5]。他有关亚里士多德的知识局限于《范畴篇》《解释篇》以及《前分析篇》，使用的是别家译本，而不是波爱修斯译本[6]。此外他的教科书包括了波弗利的《引介》，波爱修斯的四篇论文[7]，以及被归于“三重尊神赫尔墨斯”Hermes Trismegistus 名下的某些著作。他为学术发展所做的贡献中，意义最为恒久的要数《论理学》，但在写作此书之前（必早于 1132 年），阿贝拉尔肯定对亚里士多德逻辑学论著的其中三篇仅有一个间接的认知，到 1128 年以后才逐渐有所熟悉[8]。作者佚名的《论理解》*De Intellectibus* 一文，曾被视为阿贝拉尔的作品，其中显示出作者熟知不同于波爱修斯译本的另一《后分析篇》译本[9]。其严格恪守正统教义的论敌，明谷的伯纳德 Bernard of Clairvaux，以怀疑的态度看视一切人间的学问，而阿贝拉尔则强调世俗文学的重要性，将之当作是圣教研究不可或缺的辅助方式[10]。

---

1 《论理学》，205 以下；Cousin，《哲学著作残篇集》，ii 50–56。

2 《神学引论》*Introductio ad Theologiam*，clxxviii 1007，1013，Migne（《蒂迈欧篇》，27 C，34 C）。

3 《神学引论》，ii 109（Poole，172）。

4 《基督神学》*Theologia Christiana*，ii 445（Poole，169）。

5 《论理学》，p. 200，Cousin。

6 Prantl，ii^{2} 100 以下。

7 《论理学》，140 以下，libros Divisionum cum Syllogismis tam categoricis quam hypotheticis【诸篇涉及分类法、三段论，以及范畴和前提】（Ueberweg，i 390）。

8 上文第 527 页；Prantl，ii^{3} 102 以下。

9 Prantl，ii^{2} 104 注释 19，及 206 以下。Ueberweg，i 396。

10 Poole，169.

当他预见到自己可能会被谴责为异端时，便举例证明自己对拉丁经典著作的熟悉程度，求助于布瓦蒂耶的吉尔贝（此人显然也正遭受同样的猜忌），他用贺拉斯的诗句向吉尔贝呼告：

nam tua res agitur, paries cum proximus ardet.【邻家起火，关系己身。】[1]

即使如“尊者”彼得 Peter the Venerable 这等强烈反对世俗学问之人，在向 531
爱洛依丝透露阿贝拉尔之讣闻时，也宽厚地称他“从来都配得上基督仆役之荣名，乃是不折不扣的基督哲人”[2]。阿贝拉尔在欧洲教育史上也有所建树。这位唇舌伶俐、才华洋溢，爱虚荣、易冲动且充满自信的论辩能手，在巴黎所开设的讲座大受欢迎，遂使他在巴黎成为欧洲之学校后一直被视为先驱者[3]。

沙特尔的伯纳德

沙特尔的伯纳德 Bernard of Chartres（卒年约在 1126 年）、康舍的威廉 William of Conches（卒于 1154 年）和巴思的阿德拉尔 Adelard of Bath（盛于 1130 年）持有以基督教义调适的柏拉图主义思想，而涉及感觉世界的认知时则以亚里士多德为权威。“与古人相比，我们（伯纳德谓自己与其同时代人）好像是站在巨人肩头的侏儒”[4]。伯纳德是“彼时最出色的柏拉

1 《书简集》，i 18，84；Poole，134。

2 Poole，166.

3 有关阿贝拉尔，参看（除 Hauréau 与 Ueberweg 之外）Rémusat（1845）；Prantl，ii[2] 162–205；Milman，《拉丁教会史》，iv 326–368；Poole 的《中古思想史述略》，136–176，及其所引之文献（p. 137）；又见 Compayré（1893），J. McCabe（1901），和 Rashdall 的《中古欧洲的大学》，i 48–57。

4 见引于索利兹伯瑞的约翰，《逻辑述原》*Metalogicus*，iii 4，以及（未具名）布鲁瓦的彼得 Peter of Blois，《书信集》，92。

图主义者”[1]，相信柏拉图和亚里士多德的思想本质上是一致的。他将知识看作是谦卑、坚忍的学术研究之果实，甘于贫穷的宁静生活，远离尘世的喧扰[2]。其古典学术之宗派的声名，以及研究方法的描述，仍流存于
康舍的威廉 索利兹伯瑞的约翰著作中[3]。他的学生，在沙特尔和巴黎执教的康舍的威廉，也被约翰视为当时仅次于伯纳德之下最渊博的学者[4]。威廉注疏了柏
532 拉图《蒂迈欧篇》和波爱修斯《哲学的慰藉》，他还有部《论哲学》，综合全面却未能完成，其中引及盖伦，然而那些得自希腊文的语句并不罕见[5]。这一工作到他的《会话篇》*Dragmaticon* 中被降格为一种更正统保守的形式，当言及他与柏拉图的关联时，他说自己，“Christianus sum, non
巴思的阿德拉尔 Academicus”【我系基督教中人，非学园派之徒】[6]。巴思的阿德拉尔是当时的大旅行家（约 1130 年），足迹曾至于西班牙、希腊、小亚细亚和埃及。他第一个将欧几里德的著作从阿拉伯语译成拉丁语[7]；并致力于调和柏拉图和亚里士多德有关“共相”的观点[8]。那时伯纳德还有位学生，布瓦蒂
布瓦蒂耶的吉尔贝 耶的吉尔贝（约 1075—1154 年），是本世纪唯实论派里最著名的逻辑学

---

1 《逻辑述原》，iv 35。

2 “mens humilis, studium quaerendi, vita quieta, | scrutinium tacitum, paupertas, terra aliena, | haec reserare solent multis obscura legendo”【谦卑的心志、探究到底的求知欲、平静的生活、潜心于学问、贫寒、与世隔绝，这一切看起来都是那么黯淡】；索利兹伯瑞的约翰征引此文并加以阐释，见《王庭琐记》，vii 13，又见圣维克多的雨果（卒于 1141 年）的著作。

3 《逻辑述原》，i 24；Clerval，《沙特尔的学校》，158 以下，180 以下，248 以下；下文第 539 页。

4 同上，i 5，“grammaticus opulentissimus”。

5 《法兰西文学史》，xii 466。

6 vi 306；Hauréau，i 430 以下；Prantl，ii² 127 以下；Poole，124–131；Clerval，181 以下，264 以下。

7 10—11 世纪慕尼黑有一个更早的译本，M. Curtze 提到过它，见 Bursian 的《年刊》，xl（1884），19。

8 《论相似与相异》*De Eodem et Diverso*（约 1105–1116）；Jourdain，《亚里士多德著作拉丁文译本年代渊源之查考》，258；Hauréau，i 352 以下；Wüstenfeld，哥廷根《论文集》，1877，pp. 20–23；Steinschneider，《论中世纪的希伯来文译书》，463，507。

家，他注疏过波爱修斯的《论三位一体》，还写过一部研究后六个范畴的著作，亚里士多德原著的这一部分曾刊印于最早的拉丁文译本中。他是继波爱修斯和伊息多耳之后，中古世界所认可的第一位逻辑学权威作家[1]。他引述了已众所周知的《分析篇》[2]。吉尔贝的门人，弗莱辛的奥铎 Otto of Freising（卒于 1158 年），是最早将《论题篇》《分析篇》和《辨缪篇》引介到日耳曼的人物之一，他可能借用了波爱修斯的译本[3]；但其声名更多是作为忠诚的顾问和有远见的历史学家，他最先记录了自己杰出的外甥“红胡子”腓特烈 Frederic Barbarossa 帝的丰功伟绩[4]。

弗莱辛的奥铎

沙特尔的伯纳德是 1119—1126 年间的学校校长，布瓦蒂耶的吉尔
贝成为继任者，自 1126 至 1141 年充任该职，此后在 1142 年成为布瓦 533
蒂耶的主教，直到 1154 年去世。吉尔贝研究兴趣范围颇广，他可将之运用到任何手边所及的论题上去，就此而论，他真正是继承了伯纳德的衣钵[5]。继而出任校长职务的是伯纳德的幼弟忒奥多理克，他自 1141 年上任，直到约 1150—1155 年去世。忒奥多理克因以下几部著作而出名：（1）哲学著作《创世六日论》*de sex dierum operibus*，尝试将圣经有关创世的记述和柏拉图在《蒂迈欧篇》中的观点调和起来[6]；（2）《致赫伦尼乌斯》注疏[7]；（3）对自由七艺的研究，充斥了两巨册凡 1190 页，他将此

1 Poole，132–135；179–200；Berthaud（布瓦蒂耶，1892）；Clerval，163 以下，261 以下。

2 《要素六书》*Liber Sex Principiorum*，1552 年版（Jourdain，p. 29）。

3 剌哲维努斯 Ragevinus，《腓特烈事迹》*Gesta Federici*，iv 11，Pertz，《日耳曼历史学文库》，xx 451（Prantl，ii² 105，229）。

4 Balzani 的《早期意大利编年史诸家》，249–256；Wattenbach，《中古德国史料考》，ii⁶ 271–279。

5 索利兹伯瑞的约翰，《历代教皇史》*Historia Pontificalis*，xii，p. 526（Poole，121）。

6 巴黎抄本 3584；Hauréau，《短评与摘录》，xxii（2）167；Clerval，《沙特尔的学校》，254–259。

7 Wattenbach 在《拜仁科学院会议报告》，1872，p. 581；P. Thomas 在《纪念葛劳氏杂著集》，42。

书赠予沙特尔的地区教会，至今尚见于当地图书馆中[1]。该著作大概作于1141年，其中作者（在“论理学”的标题之下）讨论了除《后分析篇》外《工具论》的其他各篇，他因而成为中古作家中试图将这些内容推广普及的第一人[2]。索利兹伯瑞的约翰说他听过忒奥多理克的修辞学讲座[3]，受益不多，却称此人是 artium studiosissimus investigator【人文诸艺最好学的研究者】[4]。他历来被认为是位机敏的争论者，如《主教葛利亚斯变形记》*Metamorphosis Goliae Episcopi*（1141年）中所言：这位“doctor Carnotensis, | cujus lingua vehemens truncat velut ensis”【沙特尔的教师，言辞激越，利如剑锋】[5]。布鲁日的洛多夫 Rodolphus of Bruges 系忒奥多理克和“达马提亚人”赫尔曼 Hermann the Dalmatian（早期译介阿拉伯文著作为拉丁文的人物）的学生，他在1144年从图卢兹寄给忒奥多理克一部托勒密《星图》
534 *Planisphere* 的译本，献词多恭维之言[6]；在1145—1153年间，都尔的伯纳德·席尔维斯特 Bernard Silvester of Tours 将他的杰作《论宇宙之全体》*De Mundi Universitate* 题赠给忒奥多理克：“Terrico, veris scientiarum titulis Doctori famosissimo, Bernardus Silvestris opus suum”【忒奥多理克，堪称学界最著名的

1 Clerval,《12世纪上半叶沙特尔和巴黎的人文诸艺之教育，以沙特尔的忒奥多理克〈七书〉为依据》*L'Enseignement des Arts Libéraux à Chartres et à Paris dans la première moitié du XIIe siècle, d'après l'Eptateuchon de Thierry de Chartres*（1893），以及《沙特尔的学校》（1895），220–240。Clerval 教士首次鉴定此书在1888年，他给我看过沙特尔的手稿，时在1903年4月。是书稿以双栏写成，笔迹清晰醒目；但是希腊文字（抄自普理西安）的拼写有些讹误。

2 Clerval,《沙特尔的学校》，244以下。

3 《逻辑述原》，ii 10。

4 《逻辑述原》，i 5。

5 《主教葛利亚斯变形记》，189（p. 28，Wright 编订本）；Hauréau,《铭文与美文学院论集》，xxviii（2），1876，226。

6 Wüstenfeld，哥廷根《论文集》，1877，52；Clerval,《沙特尔的学校》，171；Steinschneider,《论中世纪的希伯来文译书》，534以下。

教师，这是伯纳德·席尔维斯特本人的著作】。细读献词的其他部分[1]，显然伯纳德·席尔维斯特并不是忒奥多理克的那位兄长，沙特尔的伯纳德。继忒奥多理克出任校长的是第三位伯纳德，即墨厄兰的伯纳德 Bernard of Moélan，他同沙特尔的伯纳德、忒奥多理克两位兄长一样，生于布列塔尼，暮年也在家乡度过，去世前数年为坎佩 Quimper 的主教（1159—1167 年）[2]。

伯纳德·席尔维斯特（或作席尔维斯屈斯 Silvestris【意谓田园乡野之人】）与都尔的确有些关系，可见于以下对句诗中，作者系他门人，旺多姆的马修 Matthew of Vendôme： 伯纳德·席尔维斯特

me docuit dictare decus Turonense magistri
Silvestris, studii gemma, scolaris honor
【教导我吐属华贵的，乃是都尔的夫子
席尔维斯屈斯，学界珍宝，士林名家】[3]

1 重刊于 Barach 的文本，见 Clerval，220，他从题献措辞中未得出任何结论。语气上看，显然不是出自兄弟之口。

2 以往将沙特尔的伯纳德等同于伯纳德·席尔维斯特（《法兰西文学史》，xii 261），他们两人又被等同于墨厄兰的伯纳德，坎佩的主教（Hauréau，铭文与美文学院《会议记录》*Comptes Rendus des Séances*，1873，75 以及 Poole，114 以下）。而直至 Clerval 方始廓清（《基督教文学》*Lettres Chrétiennes*，v 393），并得到 Hauréau 的认可（《铭文与美文学院论集》，xxxi（2），1884，77–104），因而有三个不同的人物：（1）沙特尔的伯纳德（卒年约在 1126—1130 年）；（2）都尔的伯纳德·席尔维斯特（盛于 1145—1153 年）；（3）墨厄兰的伯纳德，坎佩的主教（卒于 1167 年）。C. V. Langlois，《沙特尔学校丛刊》*Bibliothèque de l'école des chartes*，1893，237–50，仍将（1）（2）混同为一人。Hauréau 将（1）者之卒年定于"1141 年后不久"，Clerval 予以校正，见《沙特尔的学校》，1895，158 以下。

3 Hauréau，《铭文与美文学院论集》，1884，99。伯纳德的《讲义汇录》*Summa Dictaminum*，是一部指导拉丁文书信写作的手册，以韵文写成，大概在 1153 年间或之后完成于都尔。密昂 Meung 的一名教士将之缩编为散文体（Langlois，前揭，225–237）。

同样是此学生的《女诗人》*Poëtria* 中，谓 in libro Cosmographiae Turonensis【从都尔《宇宙志》中】征引了一组对句，见于伯纳德·席尔维斯特的《论宇宙之全体》，此书写作年代的依据，可由另一位伯纳德，教皇欧琴纽斯三世（1145—1153 年）的在位时期得以判定。亨利·丹德雷 Henry d'Andely 在《七艺之争》*Bataille des Sept Arts* 中如此称述伯纳德·席尔维斯特[1]：

> Bernardin li Sauvages,
> Qui connoissoit toz les langages
> Des esciences et des arts.
> 【乡野处士伯纳德，
> 通晓一切科学
> 与艺术的语言。】

535 伯纳德是一位沉思冥想型的学者，他在论宇宙的两部短著（分别题为《广宇宙》*Megacosmus* 和《微宇宙》*Microcosmus*）[2] 中，提供了我们一篇有关哲学观神话体系的著述，大体以《蒂迈欧篇》为基础，行文间带有些许异教气息。如同波爱修斯的《哲学的慰藉》，此书也是散文、韵文二体混杂。散文部分简练含混，而韵文部分则雄健有力，令人觉得作者对古典诗人所知甚广。九首诗歌大多为诉歌体，仅有一首以六音步体写成。尽管有位富于才华的著述家认为这些诗歌作者取法的模范是卢克莱

1　328 以下。

2　《论宇宙之全体》，Barach 和 Wrobel 编订本（因斯布鲁克 Innsbruck，1876）。

修[1]，但我们却找不出任何关系到此诗人的明确证据来；而六音步体的格律显然来自卢坎，措辞用字则主要是借鉴了奥维德[2]。该著作被贝图涅的厄伯哈德 Eberhard of Bethune[3] 评为仅次于波爱修斯的《慰藉》和马提安·卡帕剌的《述奇杂史》*Satyricon*【译按，即《斐萝萝嘉与墨丘利之联姻》】。蒂尔伯理的葛瓦兹 Gervase of Tilbury 以 egregius【出类拔萃】称赏作者，既是一位“韵体能手”，又是一位“哲学家”[4]。另外，伯纳德为《埃涅阿斯纪》上半部撰写过一种寓义笺注[5]，作文对忒奥杜卢斯《牧歌集》*Eclogues* 加以阐释[6]，还以韵散混杂的文体译述了一篇阿拉伯文的星象学论著，可

---

1 Poole，118，219 注释（依据 Schaarschmidt，《索利兹伯瑞的约翰》*Johannes Saresberiensis*，75）。

2 我的观点被 J. D. Duff 先生引为同调，他应我的请求，检查了整部作品，已发现其中有以下著作的痕迹：奥维德，《变形记》，i 85（p. 55，l. 30）和《恋歌》*Amores*，i 5，21 以下（p. 69，l. 3）；玉万纳尔，iii 203 以下（p. 16，l. 41）及 v 23（p. 17，l. 68）。在韵文中没有发现卢克莱修的明确踪迹，但他注意到散文部分有一段落（p. 36 以下）：“Anastros in caelo regio est ... indefecto lumine, serenitate perpetua ... Ea igitur ... non densatur pluviis, non procellis incutitur nec nubilo turbidatur【天国至外一层……有永恒的光明……因此……不会发生淫雨、风暴，也不会阴沉晦暗】”，与卢克莱修，iii 19 以下具有相似之处。在此，我以为 Anastros【译按，依其希腊文原字义，为“无星的（晚空）”解，此处系指最外层的天球，即第九重天】无疑是来自马提安·卡帕剌，viii§814，而其他部分则依据的是阿普勒乌斯，《论宇宙》，c. 33（译自伪造的亚里士多德著作《论宇宙》，c. vi p. 400）：（Ὄλυμπος）“neque caliginem nubium recipit vel pruinas et nives sustinet; nec pulsatur ventis nec imbribus caeditur【（奥林普斯山）既无积云、不结霜、不落雪，也不会有疾风和暴雨】”。继而在阿普勒乌斯著作中，同伪亚里士多德著作一样，引述了荷马《奥德赛》，vi 42–45，即是卢克莱修，iii 19 以下部分的原始来源。

3 《迷苑》*Labyrinthus*，iii 85，p. 830，Leyser 本。

4 《紫宸清赏录》*Otia imperialia*，见于 Leibnitz，《布伦希维格史著汇编》（1707），i 888，975。

5 此书及《广宇宙》《微宇宙》的节录，见于 Cousin，《哲学著作残篇集》，ii 265–291，参看 134–142，1855 年及其后所编订之本。参看 Hauréau，i 140 以下；Prantl，ii 162[2]；Gröber，384。《广宇宙》，c. iii ll. 37–48，得到乔叟的模仿，见《坎特伯雷故事集》，4617。

6 参看 G. L. Hamilton，《忒奥杜卢斯，一部中古的教科书》*Theodulus, a mediaeval textbook*，以及《忒奥杜卢斯在法兰西》*Theodulus in France*，在《现代语文学》*Modern Philology*，1909 年 10 月及 1911 年 4 月。

536 能是“达马提亚人”赫尔曼为他翻译的[1]。沙特尔的图书馆里，保存了一部讨论星盘的著作，上面有赫尔曼写给某位伯纳德的献词，也许即是伯纳德·席尔维斯特[2]，有时人们误解作那位年长些的同代人，沙特尔的伯纳德。

1 《伯纳德·席尔维斯特的研究依据》*Experimentarius Bernadi, sive Bernardini, Silvestris*；饱蠹楼藏古卷 Digby 46 及 Ashmole 304（Langlois，前揭，248 以下）。在剑桥的抹大拉 Magdalene 学院检阅 Pepys 藏抄本 911 号，《星性论》*De Virtute Planetarum* 时，我发现这部书乃是《研究依据》的另一个副本。

2 Clerval，《“达马提亚人”赫尔曼》*Hermann le Dalmate*，1891，p. 11。

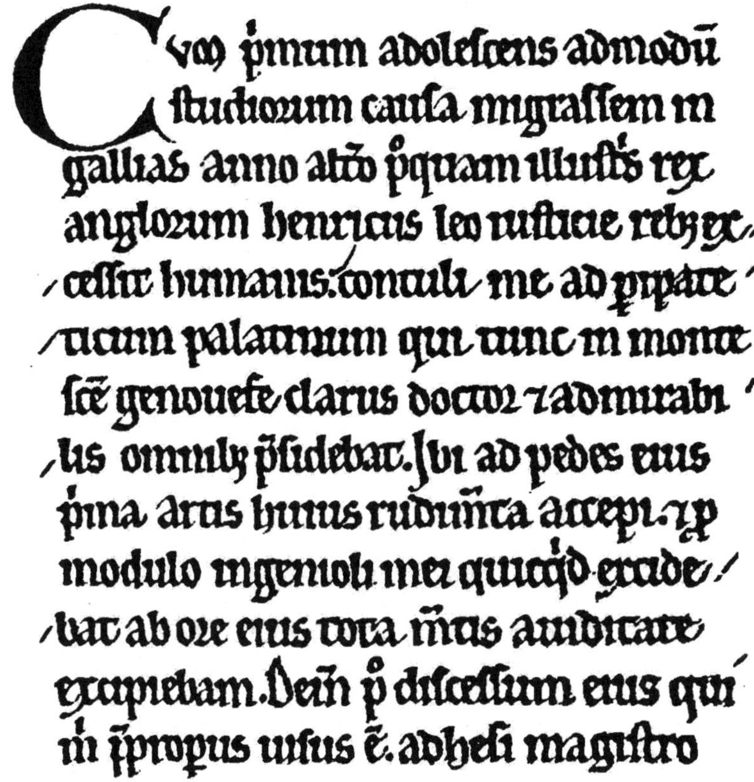

Cum primum adolescens admodum studiorum causa migrassem in gallias anno altero postquam illustris rex anglorum henricus leo iustitiae rebus excessit humanis: contuli me ad peripateticum palatinum qui tunc in monte sancte genouefe clarus doctor et admirabilis omnibus presidebat. Ibi ad pedes eius prima artis huius rudimenta accepi. et pro modulo ingenioli mei quicquid excidebat ab ore eius tota mentis auiditate excipiebam. Deinde post discessum eius qui mihi preproperus uisus est. adhesi magistro

图 19　出自索利兹伯瑞的约翰著《逻辑述原》诸书之抄本

藏于剑桥圣体学院图书馆，此本一度属于贝凯特 Becket，后来“Sancti Thome archiepisopi”【大主教圣托马斯，译按，即贝凯特】的字样被人从扉页上擦去（见 M. R. James，并下文第 538 页注释 3【译按，即中译本 751 页注释 6】）。上图摘录了《逻辑述原》ii 10，其中 Leo Justitiae 是亨利一世（卒于 1135），而 Peripateticus Palatinus，指的是阿贝拉尔（生于 Palatium，即勒巴雷 Le Pallet，在南特附近）

第二十九章

537

12世纪（续）

狭迮的经院派逻辑学研究领域中出现了一位富于才能的批评家，

索利兹伯瑞的约翰 即索利兹伯瑞的约翰（1110—1180年）。1136年，他去往巴黎，聆听了阿贝拉尔的逻辑学讲座，也列坐于正统唯实论人物兰斯的阿尔贝理克 Alberic of Rheims 和梅伦的罗伯特 Robert of Melun（后来成为赫尔弗德 Hereford 主教）的课堂之上。约翰对后两位的看法是，"假如他们借重文献上的坚厚基础，并且武步古人"，俱可能在自然物理之学上取得卓然成就[1]。他在巴黎便这样学习了两年逻辑学，又去了沙特尔研究了三年的"语法学"[2]，指导他的是著名的"语法学家"，康舍的威廉。在沙特尔，约翰还研究了 Quadrivium【文科后四艺】，以及（稍晚时候）逻辑学和神学，

---

1 《逻辑述原》，ii 10（cxcix 867 D，Migne）。见536页的摹本。

2 此地已经 Schaarschmidt 调查确认，见氏著《索利兹伯瑞的约翰》，1862，p. 22。又见 Poole 在《英国历史学评论》，1920年7月，pp. 321–342。

这些方面他师从布瓦蒂耶的吉尔贝[1]。继而他复返回巴黎学习神学，细致地钻研了中古学术的主要论题，其广见博识的风格，与下一世纪里拘泥于规定的死板套路迥然不同[2]。在海外度过了这十或十二年光阴之后，约翰返回英格兰，成为坎特伯雷接连三任大主教的书记员，先后在忒奥鲍德 Theobald、托马斯·贝凯特 Thomas Becket 和理查手下工作，常因外交任务而被遣往法兰西和意大利。三十年间他一直是英国学术界的中心人物[3]，余生最后四年中充任沙特尔的主教。他的主要著作有 1852 行诉歌 538
体诗句写成的《泛槎杂录》*Entheticus*，还有《王庭琐记》*Policraticus*[4]（导言部分以 306 行诉歌体诗句写成，此诗或被赋予他早期作品之相同题名【译按，指《泛槎杂录》】)、《逻辑述原》和《书信集》[5]。《王庭琐记》和《逻辑述原》均题献给了贝凯特[6]，这两部书俱完成于 1159 年，那时英王亨利二世（贝凯特作为重臣随行）御驾亲征，围攻图卢兹城。《王庭琐记》"多少可谓是 12 世纪中叶一部具有高雅思想的百科全书"[7]，其中令我们感兴趣的是涉及亚里士多德的一章[8]，以及书中以讽刺笔调对当时经

---

1 其他的教师，他提及姓名的有"主教"理查 Richard "l'Évêque"、日耳曼人哈特温 Hartwin the German、彼得·爱利阿斯 Petrus Elias 和忒奥多理克。

2 Rashdall，i 64.

3 Stubbs，《中古史、近代史及相关论题研究十七讲》，Lect. vii，139[1]。

4 《论朝臣的妄行和哲人的踪迹》*De nugis curialium*（*i–vi*）*et de vestigiis philosophorum*（vii，viii）【译按，是为《王庭琐记》的副题】。

5 《教廷史录》*Historia Pontificalis*（1161–1163）直到 1868 年方始刊印（《日耳曼历史学文库》，xx 515–545），到 1873 年才确认是约翰的作品。

6 贝凯特存有此二著的副本，今列于剑桥圣体学院的 Parker 抄本藏品中（No. xlvi；M. R. James，《大主教帕克抄本收藏》*Abp Parker's MSS*，pp. 5，22）。见第 536 页。

7 Poole，218；Hardy 的《大不列颠与爱尔兰相关史料叙录，亨利七世朝结束以前》*Descriptive Catalogue of Materials relating to the History of Great Britain and Ireland to the end of the reign of Henry VII*（主簿丛书），II xxxiii 以下。

8 vii c. 6；Schaarschmidt，p. 176.

院学者争讼之情形的描绘。当作者去往巴黎研习教会法规时，他看到学者们唇枪舌剑喋喋不休，不断地造出关于**类**和**种**的新见解，多与他们侥幸从亚里士多德的宝库中提取出的柏拉图和波爱修斯毫无关系[1]。逻辑学的经院派研究在《逻辑述原》一书里也有丰富的例证[2]，其中他坚称“语法学”或谓古文学的一门学术知识具有合法地位，在为逻辑学的体认之研究而辩论时，他主张此学本身固无甚效益，唯联系以其他科艺之学方变得重要了[3]。他认为亚里士多德在破他人之观点时的论述比自立的论证更可靠，故将之视作未免过失者，或谓其远非 sacrosanctus【圣德完人】[4]。约翰遭到一位批评者的攻击，他称那人作考尼费齐乌斯 Cornificius[5]（效仿
539 多纳图斯在维吉尔传记中所提及的诗人之对手），并以《考尼费齐乌斯记》*Cornificiani* 为题，嘲讽了那些轻视文学的小心眼的逻辑学专家，还用
沙特尔学校 了对照的手法，描述了沙特尔学校所盛行的文学教学体系。早在 11 世纪，该城市的这所主教座堂学校，在富尔贝的管理下（卒于 1029 年）成为著名的圣教学术中心；彼处后来的学问家代表，乃是兰弗朗的门生，大律师伊沃 Ivo 主教（卒于 1115 年）。伊沃辞世后不久，学校一度又在伯纳德（1119—1126 年）及其弟忒奥多理克（1141 年以降）的治下重振声名，这两位都是沙特尔的教士及校长。索利兹伯瑞的约翰来此之时（1138 年），康舍的威廉和“主教”理查仍维持着伯纳德学说的生机，这

1 vii 12 ; Migne，cxcix 664 C（Mullinger，i 56 以下）。

2 ii 9 ; iv 27.

3 ii 10，sicut dialectica alias expedit disciplinas, sic si sola fuerit, jacet exsanguis et sterilis【论理学为其他科艺提供便利，若孤立起来，则变得贫乏无力了】；参看 iv 28，tunc demum eminet, cum adjunctarum virtute splendescit【唯有强调关联性，方才功效卓著】。

4 iii 8 ; iv 27.

5 Prantl 判断此人即勒日纳德 Reginaldus，见氏著，ii² 232–234。

是一个合理、有益的传统[1]。该校将“修辞格”研究仅仅视作古典文本研究的起步，解说文本不仅要合乎语法学的规则，还要进行综合考量，指出散文与诗歌各自不同的优长，对所研究的作者要兼顾其义理和体裁。学生们每日练习散文体和诗体的写作，只效仿最出色的模范[2]，他们彼此校改习作，还要用心体会细节，以及对一个固定的主题展开讨论。这种在该校普遍采用的方式以昆体良所制定的教育计划为基础[3]。

索利兹伯瑞的约翰，是沙特尔学校所造就的最有见识的学者，卓立于同辈群伦之中。他分析了亚里士多德逻辑学诸篇的全部内容[4]。其《逻辑述原》（1159 年）实乃中古时期的第一部著述，得以运用到整部《工具论》[5]，并将亚里士多德本人对柏拉图相论的批评应用在经院派有关共相的争论上[6]。他不仅熟悉波爱修斯的译文，还知道某个新译本[7]。他惋惜 540

---

1 伯纳德属于前一世代之人，可能卒于 1130 年之前；《逻辑述原》，i 24，Sequebatur hunc morem Bernardus Carnotensis ... Ad hujus magistri formam praeceptores mei etc【此间人追从沙特尔的伯纳德之习规……我的导师遵循此师之风云云】；《王庭琐记》，vii 13，senex Carnotensis【沙特尔之耆旧】。

2 《逻辑述原》，i 24，ea sufficere quae a claris auctoribus scripta sunt【汝当致力于那些作家们的明晰文风】。

3 《逻辑述原》，同上；参看 Schaarschmidt，65 以下，73 以下，82 以下；Norden，《古代艺术散文》，715–719；Poole，113–124；Rashdall，i 65 以下；Clerval，223–232。

4 《逻辑述原》，iii–iv。

5 显然同样的理由也可以用以说明忒奥多理克的《七书》论说的不尽完整（约 1141 年），其中忽略了《后分析篇》；上文第 533 页。参看 C. H. Haskins，《后分析篇的中古版本考》*Mediaeval Versions of the Posterior Analytics*，见于《哈佛古典语文学研究》，xxv（1914），90。

6 《逻辑述原》，ii 20。

7 《书信集》，211，以及《逻辑述原》，ii 20（所谓的 nova translatio【新译本】更多是文字上的 cicadationes【修饰】，而不是对《后分析篇》，i 22，4 中的 τερετίσματα【无稽之谈。译按，亚里士多德用以描述与事物本身无关的“形式”】加以译述的 monstra【体现】）。又见 Prantl，ii^{2} 108 注释 34，以及 Rose 在《赫尔墨斯》，i 383。

的是《后分析篇》译文的含混难解[1]，以及人们长期以来对《论题篇》的忽视[2]。他曾依据所习的一点希腊文研究了几段《工具论》[3]（可能是在他随同哈德良四世居停于贝内文托的三个月间[4]）；不过他从未宣称自己曾不假任何协助地阅读过任何希腊著作；他还将 Analytica【分析学】视为由 ἀνά【在其上；经由】、λέξις【语词】二词化来[5]；他也从未引及任何还没有拉丁文译本的希腊作家。《逻辑述原》提到波爱修斯的频率与亚里士多德相同，所使用的所有语法学或逻辑学的希腊文术语之解释都源于此人[6]。他昔日的老师"主教"理查担任了库唐斯 Coutances 的助祭长，约翰向他索求亚里士多德任何著作的誊录本（资费由约翰自己支付），还请教他对有些疑难片段的解释[7]；而他与"萨拉逊人"约翰 John the Saracen 的通信表明他并不通晓希腊文[8]。不过，尽管他反对柏拉图之学说，且仅只熟悉卡尔齐丢斯未成全篇的《蒂迈欧篇》译本和口耳传诵的几段《理想国》，他却仍然意识到了柏拉图的伟大，以至宣称，柏拉图乃哲学家中的第一人，当其去世之时，宛如日坠于中天[9]。他再三援引拉丁作家来附会《圣经》，但又警告世人勿要依从权威（为经典著作所代表）去损害到理性（或说是基督教理所烛照的智识能力）[10]。他赞美沙特尔的伯纳德所追求的

1 《逻辑述原》，iv 6。
2 《逻辑述原》，iii 5；Prantl，ii^2 106。
3 《逻辑述原》，i 15；iii 5；上文 p. 528 注释 1【译按，即中译本 737 页注释 6】。
4 《王庭琐记》，vi 24。
5 《逻辑述原》，iv 2；根据其文集抄本，正文中作 Analetica，概要中作 Analectica。
6 Jourdain，《亚里士多德著作拉丁文译本年代渊源之查考》，254 以下；参看 Schaarschmidt，113。
7 《书信集》，211（Schaarschmidt，264）。
8 《书信集》，149，169。
9 《王庭琐记》，vii 6（起首处）；Hauréau，i 540。
10 《王庭琐记》，vii 10（Poole，219），sic ergo legantur ut auctoritas non praeiudicet rationi。

（如我们前面所见）教育方式，并称伯纳德为“近世之时代里，高卢文界最丰富的源泉”[1]。那种教育方式由多纳图斯和普理西安入手，其中包括了西塞罗和昆体良，以及罗马的诸诗人和史家。约翰本人以不同的频度引用过泰伦斯、维吉尔、贺拉斯、奥维德、卢坎、斯塔提乌斯、珀息乌斯、马提阿尔、玉万纳尔和克劳狄安的著作，还证述过一部题为《苦厄罗卢》*Querolus* 的戏剧，系后人杜撰之作[2]，不过他对普劳图斯的真实作品一无所知，也不了解卢克莱修；他援引卡图卢斯仅只一次而已[3]。他引述过的史家包括萨鲁斯特、苏维托尼乌斯、查士丁和瓦勒留·马克西姆斯，但他犯了出乎意料的误解，以为苏维托尼乌斯和特兰奎卢斯是两个不同的人[4]。他只有一处参考了李维的书[5]；对于恺撒和塔西佗，他仅知其名，但是对于塞内加、佩特洛尼乌斯、昆体良和老普林尼却毫不陌生，而且甚至还引述过小普林尼的《颂辞》*Panegyric*[6]。约翰所具有的很多古典知识得之于葛琉斯和马克罗比乌斯以及拉丁诸语法学家，此外他对阿普勒乌斯的了解颇为详尽。可是他喜欢的拉丁文作家是西塞罗。尽管他只引过一次《演说词》[7]，却知晓《致亲友书信集》，对那些哲学著作也是烂熟 541

---

1 《逻辑述原》，i 24。

2 可能是 4—5 世纪作于高卢的剧本【译按，此剧开篇谓目下当上演这出《一坛金子》*Aulularia*，为避免和普劳图斯原剧相混淆，后世方改称此剧为《苦厄罗卢》】；Teuffel，§421[a]；Schaarschmidt，101；Norden 的《古代艺术散文》，630。布鲁瓦的维塔勒 Vitalis Bles<ens>is 所作的晚期拉丁戏剧，俱冠以普劳图斯戏剧的名称，如《一坛金子》和《安菲特律昂》*Amphitryon*（或《盖塔》Geta【译按，系普劳图斯之《安菲特律昂》同名主人公之好友转化为维塔勒剧中人物的名字】），参看 Gröber 的《罗曼语语文学纲要》，II i 412；Manitius，379。

3 xiv 9，见于《逻辑述原》，i 24。

4 《王庭琐记》，viii 18 至末尾处。

5 《王庭琐记》，iii 10，scriptor belli Punici【布匿战事的著作】。

6 《王庭琐记》，iii 14，“‘口吃者’凯基琉斯”Caecilius Balbus。

7 《王庭琐记》，viii 7（《为利伽理乌斯而辩》*pro Ligario*，12）。

于心。想必他是熟悉《共和国篇》的[1]，但他所提及的全部引文都是已见于圣奥古斯丁著作里的段落。他如此称说西塞罗：orbis nil habuit maius Cicerone Latinus【西塞罗之后再无比他更伟大的拉丁作家了】[2]，此人拉丁散文之纯正长期以来得到了近世批评家们公正的颂扬[3]。在他遗留给沙特尔图书馆的抄本书卷里，有西塞罗的《论义务》和《论演说家》，以及塞内加的《物理探原》[4]。唯一一部为他所知晓、此后却亡佚了的著作，作者是马克罗比乌斯对话作品中的一个谈话人，即维理乌斯·尼柯马库斯·弗拉维

542 安努斯 Virius Nicomachus Flavianus（卒于 394 年），《论哲人的踪迹与学说》*de vestigiis sive dogmate philosophorum*，约翰在《王庭琐记》的全名中借用了这称述的第一部分，在《泛槎杂录》的全名中借用了第二部分[5]。就约翰所能接触到的全部拉丁文献而言，他显然是他那时代里最博览的学者[6]。

布鲁瓦的彼得

布鲁瓦的彼得（约 1140—1212 年）约在 1175 年定居于英格兰，被坎特伯雷大主教多佛的理查 Richard of Dover 聘为书记，继而出任巴思的助祭长（约 1177—1204 年）和伦敦的助祭长（约 1204 年）。他在 1178 年[7]

1 Heeren，i 251.

2 《泛槎杂录》，1215。

3 转见于 Hallam，《欧洲文学导论》，i 74^{4}；参看 Poole，123；Rashdall，i 67。

4 Migne，cxcix col. xii.

5 Schaarschmidt，103–107.

6 Stubbs，《中古史、近代史及相关论题研究十七讲》，Lect. vii，153^{1}。《著作集》，见于 Migne，cxcix；《泛槎杂录》，Petersen 编订，汉堡，1843；《王庭琐记》，C. C. J. Webb 编订，牛津。总体上参看 Schaarschmidt，在《莱茵博物馆》，xix（1859），200 以下，尤其是氏著《沙特尔的约翰，生平、学术、著作及哲学》*Johannes Saresberiensis, nach Leben und Studien, Schriften und Philosophie*（1862）；Jourdain，《亚里士多德著作拉丁文译本年代渊源之查考》，247–256；Prantl，《逻辑学史》，ii^{2} 234–260；Hauréau，i 533 以下；R. L. Poole，201–225；Wattenbach，《中古德国史料考》，ii^{6} 483；及以上著作所引之文献；又见 Schrader，在《莱茵博物馆》，67，1（1912）。

7 威廉·托恩 William Thorne 的《编年史》*Chronica*，在 Twysden，《英格兰史十书》*Historiae Anglicanae Scriptores Decem*（1652），col. 1820 以下。

和 1187 年[1]被派遣出使罗马教廷，又在 1193 年供职于埃莉诺 Eleanor 王后之宫廷。他的名字常见于宪章中，他还可能写过讨论教会法规若干问题的一小篇文章[2]。

对彼得名下的《书信集》进行一番审慎的考察后，已断定各篇均不可信[3]。这些书信声称最初是应亨利二世（卒于 1189 年）的要求而辑录成册的[4]，但其中有些篇章不可能作于此王在世之日，甚而也逾出布鲁瓦的彼得的实际寿限[5]。许多篇书信中都容纳了丰富的古典著作之引文[6]。作书者引及泰伦斯、维吉尔、贺拉斯、奥维德、卢坎、珀息乌斯、玉万纳尔及马提阿尔，但其中大多出自索利兹伯瑞的约翰的著作，此外书信中所征述的马克罗比乌斯、弗隆提努斯、苏维托尼乌斯、查士丁和瓦 543
勒留·马克西姆斯亦复如是[7]。在写给南特的助祭长讨论其两位甥侄的信中[8]，开列了一组语法学家[9]和一组史学家[10]的名录。这两组名录都抄袭了索利兹伯瑞的约翰原著，而且抄袭者故作曾经“频频阅览”塔西佗之假

1 Twysden，col. 1491 以下。

2 Reimar（汉堡，1837）。

3 此工作来自 W. G. Searle 神父，他生前是剑桥大学王后学院的研究员，我已获准查阅参考他有关这一主题的未刊著作。

4 《书信集》，1。

5 例如 200 与 201，涉及 1219 年达米埃塔 Damietta 城的沦陷。

6 尤其是 72、74、80、91、92。

7 《书信集》，59、65、79、85，颇大篇幅地摘录自索利兹伯瑞的约翰著作；参看《书信集》，94，以及《王庭琐记》，v 10。

8 《书信集》，101。

9 多纳图斯、塞尔维乌斯、普理西安、伊息多耳、比德、卡息奥多儒（参看《逻辑述原》，i 19）。

10 Profuit mihi frequenter inspicere Trogum Pompeium, Josephum, Suetonium, Hegesippum, Q. Curtium, Corn. Tacitum, Titum Livium【令我常觉得开卷有益的作者，有庞贝乌斯·特罗戈斯、约瑟夫、苏维托尼乌斯、赫葛西波 Hegesippus、昆图斯·科耳修斯 Quintus Curtius、科尔奈利乌斯·塔西佗、提图斯·李维】（参看《王庭琐记》，viii 18，引介以“Quae si quis deligentius recenseri voluerit, legat ea quae”【若论经得起挑选的作家，可列以下诸位】云云）。

象，殊不知就连当时最博闻卓识的“威尔士人”杰刺德 Giraldus Cambrensis 和刺耳弗·德·狄柯多 Radulphus de Diceto 都从未在著作里提及过这位史家名作。“这些书信大多涉及英国相关的交涉事务；但却总是记载失实。自开篇段落之后，便陷入圣书与古典的引文与典故中，故更貌似修辞学知识的宣泄，而非公务信函，虽则说多数的内容是以地位显赫的人物之名义所讨论的公众事务”[1]。作书者强调对于未来国君而言文学修养的重要性，并向巴勒莫 Palermo 的大主教担保说“英王每日与学人为伴，他不断参与顶尖学者们的谈话”[2]。

同时代年岁稍轻者，有一位思维敏锐、精力充沛的诺曼第—威尔士
杰刺德 人，叫作“威尔士人”杰刺德 Giraldus Cambrensis（1147—约 1222 年），他生于彭布鲁克郡 Pembrokeshire 的马诺耳比尔城堡 Manorbeer Castle，1180 年之前时断时续地在巴黎接受了些教育，1185 年随约翰王子出征爱尔兰，他写了一部史书来记述亨利二世所发起的这次征伐战争，他追求简洁易读
544 的文风，完全废除学究气。“（依塞内加所言）若说得人家不懂，岂不如缄口默声？”[3] 他在此书中认为爱尔兰首领们采用了希腊人以父命名的方式，行文中有意地点缀以引自恺撒和奥维德的语句。他还兴致浓厚地写过有关爱尔兰和威尔士地形学的著作[4]，后来（1187 年）在牛津为时三天的公众纵乐纪念日里，他对这其中的第一部作了番陈述，遂令一股古典风

---

1 Hardy，《大不列颠与爱尔兰相关史料叙录》，ii 556。

2 《布鲁瓦的彼得著作集》*Petri Blesensis Opera*，Giles 编订 4 卷本（1846–1847）；Migne，ccvii（1855）；有 7 封书信见于 Denifle 的《巴黎大学资料集》*Chartularium Universitatis Parisiensis*，nos. 24–30；参看 Norden，717–719，以及 Clerval，《沙特尔的学校》，293 以下。

3 Vol. v 208（见于主簿丛书）；H. Morley，《英国作家》，iii 76。

4 Vol. v 及 vi。

习得以复苏[1]。他在故乡热心于革除教会的弊端，而自己人生莫大沮丧之事在于他未能（如其舅父那样）成为圣大卫 St David 的主教。但他的治学生涯从未中断过[2]，他曾怀着独特的兴趣详细描述过自己的书籍[3]。他后期的作品塞满了古典著作的引文。所著《王庭授学篇》*De Principis Instructione*（完成于 1217 年前后）中，从泰伦斯至波爱修斯时期内的著名作家，除了卢克莱修和塔西佗外，几乎没一个是他不曾引述过的。前言里摘录了西塞罗和普林尼的话，来赞美恬静而勤学的生活[4]；正文中他以九段引文来说明忍耐之美德[5]，以 17 段引文来说明君王的谦逊节制[6]。在为属于生平末期著作《教会镜览》*Speculum Ecclesiae*（约 1220 年）所写的序中，他谈到对拉丁诗家和哲人的疏忽，已导致文体的鄙陋和诗律的荒芜[7]。他还为当时自托莱多传出的被归于亚里士多德名下的几部逻辑学及物理学论著而惋惜，还说不久前法兰西以其异端倾向为理由查禁了这些书籍[8]。他的《教会玉言》*Gemma Ecclesiatica* 提及的一些轶事，表明威尔士神职人员普遍不懂拉丁语[9]。

拉丁语的散文在 12 世纪从语法上看是合格的，甚而在接下来的两个世纪里，拉丁语也不失为一门活语言。事实上，整个中古时期，拉丁

---

1 i 410.

2 iii 336.

3 i 369.

4 viii p. lxiii.

5 同上，17。

6 同上，47 以下。

7 iv 3，7 以下（注释）。

8 iv 9 以下。见下文第 561 页。

9 关于杰刺德，参看 H. Morley，iii 64–82；Hardy，《大不列颠与爱尔兰相关史料叙录》（收入主簿丛书），II xxxii，以及 Brewer 编订（vol. iv）及 C. F. Warner 编订（vol. viii）其著作所作的各篇序言，同样见于主簿丛书；又见 H. Owen，《"威尔士人"杰刺德》*Gerald the Welshman*，1904 年新版。

545 语散文基本上都从未消亡[1]。仅就英格兰本土人士而言，史学散文作家有

拉丁散文 伍斯特的弗劳伦斯 Florence of Worcester（卒于 1118 年），还有生于罗客塞特 Wroxeter 附近的奥德理刻·维塔利斯，他在圣厄弗鲁 Saint-Évroult 成为英格兰与诺曼第教会史家，与马尔姆斯伯理的威廉同年去世（约 1142 年）；还有蒙默思的杰弗瑞 Geoffrey of Monmouth（卒于 1154 年）[2]、亨廷顿的亨利 Henry of Huntingdon（卒年约在 1155 年）、纽堡的威廉 William of Newburgh（卒年约在 1198 年）、霍屋顿的罗杰尔 Roger of Hoveden 和刺耳弗·德·狄柯多（卒年约在 1201 年）、蒂尔伯理的葛瓦兹（盛于 1211 年）[3]、马修·帕理斯（卒于 1259 年）和刺尔弗·希格顿 Ralph Higden（卒于 1364 年）[4]。有个不知姓名的英国人可能是《罗马人故事集》的第一位辑录者，此书包含了出自奥维德、塞内加、普林尼、瓦勒留·马克西姆斯、马克罗比乌斯、葛琉斯和波爱修斯等人著作的诸多引文[5]；其最早的抄本属于 1342 年[6]。

不过，在意大利，阿普利亚的威廉 William of Apulia 依然成功地将拉丁

12、13 世纪的拉丁诗体 诗体运用于历史题材上，此人系法国人，模仿维吉尔创作了（在 1099—1111 年间）一部史诗，以诺曼第人对南部意大利的征服和“智多星”罗

---

1 Stubbs，《中古史、近代史及相关论题研究十七讲》，Lect. vii，152–155[1]；Norden，《古代艺术散文》，748–763；Traube，《演说及论文集》，ii 31–101。

2 参看 Gaston Paris，《中古法国文学》，§54，以及 H. L. D. Ward 的《大英博物馆手稿部藏传奇叙录》*Catalogue of Romances in the Department of Manuscripts in the British Museum*，i（1883）203—278。

3 Wattenbach，《中古德国史料考》，ii[6] 484。

4 H. Morley，iii，以及主簿丛书各编订本前言，并参看 Thomas Hardy 爵士的《大不列颠与爱尔兰相关史料叙录》，和 Gardiner 及 Mullinger 的《英国史导读》*Introduction to English History*，239–273，285；又见 Gröber 的《罗曼语语文学纲要》，II i 288，312。

5 Swan 译本，1905 年版，pp. x，19 以下，69，401 以下，404 以下，439。

6 或称 1326 年，Oesterley 编订本，1872；Swan 英译本，1824，1895；参看 H. Morley，iii 367 以下，及 Gröber，321。

阿普利亚的威廉

贝尔 Robert Guiscard（卒于 1085 年）的光辉事业为主题[1]。1088—1247 年
间，其他采用拉丁文进行创作的诗人，还有柯墨 Como、伯果墨 Bergomo、
比萨 Pisa、厄波利 Eboli 和帕尔马[2]。特洛伊故事成为墨西拿 Messina 的基
多·德拉·柯隆涅 Guido delle Colonne（13 世纪末期）所作散文体史诗的主 546
题[3]。诗文的道德教化风格在中古时期深入人心，当时意大利这方面的代

塞提梅洛的亨利和米兰的亨利

表人物有塞提梅洛的亨利 Henricus Septimellensis（盛于 1191 年），他模仿波
爱修斯而作寓言诗《运命冲突与哲学慰藉》*De diversitate Fortunae et Philosophiae
consolatione*[4]，还有米兰的亨利 Henricus Mediolanensis，他将自己的《人性与天
命之争》*Controversia Hominis et Fortunae* 题献给克莱芒四世（1265—1268 年）[5]。

塞尔洛，尼格尔，让·德·奥维耶

12 世纪的英国至少可举出 7 位拉丁诗人。“语法学家”塞尔洛 Serlo Grammaticus，他是约克的教士，曾任富恩坦 Fountains 的修道院长（盛于 1160 年），写了一部以重音为节奏的 70 行扬抑格诗歌，“说的是苏格兰国王与英格兰男爵们的战事”（1138 年）[6]。坎特伯雷的尼格尔·维赖克 Nigellus Wirecker（卒于 1200 年）被认为是一部诙谐的长篇诉歌体诗作者，讲述驴子“伯涅卢斯”Burnellus 的漫游经历，将之塑造为一个典

1 原文见于 Muratori，《意大利史料系年汇编》，v 245–278；摘录见 Gibbon，c. 56（vi 176–208，522，Bury 本）。

2 Wiese 与 Pèrcopo，《意大利文学史》*Geschichte der italienischen Literatur*（1899），7 以下；Gröber，404 以下；Ronca，《11、12 世纪意大利的中古文化与拉丁诗歌》*Cultura medioevale e poesia Latina d'Italia nei Sec. xi e xii*，2 卷本，1892。

3 Strassburg，1477；抄袭了圣莫尔的拜努瓦 Benoît de Sainte-More 所写的法文诗（1165）。参看 Ward 的《大英博物馆手稿部藏传奇叙录》，i 35，40；Bartoli，《文艺复兴之先驱》，85；Gröber，321 注释 1。乔叟“所欠基多之文债”，得到 G. L. Hamilton 的重新讨论（1903）。

4 Leyser 编订，《中古诗歌史》（1741），453 以下；Migne，cciv；Gröber，374。

5 Popma 编订本（科隆，1570）。

6 徽帜之役 Battle of the Standard；抄本见存于剑桥圣体学院图书馆；参看 Leyser，427 以下；Twysden 编订《英格兰史十书》，i 331；其生卒年代为 1109—1207 年。

型的僧侣形象，其中提到了这只驴子在巴黎的大学所度过的一段时光[1]。让·德·奥维耶Jean de Hauteville（盛于1184年）出生于鲁昂附近，在英格兰客居多年，或被认为是圣奥耳班的一名诺曼第僧侣。他写过一部9卷的长诗，涉及人生的诸多苦难，“将故事敷演得富有见地、匠心独运，并且非常逗趣”[2]，其中讲述了现代学生在巴黎过的艰苦生活和古代哲人在遥远的图勒Thule【译按，系波里比乌斯所记古希腊旅行家口中的极北国度】发表反对人类恶习的演说[3]。

瓦尔特·迈普

相对更著名的是瓦尔特·迈普Walter Map，他是牛津一名多才多艺的助祭长（在1197年），写过一部拉丁散文体的游戏之作，题为《廷侍谈谑录》*De Nugis Curialium*，记载了宫廷中的流言轶事[4]。在一部著作抄本中，他被确认是散文体传奇巨著《湖侠兰斯洛》*Lancelot du*
547 *Lac* 的拉丁文原作者[5]，此作包含了圣杯的寻访[6]和亚瑟王之死；但迈普的这部拉丁文原作今已不见留存了。后世还认定他写过一些著名的讽刺诗，被称为主教戈利亚Golias的启示录与忏悔集[7]。以下所引的诗句提到

---

1 《12世纪的盎格鲁—拉丁讽刺与隽语诗人》*The Anglo-Latin Satirical Poets and Epigrammatists of the Twelfth Century*, i 11–145, T. Wright编订本（1872）；参看乔叟《坎特伯雷故事集》，15318；H. Morley，《英国作家》，iii 175；以及Gröber，378。

2 Warton，《英诗史》，Diss. II cliv（1824）。

3 《让·德·奥维耶的〈阿凯屈纽斯〉》*Johannis de Altavilla Architrenius*，T. Wright编订，前揭，i pp. xxv以下，240–392；参看Wright的《文学艺术中的嘲谑与怪异史》*A History of Caricature and Grotesque in Literature and Art*，160。

4 T. Wright（1850）；M. R. James（1914）.

5 H. L. D. Ward的《大英博物馆手稿部藏传奇叙录》，i 345–354，又尤见734传741。

6 Furnivall编订本（1864），《高尔特·迈普或瓦尔特·迈普（名下）法文诗歌中的寻找圣杯故事》*La Queste de Saint-Graal in the French poem of (as is supposed) Gaulters Map, or Walter Map*。

7 T. Wright编订（1841）；Hardy，《大不列颠与爱尔兰相关史料叙录》，II xxxv；H. Morley，iii 120–144，164–174；Gröber，362，378。《启示录》包括了一段涉及自由七艺的古怪章节（H. Morley，iii 168）。最初在饱蠹楼馆藏一部14世纪抄本中将作者归于迈普，“高尔特·迈普师父所著《启示录》”*Apocalipsis Magistri Galteri Mahap*。

了那时代的顶尖教师，或许可以作为归于他名下的拉丁韵句之范本：

Celebrem theologum vidimus Lumbardum ;
Cum Ivone, Helyam Petrum, et Bernardum,
Quorum opobalsamum spirat os et nardum ;
Et professi plurimi sunt Abaiëlardum.
【我们皆知的著名神学家，有彼得・伦巴德，
以及伊沃、彼得・爱利阿斯与伯纳德，
他们的吐属散发出香脂与甘松的气息，
也屡屡表露了阿贝拉尔的精神要义。】[1]

这些讽刺诗算是西欧游学青年所作拉丁诗歌的相对较为纯真之副本，那些诗人在 1227 年以降被冠以游吟学生 Goliardi 之名[2]，他们咏唱着酒色及春时诸乐，恣意亵渎地戏仿并激烈地讽刺民间与教会的各神职阶层[3]。

---

1 p. 28，Wright，《戈利亚变形记》*Metamorphosis Goliae*；Hauréau 的商榷之论见于《铭文与美文学院论集》，xxviii（2），他认为作者考证存疑；这篇诗歌的写作年代戏剧性地定于 1141 年。“Clerici ribaldi, maxime qui vulgo dicuntur de familia Goliae”【堕落的教士们，大多被称为“游吟书生族”】，早在森斯大主教高提耶 Gautier（卒于 923 年）的时代即遭到了谴责；参看 T. Wright，p. x 以下；Léon Gautier，《法兰西史诗集》*Epopées Françaises*，ii 43。杰剌德未将他的这位同辈视为作者，此事实推翻了原来对作者的判定（Wright，p. xvi）。

2 Wright 的《文学艺术中的嘲谑与怪异史》，162–173；J. Grimm，《中古诗歌》*Gedichte des Mittelalters*（1844）；《布尔伦歌集》*Carmina Burana*（出自慕尼黑南部的本尼迪克特布尔伦 Benedictbeuern）（1847；第二版，Schmeller，1883）；Hubatsch，《中古拉丁游吟歌诗》*Die Lateinischen Vagantenlieder Des Mittelalters*（1870）；译诗见 J. A. Symonds，《醇酒・妇人・诗歌》*Wine, Women and Song*（1884）。参看 Gröber，351 以下，365 以下，416 以下，421 以下；Karl Breul，《剑桥歌诗集》*The Cambridge Songs*，1915 年版。

3 Burckhardt，《意大利文艺复兴时期的文化》*The Civilization of the Renaissance in Italy*，Part III c. 1，p. 173 以下，英译本，1898，以及 Bartoli 的《文艺复兴之先驱》，35–72。参看 Wattenbach，《中古德国史料考》，ii[6] 472–476。

埃克塞特的约瑟夫 还有一位埃克塞特的约瑟夫 Joseph of Exeter（卒年约在 1210 年），曾随同坎特伯雷大主教鲍德文 Baldwin 去巴勒斯坦旅行（1188 年），他是公
548 认唯一一位英格兰的拉丁史诗诗人，被称为“此时期古典风格创作的一个奇迹”[1]。他（借助于达瑞斯 Dares，以奥维德、斯塔提乌斯和克劳狄安的文体）创作的《特洛伊战纪》*De Bello Trojano* 今仍存世[2]，而他讲述理查一世东征事迹的《安条克纪》*Antiocheis*，现在独剩一个 12 行的《亚瑟王赞诗》*Flos Regum Arthurus* 残篇[3]。当时最著名的拉丁诗人中，有一位杰弗瑞·德·温绍夫 Geoffrey de Vinsauf（“葡萄培育家”杰弗瑞 Galfridus de Vino Salvo【译按，此译名出自一篇据说是他著作的园艺论文】），他先后受学于牛津的圣弗赖兹维德小修道院 St Frideswide's 及法国和意大利的几所大学，将自己写的《新诗学》*Poëtria Nova* 题献给了英诺森三世（卒于 1216 年），这是一部超过 2000 行的诗歌艺术论，部分内容以贺拉斯著作为蓝本，旨在推崇古代韵体的使用，以取代近世的“利奥体”Leonines 和押韵诗，其中举了各种不同的诗歌作品为例[4]。亚历山大·纳坎 Alexander Neckam（1157—1217 年）生于圣奥耳班，1180 年在巴黎成名，后出任齐尔壬斯特 Circencester 的修道院长，时在 1213—1217 年间[5]。他的著作兼擅诗、文

杰弗瑞·德·温绍夫

亚历山大·纳坎

---

1 Warton，前揭，p. clxii。

2 “很长一段时期以达瑞斯·弗律吉乌斯 Dares Phrygius 和科尔奈利乌斯·奈波斯之名义流传于世，第一次作为他本人著作出版是 1620 年法兰克福本，1877 年由 Jusserand 编订”（《不列颠传记词典》*Dictionary of National Biography*，1903 年版）。

3 引文见于 Camden 的《不列颠国志》*Britannia*，Book iii 注释之末；参看 H. Morley，iii 183。

4 Leyser，862–978；参看 Warton，前揭，p. clxxi；Tyrwhitt 所注乔叟《坎特伯雷故事集》，15353；H. Morley，iii 189；K. Francke，《12、13 世纪经院拉丁诗歌史论》*Zur Geschichte der lateinischen Schulpoesie des XII. und XIII. Jahrhunderts*（慕尼黑，1879）；Gröber，389；Saintsbury，i 412 以下。

5 H. Morley，iii 196；参看 Warton，前揭，p. clx。

二体。在那篇有趣的著作《物性论》*De Naturis Rerum* 中，提及了许多的动物趣事，他挪用了亚里士多德、普林尼、索理努斯和卡息奥多儒的著作，还引述了维吉尔、贺拉斯、奥维德、卢坎、玉万纳尔、马提阿尔和克劳狄安。讨论自由七艺的一章篇幅较长，显示出他对经院知识的强烈怀疑，攻击巴黎大学里的逻辑学课程[1]，并将该大学称为神学与文科各艺之家园[2]。他的诉歌体长诗《圣学之光》*De Laudibus Divinae Sapientiae* 亦对同一场所煞费笔墨。此长诗以一个简单的对句总结当时学术的主要席位，是文、神、法、医四科，为“paradisus deliciarum”【梦幻的天堂】巴黎大学所认可：

hic florent artes; coelestis pagina regnat; 549
stant leges; lucet jus ; medicina viget.
【是处滋养艺文，尊奉圣书，
树立律法，光耀正义，繁荣医术。】[3]

他的拉丁寓言集早已刊布于世[4]，因各篇活泼生动的风格而受到好评[5]。纳坎还有两部辞书学著作，题为《圣经释名》*Vocabularium biblicum* 及《名义全录》*Repertorium vocabulorum*，均未曾刊刻出版。他的《器具论》*De utensilibus*[6]

---

1 c. 173 p. 283，T. Wright 编订本，见于主簿丛书（1863）。

2 c. 174 p. 311.

3 p. 453。他的诉歌体诗篇《僧徒列传》*De Vita Monachorum* 刊印于主簿丛书的另一卷中，即《12世纪的盎格鲁—拉丁讽刺与隽语诗人》，ii 175–200。其中仅将亚里士多德视为一位逻辑学家（p. 193）。

4 Du Méril，《中古未刊诗歌集》*Poésies Inédites du Moyen Age*（1854）。

5 Bernhardy，《拉丁文学纲要》*Grundriß der römischen Litteratur*，672[6]。

6 Scheler 编订，1867。

里，各不同条目的拉丁名称在行间注所作的相关记述中以法文加以解说。作者自己的名字，发音犹如 nequam【无益】，屡屡被引为趣谈。他一度以菲利普斯 Phi-lippus【译按，Phi 即 foetris（恶臭；卑鄙），lippus 意为“糟透”】（莱斯特 Leicester 修道院长）之名开玩笑，后者报以这组对句：

Es niger et nequam dictus cognomine Necham :
Nigrior esse potes, nequior esse nequis.
【你叫纳坎这诨名，正是又糟又劣（nequam），
你能够更糟，你不能更劣。】[1]

约翰·德·加兰迪亚

还有一位约翰·德·加兰迪亚 Joannes de Garlandia，他曾受学于牛津和巴黎（1204 年），是个土生土长的英国人，但以法国为籍贯[2]。他曾亲历图卢兹之围（1218 年），目睹当时老西门·德·蒙特福 Simon de Montfort (the eldor) 为投石器所杀情景[3]，也曾协助图卢兹建立大学（1229 年）。他有两首重要的诗作，一是《教会秘仪赞》*De Mysteriis Ecclesiae*[4]，系纪念阿勒斯的亚历山大之死（1245 年）而作，另一首是《教会凯旋颂》（以反对阿尔比派的十字军事迹为题材），完成于 1252 年以前。后者的语言满是语

1 Leland 的《旅行纪程》（1744），vi 48（= 54），见引于 J. E. B. Mayor，《古典与圣教语文学学刊》，iv 10。

2 《教会凯旋颂》*De Triumphis Ecclesiae*，p. 59（T. Wright 编订，Roxburgh Club，1856），Anglia cui mater fuerat, cui Gallia nutrix, Matri nutricem praefero Marte meam【英国是母亲，高卢是保姆，二者对我而言我更重视母亲】。

3 冈维尔与凯斯学院 Gonville and Caius 所藏抄本 385（605），抄本《字典》*Dictionarius*，§47 p. 146 v。

4 同上抄本，part 5；参看 Leyser，339。

法上的巧妙构思和韵步上的奇异设计。作者提及此篇韵律效仿的是维吉 550
尔、奥维德、斯塔提乌斯、卢坎[1]。以下这段值得嘉赏，由此见其风格：

Est caeli sine nocte dies, plausus sine planctu,
Absque fame saties, absque labore quies.
Est ibi verus amor sine luxu, pax sine pugna,
Et sine sorde decor et sine lite favor.
【天空分别昼夜，人世各有哀欣，
无欲则满足，无为遂宁静，
去奢才得真爱，非攻方可和平，
美者不染尘，善者不纷争。】[2]

他还写过一部《诗律技艺》*Ars Rhythmica*，多举整首诗为诗律法则示范[3]。散文体著作有三部拉丁语《字典》，或者不若说是词汇表，“一部录日常用语，一部录疑难字词，还有一部专收物名”。最后这部显然是为巴黎大学的学生们所作的[4]。在另一部著作里[5]，他为学生开列了一个

1 p. 125，Wright.

2 p. 129.

3 G. Mari，《中古拉丁诗律论集》*I Trattati Medievali di Ritmica Latina*（1899），35–80；Saintsbury，i 408。

4 前揭抄本的 part 3，f. 143；J. E. B. Mayor，《古典与圣教语文学学刊》，iv 7；以及 Hauréau，所引见下面注释 10【译按，即 768 页注释 4】；T. Wright 的《盎格鲁－萨克逊与古英语词汇表》（1857），120–138；Scheler，《12、13 世纪拉丁辞书学》*Lexicographie Latine du xii et xiii siecles*（1867），18–83。

5 前揭抄本的 part 1。

作者名单，以便于他们学习拉丁语的文学[1]、语法学[2]、论理学[3]、修辞学[4]、算数学、几何学、天文学、医学、法学、神学，并说这是 notarius【书记员】和 librarius【抄写员】所必需的参考工具[5]。罗杰·培根[6]在巴黎听约
551 翰·德·加兰迪亚谈论过 orichalcum【黄铜矿】的正字拼法，此人的《字典》在伊拉斯谟的少年时期仍被使用着[7]。

刺多福·托塔尔

马尔博

希尔德贝

法国的拉丁诗人代表，有弗勒律的刺多福·托塔尔 Radulfus Tortarius（盛于 1115 年），他将瓦勒留·马克西姆斯的作品改成诗体，并以贺拉

1 多纳图斯、加图、忒奥杜卢斯、斯塔提乌斯的《忒拜战纪》、维吉尔的《埃涅阿斯纪》、玉万纳尔、贺拉斯、奥维德（尤其是《变形记》和《爱的补救》，或许还有《岁时记》）、斯塔提乌斯的《阿基琉斯纪》、维吉尔的《牧歌集》和《农事诗》，萨鲁斯特、西塞罗《论演说家》、《图斯库兰辩论集》、《论学园派》、《论老年》、《论命运》、《斯多葛悖论》、《论神性》（?）、《论义务》，马提阿尔和佩特洛尼乌斯的部分作品，叙马库斯、索理努斯、西多尼乌斯、苏维托尼乌斯、昆图斯·科耳修斯、特罗戈斯·庞贝乌斯、赫葛西波、李维、塞内加（尤其是《书简集》、《物理探原》、《论恩惠》*de Beneficiis*、《悲剧集》和《宣讲录》*Declamations*！【译按，《宣讲录》可能是《论解脱》*De Clementia* 之讹，故而作者此处标一叹号】）; p. 47 以下。

2 多纳图斯、普理西安。

3 波爱修斯的《论直言三段论》*De Syllogismo Categorico*、《命意篇》、《分属论》、《波弗利的〈引介〉》、《亚里士多德〈范畴篇〉》、《亚里士多德〈解释篇〉》、《亚里士多德〈辩谬篇〉》、《亚里士多德〈前分析篇〉》、《亚里士多德〈实证篇〉》*Apodoxium*（=《后分析篇》，疑是 Apodeixeon 字之误），西塞罗的《命意篇》、阿普勒乌斯《解释篇》，亚里士多德的《形而上学》、《论生成和消灭》*De Generatione et Corruptione*、《论灵魂》; p. 52 v。

4 西塞罗《论选材》《致赫伦尼乌斯》《论演说家》；昆体良的"《辩题论》*Causae*"（即《宣讲录》）和《演说术原理》。

5 同部抄本还包括了同一作者所作的一篇《重读法》*Accentuarius*、一篇《语法学略要》*Compendium Gramm.*，以及一篇《经院德行》*Morale Scholarium*；他还写过《重要同义字集》*Opus Synonymorum*（Leyser, 312 以下; Migne, cl 1577）和《同音异义字集》*Aequivocorum*（Leyser, 338）。特别参考 Hauréau 在《短评与摘录》，xxvii 2（1879），1–86，其中 31 页对其著作明智地加以判定；又见 Gröber，《罗曼语语文学纲要》，II i 253，390。

6 《著作次集》*Opus Minus*，c. 7。

7 Mayor，前揭，p. 6 注释。

斯的风格描述了自己去往布鲁瓦、卡昂和贝叶 Bayeux 的旅程[1]；还有马尔博 Marbod，他是雷恩的主教（卒于 1123 年），写过《宝石篇》*De Gemmis* 一诗[2]；以及希尔德贝 Hildebert，曼斯 Mans 的主教及都尔的大主教（卒于 1134 年）[3]，其《书信集》被奉为信函习作的范本，要求学生学习，甚至要熟记[4]。希尔德贝将维吉尔、贺拉斯、诉歌诗人们和马提阿尔作为自己的模范，他写过不少于 10 000 行诗句，主要的作品是《创世篇》[5]和《罗马故墟》。最后这首诗全文见引于马尔姆斯伯理的威廉著作中[6]，盖因 1106 年访问罗马有感所作。这首引人入胜的诗用一组对句作为开篇：

par tibi, Roma, nihil, cum sis prope tota ruina ;
quam magni fueras integra, fracta doces.
【无与伦比的罗马，即便你将沦为废墟，

1 De Certain 在《沙特尔学校资料丛刊》*Bibliothèque de l'École des Chartres*, t. xvi ; Léon Maître,《沙特尔的学校》, 101 以下; Barth,《异说杂缀》*Adversariorum Commentariorum*, l. iii c. 7 ;《法兰西文学史》, x 88 ; Migne, clx。

2 Beckmann 编订（1799）; Migne, clxxi 1758 ;参看 Steinschneider,《论中世纪的希伯来文译书》, 956。

3 Beaugendre 编订（1708）; Migne, clxxi ; Hauréau,《短评与摘录》, xxviii 2（1887）, 289 以下; 参看纳坎,《圣学之光》, p. 454, Wright 本; Gröber, 323。

4 希尔德贝,《书信集》(Migne, clxxi 141–312); 参看布鲁瓦的彼得, Migne, ccvii 314 ; Rashdall, i 65 注释。

5 Leyser, 391 以下。有首《特洛伊覆灭记》被假定为此人之作，见 Leyser, 398 以下，却并非如此，而是圣维克多的修道院长"金羊"西门 Simon Capra Aurea 的手笔; 部分刊印于《法兰西文学史》, xii 487 以下。
参看 Dunger,《中古版本的特洛伊战争传奇》*Die Sage vom trojanischen Kriege in den Bearbeitungen des Mittelalters*, p. 22 注释; Ward 的《大英博物馆手稿部藏传奇叙录》, i 27。

6 ii 403, Stubbs 本; Burman 的《古代拉丁隽语诗集》*Anthologia Veterum Latinorum Epigrammatum et Poematum*, i 457 ; 梗概见于 Trench,《圣教拉丁诗歌》*Sacred Latin Poetry*, 108, 以及 Norden,《古代散文艺术》, 723。

你见证了昔日辉煌如何遭到灭亡。】

作为圣教诗人而言，无论是写过近三千行《世风不古论》*De Contemptu*
圣诗作者 *Mundi*[1]的著名诗人克吕尼的伯纳德（盛于1140年），还是诗节中蕴含极
552 深沉之情感的明谷的伯纳德（卒于1153年），其经典意义都不及希尔德
贝，更不必说其他圣歌作者，例如“尊者”彼得（卒于1156年）、圣
维克多的亚当 Adam of St Victor（卒年约在1192年），以及意大利的托马
斯·阿奎那（卒于1274年）和分别写过《审判日》*Dies Irae* 和《哀立圣
母颂》*Stabat Mater* 的两位诗人，柯拉诺的托马斯 *Thomas of Celano*（盛于1226
年）和“本笃会士”雅各布 Jacobus de Benedictis（卒于1306年）[2]。在诸如
以上这些人的圣歌作品中，中古时期的拉丁诗歌坚决抵制了欧洲各种方
言土语；诗章韵句，唯有被祭献于教堂仪式中才可不朽。12、13世纪
的圣教抒情诗，文学趣味上达到的层次，远非彼得·理伽 Petrus de Riga
彼得·理伽 的《曙光》*Aurora* 所能及，此诗人是兰斯的教士（卒于1209年）[3]，他这
旺多姆的马修 首15 050行的巨制长诗讲解的是圣经里大部分的史事章节[4]。旺多姆的马

1 《拉丁讽刺诗诗人》，ii 7–102（主簿丛书）；梗概见于 Trench，304以下，有 J. M. Neale 的节译本（1858以降）；《古今圣歌集》，Nos. 225–228。

2 Trench，前揭；Neale，《中古时期的教会拉丁诗歌》*The Ecclesiastical Latin Poetry of the Middle Ages*，收于《大都会百科全书》*Encyclopaedia Metropolitana*，罗马文学分册，211–266（1852[3]）；Moorsom，《古今圣歌导读》*A Historical Companion to Hymns Ancient and Modern*，117–149[2]；又见 Daniel 的《圣歌大全》*Thesaurus Hymnologicus*，和 Julian 的《圣歌词典》*Dictionary of Hymnology*。

3 Grässe，《图书馆学手册》*Handbuch der Bibliothekslehre*，ii 306；《曙光》前言中，自谓“Petrus Riga vocor”【我叫彼得·理伽】。Migne，clxxi 1381；Hauréau，《拉瓦尔丁的希尔德贝之诗学杂论》*Mélanges poétiques d'Hildebert de Lavardin*，1以下；《短评与摘录》，xxxi（1）89以下（Gröber，370）。

4 Leyser，692以下。

修 Matthew of Vendôme 是伯纳德·席尔维斯特的学生，他以提布卢斯和普罗珀提乌斯为模仿对象，将托比 Tobit 的故事【译按，见于基督教次经部分的《托比书》】作为题材[1]。此时期史诗体诗歌的代表作，是圣波尔德里昂 St Pol de Léon 的纪耶勒姆·布列托 Guilielmus Brito【译按，即“布列塔尼人”纪尧姆，或布列塔尼的威廉 William of Bretagny】（1150—1226 年）所写的《菲利普王纪》*Philippis*，该诗作者是菲利普·奥古斯都 Philip Augustus 国王的御用神父，他在作品中模仿了奥维德、斯塔提乌斯和维吉尔。十卷本的《亚历山大大帝之歌》*Alexandreis*，作者是沙提雍或里尔的高提耶 Gautier de Châtillon or de Lille（Gualterus ab Insulis【来自岛城的高提耶，译按，里尔在今日法国北部边境附近，其名称源于拉丁文“岛屿 Insulis”一词。注释中复又称高提耶作瓦尔特】，卒于 1201 年），盖以科耳修斯为蓝本，并主要效仿了卢坎，lucet Alexander Lucani luce【亚历山大在卢坎的光芒下清晰可辨】[2]。在 1330 年[3]，其出生地佛兰德斯 Flanders 将他的史诗奉为经典之作，不过今日为 553
人所熟记的唯有一行诗句：incidis in Scyllam cupiens vitare Charydim【欲躲避卡律布狄斯，而与斯库拉相遇】[4]。他的散文体著作《道德训诫集》*Moralium Dogma*（此书使他一直被视为文艺复兴运动的先驱），全然是一部异教徒的论著，主要以西塞罗和塞内加为基础，且满纸都是出自泰伦斯、萨鲁

布列托

里尔的高提耶

---

1 Wright 与 Halliwell，《古典遗产》*Reliquiae Antiquae*，ii 257 以下。其人 1174 年以后盛于都尔。他的诗札见于《拜仁科学院会议报告》，1872，561-631。

2 厄伯哈德，《迷苑》，iii 39；参看 K. Francke，《11、12 世纪经院拉丁诗歌史论》（1879），p. 89 以下（这部著作中还讨论到了杰弗瑞·德·温骚夫、厄伯哈德、塞提梅洛的亨利、米兰的亨利、盖斯特 Gest［明斯特附近］的伯纳德和尼格尔）。又参看 H. Christensen，《沙提雍的瓦尔特的亚历山大大帝之歌》*Das Alexanderlied Walters von Chatillon*，哈雷，1905。

3 Warton，前揭，p. clxix。

4 v 301；Migne，ccix 514.

斯特、维吉尔、贺拉斯、卢坎、斯塔提乌斯、珀息乌斯和玉万纳尔的引文[1]。《亚历山大大帝之歌》蒸蒸日上的声誉遭到了高提耶的同乡、里尔的阿兰 Alain de Lille (Alanus ab Insulis) 的挑战。阿兰被称为"博赡学者"，他去世时在明谷是一位僧侣（约 1203 年）。他最著名的是一首题为《反克劳狄安》*Anti-Claudianus* 的诗歌杰作[2]，在此篇中[3]，如克劳狄安的第一首《反鲁菲努斯》*In Rufinum* 那样[4]，阿勒克图 Alecto 女神召集阴间群魔去攻击史诗中的男主人公，即鲁菲努斯，这个在克劳狄安诗中的人物，在阿兰诗中得以重新塑造，克劳狄安那里，群魔取胜，阿兰则叫美德战胜了邪恶。《反克劳狄安》所描绘的造化之宫中，装饰了柏拉图、亚里士多德、西塞罗、维吉尔、塞内加和托勒密的肖像[5]，而亚里士多德、芝诺、波弗利、波爱修斯被选出作为论理学相关人物[6]。作者以漫长周至的笔墨描述自由七艺策划制造"智慧"之战车的诸多构件[7]，并将各自不同的才赋馈赠给此伟丈夫[8]，这带有马提安·卡帕剌的影响。波爱修斯对他的影响，则更清晰地体现于混合散文、诗歌二体的《人性之伤疾》*De Planctu Naturae*[9] 中，该作品让"天赋"这一角色将所有蔑视人性律则者逐出门户，此情节后被密昂的约翰 Jean de Meung 在"玫瑰传奇"中加以效仿（约 1270

里尔的阿兰

---

1 p. 33，Sundby 编订本（1869）；Bartoli 的《文艺复兴之先驱》，27–29。

2 《拉丁讽刺诗诗人》，ii 268–428，T. Wright，开篇 Incipit prologus in Anticlaudianum de Antirufino【先是《反克劳狄安之〈反鲁菲努斯〉》的序文】。参看 O. Leist，《论〈反克劳狄安〉》*Der Anticlaudianus*（席霍森 Seehausen，1878 以降）；Gröber，385。

3 p. 404.

4 l. 25 以下。

5 p. 277 以下。

6 p. 313 以下。

7 pp. 304–332.

8 pp. 390–393.

9 Wright 编订，ii 429–522。

年）[1]，乔叟知道阿兰的这作品[2]，也知道《反克劳狄安》[3]。后一作品里“智慧”去往上帝之座的旅行隐喻，或许对但丁产生了影响[4]，若将下面的数行诗句与弥尔顿对“天国光明”的崇高之祷文[5]相比，恐怕也不是全无收获的： 554

Tu mihi praeradia divina luce, meamque
Plenius irrorans divino nectare mentem
Complue, terge notas animi, tenebrasque recidens
Discute, meque tuac lucis splendore serena.
【神圣天国你照耀我吧，我
满心都浸淫在神赐的喜乐中，
请净化我心智，将灰暗的消沉情绪
涤除，奕奕光明将使我清亮。】[6]

此诗对“命运”所居之岛屿的描述极为雅致[7]，此外还反复地提及

---

1 H. Morley，iv 15 以下；Gaston Paris，《中古法国文学》，§114，p. 170。密昂的约翰征引了很多古典作家，而所提及者更多（《文史评论》*Revue Critique d'Histoire et de Littérature*，1884，i 391）。

2 《禽类议会》，316，“Alayne, in the Pleynt of Kynde”【阿兰，在他的人性之哀叹（指《人性之伤疾》）中】。

3 《名誉之宫》*House of Fame*，ii 478。他还在《坎特伯雷故事集》，16430 以下，模仿了《谚语集》*Parabolae* 的一组对句：“Non teneas aurum totum quod splendet ut aurum, | Nec pulchrum pomum quodlibet esse bonum”【勿以为闪亮如金的都是金子，勿以为好看的果实味道也好】（Leyser，1074）。

4 Ten Brink，以及 Rambeau（H. Morley，v 231）。

5 《失乐园》，iii 51 以下。

6 p. 356.

7 p. 396–399.

柏拉图的相论[1]，其终篇两页文字尤其精美。作为诗人，作者甚至被约翰·德·加兰迪亚誉为 Virgilio major, et Homero certior【比维吉尔更伟大，比荷马更永恒】[2]。他的散文体著作里继承了西塞罗[3]和塞内加[4]的道德观，并显示出他对《蒂迈欧篇》[5]和新柏拉图派《论原因》*Liber de Causis* 拉

厄伯哈德 丁文译本的熟稔。贝图涅的厄伯哈德（盛于 1212 年）和维耶丢的亚历山大 Alexander of Ville-Dieu（卒于 1240 年）虽俱以拉丁韵文著作语法书[6]，却不配诗人的头衔。不过厄伯哈德毕竟也因作品《迷苑》[7]而享有声誉，

555 此诗主题涉及修辞学和诗学教师的不幸，其中的第三和最后部分提供了对当时流行的三十多位诗人的品评。维吉尔与奥维德、珀息乌斯与玉万纳尔、斯塔提乌斯与克劳狄安之外，我们在此找得到晚近的诗人，有彼得·理伽与里尔的阿兰，还有《阿尔基特伦》*Architrenius*【译按，作者是让·德·奥维耶】、《亚历山大大帝之歌》*Alexandreis*【译按，此时期还有仿法国版《亚历山大大帝之歌》的德国版同名之作】、《博物学者》*Physiologus*（忒奥鲍德 Theobaldus【译按，《博物学者》原系西元 2 世纪前的希腊文寓言集，西元 400 年前后

---

1 pp. 290, 372, 379, 449, 518（都仅出自《蒂迈欧篇》）。如阿贝拉尔和伯纳德·席尔维斯特一样，他将 νοῦς【心灵】人格化为“诺宇”Noÿs。

2 《教会凯旋颂》, p. 74。

3 Migne，ccx，《布道之技艺》*De arte praedicatoria*，c. 1，其中的 nihil citius arescit lacryma【枯竭最速者莫过于眼泪】，引为卢克莱修著作，实出自《致赫伦尼乌斯》, ii 31§50，或西塞罗的《论选材》, i 56§109。

4 同上，cc. 3，21，23–25，29，36（Hauréau，i 523）。

5 Hauréau，i 528.

6 下文第 667 页。

7 Leyser，796–854. Part iii 689 处提及作者名为 Eberhardus，参看 Saintsbury，i 408 以下。Gröber，389，须将贝图涅的厄乌剌德 Evrardus Bethune（约 1200）与日耳曼语法学家厄伯哈德（13 世纪）区别开来，前者是《希腊语修习》*Graecismus* 的作者，后者则增补了《迷苑》（Hauréau，《短评与摘录》, iv 281）。参看 Traube，《演说及论文集》, ii 109，注释 1。

译为拉丁文，此处的忒奥鲍德是一位改写者】[1]）以及《索利马尔志》*Solimarius*【译按，题名可能意谓"耶路撒冷之书"】[2]（冈忒尔 Gunther）的诸位作者。写最后这部作品的冈忒尔是一位西多会僧侣，他可能本是日耳曼族人，1210 年以前居住在孚日山区，他更为人知的作品是《利古理亚志》*Ligurinus*【译按，Liguria 系意大利西北滨海地区】（1187 年），这是一部歌咏"红胡子"腓特烈帝远征事迹的著名史诗，凡十卷，其中史事取自弗莱辛的奥铎，文体则模仿卢坎[3]。查士丁和瓦勒留·马克西姆斯，以及马提安·卡帕剌，乃是"语法家"撒克索 Saxo Grammaticus 混杂诗、文二体的丹麦史（止于 1185 年）所效仿的对象[4]。此后一个世纪里，仅为日耳曼地区所知的拉丁诗歌作品，有利普施塔特的查士丁努 Justinus of Lippstadt（1264 年之前）所作奥维德风格的《利泊英杰》*Lippiflorium*[5]，讲述利泊的伯纳德 Bernard of Lippe 历经骑士、僧侣和主教不同身份之生涯事业，还有涅恩堡（毗邻汉诺威市）的亨利·罗耳萨 Heinrich Rosla of Nienburg 所作《赫耳林伯格堡征服志》*Herlingsberga*【译按，此城在哈茨山脉西北部的葛斯拿 Goslar 镇附近】[6]，写的是布劳恩施维克—吕讷堡 Braunschweig-Lüneberg 一位公爵在 1287 年的勇武功绩。这些征伐事迹有幸得到 vates sacer【教会诗人】的赞颂，可诗人自己所获

冈忒尔

1 他对诸塞壬的描述为乔叟所知，见《坎特伯雷故事集》，15277，Tyrwhitt 本。

2 一部关于十字军的诗；Warton，《英诗史》，Diss. II clxx；其中 240 行由 Wattenbach 刊布出版于 1881 年（Bursian，《德国古典语文学史》，i 73）。

3 Migne，ccxii 327–476（复见《引说》*Prooemia*，255 以下，及《评述资料集》*eruditorum testimonia*，280 以下）；Pannenborg 在《德意志史探微》，1871–1873；Norden，《古代散文艺术》，875–879；Bursian，i 72；Gröber，403；又特别参看 Wattenbach，《中古德国史料考》，ii^6 286–290。

4 Bursian，i 73 以下。

5 Meibom 编订，见于"日耳曼史著汇编"，i 575；Laubmann 编订（1872）；Wattenbach，《中古德国史料考》，ii^6 362。

6 Meibom 编订，i 775（Bursian，i 85 以下）。

得的声名却不逾当地一域。12 世纪末期，《欢乐园》中显示出轻视诗歌的偏见来，也表现出对哲学和文科诸艺的喜好[1]。

法国的希腊语

在转入学术史的下一阶段之前，我们需要注意到 12 世纪出现了一
556 些学习希腊语的迹象。诺根 Nogent 的修道院长纪伯特 Guibert（卒于 1124 年），记录了他在世之时文学研究兴起的一股新风气[2]，但他自己未对希腊语表示出任何的兴趣来。尽管阿贝拉尔不懂希腊文，与他同年（1142 年）去世的神秘主义者圣维克多的雨果，却完成了一部“大法官”第欧尼修著作的新译本[3]。他的门人圣维克多的理查（卒于 1173 年），“因其默想而超逾常人”[4]，非但不去学习希腊文，反而敦促世人远离晓畅平实的亚里士多德和柏拉图及其他所有哲人族，去攀缘默想冥思的孤峰，以求俯首睥睨一切的科学与哲学[5]。弗勒律的修道院长马喀理乌斯（卒于 1146 年）因编纂了一部希腊语辞书（刊布于斯蒂芬 Stephens 的《希腊语文宝库》*Thesaurus Graecae Linguae* 的第 15 卷[6]）而获得声誉，但这部“辞书”只是苏伊达斯辞典的缩编本而已，且有可能是某位拜占庭僧侣的手笔[7]。伽普的纪尧姆于 1172/1173—1186 年期间出任圣德尼的修道院长，他在 1167 年从君士坦丁堡借了一批希腊文书籍到圣德尼[8]，其中有耶路撒冷的

---

1 见第 559 页图。

2 Migne，clvi 844（Rashdall 的《中古欧洲的大学》，i 32）。

3 Migne，clxxviii 1080 D，1704 B–C.

4 但丁，《天堂篇》，x 132。

5 Migne，cxcvi 54；《小便雅悯》*Benjamin Minor*，c. 75。

6 Tougard，64.

7 《圣职修士马喀理乌斯的苏伊达斯辞典摘录》*Macarii hieromonachi ecloge e lexico Suïdae*（Krumbacher，p. 563[2]）。

8 上文，第 425 页。

“教长”米凯勒所作的第欧尼修颂，今仍存世[1]。还有一部哲学家塞昆都斯 Secundus 的传记，由纪尧姆本人译成拉丁文。而翻译那部颂词的是另一位圣德尼的纪尧姆，此人与第欧尼修的另一位译者“萨拉逊人”约翰有书信往来[2]。“诗人”皮埃尔 Pierre le Chantre 曾任巴黎主教（卒于 1197 年）【译按，皮埃尔未任巴黎主教，盖此处误将其与 Maurice de Sully 混淆了】，他在著作里提及阿理斯提波、亚里士多德、德摩斯提尼、第欧根尼、伊壁鸠鲁、约瑟夫、柏拉图和波弗利等希腊文重要作家[3]，还援引了一段《腓尼基妇女》的文字[4]。与此同时，奥热地区的圣芭芭拉 Ste-Barbe-en-Auge 副修道院长提醒卡昂的一位僧侣，谓“没有书斋的修院，好比没有武库的堡垒”[5]。然而贝克附近一家修道院的藏书目录上（约 1164 年）却找不到一本希腊文书籍[6]。约 1100 年时，博韦 Beauvais 附近的弗罗瓦蒙 Froidmont 有一位叫埃利南 Hélinand 的僧侣，他将希腊文的 γνῶθι σεαυτόν【认识你自己】写作 nothiselitos 及 nothiselito[7]。法兰西的拉丁学者们，只有通过那些教父作家，才聆听到辽远的希腊学问之余响[8]。而在日耳曼，我们看到“苏格兰 557

日耳曼

1 巴黎图书馆，“希腊藏品” *fonds grec*，no. 933。

2 Delisle 在《学人杂志》（1900），725–739。

3 Migne，ccv 19（Tougard，61）.

4 同上，30 D，取自塞内加，《书简集》，49。

5 同上，845 A（引文见第 441 页）。

6 Migne，cl 769–792；Mullinger 的《剑桥大学史》，i 100 以下。

7 Gidel，274 注释。

8 “好望” Bonne-Espérance【译按，今在比利时境内】的修道院长，哈尔汶的菲利普 Philip de Harveng（Migne，cciii 154），etsi (lingua) Hebraea et Graeca eo datae sunt ordine patribus ab antiquo, tamen quia non usu sed *fama sola ad nos veniunt de longinquo*, eisdem valefacto ad Latinam praesentem noster utcunque se applicat intellectus【纵然对于古时的教父们而言，希伯来文和希腊文是必备的知识，对我们而言却是无益，长期以来徒然成就了名声而已，同样，我们也会如此地告别拉丁语，固然它关乎心智思想】（Denifle，《中古教会文史资料》*Archiv für Literatur und Kirchengeschichte des Mittelalters*，iv 595）。

人”大卫 David the Scot 在维尔茨堡 Würzburg 注疏了《解释篇》(1137 年)[1]，弗莱辛的奥铎（卒于1158年）推动了亚里士多德的研究[2]，考尔维的修道院长韦巴尔德 Wibald（卒于 1158 年）阅读了希腊与拉丁诗人、演说家和

意大利

哲学家的著作，他向希尔德斯海姆的图书馆求借西塞罗的某些作品，以“奥利金注疏”和一部希腊文的《谋略论》为抵押品[3]。本世纪意大利研究希腊文的学者，有米兰的大主教葛洛索拉诺 Grossolano（卒于 1117 年），他被帕斯卡尔二世派往君士坦丁堡，其人以希腊文辩论圣灵之发生的著作留存至今[4]。还有威尼斯的“神父”雅各布 Jacobus Clericus，他翻译并阐释了亚里士多德的《论题篇》《分析篇》与《辩谬篇》(1128 年)[5]。博洛尼亚的阿尔贝理柯 Alberico of Bologna（约 1150 年）翻译了希波克拉底的警言集[6]，托斯卡纳的雨果与利奥兄弟二人（约1170—1177年）参与了君士坦丁堡希腊语的讨论会，其中利奥完成了一部《希腊详梦家》*Oneirocritici Graeci* 译本[7]。还有维特波的戈弗雷 Godfrey of Viterbo（卒于 1190 年），据言他通晓希腊文、希伯来文、迦勒底文 Chaldee 等文字[8]。1192 年前后的

1 Heeren，i 257 以下。

2 Bursian，i 68，75 以下；上文第 532 页。

3 “quem Graece *stratagematon* vocant, quod militare est【其希腊文题名作‘谋略’，乃论兵之书】”；Migne，clxxxix 1298 以下（Tougard，59）；下文第 619、649 页。

4 Gradenigo，50 以下。

5 “山上”的罗伯特 Robertus de Monte，圣米歇尔山 Mont S. Michel 的修道院长（Pertz，《日耳曼历史学文库》，viii，“史著汇编”，vi，489 注释）；参看 Jourdain，58；Prantl，ii 99[2]；Ueberweg，i 391。

6 Gradenigo，70.

7 同上，71–75。

8 同上，76–83；Muratori 对此说不以为然，见《意大利史料系年汇编》，i 的前言，p. vii；此人的《腓特烈帝本纪》*Gesta Friderici* 见于 Pertz，《日耳曼历史学文库》，xxii 307；参看 Wattenbach，《中古德国史料考》，ii[6] 291–298；以及 Gröber，404。

比萨涌现出的人物，包括育古齐奥 Hugutio，他是费拉拉 Ferrara 的主教（1191—1212 年），曾编纂过一部字源词典，其中征引了一些希腊文的字句[1]；还有一位法学名家，约翰·布尔龚第奥 Joannes Burgundio（卒于 558
1194 年），曾代表“红胡子”帝出使东方世界，他翻译了“尼撒的格雷高利”（实为涅米修斯 Nemesius 的《原人论》）[2]、刻律索斯托和大马士革的约翰（《正教信仰论》）等人的一些著作，还翻译了查士丁尼法典的部分希腊文篇章，这部分译文被阿库尔修斯 Accursius 归为其他人的成果[3]。正是布尔龚第奥指出了《后分析篇》之于索利兹伯瑞的约翰的重要意义[4]。

英国

英国的希腊学术之境况，或许由此事实得以推知，即在坎特伯雷的基督教宗座堂的书目中（12 世纪末），与普理西安相关的抄本有 18 种，却仅有一种希腊文的语法书（《多纳图斯的希腊语》*Donatus Graece*），而亚里士多德的著作仅有拉丁译本的《论题篇》和《辩谬篇》，再就是波弗利的《引介》以及波爱修斯的注疏而已了[5]。“托马斯·布朗师父”Master Thomas Brown，受西西里的国王罗杰尔 Roger of Sicily（卒于 1154 年）的信任，成为第一位以希腊文书写其姓名的英国人，“Thomas Brounos”出现在罗

---

1 Du Cange 本“前言”，§46；Gradenigo，83 以下。育古齐奥并未果真以帕皮亚斯为蓝本（如 Du Cange 援引的诺南托拉编年史所云），而是同样借用了如奥斯贝尔努 Osbernus 之类的文献来源（Loewe，《早期拉丁字汇著作集成》，244–246）。

2 C. J. Burkhard 编订本（维也纳，1902）。

3 Gradenigo，86–94。参看 C. H. Haskins【译按，文章题为《12 世纪文艺复兴的希腊因素》*The Greek Element in the Renaissance of the Twelfth Century*】在《美国史学评论》，1920，607–610。

4 《逻辑本原》，iv 7（Prantl，ii^2 106）；此重要性被忒奥多理克的《七书》所忽略，Clerval，《沙特尔的学校》，245。

5 Mullinger，i 100 以下；摹本见 M. R. James，《坎特伯雷与多佛的古代图书馆》*The Ancient Libraries of Canterbury and Dover*。

杰尔国王希腊文特许状的证词中[1]。索利兹伯瑞的约翰（卒于1180年）对希腊语的研究[2]，已受到圣奥耳班的亚历山大·纳坎（卒于1217年）的注意[3]，纳坎曾在巴黎学习和任教（1180年），他引述过《后分析篇》[4]、《论题篇》和《论灵魂》[5]。较他年岁稍幼的一位同胞，舍尔斯希尔的阿尔弗雷德 Alfred de Sereshel【译按，Shareshill，在斯塔福德郡内】，在题献给纳坎的《心脏之运动》*De Motu Cordis* 这一著作中，几乎列出晚近由阿拉伯文译成拉丁文的全部亚里士多德作品题名[6]。他被称作“英国人阿尔弗雷德”，是《论植物》*De Plantis* 一书的译者，随后我们还将再见到他，跻身于阿拉伯文献的译者，他们令欧洲西部世界对亚里士多德的认识延伸到一个新的天地[7]。

---

1 Stubbs，《中古史、近代史及相关论题研究十七讲》，133[1]；Freeman，《史论集》，iii 472。两者均未录出原文，唯见于 Cusa，《西西里希腊文与阿拉伯文的官书集》*I Diplomi greci ed arabi di Sicilia*，巴勒莫，1868，i 313，*μάς ρο θωμᾶ τοῦ βρούνου*【托马斯·布朗师父】。

2 上文第540页。

3 上文第548页。

4 《物性论》，pp. 57，142，291，293，299。他将之称作《论集》*Analectica*。

5 Hauréau，II i 63.

6 同上，65以下。

7 下文第569页。

559

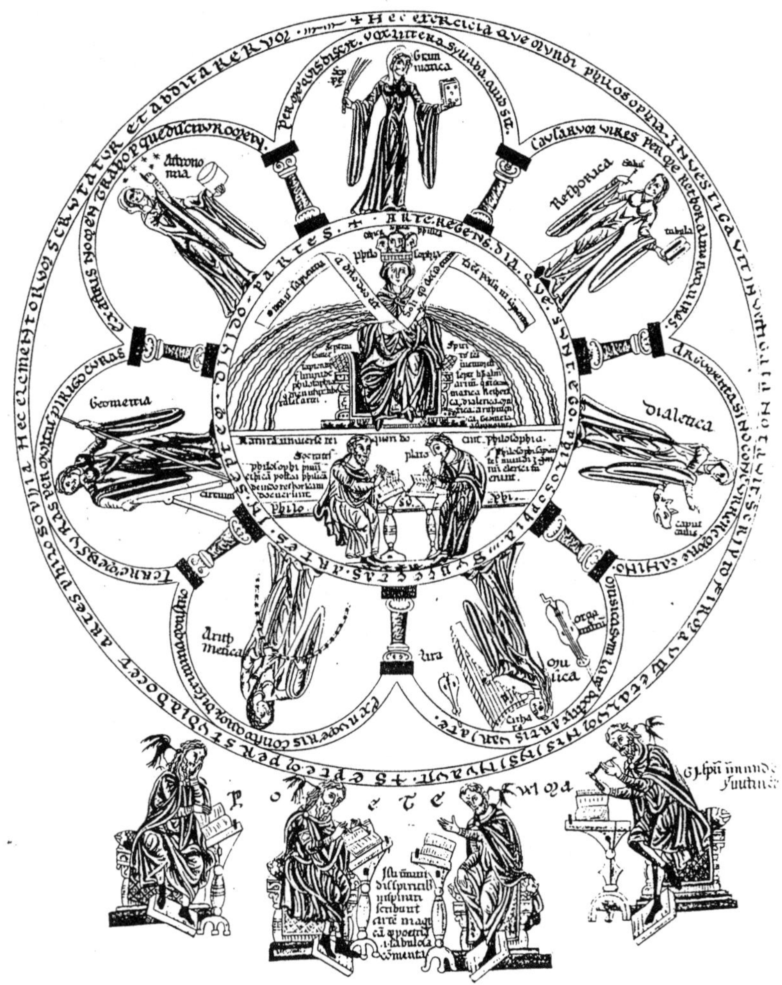

图 20 哲学与文科诸艺，反对诗人

出自兰茨堡的赫剌德（卒于 1195 年）的《欢乐园》，由 Straub 与 Keller 的对开本（斯特拉斯堡，1899）plate xi *bis* 简化而成。参看下文第 618 页以下，以及《图录说明》

History of Scholarship, &c., in the West, 1200—1400 A.D.

Italy	Spain	France	Germany	British Isles
1200		1201 d. Gautier de Lille 1203 d. Alain de Lille 1135–1204 Peter of Blois 1207 d. Amalrich 1209 d. Petrus Riga		1200 d. Nigellus Wirecker 1200 Geoffrey Vinsauf 1201 d. Roger Hoveden 1202 d. Ralph de Diceto
1210 f. Franciscans 1212 d. Hugutio bp of Ferrara		1210 Aristotle's *Physics* proscribed in Paris 1212 Eberhard of Bethune	1210 Albrecht v. Halberstadt	1210 d. Joseph of Exeter 1211 Gervase of Tilbury
1220 Frederic II crowned at Rome 1221 Michael Scot at Bologna 1220 or 1232 Frederic II sends translations of Aristotle to Bologna and Paris 1222 f. Univ. Padua 1224 f. Univ. Naples 1226 Thomas of Celano 1230 Bonaccursius	1209?–1217 Michael Scot at Toledo	1215 Aristotle's *Physics* and *Metaphysics* proscribed 1215 f. Dominicans 1217 Dominicans in Paris 1226 d. Guilielmus Brito 1228–48 *fl.* William of Auvergne 1230 Franciscans in Paris, joined 1231 by Alexander of Hales (d. 1245) 1231 Aristotle's *Physics* conditionally allowed	1215 Frederic II crowned at Aachen	1217 d. Alexander Neckam 1147–1222 Giraldus Cambrensis 1234? d. Michael Scot
1249 d. Petrus de Vinea 1250–64 *fl.* Bartholomew of Messina	1240 & 1256 Hermann the German at Toledo 1243 f. Univ. Salamanca	1240 d. Alexander of Villedieu 1204–52 *fl.* Joannes de Garlandia 1253 d. John of Rochelle 1255 Aristotle's *Physics* and *Metaphys.* studied	1193–1280 Albertus Magnus	1240 d. Edmund Rich abp of Canterbury 1245 d. Alexander Hales (Paris) 1230–50 *fl.* Bartholomaeus Anglicus 1249 f. Univ. Coll. Ox. 1252 d. John of Basingstoke 1175–1253 Grosseteste 1258 d. Adam Marsh 1259 d. Matthew Paris

1266 Henricus Mediolanensis 1271 Gerard of Sabbionetta		Paris 1264 d. Vincent of Beauvais		1264 f. Merton Coll. Ox. 1215–70 *fl.* Alfred de Sereshel
1221–74 Bonaventura 1225–74 Thomas Aquinas (1268–81 *fl.* William of Moerbeke)	1277 d. Petrus Hispanus	1272 Siger of Brabant leaves Paris	1280 Hugo von Trimberg 1281 Conrad von Mure	1279 d. Kilwardby abp of Canterbury
1283–4 Siger of Brabant d. at Orvieto 1286 Balbi 1294 d. Brunetto Latini Guido delle Colonne		1283 Gilles de Paris, *De Regimine Principum*	1281–3 Nicolaus de Bibera 1284 H. Kosbein of Lübeck	1284 f. Peterhouse, Camb. 1214–94 Roger Bacon
1300				
Marchesini of Reggio 1306 d. Jacobus de Benedictis 1309 d. Lovato 1250–1315 Petrus Aponensis 1265–1321 Dante 1261–1329 Mussato 1319–27 *fl.* Del Virgilio 1337 Ferreto 1343 f. Univ. Pisa		1311 Council of Vienne 1315 d. Raymund Lull 1294–1316 Gilles de Paris (*Egidio da Roma*) bp of Bourges 1322 Jean de Jandun 1327 Buridan, rector Univ. Paris, d. 1350 1344 Levi ben Gerson	1347–8 f. Univ. Prague 1365 f. Univ. Vienna	1300 Geoffrey of Waterford 1308 d. Duns Scotus (Cologne) 1316 f. Exeter Coll. Ox. 1326 f. Oriel and Clare 1340 f. Queen's Coll. Ox. 1345 d. Richard of Bury 1345? d. Walter Burley 1346 d. John of Baconthorpe 1347 d. William of Ockham 1347 f. Pembroke Coll. Camb.
1349 f. Univ. Florence		1348 Nicolas d'Autrecour	1383 Deventer school f. by Gerardus Magnus, and 1396 Florentius Radewyns	1348 f. Gonville Hall, C. 1349 d. Thomas Bradwardine abp of Canterbury 1350 f. Trinity Hall, C. 1352 f. Corp. Chr. Coll. Camb.
1304–74 Petrarch 1313–75 Boccaccio 1330–1406 Coluccio Salutato 1396–1400 Chrysoloras at Florence		1362 d. Pierre Bersuire 1366 Study of Aristotle recognised in Paris 1382 d. Nicole Oresme	1386 f. Univ. Heidelberg 1388 f. Univ. Cologne 1392 f. Univ. Erfurt	1373 f. Winchester School 1380 f. New Coll. Ox. 1324–84 Wycliffe 1328–1400 Chaucer
1400				

Continued from page 516.

第三十章

561

13世纪，新面目的亚里士多德

新面目的亚里士多德

显然，1128年之后的经院学者们熟稔于亚里士多德的整部《工具论》[1]，可以确证，这样的认知与索利兹伯瑞的约翰在1159年完成的著作不无关系[2]。中古西欧对于希腊文献的知识，是通过将希腊原著的阿拉伯文译本再转译成拉丁文而获得的[3]。在卡西诺山，僧侣君士坦丁（约1050—1080年）将希波克拉底和盖伦的著作从阿拉伯文译出，他生于北

---

1 上文第527、557页。

2 上文第539页。

3 参看Steinschneider，《东方人译述希腊著作考》*Orientalischen Uebersetzungen griechischen Autoren*，收入《维尔绍档案的文献附录》*Literatur Beiblatt zum Virchow's Archiv*（1888），no. 5；以及《图书馆学中央导报》，增刊，v（1889）§§1–23；又见Traube，《演说及论文集》，ii 87–89。

非，在遥远的巴比伦接受教育[1]。而西欧世界对亚里士多德《工具论》以外著作的最初认知，则归功于西班牙的阿拉伯人。12 世纪中叶，以及整个 13 世纪的前 50 年中，以拉丁文译阿拉伯著作之事业的重镇，是塔霍河畔的托莱多城，这里自 714 至 1085 年间一直由阿拉伯人统治，至“猛士”阿方索 Alphonso the Brave 方将之纳入卡斯蒂利亚的疆域。1150 年之前，
阿维森纳 Avicenna 注疏的《论灵魂》，与阿拉伯哲人所写的其他物理学及 562
形而上学著作，俱在托莱多通过卡斯蒂利亚语从阿拉伯文译成拉丁文，
这些书籍的译者是多米尼克·龚蒂萨维 Dominic Gondisalvi，他得到犹太人 龚蒂萨维
约翰·阿文戴思 Joannes Avendeath（本·达乌德 ben David）的口译之助，应托莱多大主教雷蒙德 Raymund（约 1130—1150 年）的要求而成就此事业[2]。 克雷默那的杰刺德
克雷默那的老杰刺德 Gerard of Cremona, the elder（卒于 1187 年），因对

1 Jourdain，《亚里士多德著作拉丁文译本年代渊源之查考》，96。参看 Rashdall 的《中古欧洲的大学》，i 81；以及 Steinschneider 在《维尔绍档案》，xxxvii 351–410，xxxix 333，《阿非利加人君士坦丁与其阿拉伯文献来源》*Constantinus Africanus und seine arabischen Quellen*，以及《论中世纪的希伯来文译书》，789 以下；又见 F. Wüstenfeld 在《哥廷根科学院论文集》，xxii 2，1877（《阿拉伯文著作的拉丁译本》*Die Uebersetzungen arabischer Werke in das Lateinische*，pp. 133），10–20。有关中古医学，参看《罗曼语语文学纲要》，II i 258–261。“君士坦丁 Constantyn”在乔叟的《序诗》，433 中出现，与“老希波克拉底 old Ypocras”和“盖伦 Galien”并列。

2 Jourdian，112 以下。在阿维森纳的阿拉伯文著《论灵魂》拉丁译本的前言中，“约翰·阿文达乌 Joannes Avendehut”（即 Joannes Hispalensis【塞维利亚人约翰。译按，Avendehut 可解作“达乌德 David 之子”】）对托莱多的大主教称说“hunc librum vobis praecipientibus, et me singula verba vulgariter proferente, et Dominico Archidiacono singula in Latinum convertente, ex Arabico translatum【此书由您先倡议，由我专门将之从阿拉伯文译成‘日常’言词，由助祭长多米尼克专门将之转为拉丁文】”，同上，449；参看 151，217。龚蒂萨维还翻译过阿维森纳的《论天》《物理学》和《形而上学》（Brown，《“苏格兰人”米凯勒生平及传奇》*Life and Legend of Michael Scot*，pp. 236，238），以及加惹尔的“逻辑学与哲学”（Ueberweg，i 407）。“塞维利亚人”约翰则翻译过《论精神与灵魂之分别》*De differentia spiritus et animae*，此书作者柯斯塔·本卢迦 Costa ben Luca，是一位巴贝克 Baalbek 的基督教哲学家和医学家（864—923），他将希腊文的手稿带至叙利亚，在巴格达翻译希腊著作（Barach，《中古哲学丛书》*Bibliotheca Philosophorum Mediae Aetatis*，ii 118）。（转下页）

托勒密的《天学大成》*Almagest* 怀有兴趣，遂至托莱多，将此书从阿拉伯文翻译出来，时在1175年[1]。他从阿拉伯文译成拉丁的著作还有70余种，其中有亚里士多德《后分析篇》《物理学》《论天与宇宙》《论生成与消灭》和《天象学》*Meteorologica*，以及伪亚里士多德的《论原因》[2]。

13世纪见证了对亚里士多德著作认知范围更为深远和更为重要的发展过程。在此发展过程中，经院学者所受的益处，一方面来自西方世界的阿拉伯人和犹太人；另一方面，则或直接或间接地来自东方世界的希腊人。亚里士多德长期以来受到叙利亚和阿拉伯地区人士的研究[3]，有关
563 他著作的学问，曾经从君士坦丁堡传至东方，又随阿拉伯人的征伐路线散播于非洲北部滨海地域，从西班牙进入西方世界，继而到达法兰西。但是，9世纪前半叶在巴格达完成的那些阿拉伯译本，直到12世纪中期才以拉丁文的形式传播到巴黎。

阿拉伯哲学是一种混杂着新柏拉图主义的亚里士多德派学说。12世
伊本·巴哲 纪，它在西班牙的主要代表是伊本·巴哲 Avempace（卒于1138年）和阿威罗伊 Averroës（卒于1198年）。伊本·巴哲在塞维利亚写过许多篇逻

（接上页）参看 Wüstenfeld 在《哥廷根科学院论文集》，25–39，以及 Steinschneider，《论中世纪的希伯来文译书》，281 以下，981 以下。“尊者”彼得（卒于1156年）所倡导的《古兰经》翻译，于1141—1143年间在西班牙付诸实施，译者“读书人”罗伯特 Robertus Retinensis，是一位英国人，他在庞普隆纳 Pampeluna 以助祭长一职终老。他可能得到了“达马提亚人”赫尔曼和“托莱多的彼得师父”的协助（Brown，119；参看 Migne，clxxxix，14，659；Wüstenfeld，44–50）。1144年，布鲁日的洛多夫 Rodolfus Brugensis 在图卢兹翻译了托勒密的《星图》，他是赫尔曼的学生，而“读书人”罗伯特则是年龄稍小于赫尔曼的一位友人（Wüstenfeld，48–53）。

1 参看 Steinschneider，522，注释158；而约在1160年时，此书已有出自希腊文的译本（《哈佛古典语文学研究》，xxi 78）。

2 Wüstenfeld，《哥廷根科学院论文集》，58，66 以下。参看 Steinschneider，792。

3 上文第394页。

辑学论文（约 1118 年），后来他移居格拉纳达和非洲，身后留下《物理学》《天象学》及亚里士多德其他物理学著作的若干注疏。阿威罗伊生 阿威罗伊 于科尔多瓦（1126 年），先后在塞维利亚和科尔多瓦担任法官【译按，指伊斯兰教法官“哈迪 Qadi”】，被人引荐给哈里发（1163 年），成为阐释亚里士多德著作并将之推广普及的最佳人选[1]。他成为太医，服务于这位哈里发及其继任者曼苏尔 Almansur，在 1195 年遭后者放逐，此时西班牙的摩尔人辖区里已经禁止研究希腊哲学了。1198 年，阿威罗伊逝世，不久后，摩尔人在托罗萨 Tolosa 的山间吃了败仗（1212 年），随后，1236 年科尔多瓦失陷，1244 年塞维利亚失陷。阿拉伯哲学很快在西班牙和其他地区黯淡衰亡，对于亚里士多德派学说的兴趣，从穆斯林转向了基督教世界。若言对亚里士多德的景仰，阿威罗伊甚至超过了东方的亚里士多德注疏家阿维森纳，他认为这位哲学家“具有神主许可人类可到达范围内最高的造诣”，他是“科学知识的奠基人和完成者”[2]。他对亚里士多德的研究工作有三个方面：（1）用简短的摘述在严格的体系秩序中再现亚里士多德本人的观点；（2）文间的义疏【译按，intermediate commentary 指文间的批评性注疏，并引据各种文献资料。参阅巴特沃斯：《翻译与哲学：以阿威罗伊注疏为例》（刘舒译，收入《古典诗文绎读》下册，427 页以下，译者将这种注体称为“义疏”）】；（3）完整的阐释（这最后一部分晚出于其他部分）。三种类型并存的，有《后分析篇》《物理学》《论天》《论灵魂》和《形而上学》；仅有（1）（2）的，有波弗利的《引介》《范畴篇》《解释篇》《前分析篇》《论题篇》《辩谬篇》《修辞学》《诗学》《论生成与消灭》；仅有（1） 564

1 阿卜德勒瓦希德 Abd-el-Wahid 语，转见于 Renan，《阿威罗伊与阿威罗伊主义》*Averroès et l'averroïsme*，17[4]。

2 Renan，同上，54[4] 以下。

的，有《物理学诸短篇》*Parva Naturalia*、《动物之构造》*De Partibus Animalium* 和《动物之生殖》*De Generatione Animalium*；仅曾写过（2）的，则是《伦理学》。我们没有看到他评注过《动物志》或《政治学》。前者已有阿维森纳的缩编本，而后者是否曾经被翻译成阿拉伯文尚且存疑。阿威罗伊既不懂希腊文也不懂叙利亚文，他用自希腊原文译成叙利亚文再转译出的阿拉伯文本研究亚里士多德，他的已刊注疏又是通过本来的阿拉伯文译成希伯来文再转译出的拉丁文本才传至我们[1]。稍后他获得了双重名声：他是伟大的**注疏家**，这受到托马斯·阿奎那的效仿；他又是伟大的**异教徒**，这遭到阿奎那的驳斥[2]。

中古的犹太哲学包含了亚历山大里亚学派和新柏拉图主义的因素。新柏拉图主义和亚里士多德派的影响，体现在西班牙的犹太人所罗门·伊本·葛比洛 Solomon Ibn Gebirol（约 1020—1070 年）身上，他

阿维塞布洛

以阿拉伯文写作，被经院学者们视为哲学家，他们称他作阿维塞布洛 Avicebron。他的主要观点认为新柏拉图主义的万物实有说可由共有的概念来理解。他不熟悉普罗提诺，他的新柏拉图主义思想源自阿拉伯译本的普洛刻卢斯及误被归于恩培多克勒、毕达哥拉斯和亚里士多德的著作。将亚里士多德派哲学与犹太神学相调和，乃是托莱多的亚伯拉

迈蒙尼德

罕·本·达乌德 Abraham ben David（约 1150 年）和科尔多瓦的摩西·迈蒙尼德 Moses Maimonides（1135—1204 年）的宗旨，迈蒙尼德将亚里士多德视为一切世俗知识的最大权威。列维·本·热尔松 Levi ben Gerson（1288—1344 年）为波弗利的《引介》和亚里士多德的《范畴篇》《解释

1 Renan，《阿威罗伊与阿威罗伊主义》，52[4]。有关阿威罗伊等亚里士多德注疏家的希伯来文译本，参看 Steinschneider，《论中世纪的希伯来文译书》，54–275。

2 见第 582 页后插图。

篇》所作的注疏，曾有一种拉丁译本，刊行于亚里士多德著作的旧拉丁本中。这位著述家生活于法兰西的南部。

阿拉伯人和犹太人在激发西方学者对学术产生新热情上做出很大贡 565
献。博学的犹太人通晓拉丁语和阿拉伯语，通过他们使得阿拉伯文的亚里士多德著作被译成拉丁语，成为经院学者们的知识财富，这些译本之所以能够流布于世，原因不仅在于文字的迻译，还在于其中对原文含混之处附有阐释[1]。

摩雷的丹尼尔

上文已言此时期的阿拉伯文著作译者皆以托莱多为中心，会聚于斯[2]。1200 年之前不久，一位名叫摩雷（或作 Morley，在诺里奇 Norwich 附近）的丹尼尔 Daniel de Morlai 的英国人，不满于巴黎博士们枯燥乏味的传统学说（约 1170—1190 年），遂往托莱多受学于阿拉伯人，返回英格兰时，“携有大量珍贵的手稿”[3]，得到牛津的约翰 John of Oxford 的热情欢迎。此约翰乃诺里奇主教，他对于天文学怀有特别的兴趣。起初，丹尼尔听闻在英格兰“并无文科教育，为了让路给提修斯 Titius 和塞乌斯 Seius【译按，罗马人常用名，此处借指拉丁文化】，亚里士多德和柏拉图尽遭遗忘”时，他对回国之事有些犹豫，他担心自己会成为“罗马人中唯一的希腊人”[4]。他唯一存世的著作讨论阿拉伯人有关地球与诸天体的学说。12、13 世纪翻译阿拉伯人著作的人物，有克雷默那的杰剌德、“苏格兰

1 Jourdain，《亚里士多德著作拉丁文译本年代渊源之查考》，16。

2 第 561 页。

3 cum pretiosa multitudine librorum.

4 《论上界自然与下界自然》*De Naturis Inferiorum et Superiorum* 序言，阿伦德尔 Arundel 本手稿 377 以下，由 Holland 教授刊印于牛津历史学会的《文集》*Collectanea*，ii 171 以下；参看 H. Morley 的《英国作家》，iii 187；Rashdall，i 323，ii 338；F. A. Gasquet，《都柏林评论》*Dublin Review*，1898，359。

阿拉伯著作之译者

人”米凯勒 Michacl Scot、“日耳曼人”赫尔曼、“英国人”阿尔弗雷德。其中最早的前辈是克雷默那的杰剌德[1]，翻译了托勒密的《天学大成》[2]，以
566 及盖伦、希波克拉底和阿维森纳的几部著作[3]。其翻译工作都完成于托莱

米凯勒

多[4]。下一位译者是“苏格兰人”米凯勒，据说曾就学于牛津[5]，传言他与博洛尼亚城有些瓜葛[6]。他确曾在巴黎读书，可能 1209 年之前在巴勒莫学习了阿拉伯文[7]。腓特烈二世还是一位年轻的西西里国王之时，米凯勒曾居住在他奢华的王庭里，将自己最早的三部著作题献给他。由于腓特烈帝与阿拉贡国王长女联姻（1209 年），派他去往托莱多，在那里翻译

---

1 罗杰·培根:《哲学概要》*Compendium Studii Philosophiae*，471。Tiraboschi，iii 192，381，以及 Boncompagni，《克雷默那的杰剌德传》*Vita di Cherardo Cremonense*（1851），此书分别出两位同名人物，老杰剌德的卒年根据佛朗西斯哥·毕宾诺 Francesco Pipino 的编年史定为 1187 年，小杰剌德（di Sabbionetta【来自萨毕昂涅塔】，在克雷默那东南），生活于大约 1255—1260 年间，与“日耳曼人”赫尔曼同时代而年岁稍长（赫尔曼至 1271 年尚在世）。基多·博纳提 Guido Bonatti 是 13 世纪人（Boncompagni，p. 65），称“苏格兰人”米凯勒和“克雷默那萨毕昂涅塔地方的杰剌德 Girardus de Sabloneto Cremonensis”与他同时代。但两位杰剌德身世的疑难未能全然解决。在 Boncompagni 的著作里，老杰剌德被确认是个翻译家，而小杰剌德则是位天文学家，而只有后者（他却被罗杰·培根描述为一名译者）可能与赫尔曼为同时代人。或许毕宾诺对老杰剌德卒年的界定有误，但该年代反复见于其生平传记的若干个抄本手稿中，并与此人翻译《天学大成》（1175）的时间相符。因此，看起来更可能的情况，是罗杰·培根在《哲学概要》，c. 10 中把“与赫尔曼同代而年岁稍长”者与 12 世纪的那位翻译家混为一人。

2 Charles，《罗杰·培根》，331；上文第 562 页; Traube，《演说及论文集》，ii 87，注释 2。

3 J. F. Payne 博士，在 Rashdall，ii 780–782。有关他从阿拉伯文译出的亚里士多德著作，见上文第 562 页。

4 例如梵蒂冈藏本 2089，p. 307 v，incipit sextus de naturalibus auicenae translatus a magistro Girardo cremonensi de arabico in latinum in toleto【在托莱多，克雷默那的杰剌德师父着手将阿维森纳的《治疗论》第六卷（译按，指《论灵魂》）由阿拉伯文译成拉丁文】（J. Wood Brown，《“苏格兰人”米凯勒生平及传奇》，p. 238）。

5 Jourdain，《亚里士多德著作拉丁文译本年代渊源之查考》，125。

6 薄伽丘:《十日谈》，viii 9。

7 J. Wood Brown，p. 24.

了两篇阿拉伯文的亚里士多德《动物志》摘要，（1）《恺撒里亚动物志》
De Animalibus ad Caesarem[1]，（2）《阿维森纳的缩编本》*Abbreviatio Avicennae*。后者
的献词中称腓特烈帝为“罗马的皇帝，世界的霸主”。因为腓特烈直到
1215年方在亚琛加冕称帝，故而第二部译本不能早于此时[2]。在1217年，
米凯勒翻译了一部阿尔佩特罗基 Alpetraugi 论天体的阿拉伯文著作[3]。从此 567
时到他1223年返回皇廷期间，他译出了阿威罗伊注疏的亚里士多德《论
天》《论灵魂》。在上述同一部抄本手稿中还有其他的阿威罗伊注疏的译
文，这些无疑都是托莱多翻译学派的成果，其中《物理学》《形而上学》
注疏之译本很可能要归于“苏格兰人”米凯勒名下，大阿尔伯特[4]批评他
对于阿威罗伊陈述“逍遥学者”尼古拉斯 Nicholas the Peripatetic 观点的部
分有些离题[5]。腓特烈二世于1220年在罗马加冕，而1221年10月21日
【译按，此处所征引文献中的1221年若系比萨纪历，则实为1220年】“苏格兰人”

1 冈维尔与凯斯学院藏本 109（178），fol. 9–107。Wüstenfeld 在《哥廷根科学院论文集》，102–106，主张“苏格兰人”米凯勒是从阿维森纳阿拉伯文《动物志》摘要的希伯来文译本中译出的。这遭到 Steinschneider 的反驳，见《论中世纪的希伯来文译书》，478 以下。

2 J. Wood Brown 先生（p. 55）以为该书译于1210年，即如梵蒂冈藏本 4428，p. 158 所标示的；但在他所提供的摹本上（见 p. 55 反面），我注意到在 M^{o}C^{o}C^{o}X 的末尾还有一个零落的 V。

3 Jourdain，133；Renan，208[4]；Brown，99–105。此作者盛年在1190年前后，他是阿布巴克 Abubacer 的一名门生。他的名字有多种拼法，事实上应作 Ibn el-Bitraugi（得自佩特罗基 Petroches，在科尔瓦多南部）。

4 《著作全集》*Opera Omnia*，ii 140。

5 Hauréau，i 470；Renan，209[4]；Brown，127。见于威尼斯藏本手稿的阿威罗伊其他注疏，还有《天象学》《论生成与消灭》《物理学诸短篇》，以及伪作《论原因》，他自己的著作有《天运篇》*De Substantia Orbis*（Jourdain，128–130；Brown，132）。圣维克多藏本中，《物理学诸短篇》被归为克雷默那的杰剌德所译。Rose（《亚里士多德之“石志”与阿诺德·萨克索》*Aristoteles de lapidibus und Arnoldus Saxo*，341）认为米凯勒翻译了阿威罗伊的《物理学》《论天与宇宙》，及《形而上学》，他的亚里士多德著作译文仅是借用了克雷默那的杰剌德本较平顺流利的译笔；Danou 则相信亚里士多德著作译文仅限于《动物志》《论天与宇宙》（以及阿威罗伊的注疏），及《论灵魂》（Steinschneider，《论中世纪的希伯来文译书》，478）。

米凯勒正在博洛尼亚[1]，显然直至1223年才返回巴勒莫的皇廷。作为一名占星家和医师，他受到很高的礼遇，甚至被霍诺留斯三世（1224年[2]）和格雷高利九世（1227年[3]）荐请至英格兰，就任于教会的显赫职位。格雷高利九世还肯定了他在阿拉伯文和希伯来文方面的精熟造诣，却对希腊语知识方面不置一言。罗杰·培根议论“日耳曼人”赫尔曼的权威地位时，曾说米凯勒无甚语言能力，并且说他主要倚靠一位名叫安德理亚
568 Andreas的犹太学者[4]。培根谓米凯勒给西方学者引介了亚里士多德的物理学和数学（？）著作以及该著作的诸家注疏。译自阿拉伯文，无疑意味着它们引介的日期“在1230年之后”[5]。在1232年，皇帝下特诏，准许钞录米凯勒《阿维森纳的缩编本》，即是他曾整理亚里士多德《动物志》两部著作中的第二部[6]。腓特烈二世督令对“亚里士多德著作，及其他哲学家的数学和逻辑学论著”希腊文和阿拉伯文手稿进行翻译，这些书籍包含了皇家图书馆的收藏，显然在1232年之后不久，他就将诸种译本

---

1 冈维尔与凯斯学院藏本，109（178），fol. 102 b处抄录一条《恺撒里亚动物志》译者的短笺，谓“et iuro ego Michael Scotus qui dedi hunc librum latinitati quod in anno MCCXXI, xxi Kal. Novembr. die Mercurii accessit nobilitor domina totius civitatis hononiensis (sic), quae erat hospita mea etc.”【我，将此书译成拉丁文的“苏格兰人”米凯勒，在此宣誓：时在1221年10月21日，星期三，受到全城最高贵一位女士的招待，她是我的恩主云云】（此乃米凯勒生涯事迹中一个新见的明确日期，由M. R. James博士提供）。

2 《巴黎大学资料集》，i 105。

3 同上，110。

4 《哲学概要》，472。

5 《著作一集》，36以下，tempore Michaelis Scoti, qui annis 1230 transactis apparuit deferens librorum Aristotelis partes aliquas de naturalibus et mathematicis cum expositoribus sapientioribus, magnificata est Aritotelis philosophia apud Latinos【1230年后，有“苏格兰人”米凯勒，译出了亚里士多德的某些物理学与数学著作及其附带之注疏，扩大了拉丁文的亚里士多德哲学之疆域】。参看Jourdain，128以下。Bridges，iii 66，作“de Naturalibus et Metaphysicis（饱蠹楼藏本）cum expositionibus authenticis”【物理学及形而上学著作及其权威注疏】。

6 Brown，178.

遣送至博洛尼亚和巴黎的各所大学[1]。皇帝写给博洛尼亚[2]与巴黎[3]方面的书信之副本留存下来，这些书信可能是由于米凯勒本人传递的，他或许还曾经访问过牛津。他在 1235 年之前去世[4]，相传他的墓地与出生地，都在苏格兰的低地区。他作为炼金术士、占星家和巫师的声名，现已不传。他在巫术领域的显赫本领曾受到但丁[5]、薄伽丘[6]和瓦尔特·司各脱[7]的赞誉。

“日耳曼人”赫尔曼于 1240 年[8]在托莱多翻译了阿威罗伊的《伦理 569
学》义疏，在其他时候还完成了一部阿拉伯文《伦理学》缩略本（可能 “日耳曼人”
是阿威罗伊的著作）的翻译。他论述《修辞学》的著作不过摘录了阿尔 赫尔曼
法拉比 Alfarabi 的会注，论《诗学》的著作则只是阿威罗伊的缩写[9]，中古

1 Jourdain，154 以下，163 以下。Prantl（《逻辑学史》，iii 5）认为是在 1220 年。或坚称腓特烈帝更有可能与博洛尼亚和巴黎信息交通的时间当在他于那不勒斯建立自家的大学（1224 年）之前，而非之后。

2 威尼斯的彼得 Petrus de Vineis，《书信集》，iii 67（vol. i p. 432，Iselius 本，1740）。

3 《巴黎大学资料集》，i 435（署名者是曼弗莱德 Manfred【译按，西西里国王，腓特烈帝私生子】）；参看 Brown，174。

4 阿弗朗什的亨利 Henri d'Avranches，见引于 Brown，p. 176。“1256 年为曼弗莱德所作”之论文，其年代或许是西班牙纪元【译按，14 世纪以前西班牙地区所用纪年历，以西元前 38 年为元年】，相应于 1218 年，可能是指此年为腓特烈二世所写的著作，后抄录副本赠与曼弗莱德（《英国历史学评论》，1898，p. 349）。Jourdain 的观点，以为米凯勒卒于意大利，时在腓特烈二世崩殂（1250 年）之稍后，此说得到 Steinschneider 的赞同，见《论中世纪的希伯来文译书》，477。

5 《地狱篇》，xx 115–117。

6 《十日谈》，viii 9。

7 《最后的游吟诗人之短咏》，notes 2 C–E。

8 洛伦佐藏本，lxxix 18。

9 刊印于威尼斯，1481 年，并收入于 1560 年的威尼斯本亚里士多德著作集中；复由 Fr. Heidenhain 重刊（1890）。参看罗杰·培根，《著作一集》，59，《哲学概要》，473；Jourdain，139–144；Charles，《罗杰·培根》，122 注释 1，及 329；Wüstenfeld 在《哥廷根科学院论文集》，91–96。

世界所知的亚里士多德《诗学》仅此渠道而已。这几种讨论修辞学和诗学的微薄著作，都题署着“托莱多，1256”。腓特烈二世崩殂于1250年，1256这个年数与罗杰·培根在1267年所记述的赫尔曼事迹相符[1]，谓此人曾以译书之职效力于“曼弗莱德，此王近来被查理征服”，这里所说的查理指安茹的查理王 Charles of Anjou（1266年）[2]。上文提及的那封写给各大学的书信，有的抄本上署名为曼弗莱德[3]，他或许是重新发布了其父王的函件，附带着赠送了他在位期间新出的译著副本。墨西拿的巴忒洛缪 Bartholomew of Messina 判定有种《大伦理学》*Magna Moralia* 的译本出自曼弗莱德之手[4]。

“英国人”阿尔弗雷德

翻译阿拉伯著作的最后一家，是“英国人”阿尔弗雷德（盛于1215—1270年），他在罗马出任枢机主教奥托博尼 Ottoboni 的私人神父，后又作为教皇使节前往亨利三世治下的英格兰[5]。他将阿拉伯本的伪亚里
570 士多德《论植物》翻译成拉丁文[6]，附有简短的注释，其中他引及《论生成与消灭》《天象学》《论灵魂》和《后分析篇》[7]。他似乎还对《天象学》最初译本做了校订，在其中窜添了他自己的译文。此说系出自罗杰·培根[8]，他非常轻视所有这些阿拉伯文献的译者，其中包括“佛兰芒人威

1 《著作三集》，p. 91。

2 Renan，《阿威罗伊与阿威罗伊主义》，211–215[4]。

3 参看 Denifle 在《巴黎大学资料集》，i 435 的说明（Rashdall，i 359）。

4 Tiraboschi，iv 170.

5 Bale，在 *Alphredus Anglicus* 词条下，p. 322，1557年版；Morley 的《英国作家》，iii 187。

6 上文第558页；见引于博韦的樊尚 Vincent of Beauvais（1250），《博物通鉴》*Speculum Naturale*，ix pp. 91–92，1494年版（Wüstenfeld，前揭，87以下）。

7 Barach，《中古哲学丛书》，ii 11–13，113。

8 转见于 Charles，372以下。“最初译本”者，大概是指克雷默那的杰剌德之译文。

廉”William the Fleming，此人我们将稍后再予论述[1]。

正当西方学者辗转通过阿拉伯文献的译本而延伸了对亚里士多德的认知范围之时，1204 年君士坦丁堡的拉丁征服者则为他们展开直接通向希腊学术宝库的前途。征服者们本人对学问是蔑视的，但他们征战胜利后的结果自然是希腊文手稿的散落，其中有部分便传播到了西方世界。从君士坦丁堡流出的亚里士多德著作抄本手稿唯一可寻找到的证据提到了《形而上学》[2]，不过有可能指的是《物理学》。经院学者们不再满足于阿拉伯文本转译出来的亚里士多德，开始着手于直接从希腊文进行翻译。奥弗涅的威廉 William of Auvergne（他 1228 年成为巴黎主教，1248 年尚在世）接触过一部由希腊文译出的《论灵魂》，就发生在巴黎的各学校获得“苏格兰人”米凯勒翻译的阿威罗伊注疏本之前[3]。《修辞学》《政治学》《尼各马科伦理学》《大伦理学》《形而上学》至少一部分的内容，还有《物理学诸短篇》，皆首度由原文的拉丁译本为世人所知，不过最早**完整**译本的《伦理学》与《形而上学》（以及《物理学》《动物志》《论天》和《天象学》）还是出自阿拉伯文[4]。将自阿拉伯语译出的文字，与仅仅转换为拉丁音译词的阿拉伯语相参照，通常因意义不明而走样。相反，自希腊语译出的文字，虽说平实刻板且未必总是准确，但其优点在于至少带给学者接近原文的一个阶梯。经过对亚里士多德著作， 571
以及对阿拉伯和犹太哲学家的新柏拉图主义和亚里士多德学派著作更全

1　第 585、591 页以下。

2　上文第 427 页。

3　Jourdain，170，意谓米凯勒翻译了文本，但 J. Wood Brown 先生则向我担保他不知此说有何证据。

4　Jourdain，144，177；参看 Rashdall，i 359 以下。

面的认知，经院学者们的研究得到极大程度的扩展和改良。"大法官第欧尼修"的新柏拉图主义学说，被"爱尔兰人"约翰置于其泛神论观点中进行阐述，此时通过阿马尔理克（来自沙特尔附近的班涅 Bena，卒于1207年）和他最著名的追随者[1]，迪南的大卫 David of Dinant，得以重新流行。激发这次泛神论思想复兴的因素，可能部分来自阿弗洛底西亚的亚历山大的亚里士多德著作注疏（译者是克雷默那的杰剌德[2]），以及伪亚里士多德著作《论原因》[3]。当世人发现阿马尔理克著作中的泛神论宗旨时，他本人早已入土。1210年巴黎召开了一次宗教会议，决议宣布他的学说有罪，他的尸骨被人从墓中掘出，十名追随者被生生地烧死[4]。与此同时，颁布了宗教法令，规定"无论亚里士多德论自然哲学之书，还是相关的评论文字，都不准在私人或公开场合阅读"[5]。不可确定"亚里士多德之书"是指他本人的《物理学》，还是类如阿维森纳或阿威罗伊所作的某种阿拉伯文改写本[6]，还是指伪亚里士多德著作，比如《论原因》或

---

1 至少 Erdmann，i§192 以为如此。

2 Jourdain，《亚里士多德著作拉丁文译本年代渊源之查考》，123 以下，以及 C. Jourdain，《铭文与美文学院论集》，26（1867），493，497。

3 Hauréau，II i 103 以下。

4 见 Lacroix，《中古及文艺复兴时期的军事与宗教生活》*La Vie Militaire et Religieuse au Moyen Âge et à l'époque de la Renaissance*，p. 445 处的缩图。

5 Denifle 与 Chatelain，《巴黎大学资料集》，i 70，及 Denifle 的注释，"Inter auctores ante concilium mortuos inveni citatos libros De Metaphysica ... Absque dubio erant etiam noti libri Physicorum et forsan De Caelo et Mundo"【在上述这群已故作家（著作）中，你都可以找到《形而上学》的引文……无疑他们也熟悉《物理学》，恐怕还有《论天与宇宙》】。见"威尔士人"杰剌德的著作，见上文第 544 页。参看 Hauréau，II i 101；Ueberweg，i 431；以及 Rashdall，i 356 注释所载之文献。

6 Jourdain、Hauréau 及 Denifle 如此认为。毫无疑问的是（据 Renan，221[4]），1209（1210）年的宗教会议抨击了阿拉伯文的亚里士多德著作及其翻译，也抨击了阿拉伯人的注疏【译按，此句引语原为法文】。

《论更为神秘的埃及学说》*De secretiore Aegyptiorum doctrina*[1]。“布列塔尼人”纪尧姆所记有误，盖谓亚里士多德的**形而上学**类著作（可能欲指**物理学**类著作），晚近由君士坦丁堡传来，并从希腊文译成拉丁文，这些书籍在 572
1209 年（原文如此）遭到了焚烧和禁毁[2]。1215 年由教皇使节为巴黎大学草拟的法令，规定对亚里士多德的研究仅限于论理学，禁止研究《物理学》和《形而上学》（此时，后者题名首度出现于官方文件中）[3]。罗杰·培根谓反对亚里士多德研究之人针对的是他在《论生成与消灭》末尾（与其相信世界永恒有关）的一段文字[4]。此书系亚里士多德论“自然哲学”著作之一**种**，却可以招致他在此主题下的**全部**著作如《形而上学》一样遭受罪责[5]。我们隐约地了解到在 1220 年，有个既懂希腊文又通阿拉伯文的人，分别从这两种文字翻译出亚里士多德著作的一部分内容，合为一个译本[6]。自 1228 至 1231 年，由于巴黎的大学与市民间发生冲突，大学的一些人员撤退到其他地方。在 1231 年他们归来之际，格雷高利九世命令，“libri naturales【物理学诸书】……不得在检查和修订之

1 参看 Charles，《罗杰·培根》，p. 313。

2 上文第 427 页。参看 Launoy，《巴黎法兰西学院藏品中的各种亚里士多德著作》*De Varia Aristotelis in Academia Parisiensi Fortuna*（1653），c. 1；Jourdain，187；Luquet，《亚里士多德与 13 世纪前的巴黎大学》*Aristote et l'Université de Paris pendant le XIIIe siècle*（1904）。

3 《巴黎大学资料集》，i 78 以下，“non legantur libri Aristotelis de methafisica et de naturali philosophia, nec summae de eisdem”【亚里士多德论形而上学和自然哲学的著作为非法书籍，这些书的“概要”本同样非法】。参看罗杰·培根，《著作一集》，p. 14，“temporibus nostris Parisius diu fuit contradictum naturali philosophiae Aristotelis per Avicennae et Averrois expositores, et ob densam ignorantiam fuerunt libri eorum excommunicati”【时至今日，巴黎一直反对经由阿维森纳和阿威罗伊所阐释的亚里士多德之自然哲学，这些人的著作概要也一向列为异端】；《著作三集》，p. 28，以及《神学概要》*Compendium Studii Theologiae*（下文第 592 页）。

4 转见于 Charles，《罗杰·培根》，315，注释 1。

5 Charles，315.《物理学》，viii 1 亦申明世界永恒的主张。

6 Jourdain，7.

前使用”[1]。这意味着1210与1215年中所判予亚里士多德研究的严酷罪目得以缓解。1230—1240年间，亚里士多德名声因其**哲学类**（以对照于他的**论理学类**）著作的引介而大为提升，以至被视为“哲人族之王”[2]。他的所有著作都在巴黎开始由如大阿尔伯特（1245年）和托马斯·阿奎那
573 （1257年）这等最著名的教会学者进行诠释，1255年，甚至连《物理学》与《形而上学》都被巴黎大学的文科部列为指定课题了[3]。

此时僧侣早已不再是欧洲唯一的教化者了，出身僧教之队列的最后一人叫安瑟尔姆，他在1093年卸去贝克的修道院长职务。此后的下一世代里，修道院开始对世俗学生们关闭了大门[4]。即便是修院制度的复兴和12世纪的改良运动，也未能对学术发展起到持久的推助作用。教育活动的掌控权由僧侣和修院学校转移到世俗神职人员和教区座堂学校[5]，巴黎圣母院的座堂学校在尚波的威廉（约1100年）执教时已获得声名，后发展为巴黎的大学（约1170年）[6]。方济各修道会于1210年在阿西希Assisi成立，多明我会于1215年在图卢兹成立，两者活动中心俱设在城镇，志在成为教育事业的重要机构。遵从于极为保守的正统思想的多明我会信徒，将他们的指挥部设立于博洛尼亚和巴黎（1217年），此外还

---

1 《巴黎大学资料集》，i 138，“(magistri artium) libris illis naturalibus qui in concilio provinciali ex certa causa prohibiti fuere, Parisius non utantur, quousque examinati fuerint et ab omni errorum suspitione purgati”【出于某些原因而居于外省的（文科教师们），他们所携的物理学诸书不可在巴黎使用，除非经过了审查，已净化掉全部可能存在的谬误】；参看Hauréau，II i 108以下。

2 Jourdain，28.

3 《巴黎大学资料集》，i 278。

4 Rashdall，i 42.

5 参看Léon Maître的《西方的主教学校与修道院（768—1180）》，1866，尤其参看p. 169。

6 同上，p. 145；Compayé，《阿贝拉尔与大学的起源及早期历史》*Abelard and the Origin and Early History of Universities*，6–8；Rashdall，i 277以下。

在牛津组织了一个据点（1221 年）。方济各会信徒于高等之智识上普遍不如多明我会信徒，且不那么强烈地反对新异的思想方式[1]，他们分别于 1224 年在牛津和剑桥、1230 年在巴黎建立了活动据点[2]。一场持久的斗争存在于这两个修道会和巴黎大学之间，其结果是在 1261 年，修道会获得了该所大学的某些特权[3]。当这两个修道会一旦宣告成立，所有伟大的经院学者便都是方济各会或多明我会的成员了[4]。

阿勒斯的亚历山大

第一位熟稔整个亚里士多德哲学领域及其阿拉伯诸注疏家的经院学 574
者，且于神学领域亦有同样之贡献的，乃是阿勒斯的亚历山大 Alexander of Hales，此人的名号得之于格鲁斯特郡 Gloucestershire 北部一个地方，今称之为海勒斯 Hailes，在温什柯姆 Winchcombe 附近。他于 1231 年在巴黎加入了方济各会，“1229 年”的“飘零岁月”【译按，原文作 dispersion，指 1229 年发生的大学文科部分师生撤离巴黎的事件】结束后返回大学[5]，成为一位著名的经院学究，后卒于1245年[6]。他是唯实论的代表。冗长的《神学大全》*Summa Theologiae* 至死未能完成，由别人在 1252 年续写终篇。此书体现东方阿拉伯人阿维森纳和加惹尔的影响远远深于西方阿拉伯人阿威罗

---

1 Renan,《阿威罗伊与阿威罗伊主义》, p. 259^4，“总体而言，方济各会学校远不似多明我会学校那么保守”【译按，原文系法文】。参看 V. Le Clerc,《14 世纪法兰西文学史》*Histoire Littéraire de la France au 14e siècle*, pp. 97–144，尤其是 p. 129 以下。

2 Rashdall，i 346 以下。

3 同上，369–392。

4 论述方济各修道会作家群的巨著，是 Wadding 六卷对开本的《小兄弟会史事系年》*Annales Minorum*（1625 以后），第 2 版变为 25 卷（1731–1886）。关于多明我会作家群，则有 Quétif 与 Echard,《布道团作家》*Scriptores Ordinis Praedicatorum*，2 卷对开本（1719 年以后）。

5 培根:《著作次集》，326，Brewer 本，其中刻薄地攻击了他的《神学大全》一书。

6 约翰·德·加兰迪亚以《教会秘仪赞》对之进行哀悼，称他为“flos philosophiae”【哲林独秀】云云。

伊[1]。曾经被列于他名下的《形而上学》注疏，现知系另一位方济各会员亚历山大里亚的亚历山大 Alexander of Alexandria 所作。剑桥大学图书馆[2]中有一部阿勒斯的亚历山大所作的《启示录》讲疏，确实属于他那时代，且可能是他亲笔誊录，包括有一幅作者的画像，表现为一名方济各会男修士装扮的跪拜形象[3]。

埃德蒙·理奇 还有一位英国人，叫埃德蒙·理奇 Edmund Rich，出生于伯克郡
理奇 Berks，后成为坎特伯雷大主教（1235—1240 年），被封为阿宾顿 Abingdon
的圣埃德蒙。他最早在牛津详细讲授《辩谬篇》[4]。柏拉图的思想体系和
奥弗涅的 宇宙论则有奥弗涅的威廉 William of Auvergne（卒于 1249 年）在巴黎讲授，
威廉 此人只知《斐多篇》和《蒂迈欧篇》，所著的《论宇宙》*De Universo* 和《论
灵魂》*De Anima* 大体以亚里士多德著作为蓝本，引及拉丁译本的《物理
学》《形而上学》《论灵魂》《伦理学》等书，虽则说他本人对于亚里士
多德的**言辞权威性**缺乏信心[5]。他将主要出自伪亚里士多德《论原因》的
一些命题斥为异端，并以亚里士多德及其信众的名义频频对阿威罗伊主
575 义进行攻击，不过他只有一次提到阿威罗伊的名字（称他是一位“最显
拉罗歇尔 赫的哲学家”[6]），而他从亚里士多德著作里摘录了很多引文[7]。拉罗歇尔的
的约翰 约翰 John of la Rochelle 是阿勒斯的亚历山大的门生和继承人，自 1245 至
1253 年间执教于巴黎，他在一部题为《论灵魂》的论著中显露出对亚里

1 Renan，《阿威罗伊与阿威罗伊主义》，224[4]。

2 Mm. V 31.

3 J. R. Green 的《英国人民简史》*A Short History of the English People*，插图本，卷 1，p. 287。

4 下文第 589、592 页。

5 Hauréau，II i 145；参看 N. Valois（1880）。

6 《论宇宙》，i 851；Renan，《阿威罗伊与阿威罗伊主义》，225–227[4]。

7 Jourdain，31，288–299.

士多德之同名著作及其希腊与阿拉伯阐释者们的熟稔，并且还体现出了对心灵学【译按，psychology 原属于哲学或形而上学研究的范畴，姑且译作心灵学以示分别】研究领域的新兴趣[1]。

柏拉图和亚里士多德两派之学说得到著名的方济各会教徒罗伯特·葛洛赛特斯特 Franciscan Robert Grosseteste（约 1175—1253 年）的融会贯通，他是林肯郡的主教，有史以来牛津的第一位校长。他生于萨福克郡 Suffolk 的斯特剌德布洛克 Stradbroke，受学于牛津和（可能还有）巴黎。约在 1199 年，“威尔士人”杰剌德给他写的荐举词[2]说此人学养以“文科诸艺为根基，并具有丰赡的文学知识”。在方济各会 1224 年于牛津建立据点后不久，他被指定为该会讲师[3]。与其同时代的马修·帕理斯，在当时的英格兰古典学问之中心圣奥耳班埋头著述，他称葛洛赛特斯特为 vir in Latino et Graeco peritissimus【最擅长拉丁语及希腊语之人】[4]，并说在他的希腊文研究中曾受助于一位名叫尼古拉斯的圣奥耳班僧侣[5]。葛洛赛特斯特有位了不起的景慕者，即罗杰·培根，尽管曾谓受他恩惠甚多，却主张此人毕生[6]的希腊语知识不足以使之能够从事该语言文献的翻译，他从来都不可能在毫无援助之下翻译希腊文或希伯来文[7]。培根还告诉我们，葛洛赛特斯特全然无视亚里士多德著作之存在[8]，不过由上下文

葛洛赛特斯特

1 Hauréau，II i 192.

2 i 249，Brewer 本。

3 《方济各会资料集》*Monumenta Franciscana*，i 37。

4 《盎格鲁史》，ii 467，Madden 本。

5 《大编年史》，iv 233，Luard 本。

6 《著作三集》，91。

7 《哲学概要》，472。

8 同上，469。

看来，这句陈述似乎应当仅只限定于阿拉伯文本的某部物理学论著的通行之译本上[1]。可能在他居于牛津的岁月里便在着手准备《范畴篇》《分析
576 篇》[2]和《辩谬篇》的注疏了。他有机会接触到《后分析篇》波爱修斯之外的诸译本，对于忒米斯修的注疏也很熟悉[3]。他编纂过一部《物理学》的概要，其中含有一部注疏[4]，以及对波爱修斯《哲学的慰藉》的一些短注。此外，他还向西方教会提供了“大法官第欧尼修”和大马士革的约翰著作的“翻译”[5]。在他的指令下，圣奥耳班的尼古拉斯于1242年翻译了《十二族长遗训》，此书之原本来自雅典，是主教身边的助祭长贝辛斯托克的约翰不久前从那里带来的一部抄本手稿[6]，已被鉴定出与剑桥大学图书馆所藏一部10世纪时的抄本有相同的渊源[7]。现存这部启示录作品的拉丁文译文至少有31个副本，其中有一部是马修·帕理斯为圣奥耳班修道院而誊录的[8]，他还给我们誊录了贝辛斯托克的约翰所介绍的希腊数字[9]。葛洛赛特斯特之名，还与希腊文的亚西纳 Asenath 之传奇有

1 参看 F. S. Stevenson 的《罗伯特·葛洛赛特斯特》，p. 41。

2 当指《后分析篇》注疏，曾被大阿尔伯特不做声明地利用（Stevenson，p. 55），在1494–1552年间重印了六次。

3 i 10，littera aliarum translationum et sententia *Themistii* neutri praedictarum sententiarum videtur concordari【忒米斯修另作之译本中的学问与观念，俱无创见和体系】（Prantl,《逻辑学史》, iii 85）。

4 刊于威尼斯，1498。

5 培根:《哲学概要》，474。葛洛赛特斯特为第欧尼修的注疏，刊于《大法官第欧尼修著作集》*Opera Dionysii Areopagitae*，264–271，阿根廷纳 Argentina【译按，此系法国东北部城市斯特拉斯堡的中古名称】，1503。他“翻译”的大马士革的约翰著作，显然是一部根据布尔龚第奥译本《正教信仰论》所作的注疏。

6 上文第423页。

7 Ff. I 24.

8 大不列颠博物馆，皇家藏本 4 D vii；摹本见于 Hardy 的《大不列颠与爱尔兰相关史料叙录》，iii，plate 9。

9 《大编年史》，v 285。

些关系，亚西纳即犹太族长约瑟的埃及夫人【译按，见《旧约·创世记》，41: 45】，有关她的故事的拉丁译文一直由博韦的樊尚保存下来[1]。在《学科纲要》*Compendium Scientiarum* 一书中，葛洛赛特斯特将他那时所知的所有知识分门别类，剑桥图书馆有一部他所作的《哲学大全》抄本，其中有 20 章内容与这部真伪存疑的百科全书相同[2]。以上所提及的这些书都属于 1239—1244 年期间的著作。葛洛赛特斯特晚年曾引及《尼各马科伦理学》[3]，而（如此前一样）不曾引述《优苔谟伦理学》[4]。未知他到底确 577
否翻译过前者，有一部翻译及释义，被归于他的名下，一度见藏于巴黎圣霍诺留街 Rue St Honoré 的圣雅克会【译按，Jacobins 即指法国的多明我会】图书馆[5]。查尔斯 Charles 先生却不肯相信此译本出自葛洛赛特斯特之手[6]。不过，需要指出，他确曾促成过一部为他自己而誊录的《伦理学》副本（无疑是以拉丁译文的形式），而且在 1251 年，伦敦的一位方济各会教徒向他求借这一副本[7]。此外，日耳曼人赫尔曼在 1240 年完成了阿威罗伊对《伦理学》阿拉伯文注疏的翻译，他在 1256 年翻译的阿尔法拉比《修辞学》注疏本的前言中声称，他的《伦理学》译介工作因葛洛赛特斯特根

1 《史事通鉴》*Speculum Historiale*，i c. 118–122；M. R. James，《剑桥近代史》*Cambridge Modern History*，i 586。

2 Ii. III 19.

3 《书信集》，106。

4 《书信集》，94，101。

5 Jourdain，《亚里士多德著作拉丁文译本年代渊源之查考》，59。

6 《罗杰·培根》，328。

7 亚当·马什 Adam Marsh 的《书信集》，在 Brewer 的《方济各会资料集》，i 114，librum ethicorum Aristotelis quem scribi fecistis vestra gratia【蒙您惠赐所誊录之亚里士多德伦理学著作】云云。

据希腊原文所作的译本而变得白费功夫[1]。因而可推知希腊文本的《伦理学》有一拉丁文译本题署了葛洛赛特斯特的名字，或许是他的指示下于1240—1244年间完成的，译者可能是他邀至英国来的一位希腊人士。伊纳修斯书信集重要的“中等校订本”middle recension【译按，以别于“长校本”和“短校本”】有一种拉丁译本，被乌舍尔（1644年）判为葛洛赛特斯特所作，而都尔的一个抄本上也明确署有他的名号[2]。此译本显露出译者对苏伊达斯辞典有些熟悉[3]，该辞书的译者也由贝里的约翰·波士顿John Boston of Bury判为葛洛赛特斯特。这些译文只包括了传记类的诸多词条，不过即便如此，他能拥有如此一部著作，此事本身就已值得关注了。由他人为他所用而做的翻译，显然极为生硬死板，而他自己所译的文字则可以令人满意地传达原文大意[4]。他不长于辞章之学，对monachus【僧侣】的字源和Therapeutae【治疗师；方士】的含义表达过外行的见解[5]，不过，
578 在他弥留之际，他表明对“异端”的来历所持有的正统看法，甚而在将死时刻，他还能够恰当地以玉万纳尔诗句来吟咏托钵修道会：cantabit vacuus coram latrone viator【出门空手，遇匪无忧】[6]。他在书信集中频频征引

1 Reverendus pater, magister Robertus, Lincolniensis episcopus, ex primo fonte unde emanaverat, Graeco videlicet, ipsum librum est completius interpretatus, et Graecorum commentis praecipuas annexens notulas commentatus【可敬的父，林肯郡的主教，罗伯特师父，他的书完整地译自最初涌流而出的渊源，也就是希腊原文，并有独到的评注，附有注疏标符】（Jourdain，140；参看Renan，《阿威罗伊与阿威罗伊主义》，212[4]）。

2 Lightfoot，《使徒教父著作集》*Apostolic Fathers*，II i 76[2]以下。

3 Val. Rose在《赫尔墨斯》，v 155；不列颠皇家博物馆，8 B i（M. R. James，《贝里图书馆》*Bibliotheca Buriensis*，p. 76）。

4 《书信集》，57（Stevenson，p. 225）。

5 《书信集》，p. 173，Luard本。

6 马修·帕理斯:《大编年史》，v 400以下。

贺拉斯[1]、奥维德[2]和塞内加[3]。“可能没有人”（根据这些书信的编订者鲁雅尔 Luard 博士所言），“在他之后的两个世纪里，曾对英国人的思想与文学产生更大的影响”。威克利夫 Wycliffe 的确将德谟克利特、柏拉图、奥古斯丁和葛洛赛特斯特列于亚里士多德之上[4]，而高尔 Gower 称他为“伟大的教士葛洛赛特斯特”[5]。除却作为改革家和政治人的重要事业之外，葛洛赛特斯特同样全然承担起来的责任，还包括怀着“对几乎所有门类的智识活动的强烈热情，复苏已被遗忘之语言的研究，并领会知识体系中的核心思想”[6]。他理应得到纪念，还因为他是牛津最初的精神领袖、希腊学问的发起者、亚里士多德的解释者，在自然科学的实证知识上远远地超越了他的师长[7]。他遗留给牛津方济各会的手稿几乎全部亡佚了，但他所誊录的圣奥古斯丁《上帝之城》仍被妥善地保存于饱蠹楼中[8]。

沃特·德·墨顿 Walter de Merton，曾在牛津创办以他自己为名的学院（1264 年），当年他向葛洛赛特斯特申请副助祭的职务时，他出示了一封来自葛洛赛特斯特友人的介绍信。这友人即马理斯柯的亚当 Adam de Marisco[9]，或作亚当·马什 Adam Marsh（卒于 1258 年），他在 1226 年后不久加入方济各会，不幸被举荐为伊利 Ely 的主教，以图反对休·鲍 亚当·马什

---

1 《闲谈集》，i 7，3；《书简集》，i 1，60；《诗艺》，25。

2 《爱的艺术》*Ars Amatoria*，i 655；《爱的补救》，91；《女杰书简》，v 7；《黑海书简》*Ex Ponto*，ii 6，38（两次）。

3 《书简集》，23，35，67（俱见于 p. 23）。

4 《三子会语》*Trialogus*，iv c. 3（Stevenson，p. 335）。

5 《情人忏悔录》*Confessio Amantis*，iv 234。

6 Stevenson，p. 337.

7 罗杰·培根:《著作三集》，469（Rashdall，i 521）。参看 Mullinger，i 84 以下，153 以下，以及（概括性的）F. S. Stevenson 的《罗伯特·葛洛赛特斯特》（1899）及其所引之文献。

8 No. 198.

9 《方济各会资料集》，i，《书信集》，242。

579 善 Hugh Balsham，鲍善后来创办了剑桥最早的学院（1284年）彼得豪斯 Peterhouse 学院。亚当·马什是第一位在牛津讲课的方济各会成员。他的《书信集》（其中他致函剑桥索要羊皮纸以满足牛津方济各会教徒们的需要[1]）只有一处怀古的文字[2]，并且文风也远不及友人葛洛赛特斯特那么具有古典意趣。但是这两位方济各会早期人物的成就都受到一位年轻会友、他们的学生罗杰·培根的热烈赞颂[3]。与他们同时代的异国人士中，

博纳文图拉 有一位尚神秘主义的方济各会教徒博纳文图拉 Bonaventura（1221—1274年），崇奉柏拉图学说（以新柏拉图主义者和奥古斯丁为代表）甚于亚里士多德学说，他是阿勒斯的亚历山大之弟子，拉罗歇尔的约翰之继任者（1253年）。

博韦的樊尚 多明我修道会中，此时期最博学的学者是博韦的樊尚 Vincent of Beauvais（卒于1264年），他是路易九世诸王子的导师。国王喜读樊尚的著作，并乐于在圣礼拜堂 Sainte Chapelle 的图书馆中收藏写作这些著作所需的一切手稿。樊尚最为人知的著作《万物通鉴》*Speculum Mundi*，是一部庞大的百科全书，分为四编，各标目为《博物》、《学说》*Doctrinale*（约1250年）、《史事》（约1254年）和《道德》*Morale*（无疑是后来人所作，约1310—1320年）[4]。他准备在这部鸿篇巨制所表达的精神主旨，可由其

---

1 《方洛各会资料集》，i 391。

2 同上，274，propter causam vivendi, vivendi finem facere【以生为目的，你将丧失生命】（玉万纳尔，viii 84）。

3 《著作三集》，75，perfecti in sapientia divina et humana【于圣教与世俗智识上皆有造诣】，以及70。（有关这两人）参看 Pauli 的《专论》*Abhandlung*（图宾根，1864）；又（有关马什）见 Little 的《牛津的灰衣修士》*The Grey Friars in Oxford*【译按，灰衣修士即方济各会修士】，134–139，Stevenson 的《罗伯特·葛洛赛特斯特》，76以下。

4 先后刊印于斯特拉斯堡，1473— ，纽伦堡，1483—1486，威尼斯，1494；以及杜埃 Douai，1624。单独刊印的《史事通鉴》，有奥格斯堡 Augsburg（以及巴黎），1474年本。

前言开篇的一段文字得以说明：

Quoniam multitudo librorum et temporis brevitas, memoriae labilitas, non patitur cuncta, quae scripta sunt, pariter animo comprehendi, mihi, omnium fratrum minimo, plurimorum libros assidue revolventi, ac longo tempore studiose legenti, visum est tandem (accedente etiam majorum meorum consilio) quosdam flores pro modulo ingenii mei electos, ex omnibus fere quos legere potui, sive nostrorum, id est, Catholicorum Doctorum, sive gentilium, scilicet Philosophorum et Poëtarum et ex utrimque Historiarum, in unum corpus voluminis quodam compendio et ordine summatim redigere.

【书海无涯而生命有涯，我不能以难以信赖的记忆力去应付书中所有文字，而心智也不能理解全部的细节，于是我这个修院中最不起眼的成员，耗费了长久的书斋岁月，勤奋地反复阅读，终于（还听取了前辈们的建言）以我微不足道的心智完成这部精华集，可供摘选的所有内容，要么出自我等天主教经院教师们，要么来自异教徒的某些哲学家、诗人以及历史学者，编之为一书，以作为有益的概要与大纲。】

在编选《博物通鉴》时，他得到修道会中许多成员的协助，他们按 580
他的要求制作文摘。由于博览群书，他得了一个 librorum helluo【书林老饕】的雅号。仅《博物通鉴》中征引的作者就有 350 人之多，在《学说通鉴》和《史事通鉴》中还要再多出 100 人。不过他对这些作家的了解远不够深入，有时不免会犯些奇怪的错误。例如他认为有两位作家叫索福克勒斯，而只有一位叫塞内加，还竟然称西塞罗是一位罗马将军[1]。他不识希腊文，称皇帝伊萨克·安哲卢斯 Issac Angelus 为康莱扎克 Conrezach（1474 年版）或柯莱扎 Corezas（1624 年版），显然是由 Κύρ' Ἰσαάκ【神圣的伊萨克】之讹误所致[2]。然而他为我们提供了有价值的证据，以彰显“亚里士多德的”著作译成拉丁文的阶段性次序。以《工具论》而言，他采用波爱修斯译自希腊文的旧本；出自阿拉伯本的，是《动物志》《论植物》《论天与宇宙》以及除卷 4 之外的全部《天象学》；晚近由希腊原文而出的译本，是《物理学诸短篇》《物理学》《形而上学》《论灵魂》和《伦理学》，他从未引述过《政治学》[3]。对于提布卢斯，他援引的都是早先时候的某些摘录本，而不是今日所见此作家完整著作的任一种抄本[4]。

此时期经院学者中有两位伟大的亚里士多德著作阐释者，俱是多明我会教徒，即大阿尔伯特 Albertus Magmnus（1193—1280 年）和他著名的
581 门生托马斯·阿奎那（1225 至 1227—1274 年）。大阿尔伯特生为斯瓦比亚族，就学于帕多瓦 Padua 和博洛尼亚，后来在巴黎执教（当地附近有一窄街仍名叫阿尔伯特师父路 Rue de Maître-Albert），也曾在日耳曼多明

---

1 Graf，《中古时代记忆和想象中的罗马》，ii 178；参看《法兰西文学史》，xviii 482 以下，以及 Bartoli 的《文艺复兴之先驱》，29–31。

2 《史事通鉴》，xxix 64；Gidel，274。参看 Hallam，《欧洲文学导论》，i 117^{4}；Boutaric，《博韦的樊尚与 13 世纪的古典文化知识》*Vincent de Beauvais et la connaissance de l'antiquité classique au xiiie siècle*（1875），收入《历史学论坛》，xvii。

3 Jourdain，33，360–372.

4 O. Richter，《博韦的樊尚所摘录的提布卢斯》*De Vincentii Bellovacensis excerptis Tibullianis*（1865）。有关晚近之文献，见 Bursian《年刊》，li 318。博韦的樊尚、布鲁涅托·拉蒂尼 Brunetto Latini 及“英国人”巴忒洛缪 Bartholomaeus Anglicus 诸人的中古百科全书之于西方文学的影响，尤其是对 14—15 世纪日耳曼诗歌的影响，可由 Liliencron 的《讲录》*Festrede*（慕尼黑，1876）得以简单说明。参看《法兰西文学史》，xviii 449–519，F. C. Schlosser（1819）；以及 Gröber，II i 248–250。

我会开设于科隆的一所规模不小的学校中授徒。他是该会第一位教授哲学的成员，也是第一位系统讲述亚里士多德哲学的经院学者，其间他经常参考阿拉伯各家注疏。他对于柏拉图主义和新柏拉图主义的著作（就其所知部分而言）也给予了重视，尤其关注于亚里士多德，几乎收藏了此人所有的著作，包括出自阿拉伯文或希腊原文或两者皆有的全部拉丁译本。如以《论灵魂》和《物理学》为例，他可以引用出自希腊文的译本，因其中的拉丁语风更纯正，不同于《论天》第 4 卷的阿拉伯—拉丁译本，里面的拉丁语往往和出自阿拉伯文的音译字相混淆。在解释亚里士多德的很多著作时，他都主要遵从于阿维森纳，延续其自由阐述文本含义的方式[1]。这些解释文字经过他的改动，适应了教会的要求，且总是随即脱离主题，由他陈述和讨论前人之观点。只有在《政治学》一书中，我们看到常规的注疏体例取代了释义的形式，这可能是他生命晚期的著述[2]。1651 年里昂出版了他的著作，总共有 21 卷对开本，形成一部囊括他那时所有学问和论题的百科全书。他颇受到普朗特尔 Prantl 的严厉指摘[3]，被当作仅只是一位孜孜不倦的编纂者；但他若被视为一位富有多样天赋之才华的人士或许会更公正些，他于天文学和化学中寻找自然之真理，他完全当得起亚里士多德研究的重建者之美誉[4]。他作为日耳曼

1　参看 Jourdain，38；Renan，《阿威罗伊与阿威罗伊主义》，231，236[4]；以及 Bursian，i 78 注释所列的清单。

2　Charles，《罗杰·培根》，316 注释 2。阿尔伯特在此遵从了他弟子托马斯·阿奎那的方法。不过此著作权尚有疑议（Erdmann，i§200，8）。

3　《逻辑学史》，iii 189。可能还受过罗杰·培根的攻击，见《著作三集》，p. 30 以下以及《著作次集》，p. 327 以下（Charles，pp. 108，355，“ignorat linguas”【他不通文辞】；然而另须参见 Brewer 的序言，p. xxxiv。

4　参看 T. Clifford Allbutt，《科学与中古之思想》*Science and Medieval Thought*，p. 74 注释。

地区自家修道会的“大主教”，他巡访过许多修道院，每当听闻任何古
582 代的抄本，他要么躬亲其事，要么敦请友伴，录成副本[1]。不过多明我会成立伊始的头一世纪中，其对古典学问影响大体上是负面的。多明我会教徒研习古典著作，目的无他，只是为了布道，他们自身的拉丁文风极为粗鄙，无疑是因为他们从亚里士多德著作的流行译本和评注中获取水准太低的语言知识所致[2]。

托马斯·阿奎那

大阿尔伯特杰出的学生托马斯·阿奎那 Thomas Aquinas，是阿奎诺 Aquino 的伯爵之子，生于（约 1225—1227 年）古阿奎农 Aquinum 镇【译按，西塞罗时期的罗马城镇，玉万纳尔之生地】附近的一座城堡中。他早年的教育在家乡附近的卡西诺山修道院完成，后又至那不勒斯，在腓特烈二世不久前所设立的 studium generale【大学】中继续学习了六年时间，并于此地加入了多明我会。他继而至科隆从大阿尔伯特治学（彼曾携其爱徒去往巴黎，后又一同返回科隆），先后在科隆、巴黎、博洛尼亚、那不勒斯等地教授哲学。1260—1269 年间生活于罗马教廷中，至 1274 年逝世时尚不满半百，卒于奔赴里昂宗教会议的途中。托马斯·阿奎那的学说通过调和亚里士多德哲学与教会之信条，将经院哲学的水准引领至巅峰。然而对有些教理未做比照，将之视为因纯属信仰而被普遍接受的神秘真义。阿奎那的逻辑学和形而上学之根基在亚里士多德，并结合有源自柏拉图主义和基督教神学的因素[3]。阿尔伯特遵从东方的亚里士

---

1 Hauréau，II i 218。关于大阿尔伯特，参看 Pouchet，《大阿尔伯特及其时代》*Albet le Grand et son époque*（1853）；Sighart，《大阿尔伯特》*Albertus Magnus*（1857）；D'Assailly，《大阿尔伯特》*Albert le Grand*（1870）。

2 Bursian，i 77. 参看 Hallam，《欧洲文学导论》，i 77[4] 注释 y。

3 所有这些启示之来源，可由特赖尼 Traini 之名画上部八分之五的会聚光束得以说明。见插图。

多德阐释者阿维森纳的方式来撰写**释义**，阿奎那则追随西方的亚里士多德解说人阿威罗伊的方式来著作**注疏**。于是他注疏了《解释篇》《后分析篇》《物理学》《物理学诸短篇》《形而上学》《论灵魂》《伦理学》《政治学》《天象学》《论天与宇宙》和《论生成与消灭》。这些注疏都完成 583
于意大利（约1260—1269年）。阿奎那的三部巨著，是他对彼得·伦巴德格言集的阐释、他的《论基督教信仰之真理》*De Veritate Fidei Catholicae*（1261—1264年）【译按，或作《反异教大全》*Summa contra Gentiles*】，以及伟大的《神学大全》（未完成）。最后这部著作中，他有关天使主题的论说，必然以"大法官第欧尼修"为根基，他颇好使用的短句之一即ut docet Dionysius【第欧尼修有言】，并且对此作者的真实年代不置怀疑。在神学领域中，此《大全》体现出了13世纪的**科学**精神，这种精神由阿勒斯的亚历山大、大阿尔伯特和托马斯·阿奎那所代表，与12世纪由索利兹伯瑞的约翰和布鲁瓦的彼得所体现出的**文学**和**古典**精神形成鲜明对照[1]。作为亚里士多德的注疏者，阿奎那不像大阿尔伯特那样恣意于"离题而作"，就此而言，他得到了自己在多明我会的弟子罗伯特·基尔瓦德比Robert Kilwardby（坎特伯雷大主教，卒于1279年）的效仿，但此人在身后只有39篇哲学论文遗世[2]。在"共相"的问题上，托马斯·阿奎那是一位带有调和的亚里士多德派观点的唯实论者，他反对柏拉图相论的立场与亚里士多德相同，但他又在圣奥古斯丁所认可的范围之内接受了柏拉图的相论[3]。学界经常讨论到他对于希腊文熟悉到何等程度的问题。欧丁

1 F. A. Gasquet，在《都柏林评论》，1898，373。

2 Hauréau，II ii 29.

3 Ueberweg，i 444以下。

图 21　比萨圣凯特琳娜 Caterina 教堂的祭坛背景画

由特赖尼创作（1345 年），此为简化图，见于 Rosini 的《意大利文物所见之绘画史》*Storia della pittura italiana esposta coi monumenti*，tav. xx

基督

圣路加　圣马太　圣保罗　　摩西　圣约翰　圣马可

亚里士多德　　　圣托马斯·阿奎那　　　　柏拉图

阿威罗伊

Oudin [1] 等人 [2] 曾以为他不通希腊文，格剌德尼哥 Gradenigo 则含糊地表示反对 [3]，他的证据在于阿奎那频繁征述亚里士多德和其他希腊教父著作，而且在多明我修道会内部希腊文研究是极为盛行的。伯纳多・德・鲁比斯 Bernardo de Rubeis 的系列论文（1750 年），重刊于教廷钦定版的托马斯・阿奎那著作第一卷中（1882 年），倾向于这样的认识，即阿奎那虽不是一位彻头彻尾的希腊文化学者，但他对于希腊语言也并非全然陌 584
生。毋庸置疑，他有一些希腊原文文本可供支配，且正如其传记作者所明确道出的那样，他得到了部分新近直接翻自希腊文的译本 [4]。仅只是《金链》*Catena Aurea* 这一部著作中，便征述了 60 位希腊著作家的观点；《神学大全》里提到 20 位教会作家，便同样也参考了相近数目的世俗希腊作家（包括赫拉克利特与阿里斯托芬），篇首还有对希腊文字字源的解说 [5]。他比较**伦理学与政治学**两词由希腊文翻出的拉丁译文，记录了自他老师阿尔伯特那里抄来的异体写法。他注疏的《伦理学》[6]，（如杰克逊

---

1 《古代教会著作注疏》*Commentarius de Scriptoribus Ecclesiae Antiquis*（1722），iii 256，“nesciebat... linguas quas appellant exoticas; ...ut Graeca nec tantisper intelligeret”【他不能驾驭异国之言辞……同时还不懂希腊文】。

2 Bursian，i 77. 参看 Hallam，《欧洲文学导论》，i 77[4] 注释 y。

3 《有关希腊—意大利文献的历史与考辨评论》（1759），62。

4 Tocco，在《圣徒列传》*Acta Sanctorum*，安特卫普，i 665，“scripsit etiam super philosophiam naturalem et moralem, et super metaphysicam, quorum librorum procuravit ut fieret nova translatio quae sententiae Aristotelis contineret clarius veritatem”【其著述涵盖哲学、物理学、伦理学和形而上学诸领域，遂不断关注新近译作，那些书或许可以更为精准地传达出亚里士多德的思想】。参看 Jourdain，40，392。

5 Tougard，63 以下。

6 注释 1，(νόμος) ἀπεσχεδιασμένος【(法律) 任意而行。译按，即以“任意而行”作为“法律”的释义，阿奎那将 ἀπε 之前缀拆开，并将 ape 改读为 apo，故而他说 alias vero dicitur lex aposchediasmenos ab a, quod est sine, et poschedias quod est scientia, et menos, quod est perscrututatio 云云】（p. 1129 b 15）。

博士所见）“完全错误的拼写，一个荒唐的字源说，仅偶有一义稍能切中，这些现象似乎说明，当阿奎那促使周围人众认知希腊文化时，他自己却无甚真正的相关知识”[1]。他在《解释篇》的注疏中对希腊文本做了些考辨，并暗示说采用了两种拉丁译本。《后分析篇》的注疏里也提到了希腊文本。在《物理学》中[2]，他解释的希腊词语 spathesis【捻线】和 cercisis【推梭】，本来就保留在了拉丁译文中。在《论天与宇宙》中，他注意到希腊文标题仅有 De Caelo【论天】之语[3]，并且解释了很多希腊文术语的含义。同样，《天象学》中也是如此，看来他使用了三种直接翻自希腊文的译本[4]。在引用亚里士多德著作时，阿奎那都采用仅出自希腊文的译本，而不用由阿拉伯文译出的文字[5]。据说正是在他的倡导下，“布拉班的威廉” William of Brabant 在 1273 年完成了（无疑有他人佐助）
585 一套由希腊文逐字译为拉丁文的“亚里士多德著作全集”，这取代了翻自阿拉伯文的旧译本[6]。“布拉班的威廉”，及罗杰·培根的“佛兰芒人威

1 Clifford Allbutt，前揭，p. 76 以下。

2 vii 2，4.

3 apud Graecos intitulatur *De Caelo*【希腊标题作《论天》】。

4 Jourdain，396–400.

5 同上，40。

6 1273: *Wilhelmus de Brabantia*, ordinis Praedicatorum, transtulit omnes libros Aristotelis de graeco in latinum, verbum ex verbo, qua translatione scholares adhuc hodierna die utuntur in scholis, ad instantiam domini *Thomae de Aquino*【1273 年：布拉班的布道团教士威廉，将亚里士多德的全部著作由希腊文逐字地译成了拉丁文，学者受其泽惠，自彼时持续至今，此译著盖应多明我会的托马斯·阿奎那所要求而作】(《斯拉夫人编年史》*Slavischen Chronik*，见于 Lindenbrog 的《北日耳曼史著汇编》*Scriptores Rerum Germanicarum Septentrionalium*，1706，p. 206；参看 Jourdain，67)。“赫尔福德的亨利 Henri de Hervordia”则又言：nam temporibus domini Alberti tranlatione veteri omnes communiter utebantur【当时，多明我会的阿尔伯特的旧译本全集已被广泛采用】(同上，68)。参看第 584 页的 Tocco 所言，并见三一学院图书馆藏本《论天与宇宙》(no. 1498，13 世纪晚期)，“hec est noua translacio”【是为新译本】。

廉"[1]，正是麦耳比克 Moerbeke 或 Meerbecke 的威廉，其乡乃根特南部一小镇，位于佛兰德斯和布拉班的交界处。他在鲁汶接受教育，可能身列某年度派赴希腊学习语言的多明我会青年之中。他回来之后（约 1268 年）相继成为教皇克莱芒四世和格雷高利十世的神父，并担任里昂宗教会议的希腊文书记（1274 年），在会上他还跻身于合唱队中，以希腊文吟咏《尼西亚信经》*Nicene Creed*，再三重复为希腊教会所抗议的词句【译按，即 filioque（和子，子指耶稣），为以前西方教会所加入】[2]。罗杰·培根在 1267 年讨论亚里士多德著作诸译者时没有提到他，在 1272 年方说此人颇负名望[3]。他人生末期出任科林斯的大主教（1277—1281 年），继续进行（可能也在监督）以拉丁文译希腊著作的事业。威廉的译著包括辛普利奇乌斯注疏的亚里士多德《论天与宇宙》，可能还有辛普利奇乌斯注疏的《范畴篇》（1266 年）和阿蒙尼乌斯注疏的《解释篇》，也许还有《工具论》诸篇和《物理学》《动物志》，此外可确信是他翻译的，还有普洛刻卢斯的《神学原理》（1268 年于维特波）[4]、希波克拉底的《症候篇》*Prognostics* 和盖伦的《论营养》*De Alimentis*（1277 年），还有（最为重要的）亚里士多德

麦耳比克的威廉

1 《哲学概要》，471；下文第 591 页以下。

2 《法兰西文学史》，xxi 144。

3 《著作三集》，91。

4 样本见于 Cousin，1820–1827；抄本藏于彼得豪斯学院图书馆，1268 年以后，在 M. R. James 的《目录》之 no. 121 的 part 4；下文第 588 页。托马斯·阿奎那（xxi 718，1866 年版）提及伪亚里士多德著作《论原因》乃是普洛刻卢斯《神学原理》的阿拉伯文摘要（Wüstenfeld，《哥廷根科学院论文集》，110 以下）；《论原因》被判于阿尔法拉比（950 年卒于大马士革）。普洛刻卢斯的《十惑篇》*Decem Dubitationes*、《论远见》*De Providentia* 和《论罪恶之本质》*De Malorum Subsistentia* 都由威廉在科林斯译出，时在 1280 =公历 1281 年（Quétif，i 390）。

586 《修辞学》(1281年)及《政治学》[1]。最后这两部译本的价值，曾分别得到施彭格尔和祖瑟弥尔的充分肯定。尽管这位译者的希腊语知识不尽人意[2]，他的译文极为直硬，因而受到罗杰·培根和塞普勒维达 Sepulveda [3]的指摘，却增添了作为译本来源的亡佚抄本文字证据的价值，那部手稿比现存最佳之抄本还要出色。

布拉班的席格

希腊文的《伦理学》，据说是由布拉班的亨利·考斯拜因译出的[4]，他可能就是在1270—1284年间出任吕贝克 Lübeck 主教的那位同名人士。据但丁云，布拉班的席格 Siger of Brabant 在巴黎的芳草路 Rue du Fouarre 讲学[5]，曾有人认为但丁可能在巴黎听过他的讲座。但今日已知席格离开巴黎时但丁方7岁(1272年)，席格在1283—1284年间卒于奥维厄多 Orvieto 牢狱中时，但丁也不满18岁[6]。故而可认为他得到但丁的介绍绝非由于是诗人的老师，而是作为"人文学科的典型代表，以均衡"该诗章中所提及的"神学家和其他学科代表之比重"，也可以肯定地说，"席格是一位阿威罗伊主义者，即一位纯粹的亚里士多德主义者，讲授亚里士多德的学说，包括世界的不

---

1 Jourdain，67以下。亚里士多德及西塞罗的《修辞学》、阿奎那的《大全》，俱见于1319年赫尔弗德的主教亚当在阿维尼翁 Avignon 收集的抄本之中，他为海勒斯 Hayles 的修道院长之甥侄、诺顿市镇的劳伦斯·布鲁顿 Laurence Bruton de Chepyn Norton 寻访这些书籍(Gasque，《文集》，37)。威廉所译的《政治学》完成于托马斯·阿奎那去世(1274年)之前，阿奎那曾在约作于1261—1265年间的《反异教大全》中两度引述到这个译本(《莱茵博物馆》，xxxix 457)。《伦理学》的一个 Nova Translatio【新译本】，抄本上题署1281年(可能是布拉班的亨利·考斯拜因 Henry Kosbein of Brabant 所译，刊行于1497年)，也被托马斯在1262年之前所使用(Quétif，同上)。

2 见 Newman 的《政治学》，vol. II p. xliv 以下，其中引述了翻译的粗疏之处。参看 Busse(1881)在 Susemihl-Hicks【译按，指第四章提及的《亚里士多德的政治学》】，71–73。

3 《政治学》译本，1548。

4 Quétif，i 469；《法兰西文学史》，xxi 141；Gidel，264以下。

5 《天堂篇》，x 136。

6 Mandonnet，《布拉班的席格》*Siger de Brabant*(弗理堡 Fribourg，1899，鲁汶，1911)。

朽、理智的统一、个体灵魂的必死，丝毫不像圣托马斯等正统的亚里士多德主义者那样对之进行折中、调适和矫正”[1]。他写了不少逻辑学著作，包括一部《前分析篇》的注疏[2]。而且据说他曾公开讲解《政治学》[3]，奥特烈古 587
尔的尼古拉斯 Nicolas d'Autrecour（约 1348 年）、加尔默罗会僧侣 the Carmelite 皮埃尔·拉·卡萨 Pierre la Casa 及本笃会僧侣斯特拉斯堡的居伊 Gui de Strasbourg 也都讲授过此书。奥古斯丁修道会的僧侣，罗马的厄基第奥（科隆纳）Egidio (Colonna) da Roma，更为人知的名字是罗马的基耶 Gilles de Rome 或巴黎的基耶 Gilles de Paris，他在 1294 年成为博格斯 Bourges 的主教，1316 巴黎的基耶
年卒于阿维尼翁，他大约在席格身殁之年，以《政治学》为基础写成了一部《论君治》*De Regimine Principum*，盖为未来的国王“美男”菲利普 Philip le Bel 而作（约 1283 年）[4]。1295 年，奥弗涅的杜朗 Durand d'Auvergne 与两位希腊主教翻译了《齐家篇》[5]。大约在此同时，一位爱尔兰的多明我会教徒，瓦特尔福德的杰弗瑞 Geoffrey of Waterforld（卒于 1300 年），翻译了伪亚里士多德题为《秘中之秘》*Secretum Secretorum* 的论文（包括《相人篇》*Physiognomica*[6]）。

---

1 Rashdall 对 Mandonnet 著作的评论，见《英国历史学评论》，1902，347 以下。

2 参看《法兰西文学史》，xxi 96–127。

3 同上，106。

4 Le Clerc，《14 世纪法兰西文学史》，505 以下；Steinschneider，《论中世纪的希伯来文译书》，464，491 以下；Lajard 在《法兰西文学史》，xxx 421–566；Tiraboschi，iv 147–151。巴黎的基耶反复在《论君治》中引述《政治学》和《伦理学》，此著的拉丁文本重印过 11 次（1473—1617），1286 年后不久即被译成法文（Molenaer 编订本，1899），并成为 Hoccleve 的《君治论》*The Regiment of Princes* 的来源之一（H. Morley，《英国作家》，vi 131）。

5 《法兰西文学史》，xix 58；《短评与摘录》，xxxiii（1）230。

6 《法兰西文学史》，xxi 216，839；Gidel，263；Gaston Paris，《中古法国文学》，§101。关于《秘中之秘》，此书或被称作《伪政治学》，参看 Steinschneider，245–255。G. L. Hamilton，《浪漫派评论》*Romantic Review*，I 3（1910）261，显示出杰弗瑞“仅仅采用了一种阿拉伯著作的拉丁译本”。

在这部译著的前言中，杰弗瑞提到一个传说，谓亚里士多德死时，其灵魂以火焰的形态进入了天国[1]。萨拉逊人对亚里士多德的兴趣，体现在他们相信这位哲人的骨骸被保存于巴勒莫的头号清真寺中[2]。

从1150年托莱多的早期译书到麦耳比克的威廉去世，前后相去130年，我们现在见识了此期间欧洲对亚里士多德哲学的认知过程，盖由几乎完全晦暗不明的状态变为接近光明透彻。整部《工具论》已然为人所知。《物理学》《形而上学》和《伦理学》通过对阿拉伯文献的翻
588 译，《论灵魂》《大伦理学》《政治学》和《修辞学》通过对希腊文献的翻译，已对欧洲产生影响[3]。《诗学》早经由一种叙利亚译本被译为阿拉伯文，此译文之底本是一种比现存该著作任何文本都古老许多的希腊文抄本，但是这个译本过去都无人知晓，直到近来才因为文本考辨之目的而得以利用[4]。

---

1 Gidel，353.

2 Baddeley的《那不勒斯的查理三世》*Charles III of Naples*，123。

3 参看上文第570页。

4 Margoliouth，《东方文丛》*Analecta Orientalia*【译按，原注误题作Anecdota Orientalia】（1887）；Butcher编订本，第2版，p. 4。参看Egger，《希腊文学批评史论》，554–560[3]；Immisch在《语文学家》，lv（1896）20–38；J. *Tkač*在《维也纳学术》，xxiv（1902）70–98。阿拉伯文译本的年代在935年左右。阿威罗伊对《修辞学》和《诗学》的文间义疏在1337年被阿尔勒的托德罗斯（忒奥都儒斯）Todros (Theodoros) of Arles从阿拉伯文译成希伯来文。这部《修辞学》义疏由Goldenthal（莱比锡，1842年）和Lasinio（比萨，1875—1877年）出版刊行，后者还编订过阿威罗伊的《诗学》义疏译本（1872年）。

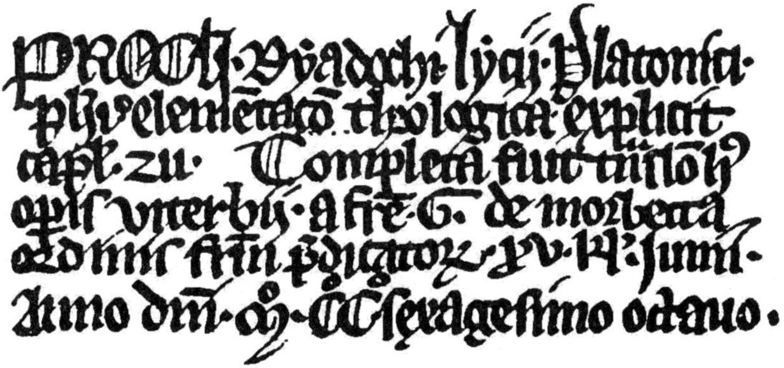

图 22　普洛刻卢斯《神学原理》的题记

出自剑桥彼得豪斯学院图书馆的一部 13 世纪抄本，誊录了麦耳比克的威廉在维特波完成的译作，1268 年 5 月 18 日（上文第 585 页）

MS 1.2.6 的 part iv（M. R. James 的《彼得豪斯学院图书馆所藏手稿目录》*Catalogue of the MSS in the Library of Peterhouse*，no. 121，p. 142）

第三十一章

589 13世纪以降，从罗杰·培根（1214—1294年）到但丁（1265—1321年）

罗杰·培根

罗杰·培根 Roger Bacon（约1214—1294年）乃是经院学者和晚近的亚里士多德著作译者中最机敏的批评家之一。他出生于伊耳切斯特 Ilchester 附近，在牛津和巴黎受学，他的牛津师长中就有罗伯特·葛洛赛特斯特、亚当·马什和托马斯·瓦伦西斯 Thomas Wallensis（后成为圣大卫的主教）这样的人物。以上这些人物据说都曾是埃德蒙·理奇（坎特伯雷大主教，1234—1240年）的弟子。根据多明我会教徒罗伯特·培根 Robert Bacon 的一部传记，埃德蒙·理奇视学问如同永生无休，视人生仿佛明日将死[1]。可能受葛洛赛特斯特的影响，其人为方济各会在牛津的第一位讲师[2]，培根也加入了方济各修道会。约在1250年于巴黎学成而返

1 圣约翰学院藏本，fol. iii v，col. 2，(studebat) discere, quasi semper victurus ; vivere, quasi cras mortiturus（刊于 W. Wallace 的《坎特伯雷的圣埃德蒙传》*Life of St Edmund of Canterbury*，1893）。

2 葛洛赛特斯特，《书信集》，p. 179，Luard 本。

英。差不多 7 年之后，他受到教团的猜疑，被封闭监禁在巴黎达 10 年之久（1257—1267 年），发号施令的大人物是新近上任的修道会长，后人称之为“天使”博纳文图拉。培根得以释放，部分归功于克莱芒四世（卒于 1268 年）的善意，他当时写了三部杰作献给这位教皇，即《著作一集》《次集》及《三集》（1267 年），不逾 15 个月即完成，其效率令
人称奇。此后他还著作了一部《哲学概要》（1271—1272 年）。1278 年 590
他再遭监禁，但在写作《神学概要》（1292 年）之前复已得到释放，他可能卒于牛津，时在 1294 年。早先世人知道培根，因为他是炼金术士和通灵巫师，后来《著作一集》一经（由萨缪尔·耶博 Samuel Jebb 博士，1733 年）刊布，立刻被视为 13 世纪的百科全书和知识工具 [1]，培根的形象遂发生巨大改观。《著作一集》讨论的是真正之科学发展进程中的阻碍，广泛地概述了语法学、逻辑学、算数学、物理学（尤其是光学）、实证调查和伦理学；不过在第一版中，语法学部分不甚完备，伦理学部分付诸阙如 [2]。《著作三集》稿本的摘要，1848 年由库赞刊布 [3]；《著作次集》附《三集》及《哲学概要》的残篇集，首次由 J. S. 布列沃教授编订，发表于 1859 年的《未刊遗著集》*Opera Inedita* 中；还有一部出色的培根专论，由埃米尔·夏尔 Émile Charles 先生在 1861 年完成。以下乃是上述罗杰·培根各部著作中与本书论题相关部分的大义宗旨：

1 Whewell 的《归纳科学之哲学》*Philosophy of the Inductive Sciences*，xii c. 7。

2 Samuel Jebb 博士刊本中的这部分遗漏最先由 J. K. Ingram 指出，见其“论培根的《著作一集》”（都柏林，1858）。参看 E. Charles，《罗杰·培根》，pp. 339–348。前言初刊由 F. A. Gasque 刊于《英国历史学评论》，1897，p. 516 以下。《著作一集》近由 Bridges 编订（1897—1900），其中伦理学部分的内容显然是首度付梓。（有关培根之生平著述以及参考文献，参看 A. G. Little 主编《罗杰·培根论文集》*Roger Bacon Essays*，1914。）

3 《学人杂志》（1848），3—6 月号。

于古人所阐明的真理暗昧无知，这是不肯花功夫学习古代语言所致。或抗议说有的教父便疏忽此学且不识其益处，这是蠢话。那些伟人有很多值得尊敬的方面，他们不可能事事都要充当我们的典范。教父们了解并激赏柏拉图，但几乎对亚里士多德全无了解。第一位翻译并解说《范畴篇》的是奥古斯丁，他对亚里士多德的赞美仅是出于一部次要著作，而不是像我们对于其全部著作都赞赏有加（《著作一集》, p. 18）。亚里士多德的下一位译者是波爱修斯，他翻译了部分逻辑学及其他著作……教父们通常接受亚里士多德有关语法学、逻辑学和修辞学的学说，以及《形而上学》中的普通之公理；但他们忽视了其他部分，甚至要求我们也遗漏这些（p. 19）。当代经院博士们也无视哲学，他们采用的是劣等的教科书（p. 21）。若不通希伯来文和希腊文，则不能获得有
591 关圣书的完足知识，而不通阿拉伯文者于哲学上亦复无成（p. 44）。一名译者应精熟于他所涉足的学科，同时应精熟于原文和自家译文的语言。波爱修斯仅知道语言[1]，葛洛赛特斯特则仅知道学科。而其他译者于这两方面全都无知。他们所译的亚里士多德便尤其不能被人理解了（p. 45）。若论约瑟夫、第欧尼修、巴兹尔、大马士革的约翰等人著作之拉丁译文，便无人能超逾葛洛赛特斯特（p. 46）。

拉丁基督教世界中，熟悉希伯来、希腊和阿拉伯文语法的，不到 4 个人……拉丁语族中会**讲**希腊文、阿拉伯文和希伯来文的人很多，理解其**语法**或是知道如何教授该语言的人则非常之少……这方面故而总是近乎完全靠犹太人，甚而是土生的希腊人……即使他们的确通晓语言，他们却于学科知识上一无所知……既然在拉丁翻录本会发现伪文和缺陷，

1　参看《著作三集》, 33；《希腊语法》, 29。

那么我们就必须得到哲学各独立部分的原文（《著作三集》, p. 33）。亚里士多德、阿维森纳、塞内加、西塞罗以及其他古人的科学著作，非以高昂之价不能得，他们主要的著作还不曾译成拉丁文……西塞罗《共和国篇》鸿文数卷，尚无处可觅……我从未见到塞内加的任何著作……尽管 20 余年来我一直勤于寻访这些书籍（p. 55）[1]。

尽管我们拥有囊括所有学科的众多译作，它们出自克雷默那的杰刺德、“苏格兰人”米凯勒、“英国人”阿尔弗雷德、“日耳曼人”赫尔曼以及“佛兰芒人”威廉【译按，原文作 William <the> Fleming，下同】之手笔，但总是如此彻底违背于真相，以致无人会毫无保留地对之表示钦佩了……以上各译家根本无人懂得真正的语言或科学，不仅其译作如此，由其身处之环境看也是明显可证。以上诸公与我同处一个时代，有几位早年恭逢克雷默那的杰刺德在世，他比其他人都年长一些。“日耳曼人”赫尔曼与杰刺德过从甚密，他今尚健在（1272 年），任主教职。我曾就某些逻辑学书籍向他请教[2]，那些是他被迫由阿拉伯文而译出的，他坦白地告诉我他对逻辑学一窍不通，因而本不敢去翻译的……他也承认自己不懂阿拉伯文，事实上，他在翻译中是一位协助者，而并非真正的译者。因为他在西班牙时身边俱是萨拉逊人，他们成为其译本的主要推动者。“苏格兰人”米凯勒诸多译著的价值，亦是以同样的方式而得。据赫尔曼所云，米凯勒甚至于语言和学科上都无所用心。其他人也是如 592

---

1 Brewer 的前言，pp. lxi–lxiii。

2 指《修辞学》和《诗学》；参看《哲学概要》, p. 473。“日耳曼人”赫尔曼（转见于 Wüstenfeld,《哥廷根科学院论文集》, 93）本人称之为 logici negocii Aristotelis complementum【亚里士多德逻辑学著述之全部】。参看 Charles，p. 122 注释 1，以及 Immisch，在《语文学家》, lv 20；上文第 569 页。

此，尤其是声名狼藉的“佛兰芒人”威廉，目下他便获得这样的名声（1272 年）。巴黎学界众所周知，威廉不懂希腊原文中的知识，他自己却颇为自负。因此，他的译文不足信，且败坏了拉丁世界的哲学（《哲学概要》，p. 471）[1]。若是我能掌控亚里士多德著作译本的命运，我会将他们全部销毁，以免世人浪费了时间来研究他们，并由而使得谬误与无知的根源恣肆蔓生（p. 469）。

渐有亚里士多德哲学的某些部分得到拉丁世界的采用。《自然哲学》【译按，当指《物理学》】和《形而上学》，以及阿威罗伊等人的相关注疏，此时期（temporibus nostris）被翻译出来，又于西元 1237 年在巴黎遭查禁，因为其中主张世界与时间的不朽，因为《论睡眠中的征兆》*Divination by Dreams* 即《论睡眠与失眠》*De Somno et Vigilia* 的第 3 卷的内容，还因为许多篇章被错误地翻译。即便是他的逻辑学也是很不容易才被接纳及允许讲授的。坎特伯雷的大主教，圣埃德蒙［埃德蒙·理奇］，此时代最先在牛津讲读《辩谬篇》[2]。我曾见过最先讲读《后（分析篇）》的雨果师父，也曾见过他的文稿（verbum）。考虑到拉丁世界的广大，故可认为在亚里士多德之哲学上几乎无甚重要人物。是的，的确近乎无人，直到如今这宽赦施恩的 1292 年也少得可怜……唯《伦理学》渐渐被人知道了[3]，且仅在近日才由我们的少数几位师父给予解说[4]……迄今为止，仅有三人能够对于所译出的亚里士多德著作整体做出一小部分的

1 Brewer 的前言，p. lix。

2 《辩谬篇》*librum Elenchorum*（牛津大学学院藏本，Rashdall，ii 754）；《辩谬篇》*librum Elemẹ̄torum*（不列颠博物馆，皇家藏本 7 F vii，folio 155）。

3 co ī tata (communicata?)【流布普及】，不列颠博物馆藏本。

4 a magistris【由师父们】（同上），而不是 Parisiis（如 Charles 所刊录）。

正确判断。[1]

在《著作一集》中，罗杰·培根不满那种将时光耗费在关于共相的
玄学争论中的混乱局面[2]，记载对亚里士多德著述的认知之扩大始于“苏 593
格兰人”米凯勒时，即1230年之后[3]，还抨击时行之译本的不足，尤其是导致译者将异国语词留于译文之中的粗疏[4]。培根至少三次面对（伪亚里士多德的）《论植物》拉丁译本中所用 belenum 一词而犯愁。有一次他在讲授亚里士多德时，在这个生词上颇费踌躇，他的西班牙学生们于是大笑起来，告诉他这不过是西班牙人称呼“莨菪”（hyoscyamus）的叫法【译按，即 beleño（黑莨菪）】[5]。大马士革的尼古劳斯之原作既已亡佚，这部转贩自阿拉伯译本的西班牙本后来又译成了希腊文，令人称奇的是，尽管译者在别处采用 ὑοσκύαμος【黑莨菪】一词[6]，这里却从这部西班牙化拉丁译文中借用了 βελένιον，这无论如何都是没有可靠根据的【译按，谓不用希腊文本来即有的 ὑοσκύαμος，而生硬地依照 belenum 捏造 βελένιον】。

---

1 《神学概要》，Brewer 的前言，p. lv，据 Charles，p. 412、Rashdall，ii754 以及不列颠博物馆藏本中的文字给以校正和补充。

2 p. 28. 培根自身立场可由下述事实得以推知，即是他批评了托马斯·阿奎那所主张的“形式统一性”，故而预见到“苏格兰人”邓斯的观点。而其共相学说已着奥卡姆之先鞭，却避免了将单独个体视为实在的误解。参看 Charles 的摘录，p. 383，“Universale non est nisi convenientia plurium individuorum【共相之集合性不仅仅是作为个体之复数】”…… “individuum est prius secundum naturam【个体性更毋宁说是第二等级的存在】”云云；又见其全文之议论，同上，pp. 164–244，以及 Rashdall，ii 525 处的简要概略。

3 p. 36.

4 p. 45.

5 《著作一集》，p. 45；《著作三集》，p. 91；《哲学概要》，p. 467。参看《论植物》，i 7，2（p. 821 a 32=iv 28，39，Didot 本）。拉丁本盖由“英国人”阿尔弗雷德译自阿拉伯文。培根深于世故，不提此事，转而去查阅了“日耳曼人赫尔曼”的正确译文（p. 467）。

6 820 b 5（《亚里士多德著作集》，iv 27，13，Didot 本）。

在残零破裂的《著作次集》里，罗杰·培根指出了拉丁通行本圣经的翻译错谬，以及失误，这要归功于晚近的文本校勘者："每个人都妄图改变一切他不懂的东西，但是他从来不肯斗胆对古典诗人的著作如此作为。"[1] 他为圣书的文本考辨工作四处奠定基础[2]。培根对于早先方济各会教徒阿勒斯的亚历山大的著作也不抱绝对信任的态度，甚而暗示此人冗长的《神学大全》（"plusquam pondus unius equi"【所载辎重，匹马难以负荷。译按，可能言著述内容之繁多，恐怕不是一人能够完成的】）也并非他自己所
594 作[3]。在《著作三集》中，培根大胆地以己作与大阿尔伯特和威廉·舍伍德 William Shirwood 之著作进行挑战性的比照[4]，却又不厌其烦地赞美葛洛赛特斯特[5]，并详述亚里士多德著作通行译文的错谬[6]。他也谈到文本上的讹误、重读、送气音以及标点和诗体[7]。此外，《哲学概要》中谈到意大利很多地方的神职人员和居民是希腊人[8]，由葛洛赛特斯特自意大利领了数

---

1 p. 330 以下。未提名的那位学者，耗费四十载光阴谨慎地校勘并解释拉丁通行本圣经。一直被指认作牛津的方济各会教徒，威廉·德·马刺 William de Mara 或德·拉·马尔 de la Mare。参看 Denifle，《中古教会文史资料》，1888，545（见 F. A. Gasquet 在《都柏林评论》，1898，p. 21）。

2 Charles，p. 263；参看 J. P. P. Martin，《罗杰·培根身后 13 世纪的拉丁通行本圣经》*La Vulgate latine au xiii s. d'après Roger Bacon*（1888），尤见 F. A. Gasquet 在《13 世纪的英国圣经考辨》，见于《都柏林评论》，1898 年 1 月，1—21，以及 Little 主编《论文集》，1914。

3 p. 326. 参看上文第 574 页。

4 p. 14.

5 pp. 33，70，75，88，91；《著作一集》，45，64；《哲学概要》，469，472，474；《希腊语法》，118。

6 pp. 75，77，124；参看《著作一集》，262，420，460。

7 pp. 234–256 以下。

8 参看《著作三集》，33；以及《希腊语法》，31，in regno Siciliae（指意大利南部地区）multae ecclesiae Graecorum et populi multi sunt qui veri Graeci sunt【在西西里王国，有不少希腊的神父，很多民人也实为希腊人】云云。

位希腊语教师来英格兰，至今尚听闻这些人的下落[1]。培根倡导对希腊语和希伯来语的学习，他说："我人继承前贤的旧学，须勉力（即便是为自己打算）维持学问的传统，以免落得愚笨至极的骂名。"[2]接下来，他罗列了一长串源自希腊文的拉丁词语[3]，对帕皮亚斯、育古齐奥和布列托的词源学著作进行发难[4]；引述有关 auricalcum 一词（乃 orichalcum【黄铜矿】之讹[5]）的考辨，是在巴黎时闻约翰·德·加兰迪亚所云[6]；并指出若干拼写、音步分析和字源的常见错误[7]。他又提出学习希腊语言的其他诸多理由[8]，主张读亚里士多德应直接看原文[9]，并郑重宣布他曾见过希腊文的亚里士多德50卷本博物志[10]，即普林尼所提到过的那部[11]。在篇末，培根列出一张希腊文字母表，每个字母都附有各自的名称、音读和数值【译按，即谓以字母计数之法】[12]，给所有字母加以分类，并详细地讨论了重读和诗体[13]。

学习希腊文的欲望由上述论著的抄写者全然表达了出来，此人笨拙 595
地以拉丁字体来描摹希腊词语。另一方面，培根《希腊语法》著作手稿中的希腊文书写得美观大方，稿本存于牛津的圣体学院图书馆，其中包

---

1 p. 434.
2 p. 435.
3 p. 441. 参看《希腊语法》，68 以及《引言》，xxxv 以下。
4 pp. 447–452. 参看《希腊语法》，37，92，98；Charles，pp. 330，359，以及下文第 666 页以下。
5 参看 p. 386，《著作次集》，c. 7，以及《希腊语法》，p. 92。
6 p. 453.
7 pp. 454–462.
8 p. 464 以下。
9 p. 469.
10 p. 473.
11 viii 17.
12 p. 495 以下。摹本见于 Brewer 的《未刊遗著集》末尾处。参看《著作一集》，vol. iii，Bridgen 编订本，前言。
13 pp. 508–519.

括一部简短的希腊语词形变化规则，结尾则以 τύπτω【击打】作为范例[1]。这部语法书今已出版，并附有剑桥图书馆一个属于相同著作的残篇[2]。作者宣称，“所有语言的语法本质上都是相同的，不过可能各自之中偶尔存有小异而已”[3]。希腊之语法书籍，已有葛洛赛特斯特在希腊本土进行搜辑[4]，他的一位友人确实从雅典带回一部这样的著作，并将之译为拉丁文[5]。培根本人的希腊语知识主要来自当时的希腊人，他总是采用他们的发音习惯[6]。他的语法自然遵从的是拜占庭传统，此传统随后出现的继承人还有君士坦丁·剌斯喀理斯和赫律索洛拉斯两位[7]。培根可能对于忒奥多修有些直接的认知[8]，但看来更有可能的是，如同忒奥都儒斯·普罗德洛姆一样[9]，他使用了一部希腊语问答集，类似沃尔芬彼特图书馆所藏的《教学问答集》[10]。除语法外，还有一部希腊语辞典或许也属于罗杰·培根的著作[11]。不过这些都是孤立而无影响的著作；而在坎特伯雷基督教宗座堂的图书馆中（约 1300 年），所发现的希腊文本却不止一种[12]。

---

1 Brewer 的《未刊遗著集》前言，p. lxiv；参看 Charles，66。

2 E. Nolan（剑桥大学出版社，1902）。

3 p. 27.

4 《著作三集》，91。

5 上文第 423 页。

6 《希腊语法》，《引言》，p. xx，以及 pp. 32，48 处所记的各种音译转写。

7 Heiberg 在《拜占庭学刊》，1900，472 以下；及 S. A. Hirsch 在《希腊语法》的《引言》，p. lx 以及他（《罗杰·培根与语文学》*Roger Bacon and Philology*）在 Little 编《论文集》，101–151。

8 上文第 361 页。

9 第 361 页。

10 S. A. Hirsch，同上，p. lxii。

11 M. R. James 在《剑桥近代史》，i 587。

12 同上，589；上文第 558 页。

在《著作一集》中[1]，罗杰·培根提及荷马史诗翻译的口吻，乍 596
看起来似乎暗示自己颇能领略原作之气味。但这印象不幸随即被驱散了，我们发现两个类似的段落，都显然是从杰罗姆著作中引来[2]。在《神学研究》的序言中，他为某些出自西塞罗、普林尼和塞内加的引文作辩解，说："etiam causa specialis me monet ut excitem *lectorem ad quaerendum libros auctorum dignos*, in quibus magna pulchritudo et dignitas sapientiae reperitur, qui nunc temporis sicut a multitudine studentium, sic a doctoribus eius penitus ignorantur."【还有一个特别令我警觉的理由，即是要激发读者寻求有价值的书籍，其中找得到宏伟壮美和真知灼见，目下这些书完全为大多数的学生与教师所不识。】[3]在哲学领域，培根所知最伟大者即是亚里士多德[4]及其阿拉伯的阐释家们，阿维森纳和阿威罗伊。他提到柏拉图的《斐多篇》和《蒂迈欧篇》，可能所见都只是拉丁译本[5]。拉丁文学中培根喜爱的作家是西塞罗，他曾得体地借用西塞罗致恺撒的申诉，向教皇表

1 p. 44，si cuiquam videatur linguae gratiam interpretatione non mutari, Homerum exprimat in Latinum ad verbum【若有人以为语言之美感不会因翻译而改变，则请他以拉丁文逐字地展示荷马的作品吧】。

2 《著作三集》，90；《哲学概要》，466。

3 转见于 Charles，p. 411。

4 他熟悉全部的《工具论》，以及《物理学》、《论天》（此书他有两个译本，其中之一是翻自希腊文）、《论灵魂》、《论生成与消灭》、《物理学诸短篇》、十九卷本的《动物志》、十卷本的《形而上学》（《哲学概要》，473），还有《伦理学》（有三种译本）。他对《修辞学》和《诗学》略知一二（Charles，p. 325），也知晓一点《政治学》，不过称此书作"法律诸书"（同上，397，《哲学概要》，422 以下）。也熟悉伪亚里士多德的《论植物》《论原因》和《秘中之秘》。《问题集》的译文还只是以部分且不完善的形式出现（Charles，376）。综合参看 Charles，315–317。

5 Charles，323.

示：noli nostro periculo esse sapiens【足下莫指望我人会采取理智的行动】[1]；还有塞内加[2]，助他拒斥盲从权威者：vivimus ad exempla【我人之生活常常从于俗谛】[3]。历史学领域培根知道萨鲁斯特、李维和“特罗戈斯·庞贝乌斯”，也熟悉普林尼和索理努斯，以及多纳图斯、塞尔维乌斯、阿普勒乌斯、
597 葛琉斯、肯瑟理努斯、波爱修斯、卡息奥多儒和普理西安[4]。他称比德为literatissimus in grammatica【于语法学上最具文才者】[5]，甚而赞为antiquior Prisciano【较普理西安更具古风】[6]！他虽大体信赖普理西安之说，却并不表示盲目信从[7]。韵文中，培根常随手引用泰伦斯、维吉尔、玉万纳尔、卢坎、斯塔提乌斯和晚期诸诗人。他曾建议不要教学童们奥维德之流的“愚蠢寓言”[8]，不过当他自己需要一个学习希腊文的新论据时，便不动声色地从《黑海书简》中援借了一行诗句：“gratius ex ipso fonte bibuntur aquae”【更喜径直饮其源】[9]。他通晓阿拉伯文、希伯来文与希腊文，曾警示他主张学习希腊文之重要性的敏锐心智，亦迫使他去扩展科学的疆土。

---

1 《为马赛卢斯辩》*Pro Marcello*，25（《著作三集》，p. 87）。他也知道《反维勒斯演说集》、《斥腓力》、《斯多葛悖论》、《论演说辞的分类》*De partitione oratoria*、《论命数》、《论友谊》、《论老年》、《论神性》、《论义务》以及当时“鲜有人知”的《图斯库兰辩论集》。他提到“五”卷本的《论学园派》（《著作三集》，p. 50，不列颠博物馆皇家藏本，7. F. vii，folio 154 v），可能指的是《论至善与至恶》；他还引述到《霍滕修斯篇》与《蒂迈欧篇》的零落片段，并徒然地寻索《共和国篇》。参看Charles，323。

2 他知道《书简集》、《论恩惠》、《论嗔怒》、《论解脱》*De Clementia*，以及《物理探原》（此外还有某些杜撰的作品）。Charles，322。

3 《书简集》，123§6（转见于《著作三集》，50）。

4 Charles，330，333以下。

5 《著作次集》，332。

6 《希腊语法》，41。

7 《著作三集》，245，以及《希腊语法》，131。

8 《著作三集》，55。

9 iii 5，18. 在《哲学概要》，456处被刊作散文句式（连接起dulcius【甜蜜的。译按，系奥维德原作上一句中的词语】一词）。

在科学领域，培根领先他的时代至少一个世纪，尽管他遭受了漫长而苦楚的迫害，却对于未来充满了希望。这种展望于更广博知识之时代的精神，正如他本人引述的塞内加之言[1]所云："veniet tempus quo ista quae nunc latent, in lucem dies extrahat et longioris aevi diligentia."【漫长的勤勉求索，将迎来一个时代，目前尚晦暗蒙昧者必获得光明。】[2]

尽管罗杰·培根有志于号召学林以希腊原文去研究亚里士多德，但那时学校中仍然只研究拉丁文的亚里士多德著作。就在他于巴黎撰写三部杰作的那年（1267 年），牛津规定文科课程中要有全部的拉丁文本《工具论》，还要从《论灵魂》和《物理学》二者中再选一部作为教材[3]。本世纪英国人的《物理学》研究，可由该著作的拉丁译文的抄本情况得以说明，此本在英格兰钞毕，附以一张描绘中古讲堂的插图，讲堂中紧密地挤着九名削发受戒的学生，他们将书本置于膝上，倾听一位学者授 598
课，讲课人一手上扬，披学位袍，坐于教授座椅上[4]。

罗杰·培根对希腊文和阿拉伯文的兴趣亦出现于稍晚出的一位

1 《物理探原》，vii 25，4。

2 摘录自 Charles，p. 393。综合的讨论见《法兰西文学史》，xvi 138–141；E. Charles，《罗杰·培根，生平、著述与学说》*Roger Bacon, sa vie, ses ouvrages, ses doctrines*（1861）；A. Parrot，《罗杰·培根，其人生、才华、著述及其同时代人》*Roger Bacon, sa personne, son génie, son œuvres et ses contemporains*（1894）；Brewer 的《未刊遗著集》（1859）前言；还有 Adamson 在《不列颠传记词典》；并参看 Mullinger，i 154–159；Rashdall，ii 522–525；Grasque 在《都柏林评论》，1898，1—21；Clifford Allbutt，《科学与中古之思想》，pp. 72，78 以下；以及 Hirsch 在《罗杰·培根的希腊语法》*The Greek Grammar of Roger Bacon*（1902）的《引言》；又见 A. G. Little 所编的《论文集》，1914；J. H. Bridges，《罗杰·培根的人生与著作》*Life and Work of Roger Bacon*，1914；J. E. Sandys，在《不列颠学院学刊》*Proceedings of the British Academy*，1914 年 5 月 27 日，以及在《论文集》，359；Picavet，同上，55。

3 Rashdall，ii 455.

4 不列颠博物馆，皇家藏本，12. G. v.（重绘的图样，见于《英伦社会》，插图本，i 623）。此抄本的双栏文本，各有两窄栏注文分置于两侧。

莱蒙德·鲁尔 方济各会教徒身上，此人即是那位不知倦怠的旅行家，莱蒙德·鲁尔 Raymundus Lullius（1234—1315年），他动员教皇和巴黎大学的领导机关建立一所学院，教授希腊语、阿拉伯语以及鞑靼诸族的语言，以便于对穆罕默德和阿威罗伊的学说进行驳斥[1]。

在方济各会成员中，极端的唯实论者阿勒斯的亚历山大，与神秘主义者博纳文图拉，他们的哲学观点中有一致之处，即拥护奥古斯丁关于柏拉图之学说的传统，而多明我会中大阿尔伯特和托马斯·阿奎那则已然将亚里士多德主义引入神学领域。这些多明我会教徒的观点在巴黎和牛津遭到反对（1277年），这种反对意见得到方济各会哲学进一步发展后的支持[2]。"苏格兰人"约翰·邓斯 一种新型的唯实论，在方济各会教徒"苏格兰人"约翰·邓斯 Joannes Duns Scotus【译按，即上文提到的"苏格兰人"邓斯】的宗义中达至巅峰。此人可能生于诺森伯兰的邓斯坦（邓斯坦堡要塞 Dunstanburgh Castle），在牛津、巴黎（1304年）和科隆反对托马斯·阿奎那的学说，直至1308年在科隆去世[3]。虽然托马斯·阿奎那的体系中暗示了信仰与理智的和谐关系，邓斯却对理智的力量无甚信心，反而增添了本已被认为是能够单独由信仰去领会理解的教条之数目。他对亚里士多德学说也不同托马斯怀有那么高的敬意，他采用了很多柏拉图或新柏拉图主义的观点。他的著作包括对亚里士多德《论灵魂》和《天象学》的《疑义集》*Quaestiones*，还有关于《形而上学》的一部义疏以及概要、总结和

---

1 Renan,《阿威罗伊与阿威罗伊主义》，255^2 以下；Rashdall，ii 96；F. A. Gasquet 在《都柏林评论》，365；《法兰西文学史》，xxix 1–386；Erdmann，i§206。

2 Rashdall，ii 527 以下。

3 小兄弟会堂 Minoritenkirche 的墓碑上有铭文如次："Scotia me genuit, Anglia me suscepit, Gallia me docuit, Colonia me tenet."【苏格兰生长我，盎格鲁养育我，高卢教化我，科隆保留我。】

《疑义集》。针对《物理学》一书的《疑义集》现被认定为伪作。在纯 599
粹的学术领域，邓斯的代表作是《思辨语法学》*Grammatica Speculativa*[1]，此著或题作《论表意模式》*De Modis Significandi*，或被判为萨克森的阿尔伯特 Albert of Saxony 所作[2]【译按，今人以为作者当系 13、14 世纪之交的爱尔福特的托马斯 Thomas of Erfurt】，虽则说邓斯本人在完成于其生涯早期的逻辑学著作中提到过这本书。在这部语法著作里，作者引述了彼得·爱利阿斯 Petrus Helias 以及多纳图斯和普理西安。

即便在唯实派的阵营中，“苏格兰人”邓斯的逾越常规的唯实论学说也得到继起的威克利夫（1324—1384 年）的响应，威克利夫（至少在英国）立时成为“经院学者的最后一人”和“宗教改革派的第一人”。人文主义者们与后期的宗教改革者如廷德尔 Tyndale（1530 年）意见一致，唯在细节问题上对邓斯有些异议。1535 年（此年代标志着经院学术在英国影响力的终结），经院之偶像被人从牛津和剑桥的圣座上丢弃，托马斯·克伦威尔 Thomas Cromwell 的一位专员在牛津写下如此一段文字：“我们曾把邓斯关入博卡朵 Bocardo【译按，系牛津城北门处的一所监狱】，又曾彻底地永远禁止他返回牛津，并取缔了他的一切恶劣言论……（在新学院 New College 里）我们发现大广场上到处蔓生出邓斯的花叶，风把它们吹到了每一个角落。”[3] 但是要再过一个余世纪，他的著作才有了一套华丽的编订本，不收圣经注疏，唯收入哲学与教义著作，由爱尔兰的方济各会教士编成 13 卷对开本，刊行于里昂（1639 年）。在这套著作集的第一卷中，邓斯被称为“amplissimae scholae nobilis antesignanus”【学林之名

1 i 39–76（1639 年版）。参看 Bäbler 的《中世纪拉丁语法史论集》（1885），84—88。

2 1519 年威尼斯版的标题。阿尔伯特执教于巴黎，时间约在 1350—1360 年。

3 Layton 在 Strype 的《教会备忘录》*Ecclesiastical Memorials*，i 324。

宿，至勇之先驱】，更甚者被称作“ita Aristotelis discipulus, ut doceri ab eo Aristoteles vellet, si viveret”【假如亚里士多德之门人在世，也要听他讲授亚里士多德了】。他还作为一个经院学者典型形象存在于巴特勒 Butler 的《休迪布拉斯》*Hudibras*（1664 年），在这部诗作中，男主人公被比作邓斯（还被比作托马斯·阿奎那和“不容置疑的学者”，阿勒斯的亚历山大）：

经院神学，他是行家，
高明如那不容置疑的亚历山大，
再世托马斯，抑或是
将他们都算上，叫作另一位邓斯。

600 由于命运的无常戏弄，这位曾被誉为“睿智之学者”的人物，被胡克 Hooker 视为“经院神学家中最具智慧之人”[1]，被柯勒律治当作唯一能“洞悉高等玄学之精妙处”的英国人[2]，其名号现已成为傻瓜的同义词[3]。

和其他任何经院学者相比，据普朗特尔所言[4]，“苏格兰人”邓斯的独特之处在于“融汇了特别多的拜占庭逻辑学内容”。里斯本的“西班牙人”彼得 Petrus Hispanus of Lisbon，于 1277 年死后被人称作教皇约翰二十（二十一）【译按，学界今以为教皇约翰二十一与之同名，而并非一人】，他著作的《逻辑学论题大全》*Summule Logicales* 前六节囊括了亚里士多德之

---

1 《教会政体》*Ecclesiastical Polity*，I xi 5。

2 《文学遗著集》*Literary Remains*，iii 21。

3 Trench，《词语研究论》*On the Study of Words*，83 以下；早期的例句（1577）见于 Murray，《牛津英语词典》相关词条【译按，dunce】下。

4 《逻辑学史》，iii 203。

逻辑学的主旨，盖得之于阿拉伯文献，而第七节曾由“学究”高尔吉乌 Georgios Scholarios（1400—1464 年）译成希腊文[1]。还有威廉·舍伍德，写了一部亚里士多德逻辑学的《大纲》*Synopsis*，他在 1245 年成为林肯的受俸神父 *prebendary*，又于 1258 年和 1267 年两度担任司库职务[2]。

奥卡姆的威廉

驳斥多明我会的托马斯·阿奎那之学说者，不仅有邓斯这样的唯实论家，还有另外一位方济各会成员，伟大的唯名论家奥卡姆的威廉 William of Ockham（卒于 1347 年）。此人的生年未详，不过他少时一定常常望见 13 世纪的 7 扇尖顶窗 lancet windows，那是他家乡萨里 Surrey 的教堂在建筑史上独一无二的景观。他在牛津受学，继而去巴黎深造。唯实论自两个多世纪前遭到罗赛林努斯的动摇，显然又将要被更卓越的经院学者中的最后一人、奥卡姆的威廉加以粉碎。他否认共相的实有，指出假如（如柏拉图所云）一独立实体的存在要归因于共相，则后者实际上 601
就成了一个个体。他又认为亚里士多德的范畴论依赖的不是事物的区分，而是名相的区分，是故首先具有的是一种语法学上的含义[3]。他对哲学的主要贡献，在于“他再度昭示了……归纳方法的真正价值，乃是作

---

1 Valentin Rose 和 Thurot（以及 Mansel 和 Hamilton）主张拉丁文本系原始形式。慕尼黑的一种孤立抄本中的一个条目，使得 Prantl 在《逻辑学史》，ii² 263–301（得到 Ueberweg 的赞同，见氏著，i 404，459，英译本；也得到 Mullinger 的赞同，见 i 175–186）将希腊文本判给了普塞卢斯，并以此为原始。但是众多的抄本都言希腊文本出自 Scholarios（Stapper 在《罗马建立日耳曼人之“圣地”1100 周年纪念文集》*Festschrift zum elfhundertjährigen Jubiläum des deutschen Campo santo in Rom*，布来施高之弗莱堡，1896，130–138），而 Krumbacher，在《拜占庭学刊》，vi 443，判定此人即“学究”高尔吉乌。记忆术韵句 Barbara, celarent, darii, ferio【译按，每个词分别代表三段论的一种推演形式，如 Barbara 即代表大前提、小前提和结论都是全称肯定命题的 AAA 形式，celarent 则是全称否定和全称肯定组合的 EAE 形式，等等】，被替代为希腊文的 γράμματα, ἔγραψε, γραφίδι, τεχνικός，其他形式也同样如此。

2 被 Leland 将之与达勒姆的威廉 William of Durham 相混淆，见《不列颠传记词典》，lii 146。

3 Ueberweg，i 462 以下及 154。

为演绎法的辅助手段，——这是亚里士多德曾指示的伟大真理，此前遭到经院学者们的遮蔽摒弃”[1]。

牛津有一位对奥卡姆的持异议者，名为瓦尔特·鲍利 Walter Burley（1275—1345 年?），不通希腊文，却未能阻止他写作《伦理学》和《政治学》的注疏，他将这些著作题献给贝里的理查 Richard of Bury。瓦尔

鲍利 特·鲍利的《哲人生平及死亡要录》*liber de vita ac moribus philosophorum*，自泰勒斯一直谈到塞内加（未将诗人排除在外），为近代人第一次尝试书写一部古代哲学史；不过该书之败笔在于文学史问题上犯了些荒唐的错误，两位普林尼和两位塞内加都被当成了一人，斯塔提乌斯·凯基琉斯和帕丕尼乌斯·斯塔提乌斯 Papinius Statius 被混淆为一人，李维和李维乌斯·安德洛尼库斯也被混淆为一人[2]。阿威罗伊学说得到鲍利的附同，同样接受此学说的，还有“阿威罗伊派之王”，英国加尔默罗会教徒，培康索普的约翰 John of Baconthorpe（卒于 1346 年），不过这两位英国人对意大利的影响超过他们在本国的意义[3]。

尽管经院哲学的虚浮外表已遭到奥卡姆的威廉的打击，其方法却存

布刺德瓦丁 于托马斯·布刺德瓦丁 Thomas Bradwardine 等人的著作中。托马斯·布刺德瓦丁在 1349 年去世前方任坎特伯雷大主教之职。他写过一部经院哲学著作《论上帝之为原因》*De Causa Dei*，主要以奥古斯丁见解为基础。作者受

---

1 Mullinger，i 189；参看 Rashdall，ii 535 以下；Clifford Allbutt，p. 89 以下；H. Morley，《英国作家》，iii 326 以下，v 12–14；以及 Hauréau，II ii 356–430。

2 Haase，《论中古语文学研究》，13 以下。三一学院抄本，O. 2. 50（no. 1154，M. R. James），最早刊于 1467 年，最近之刊本，出版于图宾根，1886。据言鲍利单针对亚里士多德就写作了 130 篇论著。

3 Renan，《阿威罗伊与阿威罗伊主义》，318 以下。

到乔叟满怀敬意的评价，得以与奥古斯丁和波爱修斯等列[1]，其著作之编订者亨利·萨威尔 Henry Savile 爵士（1618 年）以为，“solidam ex Aristotelis 602
et Platonis fontibus hausit philosophiam”【此书之哲学全然汲取自亚里士多德和柏拉图的源头】。他的著作确实满纸都是出自塞内加、托勒密、波爱修斯和卡息奥多儒以及诸多教父和经院学者的引文，不过我们不得不认为这等博学完全要得益于作者友人贝里的理查 Richard of Bury（1287—1345 年）的
图书馆[2]。理查是理查·昂格维尔 Richard Aungerville 爵士之子，受学于牛津， 贝里的理查
后被任命为达勒姆主教，以作为成功出使（1330 年）阿维尼翁觐见教皇的嘉奖。他在阿维尼翁得以与彼特拉克结识，后者称他作“一位性情急躁的男子，颇通文学，对于晦涩艰深的知识天生具有强烈的好奇心”，但是这位意大利人徒劳地企图请此英国人助他调查古代图勒的地理形势[3]。作为《书之癖》*Philobiblon* 的作者，毋宁说理查是一位藏书家而不是一位学者，书中稀落可见的几个希腊词语不足令我们得出他对于这门语言具有多么广博知识的推论来。他完全了解拉丁文学所受希腊文学的巨大恩惠[4]。他打算提供一部希腊语法和一部希伯来语法给学生们使用，以图补救当时普遍存在的无知境况[5]，他称那些学生刚刚获得“普理西安和多纳图斯的一星半点语法规则，便妄议起《范畴篇》和《解释篇》*Perihermenias* 来，那可是亚里

1 《坎特伯雷故事集》，15248。

2 Mullinger，i 198 以下；H. Morley，iv 61-64。

3 《论寻常习熟之物》*De Rebus Familiaribus*，iii 1 p. 137，Fracassetti 编订本；参看 Voigt，《古代经典的复活；或，人文主义的第一个世纪》*Die Wiederbelebung des classischen Alterthums oder das erste Jahrhundert des Humanismus*，ii 248^3；Mullinger，i 201。

4 c. x§162 以下。

5 c. x§167.

士多德花费毕生心血的著述"[1]。他赞同布剌德瓦丁和霍尔寇 Holkot（此人或被认作《书之癖》的真正作者[2]）所引述的"三重尊神赫尔墨斯"与"大法官第欧尼修"。理查对书之嗜好可由下述之事实体现出来：圣奥耳班的修
603 道院长（1326—1335 年）理查二世，有次向这位未来的达勒姆主教行贿，赠他四部修道院图书馆的书籍，即泰伦斯、维吉尔、昆体良和圣杰罗姆《驳鲁菲努斯》，此外还以 50 英镑的价钱贩售给他相同来源的另外 32 部书籍，其中包括了一部索利兹伯瑞的约翰著作集的大对开本手稿[3]。

当时支持奥卡姆的威廉所复兴的唯名论的人物，有一位极为著名的
布理丹 布理丹 Buridan，曾于 1327 年执掌巴黎大学（卒于 1350 年以后），针对亚里士多德的《物理学》《论灵魂》《物理学诸短篇》《伦理学》和《政治学》著作了数种《疑义集》[4]。他的逻辑学教科书指导学生如何找出三段论的中项，并且，如亚里士多德所言[5]，迅速发现中项显示了心智的敏锐，现在这种辅助方法能使愚钝之人也可以获得睿智之誉，遂名声鹊起，被称为 pons asinorum【愚人之津梁】。布理丹有关驴子的谚语，谓此畜牲立于两垛干草之间无动于衷，盖由两端之吸引力对等所致云云，从未在他任何一部著作中发现过。然而在他的《伦理学》注疏中[6]，他宣称

1 c. ix§154, in cuius scriptura ... calamum in corde tinxisse confingitur【在此书（译按，指《解释篇》）中，（作者）以芦笔浸濡着心血来著作】。此句见于伊息多耳《词语原始》, ii 27，亦见于更早的卡息奥多儒《论论理学》*De Dialectica*（见上文，p. 268）中。

2 霍尔寇此外还将《形而上学》的主题"道德化"；参看《书之癖》, c. 13§178, "veritas indagatur sub eloquio typicae fictionis"【至诚德性体现于典型虚构之雄文中】。

3 《圣奥耳班修道院编年史》*Chronica Monasterii Sancti Albani*, ii 200（引自 E. C. Thomas 编订本《书之癖》, p. xxxix 以下）；参看 H. Morley 的《英国作家》, iv 38—61；

4 最后两种，于 1500 年在巴黎出版，又于 1637—1640 年间重刊于牛津。

5 《后分析篇》, i 34。

6 《尼各马可伦理学》, iii,《疑义》1。

在对等的两个动机影响下，无法判断意志会以均衡的能力接纳或拒斥其所受的作用。有关“驴子”这个流行的阐述，或许是由亚里士多德《论天》的一个章节而衍生出来的[1]。

冉顿的约翰

解说亚里士多德最活跃的学者中，有一位名叫冉顿的约翰 Jean de Jandun，然而他不过（约 1322 年）对当时人热衷于争议的无聊话题表现出无所不知而已，那些论争关注的是其辩论之过程而不是其结果[2]。本笃会、多明我会和方济各会的教徒们在阐述亚里士多德学说时一致具有敏锐的特点。索邦神学院 Sorbonne 在 1290 和 1338 年的两个目录，显示出
围绕亚里士多德著作而汇集成一个多么庞大的文献部类，这是由他的阿 604
拉伯和拉丁解释者们以翻译和评注的形式所组成的。

13 世纪时，对亚里士多德的认知范围早已超越了《工具论》狭窄界限，受心灵学和形而上学研究的刺激，复扩展了知识学问的视野。亚里士多德现在成为至尊至上且绝无谬误的权威，不仅在逻辑学领域，也包括了形而上学、伦理学，（不幸地）还有心灵学和全部的自然科学。他的学说，在北欧同思辨哲学和神学之研究相关联，在意大利与医学之研究相关联，且无意间导致了意大利各大学中医学和文科科系的联合[3]。在亚里士多德的翼护之下，甚而阿威罗伊都有了容身之所。大约 14 世纪中叶，巴黎大学的被授予学位者必须宣誓，保证自己不会传授与“亚里士

---

1 ii 13，*τῶν ἐδωδίμων καὶ ποτῶν ἴσον ἀπέχοντος* (*καὶ γὰρ τοῦτον ἠρεμεῖν ἀναγκαῖον*)【食物、饮料与之距离均等，遂必然困于原地而不动】。Ueberweg，i 466，英译本。

2 Le Clerc，《14 世纪法兰西文学史》，i 502 以下。此人热慕阿威罗伊，曾著有《亚里士多德物理学、形而上学、论灵魂、论天诸书之疑义集》*Quaestiones in Ar. libros Phys., Metaph., De Anima, De Caelo*（刊行于 15、16 世纪）。参看 Renan，《阿威罗伊与阿威罗伊主义》，339–342[4]。

3 Rashdall，i 235.

多德及其注疏者阿威罗伊”之学说相抵牾的任何内容[1]。不过中古人士对亚里士多德权威地位的信赖感逐渐消退了。这个改变有部分是由有些古代文献的亡佚著作失而复得所致，由全面扩展了的古典学问之范围，以及对柏拉图重新发生的兴趣，引起了中世纪向文艺复兴时期的转变。

博洛尼亚

早在12世纪，罗马法研究已在博洛尼亚 Bologna 得到了厄尔涅留 Irnerius（约1113年）的复兴，此人除了在讲学中阐释罗马的法典，还以简短的评注方式引入了解说言辞之疑难的习惯，这些短注被称为“汇释”glosses。但博洛尼亚绝非仅只成为一所法律的学府。此地还以修辞学和人文学科之重镇而闻名，有名为 Dictamen【文学创作学校】训练诗文写作的所在，尤其是13世纪初期，正有邦康帕诺 Buoncompagno 这样的修辞学与创作法大师[2]。同此世纪，有位效法厄尔涅留的人，佛罗伦萨的阿库
605 尔修斯 Accursius of Florence，也执教于博洛尼亚（卒于1260年）。他的公开讲座上，每每陡然来一句查士丁尼所引述的荷马诗行，传言谓他所说的是: Graecum est, nec potest legi【此为希腊文，不能被辨读】[3]。这句话自然只会出现在他口头的教学中，其另一形式作 non legitur，所表达的意思无非是，“此为希腊文，不在授课范围”。在已出版的阿库尔修斯之汇释

---

1 《巴黎大学资料集》，ii 680（Rashdall，i 368），且附有重要的补充，nisi in casibus qui sunt contra fidem【除非有悖于信仰者】。

2 Tiraboschi, iv 464–500；Rashdall, i 111。他有一部六卷本的著作讨论尺牍写作的技艺（1215）。参看 Gröber 的《罗曼语语文学纲要》，II i 252。

3 William Burton，《希腊语言史》*Graecae Linguae Historia*（1657），49，notum est illud Francisci Accursi, quotiens ad Homeri versus a Justiniano citatos pervenit, *Graecum est*, inquit, *nec potest legi.* 参看 Tiraboschi，iv 356；Gidel，236 以下。有关西方诸抄本中对希腊文的查士丁尼法令的忽视，参看 Windscheid，《民法汇编教科书》*Lehrbuch des Pandektenrechts*，1900年版，§3。

中未见此言，他所翻译的《民法汇编》*Pandects*，如阿尔伯理柯·甄提利 Albericus Gentilis（卒于1611年）所云[1]，正确地解释了文本中的大量希腊词汇。然而一直有种推测，谓假若此言确系阿库尔修斯所援用的，则并非是因为这位博学的法学家对希腊文如何无知，而是出于现实考虑，因为公众对这门语言的先入之见，会导致他被人揭发成异端罪行，这是他要谨慎避免的[2]。16世纪前半叶，他的"鄙陋"和他的"无知"遭到人文主义者诸如比维斯 Vives 和布剌息坎努 Brassicanus、布戴乌斯 Budaeus 和阿尔齐亚图斯 Alciatus 的攻击[3]，但这些人都不曾议论过他的希腊语知识。

博洛尼亚早期作为法学之学府的声名，盖得益于（1）《法学汇编》的研究，（2）更为细致和技术化的文本研究，（3）更为全面的法学研究机构。在对民法 Civil Law 的解释中，此学府的工作一直被认为在许多方面代表了"中古欧洲之学问最为辉煌的成就"[4]。这在该学科研究中的确发展了文本考辨的水平。博洛尼亚的法学家们不断地奔赴比萨，以求瞻览著名的民法汇编抄本，此文献在1406年被迁至佛罗伦萨，经由对此本与其他抄本的校勘，形成了民法的通行文本[5]。 606

当佛罗伦萨的阿库尔修斯在博洛尼亚讲学时，博洛尼亚出现了一位本土的学者，多明我会成员博纳库尔修 Bonaccursius，他的希腊语知识使

---

1 《法学释义对话录六篇》*De Juris Interpretibus Dialogi Sex*（1721），188；参看 E. Otto，《帕比尼安传》*Vita Papiniani*（1743），67。

2 Gidel，236以下。

3 Bayle，Accurse 词条下。

4 Rashdall，i 122以下；Gebhart，《意大利文艺复兴的起源》*Les Origines de la Renaissance en Italie*（1879），59以下，罗马法……乃是中古意大利极具新意的学科……在巴黎，人们在缺乏原始文献的条件下讨论亚里士多德学说；而在博洛尼亚和罗马，人们则有成文的法律著作来注释这些可信的文献【译按，这段引文为法文】。

5 Rashdall，i 254以下。参看 Bartoli 的《文艺复兴之先驱》，26以下。

他在1230年被派往东方世界，去商讨解决希腊与拉丁教会间的摩擦[1]。同一世纪，克雷默那也涌现出四位希腊文化学者[2]；热那亚则有一位饱学的多明我会教徒，巴尔比 Balbi（1286年）[3]，所著《教会备览》*Catholicon*（一部拉丁语法，后附一部以帕皮亚斯和育古齐奥著作为蓝本的词典）作为参考用书而被置于法兰西的各个主座教堂[4]。1460年，这部书被古登堡刊印于美因茨[5]，后来被译成法文，晚至1759年还被巴黎的学校所使用。法国人还采用了一种13世纪的拉丁语法书，由一位名叫恺撒的伦巴第人编成，其例句选自萨鲁斯特、维吉尔、贺拉斯、奥维德、卢坎和玉万纳尔的著作[6]。阿邦诺的彼得 Pietro d'Abano（Petrus Aponensis，约1250—1315年）曾在希腊和巴黎受学，那时他着手翻译亚里士多德《问题集》，后完成于帕多瓦 Padua[7]。他还翻译过一部分希腊文本的盖伦著作，以及被归于阿弗洛底西亚的亚历山大名下的《疑义集》，后面这部著作的翻译着手于他旅居君士坦丁堡之时[8]。

热那亚的巴尔比

阿邦诺的彼得

---

1 Gradenigo，99；Tiraboschi，iv 160；Krumbacher，p. 982.

2 Gradenigo，102.

3 同上，103以下。他对希腊文的微薄认知水平，可由以下引文得以印证："hoc difficile est scire, et maxime mihi non bene scienti linguam Graecam"【希腊语难学，而关键是这学问无益于我】。参看 Tiraboschi，iv 356，481，526；Loewe，《早期拉丁字汇著作集成》，247。

4 Le Clerc，《14世纪法兰西文学史》，430[2]。圣奥扬 Saint-Oyan 的司事有一部《教会备览》，书上系着一条铁链（1483年的财产清单，见《沙特尔学校丛刊》，I 322）。参看 Ducange【译按，指氏著《中古及近世拉丁语字汇》*Glossarium mediae et infimae Latinitatis*（1678），下同】，§47。

5 Hallam，《欧洲文学导论》，i 80[4]；书页的摹本见于 Steffen，《拉丁古文书法》*Lateinische Paläographie*，90，出版题记的摹本见于 Bouchot，《书籍图录》*Le Livre*，33。

6 C. Fierville 编订本（1886）。

7 贝加莫的雅各布·菲利普斯 Jacobus Philippus Bergamas，《史书系年增补》*Supplementum Chronicarum*，p. 331（Gradenigo，107）。亚里士多德《问题集》的翻译与阐释，以及阿弗洛底西亚的亚历山大《疑义集》，于1519年在威尼斯刊布。后者收入Didot版亚里士多德著作集，iv 291–298。

8 Tiraboschi，v 204.

1311 年的维埃纳宗教会议，商讨了教会重新统一的问题，建议在意 607

希腊语教学

大利的每个主要城市指派两位希腊语教师。克莱芒五世（卒于 1314 年）遂下令在罗马开设一所希腊语学校，并筹钱在牛津建立希腊文和希伯来文的教授席位[1]。1325 年，巴黎大学便出现了希腊文以及阿拉伯文、迦勒底文和希伯来文的讲座，不过教皇指示其使节要谨防这些古怪的语言成为输入异国学说的渠道。异端的猜忌之心尤其固执于希腊语上，主教们放弃了以希腊文歌颂诸人名号的传统习俗。除了多明我会教徒，几乎不存在任何的希腊文化研究者。这些多明我会士人，由于早先曾保障了宗教裁判所的整个运作，遂得以完全不受惩戒地随意学习希腊文[2]。同此时期，一股反对亚里士多德逻辑学的偏见悄然产生，可由下述故事略得说明，即谓在 1330 年，一位巴黎大学的文科学士从坟墓中爬出来，身披一张羊皮纸斗篷，上面黑压压地涂写着拉丁文字，以警示他从前的老师要抵制尘世的浮华，并向他倾诉因曾在巴黎研究逻辑学而遭受的折磨[3]。在若干教令颁布之后，亚里士多德的研究反而得以恢复，几乎没受到 1366 年教皇使节们的任何约束。文科学士的学位，需要掌握语法学、逻辑学和心灵学，第一科包括维耶丢的亚历山大 Alexander of Villedieu 所著《童蒙必修》*Doctrinale Puerorum*，第二科有亚里士多德的《工具论》和波爱修斯

---

1 Rashdall，ii 459。参看 Burton，《希腊语言史》，54。克莱芒五世在维埃纳宗教会议上规定，scholas in Parisiensi et Oxoniensi studiis erigendas Hebraicae, Graecae, Arabicae et Chaldaicae linguarum【巴黎和牛津的学校设立希伯来文、希腊文、阿拉伯文和迦勒底文的研究】（Friedberg，《教令集》*Decretals Collectio*，ii 1179）。参看 F. Liebermann 在《雅典娜圣殿》*Athenaeum*，1904，272。

2 Le Clerc，《14 世纪法兰西文学史》，423–426[2]；《法兰西文学史》，xxi 143，216；Gebhart，《意大利文艺复兴的起源》，136，（多明我会教徒）如同宗教裁判所一样焚烧了很多书籍，不过他们也阅读了很多书籍【译按，这段引文为法文】。

3 Le Clerc，前揭，502。

的《命意篇》，第三科则有《论灵魂》。文科证书【译按，license in Arts，可能是指教授文科的资格证书】的科目还包括了对《物理学》和《物理学诸短

608 篇》的学习，而文科硕士的要求还有《伦理学》的绝大部分篇幅以及至少三卷的《天象学》[1]。但是对亚里士多德的研究并不采用原文。索邦图书馆的两部最早的书目（1290年和1338年）中有大量针对亚里士多德而作的学术著述，却未有任何迹象显示出对希腊文本的直接认知[2]。

学术复兴潮流

巴黎大学被太紧密地束缚在亚里士多德研究上了，且太严格地屈服于这个无上的权威，故而不能引导出与文艺复兴时代相关联的对古典文化趣味的全面重生。然而欧洲的西部地区，包括英国和法国，在中古之早期曾出现过不止一股的学术复兴潮流。最初的两次复兴，与阿尔德海姆和比德，以及阿尔昆和查理大帝相关。加洛林王朝的拉丁韵文作家中，有位使用古风名号纳索 Naso 的英国人[3]，写了些维吉尔风格的牧歌，其中他借用了罗马诗人们的语句，表达自己身处于一个再生之时代的认知：

rursus in antiquos mutataque saecula mores ;
aurea Roma iterum renovata renascitur orbi.
【尘寰返回到古时的习俗文化，
更新的黄金罗马重生于世间。】[4]

---

1 De Launoy，《巴黎法兰西学院藏品中的各种亚里士多德著作》，p. 50。参看 Rashdall，i 436 以下。

2 Le Clerc，前揭，503。

3 墨德温 Modoin，或穆阿德温 Muadwin，奥顿的主教（815—840年）。

4 《牧歌》，i 8，见于《加洛林王朝拉丁诗歌集》，i 385，Dümmler 编订本；奥维德：《爱的艺术》，iii 113，"aurea Roma"【黄金罗马】；卡尔普尔纽斯 Calpurnius，《牧歌》*Eclogue*，i 42，"aurea secura cum pace renascitur aetas"【值此升平之世，黄金时代重生】；参看 Körting 的《文艺复兴时期意大利文学史》，iii 82。

即使查理大帝的那些继任者在位之时，厄尔摩都斯·尼葛卢斯和“罗锅”亚柏的诗行中拉丁之声律犹存，而希腊散文的传译则以“爱尔兰人”约翰为最佳人选。10 世纪时，葛伯特以西塞罗研究而闻名；12 世纪，西塞罗和塞内加则激发了沙提雍的高提耶之道德教化学说[1]；至 13 世纪，拉丁散文的写作在亨利二世治下的英格兰繁荣起来，而在法兰西，对拉丁文学的广泛认知体现于博韦的樊尚所著庞杂的百科全书之中[2]。在
教育方面，11 世纪开始在法国学校中发生的变革，在 12 世纪初期以一 609
场伟大的文化学术复兴而达到高潮，那正是阿贝拉尔的时代[3]。整个中古时期，卢瓦尔河以北的法兰西地区在欧洲的教育事业上居领先位置，但该地区弥散并保守着太浓厚的中古精神，以致未能成为文艺复兴的发源地[4]。

意大利文艺复兴的诸因素

这份荣誉留给了意大利的古典文化之土壤，在那里文艺复兴运动渐渐发生成型得益于各种因素[5]，包括流行的思想自由之精神，本国的社会与政治条件，拉丁语言延续不断的传统，一度被称为大希腊 Magna Graecia 的地区里未曾流失的希腊语，古代雕塑遗迹的保存——例如启发了尼柯拉·庇萨诺 Niccola Pisano 之艺术的大理石浮雕[6]，还有古罗马墟址

---

1 上文第 553 页。

2 参看 Bartoli 的《文艺复兴之先驱》，10—31。

3 Rashdall，i 30–71. 索利兹伯瑞的约翰，《逻辑述原》，i 5，道出在 amatores litterarum【爱好文学之人士】（诸如阿贝拉尔、康舍的威廉和沙特尔的忒奥多理克）的影响下，redierunt artes et, quasi jure postliminii, honorem pristinum nactae sunt, et post exsilium gratiam et gloriam ampliorem【文科诸艺已然复古，一切有如财产恢复法（给予规定）似的，具有了往昔的尊严，鉴识与声誉也大体重现从前的模样】。

4 Körting 的《文艺复兴时期意大利文学史》，iii 93。

5 参看 Gebhart 的《意大利文艺复兴的起源》（1879），尤见 pp. 51–146。西西里和阿普利亚在腓特烈二世在位时已出现了一度短暂的复兴局面（上文第 566—567 页）。又见 Courajod，《文艺复兴运动的真正起源》*Les véritables Origines de la Renaissance*（1888），以及 Novati，《拉丁思想之于中古意大利文化的影响》*L'influsso del pensiero Latino sopra la civiltà italiana del medio evo*（13 世纪），1899。

6 Vasari，《尼柯拉·庇萨诺传》*Vita di Niccola Pisano*，卷首。

持久不变的存在——所激发的热情不止产生于 10 和 12 世纪里那些无名的朝圣者，也来自 14 世纪头三十年中像乔万尼·维拉尼 Giovanni Villani[1]、理恩济 Rienzi[2] 和彼特拉克[3] 这样的杰出人物。“在罗马帝国覆灭以后那些晦暗悲惨的世纪里，意大利比西欧其他任何地区都更大程度地保存着古代文明的遗迹。降临于此地的夜晚，乃是北极地区夏季的夜晚。前次日落的最后一抹余晖消逝于地平线之前，曙光即开始再度现身了”[4]。但是尽
610 管夜晚具有光亮，却不见太阳，而彼特拉克乃是新的一天的启明星；而在彼特拉克之前，天穹尚有其他的星辰。

文艺复兴运动的初期基本上与彼特拉克的名字相关联，这是一个渐进而曲折的过程，并非具有固定和明确之年限日期的简单突发事件。这场运动突出体现的特征之一，即是彼特拉克对西塞罗的热情。但是，在彼特拉克出生前两年，即 1306 年去世的翁布里亚 Umbria 诗人，托蒂的雅各布 Jacopone da Todi，提及西塞罗有关罗马法律著作中的“悦耳音声”，视为他退隐时所抛弃的浮华无用之物[5]。

---

1 1300 年;《佛罗伦萨史》*Nuova Cronica*，viii 6；Balzani，《早期意大利编年史诸家》，332。

2 Voigt，《古代经典的复活；或，人文主义的第一个世纪》，i 53^3。

3 彼特拉克:《论寻常习熟之物》，vi 2，p. 314，Fracassetti 本。

4 Macaulay，《马基雅维利》*Machiavelli*（1827），见于《随笔集》（1861），p. 30。Harris，《语文学探询》*Philological Inquiries*（1780），p. 251^5，把“中世纪”比作“夏季夜晚的破晓时分，日落与日出之间一股祥和的微光，虽然它不能保留白日里的光亮，却至少帮助我们从彻底的黑暗中得救”；而 Ozanam，《意大利文学史未刊资料集》（1850），p. 28，同样将“介于古代智识之白昼和文艺复兴之黎明间的暗夜”称作昨日最后之明光延续至次日白耀之初晨的一个夜晚【译按，原文系法文】。

5 《灵诗集》*Le Poesie spirituali*（1617），p. 5，“厌弃浮生”*Rinunzia del Mondo*，str. 20，lassovi le scritture antiche，| che mi eran cotanto amiche，| et le Tulliane rubriche，| che mi fean tal melodia【我今丢弃了古人的书卷，它们曾是我亲密的友朋，还有图利（西塞罗）论法律的篇章，我一度沉醉于其中悦耳的音声】；Gebhart，157；Norden，738。

作为即将发生的意大利文艺复兴运动之先驱人物中，我们在此可以两位帕多瓦的杰出拉丁诗人作为代表。一位是雄辩而博学的罗瓦托 Lovato（卒于 1309 年），他最先识别出塞内加所遵从的诗律规则[1]。另一位与他同时而年纪稍幼，是他文学趣味的继承人，即著名的政治家、历史学家和诗人，阿尔贝提诺·穆萨托 Albertino Mussato（1261—1329 年）。穆萨托的诗中满是维吉尔、奥维德和卢坎的影响痕迹，其散文体著作则叫人想起李维为古代罗马英雄卡密卢斯 Camillus 和大西比阿所作的颂词。他的措辞以塞内加为典范，所作的著名悲剧《埃采理尼斯》*Eccerinis*，其整体框架也效仿了塞内加。剧作取材于暴君埃泽利诺 Ezzelino 的生涯事迹，此人于 1237 年成为帕多瓦的领主。在与曼图亚 Mantua 一名多明我会教士的笔战中，穆萨托提出奇怪的主张，谓诗歌乃是神学的分支。而且，尽管他在所有的诗、文著作中都取法古人，却对于古典文学中的美仅有一丝半点的理解。故而穆萨托属于初现之微曦，尚不能算是真正的文艺复兴之曙光[2]。

文艺复兴的先驱：罗瓦托、穆萨托

611

有两位历史学者的拉丁散文更为流畅通顺，即米兰的切尔米纳提的

1 参看 Muratori,《意大利史料系年汇编》, x 1,“habuit ... Padua civitas Lovatum, Bonatinum et Mussatum, qui delectarentur metris et amice versibus concertarent”【时有帕多瓦市民罗瓦托、博纳提诺和穆萨托，皆好诗律，常聚而切磋韵学】; Körting,《文艺复兴时期意大利文学史》, iii（1884）, 355 以下; Wiese 与 Pèrcopo,《意大利文学史》, 120；Novati，见引于 Wicksteed 和 Gardner 的《但丁与乔万尼·德尔维吉利奥》*Dante and Giovanni del Virgilio*，36。

2 Muratori,《中古意大利文物典章》，787；Körting，iii 302–355；Voigt,《古代经典的复活；或，人文主义的第一个世纪》，i 16–18[3]；Balzani 的《早期意大利编年史诸家》，275–291，尤其是 287 以下; Cloetta,《中古及文艺复兴时期文学史论集》*Beiträge zur Litteraturgeschichte des Mittelalters und der Renaissance*，ii（1892），5–76；Wicksteed 与 Gardner，1–58。塞内加的措辞与诗律也在穆萨托或洛斯齐 Loschi 所作的《阿基琉斯纪》*Achilles* 中受到模仿（R. Ellis,《卡图卢斯在 14 世纪》*Catullus in XIVth century*，24–29）。有关穆萨托及其他意大利文艺复兴运动之先驱，参看 Sabbadini,《拉丁与希腊文抄本的发现》，ii（1914），106–190。

切尔米纳 乔万尼 Giovanni da Cermenate（1312 年），曾成功地模仿了李维和萨鲁斯特提弗列托 的文风[1]，以及维琴察的弗列托 Ferrěto of Vicenza（卒于 1337 年），他在一部颂扬维罗纳之“大王”Can Grande of Verona【译按，Can 源自东方的头衔可汗 Khan，为当时统治维罗纳的斯卡拉 della Scala 家族所采用；或言 Can 有“狗”义，盖为其人之诨号云云】的史诗中以维吉尔、卢坎、斯塔提乌斯和克劳狄安作德尔维吉利奥 为效仿的模范[2]。乔万尼·德尔维吉利奥尝建议但丁着手写的著作，是一部有关近世英雄题材的拉丁史诗，那时（尚在 1319 年）他竟敢寄给但丁一组拉丁六音步诗，以迂腐且傲慢的口吻批评这位诗人将意大利语而不是拉丁语作为《神曲》之语言的偏好。德尔维吉利奥之所以被奉为文艺复兴的先驱者，主要是由于他对维吉尔的崇拜，作为一个这位罗马诗人成功的解释者或模仿者，他遂要么自封，要么被他人添缀了维吉利奥之名[3]。他于维吉尔牧歌体的复兴工作上并无资格，因不巧这项文学变革的功绩显然被判给了穆萨托[4]和但丁。但丁只有在第一首《牧歌》中直接效仿了维吉尔，这手法被德尔维吉利奥因袭，回应了七首以上这样的诗作[5]；不过在 1327 年，但丁逝世六年之后，德尔维吉利奥作诗言维吉尔的牧笛乃是由但丁首先吹响的：

612 fistula non posthac nostris inflata poëtis,
donec ea mecum certaret Tityrus olim,

1 Tiraboschi，v 451；Voigt，i 19³.

2 Muratori，ix 1197；参看 Körting，iii 358；Balzani 的《早期意大利编年史诸家》，272–274；以及 M. Laue，《维琴察的弗列托》*Ferreto von Vicenza*（1884）。

3 Wichsteed 与 Gardner，121。

4 Körting，iii 324，365.

5 Wichsteed 与 Gardner，207 以下。

Lydius Adriaco qui nunc in litore dormit.[1]

【而后吾土再没有诗人吹起那芦笛，

直至蒂提儒斯出来与我竞争（译按，蒂提儒斯系维吉尔牧歌中人物，此处代指但丁），

此吕底亚人今已在亚德里亚海岸长眠。】

维吉尔之后的牧歌作者，尼禄时代有卡尔普尔纽斯，查理大帝时代有阿尔昆，9—12 世纪间也有本笃会教士们尝试写作世俗题材的田园诗[2]，但是在此要将这一诗体的新生归功于但丁。诗人去世那年（1321 年），德尔维吉利奥正居停于博洛尼亚，他还只是一名讲授诗歌的教师，讲说的内容只有维吉尔、卢坎斯塔提乌斯和《变形记》之作者[3]。他曾多次寄以诗札问候这位在拉文纳的流亡者，现在写了一首短诗表达思念[4]。六年之后，他将一首维吉尔风格的牧歌寄给流亡于齐奥基亚 Chioggia 的穆萨托，此人当时至少是如但丁同样著名的一位诗人。德尔维吉利奥还写过一篇讨论《变形记》的论文[5]，此文证明中古人士对于将神话"道德化"和寓言化的热情至中古之末期依然未有减退。

还有一位较早出现而具有令人信服之资格的文艺复兴运动先驱，即佛罗伦萨的著名公证人，布鲁涅托·拉蒂尼 Brunetto Latini（卒于1290年），他在法国的流亡期间（1260—1267 年），分别以诗体的意大利语和散文 布鲁涅托·拉蒂尼

1 Wichsteed 与 Gardner，176。

2 同上，230 以下；例如被归于帕沙修斯·剌德伯特 Paschasius Radbertus（卒年在 856 年之后）的"牧歌" egloga，收入《加洛林王朝拉丁诗歌集》，iii 45。

3 同上，133。

4 同上，174。

5 同上，120，314–321。

体的法语著作了《小宝库》*Tesoretto* 与《宝库》*Tesoro*。前者是一部寓言形式的教谕诗，后者是一部涵容了历史学、天文学、地理学、动物学、伦理学、修辞学和政治学知识的百科全书。论及修辞学时，作者以法文翻译了萨鲁斯特《喀提林阴谋》中恺撒和加图的演说词。布鲁涅托还曾将西塞罗《论选材》的前 17 章和为利伽理乌斯、马赛卢斯及德约塔卢斯王所作的辩护词译成意大利文，不过被归于他名下的西塞罗“控卡提林诸篇”以及李维著作中演说词的译文，可能属于文艺复兴时代。他的两部代表作大体上具有中古时期的倾向，但他显然极为热衷于在其“精神
613 所寄”的《宝库》中引述经典。他以这种语言方式著其杰作，但丁在诗中颇为玄奥地承认，自己从中学到了“如何做一个不朽的人物”[1]。

但丁 从一种严格限定的意义上讲，则只有但丁 Dante（1265—1321 年）才是文艺复兴的先驱者——这是因为他挣脱了中古传统，放弃拉丁文而使用托斯卡纳方言写作他的伟大诗篇，因为他无论对地狱中的苦刑抑或是对灵魂世界的三域都乐于加以详实的记述，因为他以自觉的诗人身份而骄傲，也因为他本身渴望于不朽的声誉。他的个性，还鲜明地显示于《新生》*Vita Nouva* 的中古神秘论所透露出的自传本事上。《飨宴》起初是当作《新生》的评议，而写作中具有了比较近代的精神。《论世界帝国》*De Monarchia*，复将中古的政治模式与对古罗马帝国传统的新热情相结合。而《论俗语》*De Vulgari Eloquio* 则区分了拉丁散文的不同类别，认为一门近代语言应受到严格系统的研究调查。在宗教秩序之外发现如此一片宽广的学问领域，乃是新兴之事物。但丁的著述，合乎中古最严格的神学思想，但同时他又是一位饱学的教外人士，如同我们在即将到来的文艺复

1 《地狱篇》，xv；Körting，iii 370–401。

兴时期所见的任一人物[1]。

但丁杰出诗篇的思想基础，得自经院学者对基督教神学和亚里士多德哲学的融合。对于亚里士多德本人，但丁是极为尊敬的。在未受洗礼者麇集的地狱边缘之候判所 Limbo，有一壮丽的城堡，以七重城墙围绕着一片青草地，诗人在此见到“众人尊敬的大师”，近旁有柏拉图和苏格拉底，其他人中有西塞罗和李维，以及“道德家塞内加”，还有阿维 614
森纳和“著作伟大注疏的”阿威罗伊[2]。在他大多著作中频频征述拉丁经典。他“天生即是一名学者”（诺顿 Norton 教授如是说），“如他天生即是一位诗人，假使他不曾写过一首诗作，他也会以当时最为渊博的学者而闻名”[3]。他所征引的古典文献，曾经人辑录和分类，以下的清单略可显示所引各家的次数：拉丁通行本圣经（500+）、亚里士多德（300+）[4]、维吉尔（约200）、奥维德（约100）、西塞罗（约50）[5]、斯塔提乌斯和波爱修斯（30—40）、贺拉斯（7）[6]、李维和俄若修斯（10—20），还有卡尔齐丢斯所译柏拉图《蒂迈欧篇》，以及荷马、玉万纳尔、塞内加、托勒密、伊索、瓦勒留·马克西姆斯和圣奥古斯丁（每人少于10次）[7]。以上清单未包含经院学者，诸如彼得·伦巴德、博纳文图拉、圣维克多的于格

1 Körting，iii 401–415；Gebhart，282–308。参看维拉尼：《佛罗伦萨史》，ix 136，（但丁）“fu grande letterato quasi in ogni scienza, tutto fosse laico”【乃是精通一切学科的伟大作家，尽管他纯属世俗人士】。又见 Burckhardt，《意大利文艺复兴时期的文化》，Part II c. 3，以及 Voigt，i 11–15[3]；又见 Vossler，在《新海德堡年刊》*Neue Heidelberger Jahrbücher*，xi《但丁与文艺复兴》*Dante und die Renaissance*。

2 《地狱篇》，iv 130–141。

3 Norton 的但丁《新生》*New Life*，p. 102。

4 主要是《伦理学》《物理学》《形而上学》和《论灵魂》。

5 《论义务》《论老年》《论友谊》，以及《论至善与至恶》。

6 六次引《诗艺》，一次引《书简集》，i 14，43。

7 E. Moore，《但丁之研究》，i 4 以下。

Hugh of Saint Victor【译按，即圣维克多的雨果 Hugo of Saint Victor】与理查，以及（最重要的）大阿尔伯特和托马斯·阿奎那，但丁是他们最杰出的门徒[1]。有时他看起来是在引述亚里士多德，而实际依据的权威是大阿尔伯特。例如在《飨宴》[2]中，他论及银河之起源的理论，征述了阿那克萨革拉和德谟克利特的观点，即并非出自亚里士多德的《天象学》[3]，而是大阿尔伯特的相关之著作，此人仅知晓一种阿拉伯译本的《天象学》。但丁在此还比较了新旧译本的异同，所谓“旧”译指出自阿拉伯文的译本，所谓“新”译
615 则是翻自希腊文[4]。《飨宴》还涉及视觉的本质，并提及亚里士多德的《论感觉及其对象》，这番引述显然出自大阿尔伯特的同题论著[5]。但丁的八次笔涉毕达哥拉斯，其中或直接或间接地有四次得之于亚里士多德，一次得之于第欧根尼·拉尔修，其他则得之于西塞罗或圣奥古斯丁[6]。他遵从阿尔伯特和阿拉伯人的意见，将《动物之构造》视为《动物志》的一部分[7]。如同阿波利纳理斯·西多尼乌斯和博韦的樊尚一样，显然他也将道德家塞内加和诗人塞内加区别为二人，并且他还谬称《四德书》*De Quatuor Virtutibus* 乃是塞内加的著作[8]。有关贝雅德丽采 Beatrice 的过世，他在西塞罗的《论友

---

1 Contrapasso【赎罪】（《地狱篇》，xxviii 142），亚里士多德的 *ἀντιπεπονθός*【处罚】，出自阿奎那，《神学大全》，ii^{2} qu. 61，art. 4。综合参看 Ozanam，《但丁与 13 世纪天主教哲学》*Dante et la Philosophie Catholique au xiiie siècle*（1839），以及 Hettinger 所讨论的阿奎那与但丁（《〈神曲〉之神学》*Die Theologie der Göttlichen Komödie*，1879，英译本，1887），以及 Ueberweg 所引的其他著作，见氏著，ii§33，p. 290^{8}，尤其是 Berthier 的《〈神曲〉评注》（都灵，1893 年以降）。

2 ii 15.

3 i 8.

4 Paget Toynbee，《但丁研究》*Dante Studies*，42 以下；参看 Moore，i 305–318。

5 Toynbee，53.

6 同上，87–96。

7 同上，247 以下。

8 《论世界帝国》，ii 5；Toynbee，155 以下。

谊》和波爱修斯的著作中找到了慰藉[1]。当她在《炼狱篇》首度露面时，但丁骋其才思，缠杂起圣教与世俗的分别，以拉丁本圣经和维吉尔相类似的言辞去描述热切盼望的她，紧接着 benedictus qui venis【为来者祝福。译按，见《旧约·诗篇》，128：26，“奉耶和华名来的，是应当称颂的”】的是 manibus o date lilia plenis【满手分送百合花。译按，见《埃涅阿斯纪》，vi 883】[2]。他所举出的五大异教诗人，是荷马、维吉尔、贺拉斯、奥维德和卢坎[3]。斯塔提乌斯未出现在《地狱篇》，他的身份系“基督徒”，盖由维吉尔之第四首牧歌而改宗皈依，故现形于《炼狱篇》中[4]。在别处，但丁唯提名维吉尔、奥维德、卢坎和斯塔提乌斯作为“十足的”拉丁诗人[5]，他对贺拉斯的忽视可能纯属意外[6]，尤其是他先前还怀有敬意地引述过《诗艺》，称之为 magister noster Horatius【吾人之导师贺拉斯】的著作[7]。拉丁散文著作方面，他认可的优秀作家是西塞罗、李维、普林尼、弗隆提努斯和俄若修斯[8]。

但丁的希腊语知识似乎确是 nil【全无】[9]。涉及荷马仅有四处，均援引自其他人的著作[10]。他确实引用过希腊词 hormen【译按，出自希腊文ὁρμήν（冲

1 《哲学的慰藉》，ii 13，14；Moore，i 282。

2 《炼狱篇》，xxx 19；Moore，i 26 以下。

3 《地狱篇》，iv 88。

4 xxi 以下。参看 Verrall 在《独立评论》*Independent Review*，1903 年 11 月。

5 《论俗语》，ii 6。

6 Horatium 在 Statium 之前，或许容易被遗漏。

7 《论俗语》，ii 4。

8 同上，ii 6。

9 曼涅提 Manetti（卒于 1459 年），《但丁、彼特拉克及薄伽丘列传》*Dantis Petrarchae ac Boccaccii vitae*，“*graecarum litterarum cognitione Dantes omnino caruit*”【但丁对于希腊文学全无了解】；Gradenigo，110。

10 Moore，i 341；Toynbee，204 以下。在《飨宴》，i 7 末尾处，“荷马无法被译成拉丁文”……参看上文第 595 页注释 13【译按，即中译本 829 页注释 1】。

616 动；意欲)，但丁用以指称灵魂中天性（追求至善）的欲望】[1]，并谨慎地将“哲学家 filosofo”解释作“爱智慧者”amatore di sapienza[2]。不过，另一方面，他盲从育古齐奥之说，谓“权威”autore 源于 autentin（αὐθέντην）[3]，意即“值得信任和服从者”，他自作主张，又谓亚里士多德最“值得”如此“信任”，他的学说乃是“最高之权威”[4]。不过但丁的亚里士多德只是拉丁文的亚里士多德，有关其诗学的论著，他不幸未曾听闻。大体如中古学者一般，但丁受限于《蒂迈欧篇》和亚里士多德著作的拉丁译文，早该来一场学术复兴，以恢复对希腊文本的知识，扩展研究的范围，并激发起新的研究兴趣。于是这场学术复兴，在拉丁文学领域发生了起来。

---

1 《飨宴》，iv 21。

2 同上，iii 11。

3 普理西安，v 20，“*auctor*, quando αὐθέντην significat, commune est ; quando αὐξητὴν, auctrix facit femininum”【auctor 具 αὐθέντην 之义，可作阴性也可作阳性；有时以 auctrix 表示 αὐξητὴν 之义，则为阴性】。厄伯哈德，《希腊语修习》，c. xi，分别了“ab augendo”【出自 augendo（增长)】的 auctor，与“ab authentin, quod Grecum est”【出自希腊文 authentin】的 autor。

4 《飨宴》，iv 6。但丁与希腊文的关系，见 Gradenigo，《有关希腊—意大利文献的历史与考辨评论》，110 以下，以及 Celestino Cavedone（摩德纳，1860）；参看 Moore 的《但丁之研究》，i 164 注释;有关但丁的古典学养之综合概述，则见 Schück 在《新年刊》(1865)，ii 253–281。A. J. Butler，《但丁，其时代与其著述》*Dante, his Times and his Work*，pp. 198–201（他对“古典文学的运用”)，主要讨论的是神话典故。

第三十二章

拉丁经典的流传 617

若言希腊经典的安全保存，得益于君士坦丁堡的诸多图书馆以及东方世界的修道院，那么对于拉丁经典的遗存，我们首先要感激西方世界的修道院[1]。有一种反对异教学问尤其是异教诗歌的偏见，无疑早在基督教界形成了传统。德尔图良曾发问[2]：雅典之于耶路撒冷有何关系，或者说，学园与教会之间有何关系？而杰罗姆也曾发问[3]：贺拉斯于诗篇底

对于古典著作的偏见

1 772位知名的拉丁作家，仅有144位有著作传世；其中有64人的著作在流传中失去了绝大之部分；43人的绝大部分著作得以留存；而只有37人的著作近乎完整。最后这两部分作家差不多包括了全部最优秀的诗人（A. F. West，在《美国语文学学会学刊》，1902，xxii以下）。综合参阅Traube，《演说及论文集》，ii 121–137。

2 《反异教文化之处方》*De Praescriptione Haereticorum*，7（Migne，ii 20）。但是在别处，他宣称世俗的研究，是"认知神圣事物之科学的必要途径"，《论偶像崇拜》*De Idololatria*，10（Migne，i 675）。

3 《书札集》，22§29（Migne，xxii 416）；参看圣奥古斯丁，《论基督教教义》*De Doctrina Christiana*，ii 40（60），Migne，xxxiv 63；Maitland的《黑暗时代》，173[3]。

事，维吉尔如何关乎福音书，西塞罗又于传道之众使徒何干？不过，杰
罗姆[1]又赞同奥利金[2]的意见，主张基督徒和犹太人一样，理应去“劫掠
埃及人”，且完全可以（在做好适当的预防措施之后）任意挪用从敌人
618 手中抢夺来的战利品[3]。然而大格雷高利、都尔的阿尔昆和克吕尼的奥铎
等教会人士中仍存有前叙之偏见[4]。奥顿的霍诺留 Honorius of Autun 在《性
灵珠玉》*Gemma Animae*（约 1120 年）的前言中表达了类似之态度，他问
道：“举凡赫克托尔的厮杀、柏拉图的辩说、维吉尔的诗章，还有那奥
维德的诉歌，这些于灵魂有何益处？此流人物，今已沦为阴曹之牢狱的
阶下囚，在冥王残暴的惩治下齿战不已。”[5]甚至阿贝拉尔（称述杰罗姆
之说）也质询道，“既然柏拉图都不准那些诗人骚客进入他的‘世界之
城’，为何基督世界的主教和学者们不能将他们逐出‘上帝之城’呢”[6]；
明谷的伯纳德有位文书叫作尼古拉斯（成文在 1153 年之后），感慨自己
曾在西塞罗和诸诗家著作里体会到的魅力，这等趣味亦见于哲人族的金
玉良言和“塞壬的歌声”之中[7]。本笃会的编年史家，洛都尔福·葛拉波
（卒于 1050 年），讲述过一个故事，谓有一人名叫维尔伽都斯 Vilgardus，
在拉文纳附近某处研究“语法学”，尝梦见三鬼，化作维吉尔、贺拉斯
和玉万纳尔之形貌，他们的文字曾诱使他发表异教言论，为此他遭到拉

1 《书札集》，70（Migne，xxii 665）；参看《书札集》，21（同前，385）。

2 Migne，xi 87，xii 490. 参看 Norden 的《古代艺术散文》，675–680。

3 《申命记》，xxi 10。

4 上文第 444、476、504 页，以及 Norden，531；（关于阿尔昆和维吉尔）又见 Schmid，《教育史》，II i 177，以及（综合参考）Roger，131–143。

5 Migne，clxxii，543；Maitland，185[3].

6 《基督神学》，ii，Migne，clxxxviii 1210 D；Maitland，186[3]。

7 “彼得·达密安”的《布道集》*Sermo*，61，p. 296 E，Caëtani 本（Migne，cxliv 852 D）。

文纳大主教彼得的谴责（在971年或之前）[1]。诺理奇的第一任主教，赫伯特·德·罗辛加 Herbert de Losinga（卒于1119年），曾因一梦而放弃了对维吉尔和奥维德的研读和效仿[2]。事实上，诗人（除非其作品是具有高度道德主题的，或者能够借由寓言解释来“道德化”）获得的尊重远不及哲学家。那部为阿尔萨斯圣奥蒂耶山 Mont St Odile 的修女们所作的图绘百科全书《欢乐园》（1167—1195年），创造者或编录者是女修道院长、兰茨堡的赫剌德，其中有一幅屡受关注的图画，以两个同心大环圈出以下的形象来：在内环之上半部，哲学被描绘作女王形象，其冠冕上分出三个头像，被标识为“伦理学”“逻辑学”和“物理学”，看来可能是被授予至尊的地位，而下半环中，则是苏格拉底和柏拉图坐于桌前，面前摊开书册。外环中列有七个穹拱，每拱下均有自由七艺之一的人格化身形象，“语法学”手中之标志乃是一册书籍和一根桦条教鞭，“修辞学”则手持书写板和尖笔，其他学科亦类似如此。此外环之下方，有四位“诗人或术士”，各据一张书桌而奋笔作书，每人耳畔有一化作盘旋之乌鸦的恶灵，对之加以指点和教唆。整个图版的适当之处装饰了许多箴言[3]。 619

西塞罗的哲学著作曾为诸教父及其中古之后继者们的拉丁散文树立

1 《900—1044年间五卷史记》, ii c. 12（Migne, cxlii, Prou编订本, 1886）; Tiraboschi, iii 192; Giesebrecht,《意大利的文学研究》（意大利文译本, p. 24）。参看 Wattenbach,《中古德国史料考》, ii⁶ 213; Gebhart 在《双域评论》*Revues des deux Mondes*【译按，此双域指法国和美国】, 1891年10月1日; 以及 Ker 的《黑暗时代》, 198以下。

2 《书信集》, p. 53–57, 参看 pp. 63, 93。然而他建议诸生在拉丁诗歌上要效法奥维德（p. 75），他自己也引用过《哀歌》, i 9, 5–6（Goulburn 与 Symonds,《赫伯特·德·罗辛加的生平与书简》*Life nad Letters of Herbert de Losinga*, i 249）。

3 该抄本在1870年毁于炮轰斯特拉斯堡的燹火之中。此后，图版在 Straub 和 Keller 的华丽对开本（1879—1899）中（依据较早的副本）得以重绘; 见上文第559页附图。参看 Engelhardt（1818）, 31以下（及其附图）; Wattenbach,《中古德国史料考》, ii⁶ 399; Bursian, i 74; 以及 Graf,《中古时代记忆和想象中的罗马》, ii 193以下。

了典范，然而即便是对西塞罗的研究，有时也被认为是带有一股不当的热情。1150 年，希尔德斯海姆的修道院长致信给考尔维的修道院长韦巴尔德，即如是言：

"固然阁下欲收罗图利之著作，我却知您是一名基督徒而非身列西塞罗门下[1]。投附敌营，非背弃者，而系一名密探[2]。因而我乐于遣人送给您我们所藏有的图利著作，即《论土地权》*De Re Agraria*、《斥腓力》和《书信集》，但是我们从不将任何书籍借给没有良好之抵押物的人士。是故请送来奥略·葛琉斯的《阿提卡之夜》和奥利金的《论雅歌》*On the Canticles*。"修道院长以同样的口吻答复他，谓西塞罗并非他膳食中的主餐，而只是饭后甜点，并言将送去奥利金著作和（因葛琉斯著作不在手边）一部有关塔西佗的书籍[3]。

620 最后还要提及克吕尼的修道院长，"尊者"彼得（卒于 1156 年），他遣书于布瓦蒂耶的彼得师傅，如此力陈研究古人为无益：

既然不去研究柏拉图、不搞学园的讨论会、不具亚里士多德的精明、不识哲学家们的学说，就会获致幸福……为何你还要徒劳地用功，随喜剧家而诵读，随悲剧家而哀恸，随歌吟者而戏谑，同诗人一道行诈，又与哲学家一道受骗？[4]

---

1 上文第 232 页。

2 塞内加:《书简集》，2§5。

3 Maitland，175[3] 以下。文本见 Jaffé，《日耳曼史事丛刊》，i 326。

4 Migne，clxxxix 77 D；Maitland，445[3]. 综合参看，Specht，《德国教育史》，40–57；以及 Wattenbach，《中古德国史料考》，i[7] 361。

一种较有雅量的态度，则是摹仿卡息奥多儒，犹如此人当年劝勉其僧众去学习人文各科，并尊崇“博览埃及人所有智慧”的摩西以及那些渊博的教父[1]。在12世纪后期，诺曼第诗人鲁昂的艾田涅Étienne de Rouen，在为贝克的学生们而作的昆体良摘录中，即维护了教父的典范地位[2]。无疑那些进入修道院的人，有意将此等所在视为幽谧宁静之地，视为学问与休憩的家园，他们居于其中，躲避“唇舌上的是非”和刀兵之乱。这些献身“修道”生活的人们如此勤勉，其影响必会有力地消除对异教经典的传统成见[3]；而作为心思灵敏的拉丁文学生，很难不会注意到诸多古代作家所具有的文笔之佳美处，虽则他们学习这些作品，目的本在于掌握这门语言，其在教会之教学和事务中已有悠久传统，并且（至此时为止）一直是西欧地区唯一的文学表达之媒介。如此，对于拉丁经典的志趣方能历经教父们的怒斥和教会的谴责而遗存下来。然而在我们目前所关注的时代里，经典研究无论事实上如何流传，其本身却被视为并无意义，只是成为协助理解圣经的工具而已。这便是中古与文艺复兴两个时期对此学问之态度的主要分别。 621

尽管诸如塞维利亚的伊息多耳等作家以及修道会缔造者们都不鼓励阅读异教作家的书籍，对于抄本的复制却未曾加以限制。杰罗姆曾言此等方式的勤奋工作乃是隐修生活最为合适的职业之一[4]。叙利亚人厄弗莱姆 Ephraem the Syrian（卒于378年）也提到，僧侣们的劳作内容就有书籍的

---

1 《圣教与世俗学问绪论》，c. 28。

2 Comparetti，《中世纪的维吉尔》，i 112，注释2；Léon Maître的《西方的主教学校与修道院（768—1180）》，159；Fierville，昆体良著作“引言”，I，p. xxviii 以下。

3 参看 Clifford Allbutt，《科学与中古之思想》，79；Putnam，i 122。

4 《书札集》，125，scribantur libri【群籍有待钞录】。参看 Norden，在《当代文化》，I viii 381。

誊录和羊皮纸的染色[1]。圣马丁在都尔建立的几处修道院，所认可的由僧众之劳作其实只有复制抄本一项，且限于院中较为年轻的成员[2]。本笃会的教规含糊不清，但是其中设定要具有修道院图书馆[3]，这自然包括了教士传道的书籍，而那些修道院学校的职务中更理所当然地要包括对一部分经典文本的熟悉。因此举世闻名的某些抄本，如梵蒂冈的维吉尔写本（2或3世纪），以及加洛林王朝的泰伦斯写本（9世纪），就曾一度属于巴黎附近圣德尼的本笃会隐修院的财产。本笃修道会于后世所形成之经典及主流文学局面的贡献，得到了马必雍[4]和泽格勒鲍尔 Ziegelbauer[5]的充分及高度评价和论证，此后又得蒙塔伦贝 Montalembert[6]和丹提尔 Dantier[7]给予更为简练的阐发。克吕尼修道会的戒规中要求配备一名专员来看管书籍，并设立由
622 多名僧侣负责对这些书籍卷册的年度审核，与此类似的规约，亦见于牛津之奥瑞尔 Oriel 学院的章程（1329年）中[8]。加尔都西会戒规中，仅有极少数僧侣无资格担任抄写员的工作，任何僧众有能力而拒绝此劳动者，都须

1 Wattenbach，《中古之钞书业》*Das Schriftwesen im Mittelalter*，417[3]；Lecoy de la Marche，《手稿与彩饰》，89。

2 苏耳庇修·塞维尔儒斯:《圣马丁传》，c. 7。

3 c. 48.

4 《修道院研究商榷》*Traité des études monastiques*（1691），以及《对特拉伯苦修会会长先生之复议的反思》*Réflexions sur la réponse de M. l'abbé de la Trappe*（1693）。

5 《圣本笃会文学发展史》，4卷对开本（奥格斯堡，1784）。参看 C. Acheri（即 Cahier 神甫）的12篇《短论》Essais，收入《基督教哲学史编年》*Annales de philosophie chrétienne*，xvii–xviii，1838—1839年10月，尤其是《短论》3–7，"图书馆"*bibliothèques*；8，"书写"*calligraphie*；9–10，"书稿装饰" *miniatures*；11–12，"中古之大量目录" *luxe bibliographique au moyen-âge*。

6 《西方的僧侣》，Bk xviii，c. 41。

7 《意大利的本笃会修道院》*Les monastères bénédictins d'Italie*，2卷本（1866），涉及卡西诺山、柏比约等处。

8 J. W. Clark，《书之关护》，67，133。参看 Gasquet 的《论文集》Essays，20，28。

接受处罚[1]。加尔都西会的修道院长基葛（卒于1137年）将抄写员的劳动视为一种“不朽工作”[2]。但是该修道会的成员显然仅关注于教会文献。弗里西 Frisia 的厄莫 Emo 和阿多 Addo 兄弟，具有更为广泛的志趣。他们在巴黎、奥尔良和牛津就学之时，夜间彼此分工，誊录一切所能觅得的文本，并将其师所讲授的解释内容记录下来。厄莫后来执掌格罗宁根 Groningen 省维特维耶鲁姆 Wittewierum 镇上的普雷蒙特利会 Premonstratensian 修院（卒于1237年），指导修女和僧侣们有关誊录抄本的技艺[3]。在克吕尼，armarius【译按，armarium 原指书柜、藏书室，中古以 armarius 指称修道院的图书室负责人或档案管理员】，或曰图书馆长，提供了抄写员一切必需品[4]，并严格地要求遵守缄默之纪律。假如那抄写员想取一本书，他不得不伸开双手比划一个翻书的动作。为了区别不同类的书籍，便采用了各种更为详细的手势。假如需要一本圣经的《诗篇》，就举双手过头，暗指大卫王之冠冕；假如需要一本异教书籍，就扮犬而搔耳[5]。有时羊皮纸告罄，抄写员将异教徒的著作文本抹除，为基督教著作的誊录让出空白来。但相反的情况偶尔也会发生，著名的案例即圣保罗的书信集被更替为《伊利亚特》数卷[6]。很少见的情况下，抄写员对原文不满意，甚或出于道德之动机动手修改所反对的文

1 Lecoy de la Marche，90.

2 Migne，cliii 883.

3 Wattenbach，《中古之钞书业》，444[3]；参看 Montalembert，v 136 以下（1896）。

4 同上，441[3]。

5 Martène，《古代修道院礼仪》*De Antiquis Monachorum Ritibus*，lib. v，c. 18§4，pro signo libri saecularis, praemisso generali signo libri, adde ut aurem tangat cum digito, sicut canis cum pede pruriens solet【在表示世俗书籍之前，先要做出取书的一般手势，再扮作有虱子咬啮而发痒的狗，并以一指挠耳】。

6 Comparetti，《中世纪的维吉尔》，i 114。

图 23　西门 Simon，圣奥耳班的修道院长，坐于他的书橱前

大英博物馆，科顿 Cotton 藏本，克劳狄乌斯，E4【译按，科顿家中书室有罗马诸帝像，其藏书初分作两部，即以其所在书架附近的像主来命名；后来这些书籍收入大英图书馆，继而复分作若干类，仍沿用旧法命名，以帝名之字首排序】。（出自 J. W. Clark，《书之关护》，293）

字[1]。9 世纪完成的阿普勒乌斯《草木志》*de herbis* 一部抄本中有些异教徒
623 的符咒，而至 15 世纪的抄本中则被标识为删节部分了[2]。

缮写室　抄书人员的辛勤劳作之地即是**缮写室** Scriptorium[3]。这或许要么是间

1　Comparetti，i 115；Friedländer 的《马提阿尔集》*Martial*，i p. 73 以下。

2　Haase，《论中古语文学研究》，19。

3　Ducange，在 Scriptores 词条下；Hardy，《大不列颠与爱尔兰相关史料叙录，亨利七世朝结束以前》，vol. iii 的序言（主簿丛书）；参看 Gasquet 的《论文集》，41 以下；F. Madan，《书籍原貌》*Books in Manuscript*，34 以下。

大屋，可容 12 名抄手同时工作，要么则是间只有单独一名誊录者的小室。在圣高尔修道院的旧图样中，**缮写室**位于座堂旁边的图书馆下部[1]。在阿尔昆执掌之下，都尔的圣马丁修道院一时以培养誊录抄本之人才的学校而闻名。阿尔昆有一首隽语诗即以**缮写室**为主题，他的学生剌班努斯·茅儒斯从中摘取一段，题于富尔达的**缮写室**门上[2]。而在本笃会的修道院系统中，往往习惯于先设图书馆，继而建**缮写室**，最后再办学校。圣奥耳班的**缮写室**，由修道院长保罗（1077—1093 年）建于教士礼 624
拜堂 chapter house 之上，而晚至一个世纪之后，修道院长西门（1167—1183 年）才着手于抄本的收集工作，他将书籍保存"于座堂的彩绘圣器橱中"[3]。很多时候，**缮写室**被体贴地置于取暖室 calefactory 之左近。或许没有一间大屋，而是围绕着回廊的一排小室，每间都通向回廊之步道，且由对面墙上的单扇窗户取光，类如今日之格鲁斯特大教堂组成部分、昔日之圣彼得修道院中的"隔架书桌"carrels。（在达勒姆的大本笃会堂中）"那些隔架书桌的对面"，"陈列着排满书籍的大壁橱，其中有古代教会学者们的著作，还有世俗作家以及其他圣贤人物的作品"[4]。明谷的伯纳德的文书，尼古拉斯，称他的**缮写室**（其门朝向见习修士的房间，右边是院廊，左边是医务室和健身场地）为"梦寐以求之所在，看起来赏心悦目"，"适于隐修"，而且"备有高雅神圣的书籍"[5]。抄写员常在中空露天的回廊中从事工作[6]，其自己的小室却从未诞生出一个抄本，

1 教堂圣坛之北方; Pertz，《日耳曼历史学文库》，ii 95；Wattenbach，440^3。

2 Browerus，《富尔达古事记》*Antiquitates Fuldenses*（1612），p. 46，及上文第 483 页。

3 《圣奥耳班修道院纪事》*Gesta Abbatum Monasterii Sancti Albani*，i 184，192（Gasquet 的《论文集》，6）。

4 《达勒姆的仪典》*Rites of Durham*，p. 70（J. W. Clark，《书之关护》，90）。

5 《书信集》，35，Migne，cxcvi 1626 以下; Maitland，4043 以下。

6 Gasquet，43 以下; J. W. Clark，80 以下。

而且因为担心意外发生，（通常来说）不许点蜡烛。但我们知道至少有个人，他（可怜地自谓）“Dum scripsit, friguit, et quod cum lumine solis Scribere non potuit, perfecit lumine noctis”【笔不停，身僵冷，白昼不及终篇，又凑夜光完工】[1]。人们期望钞书者准确地复录其所见，即使有明显错误也要如此：他的工作之后将得到**校对员**的勘正[2]。

克吕尼的抄写员们投身其劳作的极度辛苦，受到了西多会士的批
625 评，然而这些批评者们**最终**也效仿所批评的对象，甚至免去他们自己的抄写员一切的田间劳动，只有在丰收时节除外[3]。最著名的钞书人才之学校，分布于都尔、奥尔良、麦茨、兰斯、普卢翁和圣高尔等地。但是在1297年的圣高尔、1291年位于孚日山区高地的穆耳巴赫 Murbach，已很少见到（假如有）僧人算是合格的抄写员[4]。至13世纪末，考比耶（在亚眠附近）的僧众同样也不再亲任钞书之工作了[5]。约在1200年前后保存于考比耶的一部卢克莱修抄本，此后也亡佚了。其他诸多抄本倒还流传下来，著名的有老普林尼的一个抄本（9世纪）、斯塔提乌斯的《忒拜战纪》的两个抄本（9、10世纪）[6]；而且（尽管抄写员很少在他的作品上签署姓名）还有27位图书馆长、抄写员或校对员的名号留在了考比耶现存

---

1 Pez，《近世逸籍珍藏》*Thesaurus Anecdotorum Novissimus*，i p. xx。

2 Wattenbach，《中古之钞书业》，4283以下（参看 Bursian，i 31以下）。有关中古的书籍贸易，参看 Albrecht Kirchhoff，《中古的抄本商贾》*Die Handschriftenhändler des Mittelalters*，第2版，1853，有关抄本复制的经济后果，参看 Levasseur，《1789年之前的法国工人阶级史》*Histoire des classes ouvrières en France avant 1789*，182–196，1900年版。

3 Wattenbach，《中古之钞书业》，442^{3}。

4 有关穆耳巴赫，参看 H. Bloch，《穆耳巴赫修道院加洛林王朝时候的图书目录》*Ein Karolingischer Bibliothekeskatalog aus Kloster Murbach*。

5 Wattenbach，443^{3}；参看 Gasquet 的《论文集》，52。

6 摹本见于 Chatelain，《古典拉丁语的古文书法》，pl. 140以下，161。

之抄本上[1]。在克吕尼收藏的抄本，有李维、萨鲁斯特、苏维托尼乌斯、特罗戈斯·庞贝乌斯（即查士丁）、塞内加、“亚里士多德”、西塞罗、奥维德、维吉尔、贺拉斯、玉万纳尔、斯塔提乌斯、卢坎、泰伦斯、克劳狄安、伊索、老普林尼、费斯多 Festus、普理西安（此外还有中古诸位重要作家）的著作，12、13 世纪的书目中著录了将近 1000 卷册[2]。人们认为 10、11 及 12 世纪的僧侣们是比其后继者更为热心的抄写员，但是对学问的爱好，自从卡息奥多儒最先发生兴趣以来，却是从未全然泯灭过的。这股热情创生出若干的书籍抄本，在卡西诺山和柏比约，在考比耶和克吕尼，在加隆河上游的莫瓦萨克 Moissac，卢瓦尔河畔的都尔[3]和弗勒律[4]，以及圣高尔与莱歇瑙，还有洛尔施、赫斯费德[5]和富尔达[6]。德 626
息得理乌斯领导下卡西诺山所完成的工作，已见于前文[7]。意大利的其他

1 Delisle，《考比耶的图书馆》*Bibliothèque de Corbie*（1860），《铭文与美文学院论集》，xxiv 266–342=《沙特尔学校丛刊》，xxxi 393–439，498–515；《皇家图书馆的抄本手稿室》*Le Cabinet des Manuscrits de la Bibliothèque Imperiale*，ii 427。

2 由 Mabillon 和 Martène 发现；Delisle，《皇家图书馆的抄本手稿室》，ii 458–487；《皇家图书馆所藏拉丁文抄本叙录》*Inventaire des Manuscrits latins conservés à la Bibliothèque Impériale*（1884），337–379；Lecoy de la Marche，92；参看 E. Sackur，《11 世纪中叶以前克吕尼修道会在教会和世俗社会历史进程中的影响》（哈雷，1892—1894）。

3 例如伯尔尼本的维吉尔，及莱顿本的诺尼乌斯·马赛卢斯。

4 例如伯尔尼本的贺拉斯和斯塔提乌斯，巴黎本的卢坎，梵蒂冈本的奥维德《岁时记》。又参看 Traube，《拜仁科学院会议报告》，1891，400–402；Delisle，《皇家图书馆的抄本手稿室》，ii 364–366，以及《短评与摘录》，xxxi（1）357–439；Cuissard-Gaucheron，《奥尔良图书馆抄本目录，弗勒律捐赠部分》*Inventaire des MSS de la Bibliothèque d'Orléans, Fonds de Fleury*（奥尔良，1855）。

5 参看 Holder-Egger 的《赫斯费德的朗贝研究》*Studien zu Lambert von Hersfeld*（1894），p. xii 以下。

6 J. Gegenbaur（富尔达，1871—1874，1878）。有关此句所提及的所有修道院，见 Wattenbach，《中古德国史料考》的索引部分，以及 Specht，《德国教育史》的索引部分；有关洛尔施与富尔达，参看 Falk 的《论古代富尔达图书馆与洛尔施图书馆的重构》*Beiträge zur Rekonstruktion der alten Bibliotheca fuldensis und Bibliotheca laureshamensis*，1902。

7 上文第 520 页。

图书馆，则还有位于诺瓦勒萨 Novalesa 者，在塞尼山隘 Mont Cenis 附近，906 年曾拥有书籍 6000 余卷，当时僧侣们将这些书运往都灵，以躲避萨拉逊人之兵灾[1]；以及位于庞珀萨 Pomposa 者，在拉文纳附近，其藏书中有塞内加和普林尼的副本[2]。法国的莫瓦萨克修道院保存着"拉柯坦提乌斯"《论殉教者之死》*De Mortibus Persecutorum* 的孤本[3]；奥尔良附近的弗勒律修道院则有一部更悠久的塞尔维乌斯的维吉尔注疏集[4]；柏比约曾存有泰伦提安·茅儒斯的唯一抄本；还有其他类似的情形[5]。由此而言，若对这些中古修道院加以公正评价，不仅视之为"当时之学问的宝库"，而且是"将来之学识的源泉"[6]。纵然另有些文献的记录已然消泯，我们仍受惠于这些僧侣，因为

> 古典的学问不断流失，
> 靠这些修道人存留给千秋万世。[7]

某些拉丁经典著作的传世得益于其本身具有的地方色彩。卡图卢斯幸存于其出生地维罗纳（可能由于帕齐费柯 Pacificus 的缘故，此人系

---

1 Muratori，《意大利史料系年汇编》，II ii 731；Tiraboschi，iii 194；Balzani 的《早期意大利编年史诸家》，183 以下；Cipolla，《诺瓦勒萨古事辑略》*Monumenta Novaliciensia Vetustiora*（罗马，1898）。

2 Montfaucon，《意大利志》*Diarium Italicum*，c. 6。

3 现存巴黎，Colbert. 1297。

4 现存巴黎，7929。

5 参看 Vadianus 著作，转引自 Ziegelbauer，《圣本笃会文学发展史》，ii 520。对于儒提琉斯·纳马提安 Rutilius Namatianus 的著作，我们完全仰赖一部维也纳誊录本，即源自从前柏比约保存的一种孤本【译按，原抄本在 1706 年之后即已亡佚】。

6 Maitland 的《黑暗时代》，前言。

7 Wordsworth，《教会咏歌集》*Ecclesiastical Sonnets*，xxv。

该城的助祭长，在846年之前赠予当地的教士学院218部抄本[1]）；恺撒的《高卢战记》，存于法国；塔西佗的《日耳曼尼亚志》和《编年史》的开首数卷，以及阿米安·马赛理努斯的全部遗篇[2]，存于德国；而弗隆提努斯的《论水渠》存于罗马城外平原之东南方的卡西诺山，此处至今仍存有这部孤本[3]。由于教育的关系，促使人们珍存语法学著作，附带着就收留了泰伦斯和维吉尔以及（略少有的情形下）卢坎和斯塔提乌斯、珀息乌斯和玉万纳尔。萨鲁斯特、李维和苏维托尼乌斯被当作历史学的模范而留存，西塞罗的演说词则有修辞学价值，奥维德则是诗歌创作的楷模。伦理学的兴趣，延长了西塞罗和塞内加哲学著作的生命，也保留住了瓦勒留·马克西姆斯的历史轶闻[4]。德国人的主要兴趣似乎在主题和内容，而法国人则关注于风格和形式。卡图卢斯的传世抄本见于法国和意大利，贺拉斯主要存于法国，普罗珀提乌斯则可能只有法国本，其著作首度见称述于理查·德·富尔尼沃 Richard de Fournival 笔下，此人是亚眠的枢秘教士（13世纪）[5]。最早有关提布卢斯的两处记述，俱来自法国[6]， 627

1 Muratori，《中古意大利文物典章》，iii 838；Tiraboschi，iii 264。

2 现存于梵蒂冈的富尔达抄本 Codex Fuldensis（10世纪）。文本的讹误是由其原本“孤存无可对校”的手迹在富尔达已无人能识辨而造成的（Traube 在慕尼黑科学院的《会议报告》，1900年12月，496）。

3 完整的摹本，见于 Clemens Herschel 的编订本（波士顿，1899）。

4 有关瓦勒留，参看考尔维的韦巴尔德（约1150年）之说，在 Jaffé《日耳曼史事丛刊》，i 280。

5 Propercii Aurelii Nautae monobiblos【水手普罗珀提乌斯·奥勒留的单卷本。译按，据 Teuffel，“单卷本 monobiblos”之说（其诗集后来实为四卷）源自马提阿尔，见其《隽语诗集》，xiv 189；奥勒留之姓氏可能是混淆自普卢顿休斯；而“水手”（nauta）则是由《诉歌集》，ii 24，38 处 non ita 误作 navita 所致】（参看 Teuffel，§246，1），Manitius 在《莱茵博物馆》，xlvii，“增刊”，p. 31。理查之书籍目录见于 Delisle，《皇家图书馆的抄本手稿室》，ii 514。

6 Norden，《古代艺术散文》，718注释2，参看692，724；以及 Schanz，§284 a。

他有关当地河流的事典，想必为他在该国增添了些声望[1]。涅密西安 Nemesianus 的《狩猎篇》*Cynegetica* 仅见称述于兰斯的辛克马尔著作中，乃是此人（卒于 882 年）少年时读过的一本书。西塞罗的演说词留存于克吕尼、朗格勒 Langres 和列日，希尔绍的西塞罗著作抄本即借自法国[2]。第一位选译这些演说词的人，是意大利的布鲁涅托·拉蒂尼（卒于 1294 年）;《布鲁图斯》仅存于意大利;《论演说家》与《演说家》则见于意、法二国。作为遣词修文的权威，语法学家费斯多在法国享有
628 名望，其著作也见存于意大利[3]，现存费斯多著作的缩略本，通常以为其作者是“助祭”保罗，也得以在这两国流传下来。历史学家们（唯《高卢战记》作者除外）在德国得到人们勤劳不懈的阅读和传抄[4]；而老普林尼的书则见于德、英二国。

贝里的理查每每回顾往昔，谓那些时代里的僧侣们总是在“祷告之间隙”来复制手稿，倾费所有可能的辰光以制造书籍，他将过去的勤勉与眼下（1345年）之懈怠相对照，不免生有遗憾之慨叹[5]。他还为我们描述了一幅生动的画面，表现自己如何渴望借助于法兰西、日耳曼和意大利的 stationarii【邮差】和 librarii【书商】来收罗抄本。他为了自己的一些书籍而致信罗马；又兴致勃勃地讲述自己拜访巴黎的经历，称之为“人间天堂”，因其有令人神往的图书馆，有亚里士多德和普罗提诺的抄本，有圣保罗和第欧尼修的抄本，有“拉丁缪斯在其中重造希腊之学问的全

1　i 7，1–12。参看 Postgate，在《古典学评论》，vii（1903），112–117。

2　《日耳曼史事丛刊》，i 327。

3　参看 Manitius 在《语文学家》，xlix 384。

4　Manitius 在《莱茵博物馆》，前揭，以及 Norden 著作，691 以下处的概述。

5　《书之癖》，c. 5。

部著作”[1]。他说在英国自家的庄园中，总是雇用着一大批抄写员[2]、文书和校对员，此外还有装订员和彩绘工人[3]；他还为自己所钟爱的书籍贡献了一篇动人而且著名的颂词[4]。其住宅的所有房间，据说都放满了书。传言其卧室已经被如此众多的书籍侵占了空间，以致他须攀越过去方能上床。他的图书室不幸流落无存，即便其目录也消失不见了[5]。

手稿复制的工作由修道院转入到大学中去。在《书之癖》成书之前 大学
的七十年间，制作教科书的可靠抄写员是由巴黎大学给予资格并加以掌
控（1275 年）的，1292 年有 24 位，1323 年增至 29 位[6]。索邦的图书馆 629
创立于 1289 年，其目录（至今尚存）著录了 1017 个题名，根据 1321 年的规定，每种著作以其最良善的形式的一部副本添入此部分馆藏中[7]。但是，在巴黎成为著名的经院哲学之家园（约 1100 年）或博洛尼亚成为一所法学学府（约 1113 年）至少半个世纪之前，在可能因英伦学子撤离巴黎（1167 年）而造成牛津开始兴盛的一个多世纪之前，萨勒诺已经作为一所医药学府而享誉整个欧洲（约 1050 年），伟大的希腊医学名家著作由阿拉伯译本译为拉丁文，在 11 世纪末以前即开始在那座“希波克拉底之城”得以使用[8]。蒙彼利埃 Montpellier 至 1137 年首度被人记述作

---

1 c. 8，§§126–128.

2 antiquarii【读钞古书者】（§143 = transcriptores veterum【古书传录者】，§207）。

3 §143.

4 c. 1§§26–29.

5 H. Morley 的《英国作家》，iv 56；Putnam，i 168；上文第 602 页。

6 Paul Lacroix，见引于 Lecoy de la Marche，p. 110 以下。有关“早期大学中的书籍”，见 Schmid，《教育史》，II i 490–495，以及 Putnam，i 178–224。有关中古时期书籍抄本的交易，见 Albrecht Kirchhoff，《中古的抄本商贾》*Die Handschriftenhändler des Mittelalters*，1853。

7 A. Franklin，《巴黎的古代图书馆》*Les Anciennes Bibliothèques de Paris*（1867），“索邦”*La Sorbonne*，221–318；参看 Putnam，i 166。

8 Rashdall，i 77 以下。

医学校，那里所用的教材主要是希腊人盖伦的著作，多是克雷默那的杰刺德在12世纪从阿拉伯文译出的拉丁文本[1]。我们听闻此时学生们的转学活动，如1209年由牛津至剑桥，以及1222年由博洛尼亚至帕多瓦，我们还看到大约同时期萨拉曼卡 Salamanca 和图卢兹所形成的学术重镇，而在此后至14世纪中期所成立的重要学府，则是比萨（1343年）、佛罗伦萨（1349年）和布拉格（1347—1378年）的大学，其中最后一所，乃是最早的德国大学。学术的传统，多少由修道院维持至12世纪末，在13世纪部分地传到了多明我和方济各修道会，而在中古结束之前，它们又在上文所简述的各所大学中找到了一处家园。

关于中古时期所认知的主要拉丁作家，有一些比较重要的线索可在
630 此处交代一二[2]，并列述至今尚存的中古主要之抄本，以及它们此前所见藏的中古诸图书馆[3]。由此将显示出，由于文艺复兴之前的抄写员的辛勤
普劳图斯 工作，拉丁经典著作有如何庞大的一个规模得以保存至今。普劳图斯读

1 Rashdall，ii 175，780.

2 参看 Manitius 在《语文学家》，xlvii–lii，以及“增刊”，vii，1899（处理中古之引文），还有在《莱茵博物馆》，xlvii，“增刊”，152 pp.（处理中古目录的文献证据），及 Hübner 在《古典学研究目录》，§§34，38 中的资料；又见 A. Graf，《中古时代记忆和想象中的罗马》（1883），ii 153–367；还有一部极为简要的概述，见于 G. Meier 的《自由七艺》（埃因歇德伦，1886），i 17–21，以及 Bursian 的《德国古典语文学史》，i 27 以下。又参看 Manitius，在《中古学校史料集录》*Analekten zur Schulgeschichte des Mittelalters*，1906年，（1）及（3）；Sabbadini，《拉丁与希腊文抄本的发现》，ii 199 以下。

3 在此提及的抄本几乎全部见于 Chatelain 的《古典拉丁语的古文书法》，此书包括了300多种摹本，并附有文字说明（1884—1900年）。有关近世之图书馆中的“分类标号”等问题的更多细节始末，可见于 Teuffel 或 Schanz 的著作，以及时下各种校订本中。参看 H. W. Johnston，《拉丁书籍抄本》*Latin MSS*，芝加哥，1897；F. W. Hall，《古典著作文本通览》*Companion to Classical Texts*，牛津，1913.

者甚少[1]，他只得到剌班努斯·茅儒斯间接引述，彼人有关这位作家的知识来自普理西安和伊息多耳，不过尚有一部源出英国的《奥斯贝尔努之字汇》*Glossarium Osberni*，其中引用了若干行零散的诗句[2]。在中古的书目中，普劳图斯著作仅见于贝里[3]和班贝格[4]，不过维罗纳的主教剌忒理乌斯（965 年）[5]和哈尔汶的菲利普（12 世纪）[6]都曾提到过他，这二人都曾属于康布雷 Cambrai 教区。今日所见普劳图斯的文本，仰赖于（1）米兰的安布罗斯馆藏重写本（4—5 世纪），包括了《仨钱儿银币》*Trinummus* 和《吹牛军士》*Miles Gloriosus* 及其他 15 部剧作的部分内容，大略显然是出自柏比约[7]，还有（2）“帕拉廷”校本的五部抄本，即一部在海德堡[8]、两部在梵蒂冈、一部在大英博物馆（11 世纪）、一部安布罗斯馆的誊录本。直到 1429 年，现存的 20 部剧作先只有 8 部真正为世人所知晓。对泰 泰伦斯
伦斯的认知更多些，他剧作中有行诗句曾被罗马主教利贝理乌斯 Liberius（352—366 年）引述于圣彼得大教堂中，当时他当着安布罗斯的面，劝
诫其姊成为修女[9]。泰伦斯曾受到罗斯维妲亦步亦趋的摹仿，其他人对之 631

1 Peiper，《文学史资料》*Archiv für Litteratur Geschichte*，v 495；《莱茵博物馆》，xxxii 516；Manitius，《语文学家》，“增刊”，vii 758 以下。

2 在 Mai 的《古典作家》，viii，索引部分，列出了一栏半的参考文献。这部著作被勒朗判给了一位格鲁斯特的僧侣，奥斯贝尔努 Orsbern（约 1150 年）；见 W. Meyer 在《莱茵博物馆》，xxix（1874），179 以下；Loewe，《早期拉丁字汇著作集成》，240–243。

3 M. R. James，《贝里图书馆》，p. 27。

4 Manitius，《莱茵博物馆》，xlviii 101。

5 Migne，cxxxvi 752，Catullum nunquam antea lectum, Plautum iam olim lego [nec] lectum【卡图卢斯著作此前一直无人见过，而我眼下正阅读的普劳图斯，以前也（无人）见过】。

6 Migne，cciii 872（《俘虏》*Captivi*），1008（《赶驴》*Asinaria*）。

7 上文第 454 页。

8 全摹本（莱顿，1900）。

9 《自责者》*Heautontimorumenos*，373；安布罗斯，在 Migne，xvi 225 C。

称述则不多[1]，但是尽管这位作家的韵步早已由普理西安加以阐述，他却被当成一位散文作家，不仅饱学的甘德斯海姆修道院的那位女院长这么理解，就连广见博闻的班贝格之经院师傅、特林堡的雨果 Hugo of Trimberg 也如此认为[2]。泰伦斯著作的文本，依赖于梵蒂冈的本波抄本 Bembine MS（4—5 世纪），如此之称呼盖由于此书为枢机主教本波 Bembo 之父所有，他将之称为 codex mihi carior auro【于我价如黄金的抄本】[3]。后出的抄本（9 世纪）则是源自卡略庇乌斯 Calliopius（3—4 世纪）的粗劣校勘本[4]。

卢克莱修　在罗马时期，卢克莱修曾受到贺拉斯和维吉尔的摹仿[5]，为阿尔诺比乌斯、拉柯坦提乌斯[6]和杰罗姆[7]所熟悉，并偶得康茂狄安努斯 Commodianus 的抄录，频受伊息多耳的称引，至中古时期却变得几乎无人问津了[8]。不过刺忒理乌斯提到过卢克莱修，通过语法学家们作为中介，比德也知道了他，所引用的文字有一处令拉柯曼 Lachmann 得以对诗人的

---

1 Manitius，《语文学家》，lii 546–553；Cloetta，《中古及文艺复兴时期文学史论集》，i；《中古的喜剧与悲剧》*Komödie und Tragödie im Mittelalter*，2 以下（哈雷，1890）；Migne，《沙特尔学校丛刊》，i 524–531；索利兹伯瑞的约翰，《王庭琐记》，vii 9，称泰伦斯是 Comicus qui prae ceteris placet【取悦他人的喜剧家】；但他所引述的剧作仅是《安德洛斯少女》和《阉宦》。

2 《众作家简录》*Registrum Multorum Auctorum*（1280），Hümer，《中古拉丁文学史资料集》*Ein Quellenbuch zur lateinischen Literaturgeschichte des Mittelalters*，维也纳《科学院会议报告》，1888，（萨鲁斯特、西塞罗、泰伦斯）"non in numero ponuntur metricorum【他们并未被列为韵文作家】"（l. 282）。

3 全摹本（莱顿，1903）。

4 Dziatzko（Woelfflin 注疏本，221–226）注意到 recensui【由我编订】一语，最早出现的时间约在 500 年，遂将卡略庇乌斯归为此时代人。

5 Schanz，§95.

6 Philippe，《宗教史评论》*Revue de l'Histoire des Religions*，1896，16–36。

7 《护教书驳鲁菲努斯》，iii c. 29。

8 Manitius，在《语文学家》，lii 536–538。Jourdain，《亚里士多德著作拉丁文译本年代渊源之查考》，21，似乎全无道理地声称"整个中古时期人们一直都在阅读……卢克莱修的诗作"【译按，原引文为法文】。

文本加以校订（vi 868）。埃尔万根的厄尔闵理希引述过一些相互连贯的诗行[1]。而刺班努斯·茅儒斯的引文至少有些可以肯定（如同普劳图斯著作的情况一样）是借自普理西安和伊息多耳的。假如其中有任何第一手的资料，那么可能是摘自现存于莱顿的9世纪之抄本（A），此本之前藏于美因茨的圣马丁教堂图书室，那里属于刺班努斯的辖区。莱顿的10世 632
纪之抄本（B）曾一度置于圣柏廷 St Bertin 修道院中，此院毗邻圣奥莫尔 St Omer，与考比耶相隔不远，中古时期的书目显示卢克莱修在考比耶当地绝非无人知晓，他在穆耳巴赫和柏比约也有声名。依据拉柯曼的观点，我们现在的权威文本，A与B，俱出自4—5世纪一部亡佚了的祖本，凡302页，以**细瘦的大写字母**写成，之前存在于法兰克王国的某地[2]；但后来一位法国学者证明此祖本乃是以**小写字母**写成的，并且有些省写符号遭到现存抄本的误读[3]。雷恩的主教马尔博（卒于1123年），曾反对过他那时代的伊壁鸠鲁主义，他的诗句中有一股明显的卢克莱修余响：

Hanc (sc. mortem) indoctus homo summum putat esse malorum,
Omnia cum vita tollentur commoda vitae.
【从前无知民人以此（即死）为恶，
生的一切都会被升华为生的福祉。】[4]

1 Dümmler 编订本，p. 20（卢克莱修，i 150–158）。

2 Lachmann，《注疏集》，开篇。

3 Louis Duvau，在《语文学杂志》，xii（1888），30–37。

4 《十章集》*Liber decem Capitulorum*，ix；卢克莱修，iii 898–901，以及 iii 2，"commoda vitae"【人生的福祉】。

有一行卢克莱修的诗句[1]，被不准确地称引于署名为希尔绍的威廉Wilhelm of Hirschau[2]（卒于1091年）和奥顿的霍诺留[3]（约1120年）的著作中，今知这两部著作作者一般都被判定为康舍的威廉[4]。这同一行诗句亦见引于“威尔士人”杰刺德（卒于1222年）的著作中[5]；然而威廉与杰刺德一样，都以普理西安（iv 27）为至上权威，因为他们俱附同普理西安的意见，将此行诗的最后一字gigni更改为nasci【译按，两词意义相近，表示“诞生于”】[6]。杰刺德实际上还将此句引为普劳图斯所作，因而暴露他对于普劳图斯和卢克莱修著作文本和两人之韵体的无知。贝里的理查[7]提及卢克莱修（还有荷马与提奥克里忒），将之称述为维吉尔所仿效的一位诗人。这番评议被曼尼修斯Manitius[8]引为证据，以说明理查读书极广博，不过理查可能不难从他所钟爱的作家之一、葛琉斯[9]那里发现卢克莱修的权威地位（指
633 维吉尔之受沾溉于他）；或是（有关诗人所受荷马、提奥克里忒及卢克莱修的影响）参考了马克罗比乌斯[10]，他在此后不远的章节里便提到了此人[11]。

---

1 ii 888，ex insensilibus ne credas sensile gigni【你不可相信可感知者产生于不可感知部分】。

2 《哲学原理》*Philosophicae Institutiones*，i p. 24。

3 《论尘世之哲学》*De Philosophie Mundi*，i c. 21，Migne，clxxii 54。

4 Poole的《中古思想史述略》，339–346。

5 vol. iv 1.

6 梵蒂冈本的《奥斯贝尔努之字汇》（12世纪），见于Mai，《古典作家与梵蒂冈公布之抄本手稿》，viii 515，引及此句，也作nasci。

7 《书之癖》，§162。

8 《语文学家》，lii 538。

9 i 21，7.

10（提奥克里忒、荷马，v 2，4–6）；（卢克莱修）vi 1–6。

11 综合论述，见Manitius，前揭；Jessen在《语文学家》，xxx 236–238；J. Philippe，在《宗教史评论》，xxxii（1895），284–302，xxxiii（1896），19–36，125–162。参看Lambinus，《卢克莱修》，1583年版，p. vii；Barth的斯塔提乌斯《诗草集》注疏，ii 7，76（1664）；以及Munro，《卢克莱修》，注释i，p. 1；又见Voigt，i^3 241注释2。

彼特拉克和薄伽丘著作中的少数引文均援引自马克罗比乌斯[1]。直到1417年，卢克莱修才由博乔而得以重获新生。

维罗纳的诗人卡图卢斯，曾是罗马时期为世人所追摹的模范[2]，知其人者，在高卢还有奥索尼乌斯、保理努斯和阿波利纳理斯·西多尼乌斯，在非洲则有柯理普斯[3]，7世纪时见引于塞维利亚的伊息多耳著作中，但直到维罗纳主教剌忒理乌斯（965年）之前，便再无人提及其名[4]。存于维罗纳的抄本，一度亡佚，而在1323年前不久复重见天日，为彼特拉克（1347年）和柯卢乔·萨吕塔蒂 Coluccio Salutati（1374年）所知晓，不过在特剌维尔萨理 Traversari 来访（1433年7月）之前再度失藏[5]。此本（直接或间接地）成为现存所有抄本的源头[6]，这些抄本之最佳者，有一度属于柯卢乔·萨吕塔蒂旧藏的梵蒂冈本[7]，有来自巴黎南部圣日耳曼德佩区的巴黎本，此本系1375年由维罗纳制造的一个副本转录而成[8]，有自威尼斯耶稣会士坎诺尼奇 Canonici 藏书中获得的牛津本，其抄录时间约在1400年，此外还有柏林的达塔努斯抄本 codex Datanus（1463年）。《婚歌》*Epithalamium* 还被单独收入于9世纪的一部巴黎诗选中。 卡图卢斯

在所有诗人中，中古时期最受欢迎的是维吉尔。率先陈说《埃涅阿

---

1 De Nolhac，《彼特拉克与人文主义》*Petrarque et l'humanisme*，134。参看 Hortis，《薄伽丘拉丁文著作研究》*Studi sulle opere latine del Boccacio*，392。

2 Magnus 在 Bursian 之《年刊》，li 239；Schanz，§106。

3 《语文学家》，xlviii 760；参看 Bährens，ii 65。

4 上文第630页注释6【译按，即中译本630页注释6】；R. Ellis，《卡图卢斯著作集》，“绪论”*Prolegomena*，vi 以下。

5 《漫游纪略》*Hodoporicon*，p. 34；Voigt，《古代经典的复活，或人文主义的第一个世纪》，i 207，439，ii 384[3]；Bährens，i pp. v–xi；R. Ellis，“绪论”，x–xii；又见《卡图卢斯在14世纪》（1905）。

6 得到 L. Schwabe（1886）和 B. Schmidt（1887）的讨论。

7 W. G. Hale，在《美国语文学学会学刊》，1897；《古典学评论》，xii 447，xx 160。

8 Chatelain，no. 15；全摹本（巴黎，Leroux，1890）。

634 斯纪》寓意，为人类生活之肖像，为智慧与美德战胜愚昧和感情之故事
维吉尔 的，乃是弗耳根修斯[1]，他的观点得到伯纳德·席尔维斯特及其同时代人索利兹伯瑞的约翰的赞同[2]，其后附和者还有但丁以及文艺复兴时期的阿尔伯蒂 Alberti 与兰第尼 Landini 等学者。维吉尔无疑一直是中古史诗创作的典范。圣莫尔的拜努瓦在《埃涅阿斯纪》的一部注释本的基础上完成了自己的《埃涅阿斯》*Énéas* 之传奇（1160 年后）[3]。维吉尔在基督教徒群体中的广受欢迎，部分原因来自他的第四篇《牧歌》，此诗被拉柯坦提乌斯、优西庇乌斯、圣奥古斯丁和普卢顿休斯视为基督降临的预言[4]。博韦的樊尚[5]，将三个异教徒的皈依归功于对这首诗的精读。在中古的神秘剧中，维吉尔伴随着女巫和先知，一起作为道成肉身的见证人而登场。11 世纪有部戏剧中，歌队领唱 Praecentor 对诗人如此说道：

Vates Maro gentilium,
Da Christo testimonium.
【异教徒的诗人马罗，
你要成为基督的见证者。】

---

1 《由道德哲学对维吉尔著作内容的阐释》*Expositio continentiae Virgilianae secundum philosophos moralis*（约西元 520），Helm 编订本，1898。

2 Comparetti，《中世纪的维吉尔》，Part i，c. 8；Schaarschmidt，97 以下；Poole 的《中古思想史述略》，119；Boissier，在《双域评论》，xix 522。

3 Gaston Paris，《中古法国文学》，§46。

4 Comparetti，《中世纪的维吉尔》，i 132–135，以及 Schanz，§224，p. 39[2]。杰罗姆《书札集》，53（Migne，xxii 545），称这种观点为 puerilia【幼稚浅薄】。

5 《史事通鉴》，xi 50。

诗人答曰：

Ecce polo demissa solo nova progenies est.

【你看由天而降的，正是一个新的生命。】[1]

在意大利也有一种笃敬的观点，相信圣保罗途经那不勒斯时曾拜谒诗人之墓，并抛洒一掬怅憾之泪，盖因念诗人早生，未能受到使徒的劝化。有首纪念圣保罗的颂歌，一直在曼图亚传唱至15世纪，其中有以下一节：

Ad Maronis mausoleum
Ductus fudit super eum
Piae rorem lacrymae;
Quem te, inquit, reddidissem,
Si te vivum invenissem,
Poëtarum maxime!
【他被引领至马罗陵前，
在墓土洒下一行清泪，
“若君生时能与我相见，
当嘉赏你为绝伦的诗家！”】[2]

---

1 Du Meril，《近世戏剧的拉丁源头》*Origines Latines du theâtre moderne*，p. 184（Graf的《中古时代记忆和想象中的罗马》，ii 206）。

2 Daniel，《颂歌诗人集》*Thesaurus Hymnologicus*，v 266（Comparetti，《中世纪的维吉尔》，i 131）。

635 众所周知，对于但丁而言，维吉尔乃“拉丁族的光荣”[1]，“受一切科学与一切智慧尊敬”[2]，是“一切知识的海”[3]，“异教徒的智者，通晓万物之人”[4]，作为人类智慧和哲学的象征，维吉尔成为但丁的“引导者、主人和老师”[5]，同他度过整个**地狱**以及**炼狱**之大半的旅程[6]。

维吉尔的文本主要依赖于美第奇家藏抄本（5 世纪），一度曾见于柏比约；还有帕拉廷抄本（5 世纪?），之前藏于海德堡；以及梵蒂冈抄本（3867），有 16 幅插图（6 世纪?），得自圣德尼。有一种更古老的梵蒂冈抄本（4 世纪?）保存了大约不到四分之一的篇幅，包括附有描绘作品情节的 50 张图画[7]。还有 7 张纸，出自一种圣德尼抄本（2 或 3 世纪?），今

---

1 《炼狱篇》，vii 16。

2 《地狱篇》，iv 73。

3 《地狱篇》，viii 7。

4 《地狱篇》，vii 3。

5 《地狱篇》，ii 140。《论世界帝国》，ii 3，divinus poëta noster Virgilius【我们的圣洁诗人维吉尔】。

6 维吉尔离开但丁，在《炼狱篇》，xxx 49 以下。参看 H. M. Beatty，《但丁与维吉尔》*Dante and Virgil*，1905。Zappert 收集了一个 5—12 世纪的拉丁诗人缅怀维吉尔的长篇清单，见氏著《中古时期的维吉尔遗踪》*Virgils Fortleben im Mittelalter*（维也纳科学院，1851）；又见于 Ribbeck 的索引。这个论题的综合论述，见于 Comparetti 的《中世纪的维吉尔》，2 卷本（1872 与 1896），英译本，1895（参看《评论季刊》*Quarterly Review*，vol. 137，77 以下），Graf 的《中古时代记忆和想象中的罗马》，ii 196–258，Teuffel，§231，12；参看 J. S. Tunison 的《宗师维吉尔》*Master Virgil*，第 2 版（1890），及 C. G. Leland，《有关维吉尔的未刊传说集》*Unpublished Legends of Virgil*（1899），还有 Du Méril 在《考古学与文学杂录》*Mélanges archéologiques et littéraires*（1850），425–478，以及 Schanz，§§247，249。有关中古学校中的维吉尔，参看 Specht，《德国教育史》，97 以下，及 Manitius，《传承史，中古德国学校发展史选录》*Zur Ueberlieferungsgeschichte, Sonderdruck aus Mitt. der Ges. f. deutsche ... Schulgeschichte*，xvi 3（1906），p. 16。又见 Schanz，II i^2§249。

7 照相版收入《梵蒂冈藏拉丁 3225 号维吉尔著作抄本残篇与图像集》*Fragmenta et picturae Vergiliana codicis Vaticani Latini 3225*（罗马，1899）；有部分翻印于 G. F. Hill 的《学生用古典文学图片集》*Illustrations of School Classics*，No. 221 以下（1903）。参看 Nolha，在《短评与摘录》，xxxv 2，1897。

存于梵蒂冈和柏林，圣高尔还有一部抄本留有残篇（4世纪?）[1]；再就是来自考比耶的一部巴黎重写本，以及一部附有集注的维罗纳重写本（俱属于4世纪?）。此外，我们还有两部抄本，来自都尔和弗勒律（9世纪），现分别存于伯尔尼[2]和巴黎；在巴黎收藏的诸抄本（9—12世纪）中，有一部得之于利摩日 Limoges 的圣马提阿尔 St Martial 修道院。

加洛林王朝时期的贺拉斯之研究，主要以阿尔昆为代表，此人自 贺拉斯
封以“弗拉库斯”之名号，也展示出对《颂歌集》和《长短句集》以及
《闲谈集》和《书简集》的熟稔，这些作品也可从奥尔良主教忒奥都耳 636
福（卒于821年）的诗歌中找到些痕迹。现存最早的贺拉斯著作抄本，是伯尔尼本 codex Bernensis，来自奥尔良附近某处，可能起源自柏比约。诗人对死亡的那段著名描述[3]曾得到圣高尔的“口吃者”瑙克尔（9世纪）称述如次：

ut cecinit sensu verax Horatius iste,
caetera vitandus lubricus atque vagus;
pallida Mors acquo pulsans pede sive tabernas
aut regum turres, vivite, ait venio.
【贺拉斯竟然吟唱出这样的思想，
且不提其他鄙俗与杂乱的诗章；
苍白色的死会一视同仁地降临在棚屋
或王宫，“活着的，”它说，“我来了。”】

---

1 摹本见于上文第197页。

2 上文第476页。摹本见 Steffen 的《拉丁古文书法》，102。

3 《颂歌集》，i 4 13以下。

在蒙彼利埃抄本（10 世纪）中，“致菲丽思 Phyllis 的颂歌”（iv 11）被谱上了“助祭”保罗一首诗歌作品的乐曲，这个作品使得阿雷佐的基多 Guido of Arezzo 从中获得了一组音符的唱名，即 ut，re，mi，fa，sol，la，si【译按，以下即保罗所作的圣歌原文，依照抄本中的曲谱，以下斜体的音节的音高正对应着七个音符】：

ut queant laxis *re*sonare fibris
*mi*ra gestorum *fa*muli tuorum,
*sol*ve polluti *la*bii reatum,
*S*ancte *I*ohannes.
【您的奴仆们会将您所
缔造的奇迹广为颂扬，
使我们的污唇免罪过，
圣徒约翰。】[1]

《闲谈集》和《书简集》为“牛犊与狼”和“狐狸与狮子”的史诗提供了八分之一篇幅的蓝本，计有 250 行诗句，这些史诗被称为 Ecbasis Captivi【《脱险记》】（作者是土尔的一名僧侣，写作时间在 936 年之后不久）[2]。奥尔巴的主教本佐（盛于 1061 年）称诗人为“noster Horatius”

1 Dümmler，《加洛林朝拉丁诗歌集》，“存疑诗歌作品附录” *Appendix Carminum Dubiorum*，i 83；Orelli 的《贺拉斯》，vol 2，第 3 版，附录。

2 Voigt 编订本（1875）；Bursian，i 49 以下，及在《拜仁科学院会议报告》，1873，406 以下；Ebert，iii 276，285–326；有关佐证材料又见于 Keller-Holder 的《贺拉斯》，ii（1869）；又见 Manitius，616–619。

【吾人之贺拉斯】，他为皇帝亨利四世所作的颂词中，还提到了维吉尔、卢坎、斯塔提乌斯、“荷马”，以及昆体良的名字[1]。《颂歌集》和《长短句集》（以及维吉尔的《牧歌集》），受到忒格恩西的梅特卢斯 Metellus of Tegernsee（12 世纪上半叶）的摹仿，以多种韵体写了数篇纪念圣居理努斯 St Quirinus 的诗歌[2]。贺拉斯被阿贝拉尔列入教会学者引述的“异教哲人”之列。1280 年，他的六音步诗作被特林堡的雨果[3]认为比抒情诗还更重要：六音步诗歌是 libri principales【要紧著作】，抒情诗是 minus 637
usuales【寻常小道】。由此看来，贺拉斯六音步诗作之对话体[4]中展现出来的道德感显然被视为具有一种持久的价值，而他的精思巧构与近乎不可追摹的抒情诗作品，仅被当成一个往昔岁月里的偶成之篇，由于所采用之韵体的复杂多样，似乎根本不可能受到鉴赏或是效仿。雨果所作的区别得到统计学的充分印证。对中古时期 1289 条对贺拉斯著作的零散引文进行分析，确切地说，出自抒情诗的有 250 条（或谓不到五分之一），而出自六音步诗的有 1039 条之多[5]。出自抒情诗的引文在意大利的总数只有 19 条，散步在若干个世纪中，且逐渐减少，直到但丁的时代完全消失。事实上，贺拉斯在文艺复兴以前的意大利无甚名声，远不及他在法兰西和日耳曼的知名度。13 世纪的日耳曼只找出两处中古文献，引述的是《世纪颂歌》*Carmen Saeculare*。这片土地上流淌着莱茵、摩泽尔、默兹诸河（其范围相当于中古洛塔林基亚 Lotharingia【译按，即洛林地区】一

1 Graf,《中古时代记忆和想象中的罗马》, ii 172。

2 Canisius,《古代文献集》*Lectiones Antiquae*，i，附录，p. 35 以下。参看 Bursian，i 71；《拜仁科学院会议报告》，1873，Aufsatz 3；以及《年刊》，i 9。

3 《众作家简录》，68 以下。

4 Sellar 的《奥古斯都时期的罗马诗人：贺拉斯与诸诉歌诗人》（1892），82 以下。

5 见 Moore 的表格，在氏著《但丁之研究》，i 201。

带），乃贺拉斯等拉丁诗人大加赞赏之所在。此处继而产生了亚琛之古代王庭，查理大帝治下的学术复兴绵延持续了很久[1]。

现存的250种抄本大多出自法国。最早的，今人称之为伯尔尼抄本，属于马沃尔提乌斯校订本（527年），经由一位爱尔兰抄写员（9世纪）誊录，得之于卢瓦尔河畔的弗勒律。其页边4处写有凯尔特文的注释，其所属的一组抄本今天被判定属于列日的塞都琉斯之时代[2]。其他抄
638 本中，因其发源地或庋藏地而值得一提的，有出自博韦的莱顿本 Leidensis（9世纪）、可能出自冉布卢斯的布鲁塞尔本 Bruxellensis（11世纪），出自兰斯和奥顿的巴黎抄本（10世纪）、出自阿尔萨斯之魏森堡的梵蒂冈抄本（10世纪），以及见于埃因歇德伦（10世纪）和圣高尔（11世纪）的其他抄本。古代的布兰第纽抄本毁于1566年根特的本笃会修道院一场火灾，柯儒奎乌斯曾在这里借阅过此书[3]。同样的命运，在1870年斯特拉斯堡围城之役中，也降临到一部9—10世纪的抄本上。

奥维德 奥维德所获得的声望介乎维吉尔与贺拉斯之间，他的《变形记》《岁时记》《爱的艺术》和《爱的补救》尤其为人所熟知[4]。塞维利亚的伊息多耳在他的论著《论至善》*De Summo Bono* 中提及奥维德，将之特别视

---

1 《贺拉斯诗歌影响史资料集》*Analecta ad carminum Horatianorum historiam*，由 M. Hertz（1876–1882）叙至维南修斯·弗图纳图，继而在 Manitius 的《中古学校史料集录》（1893）中被续至1300年；参看 Haupt，《著作集》，iii 47，及 Campaux，《贺拉斯著作文本演化史》*Histoire du texte d'Horace*（1891）。对贺拉斯更深远的回顾，见引述于 Torraca，《新评论》*Nuove Rassegne*（1894），pp. 421–429；又见 Graf 的《中古时代记忆和想象中的罗马》，ii 293–296；Schanz，§265 a，以及 Manitius 在《中古拉丁文学史》，12 以下。

2 Traube，慕尼黑科学院《论文集》，1892，p. 348 以下。综合论述参看 Schanz，§263。全摹本（莱顿，1897），pp. 333–372。

3 上文第197页。

4 Manitius 在《语文学家》，增刊，vii 721–758。参看 Wattenbach，《中古德国史料考》，i^{7} 361，以及 Specht，《德国教育史》，99。

为最应废其著述的异教作家，但是这位主教大人的著作中尚有 20 处出自奥维德的引文。不过，需要指出，伊息多耳只引述过一次《爱的艺术》(ii 24)，而即便是这条引文（自身并无毒害）也可以被当作对《爱的补救》一段回顾文字（140）的调节。奥维德受到查理大帝王庭诸学者的效仿，其中有一人即自号纳索【译按，即奥维德之姓氏】，还有一位忒奥都耳福，认为奥维德诗中蕴含着深刻的真理，只要给予适当的（即寓意分析的）理解[1]。《变形记》由哈耳柏斯达特的阿尔布列希特 Albrecht von Halberstadt（1210 年）译成了日耳曼文，这部著作和《女杰书简》的某些篇章被维尔茨堡的康剌德 Conrad of Würzburg 借用于描绘特洛伊战争的庞大诗作中去[2]。在厄尔摩都斯·尼葛卢斯（卒于 834 年）的流放岁月中，《哀歌》曾引发他的伤悼之情[3]。那些奥维德不曾写过的古代和中古的诗歌，都被当成出自他的手笔，而在英国，伪作《老妪篇》*De Vetula* 出人意料地受到瓦尔特·鲍利、贝里的理查和托马斯·布剌德瓦丁的认可。整
个中古时期，每一部奥维德的信实之作都为人所知、被人引述，其中大 639
多数还受到追摹和翻译[4]。奥维德还常为游吟诗人和走唱歌手所引述。12 世纪初期，朵耳 Dol 的主教，布尔格伊的鲍德理 Baudri de Bourgueil（卒

1　上文第 479 页，注释 2【译按，即中译本 676 页注释 1】。

2　Bartsch，《哈耳柏斯达特的阿尔布列希特与中古时期的奥维德》*Albrecht von Halberstadt und Ovid im Mittelalter*（1861）。

3　Migne，cv 551–640；Dümmler，《加洛林朝拉丁诗歌集》，ii 1–93（不过，其中对维吉尔的摹仿甚于对奥维德）。有关《哀歌》，参看 Ehwald（哥达，1889）。

4　Gaston Paris，《法兰西文学史》，xxix（1885），455–525；《中古法国文学》(1888)，§49（方济各会教士，克列斯蒂安·列古哀 Crestien Legouais，在 14 世纪完成的一部约 70 000 行的长诗）；还有《中古诗歌》*La Poésie du MA*，sér. 1(1895)；又见 E. Stengel，在《罗曼语语文学杂志》*Zeitschrift für romanische Philologie*，xlvii(1886)。有关法国人对《变形记》的效仿与翻译，参看 L. Sudre(1893)。《玫瑰传奇》中有超过 2000 行的诗句得自奥维德作品的启发。又见 Hortis，《薄伽丘拉丁文著作研究》，399 以下；Gröber 的《罗曼语语文学纲要》，II i 411；以及 Schanz，§313。

于1130年）写了部效仿《女杰书简》的作品。同一世纪里，坎特伯雷的僧侣们也将奥维德的诗歌当作蓄藏丰富的引文宝库[1]；甚至就连《爱的艺术》也被寓言化，以合乎修女们的需要[2]。特鲁瓦的克列蒂安 Chrétien de Troies（约1155—1188年）翻译过《爱的艺术》，译文已佚；亚眠的雅克 Jacques d'Amiens（13世纪）也曾自由随意地摹仿过这部著作[3]。中古人士对《恋歌》的频频援引只限于第1卷。而没有诗人比奥维德得到博韦的樊尚（卒于1264年）如此频繁的称述。13世纪初期，奥维德的摹仿者有安德烈 André，他是法兰西宫廷中的神父[4]；其影响所至，还可以洛理的纪尧姆为证，此人写作了《玫瑰传奇》的第一部分（约1237年）[5]。13世纪中期，所有的作品的题名，除伪作《渔人清话》*Halieutica* 外，都为亚眠的理查·德·富尔尼沃所提及，而苏黎世的康剌德·冯·穆耳 Conrad von Mure（卒于1281年）引述过除《美容药品论》*Medicamina Faciei* 外的全部著作。应菲利普五世（卒于1322年）之妻勃艮第的让娜Jean de Bourgogne的要求，
640 菲利普·德·维特理 Philip de Vitri 以法文韵体翻译了《变形记》，并将之“道德化”[6]。但丁认为，《变形记》乃是一部独具风格的典范作品[7]，同时也

---

1 Stubbs，《坎特伯雷书信集》*Epistolae Cantuarienses*（1187–1199），收入主簿丛书；以及《中古史、近代史及相关论题研究十七讲》，129[1]。僧侣们引述了《黑海书简》，i 10，36；ii 6，38；iv 16，52；《恋歌》，i 15，39；《爱的艺术》，i 444；《爱的补救》，462。

2 Wattenbach，《拜仁科学院会议报告》，1873，695。

3 Gaston Paris，《中古法国文学》，§104。

4 神父安德烈 André le Chapelain，《论〈爱的艺术〉及论〈爱的补救〉》*De arte amandi et reprobatione amoris*，Trojel 编订本（1892）；参看《法兰西文学史》，xxix 455–525；Gröber 的《罗曼语语文学纲要》，II i 262，592，709，744 以下，860，1184；以及 Gaston Paris，前揭，§104。

5 Gaston Paris，§111.

6 Le Clerc，《14世纪法兰西文学史》，406，498。英国的本笃会教士，威尔士的托马斯 Thomas of Wales 完成了一部类似的著作（约1340年），至1484年得以刊印出版。

7 《论俗语》，ii 6。

需要对之加以寓意上的阐发[1]，就此方面而言，这部著作得到了较但丁略年轻的同时代人乔万尼·德尔维吉利奥的充分之解释[2]。乔叟的《贞女传奇》*Legend of Good Women*，证明作者对《变形记》和《女杰书简》的熟稔；再无拉丁诗人能令他更加频繁地加以征述了[3]。中古流传的一个故事可见证奥维德之影响，谓有两名学生曾去拜谒奥维德之墓，eo quod sapiens fuerat【因其具有才智】。其中一人叩询诗家，他所撰作的篇章（道德意义上）以哪一句为最佳，有一声音答曰：virtus est licitis abstinuisse bonis【节制怡乐，是为美德】[4]。又问何句最劣，曰：omne juvans statuit Jupiter esse bonum【朱庇特以一切乐事为善】[5]。于是两名学生欲为诗人灵魂得以安息而祈祷，可是那声音毫不领情地赶他们上路，说出了一句话：nolo Pater Noster；carpe, viator, iter【我不认吾人的父，过路人你不用害怕了（译按，后半句引自苏维托尼乌斯的《维吉尔传》，17，传言维吉尔少年时为某个被判死刑的劫路大盗而作）】[6]。

现存奥维德著述中任何部分的最早之抄本，藏于巴黎、牛津和维也纳，属于9世纪。牛津本包括了（在其他三部著作之外）附有拉丁文和凯尔特文简短注释的《爱的艺术》第1卷，由一位威尔士人抄录而

---

1 《飨宴》，ii 1；iv 25，27，28；参看 Szombathely，《但丁与奥维德》*Dante ed Ovidio*（的里雅斯特 Trieste，1888）。

2 Wicksteed 与 Gardner，《但丁与乔万尼·德尔维吉利奥》，314 以下。

3 见 Skeat 的《乔叟著作集》索引。

4 《女杰书简》，xvii 98，原文作 est virtus。

5 是《女杰书简》，iv 133 一句的述意，原文作 Juppiter esse pium statuit quodcumque juvaret【朱庇特主张任何能致快乐者皆为良善】。

6 T. Wright，《13—14 世纪抄本中的拉丁故事》*Latin Stories from MSS of XIII–XIV centuries*（1842），c. 45。有关中古时期的奥维德之影响，综合参看，Graf，《中古时代记忆和想象中的罗马》，ii 296–315，还有 Manitius 在《语文学家》“增刊”，vii，723–758，以及在《中古拉丁文学史》，10 以下。

成[1]。此书一度属于邓斯坦的财产，彼人自943年后出任格拉斯顿伯里Glastonbury的修道院院长，他在扉页上绘制了一张自画像[2]。当我们看到如此一部手稿的持有人，在恋上王室中的一位女士之后，结果却成为最严酷的修道院纪律训导家，不免感到有些辛辣的讽刺意味。巴黎图书馆中庋藏的《女杰书简》之普特安纽斯抄本 codex Puteaneus（9世纪），乃
641 是所有古典著作抄本中最好的善本之一[3]。现存于梵蒂冈藏书中的《岁时记》抄本（10世纪）一直被认为即是从前存于弗勒律的那个本子。《变形记》的最佳抄本（10—11世纪），一度藏于佛罗伦萨的圣马可修道院。有一种重写本，残存两张纸，内容属于《黑海书简》，现存于沃尔芬彼特，系6世纪之物。

卢坎 卢坎身居最具盛名的古典诗人之列。他广受欢迎的主要原因，是在地理、神话和自然史方面的博学多识，以及他的修辞风格和中肯的言语。有个不知姓名的人以拉丁韵体写了部主教奥斯瓦尔德（卒于992年）的传记（13世纪?），列举了三位代表性的史诗诗人，即荷马、沙提雍的瓦尔特 Walter of Châtillon【译按，即沙提雍的高提耶】和卢坎[4]。他被视为史学的权威人物，著作成为中古有关尤里乌斯·恺撒之传奇故事的主要来源。他也为海瑙 Hainau 的让·德·图安 Jean de Thuin（约1240年）的散文作品提供了素材，作品后又被雅各布·德·弗赖斯特 Jacob de Forest 改为韵体[5]。卢坎还为蒙默思的杰弗瑞和索利兹伯瑞的约翰所引述，并且是冈忒尔《利

1 R. Ellis，《赫尔墨斯》，1880，425以下，以及《古英国手稿摹本十二种》，1885，pl. 1。

2 插图本 Green 的《英国人民简史》，p. 105。

3 摹本收入 Palmer 编订本。

4 Warton 的《英诗史》，Diss. 3，i 231（Hazlitt）。

5 Gaston Paris，《中古法国文学》，§48。

古理亚志》(1187 年)的原初之范本。1310 年，卢坎的诗作被译成意大利文。但丁在《地狱篇》第四曲提及他，视他为四大拉丁诗人的最后一位；乔叟则在《名誉之宫》中把他置于一根铁柱的顶端：

> 他为这些学者们提供了，
> 罗马人物之伟业的记载。[1]

而在宫中其他柱头上，乔叟则安排了荷马、维吉尔、奥维德和斯塔提乌斯[2]。

卢坎的抄本分别属于两个不同的校订本。(1)出自君士坦丁堡的保罗 Paulus Constantinopolitanus，此人被乌瑟纳尔[3]判定即是一部 674 年的巴黎抄本中的“Papulus Consts Theyderich”，他校订的文本可以蒙彼利埃所藏、此前存于奥顿的两部抄本之一(9—10 世纪)为代表；(2)则最佳代表文本是莱顿所藏的一种抄本，出自一个日耳曼人之手(10 世纪)。在 9 世纪的两部巴黎抄本中，一部出自厄普特尔那赫 Epternach【译按，即厄施特 642
尔那赫 Echternach 之修道院，在卢森堡东部】，可能是伯尔尼抄本的祖本；另一部(11 世纪)则出自弗勒律。还有两组重写本的残篇，一组见于罗马，另一组则分布在那不勒斯和维也纳；后一组曾属于柏比约的藏书。

斯塔提乌斯的名望不及卢坎。《忒拜战纪》成为被认为出自圣莫尔 斯塔提乌斯

1 iii 407–416.

2 综合论述，参看 Graf，《中古时代记忆和想象中的罗马》，ii 315–318，Manitius 在《语文学家》，li 704–719，以及在《中古拉丁文学史》，17 以下，并见 Schanz，§392；又参看 Creizenach，《〈埃涅阿斯纪〉、〈牧歌〉第四篇及〈法萨利亚〉于中古之影响》*Die Aeneis, die vierte Ecloge und die Pharsalia im Mittelalter*，法兰克福，1864。

3 《莱茵博物馆》，xxiii(1868)，497；遭到 Lejay 的反对，见《语文学杂志》，xviii(1894)，53。

的拜努瓦笔下的传奇《忒拜》*Thèbes* 摹仿的对象[1]，也为乔叟在《特罗勒斯与克丽西德》*Troilus and Creseide* 等著作中树立了范本；而《阿基琉斯纪》则启发了埃克塞特的约瑟夫和维尔茨堡的康剌德[2]。这两部伟大的史诗作品为希尔绍的康剌德 Conrad of Hirschau 和康剌德·冯·穆耳所熟知，也常为他人所称引[3]，然而他的《诗草集》，为奥索尼乌斯、克劳狄安和阿波利纳理斯·西多尼乌斯所熟稔，却只有在加洛林王朝时期被"助祭"保罗效仿过一次[4]，接下来便如同湮没无闻[5]，直至被博乔在圣高尔使之重见天日（1417 年）。在一首古诺曼第诗歌中，斯塔提乌斯被称作 Estace le Grand【巨柱高竿】，而维吉尔（在同一行诗句中出现）却没有任何绰号[6]。在《词语汇释》中，斯塔提乌斯（而不见维吉尔或卢坎）直接被简称作 poëta【诗家】[7]。葛伯特曾对他的作品进行解说和阐发（10 世纪），同世纪里的《贝伦迦尔帝颂》（约 920 年）也亦步亦趋地追摹他的风格，此后，《奥斯贝尔努之字汇》（12 世纪）以及博韦的樊尚和康剌德·冯·穆耳（13 世纪）的作品中都出现过大量的引文。但丁称斯塔提乌斯因熟读维吉尔的第四首《牧歌》而生"皈依"之心[8]。或以为斯塔提乌斯可能对偶像崇

---

1 Gaston Paris，《中古法国文学》，§47。

2 Dunger，《中古版本的特洛伊战争传奇》，46–48。

3 Manitius，在《语文学家》，lii 538–545；以及在《中古拉丁文学史》，8 以下（涉及"拉柯坦提乌斯·普拉基都斯 Lactantius Placidus"的注疏）；参看 Kohlmann 编订的斯塔提乌斯著作，fasc. i 5 以下。

4 《诗歌集》，35，Curre per Ausoniae non segnis epistola campos【我的书信呀勿迟缓，快越过那奥索尼平原】（《诗草集》，iv 4）；Manitius 在《语文学家》，"增刊"，vii 762。

5 O. Müller，《莱茵博物馆》，xviii 189。

6 参看 Graf，《中古时代记忆和想象中的罗马》，ii 318–321，以及 Joly，《圣莫尔的拜努瓦与特洛伊故事》*Benoît de Sainte-More et le Roman de Troie*，ii 317 以下。

7 《文史评论》，1894，i 424。

8 《炼狱篇》，xxii 66–73。

拜表示厌恶，理由见于《忒拜战纪》中如下诗行：

nulla autem effigies, nulli commissa metallo
forma dei, mentes habitare et pectora gaudet.
【毋庸另作图像，神明的姿态从不委形
于金属，他乐意居住在信者心胸之中。】[1]

在《忒拜战纪》的70多部抄本中，最古者是藏于巴黎的三部，其中两部来自考比耶，即普特安纽斯抄本（9世纪）与另外一部（10世纪），还 643
有一部得自厄普特尔那赫（10世纪）。其他较早抄本，还有班贝格藏本（10世纪）、先前藏于弗勒律的伯尔尼本（11世纪），以及曾经藏于维尔茨堡的莱顿本（11世纪）。属于剑桥圣约翰学院藏书的抄本（10世纪），得自多佛的小修道院，一度属于诗人克拉肖 Crashaw 兄弟的财产，可能与赫因修斯 N. Heinsius 的英国抄本 codex Anglicanus 有相同的版本渊源[2]。《阿基琉斯纪》的抄本流传甚少，包括上述之普特安纽斯本（9世纪），以及藏于伊顿 Eton（11世纪）、巴黎（12世纪）和沃尔芬彼特（14世纪）的几种。

出自马提阿尔 Martial 著作的引文得到语法学家们的珍存，自维克 马提阿尔
多理努斯、嘉理修斯和塞尔维乌斯时代至普理西安与伊息多耳时代皆是如此，证明他自4至6世纪颇为世人所知晓。奥索尼乌斯和阿波利纳理斯·西多尼乌斯的作品里多有其隽语诗作影响的痕迹，而在卢克索理乌

1 《忒拜战纪》，xii 493，异文作 deae。

2 根据牛津圣体学院的 H. W. Garrod 先生意见提出的推测，此君于1902年对该本进行校理；参看《古典学评论》，xviii（1904），38以下。

斯那里（6 世纪）[1]，摹仿的着眼点在他韵体的变化多样而并非语词的择用。641 年去世的一位塞维利亚主教，其碑铭结尾便是马提阿尔的一行诗句（vi 76，4）："non timet hostiles iam lapis iste minas【此石不再惧怕敌人的威胁】"。Coquus【雄鸡】这个怪名号是古代某部字汇著作给他起的诨名[2]，有些时候，这名号出现在索利兹伯瑞的约翰[3]、瓦尔特·迈普、康剌德·冯·穆耳的著作中，在博韦的樊尚笔下尤其常见，却是以马提阿尔的名号指称伽吉琉斯·马提阿理斯[4]。摹仿马提阿尔的，还有温彻斯特的修道院长戈弗雷（卒于 1107 年）[5]，以及较不成功的亨廷顿的亨利（卒于 1154 年之后）[6]。

马提阿尔著作的抄本分成三支族系。第一支包括的抄本（9—10 世纪）分布在莱顿、巴黎（no. 8071）和维也纳，最后这个抄本是由桑纳扎罗 Sannazaro（16 世纪初）从法国带至意大利的。这些抄本所据以誊录的是一部已佚的 8—9 世纪抄本。第二支，包括了现存柏林的一部卢卡抄
644 本 Lucca MS（12 世纪），一部现存于梵蒂冈的海德堡抄本（15 世纪），一部藏于大英博物馆的阿伦德尔抄本 Arundel MS（15 世纪），此本之前的主人先后为皮尔克海默 Pirckheimer 和诺福克 Norfolk 之公爵托马斯·哈沃德 Thomas Howard，还有一种藏于佛罗伦萨的抄本（15 世纪，Laur. 35, 39）[7]，

---

1 Friedländer 的《马提阿尔集》，p. 68 以下。

2 同上，关于 iii 77 之评注。

3 iv 128，230，287，Giles 编订本；参看 Manitius，在《语文学家》，xlix 560–564，尤其是 562 页注释 2。"Marcialis coquus"【"雄鸡"马提阿尔】，乃是剑桥圣体学院一部抄本上的旧题。

4 综合参考 Schanz，§415。

5 戈弗雷的隽语诗，甚至被判为马提阿尔之作。Wright，《12 世纪的盎格鲁—拉丁讽刺与隽语诗人》，ii 103（Gröber，377，344）。

6 Wright，ii 162（Gröber，378）.

7 W. M. Lindsay，《古典学评论》，1901，413 以下；1902，315 以下。

这一支系代表了托古阿忒斯·根那丢斯的校勘成果（401年）。第三支（劣于第一、二支）包括了藏于爱丁堡“辩护士图书馆”Advocates' Library的一部抄本（10世纪）和一部巴黎的普特安纽斯本（10世纪），这一支系源自8或9世纪的一部伦巴第小写体抄本。《弗莱辛文选》*Excerpta Frisingensia* 现存于慕尼黑，属于11世纪[1]。

玉万纳尔的道德热情使得他在中古时期极受尊崇。根据修道院的书目，他的讽刺诗被保存于柏比约、圣伯丁 St Bertin 和鲁昂的三部誊录副本中，还有两部抄本，见于考比耶、班贝格和达勒姆。修道院长马勒伯格 Marleberge（1218年）曾将一部玉万纳尔连同一部卢坎和一部西塞罗带至厄维斯汉 Evesham 的修道院图书馆[2]。常引述玉万纳尔的作家，有蒙默思的杰弗瑞、索利兹伯瑞的约翰、博韦的樊尚等人[3]。12、13世纪半异教风味的学生歌曲之作者们，magis credunt Juvenali, quam doctrinae prophetali【他们更多信赖玉万纳尔，胜于听从先知们的说教】[4]。其知名度更可由另一事实证明，即（除4世纪的会注本外）他还有一部署名柯尔努图斯 Cornutus 的中古会注本。其第十首讽刺诗，或许可在乔叟的《特罗勒斯与克丽西德》中找到影响的痕迹[5]： 玉万纳尔

噢，玉万纳尔爷，您的良言真在理，

---

1 见 Friedländer 之编订本，pp. 67–108；又见 W. M. Lindsay 的《马提阿尔著作的古代版本》*Ancient editions of Martial*（1902），以及文本部分，1902。“卢卡抄本”以前属于圣玛丽亚·柯特奥尔兰迪尼 S. Maria Corte-Orlandini 修道院（在卢卡）。

2 《厄维斯汉修道院编年史》*Chronicon Abbatiæ de Evesham*，p. 267，Macray 编订本。

3 Manitius 在《语文学家》，1354–1368。参看 Schanz，II ii^2§420 a。

4 《德国早期历史知识通报》*Anzeiger für Kunde der deutschen Vorzeit*，1871，232。

5 iv 197.

说世人常不明白自己想得到的是啥。

最好的抄本，是蒙彼利埃所藏的皮透斯抄本 codex Pithoeanus（9 世纪），此本还包括有珀息乌斯的著作，以前属于洛尔施修道院，还曾一度藏于圣高尔修道院，那里现在还拥有一部早期会注的重要抄本（9 世纪），与蒙彼利埃抄本页边所注文字几乎相同。大英博物馆也藏有玉万纳尔著作的早期
645 抄本（9 世纪），剑桥的三一学院图书馆里收有两部（10 世纪），得自坎特伯雷的圣奥古斯丁修道院，此外圣高尔及埃因歇德伦、维也纳、莱顿和巴黎也藏有抄本（10 世纪），巴黎的抄本一度属于拉尼苏尔马尼 Lagny-sur-Marne 的圣弗尔西 St Furcy 修道院之财产。还有一部巴黎抄本（11 世纪）之前藏于利摩日的圣马提阿尔修道院。在莱顿和佛罗伦萨的两部抄本之末尾，有一题签，表明是一部塞尔维乌斯之门人尼凯乌斯 Nicaeus 所作的校订本[1]。要么是尼凯乌斯，抑或是别的语法学家，所作之注疏成为我们所见较早之会注本采汲之来源，还有一种校订本，与之相关的人名作厄庇卡皮乌斯 Epicarpius（5 世纪？），证据见于一部巴黎抄本（11 世纪）中。自这个校订本的一部誊录副本里，最后一页不存，而修订文字与后来出现的署名柯尔努图斯的会注本互有关联，故而此本反是奥塞尔的厄理克之校订本的底本[2]，在此述及的现存全部抄本皆以此校本为祖本，唯牛津抄本（11 世纪）除外，提供了我们有关第六首讽刺诗的增补内容（1899 年）[3]。

---

1 Legi ego Niceus Romae apud Servium magistrum et emendavi【我，罗马人尼凯乌斯，师从塞尔维乌斯，阅读并修订完毕】。

2 Heiricus magister【厄理克师父】见引于相关 ix 37 之处。参看 Manitius 在《中古拉丁文学史》，13 以下。

3 S. G. Owen，《古典学评论》，xi 402，xix 218；Winstedt，同刊，xiii 201；Lindsay，同刊，xix 462–465（关于 Housman 之 1905 年编订本）。

珀息乌斯

珀息乌斯之声望，可由若干条援引之例证得以说明，这些引文尤其见于刺班努斯·茅儒斯、维罗纳的剌忒理乌斯、诺瓦剌的昆佐和索利兹伯瑞的约翰等人著述中[1]。他的名字常出现于9—12世纪的中古书目中[2]。最好的三个抄本，有两部见于蒙彼利埃（9世纪及9—10世纪），其中后一部类似罗马圣彼得大教堂的修道院图书馆所藏之抄本（9世纪），属于西元402年的一种校订本。其他出色的抄本，有见藏于巴黎（10及11世纪）和莱顿（10—11世纪）者，还有誊录于英格兰的两部关系密切的抄本，一部存于剑桥的三一学院（10世纪），另一部存于饱蠹楼（11世纪），后者曾是埃克塞特主教利奥弗理克 Leofric（1050—1072年）馈赠当地教堂图书馆的礼物。

普罗珀提乌斯著作抄本　提布卢斯　弗拉库斯　斐德卢斯

中古时期所提及的唯一一种普罗珀提乌斯著作抄本属于法兰西[3]。唯一一部早于15世纪的完整抄本，藏于沃尔芬彼特（12世纪），此前则 646
存于那不勒斯，为波利齐亚诺所知晓[4]。有一部莱顿抄本（14世纪），其中包括的内容比第一卷部分稍多些而已。而提布卢斯之文本的最早证据，收入博韦的樊尚所知晓的某部《巴黎文选》*Excerpta Parisina*（9—10世纪）中[5]；此后又见于现存于慕尼黑的《弗莱辛文选》（11世纪）；最早的完整抄本，存于米兰（14世纪），曾为柯卢乔·萨吕塔蒂所拥有[6]。瓦

---

1 Manitius 在《语文学家》，xlvii 710–720；以及在《中古拉丁文学史》，14 以下；又见《莱茵博物馆》，xlvii，Suppl. 52。

2 他被称作为一位 aureus auctor【金子般的作家】（Gottlieb，《论中古之图书馆》，p. 12，注释 3，见引于 Schanz，§384，p. 69[2]）。

3 Manitius 在《莱茵博物馆》，前揭，p. 31（Schanz，§290）。

4 《杂著集》*Miscellanea*，23 及 81。

5 上文第 580 页。

6 有关提布卢斯在中古的影响，参看上文第 627 页。

勒理乌斯·弗拉库斯之文本，依赖于梵蒂冈抄本（9—10世纪），以及博乔在圣高尔（1416年）所发现之抄本，此本今日只能通过各种誊录副本得以了解，尤其是马德里所存的博乔誊录之副本和牛津的王后学院所藏孤立之副本[1]。西利乌斯·伊塔利库斯著作的一部抄本被著录于9世纪圣高尔的一部书目中，但是自阿波利纳理斯·西多尼乌斯时代[2]至博乔时代（1417年）之间，再无其他有关这部著作踪迹的证据了。斐德卢斯著作的完整抄本，为皮透斯抄本，现存于曼忒 Mantes 附近的麦斯尼尔 Du Mesnil（9—10世纪）。我们不得不对与此本若孪生兄弟的二手证据表示满足，因这个抄本从前存于兰斯时，在1774年毁于火灾。

波爱修斯

“最后一位罗马人”波爱修斯的名声响彻于整个中古时期。他之所以为人知晓，不仅是因为他是伟大经院学术问题的第一位启发者和亚里士多德某些逻辑学著作的翻译者[3]，同样也是因为他写作了《哲学的慰藉》，此书传有若干抄本（9—10世纪），译者有盎格鲁—诺曼第人西门·德·弗赖斯涅 Simon de Fraisne（13世纪）、密昂的约翰等人[4]，并尤其
647 为但丁和乔叟所熟知。此书所采用的散韵混合的文体，频频受人摹仿，如伯纳德·席尔维斯特与利耶的阿兰俱是[5]。波爱修斯的名号曾与泰伦斯、萨鲁斯特、西塞罗、维吉尔和斯塔提乌斯等列，与阿剌托尔、普卢

---

1 A. C. Clark，《古典学评论》，xiii 119–124。有关瓦勒理乌斯·弗拉库斯在中古的影响，参看 Schanz，§401，p. 116²。“曼尼琉斯 Manilius”的著作等于是“幸存”在冉布卢斯与其他各处（10—12世纪），只待文艺复兴运动的到来。参看 H. W. Garrod，《古典学季刊》，iii 56以下。

2 《诗集》，ix 260。参看 Schanz，§405，p. 1252。

3 上文第253页。

4 Gaston Paris，《中古法国文学》，§103；《法兰西文学史》，xxviii 408；《罗曼语研究》，ii 271；上文第257页。

5 这类作品在12—13世纪被称为 prosimetrum【散韵杂体文】（Norden，756）。

顿休斯、塞都琉斯及玉万库斯齐驱，这情形见于温理克 Winric 的一首征引广泛而语法拙劣的诗作中，作者乃是12世纪特理尔座堂学校的教师[1]。

在贝图涅的厄伯哈德所作《迷苑》(1212年)的第三部分中[2]，简短地评述了古代与"近世"主要诗人们的代表风格，其中奇怪地对贺拉斯忽略不谈。特林堡的雨果之《简录》(1280年)[3]，以格律体的文句列出了一张典型的中古学校中所学诸作家名单，而我们从爱尔福特 Erfurt 一位僧侣所写的一首讽刺诗（1281—1283年）中[4]，获得了一个较短的清单，列有语法学家多纳图斯和普理西安，诗人奥维德、玉万纳尔、泰伦斯、贺拉斯、珀息乌斯、普劳图斯、维吉尔、卢坎、马克西米安努斯和波爱修斯[5]。贝里的圣埃德蒙修道院图书馆中有普劳图斯、泰伦斯、贺拉斯、玉万纳尔、珀息乌斯、维吉尔和斯塔提乌斯的著作[6]。中古时期的学生们对于希腊文的荷马毫无所知，"apud Graecos remanens nondum est translatus"【希腊之遗文尚无人译述】[7]，他们唯在"忒拜的品达罗斯"Pindarus Thebanus[8]及狄克提斯

1 Kraus 编订本（Bursian，i 70）。有关波爱修斯，参看 Graf，ii 322–367，以及 Manitius，在《中古拉丁文学史》，39 以下。

2 上文第 554 页，以及 Manitius 在《中古拉丁文学史》，xvi 3（1906），pp. 1–44。

3 Hümer 编订本；参看 Bursian，i 82。

4 《爱尔福特的"玄秘士"彼布剌的尼古劳斯讽刺诗集》*Nicolai de Bibera Occulti Erfordensis carmen satiricum*，T. Fischer 编订本（1870）；根据 Gröber，403，则约在 1307 年。

5 Bursian，i 83；Gottlieb，《论中古之图书馆》，446。参看第 550 页注释 6【译按，即中译本 768 页注释 1】，约翰·德·加兰迪亚列出的名单。

6 M. R. James，《贝里图书馆》，103。

7 雨果的《简录》，162。

8 见引于厄尔闵理希（850）及《贝伦迦尔帝传》（920），且屡见于后来的著作中（Manitius 在《语文学家》，l 368–72）。参看 Lucian Müller，在《语文学家》，xv 475–507；Teuffel，§320，7；Schanz，§394。

Dictys 与达瑞斯 Dares 的散文故事[1]中读到特洛伊战争；而特洛伊故事却成为中古时期许多拉丁语和俗语诗歌的主题[2]。

648 西塞罗 由诗歌转向散文，我们发现西塞罗在整个中古时期被尊奉为修辞学的“人文科艺”之伟大代表。比德收集过他的著名言词，阿尔昆的修辞学短论盖受《论选材》之启发，艾因哈德引述过《图斯库兰辩论集》，摹仿过《为米洛辩》《一反喀提林》和《二控威勒斯》，他的书信集对爱尔兰僧侣塞都琉斯而言绝不陌生[3]，也得到了塞尔瓦图斯·卢普斯的悉心揣摩[4]。对于9世纪的帕沙修斯·剌德伯特和12世纪马尔姆斯伯理的威廉而言，西塞罗乃是“辩场的王者”。9世纪时还有一位阿尔曼努斯 Almannus[5]，宣称若要恰当地纪念圣赫琳娜 St Helena，便应有一篇甚至比西塞罗作品更伟大的演说词。以上所有作家，以及剌班努斯·茅儒斯和“爱尔兰人”约翰[6]，均显示出对西塞罗的了解，而远甚于此种了解程度的，则以神父阿多沃尔德 Hadoardus 为代表，他是西法兰克王国一家不知其详的图书馆的 custos

1 Teuffel，§§423，471；及 Collilieux，《克里特的狄克提斯与弗里基的达瑞斯之研究》*Étude sur Dictys de Crète et Darès de Phrygie*，及《维吉尔著作的两个编订者》*Deux Éditeurs de Virgile*（格勒诺布尔 Grenoble，1886—1887）；又见 N. E. Griffin（《狄克提斯与达瑞斯》*Dares and Dictys*，1907）。

2 A. Joly，《圣莫尔的拜努瓦与特洛伊故事，或荷马的变形故事与中古时期的希腊—拉丁史诗》*Benoît de Sainte-More et le Roman de Troie, ou les métamorphoses d'Homère et de l'épopée Gréco-Latine au Moyen-âge*（《诺曼第古史学会丛刊》*Mémoires de la Société des Antiquaires de Normandie*，xxvii；又有单行本，1870—1871）。拜努瓦受基多·德拉·柯隆涅所抄袭（见上文第545页），两者之一，或两者俱有可能成为乔叟《特罗勒斯与克丽西德》的来源。又见 Dunger（德累斯顿，1869），Körting（哈雷，1874），Gorra（都灵，1887），Grief，《中古时期对特洛伊故事的采用》*Die mittelalterlichen Bearbeitungen der Trojanersage*（1886）；Graston Paris，《中古法国文学》，§45；Ward 的《大英博物馆手稿部藏传奇叙录》，i 1-86；H. Morley，《英国作家》，iii 207-231；Morf 在《罗曼语研究》，1892；以及 Gröber，II i 407 以下。

3 Mommsen，《赫尔墨斯》，xiii 298。

4 上文第488页。

5 《博兰德著圣徒列传》*Acta Sanctorum Bollandum*，八月卷【译按，此书以月份排卷次】，iii 581 a。

6 P. Schwenke，《语文学家》“增刊”，v（1889），404-409。

【看管人员】，一部 9 世纪的梵蒂冈抄本保存了他作的摘录，其中有《论演
说家》的若干章节，还有超过 600 段的西塞罗哲学著作文摘[1]。10 世纪时，
葛伯特对西塞罗的独到兴趣，超出了修辞学和哲学著作，延伸至演说词
中，故而这些演说词的收藏之所以能在法兰西维持下去，可能归功于他
的影响[2]。同一个世纪里，洛尔施图书馆保存有西塞罗的书信集，并为律
特普朗所知晓[3]。奥顿的霍诺留（卒于 1136 年）在他的论著《论灵魂的流
亡》*De Animae Exsilio* 中有言[4]，谓居住于“修辞之城”中的众人在图利的教导
下学得优雅辞令，并由他训诲着具有了审慎、刚毅、公正和节制的美德。 649
同此世纪，阿贝拉尔却只引述过西塞罗的四篇作品，即《论选材》《命意
篇》《论义务》和《斯多葛悖论》。阿贝拉尔的学生，索利兹伯瑞的约翰，
对西塞罗所知较多，尤其（除熟悉书信集外[5]）通晓哲学著作，这部分作品
也为其友人布鲁瓦的彼得（卒年约在 1212 年）所援引。博韦的樊尚（卒
于 1264 年）和瓦尔特·鲍利（卒于 1357 年）都罗列过长长的西塞罗著作
清单，但是毫无证据可显示樊尚真的知晓其清单中的西塞罗之《书信集》，
而瓦尔特·鲍利则连此题名都未知晓[6]。然而，在日耳曼地区，赫斯费德的
朗贝（盛于 1058—1077 年）所熟悉的是《反喀提林》各篇[7]；而希尔绍的
康剌德（约 1100 年）仅知道《论友谊》和《论老年》，便已对作者大加

1 Schwenke，《语文学家》“增刊”，v（1889），397–588；Manitius，478–483。

2 上文第 509 页。

3 西塞罗：《书信集》，Mendelssohn 编订本，p. vi 以下。

4 c. 3，Migne 本，clxxii 1244.

5 Mendelssohn，p. ix.

6 Orelli 的《西塞罗全集》，III^2 x–xi。其中谓《书信集》在 10 世纪至 14 世纪中叶不为人知；但我们不久将看到 12 世纪的克吕尼就出现有 3 个抄本了。

7 Holder-Egger 编订本（Norden，《古代艺术散文》，708）。

称赏[1]；考尔维的修道院长韦巴尔德（1146年）的书信中显示出对拉丁文学的渊博知识，他期望能将西塞罗的全部著作收罗完整，汇总为单独一册[2]。班贝格附近有一位米歇尔斯堡的赫尔鲍德 Herbord of Michelsberg（卒于1168年），他引述过《论义务》的全部章节[3]，芮沃的艾忒尔莱德 Ethelred of Rievaulx（卒于1166年）则写过一部论基督教友谊的西塞罗体谈话录。12世纪的克吕尼图书馆藏有西塞罗书信集和演说词的三部抄本，还有五部哲学著作抄本和七部修辞学著作抄本[4]。演说词的抄本中，有一种与一部9世
650 纪的抄本相类似，后者包括有《反喀提林》各篇说词和《为德约塔卢斯王辩》的绝大部分内容，以及一部分的《为利伽理乌斯而辩》和《二控威勒斯》，今存于莱斯特勋爵在霍克汉 Holkham 的藏书中[5]。另一种演说词的抄

1 《关于各文家之谈话》*Dialogus super auctores*，51（Schepps 编订本，1889），Tullius nobilissimus auctor iste libros plurimos philosophicos studiosis philosophiae pernecessarios edidit et vix similem in prosa vel praecedentem vel subsequentem habuit【图利这位最显赫的作家，写出了为数众多的重要哲学著作，几乎无人能够在散文领域超越他的成就或是与之并驾齐驱】（Norden，同上）。

2 Jaffé，《日耳曼史事丛刊》，i 326（其后他向希尔德斯海姆的修道院长索要 Tulli libros【图利之著作】时又说）"nec pati possumus, quod illud nobile ingenium, illa splendida inventa, illa tanta rerum et verborum ornamenta oblivione et negligentia depereant；set ipsius opera universa, quantacunque inveniri poterunt, in unum volumen confici volumus"【我不能容忍的是，一位具有如此绚烂之文章、如此奇伟之言行的地位高贵、才赋卓绝的人物，会被遗忘、受忽略，黯然消逝。我们计划将他的全部著作合并为一卷，这又将会何等壮观】；他从希尔德斯海姆获得了《斥腓力》、《议土地法》*De Lege Agraria* 和《书信集》（Norden，709；Bursian，i 75）。

3 ii 15，16，在《谈话录，有关班贝格主教圣奥铎之生平》*Dialogus de vita Ottonis episcopi babenbergensis*（《日耳曼历史学文库》，xx 706–707）。

4 《修辞学》（《致赫伦尼乌斯》与《论选材》），由安条克的约翰 Jean d'Antioche 译出，时在1282年（Delisle，《短评与摘录》，xxxvi，1899）。

5 W. Peterson，《牛津遗献辑刊》*Anecdota Oxoniensia*，ix；《古典学评论》，xvi（1902），322，401；遭到 R. Ellis 的质疑，同刊，xvii（1903），162以下；xviii（1904），23注释。Ellis 教授对被去除的图书馆标识，de conventu Clun【克吕尼教士团体所有】，所表示的怀疑，现已排除（A. C. Clark，《牛津遗献辑刊》，x（1905），p. vii 注释）。

本则与1415年博乔在克吕尼所发现的抄本相近似[1]。索邦神学院图书馆（1338年）有24种抄本，包括修辞学与哲学著作以及书信集。演说词中，中古时期知名度最高的是控诉威勒斯、反对喀提林和安东尼的各篇。攻讦他人的修辞术显然比为他人辩护之言词更受欢迎。不过后一类也有人表示欣赏。贝叶的主教菲利·阿尔固 Philip Harcourt，遗留给考比耶一笔藏书，包括了《为利伽理乌斯而辩》《为马赛卢斯辩》与《为德约塔卢斯王辩》，还有《论预言》《论神性》《法律篇》和《论命运》*de Fato*，以及《图斯库兰辩论集》和"《霍滕修斯篇》卷一"[2]，此处最后一部可能并非亡佚的《霍滕修斯篇》，而是《论学园派》卷一，曾被博韦的樊尚[3]称作《与霍滕修斯对话录》*Dialogus ad Hortensium*。或会记得，上文所述的3篇演说词曾由布鲁涅托·拉蒂尼（卒于1294年）翻译成意大利文[4]。但丁对西塞罗的涉及，最主要在《论义务》和《论老年》，其次是《论友谊》和《论至善与至恶》，还有一两处提到了《论选材》和《斯多葛悖论》。《论友谊》是但丁为贝雅德丽采之早逝而觅得慰藉的两部书籍之一[5]。

关于西塞罗著作的早期抄本，《论演说家》和《演说家》的 codices mutili【诸残本】以现存于阿弗朗什的一部（9世纪）为最重要，此本从前

---

1 A. C. Clark，《牛津遗献辑刊》，x，p. iii。

2 Ravaisson，《呈交教育部长有关西方的机构附属图书馆之汇报》*Rapports au ministre de l'instruction publique sur les bibliothèques des départements de l'Ouest*，p. xi。

3 《博物通鉴》，v 12（Kayser 的《西塞罗著作集》*Opera quae supersunt omnia*，xi 56）。

4 上文第612页。

5 E. Moore，《但丁之研究》，i 258–273。综合论述，参看 P. Deschamps，《西塞罗著作目录叙说》*Essai Bibliographique sur Cicéron*（1863）；de Nolhac，《彼特拉克与人文主义》（1892），179，注释4；Graf，《中古时代记忆和想象中的罗马》，ii 259–267；Norden，708–710 注释；Zielinski，《世纪变换中的西塞罗》*Cicero im Wandel der Jahrhunderte*，1897；J. E. Sandys，《哈佛讲演录：学术复兴》*Harvard Lectures on the Revival of Learning*（1905），145 以下。

藏于圣米歇尔山修道院中。大英博物馆藏《论演说家》的 codex mutilis 【残本】（9 世纪）得自位于都尔东南方的柯莫雷 Cormery 修道院；藏于埃尔兰根的近亲抄本（10 世纪）则是为了葛伯特而在奥理雅刻誊录完毕
651 的。上述这两部著作以及《布鲁图斯》的完整文本，在 1422 年之前俱无人知晓。《命意篇》被收入埃因歇德伦（9 世纪）和圣高尔（10 世纪）所存的抄本中。而演说词某些作品的重要抄本，见于罗马（8 世纪）、米兰（9 世纪）、巴黎（9 世纪），以及慕尼黑，即来自忒格恩西的两部（10 世纪、11 世纪）和来自萨尔茨堡的圣彼得的一部（11 世纪）；还有出自莱歇瑙而藏于苏黎世的一部（11 世纪）和出自克吕尼而藏于诺福克的霍克汉庄园的一部（9 世纪）[1]。都灵（3 世纪？及 4 世纪？）[2]、米兰和罗马（5 世纪？）的重写本残页，一度属于柏比约财产；还有一部残篇藏于梵蒂冈（4 世纪），曾在庞贝剧场附近的圣安德理亚・德拉瓦勒 s. Andrea della Valle 大教堂贮留过一段短暂时光[3]。《为封提乌斯辩》与《斥皮索》的残篇，见于库萨镇所藏的一部抄本中，由此可追溯至列日的塞都琉斯[4]。《为阿齐亚斯而辩》的布鲁塞尔抄本（11 世纪），出自冉布卢斯修道院。关于《致阿提库斯书信集》，我们不再必须全然依赖于佛罗伦萨所藏的誊录本（Laur. 49，18），此本乃 1392 年为柯卢乔・萨吕塔蒂在

1 上文第 650 页。

2 毁于 1904 年 1 月 26 日的火灾。

3 这个重写本（属于《控威勒斯》）可能出自柏比约，但还未有任何线索可查出在 Pius II（卒于 1464 年）之前它曾属于过谁，有关此教皇所藏抄本后世之命运，参看 E. Piccolomini 在《锡耶纳城市史通报》*Bolletino Storico Senese*，1899，fasc. iii（《古典学评论》，xvii，1903，460）。文本首度（1828 年）由 Mai 公布于《古典作家》，ii 390 以下，《控威勒斯》部分。

4 Traube，慕尼黑科学院《论文集》，1891，p. 367 以下。这些残篇由 J. Klein 公布出版，见《关于库萨镇的尼古劳斯的一部抄本，以及西塞罗演说词的未刊之残篇》*Ueber eine Handschrift des Nicolaus von Cues, nebst ungedruckten Fragmenten ciceronischer Reden*（1866）。

米兰所制作，其祖本是1345年彼特拉克在维罗纳所发现的抄本；现在有诸多各自独立的文献证据，见于维尔茨堡的一部抄本（11世纪）的多页内容中，以及六部意大利抄本和两部巴黎抄本中（14—15世纪）[1]。《致亲友书信集》的主要权威文本是佛罗伦萨的另一部抄本（9—10世纪，Laur. 49，9），自维切利传至米兰，在彼处1389年时此著作首度为世人所听闻；还有由此本而为萨吕塔蒂誊录完成的一部副本（Laur. 49，7）[2]。另有一部独立的誊录本，由祖本相同的两个半部组成，存于大英博物馆（xii，Harl. 2773；以及 xi，Harl. 2682；后者出自科隆[3]）。单独的前半
部，还保存于一部巴黎抄本（12世纪）中，从前藏于圣母院图书馆。这 652
两个前半部的抄本具有共同的祖本。后半部的哈利家藏本 Harleian MS（11世纪），连同一部爱尔福特抄本（12—13世纪），一部从前藏于海德堡而今存于梵蒂冈的帕拉廷抄本（15—16世纪），形成了一个独立的日耳曼手稿族系，这三部抄本中至少最后这一部可能是在1500年前后誊录自洛尔施一部已亡佚的抄本[4]。哲学著作为数众多的抄本中，可提及佛罗伦萨（9世纪?）、罗马（9世纪，10世纪）、维也纳（9世纪）、莱顿（9—11世纪）与巴黎（9—12世纪）诸本。《论友谊》的巴黎抄本（11世纪）得自利摩日的圣马提阿尔修道院。《论义务》有存于伯尔尼（9世纪）和大英博物馆（10世纪）的抄本；苏黎世存有《论老年》的一部抄本，此本一度属于莱歇瑙，但较之更早的抄本则见藏于巴黎（9世纪）和莱顿

---

1 C. A. Lehmann（Weidmann，1892）；参看 S. B. Platner，在《美国语文学杂志》，1899，290以下；1900，420以下；以及 A. C. Clark 在《语文学家》，1901，195以下。

2 参看 R. F. Leighton 在《美国语文学学会学刊》，xxi（1890），59–87。

3 同样的这个抄本对于《为米洛辩》《为马赛卢斯辩》《为利伽理乌斯而辩》和《为德约塔卢斯王辩》几篇演说词特别重要（A. C. Clark 编订本，1900）。

4 Mendelssohn 编订本，1893，pp. vi，xxiv；参看 Gurlitt（1896）。

（9 与 10 世纪）。巴黎本（9 世纪）得自都尔，莱顿本中有一部出自弗勒律。迈 Mai 氏根据一部属于柏比约旧藏的梵蒂冈重写本（5 世纪）刊布了《共和国篇》的大部分篇幅内容[1]。

瓦罗　瓦罗《论拉丁语》的最佳抄本，为藏于佛罗伦萨者（11 世纪），但是此著作的一部摘录被收入于一部远更古老的杂抄本中，今存于巴黎，产生于西元 800 年前后的卡西诺山。瓦罗的《论农业》（与加图所著之同题作品相类似）之文本，依靠的是从前存于佛罗伦萨的圣马可修道院图书馆的一部抄本，此原本已佚。

加图　"伊索"　加图因写作了脍炙人口的《对句诗》而获得声誉[2]，他同"伊索"与阿维安努斯 Avianus[3] 的著作，俱是中古学校里初级生所要学习的对象。《对句诗》的译者有"温彻斯特的厄利耶" Elie de Winchester、柯克汉的厄维剌尔 Everard de Kirkham（12 世纪）和苏艾尔的亚当 Adam de Suel（13 世纪）[4]。阿维安努斯的著作，与一部题为《罗慕卢斯》*Romulus* 的斐德卢斯散文体译本，俱是诸多中古寓言故事的源头[5]。

653　老塞内加　老塞内加著作的主要抄本，有 10 世纪的几种，分别藏于梵蒂冈、安特卫普和布鲁塞尔。还有一种摘录，见于蒙彼利埃，属于 14 世纪本

1　关于若干演说词与哲学著作之抄本的更多详情，见 Teuffel，§§179，183—185，以及时下通行之诸校勘本。

2　Manitius 在《语文学家》，li 164–171；以及《中古拉丁文学史》，1 以下；Graf，《中古时代记忆和想象中的罗马》，ii 268–278；上文第 230 页注释 7【译按，即中译本 360 页注释 4】。

3　Manitius 在《中古拉丁文学史》，4 以下。

4　Stengel 的《罗曼语语文学界通报与论丛》*Ausgaben und Abhandlungen aus dem Gebiete der Romanischen Philologie*，xlvii（1886）；Gaston Paris，《中古法国文学》，§103。

5　同上，§§79，80；又见 O. Keller，《希腊寓言故事演化史研究》*Untersuchungen über die Geschichte der griechischen Fabel*，在《古典语文学年刊》，"增刊"，iv（3），307–418；以及 Hervieux，《拉丁寓言故事作家》*Les Fabulistes Latins*，2 卷本（1884）。

笃会在兰斯附近所建圣忒奥多理克 St Thierry 修道院中的产物。无节略之文本的最佳抄本，是布鲁塞尔本，从前属于库萨的尼古劳斯，可能同塞都琉斯的诗歌集之抄本有着共同的渊源。因而有人推测，老塞内加著作中的希腊引文，不管传录得如何错讹，但能够保存了下来，这要归功于列日的这位爱尔兰僧侣的影响[1]。

小塞内加之具有名望，是因为著作了《物理探原》，而更在于他是一位道德家。他被但丁称作“道德家塞内加”Seneca morale[2]，得到弗莱辛的奥铎、“威尔士人”杰剌德和罗杰·培根等作家的援引称述，如此频繁，无论西塞罗或是“加图”俱不能及。人们相信他是一位基督徒，杰罗姆第一个提及塞内加“与圣保罗的通信”[3]，以为真实可信，并将假定的这位作者收入他的《教会作家集》*Scriptores Ecclesiastici*。杰罗姆的见解得到索利兹伯瑞的约翰、博韦的樊尚及其他许多人士的附同[4]。塞内加《论恩惠》与《论解脱》的“帕拉廷”抄本（9 世纪）出自洛尔施。《书简集》的抄本中，班贝格本（9 世纪）目前是《书简》89—124 部分的孤存之权威。巴黎所藏《书简集》抄本（9、10、11 世纪）中的最早一部，可能出自考比耶；其他抄本见于佛罗伦萨、莱顿和牛津（10 世纪）。《谈话录》*Dialogues* 的抄本存于米兰（11 世纪），可能誊录于卡西诺山。《物理探原》被保存在班贝格、莱顿和日内瓦（12 世纪）以及蒙彼利埃（13 世纪）所藏的一些抄本中。《悲剧集》的抄本（11 世纪）则见于劳伦提 小塞内加

1　Traube，慕尼黑科学院《论文集》，1891，p. 356。

2　《地狱篇》，iv 141。

3　Haase 的《塞内加著作集》*L. Annaei Senecae opera quae supersunt*，iii 476–481。

4　Graf，ii 278–293。明谷的伯纳德（《书信集》，256）借用了塞内加著作（《书简集》，20，7）一句情绪高昂的文词，以催促本不情愿的教皇欧琴纽斯三世宣谕成立一支新的十字军（1146 年）；Schanz，§471。

亚图书馆，得自圣马可的女修道院。

老普林尼 老普林尼的《自然史》完全符合中古时期百科全书的品味，其原本
654 即被广为传阅，更不必说还有索理努斯的摘录本。中古书目中，老普林尼的名号在法兰西、日耳曼出现过9次，而在意大利和英格兰只出现了两次。但以此来显示英国人研读的情形，乃是极不完整的印象之谈。更令人信服的证据，或许是现存于伯尔尼的诺森伯兰摘录本（8世纪）[1]，以及下述之事实，即牛津圣弗赖兹维德小修道院的修道院长，克理克莱德的罗伯特 Robert of Cricklade，曾将一部《英华采撷录》*Defloratio* 题献给亨利二世（1154—1189年），此书凡9卷，俱摘录自更古一代的某个抄本，近来被认为有时可呈现出真确之文本的唯一证据[2]。普林尼著作的200个抄本中，较为重要的可分作不完整的 vetustiores【古本】和完整的 recentiores【晚近本】。第一支以一部卷32—37的抄本为最近，现存于班贝格（10世纪）。此外，还有一部包括卷11—15部分内容的重写本，为莱歇瑙旧藏，现存于卡林西亚 Carinthia 东部的圣保罗本笃会修道院；一部卷2—6的抄本，存于莱顿（9世纪），以及两部存于巴黎的抄本（9—

---

1 K. Rück，《8世纪一部天文学、算数学类书中对老普林尼之〈自然史〉的摘录》*Auszüge aus der Naturgeschichte des C. Plinius Secundus in einem astronomisch-komputistischen Sammelwerke des achten Jahrhunderts*（慕尼黑，1888）；Welzhofer 论及比德的引述，见 Christ 之《论丛》【译按，即《古典学界论丛》*Abhandlungen aus dem Gebiet der klassischen Altertumswissenschaft*】，1891，25–41。约翰国王曾将一部普林尼的抄本借与里丁 Reading 的修道院长（Pauli，《英国史》*Geschichte von England*，iii 486）。

2 K. Rück在慕尼黑科学院的《会议报告》，1902年5月3日，p. 195以下。有关出自普林尼的引文，见 Manitius 在《语文学家》，xlix 380–384，以及《莱茵博物馆》，xlvii，增刊，59；有关索理努斯摘录的部分，同上，xlvii 562–5。参看 Detlefsen，同上，xxviii 296以下，及 Rück，慕尼黑科学院《会议报告》，1898，203–318；又见 Schanz，§494，p. 382[2]。克理克莱德的罗伯特于1130或1141年出任修道院长，曾在1158—1159年访问意大利和西西里。在他写给亨利二世的献词中，有这样的话：es in liberali scientia studiosus【请浸淫在这广博的知识中吧】。

11 世纪）。巴黎抄本中有一部（G），与梵蒂冈抄本（D）以及一部莱顿抄本（V），乃是从前藏于考比耶的单独一种抄本所分离出的几个部分。甚而在考比耶抄本被校勘和修订之前，即已在 10 世纪初期被誊录出另一部抄本来，现在也存于莱顿（F）[1]。

小普林尼无甚名声，在日耳曼的中古书目中仅被提及两次，在法兰 小普林尼
西则只出现一次，但其《书简集》被维罗纳的剌忒理乌斯引用过一次[2]， 655
《图拉真颂》*Panegyricus Traiani* 被索利兹伯瑞的约翰引用过一次[3]，而瓦尔特·马普甚至知道普林尼的妻子名叫卡尔珀尼娅 Calpurnia[4]。对于《书简集》而言，我们主要须依赖美第奇抄本（ix），此本中还夹杂了一部独立抄本的前 17 折【译按，quire 表示早期抄本装订时的基本单位，大约 1 折为 4 张对开纸，则可能订成 8 页或 16 页的小册子】纸页，内容是塔西佗《编年史》的开首几卷。这个《书简集》的抄本（可能在离开日耳曼之前）被誊录过一个副本，此本今存于布拉格（14 世纪）。卷 1—4 的梵蒂冈抄本（10 世纪），其所依据的祖本与美第奇本相同。卷 9 后面部分内容，我们有些要依赖于一部德累斯顿抄本（15 世纪），此本所属的这一系抄本都有完整的 8 卷内容，但缺少第 8 卷；其中最古老的一部今存于卡西诺山，时代在 1429 年。还有一系抄本，仅包含 100 篇书信。这以佛罗伦萨的两部抄本为代表，分别出自理卡蒂 Riccardi 宫（9—10 世纪）和圣马可修道院（10—11 世纪）。唯有这一系的抄本为博韦的樊尚[5]和柯卢乔·萨吕塔蒂

1 G、V、F 的摹本，见于 Chatelain，《古典拉丁语的古文书法》，pl. 140–142。
2 Migne，cxxxvi 391（《书简集》，i 5，16）；Manitius，《语文学家》，xlvii 566 以下。
3 Schaarschmidt，95.
4 p. 28 l. 182，Wright 本。“Plinium Calpurniae succendit scintilla”【卡尔珀尼娅之情焰燃及普林尼】。
5 《史事通鉴》，x c. 67。出自理卡蒂宫的抄本从前存于博韦的教区支会图书馆。

Coluccio Salutati 所知晓，萨吕塔蒂是第一位提到《书简集》的意大利人[1]。有关《与图拉真帝的通信》，绝大部分内容现在都无抄本可寻[2]。《图拉真颂》仅存于“颂词集”的诸抄本中，盖誊录自从前存于美因茨的一部已佚抄本（15 世纪），另外其中有三张纸的篇幅，还可见于出自柏比约的一部重写本（7—8 世纪）。

昆体良

被归于昆体良名下的《宣讲录》（或作《辩题论》），仅有特列贝琉斯·波略 Trebellius Pollio 与拉柯坦提乌斯提及。有一部约西元 500 年的校订本作为证据。这部著作由巴思的阿贝拉尔（1130 年）加以删略[3]，对它的研习自整个中古时期延续到彼特拉克的时代（1350 年）[4]。真正属于昆体良著作的《演说术原理》，据杰罗姆所言，乃是布瓦蒂耶的希拉理（卒于 367 年）所追摹的典范，也曾得到鲁菲努斯和卡西奥多儒、尤里乌斯·维克多和塞维利亚的伊息多耳的研究。知晓这部著作的，有费理耶尔的卢普斯、考尔维的韦巴尔德[5]；以及沙特尔的伯纳德、索利兹伯
656 瑞的约翰和布鲁瓦的彼得（12 世纪），此后一个世纪里，还有博韦的樊尚[6]。在此期间，贝叶的主教菲利·阿尔固 Philip Harcourt 遗赠给贝克的修道院一批书籍（1164 年），其中就有一部《演说术原理》的抄本，盖由诗人鲁昂的艾田涅 Étienne de Rouen 誊录于 12 世纪，艾田涅将原作中的 10

---

1 普林尼:《书简集》，Kell 编订本，p. xvi。

2 此抄本由 Fra Giocondo 发现于巴黎，时在 1500 年前后，已亡佚。参看 E. G. Hardy 在《语文学杂志》，xvii（1888），95–108；以及 1889 年编订本。

3 《莱顿的尼德兰文学学会图书馆目录》*Catalogus der bibliotheek van de Maatschappij der Nederlandsche Letterkunde te leiden*（1716），p. 383。

4 《私人书信集》*Epistolae Familiares*，xxiv 7。

5 《书信集》，167，Jaffé，《考比耶史料集》。

6 Orelli-Baiter，《西塞罗著作集》，III viii 以下；Fierville 编订，昆体良《演说术原理》卷一（1890 年），xiv–xvi。参看 Schanz，§486 a。

卷内容缩减到大约三分之一的篇幅，编为一部摘要本。这个摘要本由贝克流传至圣日耳曼德佩区修道院，并被称作普剌托抄本 codex Pratensis（12世纪），今存于巴黎图书馆[1]。阿尔固的抄本，今已亡佚，同馆所藏的普特安纽斯抄本（13 世纪）中尚存一部副本。主要的抄本分作三个支系:（1）仅有藏于米兰的安布罗斯第一抄本 First Ambrosian（10—11 世纪）作为代表，包含一部存余四分之三篇幅的誊录本，所据的是一部已佚的完整抄本[2]；（2）旧藏弗勒律[3]而现存于伯尔尼的抄本，誊录自安布罗斯第二抄本[4]，以及一部同支系而独立存在的巴黎抄本，此本从前存于圣母院[5]，以上三部抄本属于 10 世纪，其中每有标识出的许多或大或小的 lacunae【阙文】；（3）杂抄本，主要以班贝格本为代表，包括了两个部分，第一部分（10 世纪）誊录自伯尔尼所存的一种残损本，第二部分誊录自完整的支系 1 中一部已佚的抄本。11 世纪初期，这第二部分被增补到班贝格本中，此杂抄本被誊录在一个格外的抄本里，传至科隆[6]，后又传至杜塞尔多夫 Düsseldorf，现存于大英博物馆（Harl. 2664）[7]。这部哈利家藏抄本有两个意义特殊的誊录本，俱属于 11 世纪。较早一种现存于佛罗伦萨，晚出者存于苏黎世。第一种从前的主人是斯特拉斯堡的主教（1001—1029 年），卫林内尔 Werner（卫林哈理乌斯 Werinharius），他在 1006 年出席法兰克福

---

1 Fierville，xxviii 以下，及篇末之摹本。

2 摹本见于 Chatelain，《古典拉丁语的古文书法》，pl. 174–175。

3 同上，179（1）。

4 同上，179（2）。

5 与此同族系的，有一抄本，存于剑桥圣约翰学院的图书馆中（13 世纪）。彼特拉克的副本（14 世纪）现存于巴黎（7720），乃直接或间接誊录自伯尔尼抄本。

6 A. C. Clark，在《新海德堡年刊》，1891，p. 238 以下。

7 L. C. Purser 在《赫尔墨斯与雅典娜》，1886，p. 39；Peterson 整理的昆体良《演说术原理》卷 10，p. lxiv，附摹本；又见 Chatelain，pl. 176。

657 的宗教大会，热衷于班贝格的大教堂之建设[1]。可能由此而获得了一部班贝格抄本之科隆副本的誊录本。他又确实在1029年或之前时候将一部昆体良著作的抄本赠予斯特拉斯堡的大教堂图书馆，这已被判定为是一部科隆抄本的誊录本。1372年时，这个副本尚为斯特拉斯堡修道院僧舍中装有链锁的书籍之一；后来（随同西塞罗哲学著作的一种斯特拉斯堡抄本[2]）此本流传到佛罗伦萨的美第奇家族图书馆，至今犹存于斯[3]。剌费尔·列吉乌斯 Raphaël Regius（1491年）认为此本即是博乔在圣高尔所见之抄本（1416年）[4]。但是，尽管博乔在康士坦茨湖匆匆录写了一部副本[5]，却无法证明他并未将原本交还圣高尔[6]。其所见的原本，可能是稍晚时候自科隆抄本录出的副本，一度藏于圣高尔，而自18世纪初年起至今一直存于苏黎世[7]。有几折显示有意大利文的备忘标识，表明该页所含文字之行（rige）数[8]。

史家奈波斯

中古时期的人们对于科尔奈利乌斯·奈波斯、恺撒、萨鲁斯特、李

---

1 《高卢圣教录》*Gallia Christiana*，v 792–794，1731年版。

2 圣马可，257（在洛伦佐馆藏书中）；Ebeling，在《语文学家》，xliii 705以下；Chatelain，pl. 37。

3 Laur. 46，7（调查自佛罗伦萨）。摹本见上文第215页；Chatelain，pl. 177。

4 参看 Bandini，《古代文献资料集》*Collectio veterum aliquot monimentorum ad historiam praecipue litterariam pertinentium*，ii 382。

5 博乔致瓜理诺 Guarino，1416年12月16日，haec mea manu transcripsi【我在此为自己誊录了副本】。

6 参看 Reifferscheid，《莱茵博物馆》，1868，145。

7 Mabillon（1673）在《意大利行纪》，36，将此本称为博乔所见之抄本。Sabbadini，《语文学与古典教育杂志》，xx，1892，307以下，引述了瓜理诺致博乔的一封书信（1418年初），提及博乔手中有一部"第二号"完整抄本，Sabbadini以为即是斯特拉斯堡旧藏之佛罗伦萨本，而他未认定博乔所见的"第一号"抄本即存于苏黎世者。争论或许可由对乌尔比纳斯抄本 codex Urbinas 327（577）的调查而得以解决，此本声称录自博乔由原本誊录出的副本。

8 Chatelain 的 pl. 178之说明文字。综合论述，参看 Peterson 的昆体良《演说术原理》卷十之《引言》，pp. lviii–lxxv，以及彼处所引之文献。

维、苏维托尼乌斯、查士丁和弗罗鲁斯 Florus 多有研究，而瓦勒留·马
克西姆斯的历史轶闻尤其受欢迎。科尔奈利乌斯·奈波斯的文本历史要 658
追溯至忒奥多修二世（卒于 450 年）之时代[1]。最佳抄本之一是丹尼尔本 liber Danielis（现已亡佚），出自奥尔良或该城附近的一家图书馆。现存的抄本有存于沃尔芬彼特的古德本 codex Gudianus（12—13 世纪），一支较佳的族系中还有唯一传世的一部抄本，存于鲁汶 Louvain（15 世纪），乃帕克 Parc 附近一家普雷蒙特利会修道院的旧藏[2]。

恺撒经常见引于《德莱维理族志》*Gesta Treverorum* 一书【译按，德莱维 恺撒
理族 Treveri 系高卢一支部落，曾出现于恺撒的《高卢战记》中】。如同李维与欧特罗庇乌斯一样，他也为弗洛窦尔 Flodoard 所知晓[3]。恺撒的生平传记，主要建立在萨鲁斯特、恺撒、卢坎和苏维托尼乌斯的著作上，曾以《罗马人的信史》*Faits des Romains* 为题，收入《史书》*Livre des Histoires*（约 1225 年）的诸多抄本中[4]。整个中古期间，甚而在彼特拉克的著述中，《高卢战记》的作者都一直被叫作尤里乌斯·科尔苏斯 Julius Celsus，这是一位校订者的名姓，出现于《高卢战记》诸抄本的 subscriptiones【题署】中。在中古的文献目录中，（法兰西的那些抄本除外）恺撒属于较罕见的作家[5]。现存最佳的抄本中，有一部阿姆斯特丹抄本（9—10 世纪）；两部巴黎抄本，出自弗勒律（9—10 世纪）和莫瓦萨克（11—12 世纪），俱胜过有窜改文字的图安纽斯抄本 codex Thuaneus（11—12 世纪）；还有一部梵蒂冈抄

1 Traube，慕尼黑科学院《会议报告》，1891，409–425；Hülsen，在《赫尔墨斯》，xxviii。

2 有关中古文献所引述的奈波斯著作，参看 Manitius，《语文学家》，xlvii 567 以下。

3 《兰斯教会史》*Historia Remensis Ecclesiae*，i 1（Gröber，121）。

4 Gaston Paris，《中古法国文学》，p. 139。

5 Manitius，《莱茵博物馆》，xlviii；《语文学家》，xlviii 567 以下。

本（10 世纪），与弗勒律所出之抄本有相同之祖本。除了这些，还有大英博物馆和莱顿所藏之抄本（11 世纪），后者得自博韦，这可能也是两种佛罗伦萨抄本（11 世纪）的故家；另外还有藏于梵蒂冈和维也纳的抄本（12 世纪）。

有位帕拉纠派分子在一封书信中（约 410—430 年）抗议对维吉尔、
萨鲁斯特 萨鲁斯特、泰伦斯和西塞罗，et caeteros stultitiae et perditionis auctores【以及其他愚蠢又堕落的作家】的研究[1]；此前一世纪后期出现的一部教科书中，正以上述次序收入了这 4 位作家著作的摘引文字[2]。摹仿萨鲁斯特的作家，有苏耳庇修·塞维尔儒斯和（连同摹仿维吉尔与西塞罗的）安布
659 罗斯;《喀提林阴谋》甚至受到教皇“伟人”利奥 Leo the Great 的称引[3]。最后一位直接研读《史事记》*Historiae* 的人是奥古斯丁（卒于 425 年）[4]；后世作家唯从普理西安与伊息多耳的著作中援借其引文而已；但是至 8 世纪时，复又对萨鲁斯特发生了新的兴趣[5]。《朱古达战争》为富尔达编年史的纂写者所熟悉（875 年）[6]。10 世纪后半叶，萨鲁斯特的措辞风格经兰斯的瑞歇尔得以重生，而剌哲维努斯亦学会了他的措辞，将之运用于续

1 Gaspari，《书信、论文与布道文：古代教会的最后两个世纪以及中古之早期》*Briefe, Abhandlungen und Predigten : aus den zwei letzten Jahrhunderten des kirchlichen Alterthums und dem Anfang des Mittelalters*（1890），p. 17。

2 Keil，《拉丁语法家集成》，vii 449。

3 《布道文》，xvi 4（Weyman 在《语文学家》，lv 471–473）。

4 萨鲁斯特是 2—5 世纪的非洲作家们所钟爱的模范（Monceau，《亚非利坎：非洲拉丁文学研究》*Les Africains ; Étude sur la littérature latine d'Afrique*，1894，86–90）；对于“狄克提斯”、“赫葛西波”、苏耳庇修·塞维尔儒斯以及尤里乌斯·爱克绪珀朗修斯 Julius Exuperantius 而言亦复如是（Schanz，§133）。

5 Vogel 在《萨鲁斯特研究献疑集》*Quaestiones Sallustianae*，埃尔兰根，1881，pp. 426–432。

6 Gröber，II i 121.

写（1160年）弗莱辛的奥铎的“红胡子”腓特烈帝本纪[1]。在《喀提林阴谋》与《朱古达战争》二书的诸多抄本中，有三部存于巴黎（两部9世纪和一部11世纪）。其中有一处lacuna【阙文】，不得不依赖于后期的抄本来补足，包括慕尼黑的几部抄本（11世纪以降），一部出自厄普特尔那赫的巴黎抄本（11世纪）。此外，圣高尔存有一部（11世纪），布鲁塞尔存有一部埃格蒙特 Egmont 之教堂的旧藏（11世纪）[2]。《喀提林阴谋》《朱古达战争》二书及《史事记》中的演说词，被收入于梵蒂冈的摘录本中，此本出自考比耶（10世纪）。另外还有《史事记》的残篇[3]，见于某抄本仅遗留下来的4张纸页上，且又散见于梵蒂冈、柏林和奥尔良（4—5世纪），此本可能出自弗勒律。

李维的伟大巨著原本有142卷之多，仅有35卷（即卷1—10，卷21—45）留存下来。马提阿尔曾提及一部节略本[4]。有一部摘录本中，卷48—55的一部分，已在奥克西林库斯重见天日[5]。还有一种梗概本，成为尤里乌斯·奥布塞昆斯 Julius Obsequens 所编录的奇迹异兆集（7世纪）之文献来源。亡佚诸卷的内容综述，存于《纪事本末》*Periochae* 中，最好的文本以海德格尔所藏抄本（9世纪）为代表，我们对于亡佚各卷的内容，在阿斯柯尼乌斯、塔西佗、弗隆提努斯、普鲁塔克与狄奥·卡西乌斯、塞尔维乌斯与肯瑟理努斯、普理西安与卡西奥多儒等人的著作以及卢坎的伯尔尼会注本中，可找到直接的引文或是含混的参考。如此看来，李　李维

1　Bursian，i 76。萨鲁斯特还受到维都肯德与不来梅的亚当所摹仿。

2　综合论述，参看 Maurenbrecher，在 Bursian 之《年刊》，ci 189–206。

3　Hauler，在《维也纳学术》，1887，25 以下；Maurenbrecher 编订本，1891–1893。

4　xiv 190.

5　《奥克西林库斯纸草书》，iv（1904），90–116。

660 维的整部著作似乎保存至罗马时期之末，但是为中古时期所知晓的诸卷[1]与我们所见的并无分别，有谣言谓完整之李维尚存于吕贝克教区的某处，这种说法流行于文艺复兴时期[2]，一直未能得以证实。李维的文风得到艾因哈德的追摹[3]，而赫斯费德的朗贝效仿之余有较多的变通[4]。李维的著作由多明我会教士皮埃尔·伯绥尔 Pierre Bersuire 应国王约翰三世（卒于1341年）【译按，此处法王之名号、卒年似有误，姑且从原文】之请而最先译成了法文[5]。

“第一个十卷组”的最早权威文本，也是两部校订本中较早一部的唯一代表，乃是维罗纳重写本，存有卷3—6的内容（5世纪）。这10卷的完整内容则见于后出的维克多理安努斯之校订本中，而卷3—8又相继得到尼柯马库斯叔侄的分别校订[6]，这两位尼柯马库斯都曾于431年出任罗马之官职。这部校订本的最佳代表是美第奇抄本（10—11世纪）[7]，其次则是出自巴黎考尔贝 Colbert 氏藏书中的一部抄本（10世纪），此外还有一部弗勒律抄本（9—10世纪），以及藏于埃因歇德伦、大英博物馆和梵蒂冈（10世纪），与藏于佛罗伦萨和莱顿（11世纪）的几种[8]。同样，我们有“第三个十卷组”的两部校订本，其一者的最佳代表文本，包括

1 Manitius，《语文学家》，xlviii 570–572。

2 Voigt，《古代经典的复活，或，人文主义的第一个世纪》，i 247[3] 以下。

3 Manitius，《新文献》，1882，523以及1886，67。

4 《编年史》，p. 71以下，参看李维《建城以来史》，ii 6；Manitius 在《新文献》，1886，376（Schanz，§327，p. 269[2]）。

5 Le Clerc，《14世纪法兰西文学史》，431，499。

6 上文第228页。

7 摹本在上文第250页。

8 有关美第奇抄本和莱顿的L抄本，见《剑桥语文学学会学报》*Proceedings of the Cambridge Philological Society*，1902年10月30日。

巴黎所藏、得自考比耶的普特安纽斯抄本（5世纪），及其藏于梵蒂冈的副本，即出自都尔的雷琴抄本 codex Reginensis（9世纪，约804—834）[1]，与一部佛罗伦萨抄本（10世纪）；另一校订本，则有一部都灵的重写本（5世纪）[2]，以及由斯贝耶尔的一部抄本所衍生出的数种。“第四个十卷组”的文本，依赖于一部班贝格抄本（11世纪）和有关美因茨已佚抄本的记录资料；“第五个十卷组”的头五卷，依赖于一部出自洛尔施的维也纳抄本（5世纪），此本在8世纪时为乌得勒支附近一处地方的主教所拥 661
有。弗罗鲁斯所作李维之提要，被毫无窜改地保存于班贝格的一部抄本（9世纪）中。

苏维托尼乌斯

艾因哈德颇为成功地摹仿了苏维托尼乌斯之风格（830年），他所就学之地在富尔达[3]。塞尔瓦图斯·卢普斯曾无法在法兰西觅到苏维托尼乌斯著作的抄本，后来从富尔达借得（约850年）。同在此世纪之末，有一部苏维托尼乌斯著作抄本在都尔被誊录了副本，这部副本现仍存于巴黎，被称作曼密安努斯抄本 codex Memmianus（9世纪），是传至今日的最佳文本[4]。奥塞尔的厄理克曾接受塞尔瓦图斯·卢普斯的建议，著作了苏维托尼乌斯和瓦勒留·马克西姆斯的摘要，而列日的塞都琉斯曾撮录过瓦勒留与维哲修斯著作的菁华部分[5]。（瓦勒留·马克西姆斯）瓦勒留的文本以伯尔尼（9世纪）和佛罗伦萨（10世纪）所藏之抄本为代表，前者出自弗勒律，后者出

1 Chatelain，在《语文学杂志》，xiv（1890），78以下；《古典拉丁语的古文书法》，pl. cxvi以下；Traube，慕尼黑科学院《会议报告》，1891，425以下。

2 毁于1904年之火灾。

3 又见 Schanz，§536，p. 66[2]。

4 同上，§530，p. 52[2]；以及 Traube，在《新文献》，1902，266。

5 摩泽尔河畔库萨镇所藏抄本 C 14（包括了西塞罗《斥皮索》与《为封提乌斯辩》的一些残篇）。参看 Traube，在慕尼黑科学院《论文集》，1891，366–372。

自列日附近的马尔梅蒂—斯塔维罗 Malmédy-Stavelot 修道院[1]；还有尤里乌斯·帕里斯 Julius Paris 所作节略本（4世纪晚期）的梵蒂冈抄本（9世纪）。节略本之抄本出自弗勒律，而载有原文的伯尔尼抄本则属于多姆努鲁（5世纪）所作的一部拉文纳校订本[2]。

维哲修斯

查士丁

昆图斯·科耳修斯

在9世纪的战时常有人研读维哲修斯的《论兵事》*De Re Militari*。该著作的部分内容有一部摘要本，作者是刺班努斯·茅儒斯[3]，主教哈尔特伽留 Hartgarius 将此书的一部抄本作为礼物赠予厄伯哈德 Eberhardus，附带致以塞都琉斯所写的一组诉歌[4]。密昂的约翰（1284年）所贡献的散文体译本，经由贝桑松的约翰·普理约刺 Jean Priorat（1290年）改成了韵文[5]。现存之抄本分成两支，最佳代表文本是巴黎的一部抄本和梵蒂冈的一部帕拉廷抄
662 本（10世纪），前者属于欧特罗庇乌斯的校订本（450年）。查士丁作为史学作家所钟爱的模范[6]，其著作的抄本同样也是分成两个支系，第一支仅有一部代表文本，即佛罗伦萨所藏之抄本（11世纪），第二支则有一部圣高尔本（9—10世纪）、一部今藏于巴黎的圣德尼抄本（9世纪）以及一部今藏于莱顿的弗勒律抄本（9—10世纪）。摹仿李维和塞内加的昆图斯·科耳修斯，在中古时期受到艾因哈德与塞尔瓦图斯·卢普斯等人的研究[7]。较

---

1 参看（斯塔维罗与考尔维的）韦巴尔德，约1150年，见于《日耳曼史事丛刊》，i 280。

2 Brandes，《维也纳学术》，1890，297以下；Traube，慕尼黑科学院《会议报告》，1891，387–400。

3 《日耳曼历史学文库》，《书信集》，v 515，619；《德意志古史与文学杂志》*Zeitschrift für deutsches Altertum und deutsche Literatur*，xv（1872），433。

4 《加洛林朝拉丁诗歌集》，iii 212，Traube。

5 《法兰西文学史》，xxviii 398；Gaston Paris，《中古法国文学》，§102。

6 F. Rühl，《查士丁著作在中古的流传》*Die Verbreitung des Justinus im Mittelalter*（1871）；为莱杰诺（892年）所知晓。

7 Eussner，在《语文学家》，xxxii（1873），162；Manitius，在《新文献》，1882，527；Dosson，《昆图斯·科耳修斯研究，其生平与著作》*Étude sur Quinte-Curce, sa vie et son oeuvre*，360（Schanz，§426，p. 209以下）。

早的抄本（9—11 世纪）见于莱顿（9 世纪，10 世纪），巴黎和伯尔尼（9 世纪），还有藏于埃因歇德伦的残篇（10 世纪）。

中古时期的书籍目录中找不到塔西佗的明确线索。《日耳曼尼亚志》与《历史》的影响痕迹，已见于艾因哈德，《编年史》则可追查至鲁道夫 Rudolf 所著富尔达编年史（852 年）中的一个段落[1]，而《日耳曼尼亚志》乃是上述同一作家描述萨克逊人时的文献来源[2]，也为诺根的纪伯特（卒于 1124 年）提供了资料，助他写作隽语诗：modernum hoc saeculum corrumpitur et corrumpit【今之世风败坏且令人堕落】[3]。马尔姆斯伯理的威廉著作中出现过一句与《历史》某段文字颇为相似的话[4]，而布鲁瓦的彼得则声称常引述《历史》这部著作[5]。《编年史》的卷 1—6 仅存于美第奇抄 塔西佗

---

1 Pertz，《日耳曼历史学文库》，i 368，super amnem quem Cornelius Tacitus [《编年史》，ii 9–17] scriptor rerum a Romanis in ea gente gestarum Visurgim, moderni vero Wisahara vocant【有一条河流，在史书作家科尔奈利乌斯·塔西佗那里，罗马人称之为维苏尔吉，近世人则呼之为维萨哈刺。译按，即威悉河】。

2 《日耳曼历史学文库》，ii 675 [《日耳曼尼亚志》，4，5，10，11]。

3 Migne，clvi 858（G. Meier 的《中古自由七艺》，i 19）；塔西佗，《日耳曼尼亚志》，19，nec corrumpere et corrumpi saeculum vocatur【也无人将引人堕落或受人引诱而堕落之行为视作时代之风习】。

4 ii 73，vix credibile memoratu est quantum ... adoleverit【膨胀的势头令人难以置信】；参看《英国诸王列传》，c. 68，incredibile quantum brevi adoleverit【令人难以置信地在短期内扩张起来】（Manitius，《语文学家》，xlvii 566）。不过，除 adoleverit【得以膨胀、扩大】之外，两位历史学家可能都效仿了萨鲁斯特，见《喀提林阴谋》，7，incredibile memoratu est ... quantum brevi creverit【令人难以置信的是，（罗马）竟在短期之内繁荣起来】；甚至 brevi adoleverit【会迅速地扩张、增长】都可能是萨鲁斯特提供给这位英国史家的，《朱古达战争》，11 与 63 处有 brevi adolevit【迅速地增长、成熟】。

5 《书信集》，101，已引于上文，第 543 页注释 4【译按，即中译本 757 页注释 10】。综合论述，参看 E. Cornelius，《至 14 及 15 世纪的文艺复习时期为止，史书作家塔西佗是如何存在于世人之记忆中的》*Quomodo Tacitus Historiarum scriptor in hominum memoria versatus sit usque ad renascentes literas saeculis XIV et XV*（1888），其中，维都肯德和亨利四世本纪的作者都被认为学习了塔西佗；又见 Manitius，《语文学家》，xlvii，565 以下。

本（9 世纪）中，1509 年被人发现[1]，并被认为是出自北部日耳曼地区的
663 某家修道院，最可能是考尔维[2]；《编年史》卷 11—16 以及《历史》卷 1—5，则仅仅见于另一部美第奇抄本（11 世纪），于 1427 年“重见天日”，此本以“伦巴第”字体写成，可能誊录于卡西诺山[3]。《对话录》、《日耳曼尼亚志》和《阿古利可拉传》*Agricola* 的现存抄本俱产生于 15 世纪，唯有一部《阿古利可拉传》与《日耳曼尼亚志》的抄本是例外，此本在 1902 年被发现于安科纳 Ancona 附近耶西 Jesi 镇的一家私人图书室，其中包括了 8 张《阿古利可拉传》的纸页，系录自 1455 年首度发现的赫斯费德抄本（10 世纪）[4]。

佩特洛尼乌斯

佩特洛尼乌斯的《香情艳遇记》*Satiricon* 中收录了一首诗歌，以恺撒时代的内战为题材[5]，此为奥塞尔的厄理克所知晓[6]。有部曾属于奥塞

---

1 Soderini，《书信集》，见引于 Urlichs，《曙光女神》*Eos*【译按，即《南德意志语文学与人文高中教育杂志》*Süddeutsche Zeitschrift für Philologie und Gymnasialwesen*】，i 244。

2 《利奥十世书信集》*Epistolae Leonis X*，1517 年 12 月 1 日；1533 年 Beatus Rhenanus 编订本塔西佗著作；《语文学家》，xlv 376-380；Hüffer，《考尔维研究》，1898，14。此抄本在 Ritter 编订塔西佗著作中被归于富尔达，见 p. xxxvii 以下（遭到 Urlichs 驳斥，见于《曙光女神》，i 243 以下，ii 224 以下）；而 Voigt 则归为吕贝克之旧藏，见《古代经典的复活，或，人文主义的第一个世纪》，i 253[3]（后有修正，见于《新年刊》，1881，423，805，以及 Curtius《史学与语文学论集》*Historische und philologische Aufsätze*，333）。参看 Sabbadini，《拉丁与希腊文抄本的发现》，ii 254。

3 《卡西诺山编年史》，iii 63；抄写时间可能在 1053—1087 年间，为德息得理乌斯之时代。抄本在 1370 年尚为薄伽丘（卒于 1375 年）所知晓，参看《莱茵博物馆》，1848，145，以及 Voigt，i 250[3]；两部抄本有完整之摹本，莱顿，1902。

4 Sabbadini，《拉丁与希腊文抄本的发现》，142；参看 F. Ramorino，在《国际历史科学大会记录》*Atti del congresso internazionale ai scienze storiche*，罗马，1905，ii 230-232，附有 8 张纸页其中之一的摹本；Cesare Annibaldi 之论文，1907，以及所编订的《日耳曼尼亚志》和《阿古利可拉传》，都灵，1916。

5 §§119—124.

6 《圣日耳曼努斯传》*Vita Sancti Germani*，i 109-113，v 207，229；参看 Traube 的《加洛林朝拉丁诗歌集》，iii 424。

尔[1]、现存于伯尔尼的抄本（9—10 世纪），可能是厄理克所作的《述奇杂史》之摘录。莱顿所藏的两张纸页即属于同一部抄本。此外巴黎也有两部抄本（12 世纪，15 世纪），后出的一种（乃《特理马尔基奥之宴席》*Cena Trimalchionis* 这章节唯一的权威文本）得之于达马提亚的特劳 Trau 镇。比伯尔尼抄本的内容更为丰富的摘录本，由斯卡利杰尔、陶耐修斯 Tornaesius 和皮透斯 Pithoeus 誊录而成，其所据原来之抄本俱未能留存下来。

关于昔人研究古代史家的范围，剌耳弗·德·狄柯多提供了一个便利的参考[2]，他是圣保罗大教堂的教长（卒于 1202 年），曾开出一张注有日期的名单，罗列了其《史事系年要览》*Abbreviationes Chronicorum* 所遵从的史家权威，始于"特罗戈斯·庞贝乌斯"与瓦勒留·马克西姆斯，而在他自己的著作里引述的作家，又有恺撒、苏维托尼乌斯、索理努斯、 664
弗罗鲁斯、阿普勒乌斯、维吉尔、卢坎、马提阿尔、斯塔提乌斯、克劳狄安与维哲修斯[3]。但是从整个中古时期来看，我们发现对古代的历史，甚至对于哲学史和文学史都普遍存在着一种无知[4]。沃特福德的杰弗瑞 Geoffrey of Waterford（卒于 1300 年）的译作不仅有欧特罗庇乌斯的史书，还有达瑞斯的寓言故事，这部作品亦经弗利克塞古特的约翰 Jean de Flixicourt 译成了法文（约 1250 年）[5]。历史研究纠缠在特洛伊传奇的奇怪

1　Usener，在《莱茵博物馆》，xxii（1867），413 以下；据 Traube，iii 822，谓非出自厄理克之手笔。又见 Schanz，§398，p. 110。

2　Stubbs 编订其著作（1876）。

3　Gottlieb，《论中古之图书馆》，p. 447 以下。

4　总体上参看 B. Lasch，《中古时期历史学批评的觉醒与发展》*Das Erwachen und das Entwickelung der historischen Kritik im Mittelalter*（1887）。

5　Gaston Paris，《中古法国文学》，§95。

版本[1]和亚历山大大帝的寓言故事[2]中，最无根据的传说还提到了亚里士多德[3]和维吉尔[4]的名号。神话故事或被斥为恶魔之发明，或由神父利用其寓意象征以充教化之用。人们往往不再直接研究古典作家，而是使用那些类书汇编[5]，诸如伊息多耳、剌班努斯、康舍的威廉与奥顿的霍诺留等人之著作，以及朗贝（约 1120 年）的《撷英录》*Floridum*、麦茨的高提耶 Gautier de Metz（1245 年）的《天下镜览》*Image du Monde*[6]、皮埃尔 Pierre（13 世纪）以索理努斯著作为基础的韵体《坤舆咏赞》*Mappemonde*[7]、博韦的樊尚的《万物通鉴》。还有英国的方济各会成员巴忒洛缪 Bartholomew（盛于 1230—1250 年）所著的 19 卷《万物性理》*De proprietatibus rerum*，此人的地理学知识仅得自圣经与普林尼、俄若修斯和伊息多耳及相关的各家注
665 疏。他引述的亚里士多德，取自阿拉伯文本的拉丁译文[8]。皮埃尔·伯绥尔 Pierre Bersuire（卒于 1362 年）的《教理复元编》*Reductorium Morale*，也属

1　上文第 647 页注释 11【译按，即中译本 896 页注释 2】。

2　P. Meyer，《中古法国文库》*Bibliothèque française du moyen âge*，t. iv–v（1886）；Gaston Paris，《中古法国文学》，§44；Steinschneider，《论中世纪的希伯来文译书》，894 注释 261；H. Morley，《英国作家》，iii 286–303；Krumbacher，849；Ausfeld，《论希腊文的亚历山大大帝传奇》*Der griechische Alexanderroman*，1907；Manitius，529–531。

3　Gidel，《近代希腊文学新探》，331–384；Hertz，慕尼黑科学院《论文集》，1892，1–104。

4　Comparetti，《中世纪的维吉尔》，ii。

5　Haase，《论中古语文学研究》（1856），pp. 4–6；Liliencron 的《演讲录》（1876）；以及 Norden，740 注释 1。

6　以法文韵体写成，见《短评与摘录》，v 243–266；《法兰西文学史》，xxiii 221；《罗曼语研究》，xv 314，643。

7　《短评与摘录》，xxxiii（1）9–48；Gaston Paris，《中古法国文学》，§101。

8　《动物志》《天象学》《论天》；Jourdain，359。巴忒洛缪的拉丁原文本刊印于 1470—1472 年间，Trevisa 的英译本（成于 1398 年），刊印于 1495 年及其后。摘录见于 Steele 的《"英国人"巴忒洛缪著作中的中古学问》*Mediaeval Lore from Bartholomew Anglicus*（1893；亦见于"国王经典丛书 King's Classics"，1905）。有关类似之论说，参看《法兰西文学史》，xxx 334–388。

于上述著作同类的一部百科全书[1]。

中古时期的古典学问大多是辗转而获得的，除了综合贯通的百科全书，还有格调别致的摘录或谓 florilegia【集锦】。即便一名学生从未读过那些作家本人的著作，却至少修过拉丁语法学的长期课程。中古初 语法学 期，普理西安的巨制长编被卡西奥多儒与伊息多耳、阿尔德海姆与比德的各种小型手册取代。这些小册子论述语法学问题时体现出一种节制而严肃的精神，此精神传至那位自号“维吉琉斯·马罗”（6—7 世纪）古怪的假行家，被他用来随性地发明新词语[2]，并杜撰了欺瞒后世学人的引文以冒充证据。8 世纪之后，语法学史分成两个阶段：一自阿尔昆至阿贝拉尔（9—11 世纪），二自阿贝拉尔至文艺复兴（12—14 世纪）。在第一阶段里，主要遵从的权威是多纳图斯和普理西安。用以说明语法学规则的引文为数不多，全部援借自早期的语法书。希腊语知识少得仅剩下了字母；而在一些论及语法学著作的抄本中，尽管希腊词汇的拼写基本正确（这些词语以大写字母写出，且无重读），对于希腊语的词形屈折变化却毫无所知。在此期间，多纳图斯的著作摇身变为了一部教学答问集（《小多纳图斯》*Donatus minor*），当时最流行的教科书，便是奥塞尔的勒米（卒于 908 年）所注的这本答问集了[3]。对一册标准的语法学课本的迷信崇拜，关于希腊语和古典文化的普遍无知，在语法学论据的**四周**辩 666
说推想，而不去研究这些论据本身的风习，相较于古典用法而更重教会习惯的偏好，这些都是此第一阶段中的主要特点。所有这些特点在第二

---

1 Hallam，《欧洲文学导论》，i 117—119[4]；《沙特尔学校丛刊》，xxxii 325 以下；Hauréau，《铭文与美文学院论集》，xxx（2）45—55。

2 上文第 450 页。

3 上文第 496 页注释 4【译按，即中译本 697 页注释 3】。

阶段又以一种夸大的形式重现，但那时逻辑学介入到语法学领域，在12世纪初期显露其权威性，至13世纪愈发强势起来[1]。尽管逻辑学研究传遍整个欧洲，在意大利与卢瓦尔河以南的法国，就语法学研究的总体趋势而言，仍迥异于卢瓦尔河以北及在法国北部教育影响下的英格兰、佛兰德斯及日耳曼地区。在意大利和法国南部，逻辑学研究与语法学研究相结合，从属于法学，而语法学之训练目的仅仅在于实用，使学生可以正确地说写拉丁语而已。中古时期最流行的辞书，俱由意大利人编成。帕皮亚斯[2]（1053年）是伦巴第人，育古齐奥[3]（盛于1192年，卒于1212

---

1 “Cupio per auxilium dialecticae grammaticam adiuvare”【我乐于以论理学辅助语法学】，面对邦康帕诺所斥责的语法学知识之缺乏，一学生如此答复（12世纪），参看Thurot，《短评与摘录》，xxii（2）90。下述之比较则属于大阿尔伯特（13世纪）：“sicut se habet stultus ad sapientem, sic se habet grammaticus ignorans logicam ad peritum in logica”【愚人之于智者，即如同不懂逻辑学的语法学家之于逻辑学的专家通人】。儒琛的杰刺德Gerhard of Zutphen所作维耶丢的亚历山大之glosa notabilis【非凡注释】（科隆，1488），将经院学术的全部精准严苛都应用于句法修辞的问题上面了（亚历山大著作，Reichiling编订本，pp. xii，lxiv以下）。

2 上文第521页。

3 关于帕皮亚斯与育古齐奥，罗杰·培根谓之nesciverunt Graecum【俱不懂希腊文】（上文第557页）；Ducange，前言§§44, 46；Haase，《论中古语文学研究》，31–33；Charles，《罗杰·培根》，330，359。参看A. Scheler，《12、13世纪拉丁辞书学》（1867）；S. Berger，《中古时期的解经学字释与摘录》*De glossariis et compendiis exegeticis quibusdam medii aevi*（巴黎，1879）；Salvioli在《欧罗巴杂志》*Rivista Europea*，xiv（1880）745以下；G. Meier，《中古自由七艺》，i 17；以及Eckstein，《拉丁语与希腊语教学》*Lateinischer und griechischer Unterricht*（1887），53以下。育古齐奥标明sincerus【整个的】的第二音节为长音节之后，又在cera【蜡封】词条下，严格地补充说假若诗歌中之音节都可以缩短，abradatur cum suo auctore de libro vitae et cum justis non scribatur【索性叫其人其作消亡于生活之书中，不必给予公正的论述】。对于*sincēris*【译按，系sincerus之复数与格或夺格（中性或阴性），e本为长音节】，参看嘉理修斯，在Keil的《拉丁语法家集成》，i 81，218；Hagen，《赫尔维提亚史志遗献》，ccl；以及厄伯哈德，《希腊语修习》（约13世纪），71—74。

年）与巴尔比[1]（1286年）分别来自比萨和热那亚。有部被题为《祖母庭 667
训》***Mammotrectus***（μαμμόθρεπτος）的圣经字汇，被归于勒佐的马尔切希尼 Marchesini of Reggio（约1300年）名下。

至第二阶段，语法学方面的主要权威是几位曾就学于巴黎的人士，俱来自欧洲北部。彼得·爱利阿斯是位在巴黎做过教师的法国人（约1142年），写过一部普理西安著作的注疏。维耶丢的亚历山大家乡在诺曼第（1200年），他创作了一首六音步诗歌，计有2645行，谈论的是词形变化，句式结构，诗体格律、重读与修辞格，将普理西安、多纳图斯、彼得·理伽等人著作的内容编入其中，可能还参考了12世纪的一些不知名的语法学家[2]。与亚历山大同时代的贝图涅的厄伯哈德（1212年）乃是佛兰德斯人，他写过一首论语法的诗，六音步而间杂诉歌体，题为

1 有关巴尔比（热那亚的约翰 Joannes Januensis），见上文第606页；Ducange，§47；以及 Haase，34以下。他解释 laicus【尘俗的，人世的】一词，谓"i.e. *popularis*, et dicitur a *laos*, quod est *populus*, vel potius a *laos*, quod est *lapis* ; inde *laicus* est *lapideus*, quia durus et extraneus est a scientia literarum"【即"常人的"，与 laos（译按，此系希腊语词 λαός 的拉丁化拼写）即"民人"一词相关；或者与意指"石头"的 laos（译按，这里则指的是 λᾶας）相关，因此而言 laicus 即"石头般的"，盖由于粗鲁呆板，不通文学而致】。育古齐奥与巴尔比俱属于《小词库》***Promptorium Parvulorum***（1440）的参考来源，此书作者被判为多明我会士林恩的杰弗瑞 Geoffrey of Lynn。Mai，《古典作家》，viii，刊印了一部法文的《新拉丁语词库》***thesaurus novus latinitatis***（12世纪）。参看 Gröber，II i 251。

2 Reichling 编订本，在《日耳曼教育学文库》，XII（1893），年代，见 p. xxxvi 以下；参考文献，见 pp. lxxvi–ix；250种抄本（1259—1526年），约300种刊本（1470—1588年）。参看 Haase，17，45（其中称许了亚历山大讲解句法结构之明晰）；Bäbler，《中世纪拉丁语法史论集》，116以下；Neudecker，《维耶丢的亚历山大之〈童蒙必修〉与中古晚期日耳曼地区的拉丁语教学》***Das Doctrinale des Alexander de Villa Dei und der lateinische Unterricht während des späteren Mittelalters in Deutschland***（皮尔纳，1885）；又见 Gröber，II i 390。亚历山大见称述于《幽隐人士书信集》***Epistolae Obscurorum Virorum***，i 7，25，ii 35。

《希腊语修习》，因为其中有一章专述源自希腊语的派生词[1]。佛兰德斯地方上还出了一位马拜的“模式派学人”米歇尔 Michael ‘Modista’ of Marbais（13 世纪），他写了一部题为《论表意模式》*De Modis Significandi* 的论著，实际是借用了亚里士多德的权威地位来维护其天真的主张【译按，模式学派主张语法规则的共通性，故而从逻辑学角度提出了表意模式的说法，下面这句话当出自柏拉图《会饮篇》，196e】，即谓一己所未有之物，亦不可赋予他者[2]。最后还有两位英国人，一位是约翰・德・加兰迪亚（盛于 1204—1252 年），
668 为罗杰・培根所知晓[3]，传世的著作约有 14 种，涉及拉丁语法及相类主题[4]。另一位是坎特伯雷的大主教（1272—1279 年）罗伯特・基尔瓦德比 Robert Kilwardby，他曾在巴黎成为文科硕士，又以注疏普理西安而闻名[5]。13 世纪时，普理西安不得不同他的注疏家爱利阿斯与基尔瓦德比分享荣誉，而至 14 世纪，他的著作便已被维耶丢的亚历山大与贝图涅的厄伯哈德的近世之新编取代了[6]。亚历山大、厄伯哈德之辈能广受欢迎，原因在于其著作以拉丁韵文所写。诗章之为载体，亦为希尔德海姆一位修士

---

1 Wrobel 编订（1887）；参看 Bäbler，95 以下；Norden，《古代艺术散文》，741 注释部分；Manitius，在《中古拉丁文学史》，35 以下；Gröber，II i 389 以下。厄伯哈德的年代（Leyser、Ducange、Reichling 俱以为 1212 年）依据得自这两行有些含糊的诗句："anno milleno centeno bis duodeno | condidit Ebrardus Graecismum Bethuniensis."【1212 年，贝图涅的厄伯哈德《希腊语修习》问世。】Haase（45）误解为 1124 年。有关厄伯哈德对希腊语的无知，同上，15。据 Gasquet 的《论文集》，279，厄伯哈德在“坎特伯雷教科书”（约 1480 年）中充斥了 60 个页码的内容。康剌德・冯・穆耳在苏黎世写过一部《新希腊语修习》*Novus Graecismus*（1281），参看 Bursian，i 84 以下。

2 Thurot，118 注释 2。

3 《哲学概要》，453；上文第 594 页。

4 上文第 550 页，注释 10【译按，即中译本 768 页注释 5】；以及 Bäbler，172，175–178。

5 卷 1—15 的注疏，藏于剑桥大学图书馆，MS Kk. 3. 20。

6 《巴黎大学资料集》，iii 145。

所用，此人名作吕厚的鲁道夫 Ludolf of Luchow，写了一部论句式结构的著作，题为《群芳集》*Florista*，开篇首句作“Flores grammaticae propono scribere”【吾摘取了语法学的群芳，萃集于此著中】，这种做法在日耳曼、佛兰德斯与法兰西得到广泛采用[1]。即便是此前世纪散文体的语法书中，重要规则也总是写成诗歌口诀，以助记忆。在此第二阶段，出现在语法学家著作之抄本中的任何希腊词汇，被机械地复录，且常常遭到错讹辨认和谬误解释。拉丁语法终不再是教导世人如何正确讲说与书写拉丁语的技艺。现在它已成为一种纯粹的思辨学科了。

现代句法结构之学受惠于中古语法学家之处甚多。13 世纪有人写了一部完整体系的哲学化语法著作，此书得以在学校中维持了两个世纪的坚实地位。这部率先提出这种语法哲学的著作，题为《论表意模式》*De Modis Significandi*，宣传此学说的教师被称为“模式派”Modistae。其作者曾被认为是 13 世纪的托马斯・阿奎那或爱尔福特的托马斯或“苏格兰人”邓斯[2]，甚而以为是 14 世纪萨克森的阿尔伯特。此书的主题催生出若干种注疏本，还有如上文提及马拜的米歇尔所著的参考手册。这些手册遭 669
到了早期人文主义者们的驳斥，因为其中有关拉丁语知识的章节粗鄙不学，充斥了混乱无度的定义，并且其间的分别极难分辨[3]；而其中有用的

1 《群芳集》与帕皮亚斯、育古齐奥、“模式派学人”米歇尔及约翰・德・加兰迪亚都受到伊拉斯谟的讽刺，见所著《塔利亚女神与粗蛮女之论争》*Conflictus Thaliae et Barbariei*，第二幕，《作品集》，i 892；参看拉伯雷，i 14（《剑桥古典与圣教语文学学刊》，iv 6 注释）；又见伊拉斯谟，《书信集》，2，79，507，810，及 394（古丹努斯 Gudanus 致巴图斯 Battus），莱顿本。

2 上文第 599 页。

3 例如，伊拉斯谟，在他的《反对质野粗鄙之语言》*Antibarbarus* 中，即称米歇尔是一个 autor insulsissimus【最乏味无见识的作者】。

成分多被吸收到新的教科书中去了[1]。

中古语法学家们将拉丁语视为教会与学校所用的活语言，而正因是活语言，故而才同古典之标准背道而驰，愈行愈远。以拉丁通行本圣经和教父著作为基础，拉丁语的词汇量扩大了，其中混入了古人未识的事物名称，以及学校中由经院学者或语法学家所发明的专门术语。我们将“例证”instance[2]一词归为经院学者之新造，而将“实体”substantive（此用其常义，异于普理西安之用法[3]）归为语法学家之另创。塞内加[4]坦言抱怨自己只能用 quod est【译按，对应英语之“what it is”】来翻译 τὸ ὄν【译按，对应“the being”】，然而托马斯·阿奎那和“苏格兰人”邓斯便不会以为有如此之难，即使昆体良[5]想必也不会谴责他们使用 ens【物体】或 essentia【存在物】。（普理西安谓[6]）“若畏惧心阻止作家们采用任何新造词语，而这些词语又是由于物性或表达某种含义之欲求所必需的，perpetuis Latinitas angustiis damnata mansisset”【永恒的拉丁语言将会走向末路】。在句式结构的变化中，最常见者是以 quod 或 quia 取代了随同不定式的宾格形式，由 fore【sum 的将来时不定式】代替 esse【sum 的现在时不定式】来连接将来时分词，由宾格代替绝对夺格，并用 quatenus【为的是】表示 ut 的“目的性”含义。甚至语法学家们也严峻郑重地致力于维护

1 Haase，38–42，44 以下；Reichling 编订的亚历山大著作，pp. cvi–cx。

2 instantia 在布理丹处用以指 ἔνστασις，见其《亚里士多德形而上学疑义集》（Prantl，iv 35）；作为第二义表示“例证”，英语中所用未见早于 1586 年者。

3 verbum（非 nomen【名词】）substantivum【存在动词（而非实体名词）】常见于普理西安著作中。

4 《书简集》，58§7。

5 viii，3，33.

6 viii 92；参看 Paulsen，《德意志学校与大学由中古影响至现在的博学教育史》*Geschichte des gelehrten Unterrichts auf den deutschen Schulen und Universitäten vom Ausgang des Mittelalters bis zur Gegenwart*，i 42^2；Reichling，前揭，iv–vi。

ligitur Virgilium[1] 和 sillogizantem ponendum est terminos【三段论具有多项】[2] 这样的句式。12、13 世纪的经院拉丁语至 14 世纪开始衰退，而 13 670
世纪开始普及的亚里士多德著作译文中的拙劣风格无疑更加快了这股衰退的势头[3]。

一切技艺俱以语法学为门径，且可能只有通过“诸词类”的学问才能有所进益：qui nescit partes, in vanum tendit ad artes【不识诸词类者，在文科各艺中无所收获】[4]。但语法学毕竟只是组成中古学问日常课业的自由七艺之一门而已。它与逻辑学及修辞学组成 trivium【前三艺】，普通学生都要通此三门。假若想要更加精进，此三艺之后还有 quadrivium【后四艺】，

---

1 “对维吉尔有此一说”。Thurot，302 以下。

2 同上，307 以下。

3 参看 C. Thurot，《中古语法学说史相关各种拉丁文抄本之短评与摘录》*Notices et Extraits de Divers Manuscrits Latins pour servir à l'histoire des doctrines grammaticales au Moyen Âge*，在《短评与摘录》，xxii 2（1868），pp. 591，尤见 60–121，500–506；以及 V. Le Clerc，《14 世纪法兰西文学史》（1865），420 以下，426 以下；又见 F. Haase，《论中古语文学研究》（布雷斯劳，1856），以及《拉丁语言科学演讲录》*Vorlesungen über lateinische Sprachwissenschaft*（1874），i 12–14；Paulsen，《德意志学校与大学由中古影响至现在的博学教育史》（1884；第二版，1896），i 40–48²；Specht，《德国教育史》（1885），86–96；Eckstein，《拉丁语与希腊语教学》（1887），54 以下；Schmid，《教育史》，II i（1892）299，439；Salvioli 在《欧罗巴杂志》，xiv 732 以下；Gröber 的《纲要》，II i 251。拉丁语在德国的研究与使用，见论述于 Jakob Burckhard，《论日耳曼族所说之拉丁语》*De linguae latinae in Germania fatis*（2 卷，1713，增补，1721）。有关中古的语法学，参看 Bäbler 的《中世纪拉丁语法史论集》（1885）。

4 “Metrista”【诗歌】（Haase，44）；Buoncompagno（转见 Thurot，90），qui partes ignorat, se ad artes transferre non debet【不识诸词类者，无以获益于文科各门学问】。Reisch 的《哲理珠玉集》*Margarita Philosophica*（1504）中有一幅木刻版画，副本见于 Greiger 的《意大利与德国之文艺复兴与人文主义》*Renaissance und Humanismus in Italien und Deutschland*，499，以及 Reicke，《德国昔日诸学人》*Der Gelehrte in der deutschen Vergangenheit*（1900），Abb. 43，展示了一座塔楼之底门为语法学，文科诸艺的代表人物则分置于连续而上之各层，均立于窗前，而塔顶则是神学代表。

包括音乐学、算数学、几何学与天文学[1]。后来有拉丁文的对句诗，以两行便于记诵的文字对应着如上之分类来概述七艺，流传甚广，然其作者鲜有人知，即便其早期的传录者也不知是谁[2]，诗云：

> GRAM loquitur ; DIA vera docet ; RHET verba colorat ;
> MUS canit ; AR numerat ; GE ponderat ; AST colit astra.
> 【语法备言辞，论理授真知，修辞饰词色，
> 乐学演歌，算学知数，几何能测绘，天文识星辰。】

671 人文诸科与作家们的冲突

中古时期发生过一场论争，一方为马提安·卡帕剌之流所作贫瘠浅显的小册子代表的人文诸学科，一方为对古典著作家们本身的研究。文科之学被视为辅助之工具，不仅从属于圣经之研究[3]，更为理论化的神学之奴婢。在佛罗伦萨藏有一幅西班牙小礼拜堂的壁画，属于中古末期的艺术作品（约 1355 年），我们从中可看到托马斯·阿奎那头顶冠冕，列于诸先知与福音书作者中，其下方的附从位置安排着人文诸艺的人格化形象与代表人物[4]。不过，文科学问尽管从属于圣经研究，却被认为比古典作家研究远更重要。与后者相比，文科诸艺的普及性教材，尤其是逻辑学

---

1 尤其参看 G. Meier，《中古自由七艺》，埃因歇德伦，1886–1887；又见 Schmid，前揭，II i 439–448；以及 Specht，前揭，81–139。

2 方济各会中的一位苏格兰人，尼古劳斯·道贝卢斯 Nicolaus de Orbellis（Dorbellus），卒于 1455 年；出生及逝世之处俱在昂热，平生长居布瓦蒂耶。见其《逻辑全书》*Logicae Summula*, f. 3；Prantl，iv 175。

3 阿尔昆，ci 853，Migne 本；阿贝拉尔，ii 67，Cousin 本；索利兹伯瑞的约翰，《泛槎杂录》，373 以下，441–445，等处（Norden，《古代艺术散文》，680–684）。

4 Woltmann 与 Woermann，《绘画史》*History of Painting*，i fig. 128（英译本，p. 461）。

课本，被视作较为安全的读物：一个三段论或许会含有谬说，但至少不会沾染异教思想[1]。自 11 世纪初，在经院学者的影响下，巴黎诸**学校**成为逻辑学研究的大本营，13 世纪之始，我们看到巴黎**大学**的最早之校规只强调对柏拉图和亚里士多德的研究，而忽视全面的古典教育[2]。在12世纪的沙特尔，索利兹伯瑞的约翰就学的三年（1137—1140 年）期间感到这里仍存在一股趣好，存于伯纳德学生康舍的威廉，以及“主教”理查等人的思想中[3]。继伯纳德之后的几任校长，有布瓦蒂耶的吉尔贝（1126 年），及伯纳德幼弟忒奥多理克（1141—约 1150 至 1155 年），后者写作
了（约 1141 年）一部论自由七艺的巨著，结合了古今各种教科书加以论 672
说。语法学方面他引用过多纳图斯与普理西安，论理学方面他引述过亚里士多德与波爱修斯，修辞学引述过西塞罗，音乐学和算数学引述过波爱修斯，几何学引述过巴思的阿德拉尔（欧几里德著作之译者），以及弗隆提努斯和伊息多耳，天文学方面则引述过希津努斯和托勒密[4]。由此而言，书成于1134—1150年间[5]，这一点颇有意义，因那时伯纳德在沙特尔的影响力仍很强盛，而他的直系门人们正在此名校执教，其弟忒奥多理克继而成为“教师”及“校长”，教区之座堂西面外墙的右手门廊上装饰着自由七艺的形象，各科分别伴随着一位古代的人物，语法学是普理西

---

1 参看 Rashdall，i 36。神秘论者，圣维克多的雨果（卒于 1141 年）将古典作家们仅视为文科诸艺的一部“附录”，称前者为 ludicra【把戏】，后者则是 seria【严肃的】，Migne clxxvi 768（Norden，688 以下）。

2 同上书，i 71 以下。

3 上文第 537 页。

4 Clerval 教士，《中古沙特尔的学校》（1895），p. 222 以下（《七书》*Eptateuchon* 之纲目）。参看上文第 533 页注释 4【译按，即中译本 744 页注释 1】。

5 其年代为 Clerval 教士所鉴定，见《沙特尔导览》*Guide Chartrain*，7 以下。

安，论理学是亚里士多德，修辞学是西塞罗，音乐学是毕达哥拉斯，算数学是尼各马可 Nicomachus，几何学是欧几里德，天文学是托勒密[1]。

我们于此处或可注意到一点，虽则通行之教材俱是拉丁文的，这些
673 学科代表人物却俱是希腊权威。还须说明的是，波爱修斯曾占据忒奥多理克《七书》很大篇幅内容，却不见于这些造像之中。这些人像之年代约在1145年[2]，故可推知在教堂外部雕像中未曾体现出世人对波爱修斯的任何认知，或许是为了避免异端思想之嫌疑，1146—1148年[3]，沙特尔的校长、布瓦蒂耶的吉尔贝，就曾因注疏了归于波爱修斯名下的4卷本《论三位一体》而遭此罪责。但是上述人文各科的代表人物究竟为谁，虽说大体无误，却终究只是推测，并且这些音乐学、算数学与几何学的希腊权威代表人选毕竟是从波爱修斯处获得的。除克勒蒙的教区座堂外，唯有沙特尔之座堂亦是如此一处所在，其四周的艺术品缅怀着往昔古典世界的代表人物[4]。事实上，不只西面外壁有造像（1145年），北面的门廊上也有（1275年），彼处罗列着希波克拉底代表的医学，阿基米德代表的几何学，阿佩勒斯 Apelles 代表的绘画，亚里士多德代表的哲学[5]。

---

1 图版见于 Viollet-le-Duc,《法兰西建筑分析词典》,“人文学科” Arts Libéraux 词条，以及 E. Mâle,《13世纪宗教艺术》(1898)，117。其构想借鉴的是马提安·卡帕剌（上文第243页）。其他表现过自由七艺的座堂（年代俱晚于沙特尔，且未伴随有古典人物），见于拉翁与森斯（12世纪）、奥塞尔（13世纪末）、鲁昂及苏瓦松。在克勒蒙，亚里士多德、西塞罗与毕塔革剌斯为相应人文学科之代表，但学科本身则无人格化形象。拉翁与森斯的哲学之像，按照波爱修斯《哲学的慰藉》，i 1 所描述的内容为模型（Mâle，pp. 122–125，概述见102–121）。《欢乐园》中表现的自由七艺，见上文第559页之图版。

2 W. Vöge,《中古的纪念碑风格之创始》*Die Anfänge des monumentalen Stils im Mittelalter*（1894），pp. 118–123，156；E. Mâle，119。

3 Poole，179–191.

4 Mâle，121，426以下。

5 图版见于 Viollet-le-Duc，ii 8–9。

图 24　语法学与普理西安

出自沙特尔大教堂（Viollet-le-Duc,《法兰西建筑分析词典》, ii 2）

幸有沙特尔学校（如我们前文已见）[1]，方成就了索利兹伯瑞的约翰卓绝的拉丁文风及对古典著作的全面兴趣。他本人评价起师从伯纳德诸弟子以来的岁月，却颇有怅憾之辞：“投入于**语法学**的时间与精力较少，彼等人士传授一切技艺，包括人文学科与实用技术【译按，中古西方有实用七术 Seven Mechanical Arts 之说（所包括内容说法不一，大体有纺织、冶金、航海、农耕、狩猎、医药、表演、格斗诸业），与自由七艺相对】，却对**基础之技艺**无甚用心，不晓得无此基础则其他之努力俱是白费。其他研究固可推助学识，然语法学乃是使人具有修养的不二法门。”[2]伯纳德所发轫的古典教育
674 之结果，亦体现于旧传布鲁瓦的彼得（约 1140—1212 年）所作的书信集中[3]。那些书信的真实作者可能曾在都尔就学[4]，在巴黎跟随索利兹伯瑞的约翰研究神学[5]，晚年在沙特尔定居[6]。有一封书信中，作者疑惑于一名学生不懂语法学，也未读过古典作家的书，竟全心钻研逻辑学之幽微，“根本没有治学的基础”[7]。同样，“威尔士人”杰剌德在晚年（约1220年）的著作中，也要求每一位追求谈吐不仅 recte【准确】，而且 lepide【典雅】之人，在学习前三艺之余，也要接受古典作家的熏陶[8]。

---

1 第 517—522 页。

2 《逻辑述原》，i 27（Poole，122 以下）。

3 上文第 542 页。

4 《书信集》，12。

5 《书信集》，26；参看 1，22，以及《约伯记注疏》，iii 26 末尾，Giles 本。

6 《书信集》，49。

7 《书信集》，101，如《巴黎大学资料集》，i 27 以下所刊，grammaticae et auctorum scientia praetermissa volavit ad versutias logicorum ... non est in talibus fundamentum scientiae litteralis, multisque perniciosa est ista subtilitas【不知语法学与诸古典作家，便直接去钻研逻辑学的幽微玄奥……如此便不具有治学的根基，这等质野粗疏对他实在大有害处】。

8 《教会镜览》的“前言”*Prooemium*，存录于 Anthony Wood 著作中，见引于 Brewer 的编订本，iv 7。参看上文第 544 页。

自 12 世纪以降，拉丁诗歌格律在法国发生了明显的改进。在旺多姆的马修诗作中，可见到以斯塔提乌斯、卢坎、奥维德及提布卢斯和普罗珀提乌斯为典范，对之悉心揣摩[1]。还有中古拉丁诗人中最杰出的代表，都尔的大主教希尔德贝，他效仿的对象是维吉尔、贺拉斯、讽歌体诸诗人及马提阿尔[2]。

奥尔良

在中古时期的古典学术史中，发生于巴黎与奥尔良 Orieans 学校之间的论争具有重要地位[3]。奥尔良的学校兴建于查理大帝时代，创办人是奥尔良的主教忒奥都耳福，他对古典文学的熟稔，可由其诗作《题咏吾常展读之书》*de libris quos legere solebam* 得以证明[4]。 675
古典传统在奥尔良得以延续，继而在邻近的弗勒律[5]与沙特尔诸学校有进一步的发展。奥尔良的学校在 11、12 世纪里诞生了一批学术人物。特别是到了 12、13 世纪，拉丁文的书信写作技艺在奥尔良及其毗邻诸城市兴盛起来。此等技艺在 13 世纪里竟是流行如此之广，以致要剥夺前一世纪那些知名人士所获得的声誉[6]。古典风格的创作成就之孕育于奥尔良，可由下述之事实

---

1 上文第 552 页。

2 上文第 551 页。他的《道德哲学》*Moralis Philosophia*（Migne 本，clxxi）满是援自古典作家的引文。

3 Delisle 在《法国历史学会年度通报》*Annuaire Bulletin de la Société de l'Histoire de France*，vii（1869），139–154；Antoine de Foulques de Villaret 女士，《奥尔良考古学会论丛》*Mémoires de la Société archéologique de l'Orléanais*，xiv（1875）299–440；Norden，724 以下；Rashdall，ii 136–138。

4 i 543，Dümmler 本。

5 Cuissard Gaucheron 在《奥尔良考古学会论丛》，xiv（1875），551–715。卢瓦尔河畔的圣拜努瓦 St Benoît-sur-Loire 之大修道院教堂，至今还完整保存着弗勒律之名校的建筑群。所藏之抄本在 1562 年散佚流失。

6 N. Valois，《论中古高卢作家的书信写作技艺》*De Arte Scribendi Epistolas apud Gallicos Medii Aevi Scriptores*（1880），24，28 以下，39 以下，43。参看 Gröber 的《纲要》，II i 252。有关伯纳德・席尔维斯特的《讲义汇录》（约 1153 年），见上文第 534 页。有关中古书信写作的 formulae【规范格式】，参看 Langlois，《短评与摘录》，xxxiv–v，及 C. H. Hasktins，在《美国历史学评论》，iii 203 以下。

证明，即1159—1185年中的三位教皇文书（这几人中有的还是拉丁文诗人，及奥维德与卢坎的注疏者[1]），俱产生于此地之学校。英国有一位活跃于1200年前后的拉丁诗家，将奥尔良视为一所文学的（字面原意是“作家”的）学校，与分别作为医学、法学和逻辑学之学校的萨勒诺、博洛尼亚和巴黎并驾齐驱[2]。尽管奥尔良学校遭到维耶丢的亚历山大[3]攻讦，该校产生的诸位拉丁诗人却得到了两位英伦诗人亚历山大·纳坎[4]和约翰·德·加兰迪亚[5]的称赏。甚至在巴黎风头炽盛、沙特尔学校走向
676 衰落时，奥尔良的古典传统仍至少保持到13世纪中叶[6]。在那个世纪里，此校在与索邦的竞争中产生出新的兴趣。过去，奥尔良一直忽视哲学研究，唯重视通过对古典作家，尤其是维吉尔与卢坎的研究来实现文体的纯正。**作家**之学盛于奥尔良，**技艺**之学则是巴黎的擅场[7]。这种对比鲜明地体现于12、13世纪的某些拉丁诗歌中[8]。更为生动的证据，则体现在

---

1 作为书信写作技艺的模仿对象，学生需要维吉尔、卢坎著作的注疏集。奥尔良的“红发”阿尔努 Arnoul le Roux（约12世纪）有一部奥维德著作的词语汇释。

2 “葡萄培育家”杰弗瑞，《新诗学》，1009以下，以及 Delisle、Reichling（《日耳曼教育学文库》，XII p. xxxvii 以下）所引其他段落，还有 Norden，727以下。参看上文第548页。

3 《教会时令录》*Ecclesiale*，前言。

4 《物性论》，p. 454，Wright 本。

5 《布道讲术》*Ars Lectoria Ecclesiae*（1234），Delisle，前揭，p. 145。

6 Rashdall，ii 138.

7 1254年的校规指定了亚里士多德及多纳图斯、波爱修斯与普理西安的部分著作，却没有提及任何拉丁经典。

8 见引于 Delisle 前揭著作；其他文献则补充了一段文字，出自博学的僧侣，希利南 Hélinand，在1229年于图卢兹发表的讲论：“ecce quaerunt clerici Parisiis artes liberales, Aurelianis auctores, Bononiae codices, Salerni pyxides, Toleti daemones, et nusquam mores.”【呜呼，那些神父在巴黎推崇的是文科诸艺，在奥尔良讲究的是古代诸家，在博洛尼亚摆弄的是手抄本，在萨勒诺经营的是药膏匣，在托莱多寻访的是妖魔术，没人追求道德操守了。】（《布道集》，2，“向主攀升”*In Ascensum Domini*）

亨利·丹德雷写于当时的诗作《七艺之战》中[1]，这位作者1259年在鲁昂的身份兼为magister【塾师】及clericus【神父】[2]。巴黎的哲学研究与奥尔良的文学培养，特别是诗歌文学修养之间的矛盾，在这部诗中表现为逻辑学与语法学两支军队间的战争。相关之片段不乏趣致可言，后世有斯威夫特《书之战争》（1697年）更为人知，而此诗则堪称其先声。不妨略述如次：

“语法学”在奥尔良城墙前展开旗帜，号召她的全体军士准备厮杀。麾下集合了“荷马”【译按，想必是指拉丁译文中的荷马】、克劳狄安、珀息乌斯、多纳图斯与普理西安，还有众多的骑士与扈从。旋即又有奥尔良本地诸首领前来加盟，遂一同起兵向巴黎进发。“逻辑学”听闻大军压境，不免恐慌。她从图尔奈Tournai等处唤来救兵，并在一辆战车上安排了她的三名卫士，俱是精通一切人文科艺之人。此时，“修辞学”带领着伦巴第骑士[3]在巴黎城外6古里处扎下营寨[4]，其他数种学科技艺加盟了她的军队：“医学”“外科学”“音乐学”“天文学”“算数学”与“几何学”，而独有“神学”在巴黎城中保持孤立。城中卫士有柏拉图和亚里士多德。多纳图斯先挑战柏拉图。同时亚里士多德挑战普理西安，却被击落马下，他继而徒步抗击语法将，即普理西安（此人得他近世“甥 677

1 Gröber的《纲要》，II i 820。Gaston Paris将此诗置于“接近13世纪下半叶之前期vers le tiers du xiiie siecle【译按，指1250—1275年间】”（《中古法国文学》，§110），或谓在1236年之后（《罗曼语研究》，xi 141）。

2 鲁昂大主教厄德·里戈Eude Rigaud所作《游历纪闻》*Registrum Visitationum*，p. 334，引于Héron，1880年编订本。

3 见下文第677页注释3【译按，即中译本934页注释3】。

4 蒙特莱里Mont-l'Héri【译按，即今之Montlhéry，在巴黎南方，相距约26公里】。

侄”亚历山大与厄伯哈德所助），但此后亚里士多德不但受到普理西安的攻击，还要与维吉尔、贺拉斯、卢坎、斯塔提乌斯、珀息乌斯、玉万纳尔、普罗珀提乌斯、塞都琉斯、阿剌托尔、泰伦斯及“荷马”对战，要不是“逻辑学”与《工具论》《物理学》《伦理学》之化身，以及波弗里、马克罗比乌斯和波爱修斯前来营救，亚里士多德险些就要投降了。“俚野君”Dan Barbarime 虽身为“语法学”的邑臣，却起兵来反击她，因为他也拥有了“逻辑学”治下的一片领地。战事愈发激烈，作家们发现自身难以支撑局面，不过奥维德与塞内加匆匆前来助阵，随行而来者乃近世诸诗家，其中有让·德·奥维耶与里尔的阿兰[1]。“逻辑学”终究被迫撤至“修辞学”与“天文学”所据守的堡垒中去，在那儿又受到“语法学”大军的围攻，终于“逻辑学”派出了一名使节，不幸此人对语言规则所知甚少，以致他不能讲清楚所要传递的信息，遂只好无功而返。这时，“天文学”向敌军投掷雷电，引得营帐起火、阵脚大乱。从此之后，司诗歌的缪斯女神在奥尔良与布鲁瓦之间的某地被灼伤双目而失明，再也不敢在她的冤家对头“逻辑学”统治的地盘上现身。但司诗缪斯仍受到不列颠和日耳曼民族的尊崇[2]，而伦巴第人则对她怀恨在心[3]。“此战延续了三十年”（诗人说），“但下一代人还会再次倾心于‘语法学’的。与此同时，我宣布，凡不能分析文章句法的学者都是妄人，因为不论什么

---

1 仅分别以其诗作题目《阿尔基特伦》与《反克劳狄安》标识其人（上文第 546、553 页）。同样，沙提雍的高提耶由“geta ducis Macidum”彰显身份，一位此诗文本的编订者，曾两度避免将之纠正为“Gesta ducis Macedum”【马其顿领袖之事迹】，即《亚历山大大帝之歌》开篇首句文字（上文第 552 页）。

2 原文作 Li Breton et li Alemant。d'Aussy 在注释中说是指“英国人”，言下意即与布列塔尼人 Bretons 无关。在 l. 404 处，诗人采用了更为明确的“l'Englois”来暗指小桥的亚当。

3 指法国境内的伦巴第高利贷者，他们作为痛恨诗歌缪斯的代表，只因其向诗人们讨债。

学科，谁不能将文辞修饰完备，他必定就是个最稚嫩的学童”[1]。

在1300年之前，奥尔良的文词学校已在巴黎教育自由七艺的诸学校面前相形见绌了，故独有法学研究得以保存下来[2]。但是14世纪见证了上文这位诗人有关学术复兴的预言，这场复兴运动的发源地，不是在法兰西、日耳曼或英格兰，而是在意大利北方，世纪之初，在那里升起了文艺复兴运动的晨星，此人即是彼特拉克。 678

---

1 Quar en toute Science est gars,

Mestres, qui n'entent bien ses pars.【盖因不长于词令的师傅，在任何学科上都只能算是学童。】

文本见于Jubinal编订的鲁特贝弗Rutebeuf著作ii之附录（1839），415–435及iii（1875），325–347；亦见于《亨利·丹德雷作品集》*Œuvres de Henri d'Andeli*，此系Héron缺乏见解的编订本，鲁昂，1880（评论见于《罗曼语研究》，xi 137–144）；概述见于Legrand d'Aussy在《短评与摘录》，v（1800）496–512，及Norden，728–731。参看Augustin，《亨利·丹德雷作品研究》*Untersuchungen über die Werke Henris d'Andeli*，马尔堡，1886，尤其参看L. J. Paetow修订及翻译的《七艺之战》*The Battle of the Seven Arts*，附有两部抄本的摹本，见于《加州大学论丛》*Memoirs of the University of California*，柏克莱，1914。

2 V. Le Clerc，《14世纪法兰西文学史》，278[2]；Rashdall，ii 138以下；相关概述，见L. J. Paetow，《中古大学的文科课程，以语法学和修辞学为中心》*The Arts Course at Medieval Universities with special reference to Grammar and Rhetoric*，香巴尼Champaign，伊利诺斯州（1910），计134页，展现了“主要在彼特拉克之前的一个世纪里，语言文学之研究遭受冷落的过程与原因”。

图录说明

图 1. 雅典之学校的诸种情景，西元前 5 世纪初期，出自多理斯创作的一只高脚浅底杯上的红图黑底瓶画，1872 年发现于凯伊剌，今藏于柏林古物馆中（no. 2285）。部分根据《通讯社古物集成》，ix（1873 年），pl. 54 的大幅彩色复本、部分根据《考古学消息》，xxxi（1874 年），1—14 中的石版轮廓小图翻印而成。中心图案见自杯内，其余见自杯外。

图 2. 朗读中的诵人。出自武耳奇地方的双耳陶瓶。大英博物馆藏。

图 3. 出自阿里斯托芬著作的拉文纳抄本（11 世纪）。

图 4. 出自亚里士多德《修辞学》与《诗学》的巴黎抄本 A^c（11 世纪）。

图 5. 出自现存最早的柏拉图《斐多篇》抄本；佩特里发现的莎草纸文献，大英博物馆藏。

图 6. 亚历山大大帝像；见于色雷斯国王利西麦克斯所发行的 4 德拉克马银币上。大英博物馆藏。

图 7. 亚历山大里亚图书馆的创建者托勒密一世与二世像；见于托勒密二世和雅希娜二世发行的 8 德拉克马金币上。大英博物馆藏。

图 8. 帕迦马图书馆的创建者攸美尼斯二世像，见于 4 德拉克马银币上。大英博物馆藏。

图 9. 出自圣高尔藏本第 1394 号的维吉尔著作，圣高尔藏。

图 10. 出自洛伦佐抄本之 XLVI 7 的昆体良著作（10 世纪）。佛罗伦

萨，洛伦佐图书馆藏。

图 11. 出自洛伦佐抄本之 LXIII 19 的李维著作（10 世纪）。佛罗伦萨，洛伦佐图书馆藏。

图 12. 出自卡西诺山的圣经注疏，誊录于西元 569 年之前【译按，此处及下文，引 Thompson《古文书法手册》，都误作西元前 569 年，据 Thompson 原书更正】。卡西诺山藏。

图 13. 出自巴黎抄本（西元 914 年）的亚历山大里亚的克莱芒著作。巴黎，国家图书馆藏。

图 14. 出自某学生誊录波弗利的亚里士多德《范畴篇》之导论的亚美尼亚人大卫注疏集巴黎抄本（西元 1223 年）。巴黎，国家图书馆藏。

图 15. 饱蠹楼馆藏本，柏拉图最后一篇对话录的开首（西元 895 年）。由莱顿摹本的一幅照片翻印而成，原本藏于牛津，饱蠹楼图书馆。

图 16. 曼纽尔·莫斯考普卢斯所编撰的赫西俄德《农功与时日》会注篇末，由德米特理乌斯·特理刻林纽斯录成副本，完成于 *ἰνδικτιῶνος ιδ', ἔτους, ϛωκδ'*（拜占庭纪年的 6824 A. M.【译按，为 Anno Mundi（世界纪年）的简写，其元年为西元前 5509 年 9 月 1 日至 5508 年 8 月 31 日，为创世之时】= 西元 1316 年）的 8 月 20 日。威尼斯，圣马可图书馆 Biblioteca Marciana 藏。

图 17. 出自剑桥大学馆藏抄本（11 世纪）埃尔弗理克的拉丁语法书。依据剑桥大学图书馆的原本拍摄之照片翻印而成。

图 18. 见于坎特伯雷基督教会堂的书写笔迹选样（约 1070—1084 年），出自一部《教令集》与《教规集》抄本的接近篇末之处，由兰弗朗购自贝克修道院，并转赠予坎特伯雷的基督教会基督教会堂。两个选本的第一部分，几乎可确定是兰弗朗亲笔书写的：Hunc librum dato precio emptum ego Lanfrancus archiepicopus de Beccensi cenobio in

Anglicam terram deferri feci et Ecclesiae Christi dedi. Si quis eum de iure praefatae Ecclesiae abstulerit, anathema sit【此书由大主教兰弗朗自贝克修道院购得，带至英国，并授予当地之基督教会。若有人触犯上述教会法令，当领受破门之罪罚】。第二部分样本是敌对教皇“克莱芒三世”Clement III（1084—1101 年）写给兰弗朗五封书信的第一封，起始处谓 Clemens episcopus, servus servorum Dei, Lanfranco Cantuarberiensi archiepiscopo salutem et apostolicam benedictionem【上帝众仆之仆，主教克莱芒，向坎特伯雷大主教兰弗朗致以问候和教皇的祝福】，结尾作 omnesque coepiscopos Romanae Ecclesiae studio sanctitatis fraterne hortare【君将受到罗马教会所有主教同侪们神圣热忱的爱戴】（第 4 行中，exoptamus 后必有一 lacuna【阙文】）。根据剑桥三一学院图书馆藏的原本之照片翻印而成。

图 19. 出自索利兹伯瑞的约翰著《王庭琐记》与《逻辑述原》之抄本（1159 年），之前为贝凯特所有。根据剑桥圣体学院图书馆藏原本之照片翻印而成。

图 20. 哲学与文科诸艺，反对诗人。出自兰茨堡的赫剌德（卒于 1195 年）的《欢乐园》，1870 年被毁于斯特拉斯堡。题词如下——外环上：Haec exercicia quae mundi philosophia | investigavit, investigata notavit, | scripto firmavit et alumnis insinuavit. || Septem per studia docet artes philosophia. | Haec elementorum scrutatur et abdita rerum.【此域研究世俗之哲学，并记录成果、著作书籍、教授学生。七科均借重于哲学。精进探微，此为基始。】在内环上: Arte regens omnia quae sunt ego philosophia | subjectas artes in septem divido partes.【吾，哲学，乃驾驭万事之学科也，下分七支。译按，原图文字分明是 dia 而非 omnia，可译成“(统御) 天宇”。】自由七艺之上:（“语法学”持 scopae【教鞭】）Per me quivis discit, vox, littera, syllaba, quid sit.【通过我，你得知语音、字母以及音节。】（“修辞学”持 stilus【尖笔】和 tabula【书写板】）Causarum vires per me, rhetor alme, requires.【富有经验的演说家，通过我，你将去探询事物的根本原因。】（“论理学”持 caput canis【狗头】）Argumenta sino concurrere more canino.【我令论辩如猎犬（紧追不放）。】（“音乐学”持 organistrum【双人摇弦琴。译按，出现于西班牙北部】、cithara【齐塔拉琴。译按，见第三章】及 lira【里拉琴。译按，最早见于 9 世纪的拜占庭】）Musica sum late doctrix artis variate.【吾乃音乐，司掌的技艺广博又多样。】（“算数学”【译按，持计数之绳结】）Ex numeris consto, quorum discrimina monstro.【我司数字，标识其分别。】（“几何学”【译按，持直尺及圆规】）Terre mensuras per multas dirigo curas.【我精于测量土地之尺寸。】（“天文学”【译按，持一圆盒，手指星辰】）Ex astris nomen traho, per que discitur omen.【吾得名于星辰，可由它们而获知征兆。】内环之上半部："哲学"，她戴有“伦理学”“逻辑学”“物理学”的三重冠，展示一绶带，题词为：Omnis sapientia a Domino Deo est ; soli quod desiderant facere possunt sapientes.【一切的智慧来自主上帝（译按，出自次经中的《便西拉书》*Sirach*，1：1）；只要拥有智慧，便能随心所欲（译按，出自波爱修斯《哲学的慰藉》，iv，第 2 节散文部分末尾引述柏拉图语）。】其下文字为：Septem fontes sapientie fluunt de philosophia, quae dicuntur liberales artes. Spiritus Sanctus inventor est septem liberalium artium, quae sunt Grammatica, Rhetorica, Dialetica, Musica, Arithmetica, Geometria, Astronomia.【自哲学分流出七门科艺，被称作“自由七艺”，分别是语法学、修辞学、论理学、音乐学、算数学、几何学、天文学，圣灵是它们的缔造者。】此内环之下半部，苏格拉底与柏拉图背后有 philosophi【哲学家】字样，上方一行字：Naturam universae rei quem docuit philosophia.【哲学传授的是万物之本质。】苏格拉底左方：Philosophi primum Ethica, postea Physicae, deinde Rhetoricam docuerunt.【哲学家所传授者，首先是伦理学，其次为物理学，再者为修辞学。】而柏拉图右方则是：Philosophi sapientes mundi et gentium clerici fuerunt.【哲学家乃俗世的智者、异教的神父。】两环外围之下方，有四位 Poëtae vel Magi【诗人或术士】，spiritu immundo instincti【受不洁灵魂之激奋】，下面还有一段说明：Isti immundis spiritibus inspirati scribunt artem magicam et poetriam i.e. fabulosa commenta.【这些不洁的灵魂，著述关乎巫术与诗艺，即所谓“臆想之说”。】

图 21. 比萨圣凯特琳娜 Caterina 教堂中的祭坛背景画，由弗朗西斯哥·特赖尼 Francesco Traini 创作（1345 年）。自“荣光中的基督”处，分别射出一束单独的光来，各自照在摩西、圣保罗及四位福音书作者的肖像上，六人在此被表现作俯身于天上状，且各持写字板，所书之内容出自圣经中以各人名号为题的部分。这些人物所发出的光线，以及来自“荣光中的基督”的三束，看起来是一齐降至呈坐像的圣托马斯·阿奎那之头部，此人展示了一部打开的书，上有他《反异教大全》*Summa contra Gentiles* 开篇部分的文字：Veritatem meditabitur guttur meum, et labia mea detestabuntur impium【我的口要发出真理，我的嘴憎恶邪恶】(《箴言》，viii 7)，而他的其余著作则置于膝头。据瓦萨理 Vasari 所言，此像摹绘自佛萨诺瓦 Fossanuova 修道院（在特剌齐纳 Terracina 以北）借出的一幅肖像画，1274 年托马斯·阿奎那逝世于此地。另外两束光线，一左一右，来自站于两旁的亚里士多德和柏拉图所持之书册，瓦萨理以为分别代表着《伦理学》与《蒂迈欧篇》。还有一束光线，并非烛照之明光，而是驳斥之闪电，自《反异教大全》中落下，击中摊在地上的一部书籍的页边，旁边为作挣扎状的作者，阿威罗伊。圣托马斯的众多著作中也发射出许多光线来，降于下方两群怀有钦佩和敬慕之情的多明我会教士身上。在

原图上可辨读出左面这些光束中的文字是: hic adinvenit omnem viam disciplinae【他在此发现了完整的修行之路】(《巴鲁书》*Baruch*，iii 32)，右面则是: doctor gentium in fide et veritate【外邦人的师傅，教导他们相信，学习真道】(《提摩太前书》，ii 7)。参看瓦萨理《最杰出的画家、雕塑家与建筑家列传》*Le Vite delle più eccellenti pittori, scultori, ed architettori*，“奥嘉尼亚 Orgagna 传”，篇末，米兰涅西 Milanesi 编订本，i 612；罗西尼 Rosini，《意大利文物所见之绘画史》*Storia della pittura italiana esposta coi monumenti*（1840 年），ii 86 以下，93；勒南 Renan，《阿威罗伊与阿威罗伊主义》*Averroès et l'averroïsme*，305—308[4]；赫特内尔 Hettner，《意大利研究》*Italienische Studien*（1879 年），102—108；以及沃尔特曼 Woltmann 与维埃尔曼 Woermann，《绘画史》*History of Painting*，英译本，i 459。

图 22. 普洛刻卢斯《神学原理》的题记。出自一部 13 世纪的抄本，誊录了麦耳比克的威廉之译文，完成于维特波，时在 1268 年 5 月 18 日。Procli Dyadochi Lycii, Platonici philosophi, elementatio theologica explicit capitulis 211. Completa fuit translatio hujus operis Viterbii a Domini M°C°C° sexagesimo octauo.【柏拉图哲学的“继任代理人”，普洛刻卢斯·吕凯乌斯之《神学原理》，凡释义命题 211 条。对此著作的译本今已完成于维特波，时在 1268 年。】根据剑桥彼得豪斯学院图书馆原本的照片翻印而成。

图 23. 圣奥耳班的修道院长西门，坐于他的书橱前，出自大英博物馆的科顿家藏抄本。

图 24. 语法学与普理西安，出自沙特尔大教堂西面外墙的右手门径之装饰，为自由七艺及其各自古代代表人物的形象之一。

有关某些图片来源，见诸图下文字说明。

参考书目

下列书目仅限于本卷最频繁引述的参考著作，有时仅标注作者姓名，或存其题目之简写，并未妄图成为此主题或其任一分支下完整的文献目录。全部主要问题的最主要之权威意见，征引于注释中，体例如第524、667页。总体之文献学方面，最好的参考书为休柏纳 Hübner 的著作，故被置于书目之首。1889年以后的文献，可依据其他资料来源加以增补，诸如布尔西安 Bursian 的《古典学发展年刊》*Jahresbericht über die Fortschritte der klassischen Altertumswissenschaft*、《古典语文学丛刊》*Bibliotheca Philologica Classica*，以及欧洲或美利坚合众国的主要古典学期刊中的摘要。

Hübner, E.，《古典文物科学研究文献学：有关古典语文学之历史与百科全书的讲演纲要》*Bibliographie der klassischen Altertumswissenschaft, Grundriss zu Vorlesungen über die Geschichte und Encyklopädie der klassischen Philologie*，第2版，八开本，柏林，1889。

关于雅典、亚历山大里亚或罗马时期——

Christ, W.，《希腊文学史，止于查士丁尼帝时代》*Geschichte der griechischen Litteratur bis auf die Zeit Justinians*（18891，18902，18983，19054）[参考的内容是第4版诸章节，这些部分与第3版相同]，第5版，1319页；1908—

1913；第 6 版，1912—　；大八开本，慕尼黑。

Croiset，《希腊文学史》*Histoire de la Littérature Grecque*，5 卷（1887—1899），尤其是 vol V pp. 1–314（亚历山大里亚时期），由 Alfred Croiset 撰写；以及 pp. 315–1067（罗马时期），由 Maurice Croicet 撰写；八开本，巴黎，1899。

Egger, É，《希腊文学批评史论》*Essai sur l'Histoire de la Critique chez les Grecs*（1849）；第 3 版，588 页；小八开本，1887。

Gräfenhan，A，《古代的古典语文学史》*Geschichte der klassischen Philologie im Alterthum*，截至西元 400 年；4 卷，1909 页；大八开本，波恩，1843—1850。

Nettleship, H.，（1）《讲演录与文集，以拉丁文学与学术为题》*Lectures and Essays on subjects connected with Latin Literature and Scholarship*，381 页；（2）《讲演录与文集》，269 页；王冠纸【译按，Crown，15×20 英寸】八开本，牛津，1885—1895。

Saintsbury, G.，（1）《欧洲批评与文学品鉴史，自最古之文本至今》*A History of Criticism and Literary Taste in Europe from the earliest texts to the present day*，卷 1，xv+499 页（古典与中古之批评）；八开本，爱丁堡与伦敦，1900。（2）《批评资料辑录》*Loci Critici*，439 页，波士顿，1903。

Schanz, M.，《罗马文学史，止于查士丁尼帝的法学著作》*Geschichte der römischen Litteratur bis zum Gesetzgebungswerk des Kaisers Justinian*，part i–ii 有 3 版，凡 4 卷，part iii 有 2 版，part iv 之前半部有 1 版，大八开本，截至圣杰罗姆（卒于 420 年）。慕尼黑，1890—1904；后由 Hosius 与 Krüger 续完，1920。

Steinthal, H.，《希腊与罗马语言学史》*Geschichte der Sprachwissenschaft bei den*

Griechen und Römern（1863），2 卷，八开本；第 2 版，柏林，1890—1891。

Susemihl，《亚历山大里亚时期的希腊文学史》*Geschichte der griechischen Litteratur in der Alexandrinerzeit*，2 卷，八开本，907+771 页；莱比锡，1891—1892。

Teuffel, W. S.，《罗马文学史》*History of Roman Literature*（至约西元 800 年），经由 L. Schwabe 校订并扩充，由 G. C. W. Warr 根据德文第 5 版（1890）译出，2 卷，八开本，577+615 页；伦敦与剑桥，1900；德文第 6 版，由 W. Kroll 与 F. Skutsch 校订，莱比锡，分作 3 卷，1913 年完成。

关于中古时期——

Bursian, C.，《德国古典语文学史》*Geschichte der klassischen Philologie in Deutschland*，2 卷，八开本，卷 1，1—90 页，慕尼黑，1883。

Cramer, <Joannes> Fredericus，《中古希腊语研究》*De Graecis Medii Aevi Studiis*，亦即《西方世界的希腊语研究》*De Graecis per Occidentem Studiis*，（1）“至查理大帝时代” *usque ad Carolum Magnum*，44 页；（2）“至朝觐圣地时代” *usque ad expeditiones in Terram Sanctam susceptas*，65 页（这两部分页数相合便是全本之页数），小四开本活页册子，Sundiae（斯特拉尔松 Stralsund），1849—1853。

Ebert, A.，《西方中古文学史，止于 11 世纪初》*Geschichte der Litteratur des Mittelalters im Abendlande bis zum Beginne des XI Jahrhunderts*；3 卷，八开本，1874—1887；卷 1 有第 2 版，莱比锡，1889。

Gaspary, A.，《意大利文学史》*History of Italian Literature*，i–xi 章（至但丁逝世），H. Oelsner 之英译本，1—49 页部分对 4—13 世纪的意大利中古拉丁文学有一简要概述，王冠纸八开本，伦敦，1901【译按，此文献在本卷第3版中未见直接征引】。

Gidel, C.,“欧洲的希腊文研究”*Les Études grecques en Europe*（4世纪—1453年），见于《近代希腊文学新探》*Nouvelles Études sur la littérature Grecque moderne* 的1—289页，八开本，巴黎，1878。

Gradenigo, G.,《有关希腊—意大利文献的历史与考辨评论》*Ragionamento istorico-critico intorno alla letteratura greco-italiana*，176页，八开本，布雷西亚，1759。

Graf, Arturo,《中古时代记忆和想象中的罗马》*Roma nella Memoria e nelle Immaginazioni del Medio Evo*，2卷，小八开本，尤其是vol. II 153–367（第629—650页的注释中多有援引），托里诺，1882—1883。

Gröber, G.,《罗曼语语文学纲要》*Grundriss der romanischen Philologie*，其vol. II i 97—432部分查看了西元550—1350年间的中古拉丁文学，分成3个时代，（1）西元550—800年间，文学衰落时代（101—118页）;（2）800—1000年间，教会世界的文艺复兴时代（118—181页）;（3）1000—1350年间，中古拉丁文学的黄金时代；大八开本，斯特拉斯堡，1902。

Hauréau, B.,《经院哲学史》*Histoire de la Philosophie Scolastique*（1850）；第2版，vol. I及II（有part i与ii），八开本，巴黎，1872—1880。

Heeren,《中古古典文学史》*Geschichte der classischen Litteratur im Mittelalter*，2卷，小八开本; vol. I，Book i，10—170页（约西元330—900年）；Book ii，171—376页（西元900—1400年），哥廷根，1822。

《法兰西文学史》*Histoire Litéraire de la France*，初期由圣茅尔公会的本笃会教士在圣日耳曼德佩区创办（I—XII卷，1733—1763）；继而改作《法兰西文学史》*Histoire Littéraire de la France*（XIII—XXXII卷，1814—1898），

由法兰西学会【译按，Institut de France 乃是法国最高学术权威机构，历史更悠久的法兰西学院后成为其下属单位】经手。（Victor Le Clerc 对 14 世纪的研究，收入 vol. XXIV 1–602，引述时采用的是 1865 年的八开单行本。）四开本，巴黎，1733—1898。

Jourdain, Amable,《亚里士多德著作拉丁文译本年代渊源之查考，以及经院学者所用希腊或阿拉伯文注疏集之研究》*Recherches critiques sur l'âge et l'origine des traductions latines d'Aristote, et sur les commentaires grecs ou arabs employés par les docteurs scolastiques*（1819）；第 2 版（Charles Jourdain），八开本，巴黎，1843。

Körting, G.,《意大利文艺复兴之文学的兴起》*Die Anfänge der Renaissance-litteratur in Italien*，名义上是其未完成的《文艺复兴时期意大利文学史》*Geschichte der Litteratur Italiens im Zeitalter der Renaissance* 之 vol. III，但实为 vols. I（彼特拉克）与 II（薄伽丘）（1878—1880）的绪论部分；八开本，莱比锡，1884。

Krumbacher, K.,（1）《拜占庭文学史：自查士丁尼帝时代至东罗马帝国覆灭》*Geschichte der byzantinischen Literatur von Justinian bis zum Ende des Oströmischen Reiches*（西元 527—1453 年），第 1 版，495 页，1890；第 2 版，1193 页；大八开本，慕尼黑，1897。（2）《中古希腊文学》*Die griechische Literatur des Mittelalters*（西元 324—1453 年），见于《当代文化》*Die Kultur der Gegenwart*，I viii 的 237—282 页，大八开本，柏林与莱比锡，1905。

Leyser, Polycarp（来自海姆斯达特 Helmstadt），《中古诗歌史》*Historia Poëtarum et Poëmatum Medii Aevi*（西元 400—1400 年），1132 页；小八开本，哈雷，1721 及（更换新标题页的）1741。

Maitland, S. R.,《黑暗时代》*The Dark Ages*（1844），1853[3]，1890[5]，八开本，伦敦。

Maître, Léon，《西方的主教学校与修道院》*Les Écoles Épiscopales et Monastiques de l'Occident*（西元 768—1180 年），八开本，巴黎，1866。

Manitius, Max，《中古拉丁文学史》*Geschichte der lateinischen Literatur des Mittelalters*，Part i，自查士丁尼帝时代至西元 950 年；大八开本，附索引，766 页，慕尼黑，1911。

Migne, L'Abbé J. P.，《教父著作集成》*Patrologiae Cursus Completus*，拉丁文编，217 卷，皇室纸【译按，royal，印刷用纸为 20×25 英寸】八开本，囊括了自德尔图良（卒于 240 年）至英诺森三世（卒于 1216 年）的 1000 年间大部分拉丁文献，包含诗歌、书信、历史和哲学（以及“教父遗著”）作品，巴黎，1844—1855；后又有 4 卷索引，1862—1864。

《日耳曼历史学文库》*Monumenta Germaniae Historica*，对开本的“史著汇编”Scriptores 等系列，由 Pertz 等人编订（汉诺威），1826—1891；继而改为四开本系列，晚近收入了一些最好的编订本，包括（属于罗马时代后期）奥索尼乌斯、叙马库斯、西多尼乌斯之著作，以及卡息奥多儒的《杂著集》，还有（属于中古时期）都尔的格雷高利著作、大格雷高利的书信集和维南修斯·弗图纳图的著作，还有 4 卷《加洛林朝拉丁诗歌集》*Poëtae Latini Aevi Carolini*，vols. I 及 II 由 Dümmler 编订，III 由 Traube 编订，IV i 由 Winterfeld 编订。柏林，1877—（尚在陆续出版）。

Mullinger, J. B.，《查理大帝时代的学校》*The Schools of Charles the Great*（主要引述于第 25 章），xx+193 页；八开本，伦敦，1877。

Mullinger, J. B.，《剑桥大学史》*History of the University of Cambridge*，vol. I，尤其是 1—212 页（包含对中古时期的导论章节）；686 页；八开本，剑桥，1873。

Norden, E.，《古代艺术散文，自西元前 6 世纪至文艺复兴时期》

Die Antike Kunstprosa vom VI Jahrhundert vor Christ in der Zeit der Renaissance，2 卷，八开本，969 页；尤其是 657—763 页（中古时期）。莱比锡，1898，重印于 1909。

Paris, Gaston，《中古法国文学》*La Littérature française au Moyen-Age*，巴黎，1888；第 2 版，1890；第 3 版，1905。

Poole, Reginald Lane，《中古思想史述略》*Illustrations of the History of Medieval Thought*，376 页；八开本，伦敦，1884，第 2 版，1920。

Prantl, Carl von，《西方逻辑学史》*Geschichte der Logik im Abendlande*，尤其是 vol. II（1861）；第 2 版，莱比锡，1885；4 卷，莱比锡，1855—1870。

Rashdall, Hastings，《中古欧洲的大学》*The Universities of Europe in the Middle Ages*，vol. 1 及 2（有 2 分册）；八开本，牛津，1895。

Renan, E.，《阿威罗伊与阿威罗伊主义》*Averroès et l'Averroisme*（1852）；第 4 版；八开本，486 页，巴黎，1882。

“主簿丛书” Rolls Series；即《中古不列颠史著丛刊》*Rerum Briannacarum Medii Aevi Scriptores*，或《大不列颠及爱尔兰中古编年史志与档案》*The Chronicles and Memorials of Great Britain and Ireland during the Middle Ages*，在主簿法官 Master of the Rolls 的指导下刊行，244 卷，皇室纸八开本。书中所引用的卷册，主要是马尔姆斯伯理的威廉、亚历山大·纳坎、“威尔士人”杰剌德、葛洛赛特斯特、马修·帕理斯、罗杰·培根的著作，以及“12 世纪的拉丁讽刺诗人”，I 及 II。伦敦，1858—1896。

Sabbadini, R.，《拉丁与希腊文抄本的发现》*Scoperte dei Codici Latini e Greci*，Vol. II，翡冷翠 Firenze【译按，即佛罗伦萨】，1914，其中提及的早期人文主义者有英国人（贝里的理查）、德国人（安普罗尼乌斯·剌廷克 Amplonius Ratinck 和库萨的尼古劳斯）、法国人（蒙特勒伊的约翰 Jean de Montreuil 与克莱芒日的尼古拉斯 Nicola Clémangis），及意大利人（圣塞波勒洛的蒂约尼基 Dionigi da S. Sepolero、乔万尼·克洛那 Giovanni Colona、穆萨托、本佐 Benzo、乔万尼·但得理亚 Giovanni d'Andrea 等），并在 199—265 页列出详细的清单，梳理中古时期遗存的诸古典作家。Sabbadini 的这两卷本《发现》（1905—1914）部分内容的概述见其《拉丁文著作版本的历史与考辨》*Storia e Critica di Testi Latini*，卡塔尼亚，1914。

上述的人文主义者中，全部的意大利人和贝里的理查（卒于 1345 年）俱在彼特拉克（卒于 1374 年）生前去世；其他人则都卒于此后的一个世纪。

Steinschneider, M.，《论中世纪的希伯来文译书，及作为译者的犹太人，一部中古时期文学史论》*Die hebraeischen Uebersetzungen des Mittelalters, und die Juden als Dolmetscher, ein Beitrag zur Literaturgeschichte des Mittelalters*，xxxiv+1077 页，大八开本，柏林，1893。

Tiraboschi, G.，《意大利文学史》*Storia della letteratura italiana*（第 1 版，摩德纳，1772—　）；尤其是第 2 版的 vols. III–V（西元 476—1400 年），摩德纳，1787—1794。

Tougard, L'Abbé A.，《中古作家继承的希腊文学遗产，7—12世纪》*L'Hellénisme dans les écrivains du Moyen-Age du vii au xii siècles*，70 页；大八开本，巴黎，1886。

Traube, L.，《演说及论文集》*Vorlesungen und Abhandlungen*，I，《关于古文书法与抄本研究》*Zur Paläographie und Handschriftenkunde*，P. Lehmann 编订，1909；II，《中古时期的拉丁语文学》*Lateinische Philologie des Mittelalters*，P. Lehmann 编订，1911；III，《短著集》*Kleine Schriften*，1920（Beck，慕尼黑）。

Traube 的《中古拉丁语文学史料及研究》*Quellen und Untersuchungen zur lateinischen Philologie des Mittelalters*，由 P. Lehmann 续作，另外特别收入了 Hellmann 的《“爱尔兰人”塞都琉斯》*Sedulius Scottus*，和 Rand 的《爱尔兰人约翰》*Johannes Scottus*，1906，J. Becker 的《克雷默那的律特普朗著作文本源流考》*Textgeschichte Liudprands von Cremona*，以及 K. Neff 的《助祭保罗诗集》*Gedichte des Paulus Diaconus*，1908；C. H. Beeson 的《伊息多耳研究》*Isidor-Studien*，1913；还有 P. Lehmann，《中古时期与中古拉丁语文学》*Vom Mittelalter und von der lateinischen Philologie des Mittelalters*，1914（Beck，慕尼黑）。

Ueberweg, F.，《哲学史纲要》*Grundriss der Geschichte der Philosophie*，vol. I（1864），第 8 版，Heinze 编订，1894；第 11 版，Praechter 编订（柏林），1920；英译本，伦敦，1872 年以降。

Wattenbach, W.，《中古之钞书业》*Das Schriftwesen im Mittelalter*（1871[1]，1875[2]）；第 3 版，莱比锡，1896。

Wattenbach, W.，GQ.，即《中古德国史料考》*Deutschlands Geschichtsquellen im Mittelalter*，止于约 1250 年（第 1 版，1858）；第 6 版，柏林，1893—1894；vol. i 的第 7 版，1904。

关于 12 世纪的希腊文，参看 C. H. Haskins 在《哈佛古典语文学研究》，xxi（1910），75–102，xxiii（1912），155–166（西西里地区的翻译活动），在《美国历史学评论》，1920，603–615，及其所引述之文献。

译名对照表（人、地部分）

“阿塔利亚人”米凯勒 Michael Attaliates
“爱父者”托勒密 Ptolemy Philopator
“爱母者”托勒密 Ptolemy Philometor
“爱真理者”德摩斯提尼 Demosthenes Philalethes
“爱姊者”托勒密 Ptolemy Philadelphus
“埃托里亚人”亚历山大 Alexander Aetolus
“暴戾者”德米特理乌斯 Demetrius Ixion
“本笃会士”雅各布 Jacobus de Benedictis
“编修者”叙弥翁 Symeon Metaphrastes
“布列塔尼人”纪尧姆 Guillaume le Breton
“忏悔师”马克西穆 Maximus Confessor
“达马提亚人”赫尔曼 Hermann the Dalmatian
“大腹”托勒密 Ptolemy Physcon
“读书人”罗伯特 Robertus Retinensis
“好望”Bonne-Espérance
“好战者”狄都慕斯 Areius Didymus
“红发”阿尔努 Arnoul le Roux
“红胡子”腓特烈 Frederic Barbarossa
“厚唇”瑙克尔 Notker Labeo
“几何学家”约翰 Joannes Geometres
“阶梯”约翰 Johannes Climax
“金羊”西门 Simon Capra Aurea
“金嘴”狄翁 Dion Chrysostom
“静穆司”保罗 Paulus Silentiarius
“酒鬼”米凯勒 Michael the Drunkard
“救世主”安提阿库斯 Antiochus Soter
“救世主”托勒密 Ptolemy Soter
“口吃者”凯基琉斯 Caecilius Balbus
“口吃者”米凯勒 Michael the Stammerer
“口吃者”瑙克尔 Notker the Stammerer
“猎禽者”亨利 Henry the Fowler
“吕底亚人”约翰·劳伦提乌斯 Joannes Laurentius Lydus
“罗锅”亚柏 Abbo Cernuus
“罗锅儿”赫尔曼努斯 Hermannus Contractus
“美男”菲利普 Philip le Bel
“猛士”阿方索 Alphonso the Brave
“明哲”利奥 Leo the Wise
“末位”埃克哈特 Ekkehart minimus
“帕弗拉哥尼亚人”米凯勒 Michael the Paphlagonian
“叛教者”尤里安 Julian the Apostate
“葡萄培育家”杰弗瑞 Galfridus de Vino Salvo
“虔诚者”路易 Louis the Pious
“勤奋者”约翰 Johannes Philoponus
“曲膝”安提贡努斯 Antigonus Gonatas
“萨拉逊人”约翰 John the Saracen
“山上”的罗伯特 Robertus de Monte
“善人”托勒密 Ptolemy Euergetes
“善造奇迹者”格雷高利 Gregory Thaumaturgus
“色雷斯人”第欧尼修 Dionysius Thrax
“神父”雅各布 Jacobus Clericus
“神明者”托勒密 Ptolemy Epiphanes

“诗人”皮埃尔 Pierre le Chantre
“食客”赫拉克利德 Heracleides Lembus
“硕学之士”亚历山大 Alexander Polyhistor
“苏格兰人”大卫 David the Scot
“苏格兰人”约翰·邓斯 Joannes Duns Scotus
“秃头”查理 Charles the Bald
“秃头佬”阿忒诺多儒斯 Athenodorus Calvus
“威尔士人”杰剌德 Giraldus Cambrensis
“伟人”利奥 Leo the Great
“卫国者”米南达 Menander Protector
“西奈山人”阿纳斯塔修斯 Anastasius Sinaites
“西西里的希腊人”约翰 John Siceliotes
“逍遥学者”尼古拉斯 Nicholas the Peripatetic
“斜眼”瓦拉弗理德 Walafrid Strabo
“修士”安东尼乌斯 Antonius Monachus
“学究”弗莱迭迦理乌斯 Fredegarius Scholasticus
“学究”高尔吉乌 Georgios Scholarios
“学究”托马斯 Thomas Scholasticus
“殉道坚士”Adamantius Martyrius
“以索利亚人”利奥 Leo the Isaurian
“英国人”巴忒洛缪 Bartholomaeus Anglicus
“游方者”第欧尼修 Dionysius Periegetes
“语法家”撒克索 Saxo Grammaticus
“语法学家”塞尔洛 Serlo Grammaticus
“哲人”利奥 Leo the Philosopher
“智多星”罗贝尔 Robert Guiscard
“主教”理查 Richard ‘l’Évêque’
“助祭”保罗 Paulus Diaconus
“助祭”利奥 Leo Diaconus
“助祭”忒奥多修 Theodosius Diaconus
“宗师”托马斯 Thomas Magister
“宗座秘书”米迦勒 Michael Syncellus
“宗座秘书”乔治 George Syncellus
“尊者”彼得 Peter the Venerable
阿巴诺 Abano
阿邦诺的彼得 Pietro d’Abano，Petrus Aponensis
阿庇安 Appian
阿庇翁 Apion
阿宾顿 Abingdon
阿波罗尼乌斯·狄斯古卢斯 Apollonius Dyscolus
阿伯蒂剌的赫卡泰乌斯 Hecataeus of Abdera
阿卜德勒瓦希德 Abd-el-Wahid
阿布巴克 Abubacer
阿布尔法剌基乌斯 Abulpharagius
阿布鲁齐 Abruzi
阿达尔保都斯 Adalbaldus
阿德拉尔 Adelard
阿德剌斯图 Adrastus
阿德理安努斯 Adrianus
阿多 Addo
阿多沃尔德 Hadoardus
阿尔贝提诺·穆萨托 Albertino Mussato
阿尔伯蒂 Alberti
阿尔伯理柯·甄提利 Albericus Gentilis
阿尔德海姆 Aldhelm
阿尔都因 Harduin
阿尔法拉比 Alfarabi
阿尔法努 Alfanus
阿尔弗雷德 Alfred
阿尔戈 Argos
阿尔戈的洛邦 Lobon of Argos
阿尔戈利斯 Argolis
阿尔基努斯 Alcinous
阿尔吉塔 Archytas
阿尔喀比乌斯 Archibius
阿尔喀达马斯 Alcidamas
阿尔凯乌斯 Alcaeus
阿尔刻迈翁家族的美伽克勒斯 Megacles the Alcmaeonid

阿尔勒的托德罗斯（忒奥都儒斯）Todros（Theodoros）of Arles
阿尔勒的希拉理 Hilary of Arles
阿尔勒之蒙马约 Montmajour-lez-Arles
阿尔曼努斯 Almannus
阿尔栖达玛斯 Alcidamas
阿尔齐亚图斯 Alciatus
阿耳博因 Alboin
阿耳基弗伦 Alciphron
阿耳刻提努斯 Arctinus
阿耳刻息劳斯 Arcesilaus
阿耳诺比乌斯 Arnobius
阿耳齐姆·阿维图斯 Alcimus Avitus
阿耳忒密多儒 Artemidorus
阿弗朗什的亨利 Henri d'Avranches
阿弗洛底西亚的亚历山大 Alexander of Aphrodisias
阿甫托尼乌斯 Aphthonius
阿伽珀杜 Agapetus
阿格里帕 Agrippa
阿根廷纳 Argentina
阿基利乌斯 Agilius
阿基洛库斯 Archilochus
阿基米德 Archimedes
阿基坦 Aquitaine
阿基亚斯 Agias
阿吉乌斯 Agius
阿迦通 Agathon
阿珈提雅斯 Agathias
阿喀勒斯·塔修斯 Achilles Tatius
阿喀努斯 Archinus
阿卡狄乌斯 Arcadius
阿凯乌斯 Achaeus
阿克剌伽 Acragas
阿克洛 Acro
阿克奇乌 Accius
阿克兴 Actium
阿克修斯·保卢斯 Axius Paulus
阿刻劳斯 Archelaus
阿刻匈尼库 Axionicus
阿夸 Arqua
阿奎拉 Aquila
阿奎剌·罗曼努斯 Aquila Romanus
阿奎累阿 Aquileia
阿奎诺 Aquino
阿拉理克 Alaric
阿剌托尔 Arator
阿勒克图 Alecto
阿勒克西斯 Alexis
阿勒斯的亚历山大 Alexander of Hales
阿雷佐的基多 Guido of Arezzo
阿里斯托 Aristo
阿里斯托布鲁斯 Aristobulus
阿里斯托尼库斯 Aristonicus
阿里翁 Arion
阿里安 Arrian
阿理思泰涅特 Aristaenetus
阿理斯泰德·昆提良努斯 Aristides Quintilianus
阿理斯泰德 Aristides
阿理斯提波 Aristippus
阿理斯图 Aristus
阿里斯托芬 Aristophanes
阿理斯托盖通 Aristogeiton
阿理斯托克塞努 Aritoxenus
阿鲁伦努斯·卢斯提刻 Arulenus Rusticus
阿伦修斯·科尔苏斯 Arruntius Celsus
阿马第 Amati
阿马尔理克 Amalrich
阿玛剌斯维塔 Amalasuetha
阿玛西亚 Amasia
阿蒙尼乌斯·萨卡斯 Ammonius Saccas
阿蒙尼乌斯 Ammonius
阿米安·马赛理努斯 Ammianus Marcellinus
阿密琉斯 Amelius

阿密索斯 Amisus
阿摩戈斯岛 Amorgos
阿慕娄 Amrou
阿那克西美尼 Anaximenes
阿纳斯塔修斯 Anastasius
阿帕弥亚的索帕忒耳 Sopater of Apamea
阿佩勒斯 Apelles
阿珀勒霓 Apollonis
阿普利亚的威廉 William of Apulia
阿齐亚斯 Archias
阿瑞塔斯 Arethas
阿瑞菟沙 Arethusa
阿瑟尔 Asser
阿斯卡隆的安提阿库斯 Antiochus of Ascalon
阿斯柯尼乌斯・佩甸努斯 Asconius Pedianus
阿斯科尼乌斯 Asconius
阿斯刻勒庇乌斯 Asclepius
阿斯特 Ast
阿索斯的克理安忒斯 Cleanthes of Assos
阿塔剌理克 Athalaric
阿塔卢斯一世 Attalus I
阿塔旺忒 Attavante
阿忒曼 Artman
阿忒密锡翁 Artemisium
阿忒纳歌剌斯 Athenagoras
阿特纳奥斯 Athenaeus
阿提库斯 Atticus
阿提剌 Attila
阿提理乌斯 Atilius
阿陀斯山 Mount Athos
阿威罗伊 Averroës
阿维安努斯 Avienus
阿维尼翁 Avignon
阿维塞布洛 Avicebron
阿维森纳 Avicenna
阿维图斯 Avitus
阿西希 Assisi
阿息纽・波略 Asinius Pollio
埃得普苏斯 Aedepsus
埃德蒙・理奇 Edmund Rich
埃德萨 Edessa
埃尔弗理克 Ælfric
埃尔万根的厄尔闵理希 Ermenrich of Ellwangen
埃格蒙特 Egmont
埃柯巴塔纳 Ecbatana
埃克塞特的约瑟夫 Joseph of Exeter
埃拉托色尼 Eratosthenes
埃莉诺 Eleanor
埃利安 Aelian
埃利南 Hélinand
埃琉斯・阿理斯泰德 Aelius Aristides
埃琉斯・多纳图斯 Aelius Donatus
埃琉斯・第欧尼修 Aelius Dionysius
埃琉斯・忒翁 Aelius Theon
埃琉斯・希洛狄安 Aelius Herodianus
埃琉斯・斯提洛・普莱柯尼努斯 Aelius Stilo Praeconinus
埃米尔・夏尔 Émile Charles
埃密理安努斯・马赛尔 Aemilianus Macer
埃密琉斯・阿斯珀 Aemilius Asper
埃斯奇纳斯 Aeschines
埃忒沃尔德 Ethelwold
埃特纳山 Aitna
埃提乌斯 Aëtius
埃伊纳岛 Aegina
埃伊修斯 Aëtius
埃因歇德伦 Einsiedeln
埃泽利诺 Ezzelino
艾阿斯 Ajax
艾尔伯特 Aelbert
艾克西古厄斯 Exiguus
艾勒冉 Aileran
艾因哈德 Einhard

爱德华·丹尼尔·克拉克 Edward Daniel Clarke
爱德华·菲茨杰拉德 Edward FitzGerald
爱尔福特 Erfurt
爱尔兰人约翰 Joannes Scotus，或 John the Scot
爱莲娜 Eirene
爱里吉纳 Erigena
爱洛依丝 Heloïssa
爱穆安 Aimoin
爱任纽斯 Ireneaus
安布罗斯 Ambrose
安布洛斯的克里托布鲁斯 Critobulus of Imbros
安德理亚·洛帕第奥忒斯 Andreas Lopadiotes
安德理亚斯 Andreas
安德鲁克里斯 Androcles
安德罗提翁 Androtion
安德洛马刻 Andromache
安德洛尼库斯 Andronicus
安德洛斯岛 Andros
安德纳赫 Andernach
安东尼·尼弗 Antonius Gnipho
安东尼 Antonius
安东尼乌斯·朱力安努斯 Antonius Julianus
安都奇德斯 Andocides
安菲波理斯的左伊卢斯 Zoïlus of Amphipolis
安菲克拉底 Amphicrates
安斐洛库斯 Amphilochus
安吉尔伯特 Angilbert
安科纳 Ancona
安库斯 Ancus
安纳居儒斯 Anagyrus
安纳克萨库 Anaxarchus
安纳托利乌斯 Anatolius
安娜·康涅娜 Anna Comnena
安奈乌斯·柯尔努图斯 Annaeus Cornutus
安奈乌斯·塞内加 Annaeus Seneca
安尼齐乌斯·曼琉斯·塞维理努斯·波爱修斯 Anicius Manlius Severinus Boëthius
安涅格雷 Anegray
安茹的查理 Charles of Anjou
安瑟尔姆 Anselm
安忒米乌斯 Anthemius
安提阿库斯大帝 Antiochus the Great
安提芬尼 Antiphanes
安提丰 Antiphon
安提马库斯 Antimachus
安提斯忒涅 Antisthenes
安条克 Antioch
安条克的狄奥多鲁斯 Diodorus of Antioch
安条克的约翰 Jean d'Antioche
昂热 Angers
奥庇安 Oppian
奥德理刻·维塔利斯 Ordericus Vitalis
奥登沃德 Odenwald
奥顿 Autun
奥顿的霍诺留 Honorius of Autun
奥多亚克 Odoacer
奥铎 Odo
奥俄涅盎 Oenone
奥尔巴 Alba
奥尔良 Orleans
奥尔图基亚 Ortygia
奥耳比亚 Olbia
奥弗利·缪勒 Otfried Müller
奥弗纳城 urbs Auverna
奥弗涅 Auvergne
奥弗涅的杜朗 Durand d'Auvergne
奥弗涅的威廉 William of Auvergne
奥格斯堡 Augsburg
奥古斯托都努姆（奥顿）Augustodunum
奥卡姆的威廉 William of Ockham

奥科美那斯 Orchomenus
奥科塔维·阿维斯图斯 Octavius Avistus
奥科塔维·朗帕第奥 Octavius Lampadio
奥克西林库斯 Oxyrhynchus
奥勒良 Aurelian
奥勒留·欧庇琉斯 Aurelius Opilius
奥勒留·叙马库斯 Aurelius Symmachus
奥理雅刻的葛伯特 Gerbert of Aurillac
奥利金 Origen
奥林匹奥多儒 Olympiodorus
奥娄 Hauréau
奥略·葛琉斯 Aulus Gellius
奥洛·齐安诺·帕剌息奥 Aulo Giano Parrasio
奥洛波斯 Oropus
奥玛开阳 Omar Khâyyam
奥涅桑德 Onesander
奥热地区的圣芭芭拉 Ste-Barbe-en-Auge
奥热地区圣芭芭拉的杰弗瑞 Geoffrey of Sainte-Barbe-en-Auge
奥儒斯 Orus
奥塞尔 Auxerre
奥塞尔的厄理克 Eric of Auxerre
奥塞尔的勒米 Remi of Auxerre
奥塞尔的勒密吉乌斯 Remigius of Auxerre
奥塞尔的圣日耳曼努斯 St Germanus of Auxerre
奥什曼第阿斯 Osymandyas
奥斯贝尔努 Osbernus
奥斯纳布鲁克 Osnabrück
奥斯塔 Aosta
奥斯提亚的利奥 Leo Ostiensis
奥斯瓦尔德 Oswald
奥索尼乌斯 Ausonius
奥特烈古尔的尼古拉斯 Nicolas d'Autrecour
奥托博尼 Ottoboni
奥托大帝 Otho the Great
奥托三世 Otho III
奥维德 Ovid
奥维厄多 Orvieto
巴阿涅斯 Baanes
巴贝克 Baalbek
巴布理乌斯 Babrius
巴尔比 Balbi
巴伐利亚的亨利 Henry of Bavaria
巴克斯 Bacchus
巴剌刻卢斯 Balacrus
巴兰 Barlaam
巴勒莫 Palermo
巴黎的基耶 Gilles de Paris
巴隆尼乌斯 Baronius
巴门尼斯库斯 Parmeniscus
巴士拉的肯迪 Al-Kendi of Basra
巴思的阿德拉尔 Adelard of Bath
巴思的基尔达斯 Gildas of Bath
巴忒洛缪 Bartholomew
巴图斯 Battus
拜奥尼乌斯 Paeonius
拜德理亚库姆 Bedriacum
拜图斯 Paetus
拜亚 Baiae
拜伊罗特 Bayreuth
拜占庭的阿里斯托芬 Aristophanes of Byzantium
拜占庭的利奥提乌斯 Leontius of Byzantium
拜占庭的忒奥都儒斯 Theodorus of Byzantium
班贝格 Bamberg
班迪尼 Bandini
班涅 Bena
邦菲利亚 Pamphylia
邦康帕诺 Buoncompagno
保理努斯 Paulinus
鲍德文 Baldwin
卑提尼亚 Bithynia

贝恩瓦德 Bernward
贝加莫的雅各布·菲利普斯 Jacobus Philippus Bergamas
贝凯特 Becket
贝克 Bec
贝刻耳 Bekker
贝里的理查 Richard of Bury
贝里的约翰·波士顿 John Boston of Bury
贝鲁特的瓦勒理乌斯·普洛布斯 Valerius Probus of Beyrut
贝鲁图斯 Berytus
贝伦迦理乌斯 Berengarius
贝伦尼采 Berenice
贝罗苏斯 Berôsus
贝罗伊亚 Beroea
贝内文托 Beneventum
贝萨理翁 Bessarion
贝桑松 Besançon
贝图涅的厄伯哈德 Eberhard of Bethune
贝图涅的厄乌剌德 Evrardus Bethune
贝辛斯托克的约翰 John of Basingstoke
贝雅德丽采 Beatrice
贝叶 Bayeux
蓓耳塔 Berta
奔忒理库斯山 Pentelicus
本尼迪克特·毕斯柯普 Benedict Biscop
本·琼生 Ben Jonson
本波 Bembo
本菲耶 Benfey
本哈代 Bernhardy
本尼迪克特布尔伦 Benedictbeuern
本特利 Bentley
本提·希拉克里亚 Pontic Heraclea
本佐 Benzo
比布鲁斯人斐隆 Philon of Byblus
比德 Bede
比德纳 Pydna
比萨 Pisa
比萨特的安瑟尔姆 Anselm of Bisate
比维斯 Vives
彼得·爱利阿斯 Petrus Helias
彼得·布曼 Peter Burman
彼得·达密安 Petrus Damiani
彼得·理伽 Petrus Riga
彼得·伦巴德 Peter Lombard
彼得伯勒 Peterborough
彼得豪斯 Peterhouse
彼得若·帕特理鸠 Petrus Patricius
彼特拉克 Petrarch
毕昂 Bion
毕巴库卢斯 Bibaculus
毕达哥拉斯 Pythagoras
毕葛尔 Bigorre
毕绍弗斯海姆 Bischofsheim
庇珊德耳 Pisander
庇西特拉图 Peisistratus
庇息迪亚的乔治 George of Pisidia
波恩卡斯梯 Berncastel
波尔多 Bordeaux
波尔多的兰普理丢斯 Lampridius of Bordeaux
波菲里奥 Porphyrio
波弗利 Porphyry
波勒莫 Polemo
波里比乌斯 Polybius
波里耶努斯 Polyaenus
波利齐亚诺 Politian
波列蒙 Polemon
波吕斐摩斯 Polyphemus
波吕格诺托斯 Polygnotus
波律斯泰河 Borysthenes
波略 Pollio
波米奥 Bormio
波欧提亚 Boeotia
波赛冬纽斯 Poseidonius
波桑尼阿斯 Pausanias

波斯图缪·阿尔比努斯 Postumius Albinus
波瓦歇 Boissier
伯尔诺 Berno
伯果墨 Bergomo
伯克郡 Berks
伯里克利 Pericles
伯利恒 Bethlehem
伯纳多·德·鲁比斯 Bernardo de Rubeis
柏比约 Bobbio
柏克 Boeckh
柏拉图 Plato
勃艮第的让娜 Jean de Bourgogne
博格斯 Bourges
博基乌斯·理齐努斯 Porcius Licinus
博洛密奥 Borromeo
博洛尼亚 Bologna
博洛尼亚的阿尔贝理柯 Alberico of Bologna
博纳库尔修 Bonaccursius
博纳文图拉 Bonaventura
博乔 Poggio
博韦 Beauvais
博韦的樊尚 Vincent of Beauvais
卜尼法斯 Boniface
不来梅的亚当 Adam of Bremen
布戴乌斯 Budaeus
布尔格伊的鲍德理 Baudri de Bourgueil
布拉班的亨利·考斯拜因 Henry Kosbein of Brabant
布拉班的威廉 William of Brabant
布拉班的席格 Siger of Brabant
布拉德福德 Bradford
布拉卡拉 Bracara
布拉斯 Blass
布刺息坎努 Brassicanus
布来施高 Breisgau
布兰迪斯 Brandis
布劳恩施维克－吕讷堡 Braunschweig-Lüneberg
布劳戎 Brauron
布雷斯劳 Breslau
布雷西亚 Brescia
布里斯托尔 Bristol
布理丹 Buridan
布列塔尼 Brittany
布列沃 Brewer
布鲁涅托·拉蒂尼 Brunetto Latini
布鲁诺 Bruno
布鲁日的洛多夫 Rodolfus Brugensis
布鲁日的洛多夫 Rodolphus of Bruges
布鲁梯 Bruttii
布鲁图斯 Brutus
布鲁瓦的彼得 Peter of Blois
布鲁瓦的维塔勒 Vitalis Blesensis
布伦恩 Brunn
布瓦蒂耶 Poitiers
布瓦蒂耶的吉尔贝 Gilbert de la Porrée
布瓦蒂耶的威廉 William of Poitiers
布瓦蒂耶的希拉理 Hilary of Poitiers
布瓦洛 Boileau
策勒尔 Zeller
查尔贡都剌斯 Chalcondylas
查尔斯 Charles
查理·马特 Charles Martel
查理大帝 Charles the Great
查士丁 Justin
柴德良 Chatelain
柴泽斯 Tzetzes
楚戈 Zug
达勒姆的威廉 William of Durham
达马斯纠 Damascius
达玛苏斯 Damasus
达米埃塔 Damietta
达密安 Damian
达瑞斯·弗律吉乌斯 Dares Phrygius
达瑞斯 Dares
大阿尔伯特 Albertus Magnus

大法官第欧尼修 Dionysius the Areopagite
大格雷高利 Gregory the Great
大马士革的尼古劳斯 Nicolaus of Damascus
大马士革的约翰 John of Damascus
大沙特勒兹 Grande Chartreuse
大提冉尼奥 Tyrannion the elder
大亚非利加努斯 the elder Africanus
戴克里先 Diocletian
丹瑙逊 Donaldson
丹尼尔·多弗 Daniel Dove
丹尼尔·维滕巴赫 Daniel Wyttenbach
丹提尔 Dantier
得伊达弥亚 Deidameia
德尔图良 Tertullian
德刻昔普 Dexippus
德拉克马 Octadrachm
德龙克 Dronke
德洛斯 Delos
德米特理乌斯·居都涅斯 Demetrius Cydones
德米特理乌斯·特理刻林纽斯 Demetrius Triclinius
德谟克里特 Democritus
德摩多库斯 Demodocus
德摩斯提尼 Demosthenes
德忒理乌斯 Deuterius
德特剌丢斯 Tetradius
德息得理乌斯 Desiderius
的里雅斯特 Trieste
邓迦尔 Dungal
邓斯坦 Dunstan
邓斯坦堡要塞 Dunstanburgh Castle
狄奥·卡西乌斯 Dio Cassius
狄奥凡图斯 Diophantus
狄奥墨得斯 Diomedes
狄奥斯波利斯 Diospolis
狄都慕斯 Didymus
狄多 Dido
狄菲鲁斯 Diphilus
狄克提斯 Dictys
狄纳库斯 Deinarchus
狄农 Dinon
迪南的大卫 David of Dinant
底比斯（埃及）Thebes
地米斯托克利 Themistocle
第奥多图斯 Diodotus
第欧根尼 Diogenes
第欧根尼安努斯 Diogenianus
第欧尼修·晏波斯 Dionysius Iambos
蒂尔伯理的葛瓦兹 Gervase of Tilbury
蒂库伊尔 Dicuil
蒂迈欧 Timaeus
蒂提儒斯 Tityrus
丁道夫 Dindorf
丁尼逊 Tennyson
丢勒 Dürer
丢舍尔 Deuschle
都布瑞 Dobree
都铎 Dudo
都尔的伯纳德·席尔维斯特 Bernard Silvester of Tours
都尔的格雷高利 Gregory of Tours
都尔的圣马丁 St Martin of Tours
都尔基乌斯·鲁斐乌斯·阿普洛尼安·阿斯特理乌斯 Turcius Rufius Apronianus Asterius
都姆绍林 Dumshaughlin
杜埃 Douai
杜卡斯 Ducas
杜塞尔多夫 Düsseldorf
多多纳 Dodona
多佛的理查 Richard of Dover
多刻索帕忒 Doxopatres
多理斯 Duris
多洛帕陀斯 Dolopathos
多洛休斯 Dorotheus

多米尼克·龚蒂萨维 Dominic Gondisalvi
多米尼克·马伦葛 Dominico Marengo
多姆努斯 Domnus
多息透斯 Dositheus
朵耳 Dol
俄彼卡穆斯 Epicharmus
俄狄浦斯 Oedipus
俄若修斯 Orosius
厄庇都儒斯 Epidaurus
厄庇法尼乌斯 Ephiphanius
厄庇法尼乌斯 Epiphanius
厄庇卡皮乌斯 Epicarpius
厄庇忒塞 Epitherses
厄波利 Eboli
厄伯哈德 Eberhardus
厄达 Hedda
厄恩湖 Lough Erne
厄尔摩都斯·尼葛卢斯 Ermoldus Nigellus
厄尔涅留 Irnerius
厄福儒斯 Ephorus
厄戈尔 Egger
厄葛伯特 Egbert
厄刻图斯 Echetus
厄理斯的希庇亚斯 Hippias of Elis
厄立特里亚海 Erythean Sea
厄莫 Emo
厄墨萨的弗隆托 Fronto of Emesa
厄普特尔那赫 Epternach
厄若提安努斯 Erotianus
厄塞思理思 Etheldrida
厄特鲁斯坎 Etruscan
厄瓦葛利乌斯 Evagrius
厄维斯汉 Evesham
恩底弥翁 Endymion
恩果利闵西斯 Engolismensis
恩尼乌斯 Ennius
恩诺丢斯 Ennodius
恩培多克勒 Empedocles
恩舍姆 Eynsham
法奥斯图斯 Faustus
法比乌斯·昆体良 Fabius Quintilianus
法拉比 Al-Farabi
法剌芮斯 Phalaris
法勒戎的德米特理乌斯 Demetrius of Phaleron
法尼亚斯 Phanias
法诺德慕斯 Phanodemus
法沃理努斯 Favorinus
法尤姆 Faiyûm
方坦涅 Fontaines
菲拔芒 Phoebammon
菲耳克拉忒 Pherecrates
菲剌尔克斯 Phylarchus
菲勒奥卢斯 Ferreolus
菲勒蒙 Philemon
菲勒泰儒斯 Philetaerus
菲里斯图斯 Philistus
菲利·阿尔固 Philip Harcourt
菲利普·奥古斯都 Philip Augustus
菲利普·德·维特理 Philip de Vitri
菲隆 Philon
菲洛德慕斯 Philodemus
菲洛克塞努斯 Philoxenus
菲洛斯帖芬尼 Philostephanus
斐德卢斯 Phaedrus
斐狄亚斯 Pheidias
斐拉尔吉理乌斯 Philargyrius
斐剌居儒斯 Philargyrus
斐里普斯 Philippus
斐利彼得斯 Philippides
斐洛 Philo
斐洛柯儒斯 Philochorus
斐洛克勒斯 Philocles
斐洛斯特拉图斯 Philostratus
斐涅斯忒剌 Fenestella
费边·皮克多 Fabius Pictor

费尔摩 Fermo
费拉德尔菲亚 Philadelphia
费拉拉 Ferrara
费乐蒙·霍兰德 Philemon Holland
费理克斯 Felix
费理耶尔 Ferrières
费弥奥斯 Phemius
费纳－克灵顿 Fynes-Clinton
费涅隆 Fénelon
费奇诺 Ficino
费斯多 Festus
费耶索勒 Fiesole
佛喀斯 Phocas
佛兰德斯 Flanders
佛兰芒人威廉 William the Fleming
佛朗西斯哥·毕宾诺 Francesco Pipino
佛罗伦萨的阿库尔修斯 Accursius of Florence
佛提乌斯 Photius
弗耳根修斯 Fulgentius
弗拉维乌斯·卡珀尔 Flavius Caper
弗拉维乌斯·马格努斯·奥勒留·卡息奥多儒 Flavius Magnus Aurelius Cassiodorus
弗莱堡 Freiburg
弗莱得理克·哈理逊 Frederic Harrison
弗莱辛的奥铎 Otto of Freising
弗兰泽斯 Phrantzes
弗勒律 Fleury
弗勒律的亚柏 Abbo of Fleury
弗雷库尔甫斯 Freculphus
弗雷泽 Frazer
弗里基 Phrygia
弗里尼库斯 Phrynichus
弗里西 Frisia
弗理堡 Fribourg
弗理都基斯 Fridugis
弗利克塞古特的约翰 Jean de Flixicourt
弗留里 Friuli
弗隆提努斯 Frontinus
弗隆托 Fronto
弗罗鲁斯 Florus
弗罗瓦蒙 Froidmont
弗洛窦尔 Flodoard
孚日山区 Vosges
福尔维乌斯·乌耳新努斯 Fulvius Ursinus
福灵德斯·佩特里 Flinders Petrie
甫基理德 Phocylides
甫里乌斯的提蒙 Timon of Phlius
傅列德里希 Friederichs
富恩坦 Fountains
富尔贝 Fulbert
富尔达 Fulda
富勒 Fuller
伽达剌的阿蒲昔尼斯 Apsines of Gadara
伽达剌的梅涅普斯 Menippus of Gadara
伽达剌的忒奥都儒斯 Theodorus of Gadara
伽尔巴 Galba
伽吉琉斯·马提阿理斯 Gargilius Martialis
伽拉·普拉熙狄娅 Galla Placidia
伽普 Gap
盖伦 Galen
盖斯佛德 Gaisford
盖斯特 Gest
盖乌斯·阿基理乌斯 Gaius Acilius
盖乌斯·格拉库斯 Gaius Gracchus
盖乌斯·索琉斯·阿波利纳理斯·西多尼乌斯 Gaius Sollius Apollinaris Sidonius
甘德斯海姆 Gandersheim
冈忒尔 Gunther
皋辣克斯 Corax
高贝 Gaubert
高德贝克 Caudebec
高德剌姆努斯 Goderamnus
高尔 Gower
高尔吉亚 Gorgias
高尔兹 Gorze

戈尔沃德 Gervold
哥伦班 Columban
哥特绍尔克 Gotteschalk
歌特弗利·赫尔曼 Gottfried Hermann
格拉斯顿伯里 Glastonbury
格拉提安 Gratian
格剌德尼哥 Gradenigo
格朗费尔 Grenfell
格勒诺布尔 Grenoble
格雷高利乌斯·帕拉玛斯 Gregorius Palamas
格雷高利乌斯 Gregorius
格鲁斯特郡 Gloucestershire
格吕卡斯 Glykas
格罗宁根 Groningen
格罗特 Grote
葛伯特 Gerbert
葛兰费依 Glanfeuil
葛雷芬翰 Gräfenhan
葛理墨德 Grimold
葛洛索拉诺 Grossolano
葛特鲁蒂 Gertrude
艮涅忒琉斯 Genethlius
古丹努斯 Gudanus
古劳波 Gurob
瓜理诺 Guarino
哈阿策 Haase
哈德良 Hadrian
哈尔特伽留 Hartgarius
哈尔汶的菲利普 Philip de Harveng
哈利卡那苏斯的第欧尼修 Dionysius of Halicarnassus
哈利斯 Halys
哈伦·拉希德 Harun-al-Raschid
哈墨丢斯 Harmodius
哈忒良努斯 Haterianus
哈特蒙德 Hartmund
哈图摩达 Hathumoda
海勒斯 Hailes
海勒斯 Hayles
海罗达思 Herodas
海瑙 Hainau
海忒 D. D. Heath
海托 Hatto
好客海，即黑海 Euxine
约翰·玛拉拉 John Malalas
贺拉斯 Horace
贺修斯 Hosius
赫伯特·德·罗辛加 Herbert de Losinga
赫德维格 Hedwig
赫尔弗德 Hereford
赫尔福德的亨利 Henri de Hervordia
赫尔玛高剌斯 Hermagoras
赫尔曼 K. F. Hermann
赫尔美亚斯 Hermeias
赫尔姆斯河 Hermus
赫耳维乌斯·秦纳 Helvius Cinna
赫法斯提翁 Hephaestion
赫葛西波 Hegesippus
赫基亚斯 Hegias
赫拉克利特 Heracleitus
赫拉克利乌斯 Heraclius
赫剌丢斯 Helladius
赫赖瓦德 Hereward
赫勒斯滂海峡 Hellespont
赫利孔 Helicon
赫列都儒斯 Heliodorus
赫伦尼乌斯·菲隆 Herennius Philon
赫伦尼乌斯 Herennius
赫罗第库 Herodicus
赫罗纳 Gerona
赫洛丢斯 Herodius
赫律索洛拉斯 Chrysoloras
赫马庇亚斯 Hermappias
赫迈俄尼的居第亚斯 Cydias of Hermione
赫密普斯 Hermippus
赫谟根尼 Hermogenes

赫摩夏纳克斯 Hermesianax
赫姆斯特赫伊斯 Hemsterhuis
赫若得斯・阿提库斯 Herodes Atticus
赫斯费德 Hersfeld
赫斯费德的朗贝 Lambert of Hersfeld
赫叙基乌斯 Hesychius
赫因修斯 Heinsius
黑尔福德 Herford
亨理库斯・阿理斯提波 Henricus Aristippus
亨利・丹德雷 Henry d'Andely
亨利・德・瓦洛瓦 Henricus Valesius
亨利・杰克逊 Henry Jackson
亨利・萨威尔 Henry Savile
亨廷顿的亨利 Henry of Huntingdon
侯奈因・伊本・易司哈格 Honein Ibn Ishak
胡克巴德 Hucbald
霍尔寇 Holkot
霍吉金 Hodgkin
霍克汉 Holkham
霍诺刺图 Honoratus
霍诺留斯 Honorius
霍思歇尔 Hoeschel
霍滕修斯 Hortensius
霍屋顿的罗杰尔 Roger of Hoveden
基多・博纳提 Guido Bonatti
基多・德拉・柯隆涅 Guido delle Colonne
基辅 Kiev
基葛 Guigo
基内希亚 Cinesias
吉法德 Giffard
几何学家维吉尔 Virgil the geomater
纪伯特 Guibert
纪耶勒姆・布列托 Guilielmus Brito
加拉提亚 Galatia
加里利亚诺 Garigliano
加隆河湾 Garonne
加卢斯 Gallus
加惹尔 Al-Gazel
加沙的提摩太 Timotheus of Gaza
迦底刺 Gadeira
嘉莱 Garet
嘉理修斯 Charisius
嘉西安 Cassian
监察官加图 Cato the Censor
教厄德・里戈 Eude Rigaud
杰弗瑞・德・温骚夫 Geoffrey de Vinsauf
杰莱米・泰勒 Jeremy Taylor
金斯利 Kingsley
居第德 Cydides
居刻刺德斯群岛 Cyclades
居拉诺・德・贝热哈克 Cyrano de Bergerac
居理尔 Cyril
居鲁斯 Cyrrhus
居普理安 Cyprian
居普理安努斯 Cyprianus
居齐库斯 Cyzicus
居维叶 Cuvier
军迪沙普尔 Gandisapora
君士坦丁・波弗洛根尼图斯 Constantine Porphyrogenitus
君士坦丁・杜卡斯 Constantine Ducas
君士坦丁・赫谟尼亚库斯 Constantine Hermoniacus
君士坦丁・刻法刺斯 Constantinus Cephalas
君士坦丁・刺斯喀理斯 Constantine Lascaris
君士坦丁・马纳赛斯 Constantine Manasses
君士坦丁・墨诺马库斯 Constantine Monomachus
君士坦丁・帕勒奥卡帕 Constantine Palaeokappa
君士坦丁堡的保罗 Paulus Constantinopolitanus
君士坦丁娜 Constantina
君士坦提乌斯 Constantius
喀尔基斯的吕柯弗隆 Lycophron of Chalcis
喀耳孔第勒斯 Chalcondyles

喀隆 Chilon
喀隆尼亚 Chaeroneia
喀隆尼亚的厄帕弗罗第忒 Epaphroditus of Chaeroneia
喀玛里纳 Kamarina
喀蒙 Cimon
喀泰隆山 Cithaeron
卡昂 Caen
卡奥尔 Cahors
卡德摩斯 Cadmus
卡德摩亚 Cadmea
卡俄斯 Chaos
卡尔基斯 Chalcis
卡尔基斯的欧佛良 Euphorion of Chalcis
卡尔凯多尼亚的忒剌绪马科 Trasymachus of Calchedon
卡尔珀尼娅 Calpurnia
卡尔普尔纽斯 Calpurnius
卡尔齐丢斯 Chalcidius
卡尔维理乌斯・皮克多 Carvilius Pictor
卡耳武斯 Calvus
卡拉布里亚 Calabria
卡拉古理斯 Calagurris
卡拉刻特的凯基琉斯 Caecilius of Calacte
卡剌卡拉 Caracalla
卡里古拉 Caligula
卡里努斯 Callînus
卡里亚 Caria
卡里亚斯 Callias
卡理丢斯 Calidius
卡理斯忒涅 Callisthenes
卡利斯特剌忒 Callistratus
卡列尔支 Callierges
卡林西亚 Carinthia
卡律斯托 Carystos
卡略庇乌斯 Calliopius
卡麦良 Chamaeleon
卡密拉 Camilla
卡密卢斯 Camillus
卡密霓 Camenae
卡内德斯 Carneades
卡帕多齐亚 Cappadocia
卡山德 Cassander
卡斯托尔山 Castle
卡斯托耳 Castor
卡索邦 Casaubon
卡塔罗尼亚 Catalaunia
沙提雍或里尔的高提耶 Gautier de Châtillon or de Lille
卡图卢斯 Catullus
卡西安努斯 Cassianus
卡息奥多儒 Cassiodorus
卡修斯・朗吉努斯 Cassius Longinus
卡修斯 Cassius
开俄斯 Chios
开伊库斯谷 Caïcus
凯斐索多德斯 Cephisodotus
凯基琉斯・厄庇洛塔 Caecilius Epirota
凯琉斯・奥勒良努斯 Caelius Aurelianus
凯瑟琉斯・文德克斯 Caesellius Vindex
凯修斯・巴苏斯 Caesius Bassus
恺撒・巴耳达斯 Caesar Bardas
恺撒里亚 Caesarea
坎努帕斯 Canopus
坎诺尼奇 Canonici
坎帕尼亚 Campania
坎佩 Quimper
康剌德・冯・穆耳 Conrad von Mure
康布雷 Cambrai
康迪都斯 Candidus
康剌德・凯尔忒 Conrad Celtes
康茂德 Commodus
康茂狄安努斯 Commodianus
康皮埃涅 Compiègne
康森修斯 Consentius
康舍的威廉 William of Conches

康士坦茨湖 Constance
康斯坦提亚 Constantia
考笃巴 Corduba
考尔贝 Colbert
考尔维 Corvey
考尔维的维都肯德 Widukind of Corvey
考弥塔斯 Cometas
考尼费齐乌斯 Cornificius
考诺斯 Caunus
考维尔 Cowell
柯尔努图斯 Cornutus
柯克汉的厄维剌尔 Everard de Kirkham
柯拉诺的托马斯 Thomas of Celano
柯理普斯 Corippus
柯理丘斯 Choricius
柯林斯 Corinth
柯卢乔·萨吕塔蒂 Coluccio Salutati
柯卢图斯 Collûthus
柯米尼安努斯 Cominianus
柯莫雷 Cormery
柯墨 Como
柯内理安努斯 Cornelianus
柯柔萨 Creusa
柯儒奎乌斯 Cruquius
柯斯玛斯 Cosmas
柯斯塔·本卢迦 Costa ben Luca
柯塔 Cotta
柯泰雍的亚历山大 Alexander of Cotyaeum
柯伊琉斯·安提帕忒 Coelius Antipater
科贝特 Cobet
科尔奈利乌斯·弗隆托 Cornelius Fronto
科尔奈利乌斯·加卢斯 Cornelius Gallus
科尔奈利乌斯·奈波斯 Cornelius Nepos
科顿 Cotton
科尔多瓦 Cordova
科尔克斯 Colchos
科耳修斯·瓦勒理安努斯 Curtius Valerianus
科洛塔 Clothar
科摩 Como
科普特人克理斯托多儒 Christodorus of Coptus
科斯 Cos
科斯的菲勒塔斯 Philetas of Cos
克拉底鲁 Cratylus
克拉默 Cramer
克拉苏 Crassus
克拉肖 Crashaw
克剌忒儒斯 Craterus
克剌提波 Cratippus
克剌提努斯 Cratinus
克莱斯忒涅 Cleisthenes
克劳狄·托勒密 Claudius Ptolemaeus
克劳狄安 Claudian
克劳狄乌斯·多纳图斯 Claudius Donatus
克劳狄乌斯·马理乌斯·维克多 Claudius Marius Victor
克勒蒙 Clermont
克勒蒙－菲朗 Clermont Ferrand
克雷默那 Cremona
克雷默那的老杰剌德 Gerard of Cremona, the elder
克雷默那萨毕昂涅塔地方的杰剌德 Girardus de Sabloneto Cremonensis
克里斯蒂安尼亚 Christiania
克里托马库斯 Clitomachus
克理阿刻斯 Clearchus
克理克莱德的罗伯特 Robert of Cricklade
克理斯普斯·撒卢斯修 Crispus Salustius
克理托劳斯 Critolaus
克利塔库斯 Clitarchus
克列斯蒂安·列古哀 Crestien Legouais
克隆费特的布冷丹 Brendan of Clonfert
克吕尼 Cluni
克律西波 Chrysippus
克略巴忒拉 Cleopatra

克洛维 Clovis
克努特 Canute
克冉托尔 Crantor
克塞农 Xenon
克塞诺克拉底 Xenocrates
克珊陀普卢斯 Xanthopulus
刻奥弗理德 Ceolfrid
刻德瑞努斯 Cedrenus
刻俄斯的巴居理德斯 Bacchylides of Ceos
刻菲西亚 Cephisia
刻斐索丰 Cephisophon
刻剌佐墨纳厄的阿那克萨革拉 Anaxagoras of Clazomenae
刻莱奈 Celaenae
刻勒斯丁 Celestine
刻理提亚斯 Critias
刻列耳库斯 Clearchus
刻律索斯托 Chrysostom
刻伦弥拉 Columella
刻罗德甘 Chrodegang
刻洛丰的克塞诺凡尼 Xenophanes of Colophon
刻昔费林努斯 Xiphilinus
肯瑟理努斯 Censorinus
夸德里伽里乌斯 Quadrigarius
库马 Cumae
库马的安提都儒 Antidorus of Cumae
库姆密安 Cummian
库诺斯克法莱山 Cynoscephalae
库珀 Cope
库萨 Cues
库萨的尼古劳斯 Nicolaus Cusanus
库斯洛斯 Chosroes
库唐斯 Coutances
昆博兰 Cumberland
昆体良 Quintilian
昆图斯・埃琉斯・图贝洛 Quintus Aelius Tubero
昆图斯・科耳修斯 Quintus Curtius
昆图斯・梅特卢斯 Quintus Metellus
昆图斯 Quintus
拉奥尼库斯・喀耳孔第勒斯 Laonicus Chalcondyles
拉贝理乌斯 Laberius
拉察 Lecce
拉德允蒂 Radegunde
拉丁姆 Latium
拉哥尼亚 Laconia
拉居德 Lacydes
拉柯曼 Lachmann
拉柯坦提乌斯・普拉基都斯 Lactantius Placidus
拉柯坦提乌斯 Lactantius
拉伦提乌斯 Larentius
拉罗歇尔的约翰 John of la Rochelle
拉美西斯・密阿蒙 Ramses Miamun
拉尼苏尔马尼 Lagny-sur-Marne
拉努维昂 Lanuvium
拉斯金 Ruskin
拉翁 Laon
拉伊乌斯 Laïus
剌班努斯・茅儒斯 Rabanus Maurus
剌德贝图斯 Radbertus
剌多福・托塔尔 Radulfus Tortarius
剌尔弗・希格顿 Ralph Higden
剌耳弗・德・狄柯多 Radulphus de Diceto
剌费尔・列吉乌斯 Raphaël Regius
剌寇提斯 Rhakôtis
剌苏 Lasus
剌哲维努斯 Ragevinus
莱杰诺 Regino
莱克格斯 Lycurgus
莱蒙德・鲁尔 Raymundus Lullius
莱蒙德 Raimund
莱斯博斯岛 Lesbos
莱斯博斯的弗里尼斯 Lesbian Phrynis

莱斯彻斯 Lesches
莱斯特 Leicester
莱歇瑙 Reichenau
赖塞纳的塞尔吉乌斯 Sergius of Resaina
兰茨堡的赫剌德 Herrad of Landsberg
兰第尼 Landini
兰弗朗 Lanfranc
兰克 Ranke
兰普罗克勒 Lamprocles
兰塞 Ramsey
兰赛 W. Ramsay
兰斯的阿尔贝理克 Alberic of Rheims
阑普萨库的墨忒若都儒斯 Metrodorus of Lampsacus
阑普萨库的色诺芬 Xenophon of Lampsacus
朗格勒 Langres
朗吉努斯 Longinus
朗兰 Longland
劳达玛斯 Laodamas
劳第刻亚的米南达 Menander of Laodicea
劳儒斯·居理努斯 Laurus Quirinus
老普林尼 the elder Pliny
勒巴雷 Le Pallet
勒朗 Leland
勒密吉乌斯 Remigius
勒穆诺斯 Lemnos
勒普提涅斯 Leptines
勒普修斯 Lepsius
勒日纳德 Reginald
勒佐的马尔切希尼 Marchesini of Reggio
雷拜 Rébais
雷林岛 Lérins
雷蒙德 Raymund
雷斯巴库 Resbacus
楞泊斯 Lembos
楞图卢斯 Lentulus
里丁 Reading
里尔的阿兰 Alain de Lille（Alanus ab Insulis）
里古热 Ligugé
里柯 Lycon
里斯本的“西班牙人”彼得 Petrus Hispanus of Lisbon
里修 Lisieux
里兹 Riez
理班纽斯 Libanius
理查·昂格维尔 Richard Aungerville
理查·德·富尔尼沃 Richard de Fournival
理茨尔 Ritschl
理恩济 Rienzi
理迦斯拓德 Ligyastades
理居纽斯 Licymnius
理奇柏德 Richbod
理亚努斯 Rhianus
利安德尔 Leander
利奥·麦根提努斯 Leon Magentinus
利奥弗理克 Leofric
利贝理乌斯 Liberius
利泊的伯纳德 Bernard of Lippe
利基尼乌斯·克剌苏·第维斯·穆基安努斯 Licinius Crassus Dives Mucianus
利基尼乌斯 Licinius
利吉姆的阿那克西拉斯 Anaxilas of Rhegium
利吉姆的忒阿根尼斯 Theagenes of Rhegium
利摩日 Limoges
利纳克莱 Linacre
利普施塔特的查士丁努 Justinus of Lippstadt
利普修斯 Lipsius
利西麦克斯 Lysimachus
列尔斯 Lehrs
列根堡 Regenburg
列洛斯岛的德摩多库斯 Demodocus of Leros
列缪·帕莱蒙 Remius Palaemon
列日 Liège
列日的剌忒理乌斯 Ratherius of Liège
列维·本·热尔松 Levi ben Gerson
列翁提尼 Leontini

烈陀 Leto
林道斯 Lindos
林努斯 Linus
留德普朗 Liudprand
卢基理乌斯 Lucilius
卢卡尼亚 Lucania
卢坎 Lucan
卢克莱修 Lucretius
卢克塔修・普拉基都斯 Luctatius Placidus
卢库鲁斯 Lucullus
卢奇乌斯・李维乌斯・安德洛尼库斯 Lucius Livius Andronicus
卢塞维 Luxeuil
卢斯基乌斯 Luscius
卢斯替鸩・赫庇丢・多姆努鲁 Rusticius Helpidius Domnulus
卢瓦尔河畔的圣茅尔 St Maur-sur-Loire
卢修斯・埃密琉斯・保卢斯 Lucius Aemilius Paulus
鲁昂 Rouen
鲁昂的艾田涅 Étienne de Rouen
鲁道夫 Rudolf
鲁菲努斯 Rufinus
鲁福斯・美理修斯 Rufus Melitius
鲁恩肯 Ruhnken
鲁斯提库斯 Rusiticus
鲁特贝弗 Rutebeuf
鲁汶 Louvain
鲁修斯・阿忒乌斯・普莱特克斯特 Lucius Ateius Praetextatus
鲁雅尔 Luard
吕贝克 Lübeck
吕达 Lydda
吕厚的鲁道夫 Ludolf of Luchow
吕善德 Lysander
吕西克拉底 Lysicrates
吕西亚 Lysias
吕昔普斯 Lysippus
律柯波利斯 Lycopolis
律特普朗 Luitprand
伦斯特 Leinster
罗贝克 Lobeck
罗伯特・布朗宁 Robert Browning
罗伯特・葛洛赛特斯特 Robert Grosseteste
罗伯特・基尔瓦德比 Robert Kilwardby
罗伯特・培根 Robert Bacon
罗彻斯特 Rochester
罗德斯的阿波罗尼乌斯 Apollonius Rhodius
罗德斯的安德洛尼库斯 Andronicus of Rhodes
罗德斯的迪亚戈剌 Diagoras of Rhodes
罗德斯的优德慕斯 Eudemus of Rodes
罗刻拉 Roccella
罗客塞特 Wroxeter
罗马的厄基第奥（科隆纳）Egidio（Colonna）da Roma
罗马的基耶 Gilles de Rome
罗曼努斯 Romanus
罗慕洛 Romulus
罗纳河 Rhone
罗塞塔 Rosetta
罗赛林努斯 Roscellinus
罗斯维妲 Hroswitha
罗退尔 Lothair
罗瓦托 Lovato
洛都尔福・葛拉波 Rodulfus Glaber
洛尔施 Lorsch
洛克瑞亚 Locria
洛理的纪尧姆 Guillaume de Lorris
洛利安努斯 Lollianus
洛伦佐图书馆 Laurentian librar
洛梅罗的奥托 Otho of Lomello
洛斯齐 Loschi
洛塔林基亚 Lotharingia
马拜的“模式派学人”米歇尔 Michael ‘Modista’ of Marbais

马必雍 Mabillon
马丁斯托卑 Martinstobel
马都拉的阿普勒乌斯 Apuleius of Madaura
马尔堡 Marburg
马尔博 Marbod
马尔库弗 Marculf
马尔库斯 Malchus
马尔梅蒂－斯塔维罗 Malmédy-Stavelot
马尔姆斯伯理 Malmesbury
马尔息卡的利奥 Leo Marsicanus
马尔绪亚斯 Marsyas
马耳东尼乌斯 Mardonius
马格内西亚的狄奥克勒 Diocles of Magnesia
马赫菲 Mahaffy
马喀理乌斯 Macarius
马喀理乌斯 Macharius
马考莱 Macaulay
马克・帕提逊 Mark Pattison
马克罗比乌斯 Macrobius
马克斯・缪勒 Max Müller
马克西米安努斯 Maximianus
马克西姆・普兰努德斯 Maximus Planudes
马勒伯格 Marleberge
马理斯柯的亚当 Adam de Marisco
马理乌斯・麦耳卡托尔 Marius Mercator
马理乌斯・普洛修・萨科耳多 Marius Plotius Sacerdos
马理乌斯・维克多理努斯 Marius Victorinus
马摩铁 Marmoutier
马诺耳比尔城堡 Manorbeer Castle
马乔理安 Majorian
马泰涅 Martène
马泰乌斯・卡马理奥忒 Matthaeus Camariotes
马梯厄・柯维努斯 Matthias Corvinus
马提阿尔 Martial
马提安・卡帕剌 Martianus Capella
马修・帕理斯 Matthew Paris
玛葛涅息亚人德米特理乌斯 Demetrius Magnes
玛理努斯 Marinus
玛洛斯的克剌忒斯 Crates of Mallos
玛洛斯的芝诺多图斯 Zenodotus of Mallos
玛兹 Matz
买蒙 Al-Mamun
迈伊 Mai
麦茨 Metz
麦茨的高提耶 Gautier de Metz
麦杜弗 Maidulf
麦耳比克 Moerbeke，或 Meerbecke
麦加拉 Megara
麦加拉的忒欧根尼 Theognis of Megara
麦斯尼尔 Du Mesnil
麦忒若多儒斯 Metrodorus
麦锡拿斯 Maecenas
曼弗莱德 Manfred
曼尼琉斯 Manilius
曼尼修斯 Manitius
曼涅提 Manetti
曼涅托 Manetho
曼纽尔・菲勒斯 Manuel Philes
曼纽尔・赫律索洛拉斯 Manuel Chrysoloras
曼纽尔・莫斯考普卢斯 Manuel Moschopulus
曼纽尔 Manuel
曼斯 Mans
曼苏尔 Almansur
曼忒 Mantes
曼图亚 Mantua
毛里塔尼亚 Mauretania
毛里塔尼亚的庞贝乌斯 Mauretanian Pompeius
茅儒斯・塞尔维乌斯・霍诺剌图 Maurus Servius Honoratus
梅伦的罗伯特 Robert of Melun
梅洛克勒斯 Moerocles
梅斯忒理乌斯・弗罗鲁斯 Mestrius Florus

梅特卢斯・努米第库斯 Metellus Numidicus
美吉司提亚斯 Megistias
美托涅的尼古劳斯 Nicolaus of Methone
美因维尔克 Meinwerk
门罗 Munro
蒙彼利埃 Montpellier
蒙默思的杰弗瑞 Geoffrey of Monmouth
蒙塔伦贝 Montalembert
蒙特法贡 Montfaucon
蒙特莱里 Mont-l'Héri
米耳累亚的阿斯刻勒庇亚德 Asclepiades of Myrleia
米凯勒・阿波斯托琉斯 Michael Apostolius
米凯勒・阿柯米纳图斯 Michael Acominatus
米凯勒・安德略普卢斯 Michael Andreopulus
米兰的亨利 Henricus Mediolanensis
米兰多拉的皮柯 Pico della Mirandola
米利都的甫居理德斯 Phocylides of Miletus
米利都的赫拉克利德 Heracleides of Miletus
米利都的提摩透斯 Timotheus of Miletus
米利都的希剌尼库斯 Hellanicus of Miletus
米洛斯 Melos
米南达 Menander
米涅 Migne
米努昔安 Minucianus
米歇尔斯堡的赫尔鲍德 Herbord of Michelsberg
密昂 Meung
密昂的约翰 Jean de Meung
密尔提阿德斯 Miltiades
密利忒涅的迦布列尔 Gabriel of Melitene
密提勒涅 Mitylene
密提勒涅的刻律斯托弗儒斯 Christophorus of Mitylene
密息亚 Mysia
闵都的亚历山大 Alexander of Myndos
明谷的伯纳德 Bernard of Clairvaux
明斯特 Münster
摩德纳 Modena
摩兰尼庇德斯 Melanippides
摩兰普斯 Melampus
摩雷的丹尼尔 Daniel de Morlai
摩理斯 Maurice
摩列奥提湖 Mareotic
摩涅刻勒斯 Menecles
美萨纳的狄凯阿库斯 Dicaearchus of Messana
摩斯库斯 Moschus
摩西・迈蒙尼德 Moses Maimonides
莫脱丢斯 Methodius
莫瓦萨克 Moissac
墨埃里斯 Moeris
墨埃理湖 Moeris
墨德斯图斯 Modestus
墨德温 Modoin
墨厄兰的伯纳德 Bernard of Moélan
墨勒阿革洛斯 Meleager
墨隆 Molon
墨涅拉奥斯 Menelaus
墨涅蒙 Mnemon
墨涅希洛库斯 Mnesilochus
墨普苏提亚的忒奥多尔 Theodore of Mopsuetia
墨萨剌 Messala
墨索密德斯 Mesomedes
墨西拿 Messina
墨西拿的巴忒洛缪 Bartholomew of Messina
墨西亚山 Moscian
默兹河 Meuse
慕伊耳舒 Muirchu
穆阿德温 Muadwin
穆耳巴赫 Murbach
穆剌托理 Muratori
穆赛欧斯 Musaeus
穆索尼乌斯・鲁福斯 Musonius Rufus
纳邦涅 Narbonne
纳布尔 Naber

纳刻索斯 Naxos
纳琉斯 Neleus，
纳特勒史普 Nettleship
纳西昂的格雷高利 Gregory of Nazianzus
耐维乌斯 Naevius
南特 Nantes
瑙刻拉提斯 Naucratis
瑙姆堡 Naumburg
尼安德尔 Neander
尼彻 Nische
尼格尔·维赖克 Nigellus Wirecker
尼各马可 Nicomachus
尼古劳斯·道贝卢斯 Nicolaus de Orbellis
尼古劳斯·卡巴昔拉斯 Nicolaus Cabasilas
尼古斯特拉图斯 Nicostratus
尼基第乌斯·费古卢斯 Nigidius Figulus
尼基第乌斯 Nigidius
尼凯乌斯 Nicaeus
尼坎德尔 Nicander
尼坎诺耳 Nicanor
尼考柯勒斯 Nicocles
尼柯弗儒斯·巴兹刺克斯 Nicephorus Basilakes
尼柯弗儒斯·布林密德斯 Nicephorus Blemmydes
尼柯弗儒斯·布律恩纽斯 Nicephorus Bryennius
尼柯弗儒斯·格雷高剌斯 Nicephorus Gregoras
尼柯弗儒斯·昆努斯 Nicephorus Chumnus
尼柯弗儒斯 Nicephorus
尼柯拉·庇萨诺 Niccola Pisano
尼柯米迪亚 Nicomedia
尼科密迭亚 Nicomedeia
尼刻尔 Nicole
尼刻塔斯·阿柯米纳图斯 Nicetas Acominatus
尼米亚 Nemea
尼姆 Nîmes
尼努斯 Ninus
尼撒的格雷高利 Gregory of Nyssa
尼维勒 Nivelle
尼西比 Nisibis
尼西亚的帕耳忒尼乌斯 Parthenius of Nicaea
尼西亚的希帕库斯 Hipparchus of Nicaea
尼西亚的尤斯塔修斯 Eustathius of Nicaea
涅安忒斯 Neanthes
涅恩堡的亨利·罗耳萨 Heinrich Rosla of Nienburg
涅米修斯 Nemesius
涅密西安 Nemesianus
涅斯托尔 Nestor
聂斯脱利乌斯 Nestorius
牛津的约翰 John of Oxford
纽堡的威廉 William of Newburgh
纽伦堡 Nürnberg
努尔斯灵 Nursling
努尔西亚 Nursia
努马 Numa
努米底亚 Numidia
努米尼乌斯 Numenius
诺顿市镇的劳伦斯·布鲁顿 Laurence Bruton de Chepyn Norton
诺恩努斯 Nonnus
诺福克 Norfolk
诺根 Nogent
诺拉 Nola
诺拉的保理努斯 Paulinus of Nola
诺拉的斐理克斯 Felix of Nola
诺里库姆 Noricum
诺理库姆的斯都尔姆 Sturmi of Noricum
诺南托拉 Nonantola
诺尼乌斯·马赛卢斯 Nonius Marcellus
诺努苏斯 Nonnŏsus
诺森布理亚 Northumbria
诺瓦刺的昆佐 Gunzo of Novara
诺瓦勒萨 Novalesa

欧波利斯 Eupolis
欧丁 Oudin
欧耳比琉斯 Orbilius
欧几勒德斯 Eucleides
欧几里德 Euclid
欧凯努斯 Oceanus
欧凯塔 Euchaita
欧默尔 Omar
欧琴纽斯 Eugenius
欧舍理乌斯 Eucherius
欧特罗庇乌斯 Eutropius
欧叙甫洛 Euthyphro
帕庇理安努斯 Papyrianus
帕布利琉斯・叙鲁斯 Publilius Syrus
帕德伯恩 Paderborn
帕多瓦 Padua
帕尔马 Parma
帕尔密拉 Palmyra
帕甫斯 Paphos
帕甫斯的伊斯忒耳 Istrus of Paphos
帕克 Parc
帕克 Parker
帕库维乌斯 Pacuvius
帕拉纠斯 Pelagius
帕拉米德斯 Palamedes
帕拉斯 Pallas
帕剌达斯 Palladas
帕里昂的尼奥托勒密 Neoptolemus of Parion
帕罗斯岛的阿基洛库斯 Archilochus of Paros
帕丕尼乌斯・斯塔提乌斯 Papinius Statius
帕皮亚斯 Papias
帕齐费柯 Pacificus
帕齐密勒斯 Pachymeres
帕沙修斯・剌德伯特 Paschasius Radbertus
帕沙修斯 Paschasius
帕绍 Passau
帕斯卡 Pascal
帕塔维昂 Patavium
帕特罗克勒斯 Patroclus
帕特摩斯 Patmos
帕维亚 Pavia
潘费剌 Pamphila
潘费卢斯 Pamphilus
潘奈修斯 Panaetius
潘尼亚息斯 Panyasis
潘诺波利斯 Panopolis
潘诺尼亚 Pannonia
潘泰努斯 Pantaenus
庞贝乌斯・费斯多 Pompeius Festus
庞贝乌斯・马赛尔 Pompeius Macer
庞贝乌斯・特罗戈斯 Pompeius Trogus
庞庇琉斯・安德洛尼库斯 Pompilius Andronicus
庞彭纽斯・玻菲里奥 Pomponius Porphrio
庞彭纽斯・拉图斯 Pomponius Laetus
庞彭纽斯・马赛卢斯 Pomponius Marcellus
庞彭纽斯・梅拉 Pomponius Mela
庞珀萨 Pomposa
庞普隆纳 Pampeluna
庞忒息里娅 Penthesilea
培康索普的约翰 John of Baconthorpe
培勒琉斯・法奥斯图斯 Perellius Faustus
佩都劳厄斯 Peitholaüs
佩列涅 Pellene
佩流西翁的伊息多耳 Isidore of Pelusium
佩隆 Peyron
佩瑞斯刻 Peirescius
佩桑德 Peisander
佩特雷 Patrae
佩特罗基 Petroches
佩特洛尼乌斯 Petronius
彭布鲁克郡 Pembrokeshire
彭冉 Penzance
彭透斯 Pentheus
皮埃尔・伯绥尔 Pierre Bersuire
皮埃尔・拉・卡萨 Pierre la Casa

皮埃尔·塞日叶 Pierre Séguier
皮尔克海默 Pirckheimer
皮坦涅 Pitane
皮提厄乌斯 Pithyoeus
皮提亚 Pythia
皮提亚斯 Pytheas
皮透斯 Pithoeus
珀尔森 Porson
珀尔提纳克斯 Pertinax
珀迦的阿波罗尼乌斯 Apollonius of Perga
帕迦马的克剌忒斯 Crates of Pergamon
帕迦马的阿波罗多儒斯 Apollodorus of Pergamon
珀勒歌林努斯·普鲁透斯 Peregrinus Proteus
珀吕育刻忒 Polyeuctus
珀涅罗珀 Penelope
珀瑟丰涅 Persephone
珀息乌斯 Persius
珀修斯 Perseus
蒲柏 Pope
普拉提亚 Plataea
普拉基都斯 Placidus
普拉克西芬 Praxiphanes
普剌柯西忒勒 Praxiteles
普莱内斯特 Praeneste
普朗特尔 Prantl
普劳图斯 Plautus
普理斯库斯 Priscus
普理西安 Priscian
普卢顿休斯 Prudentius
普卢翁 Prüm
普鲁萨 Prusa
普鲁塔库斯 Plutarchus
普罗芭 Proba
普罗第库 Prodicus
普罗珀提乌斯 Propertius
普洛埃勒修斯 Proaeresius
普洛布斯 Probus
普洛柯比乌斯 Procopius
普洛刻卢斯 Proclus
普洛斯珀 Prosper
普洛塔丢斯 Protadius
普洛修斯·加卢斯 Plotius Gallus
普塞卢斯 Psellus
普透黎 Puteoli
齐奥基亚 Chioggia
齐尔壬斯特 Circencester
齐理乌斯·佛图纳提安努斯 Chirius Fortunatianus
齐庭的芝诺 Zeno of Citium
乔尔齐奥·梅鲁拉 Giorgio Merula
乔沙法 Josaphat
乔叟 Chaucer
乔万尼·维拉尼 Giovanni Villani
乔治·赫柏特 George Herbert
乔治·亚柯洛波利忒 Georgius Acropolites
切尔米纳提的乔万尼 Giovanni da Cermenate
秦纳慕斯 Cinnamus
琴基乌斯·阿理门图 Cincius Alimentus
冉布卢斯的奥尔贝 Olbert of Gembloux
冉布卢斯的西热贝 Sigebert of Gembloux
冉顿的约翰 Jean de Jandun
让·德·奥维耶 Jean de Hauteville
让·德·图安 Jean de Thuin
热那亚的约翰 Joannes Januensis
日耳曼尼库斯 Germanicus
日耳曼人哈特温 Hartwin the German
儒琛的杰剌德 Gerhard of Zutphen
儒提琉斯·卢普斯 Rutilius Lupus
儒提琉斯·纳马提安 Rutilius Namatianus
芮采尔 Ritschl
芮沃的艾忒尔莱德 Ethelred of Rievaulx
瑞贝克 Ribbeck
瑞查德·耶博 Richard Jebb
瑞斯·罗伯茨 Rhys Roberts
瑞歇尔 Richer

撒耳马修斯 Salmasius
撒耳维安 Salvian
萨尔茨堡 Salzburg
萨福克郡 Suffolk
萨科耳多 Sacerdos
萨克森的阿尔伯特 Albert of Saxony
萨拉曼卡 Salamanca
萨拉米斯 Salamis
萨勒诺 Salerno
萨里 Surrey
萨鲁斯特 Sallust
萨缪尔・耶博 Samuel Jebb
萨摩萨塔的琉善 Lucian of Samosata
萨摩斯的波吕克剌底 Polycrates of Samos
萨摩斯的刻厄芮卢斯 Choerilus of Samos
萨摩斯的伊比库斯 Ibycus of Samos
萨摩忒雷斯的阿里斯塔库斯 Aristarchus of Samothrace
萨塔斯 Sathas
萨沃纳罗拉 Savonarola
塞都琉斯 Sedulius
塞尔吉乌斯 Sergius
塞尔瓦图斯・卢普斯 Servatus Lupus
塞尔维乌斯・刻洛丢斯 Servius Clodius
塞尔维乌斯・图利乌斯 Servius Tullius
塞尔维乌斯 Servius
塞赫纳尔 Sechnall
塞克斯都・恩披理克 Sextus Empiricus
塞克斯都・庞贝乌斯 Sextus Pompeius
塞克斯都・尤里乌斯・亚非利加努斯 Sextus Julius Africanus
塞库儒斯・墨姆尔・费理克斯 Securus Memor Felix
塞夸尼 Sequani
塞昆第努斯 Secundinus
塞昆都斯 Secundus
塞勒努斯・桑摩尼库斯 Serenus Sammonicus
塞利根斯塔德 Seligenstadt
塞琉古斯 Seleucus
塞牧尔 Seymour
塞内加 Seneca
塞尼山隘 Mont Cenis
塞浦路斯的格雷高利 Gregory of Cyprus
塞普勒维达 Sepulveda
塞普提缪・塞维尔儒斯 Septimius Severus
塞斯普罗蒂亚 Thesprotia
塞提梅洛的亨利 Henricus Septimellensis
塞维乌斯・尼坎诺耳 Saevius Nicanor
赛拉皮斯 Serapis
桑茨柏利 Saintsbury
桑加利安西斯 Sangalliensis
桑纳扎罗 Sannazaro
绍塞 Southey
色萨利 Thessaly
色雷斯 Thrace
色萨雷 Thesaaly
瑟伦 Theron
沙特尔的伯纳德 Bernard of Chartres
商博良 Champollion
尚班涅的阿德马尔 Adémar de Chabannes
尚波的威廉 William of Champeaux
舍尔斯希尔的阿尔弗雷德 Alfred de Sereshel
圣阿塔纳修 St Athanasius
圣埃德蒙 St Edmund
圣埃维鲁 Saint-Évroult
圣艾勒 St Aile
圣安德理亚・德拉瓦勒 S. Andrea della Valle
圣安东尼努斯 S. Antoninus
圣安娜斯塔息娅 St Anastasia
圣奥蒂耶山 Mont St Odile
圣奥耳班 St Albans
圣奥莫尔 St Omer
圣波尔德里昂 St Pol de Léon
圣伯丁 St Bertin
圣德尼 St Denis

圣厄弗鲁 Saint-Évroult
圣弗尔西 St Furcy
圣弗赖兹维德 St Frideswide
圣高尔 St Gallen
圣哥伦巴 St Columba
圣赫琳娜 St Helena
圣杰罗姆 St Jerome
圣居理努斯 St Quirinus
圣刻律索高努斯 St Chrysogonus
圣库思伯特 St Cuthbert
圣昆廷 St Quentin
圣理齐耶 St Riquier
圣理齐耶的安吉勒兰 Angelrann
圣卢克 St Luke
圣鲁普 St Loup
圣马克西敏 St Maximin
圣马提阿尔 St Martial
圣玛丽亚・柯特奥尔兰迪尼 S. Maria Corte-Orlandini
圣米歇尔山 Mont S. Michel
圣莫尔的拜努瓦 Benoît de Sainte-More
圣欧万 St Ouen
圣帕特理克 St Patrick
圣普刺克塞迪斯 St Praxedis
圣日耳曼德佩区 Saint-Germain-des-Prés
圣萨巴斯 St Sabas
圣塞维理努斯 St Severinus
圣万德理勒 St Wandrille
圣维克多 St Victor
圣维克多的戈弗雷 Godefroi de Saint Victor
圣维克多的亚当 Adam of St Victor
圣维利布劳德 St Willibrord
圣亚撒甫 St Asaph
圣伊尔图德 St. Iltud
施莱尔马赫 Schleiermacher
史密特 Schmidt
士麦那的彼翁 Bion of Smyrna
士麦那的赫密普斯 Hermippus of Smyrna
士麦那的昆图斯 Quintus of Smyrna
士麦那的闵纳穆斯 Mimnermus of Smyrna
斯巴达的阿耳刻曼 Alcman of Sparta
斯贝耶尔 Speier
斯彪西波 Speusippus
施彭格尔 Spengel
斯塔尔鲍姆 Stallbaum
斯第潘努斯 Stephanus
斯蒂芬 Stephens
斯笃第翁 Studion
斯菲图斯 Sphettus
斯卡利杰尔 Scaliger
斯凯沃剌 Scaevola
斯刻博息 Scepsis
斯刻博息的德米特理乌斯 Demetrius of Scepsis
斯库拉齐翁 Scyllacium
斯奎拉刻 Squillace
斯佩丁 Spedding
斯塔布留斯・厄洛斯 Staberius Eros
斯塔杰洛斯城 Stageirus
斯塔提琉斯・马克西姆斯 Statilius Maximus
斯塔提乌斯 Statius
施坦哈特 Steinhart
施泰因塔尔 Steinthal
斯忒剌提乌斯 Stratius
斯忒西考儒 Stesichorus
斯特拉波 Strabo
斯特拉斯堡的居伊 Gui de Strasbourg
斯特拉托 Straton
斯特剌德布洛克 Stradbroke
斯提芬 Stephen
斯托拜 Stobi
苏艾尔的亚当 Adam de Suel
苏比雅克 Subiaco
苏尔庇修・阿波利纳理斯 Sulpicius Apollinaris
苏尔庇修・伽卢斯 Sulpicius Galus
苏尔庇修 Sulpicius

苏耳庇修·塞维尔儒斯 Sulpicius Severus
苏耳庇修·维克多 Sulpicius Victor
苏格拉底 Socrates
苏格拉底派的埃斯奇纳斯 Aeschines Socraticus
苏格拉提达斯 Socratidas
苏拉 Sulla
苏黎世 Zürich
苏萨 Susa
苏瓦松 Soissons
苏维托尼乌斯·特兰奎卢斯 Suetonius Tranquillus
苏维托尼乌斯 Suetonius
梭里 Soli
所罗门·伊本·葛比洛 Solomon Ibn Gebirol
所罗摩 Salomo
索弗洛纽斯 Sophronius
索福尼亚斯 Sophonias
索甫隆 Sophron
索拉的瓦勒理乌斯 Valerius of Sora
索剌努斯 Soranus
索里的阿拉图斯 Aratus of Soli
索理努斯 Solinus
索利兹伯瑞的约翰 John of Salisbury
索姆 Somme
索斯比乌斯 Sosibius
索特理达斯 Soteridas
索提翁 Sotion
索息根尼斯 Sosigenes
索佐闵 Sozomen
索佐闵 Sozomenus
塔尔瑟斯 Tarsus
塔尔瑟斯的阿忒诺多儒斯 Athenodorus of Tarsus
塔尔瑟斯的安提帕忒 Antipater of Tarsus
塔弗 Tafel
塔拉 Tara
塔拉修斯 Tarasius
塔伦廷 Tarentum
塔伦廷的亚里斯托克森 Aristoxenus of Tarentum
塔纳戈剌 Tanagra
塔普苏斯 Thapsus
塔索斯的斯忒西穆卜若图斯 Stesimbrotus of Thasos
塔索斯的希庇亚斯 Hippias of Thasos
塔特温 Tatwine
塔西佗 Tacitus
塔先努斯 Titian
台蒙 Damon
泰伦斯 Terence
泰伦提安·茅儒斯 Terentianus Maurus
泰伦提乌斯·斯高儒斯 Terentius Scaurus
泰伦提乌斯·瓦罗 Terentius Varro
泰西封 Ctesiphon
泰息亚斯 Ctesias
汤普逊 Thompson
陶洛美尼翁的蒂迈欧 Timaeus of Tauromenium
陶耐修斯 Tornaesius
忒奥鲍德 Theobaldus
忒奥鲍德 Theobald
忒奥狄刻特 Theodectes
忒奥都耳福 Theodulfus
忒奥都弗斯 Theodulphus
忒奥都儒斯·伽扎 Theodorus Gaza
忒奥都儒斯·麦托齐忒 Theodorus Metochites
忒奥都儒斯·普罗德洛姆 Theodorus Prodromus
忒奥杜卢斯 Theodulus
忒奥多拉 Theodora
忒奥多理克 Theodoric
忒奥多瑞 Theodoret
忒奥多提翁 Theodotion
忒奥多修 Theodosius
提奥多西一世 Theodosius

忒奥朵琳达 Theodolinda
忒奥法努 Theophanu
忒奥菲剌克特 Theophylact
忒奥菲剌克图·塞摩卡塔 Theophylactus Simocattes
忒奥菲卢斯 Theophilus
忒奥芬尼 Theophanes
忒奥诺斯图 Theognostus
忒奥斯 Teos
忒奥斯的阿佩理孔 Apellicon of Teos
忒拜（希腊）Thebes
忒俄革尼 Theognis
忒俄斯 Teos
忒俄斯的阿纳克里翁 Anacreon of Teos
忒冈 Thegan
忒格恩西的梅特卢斯 Metellus of Tegernsee
忒剌贝亚 Trabea
忒剌勒斯的弗勒冈 Phlegon of Tralles
忒勒甫斯 Telephus
忒勒刻雷得 Telecleides
忒理亚 Thria
忒律菲奥多儒 Tryphiodorus
忒律丰 Tryphon
忒米斯修 Themistius
忒欧庞普斯 Theopompus
忒斯庇斯 Thespis
忒提斯 Thetis
忒翁 Theon
忒修斯 Theseus
特剌勒斯的慕纳修斯 Munatius of Tralles
特剌维尔萨理 Traversari
特莱比亚河 Trebbia
特赖尼 Traini
特劳 Trau
特理尔 Trier
特理姆 Trim
特理忒米乌斯 Trithemius
特列贝琉斯·波略 Trebellius Pollio
特林堡的雨果 Hugo of Trimberg
特鲁瓦的克列蒂安 Chrétien de Troies
特伦提亚 Terentia
特洛阿德 Troad
特洛埃卢斯 Troilus
特内多斯 Tenedos
梯麻根尼 Timagenes
提比留·森普洛尼乌斯·格拉库斯 Tiberius Sempronius Gracchus
提布尔 Tibur
提布卢斯 Tibullus
提罗 Thilo
提洛 Tiro
提洛提斯的赫剌刻勒翁 Heracleon of Tilotis
提摩斯忒涅 Timosthenes
提摩透斯 Timotheus
提默刻乐斯 Timocles
提冉尼奥 Tyrannion
提提纽斯 Titinius
提图·阿耳布基乌斯 Titus Albucius
提奚亚斯 Tisias
帖撒隆尼卡的菲利普 Philip of Thessalonica
廷德尔 Tyndale
图波息昆 Thubursicum
图尔比利乌斯 Turpilius
图尔奈 Tournai
图卡 Tucca
图利娅 Tullia
图卢兹 Toulouse
图卢兹的维吉尔 Virgilius Tolosanus
图密善 Domitian
图色尔 Tusser
涂柏 Tupper
土尔 Toul
土伦 Toulon
推罗的马克西姆 Maximus of Tyre
托比亚斯 Tobias
托蒂的雅各布 Jacopone da Todi

托古阿忒斯·根那丢斯 Torquatus Gennadius
托勒麦斯 Ptolemais
托勒密·坎努斯 Ptolemaeus Chennus
托里诺 Torino
托伦提诺 Tolentino
托罗萨 Tolosa
托马斯·贝凯特 Thomas Becket
托马斯·布剌德瓦丁 Thomas Bradwardine
托马斯·盖尔 Thomas Gale
托马斯·哈沃德 Thomas Howard
托马斯·克伦威尔 Thomas Cromwell
托马斯·瓦伦西斯 Thomas Wallensis
托马索·英希剌米 Tommaso Inghirami
脱提剌 Totila
瓦尔巩泰乌斯 Vargunteius
瓦尔特·鲍利 Walter Burley
瓦尔特·迈普 Walter Map
瓦勒里乌斯·安提阿斯 Velerius Antias
瓦勒理乌斯·波利奥 Valerius Pollio
瓦勒理乌斯·弗拉库斯 Valerius Flaccus
瓦勒理乌斯·哈波克剌提翁 Valerius Harpocration
瓦勒理乌斯·加图 Valerius Cato
瓦勒留·马克西姆斯 Valerius Maximus
瓦勒忒尔 Walther
瓦理乌斯 Varius
瓦伦斯 Valens
瓦伦廷二世 Valentinian II
瓦罗·阿塔奇努 Varro Atacinus
瓦罗 Varro
瓦特尔福德的杰弗瑞 Geoffrey of Waterforld
旺第埃尔的约翰 John of Vandières
旺多姆的马修 Matthew of Vendôme
威尔士的托马斯 Thomas of Wales
威克利夫 Wycliffe
威廉·琼斯爵士 Sir William Jones
威廉·塞凌 William Selling
威廉·舍伍德 William Shirwood
威廉·托恩 William Thorne
威尼斯的彼得 Petrus de Vineis
威斯巴登 Wiesbaden
威悉河 Weser
韦巴尔德 Wibald
韦伯 Weber
韦斯帕芗 Vespasian
维埃纳 Vienne
维岑提亚 Vicentia
维尔茨堡 Würzburg
维尔茨堡的康剌德 Conrad of Würzburg
维尔伽都斯 Vilgardus
维尔肯斯 Wilkins
维吉尔 Vergil
维吉琉斯·马罗 Virgilius Maro
维克多·库赞 Victor Cousin
维拉莫威兹 Wilamowitz
维勒育斯 Velleius
维理乌斯·尼柯马库斯·弗拉维安努斯 Virius Nicomachus Flavianus
维利博德 Wilibald
维琉斯·弗拉库斯 Verrius Flaccus
维琉斯·朗古斯 Velius Longus
维鲁斯 Verus
维罗纳 Verona
维南修斯·弗图纳图 Venantius Fortunatus
维切利 Vercelli
维琴察 Vicenza
维琴察的弗列托 Ferrěto of Vicenza
维森伯格 Weissenberger
维斯特曼 Westermann
维塔利昂 Vitalian
维特波的戈弗雷 Godfrey of Viterbo
维特鲁威 Vitruvius
维特维耶鲁姆 Wittewierum
维提乌斯·阿果理乌斯·巴息琉斯·马沃尔提乌斯 Vettius Agorius Basilius Mavortius

维廷 Wettin
维耶丢的亚历山大 Alexander of Villedieu
维哲修斯 Vegetius
伪阿卡狄乌斯 Pseudo-Arcadius
伪阿克洛 Pseudo-Acro
卫林哈理乌斯 Werinharius
卫林内尔 Werner
魏森堡 Weissenburg
温彻斯特 Winchester
温彻斯特的厄利耶 Elie de Winchester
温弗理德 Winfrid
温理克 Winric
温尼哈理乌斯 Winidharius
温泉关 Thermopylae
温什柯姆 Winchcombe
翁布里亚 Umbria
翁尼希克里图 Onesicritus
沃庇斯库斯 Vopiscus
沃尔芬彼特 Wolfenbüttel
沃尔夫 Wolf
沃克吕兹 Vaucluse
沃克曼 Volkmann
沃勒 Waller
沃理格 Uhlig
沃特·德·墨顿 Walter de Merton
沃特福德的杰弗瑞 Geoffrey of Waterford
沃西主教 Cardinal Wolsey
沃修斯 Vossius
渥努玛克里特 Onomacritus
乌得勒支 Utrecht
乌尔班努斯 Urbanus
乌尔斯特 Ulster
乌耳庇安 Ulpian
乌瑟纳尔 Usener
乌舍尔 Ussher
乌特勒支 Ultrecht
伍尔卡基乌斯·塞狄基突斯 Volcacius Sedigitus
伍斯特的弗劳伦斯 Florence of Worcester
西比阿 Scipio
西比尔 Sibyls
西达 Side
西顿的安提帕忒 Antipater of Sidon
西风岬爱神 Aphrodite Zephyritis
西里西亚 Cilicia
西利乌斯·伊塔利库斯 Silius Italicus
西莲山 Caelian
西门·德·弗赖斯涅 Simon de Fraisne
西门·德·蒙特福 Simon de Montfort
西蒙尼德 Simonides
西摩剌 Himera
西西里的狄奥多鲁斯 Diodorus Siculus
西西里的罗杰尔 Roger of Sicily
西西里的约瑟夫 Joseph of Sicily
西锡安 Sicyon
西叙福斯 Sisyphus
希庇阿斯 Hippias
希波 Hippo
希尔德贝 Hildebert
希尔德布朗 Hildebrand
希尔德斯海姆 Hildesheim
希尔都因 Hilduin
希尔佩理克 Chilperic
希尔绍 Hirschau
希尔绍的康剌德 Conrad of Hirschau
希尔绍的威廉 Wilhelm of Hirschau
希尔修斯 Hirtius
希葛息亚 Hegesias
希津努斯 Hyginus
希拉克里亚的本都库斯人赫拉克利德斯 Heracleides Ponticus of Heraclea
希拉克里亚的曼农 Memnon of Heraclea
希剌尼库斯 Hellanicus
希利南 Hélinand
希略波利斯 Heliopolis
希伦 Hieron

希罗多儒 Herodorus
希罗菲卢斯 Herophilus
希洛狄安 Herodian
希姆理乌斯 Himerius
希穆鲁斯 Simulus
希帕提亚 Hypatia
希戎 Heron
希萨里克 Hissarlik
希耶罗克勒斯 Hierocles
希耶罗尼姆 Hieronymus
昔郭纽斯 Sigonius
昔勒尼 Cyrene
昔勒尼的卡利马库斯 Callimachus of Cyrene
奚毕卢斯山 Sipylus
息翁 Sion
锡卡 Sikka
席尔维斯屈斯 Silvestris
席尔维斯特二世 Silvester II
席霍森 Seehausen
香巴尼 Champaign
小桥的亚当 Adam du Petit-Pont
歇尔谢耳 Cherchel
谢尔伯恩 Sherborne
谢里曼 Schliemann
辛克马尔 Hincmar
辛诺珀 Sinope
辛普利奇乌斯 Simplicius
辛提帕斯 Syntipas
休・鲍善 Hugh Balsham
叙尔博格 Sylburg
叙拉古 Syracuse
叙拉古的提奥克里忒 Theocritus of Syracuse
叙利安努斯 Syrianus
叙利亚人厄弗莱姆 Ephraem the Syrian
叙马库斯 Symmachus
叙美图斯山 Hymettus
叙涅修斯 Synesius
叙珀芮德斯 Hypereides
叙亚格理乌斯 Syagrius
雅各布・德・弗赖斯特 Jacob de Forest
雅各布・科勒理刻 Jacobus Clericus
雅努斯 Janus
雅塔 Atta
雅希娜二世 Arsinoe II
亚伯拉罕・本・达乌德 Abraham ben David
阿达姆南 Adamnan
亚德尔曼 Adelmann
亚理斯提阿 Aristeas
亚历山大・纳坎 Alexander Neckam
亚历山大・努米尼乌斯 Alexander Numenius
亚历山大里亚的克莱芒 Clemens Alexandrinus
亚历山大里亚的潘费卢斯 Pamphilus of Alexandria
亚历山大里亚的忒奥多修 Theodosius of Alexandria
亚历山大里亚的亚历山大 Alexander of Alexandria
亚列克修斯・康涅努斯 Alexius Comnenus
亚美尼亚人大卫 David the Armenian
亚秘阿提努斯 Amiatinus
亚眠的雅克 Jacques d'Amiens
亚柔 Jarrow
亚西比阿德 Alcibiades
亚西纳 Asenath
扬 Young
伊阿宋 Aeson
伊翁 Ion
伊安布理克 Iamblichus
伊奥尼亚 Ionia
伊本・巴哲 Avempace
伊本・伯特里格 Ibn al-Batrik
伊比鲁斯 Epirus
伊壁鸠鲁 Epicurus
伊代奥斯 Idaeus
伊顿 Eton
伊耳切斯特 Ilchester

伊斐克拉底 Iphicrates
伊勒苏斯的泰奥弗剌斯特 Theophrastus of Eresos
伊里利亚行省 Illyricum
伊理斯 Iris
伊利 Ely
伊利索斯 Ilissus
伊利翁的珀勒蒙 Polemon of Ilium
伊姆迈德 Immed
伊纳修斯 Ignatius
伊壬耐乌斯 Irenaeus
伊萨阿克·康涅努斯 Isaac Comnenus
伊萨克·安哲卢斯 Issac Angelus
伊塞乌斯 Isaeus
伊斯摩涅 Ismenian
伊斯忒耳 Istrus
伊索克拉底 Isocrates
伊塔卡 Ithaga
伊万·缪勒 Iwan Müller
伊维雷亚 Ivrea
伊沃 Ivo
伊息多耳 Isidore
伊息多儒斯 Isidorus
以弗所的阿耳忒密多儒 Artemidorus of Ephesus
以弗所的米凯勒 Michael of Ephesus
以弗所的希珀纳刻斯 Hipponax of Ephesus
以弗所的伊翁 Ion of Ephesus
以弗所的芝诺多图斯 Zenodotus of Ephesus
以马内利 Emmanuel
以斯拉 Ezra
因斯布鲁克 Innsbruck
英诺森三世 Innocent III
优迦蒙 Eugammon
优西庇乌斯 Eusebius
攸比亚岛 Euboea
攸蒂齐乌斯·普洛刻卢斯 Eutychius Proculus
攸蒂齐乌斯 Eutychius
攸都绪斯 Eudoxus
攸格剌菲乌斯 Eugraphius
攸美尼斯一世 Eumenes I
攸纳庇乌斯 Eunapius
攸提珂斯 Eutyches
攸提密乌斯 Euthymius
尤多西亚 Eudocia
尤梵图斯 Euphantus
尤拉理乌斯 Eulalius
尤里乌斯·爱克绪珀朗修斯 Julius Exuperantius
尤里乌斯·奥布塞昆斯 Julius Obsequens
尤里乌斯·波鲁克斯 Julius Pollux
尤里乌斯·卡庇托理努斯 Julius Capitolinus
尤里乌斯·恺撒 Julius Caesar
尤里乌斯·科尔苏斯 Julius Celsus
尤里乌斯·鲁芬尼安努斯 Julius Rufinianus
尤里乌斯·罗曼努斯 Julius Romanus
尤里乌斯·帕里斯 Julius Paris
尤里乌斯·特理傅尼安努斯·萨宾努斯 Julius Tryfonianus Sabinus
尤里乌斯·瓦勒理乌斯 Julius Valerius
尤里乌斯·维克多 Julius Victor
尤里乌斯·维斯梯努斯 Julius Vestinus
尤里乌斯·希津努斯 Julius Hyginus
尤里乌斯·亚非利加努斯 Julius Africanus
尤理可 Euric
尤墨纽斯 Eumenius
尤斯塔修斯 Eustathius
犹太人斐洛 Philo Judaeus
于克列蒂顿 Crediton
玉万库斯 Juvencus
玉万纳尔 Juvenal
育古齐奥 Hugutio
约丹涅斯 Iordanes
约耳 Iol
约翰·阿文戴思 Joannes Avendeath

约翰·贝库斯 John Beccus
约翰·布尔龚第奥 Joannes Burgundio
约翰·德·加兰迪亚 Joannes de Garlandia
约翰·多刻索帕忒 Joannes Doxopatres
约翰·多刻索帕忒 John Doxopatres
约翰·格雷高利 John Gregory
约翰·格律基斯 John Glykys
约翰·喀刺刻斯 Joannes Charax
约翰·坎塔库泽努斯 John Cantacuzenus
约翰·茅罗普斯 Joannes Maurŏpus
约翰·穆勒 John Mill
约翰·佩第阿昔姆斯 John Pediasimus
约翰·普理约剌 Jean Priorat
约翰·斯基利采 John Scylitzes
约翰·斯托拜乌斯 Joannes Stobaeus
约翰·意大卢斯 John Italus
约翰·宰米斯柯 Joannes Tzimiskes
约翰尼修斯 Johannitius
约纳斯 Jonas
约瑟夫 Jesophus
约维乌斯 Jovius
郓忒 Hunt
泽格勒鲍尔 Ziegelbauer
扎喀理亚斯 Zacharias。
芝诺比乌斯 Zenobius
芝诺碧娅 Zenobia
周厄提 Jewett
宙克昔普斯 Zeuxippus
朱巴二世 Juba II
朱迪思 Judith
朱维安 Jovian
祖瑟弥尔 Susemihl
左伊 Zoë
左伊卢斯 Zoïlus
佐纳剌斯 Zonaras
佐昔慕斯 Zosimus

译名对照表（著作部分）

《“爱父者”》*Philopatris*
《“达马提亚人”赫尔曼》*Hermann le Dalmate*
《“妙手”希洛狄安之遗篇》*Herodiani technici reliquiae*
《“虔诚者”路易王事迹》*De gestis Ludovici*
《“虔信者”罗贝尔王在位时期研究》*Études sur le règne de Robert le Pieux*
《“苏格兰人”米凯勒生平及传奇》*Life and Legend of Michael Scot*
《“威尔士人”杰剌德》*Gerald the Welshman*
《“英国人”巴忒洛缪著作中的中古学问》*Mediaeval Lore from Bartholomew Anglicus*
《〈埃涅阿斯纪〉、〈牧歌〉第四篇及〈法萨利亚〉于中古之影响》*Die Aeneis, die vierte Ecloge und die Pharsalia im Mittelalter*
《〈变形记〉等书及其希腊原型》*Les Métamorphorses ... et leurs modèles grecs*
《〈上帝之城〉文献渊源》*Sources of De Civitate Dei*
《〈神曲〉之神学》*Die Theologie der Göttlichen Komödie*
《〈致赫伦尼乌斯〉绪论》*Prolegomena ad Herennium*
《1050 年以前之古德意志文学》*Die älteste deutsche Literatur bis um das Jahr* 1050
《10 及 11 世纪意大利神职人员的文化与风化史》*Kultur- und Sittengeschichte der italienischen Geistlichkeit im 10. und 11. Jahrhundert*
《10 世纪时的希腊帝国；君士坦丁·波弗洛根尼图斯》*L'empire grec au dixième siècle ; Constantin Porphyrogénète*
《10—11 世纪拉丁诗歌集》*Lateinische Gedichte des x–xi Jahrhunderts*
《11、12 世纪意大利的中古文化与拉丁诗歌》*Cultura medioevale e poesia Latina d'Italia nei Sec. xi e xii*
《11 世纪中叶以前克吕尼修道会在教会和世俗社会历史进程中的影响》*Die Cluniacenser in ihre kirchlichen und allgemeingeschichtlichen Wirksamkeit bis zur Mitte des elften Jahrhunderts*
《12、13 世纪经院拉丁诗歌史论》*Zur Geschichte der lateinischen Schulpoesie des XII. und XIII. Jahrhunderts*
《12、13 世纪拉丁辞书学》*Lexicographie Latine du xii et xiii siecles*
《12 世纪的盎格鲁—拉丁讽刺与隽语诗人》*The Anglo-Latin Satirical Poets and Epigrammatists of the Twelfth Century*
《12 世纪上半叶沙特尔和巴黎的人文诸艺之教育，以沙特尔的忒奥多理克〈七书〉为依据》*L'Enseignement des Arts Libéraux à Chartres et à Paris dans la première moitié du XIIe siècle, d'près l'Eptateuchon de Thierry de Chartres*
《12 世纪希腊史学家与历史文献来源》*Griechische Geschichtsschreiber und Geschichtsquellen im 12 Jahrhundert*
《12 世纪之前的法兰西文学史》*Histoire Littéraire de la France avant le douzième siècle*

《13—14 世纪抄本中的拉丁故事》*Latin Stories from MSS of XIII–XIV centuries*
《14 世纪法兰西文学史》*Histoire Littéraire de la France au* 14*e siècle*
《1789 年之前的法国工人阶级史》*Histoire des classes ouvrières en France avant* 1789
《5—8 世纪叙利亚文的亚里士多德著作》*Aristoteles bei den Syrern vom v–viii Jahrhundert*
《5 世纪的爱尔兰学术》*Learning in Ireland in the Fifth Century*
《7、8 世纪中西方教会的希腊语知识》*Greek Learning in the Western Church during the seventh and eithth centuries*
《8 世纪一部天文学、算数学类书中对老普林尼之〈自然史〉的摘录》*Auszüge aus der Naturgeschichte des C. Plinius Secundus in einem astronomisch-komputistischen Sammelwerke des achten Jahrhunderts*
《900—1044 年间五卷史记》*Historiarum libri quinque ab anno incarnationis DCCCC usque ad annum MXLIV*,
《9 世纪瓦勒留・马克西姆斯著作的考辨》*Ein Kritiker des Valerius Maximus in 9. Jahrhundert*
《阿贝拉尔集外文编》*Ouvrages Inédits d'Abélard*
《阿贝拉尔与大学的起源及早期历史》*Abelard and the Origin and Early History of Universities*
《阿波罗多儒斯的编年史》*Apollodors Chronik*
《阿波罗颂歌》*Hymn to Apollo*
《阿多尼斯节巡礼》*Adoniazusae*
《阿尔法努一世，萨勒诺的大主教》*Alfano I, Arcivescovo di Salerno*
《阿尔弗雷德传》*Life of Alfred*
《阿尔戈传奇》*Argonautica*
《阿尔基特伦》*Architrenius*
《阿尔刻迈翁》*Alcmaeon*
《阿尔昆》*Alcuin*
《阿尔昆传》*Alcuini vita*
《阿尔昆的生平及著作》*Alcuin, his Life and his Work*
《阿尔昆生平资料汇编》*Monumenta Alcuiniana*
《阿尔昆研究》*Alcuinstudien*
《阿尔昆与基督教学校的兴起》*Alcuin and the Rise of the Christian Schools*
《阿尔昆语法学技艺注释》*De Alcuini arte grammatica commentatio*
《阿非利加人君士坦丁与其阿拉伯文献来源》*Constantinus Africanus und seine arabischen Quellen*
《阿古利可拉传》*Agricola*
《阿基琉斯纪》*Achilleis*
《阿克息奥库斯篇》*Axiochus*
《阿拉伯世界所传播的希腊哲学》*Die griechischen Philosophie in arabischer Ueberlieferung*
《阿拉伯文著作的拉丁译本》*Die Uebersetzungen arabischer Werke in das Lateinische*
《阿里斯塔库斯的荷马文本考辨》*Aristarchs Homerische Textkritik*
《阿里斯塔库斯的美学观》*Die ästhetischen Anschauungen Aristarchs*
《阿里斯塔库斯在荷马文本考辨中的删略》*Aristarchs Athetesen in der Homerkritik*
《阿里斯托芬著作集注》*Scholia Aristophanica*
《阿玛经》*Book of Armagh*
《阿玛托尔篇》*Anterastae*
《阿默斯特纸草集》*Amherst papyri*
《阿特柔斯》*Atreus*
《阿提卡碑铭集》*Corpus Inscriptionum Atticarum*
《阿提卡辩术》*Die Attische Beredsamkeit*
《阿提卡风文学》*Attikismus*
《阿提卡剧场》*Attic Theatre*
《阿提卡喜剧诗人的荷马之学》*De poetarum comicorum Atticorum studiis Homericis*
《阿提卡之夜》*Noctes Atticae*
《阿提斯》*Attis*

《阿威罗伊与阿威罗伊主义》*Averroès et l'averroïsme*
《哀歌》*Tristia*
《哀立圣母颂》*Stabat Mater*
《埃采理尼斯》*Eccerinis*
《埃克哈特一世的瓦尔特纪》*Ekkehardi Primi Waltharius*
《埃克哈特与维吉尔》*Ekkehard und Vergil*
《埃琉斯·第欧尼修与阿提卡派的波桑尼阿斯残篇辑录》*Aelii Dionysii et Pausaniae Atticistarum Fragmenta*
《埃涅阿斯纪》*Aeneid*
《埃塞俄比亚人》*Aethiopis*
《埃塞俄比亚外史》*Aethiopica*
《埃提翁篇》*Aëtion*
《埃因歇德伦经籍注释集》*Commentarium Einsiedlense*
《埃因歇德伦无名氏著作》*Anonymus Einsiedlensis*
《艾涅乌斯》*Oeneus*
《艾因哈德的查理大帝传》*Einharti Vita Caroli Magni*
《爱的补救》*Remedia Amoris*
《爱的艺术》*Ars Amatoria*
《爱尔福特的"玄秘士"彼布刺的尼古劳斯讽刺诗集》*Nicolai de Bibera Occulti Erfordensis carmen satiricum*
《爱尔兰的佩隆涅》*Perrona Scottorum*
《爱尔兰皇家学院学报》*Proceedings of the Royal Irish Academy*
《"爱尔兰人"塞都琉斯》*Sedulius Scottus*
《爱尔兰人约翰·爱里吉纳及其著作〈自然分属论〉卷五之典据》*Johannes Scotus Erigena und dessen Gewährsmänner in seinem Werke De divisione naturae libri V*
《爱尔兰诗札集成》*Veterum Epistolarum Hibernicarum Sylloge*
《爱尔兰文学史》*Literary History of Ireland*
《爱尔兰言谈录》*Hisperica famina*
《爱尔兰与凯尔特教会》*Ireland and the Celtic Church*
《爱神颂》*Ode to Aphrodite*
《安布罗斯馆藏遗献叙录，重写本抄本手稿》*Fabularum reliquiae Ambrosianae, codicis rescripti Ambrosiani apographum*
《安德洛斯少女》*Andria*
《安德若米达》*Andromeda*
《安菲特律昂》*Amphitryon*
《安提厄普》*Antiope*
《安条克纪》*Antiocheis*
《安条克之学校》*Les école d'Antioche*
《盎格鲁－萨克逊遗献钩沉》*Analecta Anglo-Saxonica*
《盎格鲁－萨克逊与古英语词汇表》*Anglo-Saxon and Old English Vocabularies*
《奥地利历史学研究学会会刊》*Mittheilungen des Instituts für Österreichische Geschichtsforschung*
《奥尔良考古学会论丛》*Mémoires de la Société archéologique de l'Orléanais*
《奥尔良考古与历史学会论丛》*Mémoires de la Société archéologique et historique de l'Orléanais*
《奥尔良图书馆抄本目录，弗勒律捐赠部分》*Inventaire des MSS de la Bibliothèque d'Orléans, Fonds de Fleury*
《奥古斯都时期的罗马诗人：贺拉斯与诸诉歌诗人》*The Roman poets of the Augustan age: Horace and the Elegiac Poets*
《奥古斯都时期的罗马诗人：维吉尔》*The Roman Poets of the Augustan Age: Virgil*
《奥理雅刻的葛伯特》*Gerbert von Aurillac*
《奥林提亚三讲》*Three Olynthiacs*
《奥斯贝尔努之字汇》*Glossarium Osberni*
《奥特朗托地区的希腊方言之研究》*Studi sui dialetti greci della terra d'Otranto*
《奥维德女杰书简的普兰努德斯译作抄本》

De Heroidum Ovidii codice Planudeo
《奥克西林库斯纸草书》*Oxyrhynchus papyri*
《巴居理德斯》*Bacchylides*
《巴黎大学资料集》*Chartularium Universitatis Parisiensis*
《巴黎的古代图书馆》*Les Anciennes Bibliothèques de Paris*
《巴黎法兰西学院藏品中的各种亚里士多德著作》*De Varia Aristotelis in Academia Parisiensi Fortuna*
《巴黎皇家图书馆藏手抄古本希腊遗书》*Anecdota Graeca e codicibus Manuscriptis Bibliothecae Regiae Parisiensis*
《巴黎文选》*Excerpta Parisina*
《巴兹尔葬礼布道文》*Funeral Sermon on Basil*
《白袍候选发言》*in toga candida*
《拜仁科学院会议报告》*Sitzungsberichte der Bayerischen Akademie der Wissenschaften*
《拜仁科学院论文集》*Abhandlungen der Bayerischen Akademie der Wissenschaften*
《拜占庭帝国的世界》*Die Weltstellung des byzantinischen Reiches*
《拜占庭史诗》*Epopée Byzantine*
《拜占庭史书集成》*Corpus Scriptorum historiae Byzantinae*
《拜占庭文化与文艺复兴文化》*Byzantinische Kultur und Renaissance-Kultur*
《拜占庭文学史：自查士丁尼帝时代至东罗马帝国覆灭》*Geschichte der byzantinischen Literatur von Justinian bis zum Ende des Oströmischen Reiches*
《拜占庭学刊》*Byzantinische Zeitschrift*
《拜占庭学年刊》*Vizantiiskii Vremennik*
《宝库》*Tesoro*
《宝石篇》*De Gemmis*
《饱蠹楼图书馆抄本目录》*Catalogi Codicum Manuscriptorum Bibliothecae Bodleianae*
《鲍礼古典学百科全书》*Pauly-Wissowa*，即*Realencyclopädie der classischen Altertumswissenschaft*
《波桑尼阿斯的希腊之旅》*Die Reisen des Pausanias in Griechenland*
《卑贱者》*Cheiron*
《北日耳曼史著汇编》*Scriptores Rerum Germanicarum Septentrionalium*
《贝勒尼采帝后之发》*Coma Berenices*
《贝里图书馆》*Bibliotheca Buriensis*
《贝伦迦尔帝传》*Gesta Berengarii*
《贝伦迦尔帝颂》*Panegyricus Berengarii*
《本笃修道会》*Benedictine Monachism*
《本笃修会戒规》*Benedicti Regula Monachorum*
《比较语文学入门》*Manual of Comparative Philology*
《彼得豪斯学院图书馆所藏手稿目录》*Catalogue of the MSS in the Library of Peterhouse*
《彼特拉克与人文主义》*Petrarque et l'humanisme*
《笔丛》*Pratum*，或*Prata*
《庇西特拉图及其文学活动》*Peisistratos und seine litterarische Thätigkeit*
《编年志》*liber annalis*
《便览》*Encheiridion*
《变驴记》*Ass*
《变形记》*Metamorphoses*
《辨术初阶》*Principia Dialeticae*
《辩答腓力来信》*Speech in reply to the Letter of Philip*
《辩护篇》*Integumenta*
《辩谬篇》*Sophistici Elenchi*
《辩术史》*Geschichte der Beredtsamkeit*
《辩言篇》*Controversiae*
《秉烛目耕集，叙利亚与希腊著作》*Lucubrationes Syro-Graecae*
《波爱修斯全集》*Boëthii Opera*
《波尔多受学忆往》*Commemoratio Professorum Burdigalensium*

《波弗利对亚里士多德〈范畴篇〉的“引介”和注疏》*Porphyrii Isagoge et in Aristotelis Categorias commentarium*
《波里比乌斯与其著作》*Polybios und sein Werk*，1902。
《波鲁克斯与琉善》*Pollux und Lucian*
《伯尔尼遗献汇录》*Analecta Bernensia*
《伯纳德·席尔维斯特的研究依据》*Experimentarius Bernadi, sive Bernardini, Silvestris*
《驳科尔苏斯》*contra Celsum*
《驳无知者》*Adversus Indoctum*
《驳雅各彼塔斯》*Contra Jacobitas*
《柏拉图〈蒂迈欧篇〉注疏残篇》*fragmenta commentarii in Timaeum Platonis*
《柏拉图》*Plato*
《柏拉图论集》*Platonische Aufsätze*
《柏拉图派语言哲学》*Die Platonische Sprachphilosophie*
《柏拉图哲学生成记》*Genetische Entwickelung der Platonischen Philosophie*
《柏拉图研究》*Platonische Studien*
《柏拉图疑义集》*Plotonic Questions*
《柏拉图与旧学园》*Plato and the Older Academy*
《柏拉图与希波克拉底学述》*De Placitis Hippocratis et Platonis*
《柏拉图与亚里士多德的诗学》*Platon und die aristotelische Poetik*
《柏林德意志科学院月刊》*Monatsberichte der Deutschen Akademie der Wissenschaften zu Berlin*
《柏林科学院会议报告》*Sitzungsberichte der Akademie der Wissenschaften zu Berlin*
《柏林语文学周刊》*Berliner Philologische Wochenschrift*
《博兰德著圣徒列传》*Acta Sanctorum Bollandum*
《博韦的樊尚所摘录的提布卢斯》*De Vincentii Bellovacensis excerptis Tibullianis*
《博韦的樊尚与13世纪的古典文化知识》*Vincent de Beauvais et la connaissance de l'antiquité classique au xiiie siècle*
《博物通鉴》*Speculum Naturale*
《博物学者》*Physiologus*
《薄伽丘拉丁文著作研究》*Studi sulle opere latine del Boccacio*
《不列颠传记词典》*Dictionary of National Biography*
《不列颠国志》*Britannia*
《不列颠学院学刊》*Proceedings of the British Academy*
《不列颠与爱尔兰的凯尔特教会》*Keltische Kirche in Britannien und Irland*
《布道讲术》*Ars Lectoria Ecclesiae*
《布道团作家》*Scriptores Ordinis Praedicatorum*
《布道文》*Homilies*
《布道之技艺》*De arte praedicatoria*
《布尔伦歌集》*Carmina Burana*
《布拉班的席格》*Siger de Brabant*
《布劳斯琴历险记》*Balaustion's Adventure*
《布鲁图斯》*Brutus*
《布鲁瓦的彼得著作集》*Petri Blesensis Opera*
《布伦希维格史著汇编》*Scriptores rerum Brunsvicensium*
《布特曼氏寿辰纪念专集》γενεθλιακὸν *zum Buttmannstage*
《草木志》*de herbis*
《查理大帝》*Charles the Great*
《查理大帝传》*Vita Caroli*
《查理大帝及其宫廷》*Charlemagne et sa Cour*
《查理大帝时代的学校》*Schools of Charles the Great*
《查理事迹》*Acts of Charles*
《查士丁尼帝与6世纪之拜占庭文明》*Justinien et la civilisation byzantine au VIe siècle*
《查士丁著作在中古的流传》*Die Verbreitung des Justinus im Mittelalter*
《长短句集》*Epodes*

《抄本传承——论苏伊达斯》*La tradition manuscrite—de Suidas*
《呈交教育部长有关西方的机构附属图书馆之汇报》*Rapports au ministre de l'instruction publique sur les bibliothèques des départements de l'Ouest*
《尺牍研究》*quaestiones epistolicae*
《斥梅第亚斯》*Meidias*
《斥皮索》*in Pisonem*
《酬对篇》*Antapodosis*
《初建时的亚城图书馆》*De bibliothecariis Alexandrinis qui feruntur primis*
《初阶训练》*Progymnasmata*
《创世六日纪》*Hexaëmeron*
《创世六日论》*de sex dierum operibus*
《吹牛军士》*Miles Gloriosus*
《醇酒·妇人·诗歌》*Wine, Women and Song*
《词语汇释》*Liber Glossarum*
《词语研究论》*On the Study of Words*
《辞义疏解》*De Verborum Significatu*
《达勒姆的仪典》*Rites of Durham*
《达那厄颂》*Ode on Danaë*
《大阿尔伯特》*Albertus Magnus*
《大阿尔伯特及其时代》*Albet le Grand et son époque*
《大编年史》*Chronica Maiora*
《大不列颠与爱尔兰的公会议和教规文件》*Councils and Ecclesiastical Documents of Great Britain and Ireland*
《大不列颠与爱尔兰相关史料叙录，亨利七世朝结束以前》*Descriptive Catalogue of Materials relating to the History of Great Britain and Ireland to the end of the reign of Henry VII*
《大都会百科全书》*Encyclopaedia Metropolitana*
《大法官第欧尼修著作集》*Opera Dionysii Areopagitae*
《大伦理学》*Magna Moralia*
《大希庇亚篇》*Hippias Major*
《大英博物馆手稿部藏传奇叙录》*Catalogue of Romances in the Department of Manuscripts in the British Museum*
《大主教帕克抄本收藏》*Abp Parker's MSS*
《大主教帕克尔收藏抄本渊源考》*The Sources of Archbishop Parker's Collection of MSS*
《大主教帕克收藏的抄本手稿》*Abp Parker's MSS*
《但丁，其时代与其著述》*Dante, his Times and his Work*
《但丁、彼特拉克及薄伽丘列传》*Dantis Petrarchae ac Boccaccii vitae*
《但丁研究》*Dante Studies*
《但丁与13世纪天主教哲学》*Dante et la Philosophie Catholique au xiiie siècle*
《但丁与奥维德》*Dante ed Ovidio*
《但丁与波爱修斯》*Dante e Boezio*
《但丁与乔万尼·德尔维吉利奥》*Dante and Giovanni del Virgilio*
《但丁与维吉尔》*Dante and Virgil*
《但丁与文艺复兴》*Dante und die Renaissance*
《但丁之研究》*Studies in Dante*
《当代文化》*Die Kultur der Gegenwart*
《悼念龚珀先生学术论文集》*Festschrift für Gomperz*
《悼诗集》*Monodies*
《道德论集》*Moralia*
《道德文集》*Dialogi*
《道德训诫集》*Moralium Dogma*
《道德哲学》*Moralis Philosophia*
《德国古典语文学史》*Geschichte der klassischen Philologie in Deutschland*
《德国教会史》*Kirchengeschichte Deutschlands*
《德国教育史》*Geschichte des Unterrichtswesens in Deutschland*
《德国先驱菲利普·梅兰希顿》*Philipp Melanchthon als Praeceptor Germaniae*

《德国昔日诸学人》*Der Gelehrte in der deutschen Vergangenheit*
《德国早期历史知识通报》*Anzeiger für Kunde der deutschen Vorzeit*
《德莱维理族志》*Gesta Treverorum*
《德意志传记通典》*Die Allgemeine Deutsche Biographie*
《德意志古史与文学杂志》*Zeitschrift für deutsches Altertum und deutsche Literatur*
《德意志古学杂志》*Zeitschrift für deutsches Alterthum*
《德意志评论》*Deutsche Rundschau*
《德意志史探微》*Forschungen zur deutschen Geschichte*
《德意志文学报》*Deutsche Litteraturzeitung*
《德意志学校与大学由中古影响至现在的博学教育史》*Geschichte des gelehrten Unterrichts auf den deutschen Schulen und Universitäten vom Ausgang des Mittelalters bis zur Gegenwart*
《德意志语文学短论集》*Kleinere Schriften zur deutschen Philologie*
《狄奥多修法典》*Codex Theodosianus*
《狄奥尼索斯纪》*Dionysiaca*
《狄都慕斯残篇所存的阿里斯塔库斯之荷马文本考辨》*Aristarchs Homerische Textkritik nach den Fragmenten des Didymos*
《狄克提斯与达瑞斯》*Dares and Dictys*
《底也迦》*Thêriaca*
《帝王本事》*Histoire des Empereurs*
《第欧尼修与波桑尼阿斯》*Dionysius et Pausanias*
《第一次反腓力》*First Philippic*
《蒂雅纳的阿波罗尼乌斯传》*Life of Apollonius of Tyana*
《蒂雅纳的阿波罗尼乌斯传》*Vita Apollonii*
《订谬篇》*Liber Retractionum*
《订谬篇》*Retractationes*
《东法兰克王国史》*Geschichte des Ostfränkischen Reiches*
《东方的亚里士多德研究》*Zu den Aristoteles-Studien im Orient*
《东方教会颂诗集》*Hymns of the Eastern Church*
《东方人译述希腊著作考》*Orientalischen Uebersetzungen griechischen Autoren*
《东方文丛》*Analecta Orientalia*
《动物之构造》*De Partibus Animalium*
《动物之生殖》*De Generatione Animalium*
《都柏林评论》*Dublin Review*
《都尔的格雷高利与6世纪的古典研究》*Grégoire de Tours et les études classiques au vie siècle*
《都尔的格雷高利之拉丁语》*Le Latin de Grégoire de Tours*
《独立评论》*Independent Review*
《独语集》*Soliloquies*
《独语篇》*Monologion*
《短评与摘录》*Notices et Extraits*
《短诗集》*Catalepton*
《对话录》*Dialogi*
《对句诗》*Disticha*
《对特拉伯苦修会会长先生之复议的反思》*Réflexions sur la réponse de M. l'abbé de la Trappe*
《多纳图斯的希腊语》*Donatus Graece*
《俄狄浦斯王》*Oedipus Tyrannus*
《俄纽斯》*Oeneus*
《厄瑞克透斯》*Erechtheus*
《厄斯库列尔的希腊文献考论》*Essai sur les origines du fonds grec de l'Escurial*
《厄瓦高剌斯》*Evagoras*
《厄维斯汉修道院编年史》*Chronicon Abbatiæ de Evesham*
《恩诺丢斯的拉丁文风》*La Latinité d'Ennodius*
《二流拉丁修辞学家》*Rhetores Latini Minores*
《二重控诉》*Bis Accusatus*
《法国历史学会年度通报》*Annuaire Bulletin de la Société de l'Histoire de France*
《法剌芮斯》*Phalaris*

《法兰克人的基督教文明》*La Civilisation Chrétienne chez les Francs*
《法兰西的希腊文化》*L'Hellénisme en France*
《法兰西的乡野》*Fields of France*
《法兰西建筑分析词典》*Dictionnaire raisonné de l'architecture française*
《法兰西林区三月记》*Three Months in the Forests of France*
《法兰西史诗集》*Epopées Françaises*
《法兰西文明》*Civilisation en France*
《法兰西文学史》*Histoire Littéraire de la France*
《法兰西修道院之纪念物》*Monuments de la monarchie française*
《法律篇》*De Legibus*
《法学汇编》*Digest*
《法学阶梯》*Institutes*
《法学释义对话录六篇》*De Juris Interpretibus Dialogi Sex*
《反阿庇翁》*contra Apionem*
《反阿理斯托刻剌忒》*contra Aristocratem*
《反埃涅阿斯纪》*Aeneidomastix*
《反驳对维吉尔的诋毁》*Contra obtrectatores Vergilii*
《反对博学家》*Adversus mathematicos*
《反对格拉古》*contra Graecos*
《反对质野粗鄙之语言》*Antibarbarus*
《反克劳狄安》*Anti-Claudianus*
《反克劳狄安篇》*Anticlaudianus*
《反勒普提涅斯》*Against Leptines*
《反列奥刻拉忒》*Against Leocrates*
《反鲁菲努斯》*In Rufinum*
《反异教文化之处方》*De Praescriptione Haereticorum*
《泛槎杂录》*Entheticus*
《泛希腊集会辞》*Panegyric*
《泛雅典娜》*Panathenaic*
《梵蒂冈藏拉丁 3225 号维吉尔著作抄本残篇与图像集》*Fragmenta et picturae Vergiliana codicis Vaticani Latini 3225*
《方济各会资料集》*Monumenta Franciscana*
《非智术家》*Against the Sophists*
《菲利普王纪》*Philippis*
《菲罗克忒忒斯》*Philoctetes*
《菲仪集》*Apophoreton*
《腓特烈帝本纪》*Gesta Friderici*
《腓特烈事迹》*Gesta Federici*
《斐萝萝嘉与墨丘利之联姻》*de nuptis Philologie et Mercurii*
《分析篇》*Analytics*
《佛罗伦萨本语源学》*Etymologicum Florentinum*
《佛罗伦萨史》*Nuova Cronica*
《佛罗伦萨文献引证，15 世纪》*Specimen Litteraturae Florentinae*
《弗莱辛文选》*Excerpta Frisingensia*
《弗里基之城市与主教辖区》*The Cities and Bishoprics of Phrygia*
《俘虏》*Captivi*
《浮生记梦》*Somnium*
《福音初阶》*Praeparatio Evangelica*
《复活节期编年史》*Chronicon Paschale*
《复活节诗集》*Carmen Paschale*
《富尔达古事记》*Antiquitates Fuldenses*
《盖伦，阿提卡风研究之证据文献》*Galeni, de Atticissantium studiis testimonia*
《盖塔》*Geta*
《赶驴》*Asinaria*
《高尔特·迈普或瓦尔特·迈普（名下）法文诗歌中的寻找圣杯故事》*La Queste de Saint-Graal in the French poem of (as is supposed) Gaulters Map, or Walter Map*
《高贵的罗马！》*O Roma nobilis*
《高卢—法兰克教育史》*Geschichte des Gallo-Fränkischen Unterricht*
《高卢圣教录》*Gallia Christiana*
《高卢圣咏集》*Psalterium Gallicanum*
《告慰篇》*Consolatio*

《告语篇》*proslogion*
《戈利亚变形记》*Metamorphosis Goliae*
《哥特史》*Getica*
《哥廷根科学院论文集》*Abhandlungen der Gesellschaft der Wissenschaften in Göttingen*，*xii*（1866），189–330。
《哥廷根学术通报》*Göttingische gelehrte Anzeigen*
《哥廷根学术通讯》*Göttingische gelehrte Nachrichten*
《歌赠茜莉亚》*Song to Celia*
《格雷斯社哲学年刊》*Philosophisches Jahrbuch der Görresgesellschaft*
《格言集》*Sententiarum*
《个人演说选集》*Select Private Orations*
《工具论》*Organon*
《公会议文献集成》*Conciliorum collectio regia maxima*
《共和国篇》*De Rupublica*
《古爱尔兰教会及其与罗马、高卢和阿勒曼尼之关系史》*Geschichte der altirischen Kirche und ihrer Verbindung mit Rom, Gallien und Alemannien*
《古币》*Coins of the Ancients*
《古代教会著作注疏》*Commentarius de Scriptoribus Ecclesiae Antiquis*
《古代的荷马文本考辨》*Homerische Textkritik im Altertum*
《古代的文化之争》*Antike Kulturkämpfe*
《古代地理学史》*History of Ancient Geography*
《古代基督教文学史的文本与调研》*Texte und Untersuchungen zur Geschichte der altchristlichen Litteratur*
《古代教会仪礼》*De Antiquis Ecclesiae Ritibus*
《古代经典的复活；或，人文主义的第一个世纪》*Die Wiederbelebung des classischen Alterthums oder das erste Jahrhundert des Humanismus*
《古代拉丁隽语诗集》*Anthologia Veterum Latinorum Epigrammatum et Poematum*
《古代人物特写集》*Charakterköpfe aus der Antike*
《古代史》*Geschichte des Alterthums*
《古代书业》*Antike Buchwesen*
《古代图书馆目录》*Catalogi Bibliothecarum Antiqui*
《古代文献集》*Lectiones Antiquae*
《古代文献资料集》*Collectio veterum aliquot monimentorum ad historiam praecipue litterariam pertinentium*
《古代乡村史》*Eine antike Dorfgeschichte*
《古代修道院礼仪》*De Antiquis Monachorum Ritibus*
《古代雅典的大学生活》*University Life in Ancient Athens*
《古代艺术散文》*Die Antike Kunstprosa*
《古代艺术中的埃克哈特》*Ekkehard in Antiquitäten Kunst*
《古代语言哲学》*Die Sprachphilosophie der Alten*
《古代玉器与指环》*Antique Gems and Rings*
《古典拉丁语的古文书法》*Paléographie des Classiques Latin*
《古典拉丁语书法学》*Paleographie des classiques latines*
《古典名物志》*Denkmäler des klassischen Altertums*
《古典书籍的护法，卡息奥多儒》*Cassidore conservateur des livres de l'antiquité*
《古典学研究目录》*Bibliographie der klassischen Altertumswissenschaft*
《古典文学的教育，自奥索尼乌斯至阿尔昆》*L'Enseignement des Lettres Classiques d'Ausone à Alcuin*
《古典希腊诗歌》*Classcal Greek Poetry*
《古典学发展年刊》*Jahresbericht über die Fortschritte der klassischen Altertumswissenschaft*
《古典学季刊》*The Classical Quarterly*
《古典学界论丛》*Abhandlungen aus dem Gebiet der klassischen Altertumswissenschaft*
《古典学评论》*Classical Review*

《古典学术手册》*Handbuch der klassischen Altertumswissenschaft*
《古典学术与古典学问》*Classical Scholarship and Classical Learning*
《古典语文学》*Classical Philology*
《古典语文学年刊》*Jahrbücher für classische Philologie*
《古典语文学周刊》*Wochenschrift für Klassische Philologie*
《古典著作文本通览》*Companion to Classical Texts*
《古典作家与梵蒂冈公布之抄本手稿》*Classici scriptores e Vaticanis codicibus editi*
《古董家》*Antiquary*
《古今圣歌导读》*A Historical Companion to Hymns Ancient and Modern*
《古今圣歌集》*Hymns, Ancient and Modern*
《古今圣歌集览要》*A Historical Companion to Hymns Ancient and Modern*
《古罗马》*Ancient Rome*
《古日耳曼史学学会新文献丛刊》*Neues Archiv der Gesellschaft fu..r altere deutsche Geschichtskunde*
《古史论衡》*Rivista di storia antica*
《古史探微》*Forschungen zur alten Geschichte*
《古史研究引论》*Einleitung in das Studium der alten Geschichte*
《古史与语文学论集》*Mémoires de l'histoire ancienne et de la philologie*
《古典遗产》*Reliquiae Antiquae*
《古物学会会刊》*Mittheilungen der Antiquarischen Gesellschaft*
《古物学通俗论文集》*Populäre Aufsätze*
《古希腊莎草纸书写研究》*Palaeography of Greek papyri*
《古希腊文书法学》*Griechische Paläographie*
《古希腊文学》*Die griechische Literatur des Altertums*
《古希腊语音读》*Pronunciation of Ancient Greek*
《古贤论道义说》*Expositio Sermonum Antiquorum*
《古贤遗文集》*Vetera Analecta*
《古英国手稿摹本十二种》*XII Facsimiles of Old English Manuscripts*
《古语论丛》*silva observationum sermonis antiqui*
《关于各文家之谈话》*Dialogus super auctores*
《关于库萨镇的尼古劳斯的一部抄本，以及西塞罗演说词的未刊之残篇》*Ueber eine Handschrift des Nicolaus von Cues, nebst ungedruckten Fragmenten ciceronischer Reden*
《关于语言科学的讲座》*Lectures on the Science of Language*
《光耀集》*Aglaophamus*
《广词源学》*Etymologicum Magnum*
《广道德论》*Magna Moralia*
《广宇宙》*Megacosmus*
《归纳科学之哲学》*Philosophy of the Inductive Sciences*
《归乡纪》*Nostoi*
《规则初阶》*Canons*
《轨仪集》*Formulae*
《国际历史科学大会记录》*Atti del congresso internazionale ai scienze storiche*
《国家图书馆所藏 9—14 世纪希腊文手稿摹本集录》*Facsimiles des MSS Grecs Datés de la Bibliotheque Nationale du IXe au XIVe siècle*
《国家图书馆之火难》*L'Incendio della Biblioteca Nazionale*
《哈耳柏斯达特的阿尔布列希特与中古时期的奥维德》*Albrecht von Halberstadt und Ovid im Mittelalter*
《哈佛古典语文学研究》*Harvard Studies in Classical Philology*
《哈佛讲演录：学术复兴》*Harvard Lectures on the Revival of Learning*
《哈利卡那苏斯的第欧尼修》*Denys d'Ha-*

licarnasse
《哈利卡那苏斯的第欧尼修的〈论摹仿〉遗篇》*Dionysii Halicarnassensis De imitatione librorvm reliqviae*
《哈利卡那苏斯的第欧尼修论摹仿》*Dionysii Halicarnassensis librorum de imitatione reliquiae*
《海与河》*Maria et Flumina*
《荷马》*Homer*
《荷马传第六种》*The Sixth Life of Homer*
《荷马风颂歌》*Homeric Hymn*
《荷马考辨的基本问题》*Grundfragen der Homerkritik*
《荷马前史》*Anthomerus*
《荷马诗字汇》*glossis Homericis*
《荷马史诗决疑》*Quaestio Homerica*
《荷马史诗绪论》*Prolegomena ad Homerum*
《荷马史诗之寓意》*Allegoriae Homericae*
《荷马文本考辨》*Homerische Textkritik*
《荷马学手册》*Handbook of Homeric Study*
《荷马研究》*Homerische Untersuchungen*
《荷马疑义集》*Homeric Problems*
《荷马与史诗》*Homer and the Epic*
《贺拉斯诗歌影响史资料集》*Analecta ad carminum Horatianorum historiam*
《贺拉斯著作文本演化史》*Histoire du texte d'Horace*
《赫伯特·德·罗辛加的生平与书简》*Life nad Letters of Herbert de Losinga*
《赫尔墨斯》*Hermes*
《赫尔墨斯与雅典娜》*Hermathena*
《赫尔维提亚史志遗献》*Anecdota Helvetica*
《赫耳林伯格堡征服志》*Herlingsberga*
《赫法斯提翁》*Hephaestion*
《赫库兰尼姆残卷》*Volumina Herculanensia*
《赫斯费德的朗贝研究》*Studien zu Lambert von Hersfeld*
《赫西俄德研究》*Studia Hesiodea*
《赫西俄迪》*Hesiodi*
《黑暗时代》*Dark Ages*
《黑海书简》*Ex Ponto*
《亨利·丹德雷作品集》*Œuvres de Henri d'Andeli*
《亨利·丹德雷作品研究》*Untersuchungen über die Werke Henris d'Andeli*
《后分析篇的中古版本考》*Mediaeval Versions of the Posterior Analytics*
《后分析篇义述》*Paraphrase of the Posterior Analytics*
《湖侠兰斯洛》*Lancelot du Lac*
《护教书驳鲁菲努斯》*Apologeticum adversus Rufinum*
《画论》*Eikones*
《画与歌》*Bild und Lied*
《欢乐园》*Hortus Deliciarum*
《皇家猞猁学院报告》*Rendiconti della Reale Accademia dei Lincei*
《皇家图书馆的抄本手稿室》*Le Cabinet des Manuscrits de la Bibliothèque Imperiale*
《皇家图书馆所藏拉丁文抄本叙录》*Inventaire des Manuscrits latins conservés à la Bibliothèque Impériale*
《皇史六家》*Scriptores Historiae Augustae*
《会话篇》*Colloquium*
《会话篇》*Dragmaticon*
《会饮》*Symposium*。
《绘画史》*History of Painting*
《婚歌》*Epithalamium*
《霍滕修斯篇》*Hortensius*
《基督教三位一体与道成肉身之学说的历史演变》*Die christliche Lehre von der Dreieinigkeit und Menschwerdung Gottes in ihrer geschichtlichen Entwicklung*
《基督教文学》*Lettres Chrétiennes*
《基督教义导览》*liber de rectoribus Christianis*
《基督教哲学史编年》*Annales de philosophie chrétienne*

《基督神学》*Theologia Christiana*
《基督受难记》*Christus Patiens*
《集句》*Cento*
《记忆女神》*Mnemosyne*
《纪念加布理尔·摩诺德氏中古史研究》*Études d'histoire du Moyen Age dédiés à Gabriel Monod*
《纪念马丁·赫尔兹语文学论文集》*Philologische Abhandlungen für Martin Hertz*
《纪事本末》*Periochae*
《技艺赛会集》*Technopaegnion*
《加洛林朝代史料汇编》*Monumenta Carolina*
《加洛林朝君主事迹录》*Acta Regum et Imperatorum Karolinorum*
《加洛林朝拉丁诗歌集》*Poëtae Latini Aevi Carolini*
《加沙的学校》*Die Schule von Gaza*
《加州大学论丛》*Memoirs of the University of California*
《迦勒底神谕集》*Chaldaean Oracles*
《剑桥藏修辞学辞书》*Lexicon rhetoricum Cantabrigiense*
《剑桥大学史》*History of the University of Cambridge*
《剑桥歌诗集》*The Cambridge Songs*
《剑桥古典与圣教语文学学刊》*Cambridge Journal of Classical and Sacred Philology*
《剑桥近代史》*Cambridge Modern History*
《剑桥文本与研究》*Cambridge Texts and Studies*
《剑桥语文学学会学报》*Proceedings of the Cambridge Philological Society*
《讲辞划分之学》*Die Lehre von den Redetheilen*
《讲演录与文集，以拉丁文学与学术为题》*Lectures and Essays on subjects connected with Latin Literature and Scholarship*
《讲义汇录》*Summa Dictaminum*
《教父会话录》*Collationes Patrum*
《教规集》*Canons*
《教皇史》*History of the Popes*
《教皇席尔维斯特二世及其所在世纪之历史》*Histoire du Pape Sylvestre II et de son siècle*
《教会备览》*Catholicon*
《教会备忘录》*Ecclesiastical Memorials*
《教会季刊》*Church Quarterly*
《教会镜览》*Speculum Ecclesiae*
《教会凯旋颂》*De Triumphis Ecclesiae*
《教会秘仪赞》*De Mysteriis Ecclesiae*
《教会时令录》*Ecclesiale*
《教会史》*Historia Ecclesiastica*
《教会史纲略》*Institutionum historiae ecclesiasticae*
《教会史研究杂志》*Zeitschrift für Kirchengeschichte*
《教会研究及史学文献大全》*Thesaurus Monumentorum ecclesiasticorum et historicorum*
《教会咏歌集》*Ecclesiastical Sonnets*
《教会玉言》*Gemma Ecclesiatica*
《教会政体》*Ecclesiastical Polity*
《教会著作家叙录》*De Scriptoribus Ecclesiasticis*
《教会作家集》*scriptores ecclesiastici*
《教理复元编》*Reductorium Morale*
《教理释词》*Glossa Ordinaria*
《教令集》*Decretals*
《教令集》*Decretals Collectio*
《教廷公报》*Acta Sanctae Sedis*
《教廷史录》*Historia Pontificalis*
《教学问答集》*Erotemata*
《教义史》*Lehrbuch der Dogmengeschichte*
《教育九书》*disciplinarum libri novem*
《教育史》*Geschichte der Erziehung*
《教育学著作集成》*Sammlung Pädagogischen Schriften*
《教宗列传》*Liber Pontificalis*
《解毒药》*Alexipharmaca*
《解释篇》*De Interpretatione*
《解释篇》*Perihermenias*

《金链》*Catena Aurea*
《近代地理学的曙光》*Dawn of Modern Geography*
《近代希腊文学新探》*Nouvelles Études sur la littérature Grecque moderne*
《近世戏剧的拉丁源头》*Origines Latines du theâtre moderne*
《近世逸籍珍藏》*Thesaurus Anecdotorum Novissimus*
《经由古人记录而存留的诗歌是正典？》*Canonesne poetarum scriptorum artificum per antiquitatem fuerunt?*
《经院德行》*Morale Scholarium*
《经院哲学史》*Histoire de la Philosophie Scolastique*
《精思录》*Sententiae*
《竞技志》*Gymnasticus*
《鸠刻西斯》*Zeuxis*
《九章集》*Enneades*
《酒神伴侣》*Bacchae*
《酒神节胜者》*Dionysiac Victories*
《救赎篇》*Occupatio*
《隽语诗》*Epigrammata*
《君士坦丁堡的宗主教佛提乌斯著〈群书集缀〉版本源流考》*Textgeschichte der Bibliotheke des Patriarchen Photios von Konstantinopel*
《君是普罗米修斯》*Prometheus es*
《君治论》*The Regiment of Princes*
《君主论》*De Regibus*
《卡庇托岁纪》*Fasti Capitolini*
《卡拉布里亚的博瓦自治区的近代希腊语方言》*Dialetti romaici del Mandamento di Bova in Calabria*
《卡利马库斯》*Callimachea*
《卡律斯托的安提贡努斯》*Antigonos von Karystos*
《沙提雍的瓦尔特的亚历山大大帝之歌》*Das Alexanderlied Walters von Chatillon*
《卡图卢斯在 14 世纪》*Catullus in XIVth century*
《卡图卢斯著作集》*Catvlli Veronensis Liber*
《卡西诺山编年史》*Chronicle of Monte Cassino*
《凯尔特的基督教》*Les Chrétientés Celtiques*
《凯基琉斯问题辨难》*Quaestiones Caecilianae*
《恺撒里亚的普洛柯比乌斯》*Procopius von Caesarea*
《恺撒里亚动物志》*De Animalibus ad Caesarem*
《坎特伯雷的圣埃德蒙传》*Life of St Edmund of Canterbury*
《坎特伯雷书信集》*Epistolae Cantuarienses*
《坎特伯雷与多佛的古代图书馆》*The Ancient Libraries of Canterbury and Dover*
《考比耶的图书馆》*Bibliothèque de Corbie*
《考比耶史料集》*Monumenta Corbeiensia*
《考恩希尔杂志》*The Cornhill Magazine*
《考尔维研究》*Korveier Studien*
《考古学评论》*Revue Archéologique*
《考古学消息》*Archäologische Zeitun*
《考古学与历史杂录》*Mélanges d'archéologie et d'histoire*
《考古学与文学杂录》*Mélanges archéologiques et littéraires*
《考据学杂篇集》*Miscellanea Critica*
《考尼费齐乌斯记》*Cornificiani*
《柯尔努图斯之希腊神话学纲目》*Cornuti Theologiae Graecae compendium*
《科学分科之问题》*Problème de la Classification des Sciences*
《科学与神学论战史》*A History of the Warfare of Science with Theology*
《科学与艺术综合大百科》*Allgemeine Encyklopädie der Wissenschaften und Künste*
《科学与中古之思想》*Science and Medieval Thought*
《克拉底鲁篇》*Cratylus*

《克拉底鲁篇注疏》*Commentaire sur le Cratyle de Platon*
《克雷默那的杰刺德传》*Vita di Cherardo Cremonense*
《克雷默那的律特普朗著作文本源流考》*Textgeschichte Liutprands von Cremona*
《克里特的狄克提斯与弗里基的达瑞斯之研究》*Étude sur Dictys de Crète et Darès de Phrygie*
《克里特人》*Cretes*
《克列蒂顿的卜尼法斯及其同事》*Boniface of Crediton and his companions*
《肯特漫游录》*Perambulation of Kent*
《苦厄罗卢》*Querolus*
《坤舆咏赞》*Mappemonde*
《昆图斯·科耳修斯研究，其生平与著作》*Étude sur Quinte-Curce, sa vie et son oeuvre*
《拉丁碑铭集》*Corpus Inscriptionum Latinarum*
《拉丁古文书法》*Lateinische Paläographie*
《拉丁教会史》*History of Latin Christianity*
《拉丁七经》*Latin Heptateuch*
《拉丁思想之于中古意大利文化的影响》*L'influsso del pensiero Latino sopra la civiltà italiana del medio evo*
《拉丁颂词》*Panegyrici Latini*
《拉丁题铭辑丛》*Codicum Latinorum Subscriptiones*
《拉丁通行本圣经之演变》*Histoire de la Vulgate*
《拉丁文圣诗》*Sacred Latin Poetry*
《拉丁文学纲要》*Grundriß der römischen Litteratur*
《拉丁学术批评史》*Historia Critica Scholiastarum Latinorum*
《拉丁研究手册》*A Companion to Latin Studies*
《拉丁与希腊文爱尔兰诗集》*Carmina Scottorum Latina et Graecanica*
《拉丁与希腊文抄本的发现》*Scoperte dei codici Latini e Greci*
《拉丁语辞书学文献》*Archiv für Lateinische Lexicographie*
《拉丁语法家集成》*Grammatici Latini*
《拉丁语法学家的讲辞区分学说之历史》*Zur Geschichte der lehre von den Redetheilen bei den Lateinischen Grammatikern*
《拉丁语法学家之语言部分教学史》*Zur Geschichte der Lehre von den Redeteilen bei den lateinischen Grammatikern*
《拉丁语言科学演讲录》*Vorlesungen über lateinische Sprachwissenschaft*
《拉丁语与希腊语教学》*Lateinischer und griechischer Unterricht*
《拉丁寓言故事作家》*Les Fabulistes Latins*
《拉丁字汇书籍集成》*Corpus Glossariorum Latinorum*
《拉丁族劫掠帖撒隆尼卡记》*De Thessalonica urbe a Latinis capta*
《拉瓦尔丁的希尔德贝之诗学杂论》*Mélanges poétiques d'Hildebert de Lavardin*
《拉文纳督主教时代》*Exarchat de Ravenne*
《剌班努斯·茅儒斯与富尔达的学校》*Hrabanus Maurus und die Schule zu Fulda*
《莱比锡古典语文学研究》*Leipziger Studien zur klassischen Philologie*
《莱比锡皇家萨克逊科学学会会议报告》*Berichte über die Verhandlungen der Königlich Sächsischen Gesellschaft der Wissenschaften zu Leipzig*
《莱顿巴黎及梵蒂冈之残卷》*fragmenta Leidensia Parisina Vaticana*
《莱顿的尼德兰文学学会图书馆目录》*Catalogus der bibliotheek van de Maatschappij der Nederlandsche Letterkunde te leiden*
《莱茵博物馆》*Rheinisches Museum*，即《莱茵语文学博物馆》*Rheinisches Museum für Philologie*
《兰塞隐修院编年史》*Chronicon Abbatiae Rameseiensis*

《兰斯教会史》*Historia Remensis Ecclesiae*
《朗格多克通史》*Histoire générale de Languedoc*
《浪漫派评论》*Romantic Review*
《老妪篇》*De Vetula*
《勒克斯芬尼》*Lexiphanes*
《李维第四、五个"十卷组"文本来源考》*Kritische Untersuchungen ueber die Quellen der vierten und fuenften Dekade des Livius*
《李维著作选》*Analecta Liviana*
《理班纽斯》*Libanius*
《理班纽斯生平述略》*Das leben des Libanius*
《理班纽斯之演说研究》*Studies in the Orations of Libanius*
《历代教皇史》*Historia Pontificalis*
《历史发展中的希腊哲学》*Die Philosophie der Griechen in ihrer geschichtliche Entwicklung*
《历史纲略》*Historiarum Compendium*
《历史素描集》*Historical Sketches*
《历史学论坛》*Revue des Questions Historique*
《历史记录文献集成》*Allgemeine Sammlung historischer Memoires*
《利奥十世书信集》*Epistolae Leonis X*
《利泊英杰》*Lippiflorium*
《利古理亚志》*Ligurinus*
《恋歌》*Amores*
《列日的塞都琉斯》*Sedulius de Liège*
《灵诗集》*Le Poesie spirituali*
《留德普朗著作集》*Liudprandi Opera*
《琉善的引述与追慕》*Citate und Reminiscenzen bei Lucian*
《琉善诗学批评与模仿》*De Luciano poëtarum iudice et imitatore*
《琉善与贺拉斯》*Lukian und Horaz*
《琉善著作的喜剧性因素》*Quid comicis debuerit Lucianus*
《六本合参圣经》*Hexapla*
《卢克莱修》*Lucretius*
《卢克莱修传》*vita Lucreti*
《路易帝传》*Vita Ludovici imperatoris*
《吕山德传》*Life of Lysander*
《旅行纪程》*Itinerary*
《旅行文献》*Voyage Littéraire*
《伦巴第氏族史》*Historia gentis Langobardorum*
《论〈爱的艺术〉及论〈爱的补救〉》*De arte amandi et reprobatione amoris*
《论〈反克劳狄安〉》*Der Anticlaudianus*
《论阿波罗尼乌斯·狄斯古卢斯的句法系统》*Das System der Syntax des Apollonios Dyskolos*
《论阿里斯塔库斯的荷马研究》*De Aristarchi Studiis Homericis*
《论阿里斯塔库斯的门人们》*De Aristarchi Discipulis*
《论阿里斯托芬会注集中的古代注疏来源》*De veterum in Aristophanem scholiorum fontibus commentatio*
《论阿里斯托芬与阿里斯塔库斯所述的正典》*De canone qui dicitur Aristophanis et Aristarchi*
《论阿提卡青年》*De Ephebis Atticis*
《论阿提卡十大演说家之正典》*De cannoe decem oratorum Atticorum*
《论埃拉托色尼编年史的来源与典据》*De Eretosthenis Chronographi fontibus et auctoritate*
《论奥儒斯与奥理翁》*De Oro et Orione*
《论巴勒斯坦之殉道者》*De Martyribus Palaestinae*
《论柏拉图及其学说》*De Platone et eius dogmate*
《论柏拉图之学说》*De Dogmate Platonis*
《论波桑尼阿斯与埃琉斯·第欧尼修的修辞学词典》*De Pausaniae et Aelii Dionysii lexicis rhetoricis*
《论表意模式》*De Modis Significandi*
《论兵事》*De Re Militari*
《论波弗利的生平与著述》*De vita et scriptis Porphyrii*

《论波鲁克斯所获取之戏剧研究文献来源》*De Pollucis in apparatu scaenico enarrando fontibus*
《论波鲁克斯著作之来源》*De Pollucis fontibus*
《论财产交换》*Antidosis*
《论嗔怒》*de ira*
《论尘世之哲学》*De Philosophie Mundi*
《论称谓》*de nomine*
《论创生日》*De die natali*
《论词语的类同》*de similitudine verborum*
《论大地周长的测量》*De Mensura Orbis Terra*
《论德摩斯提尼》*De Demosthenes*
《论德摩斯提尼的言辞风格》*de admirabili vi dicendi in Demosthene*
《论德摩斯提尼评注》*De Demosthene commenta*
《论德姆斯》*On Demes*
《论狄纳库斯》*De Deinarcho*
《论对教规的轻视》*De Contemptu Canonum*
《论恩惠》*de Beneficiis*
《论斐洛斯特拉图斯家族》*Die Philostrati*
《论更为神秘的埃及学说》*De secretiore Aegyptiorum doctrina*
《论古代富尔达图书馆与洛尔施图书馆的重构》*Beiträge zur Rekonstruktion der alten Bibliotheca fuldensis und Bibliotheca laureshamensis*
《论古代文字》*de antiquitate litterarum*
《论古代演说家》*De Oratoribus Antiquis*
《论古代语法学的创作与应用》*De auctoritate et usu Grammaticorum veterum*
《论哈利卡那苏斯的第欧尼修的修辞学著作》*De Dionysii Halicarnassensis scriptis rhetoricis*
《论和睦》*On Concord*
《论基督教教义》*De Doctrina Christiana*
《论基督教信仰之真理》*De Veritate Fidei Catholicae*
《论交换财产》*Antidosis*
《论解脱》*De Clementia*
《论经由奥维德所传承的维琉斯·弗拉库斯之〈岁时记〉》*De fastis Verrii Flacci ab Ovidio adhibitis*
《论经由莱克格斯传抄叙录的埃斯库罗斯、索福克勒斯和欧里庇得斯通行本》*De publico Aeschyli Sophiclis Euripidis fabularum exemplari Lycurgo auctore confecto*
《论精神与灵魂之分别》*De differentia spiritus et animae*
《论君治》*De Regimine Principum*
《论卡利斯特剌忒与阿里斯托芬》*De Callistrato Aristophaneo*
《论昆体良〈演说术原理〉第 10 卷》*De Quintiliani Institutionis oratoriae libro X*
《论拉丁语》*De Lingua Latina*
《论老年》*De Senectute*
《论理班纽斯的生平和通信》*Sur la Vie et Correspondance de Libanius*
《论理班纽斯对德摩斯提尼生平之研究》*De aetatis Demosthenicae studiis Libanianis*
《论理解》*De Intellectibus*
《论理学初阶》*Principia Dialecticae*
《论理学篇》*Dialectic*
《论理亚努斯的荷马考辨研究》*De Rhiani Cretensis Studiis Homericis*
《论列缪·帕莱蒙的语法学著作》*De Q. Remmi Palaemonis libris grammaticis*
《论灵魂》*De Anima*
《论灵魂的流亡》*De Animae Exsilio*
《论吕西亚》*De Lysia*
《论罗马人的生活》*de vita populi Romani*
《论罗马人的族性》*de gente populi Romani*
《论罗马之气运》*De Fortuna Romanorum*
《论马克罗比乌斯的西塞罗义疏》*De Macrobio Ciceronis Interprete*
《论名词与动词》*De nomine et verbo*
《论命运》*de Fato*
《论摹仿》*de Imitatione*
《论拟剧》*Der Mimus*
《论农业》（瓦罗）*de Re Rustica*

《论努尔西亚的本尼迪克特之重要性》*Die Bedeutung Benedikts von Nursia*
《论偶像崇拜》*De Idololatria*
《论普拉克西芬》*De Praxiphane*
《论普鲁塔克的语言学问》*Die Sprache Plutarchs*
《论普鲁塔克等人对诗歌的研究与使用》*On the Study and Use of Poetry by Plutarch*
《论乔治》*De Georgiis*
《论清修》*De Abstinentia*
《论取自拜占庭人的阿里斯托芬与苏维托尼乌斯之辞书》*De λέξεων Aristophanearum et Suetoniarum excerptis Byzantinis*
《论劝导》*Suasoriae*
《论日耳曼族所说之拉丁语》*De linguae latinae in Germania fatis*
《论如何听诗》*De Audiendis poëtis*
《论三位一体》*De Trinitate*
《论上帝的安排》*De Gubernatione Dei*
《论上帝之城》*De Civitate Dei*
《论上帝之为原因》*De Causa Dei*
《论上古罗马人的语源学研究》*De veterum, imprimis Romanorum studiis etymologicis*
《论上界自然与下界自然》*De Naturis Inferiorum et Superiorum*
《论神性》*De Natura Deorum*
《论神谕之绝息》*De Defectu Oraculorum*
《论神职人员的使命》*De Institutione Clericorum*
《论神职人员的义务》*De Officiis Ministororum*
《论生成和消灭》*De Generatione et Corruptione*
《论圣经的奇迹》*De Mirabilibus Sacrae Scripturae*
《论诗人索福克勒斯》*De Sophcle poeta*
《论十大演说家之正典》*De canone decem oratorum*
《论世界帝国》*De Monarchia*
《论世界史分期》*Weltperioden*
《论树木》*De Arboribus*
《论睡眠与失眠》*De Somno et Vigilia*
《论苏格拉底之神祇》*De Deo Socratis*
《论俗语》*De Vulgari Eloquio*
《论天》*De Caelo*（中古作《论天与宇宙》*De Caelo et Mundo*）
《论天篇释义》*Paraphrasis of De Caelo*
《论天谴之迟发》*De Sera Numinis Vindicta*
《论童贞之尊贵》*De Laudibus Virginitatis*
《论土地权》*De Re Agraria*
《论瓦罗的语法学著作》*De Varronis libris grammaticis*
《论维吉尔农事诗中的希腊文学来源》*De Graecis in Georgicis a Vergilio expressis*
《论伪使》*De Falsa Legatione*
《论文科教育》*disciplinarum libri*
《论文章作法》*De compositione verborum*
《论西塞罗的希腊语翻译》*De Cicerone Graecorum interprete*
《论西塞罗对希腊哲学的翻译》*De Cicerone Graecae philosophiae interprete*
《论希腊文的亚历山大大帝传奇》*Der griechische Alexanderroman*
《论希腊喜剧中的文学批评》*De Comicis Graecis litterarum iudicibus*
《论喜剧的解释者吕柯弗隆、欧弗洛尼乌斯与埃拉托色尼》*De Lycophrone Euphronio Eratosthene comicorum interpretibus*
《论系列史诗》*De epische Cyclus*
《论相似与相异》*De Eodem et Diverso*
《论心灵的宁静》*De Tranquillitate Animi*
《论叙马库斯的希腊语与拉丁语学问》*De Symmachi studiis Graecis et Latinis*
《论选材》*De Inventione*
《论学园派》*Academica*
《论寻常习熟之物》*De Rebus Familiaribus*
《论殉教者之死》*De Mortibus Persecutorum*
《论雅典的城邦政务》*Die Staatshaushaltung der Athener*
《论雅典人之荣耀》*De Gloria Atheniensium*

《论雅歌》*On the Canticles*
《论亚里士多德在〈诗学〉中仍承续的柏拉图之门风》*De Aristotele etiam in Arte Poetica componenda Platonis discipulo*
《论亚里士多德著作之排序与依据》*De Aristotelis librorum ordine et auctoritate*
《论眼疾》*Ophthalmicus*
《论演说辞的分类》*De partitione oratoria*
《论演说家》*De Oratore*
《论演说之化境》*De Optimo Genere Oratorum*
《论伊塞乌斯》*De Isaeo*
《论伊索克拉底》*De Isocrates*
《论义务》*De Officiis*
《论艺术及人文学问诸科》*De Artibus ac Disciplinis Liberalium Litterarum*
《论音乐》*De Musica*
《论优西庇乌斯的世界编年史》*Die Weltchronik des Eusebius*
《论友谊》*De Amicitia*
《论宇宙》*De Mundo*
《论宇宙》*De Universo*
《论宇宙之全体》*De Mundi Universitate*
《论语言之用》*de utilitate sermonis*
《论预言》*De Divinatione*
《论原因》*Liber de Causis*
《论远见》*De Providentia*
《论院规及修道八戒》*De institutis coenobiorum et de octo principalium vitiorum remediis*
《论约克城圣徒》*De Sanctis Euboricae urbis*
《论约克的主教》*De Pontificibus Ecclesiae Eboracensis*
《论韵体》*de metris*
《论哲人的踪迹与学说》*de vestigiis sive dogmate philosophorum*
《论正确的修院生活》*De emendanda vita monastica*
《论正字法》*De Orthographia*
《论芝诺多图斯的荷马研究》，*De Zenodoti Studiis Homericis*
《论直言三段论》*De Syllogismo Categorico*
《论植物》*De Plantis*
《论至善》*De Summo Bono*
《论至善与至恶》*De Finibus*
《论智者派的荷马研究》*De Sophistarum studiis Homericis*
《论智者希庇阿的荷马研究》*De Hippiae Sophistae studiis Homericis*
《论中古高卢作家的书信写作技艺》*De Arte Scribendi Epistolas apud Gallicos Medii Aevi Scriptores*
《论中古语文学研究》*De Medii Aevi Studiis Philologicis Disputatio*
《论中古之图书馆》*Über mittelalterliche Bibliotheken*
《论中世纪的希伯来文译书》*Die hebraeischen Uebersetzungen des Mittelalters*
《论诸演说家》*De Oratoribus*
《论字母与音节》*de litteris syllabisque*
《论自然之能力》*De Facultatibus Naturalibus*
《论最优秀的演说家类型》*De Optimo Genere Oratorum*
《论罪恶之本质》*De Malorum Subsistentia*
《罗杰·培根，其人生、才华、著述及其同时代人》*Roger Bacon, sa personne, son génie, son œuvres et ses contemporains*
《罗杰·培根，生平、著述与学说》*Roger Bacon, sa vie, ses ouvrages, ses doctrines*
《罗杰·培根》*Roger Bacon*
《罗杰·培根的人生与著作》*Life and Work of Roger Bacon*
《罗杰·培根的希腊语法》*The Greek Grammar of Roger Bacon*
《罗杰·培根论文集》*Roger Bacon Essays*
《罗杰·培根身后 13 世纪的拉丁通行本圣经》*La Vulgate latine au xiii s. d'après Roger Bacon*
《罗杰·培根与语文学》*Roger Bacon and Phi-*

lology
《罗马不列颠学会论文集》*Papers of British School in Rome*
《罗马城至福的格雷高利教皇传》*Vita beatissimi Gregorii papae urbis Romae*
《罗马歌》*Versus Romae*
《罗马皇帝本纪》*Historia Augusta*
《罗马建立日耳曼人之"圣地"1100周年纪念文集》*Festschrift zum elfhundertjährigen Jubiläum des deutschen Campo santo in Rom*
《罗马人的信史》*Faits des Romains*
《罗马人故事集》*Gesta Romanorum*
《罗马圣咏集》*Psalterium Romanum*
《罗马诗歌残篇》*Fragments of Roman Poetry*
《罗马十二帝王传》*de vita Caesarum*
《罗马史研究》*Studies in Roman History*
《罗马文学史》*Geschichte der römischen Litteratur*
《罗马文学史略讲》*Grundriss zu Vorlesungen über die römische Litteraturgeschichte*
《罗马文学中的文艺复兴与罗可可》*Renaissance und Rococo in der römischen Litteratur*
《罗马治下的希腊世界》*Greek World under Roman Sway*
《罗曼语研究》*Romania*
《罗曼语研究》*Romanische Forschungen*
《罗曼语语文学纲要》*Grundriss der romanischen Philologie*
《罗曼语语文学界通报与论丛》*Ausgaben und Abhandlungen aus dem Gebiete der Romanischen Philologie*
《罗曼语语文学杂志》*Zeitschrift für romanische Philologie*
《罗慕卢斯》*Romulus*
《逻辑全书》*Logicae Summula*
《逻辑述原》*Metalogicus*
《逻辑学论题大全》*Summule Logicales*
《洛克里斯的埃阿斯》*Aiax Locrus*
《洛林教会与人民史》*Histoire ecclésiastique et civile de Lorraine*
《马克西姆·普兰努德斯的伊索研究》*Die Aesopstudien des Maximos Planudes*
《马提阿尔著作的古代版本》*Ancient editions of Martial*
《马扎理斯》*Mazaris*
《玛耳基忒斯》*Margites*
《玛洛斯的克剌忒斯》*De Cratete Mallota*
《蛮族外来语与本土语变形》*De barbarismis et metaplasmis*
《漫游纪略》*Hodoporicon*
《玫瑰传奇》*Roman de la Rose*
《梅涅普斯体杂咏》*saturae Menippeae*
《美德与恶习摘要》*Excerpta de Virtutibus et Vitiis*
《美国历史学评论》*The American Historical Review*
《美国语文学学会学刊》*Transactions and Proceedings of American Philological Association*
《美国语文学杂志》*The American Journal of Philology*
《美容药品论》*Medicamina Faciei*
《美因维尔克传》*Vita Meinwerci*
《迷苑》*Labyrinthus*
《米利都的赫叙基乌斯残存之记名录》*Hesychii Milesii Onomatologi quae supersunt*
《秘中之秘》*Secretum Secretorum*
《庙堂门廊》*The Church Porch*
《民法汇编》*Pandects*
《民法汇编教科书》*Lehrbuch des Pandektenrechts*
《名人传》*de viris illustribus*
《名义全录》*Repertorium vocabulorum*
《名誉之宫》*House of Fame*
《名著估衡》*Censura Celebriorum Authorum*
《铭文与美文学院论集》*Mémoires de l'Académie des Inscriptions et Belles-Lettres*
《命意篇》*Topica*

《缪斯们》*Muses*
《摩泽尔河》*Mosella*
《墨勒阿革洛斯》*Meleager*
《墨洛温王朝史著汇编》*Scriptores rerum Merouingicarum*
《墨洛温与加洛林王朝时代书信汇编》*Epistolae Merowingici et Karolini Aevi*
《牧歌集》*Eclogae*
《慕美书》*Philocalia*
《穆耳巴赫修道院加洛林王朝时候的图书目录》*Ein Karolingischer Bibliothekeskatalog aus Kloster Murbach*
《穆索尼乌斯辩疑》*Quaestiones Musonianae*
《穆索尼乌斯遗文》*Musonii Reliquiae*
《内战记》*Bellum Civile*
《那不勒斯的查理三世》*Charles III of Naples*
《南德意志语文学与人文高中教育杂志》*Süddeutsche Zeitschrift für Philologie und Gymnasialwesen*
《瑙克尔著作集及其学派》*Die Schriften Notker's und seiner Schule*
《尼俄柏》*Niobe*
《尼基亚斯传》*Life of Nicias*
《尼柯拉·庇萨诺传》*Vita di Niccola Pisano*
《拟西塞罗篇》*Ciceronianus*
《年代记》*Annales*
《涅尼乌斯著作校雠》*Nennius vindicatus*
《牛津的灰衣修士》*The Grey Friars in Oxford*
《牛津遗献辑刊》*Anecdota Oxoniensia*
《农事诗》*Georgics*
《农俗家政聚珍》*Points of Good Husbandrie*
《农业志》（加图）*De Re Rustica*
《女杰书简》*Heroides*
《女诗人》*Poëtria*
《诺曼第古史学会丛刊》*Mémoires de la Société des Antiquaires de Normandie*
《诺尼乌斯·马赛卢斯》*Nonius Marcellus*
《诺尼乌斯著作的语法学文献来源》*De Nonii Marcelli auctoribus grammaticis*
《诺瓦勒萨古事辑略》*Monumenta Novaliciensia Vetustiora*
《诺瓦利斯编年史》*Chronicon Novaliciense*
《欧弗洛尼乌斯》*Euphronios*
《欧里庇得斯的赫拉克勒斯》*Euripides: Herakles*
《欧里庇得斯迷》*Phileripides*
《欧吕克雪亚篇》*Eryxias*
《欧罗巴杂志》*Rivista Europea*
《欧亚非三洲游记》*Travels in various countries of Europe, Asia and Africa*
《欧洲批评与文学品鉴史，自最古之文本至今》*A History of Criticism and Literary Taste in Europe, from the earliest texts to the present day*
《欧洲文学导论，15—17 世纪》*Introduction to the Literature of Europe, in the fifteenth, sixteenth, and seventeenth centuries*
《偶兴成诗的维南修斯·弗图纳图》*Der Gelegenheitsdichter Venantius Fortunatus*
《帕比尼安传》*Vita Papiniani*
《佩瑞斯刻本摘要》*Excerpta Peiresciana*
《佩特里莎草纸》*Petrie Papyri*
《批判性哲学史》*Historia critica philosophiae*
《皮浪学说概要》*Pyrrhonean Sketches*
《品达传》*Vita Pindari*
《品达的诗》*La poésie de Pindare*
《评论季刊》*Quarterly Review*
《帕迦马古物研究》*Altertümer von Pergamon*
《帕迦马题铭》*Inschriften von Pergamon*
《珀尔森书信集》*Correspondence of Porson*
《珀勒蒙的纪游残篇》*Polemonis periegetae fragmenta*
《珀琉斯与忒提斯的婚礼》*Peleus and Thetis*
《普莱内斯特岁历》*Fasti Praenestini*
《普兰努德斯书信集》*Planudis Epistulae*
《普兰努德斯文苑英华集》*Anthologia Plan-*

udea

《普劳图斯研究》*Plautinische Forschungen*

《普林尼〈自然史〉渊源考释论集》*Beiträge zur Quellenkritik der Naturgeschichte des Plinius*

《普林尼论医学》*Medicina Plinii*

《普鲁萨人狄翁的生平及著述》*Leben und Werke des Dio von Prusa*

《普鲁塔克〈论诗歌听赏〉之来源》*De fontibus Plutarchi De Audiendis Poetis*

《普鲁塔克之宗教》*Religion of Plutarch*

《普罗旺斯通史》*L'Histoire générale de Provence*

《普洛刻卢斯传》*vita Procli*

《普洛刻卢斯诸家集所选的语法学问题》*De Procli Chrestomathia grammatica quaestiones selectae*

《普洛提诺传》*Vita Plotini*

《普洛提诺之哲学》*The Philosophy of Plotinus*

《普塞卢斯之历史》*History of Psellus*

《七雄后人传》*Epigoni*

《七书》*Eptateuchon*

《七贤会》*Ludus Septem Sapientum*

《七艺之争》*Bataille des Sept Arts*

《齐家篇》*Oeconomicus*

《起源》*Aetia*

《器具论》*De utensilibus*

《千禧年传说之形成》*Formation de la Légende de l'An Mille*

《千行集》*Chiliades*

《前苏格拉底哲学》*Presocratic Philosophy*

《遣使文章举要》*Selecta de Legationibus*

《茜罗与利安得尔》*Hero and Leander*

《禽类议会》*Parlement of Foules*

《情人忏悔录》*Confessio Amantis*

《区分奉承者与友人》*De adulatore et amico*

《劝勉篇》*Exhortation*

《劝勉篇》*Protrepticus*

《劝勉诗》*Exhortations*

《群芳集》*Florista*

《群书集成》*Bibliotheca*

《群书集缀》*Bibliotheca*

《让·德·奥维耶的〈阿凯屈纽斯〉》*Johannis de Altavilla Architrenius*

《人神古史记》*Antiquitatum rerum humanarum et divinarum*

《人生至善法则》*formula honestae vitae*

《自由七艺》*Die sieben freien Künste*

《人性与天命之争》*Controversia Hominis et Fortunae*

《人性之伤疾》*De Planctu Naturae*

《日耳曼教育学文库》*Monumenta Germaniae Paedagogica*

《日耳曼历史学文库》*Monumenta Germaniae Historica*

《日耳曼尼亚志》*Germania*

《日耳曼史事丛刊》*Bibliotheca Rerum Germanicarum*

《日耳曼史著汇编》*Scriptores rerum Germanicarum*

《日耳曼语文学概述》*Grundriss der Germanischen Philologie*

《日耳曼语研究》*Études Germaniques*

《瑞索斯》*Rhesus*

《仨钱儿银币》*Trinummus*

《萨福》*Sappho*

《萨克逊列王传》*Res Gestae Saxonicae*

《萨克逊学会论文集》*Abhandlungen der sächsischen Gesellschaft*

《萨鲁斯特研究献疑集》*Quaestiones Sallustianae*

《萨图尔努斯节会饮》*Saturnalia*

《塞尔瓦图斯—卢普斯书信研究》*Études sur les lettres de Servat-Loup*

《塞尔维乌斯》*Servius*

《塞内加著作集》*L. Annaei Senecae opera quae supersunt*

《塞普里亚》*Cypria*

《塞日叶氏辞书集》*Lexica Segueriana*
《塞维理努斯·波爱修斯所反映的基督教观》*Il Cristianesimo di Severino Boezio rivendicato*
《塞亚各篇》*Theages*
《三家史集》*Historia Tripartita*
《三子会语》*Trialogus*
《桑佛与墨顿》*Sandford and Merton*
《僧徒列传》*De Vita Monachorum*
《沙特尔导览》*Guide Chartrain*
《沙特尔的约翰，生平、学术、著作及哲学》*Johannes Saresberiensis, nach Leben und Studien, Schriften und Philosophie*
《沙特尔学校丛刊》*Bibliothèque de l'école des chartes*
《沙特尔学校资料丛刊》*Bibliothèque de l'École des Chartre*
《沙特莱书录》*Registres du Châtelet*
《申辩篇》*Apology*
《神道七书》*Institutiones Divinae*
《神父须知》*Cura Pastoralis*
《神话全书》*Mythologicon*
《神学大全》*Summa Theologiae*
《神学短论集》*Opuscula Sacra*
《神学概要》*Compendium Studii Theologiae*
《神学史学刊》*Zeitschrift für die historische Theologie*
《神学学刊》*Zeitschrift für Wissenschaftliche Theologie*
《神学要略》*Summa Theologica*
《神学引论》*Introductio ad Theologiam*
《神学原理》*Elements of Theology*
《审判日》*Dies Irae*
《生平与诗集》*Curriculum vitae et Carmina*
《圣阿勒克西斯传》*Saint Alexis*
《圣奥耳班修道院编年史》*Chronica Monasterii Sancti Albani*
《圣奥耳班修道院纪事》*Gesta Abbatum Monasterii Sancti Albani*
《圣本笃会编年史》*Annales Ordinis s. Benedicti*
《圣本笃会戒规文本渊源考》*Textgeschichte der Regula S. Benedicti*
《圣本笃会名人传》*De viris illustribus ordinis sancti Benedicti*
《圣本笃会圣徒行状》*Acta Sanctorum Ordinis S. Benedicti*
《圣本笃会文学发展史》*Historia rei Literariae Ordinis Sancti Benedicti*
《圣高尔地区史》*Geschichte des Kantons St Gallen*
《圣高尔覆灭记》*Casus Sancti Galli*
《圣高尔史料集》*St Gallische Geschichtsquellen*
《圣高尔图书馆之历史》*Geschichte der Bibliothek von St Gallen*
《圣歌词典》*Dictionary of Hymnology*
《圣歌大全》*Thesaurus Hymnologicus*
《圣教拉丁诗歌》*Sacred Latin Poetry*
《圣教与世俗学问绪论》*Institutiones Divinarum et Humanarum Lectionum*
《圣杰罗姆学术渊源考》*Hieronymus quos noverit scriptores et ex quibus hauserit*
《圣经释名》*Vocabularium biblicum*
《圣经研究》*Studia Biblica*
《圣马丁传》*Vita Sancti Martini*
《圣马丁奇迹集》*Miracles of St. Martin*
《圣马可馆藏本亚里士多德传》*Vita Aristotelis Marciana*
《圣莫尔的拜努瓦与特洛伊故事，或荷马的变形故事与中古时期的希腊—拉丁史诗》*Benoît de Sainte-More et le Roman de Troie, ou les métamorphoses d'Homère et de l'épopée Gréco-Latine au Moyen-âge*
《圣帕特理克传》*Life of St Patrick*
《圣日耳曼努斯传》*Vita Sancti Germani*
《圣体篇》*Eucharisticum de vita sua*
《圣徒列传》*Acta Sanctorum*
《圣学之光》*De Laudibus Divinae Sapientiae*
《圣职修士马喀理乌斯的苏伊达斯辞典摘

录》*Macarii hieromonachi ecloge e lexico Suïdae*
《师道篇》*Paedagogus*
《诗草集》*Silvae*
《诗歌集》*Carmina*
《诗律犯错索引》*index rei metricae*。
《诗律技艺》*Ars Rhythmica*
《诗人列传》*de poëtis*
《诗学》*Poëtices*
《诗学与批评之研究》*Studies in Poetry and Criticism*
《诗艺》*Ars Poetica*
《诗韵与旋律》*Poètes et Mélodes*
《十大范畴》*Categoriae Decem*
《十大演说家传》*Lives of the Ten Orators*
《十二族长遗训》*Testaments of the Twelve Patriarchs*
《十惑篇》*Decem Dubitationes*
《十三世纪宗教艺术》*l'art religieux du xiiie siècle*
《十章集》*Liber decem Capitulorum*
《拾穗集》*Spicilegium*
《史乘独载》*Singularitates Historicae*
《史传与评论辞典》*Dictionnaire historique et critique*
《史籍要录》*Excerpta Historica*
《史诗系列，或荷马时代历史》*Der epische Zyklus oder die Homerischen Geschichte*
《史事通鉴》*Speculum Historiale*
《史事系年要览》*Abbreviationes Chronicorum*
《史书》*Livre des Histoires*
《史书系年增补》*Supplementum Chronicarum*
《史学备乘》*Excursions Historiques*
《史学评论》*Historical Review*
《史学与语文学论集》*Historische und philologische Aufsätze*
《史志系年》*Chronica*
《史志系年》*Chronicon*
《使徒书信与福音篇文选》*Lectionary of Epistles and Gospels*
《士麦那的昆图斯之研究》*A Study of Quintus of Smyrna*
《世风不古论》*De Contemptu Mundi*
《世纪变换中的西塞罗》*Cicero im Wandel der Jahrhunderte*
《世纪颂歌》*Carmen Saeculare*
《世界文学史》*Geschichte der Weltlitteratur*
《是否大格雷高利不情愿学习人文科艺》*Utrum Gregorius Magnus litteras humaniores et ingenuas artes odio persecutus sit*
《释怀疑论》*Sceptical Commentaries*
《手稿与彩饰》*Les Manuscrits et la Miniature*
《狩猎篇》*Cynegetica*
《书籍原貌》*Books in Manuscript*
《书目叙录及其他》*Notices bibliographiques et autres articles publiés dans les Revues critique*
《书写板》*Schrifttafeln*
《书信、论文与布道文：古代教会的最后两个世纪以及中古之早期》*Briefe, Abhandlungen und Predigten: aus den zwei letzten Jahrhunderten des kirchlichen Alterthums und dem Anfang des Mittelalters*
《书之关护》*The Care of Books*
《书之癖》*Philobiblon*
《曙光》*Aurora*
《曙光女神》*Eos*
《数学史讲座》*Vorlesungen über Geschichte der Mathematik*
《双域评论》*Revues des deux Mondes*
《私人书简集》*Epistulae Familiares*
《思辨语法学》*Grammatica Speculativa*
《思辨哲学杂志》*Journal of Speculative Philosophy*
《思想观念之摘要》*Excerpta de Sententiis*
《斯都尔姆传》*Vitae Sturmii*
《斯笃第翁的忒奥多尔》*Theodore of Studium*
《斯多葛悖论》*Paradoxa Stoicorum*
《斯多葛派、伊壁鸠鲁派与怀疑派》*Stoics,*

Epicureans and Sceptic
《斯多葛派的语法学》*Stoicorum Grammatica*
《斯多葛派修辞学述评》*De Stoicorum studiis rhetoricis*
《斯芬克斯》*Sphinx*
《斯拉夫人编年史》*Slavischen Chronik*
《斯托拜乌斯诸家文选》*Stobaei Eclogae*
《斯瓦比亚人编年史》*Annales Suevici*
《四德书》*De Quatuor Virtutibus*
《4世纪的生活与文学》*Life and Letters in the Fourth Century*
《颂歌集》*Odes*
《颂歌诗人集》*Thesaurus Hymnologicus*
《苏伊达斯辞典》*Suïdas*
《速记法文献》*Archiv für Stenographie*
《苏维托尼乌斯零篇辑佚》*Suetoni praeter Caesarum libros reliquiae*
《苏维托尼乌斯论集》*Essai sur Suetone*
《苏维托尼乌斯遗稿》*Suetoni Reliquiae*
《岁时记》*Fasti*
《索福克勒斯》*Sophokles*
《索福克勒斯传》*vita Sophocles*
《索利马尔志》*Solimarius*
《索利兹伯瑞的约翰》*Johannes Saresberiensis*
《塔利亚女神与粗蛮女之论争》*Conflictus Thaliae et Barbariei*
《泰奥弗剌斯特论风格》*Theophrasti περὶ λέξεως*
《谈话录，有关班贝格主教圣奥铎之生平》*Dialogus de vita Ottonis episcopi babenbergensis*
《谈话术》*Redetheile*
《忒奥杜卢斯，一部中古的教科书》*Theodulus, a mediaeval textbook*
《忒奥杜卢斯在法兰西》*Theodulus in France*
《忒勒甫斯》*Telephus*
《忒勒歌努斯志》*Telegonia*
《特理尔所藏阿达福音书的手写字体》*Die Trierer Ada-Handschrift*
《特罗勒斯与克丽西德》*Troilus and Creseide*
《特洛伊的陷落》*Iliupersis*
《特洛伊战纪》*De Bello Trojano*
《提马理翁》*Timarion*
《题咏吾常展读之书》*de libris quos legere solebam*
《天国之爱的颂歌》*Hymns of Heavenly Love*
《天国之美的颂歌》*Hymns of Heavenly Beautie*
《天下镜览》*Image du Monde*
《天象》*Phaenomena*
《天象学》*Meteorologica*
《天学大成》*Almagest*
《天运篇》*De Substantia Orbis*
《田猎诗丛》*Cynegetics*
《田园诗》*Idyllia*
《帖撒隆尼卡之建城史》*De Thessalonica eiusque agro*
《廷侍谈谑录》*De Nugis Curialium*
《通讯社古物集成》*Monumenti del Instituto*，即罗马的《考古通讯社未发表古物集成》*Monumenti inediti pubblicati dall'Instituto di Corrispondenza archeologica*
《同音异义字集》*Aequivocorum*
《童蒙必修》*Doctrinale Puerorum*
《图拉真颂》*Panegyricus Traiani*
《图书馆学手册》*Handbuch der Bibliothekslehre*
《图书馆学中央导报》*Centrablatt für Bibliothekswesen*
《图斯库兰辩论集》*Tusculan Disputation*
《图像集》*Hebdomades*
《托勒密帝国》*Empire of the Ptolemie*
《脱险记》*Ecbasis Captivi*
《蛙》*Ranae*
《瓦勒理乌斯·普洛布斯〈论称谓〉所受老普林尼影响之章节汇编》*Valerii Probi de nomine libellum Plinii Secundi doctrinam continere demonstratur*
《瓦罗与欧凯塔的约翰·茅罗普斯，语言学史的个案研究》*Varro und Johannes Mauro-*

pus von Euchaita, eine Studie zur Geschichte der Sprachwissenschaft
《瓦罗著作残篇》*Fragmenta Varronis*
《晚期罗马帝国》*Later Roman Empire*
《万卷菁华》*Myriobiblon*
《万物本原》*De Universo*
《万物通鉴》*Speculum Mundi*
《万物性理》*De proprietatibus rerum*
《万有德意志传记大典》*Allgemeine Deutsche Biographie*
《王道篇》*Eunomia*
《王庭授学篇》*De Principis Instructione*
《王庭琐记》*Policraticus*
《威斯特伐利亚省皇家档案》*Die Kaiserurkunden der Provinz Westfalen*
《微宇宙》*Microcosmus*
《为阿齐亚斯而辩》*Pro Archia*
《为德约塔卢斯王辩》*pro rege Deiotaro*
《为封提乌斯辩》*pro Fonteio*
《为弗拉库斯辩》*pro Flacco*
《为柯尔尼琉斯而辩》*pro Cornelio*
《为利伽理乌斯而辩》*pro Ligario*
《为马赛卢斯辩》*Pro Marcello*
《为米洛而辩》*pro Milone*
《为墨列那辩护》*Pro Murena*
《为斯高儒斯而辩》*pro Scauro*
《维德理克撰都尔主教圣杰剌德传》*Widrici Vita S. Gerardi Episcopi Tullensis*
《维尔绍档案・文献附录》*Literatur Beiblatt zum Virchow's Archiv*
《维吉尔：古代世界的延续》*Vergil: Fortleben im Altertum*
《维吉尔的史诗技艺》*Virgils Epische Technik*
《维吉尔著作的两个编订者》*Deux Éditeurs de Virgile*
《维罗纳的剌忒理乌斯与10世纪》*Ratherius von Verona und das zehnte Jahrhundert*
《维琴察的弗列托》*Ferreto von Vicenza*
《维耶丢的亚历山大之〈童蒙必修〉与中古晚期日耳曼地区的拉丁语教学》*Das Doctrinale des Alexander de Villa Dei und der lateinische Unterricht während des späteren Mittelalters in Deutschland*
《维也纳学术》*Wiener Studien*
《伟大思想家的人生观》*Die Lebensanschauungen der grossen Denker*
《伪第欧尼修》*Pseudo-Dionysius*
《伪多息忒安解释篇》*Hermeneumata Pseudo-Dositheana*
《伪语言家》*Pseudologites*
《未刊遗著集》*Opera Inedita*
《温莎森林》*Windsor Forest*
《文词正宗》*Catholica*
《文多博纳辞书》*Lexicon Vindobonense*
《文史评论》*Revue Critique d'Histoire et de Littérature*
《文史散论》*Singularités Historiques et Littéraires*
《文学史资料》*Archiv für Litteratur Geschichte*
《文学遗著集》*Literary Remains*
《文学艺术中的嘲谑与怪异史》*A History of Caricature and Grotesque in Literature and Art*
《文艺复兴时期意大利文学史》*Geschichte der Litteratur Italiens im Zeitalter der Renaissance*
《文艺复兴时期之琉善》*Lucian in der Renaissance*
《文艺复兴运动的真正起源》*Les véritables Origines de la Renaissance*
《文艺复兴之先驱》*I Precursori del Rinascimento*
《文章津梁》*Artium Scriptore*
《问难篇》*Basanistes*
《物理探原》*Naturales Quaestiones*
《物理学诸短篇》*Parva Naturalia*
《西比阿的梦》*Dream of Scipio*
《西部帝国最后一世纪里的罗马社会》*Roman Society in the Last Century of the Western Empire*

《西多尼乌斯仿前人诗作辑录》*Loci similes auctorum Sidonio anteriorum*
《西方的僧侣》*Monks of the West*
《西方的主教学校与修道院》*Les écoles épiscopales et monastiques de l'Occident*
《西方逻辑学史》*Geschichte der Logik im Abendlande*
《西方手稿目录》*Catalogue of Western MSS*
《西方中古文学史，止于11世纪初》*Geschichte der Litteratur des Mittelalters im Abendlande bis zum Beginne des XI Jahrhunderts*
《西方宗教思想》*Religious Thought in the West*
《西塞罗修辞学及文学批评中的语言研究》*Étude sur la langue de la rhétorique et de la critique litteraire dans Cicéron*
《西塞罗演说词残篇》*Fragmenta Orationum Ciceronis*
《西塞罗哲学论著议说》*Essai sur les traités philosophiques de Cicéron*
《西塞罗哲学著作研究》*Untersuchungen zu Ciceros philosophische Schriften*
《西塞罗著述的希腊—拉丁词语汇释》*Ciceronianum Lexicon Graeco-latinum*
《西塞罗著作集》*Opera quae supersunt omnia*
《西塞罗著作目录叙说》*Essai Bibliographique sur Cicéron*
《西西里史》*The History of Sicily*
《西西里希腊文与阿拉伯文的官书集》*I Diplomi greci ed arabi di Sicilia*
《希波克拉底论时疫》*in Hippocratis Epidemiarum*
《希尔德斯海姆史事系年》*Annales Hildesheimenses*
《希尔绍编年史》*Chronicon Hirsaugiense*
《洗礼象征与信仰法规的史料汇编》*Quellen zur Geschichte des Taufsymbols and der Glaubensregel*
《希腊—阿拉伯翻译文学领域之研究》*Studien auf dem Gebiet der griechisch-arabischen Übersetzungsliteratur*
《希腊悲剧残篇》*Tragiecorum Graecorum Fragmenta*
《希腊碑铭集》*Corpus Inscriptionum Graecarum*
《希腊碑铭集》*Recueil d'inscriptions grecques*
《希腊碑铭学》*Greek Epigraphy*
《希腊本旧约导读》*Introduction to the Greek Old Testament*
《希腊抄本图录》*Exempla Codicum Graecorum*
《希腊辞书纂修史论集》*Beiträge zur Geschichte der griechischen Lexikographen*
《希腊的悲剧》*Tragic Drama of the Greeks*
《希腊地理学次要著作集》*Geographi Graeci Minores*
《希腊雕像手册》*Handbook of Greek Sculpture*
《希腊歌吟诗人》*Greek Melic Poets*
《希腊古代剧场研究教本》*Lehrbuch der griechischen Bühnenalterthümer*
《希腊古典诗歌的生长与影响》*Growth and Influence of Classical Greek Poetry*
《希腊古铭文》*Inscriptiones Graecae antiquissimae*
《希腊拉丁语法学史著论集》*Beiträge zur Geschichte der Grammatik des Griechischen und Lateinischen*
《希腊历史残篇》*Fragmenta Historicorum Graecorum*
《希腊名人志》*De Graecis Illustribus*
《希腊铭文总集》*Sylloge Inscriptionum Graecarum*
《希腊年代记，希腊的文明与文学大事年表，自55届至124届奥林匹亚纪》*Fasti Hellenici, the Civil and Literary Chronology of Greece from the 55th to the 124th Olympiad*
《希腊群书集要》*Bibliotheca Graeca*
《希腊莎草纸的古书法》*Palaeography of Greek Papyri*
《希腊诗人研究》*Studies of the Greek Poets*
《希腊诗学著作》*Scriptores Metrici Graeci*
《希腊史》*Geschichte Griechenlands*

《希腊史》*Griechische Geschichte*
《希腊史诗残篇》*Epicorum Graecorum Fragmenta*
《希腊书札著作》*Epistolopgraphi Graeci*
《希腊抒情诗人的文本演变》*Textgeschichte der griechischen Lyriker*
《希腊文学纲要》*Grundriss der griechischen Literatur*
《希腊文学批评史论》*Essai sur l'Histoire de la Critique chez les Grecs*
《希腊文学史，止于查士丁尼帝时代》*Geschichte der griechischen Litteratur bis auf die Zeit Justinians*
《希腊文学史》*Griechische Litteraturgeschichte*
《希腊文学史》*Histoire de la Littérature Grecque*
《希腊文学杂录》*Mélanges de literature grecque*
《希腊文苑英华集》*Anthologia Graeca*
《希腊喜剧残篇》*Fragmenta Comicorum Graecorum*
《希腊详梦家》*Oneirocritici Graeci*
《希腊小说及其渊源》*Der griechische Roman und seine Vorläufer*
《希腊修辞学家》*Rhetores Graeci*
《希腊学会会报》*Acta Societatis Graecae*
《希腊研究津梁》*Companion to Greek Studies*
《希腊研究学报》*Journal of Hellenic Studies*
《希腊演说家批评史》*Historia Critica Oratorum Graecorum*
《希腊遗书》*Anecdota Graeca*
《希腊与拉丁古文书法手册》*Handbook of Greek and Latin Palaeography*
《希腊与拉丁古文书法绪论》*An Introduction to Greek and Latin palaeography*
《希腊与拉丁遗书杂录》*Anecdota Varia Graeca et Latina*
《希腊与罗马古学词典》*Dictionary of Greek and Roman Antiquities*
《希腊与罗马修辞学通览》*Die Rhetorik der Griechen und Römer in systematischer Übersicht*
《希腊与罗马语言学史》*Geschichte der Sprachwissenschaft bei den Griechen und Römern*
《希腊语法初论》*De Grammaticae Graecae Primordiis*
《希腊语法学》*Greek Grammar*
《希腊语文宝库》*Thesaurus Graecae Linguae*
《希腊语修习》*Graecismus*
《希腊语言史》*Graecae Linguae Historia*
《希腊语源学史》*Geschichte der griechischen Etymologika*
《希腊语阅读初阶》*First Greek Reader*
《希腊语法家论悲剧技艺拾遗》*Grammaticorum Graecorum de arte tragica iudiciorum reliquiae*
《希腊语法家论悲剧技艺》*Grammaticorum Graecorum de arte tragica iudicia*
《希腊寓言故事演化史研究》*Untersuchungen über die Geschichte der griechischen Fabel*
《希腊哲学》*Die Philosophie der Griechen*
《希腊哲学残篇》*Fragmenta philosophorum Graecorum*
《希腊哲学史》*Historia Philosophiae Graecae*
《希腊志》*Hellenica*
《希腊著作的阿拉伯译者》*De Arabicis scriptorum Graecorum interpretibus*
《希腊著作在叙利亚、阿拉伯、亚美尼亚和波斯的转译和注疏》*De auctorum Graecorum versionibus et commentariis Syriacis Arabicis Armenicis Persicisque*
《希罗多德传》*Life of Herodotus*
《希洛狄安论艺遗篇》*Herodiani Technici reliquiae*
《希洛狄安三书》*Herodiani scripta tria*
《希洛狄安著作疑义》*Quaestiones Herodianae*
《希姆理乌斯研究辨疑》*Quaestiones Himerianae*
《希帕库斯篇》*Hipparchus*

《希帕提亚》*Hypatia*
《昔勒尼的叙涅修斯》*Synesius von Cyrene*, *p.* 113
《昔勒尼的叙涅修斯主教书信集》*Die Briefe des Bischofs Synesius von Kyrene*
《锡耶纳城市史通报》*Bolletino Storico Senese*
《习见之异态词》*de inaequalitate consuetudinis*
《闲谈集》*Sermones*
《现存荷马诗文或古史诗系列遗篇之平议》*Homeri quae nunc exstant an reliquis Cycli carminibus antiquiora iure habita sint*
《现代画家》*Modern Painters*
《现代语文学》*Modern Philology*
《香情艳遇记》*Satiricon*
《相人篇》*Physiognomica*
《飨宴》*Convito*
《逍遥学派的安瑟尔姆》*Anselm der Peripatetiker*
《小宝库》*Tesoretto*
《小便雅悯》*Benjamin Minor*
《小词库》*Promptorium Parvulorum*
《小词源学》*Etymologicum parvum*
《小多纳图斯》*Donatus minor*
《小法比乌斯著作概要》*Epitomae ad Fabianum puerum*
《小希庇亚篇》*Hippias Minor*
《小兄弟会史事系年》*Annales Minorum*
《小伊利亚特》*Little Iliad*
《小议巧言之诡计》*Libellus de Captionibus quae per dictionem fiunt*
《小园》*Hortulus*
《撷英录》*Floridum*
《心脏之运动》*De Motu Cordis*
《辛克马尔》*Hinkmar*
《新柏拉图主义》*Neoplatonism*
《新柏拉图主义者》*The Neo-Platonists*
《新海德堡年刊》*Neue Heidelberger Jahrbücher*
《新教神学与教会大百科全书》*Realencyklopädie für protestantische Theologie und Kirche*
《新拉丁语词库》*thesaurus novus latinitatis*
《新年刊》*Neue Jahrb.*，即《古典学新年刊》*Neue Jahrbücher für das Klassische Altertum*
《新评论》*Nuove Rassegne*
《新生》*Vita Nouva*
《新诗学》*Poëtria Nova*
《新文献》*Neues Archiv*，即《古日耳曼史学学会新见文献丛刊》*Neues Archiv der Gesellschaft für ältere deutsche Geschichtskunde*
《新希腊语修习》*Novus Graecismus*
《星图》*Planisphere*
《星性论》*De Virtute Planetarum*
《星轺载记》*Relatio*
《形而上学史》*Geschichte der Metaphysik*
《性灵珠玉》*Gemma Animae*
《休迪布拉斯》*Hudibras*
《修辞家战记》*Rhetorimachia*
《修辞论八篇》*De octo partibus orationis*
《修道会：理想与历史》*Das Mönchtum: seine Ideale und seine Geschichte*
《修道会传奇》*Legends of the Monastic Orders*
《修道院长费理耶尔的塞尔瓦图斯·卢普斯传》*Biographie des Abtes Servatus Lupus von Ferrières*
《修道院长列传》*Vitae Abbatum*
《修道院长万德理勒生平事迹集》*Gesta abbatum Fontanellensium*
《修道院研究商榷》*Traité des études monastiques*
《修学治要》*De Compendiosa Doctrina*
《序篇》*Praefatiunculae*
《叙利亚世界的亚里士多德》*Aristoteles bei den Syrern*
《叙林科斯》*Syrinx*
《叙涅修斯生平与著作研究》*Études sur la vie et les œuvres de Synesius*

《宣讲录》*Declamations*
《宣教圣歌集》*Sequences*
《学科纲要》*Compendium Scientiarum*
《学人杂志》*Journal des Savants*
《学生用古典文学图片集》*Illustrations of School Classics*
《学问渊源》*Fons Scientiae*
《学园论丛》*Opuscula Academica*
《学园派哲学（第一稿）》*Academicorum Priorum*
《训解》*Didascalica*
《雅典城史》*Stadtgeschichte von Athen*
《雅典的教育》*l'Éducation Athéninne*
《雅典的学校》*L'École d'Athènes*
《雅典娜圣殿》*Athenaeum*
《雅典通讯》*Athenische Mitteilungen*
《雅典政制》*Constitution of Athens*
《亚非利坎：非洲拉丁文学研究》*Les Africains; Étude sur la littérature latine d'Afrique*
《亚里士多德残篇》*Aristotelis qui ferebantur librorum fragmenta*
《亚里士多德的荷马研究佳作选》*De Aristotelis Studiis Homericis Capita Selecta*
《亚里士多德的荷马引文与荷马疑义》*Die Homercitate und die Homerischen Fragen des Aristoteles*
《亚里士多德的诗学》*Aristotle's Poetics*
《亚里士多德的诗学理论》*Aristotle's Theory of Poetr*
《亚里士多德的政治学》*Politics of Aristotle*
《亚里士多德会注》*Scholia In Aristotelem*
《亚里士多德论诗学》*Aristotle on the Art of Poetry*
《亚里士多德的"想象"观》*Ueber den Begriff der φαντασία bei Aristoteles*
《亚里士多德诗学论集》*Beiträge zu Aristotles Poetik*
《亚里士多德物理学、形而上学、论灵魂、论天诸书之疑义集》*Quaestiones in Ar. libros Phys., Metaph., De Anima, De Caelo*
《亚里士多德形而上学前七卷注疏》*In Aristotelis metaphysicorum libros AZ commentaria*
《亚里士多德研究》*Aristotelia*
《亚里士多德与13世纪前的巴黎大学》*Aristote et l'Université de Paris pendant le XIIIe siècle*
《亚里士多德与雅典》*Aritoteles und Athen*
《亚里士多德哲学概观》*Outlines of Philisophy of Aristotle*
《亚里士多德之"石志"与阿诺德·萨克索》*Aristoteles de lapidibus und Arnoldus Saxo*
《亚里士多德著作附集》*Supplementum Aristotelicum*
《亚里士多德著作拉丁文译本年代渊源之查考，及经院学者所用希腊、阿拉伯文注疏之考证》*Recherches critiques sur l'âge et l'origine des traductions latines d'Aristote, et sur les commentaire grecs ou arabes employés par les docteurs scolastiques*
《亚里士多德著作史》*History of the Aristotelian Writings*
《亚里士多德著作希腊文注疏集》*Commentaria in Aristotelem Graeca*
《亚历山大》*Alexandra*
《亚历山大朝至奥古斯都朝之希腊雄辩术》*Die griechische Beredsamkeit in dem Zeitraum von Alexander bis auf Augustus*
《亚历山大大帝之歌》*Alexandreis*
《亚历山大里亚博物馆》*Das alexandrinische Museum*
《亚历山大里亚的基督教柏拉图主义者》*The Christian Platonists of Alexandria*
《亚历山大里亚的诗歌，托勒密王朝前三帝时》*La poésie alexandrine sous les trois premiers Ptolemées*
《亚历山大里亚时期的希腊文学史》*Geschichte der griechischen Litteratur in der Alexandrinerzeit*

《亚历山大里亚时期文选》*Analecta Alexandrina*
《亚历山大里亚语法学家"铜肠胃"狄都慕斯残篇集》*Didymi Chalcenteri Grammatici Alexandrini Fragmenta Quae Supersunt Omnia*
《亚历山大里亚语法学家拜占庭的阿里斯托芬残篇》*Aristophanis Byzantii grammatici Alexandrini fragmenta*
《亚历山大里亚战记》*Bellum Alexandrinum*
《亚平宁山区六月记，意大利寻访爱尔兰圣徒遗迹朝觐之旅》*Six Months in the Apennines, a Pilgrimage in search of vestiges of the Irish Saints in Italy*
《亚瑟王赞诗》*Flos Regum Arthurus*
《亚西比阿德初篇》*First Alcibiades*
《亚西比阿德次篇》*Second Alcibiades*
《阉宦》*Eunuchus*
《演说及论文集》*Vorlesungen und Abhandlungen*
《演说及论文集》*Reden und Aufsätze*
《演说家》*Orator*
《演说术原理》*Institutio Oratoria*
《厌髯者》*Misopogon*
《谚语集》*Parabolae*
《谚语集》*Paroem*
《谚语哲学》*Proverbial Philosophy*
《要素六书》*Liber Sex Principiorum*
《耶鲁英语文学研究》*Yale Studies in English*
《耶路撒冷遗献集》*Anecdoton Hierosolymitanum*
《耶稣复活之纪年算法》*Computus Paschalis*
《一坛金子》*Aulularia*
《一位爱尔兰传教士及其著作》*An Irish Missionary and his Work*
《一种古老的语文学教学法》*Ein altes Lehrgebäude der Philologie*
《伊息多耳〈词语原始〉渊源考》*De Isidori Originum Fontibus*
《伊息多耳戒规》*Isidori Regula*
《伊息多耳研究》*Isidor-Studien*
《遗献新辑》*Thesaurus novus Anecdotorum*
《以希腊语为中心的词形变化学》*Die Casuslehre in besonderer Beziehung auf die griechische Sprache*
《议海隆涅苏斯》*Speech on Halonnesus*
《议金冠》*De Corona*
《议色雷斯半岛》*De Chersoneso*
《议土地法》*De Lege Agraria*
《异教末世》*La Fin du Paganisme*
《异说杂缀》*Adversariorum Commentariorum*
《逸籍新获》*Holderi Anecdoton*
《意大利编年史》*Annali d'Italia*
《意大利的拜占庭研究》*Les Études Byzantines en Itali*
《意大利的本笃会修道院》*Les monastères bénédictins d'Italie*
《意大利的文学研究》*De Litterarum Studiis apud Italos*
《意大利古典语文学研究》*Studi Italiani di filologia classica*
《意大利历史学杂志》*Rivista Storica Italiana*
《意大利史料系年汇编》*Rerum Italicarum Scriptores*
《意大利文物所见之绘画史》*Storia della pittura italiana esposta coi monumenti*
《意大利文学史》*Geschichte der italienischen Literatur*
《意大利文学史》*Storia della letteratura italiana*
《意大利文学史未刊资料集，8—12 世纪》*Documents inédits pour servir à l'histoire littéraire de l'Italie, depuis le VIII siecle jusqu'au XIIe*
《意大利文艺复兴的起源》*Les Origines de la Renaissance en Italie*
《意大利文艺复兴时期的文化》*The Civilization of the Renaissance in Italy*
《意大利行纪》*Iter Italicum*
《意大利与德国之文艺复兴与人文主义》*Ren-*

aissance und Humanismus in Italien und Deutschland
《意大利与入侵者》*Italy and her Invaders*
《意大利志》*Diarium Italicum*
《引介》*Eisagoge*
《饮宴杂议》*Convivial Questions*
《英格兰史十书》*Historiae Anglicanae Scriptores Decem*
《英格兰伟人史》*History of the Worthies of England*
《英国人民简史》*A Short History of the English People*
《英国史》*Geschichte von England*
《英国史导读》*Introduction to English History*
《英国史学评论》*The English Historical Review*
《英国诸王列传》*Gesta Regum Anglorum*
《英国主教列传》*Gesta Pontificum Anglorum*
《英国作家》*English Writers*
《英华采撷录》*Defloratio*
《英吉利教会史》*Historia Ecclesiastica Anglorum*
《英伦社会》*Social England*
《英伦史学评论》*English Historial Review*
《英诗史》*The History of English Poetry*
《英雄志》*Heroicus*
《优西庇乌斯两卷本编年史》*Eusebi chronicorum libri duo*
《攸纳庇乌斯之智者传》*Eunapii Vitae*
《幽隐人士书信集》*Epistolae Obscurorum Virorum*
《尤里安著作研究》*Studien zu den Werken Julians*
《由道德哲学对维吉尔著作内容的阐释》*Expositio continentiae Virgilianae secundum philosophos moralis*
《犹太古史》*Antiquitates Judaicae*
《犹太教历史与科学月刊》*Monatsschrift für Geschichte und Wissenschaft des Judenthums*
《游记作家波桑尼阿斯》*Pausanias der Perieget*
《游历纪闻》*Registrum Visitationum*
《有关维吉尔的未刊传说集》*Unpublished Legends of Virgil*
《有关希腊—意大利文献的历史与考辨评论》*Ragionamento istorico-critico intorno alla letteratura grecoitaliana*
《渔人清话》*Halieutica*
《与安菲洛基乌斯辩难书》*Quaestiones Amphilochiae*
《与霍滕修斯对话录》*Dialogus ad Hortensium*
《语法学》*Grammar*
《语法学辨疑》*Quaestiones Grammaticales*
《语法学技艺》*Ars Grammatica*
《语法学家列传》*De Grammaticis*
《语法学平议》*commentarii grammatici*
《语法学与哲学》*Grammatica Philosophica*
《语法学之艺》*Ars Grammatica*
《语文学百科全书》*Encyklopädie der philologischen Wissenschaften*
《语文学百科全书略要》*Grundlinien zur Encyklopädie der Philologie*
《语文学百科与方法论》*Encyklopädie und Methodologie der philologischen Wissenschaften*
《语文学短论集》*Kleine Philologische Schriften*
《语文学短著集》*Opuscula Philologica*
《语文学概论》*Grundriss der Philologie*
《语文学家》*Philologus*
《语文学三年》*Triennium Philologicum*
《语文学探询》*Philological Inquiries*
《语文学研究》*Philologische Untersuchungen*
《语文学与古典教育杂志》*Rivista di Filologia e di Istruzione Classica*
《语文学与历史学》*Philologie und Geschichtwissenschaft*
《语文学与教育改革》*Philologie und Schulreform*
《语文学杂志》*Journal of Philology*
《语文学杂志》*Revue de Philologie*
《语文学之分科》*die Gliederung der Philologie*
《语源》*Origines*
《预定论正义》*Liber de Praedestinatione*

《寓言集》*Allegories*
《院规》*Monastic Institutes*
《约翰斯·霍普金斯大学通报》*Johns Hopkins University Circulars*
《约克诸王、主教、圣徒颂》*On the Kings, Bishops and Saints of York*
《运命冲突与哲学慰藉》*De diversitate Fortunae et Philosophiae consolatione*
《杂篇集缀》*Collectaneum*
《杂著集》*Variae*
《杂缀集》*Collectaneum*
《杂缀集》*Stromateis*，或 *Miscellanies*
《在奥利斯的伊菲革涅亚》*Iphigenia in Aulide*
《在陶里斯的伊菲革涅亚》*Iphigeneia in Tauris*
《早期拉丁语的残篇与范例》*Fragments And Specimens Of Early Latin*
《早期拉丁字汇著作集成》*Prodromus Corporis Glossariorum Latinorum*
《早期意大利编年史诸家》*Early Chroniclers of Italy*
《早期中古之拜占庭史》*Byzantine History in the Early Middle Ages*
《毡袋记》*Vidularia*
《战神颂歌集》*Carmina Saliorum*
《哲理珠玉集》*Margarita Philosophica*
《哲人生平及死亡要录》*liber de vita ac moribus philosophorum*
《哲学丛论》*Opuscula de Philosophia*
《哲学的慰藉》*Philosophiae Consolationis*
《哲学概要》*Compendium Studii Philosophiae*
《哲学史纲要》*Grundriss der Geschichte der Philosophie*
《哲学研究年刊》*Philosophisches Jahrbuch*
《哲学与思辨神学年刊》*Jahrbuch für Philosophie und spekulative Theologie*
《哲学原理》*Philosophicae Institutiones*
《哲学之泉》*Fons Philosophiae*
《哲学著作残篇集》*Fragments Philosophiques*
《哲学宗派谱系》*Stammbaum der Philosophie*
《贞女传奇》*Legend of Good Women*
《真本词源学》*Etymologicum genuinum*
《症候篇》*Prognostics*
《芝麻与百合》*Sesame and lilies*
《芝诺与克理安忒斯残篇》*Fragments of Zeno and Cleanthes*
《职官论》*On Offices*
《至14及15世纪的文艺复习时期为止，史书作家塔西佗是如何存在于世人之记忆中的》*Quomodo Tacitus Historiarum scriptor in hominum memoria versatus sit usque ad renascentes literas saeculis XIV et XV*
《志于学》*Philistor*
《致阿麦欧斯》*Ad Ammaeus*
《致阿提库斯》*Ad Atticus*
《致阿提库斯书简》*Ad Atticum*
《致巴兹尔皇帝》*ad Imperatorem Basilium*
《致蒂摩尼库斯》*ad Demonicum*
《致赫伦尼乌斯》*ad Herennium*
《致教皇尼古拉斯》*ad Papam Nicolaum*
《致昆图斯》*Ad Quintus*
《致吕刻里斯》*Lycoris*
《致马尔刻剌书》*Ad Marcellam*
《致穆赛乌斯》*ad Musaeum*
《致穆赛乌斯附咏》*ad Musaeum libros scribentium*
《致耐欧斯·庞贝乌斯》*The Letter to Gnaeus Pompeius*
《致尼古刻剌斯》*To Nicocle*
《致尼古刻勒斯》*ad Nicoclem*
《致亲友书信集》*ad Familiares*
《致无知者》*Adversus indoctum*
《致兄弟昆图斯》*ad Quintum Fratrem*
《致兄弟尤里安助祭书信集》*Epistolae ad Julium germanum diaconum*
《致伊阿弗理都斯书》*Epistola ad Eahfridum*
《智慧篇》*Wisdom*

《智者列传》*Vitae Sophistarum*

《中古爱尔兰的希腊语知识》*The knowledge of Greek in Ireland during the Middle Ages*

《中古版本的特洛伊战争传奇》*Die Sage vom trojanischen Kriege in den Bearbeitungen des Mittelalters*

《中古大学的文科课程，以语法学和修辞学为中心》*The Arts Course at Medieval Universities with special reference to Grammar and Rhetoric*

《中古德国史料考》*Deutschlands Geschichtsquellen im Mittelalter*

《中古的抄本商贾》*Die Handschriftenhändler des Mittelalters*

《中古的纪念碑风格之创始》*Die Anfänge des monumentalen Stils im Mittelalter*

《中古的书籍》*Books in the Middle Ages*

《中古的书籍及其制造者》*Books and their Makers in the Middle Ages*

《中古的喜剧与悲剧》*Komödie und Tragödie im Mittelalter*

《中古法国文库》*Bibliothèque française du moyen âge*

《中古法国文学》*La Littérature française au Moyen-Age*

《中古古典文学史》*Geschichte der classischen Litteratur im Mittelalter*

《中古及文艺复兴时期的军事与宗教生活》*La Vie Militaire et Religieuse au Moyen Âge et à l'époque de la Renaissance*

《中古及文艺复兴时期文学史论集》*Beiträge zur Litteraturgeschichte des Mittelalters und der Renaissance*

《中古拉丁诗歌集》*Poëtae Latini Medii Aevi*

《中古拉丁诗律论集》*I Trattati Medievali di Ritmica Latina*

《中古拉丁文学史》*Geschichte der lateinischen Literatur des Mittelalters*

《中古拉丁文学史资料集》*Ein Quellenbuch zur lateinischen Literaturgeschichte des Mittelalters*

《中古拉丁游吟歌诗》*Die Lateinischen Vagantenlieder Des Mittelalters*

《中古拉丁语文学史料及研究》*Quellen und Untersuchungen zur lateinischen Philologie des Mittelalters*

《中古欧洲的大学》*The Universities of Europe in the Middle Ages*

《中古沙特尔的学校》*Les Écoles de Chartres au Moyen-Age*

《中古诗歌》*Gedichte des Mittelalters*

《中古诗歌》*La Poésie du MA*

《中古时代记忆和想象中的罗马》*Roma nella memoria e nelle immaginazioni del medio evo*

《中古时期的教会拉丁诗歌》*The Ecclesiastical Latin Poetry of the Middle Ages*

《中古时期的解经学字释与摘录》*De glossariis et compendiis exegeticis quibusdam medii aevi*

《中古时期的维吉尔遗踪》*Virgils Fortleben im Mittelalter*

《中古时期对特洛伊故事的采用》*Die mittelalterlichen Bearbeitungen der Trojanersage*

《中古时期历史学批评的觉醒与发展》*Das Erwachen und das Entwickelung der historischen Kritik im Mittelalter*

《中古史、近代史及相关论题研究十七讲》*Seventeen Lectures on the Study of Medieval and Modern History and Kindred Subjects*

《中古思想史述略》*Illustrations of the History of Medieval Thought*

《中古未刊诗歌集》*Poésies Inédites du Moyen Age*

《中古文化的爱尔兰因素》*Irish Element in Mediaeval Culture*

《中古教会文史资料》*Archiv für Literatur und Kirchengeschichte des Mittelalters*

《中古希腊丛书》*Bibliotheca Graeca Medii Aevi*
《中古希腊文学》*Die griechische Literatur des Mittelalters*
《中古希腊语研究》*De Graecis Medii Aevi Studiis*
《中古学校史料集录》*Analekten zur Schulgeschichte des Mittelalters*
《中古雅典城邦史》*Geschichte der Stadt Athen im Mittelalter*
《中古意大利文物典章》*Antiquitates Italicae Medii Aevi*
《中古语法学说史相关各种拉丁文抄本之短评与摘录》*Notices et Extraits de Divers Manuscrits Latins pour servir à l'histoire des doctrines grammaticales au Moyen Âge*
《中古哲学》*Mediaeval Philosophy*
《中古哲学丛书》*Bibliotheca Philosophorum Mediae Aetatis*
《中古哲学史》*History of Medieval Philosophy*
《中古哲学研究》*Études sur la philosophie dans le moyen âge*
《中古之钞书业》*Das Schriftwesen im Mittelalter*
《中古文物集》*Denkmahle des Mittelalters*
《中古作家继承的希腊文学遗产，7—12世纪》*L'Hellénisme dans les écrivains du Moyen-Age du vii au xii siècles*
《中世纪的古典遗产》*The Classical Heritage of the Middle Ages*
《中世纪的维吉尔》*Virgilio nel medio Evo*
《中世纪以来之希腊史》*Geschichte Griechenlands vom Beginn des MAs*
《众作家简录》*Registrum Multorum Auctorum*
《重读法》*Accentuarius*
《重要同义字集》*Opus Synonymorum*
《朱鹭》*Ibis*
《主教葛利亚斯变形记》*Metamorphosis Goliae Episcopi*
《助祭保罗诗集》*Die Gedichte des Paulus Diaconus*
《著作三集》*Opus Tertium*
《著作一集》*Opus Majus*
《专名汇释》*Onomasticon*
《紫宸清赏录》*Otia imperialia*
《紫罗兰丛》*Violarium*
《自然史》*Naturalis Historia*
《自责者》*Heautontimorumenos*
《宗教节日学》*Heortologie*
《宗教史评论》*Revue de l'Histoire des Religions*
《宗教艺术》*L'Art Religieux*
《宗师维吉尔》*Master Virgil*
《组句析文之艺》*Instituta Artium*
《祖母庭训》*Mammotrectus*
《最初6个世纪教会史的文献资料》*Mémoires pour servir à l'histoire ecclésiastique des six premiers siècles*
《最后的游吟诗人之短咏》*The Lay of the Last Minstrel*
《最新遗献辑录》*Thesaurus Anecdotorum Novissimus*
《作为前亚历山大里亚时期文献证据的荷马定本》*Die Homervulgata als voralexandrinische erwiesen*

索 引

Aachen, 472, 474, 480, 503, 505, 637
Abbāsidae, 394
Abbo, (1) 'Cernuus', 500, 608; (2) of Fleury, 511 f
Abelard (*Abaiëlardus*, 547), 529 f; 526, 536 f, 608, 618, 636, 649
Acēdia, 219 n. 1
Accents, 126
Accius, 174, 211
Accursius, 558, 605
Accusative Absolute, 447, 669
Acilius Gaius, 175
Acominatus, (1) Michael, 422 f; (2) Nicetas, 422, 424
Acro, 213
Acropolites, 425
Ada MS, 474 n.
Adam, (1) of Bremen, 518, 659 n. 5; (2) bp of Hereford, 586 n. 1; (3) du Petit-Pont, 527; (4) of St Victor, 552
'Adamantius Martyrius', 267 f
Adelard of Bath, 532 f, 655, 672
Ælfric of Eynsham, 512, 516
Aelian, 336
Aemilianus Macer, 265
Aemilius Paullus, L., 172 f
Aeneas, 164; (2) Neo-Platonist, 372
Aeschines and Homer, 33
Aeschylus, 24, 52–4, 65; 128, 132, 142; 289 f, 299; 402
'Aesop', 652
Aëtius, 371
Africanus, (1) Sextus Julius, 348, 398; (2) Constantinus, 561
Agapetus, (1) pope, 263; (2) deacon, 397
Agathias, 388 f
Agatho, pope, 460
Agius of Corvey, 498 n. 6
Alain de Lille (*Alanus ab Insulis*), 553 f; 243, 646, 677 (cp. Manitius in *Mitt.*[1] 28 f)
Albans, St, 546, 575 f, 602, 623 f
Alberico of (1) Monte Cassino, 675 n. 2; (2) Bologna, 557
Albert of Saxony, 599
Albertus Magnus, 580 f; 527, 567, 572, 583, 594, 614
Albinus on Plato, 328
Albrecht von Halberstadt, 638
Alcaeus, 44, 187, 287, 351
Alciphron, 317
Alcman, 23, 47
Alcuin, 471 f; 255, 268, 274, 483, 612, 623, 635, 648
Aldhelm, 465 f, 665
Alexander the Great, 34, 46, 101 f; in MA, 664
Alexander, (1) Aetolus, 121, 165; (2) of Aphrodisias, 340; 571, 606; (3) of Cotyaeum, 312; (4) son of Numenius, 318; (5) Polyhistor, 161, 332; (6) of Hales, 574 f; 526, 549, 583, 593, 598 f; (7) of Alexandria, 574; (8) of Villedieu, 554, 607, 667 f, 675 f, 677 (cp. Manitius in *Mitt.* 34 f)
Alexandria, 101; School of, 105–44, 162 f; Museum, 105 f; Libraries, 107 f, 110–114, 136, 202, 419; Librarians, 114; Serapeum, 113, 347, 362; Alexandria and Pergamon, 111, 162–4; Alexandria in c. vi, 381
Alexandrian age, 103–66; dates of, 104; phases of scholarship in, 162; seats of learning in, 164–6; Alexandrian canon, 130 f; literature, 115
Alfanus, 520
Alfarabi, 395, 577, 585 n. 6
Alfred the Great, 500 f; 257; (2)

1 《德国教育史与学校史学会通讯》*Mitteilungen der Gesellschaft für deutsche Erziehungs-und Schulgeschichte*, XVI 3, 1906。

'Alfred the Englishman', 558, 569, 591
Algazel, 395, 574
Alimentus, L. Cincius, 171
Alkendi, 395
Allegorical interpretation of the Bible, 342, 350, 444, 486; Homer, 29, 149, 156, 344, 419; Virgil, 242 n. 4, 633; Ovid, 638 f; myths and mythology, 149, 479, 612, 664
Alpetraugi, 566
Alphabet, Greek, 88 f, 281, 594
Amalrich, 525, 571
Ambrose, St, 248; 218, 236, 630
Amiatinus, codex, 265
Ammianus Marcellinus, 218, 627
Ammonius of Alexandria, (1) pupil of Aristarchus, 138; (2) father of Tryphon, 143; (3) Saccas (c. iii), 341; (4) author of work on Synonyms (c. iv), 144, 362, 377; (5) son of Hermeias (c. vi), 374, 585
Amsterdam MS of Caesar, 658
Anacreon, 44, 128, 351
Analogy and Anomaly, 129, 132, 144, 150, 157 f, 163, 179–181, 205
Anastasius I (emp. 491 A.D.), 272; (2) of Antioch (c. vi), 390; (3) Sinaites (c. vii), 393; (4) papal librarian (c. ix), 492
Anatolius, 392
Anaxagoras, 30
Anaximenes, 109
André le Chapelain, 639
Andreas, (1) of Crete, 392; (2) Lopadiotes, 416; (3) Andreas (Andrew), and Michael Scot, 568, 591
Androclus and the Lion, 212, 296
Andronicus, Livius, 169, 211; (2) Andr. Rhodius, 166
Anselm (St) of Aosta, prior and abbot of Bec, and abp of Canterbury, 517, 522, 526, 528, 573; (2) of Bisate, 519; (3) of Laon, 485
Anthologia Palatina, 406 f; *Planudea*, 428
Antidorus of Cumae, 7
Antigonus Gonatas, 164
Antigonus of Carystos, 151, 163
Antimachus, 34, 38, 133
Antioch, 165, 350, 353, 382
Antipater of Sidon, 185
Antiphanes, on Alexandrian critics, 407
Antiquarius, 266
Antisthenes, 92, 109
Aphthonius, 381; 108, 318, 431
Apion, 295
Apollinaris of Laodicea, 358
Apollinaris Sidonius, 244 f; 220; (2) Sulpicius, A., 210
Apollodorus, (1) of Athens (chronologer), 137 f, 153, 186, 287; (2) of Pergamon (rhetorician), 160
Apollonius, (1) Rhodius, 114, 116, 122, 186 f; (2) Dyscolus, 319 f; 273, 310; (3) of Perga, 151; (4) son of Archibius, 296
Appian, 311
Apsines, 337 f
Apuleius, 317; 228 n. 8, 245, 596; *De Dogmate Platonis*, 317, 528; *De Herbis*, 622; *De Mundo*, 318, 535 n. 3
Apulia, William of, 545
Aquinas, (St) Thomas, 582 f; 240, 376, 527, 572, 598; his interest in Greek, 583 f; his commentaries on Aristotle, 582, 584; his relation to Averroës, 564, 582 and pl. facing 582; his Latin hymns, 552; his influence on Dante, 614
Arabic, study of, 597 f, 607; Arabic translations of Aristotle, 394 f; Latin translations of Arabic renderings of (1) Aristotle, 561 f, 566, 570, 581, 588; (2) Hippocrates and Galen, 561, 566; (3) Euclid, 532; (4) Ptolemy, 562, 566
Arabs, study of Aristotle among the, (1) in the East, 394 f; (2) in the West, 561–4
Arator, 448 (cp. Manitius in *Mitt.* 27)
Aratus, 116, 120, 165, 304
Arcadius, Pseudo-, 126 n. 5, 361
Archilochus, 22, 50; 129, 131; 187, 290, 368
Arethas, 403; 333, 384, 435
Aristarchus, 131–6; 114, 138, 141, 163, 222 f, 296
'Aristeas', letter of, 108, 110 (ed. Wendland, 1900)
Aristides, Aelius, 312 f, 354, 404; (2) author of *Apology*, 391; (3) Ar. Quintilianus, 345
Aristippus of Catania, 528 n. 1, 540 n. 5
Aristobulus, 332
Aristonicus, 142 f
Aristophanes, 32, 43; in Plato's *Symposium*, 61; the *Frogs*, 53 f, 60; in Alexandrian age, Aristoph. of Byzantium on, 128; Aristarchus, 132; Callistratus, 136; Crates, 156;

Didymus, 142; in Roman age, Plutarch, 305; Lucian, 317; Symmachus, 328; Byz. *scholia*, 419, 430
ristophanes of Byzantium, 126–131, 152, 158
ristotle, on Homer, 33, 35 f; dramatic criticism in, 62 f; his *didascaliae*, 64 f; his criticism of poetry, 70–2; outline of his *Treatise on Poetry*, 73 f; and of the third Book of his *Rhetoric*, 79 f; his relations to Isocrates and Demosthenes, 81 f; his quotations from Plato, 83; Grammar in Ar., 97; the fortunes of his MSS, 85 f; Andronicus of Rhodes, 166; Arabic list of his works, 311
The *Categories* studied by St Augustine, 236, 496; expositions of Ar. by Alexander of Aphrodisias, 340, Themistius, 352, Syrianus, 372, Ammonius, 374, Philoponus, 374, Simplicius, 375, and David the Armenian, 376
Roman study of, 182 f, 190, 211, 245; Vettius Agorius and the *Analytics*, 237; translations from the *Organon* by Boëthius, 251, 253, 509, 580 (and by others, 530, 576); abstract by Cassiodorus, 268
In Byz. age, 391 f; 397, 413, 428, 431; among the Syrians and Arabians, 394 f; Saracenic interest in Ar., 587
In MA in the West; (1) 'Logica Vetus'; *Interpr.* and *Categ.* studied by Joannes Scotus, 494, Eric of Auxerre, 496, and Jean de Vandières, 503; *Interpr.* and *Top.* introduced into Germany by Gunzo, 505; *Interpr.* and *Categ.* expounded by Gerbert, 509, and translated into German by Notker Labeo, 519
(2) 'Logica Nova'; *Anal.*, *Top.*, and *Soph. El.* translated (1128) by Jacobus Clericus de Venetia, 527, 557, and introduced into Germany by Otto of Freising, 532; *Anal. Pr.* known to Adam du Petit-Pont, 527, and Abelard, 530; and *Anal. Post.* to author of *De Intellectibus*, 530; the *Organon* in Theodoric's *Eptateuchon*, 533, and in John of Salisbury's *Metalogicus*, 539 f; *Anal. Post.* etc., known to Neckam, 558, translated from Arabic by Gerard of Cremona, 562; *Soph. El.* expounded at Oxford by Edmund Rich, *Anal. Post.* by 'Master Hugo', 592, and both by Grosseteste, 576; *Interpr.* and *Anal.* etc., criticised by Thomas Aquinas, 584; *Anal. Pr.* expounded by Siger, 587; William of Ockham on *Categ.*, 601; Richard of Bury on *Interpr.*, 602 n. 5
(3) The new Aristotle, 561 f, 587 f; Latin translations from the Arabic, 561, 568 f, 580, 587 f, 664; from the Greek, 540, 568, 580 f, 584–6, 588; criticised by Roger Bacon, 591–4; their Latinity, 582, 670; Ar. expounded by Avicenna, 395, Avempace and Averroës, 563, Albertus Magnus, 580 f, and Thomas Aquinas, 582 f; study of *Physics* and *Met.* previously forbidden in Paris, 571, 592; allowed, 572; supreme authority of Ar., 604, 616 (Dante); legends of, 587, 664; prejudice against study of his logic, 607; *Physics*, 374, 527, 530, 562, 575, 581, 584, 597; *Met.* 372, 427, 527, 530, 570 f; *Meteor.* 562, 569; *De Caelo*, 562, 581, 584; *De Anima*, 558, 561, 570, 574, 581; *De Gen. et Corr.* 562; *De Somno et Vigilia*, 592; *Hist. An.* 566 f, 570; *Rhet.* 35, 79 f, 280, 569, 570, 577, 586, 588, 591 n. 3; *Poet.* 24, 35 f, 47, 63, 73 f, 569, 588, 591 n. 3, 616; *Ethics*, 570, 576, 584, 586 and n. 6, 592; *Magna Moralia*, 569 f; *Pol.* 564, 570, 580, 584, 586–8; [*De Regimine Principum*], 587; *Constitution of Athens*, 86, 327, 413; [*Physiogn.*], 587; [*Problems*], 36, 606; [*De Causis*], 554, 562, 571, 574, 585 n. 6; [*De Mundo*], 318, 535 n.; [*De Plantis*], 558, 569, 593; [*Secretum Secretorum*], 587
Aristoxenus, 99
Arno of Salzburg, 476
Arnobius, 217, 631
Arrian, 311
Arruntius Celsus, 210
Arsinoe II, 106, 122, 145
Artemidorus, 144; (2) of Ephesus, 312
Artemon of Pergamon, 160
Arthurian legends, Latin version, 546 f

Arts, the Seven Liberal, 178, 236, 241 f, 267, 418, 474, 479, 533, 547 n. 2, 548, 553, 555, 619, 670 f, 676 f; in *Hortus Deliciarum*, pl. 559; in fresco of 'Spanish Chapel', Florence, 274, 671; in mediaeval sculpture, 671–3
Arts *versus* Authors, 526, 670, 676 f
Asclepiades of Myrleia, 160
Asclepius, 374
Asconius, 203; 196, 239 n. 7, 455
Asper, Aemilius, 210, 223
Asser, 500; 471
Asterius (cons. 494 A.D.), 249
Ateius Praetextatus, L., 5, 194
Athanasius, 219, 349
Athenaeus, 337
Athenodorus of Tarsus, 160
Athens, and the Athenian age, 17–102; dates, 18; in the Alexandrian age, 164; Schools of, 349, 351, 353, 357, 371–5; description of surroundings by Psellus, 412; Athens in c. xii, 422; Athens and England, 423
Attalus I, 151, 164; II, 137, 153, 159; III, 153 f
Attic Comedy, Eratosthenes on, 125; literary criticism in, 53–57
Atticists, Greek, 322 f; 315 f; Roman, 182
Atticus, the friend of Cicero, 193; 326?; (2) commentator on Plato, 328
Auctor and *Autor*, 616 n.
Augustine (St), (1) bp of Hippo, *Confessions* etc., 235–7; 230, 634, 659; [*Categories*], 496, 525, 527; *Dialectic*, 236, 505, 527; *Soliloquies*, 501; Orosius (219) and Pelagius, 371; (2) abp of Canterbury, 464
Augustus, 159
Aurelius, M., 309 f
Ausonius, 221 f; 227, 449, 633
Authority and reason, 494, 528, 540
Autun, 247 n. 1, 638, 641
Auvergne, William of, 570, 574
Auxerre, Eric of, 496, 663; cathedral, 672 n.
Avempace, 563
Avendeath (Avendehut), 562
Averroës, 563 f, 567, 574, 582, 588 n. 2, 592, 596, 598, 601, 603, 604, 613; on Ar. *De Caelo*, *De Anima*, *Physics* and *Met.* 567 and n. 3; on *Ethics*, 564, 569; refuted by Thomas Aquinas, 564, cp. pl. facing 582
Avianus, 652
Avicebron, 564
Avicenna, 395, 563 f, 566, 574, 581 f; on Ar. *De Anima*, 561; *Abbreviatio Avicennae*, 566
Avitus, Alcimus, 248

Babrius, 310
Bacchylides, 47, 142, 291, 359
Bacon, Roger, 589–97; 527, 550, 565 n. 5 (Gerard of Cremona), 567 (Michael Scot), 570, 572, 575, 579 (Adam Marsh and Grosseteste), 585
Baconthorpe, 601
Bagdad, 394, 395, 398, 563
Balbi of Genoa, *Catholicon* of, 606, 666
Balsham, Hugh, 578
Bamberg, 518, 631; MSS, 243, 630, 643 f, 653, 656 f, 660 f
Barbarossa, 532, 558
Barlaam, 434; (2) *Barlaam and Josophat*, 391
Bartholomew, (1) of Messina, 569; (2) *De Propr. Rerum*, 664
Basil (St), 349; 248; Basilian monks, 462
Basil I, 396, 401
Basingstoke, John of, 423, 576
Bassus, Caesius, 213
'Battle of the Seven Arts', 676
Baudri de Bourgueil, 639
Beauvais, 638, 658; Vincent of Beauvais (597 f), see *Vincent*
Bec, 517, 522, 556, 620, 656
Beccus, 428 f
Becket, 536–8
Bede (*Baeda*), 467 f; 273, 500, 597, 631, 648, 665
Belenum (*beleño*), 'henbane', 593
Bembine, MS of Terence, 631
Benedict, St, 270 f; Rule of, 270 f, 520, 621; Order of, 272, 621; the Benedictine age, 478; 'Benedictine Bucolics', 612; (2) Benedict Biscop, 467 f; (3) Benedict III, 487
Beneventum, 497, 540
Benoît de Sainte-More, 545 n. 8, 642 n. 3, 647 n. 11
Benoît-sur-Loire, St, 675 n. 1
Bentley's *Letter to Mill*, 391
Benzo, 521, 636
Berengarii, Gesta, 504, 642
Berengarius of Tours, 528
Berlin MSS, 633, 635
Bern, MS of Virgil, 476, 635; Horace, 636 f; Lucan, 642; Statius, 643;

Cic. *de Off.*, 652; Pliny, 654; Quintilian, 656; Valerius Max., 661; Curtius, 662; Petronius, 663
Bernard, (1) of Chartres, 531 f, 539 f, 655, 671, 673; (2) of Clairvaux, 530, 551, 653 n. 4; (3) of Cluni, 551; (4) of Moélan, 534; (5) B. Silvester of Tours, 534–6, 552, 634, 646
Bernward of Hildesheim, 511, 522
Bersuire, Pierre, 660, 665
Bertin, abbey of St, 632, 644
Berytus, 382
Bessarion, 434
Bible, allegorical interpretation of, 342, 350, 444, 486; MS in Caroline minuscules, 489; see also *Vulgate*
Bion, 116
Blemmydes, 425
Bobbio, 453–5, 508 f, 625 f, 630, 632, 635 f, 636, 642, 644, 651
Boccaccio, 418, 663 n. 2
Boëthius, 251 f, 274, 646; his translations and expositions of Aristotle's *Organon*, 253, 488, 496, 509, 519, 527, 529, 532, 540, 590; non-Boëthian transl^s^., 530, 576; transl. of Porphyry's *Introduction*, 253, 508, 525 f; the Scholastic Problem, 253 f, 525 f; *Philosophiae Consolatio*, 255, 500, 506, 520, 531, 535, 553, 615, 646; *De Trinitate*, 255, 532, 673; treatises on Arithmetic, Geometry and Music, 253, 673
Bologna, 629; Irnerius, Buoncompagno and Accursius, 604 f; Michael Scot, 566 f; Frederic II, 568; Del Virgilio, 612
Bonaccursius, 606
Bonaventura, 526, 579, 589
Boniface, St (*Winfrid*), 468 f
Boston of Bury, 577
Brabant, William of, 585 f
Bradwardine, abp, 601 f, 638
Britain and Ireland, Greek in, 462
Brito, (1) author of *Philippis*, 552; (2) author of *Vocabularium*, 594
Brown, Master Thomas, 558
Browning, Robert, 2, 59; Elizabeth Barrett, 303, 369
Brunetto Latini, 612, 627, 650
Bruno, abp of Cologne, 503, 505
Brussels MSS, 638, 651, 653, 659
Bryennius, Nicephorus, 417, 420
Buoncompagno, 604, 666 n. 1, 670 n. 2
Burana, Carmina, 547 n. 4
Burgundio of Pisa, 558, 576 n. 3
Buridan, 603
Burley, Walter, 601, 638, 649
Bury, 630, 647; Richard of, 602, 638
Byzantine age, 385–439; dates, 386, 410; 'dark age' of Byz. literature, 387, 391–4, 437; study of the Classics, 402, 436; imitation of Lucian, 317, 403 n. 1, 420; Grammars, 435 f; MSS, 404, 415 f, 437 f; Byz. Scholarship, 434–6; debt of Scholarship to the Byz. age, 438 f. See also *Constantinople*

Cabasilas, 434
Caecilius, 171; (2) of Calacte, 130, 287
Caen, 522, 556
Caesar, on Analogy, 180; 186, 487, 522, 626; in MA, 658; (2) Caesar the Lombard, Grammar of, 606
Caesarea, school of, 382
Caesellius Vindex, 210
Calabria, survival of Greek in, 462
Callimachus, 122 f; 114, 116, 130, 158, 189
Callinus, 22, 131
Calliopius, 631
Callisthenes, Pseudo-, 425
Callistratus, (1) Aristophaneüs, 136; (2) author of *Eikones*, 336
Calvus, 185, 191
Camariotes, Matthaeus, 434
Cambridge (in 1209), 629; Franciscans in (1224), 573; Peterhouse (1284), 578; dates of other early Colleges, 560; MSS, *facsimiles* from, 515, 523, 536, 588; other MSS, 242, 326, 400, 459, 464 f, 512 n. 1, 536 n. 1, 538 n. 3, 546 n. 3, 549 f, 566 n. 7, 567 n. 4, 574, 576, 585 n. 1 and n. 6, 589 n., 595, 601 n. 3, 643, 645, 656 n. 6, 668 n. 2
Cancellarius, 263
Canon, Alexandrian, 130 f; Attic Orators, 130, 287; Latin Comic Poets, 190
Canopus, decree of, 117
Cantacuzenus, emp., 432
Canterbury, Christ Church, specimens of hand, 522 f; catalogue, 558, 595; MS of Homer, 464; St Augustine's (Juvenal), 645; the monks and Ovid, 639; lesson-book, 667 n. 2
Caper, Flavius, 210, 273
Caracalla, 217
Caroline minuscules, 473, 476, 489
Carrels, 624

Carthusians, 523 f; Carthusian Rule, 622
Carvilius Pictor, 196, 239 n. 7
Cases, names of, Greek, 139, 147; Latin, 195
Cassianus, 219, 270, 371
Cassiodorus, 258–270; 251, 255, 272, 274 f, 445, 458, 484, 509, 519, 620, 625, 655, 665
Castor of Rhodes, 165, 348
Cathedrals of France, the Liberal Arts at Chartres and other, 672 f
Cato the elder, 173; 170, 265, 652
Catonis Disticha, 519, 652
Catullus, 633; 122, 185, 208, 504, 541, 626 f
Cedrenus, 417; 347
Censorinus, 213, 215
Cermenate, 611
Chalcidius, 374 n. 2, 527, 529–531, 540
Chalcondyles, Demetrius and Laonicus, 433
Chamaeleon, 99
Champeaux, William of, 526, 529, 573
Charax, Joannes, 377; 361
Charisius, 219, 231, 273, 469
Charles the Bald, 482, 485, 490, 494, 499
Charles the Great, revival of learning under, 471–480, 608, 637; his tomb at Aachen, 503; 'Poëta Saxo' on, 498
Chartres, the School of, under Fulbert, 510, 517; Bernard and his successors, 531–534, 537, 539, 671; John of Salisbury, 537 f, 540 f; the Seven Liberal Arts, in the *Eptateuchon* of Theodoric, 533, and on the West Front of the Cathedral, 672 f
Chaucer, 1, 240, 257, 535 n. 6, 545 n. 8, 554, 555 n. 1, 561 n. 4, 601, 640, 641, 642, 644
Chilperic, 446
Chirius Fortunatianus, 229
Choerilus, 39, 158
Choeroboscus, 139, 320, 361, 389
Choricius, 382
Chorizontes, 132
Chrétien de Troies, 639
Christodorus, 364
Christophorus of Mytilene, 417
Christus Patiens (cento), 350, 417
Chrodegang of Metz, 459
Chronicon Paschale, 390
Chrysippus, 149 f, 280
Chrysoloras (Χρυσολωρᾶς), 408, 432, 595
Chrysostom (St), 350, 354; (2) see *Dion*
Chumnus, Nicephorus, 429
Cicero, an analogist, 180; Latin philology in, 193; literary criticism in, 191–3; his Greek authorities, 182–4; *De Oratore*, 487, 627, 648; *Orator*, 15, 99, 182, 191, 484 n. 3, 627; *Topica*, 182, 253; *Speeches*, 509, 612, 627, 650 f; *scholia* on, 203, 455; *Letters*, 488, 648 f, 651; *Philosophical Works*, 182–4, 648, 650, 652; '*Academica*', 596 n. 5; *Hortensius*, 236; *ad Hortensium*, 650; *De Rep.* 237, 591, 596 n. 5; *Somnium Scipionis*, 183, 228, 237, 240, 509, 512 n. 1; St Jerome and Cicero, 232 f; Cicero in MA, 648–52; 519, 619; Gregory I, 445; Einhard, 481; Servatus Lupus, 487 f; Gerbert, 509; John of Salisbury, 541; Roger Bacon, 596; Jacopone da Todi and Petrarch, 610
Cinna, 185
Cinnamus, 424
Cistercians, 523 f, 624
Cithara, 43
Claromontanus, *Codex* (c. vi, in Paris Library), 459
Classics, prejudice against the, 617–9; 444, 476, 504, counteracted, 620; their survival (617–663) in France, Germany, Italy and England, 626–8
classicus, 212
Claudian, 218, 553, 611 (cp. Manitius in *Philol.* xlix 554–560, and in *Mitt.* 8)
Claudius Marius Victor, 248
claustrum sine armario etc., 441, 556
Cleanthes, 149
Cleisthenes, Psellus on, 413
Clement of Alexandria, 330 f; 404
Clement, Irish monk, 480, 482; (2) 'Clement III', letter to Lanfranc, 523; (3) Clement IV, 589; (4) V, 607
Clermont, 244, 673 n
Climax, Joannes, 403
Clitomachus, 166
Clovis, 249
Cluni, 504; 518, 619, 621 f, 624; MSS, 625, 627, 649 f
Cobet, 361
Collûthus, 364

Cologne, 582, 598; (Quintilian MS), 656 f
Coluccio Salutati (d. 1406), 633, 646, 651
Columban, St, 452 f
Columella, 265, 485 n. 1
Cometas, 402
Comnena, Anna, 417, 420
Cominianus, 231
Commodianus, 631
Conceptualism, 526, 529
Conches, William of, 531, 537, 539, 632, 664
Conrad of Hirschau, 642, 649; (2) C. von Mure, 639, 642 f, 667 n. 2; (3) C. of Würzburg, 638, 642
Consentius, 248, 485
Constantine VI, 478, 507; VII (Porphyrogenitus), 405, 437; IX (Monomachus), 412, 414
Constantine Cephalas, 406, 428; Palaeokappa, 408; Manasses, 424; Hermoniacus, 432; Constantinus Africanus, 561
Constantinople, 217, 387; the Classics studied there in c. iv, 352; Santa Sophia, 383, 388, 401; the libraries, 381, 396; the university, 363, 381, 396; the monastery of Studion, 392; C. and the West, 425; the Latin conquest, 425, 437, 570; the Turkish conquest, 437–9. See *Byzantine*
Copyists, 219, 233, 266, 268, 623–6
Corbie, 490, 499, 625; MSS, 632, 635, 650, 653 f, 659 f
Corippus, 448, 633
Cormery, MS of *De Oratore*, 650
Cornificius, -ficiani, 538 f
Cornutus, 297, 644 f
Corvey (New Corbie), 484, 490, 505, 511, 619; (Tacitus), 663
Corvinus, 243
Cos, 119, 165
Cosmas, (1) Italian monk, 391; (2) C. of Jerusalem, 392
Cousin, Victor, 441, 484, 526, 590
Cowell, E. B., 223
Crantor, 166, 183
Crassus, cons. 131 B.C., 175
Craterus, 164
Crates of Mallos, 156–160, 172 f; School of, 160
Cricklade, Robert of, 654
criticus, 11
Critobulus of Imbros, 433
Criticism, (1) dramatic, 52 f, 61–4; (2) literary, 11, 19 f, 35, 52–7; 61–4; 67–75; 80, 82; 99; 109; 130 f; 158; 190–3; 195–7, 206–8; 211 f; 238 f; 279–293; 299 f; 304 f; 339; 352; 367 f; 398 f; 421; 550; 555; 611; 613; (3) textual, 32, 57; 118–44; 157, 160, 163; 228, 234, 243, 249, 265, 268; 350, 368, 593, 605; (4) verbal, 32, 110, 128, 163 f; 175, 199, 231, 266 f, 294–7, 323 f
Cruquius, 197, 638
Cues, 463, 651, 661 n. 2; Nicolas Cusanus, 463, 653
Curtius, Q., 662; (2) Curtius Valerianus, 267
Cyclic poets, 24 f, 380
Cyprian (St), 217; (2) of Toulon, 248
Cyril, 371; 416

Damascius, 375
Damascus, John of, 376, 391 f, 403, 558, 576
Damasus, library of pope, 233
Damiani, Petrus, 520
Dante, 613 f; 257; his precursors, the Visions of Wettin, 485, and *Anti-Claudianus*, 554; statistics of his references to Latin literature and Latin translations, 614; Dante and Cicero, 650; Virgil, 611, 635; Horace, 637; Ovid, 639; Lucan, 641; Statius, 615, 642; 'Dionysius the Areopagite', 376; Aristotle, Avicenna and Averroës, 613; Thomas Aquinas and Albertus Magnus, 614; Siger, 586; Brunetto Latini, 613; Del Virgilio, 611; Dante as a precursor of the Renaissance, 613
Dares, 547, 647
'Dark Ages', the, 502; 617–620
David the Armenian, 345, 376, 493 n. 2
David of Dinant, 571; (2) the 'Scot', 557
De Causis, *De Mundo*, *De Plantis*; see '*Aristotle*' ad fin.
De Modis Significandi, 668
Deinarchus, 284
Demetrius Cydones, 433; (2) Demetrius Ixion, 322; (3) Demetrius Magnes, 161, 183; (4) Demetrius of Phaleron, 101, 105; (5) of Scepsis, 155, 163; (6) Demetrius περὶ ἑρμηνείας, 293
Democritus, 26, 67, 92
Demosthenes, MSS, 326; *Lept.*, 299,

313, 359; *Ol.*, *De Chers.*, *De Cor.*, 359; *Fals. Leg.*, 301; Dem. and Ar. *Rhet.*, 81, 280; Dion. Hal. 280–5; 'Longinus' (Dem. and Cicero etc.), 289–291; Aristides, 313; Lucian, 316; Libanius, 354–6; Julian, 359; Isidore of Pelusium, 369; Choricius, 382; 'Lantern of', 422; (2) Demosthenes Philalethes, 509 n. 6
Denis, St, abbey of, 426, 488, 492, 499, 522, 556, 621, 635, 662
Desiderius, (1) of Vienne, 444; (2) of Monte Cassino, 520, 663 n. 2
Deuterius, 242
Dexippus, 351
Diagoras of Rhodes, 46
Dialectic, course of reading in, 550 n. 8; Alcuin on, 474 f
Dicaearchus, 100, 183
Diceto, Radulfus de, 663; 543, 545
Dictamen, 604, 675 n. 2
Dictionarii, 550, 666 f
Dictys and Dares, 647
Dicuil, 464
Didascaliae, 64 f
Didymus, 140 f; 130, 202, 204, 209, 239, 381
Diocles of Magnesia, 340
Diocletian, 217
Diodorus, (1) Siculus, 118, 279; (2) son of Val. Pollio, 323
Diogenes Laërtius, 339; 161
Diogenianus, 295, 378
Diomedes, 219, 231, 273, 469, 484 n. 3
Dion Cassius, 417, 437
Dion Chrysostom, 298 f; 366 f, 369
Dionysius, Aelius, 323, 378; (2) 'Dionysius, the Areopagite', 376, 426, 492, 525, 556, 571, 576, 583; (3) Dionysius Exiguus, 265; (4) Dionysius of Halicarnassus, 279 f; 158, 161, 206; (5) Dionysius Iambos, 123; (6) Dionysius Periegetes, 310; (7) Dionysius Thrax, 7 f, 43, 138 f, 361
Dominicans, Order of, 573, 629; their Latin style, 582; their study of Greek, 583, 607; William of Moerbeke, 585; Geoffrey of Waterford, 587; Vincent of Beauvais, 580, and Albertus Magnus, 581, ignorant of Greek; Thomas Aquinas, interested in Greek, 583 f
Dominico Marengo, 521
Domnulus, 243, 661
Donatus, Aelius, 230; 196, 218, 232; on Terence, 232, 487; Grammar of, 248, 268, 273, 469, 474, 479, 485, 520, 596, 665; Remi(gius) on, 496, 665; Greek version of, 428, 558; (2) Tib. Claudius Donatus, 196; (3) Irish monk, 480
Dorbellus, 670
Dositheus, 140, 497
Dover priory, 643
Doxopatres, John, 417; 286
Drama, Greek; early study of, 59 f; criticism of, 52 f, 61–4; 'canon' of, 131
Ducas, 433
Duris, 42, and frontispiece
Dudo of St Quentin (*c.* 1020), 522
Dungal, 453 n. 5, 480 n. 4, 497
Duns Scotus, 598 f, 668
Dunstan (St), 502, 512, 640
Durand d'Auvergne, 587
Durham, 'carrels', 624; Juvenal, 644
'Dwarfs on the shoulders of giants', 531

Eberhard of Bethune, *Graecismus*, 667, 677; quoted, 616 n. 2; *Labyrinthus*, 554, 647, on Bernard Silvester, 535
Ecbasis Captivi, 636
Eclogues, 611 f
Edessa, 382, 394 f
Edmund (St), of Abingdon, 574, 589, 592
Education, Athenian, 41, 87; ed. of Europe, 573; free ed., 479
Egidio (Colonna) da Roma, 587
Einhard (*Eginhard*), 480 f, 485, 488 f, 498, 648, 661 f
Einsiedeln, MSS, 638, 645, 651, 660, 662; monk or pilgrim of, 264, 499
Eirene, empress (797–802), 391, 478
Ekkehard I (d. 973), *Waltharius* of, 507; II (d. 990), *Palatinus*, 506 f; IV (d. *c.* 1060), Chronicler, 507
Elegiac poetry, Greek, 48–50
Ellinici fratres of St Gallen, 497
Emo and Addo, 622
Encyclopaedias, Byzantine, 405, 435; mediaeval, 580 n. 4; 664
England, Greek in, 558, 575 f, 595, 602; Latin Verse in, 466, 468, 470, 546 f; Latin Prose in, 466, 545; study of the Elder Pliny, 654
Ennius, 158, 170 f, 172 f, 185, 211
Ennodius, 247, 251
ens and *essentia*, 669

Epaphroditus, 297
Ephraem the Syrian, 621
Epic Cycle, 24 f, 380; Epic poetry, early study of, 19–40; 'canon' of, 131
Epicarpius, 645
Epictetus, Simplicius on, 375
Epiphanius, 349
Epsilon, 90, 303, 393
Epternach, 642, 643, 659
Erasmus, 268, 668 n. 4, 669 n. 1
Eratosthenes, 124 f; 5, 114, 137, 163
Erfurt, Thomas of, 668; (2) monk of (*Nicolaus de Bibera*), 647
Eric (*Heiricus*) of Auxerre, 496; 491, 645, 661, 663
Erigena, 491 n. 2; *see* Joannes Scotus
Erlangen MS, 650
Ermenrich of Ellwangen, 485, 631
Ermoldus Nigellus, 482, 608, 638
Erotianus, 297
Ethelred of Rievaulx, 649
Étienne de Rouen, 620, 656
Eton Statius, 643
Etymologicum, *Florentinum*, 389, 400; *Genuinum*, 400, 415; *Gudianum*, 415 f; *Magnum*, 415, 421; *Parvum*, 400; *Et.* in iambic verse, 414
Etymology, 93, 148 f, 414
Euclid, 116; MS, 404; transl., 532
Eudocia, 363, 377; *Violarium* of Pseudo-Eudocia, 408
Eugenius III, (1) bp of Toledo, 458; (2) pope, 534
Eugraphius on Terence, 509
Eumenes I, 111, 151, 164; II, 111, 151 f, 156, (coin) 166
Euphorion, 165, 188; *Cantores Euphorionis*, 185
Euripides and the Epic Cycle, 25; *Bacchae* (in Clement), 332, (in 'Christus Patiens'), 350, 417; *Electra*, 52, 59; *Medea*, 57, 89, 271; *Phoen.*, 556; *Theseus*, 89; early quotations from, 58, and study of, 59; Aristophanes on, 53–5, 57, 60; Aristotle on, 63; Alexander Aetolus on, 121 f; Crantor, 166; Lucretius, 185; 'Longinus', 290 f; Julian, 359; Select Plays in Byzantine Age, 402
Eusebius, 348; 233, 235, 246; 404; 634
Eustathius, 420 f; 413
Eustratius of Nicaea, 413
Eutropius, 664; (2) ed. of Vegetius, 243, 661
Eutyches, 267, 273
Evesham, Marleberge abbot of, 644
Évroult, St, 517, 545
Exeter, Joseph of, 547, 642

Fabius Pictor, 171
Faustus of Riez, 243
Favorinus of Arles, 308, 340
Felix, bp of Nantes, 449; (2) rhetorician, 242
Fenestella, 200
Ferreolus, 266
Ferreto, 611
Festus, Pompeius, 200, 212 f, 473, 625, 627; ed. Lindsay, 1913
Fitz-Gerald and Ausonius, 223
Fleming, William the, 547, 562, 569 f
Fleury (*St Benoît-sur-Loire*), Servatus Lupus and, 487; Abbo of, 511 f; School of, 675 n. 1; MSS from, 625 n. 8; Servius, 626; Virgil, 635; Horace, 637; Ovid, 641; Cic. *de Sen.*, 652; Quint., 656; Caesar, 658; Sallust, 659; Livy, 660; Val. Max., 661
Florence, Greek MSS of c. x—xi, 522; MSS formerly in San Marco (Ovid, *Met.*), 641; (Varro), 652; (Seneca, *Trag.*), 653; (Pliny, *Epp.*), 655; other MSS in Laurentian library (*cod. Amiatinus*), 265; (Cic. *Epp.*), 651; Juvenal, 645; Martial, 644; (Quint.), 657; (Livy), 660; (Tacitus), 662; Virgil, 635; fresco in 'Spanish Chapel', 274, 671; university, 629
Florence of Worcester, 545
Florista, 668
Florus, 661; (2) Mestrius, 302 n. 2
fore for *esse*, in mediaeval Latin, 669
Fortunatianus, 229, 236, 266
Fortunatus, Venantius, 448; 247
Fournival, Richard de, 627, 639
France, study of Greek in, c. xii, 555 f; Latin Verse in, 551 f, 674; France N. of the Loire, 609, 666
Franciscans, at Oxford and Cambridge, 573, 579; Alexander of Hales in Paris, 574; Grosseteste, lecturer to Franciscans at Oxford, 575; Bonaventura, 579; Roger Bacon, 589 f; Duns Scotus, 598 f
Freculphus, 478
Fredegarius, 447
Frederic II, 566–8, 582, 609 n. 3
Frontinus, 627
Fronto, 210, 214; MS of, 454

Fulbert, 510, 517, 528, 539
Fulda, 469 f; 480 f, 483 f, 486 f, 623, 626, 659, 661 f
Fulgentius, 242, 634 n. 1
Furcy, abbey of St, 645

Gaisford, 328 n. 2, 404, 415
Gale, Thomas, 399, 495
Galen, 329; 111, 395, 497, 510, 532, 561, 566, 585, 606, 629
Gallen, Gallus and St, 455; Grimold, 485; Notker Balbulus, 497 f, 636; the Hungarians at, 502; Gunzo, 505; Ekkehard I, II, IV, 507 f; Notker Labeo, 519, 528; in c. x, 522; *scriptorium*, 623; MSS, 625 f; Virgil, 197, 635; Horace, 638; Statius, *Silv.*, 642; Juv., 645; Silius, 646; Valerius Flaccus, 646; Cic. *Top.*, 651; Quint., 657; Sallust, 659; Justin, 662
Gallus, Cornelius, 188; 165
Galus, C. Sulpicius, 171
Gap, Guillaume de, 425, 556
Gargilius Martialis, 265, 643
Garlandia, Joannes de, 549 f; 554, 594, 667, 675
Gaul, early monasteries, 219, and schools of learning in, 247 f; study of Virgil in, 229 f; Latin Scholarship in, Ausonius, 221 f; Paulinus, 225; Sidonius, 244 f; Consentius, 248; victories of Clovis, 249; St Maur, 272; Desiderius of Vienne, 444; Gregory of Tours, 446; Fredegarius, 447; Fortunatus, 448; 'Virgilius Maro', 450; Greek in Gaul, 459
Gautbert, on Greek teachers in the West, 465 n. 4
Gautier de Châtillon (or de Lille), *Gualterus ab Insulis*; *Alexandreis*, 552 f, 555, 641, 677 n. 1 (cp. Manitius in *Mitt.* 18 f); *Moralium Dogma*, 553, 608
Gautier de Metz, 664
Gaza, school of, 382
Gellius, 210–3; 176, 205, 214, 238, 488, 596, 619, 633
Gembloux, 517, 638, 651
Gennadius, Torquatus, 228, 644
Geoffrey of Monmouth, 545, 641, 644
Geoffrey of Waterford, 587, 664
George, bp of Alexandria, 359
Gerard of Cremona, (1) the translator, 562, 565, 571, 591, 629; (2) the astronomer, 565 n. 5
Gerbert of Aurillac (*Silvester II*), 508 f; 503, 608, 642, 648, 650
German in c. ix, 489; Germany, classical MSS introduced into, 490; (Gunzo), 505, (Otto of Freising), 532; Greek in, 459, 557; Latin Verse in, 555
Gerona, John bp of, 458
Gervase of Tilbury, 535, 545
Gervold of St Wandrille's, 478
Gesta Romanorum, 545
Ghent, lost *codex Blandinius* of Horace from Benedictine monastery near, 197, 638
Gilbert de la Porrée, 532; 255, 485, 530, 537, 671, 673
Gildas, 445
Gilles de Paris, 587
Giraldus Cambrensis, 543 f; 575, 632, 653, 674
Glossa Ordinaria of the Vulgate, 485
Glossaries, Graeco-Latin, 459, 498
Glykas, chronicler, 424
Glykys, grammarian, 431
Gnipho, Antonius, 177
Godefroi de S. Victor, 254
Godfrey, (1) of Viterbo, 557; (2) of Winchester, 643
Golias, 533, 547; *Goliardi*, 547
Gondisalvi, 562
Gorgias, 28, 77, 314
Gotteschalk, 489, 492
Graecum est, non legitur, 605
Grammar and Etymology, beginnings of, 88; Stoics, 146–8; 236; tradition of Greek Grammar, 435 f; definitions of, 8, 138, 474, 483; divisions of, 330; personification of, 619, 670 n. 2, 672; mediaeval study of, 665–70; Grammar and Logic, 666, 674
Grammarians, Greek, 138 f, 319–22, 325, 361 f, 377 f; 389, 393, 402, 424, 429 f, 435 f; 497; 595, 602; Latin, 175–181; 200 f; 204–6; 210; 220, 223 f, 230 f, 238, 262, 272 f; 512, 599, 606, 665–670
Grammatical terminology, Greek, 90, 97, 138 f, 146 f; Latin, 194 f
Grammaticus, 8, 202; *-ca*, 172
Greek literature etc., conspectus of, **down to 300** B.C., 18; **300–1** B.C., 104; **1–300** A.D., 278; **300–600** A.D., 346; **600–1000** A.D., 386; **1000–1453** A.D., 410. Gk influence in Latin literature, 169–189, and literary criticism, 190 f; histories of Rome written by Romans in Gk, 171,

175; Gk literary criticism, 52 f, 73 f, 80, 82; 279–93; Gk authors studied by Dion, 298 f, Julian, 359, Synesius, 368 f, and in Byz. age, 402, 436 f; lost Gk historians, 437; Gk hymns, 392; survival of Gk in S. Italy, 460 f, 594, 609; Gk in MA, 451, 458–468, 476, 478, 484, 486, 491 f, 509 f; Joannes Scotus, 491–5; diplomatic, 478, 510, and ecclesiastical use of Gk, 499 f, 520 f, 557, 607; Gk monks at Toul and Verdun, 503; Gk lectionary copied at Cologne (1021), 522; Gk in c. xi, 520–2; c. xii, 555–8; translations from Gk text of Plato, 491, 527 f, and Ar., 570 f, 585 f, 588; Grosseteste, 575 f; William of Moerbeke, 585 f; Roger Bacon, 595 f, 597; attempts to teach Gk in c. xiii–xiv, 598, 602, 607; Graeco-Latin glossaries, 459, 498; Gk in dictionaries of Papias, 521, and Hugutio, 557, and in mediaeval grammars, 665, 667 f (see also *Dositheus*); Gk pronunciation, 393, 490, 507, 511, 595. See *Lexicographers*
Gregoras, Nicephorus, 430, 433
Gregorius Corinthius, 424
Gregory, of (1) Cyprus, 429; (2) Nazianzus, 349, 413 f; (3) Nyssa, 350, 558; (4) Tours, 446 f; 242
Gregory (I) the Great, 443–5, 500; II, 468; III, 461; V, 503; VII (Hildebrand), 518; IX, 572
Grosseteste, 575 f; 423, 589–91, 594 f
Grossolano, 557
Gui de Strasbourg, 587
Guibert of Nogent, 555, 662
Guido, (1) of Arezzo, 636; (2) delle Colonne, 545, 648 n.
Guigo, 523, 622
Guillaume, (1) le Breton, 571; (2) de Gap, 425, 556
Guiscard, Robert, 545
Gunther, 555, 641
Gunzo of Novara, 505, 645

Hadoardus, *Excerpta Ciceronis*, 648
Hadrian, emp., 309; (2) pope (Adrian) I, 461; IV, (Nich. Breakspear) 540; (3) monk, 464 f, 467
Hales (Hailes), 574. See *Alexander* (6).
Harcourt, Philip, 650, 656
Harduin, of St Wandrille's, 478
Harpocration, 325 f; 310, 416
Hartmund of St Gallen, 497
Hartwin the German, 637 n. 3
Harveng, Philip de, 557 n. 2, 630
Hatto, bp of Basel, 478
Hauteville, Jean de; *Architrenius* of, 546, 555, 677 (cp. Manitius in *Mitt.* 15 f)
Hebrew, 352, 567, 591, 594, 597, 607; Latin transl. from, 564, 566 n. 7
Hecataeus, (1) of Miletus, 83; (2) of Abdera, 162
Hedwig and Ekkehard II, 506 f
Hegesias, 160, 280 f
Heidelberg MSS, 406, 630, 635, 652, 659
Heinsius, N., 643
Hélinand, 556, 676 n. 3
Heliodorus, 328
Helladius, 362
Heloïssa (Heloise), 529, 531
Henri d'Andely, 534, 676
Henricus, (1) Septimellensis; (2) Mediolanensis, 546
Henry the Fowler, 502; (2) Henry of Huntingdon, 545, 643; (3) Henry II, 538, 542, 608, 654
Hephaestion, 328; 310
Heracleides Ponticus, 98
Heracleitus, 29, 83, 91
Heracleon of Tilotis, 160
Herbert de Losinga, 618
Herbord of Michelsberg, 649
Herennius, 196, 239 n. 7
Hermannus Contractus, 519; (2) Hermann the Dalmatian, 533, 536, 562 n.; (3) Hermann the German, 569; 565 n. 5, 577, 591, 593 n. 3
Hermeias, 374
Hermippus, 123, 136
Hermogenes, (1) 92; (2) 319
Herodes Atticus, 309; 211, 335
Herodian, (1) grammarian, 321; 141, 273, 310, 361, 377; (2) rhetorician, 318
Herodicus, 163, 407
Herodotus, 25, 83, 88, 132; Dion. Hal. on, 280 f; 'Plutarch' on, 305; Lucian on, 315, 317
Herondas, 106, 116
Herrad of Landsberg, 243, 555, 559, 618, 673 n.
Hersfeld, 469, 626, 663
Hesiod, 22, 37; 121, 127, 132, 140, 142, 149, 304, 310, 350; *scholia*, 419, 430 f, 439
Hesychius, (1) of Alexandria, 378; 295; (2) of Miletus, 378

Hierocles, the Neo-Platonist, 372
Hieronymus, 232 f
Hierosolymitanum, Anecdoton, 437 n. 1
Higden, Ralph, 545
Hilary (St), (1) of Poitiers, 247 f, 655; (2) of Arles, 248
Hildebert, 551, 674
Hildesheim, 511, 522, 557, 619, 649 n. 5
Himerius, 351
Hincmar, 255, 488, 492, 627
Hipparchus, (1) 21 f; (2) astronomer, 117
Hippias, (1) of Elis, 27 f, 78; (2) of Thasos, 28
Hippocrates, 92, 185, 395, 497, 510, 561, 566, 585, 629
Hirschau (Hirsau), 522, 627; 632
Hisperica famina, 450
History, mediaeval ignorance of, 664
Holkot, 602
Homer, and the rhapsodes, 19 f; Solon, 19; Peisistratus, 20, 161; Hipparchus, 21; early interpolations in, 22; influence of, 22–26; H. and the Sophists, 27–9; his mythology allegorically interpreted, 29 f (cp. 149, 156, 344, 419); H. in Plato's *Ion* and *Rep.*, 30 f; Aristophanes, Isocrates, 32; Zoïlus, 109 f; ancient quotations from, 33; early 'editions' of, 34; Aristotle on, 35 f; Homeric problems, 35 f, 149, 344; Homer's theory of poetry, 67; his orators, 76
The Alexandrian age; Zenodotus, 119 f, 134; Rhianus, 121, 133; Ptol. Philopator, 124; Aristophanes of Byzantium, 126, 134; Aristarchus, 131 f, 134 f; Crates, 156 f; Didymus, 140 f; Aristonicus, 143
The Roman age; Andronicus, 169; Lucretius, 185; Virgil, 187; Dion. Hal. 281; 'Longinus', 289 f; Dion. Chrys., 298–302; Plutarch, 306; Porphyry, 344; Julian, 357–9; Synesius, 366 f
The Middle ages; Tzetzes, 419; Eustathius, 420; popular Gk version of *Iliad*, 432; the Latin Homer, 504, 647, 676 f; Roger Bacon, 595 f; Dante, 615
MSS, 34, 120, 133 f, 141, 380, 465
Honoratus, 248
Honorius of Autun, 618, 632, 648, 664; (2) pope Honorius III, 495, 567
Horace, his Greek models, 124, 187, 190; literary criticism in, 190; early study of, 197, 213; his *curiosa felicitas*, 203; imitations or reminiscences of, 226, 244, 255; quotations from, 263, 504, 530, 578, 636 f; in MA, 635 f; mediaeval MSS of, 636 f; 197, 507, 627, 647
Hosius of Cordova, 458
Hoveden, Roger of, 545
Hrabanus, see *Rabanus*
Hroswitha, 506 f, 631
Hucbald, 499
Hugo and Leo, 557; (2) Hugo of St Victor, 556, 671 n. 3; (3) Hugo of Trimberg, 631 n. 3, 636, 647
Hugutio, 557, 594, 616, 666
Hungarians, incursions of, 502 f, 511
Hyginus, 199; 137, 161
Hymns, Greek, 369, 392; Latin, 248, 449, 452, 479, 520, 551 f
Hypatia, 107, 364 f, 367, 370 f, 412
Hypereides, 290 f

Iamblichus, 351, 364, 371
Iconoclastic decrees, 391, 461
Ignatius, (1) St, his *Epistles*, 577; (2) patriarch, 396; (3) grammarian, 402
Ilium, 156, 298; Julian at, 359
Image du Monde, 664
Immed of Paderborn, 518
in, assimilation of, 266
Ina (Ine), 466
Incidis in Scyllam etc., 553
Innocent III, 426
'instance', 669
Integumenta, 495 n. 1
Ion, (1) of Ephesus, 30; (2) of Chios, 291, 391
Iordanes, 260, 445
Ireland, early knowledge of Greek in, 451, 462 f; state of learning in, 466 n. 7, 475, 491; Giraldus on, 543 f
Irish professors, generosity of, 467; Irish monks on the continent, 452 f, 455, 462 f, 480, 503; Irish MSS at St Gallen, 497
Irnerius, 604
Isaeus, Dion. Hal. on, 283 f
Isidore (St), (1) of Pelusium, 369; 401; (2) of Seville, 456 f; 268, 474, 483 f, 484 n. 1, 497, 621, 631, 633, 638, 655, 664 f
Isocrates on Greek poets, 32 f; his style, 78; Aristotle on, 81; Dion.

Hal. on, 282 f; 290; later influence of, 359, 397, 401
Istrus of Paphos, 123, 312
Italus, John, 413, 521
Italy (mediaeval), Greek in, 460–2; c. xi, 520 f; c. xii, 557 f; c. xiii, 594 n. 5; c. xiv, 605 f, 607, 609; Latin Verse in, 545; survival of literary studies in, 519; causes of the Renaissance in, 609
Ivo of Chartres, (1) bp, 539; (2) teacher, 547

Jackson, H., quoted, 95, 584
Jacob of Edessa, 394, 414
Jacobus, (1) Clericus de Venetia, 527, 557; (2) de Benedictis, 552 (*Jacopone da Todi*, 610)
Jacques d'Amiens, 639
James, M. R., 522 n. 1, 567 n. 3, etc.
Jandun (in Ardennes), Jean de, 603
Jebb, Sir Richard, 20 f, 26, 48 n., 55 n., 76, 121, 155, 156 n.
Jerome, St, 232–5; 348; 218, 269, 596, 617, 621, 631
Jews; their services to learning, 562, 564, 568, 591; their study of Aristotle and of Neo-Platonism, 564
Joannes, (1) Lydus, 388; (2) Mauropus, 414; (3) Hispalensis, 562 n.; (4) ben David, 562; (5) see *Garlandia*
Joannes Scotus (Erigena), 'John the Scot', 491 f; 238 n. 2, 254, 376, 525, 571, 608, 648
Johannitius (Honein Ibn Ishak), 395
John, (1) the Geometer, 407; (2) the Grammarian, 393; (3) the Saracen, 540, 556. See also *Damascus*, *Doxopatres* (or *Siceliotes*), *Italus*, *Scylitzes*; and *Basingstoke*, *Gerona*, *Rochelle*, *Vandières*
John of Salisbury, 537 etc.; see *Salisbury*
Johnson, Dr Samuel, and Macrobius, 240
Jonson, Ben, 335, 356
Joseph, (1) of Sicily, 392; (2) of Exeter, 547, 642 (cp. Manitius in *Mitt.* 19)
Josephus, 269, 296
Jourdain, A. and C., 527 n.
Jowett, quoted, 93, 94 etc.
Juba II, 294, 307
Julian, (1) 'the Apostate', 356–9; 217, 230, 347, 382, 418; (2) bp of Toledo, 458
Julius, (1) Africanus, 165, 348, 398; (2) Romanus, 213, 231; (3) Rufinianus, 229; (4) Victor, 229, 655
Justin, 189, 625, 661, (Trogus Pompeius) 663
Justinian, 274, 375, 383, 461, 605
Justinus of Lippstadt, 555
Juvenal, 208; in MA, 644 f; 297, 452, 504 f, 535 n. 3, 578, 579 n. 2
Juvencus, 229, 248

Kilwardby, abp, 583, 668
Kosbein, Henry, 586, and n. 1

Lachmann, 631 f
Lactantius, 217, 626, 631, 634
Lacydes, 151
laicus, Balbi on, 666 n. 4
Lambert of Hersfeld, 518, 649, 660; (2) author of *Floridum*, 664
Lampadio, Octavius, 173
Lamprocles, 43
Lanfranc, 517, 522 f, 528
Langres, 627
Language, origin of, 92 f, 98
Laon, 498, 672 n.
Lascaris, Constantine, 390, 408, 595
Latin literature etc., conspectus of, *c.* **300–1** B.C., 168; **1–300 A.D.**, 198; **300–600** A.D., 216; **600–1000** A.D., 442; **1000–1200 A.D.**, 516; **1200–1400** A.D., 560. The Latin Classics, their survival in the Middle Ages, 617–663; the Classics in Aldhelm, 466; Bede, 468; Alcuin, 476; Theodulfus, 479; Einhard, 481; Walafrid Strabo, 485; Ermenrich, 486; Servatus Lupus, 486 f; Joannes Scotus, 494; Eric and Remi, 496; Ratherius, 503 f; Gerbert, 509 f; Luitprand, 511; Ælfric, 512; Leo Marsicanus and Alfanus, 520; Bernard of Chartres, 539, 540 f; Bernard Silvester, 535; John of Salisbury, 541 f; Peter of Blois, 542; Giraldus, 544; Neckam, 548; Joannes de Garlandia, 550; Gautier and Alain de Lille, 552 f; Eberhard, 554; Gunther, 555; Grosseteste, 578; Vincent of Beauvais, 579 f; Roger Bacon, 596 f; Richard of Bury, 602; Mussato, 610; Dante, 613–5
Dictionaries; Ælfric, 512; Papias, 521, 666; Balbi, 606, 666; Hugutio, 557, 594, 616; Joannes de Garlandia, 550. Grammars, 665–9;

Donatus, 230; Priscian, 272 f; Ælfric, 512, 515; Caesar the Lombard, 606. Latin Prose in MA, 466; c. xii–xiii, 544 f; 582; 669; Latin verse, c. xi, 518; c. xii–xiii, 545–55, 674; pronunciation of Latin, 447, 475, 512; study of Latin among the Greeks, 279 n. 1, 427 f
Laurus Quirinus, 438
Learning, seats of, in the Alexandrian age, 105 f, 150 f, 162–6. See also *Schools*
Leo III, the 'Isaurian', 391, 396, 405; V, the Armenian, 391, 393; VI, the Wise, 396, 405; popes Leo II, 460; and IV, 461
Leo, (1) the Byzantine, 396; (2) Diaconus, 407; (3) Marsicanus (Ostiensis), 520; (4) the mathematician, 394; (5) the philosopher, 402; (6) of Naples, 425
Leon Magentinus, 431
Leontius of Byzantium, 392
Lérins, 219
Lesches, 310 n.
Letters of the Greek alphabet, 87; classified, 89, 281
Letter-writing, art of, 604 n. 3, 675
Levi ben Gerson, 564
Lexicographers, Greek, 322–7, 377 f, 399 f, 407, 430
Lexicons, Greek, 399 f; 414–6; Latin, 200, 220, 666 f; 521, 549 f, 557, 606
Leyden MSS, 631 f, 638, 641, 643, 645 f, 652 f, 658, 660, 663
Libanius, 353 f, 358
Liberius, 630
Libraries, at Athens etc., 86, 309, 422; Alexandria, 107 f, 110–4, 419; Pergamon, 151 f; Antioch, 165; Rome, 159 f, 199, 211, 233, 244, 252, 264, 279, 445; in Gaul, 229, 245; Cassiodorus, 266; Pamphilus, 348; Julian, 359; Synesius, 356; Isidore, 457; Byzantine etc., 396, 421, 426; mediaeval, 628–63 *passim*; Bobbio, 453 f; St Gallen, 455, 497, 623; Ligugé, 459; York, 471; Fulda, 483; Hildesheim, 511; Nonantola, 502; Sainte Chapelle, Paris, 579; St Albans, 602, 623; Verona, 626; Richard of Bury's, 628
Licinus, Porcius, 175
Liège, 463, 504, 627, 661
Ligurinus, 555
Limoges, abbey of St Martial at, 635, 645, 652
Literary Criticism, see *Criticism*
litterator,-tus, 6, 8
Livy, Polybius and, 189; recension of, 228; *facsimile* from MS of, 250; in MA, 659 f; 161, 445, 518, 612
Lobon of Argos, 340
Logic, study of, 528, 532, 670 f; criticised, 537 f, 548, 607; logic and grammar, 666, 676; text-book ascribed to Psellus, 600 n. 5; Petrus Hispanus, 600, and Buridan, 603
Lollianus, 324
Lombards, 521 f, 606, 676 f
London; British Museum, coins, 102, 145, 166; MSS, 592 n. 2–5, 598 n. 1, and 630–60 *passim*
Longinus, Cassius, 338 f
'Longinus' *On the Sublime*, 288–92
Lorsch, 478; MSS from, 506, 626, 644, 648, 652 f, 660
Lothair I, emp. (d. 855), 462, 480, 482; II, king of Lorraine (d. 869), 484
Louis I, the Pious (*Le Débonnaire*), 479, 482, 492; II, the Stammerer (*Le Bègue*), 500; IX (*Saint*), 579
Louvain, abbey of Parc near, 658
Lovato, 610
Lucan, in MA, 641 f; 535, 552, 555, 611
Lucca, 643 n. 2
Lucian, 314 f; 327, 403, 420, 511
Lucilius, 174 f
Lucretius, 170, 184, 192; in MA, 631 f; 457, 486, 535 n. 3, 554 n. 9, 625
Luctatius Placidus, 248
Ludolf of Luchow, 668
Luitprand, (1) king of the Lombards, 252; (2) bp of Cremona, 510 f, 648
Luxeuil, 439
Luxorius, 208
Lycophron, 116, 122, 418
Lycurgus, (1) Spartan legislator, 20; (2) Attic orator, 57
Lydus, Joannes Laur., 388
Lyons (1274), council of, 585
'Lyric', 43; *lyricus*, 179 n. 2; Greek 'lyric' poetry, divisions of, 47; 'canon' of, 131; early study of, 41–50; in Himerius, 351
Lysias, Dion. Hal. on, 282 f; Caecilius on, 288, 291

Mabillon, 454, 621 etc.

Macarius of Fleury, 556
Macaulay and Ozanam, 609 n. 8
Macharius, 476
Macrobius, 237 f; 488, 495, 633
Madrid MS, 646
Mahaffy, J. P., 85 n. 2, 106 f, 134, 300 n., 303 etc.
Mai, Cardinal, 405, 512 n. 1, 632 n. 9, 651 n. 2
Maimonides, 564
Mainz, 631
Malalas, 390
Malmesbury. 465 f, 494; William of, 466, 468, 491, 545, 551, 648
Mammotrectus, 667
Manfred, 568 n. 7, 569
Manilius, 646 n. 4
Manitius, 629 n. 4, 632, 635 n. 6, 637 n. 3, 662 n. 6
Mantua, 634
Manuscripts, *facsimiles*, 51, 66, 87, 197, 215, 250, 275, 333, 345, 384, 439, 515, 523, 536, 588; references to, 404, 428, 437, 474, 487 f, 490, 509, 565, 581, and 621–60 *passim*. See also *papyri*, *Libraries*, *Cambridge*, *Oxford*, *London* etc., and names of ancient authors and mediaeval monasteries
Map (Mapes), Walter, 546, 643, 655
Mappemonde, 664
Mara, William de, 593 n. 5
Marbod, 551, 632 (cp. Manitius in *Mitt.* 22 f)
Marcellinus, 381
Marchesini of Reggio, 667
Marculf, 514 n. 1
Marius Mercator, 371
Marsh, Adam, 578, 589
Martial, 203, 228, 643
Martianus Capella, 241 f; 6, 267, 491–3, 496, 505, 508, 519, 553, 555, 671, 672 n. 3 (cp. Manitius in *Mitt.* 37 f)
Martin, (1) of Bracara, 447; (2) Martin I, 460; (3) of Tours, 219; (4) Irish hellenist, 498
Matthew of Vendôme, 534, 552, 674 (cp. Manitius in *Mitt.* 31 f)
Maurŏpus, Joannes 414; 178 n. 2
Maurus, 271 f, 483; St Maur-sur-Loire, 272; (2) abp of Ravenna, 460
Mavortius, 197, 242, 637
Maximianus, 448
Maximus, (1) Tyrius, 313; (2) Confessor, 390
Mayor, J. E. B., 248, 550 f
Media vita in morte sumus, 498
Meinwerk, 518
Meleager, 406
'Melic' poets, early study of, 43–7
Menander, 105, 131, 245, 302, 412; (2) Rhet., 338; (3) Protector, 388
Merton, Walter de, 578
Merula, 454
Mesomedes, 310
Metellus, 159
Methodius, 393
Metrodorus, 30
Metz, 459, 504, 625
Meung, 534 n. 3; Jean de, 553, 646, 661
Michael, (1) Andreopulus, 417; (2) Attaliates, 417; (3) of Ephesus, 413; (4) Italicus, 424; (5) 'Modista' of Marbais, 667 f; (6) 'the Stammerer', 492; (7) Scot, 566–8, 591, 593
Michel, Mont-St-, 650
Middle Ages in the West, 441–678; dates, **600–1000** A.D., 442; **1000–1200** A.D., 516; **1200–1400** A.D., 560
Milan, Ambrosian library at, 454, 630, 653, 656
Millenary year, 513; Alfred's, 501 n.
Milton, 60 f, 377, 554
Mimnermus, 48
Minucianus, 338
Modena, 497
modernus, 270
Modestus, 199
Modistae, 668
Moerbeke, William of, 585 f
Moeris, 325
Moissac, 625 f, 658
Monastic Orders and the Classics, 621
Monks as copyists, 622 f
Monothelites, 460
Montaigne, 167, 306 f
Monte Cassino, 270 f, 274 f, 520, 561, 582, 605–7, 652 f, 655, 662
Montpellier, 629; MSS, 636, 641, 644 f, 653
More, Sir Thomas, 257
Morlai (Morley), Daniel de, 565
Moschopulus (Μοσχόπουλος), 429, 439
Moschus, 116
Munich MSS, 644, 646, 651, 659
Munro, 184, 189
Muratori, 454 f, 545 n. 6, 557 n. 10 etc.
Murbach, 625 f, 632
Musaeum; at Alexandria, 105; Antioch, 165; *scriptorium* at Tours, 475, 483

Musaeus, 364
Mussato, 610 f, 612

Naevius, 169 f, 171, 190
Namatianus, 626 n. 8
'Naso', 608, 638
Neanthes, 151
Neckam, Alexander, 548 f, 558, 675
Nemesianus, 627
Nemesius, 558
Neo-Platonism and Neo-Platonists (precursors, 314), 341, 364–76; 256, 425, 525, 541 f
Neoptolemus of Parion, 124, 178, 190
Nepos, Cornelius, 186, 657
Nestorius, 371
Newburgh, William of, 545
Nicaeus, 645
Nicander, 116, 154, 188, 304
Nicanor, 322; 141
Nicephorus I, emp., 396; (2) patriarch, 393, 396; (3) monk and philosopher, 401; (4) Basilakes, 424; (5) Blemmydes, 415; (6) Bryennius, 417, 420; (7) Chumnus, 429; (8) Gregoras, 430, 432 f
Nicholas, (1) secretary of Bernard of Clairvaux, 618, 624; (2) of St Albans, 575 f
Nicholas d'Autrecour, 587
Nicolaus, (1) of Methone, 424; (2) Damascenus, 318, 593; (3) de Bibera, 647 n. 5; (4) de Orbellis, 670 n. 4
Nicomachi, recension of Livy by the, 228 f; *facs.* 250; 660
Nicomachus Flavianus, Virius, 541 f
Nicomedeia, 381
Nigidius Figulus, 194
Nisībis, School of, 264, 394
Nominalism, 253, 484, 526; Nominalists, Roscellinus, 529; William of Ockham, 600; Buridan, 603
Nonantola, 502
Nonius Marcellus, 220; 218, 228
Nonnus, 363
Normans in France, 498, 500, 502; in England, 518; at Thessalonica, 421; in S. Italy, 461, 545
Notker of St Gallen, (1) the Stammerer, *Balbulus*, 497, 636; (2) *Labeo*, 519, 528
Novalesa, 626
Numenius, 329, 331 f

Ockham (Occam), William of, 600; 527
Odo (St), (1) abbot of Cluni, 504; (2) abp of Canterbury, 465, 505
Olympiodorus, the elder, 372; the younger, 376; 372, 374
Omicron and Omega, 90
Onomacritus, 22
Onomatopoeia, 94, 148
Opilius, Aurelius, 177
Oppian, 310, 334
Ordericus Vitalis, 545
orichalcum, 551, 594
Origen, 341, 349, 617
Orion, 325 n. 2, 377 f
Orleans, 479, 625; school of, 674–7
Orosius, 112 f, 219, 371, 500
Orthography, 174, 266 f, 268, 475
Orus, 325, 378 n. 1
Osberni, Glossarium, 630, 642
Osnabrück, 'capitular' for foundation of school at, 478
Oswald (St), abp of York, 511, 641
Osymandyas, 118
Otho I, 503, 506, 510; II, 503, 511; III, 257, 503, 510 f
Otho of Lomello, 503 n. 1
Otto of Freising, 532, 557, 653, 659
Ouen, St, 459
Ovid, 188; 186; in MA, 638 f; 428, 495 n. 1, 520, 578, 597, 612, 675
Oxford (1167), 629; Dominicans at, 573; Franciscans at, 579; early study of Aristotle, 592, 597; recitations by Giraldus, 544; Michael Scot (?), 566; Grosseteste, 575 f, 579, 589; Roger Bacon, 589 f, 595; Duns Scotus, 598 f; Greek and Hebrew professorships, 607; MSS, 384, 404, 578, 592 n. 2, 595, 633, 640, 645 f, 653; Merton Coll., 578; Oriel, 622; dates of other early Colleges, 560

Pachymeres, 432
Pacificus, 626
Pacuvius, 171 f, 211
Paderborn, school of, 518
Padua, univ., 629; 606, 611
Palaeologi, scholars under the, 427 f
Palaeologus, Manuel, 433
Palaemon, Q. Remmius, 200; 139, 206, 231
Palamas, Gregorius, 434
Palermo, 566 f, 587
Palimpsests, 454, 622, 651
Palladas, 370
Pamphilus (and Pamphila), 295; (2) of Caesarea, 342, 348

Pan, 303
Panaetius, 160, 165, 174, 183
Panathenaea, 21, 164
Pandects, 605
Pantaenus, 330
Papias, 521, 594, 666
papyri, 66, 85 f, 103, 108, 111, 134 f, 659
Papyrianus, 267
Parchment, 111, 579
Parian Marble, the, 117
Paris, 'the paradise of the world', 628; Julian at, 357; Norman siege of, 500; schools of, 504, 573, 629, 671, 674-8; university of (*paradisus deliciarum*, 548), 550, 568, 571-3, 574, 604, 628, 671; study of Aristotle at, 571 f, 607; Council of (1210), 571; Dominicans and Franciscans, 573; Greek college of Philip Augustus, 426; MSS, 288, 461, 492, 633-662 *passim*; Notre-Dame, 573, 651, 656; *Rue de Maître Albert*, 581; *Rue du Fouarre*, 586; Sainte Chapelle, 579; St Germain-des-Prés, 272, 493, 500, 656; Sorbonne, 603, 608, 628, 650, 676; Paris in relation to Chartres, 671 f, and Orleans, 674 f
Paris, Julius, 661
Paris, Matthew, 423, 545, 575 f
Parthenius, 187 f
Parts of speech, 90, 97, 132, 146, 150, 280, 320, 677 n. 4
Pascal I, 461
Paschasius Radbertus, 490, 612 n. 2, 648
Patrick, St, 451
Paul I, 461, 492
Paul (St), Carinthian abbey of, 654
Paulinus, 225, 247
Paulus Diaconus, 472; 200, 212, 627, 635, 642
Paulus Silentiarius, 388
Pausanias, 311; 155, 161; (2) the Atticist, 323
Pavia, 257, 453; school at, 453, 462, 480, 497
Pediasimus, 432
Peisistratus and Homer, 20 f, 161
Pelagius, 371
Pella, 164
Pepin-le-Bref, 461, 492
Pepys MS of Bernard Silvester, 536 n.
pereant qui nostra etc., 232
Perellius Faustus, 196, 239 n. 7
Pergamon and its rulers (dates, 104), 150-4; the Library, 151-3; 113, 159, 199, 233; πίνακες, 158; school of, 156 f; Pergamon and Alexandria, 111, 162-4; Pergamon and Rome, 154, 158 f, 199, 233
Pericles, 76
Péronne, 456 n.
Persius, 203, 228, 505, 645
Peter of Blois, 542, 583, 649, 655, 662, 674; (2) of Pisa, 472; (3) Peter Lombard, 392, 583 (*Lumbardus*, 547); (4) Peter the Venerable, 530, 552, 562 n., 619
Peterborough, plundering of, 518
Petrarch, 237, 244, 274, 602, 609, 633, 651, 678
Petronius, 203, 663
Petrus (1) Aponensis, 606; (2) Riga, 552 (Manitius in *Mitt.* 24); (3) Elias, 537 n. 3; Helias, 547, 599, 667; (4) Hispanus, 600; (5) De Vineis, 568 n. 5
Phaedrus, 504, 646, 652
Phalaris, 401
Pheidias, 172, 300
Philargyrius, 248
Philemon, (1) 164; (2) gram., 124, 133
Philes, Manuel, 432
Philetas of Cos, 105, 118
Philippus of Thessalonica, 163, 407
Philo Judaeus, 296, 332, 350
Philochorus, 164, 280
'philologer', 'philologist', 'philology', 2; *philologus*, 5, 11, 194, *philologia*, 5, 11; modern philology, 11 f
Philon of Byblus, Herennius, 311; 144, 362, 377 f
Philoponus, 114, 374, 377
Philostratus I, 334; II, III, 336
Philostephanus, 123
Philoxenus of Alexandria, 237 n., 297; 416
Phlegon, 311
Phocas, 267
Phocylides, 49
Phoebammon, 318
Photius, 396 f; *Bibliotheca*, 398; literary criticism in, 399 f; *Letters*, 401; *Lexicons*, 399 f, 415 f
Phrantzes, 433
Phrynichus, (1) dramatist, 53; (2) Atticist, 323
Phrynis, 44
Physiologus, 555
Pierre (1) le Chantre, 556; (2) la Casa, 587

Pietro d'Abano (of Padua), 606
Pindar, 23, 45–47; 127 f, 138, 160, 187; 304, 420, 429–31; (2) 'Pindarus Thebanus', 647 (Manitius in *Mitt.* 20)
Pisa, 472, 557, 605, 629; S. Caterina, pl. facing 582
Pisander, cyclic poet, 187
Pisides, Georgius, 388
Pithoeanus (Pithou), *codex*, of Juvenal, 644; Phaedrus, 646
Pitt, 290 n.
Planudes, 427 f; 257
Plataea, 305, 438
Plato, on Homer, 30 f, Solon, 48 f, Antimachus, 39; on the study (40 f) and criticism of poetry, 68 f; on the drama, 61 f, on rhetoric, 79, on compositions in prose, 84; on classification of letters, 89, and words, 90 f, and on the origin of language, 92 f; quotations from Homer, 33, Pindar, 45, Theognis, 49, Archilochus, 50, Aeschylus, 58, and Euripides, 59; early MSS, 85; division of his dialogues into 'trilogies', 129; *Crat.* 92 f, 414, *Gorg.* 79; *Ion*, 30, 68; *Phaedo* (MS), 85, 87, 108; *Phaedrus*, 79; *Laws*, 41, 84; *Protag.* 41; *Rep.* 31, 69; *Timaeus*, 48
In Cicero, 182 f; Dion. Hal. 282 f, 285; 'Longinus', 289 f; Dion Chrys., 301; Plutarch, 303 f; Aristides, 312 f; Maximus Tyrius, 314; Lucian, 315–7; Apuleius, 318; Galen, 329; Clemens Alex., 331 f; Eusebius, 349; Synesius, 360, 369; lexicon of Timaeus, 341; Neo-Platonists, 341–4; 356 f, 369, 371–7; Boëthius, 255 f; Commentators on, 328 f, 373–6; *Gorg.* 366, 376, *Parm.* 373, *Phaedo* 376, *Phaedrus* 374, *Philebus* 329, 376, *Rep.* 366, 373, *Timaeus*, 255, 329, 364, 373 f
Mediaeval study of (1) in the East. Oriental versions of, 386; Byz. study of, 412, 429, 433, 582; Photius, 397, 401; Arethas, 403 f; Psellus, 411 f; *facsimile* from Bodleian MS, 384, 404; (2) in the West, 527, 531, 579; Luitprand, 511; Abelard, 529; Bernard of Chartres and William of Conches, 531; Theodoric of Chartres, 533, and Bernard Silvester of Tours, 535; John of Salisbury, 540; Alain de Lille, 554; William of Auvergne, 574; Roger Bacon, 596; influence of the theory of 'ideas', 525, 530, 539, 554; transl. of *Meno* 528; *Phaedo* 528, 574, 596; *Timaeus* (Joannes Scotus, 491), Chalcidius (cent. iv) 374 n. 2, 505, 508, 527, 529–31, 533, 535, 554, 574, 596, 614
Plautus, 171; *Fabulae Varronianae*, 177 n. 8; in MA, 630; 504, 541, 632; MSS 630; 454
Pliny, (1) the elder, 181, 204, 227 f; in MA, 653 f; 625, 628; (2) the younger, 207, 227, 245; in MA, 654; 541
Plotinus, 342 f
Plotius Gallus, 177
Plutarch, 302–8; quoted, 32, 59; (2) Plutarchus, the Neo-Platonist, 371
'Poëta Saxo', 498
Poetry, criticism of, (Athenian) 67–75; (Roman) 190 f, 195 f, 203; Dion. Hal. 281 f, 'Longinus', 289 f; see also *Criticism, literary*. Poetry and Sculpture, 300
Poets, mediaeval prejudice against classical, 555, 560, 617 f; lists of, 647; 548 n. 6
Poggio (in 1415–7), 204, 455, 642, 646 f, 657
Poitiers, William of (1020–89), 522
Polemon, (1) of Athens, 166; (2) of Ilium, 154, 163, 164, 312
Politian, 227, 646
Pollio, 160, 186; on Sallust and Cicero, 193; (2) Valerius Pollio, 323
Pollux, 327; 310, 315 f
Polybius, 117, 162, 172, 174, 189, 280; Byz. excerpts from, 405, 437
Pompeius (Maurus), *commentum artis Donati*, 248, 479
Pompeius Trogus, 189, 596, 663
Pompilius Andronicus, 177
Pomponius, (1) Marcellus, 199; (2) Mela, 243; (3) Laetus, 227
Pomposa, 626
Pope, 223 n. 2, 292
Porcius Licinus, 175
Porphyrio, 197
Porphyry, 36, 343 f, 348; *Introduction to the Categories*, 343, expounded by Ammonius, 374, and David, the

Armenian (*facsimile*, 345), 376; transl. by Victorinus, 253; transl. and expounded by Boëthius, 253, 268, 525–7, 550 n. 8, 558; Eric on, 496; John of Vandières, 503; Gerbert, 509; Abelard, 529 f; *Homeric Questions*, 36, 344; the Seven Arts (Tzetzes), 418
Porson, 400, 404
Poseidonius, 165 f, 182 f, 184, 186 and n. 3, 189
praeterpropter, 214
Prague, 629
Praxiphanes, 7, 100
Priscian, 272 f; his authorities, 321; in MA, (Alcuin) 474, (Rabanus Maurus) 483; 485, 497, 505, 596 f, 665, 667 f; quoted, 669; 'Grammar and Priscian', outside Chartres cathedral, 672
Probus, 204–6; 192, 211, 223, 273
Proclus, (1) Neo-Platonist, 372–4, 377, 425; transl. of his 'Theological Elements', 585, *facs.* 588; (2) author of *Chrestomathy*, 379 f
Procopius, (1) rhetorician, of Gaza, 382, 425; (2) historian, of Caesarea, 388
Prodicus, 78
Promptorium Parvulorum, 667 n.
Propertius, 188, 627, 645
Prose, Athenian study of, 76 f, 82 f; place of prose in Athenian education, 84
Protagoras, 27, 78, 91
Prudentius, 218, 507, 634 (cp. Manitius in *Mitt.* 28); (2) bp of Troyes, 493
Prüm, 488, 625; Regino of, 498, 503
Psellus, 411 f; 389, 600 n. 5
Ptolemies, rulers of Egypt; dates of accession, 104; I, II, III, 162; I (*Soter*), 101, 105, 119, (portrait) 145; II (*Philadelphus*), 101, 105–8, 111, 115, 118, (portrait) 145; III or IX (*Euergetes* I or II), 58, 111; III (*Euergetes* I), 122, 124; IV (*Philopator*), 124; V (*Epiphanes*), 111; IX (*Euergetes* II or *Physcon*), 136, 162
Ptolemy, (1) of Ascalon, 296; (2) Chennus, 311; (3) Claudius, 311; his *Almagest*, 562 and 565 f; his *Planisphere*, 533
punctuation, 97, 126, 322, 475
Puteaneus (Dupuy), *codex*, of Statius, 642; Martial, 644; Quintilian, 656; Livy, 660
Pydna, 159, 171 f
Pythagoras, 29, 91, 615, 672

Quadrivium, 670; 178
quatenus for *ut*, 669
Querolus, 541
qui nescit partes etc., 670
Quintilian, an analogist, 181; grammar and literary criticism in, 206 f; 214; 287; on *ens* and *essentia*, 669; in MA, 655 f; Servatus Lupus, 487; Bernard of Chartres, 539; Étienne de Rouen, 620, 656; MSS (*facsimile*) 215; 455, 656 f
Quintus Smyrnaeus, 360
quod and *quia*, mediaeval use of, 669

Rabanus (or Hrabanus) Maurus, 483 f; 254, 267, 274, 486, 630 f, 645, 648, 661, 664
Radegunde (St), 448
Radulfus Tortarius, 551
Ragevinus, 659
Ramsey abbey, 512
Ratherius, 503, 630 f, 633, 645, 654
Raymund of Toledo, 562; (2) Raymundus Lullius, 598
Realism and Nominalism, 253, 526, 528 f; extreme Realists, Joannes Scotus, 495; Anselm, 528; William of Champeaux, 529; moderate (or Aristotelian) Realists (526 f), Alexander of Hales, 574, Albertus Magnus, 581, Thomas Aquinas, 583
Recensions of Latin MSS, Livy, Martial, Persius, Macrobius, 228; Solinus, Vegetius, Pomponius Mela, 243; Virgil, 249; Priscian, 258; Plautus, 630; Lucan, 641; Martial, 643; Juvenal, 645; Persius, 645; Quintilian, 656; Livy, 660; Suetonius, 661
Recurrent verses, 246
Regensburg, 484
Regino, 498, 503
Reichenau, 484 f; 267, 482, 499 n. 2, 505, 519, 626; MSS 243, 652, 654
Remi(gius) of Auxerre, 496; 255, 504, 665
Renaissance, precursors of the, 429 f, 435, 486, 553, 610–6; causes of the Italian, 609; a gradual process, 610; authors appreciated in, Cicero, 610; Virgil, 634; Lucian, 317;

Letters of Symmachus (227) and St Jerome, 234
Resbacus, 456
Revivals of learning, early, 608, 609 n. 1, n. 3
Rhapsodes, 16, 19 f, 30 f, 101
Rheims, 499, 504, 508, 625, 638, 646; St Thierry near, 653
Rhetoric, rise of, 76 f; literary criticism a part of, 82
Rhianus, 121, 133, 312
Rhodes, 165
Rich, Edmund (St Edmund of Abingdon), abp of Canterbury, 574, 589, 592
Richard of Bury, 602, 628; 632, 638
Richard, (1) l'Evêque, 537 n. 3, 539 f; (2) de Fournival, 627, 639; (3) of St Victor, 556
Richer, 509 f, 659
Rienzi, 609
Riquier, St, 499
Robertus Retinensis, 562 n.
Rochelle, John of, 575
Rodolphus of Bruges, 533, 662 n.
Rodulfus Glaber, 513 n. 3, 514 n. 1, 618
Roman age, dates in (1) Latin literature etc., 168, 198, 216; (2) Gk literature etc., 278, 346; end of, 274 f, 382 f, 443; Roman historians who wrote in Gk, 171, 175; Gk influence in Roman literature (169 f) and literary criticism, 190; Roman study of Gk, 169–189
Romanus (C. Julius), 213; (2) Byz. poet, 392
Rome, Gk influence in, 169–189; libraries in, 159, 199, 211, 244; monasteries for Gk monks in, 460 f; Gk at St Paul's and St Peter's, 520 f; ruins of, 551, 609; *Versus Romae*, 495 n. 1
Roscellinus, 528 f, 600
Rosetta Stone, 117
Rosla, Heinrich, 555
Rouen, (Juvenal) 644; cathedral of, 673 n.
Rudolf, *Annals*, 662
Rufinianus, 229
Rufinus, 655
Rusticus, his letter to Eucherius, 229
Rutilius Lupus, 201

Sabas, convent of St, 392
Sabbionetta, Gherardo di, 565 n. 5
Saevius Nicanor, 177
Saintsbury, G., 55 f, 190, 208, 286, 292 f, 304, 318 n. 7, 381
Salisbury, John of, 537 f; his classical learning, 541 f; facsimile from Becket's copy of his *Met.* etc. 536; 242, 527, 531, 533, 542 f, 583, 603, 609 n. 1, 634, 641, 643 f, 645, 649, 653, 655, 671, 673
Sallust, 186, 245; in MA, 658; 505, 518, 522, 612, 662 n. 6
Salmasius, 406
Salomo III, of St Gallen, 497
Salvian, 220
Sappho, 44, 131, 153, 282, 289, 314; the 'greater Sapphic' metre, 224
Saracen, John the, 540, 556
Scaliger, the elder, 257
'Scholar' and 'Scholarship', 1 f; Scholarship and Philology, 2 f; subdivisions of Classical Scholarship, 14
Scholastic Problem, the, 253 f, 525 f; Scholasticism, authorities on, 524 n; *doctores scholastici*, 524
Scholia, on Homer, 141 f; 120; Hesiod, 419, 431; Pindar, 430 f; Aesch. Soph. Eur., 431; Aristoph. 328, 419, 430; Dem. 354, 356; Lycophon, 419; Alexandrian poets, 144; Terence, 230, 509; Cicero, 203, 455; Virgil, 196, 248; Horace, 213; Persius, 297; Juvenal, 297, 645
Schools of Alexandria, 105 f., 330, 341 f, 361 f, 365 f, 375 f; Pergamon, 150 f; Athens, 349, 351, 353, 357, 366, 371–5; Antioch, 350, 353; other Schools, 381, 394; Schools in Gaul, 221–5, 247; monastic and cathedral Schools, 573; see also under the several monasteries and cathedral cities
'Science', study of Greek and, combined by Gunzo, 505, and Roger Bacon, 597
'Scipionic circle', 172
Scot, Michael, 566–8, 591, 593
Scott, Sir Walter, 2, 261, 568
Scotus, Duns, 598 f, 668
Scotus (Erigena), Joannes, 491 f; 238 n. 2, 254, 376, 525, 571, 608, 648
Scriptorium, 623 f; 254, 475, 478
Scylitzes, John, 417
Sechnall, 452
Secundus, 556
Sedulius, (1) author of *Carmen Paschale*, 249 (cp. Manitius in *Mitt.*

26); (2) Irish monk, at Liège, 463, 637, 648, 651, 653, 661
Segueriana, Lexica, 416
Seleucids, 165
Seleucus of Alexandria, 296
Selling, William, 465
Seneca, (1) the elder, 201; in MA, 653; (2) the younger, 9, 202; in MA, 653; 543, 550 n. 6, 578, 591, 596 f, 608, 613–5, 669, 677; (3) Pseudo-Seneca, 448, 615
Sereshel, Alfred, 558, 569, 591
Sergius, (1) of Resaina, 394; (2) patriarch of Constantinople, 389; (3) bp of Naples, 505
Serlo Grammaticus, 546
Servatus Lupus, 486 f; 274, 496, 648, 655, 661
Servius, 231, 238 f, 273, 485, 506, 626, 645; (2) Servius Clodius, 177
Sextus Empiricus, 330; 181
Sextus Pompeius, grammarian, 485
Shirwood, 594, 600
Siceliotes, John, 417
Sidonius, Apollinaris, 244; 220, 646
Siger of Brabant, 586
Sigonius, 390
Silius Italicus, 208, 621
Silvester II (Gerbert), 508 f; 257
Simon, abbot of St Albans, 623 f
Simon Capra Aurea, 551
Simonides, (1) of Amorgos (*Semonides*, 50, 131), 419; (2) of Ceos, 44 f, 282, 287
Simplicius, 375, 585
Simulus, 56
sincerus, Hugutio on, 666 n. 3
Sion, on the upper Rhone, 519
Socrates, 54, 61, 68, 84, 92
Solimarius, 555
Solinus, 204, 214, 243, 653, 664
Solon, 19, 22; his poems, 48 f, 313
Sopater of Apamea, 380; (2) rhetorician, 381
Sophocles, 24, 57–9, 61, 63, 128, 131, 166, 171, 282, 290 f, 368, 416, 580; *Philoctetes*, 298 f; select plays, 402; bust, 309
Sophonias, 431
Sophron, 116
Spain, Greek in, 458; study of Aristotle among the Arabs, 561–4, and Jews in, 564
Spara(=*Serva*)*dorsum*, 504
Speier (Livy), 660; Walther of, 508
Spenser, 377
'Spoiling the Egyptians', 520, 617; 226
Staberius Eros, 177
Statilius Maximus, 213
Stationarii, 628
Statius, 208; in MA, 642; 504, 518, 611, 614 f, 625, 677
Stavelot, (Val. Maximus), 661
Stephanus, (1) of Alexandria, 390; (2) of Byzantium, 379
Stephen IV, 461; (2) of St Sabas, 392
Stesichorus, 23, 131, 290
Stilo, L. Aelius, 175
Stobaeus, 380
Stoics, Grammar of the, 146–8; 236
Strabo, 276; 86
Strassburg, pl. on 559, 619 n. 1; 638; 656 f
Student-songs, mediaeval, 644
Sturmi, 469
Sublime, treatise on the, 288–93
subscriptiones in MSS, 228; 197, 243, 249, 658
'substantive', 669
Suetonius, 209 f, 214 f, 225, 235; in MA, 661; 481, 487, 489, 496; *De Gram.* 8, 158, 172 f; *De Poëtis*, 231, 484 n. 3; *Prata*, 457
Suïdas, 407; Grosseteste and, 577
Sulpicius (1) Apollinaris, 210; (2) Galus, 171; (3) Severus, 247; (4) Victor, 229
Symbols used in Greek criticism, 127, 132, 142, 205
Symeon, (1) the grammarian, 415; (2) 'Magister', 407; (3) Metaphrastes, 407; (4) of St Mamas, 418
Symmachus, (1) on Aristophanes, 328; 142; (2) cons. 391 A.D., 226–8; 222, 236; (3) cons. 485 A.D., 228, 251 f, 273
Syncellus, Michael and George, 293
Synesius, 365–70; 257 n. 5
'Syntipas', 417
Syrian study of Aristotle, 394 f
Syrianus, 372

Tacitus, 207, 214, 263, 307, 317; in MA, 662; 543 f, 627; *De Oratoribus*, 207
Tarsus, 165
Tatwine, 465
Tegernsee, 651; Metellus of, 636
Tennyson and Dion. Hal., 286; Quintus Smyrnaeus, 360
Terence, 171; in MA, 630 f; 506, 519, 621

Terentianus Maurus, 213, 626
Terentius Scaurus, 196, 210, 223
Tertullian, 217
Theagenes of Rhegium, 7, 29
Thegan, 482
Themistius, 352, 576 n. 1
Theobaldus, 555 (Manitius in *Mitt.* 43)
Theocritus, 115, 144, 162, 186, 368
Theodora, mother of Michael III, 391, 396
Theodore, (1) of Mopsuestia, 350; (2) of Studion, 392 f, 396; (3) of Tarsus, 464 f, 467
Theodoret, 364, 371
Theodoric the Great, 249, 251, 258–62, 274. (2) Theodoric of Chartres, 533; 537 n. 3, 609 n. 1; his *Eptateuchon*, 533 n. 4, 539 n. 5, 671 f
Theodorus, (1) of Byzantium, 79; (2) calligrapher, 273; (3) of Gadara, 288; (4) Metochites, 430; (5) Prodromus, 420; 361, 424, 595
Theodosius I, 347; II, 210, 226, 243, 363, 381, 657; (3) Alexandrian grammarian (*c.* 400 A.D.), 361; 139, 390, 595; (4) Diaconus, 407
Theodulfus, bp of Orleans, 479; 242 n. 5, 636, 638, 674
Theodulus, *Eclogues* of, 535
Theognis, 49
Theognostus, 393
Theon, (1) commentator on poets, 144; (2) Aelius, rhetorician and commentator on prose authors, 318; 288; (3) philosopher and mathematician, 364 (all of Alexandria); (4) Theon of Smyrna, 329
Theophanes, 393
Theophilus, (1) patriarch of Alexandria, 366, 371; (2) Byzantine Emp., 394, 396
Theophrastus, 182, 190, 281, 283, 291, 344, 524
Theophylact, (1) 418; (2) Simocattes, 388, 437
Thessalonica, fall of (1185), 421, 426; feuds of (1346), 433
Thomas Aquinas (St), see *Aquinas*
Thomas Magister, 430; 419; (2) Th. Scholasticus, 407; (3) Th. of Celano, 552; (4) bp of St David's, 589
Thrasymachus, 78
Thucydides, on Homer, 26, 33; influence of Sicilian rhetoric in, 83; Dion. Hal. on, 281–5; 'Longinus', 290; Lucian, 315 f; Life of, 142
Tiberius, rhetorician, 318
Tibullus, in MA, 646; 552, 580, 627
Timaeus, (1) historian, 164; (2) lexicographer, 341
Timon of Phlius, 103, 106, 115, 120, 165
Timotheus of Gaza, 377
Tiro, 193, 213
Tobias, bp of Rochester, 465
Toledo, Latin translations from the Arabic executed at, 544, 561 f, 565 f, 569, 587; Abraham of, 564
Toulouse, 221, 538, 549, 629
Tours, St Martin of, 219, 247, 621; St Martin's abbey at, 266, 482, 625; Gregory of, 446; Alcuin at, 473; Odo, 504; Gerbert, 508; Bernard Silvester, 534; MSS from, (Nonius) 627, (Virgil) 635, (Cic. *de Sen.*) 652, (Livy) 660, (Suetonius) 661; Council of, 476; Greek mass at, 499
Tragic poets (of Athens), text of, 57; quotations from, 58; select plays, 402
Triclinius, 431; autograph of, 439
Trivium, 670; 178
Troy, the tale of, 24–6, 34, 156, 336; in MA, 548, 551 n. 6, 647, 664
Tryphiodorus, 364
Tryphon, 143
Tryphonianus, 228
Turin MSS, 454, 651 f, 660
Tyndale, 599
Tyrannion, 140
Tyrtaeus, 48
Tzetzes, 418 f

Ulpian, on Demosthenes, 356
Uncial characters, 488 n. 7; 478
'Universals', controversy on, 253 f, 525 f; 492, 505, 528, 532, 540, 592
Universities, 628; 362, 381 f
Upsilon, 90, 393

Valerius Cato, 185, 194; (2) Pollio, 323; (3) Val. Flaccus, MSS of, 646; 455; (4) Val. Maximus, 243; in MA, 657; 496, 551, 627, 663; (5) Q. Valerius of Sora, 175
Vandières, John of, 503
Varro, 177–180; 139 f, 148, 165, 174, 176, 190, 214, 222, 227, 236 f, 246, 255, 271, 307; in MA, 652; 493
Varro Atacinus, 185

Vegetius, 243; in MA, 661; 484
Velius Longus, 196, 200, 210, 267
Velleius Paterculus, 626
Verona, 504, 626, 633, 635, 651, 660
Verrius Flaccus, 188, 200. 212 f, 220, 231, 473
Verse, passages rendered in English, 40, 56, 170, 223, 257, 370
Vestinus, 323
Victor, Julius and Sulpicius, 229
Victor III (*Desiderius*), 520
Victorianus, his recension of Livy, 228 n. 3, 660
Victorinus, 230 f; 218, 236, 253 f, 509, 519
Vienna MSS, 640, 645, 652, 658
Vienne, Council of, 607
Vilgardus, 618
Vincent of Beauvais, 579 f; 576, 608, 653, 664; Virgil, 634; Ovid, 639; Statius, 642; Martial (*Coquus*), 643; Juvenal, 644; Tibullus, 646; Cicero, 649; Pliny the younger, 655; Quintilian, 655
Vindobonense, Lexicon, 416
Vinsauf, Geoffrey de, 548, 675 n. 4 (cp. Manitius in *Mitt.* 33 f)
Virgil and Lucretius, 170; his Greek originals, 186 f; early study (and criticism) of, 196 f; Probus, 205; Gellius, 212; in c. iv, 229 f; Ausonius, 223; Servius, 231; Jerome, 234; Augustine, 235; Macrobius, 238 f; in c. v, Sidonius, 244 f; Asterius, 249; in MA, 633 f; Alcuin, 476; Servatus Lupus, 487, 489 f; Odo, 504; Notker Labeo, 519; Anselm, 522; Ekkehard I, II, 507; Hildebert, 551; Dante, 611, 614 f, 635; Del Virgilio, 612; the *Fourth Eclogue*, 480, 634, 642; allegory of the *Aeneid*, 535, 633; MSS, 635; *facsimile*, 197; 205, 249, 441 n. 5, 442, 476, 621; tomb of, 634; legends of, 635 n. 6, 664
Virgil, (1) bp of Salzburg, 463; (2) 'Virgilius Maro', the grammarian, 450 f, 665; (3) Giov. del Virgilio, 611 f, 640
Virgilium, legitur, 669
Vitri, Philip de, 639
Vitruvius, 5, 481 f
Vocabularies, 549 f, 594, 666 f
Volcacius Sedigitus, 190
Vulgate, 234, 265, 268 n. 5, 593, 614 f, 669

Walafrid Strabo (or Strabus), 485
Walter of Châtillon, 641; see *Gautier*
Waltharius (Walter of Aquitaine), 507
Walther of Speier, 508
Wandrille's, St, 478
Weissenburg, 638
Wibald, abbot of Corvey, 557, 619, 649, 661 n. 3
Widukind of Corvey, 505, 659 n. 5, 662 n. 7
Winric of Trier, 647
Wirecker, Nigellus, 546
Wolfenbüttel MSS, 643, 646, 658
World, expected end of the, 513 f

Xanthopulus, 432
Xenophanes, 29
Xenophon, 84, 86, 281, 284, 302; imitated, 311, 417
Xiphilinus, (1) patriarch, 411 f; (2) historian, 417

York; Alcuin, 471 f, 475 f; Fridugis, 473 n. 7

Zacharias, Greek pope, 461, 470
Zeno, 148, 151
Zenodotus, (1) of Ephesus, 119–21; 114, 127, 141; (2) of Mallos, 160, 163
Zoïlus, date of, 108 f; 33
Zonaras, historian, 424; lexicon bearing his name, 416
Zosimus, 364
Zürich MS of Quintilian, 656 f

希腊文索引

αἰτιατικὴ (πτῶσις), 147
ἀκμή, 137
ἀλληγορικῶς, 149
ἀντίσιγμα, 127, 132, 142
ἀντωνυμία, 138, 280
ἀόριστος, 148
Ἄργος, 133
ἄρθρον, 97, 100, 138, 146, 280
ἁρμονίαι, 281, 283
ἀστερίσκος, 127, 132
Ἀττικιανά, 326
Ἀττικιστής, 325
αὐδήεσσα, 36
ἄφωνα, 89, 97, 281
βάλλειν and οὐτάζειν, 133
βῆτα, nickname, 124
γάδαρος (ἀείδαρος), 425
γραμματική, 7–9
γραμματικὴ τραγῳδία, 88
γραμματικός, 6 f
γραμματιστής, 6
διδασκαλίαι, 64, 174
διορθωτής, 119; cp. 141, 156
διπλῆ, 132
εἶ (name of letter), 90, 303
ἐκδόσεις of Homer, 133
ἐπωνυμία, 91
ἡμίφωνα, 89, 97, 281
κάθαρσις, 62
καταλληλότης, 320
κατηγόρημα, 147
κατηγορούμενον (τὸ), 98
κάτωθεν νόμος, ὁ, 326
κεραύνιον, 127
κιθάρα, κίθαρις, 43
κλῆσις, 97
κριτικός, 10
κῶλον, 127 f, 280, 402 n. 5
λέξις, 80, 99; λέξεις, of Theophrastus, 99, 283; of Aristoph. Byz., 129; of Didymus, 141; of the Stoics, 145, 148
λυρικός, 43 n. 4; cp. 179 n. 2
μελικός, 43 n. 5
μελοποιοί, 43
μεσότης, 'participle', 150
μετοχή, 'participle', 132, 280
μίμησις, 69–72, 284
μιν and νιν, 163
ὀβελός, 127, 132
ὄνομα, ῥῆμα, 90 f, 97 f, 100, 132 n. 1, 138 f, 146 f, 150
οὖ (name of letter), 90
παθῶν, περί, 143
παραγραφή, 80, 97
παράσημον, 97
πένταθλος, 125
πίνακες, 123, 130, 136, 158
ποιότης and ποσότης, 184
πρέπον (τὸ), 281
πτῶσις, 97; πτώσεις, 97, 139, 147
ῥαψῳδός, 23 n. 2
σίλλυβος, 123
στιγμή, 126, 132, 142, 322
σύμβαμα, 147
σύνδεσμος, 80, 97, 146, 280
σχολαστικός, 524
τύπτω, 139, 361
ὑποβολῆς, ἐξ, 19 n. 2
ὑποδιαστολή, 126
ὑποθέσεις, 129
ὑποκείμενον (τὸ), *subjectum*, 98
ὑπόνοια, 29
ὕψος, 288 f
φαντασία, 72, 334
φιλόλογος (and φιλολογία), 4 f; 125 338, 367
φωνήεντα, 89, 97, 281, 315
ψιλὰ and δασέα, 281, 393
ὦ (not ὦ μέγα), 90
ὧδε, Homeric use of, 133

译后记

约翰·埃德温·桑兹（John Edwin Sandys，1844—1922 年），是 19 世纪后期至 20 世纪初英国著名的古典学者。他出生于莱斯特的一个传教士家庭，童年随父母旅居印度，11 岁返回英国。1863 年，他进入剑桥大学圣约翰学院读书，并终生在此工作。桑兹是剑桥大学圣约翰学院的研究员（fellow，1867—1922 年），并在该学院担任导师（tutor，1870—1900 年）职务，他还是剑桥大学的校方发言人（public orator，1876—1919 年）。1890 年出任语文学会主席，1909 年出任古典学学会主席，同年被选为不列颠学会（The British Academy）会员。桑兹生前曾接受过都柏林（三一学院）、爱丁堡、雅典、牛津几所大学授予的荣誉博士学位。1919 年退休时，剑桥大学颁发给他“终身荣誉发言人”（orator emeritus）的称号。同年，希腊最高荣誉级别的组织，“救世主勋章团”（*Τάγμα του Σωτήρος*），授予他司令官（*Ταξιάρχης*）徽章。1911 年，他获得爵士头衔。

桑兹的主要著作有《复活节希腊游记》*An Easter Vacation in Greece*（1886 年）、《哈佛讲演录:学术复兴》*Harvard Lectures on the Revival of Learning*（1905 年，按 revival of learning 一语是早先英语中对“文艺复兴”的称呼，后来逐渐被 renaissance 一词所代替，为表示分别，仍以其字面意思翻译作“学术复兴”）、《西方古典学术史》（第 1 卷，1903 年第 1 版，1906 年第 2 版，

1921 年第 3 版；第 2、3 卷，1908 年）及其缩略版的《西方古典学术简史》*A Short History of Classical Scholarship*（1915 年），以及《拉丁铭文学：拉丁文碑铭研究导论》*Latin Epigraphy: an introduction to the study of Latin inscriptions*（1919 年）。他还校勘、注释、编订或翻译了数种古典作家的名篇，比如品达的诗歌残篇，德摩斯提尼与伊索克拉底的演说词，欧里庇得斯的悲剧，泰奥弗剌斯特的《素写集》，亚里士多德《雅典政制》《修辞学》，以及西塞罗的数种著作；他与另外一位古典学家亨利·纳特勒史普（Henry Nettleship，1839—1893 年）合作翻译并修订、增补的德国学者奥斯卡·赛费特（Oskar Seyffert，1841—1906 年）《古典研究词典》*A Dictionary of Classical Antiquities*（1891 年第 1、2 版，1895 年第 3 版，德文原作题为 Lexikon der klassischen Altertumskunde，1882 年出版）至今影响很大。此外，桑兹还主编了《拉丁研究手册》*A Companion to Latin Studies*（1910 年第 1 版，1912 年第 2 版，1921 年第 3 版），这是一部系统介绍古代拉丁语文化的百科全书，涉及历史、地理、政治、经济、军事、学术、技术、风俗、鸟兽草木方方面面，与莱纳德·惠布利（Leonard Whibley，1863—1941 年）主编的《希腊研究手册》*A Companion to Greek Studies*（1905 年第 1 版，1906 年第 2 版，1916 年第 3 版，1931 年第 4 版，桑兹也参与了此书的编写）都是研究或了解西方古典文化必备的参考指南。

三卷本《古典学术史》是桑兹最重要的一部著作，清理了自西元前 6 世纪至 19 世纪古典学术的发展历程，写得极为详赡渊博，可看作 20 世纪初叶对以往各个时代古典学术成就的总录。在当时，此书因对拜占庭和中古时期的论述以及对学术东传渊源的涉及而受到赞誉。目前国内对西方古典学术史尚缺少系统的介绍，陈恒先生翻译的《古典学的历史》一书，系从德国学者维拉莫威兹的著作英译本转译而来，维拉莫威兹立论较桑兹更为高明，但是《古典学的历史》极为简略，尤其省古而详今，凭此尚不足体会西方古典学术史的具体内容和发展脉络。其实，维拉莫威兹在书中说过他认为桑兹此书是唯一值得借鉴的同类著作。时至今日，虽然从材料、考据、评价、论断各方面都不断有新内容可供增补修订甚至推翻桑兹的论述，但是若要找从古至今纵论下来这样属于“通史”性质的著作，似乎还无第二部可以代替。20 世纪六七十年代，美国德裔学者鲁道夫·法伊弗的两卷《古典学术史》当然更为精深，但没有涉及拜占庭和中世纪的学术史部分。综上所述，我们不认为这部一百年前的通史著作具有什么学术前沿意义，但是对于西方文史学科最为深重渊雅的古典学领域而言，此书可引领中国读者饱览西方古学的基本面貌和形态。这算是一个很初步的工作，但也是一个非常必要的工作。

这部书的译文最初是赵鹏先生看到并推荐给世纪文景公司的，在此要先向他致谢再三。世纪文景的负责人施宏俊先生，以及在北京的编辑人员，姚映然女士和王军先生，一开始就给予我充分的信任和支持。后编辑部人事有所变更，此书改由何晓涛先生、马晓玲女士接手。我在 2007 年秋毕业，至厦门大学工作，何先生对我工作后的杂务繁忙表示理解，提前预支了部分稿酬，使我能从容适应新的生活环境，仁厚之风义，令我感佩不已。马女士对译稿的编校下了很大功夫，她以扎实的专业学术训练，为此书增添了很多光辉，她在编辑过程中给我反馈了若干重要的建议和意见，若无她的辛苦工作，这部书的出版是近乎不可能实现的。

译书期间，一些朋友读过部分译稿，他们无私地提供了许多帮助。

尤其感谢胡维、程炜、张卜天诸学友。虽然各在天涯一角，且每人学业或工作都很繁重，他们却仍愿意分心审看我不成体统的译稿。胡维看了中古的几章，替我解释了几段中古拉丁译文，并就译名体例的问题和我商榷；程炜看了前八章译文，对古希腊文献方面先后提出的批评意见最多；张卜天以他一贯细致审慎的工作精神，为我校改了中古学术史部分章节。我非常敬重他们的学术态度，接受了他们大部分的意见，这些内容都是本卷中译本最出色的表现；但出于个人的固执偏见，有些建议未尽遵从，故保留了自己略显拙劣但是风格统一的译笔。读者自能识之。

此卷的翻译始于2005年秋，完成于2009年夏，交付编辑后尚不断有所修补，终不能十分满意。书中涉及大量古希腊文、拉丁文，还有近代法文、德文、意大利文的内容。译者能力极为有限，虽勤查字典，仍有若干翻译草率之处。恳请方家读者不吝赐教。

2010年2月于厦门

中译本修订版说明

拙译第一卷自2010年问世后，得到了很多师友慷慨热情的批评和指教。这些无私的帮助是我继续翻译第二卷、第三卷的最大动力来源。尤其感谢高峰枫老师、王晨先生对于翻译错漏之处提供的若干意见，还有一些不知真实姓名的豆瓣网友所标注或私信提供的意见，这次的修订将他们的宝贵意见逐一落实。如果还有不当之处，全是我的个人责任。

2018年6月6日

文
景

Horizon

社 科 新 知　文 艺 新 潮

西方古典学术史（第一卷）

［英］约翰·埃德温·桑兹 著　张治 译

出 品 人：姚映然
责任编辑：薛宇杰
营销编辑：胡珍珍
封扉设计：肖晋兴
美术编辑：安克晨

出　　品：北京世纪文景文化传播有限责任公司
(北京朝阳区东土城路8号林达大厦A座4A 100013)
出版发行：上海人民出版社
印　　刷：山东临沂新华印刷物流集团有限责任公司
制　　版：北京大观世纪文化传媒有限公司

开 本：820mm × 1280mm　1/32
印 张：33　　字 数：685,000　　插 页：4
2020年9月第1版　　2020年9月第1次印刷
定 价：138.00元
ISBN：978-7-208-16110-8 / K · 2896

图书在版编目（CIP）数据

西方古典学术史. 第1卷 /（英）约翰 · 埃德温 · 桑兹（John Edwin Sandys）著；张治译. —上海：上海人民出版社，2020
书名原文：A History of Classical Scholarship
ISBN 978-7-208-16110-8

Ⅰ.①西… Ⅱ.①约… ②张… Ⅲ.①学术思想 – 思想史 – 西方国家 – 古代 Ⅳ. ①B502

中国版本图书馆CIP数据核字（2019）第219340号

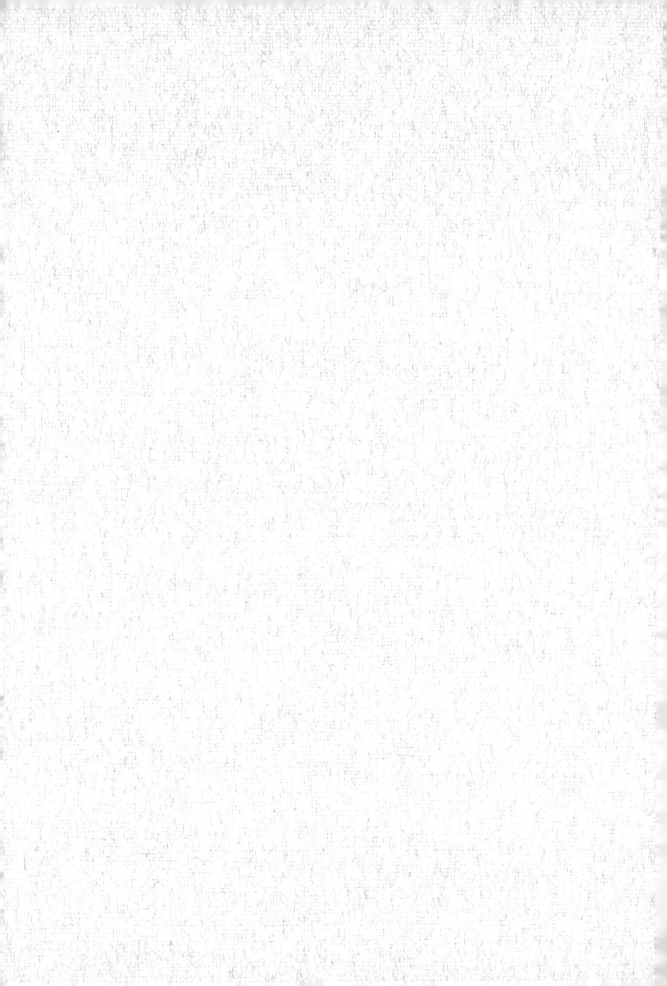